JN425278

제 4 판

보험법

INSURANCE LAW

한기정 저

박영사

제4판 머리말

2017년에 보험법 초판을 낸 이후로 이번에 제4판을 발간하게 되었다. 본서의 독자들에 감사의 뜻을 표한다.

2021년 초에 제3판을 발간한 이후 상당한 시간이 흘러서 개정판을 출간해야 할 필요성이 컸지만 2022년 9월부터 공정거래위원회 위원장직을 수행하게 되어 좀처럼 시간을 내지 못했다. 하지만 제3판의 재고가 바닥나고 수정해야 할 사항도 점점 많아짐에 따라 주말에 시간을 쪼개서 어렵사리 제4판을 마련하게 되었다. 이번 제4판은 제3판을 발간한 이후에 개정된 관련 법령 사항, 그리고 새롭게 등장한 판례 등을 반영하였다. 법령으로는 주로 금융소비자보호법의 내용을 반영하는 데 주력하였다. 판례로는, 보험약관의 해석, 보험약관에 대한 설명의무, 고지의무와 통지의무의 관계, 보험금 반환청구권의 소멸시효, 보험금지급채무 부존재에 대한 확인의 소, 신뢰상실에 근거한 보험자의 해지권, 보험자의 대위권, 책임보험에서 직접청구권 등 새롭고 중요한 판례들을 소개하고 검토하였다.

제4판을 흔쾌히 출간해주신 박영사 안종만 회장님, 기획과 편집을 통해서 늘 도와주시는 조성호 이사님과 이승현 차장님께 감사의 말씀을 드린다.

2025년 9월 관악에서

한 기 정

머리말

올해는 저자가 영국 케임브리지 대학의 말콤 클라크(M. Clarke) 교수님의 지도하에 보험법학 박사학위를 취득한 후 대학에서 강의와 연구를 시작한 지 만 20년이 되는 해이다. 부지런하지 못한 성정으로 인하여 만족스러운 수준에 이르지는 못했지만, 그간의 연구결과와 강의경험을 보험법 학계 및 실무계와 나누는 한편 강호제현의 질정을 바라는 뜻에서 본서를 발간하게 되었다.

본서는 주석서와 개론서의 중간적 성격을 띠는 원론서로 계획하고 집필하였다. 보험법학을 전공하는 학생이나 실무가가 꼭 알아야 하는 쟁점별 판례, 이론을 빠짐없이 다루되 원론서의 성격에 맞추어 분량과 수준을 조절하였다. 저자의 이러한 의도가 제대로 구현되었는지에 대해 확신은 할 수 없지만, 앞으로 수정과 보완을 통해서 조금씩 개선해 나가려 한다.

보험법학의 일차적 사명은 계약의 당사자인 보험자와 보험계약자 측의 첨예한 이해관계를 합리적으로 조정하고 분배하는 데에 있다. 이러한 작업을 수행하면서 끊임없이 고민한 것은—기술성, 선의성, 단체성 등과 같은—보험계약의 특수성을 어느 정도로 수용하여 법에 반영할 것인지의 문제였다. 보험계약의 특수성을 지나치게 강조하다 보면 자칫 보험전문가의 잣대로 법이 재단되고 그 결과 평균적인 보험계약자의 눈높이와 맞지 않는 경우가 생길 수 있다. 저자는 보험법의 세계적 경향은 이러한 간극을 축소하는 방향으로 나아가고 있다고 생각하며, 본서에서도 이에 발맞추려고 노력하였다. 그리하여 보험계약의 특수성을 고려하면서도, 일반계약으로서의 보험계약의 보편성, 그리고 평균적 보험계약자의 인식, 이해, 기대 등을 충분히 감안하는 방향으로 해석론과 입법론을 시도해 보았다.

본서를 집필하는 데 많은 분들의 도움을 받았다. 우리나라 보험법학을 개척하고 발전시켜 오신 양승규 은사님(서울대)께서 저술하신 보험법 저서, 그리고 최기원 은사님(서울대), 김성태 교수님(연세대)의 보험법 저서는 읽으면 읽을수록 깊이가 느껴지는 훌륭한 저서들로서, 외람되지만 이 저서들을 본서의 기본적 토대로 삼아 배우고 따라하고, 때로는 비판도 해 보았다. 이제는 대학에서 정년을 마치시고 명예교수로 계시는 세 분 교수님의 강녕을 기원한다.

근자에 선배, 동료 학자들의 훌륭한 보험법 저서들도 다수 출간되었는데, 본서를 집필하는 데 크게 도움을 받았을 뿐만 아니라, 이를 통해 한국 보험법학의 발전을 실감하고 있는 중이다. 훌륭한 보험법 논문들도 다수 출간되어 있지만, 본서가 원론서로서 갖는 한계로 인해서 그 일부만을 인용한 점에 대해서 너그러운 혜량을 구한다. 저자가 나름대로 비판적 시각을 갖고 새로운 것을 찾아내려 애를 써보았으나 이러한 저서들, 논문들의 틀에서 크게 벗어나지는 못했음을 고백한다.

특히 본서를 집필하는 데 최준규 교수님(서울대)의 도움을 크게 받았는데, 보험법학의 주요 쟁점들에 대해 민법적 시각에서 명쾌하게 조언해 주었다. 정순섭 교수님(서울대), 권영준 교수님(서울대), 박웅 변호사님(김앤장), 이철원 변호사님(김앤장)도 귀중한 코멘트를 주셨다. 저자가 서울대에서 봉직할 수 있도록 기회를 주신 김건식 교수님(서울대), 또한 박준 교수님(서울대) 등 서울대 법학전문대학원의 상법학 선배, 동료 교수님들께서 주시는 학문적 자극에도 감사를 드린다. 저자는 작년부터 서울대를 일시 휴직하고 보험연구원 원장으로 재직하고 있는데, 보험연구원의 가족 여러분, 특히 교정을 도와준 이유리 씨에게 감사를 드린다. 마지막으로 본서를 출간해 주신 박영사 안종만 회장님, 그리고 기획과 편집을 도와주신 조성호 이사님, 문선미 과장님께 감사를 드린다.

2017년 초여름 여의도에서

한 기 정

차 례

제1편 보험법의 개관

제2편 보험계약 총론

제1장 보험계약의 모집

제3장 보험계약의 체결

제4장 보험자의 의무

제5장 보험계약자 등의 의무

제6장 보험계약의 변동

제7장 타인을 위한 보험계약

제3편 손해보험 총론

제1장 손해보험 개관 및 요소

제2장 손해보험계약의 효과

제3장 보험자대위

제4장 손해보험계약의 변동

제4편 손해보험 각론

제1장 화재보험

제2장 운송보험

제3장 해상보험

제4장 책임보험

제5장 자동차보험

제6장 보증보험

제5편 인보험

제1장 인보험 총론

제2장 생명보험

제3장 상해보험

제4장 질병보험

약어표

주요법령 약어

약관규제법 … 약관의 규제에 관한 법률

자본시장법 … 자본시장과 금융투자업에 관한 법률

자동차손배법 … 자동차손해배상보장법

금융소비자법 … 금융소비자 보호에 관한 법률

주요참고문헌 약어

강위두·임재호 … 강위두·임재호, 상법강의(하), 전정판, 2010

김성태 … 김성태, 보험법, 2001

김은경 … 김은경, 보험계약법, 2016

박세민 … 박세민, 보험법, 3판, 2016

손주찬 … 손주찬, 상법(하), 11정증보판, 2005

송옥렬 … 송옥렬, 상법강의, 7판, 2017

양승규 … 양승규, 보험법, 5판, 2005

유주선 … 유주선, 보험법, 2013

이기수·최병규·김인현 … 이기수·최병규·김인현, 보험·해상법, 9판, 2015

임용수 … 임용수, 보험법, 2006

장덕조 … 장덕조, 보험법, 3판, 2016

정경영 … 상법학강의, 개정판, 2009

정동윤 … 정동윤, 상법(하), 4판, 2011

정찬형 … 정찬형, 상법강의(하), 18판, 2016

정희철 … 정희철, 상법학(하), 1990

최기원 … 최기원, 보험법, 3판, 2002

최준선 … 최준선, 보험·해상·항공운송법, 10판, 2016

한창희 … 한창희, 보험법, 개정3판, 2016

제1편

보험법의 개관

제1절 본서의 대상

1. 상법 보험편

본서가 중점적으로 서술하려는 대상은 보험법 중에서 보험계약법(law of insurance contracts)이다. 보험계약법은 보험계약을 규율하는 사법을 가리킨다. 즉 보험계약의 당사자인 보험자와 보험계약자, 그리고 기타 이해관계자의 권리의무 관계를 규율하는 사법이다. 여기서 보험자(保險者, insurer)는 보험료를 받는 대가로 보험금 지급의무를 부담하는 자이다. 기타 이해관계자에는 피보험자, 보험수익자, 모집종사자 등이 포함된다. 보험계약법의 주된 법원(法源)은 1962년에 제정된 상법의 보험편(제4편 638조－739조의3)이다. 본서는 상법 보험편을 주된 대상으로 보험계약법에 대한 해석론과 입법론을 전개한다.

2. 보험업법 및 금융소비자법

보험규제법(law of insurance regulations)은 본서가 중점적으로 서술하려는 대상은 아니다. 보험규제법의 주요 법원은 보험업법(1962년 제정) 및 금융소비자법(2020년 제정)인데, 이것은 보험업을 규율하는 공법으로서 국가가 보험자를 어떻게 규율할 것인가를 법적으로 다룬다. 보험업법은 1962년에 제정되어서 보험규제법으로서 중심적 역할을 수행해 왔다. 보험업법은 보험업의 허가, 업무행위규제 및 재무건전성, 감독 및 제재 등과 같이 보험업 전반에 대한 규제를 다룬다. 한편 2020.3.24.에 제정되어 2021.3.25.부터 발효된 금융소비자법은 금융소비자 보호에 관한 각 금융업법을 하나로 통합한 기본법이다. 금융소비자법은 금융소비자 보호에 관한 일반적 사항을 규정하는 일반법이고, 보험업법은 금융소비자 보호에 관한 보험업의 특수 사항을 규정하는 특별법에 해당한다. 그 결과 보험업법 중에서 금융소비자법과 내용이 중복되는 부분은 2021.3.25.부터 효력을 상실했다.[1] 본서는 보험업법과 금융소비자법도 부수적으로 서술대상으로 삼는다. 왜냐하면 여기에는 보험계약법적 요소도 일부 포함되어 있기 때문이다. 즉 이 법률들은 보험자 또는 모집종사자 등이 업무행위를 하면서 보험계약자 측에 대해 부담하는 주의의무 및 이를 위반한 경우 책임 등에 대해서 규정하고 있는데(가령 손해배상책임 및 사용자책임), 이는 넓은 의미에서 보험계약법의 범주에 속하는 것으로 볼 수 있기 때문에 필요한 곳에서 서술하기로 한다.

---

1) 이에 관한 자세한 사항은 본서 제2편 제1장 제4절에서 기술한다.

제2절 보험제도

1. 보험의 정의

(1) 개관

1) 필요성

보험의 정의(definition)는 보험법, 즉 보험계약법과 보험규제법에 필수적이다. 상법 보험편이든 보험업법이든 모두 보험에 적용되는 법이므로, 보험을 정의하지 않으면 그 적용범위를 정할 수 없기 때문이다. 보험법의 적용범위가 보험의 정의에 달려 있는 것이다. 따라서 보험의 정의로부터 보험법 논의를 시작하지 않을 수 없다.

2) 사보험에 대한 법적 정의

본서의 서술대상인 상법 보험편이나 보험업법 및 금융소비자법은 사보험을 규율한다. 따라서 여기서 필요한 보험의 정의는 '사보험의 정의'이다. 사보험이란 영리추구 또는 상호부조와 같이 사경제적 작용을 목적으로 하는 보험이다. 사보험에는 영리보험과 상호보험, 공제 등이 포함된다. 사보험과 대비되는 공보험이란 공경제적 작용을 목적으로 하는 보험이다. 이것은 국가, 지방자치단체 등이 추구하는 공공정책(경제정책, 사회복지정책 등)과 관련된 보험이며, 공보험에는 상법 보험편이나 보험업법은 적용되지 않는 것이 원칙이다.

본서의 서술대상인 상법 보험편이나 보험업법 및 금융소비자법은 보험을 법적으로 규율한다. 따라서 여기서 필요한 보험의 정의는 사보험에 대한 '법적 정의'이다. 사보험에 관한 정의는 경영적 관점, 경제학적 관점 등에서도 가능하지만, 본서는 보험법의 문제를 다루므로 법적 정의가 주된 관심사인 것이다. 나아가, 보험에 대한 법적 정의는 법이 추구하는 목적에 따라서 달라져야 하는가? 규제의 사각지대를 제거하고 고객을 보호하기 위해서는 가급적 보험의 정의를 넓게 인정해야 한다는 견해가 있다.[2] 반대로, 보험의 요소를 갖추었더라도 보험규제의 필요성이 인정되지 않는 한 보험의 범주에서 배제해야 한다는 견해가 있다.[3] 이에 관한 논의는 후술하는 용역의 보험급여성 문제에서 상술하기로 한다.

---

2) Birds, *Modern Insurance Law*, 2013, para 1.6.7.

3) Hellner, "The Scope of Insurance Regulation : What is Insurance for Purposes of Regulation", 12 Am. J. Comp. L., 494 (1968), p. 533

3) 정의의 불완전성

아쉽게도 우리나라에는 아직 보험에 대한 완전한 일의적(一義的) 정의가 없다. 이 점은 외국의 주요 입법례도 마찬가지이다. 가령 영국의 경우 보험의 정의가 보험계약법과 보험규제법의 적용을 위해서 반드시 필요함에도 불구하고, 판례법은 보험 정의의 곤란성[4] 또는 오류가능성[5] 등을 이유로 지금까지 보험을 일의적으로 정의하는 데 주저해 왔다고 한다. 보험에 대한 완전한 일의적 정의가 이루어지려면 보험 요소 전체에 대해서 사회적 합의를 도출할 수 있어야 한다. 하지만 보험으로 지칭되는 현상이 다양하고 복잡하며 변동하고 있어서, 그러한 합의가 이루어지지 못하고 있다. 그 결과 보험의 정의가 불완전할 수밖에 없고, 완전한 일의적 정의는 유보할 수밖에 없는 상황이다. 따라서 현재 합의되어 있는 보험의 요소를 중심으로 보험을 부분적으로 정의하는 것에 만족할 수밖에 없을 것 같다. 이하에서 관련 법규정, 학설, 판례를 중심으로 보험의 정의를 살펴보기로 한다.

(2) 관련 규정

상법 638조는 보험계약의 의의에 대한 규정인데, 여기서 보험정의에 필요한 보험의 요소를 발견할 수 있다. 상법 638조는 보험계약은 당사자 일방이 일정한 보험료를 지급하고 재산 또는 생명이나 신체에 불확정한 사고가 발생할 경우에 상대방이 일정한 보험금이나 그 밖의 급여를 지급할 것을 약정함으로써 효력이 생긴다고 규정한다.[6] 여기에 나타난 보험의 요소는, 불확정한 사고, 보험료, 보험금이나 그 밖의 급여 등이다. 여기서 보험금이나 그 밖의 급여는 금전 또는 현물급여 등도 가능함을 가리키므로 보험급여라고 칭하기로 한다. 이에 따라서 보험을 정의해 보면, 보험은 불확정한 사고를 조건으로 대가적 급여의무(보험료, 보험급여 지급의무)를 부담하는 거래이다. 하지만 이러한 정의는 불완전하기 이를 데 없다. 그러한 정의로는 보험과 여타 거래를 구분하는 데 어려움이 있기 때문이다.[7] 예를 들면 도박, 유상보증 등도 그러한 거래에 해당할 수 있다. 따라서 상법 638조는 보험요소를 최소한으로 규정했다고 볼 수 있다. 결국, 입법자는 보험정의에 필요한 보험요소를 상법 638조에 최소한으로 규정하고, 여타 보험요소는 학설 및 판례의 해석론에 맡겼다고 보아야 한다.

---

4) Medical Defence Union Ltd v. Department of Trade [1980] 1 Ch. 82

5) Department of Trade and Industry v. St Christopher Motorists' Association Ltd [1974] 1 W.L.R. 99

6) 상법 638조는 2014년에 일부 개정됐다. 다만 이 개정은 단순한 자구 수정에 그쳤다. 따라서 개정된 부분을 여기서 별도로 다루지 않는다.

7) 최기원 4면

보험업법 2조 1호는 보험상품의 의의에 대한 규정인데, 여기서도 보험정의에 필요한 보험의 요소를 발견할 수 있다. 이에 의하면, 보험상품이란, 위험보장을 목적으로 우연한 사건 발생에 관하여 금전 및 그 밖의 급여를 지급할 것을 약정하고 대가를 수수하는 계약이다. 여기서 찾아 볼 수 있는 보험요소는 상법 638조와 별반 차이가 없다. 역시 보험요소에 관한 최소한의 규정에 그치고 있으며, 여타 보험요소는 학설 및 판례의 해석론에 맡겨져 있다고 볼 수 있다. 보험의 정의에 관한 판례의 대부분은 무허가 보험업자의 처벌과 관련하여 해당사건의 영업이 보험업에 해당하는지가 주된 쟁점이었다.[8)]

(3) 해석론

현재 판례와 통설은 보험사고, 보험료와 보험급여, 보험의 기술 등을 보험의 요소로 보고 있는데, 그 구체적 내용을 살펴보기로 한다.

1) 보험사고

보험은 우연한 사고의 발생으로 손해를 입을 가능성에 대비하는 제도이다. 이러한 이유에서 보험사고는 불확정성(우연성)과 손해성이라는 특성을 갖는다.

i) 불확정성(우연성)

보험사고의 불확정성은 보험을 정의할 때 반드시 포함되는 보험의 요소이다(통설). 보험계약의 의의에 관한 상법 638조도 불확정한 사고를 요건으로 규정한다. 불확정한 사고의 발생가능성은 위험을 가리키고, 이러한 위험이 없으면 보험도 없는 것이다(Ohne Gefahr, keine Versicherung).[9)] 보험사고의 불확정성은 보험사고의 발생 여부 또는 발생 시기가 확정되지 않은 것을 가리킨다(통설). 전자는 자동차사고, 화재, 상해 등에, 후자는 사람의 사망, 노령 등에 나타난다. 나아가 사고의 발생으로 인한 손해의 정도가 확정되지 않은 것도 보험사고의 불확정성에 포함될 수 있다.[10)] 따라서 발생 여부, 발생 시기 등이 확정되어 있는 사고는 보험사고가 될 수 없다. 예견할 수 있거나 정기적이고 규칙적으로 발생하는 사고는 불확정성에 반하는 것으로서 보험사고가 될 수 없다.[11)]

상법 644조에 의하면, 보험사고의 불확정성은 객관적임을 요하지 아니하고 주관적으로 계약당사자에게 불확정하면 된다.[12)] 즉 보험계약을 체결할 때에 보험사고가 이미 발생했거나 발생할 수 없는 경우는 보험계약이 무효인 것이 원칙이다(상법 644조 본문). 이

---

8) 무허가 보험업자는 형사처벌을 받는다. 즉 보험업을 경영하려면 금융위원회의 허가를 받아야 하고(보험업법 4조 1항), 이를 위반하면 처벌을 받는다(보험업법 200조 1호, 유사수신행위의 규제에 관한 법률 3조, 6조 1항).
9) 양승규 22－23면
10) Prudential Ins Co v. IRC [1904] 2 K.B. 658
11) 최기원 6면
12) 대판 1987.9.8. 87도565

러한 보험계약이 유효라면, 보험제도가 남용되어 존립기반을 상실하기 때문이다. 다만 예외적으로 보험자, 보험계약자, 피보험자가 보험사고의 기발생 또는 발생불능을 알지 못한 경우는 유효로 한다(상법 644조 단서). 이 경우에는 보험제도가 남용될 우려가 없기 때문이다.

보험사고의 불확정성은 우연성이라고 표현되는 경우가 많다.[13] 그런데 보험사고의 우연성은 보험사고의 불확정성뿐만 아니라 다른 다양한 의미로도 널리 사용되고 있다. 즉 보험사고의 비인위성(인위적으로 야기한 사고가 아니라는 의미)을 우연성이라고 표현하기도 하고,[14] 보험사고의 불확정성과 보험사고의 비인위성을 포괄하여 우연성이라고 표현하기도 하며,[15] 상해사고의 특징을 우연성이라고 표현하기도 한다.[16] 따라서 혼동을 피할 필요가 있을 때에는, 우연성 대신에 보험사고의 불확정성이라고 표현하는 것이 바람직하다.[17]

한편 비인위성은 보험을 정의할 때 보험사고의 특성에 포함시키지 않는다(통설). 비인위성이란 보험사고가 보험계약자 등의 고의(또는 중과실)로 발생하지 않아야 한다는 의미이고, 인위적 사고가 발생하면 보험자가 면책된다(상법 659조 등).[18] 인위적 사고는 보험사고의 성립, 효력과는 직접 관련이 없기 때문에 보험의 정의에서는 다루지 않는 것이다. 보험사고의 불확정성과 비인위성은 그 개념, 판단시점, 효과가 다르다. 첫째, 불확정성은 보험사고의 발생여부가 불확정하다는 의미인데, 비인위성은 보험계약자가 고의(또는 중과실)로 보험사고를 일으키지 않는다는 의미이다. 둘째, 불확정성은 보험계약이 성립될 때를 기준으로, 비인위성은 보험사고가 발생할 때를 기준으로 판단한다. 셋째, 불확

---

13) 김성태 131면; 김은경 7면; 박세민 119면; 양승규 100면; 이기수 · 최병규 · 김인현 62면; 최기원 6면; 최준선 96면; 대판 2010.4.15. 2009다81623(보증보험계약은 기본적으로 보험계약으로서의 본질을 갖고 있으므로, 적어도 계약이 유효하게 성립하기 위해서는 계약 당시에 보험사고의 발생 여부가 확정되어 있지 않아야 한다는 우연성과 선의성의 요건을 갖추어야 할 것이다); 대판 1987.9.8. 87도565; 대판 1998.8.21. 97다50091; 대판 2013.10.11. 2012다25890; 대판 2016.1.28. 2013다74110

14) 대판 2009.12.10. 2009다56603(화재보험에서 화재가 발생한 경우에는 일단 우연성의 요건을 갖춘 것으로 추정되고, 다만 화재가 보험계약자나 피보험자의 고의 또는 중과실에 의하여 발생하였다는 사실을 보험자가 증명하는 경우에는 위와 같은 추정이 번복되는 것으로 보아야 한다); 대판(전원) 1991.12.24. 90다카23899; 대판 2014.4.10. 2013다18929(우발적이라는 표현을 사용)

15) 대판 2012.11.15. 2010도6910(보험사고가 이미 발생하였음에도 이를 묵비한 채 보험계약을 체결하거나 보험사고 발생의 개연성이 농후함을 인식하면서도 보험계약을 체결하는 경우 또는 보험사고를 임의로 조작하려는 의도를 갖고 보험계약을 체결하는 경우와 같이 그 행위가 보험사고의 우연성과 같은 보험의 본질을 해할 정도에 이르러야 비로소 보험금 편취를 위한 고의의 기망행위를 인정할 수 있다); 대판 2013.11.14. 2013도7494

16) 대판 2001.11.9. 2001다55499(사고가 피보험자가 예측할 수 없는 원인에 의하여 발생하는 것으로서, 고의에 의한 것이 아니고 예견하지 않았는데 우연히 발생하고 통상적인 과정으로는 기대할 수 없는 결과를 가져오는 것이어야 한다); 대판 2010.8.19. 2008다78491

17) 임용수 60면; 장덕조 13면

18) 손해보험에서 보험계약자 등의 고의 또는 중과실로 인해서 보험사고가 발생하면 보험자가 면책되고(상법 659조), 인보험에서는 보험계약자 등의 고의로 인해서 보험사고가 발생하면 보험자가 면책된다(상법 732조의2, 739조, 739조의3).

정성을 위반하면 보험계약이 무효이고, 비인위성을 위반하면 보험자가 면책된다.

ii) 손해성

보험사고는 손해 또는 재산상 불이익을 야기할 위험이 있어야 한다(손해성).[19] 판례는 보험이란 위험이 현실화되어 손해를 입은 자에게 손해를 전보하는 제도라고 한다.[20] 학설로는, 보험이란 우연한 사고로 인한 경제적 손해발생가능성에 대비하는 제도라는 견해,[21] 사고의 발생으로 보험계약자가 입게 될 경제적 손실을 보상하는 것이 보험제도라는 견해[22] 등이 있다. 요컨대, 우연한 사고가 손해를 초래할 위험이 있어야 보험사고로 인정될 수 있다. 보험사고의 특성인 손해성은 보험사고의 전형인 물건 또는 권리의 멸실·훼손, 사람의 사망·상해·질병과 같은 것에서 확인할 수 있다. 가령 주주의 입장에서 주식가격의 하락은 손해를 야기할 위험이 있으니 보험사고가 될 수 있지만, 주식가격의 상승은 손해를 야기할 위험이 없는 것이 보통이므로 특별한 사정이 없는 한 보험사고가 되기 어렵다. 한편 생존보험의 보험사고인 생존에 손해성이 인정되는지에 대해 논란의 여지가 있다. 생각건대, 생존에는 경제적 지출이 수반되므로 생존의 손해성을 인정할 수 있다.[23]

2) 보험료와 보험급여

i) 의의

보험계약자가 보험료지급채무를 부담하고 보험자가 보험급여지급채무를 부담하는 것은 보험의 요소이다(통설). 보험계약자의 보험료지급채무와 보험자의 보험급여지급채무는 대가적 관계에 있다(통설). 그리고 보험급여지급채무는 보험기간 중에 면책사유가 없는 보험사고가 발생해야 구체화되는 정지조건부 의무이다(판례,[24] 통설). 그렇다고 해서 보험계약이 정지조건부 법률행위(민법 147조)는 아니다.[25] 정지조건부 법률행위는 조건이 성취되어야 그 효력이 생기지만, 보험계약은 원칙적으로 체결과 동시에 효력이 생기기 때문이다. 보험료지급채무와 보험급여지급채무를 통해서 보험계약자 측의 위험이 보험자에게로 이전 또는 전가된다(통설). 이를 위험이전(transfer of risk)이라고 한다. 여기에서 위험은 사고로 손해를 입을 가능성을 가리킨다.[26] 보험자가 사고발생 시에 보험급여를 지

---

19) 여기서 손해는 법적 용어이다. 법적 관점이 아니라면 경제적 불안이라고 해도 좋다.
20) 대판(전원) 1991.12.24. 90다카23899
21) 김성태 18면
22) 최기원 7면
23) Clarke, *The Law of Insurance Contracts*, 2009, para. 1－1E
24) 대판 2001.6.15. 99다72453
25) 양승규 83면; 정찬형 536면
26) 김성태 4면

급한다는 것은 보험자가 위험을 부담함을 가리킨다. 위험은 원래 보험계약자 측에 속한 부담인데도 불구하고 보험료 지급을 대가로 보험자에게 이전된 것이다. 이렇듯 보험의 일차적 기능은 바로 위험이전 기능이다.[27)]

ii) 보험료 지급채무

보험계약자는 보험료지급채무를 부담한다. 판례는 보험료 성격의 상조비를 미리 납부하는 것이 아니라 다른 회원의 사망 시마다 회원이 일정액의 상조비를 납부한다고 해서 이 점만으로 보험의 본질에 반하는 것은 아니라고 보았다.[28)]

iii) 보험급여 지급채무

보험급여지급채무는 경제적 손해(또는 손실)의 발생을 전제로 하는 것이어야 한다. 이것은 보험사고가 손해를 야기할 위험이 있어야 한다는 것과 일맥상통한다. 손해의 발생이 없음에도 불구하고 보험급여가 이루어지면 보험이 금융투자, 도박 등과 구분되지 않는다. 자본시장법상 금융투자상품이란 "이익을 얻거나 손실을 회피할 목적"으로 취득하는 권리라고 정의되고 있는데(3조 1항), 이것과 보험을 구분하기 위해서, 보험에서는 손해의 발생을 전제로 보험급여가 제공된다고 보아야 한다. 판례도 같다. 대판(전원) 1991.12.24. 90다카23899에서, 보험제도는 보험자가 특정한 동종의 위험에 놓여 있는 다수인으로 보험단체를 구성하고 미리 일정한 금액(보험료)을 거출케 하여 위험에 대비한 공동비축기금을 형성한 후, "그 위험이 현실화되어 손해를 입은 구성원에게 그 기금에서 일정한 금액(보험금)을 지급하여" 그 손해를 전보케 하는 단체적 공동비축제도라고 판시했다.

보험이 금융투자, 도박 등 여타 제도와 구별되도록 정의하기 위해서는, 보험급여가 손해의 발생을 전제로 제공된다고 하면 충분하기 때문에, 보험급여의 방식까지 보험의 정의에서 고려할 필요는 없다고 본다. 보험급여의 방식에는 정액 보상방식과 비정액 보상방식이 있고, 전자는 손해액을 따지지 않고 정액으로 보상하는 것이며, 후자는 손해액을 측정해서 그만큼만 보상하는 방식이다. 종래에 보험급여의 방식을 보험(계약)의 정의에 포함시킬 것인지를 둘러싸고, 손해보상계약설, 경제적 수요충족설, 선택설, 재산급여설(또는 금액급여설) 등이 대립해 왔다.[29)] 손해보상계약설은 보험계약이 '손해를 보상하는 계약'이라는 입장인데, 이러한 정의하에서는 비정액 보상방식의 손해보험만이 보험으로 될 수 있고, 정액 보상방식의 인보험은 배제된다는 비판을 받는다. 이 점을 고려하여 경제적 수요충족설은 손해 대신에 경제적 수요라는 표현을 사용하여 보험계약이 '경제적 수요를 충족시키는 계약'이라고 정의한다. 하지만 경제적 수요란 보험계약 체결의 동기일 뿐이고 법적으로는 별로 의미가 없다는 비판이 가해진다. 또한 선택설은 비정액 보상

27) 따라서 자가보험(self-insurance)은 위험의 이전이 없기 때문에 보험이라고 할 수 없다.
28) 대판 1989.1.31. 87도2172
29) 이에 관한 자세한 내용은, 양승규 77-79면; 최기원 63-68면

방식의 손해보험과 정액 보상방식의 인보험을 일의적으로 정의하기 어려우므로 양자를 구분하여 보험계약을 정의하자는 입장인데, 이러한 이원적 접근은 보험의 정의로는 이론적으로 만족스럽지 못하다는 비판을 받는다. 그리고 재산급여설은 손해보상이나 경제적 수요충족 대신에 보험계약을 '재산급여를 하는 계약'이라고 정의해서 손해보상설이나 경제적 수요충족설이 갖는 이론상 단점을 피하려 한다.[30] 하지만 재산급여설로는 보험이 금융투자, 도박 등과 어떻게 다른지에 대해서 잘 설명하지 못한다.[31] 생각건대, 정의 면에서 보험을 금융투자, 도박 등과 차별화하는 데는, 보험급여가 불확정한 사고로 인한 '손해의 발생을 전제로 제공되는 급여'라고 하는 것으로 충분하다고 본다. 따라서 보험급여 방식이 보험(계약)의 정의에 영향을 미칠 이유는 없다고 본다.

보험급여의 종류는 현금에 한정하지 않고 현물도 무방하다(통설). 현금으로 지급되는 것이 일반적이라는 점을 고려하여, 보험실무에서는 보험급여보다는 '보험금'이라는 표현이 선호된다. 한편 현금과 현물 이외에 용역(서비스)도 보험급여가 될 수 있는지가 문제된다. 이 문제는 보험의 정의 또는 요소와 관련된다. 대판 2014.5.29. 2013도10457에서는, 심각한 의료상태에 빠진 회원들에 대하여 회사가 미리 비용을 지급받고 자신의 재량에 따라 제공하는 환자 이송 및 송환 용역이 보험업법 2조 1호가 규정하는 보험급여에 해당하는지 여부가 다투어졌다. 대법원은 그러한 용역은 보험급여가 아니라고 판시했다. 즉 보험업법이 규정하는 '그 밖의 급여'에 포함되는 용역은, 경제적 위험보장을 목적으로 제공되는 용역, 즉 위험에 대한 보상으로서 원칙적으로 금전으로 급부가 이루어져야 하지만 보험자 내지는 고객의 편의 등을 위하여 금전에 대한 대체적 의미에서 용역이 제공되는 경우만을 의미한다고 판시했다. 하지만 판례는 의문이다. 위 이송 및 송환 용역은 경제적 위험보장을 목적으로 하는 금전에 대한 대체적 의미의 용역이라고 볼 수 있고, 나아가 보험업법 2조 1호를 위와 같이 제한해석하여 금전에 대한 대체적 의미의 용역만을 보험급여라고 할 근거가 부족하다.[32] 이에 관해서는 항을 바꾸어 좀 더 자세히 살펴보기로 한다.

3) 보험의 기술

i) 의의

보험의 기술(technic)이 보험의 요소로서 논의되고 있는 점은 두 가지이다. 하나는 위

30) 이를 지지하는 견해로는, 최기원 67-68면

31) 양승규 79면

32) 한기정, "보험업의 개념에 관한 연구", 보험법연구9-2, 2015, 1면 이하; 판례에 찬성하는 견해로는 김선정, "무허가 보험업의 판단기준", 생명보험442, 2015, 56면; 김진오, "보험업법이 규정하는 보험상품의 개념요소로서 '위험보장의 목적'을 판단하는 기준", BFL68, 2014, 66면

험의 분산이고, 다른 하나는 개별 위험과 보험료의 일치이다.

① 위험의 분산

위험의 분산은 다수의 위험을 모아서 위험단체를 구성한 후 대수의 법칙을 통해서 사전에 예상한 사고발생률과 실제의 사고발생률을 근접시키는 방법이다. 이를 구체적으로 살펴보면 아래와 같다. 영리추구 또는 상호부조가 목적인 보험자는 수지균등의 원칙을 추구하게 마련이다. 수지균등의 원칙은 보험자의 총수입과 총지출의 균형을 맞춘다는 원칙이다. 여기서 총수입은 보험자가 수령한 전체 보험료이다. 그리고 총지출은 보험자가 지급한 전체 보험급여액, 운영비용 등으로 구성된다. 영리추구를 하는 보험자라면 총지출에 일정한 이익을 포함시킬 것이다. 보험자의 경영 성패는 수지균등 달성 여부에 달려 있다고 보아도 과언이 아닐 것이다. 수입과 지출의 균등을 꾀한다는 의미에서 수지균등은 사경제 주체라면 누구나 추구하는 원칙일 것이다. 그런데 보험은 수지균등을 달성하기 위해서 독특한 기술을 사용한다. 이것이 위험의 분산(distribution of risk)이다. 위험의 분산이란 위험을 정형화한 후 다수로 집적(pooling)하는 것을 가리킨다. 위험의 정형화는 보험사고, 면책사유 등의 표준화를 통해서 이루어진다.

보험의 수지균등을 위해서 위험의 분산이 활용되는 이유는 다음과 같다. 첫째로, 사전에 예상한 사고발생률과 실제의 사고발생률을 근접시키는 것이 꼭 필요하다. 양자가 일치하지 않으면 수지불균형은 피할 수 없다. 양자를 정확히 일치시키는 것은 신이 아닌 한 불가능하다. 양자를 최대한 근접시키기 위해서 보험이 택한 핵심적 기술이 위험의 분산인 것이다. 둘째로, 사전에 예상한 사고발생률과 실제의 사고발생률을 일치시키는 데 결정적으로 기여하는 것이 위험의 분산이다. 즉 위험을 동질적인 것으로 정형화한 후 다수로 집적하여 위험단체를 구성하면, 대수의 법칙(law of large numbers)이 작용하게 된다. 대수의 법칙이란, 모집단의 규모가 클수록 어떤 사건의 예상한 발생 확률과 실제의 발생 확률은 근접하게 된다는 통계학의 이론이다. 이 원칙을 보험에 적용해 보면, 사람의 연령별 사망률 등 사고발생 확률을 관찰할 수 있는 모집단이 크면 클수록 예상한 사고발생률과 실제의 사고발생률이 근접할 가능성이 높아진다는 것이다. 위험을 다수로 집적하지 않고 개개의 위험만 놓고 본다면, 예상 사고발생률과 실제 사고발생률의 근접 가능성은 비교적 낮다. 하지만 위험을 다수로 집적시키면 대수의 법칙이 작용하여 양자의 근접 가능성은 매우 높아지는 것이다.

요컨대, 위험의 분산이라는 것은 위험의 동질성을 전제로 대수의 법칙이라는 통계적 기초 위에서 위험단체 내의 위험을 분산시키는 보험의 기술을 말한다.[33] 여기서 위험단체라는 개념이 등장한다. 이에 의하면, 보험이란 동종의 위험하에 있는 다수의 경제주

33) 양승규 23면

체들로 위험단체가 구성되는 것을 전제하는 것이다.

② 개별 위험과 보험료의 일치

개별 위험과 보험료의 일치는 각 위험을 측정하여 이에 부합하는 보험료를 부과함으로써 불량위험을 주로 인수하게 되는 현상을 방지하는 방법이다. 이를 구체적으로 살펴보면 아래와 같다.

보험자는 개별적 위험 각각에 대해서 그 위험의 정도를 측정하고 이에 부합하는 보험료를 부과한다. 사고발생률이 높은 고위험에 대해서는 고액의 보험료, 사고발생률이 낮은 저위험에 대해서는 저액의 보험료를 부과하는 것이다. 이것이 개별 위험과 보험료의 일치 문제이다. 보다 정확하게는 개별 위험과 계약조건의 일치 문제이다. 계약조건에는 보험료뿐만 아니라 면책사유 등도 포함된다. 여기서는 편의상 계약조건을 보험료라고 단순화한다. 개별 위험과 보험료의 일치(정확하게는 '근접')는 급여·반대급여 균등의 원칙이라고도 한다. 개별 위험과 보험료의 일치가 이루어지면, 개별 보험계약자가 지급하는 급여(보험료)와 보험자가 반대로 지급하는 급여(보험급여)가 일치하게 된다. 전술한 수지균등의 원칙은 전체 보험계약자가 지급하는 전체 급여와 보험자가 지급하는 전체 반대급여가 균등한 것을 가리키는 것으로 거시적 개념이다. 이와 달리 급여·반대급여 균등의 원칙은 개별 위험을 기준으로 추구하는 미시적 개념이다.

개별 위험과 보험료의 일치가 가져오는 효과는 무엇인가? 역선택(adverse selection)의 방지이다. 만약 위험의 정도와 무관하게 보험료가 산정되면, 저위험자는 보험을 회피하고, 고위험자만 가입하는 현상이 생길 수 있다. 그 결과 저위험자가 보험 제도를 이용할 수 없게 되는 문제가 생긴다. 결과적으로 역선택은 보험 제도의 합리적 존립 기반을 위태롭게 할 수 있다.[34] 요컨대 개별 위험과 보험료의 일치는 역선택을 방지하기 위해서 사용하는 보험의 기술이라고 말할 수 있다.

ii) 학설 및 판례

상법 638조는 보험의 기술에 대한 규정을 두지 않고 있다. 하지만 통설은 위험의 분산과 개별 위험과 보험료의 일치라는 보험의 기술들을 보험의 요소라고 해석한다. 대표적인 견해로, 보험이란 위험의 동질성을 전제로 한 통계적 기초 위에서 위험단체 내의 위험을 전가시키고 분산시키는 제도라고 정의한다.[35]

주류적인 판례는 위험의 분산, 개별 위험과 보험료의 일치라는 보험기술을 보험 요소로 인정하고 있는 것으로 보인다. 대판(전원) 1991.12.24. 90다카23899에서, 보험제도는 우연한 사고라고 할지라도 다수인을 대수적으로 관찰하면 일정한 기간 내에 발생하

---

34) 山下友信, 保險法, 2005, 59면

35) 양승규 23면

는 사고의 빈도는 평균적으로 일정하다는 대수의 법칙에 따라 통계적으로 사고의 개연율과 사고에 대비한 소요총액을 측정하여 각 구성원이 각자의 위험률에 따라 부담거출하는 보험료의 총액이 손해전보를 위하여 지급하는 보험금의 총액과 균형을 유지하도록 하는 것이라고 판시했다. 여기에 언급된 '대수의 법칙'은 위험의 분산, 그리고 '각자의 위험률에 따라'는 개별 위험과 보험료의 일치를 가리킨다고 볼 수 있다.

다만 판례가 고도의 엄격한 보험기술을 갖추어야 보험업이 될 수 있다고 보는 것은 아닌 것으로 보인다.[36] 이 점은 대판 1989.1.31. 87도2172에서 확인할 수 있다. 판시내용은 다음과 같다. 즉 상조회원의 자격에 관하여 사망률이 낮은 연령층을 제외한 점, 건강상태를 고려하지 않고 회원으로 가입케 하면서도 100일이 경과하기 전에 사망한 경우에는 상조부의금을 지급하지 않도록 하고 있는 점, 상조회원으로 가입한 기간이 길어짐에 따라 상조회비 출연의 기회가 많은 만큼 사망 시에 지급되는 상조부의 금액도 연차적으로 증가하도록 되어 있는 점 등을 보면, 급여와 반대급여의 균형을 유지하기 위하여 대수의 법칙을 응용한 확률계산의 방법을 고려한 것이라 할 수 있다고 판시했다.[37] 나아가, 대수의 법칙 등이 적용되지 않아도 보험업이 될 수 있다고 한 판례도 일부 있다. 대판 1989.9.26. 88도2111에서, 원심이 대수의 법칙을 응용한 확률계산에 의하지 아니하는 등 보험의 특질이라 할 여러 요건을 지니지 아니하여 상조사업이 보험사업이라고 보기 어렵다고 했지만, 대법원은 이 상조사업이 실질적으로 우연한 보험사고, 보험료, 보험급여의 요건을 갖추었으므로 원심이 들고 있는 바와 같은 고유한 의미의 보험과 일치하지 아니하는 부분이 있다고 해도 보험업에 해당한다고 판시했다.[38]

iii) 결론

많은 경우 보험업이 보험의 기술을 사용하여 영위되고 있는 것이 사실이다. 즉 보험자는 보험의 기술을 통해서 수지균등을 추구하고 역선택을 방지하려고 하는 것이 보통이다. 하지만 위험의 분산이 보험의 요소라고 하는 통설 및 주류적 판례에 대해서는 의문이 있다. 보험자가 인수하는 해당 위험이 대수의 법칙이 적용될 만한 다수에 이르지 않는 경우도 있을 수 있는데, 이러한 현상을 보험이 아니라고 하는 것은 보험의 역사적 발전과정[39]이나 현재의 보험실무에도 맞지 않는다. 보험업이 대개 대수의 법칙을 사용

---

36) 김성태 25면; 장덕조 6-7면

37) 대판 1990.6.26. 89도2537도 같다. 대판 1993.12.24. 93도2540(이 사건 상조회사업은 우연한 사고발생으로 조합원들에게 생긴 손해의 보상을 위하여 조합원들이 공동으로 비축한 자금으로 대수의 법칙을 응용한 확률계산방법에 의하여 급여와 반대급여의 균형을 유지하는 것으로서 보험업법 5조 1항 소정의 보험사업으로서의 실질을 갖추고 있다 할 것)

38) 대판 1989.10.10. 89감도117도 같다.

39) 영국에서 17-18세기에 해상보험이 발달하고 이에 따라 해상보험법이 형성되던 시절에, 대수의 법칙이 사용되어야만 보험이 될 수 있다는 취지의 판례는 발견하기 어렵다.

하고 있는 것은 맞지만, 대수의 법칙을 사용하기에 적당하지 않은 경우도 있고, 사용하지 않아도 수지균등을 이루는 데 문제가 없는 경우도 있다. 요컨대 대수의 법칙을 통한 위험의 분산은 보험자가 수지균등을 달성하기 위한 유력하고 일반적인 수단이기는 하지만, 보험을 법적으로 정의할 때 보험의 요소로서 반드시 요구되는 것은 아니라고 본다. 즉 대수의 법칙을 통한 위험의 분산이 보험의 일반적 특징이라고 말하는 것은 가능하지만, 그것이 반드시 보험의 요소이고, 만약 이것이 결여되면 보험성이 부정된다고 할 것은 아닌 것이다. 이런 점에서 대판 1989.9.26. 88도2111이 타당하다고 할 것이다.

4) 용역의 보험급여성[40]

i) 문제의 제기

현금과 현물 이외에 용역(서비스)도 보험급여가 될 수 있는지가 다투어지고 있음은 전술한 바 있다. 이것은 미리 대가를 지급받고 우연한 사고가 발생하면 일정한 용역을 제공하는 용역제공계약이 보험인지의 문제이다. 전술한 바와 같이 대판 2014.5.29. 2013도10457은 의료용역이 보험급여가 될 수 있는지 여부가 쟁점이었다. 이 사건의 쟁점은 아니지만, 물건의 판매자(또는 제조자)가 물건의 하자에 대해 수리 등의 용역을 일정 기간 경과 후에 유상으로 제공하는 경우가 있는데, 이러한 추가워런티 또는 추가보증(extended warranty)이 보험인지 여부도 최근에 과제로 부각되고 있다. 아래에서 영국과 미국의 관련 판례, 학설을 살펴본다. 영국은 용역도 보험급여가 된다는 것이 대체적인 판례와 학설의 입장이고, 미국은 좀 더 다양한 입장들이 대립하고 있는 상황이다.

ii) 영국법

용역이 보험급여에 해당할 수 있는지에 대해서 판례는 긍정한다. 통설도 용역의 보험급여성을 긍정한다.[41] Department of Trade and Industry v. St. Christopher Motorists Association Ltd[42]에서, 가입자가 음주운전으로 인해 운전 자격을 상실한 경우 상대방이 대리운전 용역을 제공하는 약정이 체결됐는데, 대리운전 용역은 보험급여에 해당한다고 판시했다.[43]

---

40) 이에 관해서는 한기정, "보험업의 개념에 관한 연구", 보험법연구9−2, 2015

41) Clarke, *The Law of Insurance Contracts*, 2009, para. 1−1C; Birds, *Modern Insurance Law*, 2013, para. 1.6.5.

42) [1974] 1 W.L.R. 99

43) 관련 판례는 다음과 같다. ① Sentinel Securities Plc, Re [1996] 1 W.L.R. 316에서 이중유리 등 주택용 자재에 하자가 있는 경우 수리 또는 교체해 주는 워런티가 체결됐다. 법원(Chancery Division)은 수리 용역은 보험급여에 해당한다고 판시했다. ② Digital Satellite Warranty Cover Ltd, Re [2013] 1 W.L.R. 605에서, 위성TV 수신 장비가 고장 나면 이를 수리 또는 교체해 주는 워런티가 보험계약인지 여부가 다투어졌다. 워런티 제공자는 이 워런티가 보험계약이 아니라는 이유를 다음과 같이 주장했으나, 대법원(Supreme Court)은 수용하지 않았다. 첫째로, 워런티 제공자는 보험급여란 금전이어야 하므로 장비의 수리 또는 교

영국의 FCA[44]는 보험계약의 개념에 대한 규제지침을 두고 있다. 즉 FCA의 법령집(Handbook)에 포함되어 있는 규제지침은 법적 구속력이 없지만 규제실무에 미치는 영향력은 상당하다. 이에 따르면 용역도 보험급여가 될 수 있는데, 구체적 내용은 다음과 같다. 첫째, 일정한 대가를 지급받고 향후 우연한 사건이 발생하면 일정한 용역을 제공하기로 하는 약정은 보험이다(PERG art. 6.7.20). 다만 제공된 용역에 비례해서 요금이 부과되는 것이라면 보험이 아니다(PERG art. 6.7.21). 우연한 사고의 발생 여부와 무관하게 정기적으로 용역을 제공하는 약정은 보험이 아니다(PERG art. 6.6.4). 둘째, 일정한 대가를 지급받고 우연한 사건(피소 등)이 발생하면 변호용역을 제공하기로 한 약정은 보험이다(PERG art. 6.7.20). 하지만 실제로 제공되는 변호용역에 비례해서 요금이 부과되는 것이면 보험계약이 아니다(PERG art. 6.7.21). 셋째, 용역의 제공자가 그 제공 여부에 대해서 완전한 재량을 갖는 것이라면 보험이 아니다(PERG art. 6.6.1). 넷째, 보험의 요소가 존재하면, 보험 요소가 전체 용역에서 상당한 비중을 차지하는지, 그것이 제공자의 전체 영업에서 차지하는 비중이 상당한지 여부를 묻지 않고 보험으로 인정한다(PERG art. 6.6.7).

iii) 미국법

① 손해보상성 기준

이 기준은 용역제공의 목적이 손해보상인지 여부에 따라 보험성을 판단한다. 이에 의하면, 용역제공계약의 당사자가 직접 용역을 제공하는 경우는 손해보상이 아니고 단순히 용역제공일 뿐이므로 보험이 아니다.[45] 반면, 당사자가 아니라 제3자를 통해서 용역

체는 보험급여가 될 수 없다고 주장했다. 이에 대해서 대법원은 보험급여는 금전뿐만 아니라 이에 상당한 것도 가능하며, 수리 또는 교체는 금전에 상당하는 것이라고 판시했다. 둘째로, 워런티 제공자는 보험계약이란 손해를 보상하는 요소가 있어야 하는데, 장비의 수리 또는 교체는 손해의 보상이 아니라고 주장했다. 이에 대해서 대법원은, 장비를 수리 또는 교체하기 위해서는 비용이 들게 되는데, 이를 전보하기 위해 금전을 지급하는 것이 손해의 보상일 뿐만 아니라 수리 또는 교체를 제공하는 것도 손해의 보상이라고 판시했다. ③ Medical Defence Union Ltd v. Department of Trade [1980] 1 Ch. 82에서, 어떤 회사가 의사들을 대상으로 미리 일정한 대가를 받고 우연히 법률문제가 발생하면 그들을 위해서, (a) 소송을 대리하거나, (b) 손해배상책임에 대한 보상을 하거나, (c) 노사문제, 명예훼손 문제 등에 대해서 조언을 했는데, 이것이 보험계약인지 여부가 다투어졌다. 법원(Chancery Division)은 두 가지 이유로 부정했다. 첫째로, 용역제공의 법적 구속력 문제다. 이 사건은 용역의 제공 여부가 위 회사의 자유재량에 달려 있었다. 즉 회원인 의사들은 위 용역제공을 요구 또는 청구할 수 있는 권리는 갖지 못했고, 단지 요청하는 것만이 가능했다고 한다. 법원은 이 사건 용역제공의 약속이 법적 구속력을 갖지 못하므로 보험계약이 될 수 없다고 판시했다. 둘째로, 용역의 경제적 가치문제이다. 이 사건에서 (a)와 (b)의 용역이 갖는 경제적 가치가 물론 인정되었다. 다만 법원은 (c)의 조언 제공이 일종의 혜택(benefit)에 해당하는 것은 맞지만 경제적 가치가 있다고 보기 어렵다고 판시했다. 하지만, 조언 제공도 경제적 가치를 인정할 수 있다는 점에서 이 판시는 타당하지 않다는 비판을 받았다.

44) 영국의 FCA(Financial Conduct Authority)는 금융기관의 영업행위에 대한 규제기관이다.

45) 손해보상성 기준을 소개하고 있는 문헌으로는, Samini, "Third Party Extended Warranties and Service Contracts : Drawing the Line Between Insurance and Warranty Agreements", 54 Ohio St. L. J. 537 (1993), p. 554

이 제공되는 약정을 하면 이것은 손해보상이고, 따라서 보험이라고 한다.

하지만 이 기준을 지지하는 판례는 소수이다. 오히려 State Ex Rel. Attorney-General Et Al. v. Smith Funeral Service, Inc.[46]은 계약의 당사자가 장례용역을 직접 제공한 사건인데, 테네시 주 대법원은 보험으로 인정했다. Physicians' Defense Company v. O'Brien[47]은 의사로부터 일정한 수수료를 받고 의료과실과 관련하여 변호용역을 제공하는 계약에 관한 사건이다. 이것은 변호비용을 지원하는 것이 아니라, 계약의 당사자가 변호사를 고용하여 다른 당사자에게 변호용역을 제공한다. 미네소타 주 대법원은 변호용역의 제공은 해당 의사가 부담할 변호비용을 보상해 주는 것과 실질이 같으므로 보험에 해당한다고 판시했다. 이와 달리 계약의 당사자가 변호용역을 직접 제공하는 경우는 보험이 아니라고 한 판결로는 Vredenburgh v. Physicians Defense Company[48]가 있다. 이 사건에서 일리노이 주 항소법원은 변호용역의 제공은 변호사 수임계약에 불과하고 보험이 아니라고 판시했다. 그리고, 의료용역의 손해보상성을 부정한 판례로 Jordan v. Group Health Association[49]과 California Physicians' Service v. Garrison[50]이 언급되지만, 이것은 사고의 발생 여부와 무관하게 의료용역을 제공하는 사안이어서 손해보상성을 부정한 경우라고 보기 어렵다.

② 통제범위 기준

이것은 부보대상인 사고가 용역제공자에 의해 통제(control)될 수 있는 위험인지 여부를 기준으로 보험성을 판단한다. 이에 의하면, 물건의 판매자(또는 제조자)가 물건에 하자가 있는 경우 스스로 수리용역을 제공할 것을 약정하면, 하자의 위험이 판매자의 통제범위 내이기 때문에, 이것은 보험이 아니라고 본다. 한편 물건의 하자 이외의 사고가 발생한 경우 판매자가 수리용역을 제공하는 것이라면, 이러한 사고위험은 판매자의 통제범위 밖이기 때문에 보험이 될 수 있다고 본다. 또한 만약 판매자가 아닌 용역제공자가 물건에 하자가 생길 때 용역제공을 하는 약정을 하면, 이러한 하자위험은 용역제공자의 통제범위 밖이기 때문에, 이것은 보험이라고 본다.

이 기준을 지지하는 판례는 많다.[51] State ex rel. Duffy v. Western Auto Supply Co.[52]에서, 타이어의 판매자가 타이어의 바람 빠짐, 찢김, 흠 등에 대해 수리 또는 교체

---

46) 177 Tenn. 41 (1940)
47) 100 Minn. 490 (1907)
48) 126 Ill. App. 509 (1906)
49) 107 F.2d 239 (1939)
50) 172 P.2d 4 (1946)
51) Myerscouch, "Service Contracts : A Subject for State Insurance or Federal Regulation — Do Consumers Need Protection from the Service Contract Industry", 4 S. Ill. U. L. J. 587 (1979), p 602
52) 134 Ohio 163 (1938)

해 주겠다는 약정은 바람 빠짐 등이 판매자의 통제범위 밖의 위험이기 때문에 보험에 해당한다고 오하이오 주 대법원이 판시했다.[53)]

③ **주된 목적 기준**

이것은 용역제공계약의 주된 목적(purpose)이 보험인지 여부를 기준으로 보험성을 판단한다. 이에 의하면, 용역제공계약에 보험의 요소가 일부 포함되어 있다고 해도, 그것이 주된 목적이 아니라 부수적인 수준에 머문다면, 보험으로 분류하지 않는다.

Transportation Guarantee Company, Ltd. (A Corporation) v. Jellins[54)]은 화물자동차의 관리계약(motor truck maintenance contract)에 관한 사건이다. 자동차 보유자로부터 일정 금액을 지급 받고 자동차가 양호한 운행능력 상태에 있도록 유지, 관리할 의무를 부담하는 계약을 체결했고, 이 의무에는 주차공간의 제공, 자동차세 지급, 정기적인 세차 및 도색 등이 포함되어 있었다. 그리고 자동차에 손상이 생기면 수리 등을 제공하는 내용도 포함되어 있었다. 캘리포니아 주 대법원은 주차공간의 제공, 자동차세 지급, 정기적인 세차 및 도색의 제공의무는 우연한 사고의 발생을 조건으로 하지 않기 때문에 보험이 아니라고 판시했다. 다만 자동차에 손상이 생기면 수리 등을 제공하는 것에는 보험 요소가 있으나, 자동차의 손상에 의한 수리 등이 위 계약 전체에서 차지하는 비중이 작다는 점을 고려할 때, 이를 주된 목적이라고 볼 수 없으므로 위 계약은 보험이 아니라고 판시했다.

④ **규제필요성 기준**

이것은 보험으로 규제할 필요성이 있는지 여부를 기준으로 보험성을 판단한다. 이에 의하면, 보험의 요소를 갖추었다고 해도 반드시 보험으로 규제해야 하는 것은 아니다.[55)] 즉 보험규제의 이유를 고려해서 필요한 경우에만 규제하는 것이 바람직하다는 것이다. 보험을 규제하는 이유는 보험자가 부담하는 보험금지급채무의 가치가 그가 미래에 이 채무를 이행할 수 있는지 여부에 달려 있는데, 정보력 등이 약한 보험계약자가 그 가치를 측정하기 어렵기 때문에 보험자로부터 불공정한 취급을 받을 위험이 높고,[56)] 또한 보험

---

53) 또한 Rayos v. Chrysler Credit Corp. 683 S.W.2d 546 (1985)에서, 자동차 제조자가 자동차의 하자를 수리해 주겠다는 약정은 제조자의 통제범위 내의 위험이기 때문에 단순한 품질보증에 불과할 뿐이고 보험은 아니라고 텍사스주 항소법원이 판시했다.

54) 29 Cal. 2D 242 (1946)

55) Hellner, "The Scope of Insurance Regulation : What is Insurance for Purposes of Regulation", 12 Am. J. Comp. L., 494 (1968), p. 533. 이에 찬성하는 견해로는, McLemore, "Consumer Warranty or Insurance Contract? A View Towards a Rational State Regulatory Policy", 51 Ind. L.J. 1103 (1976), p. 1124; Myerscouch, "Service Contracts : A Subject for State Insurance or Federal Regulation — Do Consumers Need Protection from the Service Contract Industry", 4 S. Ill. U. L. J. 587 (1979), p. 610 등이 있다. 한편, Keeton/Widiss, *Insurance Law*, 1988, §8.3(c)는 규제필요성 기준과 주된 목적 기준이 모두 기준이 될 수 있다는 입장을 취한다.

56) Samini, "Third Party Extended Warranties and Service Contracts : Drawing the Line Between

이 공공성을 띠기 때문이라고 한다.57) 따라서 이러한 위험과 공공성이 충분히 나타나는 경우에는 보험규제를 해야 하지만, 그렇지 않은 경우는 보험규제를 할 필요가 없다는 것이다.

West & Co. Of La., Inc v. Sykes58)에서 사업주가 피용자들에게 의료혜택을 제공했을 때, 피용자가 제공받을지 여부를 스스로 선택할 수 있었고 엄격한 보험계리가 적용되기보다는 실질적으로 사업주가 상당한 경제적 부담을 져서 피용자의 입장에서는 지급한 수수료보다 받은 혜택이 더 많았다. 아칸소 주 대법원은 이 제도를 보험으로 규제할 필요가 없다고 판시했다. GAF Corporation v. County School Board of Washington County에서 연방 항소법원이 보험 요소가 소량인 경우는 보험규제의 필요성이 크지 않다고 판시했다.59)

ⅳ) 결론

먼저 손해보상성 기준에 의하면, 용역제공계약의 당사자가 직접 제공하는 용역은 손해보상이 아니라고 하지만, 그것은 우연한 사고로 인해서 소요될 비용을 보상, 즉 손해를 보상하는 것과 그 실질이 같다고 보아야 한다는 비판을 받는다. 손해보상성 기준을 채용한 대판 2014.5.29. 2013도10457은 이 점에서 의문이다. 다음, 통제범위 기준에 따르면, 물건의 하자와 관련하여 판매자(또는 제조자)가 수리 등의 용역제공을 하는 경우에는 보험성이 부인되는데, 판매자(또는 제조자)의 입장에서도 물건의 하자는 불확실한 사고일 수 있다는 점에서 미리 대가를 받고 하자의 발생 시에 용역제공을 하는 경우 보험성이 인정될 여지가 있다. 또한 주된 목적 기준은 용역제공 계약의 주된 목적이 무엇인지에 따라서 보험성을 판단하는 것인데, 보험 요소가 주된 목적이 아니라고 해서 언제나 보험업으로 규제하지 않는 것도 지나치다고 본다.60) 보험 요소가 부수적 목적이라고 해도 영

Insurance and Warranty Agreements", 54 Ohio St. L. J. 537 (1993), p. 539

57) Spahn, "Service Warranty Associations : Regulating Service Contracts as "Insurance" under Florida's Chapter 634", 25 Stetson L. R. 597 (1996), p. 607; Appleman, *Insurance Law and Practice*, 1982, §10321

58) 257 Ark. 245 (1974)

59) ① GAF Corporation v. County School Board of Washington County 629 F.2d 981 (1980)에서, 지붕 자재의 판매자가 그 하자에 대해서 수리 또는 교체를 약정하는 한편, 이에 부수하여 시공 실수로 지붕이 새는 경우에 이를 수리할 것을 약정한 경우에, 후자를 보험으로 규제할 것인지가 다투어졌다. 연방 항소법원은, 후자가 소량의 보험 요소(a small element of insurance)에 불과하고 여기에 보험규제를 통해서 제거해야 할 해로움이 나타난다고 보기 어려우므로 보험으로 취급하지 않는다고 판시했다. ② Truta v. Avis Rent A Car System, Inc. 193 Cal. App. 3d 802 (1987)에서, 자동차 임대업자가 자동차를 임대하면서 임차인의 임대차량 훼손으로 인한 손해배상책임을 면제하는 약정을 별도로 체결했다. 이 면제 약정은 위험을 이전하고 분산하는 요소가 포함되어 있다고 볼 여지가 충분하지만, 이러한 사실만으로 이 약정이 규제목적상 보험이라고 볼 것은 아니라고 캘리포니아 주 항소법원이 판시했다. 그 이유는, 이 약정에 따라 임대인은 임차인에게 일정한 급부의 지급을 약속한 것이 아니라 임차인에게 책임을 면제해 주는 것에 그치므로 임대인은 준비금을 쌓을 필요가 없는 것이고, 따라서 규제목적의 관점에서 보면 건전성 규제가 필요 없기 때문이라는 것이다.

60) 김선정, "무허가 보험업의 판단기준", 생명보험442, 2015, 55면

업의 전체 규모가 큰 경우는, 보험 요소가 상대적 비중은 작더라도 규제필요성의 관점에서 결코 경미하다고 보기 어렵기 때문이다.

결국 규제필요성 기준이 가장 타당하다고 본다. 보험급여가 용역으로 제공된다고 해도 보험의 요소는 갖춘 것이라고 보아야 한다. 다만 보험급여가 용역으로 제공되는 경우에 규제필요성이 인정되지 않는다면 보험으로 규제하지 않는 것이 합리적일 것이다. 하지만 규제필요성이 인정되지 않는 경우는 엄격하게 해석할 필요가 있을 것이다. 보험급여가 용역으로 제공된 사안은 아니지만 규제필요성 기준에 대해서 판시했던 부산지법 1992.2.19. 91가합3591이 참고할 가치가 있다. 동 판결에 의하면, "어느 사회나 단체가 그 구성원이 적립하여 둔 일정액의 금전을 가지고 불행을 당한 각 그 구성원들을 위하여 영위하는 공제사업이라 할지라도 그 사업이 다른 법률에 특별한 근거규정을 갖고 있다든가, 공제가입자의 수가 극히 한정되고 지역, 직역 등에 의한 인적 결합이 강하여 공적 감독의 필요가 없을 정도로 단체가 구성원의 자치에 의하여 잘 운영되고 있거나, 그렇지 않으면 공제사업의 목적이 단순히 소액의 부조금의 지불에 의한 동료의 원조에 있고 구성원 각자에게 공제금을 받을 권리까지를 보장하기 위하여 공적 감독을 할 필요는 없다고 명백히 인정되는 경우가 아닌 한 역시 보험업법상의 보험사업에 해당한다고 보아야 할 것이다."

5) 기타

판례는 무엇이 보험업법상 보험업에 해당하는지는 명칭이나 형식이 아니라 실질로 판단해야 한다는 입장이다. 대판 1989.1.31. 87도2172에서, 보험업법은 보험사업의 단체성, 사회성 등으로 인한 국가와 사회경제생활에 미치는 영향을 고려하여 그 사업에 대하여 정부의 허가를 받도록 하고 있을 뿐만 아니라 각종 감독에 관한 규정을 두고 있으므로, 보험사업의 규제를 위한 위 법률의 정신에 비추어 볼 때 보험사업의 범위는 그 사업의 명칭이나 법률적 구성형식에 구애됨이 없이 그의 실체 내지 경제적 성질에 즉응하여 해석해야 한다고 판시했다.[61] 또한 판례는 비영리적이거나 구성원이 한정되어 있는지 여부는 보험업법상 보험업에 해당하는지를 판단함에 있어 고려요소가 아니라고 본다.[62]

---

61) ① 대판 1989.1.31. 87도2172에서, 회원이 입회비 및 상조비를 낸 후 일정 기간 내에 사망하는 등의 경우 상조부의금 등을 지급하는 상조사업이 보험업인지가 문제됐는데, 상조 등이 보험용어는 아니나, 그 실질이 보험업이라고 판시했다. 대판 1990.6.26. 89도2537도 상조사업과 관련된 동일한 내용의 판결이다. ② 대판 2001.12.24. 2001도205에서, 회원이 연회비를 납부한 후 일정한 도로교통법시행령 위반행위를 범하면, 그 범칙금의 상당액을 대납해 주는 '라이센스 보장업'이 보험업인지가 문제됐는데, 라이센스 보장 등이 보험용어는 아니나, 그 실질이 보험업이라고 판시했다. ③ 대판 2013.4.26. 2011도13558에서, 지급보증서를 발급하는 대가로 채무자로부터 수수료를 받고, 채무자가 채무를 이행하지 않으면 보증금액 범위에서 채권자에게 손해를 보상하는 영업이 보증보험업인지가 문제됐는데, 지급보증서 등이 보험용어는 아니나, 그 실질이 보험업이라고 판시했다.

62) 대판 1993.12.24. 93도2540

2. 보험 인접분야와의 비교

보험의 정의를 도박, 예금, 보증, 공제 등의 정의와 비교해 보면, 보험의 정의를 혼동하지 않고 분명하게 이해하는 데 도움이 될 수 있다. 보험과 비교적 구분하기 쉬운 예금부터 비교해 보기로 한다.

(1) 예금

예금이란 은행 등 예금업무를 운영하는 금융기관에 일정한 금액을 맡기면 이후에 일정한 급여(원금 및 이자)가 지급되는 제도를 가리킨다.[63] 이 상환은 불확정한 사고의 발생 여부와 무관하다. 하지만 보험은 불확정한 사고가 발생한 경우에만 보험금이 지급된다는 점에서 예금과 다르다. 생존보험의 경우 보험사고인 생존 시에만 보험금이 지급된다. 하지만 생존은 사고라고 생각하지 않을 수 있어서 생존보험은 예금과 혼동될 수 있다. 생존보험금이 마치 원금과 이자의 상환처럼 보일 수 있기 때문이다. 그러나 생존보험은 생존이 보험사고이므로, 생존 시에만 보험금이 지급되고 사망 시에는 지급되지 않는다는 점에서, 예금이 아니고 보험이다.

(2) 신탁

신탁(trust)이란, 신탁을 설정하는 자(위탁자)와 신탁을 인수하는 자(수탁자) 간의 신임관계에 기하여, 위탁자가 수탁자에게 특정의 재산을 이전하거나 담보권의 설정 등을 하고, 수탁자로 하여금 일정한 자(수익자)의 이익 또는 특정의 목적을 위하여 그 재산의 관리, 처분, 운용, 개발, 그 밖에 신탁 목적의 달성을 위하여 필요한 행위를 하게 하는 법률관계를 가리킨다(신탁법 2조). 반대급여에 영향을 주는 수탁자의 재산관리 등의 행위는 불확정한 사고의 발생 여부와 무관하다. 따라서 이 점에서 불확정한 사고가 발생한 경우에만 보험금이 지급되는 보험과 다르다.

그리고 신탁의 한 종류로서, 생명보험의 보험금청구권을 신탁재산으로 하는 생명보험신탁(life insurance trust)이 있다.[64] 이것은 보험이 아니라 신탁이다. 여기에는 기업생명보험신탁과 개인생명보험신탁이 있는데, 후자는 유족의 안정적 생활보장을 목적으로 하는 것으로, 가령 피보험자의 사망으로 인한 보험금이 피보험자의 배우자 또는 자녀에게 즉시 지급되기보다는 그들을 수익자로 해서 적절하게 투자·관리할 수 있는 수탁자에게 일정기간 귀속되었다가 그들에게 지급되기를 희망하는 경우에 이용된다.

---

63) 요즈음 이자가 없는 예금이 등장한 나라도 있다.

64) 한기정, "생명보험신탁의 법적 문제에 관한 고찰", 보험금융연구20-2, 2009

(3) 금융투자

보험과 금융투자는 어떻게 구분되는가? 반대급여가 불확정한 사건의 발생에 영향을 받는다는 점은 양자가 같다. 가령 주식의 경우 기업 가치의 변화에 따라 그 가치가 결정된다. 주주의 입장에서 기업 가치의 변화가 불확정한 것은 사실이다. 그런데 금융투자는 불확정한 사실의 발생으로 손해 또는 이익이 생긴다는 점이 특징이다. 자본시장법 3조 1항은 금융투자상품을 "이익을 얻거나 손실을 회피할 목적"으로 취득하는 권리라고 정의하고 있다. 이와 달리 보험은 불확정한 사고로 인한 손해의 발생을 전제로 한다는 점에서 다르다. '손해'와의 관련성을 강조하기 위해서 보험에서는 '사건'보다는 '사고'라는 표현을 주로 사용한다.

금융파생상품과 손해보험과의 구분은 논란거리다. 금융파생상품 중에는 전통적으로 보험 분야에서 불확정한 사고로 활용되어 온 날씨, 재해 등과 연계시켜 불확정한 사건을 설정한 것들이 있고, 이들의 손해보험과의 관계가 문제되는 것이다. 생각건대, 실제 발생한 손해를 전보하는 것이 계약의 주된 목적인지, 피보험이익이 존재하는지, 급부의 대가로 위험이 이전하는지 등을 기준으로 판단할 수밖에 없을 것이다.[65)]

(4) 도박

보험과 도박은 어떻게 구분되는가? 보험과 도박은 사행계약이라는 점에서 비슷하다. 불확정한 사건의 발생에 의해서 반대급여가 지급되기 때문이다. 하지만 급여의 목적이 다르다. 도박의 급여는 이익 제공이 목적이다. 하지만 보험의 급여는 손실 보상이 목적이다. 물론 급여가 이득을 주는 내용이라고 해서 모두 도박인 것은 아니다. 공서양속의 관점에서 부당한 이득이라고 평가되는 경우에만 도박이 된다. 따라서 금융투자, 합법적 복권은 도박으로 보지 않는다. 보험은 손실을 보상하는 것이지 이득을 주는 것이 그 목적은 아니다. 그러나 이러한 이득금지가 보험에서 반드시 관철되어야 하는가? 이는 보험과 도박의 경계 문제이기도 하다. 사고로 인한 손해 보상의 목적성을 띤다면, 엄격하게 이득금지를 강제할 이유는 없다(통설). 다만 이득금지 원칙을 지나치게 완화해서 적용하면, 보험이 실질적으로 도박이 될 수 있으므로 일정한 제한이 필요하다.

(5) 보증

보증은 보험과 혼동되기 쉽다. 심지어 보증과 보험이 혼합되어 있는 보증보험이 존

---

65) 안재홍 · 양승현, "개정 보험업법상 보험상품의 정의에 관련된 이슈 검토", 보험법의 현대적 과제, 2013, 13면 이하

재할 정도로 양자는 가깝지만 그래도 구분되는 개념이다. 자세한 것은 보증보험에서 논의하기로 하고, 여기서는 주요한 구분기준에 대해서 언급한다.

첫째, 사고의 우연성(비인위성) 문제이다. 보증은 주채무자의 고의로 인해 주채무가 불이행되어도 이를 이유로 보증채무자가 면책을 주장할 수 없는 것이 원칙이다. 이와 달리 보험은 보험계약자 등의 고의(또는 중과실)로 야기한 사고에 대해서 보험자가 면책되는 것이 원칙이다(상법 659조 등).

둘째, 자기채무인지 타인채무인지, 그리고 이에 따른 구상권 문제이다. 보험자의 보험금지급채무와 보증인의 보증채무는 자기의 채무인지 여부에서 차이가 있다. 보증인이 보증채무를 이행하는 경우, 채권자와의 관계에서는 자신의 채무를 이행하는 것이지만, 주채무자와의 관계에서는 실질적으로 타인의 채무를 이행하는 것이 된다(통설). 그 결과 보증인은 주채무자에게 구상권을 갖는다. 이와 달리, 보험자가 보험사고의 발생으로 인해 보험금을 지급하는 것은 자신의 채무를 이행하는 것이 된다. 따라서 보험금을 지급하였다고 해도 보험자에게 구상권은 허용되지 않는다.[66] 손해가 제3자의 행위로 인하여 생긴 경우에 보험금을 지급한 보험자는 제3자에 대한 보험계약자 또는 피보험자의 권리를 취득할 수 있는데(상법 682조), 이러한 청구권대위는 구상권과 다른 것이다. 청구권대위는 보험자가 제3자(타인)의 채무를 대신 이행하였기 때문에 인정되는 것이 아니라, 제3자가 부당하게 면책되는 것을 막기 위해서 인정되는 것이다. 이에 대해서는 청구권대위에서 상술한다.

(6) 공제[67]

공제는 일정한 단체에 속한 구성원들 사이에 불확정한 사고에 대비한 상호부조다. 공제는 보험과 비교할 때 실질적인 차이는 없다. 다만 근거 법률이 다를 뿐이다. 우리 법제는 보험업법에 근거하면 보험업, 기타 법률에 의하면 대개 공제라고 칭한다. 법적 근거가 없는 상태에서 공제를 영위하면 무허가 보험업에 해당하여 보험업법 등에 따른 형사처벌을 받게 된다.[68]

주요한 공제와 그 근거법률(괄호 안)을 보자. 수협공제(수산업협동조합법), 신협공제(신용협동조합법), 새마을금고공제(새마을금고법), 교직원공제(한국교직원공제회법), 건설공제(건설산업기본법), 자동차공제(화물자동차운수사업법, 여객자동차운수사업법) 등이 대표적인 공제다. 2011년 이전의 농협공제(농업협동조합법)는 국내 최대 규모의 공제였으나, 2011년에 농업협동조합법의 개정을 통해서 보험업법에 의한 보험업으로 탈바꿈하여 보험회사인 농협생명

66) 대판 1992.5.12. 92다4345 참고
67) 이에 관해서는 한기정, "상호보험 · 공제 · 우체국보험의 적용법규에 대한 고찰", 보험법연구2-1, 2008
68) 보험업법 4조 1항, 200조 1호, 그리고 '유사수신행위의 규제에 관한 법률' 3조, 6조 1항

보험(주)과 농협손해보험(주)이 되었다.

공제는 법적 성격이 보험업법상 상호보험과 유사하다. 후술하는 바와 같이 보험업법상 상호보험이란 보험자인 단체가 자신의 구성원에게 제공하는 보험으로서 영리성을 띠지 않는다. 공제도 일정한 단체에 속한 구성원에게 제공하는 보험이고,[69] 비영리가 목적이기 때문에 상호보험과 유사하다. 상법 664조에 의하면, 상법 보험편은 성질에 반하지 않는 범위 내에서 상호보험, 공제, 그 밖에 이에 준하는 계약에 준용한다고 규정한다. 이 중에서 공제에 대한 준용 부분은 2014년 상법 개정을 통해서 신설된 것이다. 개정 이전의 상법 664조는 상호보험은 성질에 반하지 않는 범위에서 상법 보험편을 준용한다고만 규정하고 있었다. 하지만 2014년의 개정 이전에도 공제에는 상법 보험편이 준용되고 있었다. 즉 판례와 통설은 공제를 상호보험과 실질이 같다고 보고 상법 664조를 유추적용 했던 것이다. 2014년 상법 개정은 기존의 판례와 통설을 상법에 반영한 것이다. 기존의 판례를 살펴보면, 대판 1995.3.28. 94다47094에서, 구 육운진흥법 8조, 동법시행령 11조의 규정에 의하여 자동차운송사업조합이나 자동차운송사업조합연합회가 하는 공제사업은 비록 보험업법에 의한 보험사업은 아닐지라도 그 성질에 있어서 상호보험과 유사한 것이므로, 결국 위 공제사업에 가입한 자동차운수사업자가 공제사업자에 대하여 갖는 공제금청구권의 소멸시효에 관하여도 상법 664조의 규정을 유추적용하여 상법 662조의 단기소멸시효에 관한 규정을 준용해야 한다고 판시했다. 이외에도 공제의 실질이 상호보험이라고 보았던 판례는 적지 않다.[70]

3. 보험의 종류

상법 보험편은 보험의 종류별로 적용 범위가 달라질 수 있다. 이하에서는 사보험과 공보험, 영리보험과 상호보험, 손해보험과 인보험, 가계보험과 기업보험 등의 순서로 보험의 종류를 살펴보자.

---

69) 단체의 구성원이 아닌 자도 공제를 이용할 수 있는 경우가 있다. 예를 들면, 수산업협동조합은 조합원의 이용에 지장이 없는 범위 내에서 비조합원이 수협공제를 이용하게 할 수 있다(수산업협동조합법 61조 1항 본문, 107조 2항 본문, 112조 2항, 139조 1항 본문). 이 점에서는 상호보험과 차이가 있다.

70) 대판 1996.12.10. 96다37848(자동차운송사업조합연합회의 공제사업); 대판 1998.3.13. 97다52622(수산업협동조합중앙회의 선원보통공제); 대판 1999.8.24. 99다24508(주택사업공제조합의 지급보증); 대판 2009.7.9. 2008다88221(건설공제조합의 하도급대금지급보증); 대판 2014.10.27. 2014다212926(공인중개사협회의 공제); 대판 2022.5.26. 2020다301186(학교안전공제중앙회의 학교배상책임공제) 등

(1) 공보험과 사보험

1) 개관

공보험과 사보험은 목적에 따른 구분이다. 공보험의 목적은 공공정책의 실현이다. 공공정책이란 국가, 지방자치단체 등의 사회복지정책, 경제정책 등을 가리킨다. 사보험의 목적은 순수한 사경제적 작용이다. 공보험과 사보험은 목적의 차이로 인해 운영 면에서 상당한 차이를 보인다. 무엇보다도 사보험의 보험계약은 사적 자치가 중심을 이루나, 공보험의 보험계약은 사적 자치가 제한된다. 그리하여 사보험의 보험계약에는 상법 보험편이 적용되나 공보험은 그렇지 않은 것이 원칙이다. 나아가 보험기술이 사보험에서는 온전히 적용되는 것이 보통이나, 공보험에서는 일부 수정하여 적용되기도 한다. 다만 오늘날 공보험과 사보험의 두 가지 성격을 모두 갖고 있는 경우도 나타나고 있다.

2) 사보험

사보험은 순수한 사경제적 작용을 목적으로 하는 보험이다. 여기서 사경제적 작용이란, 영리추구, 상호부조 등을 가리킨다. 그리고 이러한 목적에 부합할 수 있도록 보험자와 보험계약자 사이의 보험관계는 사법관계로서 사적 자치의 원칙이 지배하게 된다.

i) 보험업법에 의한 보험업

보험업법에 의한 보험업은 사보험의 전형이다. 이것은 보험회사가 운영하는 영리보험 또는 상호보험을 가리킨다. 여기에는 보험업법이 보험규제법 또는 보험감독법으로 적용된다. 그리고 상법 보험편이 보험계약법으로 적용, 준용된다. 즉 상법 보험편이 영리보험에 전면적으로 적용된다. 그리고 상법 보험편은 성질이 반하지 않는 범위에서 상호보험에 준용된다(상법 664조). 영리보험과 상호보험의 구분에 대해서는 후술한다.

ii) 공제

공제의 실질은 사보험이다. 공제의 실질이 보험업법상 상호보험과 유사함은 전술하였다. 보험업법에 의한 보험업과 구분하기 위해서 공제라는 명칭이 사용된다. 보험규제법으로서 보험업법이 아니라 각자의 근거가 되는 법률이 적용되고, 보험계약법으로는 상법 보험편이 성질에 반하지 않는 범위에서 준용된다(상법 664조).

iii) 우체국보험

'우체국예금 · 보험에 관한 법률'(우체국예금보험법)에 근거하는 우체국보험은 보험의 보편화를 목적으로 국가가 운영하는 보험이다(동법 1조). 우체국보험은 국가가 경영하고 과학기술정보통신부장관이 관장한다(동법 3조). 비록 보험의 보편화라는 목적이 있다고 해도, 우체국보험의 실질을 공보험이라고 보기는 어렵다.[71] 비록 공보험의 색채가 있다고 해도 그것은 옅은 것이다. 그래서 민영화 대상으로 종종 거론된다.

우체국보험의 실질이 사보험이라는 점을 고려하면, 보험계약법으로 상법 보험편이 적용되어야 한다. 하지만 직접 적용될 여지는 많지 않다. 우체국예금보험법이 보험계약 관계를 규율하는 규정을 독자적으로 마련하고 있기 때문이다. 즉 동법은 우체국 보험계약에 관한 규정(25조-46조의2)을 두고, 상법 보험편의 639조, 643조, 655조, 662조, 731조, 733조, 734조를 준용한다(50조). 한편, 판례는 보험업법상 보험회사의 사용자책임에 관한 규정(102조)이 우체국보험에도 적용된다는 입장이며,[72] 이는 타당하다.[73] 다만, 지금은 보험업법 102조가 삭제되고 금융소비자법상 사용자책임(45조)이 그 역할을 대신하고 있으므로,[74] 후자가 우체국보험에 적용된다고 보면 된다.

ⅳ) 의무적 자동차보험

자동차보험은 사보험에 속한다. 다만 자동차보험 중에서 의무적으로 가입해야 하는 자동차책임보험에는 공보험의 성격이 나타난다.[75] 의무적 자동차책임보험에서 공보험성을 띠게 한 취지는 자동차 운행으로 인한 사고의 피해자를 두텁게 보호하기 위해서다. 의무적 자동차책임보험은 사보험과 마찬가지로 보험회사 또는 공제가 운영하지만, 위와 같은 공보험성 때문에 사적 자치가 일정하게 제한된다.

사적 자치의 제한내용은 다음과 같다. 자동차손배법에 의하면, 자동차 보유자는 일정한 자동차 대인배상책임보험, 대물배상책임보험에 의무적으로 가입해야 하고, 보험자는 계약의 체결을 거부할 수 없다(동법 5조, 24조). 의무적 자동차책임보험에 대해, 보험금

---

71) 박세민 14면; 양승규 32면

72) 대판 2007.9.6. 2007다30263(보험업법은 1조에서 "이 법은 보험업을 영위하는 자의 건전한 운영을 도모하고 보험계약자·피보험자 그 밖의 이해관계인의 권익을 보호함으로써 보험업의 건전한 육성과 국민경제의 균형 있는 발전에 기여함을 목적으로 한다."고 규정하고, 같은 법에서 사용하는 용어의 정의에 관하여 2조 5호에서 "보험회사라 함은 4조의 규정에 의한 허가를 받아 보험업을 영위하는 자를 말한다."고 규정하며, 102조 1항 본문에서 "보험회사는 그 임원·직원·보험설계사 또는 보험대리점이 모집을 함에 있어서 보험계약자에게 가한 손해를 배상할 책임을 진다."고 규정하고 있고, 한편 '우체국 예금·보험에 관한 법률'은 3조에서 "우체국예금사업과 우체국보험사업은 국가가 경영하며, 정보통신부장관이 이를 관장한다."고 규정하고 있는바, 위 보험업법 102조 1항의 규정은 보험모집에 관하여 보험계약자에게 가한 손해에 대하여 보험사업자에게, 그 손해가 보험사업자의 임원·직원의 행위로 인한 경우에는 무과실책임을 지우고 보험모집인과 보험대리점의 행위로 인한 경우에는 무과실책임에 가까운 손해배상책임을 지움으로써 보험계약자의 이익을 보호함과 동시에 보험사업의 건전한 육성을 기하고자 하는 데 그 의의가 있는 것으로서, 보험업법 1조가 정한 동법의 목적 및 102조 1항의 입법취지에 비추어 보면, '우체국 예금·보험에 관한 법률' 3조에 의거하여 보험사업을 경영하는 국가 역시 '국가로부터 허가를 받아 보험업을 영위하는 자'와 마찬가지로 그 소속 직원이 보험모집을 함에 있어 보험계약자에게 가한 손해에 대하여는 보험업법 102조 1항에 따라 이를 배상할 책임을 진다고 보아야 할 것이다)

73) 위 판례에 대한 평석으로, 한기정, "상호보험·공제·우체국보험의 적용법규에 대한 고찰", 보험법연구2-1, 2008, 30-35면

74) 이에 관해서는 제2편 제1장 제3절 참조

75) 박세민 14면; 양승규 32면; 장덕조 25면

가불제도를 두고(동법 11조), 자동차보험진료수가 기준을 고시하며(동법 15조), 보험계약의 해지·해제를 제한하고(동법 25조), 자동차 양도가 있으면 일정 기간 양도인의 권리의무가 양수인에게 승계의제되는(동법 26조) 등 사적 자치가 제한된다.

하지만 의무적 자동차책임보험이 순수한 공보험이라고 보기는 어렵다. 피해자 보호를 위해서 사적 자치를 일부 제한했을 뿐 나머지는 사보험과 같은 방식으로 운영되고 있기 때문이다. 즉 순수한 공보험과 달리, 운영주체가 보험회사 또는 공제이고, 위와 같은 자동차손배법의 규정을 제외하면 보험업법 및 상법 보험편이 전면적으로 적용되는 것이다. 의무적 자동차책임보험을 공보험이 아니라 사보험 부분에서 기술하는 것은 이러한 이유 때문이다.

3) 공보험

4대 사회보험은 공보험의 대표적인 예이며 그 목적은 사회복지정책의 실현이다. 4대 사회보험으로는, 국민건강보험(국민건강보험법), 국민연금(국민연금법), 산업재해보상보험(산업재해보상보험법), 고용보험(고용보험법) 등이 있다. 이외에도, 군인보험(군인보험법) 등이 있다. 그리고 경제정책의 실현이 목적인 공보험으로는 무역보험(무역보험법), 예금보험(예금자보호법) 등이 있다.

공보험의 특징을 국민건강보험에서 살펴보자. 그 목적은 국민보건 향상과 사회보장 증진에의 기여이고(국민건강보험법 1조), 국민건강보험공단이 보험자이며(동법 13조), 국내거주 국민은 가입이 강제되고(동법 5조), 계약이 아니라 법률에 의해서 보험관계가 성립·존속·변동되며(동법 5조−11조), 보험료·보험급여 등의 보험관계는 공법관계로서 행정소송의 대상이고(동법 87조, 90조), 보험료는 소득, 재산, 생활수준 등을 기준으로 부과하되 고령자, 장애인 등에 대해서는 경감하며(동법 69조−72조, 75조), 국가예산·국민건강증진기금의 자금지원을 받는다(동법 108조의2). 다만 국민건강보험의 위 특징들이 모든 공보험에 공통적이고 획일적으로 발현되는 것은 아니며, 공보험의 종류에 따라 어느 정도 차이가 있다. 예를 들면, 무역보험은 사법관계이지 공법관계가 아니므로 행정소송이 아니라 민사소송의 대상이다.[76]

공보험의 법률관계에는 상법 보험편이 원칙상 적용되지 않는다. 공보험의 위와 같은 특징들을 고려해서, 공보험의 근거 법률들은 해당 보험관계를 규율할 규정을 두고 있고, 또한 규정이 없는 부분은 해당 보험약관이 보충하고 있기 때문이다. 다만 근거법률 또는 보험약관에 규정이 없는 경우라면, 상법 보험편을 유추적용할지의 문제가 남는다. 성질이 상반되지 않는 범위 내에서 유추적용이 가능하다고 할 것이다. 성질이 상반되는지 여부는 구체적·개별적으로 판단할 문제이다. 청구권 대위에 관한 상법 682조 단서가

76) 대판 1993.11.23. 93누1664

국민건강보험에 유추적용되는지 여부와 관련하여, 판례는 부정한 바 있다.[77] 무역보험의 경우에는 사인 사이의 법률관계와 달리 취급할 이유가 많지 않으므로, 상법 보험편이 (유추)적용될 여지가 많다.

(2) 영리보험과 상호보험

영리보험과 상호보험은 사경제적 목적, 즉 영리추구 또는 상호부조를 목적으로 하므로 사보험에 속한다. 영리보험과 상호보험의 차이는 영리를 추구하는지 여부, 사원관계와 보험관계 사이의 관련성 유무 등에 있다.

1) 영리보험

영리보험은 영리를 목적으로 하는 보험이다. 영리보험을 운영하려면 보험업법에 따라 금융위원회의 허가를 받아야 한다(보험업법 4조 1항). 영리보험의 운영주체는 법적 형태가 주식회사인 보험회사이다(보험업법 2조 6호, 18조 이하). 여기서 주식회사란 상법에 의해 설립되는 상법상 주식회사다. 주식회사는 출자의무를 부담하는 사원인 주주[78]로 결합된 사단법인이며, 주주와 주식회사 사이에는 사원관계가 형성된다. 의결권, 출자의무 등이 사원관계의 내용이 된다. 영리보험의 사원관계에는 보험업법상 주식회사인 보험회사의 특칙(보험업법 18조-33조)이 적용되고, 특칙에 정함이 없는 사항은 상법 제3편(회사) 중에서 1장(통칙) 및 4장(주식회사)이 적용된다.

위와 같은 영리보험은 상호보험과 비교할 때 다음과 같은 특징을 갖는다. 첫째, 영리보험은 영리성을 띤다. 둘째, 영리보험에서 보험관계와 사원관계는 완전히 별개이다. 사원관계는 주식회사인 보험회사의 주주가 됨으로써만 성립하고, 보험관계는 동 보험회사와 보험계약을 체결할 때만 성립할 수 있다. 주식회사인 보험회사의 주주가 되었다고 해서 당연히 보험관계가 성립하는 것은 아니다. 셋째, 보험계약에 대해서 상법 보험편이 전면 적용된다.

2) 상호보험

상호보험은 상호부조를 목적으로 하는 보험이다. 상호보험에는 보험업법에 의한 상호보험과 선주상호보험조합법에 의한 선주상호보험이 있다.

i) 보험업법에 의한 상호보험

상호보험을 운영하려면 보험업법에 따라서 금융위원회의 허가를 받아야 한다(보험업

---

77) 대판 2002.12.26. 2002다50149

78) 우리 상법상 회사는 출자의무를 부담하는 사원으로 결합된 사단법인이다. 주식회사에서 그러한 사원을 주주라고 부른다.

법 4조 1항). 우리나라에 이러한 상호회사가 존재한 예는 아직 없다. 상호보험의 운영주체는 법적 형태가 상호회사인 보험회사이다(보험업법 2조 6호). 상호회사는 보험업법에 의해 설립되는 특수한 회사이며(보험업법 2조 7호), 영리추구가 목적이 아니므로 상법상 회사(상법 169조)는 아니다. 상호회사는 출자의무를 부담하는 사원으로 결합된 사단법인이며, 사원과 상호회사 사이에는 사원관계가 형성된다. 의결권, 출자의무 등이 사원관계의 내용이 된다. 상호보험의 사원관계에는 상호회사인 보험회사의 특칙(보험업법 34조-73조)이 적용되고, 준용규정들(보험업법 43조 등)에 의해서 상법 규정이 준용된다.

위와 같은 상호보험은 영리보험과 비교할 때 다음과 같은 특징을 갖는다. 첫째, 상호보험은 비영리성을 띤다.

둘째, 상호보험에서는 보험관계와 사원관계가 병존한다. 상호회사는 보험계약자를 사원으로 하는 회사(보험업법 2조 7호)이다. 상호회사인 보험회사의 사원이 된다는 것은 동 회사와 보험계약관계에 서게 된다는 것을 의미한다. 상호보험에서는 보험계약자의 지위와 사원의 지위가 일치하며, 보험관계에는 반드시 사원관계가 수반되고, 역으로 사원관계에는 보험관계가 반드시 수반된다. 이러한 이유에서, 상호보험은 상호회사가 자신의 사원에게 제공하는 보험이라고도 말할 수 있다.

먼저, 사원관계를 살펴보자. 사원은 간접책임과 유한책임을 진다. 즉, 사원은 보험료지급의무를 부담하는데(보험업법 47조), 이것으로 사원의 출자의무는 대체된다. 사원은 상호회사의 채권자에 대하여 직접적인 의무를 지지 않고, 상호회사의 채무에 관해서 보험료를 한도로 책임을 진다(보험업법 46조-47조). 사원은 정관에서 달리 정하지 않는 한 사원총회에서 1개의 의결권을 가진다(보험업법 55조). 보험관계가 소멸하면 사원관계도 소멸한다(보험업법 66조 1항 2호).

다음, 보험관계를 살펴보자. 사원의 보험관계 중에서 중요한 사항(보험계약의 종류, 보험금액 및 보험료)은 사원명부에 기재된다(보험업법 52조 2호). 사원이 아닌 자는 보험관계를 가질 수 없다(보험업법 2조 7호). 따라서 사원관계가 소멸하면 보험관계도 소멸한다. 사원은 보험관계에 기초한 각종의 권리의무를 가진다. 특이한 점은, 상호회사는 정관으로 보험금액의 삭감에 관한 사항을 정해야 하고(보험업법 49조), 상호회사의 청산 시에 보험금청구권 등 보험관계상 채권이 일반채권에 비해 후순위(보험업법 72조)라는 것이다. 이것은 상법 보험편의 보험계약 관계에서 볼 수 없는 점이다. 이러한 이유에서 사원의 보험관계가 '보험계약의 관계'인지에 대해서 의문이 제기되기도 한다.[79)]

셋째, 보험관계에는 성질에 반하지 않는 범위에서 상법 보험편이 준용된다(상법 664

79) 일본의 경우 1995년 보험업법이 개정되기 이전에는 전술한 우리나라 보험업법 49조, 72조와 같은 규정이 있었다. 일본에서는 이러한 규정으로 인해 상호회사의 보험관계는 보험계약관계가 아니라는 입장이 지배적이었다고 한다. 이에 대해서는 山下友信, 保険法, 2005, 83-84면 참조.

조). 다만 보험업법에 특칙이 있으면 이것이 우선하여 적용된다. 이러한 특칙으로 전술한 것 이외에 보험업법 51조가 있다. 이것은 손해보험에서 보험목적의 양도에 관한 규정인데, 상법 679조에 우선하여 적용된다.[80)]

넷째, 상호보험에는 영리보험에 관한 상법 보험편이 준용되고, 영리보험 중에는 보험계약자에게 이익배당을 하는 경우가 있는데, 이러한 이유에서 상호보험과 영리보험이 상호접근한다고 평가되고 있다.[81)]

ii) 선주상호보험조합법에 의한 선주상호보험

선주상호보험은 선주상호보험조합법에 따라서 상호부조를 목적으로 선주상호보험조합이 운용하는 상호보험이다(동법 1조－2조). 선주상호보험은 선주 등(선박소유자, 정기용선자, 선체용선자, 그 밖의 선박운항업자)이 선박을 운항함으로써 발생하는 책임 및 비용을 보상한다. 선주상호보험조합은 비영리법인이다(동법 4조 1항). 선주상호보험조합법에 따라서 현재 설립되어 있는 선주상호보험조합이 상호보험을 운영하고 있다. 실무에서는 이러한 조합을 P&I Club(Protection and Indemnity Club)이라고 부른다. 선주상호보험조합의 조합원은 조합원관계와 보험관계를 갖는다.

위와 같은 선주상호보험은 다음과 같은 특징을 갖는다. 첫째, 선주상호보험은 비영리성을 띤다.

둘째, 선주상호보험에서는 보험관계와 조합원관계가 결합되어 있다. 선주상호보험조합의 조합원이 된다는 것은 동 조합과 보험계약을 체결한 것을 의미한다. 선주상호보험에서는 보험계약자의 지위와 조합원의 지위가 일치하며, 보험관계에는 반드시 조합원관계가 수반되고, 역으로 조합원관계에는 보험관계가 반드시 수반된다. 이러한 이유에서, 선주상호보험은 선주상호보험조합이 자신의 조합원에게 제공하는 보험이라고도 말할 수 있다.

먼저, 조합원관계를 살펴보자. 선주상호보험조합법에 의하면, 조합원은 선주 등으로서 정관이 정하는 자만이 될 수 있다(동법 19조 1항). 조합원은 간접책임과 유한책임을 진다. 즉 조합원은 조합의 채권자에 대하여 직접적인 책임을 지지 않고, 조합채무에 관한 조합원의 책임은 이 법에서 별도로 정한 경우를 제외하면 출자금과 보험료를 한도로 한다(동법 23조). 또한 조합원은 정관에서 달리 정하지 않는 한 총회에서 1개의 의결권을 가진다(동법 33조 3항). 만약 보험계약 전부가 소멸하면 조합원관계도 소멸한다(동법 28조 2항 4호).

다음, 보험관계를 살펴보자. 조합원의 보험관계 중에서 중요한 사항(보험계약의 종류,

---

80) 보험업법 51조는, "손해보험을 목적으로 하는 상호회사의 사원이 보험의 목적을 양도한 경우에 양수인은 회사의 승낙을 받아 양도인의 권리와 의무를 승계할 수 있다"고 규정한다.

81) 양승규 32면

보험금액 및 보험료)은 사원명부에 기재된다(동법 31조 4호). 조합원이 아닌 자는 보험관계를 가질 수 없다(동법 19조 3항). 따라서 조합원관계가 소멸하면 보험관계도 소멸한다(동법 28조 3항). 조합원은 보험관계에 기한 각종의 권리의무를 가진다. 선주상호보험에는 전술한 보험업법상 상호보험 규정(보험업법 49조와 72조)과 같은 것은 없다. 그 결과 조합원의 보험관계가 보험계약 관계인지에 대한 의문은 제기될 여지가 없다. 선주상호보험조합법도 조합원이 보험계약을 체결해야 한다고 규정하여(동법 21조 1항, 22조 3항), 보험관계가 보험계약에 기한 것임을 분명하게 밝히고 있다.

셋째, 보험관계에는 성질이 반하지 않는 범위에서 상법 보험편이 준용된다(상법 664조). 다만 선주상호보험조합법에 특칙이 있으면 이것이 우선해 적용된다.

(3) 손해보험과 인보험

1) 의의

상법 보험편은 사보험을 손해보험과 인보험으로 분류한다. 이것은 보험목적과 보상방식에 따른 구분이다. 보험목적과 보상방식이 다르면 관련 법리도 달리 할 필요가 있다. 이 점을 고려하여, 상법 보험편은 양자에 공통으로 적용될 규정(1장 통칙)을 두되, 손해보험과 인보험에 각기 적용될 규정(2장 손해보험, 3장 인보험)을 두고 있다.

위와 같은 실정법상의 분류는 이론상의 분류와는 차이가 있어서 혼동을 주기 쉽다. 이론적으로 보면, 보험목적의 종류를 기준으로 하는 경우 재산보험과 인보험으로 분류하고, 정액 보상방식인지 여부를 기준으로 하는 경우 손해보험(또는 비정액보험)과 정액보험으로 분류하는 것이 보다 적합하기 때문이다.

2) 손해보험과 인보험의 구분과 실익

i) 손해보험

상법 보험편이 규정하는 손해보험은 보험목적이 재산이고, 보상방식은 비정액보상인 보험이다.[82] 상법이 규정하는 손해보험은 이론상의 재산보험과 이론상의 손해보험이 결합되어 있다고 볼 수 있다. 그 이유는 다음과 같다.

손해보험이란 이론상으로만 보자면 보상방식에 따른 보험의 한 종류이다. 즉 이론상의 손해보험이란 정액이 아닌 비정액(또는 불정액) 방식으로 보상하는 보험을 가리킨다. 비정액 보상방식이란 실제 손해액만큼 보상하는 방식이다. 이와 대비되는 것으로, 실제 손해액과 무관하게 당사자가 약정한 금액을 보상하는 정액 보상방식이 있다. 그런데 상법 보험편이 규정하는 손해보험이 되기 위해서는, 이러한 비정액 보상방식 이외에, 보험

82) 김성태 376면; 김은경 31면; 양승규 190; 최기원 92면; 최준선 160면

목적이 재산일 것도 요구된다. 왜냐하면, 상법 보험편의 제2장 손해보험에 관한 규정들은 재산이 보험목적임을 전제하고 있다고 볼 수 있기 때문이다. 가령 손해보험에는 피보험이익 요건이 적용되는 점(상법 668조 등) 등이 그러하다. 이론상으로만 보자면, 보험목적이 재산인 보험이라면, 재산보험으로 분류하지 손해보험으로 분류하지 않는다.

요컨대, 상법상 손해보험은 이론상의 재산보험과 이론상의 손해보험이 결합된 것이다. 이와 같이 양자를 결합시킨 취지는, 보험목적이 재산인 경우 손해보상을 비정액 보상방식으로 하도록 하기 위해서이다. 이러한 취지에는 수긍할 수 있다. 다만 이론상의 분류와 혼동을 피하기 위해서는 손해보험보다 '재산비정액보험' 또는 '재산손해보험'이라고 칭하는 것이 바람직하다.

ii) 인보험

상법 보험편이 규정하는 인보험은 보험목적이 사람인 보험이다. 이것은 이론상 인보험의 개념과 일치한다. 손해보험과 달리, 인보험을 규정하면서 보험목적만을 기준으로 삼을 뿐 보상방식을 연계시키지 않고 있다. 즉 상법 보험편에 의하면 보험목적이 사람이기만 하면, 보상방식이 무엇이든 인보험으로 분류되는 것이다. 상법 보험편이 보험목적이 사람인 경우와 특정한 보상방식을 연계시키지 않은 취지는, 보험목적이 사람인 경우 보상방식을 정액 또는 비정액 중 어느 하나로 한정할 필요가 없다고 보기 때문이다. 그 결과, 인보험에서 보상방식은 정액보상과 비정액보상으로 나뉜다. 생명보험은 정액 보상방식이고, 상해보험과 질병보험은 당사자가 약정을 통해서 정액 보상방식과 비정액 보상방식 중에서 선택할 수 있다. 그리고 비정액 보상방식을 선택한 경우는 손해보험 중에서 비정액 보상방식과 관련된 규정의 준용 문제가 등장하게 된다.

iii) 구분실익 — 적용법규의 차이

상법상 손해보험과 인보험은 보험목적과 보상방식 면에서 구분되는데, 이에 따라 손해보험과 인보험의 적용 법규가 어떻게 다른지 개관해 보자.

① 보험목적의 측면

상법상 손해보험의 보험목적은 재산이고,[83] 인보험은 보험목적이 사람(생명 또는 신체)인 보험이다(상법 727조). 손해보험의 보험목적인 재산에는 적극재산과 소극재산이 포함된다. 보험목적의 차이에 따라 법적 규율이 달라지는데, 가령 손해보험에는 피보험이익 요건이 적용되지만(상법 668조 등) 인보험에는 그러한 요건이 없고, 또한 손해보험에서는 보험계약자 등의 고의 또는 중과실로 인한 보험사고에 대해 보험자 면책이지만(상법 659조) 인보험에서는 보험계약자 등의 고의로 인한 보험사고에 대해서만 보험자 면책이다(상법 732조의2, 739조, 739조의3).

---

83) 김성태 376면; 김은경 31면; 양승규 190; 최기원 92면; 최준선 160면

② 보상방식의 측면

손해보험은 손해를 비정액 방식으로 보상한다(상법 665조). 그리하여 손해보험에는 비정액 보상에 관한 규정들이 다수 존재한다. 가령 손해액의 산정기준(상법 676조)이 그러하다. 인보험은 당사자가 보험계약에서 정하는 대로 보상한다(상법 727조). 이 규정에 따라서, 생명보험은 보험사고가 발생하면 손해 여부 또는 손해액을 묻지 않고 정액보상하고, 상해보험과 질병보험은 정액보상이 가능하지만 성질이 허용하는 경우(가령 입원비, 치료비) 비정액보상도 가능하다고 해석한다(판례,[84] 통설). 인보험에서 정액 보상방식은, 실제 손해액과 무관하게 약정한 일정한 금액을 지급하는 것이어서, 특별하게 법적 규율을 할 필요성이 크지는 않다. 실제로 상법 보험편에는 이에 대한 규정을 찾기 어렵다.

그리고 비정액 보상방식을 취한 상해보험을 특히 손해보험형 상해보험이라고 부른다.[85] 비정액 보상방식을 취한 질병보험도 마찬가지인데, 편의상 상해보험을 중심으로 논의하기로 한다. 여기서 손해보험형이란 비정액 보상방식을 채용했다는 것을 가리키는 표현이다. 손해보험형 상해보험은 상법상 보험의 분류로는 손해보험이 아니라 여전히 인보험의 일종인데, 그 이유는 보험목적이 사람이기 때문이다. 다만 비정액 보상방식에 관한 한 손해보험의 성질도 띠고 있으므로 손해보험형이라는 표현을 사용하는 것이다. 손해보험형 상해보험에 대해서는 손해액의 산정기준 등을 비롯하여 특별한 규율의 필요성이 크다. 그럼에도 불구하고 상법 보험편은 인보험 자체에 비정액 보상방식에 대한 규정을 두고 있지 않다. 입법의 불비이다. 판례[86] 및 통설은 비정액 보상방식으로 약정한 상해보험의 경우 성질에 반하지 않는 한 손해보험의 비정액보상에 관한 규정을 유추적용하는 식으로 대응하고 있다. 이에 대해서는 상해보험 부분에서 후술한다. 입법론으로는, 유추적용이라는 해석 방식에 만족할 것이 아니라, 인보험 자체에 관련 규정을 두는 것이 바람직하다. 가령 생명정액보험, 상해정액보험, 상해비정액보험 등으로 구분한 후 정액보상과 비정액보상에 관한 관련 규정을 마련할 필요가 있다. 해석론에만 맡김으로 인한 법적 불확실성을 해소하는 것이 필요할 뿐만 아니라, 재산의 손해와 인신의 손해에 내재된 일정한 차이를 감안하여 입법할 필요가 있는 것이다.

3) 손해보험의 여러 유형

i) 개관

손해보험은 보험목적 종류, 보험사고의 종류 등에 따라 여러 가지 유형이 있다. 상법상 손해보험의 보험목적은 재산이며, 재산에는 적극재산(물건, 지식재산, 채권, 이익

84) 대판 2000.2.11. 99다50699
85) 대판 2000.2.11. 99다50699
86) 대판 2000.2.11. 99다50699

등)과 소극재산(책임, 비용채무 등) 등이 있다. 보험목적이 적극재산이면 적극보험, 소극재산이면 소극보험이라고 한다. 상법 보험편은, 제2장 손해보험에서, 화재보험(제2절), 운송보험(제3절), 해상보험(제4절), 책임보험(제5절), 자동차보험(제6절), 보증보험(제7절) 등을 규정한다.

ii) 화재보험, 운송보험, 해상보험

화재보험, 운송보험, 해상보험은 보험목적, 보험사고가 다르다. 하지만 주된 보험목적이 물건이라는 점에서 공통적이다. 보험목적이 물건인 보험을 물건보험이라고 칭한다. 화재보험, 운송보험, 해상보험에 대해서는 상법 보험편 제2장 손해보험 제2절－제4절이 각각 규정하고 있다. 그리고 상법이 규정하지 않는 물건보험의 예로는 기계보험, 조립보험, 동물보험 등이 있다.

iii) 책임보험, 재보험

책임보험은 피보험자의 책임을 보험목적으로 하는 소극보험이다. 이에 대해서는 상법 보험편 제2장 손해보험 제5절이 규정하고 있다. 그리고 재보험은 보험자의 보험금지급책임을 보험목적으로 하는 소극보험이다. 즉 재보험은 보험자(원보험자)가 자신의 보상책임의 발생을 보험사고로 하여 다른 보험자(재보험자)와 체결하는 보험계약이다. 재보험은 책임보험의 실질을 갖고 있다(통설). 이 점을 고려하여, 상법 보험편은 재보험에 책임보험에 관한 규정을 준용하고 있다(상법 726조).

iv) 자동차보험

상법 보험편은 자동차보험을 제2장 손해보험 제6절에서 규정한다. 하지만 자동차보험은 그 세부 종류별로 법적 성격에 차이가 있고, 그중에는 인보험도 포함되어 있다는 점에 주의를 요한다. 자동차보험의 세부 종류에는, 대인배상책임보험, 대물배상책임보험, 자기차량손해보험, 자기신체사고보험 등이 있다.

첫째로, 대인배상책임보험과 대물배상책임보험은 그 성격이 책임보험이다. 보험목적이 책임이기 때문이다. 대인배상책임보험의 보험목적은 자동차 운행 등으로 타인이 사망 또는 상해를 입으면 지는 피보험자의 손해배상책임이고, 대물배상책임보험의 보험목적은 자동차의 운행 등으로 타인의 재물이 멸실 또는 훼손되면 지는 피보험자의 손해배상책임이다. 따라서 대인배상책임보험과 대물배상책임보험에는 다른 규정이 없는 한 책임보험에 관한 규정이 적용된다.

둘째로, 자기차량손해보험은 그 성격이 물건보험이다. 보험목적이 피보험자의 차량이고 이것이 물건의 일종이기 때문이다.

셋째로, 자기신체사고보험은 그 성격이 인보험이다. 보험목적이 피보험자 자신의 생명 또는 신체이기 때문이다. 따라서 자기신체사고보험은 다른 규정이 없는 한 인보험에 관한 규정이 적용된다. 통설과 판례도 동일한 입장이다.[87] 상법이 자동차보험을 손해보험에 관한 장에서 규정하지만, 이와 같이 자기신체사고보험은 그 실질이 손해보험이 아니라 인보험인 점에 주의할 필요가 있다.

v) 보증보험

타인의 급여행위는 대개 금전채무를 이행할 행위인데, 이와 같은 타인의 급여행위를 보험목적으로 하는 보험에는 보증보험과 신용보험이 있다. 양자의 차이는 계약당사자 구조다. 일반적으로 신용보험은 채권자가 보험계약자이자 피보험자로서 채권을 보험목적으로 하고 그 불이행을 사고로 하는 보험이다. 한편 보증보험은 채무자가 보험계약자이고 채권자가 피보험자이며, 보험목적과 사고는 보증보험과 같다.

상법은 보증보험에 대해서만 규정한다. 이 규정은 2014년 상법 개정으로 신설된 것이다. 이에 따르면 보증보험은 보험계약자가 피보험자에게 계약상의 채무불이행 또는 법령상의 의무불이행을 하는 경우 이로 인한 손해를 보상하는 보험이다(상법 726조의5). 상법 보험편은 보증보험을 순수한 보험이 아니라 보증의 성격이 포함된 것으로 규정하고 있다(상법 727조의7).

vi) 이익보험

이익보험은, 상법 보험편이 손해보험의 한 유형으로 별도로 분류하고 있지는 않지만, 손해보험의 일종이라고 할 수 있다. 이익보험의 보험목적은 이익이다. 장래에 발생할 이익을 피보험이익에 포함하기로 보험계약의 당사자가 약정하면 이익보험이 성립된다. 가령 운송보험의 경우 운송물의 도착으로 얻을 이익, 해상보험의 경우 적하의 도착으로 인해 얻을 이익을 보험목적으로 할 수 있다(상법 689조 2항, 698조). 이러한 이익을 보험목적에 포함시킨 운송보험은 물건보험에 이익보험의 요소가 부가된 것이라고 할 수 있다. 이러한 부가 방식뿐만 아니라, 이익만을 부보하는 독립적인 이익보험도 가능하다.

vii) 비용보험

상법 보험편이 별도로 분류하고 있지 않지만, 비용보험도 손해보험의 일종으로 실무에서 많이 활용된다. 비용보험은 비용채무를 보상하는 보험이다. 비용보험의 보험목적은 피보험자의 비용채무인 것이다. 비용채무는 책임과 더불어 소극재산의 일종이다. 비용보험은 보험목적이 소극재산이라는 점에서 책임보험과 더불어 소극보험의 한 유형이라고 할 수 있다.

상법 보험편은 비용의 부보에 관한 규정을 일부 두고 있다. 운송보험은 도착지까지의 운임 기타의 비용을 보험가액에 포함하고(상법 689조 1항), 적하보험은 적하의 가액은

---

87) 대판 1998.12.22. 98다35730(이 사건 자기신체사고 자동차보험은 피보험자의 생명 또는 신체에 관하여 보험사고가 생길 경우에 보험자가 보험계약이 정하는 보험금을 지급할 책임을 지는 것으로서 그 성질은 인보험의 일종이다)

물론이고 선적 및 보험에 관한 비용도 보험가액에 포함하며(상법 697조), 책임보험에서 제3자의 청구를 방어하기 위해 지출한 필요비용은 보험목적에 포함한다(상법 720조 1항). 이 경우 실질적으로 비용보험이 부가된 것으로 볼 수 있다.

독립적으로 비용만 부보하는 보험으로는 골프보험, 생산물회수비용보험(이른바 '리콜보험') 등이 있다. 보험업법에는 비용보험이 손해보험의 한 종류라고 명시되어 있다(보험업법시행령 1조의2 3항 13호).

4) 인보험의 여러 유형

인보험도 보험목적의 종류, 보험사고의 종류 등에 따라 구분된다. 상법은 그중에서 생명보험과 상해보험, 질병보험에 대해 규정한다. 생명보험은 생명이 보험목적이고, 사망 또는 생존이 보험사고이다. 보험사고의 종류에 따라서 사망보험(사망이 보험사고), 생존보험(생존이 보험사고), 생사혼합보험(사망과 생존이 보험사고) 등이 있다. 또한 상해보험은 사람의 신체를 보험목적으로 하고 상해가 보험사고다. 그리고 질병보험은 사람의 신체를 보험목적으로 하고 질병이 보험사고다. 질병보험에 관한 규정이 2014년 상법 개정으로 신설되었다.

(4) 가계보험과 기업보험

가계보험과 기업보험은 보험계약자 등의 지위에 따른 구분이다. 가계보험은 보험계약자 등이 보험자보다 열등한 경제적 지위에 있는 경우를 가리키고, 기업보험은 양자가 대등한 경제적 지위에 있는 경우를 가리킨다.

가계보험의 경우는 보험계약자 등을 보호할 필요가 있다고 보아서, 상법이 보험계약의 법률관계에 대해 보험계약자 보호를 위한 후견적 개입을 한다. 즉, 가계보험의 경우 계약의 당사자가 상법 보험편에 비해서 보험계약자 등에게 불리한 내용으로 계약을 체결해서는 안 되며(상법 663조 본문), 기업보험의 경우에 그러하지 않다(상법 663조 단서). 이것이 가계보험과 기업보험을 구별하는 주요 실익이다.

(5) 기타 분류

1) 보험목적, 보상방식

보험이론에서는, 보험목적을 기준으로 재산보험과 인보험으로 분류한다(통설). 보험목적이 재산이면 재산보험, 보험목적이 사람이면 인보험으로 분류되는 것이다. 그리고 보상방식을 기준으로, 손해보험(또는 비정액보험)과 정액보험으로 분류한다. 그런데 전술한 바와 같이, 상법상 손해보험은 보상방식뿐만 아니라 보험목적까지 고려한 개념이다. 이와 같은 실정법상의 분류는 이론상의 분류와는 차이가 있어서 혼동을 주기 쉽다. 따라서 보험목적과 무관하게 비정액 보상방식만을 가리키고자 할 때는 손해보험이라는 용어보다는 비정액보험이라고 부르는 것이 용어상의 혼동을 피할 수 있는 방법이다.

2) 보험목적의 수

보험목적의 수에 따라서도 보험을 분류할 수 있다. 개별적 재산 또는 사람이 보험목적이면 개별보험이라고 한다. 복수의 재산 또는 사람이 보험목적인 일정한 경우에는 특수한 취급을 한다. 먼저, 집합된 물건을 일괄하여 보험목적으로 하면 집합보험(상법 686조)이 된다. 집합보험 중에서도 보험기간 중에 보험목적에 속한 물건이 수시로 교체되는 경우가 총괄보험이다(상법 687조). 다음, 어떤 단체에 속한 구성원들의 전부 또는 일부가 보험목적이 되는 인보험을 단체보험(상법 735조의3)이라고 한다.

3) 보장성보험과 저축성보험

① 보험계약자의 채권자가 보험계약을 해지하여 해약환급금 채권을 책임재산으로 확보할 수 있는데 이는 저축성보험에 한정된다. 이와 관련된 보장성보험과 저축성보험의 구분은 후술한다.[88]

② 보장성보험과 저축성보험의 구분은 보험업법 95조의2에 따른 설명의무 등에서도 나타난다(보험업감독규정 4－35조의2 8항 등). 보험업감독규정 1－2조 3호 및 4호에 의하면 보장성보험과 저축성보험의 구분 기준은 생존보험금의 비중이다. 생존보험금은 생존이라는 보험사고가 발생하면 지급되는 보험금이다. 보장성보험은 순수보장성보험과 기타 보장성보험으로 구분된다. 보장성보험은 생존보험금의 합계액이 이미 납입한 보험료를 초과하지 않는 보험이다. 순수보장성보험은 생존보험금이 전혀 없는 경우이고, 기타 보장성보험은 순수보장성보험을 제외한 것이다. 한편 저축성보험은 생존보험금이 이미 납입한 보험료를 초과하는 보험을 가리킨다.

위에서 기타 보장성보험 및 저축성보험은 모두 생존보험의 요소가 포함된 것이다. 생존이라는 보험사고가 발생하면 보험금을 받는 것이 생존보험이기 때문이다. 저축성보험이 저축이라는 용어를 사용하고 있다고 하더라도, 이것이 저축은 아니다. 저축처럼 원금 등이 상환되는 것처럼 보일 수 있어서 저축이라는 수식어가 붙는 것은 사실이지만, 생존보험금은 생존해야만 지급되고 사망하면 지급되지 않으므로 저축성보험도 보험인 점에는 틀림이 없다. 하지만 노령을 제외하면, 생존가능성이 사망가능성보다 훨씬 높기 때문에 대부분 생존보험금을 받게 되고, 또한 중도에 해지하면 생존보험금의 지급을 위해 적립

88) 본서의 제2편 제6장 1. (4) 1) v)

했던 금액을 해지환급금으로 반환받을 수 있으므로, 결과적으로 저축과 매우 유사한 결과가 나타난다는 점을 부인하기 어렵다.[89)]

4) 비투자성 보험과 투자성 보험

자본시장법 77조 2항은 투자성 있는 보험계약에 대해 규정한다. 여기서 "투자성"이란 그 계약상 권리를 취득하기 위하여 지급하였거나 지급하여야 할 금전 등의 총액(판매수수료 등 대통령령으로 정하는 금액을 제외한다)이 그 권리로부터 회수하였거나 회수할 수 있는 금전 등의 총액(해지수수료 등 대통령령으로 정하는 금액을 포함한다)을 초과하게 될 위험을 말한다(자본시장법 3조 1항 본문). 가령 보험금이 자산운용 성과에 따라 변동하는 변액보험(보험업법 108조 1항 3호)은, 위 투자성 요건을 충족하는 경우에 한하여 투자성 보험에 해당할 수 있다.[90)] 투자성 보험을 제외한 보험이 비투자성 보험이다. 투자성 보험은 보험업법은 물론이고 자본시장법의 적용도 받는다는 점이 특징이다. 즉 보험회사가 투자성 있는 보험계약을 체결(중개 또는 대리 포함)하는 경우에 자본시장법상 투자매매업 또는 투자중개업에 관한 인가를 받은 것으로 보고, 일부 규정을 제외하고 자본시장법이 적용된다(자본시장법 77조 2항).

5) 임의보험, 강제보험

사보험은 대부분이 가입 여부가 자유로운 임의보험이다. 하지만 예외적으로 강제보험도 있다. 대표적인 것으로, 자동차보험 중 대인배상책임보험, 대물배상책임보험은 일정한 경우 가입이 강제된다. 이외에도 강제보험의 수는 많다.[91)] 가령 사회복지사업법 34조의3은 사회복지시설 운영자에게 화재 등의 사고로 인한 손해배상책임을 이행하게 하기 위해 사회복지시설배상책임보험의 가입 등을 강제하고 있다. 또한 '환경오염피해 배상책임 및 구제에 관한 법률' 17조는 환경오염 유발물질을 배출하는 시설의 설치, 운영자 등에게 환경책임보험의 가입을 강제하고 있다. 보험약관을 해석할 때에 불명확한 조항은 작성자에게 유리하게, 고객에게 불리하게 해석함이 타당한데(약관규제법 5조 2항), 이는 강제보험 약관의 해석 시에도 마찬가지이다. 작성자불이익의 원칙을 적용하는 것이 보험가입의 강제를 통해 고객 및 거래당사자의 이익을 보호하려는 입법취지에도 부합하기 때문이다.[92)]

---

89) 山下友信, 保險法, 2005, 45면

90) 가령 변액보험 중 원금보장형은 투자성있는 보험계약이라고 볼 수 없다.

91) 가스사고배상책임보험, 관광사업자배상책임보험, 수렵보험, 원자력손해배상책임보험, 학원배상책임보험 등이 있다.

92) 대판 2012.9.27. 2010다101776

4. 보험의 사회적 작용

(1) 순기능

보험의 순기능은 생활의 안정추구, 자금의 공급, 신용의 수단, 손해의 방지, 위험분산의 국제화 등이 언급된다.[93] 이 중에서 가장 중요한 것은 생활의 안정추구이며, 이것은 경제적 안정성의 확보라고 말할 수 있다. 현대인은 각종 사고의 발생가능성, 즉 위험에 노출되어 살아가고 있다. 교통사고, 화재, 도난, 상해, 질병 등 사고의 종류는 헤아릴 수 없을 정도로 많다. 이러한 사고의 발생은 대개 경제적 손실(또는 불안정)을 야기한다. 이러한 위험이 도사리고 있는 한 가계활동이나 기업활동은 경제적 안정성을 위협받게 된다. 가계나 기업이 위험에 대비하여 저축을 하는 방법도 있다. 하지만 저축은 그리 효율적인 방법은 못 된다. 사고로 인한 손해액만큼 저축을 해 두어야 위험에 완전히 대비할 수 있기 때문이다.

보다 효율적인 방법은 손해액에 훨씬 못 미치는 비용을 지불하고 타인에게 위험을 이전시키는(transfer of risks) 방식이다. 즉 보험계약자가 손해액보다 훨씬 적은 보험료를 지불하고, 그 대가로 사고가 발생하면 보험자로부터 손해액에 상당하는 보험금을 지급받는 방식을 통하여, 위험은 보험계약자로부터 보험자에게로 이전되는 것이다. 보험은 상대적으로 적은 비용으로 위험에 대한 걱정에서 벗어나 경제생활의 안정성을 확보할 수 있다는 장점이 있다. 그리고 위험을 이전받은 보험자는 대개 보험의 기술(위험의 분산, 개별 위험과 보험료의 일치 등)을 활용해서 인수한 위험을 안정적으로 관리할 수 있게 된다. 위와 같이, 주로 위험의 이전 및 보험기술의 활용과 같은 효율적이고 합리적인 방법을 통해서 경제적 안정성을 확보하는 것은 보험 특유의 순기능이라고 볼 수 있다.

(2) 역기능

하지만 보험에는 부작용도 있다. 하나는 도덕적 위태(morale hazard)이고, 다른 하나는 좀 더 심각한 것으로 도덕적 위험(moral hazard), 보험사기, 보험의 도박화 등이 있다. 도덕적 위험을 넓게 정의하는 입장에서는, 도덕적 위험에 도덕적 위태도 포함시킨다. 도덕적 위태, 도덕적 위험, 보험사기, 보험의 도박화에 어떻게 효율적으로 대처할 것인지가 보험제도의 역기능을 최소화하고 합리적으로 운영하기 위한 관건이자 보험법의 주요 과제이다.

---

93) 양승규 27－29면

1) 도덕적 위태

도덕적 위태란, 보험가입으로 인해 보험계약자 등이 사고발생 등과 관련하여 평소보다 주의를 게을리하게 될 위험을 가리킨다. 보험가입이 없으면 마땅히 기울였을 주의를 보험가입으로 인해서 기울이지 않아서 사고가 증가하는 등 부정적 효과가 생길 수 있는 것이다.

2) 도덕적 위험, 보험사기, 보험의 도박화

도덕적 위험은, 보험에 가입해 보험을 부당하게 이용할 위험을 가리킨다. 이것은 도덕적 위태보다 해악이 더 크다. 도덕적 위험은 계약의 체결 시, 보험기간 중, 보험금 청구 시에 다양한 유형으로 나타날 수 있다. 보험계약자 등이 의도적으로 사고를 일으켜 보험금을 편취할 위험이 이러한 도덕적 위험의 전형이다. 그러나 이것뿐만 아니라, 위험에 관한 정보를 허위로 알리거나, 발생하지 않은 보험사고를 발생한 것으로 가장하거나 또는 손해를 과장하여 보험금을 청구할 위험 등도 도덕적 위험에 속한다.

보험계약자 등이 도덕적 위험에 노출되기 쉬운 이유는 무엇인가? 보험금이 불확정한 사고 발생 여부에 의해 좌우되는 사행계약이라는 점, 보험계약자가 의도적으로 보험사고를 야기할 수 있는 점, 보험자와 보험계약자 사이에 위험에 관한 정보(사고에 관한 정보 포함)의 비대칭이 심하다는 점, 보험료에 비해 보험급여가 고액인 것이 보통인 점(이 점은 모든 사행계약의 특징이기도 하다) 등이 그 원인으로 거론된다.[94]

보험에는 위와 같은 도덕적 위험이 잠재되어 있는데, 도덕적 위험이 현실화되어 나타난 것이 보험사기(insurance fraud)이다. 도덕적 위험이 현실화되면 보험의 도박화 문제도 생긴다. 보험과 도박의 차이는, 전자는 손해를 보상하는 것이고 후자는 이익을 줄 수 있다는 것이다. 도덕적 위험의 현실화는 부당한 보험금의 취득을 의미하는 것으로 이것은 보험을 통해서 이득을 취하는 것이고, 결과적으로 보험이 도박화되는 것이다.

금융감독원의 통계자료에 의하면, 2024년에 보험사기로 적발된 금액은 무려 1조 1,503억 원이고 적발된 인원이 10만8,999명에 이른다. 적발된 금액이나 인원이 해마다 큰 폭으로 증가하는 추세에 있다. 지능적 방법이 사용되기 때문에 보험사기의 적발이 쉽지 않다는 현실을 감안하면, 실제 금액이나 인원은 훨씬 더 많을 것으로 추정된다. 이러한 보험사기의 폐해는 심각하다. 보험사기 때문에 심지어 무고하게 사람이 죽거나 다치고, 재물이 손괴되기도 한다. 또한 보험자의 보험금지급부담이 커질 뿐만 아니라 결국 보험료 인상으로 이어져 선량한 보험계약자가 피해를 보게 된다. 즉, 보험사기를 방지하

94) 김성태 168－169면

지 못하면 다음과 같은 문제가 생긴다. 첫째로, 고비용화 현상이다. 보험자가 수지균등을 맞추기 위해서 보험료를 인상하기 때문이다. 둘째로, 역선택화(advsere selection) 현상이다. 저위험은 가입하지 않고 고위험 중심으로 보험단체가 편중되는 현상이다. 셋째로, 반사회적 현상이다. 보험이 살인, 파괴 등 반사회적 행위를 유발하는 측면이 있는 것이다. 넷째로, 보험의 도박화 현상이다. 도덕적 위험을 방지하지 못하면 보험계약자 등이 부당한 이득을 얻을 수 있고, 그러면 보험은 도박으로 전락하고 만다. 즉 외관상은 보험이나 그 실질은 도박으로 변질되는 것이다. 따라서 도덕적 위험, 보험사기, 보험의 도박화 등의 역기능을 최소화하는 것은 보험법의 핵심적 과제이다.

제3절 보험계약법의 기초

1. 보험계약의 정의

보험계약의 정의는 전술한 보험의 정의와 크게 다르지 않다. 보험계약에 대한 일의적 정의는 곤란하며, 주요 요소를 기술하는 것으로 대신할 수밖에 없다. 보험계약의 주요 요소로는, 첫째로, 보험계약자의 보험료지급의무와 보험자의 보험금지급의무가 대가적 관계에 있고, 둘째로, 보험사고가 발생하면 보험금지급의무가 구체화되는데, 보험사고는 불확정한 것이어야 하며, 셋째로, 보험사고로 인한 손해의 발생을 전제로 일정한 보험급여가 제공되고, 넷째로, 개별 위험과 보험료의 일치(급여·반대급여 균등의 원칙)라는 보험의 기술이 사용된다는 점을 들 수 있다. 보험의 정의에서 논의한 바와 같이 대수의 법칙을 통한 위험의 분산이라는 보험의 기술은 보험자가 일반적으로 사용하고 있지만, 보험계약이 되기 위한 필수적 요소라고 보기는 어렵다.

2. 보험계약의 요소

위에서 보험계약의 요소에는 어떠한 것이 있는지를 보았다. 보험계약의 요소에 대한 상세한 설명은 해당 부분에서 하기로 하고, 중복을 피하기 위해서 여기서는 개략적 설명만 하기로 한다.

(1) 보험계약의 관계자

1) 보험자

보험자는 보험계약 체결의 당사자로서 보험료를 대가로 받고 보험금지급책임을 지는 자이다(상법 638조). 보험자는 보험증권 교부의무(상법 640조) 등도 부담한다. 보험업법에 따라 보험자가 되려면 일정한 요건(자본 등)을 갖추어서 금융위원회의 허가를 받아야 한다(보험업법 4조 1항). 이를 위반하여 보험업을 영위하면 형사처벌을 받는다.[95] 보험업법상 보험자는 보험회사(2조 6호)라고 하며, 그 법적 형태는 주식회사(18조 이하)이거나 상호회사(34조 이하)이다. 기타의 경우를 보면, 우체국보험은 국가, 수협공제는 수산업협동조합, 신협공제는 신용협동조합, 새마을금고공제는 새마을금고, 교직원공제는 한국교직원공제회, 선주상호보험은 선주상호보험조합이 보험자이다.

2) 보험계약자, 피보험자, 보험수익자

손해보험에는 보험계약자와 피보험자가 있고, 인보험에는 보험계약자, 피보험자, 보험수익자가 있다.

보험계약자는 보험계약 체결의 당사자이다. 이 점은 손해보험과 인보험에서 같다. 보험계약자는 보험료지급의무(상법 638조), 고지의무(상법 651조), 위험변경증가 통지의무(상법 652조), 위험유지의무(상법 653조), 보험계약 임의해지권(상법 649조) 등의 주체이다.

피보험자는 손해보험과 인보험에서 그 의미가 다르다. 손해보험에서 피보험자는 보험금청구권(상법 665조)을 갖는다. 보험계약자와 피보험자가 같은 경우를 '자기를 위한' 손해보험, 다른 경우를 '타인을 위한' 손해보험이라고 한다. 타인을 위한 손해보험에서, 보험계약자가 1차적 보험료지급의무를 부담하지만, 피보험자(타인)도 2차적 보험료지급의무(상법 639조 3항 단서)를 지며, 나아가 피보험자는 고지의무(상법 651조), 위험변경증가 통지의무(상법 652조), 위험유지의무(상법 653조) 등도 부담한다. 한편, 인보험에서 피보험자는 보험사고의 객체를 의미한다. 즉 사망, 생존, 상해, 질병이 발생하는 대상을 가리킨다. 보험계약자와 피보험자가 같은 경우를 '자기의' 인보험, 다른 경우를 '타인의' 인보험이라고 부른다. 타인의 인보험에서 피보험자는 고지의무(상법 651조), 위험변경증가 통지의무(상법 652조), 위험유지의무(상법 653조) 등도 부담한다. 타인의 사망보험의 경우 보험계

95) 보험업법에 의하면 보험업을 경영하려면 금융위원회의 허가를 받아야 하고(동법 4조 1항), 이를 위반하면 처벌(5년 이하의 징역 또는 3천만 원 이하의 벌금)을 받는다(동법 200조 1호). 그리고 '유사수신행위의 규제에 관한 법률'은 유사수신행위를 금지하는데, 그중에 하나가 "장래의 경제적 손실을 금전이나 유가증권으로 보전하여 줄 것을 약정하고 회비 등의 명목으로 금전을 받는 행위"다. 허가를 받지 않고 보험업을 행하면 바로 이 유사수신행위에 해당한다(대판 2001.12.24. 2001도205). 이 유사수신행위를 하면 처벌(5년 이하의 징역 또는 5천만 원 이하의 벌금)을 받는다(동법 3조, 6조 1항).

약이 유효하려면 보험계약의 체결 당시에 피보험자의 서면동의가 요구된다(상법 731조 1항). 이것은 상해보험, 질병보험에도 준용된다(상법 739조, 739조의3). 그리고 피보험자가 15세 미만자, 심신상실자, 심신박약자이고 그의 사망을 보험사고로 한 보험계약은 무효인 것이 원칙이다(상법 732조 본문).

보험수익자는 인보험에만 존재한다. 보험수익자는 보험금청구권(상법 733조)을 갖는다. 보험계약자와 보험수익자가 같은 경우를 '자기를 위한' 인보험, 다른 경우를 '타인을 위한' 인보험이라고 한다. 타인을 위한 인보험에서, 보험계약자가 1차적 보험료지급의무를 부담하지만, 보험수익자도 2차적 보험료지급의무(상법 639조 3항 단서)를 지며, 나아가 보험수익자는 위험유지의무(상법 653조) 등도 부담한다.

3) 모집종사자

보험계약의 체결을 함에 있어서 그 대리 또는 중개를 보험계약의 모집이라고 한다(보험업법 2조 12호). 대량적, 반복적인 보험거래의 특성상 보험계약은 모집을 통해 체결되는 것이 보통이다. 보험업법은 보험계약 체결의 모집에 종사하는 자(모집종사자)를 일정하게 제한한다. 모집종사자로는, 보험설계사, 보험대리점, 보험중개사, 그리고 보험회사의 임원(대표이사 · 사외이사 · 감사 및 감사위원은 제외) 또는 직원 등이 있다(보험업법 83조 1항). 보험설계사는, 특정한 보험자를 위하여 계속적으로 보험계약의 체결을 중개하는 사용인이다. 또한 보험대리점이란, 특정한 보험자를 위하여 계속적으로 보험계약의 체결을 대리 또는 중개하는 독립된 상인이다. 그리고 보험중개사란, 특정한 보험자로부터 독립하여 보험계약 체결의 중개를 하는 독립된 상인이다. 이에 관해서는 보험계약의 모집에서 상술한다.

(2) 보험사고와 보험목적

1) 보험사고

보험사고란, 보험목적에 손해를 야기하는 사고로서, 그 발생에 의해서 보험자의 보험금지급책임이 구체화된다. 가령 화재로 인한 손해를 보상하는 화재보험에서는 화재가 보험사고이다. 보험사고에는 불확정성이 요구되고, 이것은 보험사고의 발생 여부 또는 발생 시기 등이 확정되지 않은 것을 가리킨다(통설). 상법 644조에 의하면 보험사고의 불확정성은 객관적임을 요하지 아니하고 주관적으로 계약당사자에게 불확정하면 된다.[96] 즉 보험계약 체결 시에 보험사고가 이미 발생했거나 발생할 수 없는 경우는 보험계약이 무효인 것이 원칙이지만, 예외적으로 보험자, 보험계약자, 피보험자가 보험사고의 기발생 또는 발생불능을 알지 못한 경우는 유효로 한다(상법 644조). 또한 보험사고에는 한정

96) 대판 1987.9.8. 87도565

성(특정성)이 요구된다. 즉 보험사고는 보험계약을 체결할 때에 일정한 기준에 의해서 그 범위가 한정될 수 있는 것이어야 한다(통설). 보험사고가 한정되지 않으면, 보험자의 보험금지급책임을 정할 수 없게 된다.

2) 보험목적

보험목적이란, 보험사고가 발생하는 대상 또는 객체이다. 여기서 보험'목적'은 purpose가 아니라 object를 가리킨다. 보험목적은 상법상 용어이다(상법 666조 1호 등). 물건보험의 경우 해당 물건, 인보험의 경우 사람이 보험목적이다. 인보험에서는 보험목적인 사람을 피보험자라고 함은 전술했다.

(3) 피보험이익

상법은 손해보험에서 피보험이익을 요구한다(상법 668조). 상법은 피보험이익을 "보험계약의 목적"(상법 668조, 672조)이라고 규정하나, 판례와 통설은 피보험이익이라고 표현하는 것이 보통이다. 피보험이익이란 피보험자가 보험목적에 대해 갖는 경제적 이익이다. 피보험이익은 보험사고가 발생하지 않으면 보존되고 보험사고가 발생하면 상실된다. 피보험이익은 보험의 도박화와 인위적 사고를 막는 데 그 취지가 있다고 할 수 있다.

(4) 보험료, 보험금액, 보험금

보험료는 보험자가 보험금지급책임을 부담하는 대가로 수령하는 것이고, 원칙적으로 보험계약자가 지급책임을 지는 것이다. 보험료와 보험금지급책임의 존재로 인해서 보험계약은 유상계약, 쌍무계약이 된다.

보험금액은 보험사고의 발생 후 보험자가 지급책임을 부담할 금액으로 당사자가 약정한 것인데, 정액보험과 비정액보험에서 차이가 있다. 정액보험에서 보험금액은 보험사고가 발생하는 경우 보험자가 지급해야 하는 금액 자체이다. 비정액보험에서 보험금액은 보험사고가 발생하는 경우 보험자가 지급해야 하는 금액의 상한액이며, 이 범위 내에서 실제로 발생한 손해액만큼 지급하게 된다.

보험자가 실제로 지급해야 하는 금액을 보험금이라고 한다면, 정액보험에서 보험금액과 보험금은 일치하고, 비정액보험에서 보험금은 보험금액과 같거나 작다는 것을 알 수 있다.

(5) 보험기간, 보험료기간

보험사고는 보험기간 중에 발생해야만 보험자가 보험금지급책임을 진다. 보험기간이란 보험자가 보상책임을 지기 위해서 보험사고가 발생해야만 하는 기간이다. 보험기간은 당사자가 정하는 것인데, 보험계약의 체결 이후에 시작하는 것으로 정하는 것이 보통이다. 이를 장래보험이라고 한다. 한편 계약체결 이전의 시점을 보험기간의 시작시기로 정하는 경우도 있는데, 이를 소급보험(상법 643조)이라고 한다.

보험료기간이란 보험료를 산정하기 위해서 보험사고의 발생률을 예측할 때 이를 예측하는 최소의 단위기간이다.[97] 즉 보험료기간 내에서는 보다 세부적으로 보험사고 발생률의 분포를 예측할 수는 없다는 의미이다. 보험료기간에 기초한 것이 보험료불가분의 원칙이다. 이 원칙은 보험자는 보험계약이 중도에 실효되는 경우에도 그 실효시점이 속한 보험료기간 전부의 보험료를 취득할 수 있고, 실효시점부터 그 보험료기간 종기까지의 보험료를 반환할 의무가 없다는 것이다. 이 원칙이 우리 상법상 인정되는지에 대해서 긍정하는 학설도 있지만, 판례는 부정하는데,[98] 이에 관해서는 보험료불가분의 원칙 부분에서 자세히 살펴본다.

3. 보험계약의 실제

이제는 보험계약의 실제 모습을 살펴보자. 이해를 돕기 위해 생활 주변에서 흔히 볼 수 있는 예를 들어본다. 생명보험계약과 손해보험계약으로 구분한다.

(1) 생명보험계약

먼저 생명보험계약의 예를 보자. A는 매달 1만 원씩 내고 2016.1.1. ~ 2025.12.31. 중에 자신이 사망하는 경우 자신의 배우자인 B가 1억 원을 취득할 수 있는 보험계약을 보험설계사 C의 모집을 통해서 D와 체결하였다.

여기서 1만 원은 보험료, 사망은 불확정한 보험사고, 1억 원은 보험금액을 가리킨다. 생명보험에서는 위 기간 중에 보험사고가 발생하면 손해액을 따지지 않고 약정한 보험금액을 그대로 보험금으로 지급한다. 따라서 보험금액과 보험금은 일치한다. 위 기간은 보험사고가 발생하면 보험금지급책임이 구체화되는 기간으로서, 보험기간에 해당한다.

보험설계사 C는 보험계약 체결을 중개하는 자이다. 그리고 계약의 당사자는 A와 D이다. 보험료 지급의무를 지는 A가 보험계약자, 보험금 지급의무를 지는 D가 보험자이다. 또한 보험금청구권자인 B를 보험수익자라고 한다.

---

97) 가령 사망보험의 경우 보험료를 산정하기 위해서는 사망률을 예측해야 하는데, 이는 기존의 사망률 통계에 의존하게 되는 것이 보통이고, 사망률 통계의 단위기간이 연, 월, 일 중 어느 것인지에 따라 보험료기간이 정해지게 되는 것이다. 보험료기간의 장단은 보험의 기술에 달린 문제이다.

98) 대판 2008.1.31. 2005다57806

그리고 보험사고는 A(보다 정확하게는 A의 생명)를 대상으로 한다. 보험사고의 대상 또는 객체가 보험목적이다. 사람을 보험목적으로 하는 보험에는 생명보험, 상해보험, 질병보험 등이 있으며, 이를 통칭하여 인보험이라고 한다. 인보험에서 보험목적인 사람을 특히 피보험자라고 부른다. 따라서 위 예에서 A는 보험계약자이자 피보험자이다. 위 예는 보험계약자와 피보험자가 동일하고 보험수익자는 다른 경우인데, 이들을 모두 같게 정하는 것도 가능하고, 일부만 같게 정하는 것도 가능하며, 모두 다르게 정하는 것도 가능하다.

(2) 손해보험계약

다음 손해보험계약의 예를 보자. 甲은 매달 10만 원을 내고 2016.1.1. ~ 2016.12.31. 중에 시가 5억 원인 자신의 건물에 화재가 발생하면 5억 원의 범위 내에서 자신이 그 손해를 보험금으로 보상받을 수 있는 보험계약을 보험대리점인 乙을 통해서 丙과 체결하였다.

여기서 10만 원은 보험료, 화재는 불확정한 사고, 5억 원은 보험금액을 가리킨다. 손해보험에서 보험금액은 보험자의 최고 보상한도이다. 손해보험은 손해만큼 보상하는 것이므로 5억 원의 범위 내에서 실제 발생한 손해를 보상한다. 만약 위 보험기간 중에 화재로 인한 손실이 3억 원이라면 보험자가 실제로 지급해야 할 보험금은 3억 원이 된다. 따라서 손해보험에서 보험금액과 보험금이 항상 일치하는 것은 아니다.

보험대리점인 乙은 보험계약 체결을 대리 또는 중개하는 자이다. 계약의 당사자인 甲과 丙이 각각 보험계약자, 보험자이다. 화재라는 사고가 발생하는 대상인 건물이 보험목적이다. 손해보험의 보험목적은 재산이기 때문에, 그것을 인칭(人稱)하는 표현을 사용하지 않는다는 점이 인보험과 다르다.

그리고 보험금청구권자인 甲을 피보험자라고 하는데, 인보험의 피보험자와는 의미가 다르다는 점에 주의할 필요가 있다. 위 예는 보험계약자와 피보험자가 동일한 경우인데, 이들을 같게 정하는 것도 가능하고 다르게 정하는 것도 가능하다. 손해보험에서 피보험자는 보험목적에 대하여 일정한 경제적 이익(피보험이익이라고 함)을 가져야 한다. 위 예에서 피보험자는 보험목적인 건물의 소유자로서 경제적 이익을 갖고 있다.

4. 보험계약의 법적 성질

(1) 불요식·낙성계약성

보험계약은 청약과 승낙에 의한 합의만으로 성립되는 불요식의 낙성계약이다(판례,[99])

---

99) 대판 1997.9.5. 95다47398(보험계약은 당사자 일방이 약정한 보험료를 지급하고 상대방이 재산 또는 생명

통설). 보험계약은 불요식의 낙성계약이므로, 보험계약의 청약과 승낙의 의사표시를 하는 방식이 구두이든 서면(전자서면 포함)이든 무방하다. 보험실무상 보험자가 작성한 보험청약서에 보험계약자가 필요사항을 기재하는 방식으로 청약의 의사표시를 하는 경우가 흔하다. 또한 보험계약자가 청약과 함께 보험료를 지급하는 경우가 보통이다. 하지만 보험청약서 기재 또는 보험료 지급이 없더라도, 보험계약의 주요내용을 포함시킨 청약에 대해서 보험자가 승낙한 경우라면, 보험계약이 성립되는 데 아무런 문제가 없다(통설). 기타 추가적인 내용에 대해서는 보험계약의 성립에서 자세히 살펴보기로 한다.

(2) 쌍무 · 유상계약성

1) 내용

보험계약은 다음과 같은 이유에서 쌍무 · 유상계약이다(통설). 쌍무계약이란 계약의 당사자가 서로 목적적 의존관계에 있는 채무를 부담하는 계약이다. 보험료지급채무와 보험금지급채무는 목적적 의존관계에 있다. 보험계약자가 보험료지급채무를 부담하는 것은 보험자가 보험금지급채무를 부담하기 때문이고, 반대로 보험자가 보험금지급채무를 부담하는 것은 보험계약자가 보험료지급채무를 지기 때문이다. 따라서 보험계약은 편무계약이 아니라 쌍무계약이다(판례,[100] 통설).

유상계약이란 계약의 당사자가 서로 대가적 의미를 갖는 출연(또는 출재)을 하는 계약을 가리킨다. 쌍무계약은 유상계약이다(통설). 왜냐하면 계약의 당사자가 목적적 의존관계에 있는 채무를 서로 부담하는 경우, 서로 대가적 의미의 출연이 반드시 있기 때문이다. 즉 보험계약자는 보험료지급채무, 보험자는 보험금지급채무를 통해서 서로 대가적 의미가 있는 출연을 하게 된다. 따라서 보험계약은 무상계약이 아니라 유상계약이다(판례,[101] 통설). 보험자는 무상으로 보험료 상당의 이익을 얻은 것이 아니고, 지급받은 보험료 상당액을 부당이득으로 반환할 의무도 없다.

2) 한계

그런데 보험계약의 쌍무 · 유상계약성은 일정한 한계가 있다. 왜냐하면 보험료지급채무는 확정적인 채무이지만, 보험금지급채무는 조건부의 불확정한 채무이기 때문이다. 이 경우 사전적 관점에서 보면 보험료지급채무와 보험금지급채무가 목적적 의존관계 또는 대가적 출연관계에 있는 것이 맞지만, 사후적 관점에서 보면 꼭 그렇다고 보기 어렵

이나 신체에 관하여 불확정한 사고가 생길 경우에 일정한 보험금액 기타의 급여를 지급할 것을 약정함으로써 효력이 생기는 불요식의 낙성계약이다); 대판 1998.10.13. 97다3163

100) 대판 2000.10.10. 99다35379; 대판 2001.2.9. 2000다55089; 대판 2001.4.10. 99다67413

101) 대판 2000.10.10. 99다35379; 대판 2001.2.9. 2000다55089; 대판 2001.4.10. 99다67413

다. 즉 보험사고가 발생하지 않으면, 보험금지급채무는 현실적으로 구체화되지 않은 채 보험료만 지급하게 되는데, 이렇게 사후적 관점에서 볼 때 보험료지급채무와 보험금지급채무의 목적적 의존관계 또는 대가적 출연관계에 의문이 있을 수 있는 것이다.

이러한 의문을 어떻게 설명할 것인지에 대해서 학설의 대립이 있다. 이것은 보험자가 부담하는 책임의 본질이 무엇인지의 문제와 연결된다.

첫째로, 보험자는 보험사고의 발생 시에 보험금을 지급한다는 위험을 부담하는 것이고, 이러한 위험부담은 보험료지급채무와 목적적 의존관계 또는 대가적 출연관계에 있다는 견해가 있다(위험부담설).[102] 보험사고 발생 이전에는 추상적 위험부담의 상태에 머물다가 보험사고 발생 이후에 구체적 보험금지급채무로 전환된다는 것이다. 이에 의하면 보험자가 부담하는 위험부담은 보험계약자의 입장에서 보면 일종의 기대(급여) 또는 기대권으로서 대가성이 인정된다고 하거나,[103] 위험부담 자체가 경제적 가치가 있는 출연에 해당한다고 한다.[104] 하지만 위험부담이 법적 의미가 있는 급여가 아니고, 보험자가 부담하는 주채무도 아니라는 비판이 가해진다.

둘째로, 위험단체 전체적으로 보면 보험자는 보험료에 대한 대가를 부담하는 관계라고 하는 견해가 있다(위험단체설).[105] 이에 의하면 위험단체 내에는 대수의 법칙에 의해서 보험료와 보험금의 등가성이 유지되고 급여와 반대급여의 균형이 이루어진다고 하거나,[106] 위험단체에 기초한 총보험료와 총보험금 사이에 대가관계가 있다고 하거나,[107] 각 보험계약자가 보험금을 받지 못하기도 하지만 위험단체에 속하는 누군가는 보험금을 받는다고 한다.[108] 이에 대해서는, 보험계약이 기본적으로 보험자와 보험계약자 사이의 개별 채권관계임에도 불구하고, 위험단체설은 보험자가 개별 보험계약자에게 부담하는 책임을 설명하지 않고 있으며, 보험자의 채무와 개별 보험계약자의 채무 사이에 목적적 의존관계 또는 대가적 출연관계가 있음을 설명하지 못하는 단점이 있다.

셋째로, 보험자는 보험사고 발생 시에 구체화되는 조건부 보험금지급채무를 부담하는 것이고, 보험료지급채무는 이러한 조건부 보험금지급채무를 주채무로 약속한 것에 대한 대가라는 견해가 있다(금액급여설). 이에 대해서는, 사후적 관점에서 볼 때 보험료지급채무와 보험금지급채무의 목적적 의존관계 또는 대가적 출연관계에 생길 수 있는 의문

102) 강위두 · 임재호 597면; 김은경 96면; 김성태 108면; 박세민 85면; 손주찬 497–499면; 이기수 · 최병규 · 김인현 67면; 정경영 804면
103) 김성태 108면; 이기수 · 최병규 · 김인현 67면
104) 김성태 108면
105) 양승규 83면; 장덕조 46면; 정동윤 481면; 최기원 70면; 최준선 84면
106) 정동윤 481면
107) 장덕조 46면
108) 최준선 84면

에 대한 답이 되지 못한다는 비판이 있다.

생각건대, 위험부담설, 위험단체설, 금액급여설 중 어느 것을 따르더라도, 보험금지급채무는 현실적으로 구체화되지 않은 채 보험료만 지급하게 되는 문제상황을 피할 수 없는 것이고, 따라서 보험계약이 완전한 의미의 쌍무·유상계약이라고 하기는 어렵다고 본다. 그렇다면 위험부담설이나 위험단체설과 같이 완전한 의미의 쌍무·유상계약성을 추구하다가 이론상 단점을 드러내기보다는, 위와 같은 문제상황을 솔직히 인정하고 있는 금액급여설을 취하는 것이 보다 자연스럽다고 본다. 금액급여설을 따르더라도 보험계약의 쌍무·유상계약성 자체를 인정하는 데는 문제가 없다. 사전적 관점에서 보면, 보험료지급채무와 보험금지급채무가 목적적 의존관계 또는 대가적 출연관계에 있다고 하는 것이 타당하기 때문이다. 다만 사후적 관점에서 보면 꼭 그렇다고 보기 어려우므로, 보험계약이 완전한 의미의 쌍무·유상계약이라고 보기는 어려운 것이다.

3) 적용 법규

유상계약에는 민법상 매매에 관한 규정들이 준용되고, 다만 그 계약의 성질이 이를 허용하지 아니하는 때에는 그렇지 않다(민법 567조). 그런데 매매에 관한 규정들이 보험계약에 적용될 여지는 사실상 없다.

쌍무계약에는 쌍무계약의 특성으로부터 연역되는 법리가 적용된다. 이러한 법리에는 동시이행항변권(민법 536조), 위험부담(민법 537조, 538조), 계약의 무효나 취소 등에 따른 쌍무계약의 청산, 도산절차에서 미이행 쌍무계약의 취급('채무자 회생 및 파산에 관한 법률' 119조, 121조, 122조, 179조, 335조) 등이 있다. 그런데 보험금지급채무가 현실적으로 발생하지 않은 채 보험료만 지급해야 하거나 보험사고가 발생하면 보험계약관계가 종료되는 경우 등이 있어서, 기본적으로 보험계약의 쌍무계약성을 인정하지만, 그래도 전형적인 쌍무계약인 매매계약과 구조가 완전히 같다고 하기는 어렵다. 따라서 쌍무계약의 특성으로부터 연역되는 법리가 보험계약에 자동적으로 적용될 수는 없다. 여기서는 보험계약의 쌍무계약으로서의 기본적인 특성뿐만 아니라, 계약내용, 계약당사자의 이익상황, 상법 보험편 규정 등을 고려하여 개별적, 구체적으로 검토되어야 한다. 가령 연 보험료가 모두 납입되기 전에 보험사고가 발생하여 보험계약이 종료된 경우 보험약관상 보험계약자에게 향후 기간 동안의 잔존보험료를 한꺼번에 지급하도록 규정하였다면, 보험금지급채무와 잔존보험료일괄지급채무가 동시이행관계에 있는지 문제될 수 있다. 형평의 원칙상 동시이행관계를 인정하되, 대등액에 한하여 이를 인정함이 타당하다고 본다.

(3) 사행계약성

보험계약은 사행(射倖)계약이다(판례,[109] 통설). 사행계약이란 일방 또는 쌍방 당사자가 부담하는 급여의무의 존재 또는 그 급여액이 우연한 사건의 발생에 의해 확정되는 계약이다.[110] 보험금의 지급이 불확정한 사고의 우연한 발생에 달려 있다는 점에서, 보험계약은 사행적(aleatory) 성격을 띤다.[111] 이런 관점에서 보면, 도박, 복권, 금융투자, 보험 등이 사행계약이다. 사행계약이라는 표현의 부정적 어감과는 달리, 사행계약은 윤리적 관점에서 중립적이라고 볼 수 있다.[112] 한편 개별적 보험계약은 사행계약이라고 할 수 있지만, 위험단체 전체를 통계적으로 관찰하면 우연한 사고의 발생이 규칙성을 띠기 때문에, 보험단체 전체로는 사행계약이 아니라고 볼 여지도 있다.[113] 다만 보험계약은 기본적으로 보험자와 보험계약자 사이의 개별적 채권관계이므로 적어도 개별 보험계약자 입장에서는 사행계약성을 부인할 수 없고, 상법 보험편도 보험계약이 사행계약의 일종이라는 점을 전제하고 보험계약을 규율하고 있다.

사행계약은 사회적 효용의 인정 등으로 사회질서(민법 103조)에 부합하는 경우에만 합법적인 것으로 인정된다. 사회질서에 반하는 도박을 제외하면, 적법 절차에 따른 복권, 금융투자, 보험 등은 법률에 의해서 허용되어 있다. 이 중에서 보험은, 그 목적이 불확정한 사고로 인한 손해의 발생을 전제로 하여 보상하는 데 있기 때문에, 사회적 효용성이 충분히 인정된다.

다만 합법화된 사행계약도 부당한 이득을 목적으로 악용될 소지는 있다. 당사자의 위법, 부당한 행위로 인해 그 본질에 반하는 결과가 생길 수 있기 때문이다. 이를 방지하기 위한 법제도가 필요하다. 보험이 악용되는 것을 방지하기 위해서 법은 관련 제도를 두고 있다. 이에 관한 중요한 몇 가지를 살펴보면 다음과 같다.

손해보험에서는 이득금지의 원칙(상법 676조 등)이 적용되고 피보험이익(상법 668조)이 요구된다. 또한 타인의 사망보험에서 피보험자의 동의(상법 731조, 734조 2항)를 요구한다.

---

109) 대판 2013.11.14. 2011다101520

110) 정동윤 482면; 山下友信, 保險法, 2005, 71면

111) 대판 1987.9.8. 87도565(우연한 사고라 함은 계약성립 당시 특정의 사고가 그 발생여부, 발생시기가 불확정하다는 것을 의미하고, 그 불확정성은 객관적임을 요하지 아니하고 주관적으로 계약당사자에게 불확정하면 되므로 보험은 사행성을 그 특질로 한다 할 것이고, 보험사고는 보험기간 내에 생긴 것이어야 한다)

112) 김성태 110면

113) 양승규 86-87면. 이슬람국가에서는 도박과 사행성계약을 금지하면서 보험을 법적으로 허용할 것인지의 문제가 있었는데, 이를 극복한 근거 중의 하나로, 비록 개별적 계약의 관점에서는 불확정한 사건의 발생여부에 의하여 개인들에게 불평등한 결과가 생길 수 있으나, 대수의 법칙을 통해서 보험계약은 집단적으로 거의 사행성을 띠지 않고 불공정, 도박, 과도한 위험의 문제가 없다는 점이 제시되었다(Baker/Simon, *Embracing Risk : The Changing Culture of Insurance and Responsibility*, 2002, p. 37).

그리고 고의 또는 중과실에 의해 인위적으로 사고를 유발하는 행위는, 보험급여가 우연한 사고의 발생을 조건으로 지급된다는 사행계약의 본질에 반하는 결과를 가져올 수 있다. 따라서 이에 대한 억제가 필요하다. 그리하여 보험계약자 등이 고의 또는 중과실로 보험사고를 야기한 경우 보험자가 면책된다(상법 659조). 인보험의 경우는 고의로 보험사고를 야기한 경우에 보험자가 면책된다(상법 732조의2, 739조, 739조의3).

(4) 선의계약성

1) 내용

판례는 보험계약이 선의성을 띤다고 한다.[114] 학설로는, 보험계약이 선의(good faith)에 기초한다는 견해,[115] 그리고 최대선의(utmost good faith)에 기초한다는 견해가 있다.[116] 다수설은 보험계약은 선의 또는 최대선의에 기초한다는 입장이다.[117] 보험계약이 선의성 또는 최대선의성을 띤다는 것은, 보험계약의 당사자에게 선의의무(the duty of good faith), 최대선의의무(the duty of utmost good faith)가 요구된다는 의미이기도 하다. 선의와 최대선의는 다른 것으로서, 후자가 보다 엄격한 것이다. 다음과 같은 이유에서, 원칙적으로 보험계약은 선의계약이라고 보아야 한다.

2) 인정근거

보험계약이 사행계약이기 때문에 선의성 또는 최대선의성이 인정된다고 보는 것이 통설이다. 이에 따르면 보험계약의 사행계약성으로 인해서 보험이 도박 또는 투기의 목적으로 악용되면 도덕적 위험이 생길 수 있고, 이 때문에 선의성 또는 최대선의성이 요구된다는 것이다. 그러나 모든 유형의 사행계약이 당사자에게 선의 또는 최대선의를 요구하는 것은 아니므로, 사행계약성만을 근거로 보험계약의 선의성 또는 최대선의성을 도출하는 것은 무리라고 본다. 당사자 사이에 존재하는 정보비대칭, 도덕적 위험의 가능성, 보험의 기술 등 보험계약이 갖는 다른 특성들도 (특히 보험계약자에게) 선의 또는 최대선의를 요구하는 중요한 근거라고 보는 것이 타당하다.[118]

---

114) 대판 1998.4.28. 98다4330; 대판 2010.7.22. 2010다25353; 대판 2020.10.29. 2019다267020; 대판 2010.10.29. 2019다301678

115) 장덕조 48－49면

116) 김성태 113면. 박세민 82－83면도 최대선의성을 강조하는 견해로 보인다.

117) 강위두 · 임재호 594면; 김은경 98면; 손주찬 499면; 양승규 87면; 이기수 · 최병규 · 김인현 68－69면; 임용수 48면; 정찬형 537면; 최기원 72면

118) 山下友信, 保險法, 2005, 71－72면

3) 선의와 최대선의의 구분 문제

선의 또는 최대선의에 대한 입법례로 영국의 1906년 해상보험법(Marine Insurance Act 1906) 17조가 주로 원용된다.[119] 그런데 이 조항은 엄밀하게 말하면 최대선의의 근거규정이다. 이 규정에 의하면, "해상보험계약은 최대선의에 기초한 계약이다"(A contract of marine insurance is a contract based upon the utmost good faith). 그리고 1906년 해상보험법은 그 명칭과 달리 모든 종류의 보험에 적용된다는 것이 지금까지 판례법의 입장이다.[120] 즉 해상보험이든 비해상보험이든, 기업보험이든 가계보험이든 구분 없이 적용되어 왔다.

영국법이 보험계약에 최대선의를 적용한 결과 보험계약자 측은 매우 엄격한 의무를 부담했었다. 고지의무 또는 워런티(warranty) 준수의무가 대표적인 예이다. 1906년 해상보험법 18조가 고지의무에 대해서 규정하고 있는데, 이에 따르면 고지의무의 경우 보험계약자 측이 자신이 알고 있는 사항이 중요사항에 해당하는지에 대해서 과실없이 알지 못하기 때문에(무과실책임) 이를 고지하지 않은 경우에도 고지의무 위반이 되고, 그 위반 시에 보험자가 취소권을 행사할 수 있다.[121] 이것은 우리 상법 651조에 비해서 보험계약자 측에 대단히 불리한 내용이다. 워런티의 경우도 마찬가지이다. 이에 대해서 1906년 해상보험법 33조가 규정하고 있는데, 약속적 워런티(promissory warranty)는 보험계약자가 어떤 특정한 것이 행해지거나 행해지지 않을 것이라고 약속하거나 또는 어떤 조건이 성취될 것이라고 약속하거나 또는 특정한 사실 상태의 존재를 긍정하거나 부정하는 것을 가리키고, 워런티는 그것이 중요사항(material fact)에 관한 것인지 여부를 묻지 않고 엄격하게 준수되어야 하며, 만약 준수되지 않으면 보험자는 위반 시점 이후로 면책된다. 워런티 위반이 중요사항에 관한 것인지 여부를 가리지 않고 보험자가 면책된다는 것은 보험계약자 측의 입장에서 워런티 준수의무라는 것이 얼마나 엄격한 것인지를 알 수 있게 하는 대목이다.

하지만 위와 같은 최대선의의무는 17-18세기의 영국의 해상보험환경에 적합하던 것이고 오늘날 보험환경에는 어울리지 않는 낡은 것이라는 비판을 받아 왔다.[122] 최대선의의무라는 것은 보험계약자와 보험자 사이의 정보비대칭이 아주 현저했던 17-18세기 해상보험의 환경에 기초하여 탄생되었던 법리였다. 오늘날은 17-18세기 해상보험의 환경과는 큰 차이가 있다. 영국의 해상보험법이 정립되던 18세기에는 이미 출항한 선박과 적하

119) 박세민 82면; 손주찬 499면; 양승규 87면; 장덕조 48면

120) Dawsons v. Ltd v. Bonnin [1922] 2 AC 413; Rozanes v. Bowen (1928) 32 Ll. L. Rep. 98; Pan Atlantic Insurance Co Ltd v. Pine Top Insurance Co Ltd [1995] 1 AC 501

121) Carter v. Boehm (1766) 3 Burr 1905

122) 이에 관한 선구적인 대표논문으로는, Hasson, "The Doctrine of Uberrima Fides in Insurance Law: a Critical Evaluation", 32 M.L.R. 615 (1969)

에 대해서 해상보험계약이 체결되던 것이 보통이어서,[123] 보험자가 중요사항에 대해서 일일이 질의, 조사하기 곤란하였고, 보험의 전문가가 아니라 전주(錢主)에 불과했던 보험자보다 보험계약자인 선주나 하주가 중요사항에 대해서 더 잘 알고 있었던 상황이었다. 따라서 최대선의의무는 오늘날 가계보험은 물론이고 기업보험과 관련해서도 낡은 개념이고 지나치게 엄격한 의무라고 평가된다.[124]

이러한 문제점을 반영하여, 실제로 고지의무 등과 관련하여 최대선의를 선의로 완화한 성문법이 제정되었다. 그것이 2012년 소비자보험법(고지의무)[125]이다. 이 법은 소비자보험에 적용되는데, 보험계약자 측이 고의 또는 과실로 부실고지를 하면 의무 위반이 된다. 결과적으로 이 범위 내에서 최대선의의무가 완화된 것이다(sec. 2 (5)(b)). 나아가 2015년 보험법[126]도 제정되었는데, 이것은 소비자보험 및 비소비자보험과 관련하여 고지의무, 워런티, 사기적 보험금청구, 그리고 계약취소 등에 적용된다. 최대선의의무를 준수하지 않았다는 이유로 계약을 취소할 수 있다는 법리는 폐지되고, 최대선의의무에 기초한 관련 법리는 동법이 정하는 바에 따라서 선의의무로 완화된다고 명시되어 있다(sec. 14).[127]

이상과 같이 이제 영국 보험계약법에서 최대선의성과 선의성은 뚜렷하게 구분되는 개념이고, 원칙적으로 최대선의성은 선의성으로 크게 축소되었다. 따라서 영국 보험계약법을 근거로 보험계약의 최대선의성을 강조하는 것은 이제 피해야 한다. 이런 점에서 2008년 국회에 제출되었던 상법 개정안이 "보험계약의 당사자는 보험계약의 체결, 권리의 행사와 의무의 이행을 최대선의의 원칙에 따라 하여야 한다."고 규정한 것은 부적절했다.[128] 이 개정안은 보험계약 일반에 적용되는 통칙 규정인데, 이에 따르면 보험계약 관계가 지나치게 엄격해지는 문제가 생길 수 있다.

4) 신의성실의 원칙과 관계

선의 또는 최대선의는 신의성실의 원칙에 기초한다고 보는 것이 통설이다. 즉 통설은 선의 또는 최대선의와 신의성실의 원칙을 동일 선상에서 바라본다. 판례는 선의가 신

---

123) Parkington et al., *MacGillivray and Parkington on Insurance Law,* 1998, para. 721

124) Hertzell (*The Insurance Act 2015* ed. by Clarke/Soyer), "The Insurance Act 2015 Background and Philosophy", 2016, p. 2

125) Consumer Insurance (Disclosure and Representations) Act 2012

126) Insurance Act 2015

127) "14. Good faith

(1) Any rule of law permitting a party to a contract of insurance to avoid the contract on the ground that the utmost good faith has not been observed by the other party is abolished.

(2) Any rule of law to the effect that a contract of insurance is a contract based on the utmost good faith is modified to the extent required by the provisions of this Act and the Consumer Insurance (Disclosure and Representations) Act 2012."

128) 이 조항은 2014년에 통과된 개정 상법에서는 포함되지 않았다.

의성실의 원칙에 기초한다고 판시한 것이 있다.[129] 이와 달리, 보험계약의 최대선의성은 신의성실의 원칙과는 다른 것이고 윤리적 강도가 더 높다고 하는 견해가 있다.[130]

생각건대, 다음과 같은 이유에서 통설이 타당하다고 본다. 민법상 선의란 어떤 사정을 알지 못하는 심리적 상태를 의미하는 것이 보통이다. 하지만 여기서 보험계약의 선의성에서 선의란 그런 의미가 아니다. 여기서 선의는 정직성, 윤리성 등을 의미한다.[131] 그리고 선의와 최대선의의 차이는, 후자가 전자보다 높은 수준의 정직성, 윤리성을 의미한다는 것이다. 사법상 정직성, 윤리성 등을 가리키는 법적 개념은 사법의 일반원칙인 신의성실(민법 2조)을 들 수 있다. 신의성실이란 상대방과 신의를 존중하여 성실하게 행위함을 의미한다. 이러한 신의성실의 개념은 정직성, 윤리성을 내포할 수 있다. 우선, 보험계약의 특성을 선의성으로 파악하게 되면, 이것은 신의성실의 원칙에 의해서 쉽게 설명될 수 있다. 나아가 최대선의까지도 신의성실 원칙에 포섭될 수 있다고 볼 수 있다. 사법의 일반원칙인 신의성실의 원칙은 탄력적인 개념이다. 신의성실의 원칙이 계약 또는 당사자의 종류와 무관하게 획일적인 정직성, 윤리성을 요구하는 것은 아니고, 계약 또는 당사자의 종류별로 정직성, 윤리성에 차등을 둘 수 있다고 볼 수 있다. 따라서 보험계약의 경우 좀 더 높은 수준의 신의성실이 요구되고 이것이 최대선의라고 하는 것에 무리가 없다.

그런데 신의성실의 원칙으로 해결될 수 있음에도 불구하고, 보험계약에서 선의 또는 최대선의라는 표현을 사용하는 이유는 무엇인가? 보험계약에 정직성, 윤리성이 요구된다는 특성을 강조하기 위해서 그러한 표현을 사용하는 것으로 이해할 수 있다. 따라서 이하에서도 통설과 판례에 따라서 선의, 최대선의라는 표현을 사용하기로 한다. 그리고 선의성 또는 최대선의성은 보험계약의 당사자인 보험자, 보험계약자 모두에게 요구된다. 영국에서는 보험자에게 요구되는 선의성 등의 문제가 활발히 논의되고 있다.[132] 다만 여기서는 주로 보험계약자 등의 선의성에 초점을 맞추어 논의하기로 한다.

(5) 상사계약성(상행위성)

영리보험의 보험계약은 상사계약이다(통설). 영리를 목적으로 계속, 반복하는 보험업은 기본적 상행위이고(상법 46조 17호), 이 경우 보험자는 상인이 된다. 보험자가 상인이

---

129) 대판 2003.5.30. 2003다15556은 사기적 보험금청구행위는 신의성실의 원칙에 반한다고 판시하였다. 또한 대판 2000.2.11. 99다49064(생명보험계약은 사람의 생명에 관한 우연한 사고에 대하여 금전을 지급하기로 약정하는 것이어서 금전을 취득할 목적으로 고의로 피보험자를 살해하는 등의 도덕적 위험의 우려가 있으므로, 그 계약 체결에 관하여 신의성실의 원칙에 기한 선의가 강하게 요청된다).

130) 김성태 113면

131) 김성태 113면

132) Birds, *Modern Insurance Law*, 2013, para. 8.1.

면, 보험계약자가 상인인지 여부와 무관하게, 해당 보험계약은 상사계약이 된다. 우리 상법은 계약의 당사자 일방이 상인이면 타방이 상인이 아니어도 상사계약으로 인정하기 때문이다(상법 3조). 상사계약인 보험계약에 대해서는, 상법 보험편에 다른 특별한 규정이 없는 한, 상법 상행위편 통칙규정(상법 46조 이하)이 민법에 우선하여 적용된다.

다만, 상호보험과 같이 영리가 아니라 상호부조를 목적으로 체결한 보험계약이라면, 해당 보험자는 상인이 아니다. 따라서 보험계약자가 상인이 아니라면 해당 보험계약은 상사계약은 아니다. 이 경우는 상법 상행위편 통칙규정(상법 46조 이하)이 민법에 우선하여 적용된다고 볼 수 없다.[133] 물론 보험계약자가 상인인 경우라면 해당 보험계약은 상사계약이 될 것이다.

(6) 계속계약성

보험계약은 계속적 계약이다(통설). 보험계약은 일정한 보험기간 동안의 보험사고를 계속적으로 보장하는 계약이기 때문이다. 이러한 계속계약성을 고려하여, 상법 보험편은 보험계약자에게 보험계약에 대한 임의해지권을 인정한다. 즉 보험계약자는 보험사고의 발생 전에 보험계약을 장래를 향하여 임의로 해지할 수 있다(상법 649조). 보험자에게는 이러한 임의해지권이 인정되지 않는다. 또한 위험변경증가 통지의무(상법 652조), 위험유지의무(상법 653조) 등도 계속계약성과 관련된다. 그리고 계속적 계약의 경우 계약당사자 사이의 신뢰가 중요한 경우가 많다. 따라서 당사자 사이의 신뢰관계가 파괴된 경우 — 계약이나 법에 근거규정이 없더라도 — 신의칙을 근거로 일방 당사자에게 해지권을 인정할 여지가 있다. 보험계약의 경우에도 보험계약자가 신뢰관계를 파괴하는 경우 보험자에게 이러한 해지권을 인정할 여지가 있다. 다만 보험계약자 보호라는 관점을 고려할 때, 해지권은 제한된 상황에서만 인정함이 타당하다.

(7) 부합계약성

보험계약은 부합(附合)계약(contract of adhesion)이다(통설). 부합계약이란, 약관을 통해서 체결되고, 약관이 개별적 합의의 대상이 아닌 계약이다. 상대방은 약관에 의한 체결에 응하든가, 아니면 체결을 포기하는 선택만 가능하다. 즉 보험약관하에서 상대방은 계약의 자유를 크게 제한 받는다. 사실 약관을 통해 체결되는 계약이라도 해서 모두 부합계약이 되는 것은 아니다. 약관이 있더라도 그 전부 또는 일부에 대한 별도의 합의를 통해서 계약을 체결하는 경우는 거래 현실에서 흔히 발견할 수 있기 때문이다. 그런데 특

133) 다만 이 경우 상법 상행위편 통칙규정(상법 46조 이하)을 준용하자는 입법론적 문제에 대해서는, 한기정, "상호보험 · 공제 · 우체국보험의 적용법규에 대한 고찰", 보험법연구2－1, 2008, 15－24면 참조

히 보험계약이 부합계약인 이유는 무엇인가? 이는 보험계약의 기술성과 가장 밀접한 관련이 있다.[134] 보험의 수지균등을 달성하려면 동질의 위험을 다수로 집적해야 하는데, 이를 위해서는 계약내용(보험사고, 부책사유, 면책사유 등)을 정형화시킬 필요가 있다. 계약내용의 정형화는 약관 사용을 통해서 용이하게 달성될 수 있으므로, 보험계약은 부합계약성을 띠게 되는 것이다. 이러한 보험계약의 부합계약으로서의 성격 때문에 보험약관의 법적 규제가 중요한 과제이다. 보험계약에서는 보험약관이 보험계약으로 편입되는 문제, 보험약관의 내용이 공정한지의 문제, 보험약관을 어떻게 해석할 것인지의 문제 등이 중요하게 다루어진다. 이에 대해서는 보험약관 부분에서 자세히 다룬다.

(8) 독립계약성

보험계약은 민법상 전형계약은 아니며, 특수한 독립적 계약이다(통설). 이렇게 독립성을 갖추고 있지만, 다른 계약과 결합하거나 부수하여 보험계약을 체결하는 것도 가능하다(통설).

5. 보험계약법의 특성

(1) 의의

보험계약법은 계약법의 일종이지만 특수한 면이 있다. 그것은 보험계약의 특수성 때문이다. 보험계약법의 특성으로 주요한 것은, 보험기술을 반영한 것, 보험계약자의 선의를 요구한 것 등이다. 기술성과 단체성은 보험기술의 반영과 관련된다.

(2) 기술성

보험계약법은 기술성을 띤다(통설).[135] 이에 따르면 일반적으로 보험자가 위험을 인수할 때 보험의 기술적 기초에 입각하고 보험계약법은 이러한 기술적 기초에 따라서 보험관계를 규율하는 법이다.[136] 보험의 기술이란 개별 위험과 보험료의 일치, 위험의 분산을 통해서 급여와 반대급여 사이의 균형, 수지상등 등을 실현하는 것을 가리킨다. 보험의 기술을 보험계약법에 어느 정도 반영할 것인지는 입법정책의 문제이다.

1) 위험의 분산

보험자가 일반적으로 위험의 분산이라는 기술을 통해서 수지균등을 추구함은 보험

---

134) 양승규 88-89면
135) 기술성은 보험업의 특징이지 보험계약법의 특징은 아니라는 견해도 있다(최준선 54면).
136) 양승규 54면

의 정의에서 설명한 바 있다. 위험의 분산이란 정형화된 개별 위험을 다수로 집적하여 보험단체를 구성하는 것을 의미하고, 이것은 개별위험이 서로 무관한 관계에 있지 않다는 것을 의미하는 것이다. 다만 이 문제는 보험계약법의 기술성에서 분리하여 단체성의 문제로서 별도의 항목으로 다루는 것이 일반적 태도이다. 이에 따라 후술하기로 한다.

2) 개별 위험과 보험료의 일치

보험의 기술로서 개별 위험과 보험료의 일치는 개별 위험에 대한 보험료가 해당 위험의 정도에 부합하게 산정돼야 한다는 원칙을 가리킨다. 보험은 이를 통해 개별 보험계약에서 급여(보험료)와 반대급여(보험금)의 균형을 맞추는 것이다. 이러한 보험기술을 실현하기 위해서, 보험자는 위험에 대한 정보가 필요하다. 보험자는 이 정보를 통해서 위험의 정도를 판단하고 이에 상응하는 보험료를 산정할 수 있다. 그런데 위험에 관한 정보는 보험계약자 등에게 있는 것이 보통이다. 여기서 위험정보의 비대칭이 생긴다. 정보가 부족한 보험자는 보험계약자 등에게 의존하게 된다. 상법은 보험자가 위험정보를 얻을 수 있도록 지원하는 규정을 두고 있다. 즉 보험계약자 등은 보험계약의 체결 당시에 보험자에게 위험을 제대로 고지해야 하고(상법 651조), 체결 이후에는 위험변경증가에 대한 통지의무를 부담한다(상법 652조). 또한 보험계약자 등은 계약 체결 당시의 위험을 체결 이후에 변경증가시키지 않을 의무를 부담한다(상법 653조).[137]

3) 기타

학설은 보험료불가분의 원칙이 보험기술이 보험계약법에 반영된 예라고 한다.[138] 하지만 우리 법에서 보험료불가분의 원칙이 인정되는지는 의문이다. 보험료불가분의 원칙에 대해서는 별도로 기술한다.

(3) 선의성

1) 내용

보험계약법은 선의성을 띤다(통설). 이것은 보험계약법에 보험계약의 선의성이 반영되어 있다는 뜻이다. 보험계약의 선의성(good faith)에 대해서는 보험계약의 특성에서 설명한 바 있지만 반복하여 설명하면 다음과 같다. 보험계약의 선의성이란, 어떤 사정을 알지 못하는 심리적 상태를 의미하는 것이 아니라, 정직성, 윤리성 등을 의미한다. 그리고 선의성은 보험계약의 당사자인 보험자, 보험계약자 모두에게 요구되나, 여기서는 주

137) 박세민 33면; 정동윤 463면; 최기원 34면
138) 박세민 33면; 정동윤 463면; 최기원 34면

로 보험계약자 등의 선의성에 초점을 맞춘다. 보험계약자 등에 이런 선의성이 요구되는 이유는, 보험계약의 사행계약성, 당사자 간의 정보비대칭, 도덕적 위험, 보험의 기술 등에 있다. 만약 보험계약법에 보험계약자의 선의성을 반영하지 않으면 보험제도의 합리적 운영이 위협받을 수 있다. 그리고 민법 2조의 신의성실의 원칙은, 보험계약의 선의성에 대한 근거조항이라 할 수 있다.

2) 관련 법 규정들

선의성을 보험계약법에 어느 정도 반영할 것인지는 입법정책의 문제이다. 상법 보험편에 포함되어 있는, 선의성 확보를 위한 규정들은 다음과 같다.

① 보험계약자 등이 위험에 관한 정보를 정확하게 알리는 것이다. 보험계약자 등은 고지의무, 위험변경증가의 통지의무를 부담한다(상법 651조, 652조). 또한 보험계약자 등은 계약 체결 당시의 위험을 체결 이후에 변경증가시키지 않을 의무를 부담한다(상법 653조). 이러한 의무는 보험계약법의 기술성과도 관련된다.

② 보험계약 체결 당시 보험사고가 이미 발생하였거나 발생할 수 없는 경우 보험계약은 무효이고, 다만 당사자 쌍방과 피보험자가 이를 알지 못한 때에는 유효이다(상법 644조).

③ 보험계약자 등은 인위적으로 사고를 야기하지 않아야 한다. 보험계약자 등이 고의 또는 중과실로 보험사고를 야기하면 보험자가 면책되고(상법 659조), 인보험의 경우는 보험가입자가 고의로 사고를 야기하면 보험자가 면책된다(상법 732조의2, 739조, 739조의3).

④ 손해보험에서 피보험이익이 있어야 한다. 피보험이익이 없으면 해당 보험계약은 무효이다. 사기에 의한 초과보험, 중복보험은 무효이고, 또한 보험자는 그 사실을 안 때까지의 보험료를 청구할 수 있다(상법 669조 4항, 672조 3항). 여기서 보험계약자 측이 보험료지급의무를 부담하는 것은, 계약이 무효인 경우 당사자가 계약상 의무를 이행하지 않아도 된다는 원칙에 대한 예외이다. 이것은 사기에 의한 초과보험과 중복보험을 억제하기 위해 보험계약자 측에 부과된 민사적 제재라고 볼 수 있다.

⑤ 타인의 사망보험에는 타인의 동의가 필요하다(상법 731조). 이것은 타인의 상해보험, 질병보험에도 준용된다(상법 739조, 739조의3).

⑥ 15세 미만자, 심신상실자 또는 심신박약자의 사망을 보험사고로 하는 보험계약은 무효이다(상법 732조 본문).

⑦ 손해보험에서 보험자가 보상할 손해액은 손해의 발생 시점과 장소의 가액에 의해서 산정한다(상법 676조 1항 본문).

⑧ 보험계약자 등은 손해의 방지와 경감을 위해 노력해야 한다(상법 680조 1항 본문).

⑨ 보험계약이 무효인 경우 보험계약자 등에게 고의 또는 중과실이 있으면, 보험자에 대해 보험료 반환을 청구할 수 없다(상법 648조 반대해석). 보험계약자 등이 보험계약의 무효에 고의가 있으면서도 보험료를 지급했다면, 이것은 악의의 비채(非債)변제(민법 742조)에 해당하여 반환을 청구하지 못한다. 하지만 중과실의 경우도 반환청구 못한다는 점은 위 민법조항으로 설명하기 어렵다. 이것은 중과실에 대한 제재라고 이해해야 한다. 불법원인급여(민법 746조)로 설명하는 견해도 있을 수 있으나, 보험계약 무효의 원인이 민법 103조 위반이 아닌 경우에도 상법 648조는 적용되므로, 타당한 설명이 아니다.

(4) 단체성

1) 내용

일반적으로 보험이란 개별 위험을 다수로 집적하여 위험단체 또는 보험단체를 구성하는 것이고 따라서 개별위험이 서로 무관하지 않은 측면이 있다. 이런 이유에서 보험계약을 보험계약자와 보험자 사이의 개별적 거래관계로만 인식하지 않고 위험단체의 개념을 고려하여 전체 보험계약자와 보험자 사이에 일응 단체적 거래관계로 인식할 여지가 생긴다. 그런데 보험계약의 단체적 성격을 어느 정도 인정할 것인지는 입법정책 및 해석의 문제다(통설). 이와 관련하여 적극적으로 인정하는 입장과 소극적으로 인정하는 입장으로 나뉜다. 적극적 입장은 단체성에 입각해서 엄격한 보험계약자 평등의 원칙,[139] 보험약관의 법규범성[140] 등을 인정한다. 이것이 계약법의 일반원칙과 거리가 있음은 물론이다. 반면 소극적 입장은 보험계약도 계약의 일종이므로 계약법의 일반원칙이 적용되고 다만 단체성은 입법 및 해석에 최소한만 반영하려고 한다.[141] 보험제도의 단체성을 강조한 결과 채권계약의 효력을 지나치게 제약하는 것은 허용될 수 없다고 하거나,[142] 조직법적 원칙에 의해서 채권계약의 효력을 지나치게 구속하는 것은 무리이고 위험단체성에 대한 고려는 보험공법에 맡기는 것이 타당하다고 하는 견해[143]도 소극적인 입장이다.

생각건대, 단체성을 이유로 해서 보험계약의 효력을 변동시키는 입법 또는 해석은 제한적, 소극적으로만 허용되어야 한다고 본다.[144] 법적 형식의 면에서 보면 보험계약은 보험자와 보험계약자 사이의 채권계약이고, 보험계약자가 자신의 귀책사유 없이 단체성

139) 김성태 160면; 양승규 55면; 최준선 49면
140) 양승규 69-70면
141) 손주찬 478면(현행법상 영리보험에서는 보험업자가 보험사업의 위험을 인수하여 개개의 보험가입자와 보험단체와의 관계가 보험업자에 의해서 차단되어 있기 때문에 단체성을 강조할 수 없다)
142) 정동윤 464면
143) 최기원 34면
144) 한기정, "보험계약의 개별성·단체성에 관한 연구", 21세기 한국상사법학의 과제와 전망-심당송상현선생화갑기념논문집, 2002, 356면

을 이유로 보험계약상 불이익을 받는 것은 그의 합리적 기대에 반하기 때문이다. 따라서 단체성의 인정이 필요한 경우라면 명문의 규정을 두어야 하고 이 경우도 제한적, 소극적으로만 허용되어야 한다.

2) 관련 쟁점

i) 특별이익

단체성에 대한 적극적 입장과 소극적 입장이 대립하는 대표적인 예로는 특별이익 제공금지에 관한 보험업법 98조의 해석을 들 수 있다. 이 조항에 따르면, 보험계약의 체결 또는 모집에 종사하는 자는 그 체결 또는 모집과 관련하여 보험계약자나 피보험자에게 특별이익을 제공하거나 제공하기로 약속해서는 안 된다. 그러한 특별이익으로는 기초서류에서 정한 사유에 근거하지 아니한 보험료의 할인 또는 보험금액의 증액 등이 있다.[145] 특별이익을 제공한 자 또는 이를 요구하여 받은 보험계약자 또는 피보험자에 대해서는 3년 이하의 징역 또는 3천만 원 이하의 벌금에 처하고(보험업법 202조 2호), 보험회사가 특별이익을 제공한 경우는 과징금을 부과한다(보험업법 196조 1항). 대판 2005.7.15. 2004다34929에서, 보험회사의 임원이 보험계약을 유치하기 위하여 보험계약자가 발행한 회사채를 유통금리보다 싼 표면금리에 의하여 매입한 사안에 대해서 이는 실질적으로 보험계약자에게 보험료를 할인하여 주는 것과 동일하기 때문에 특별한 이익을 제공하는 행위라고 판시했다.

만약 특별이익을 금지하는 취지를 건전한 거래질서의 확보에서 찾는다면, 위 규정은 단체성과는 관련이 적다. 하지만 그 취지를 보험계약자 평등의 원칙을 구현함에 있다고 본다면, 위 규정은 단체성과 관련이 크다. 위 규정은 보험계약자 평등 원칙에 취지가 있다는 전제하에 위 규정을 위반한 경우 해당 보험계약이 무효라고 해석하는 견해가 있다.[146] 이 견해에 따르면 위 규정은 단속규정에 그치는 것이 아니라 효력규정으로 해석된다. 이와 달리, 계약자평등의 원칙이 특별이익 금지의 취지라는 점은 인정하지만, 특별이익의 금지는 단속규정으로 보아야 한다는 입장이 있다.[147]

---

145) 보험업법 98조는 특별이익을 다음과 같이 구체적으로 규정한다.

1. 금품(대통령령으로 정하는 금액을 초과하지 아니하는 금품은 제외한다)
2. 기초서류에서 정한 사유에 근거하지 아니한 보험료의 할인 또는 수수료의 지급
3. 기초서류에서 정한 보험금액보다 많은 보험금액의 지급 약속
4. 보험계약자나 피보험자를 위한 보험료의 대납
5. 보험계약자나 피보험자가 해당 보험회사로부터 받은 대출금에 대한 이자의 대납
6. 보험료로 받은 수표 또는 어음에 대한 이자 상당액의 대납
7. 상법 제682조에 따른 제3자에 대한 청구권 대위행사의 포기

146) 김성태 160면

147) 장덕조 62면, 104면

판례는 일응 절충적인 입장을 취하고 있는 것으로 보인다. 대판 2001.7.10. 2001다16449는 보험약관상의 이율을 초과하는 이자를 보험금으로 지급하기로 하는 초과이자 지급약정의 효력을 다루었다. 그 판시내용은 다음과 같다. 즉 "원심이, 원고와 피고 사이에 체결된 이 사건 각 보험계약 중 보험약관상의 이율에 의한 보험금을 초과하는 이익을 지급하기로 한 초과이자 지급약정은 그 범위 내에서 보험업법 위반으로 무효이므로 그 약정에 따라 지급하는 돈은 보험금이 아니고, 이는 다만 금액이 크고 기간이 긴 보험에 가입하여 준 데 대한 보답의 의미로 지급하는 사례금이며, 이 사건 조정금액은 이 사례금과 그 이행지체에 대한 배상금으로서 소득세법상 원천징수의 대상이 되는 기타소득이므로, 원고가 이 사건 조정금액을 피고에게 지급하면서 그 원천징수세액을 공제한 나머지를 지급한 것은 변제로서 유효하고, 또 이 사건 조정금액이 과세 및 원천징수의 대상이 된다는 점이 그 조정과정에서 주장되어야 하는 것은 아니므로, 원고가 조정이 성립된 이후에 이를 주장하여도 이 사건 조정조서의 기판력에 의하여 차단되지 아니한다고 판단한 것은 정당하고, 거기에 상고이유의 주장과 같은 조정조서의 효력에 관한 법리오해 등의 위법이 없다."

위 판결은 보험계약 중 보험업법에 위반되는 특별이익의 약정부분은 효력이 없다고 하였고, 다만 해당 보험계약의 효력은 부인하지 않았다. 즉 보험계약과 특별이익 부분을 분리하여 그 효력을 달리 가져간 것이다. 다만 이 사건은 그러한 특별이익이 과세대상인 소득에 해당하는지 여부가 쟁점이었을 뿐이고 그러한 약정 자체의 효력을 정면으로 판단했다고 보기는 어렵다. 또한 이 판결은, 특별이익 약정부분의 효력을 부인하면서도, 결과적으로 해당 금원만큼을 지급하기로 하는 보험자와 보험계약자 사이의 약정의 효력을 긍정한 것이므로(무효행위 전환의 법리를 연상시킨다), 결론적으로 보험계약자들 사이의 평등을 도모하지 않았다.

생각건대, 보험업법 98조는 단속규정으로만 새기는 것이 타당하다. 보험의 단체성을 인정해도 계약법의 일반적 관점과 지나치게 유리됨은 찬성하기 어렵기 때문이다. 보험계약도 기본적으로 사적 자치에 입각한 개별계약이라는 것이 보험계약자 일반의 통념이라고 볼 수 있다. 단체성을 지나치게 적극적으로 인정하는 것은 이러한 통념에 반한다. 특별이익은 이를 수혜한 특정한 보험계약자에게 유리한 거래가 이루어진 것인데 이것만으로 계약의 효력을 부인함은 계약법의 일반원칙에 반하는 것이다. 다만 위험과 보험료의 일치라는 보험기술이 심히 훼손될 정도로 특별이익이 현저하다면 보험제도의 목적을 훼손하는 것이므로, 민법 103조 위반으로서 해당 보험계약이 효력이 없다고 해석해야 할 것이다.[148]

148) 山下友信, 保險法, 2005, 115면. 한편 특별이익과는 직접 관련이 없지만, 판례상 보험제도의 목적을 훼

ii) **보험계약의 포괄적 이전**

단체성이 반영된 것으로는 보험업법 140조 1항을 들 수 있다.[149] 이에 의하면, "보험회사는 계약의 방법으로 책임준비금 산출의 기초가 같은 보험계약의 전부를 포괄하여 다른 보험회사에 이전할 수 있다." 개별 보험계약만 이전한다면 위험의 분산이 달성되기 어렵기 때문이며, 이것은 보험의 단체성을 고려한 것이라고 할 수 있다.

iii) **개별약정, 명시설명의무 위반**

보험자가 약관의 일부에 대해서 특정한 보험계약자에게 유리하게 개별약정을 체결한 경우를 보자. 여기에는 보험업법이 규정하는 특별이익의 제공에 해당하는 경우가 있을 수 있다. 보험약관의 명시설명의무 위반도 마찬가지다. 보험약관의 명시설명의무가 위반된 경우 보험계약자가 면책사유 등 자신에게 불리한 약관조항을 계약내용에서 배제할 수 있고(약관규제법 3조), 따라서 이에 관한 한 이 보험계약자가 특별이익을 제공받은 것과 같은 결과에 이를 수 있기 때문이다. 이와 관련하여 보험계약의 단체적 구조를 이유로 개별약정의 효력을 원칙적으로 부인하고, 또한 보험약관의 명시설명의무 위반이 있으면 상법 638조의3에 따라서 보험계약을 취소하거나 아니면 약관에 구속되어야 한다는 견해가 있다.[150] 하지만 판례는 보험계약자 평등의 원칙이 아니라 일반 계약법의 측면에서 접근했다. 즉 판례는 계약 당사자들 사이에 별도의 합의를 한 사실이 인정되면, 그것이 약관의 내용보다 우선한다(약관규제법 4조)고 보고 있다.[151] 판례의 태도가 타당하다고 본다.[152] 또한 보험약관의 명시설명의무 위반이 있으면, 보험계약자는 약관규제법 3조에 따라서 해당 조항을 보험계약의 내용에서 배제할 수 있다고 해석하는 것이 판례이고,[153] 이것도 타당하다고 본다.

iv) **보험약관의 해석**

판례가 보험계약의 단체성을 주로 고려하는 경우가 보험약관의 해석이다. 약관의 해석에는 모든 고객에게 같게 해석해야 한다는 객관해석의 원칙이 있다(약관규제법 5조 1항).

손하는 경우 민법 103조 위반으로 다룬 사안으로는, 보험금을 부정취득할 목적으로 다수의 보험계약을 체결한 경우가 있다. 대판 2009.5.28. 2009다12115(보험계약자가 다수의 보험계약을 통하여 보험금을 부정취득할 목적으로 보험계약을 체결한 경우, 이러한 목적으로 체결된 보험계약에 의하여 보험금을 지급하게 하는 것은 보험계약을 악용하여 부정한 이득을 얻고자 하는 사행심을 조장함으로써 사회적 상당성을 일탈하게 될 뿐만 아니라, 또한 합리적인 위험의 분산이라는 보험제도의 목적을 해치고 위험발생의 우발성을 파괴하며 다수의 선량한 보험가입자들의 희생을 초래하여 보험제도의 근간을 해치게 되므로, 이와 같은 보험계약은 민법 103조의 선량한 풍속 기타 사회질서에 반하여 무효라고 할 것이다)

149) 양승규 55면

150) 양승규 114－115면

151) 대판 1989.3.28. 88다4645; 대판 1991.9.10. 91다20432

152) 손지열, "보험외판원의 잘못된 설명과 개별약정의 성립", 민사판례연구12, 1990, 243면도 개별약정우선의 원칙은 특별이익 금지 원칙에 영향을 받지 않는다는 입장이다.

153) 대판 1998.11.27. 98다32564

이것은 평등해석의 원칙인 셈이다. 보험계약자 평등에 기초한 단체성과 평등해석의 원칙은 성질상 결합이 가능하다. 그리하여 판례는 보통거래약관 및 보험제도의 특성에 비추어 볼 때 약관의 해석은 일반 법률행위와는 달리 개개 계약 당사자가 기도한 목적이나 의사를 기준으로 하지 않고 평균적 고객의 이해가능성을 기준으로 하되 보험단체 전체의 이해관계를 고려하여 객관적·획일적으로 해석해야 한다는 입장이다.[154)]

대판 1995.5.26. 94다36704에서, 운전자를 가족으로 한정하는 자동차보험약관조항과 관련하여, 대법원은 피보험자의 사실상 배우자는 여기의 가족에 포함되지 않는다고 판시하였다. 대판 2009.1.30. 2008다68944에서도, 가족운전자 한정의 자동차보험약관조항과 관련하여, 피보험자의 법률상 모가 아닌 피보험자 아버지의 사실상 배우자는 가족에 포함되지 않는다고 판시했다. 이 두 판결에서 대법원은 평균적 고객의 이해가능성뿐만 아니라 보험단체 전체의 이해관계도 고려해서 해석해야 한다고 판시했다.

다만 보험단체의 이익을 중시하다 보면 개별 보험계약자의 보험에 대한 합리적 기대와 충돌할 수 있는데, 양자 간의 적절한 조화가 필요하다. 판례는 A라는 위험까지 대비하여 보험료가 산정되지 않았더라도 합리적 보험계약자가 보기에 보험약관상 A라는 위험도 부보하는 것으로 해석될 여지가 충분하다면, 작성자불이익 원칙에 따라 보험약관을 보험계약자에게 유리하게 해석하고 있다.[155)]

v) 고지의무

상법 651조는 고지의무 위반을 이유로 한 보험자의 계약해지권을 규정하고 있는데, 고지의무 위반과 보험사고 발생 사이에 인과관계가 있어야만 해지가 가능하다고 규정하고 있지 않다. 따라서 양자 사이의 인과관계 유무를 불문하고 보험자는 보험계약을 해지할 수 있고, 이와 같이 보는 것이 보험계약의 선의성 및 단체성에도 부합한다.[156)] 다만 양자 사이에 인과관계가 없음이 증명되면 보험자는 상법 655조 단서에 따라 보험금을 지급할 책임이 있다.

vi) 상호보험

상호보험에서는 보험자와 보험계약자가 단순한 대립적, 계약적 관계가 아니다. 여기에서 보험계약자는 보험자를 구성하는 사원의 지위도 갖기 때문이다. 이 경우 보험자가 부담해야 하는 보험금의 증가는 보험계약자의 부담 증가로 이어지게 된다. 따라서 단체성에 입각한 해석론이 보다 자연스럽다. 상호보험의 실질을 갖는 공제도 마찬가지이다. 대판 2009.7.9. 2008다88221에서, 대법원은 하도급대금지급보증계약의 법적 성질이 상호

154) 대판 1995.5.26. 94다36704. 대판 2009.5.28. 2008다81633, 대판 2013.7.26. 2011다70794 등도 보험단체 전체의 이해관계에 대한 고려를 포함시킨 판결들이다.

155) 대판 2016.5.12. 2015다243347

156) 대판 2010.7.22. 2010다25353

보험이라고 하면서, 해당 약관을 해석할 때 단체성을 고려했다. 그 판시내용은 다음과 같다. 즉 "피고가 하는 하도급대금지급보증은 피고의 조합원이 하도급계약을 체결하는 경우 하수급인에게 부담하는 하도급대금지급채무를 보증하는 이른바 '제3자(즉 하수급인)를 위한 계약'이므로, 그 계약의 당사자는 피고와 그 조합원이다. 따라서 이 사건 면책조항이 "고객에 대하여 부당하게 불리한 조항"인지 여부는 무엇보다도 피고의 조합원들의 평균적이고 전형적인 이익을 기준으로 판단되어야 할 것이다. 또한 피고의 하도급대금지급보증은 그 성질에 있어서 조합원 상호의 이익을 위하여 영위하는 상호보험으로서 이에 대하여는 보험의 법리가 적용된다(이상 대법원 2001. 7. 13. 선고 2000다2450 판결 등 참조). … 이 사건 면책사유와 같은 경우에까지 피고의 보증책임을 인정하는 것은 오히려 조합원들의 보증수수료를 재원으로 하여 인수되는 피고의 보증책임을 합리적인 이유 없이 확대시켜 결과적으로 조합원들 전체에 불이익으로 돌아가게 된다고 할 것이다. 따라서 이 사건 면책조항은 조합원들의 평균적이고 전형적인 이익을 기준으로 볼 때 조합원들에게 부당하게 불리하다고 볼 수 없음은 명백하다." 하지만, 이러한 논리를 영리보험에 적용함에는 신중을 기해야 한다.

vii) 보험금액 등의 삭감

지금은 삭제된 구 보험업법 111조 1항은 보험의 단체성과 관련된 조항이다. 이 규정에 의하면, 금융감독위원회는 필요하다고 인정하는 때에는 관리를 받는 보험사업자의 보험계약에 관하여 계산 기초의 변경, 보험금액의 삭감과 장래 보험료의 감액 또는 계약조항의 변경 등의 조치를 취할 수 있었다.[157] 이러한 조치는 업무 및 재산의 상황으로 보아 그 사업 계속이 곤란하다고 인정하는 때 또는 업무 상황이 현저하게 불량하여 공익상 그 사업 계속이 부적당하다고 인정하는 때(구 보험업법 107조)에 금융감독위원회가 행한 관리명령에 의해서 관리를 받고 있는 보험자에 대해서만 가능했다.

생각건대, 위와 같은 조치는 보험의 단체성을 고려할 때 그 정당성이 인정될 수 있다고 본다.[158] 그 조치는 특정한 보험계약자에게 불이익을 주는 것이 아니라 전체 보험계약자를 대상으로 공평하게 보험보호를 존속시키는 데 목적이 있다고 볼 수 있기 때문에 그러하다. 대판 1966.10.21. 66다1458도 위 조치의 합헌성을 인정한 바 있다. 이 사건에서는, 재무부장관(이후 금융감독위원회로 변경)이 경영부실로 인해서 관리 중에 있던 보험자에게 보험계약상의 보험금액을 삭감하여 지급하도록 명령한 것에 대해서, 보험사고를 당한 보험계약자가 재산권보장에 관한 헌법조항에 위반되어 무효라고 주장하면서 보험금액의 전액지급을 청구하였다. 이에 대해서 대법원은, 일반적인 계약관계에 있어서 일

157) 현재는 예금자보호법에 의하면 보험계약에 기한 보험금채권 등에 대해 5천만 원까지 예금자보호가 부여되므로, 이 범위 내에서는 이러한 규정의 필요성은 없는 상황이다.

158) 김성태 161면; 양승규, 보험법의 법리, 2000, 76면

정한 채권 채무의 내용을 당사자 의사의 관여 없이 이를 변경하는 권한을 행정청에 부여하는 법률의 제정은 특단의 사정이 없는 한 헌법 20조에 위배하여 무효라고 전제하고, "그러나 보험계약관계는 동일한 위험 밑에 있는 다수인이 단체를 구성하여 그중의 한 사람에게 위험이 발생하는 경우에 그 손실을 그 구성원이 공동하여 충족시킨다는 이른바 위험단체적 성질을 가지는 것이고, 따라서 보험계약관계는 위험충족의 관계에 있어서는 서로 관련성을 가진다는 전제에서 그 법률적 성격을 관찰해야 할 것이다"라고 판시했다. 그러면서 "그러므로 동 조항에 의한 기존계약의 보험계약의 삭감은 당해보험계약을 개별적으로 관찰할 때에는 일견 불이익한 것 같더라도 보험회사의 유지와 경영의 파탄을 구제하기 위하여 주무부장관이 위 조항에 따른 처분을 함으로써 전체 보험가입자가 공평한 이익을 받을 수 있다면 그와 같은 조치를 하지 아니함으로써 그 보험회사가 파탄을 일으켜 보험금의 수령이 불가능하게 되는 것보다는 전체 보험가입자의 입장에서는 유리할 뿐 아니라, 때에 따라서는 먼저 위험이 도래한 일부 가입자는 보험금 전액을 지급받을 수 있으나, 나머지 가입자는 그 지급을 받지 못하게 된다면 이는 위험단체적 성질을 가진 보험계약관계의 특수성에 위배된다고 하지 않을 수 없다"고 판시했다.

(5) 강행규정성

1) 절대적 강행규정성

상법 보험편 규정 중에는 일정 요건을 갖추지 못한 보험계약을 무효로 하는 조항이 있다. 피보험이익의 요건(상법 669조 4항, 672조 3항), 인보험에서 피보험자 동의의 요건(상법 731조, 734조 2항, 739조, 739조의3), 보험사고의 불확정성(상법 644조) 등이 그 예이다(통설). 이들은 도덕적 위험, 보험의 도박화를 막기 위한 규정들이다.

2) 상대적 강행규정성

i) 상법 663조 본문

상법 보험편의 규정은 당사자 사이의 특약으로 보험계약자 또는 피보험자나 보험수익자의 불이익으로 변경하지 못한다(상법 663조 본문). 이를 통하여 알 수 있는 것은, 상법 보험편의 각 규정은 경우에 따라 강행규정이 되기도 하고 임의규정이 되기도 한다는 점이다. 즉 당사자가 정한 계약조항이 상법 보험편 규정보다 보험계약자 등에 불리하면 그 계약조항은 강행규정 위반으로 무효이다.[159)] 다만 해당 계약조항 전체를 무효로 하지 않고 효력유지적 축소해석을 하는 것도 가능하다.[160)] 이와 달리 계약조항이 상법 보험편

159) 대판 1996.12.20. 96다23818

160) 대판 1984.1.17. 83다카1940("피보험자와 세대를 같이하는 친족 또는 고용인이 고의로 일으킨 손해에 대하여는 보험자가 보상하지 아니한다"는 보험약관조항이 제3자가 일으킨 보험사고에 피보험자의 고의 또

규정에 비해 보험계약자 등에 유리하면 그 규정은 임의규정이며, 그 계약조항은 임의규정에 우선하여 적용된다. 이렇게 상법 보험편은 상황에 따라 강행규정인지가 결정되는 상대적 강행규정[161]이라는 성격을 띠며, 이를 보험계약자 등의 '불이익변경금지의 원칙'이라고 한다. 그리고 이 범위 내에서 보험자와 보험계약자의 계약상 사적 자치는 제한되는 것이다. 한편, 상법 보험편 규정 중에서 당사자가 다르게 약정할 수 있음을 명시한 경우가 있다. 가령 상법 638조의2 1항은 보험자의 낙부통지의무와 관련하여 다른 약정이 가능하다고 규정하고 있다. 이러한 경우는 불이익변경금지의 원칙이 적용될 여지가 없다.

불이익변경금지의 원칙은 상법 제정 당시부터 적용 규정이 있었다. 다만 상법 보험편의 제1장 통칙에만 적용되었고, 제2장 손해보험 및 제3장 인보험에 대해서는 적용이 없었다. 그러다 1991년 상법 보험편 개정 시에 동 원칙을 상법 보험편 전체로 확대하여 적용하게 되었다. 한편 독일 보험계약법, 일본 보험법 등 주요 입법례는 보험계약법 관련 규정들 중 일부를 상대적 강행규정으로 정하고 있다.

ii) 상법 663조 단서

불이익변경금지의 원칙은 재보험 및 해상보험, 기타 이와 유사한 보험의 경우에는 적용하지 않는다(상법 663조 단서). 이 단서는 불이익변경금지의 원칙이 일정한 유형의 보험에는 적용되지 않는다는 것을 규정한 것이다. 상법 663조 본문에 따라서 불이익변경금지의 원칙이 적용되는 보험을 가계보험이라고 하고, 상법 663조 단서에 따라서 불이익변경금지의 원칙이 적용되지 않는 보험을 기업보험이라고 부르는 것이 보통이다(판례,[162] 통설).

iii) 기업보험과 가계보험의 구분

기업보험과 가계보험을 구분하는 기준은 불이익변경금지 원칙의 적용 여부가 달린 중요한 사항이다.

① 기준

첫째로, 기업보험과 가계보험을 구분하는 기준을 보험의 종류에서 찾는 입장이 있다(보험종류설).[163] 이에 의하면 화재보험, 생명보험 등은 가계보험, 재보험, 해상보험 등은 기업보험으로 분류된다. 상법 663조 단서를 문리대로만 보면, 기업보험과 가계보험의 구분기준이 보험의 종류임을 알 수 있다. 즉 재보험, 해상보험, 기타 유사한 보험이 기업

는 중대한 과실이 개재되지 아니한 경우에도 보험자의 보상책임을 면제하고자 한 것이라면, 이것은 상법 663조의 강행규정에 저촉되어 무효이고, 위 조항은 피보험자와 세대를 같이하는 친족 또는 고용인이 고의로 손해를 일으키면 피보험자의 고의나 중과실이 추정된다는 의미일 뿐이고, 피보험자가 위 추정을 번복한 때에는 위 조항의 적용이 배제된다)

161) 반면보호적 강행법규(최기원 35면), 편면적 강행법규(정동윤 464면)라고도 한다.

162) 대판 2005.8.25. 2004다18903

163) 양승규 57면

보험인 것이다.

둘째로, 기업보험과 가계보험을 구분하는 기준을 보험계약자의 종류에서 찾는 입장이 있다(보험계약자종류설).[164] 즉 기업보험이란 보험계약자가 기업인 경우, 가계보험은 보험계약자가 자연인 등 기업이 아닌 경우를 가리킨다고 본다. 판례도 이러한 입장을 취한다.[165]

생각건대, 보험계약자종류설이 타당하다. 즉 보험의 종류보다는 보험계약자의 종류를 기준으로 기업보험과 가계보험을 분류해야 한다. 왜냐하면 상법 보험편이 상대적 강행규정성을 띠는 취지가 보험에 관한 지식이 희박한 일반대중, 또는 경제적으로 약자의 지위에 있는 자를 보호하는 데 있기 때문이다. 보험계약자가 보험자에 비해 경제적 지위가 약한 경우는 후견적 개입을 통하여 보호를 해야 하지만, 보험자와 대등한 지위의 보험계약자에 대해서는 사적 자치에 맡겨두어도 괜찮기 때문이다. 보험계약자종류설에 따르면, 상법 663조 단서가 들고 있는 재보험, 해상보험 등은 보험계약자가 기업인 보험의 예시라고 해석해야 한다. 재보험의 보험계약자는 원보험자이므로 항상 기업이다. 하지만 해상보험은 항상 기업이 보험계약자로 되는 것은 아니다. 즉 보험자와 대등한 경제적 지위를 갖추지 못한 자연인이 해상보험의 보험계약자가 되는 경우도 예외적으로 있을 수 있는 것이다. 그리고 화재보험은 보험계약자가 기업인 경우는 기업보험, 자연인인 경우는 가계보험으로 분류해야 하는 것이다.

보험계약자종류설에 따르면, 기업보험의 보험계약자는 기업인 것이 원칙이다. 기업은 영리활동을 계속적, 반복적으로 하고, 평균적 기업이라면 일정 수준 이상의 경제적 지위, 즉 전문성, 협상력, 자본력 등을 갖고 있을 것이 기대된다. 따라서 이러한 기업에는 불이익변경금지 원칙이 적용되지 않는 것이다. 한편 기업이 보험계약을 체결한다고 모두 기업보험이 되는 것은 아니라는 견해도 있다.[166] 이에 의하면 소기업인 경우도 있고, 대기업이라고 해도 보험에 정통하지 않을 수 있으므로 대등한 지위에 있지 않은 경우가 있다고 한다. 생각건대, 보험계약자가 일정한 규모 이상의 기업이라면 획일적으로 기업보험이라고 의제하는 것이 타당하다고 본다. 즉 구체적 기업별로 보자면 실제 경제적 지위가 평균 이하인 경우도 있을 수 있지만, 일정한 규모 이상의 기업이면 이러한 구체적 사정은 고려하지 않는 것으로 해석해야 한다. 그러한 구체적 사정까지 고려하는 것은 보험자에게 불측의 손해를 줄 수 있기 때문이다.

② 사례

판례가 기업보험으로 본 예로는, 대형 무역회사가 보험계약자로 된 수출보험,[167]

---

164) 임용수 35면; 장덕조 55면; 최기원 36면

165) 대판 1996.12.20. 96다23818

166) 장덕조 55면

167) 대판 2000.11.14. 99다52336

금융기관이 보험계약자인 금융기관종합보험,[168] 증권회사가 보험계약자인 신원보증보험[169] 등이 있다. 그리고 대판 1991.5.14. 90다카25314는 해상보험에서 대형 무역회사가 보험계약자이고, 보험증권 아래에서 야기되는 일체의 책임문제는 외국의 법률 및 관습에 의하여야 한다는 외국법 준거약관이 존재하는 사안이다. 이것은 기업보험이므로 상법 663조 단서가 적용된다. 따라서 이 약관에 의하여 외국법이 적용됨으로써 상법 보험편의 통칙의 규정보다 보험계약자에게 불리하다고 해서 상법 663조에 따라 무효가 되는 것은 아니고, 다만 이 약관이 보험자의 면책을 기도하여 본래 적용되어야 할 공서법의 적용을 면하는 것을 목적으로 하거나 합리적인 범위를 초과하여 보험계약자에게 불리하게 된다고 판단되는 경우에는 무효가 된다고 판시하였다.

한편 해상보험이기는 하지만 가계보험으로 분류되어서 상법 663조 본문이 적용된 사례가 있다. 대판 1996.12.20. 96다23818은 소형 어선을 소유하며 연안·근해어업에 종사하는 영세어민들을 보험계약자로 하는 해상보험 사안이다. 대법원은 비록 해상보험이라고 해도 이 경우는 불이익변경금지 원칙이 적용되어야 한다고 판시하였다. 판시내용은 다음과 같다. 즉 상법 663조 단서가 해상보험과 같은 경우 불이익변경금지 원칙이 적용되지 않는다고 규정하는 취지는 해상보험이 보험계약자와 보험자가 서로 대등한 경제적 지위에서 계약조건을 정하는 이른바 기업보험의 일종으로 보험계약의 체결에 있어서 보험계약자의 이익보호를 위한 법의 후견적 배려는 필요하지 않고 오히려 어느 정도 당사자 사이의 사적 자치에 맡겨서 특약에 의하여 개별적인 이익조정을 꾀할 수 있도록 하는 데 있다. 또한 해상보험은 그 성격상 국제적인 유대가 강하고 보험실무상으로도 영국법 준거조항을 둔 영문 보험약관이 이용되고 있는 실정이므로 불이익변경금지 원칙을 일률적으로 적용하여 규제하는 것이 반드시 옳다고 할 수도 없다는 고려에서 나온 것이다. 그런데 이 사건에서 어선공제는 항해에 수반되는 해상위험으로 인하여 피공제자의 어선에 생긴 손해를 담보한다는 점에서 해상보험과 유사한 것이라고 할 수 있으나, 위 어선공제는 수산업협동조합중앙회가 실시하는 비영리 공제사업의 하나로 소형 어선을 소유하며 연안어업 또는 근해어업에 종사하는 다수의 영세어민들을 주된 가입대상자로 하고 있으므로, 이 사건에서 어선공제는 공제계약 당사자들의 계약교섭력이 대등한 기업보험적인 성격을 지니고 있다고 보기는 어렵고 오히려 공제가입자들의 경제력이 미약하여 공제계약 체결에 있어서 공제가입자들의 이익보호를 위한 법적 배려가 여전히 요구된다고 볼 수 있다. 따라서 상법 663조 단서의 입법취지에 비추어 이 사건에서 어선공제에는 불이익변경금지 원칙의 적용을 배제할 수 없다고 판시했다. 타당한 판결이다.

168) 대판 2005.8.25. 2004다18903
169) 대판 2006.6.30. 2005다21531

(6) 공공성

보험은 오늘날 위험사회에서 국민생활에 필수적인 제도로서 개인 또는 기업이 보험에 대해 의존하는 정도가 매우 높다. 이 점을 고려해서 보험이 공공성을 띤다고 본다(통설). 판례도 동일하다. 대판(전원) 2021.6.17. 2018다257958은 보험의 사회보장적 기능과 공공성을 강조한다.[170] 대판 1990.6.26. 89도2537에서, 보험업법은 보험사업의 단체성, 사회성 등 때문에 국가와 사회경제생활에 미치게 되는 영향을 고려하여 그 사업에 대하여 정부의 허가를 받도록 하고 있을 뿐만 아니라 각종 감독에 관한 규정을 두고 있다고 판시했다.[171] 이로 인해서 보험업법상 보험업을 하려면 금융위원회의 허가(보험업법 4조 1항)를 받아야 하는 등 일정한 규제를 받고 있다. 또한 금융소비자법은 보험계약자 등의 보호를 위해서 각종의 업무행위규제를 보험자에게 부과하고 있다. 그리고 이러한 공공성으로 인해 보험계약에서 계약자유의 원칙을 그대로 인정할 수는 없으며, 가령 상법 보험편은 보험계약자 등의 보호를 위해 상대적 강행법규성(상법 663조)을 띠고 있다.[172]

(7) 국제성

보험계약법은 국제성을 띤다.[173] 보험제도는 사실상 모든 나라에 존재하고, 보험계약법은 국가마다 어느 정도 차이는 있지만, 상호 간에 긴밀하게 영향을 받고 있다. 특히 재보험, 해상보험 등과 같은 기업보험에서 보험계약의 법리는 국가 간에 상호 수렴하는 경향이 나타난다. 해상보험에서 국제적 표준으로 사용되는 보험증권이나 보험약관에는 대부분 영국법 준거조항을 두고 있다. 가령 해상위험과 관련하여 협회적하약관(Institute Cargo Clauses A) 등을 보험조건으로 하는 적하보험계약을 체결하는 경우가 많은데, 협회적하약관 19조는 "이 보험은 영국의 법과 관습에 의한다(This insurance is subject to English law and practice)"라고 정하고 있다. 우리 판례는 영국법 준거조항의 효력을 일관되게 긍

---

170) 대판(전원) 2021.6.17. 2018다257958(보험은 장래 발생이 불확실한 사고의 위험에 대비하기 위하여 다수인이 보험료를 지급함으로써 사고 발생 시에 생기는 경제적 부담을 회피 또는 분산하고자 하는 제도로서, 다양한 사고의 발생가능성, 즉 위험에 노출된 채 살아가는 국민들에게 경제적 안정성을 확보해 주는 중요한 역할을 수행하고, 보험금은 보험사고를 당하여 궁박한 상황에 놓인 보험계약자 등에게 기본적인 생활을 보장하기 위한 최소한의 수단이 되며, 게다가 보험의 보장은 장기간 계속되는 것이 대부분이므로 전체 보장기간 동안 보험계약자 등에게 지급될 보험금의 지급재원이 되는 자산은 건전하게 관리되어야 한다. <u>이러한 보험의 사회보장적 기능과 공공성을 보장하기 위하여</u> …)

171) 대판 2015.10.29. 2013두23935(<u>보험계약자인 고객들이 납입하는 보험료 등으로 구성되는 보험회사의 자산은 종국적으로 고객에게 지급할 보험금에 충당되어야 할 재원으로서 이를 보존하여야 할 고도의 공익상 필요가 있으므로</u> 대주주 등 특수관계인이 보험회사의 자산을 자신 또는 계열회사를 지원하는 목적으로 함부로 유출하는 행위를 규제할 필요성이 매우 크다)

172) 양승규 56면; 임용수 22면; 정동윤 464면; 최기원 35면

173) 김성태 168면; 장덕조 56면

정하고 있다.[174] 이에 따라 영국의 1906년 해상보험법(Marine Insurance Act 1906) 및 관련 판례 등이 중요한 법원(法源)이 되고 있다. 외국적 요소가 있는 법률관계에 적용될 외국법의 내용을 확정하고 그 의미를 해석할 때는, 외국법이 그 본국에서 현실로 해석 · 적용되고 있는 의미와 내용에 따라 해석 · 적용해야 한다.[175]

6. 보험계약법의 법원(法源)

(1) 상법 보험편

상법 보험편은 1962년 제정되고 같은 해 일부 개정되었고, 1991년 전면 개정되었다. 2008년 1월 17대 국회에 전면개정안이 제출되었고, 2008년 8월 18대 국회에 전면개정안이 제출되었으나 법 개정으로 이어지지는 않았다. 2013년 2월 19대 국회에 전면개정안이 제출되어 2014. 3. 11. 개정법이 공포되었고, 공포 후 1년이 경과한 날부터 시행되고 있다.

(2) 상법 상행위편

영리보험에서 보험계약의 인수는 상행위에 해당하기 때문에 상법 총칙편 및 상행위편이 적용된다. 하지만 상법 보험편에 관련 특칙이 다수 있다.

(3) 상관습법

상사에 관하여 상법에 규정이 없으면 민법보다 상관습법이 우선 적용된다(상법 1조). 그러나 보험과 관련된 상관습법이 인정된 사례는 드물다.

(4) 민법 등

상법이나 상관습법에 규정이 없으면 민법에 따라 보험계약 관계가 규율될 수 있다. 한편, 보험계약의 당사자들은 약관을 통해 보험계약상 준거법을 우리법이 아니라 영국법으로 지정하기도 한다. 그 결과, 우리 상법 보험편 통칙이 적용되는 경우에 비해 보험계약자 등에게 불리하다고 해서, 상법 663조에 따라 그러한 준거법약관이 무효가 되는 것은 아니다.[176]

---

174) 대판 1991.5.14. 90다카25314; 대판 2024.7.25. 2019다256501

175) 대판 2021.7.8. 2017다218895; 대판 2024.7.25. 2019다256501

176) 대판 1996.3.8. 95다28779; 대판 1991.5.14. 90다카25314

(5) 보험업법과 금융소비자법

전술한 바와 같이 보험업법과 금융소비자법도 일정한 경우 보험계약법의 법원으로 볼 수 있다. 이 법률들은 보험자 또는 모집종사자 등이 업무행위를 하면서 보험계약자 측에 대해 부담하는 주의의무 및 이를 위반한 경우 책임 등에 대해서 규정하고 있는데 (가령 손해배상책임 및 사용자책임), 이는 넓은 의미에서 보험계약법의 범주에 속하는 것으로 볼 수 있다.[177]

(6) 기타 법률

약관규제법, 자동차손배법도 보험계약법의 주요 법원이다. 이외에도 전술한 바와 같이 의무적 사보험이 존재하고, 여기에는 각자의 근거법률이 존재한다. 이들도 보험계약법의 법원이라고 할 수 있다. 예를 들면, 고압가스안전관리법(가스사고배상책임보험), 관광진흥법(관광사업자배상책임보험), '야생생물보호 및 관리에 관한 법률'(수렵보험), 원자력손해배상법(원자력손해배상책임보험), '학원의 설립·운영 및 과외교습에 관한 법률'(학원배상책임보험) 등이 있다.

(7) 보험약관

보험약관의 법적 성격을 법규범으로 이해하는 입장에서는 보험약관도 보험계약법의 법원이라고 할 수 있을 것이다.[178] 하지만 보험약관의 법규범성을 인정하지 않고 그 효력의 근거를 당사자의 의사에서 찾는 입장에서는 보험약관을 법원이라고 하지 않는다. 본서는 후자의 입장에 서 있다. 보험약관에 대해서는 별도로 상술하기로 한다.

---

177) 이에 관한 자세한 사항은 본서 제2편 제1장 제3절에서 기술한다.
178) 양승규 63면 이하

제2편

보험계약 총론

제1장
◆
보험계약의 모집

제1절 보험모집종사자

1. 의의

보험계약을 모집하는 주체를 (보험)모집종사자라고 칭한다. 보험계약의 모집이란, 보험계약의 체결을 대리하거나 중개하는 것을 가리킨다(보험업법 2조 12호). 대리란 법률효과를 본인에게 귀속시키는 대리인의 법률행위를 말하고, 중개란 계약의 당사자들과 교섭하여 계약이 체결되도록 조력하는 중개인의 사실행위를 가리킨다. 대량적, 반복적인 보험거래의 특성상 보험계약이 모집을 통해 체결되는 것이 보통이다. 대리 또는 중개는 계약 일반에 적용되는 제도이나, 보험계약의 차원에서 별도로 규율할 필요성이 있는 부분이 있고, 그래서 상법 보험편 및 보험업법이 이에 관한 특칙을 두고 있다.

2. 종류

모집종사자는 보험계약 모집의 주체를 말한다. 보험업법은 모집종사자를 일정하게 제한한다. 그 취지는 모집질서의 확보와 보험계약자 보호 등에 있다. 모집종사자로는, 보험설계사, 보험대리점, 보험중개사, 그리고 보험자의 임원(대표이사, 사외이사, 감사 및 감사위원은 제외) 또는 직원 등이 있다(보험업법 83조 1항). 그리고 모집종사자는 아니지만, 인보험에서 보험자가 피보험자에 대한 위험측정 등을 하는 데 필요한 보조자로서 보험의(保險醫)가 있다. 이하에서는 보험설계사, 보험대리상,[1] 보험중개사, 보험의의 순으로 살펴보자.

---

1) 보험업법은 보험대리점이라고 부르지만, 상법에서는 보험대리상이라고 한다(상법 646조의2). 이하에서는 특별한 사정이 없는 한 상법에 따라서 보험대리상이라고 칭한다.

3. 보험설계사

(1) 개념

1) 상법

상법 보험편에는 보험설계사의 개념 규정이 없었으나 2014년 상법 개정을 통해서 새로이 도입됐다. 즉 상법 646조의2 3항은 "보험대리상이 아니면서 특정한 보험자를 위하여 계속적으로 보험계약의 체결을 중개하는 자"의 권한에 대해 규정하고 있는데, 이것은 보험설계사를 염두에 두고 규정한 것이라고 볼 수 있다. 이를 고려해 보면, 보험설계사란 특정한 보험자를 위하여 계속적으로 보험계약의 체결을 중개하는 사용인이라고 정의할 수 있다. 여기서 사용인이란 독립된 상인이 아니면서 타인의 사무를 보조하는 자라는 의미이다.

2) 보험업법

보험업법은 보험설계사를 보험자, 보험대리점 또는 보험중개사에 소속되어 보험계약의 체결을 중개하는 자로 정의한다(2조 9호). 그리고 보험설계사는 법인이 아닌 사단과 재단도 가능하며, 보험업법 84조에 따라 등록된 자를 가리킨다(2조 9호).[2] 주로 문제가 되는 것은 보험자에 소속되어 보험계약 체결의 중개를 하는 보험설계사이다. 이하에서는 이를 중심으로 살펴본다.

(2) 법적 지위

보험설계사는 보험자와 고용관계에 있는 피용자(被傭者)라고 볼 수 있는가? 판례는 부정한다. 그 이유는, 고용관계에 있기 위해서는 피용자가 임금을 목적으로 종속적인 관계에서 사용자에게 노무를 제공해야 하는데, 보험설계사는 그러한 종속적인 관계에서 보험자에게 노무를 제공한다고 보기 어렵다는 것이다.

대판 2000.1.28. 98두9219에서 판시내용은 다음과 같다. 즉 "근로기준법상의 근로자에 해당하는지 여부는 그 계약이 민법상의 고용계약이든 또는 도급계약이든 그 계약의 형식에 관계없이 그 실질에 있어 근로자가 사업 또는 사업장에 임금을 목적으로 종속적인 관계에서 사용자에게 근로를 제공하였는지 여부에 따라 결정되는 것이고, … 그런데 원심판결 이유와 기록에 의하면, 원고는 위에서 본 조회나 석회에 참석의무가 있다고 할 수 없고, 조회, 석회 자리에서 이루어지는 보험상품의 내용이나 판매기법 등에 관한 교

---

2) 2003년 개정 이전의 보험업법에는 보험설계사가 아니라 보험모집인이라는 명칭이 사용되었고, 실무상으로는 보험모집인 이외에 모집사원, 외무사원 등의 명칭으로 다양하게 호칭된 바 있다.

육이나 실적확인은 참가인 회사가 위탁자의 지위에서 행하는 보험모집인의 수탁업무의 원활한 수행을 위한 교육과 최소한의 지시에 불과하며, 원고는 위촉계약에서 수탁한 업무만을 수행하고 제공한 근로의 내용이나 시간과는 관계없이 보험모집인 제 수당 지급규정에 의하여 오로지 자신의 노력으로 체결된 보험계약의 계약고, 수금액 등 실적에 따라 그 지급항목 및 지급액이 결정되는 수당을 지급받고, 위 규정에 정해진 실적에 미치지 아니하면 기본수당도 지급받지 못하며, 법률(보험업법 148조 2항)에 의하여 다른 보험자를 위한 보험의 모집은 할 수 없지만 참가인 회사의 보험모집인으로 활동하면서 다른 종류의 영업에 종사하는 것이 금지되어 있는 것도 아니고 또 그것이 사실상 곤란한 것도 아니며, 타인의 노동력의 이용 등 업무수행방식에 제한이 없고, 한편 업무수행과정에서 아무 때나 임의로 이탈할 수 있으며 실제로 참가인 회사 보험모집인의 영업활동일수는 월 평균 15일 정도임을 알 수 있다."

대판 1990.5.22. 88다카28112도 같은 입장을 취한 바 있다. 그리고 대판 1989.11. 28. 88다카33367에서는 보험설계사가 고용계약이나 도급적 요소가 가미된 위임계약에 바탕을 둔 보험자의 사용인이라고 판시한 바 있다.

(3) 여타 모집종사자와 구분

보험설계사는 특정한 보험자를 위해서 계속적으로 보험계약의 체결을 중개한다는 점에서 중개보험대리상과 같다. 하지만 보험설계사는 독립된 상인이 아니면서 보험자의 사무를 보조하는 사용인이지만, 중개보험대리상은 독립된 상인이라는 점에서 다르다.[3] 보험설계사는 보험계약 체결의 중개를 한다는 점에서는 보험중개사와 같다. 하지만 보험설계사가 특정한 보험자를 위해 계속적으로 중개행위를 하는 것과 달리, 보험중개사는 보험자로부터 독립하여 불특정 다수를 대상으로 중개행위를 한다는 점에서 차이가 있다.

(4) 권한

1) 판례

① 판례는 보험설계사가 보험자를 위해 보험계약의 체결에 관한 중개권한만 갖고 체결을 대리할 권한인 체약대리권은 없으며, 나아가 고지수령권, 통지수령권도 없다고 본다. 이에 따르면, 보험설계사가 보험계약의 체결에 관해 보험자를 대리해도 이는 무권대리에 불과하고, 보험계약자 등이 보험설계사에게 상법 651조의 고지의무나 상법 652조의 통지의무 등을 이행해도 이것은 보험자에게 이행한 것으로 보지 않는다.

---

3) 김은경 116면; 박세민 99면; 양승규 97-98면

대판 2006.6.30. 2006다19672에서, 보험목적인 건물에서 영위하고 있는 업종이 변경되었고, 이것은 위험변경증가로 인한 통지의무(상법 652조)의 대상인데, 보험설계사가 업종변경사실을 알았다고 하더라도 보험자가 이를 알았다거나, 보험계약자가 보험자에게 업종변경사실을 통지한 것으로 볼 수 없다고 판시했다.[4] 대판 1979.10.30. 79다1234에서, 보험가입을 권유하던 보험설계사에게 기왕병력을 말했다고 하지만 보험설계사에게 말한 것으로는 보험자에의 고지라 할 수 없을 뿐 아니라, 보험청약서에 기왕병력이 없다고 기재되어 있는 점을 보아도 병력을 고지한 것이라고 볼 수 없다고 판시했다.

② 다만 판례는 일정한 경우 보험료수령권은 인정한다. 즉 보험설계사가 보험자에 의해 작성된 보험료영수증을 보험계약자에게 교부하고 보험료를 수령하는 경우는 보험설계사가 보험료수령권을 보험자로부터 수권받은 것으로 본다. 대판 1989.11.28. 88다카33367에서, 보험약관상에 보험자가 제1회 보험료를 받은 후 보험청약에 대한 승낙이 있기 전에 보험사고가 발생한 때에는 제1회 보험료를 받은 때에 소급하여 그때부터 보험자의 보험금지급 책임이 생긴다고 규정되어 있는 경우에, 생명보험의 보험설계사가 그의 권유에 응한 청약의 의사표시를 한 보험계약자로부터 제1회 보험료로서 선일자수표를 발행받고 보험료 가수증을 해주었다면, 비록 보험설계사가 보험자와의 고용계약이나 도급적 요소가 가미된 위임계약에 바탕을 둔 보험자의 사용인으로서 보험계약의 체결대리권이나 고지수령권이 없는 중개인에 불과하다고 해도 제1회 보험료의 수령권이 있음을 부정할 수는 없다고 판시했다.

2) 학설

통설은 판례와 같다. 즉 보험설계사는 체약대리권이 없으며, 나아가 고지수령권, 통지수령권도 없지만, 일정한 경우 보험료수령권은 인정된다. 다만 이에 반대하는 소수설도 있다. 화재보험이나 자동차보험과 같이 정형화되어 있는 보험에서는, 보험설계사의 체약대리권이나 고지수령권을 인정해서 보험계약자 등을 보호해야 한다는 견해가 제시된다.[5] 나아가 보험계약자 보호를 위해서 보험설계사의 고지수령권을 일반적으로 인정하자는 해석론도 있다. 왜냐하면 보험실무상 보험계약자는 보험자가 아니라 보험설계사를 상대로 청약을 하는 것이 보통이고, 이 과정에서 고지된 사항이 보험자에게 제대로 전달되지 않거나, 심지어 보험계약자가 중요사항을 보험자에 알리는 것을 보험설계사가

4) 대판 2006.6.30. 2006다19672(보험설계사는 특정 보험자를 위하여 보험계약의 체결을 중개하는 자일 뿐 보험자를 대리하여 보험계약을 체결할 권한이 없고 보험계약자 또는 피보험자가 보험자에 대하여 하는 고지나 통지를 수령할 권한도 없으므로, 보험설계사가 통지의무의 대상인 '보험사고발생의 위험이 현저하게 변경 또는 증가된 사실'을 알았다고 하더라도 이로써 곧 보험자가 위와 같은 사실을 알았다고 볼 수는 없다)

5) 최기원 89면

방해하거나, 보험설계사가 보험계약자에게 불고지 또는 부실고지를 권유하는 경우 이로 인한 피해를 보험계약자가 입을 위험을 고려해야 하기 때문이다.[6]

3) 상법 규정

2014년에 개정된 상법은 보험설계사가 일정한 경우 보험료수령권과 보험증권교부권을 갖는다고 명문으로 인정한다. 먼저, 보험설계사는 보험자가 작성한 영수증을 보험계약자에게 교부하는 경우 보험계약자로부터 보험료를 수령할 수 있는 권한이 있다(상법 646조의2 1항 1호, 3항). 또한 타인을 위한 보험계약에서 피보험자(손해보험) 또는 보험수익자(인보험)가 보험료를 지급할 의무를 부담하는 경우가 있는데, 이 경우 보험설계사는 마찬가지로 보험료수령권을 갖는다(상법 646조의2 4항). 다음, 보험설계사는 보험자가 작성한 보험증권을 보험계약자에게 교부할 수 있는 권한도 갖는다(상법 646조의2 1항 2호, 3항).

4) 결론

판례 및 통설에 찬성한다. 위에 소개한 소수설은 경청할 만하나, 현행법의 해석으로는 무리가 있다. 다만 보험설계사가 모집과정에서 불법행위를 하면 보험자가 사용자책임(금융소비자법 45조)을 질 수 있다. 특히 보험계약의 체결 또는 모집에 종사하는 자는, 보험계약자나 피보험자가 중요사항을 보험자에 알리는 것을 방해하거나, 알리지 아니할 것을 권유하거나, 부실한 사항을 알릴 것을 권유하는 행위를 해서는 안 된다(금융소비자법 21조 5호). 만약 보험설계사에 의해서 이러한 행위가 행해지고 이로 인해서 보험계약자 등에게 손해가 발생하면, 보험자가 사용자책임을 질 수 있다(금융소비자법 45조).

입법론으로는, 생명보험계약 중 무진단보험과 같이 보험계약자가 보험자를 직접 대할 수 없는 경우에는 보험설계사에게 고지수령권을 부여하여 보험계약자를 보호해야 한다는 견해가 있다.[7] 나아가 보험설계사에게 체약대리권, 고지수령권을 인정하는 입법을 해야 한다는 견해도 있다.[8]

---

6) 김창종, "보험외무원 · 대리점의 지위", 해상 · 보험법에 관한 제문제(하), 1991, 132-133면
7) 양승규 97면
8) 이기수 · 최병규 · 김인현 78면

4. 보험대리상

(1) 개념

1) 관련 규정

상법은 보험대리상에 대한 개념 규정은 없고 보험대리상의 권한에 관한 규정만을 갖고 있다(상법 646조의2). 2014년에 신설된 상법 646조의2는 보험대리상이 원칙상 보험체약대리상이고, 다만 권한의 일부를 제한할 수 있다고 규정한다.

보험업법에 의하면, 보험대리점이란 보험자를 위하여 보험계약의 체결을 대리하는 자를 가리킨다(2조 10호). 그리고 법인이 아닌 사단과 재단을 포함하며, 보험업법 87조에 따라 등록된 자를 말한다(2조 10호). 이 규정을 볼 때 보험업법상 보험대리점은 다음과 같은 특징이 있다. 첫째, 보험대리상 대신에 보험대리점이라는 표현을 사용한다. 둘째, 보험업법의 보험대리점과 상법상 보험대리상이 개념, 요건 면에서 일치하는지 분명하지 않다. 보험업법은 보험대리점이 보험자를 위하여 대리한다고 할 뿐, 여타 요건에 대해서는 아무런 언급이 없다. 셋째, 보험업법은 제정 이후 줄곧 보험대리점이 체약대리권을 가진 것으로 정의해 왔다. 하지만 이 규정은 강행적 효력이 있는 것으로 해석되어 오지 않았다. 실제로 대부분의 보험대리점이 보험자로부터 중개권한만 수여받아 온 현실과는 거리가 있는 정의규정이다.

2) 해석

통설은 보험대리상이 상법상 대리상의 일종에 해당한다고 해석한다. 따라서 보험대리상의 개념은 상법상 대리상에 따라 정의한다. 상법상 대리상이란 "일정한 상인을 위하여 상업사용인이 아니면서 상시 그 영업부류에 속하는 거래의 대리 또는 중개를 영업으로 하는 자"이다(상법 87조). 여기서 대리를 영업으로 하면 체약대리상, 중개를 영업으로 하면 중개대리상이다.

위와 같은 상법상 대리상의 개념정의에 따르면, 보험대리상이란 특정한 보험자를 위하여 계속적으로 보험계약의 체결을 대리 또는 중개하는 독립된 상인이다. 여기서 다음과 같은 개념요소가 확인된다. 첫째, 보험자의 특정, 계속이다. 특정되기만 하면, 단수의 보험자이든 복수의 보험자이든 무방하다. 둘째, 대리 또는 중개이다. 대리를 영업으로 하면 보험체약대리상, 중개를 영업으로 하면 보험중개대리상이 된다. 셋째, 상인성이다. 보험대리상은 독립된 상인이다. 독립된 상인인지의 기준은, 독립적으로 운영하는 사무소의 유무, 보수의 성격(수수료인지, 정액급여인지), 업무에 대한 보험자의 관여 정도(지휘

감독인지, 특정사무의 위탁인지) 등을 토대로 판단한다.[9]

상법 646조의2는 상법 87조에 대한 특별규정이다. 2014년에 신설된 상법 646조의2는 보험대리상이 원칙상 보험체약대리상이고, 다만 권한의 일부를 제한할 수 있다고 규정한다. 따라서 보험대리상은 상법상 대리상의 일종이지만, 보험대리상의 권한은 상법 87조에 대한 특별규정인 상법 646조의2가 우선하여 적용된다.

그리고 상법상 보험대리상과 보험업법의 보험대리상이 개념, 요건 면에서 어떠한 차이가 있는지는 앞으로의 연구 과제이다. 양자가 가급적 개념, 요건 면에서 동일해야 보험실무상 혼란을 예방할 수 있을 것이다.

(2) 여타 모집종사자와 구분

보험체약대리상은 보험계약의 체결을 대리한다는 점에서 보험설계사나 보험중개사와 구분된다. 보험중개대리상은 특정한 보험자를 위해 계속적으로 보험계약의 체결을 중개한다는 점에서 보험설계사와 같다. 하지만 보험중개대리상은 독립된 상인이지만, 보험설계사는 독립된 상인이 아니면서 보험자의 사무를 보조하는 사용인이라는 점에서 다르다. 보험중개대리상은 보험계약의 중개를 한다는 점에서 보험중개사와 같지만, 보험중개대리상은 특정한 보험자를 위해 계속적으로 보험계약의 체결을 중개하고, 보험중개사는 보험자로부터 독립하여 불특정, 다수를 대상으로 중개행위를 한다는 점에서 다르다.

(3) 권한

1) 종래의 논의

보험대리상이 대리권과 중개권 중 어느 것을 갖는지는 보험자와 보험대리상 사이의 대리상계약 내용에 달린 문제이다. 보험계약 체결의 대리권이 부여된다면 보험체약대리상이 되고, 그 중개권만 부여된다면 보험중개대리상이 된다. 우리나라 보험실무상으로는 대부분의 보험대리상이 보험중개대리상이었다.[10] 보험체약대리상과 보험중개대리상의 각 권한은 다음과 같았다.

보험체약대리상은 보험계약의 체결에 관한 대리권한을 갖고, 고지수령권, 통지수령권, 보험료수령권을 갖는다(통설). 대리인에 의하여 보험계약을 체결한 경우에 대리인이 안 사유는 본인이 안 것으로 간주한다(상법 646조). 따라서 보험체약대리상에 의하여 보험계약을 체결하는 경우 그가 안 사유는 보험자가 안 것으로 간주하는 것이다. 판례는 보

9) 대판 1962.7.5. 62다244; 이철송, 상법총칙·상행위, 2016, 461면

10) 손해보험은 대개 보험기간이 단기여서 신속한 계약체결을 위해 대부분의 손해보험대리상이 체약대리상이었다는 설명이 다수이지만(양승규 94면 등), 우리나라 보험실무에는 맞지 않는 설명이다.

험체약대리상이 상법 652조가 규정하는 위험변경증가의 통지를 수령할 권한이 있다고 보았다.[11] 또한 판례는 자동차보험의 체약대리상이 계약의 청약을 받으면서 보험료를 현실적으로 지급받기 전에 청약자를 위해 보험료를 대납하기로 약정했다면, 이 약정일에 보험계약이 체결되어 보험자가 보험료를 수령한 것으로 보았다.[12] 그리고 판례는 보험자의 대리인이 보험자를 대리하여 보험계약자와 사이에 보험계약을 체결하고 그 보험료수령권에 기하여 보험계약자로부터 1회분 보험료를 받으면서 2, 3회분 보험료에 상당하는 약속어음을 함께 교부받았다면 대리인이 약속어음을 횡령하였다고 하더라도 그 변제수령의 효과는 보험자에 미친다고 보았다.[13]

보험중개대리상은 보험계약 체결의 중개권한만 가지므로, 보험계약 체결의 대리권한이 없고 또는 고지수령권, 통지수령권, 보험료수령권이 없는 것이 원칙이다(통설). 다만 보험설계사와 마찬가지로 보험자가 발행한 보험료영수증을 교부하는 경우에는 보험중개대리상에게도 보험료수령권이 인정될 수 있다. 이러한 점에서 보험중개대리상은 보험설계사와 권한 면에서 같다.

그런데 문제는 보험계약자가 모든 보험대리상을 보험체약대리상이라고 오인할 수 있다는 점이었다.[14] 보험계약자가 보험중개대리상을 보험체약대리상이라고 믿은 채 거래하다가 예측하지 못한 손해를 입을 수 있었다. 가령 보험중개대리상에게 구두로 중요사항을 고지한 경우 그가 보험자에게 전달하지 않으면 보험계약자는 고지의무를 이행하지 않은 것으로 된다. 위와 같은 오인을 야기한 주된 이유 중 하나는, 보험업법이 보험대리상의 권한을 보험계약의 체결을 대리한다고 규정하고, 보험대리상이 '대리'상이라는 명칭을 사용하는 점 등을 들 수 있다.

그리하여 보험중개대리상도 보험자를 위한 일정한 대리권을 갖는 것으로 인정해야 한다는 주장이 해석론, 입법론으로 제기되었다. 먼저, 물건판매 또는 그 중개위탁을 받은 대리상은 매매목적물의 하자 또는 수량부족 기타 매매의 이행에 관한 통지를 받을 권한이 있는데(상법 90조), 이를 보험중개대리상에 유추적용해서 통지수령권을 인정하고, 보험자가 발행한 보험료영수증을 소지하고 있을 때는 고지수령권도 인정하자는 견해가 있었다.[15] 하지만 보험설계사와 마찬가지로, 보험중개대리상의 권한을 해석만에 의해서 확대하기는 어려웠다.[16] 그리하여 판례와 통설은 보험중개대리상이 그러한 권한을 갖고 있지 않다는 입장을 고수하고 있었다. 또한 외관법리 또는 표현대리 법리의 적용에 의한

11) 대판 2000.7.4. 98다62909
12) 대판 1991.12.10. 90다10315. 대판 1995.5.26. 94다60615도 같다.
13) 대판 1987.12.8. 87다카1793
14) 최기원 85면
15) 양승규 95면
16) 최기원 85면

보험계약자 보호도 주장되었지만,[17] 그 요건이 충족될 수 있는 경우는 제한적이다. 동시에 보험대리상은 보험체약대리상으로 추정해야 한다는 주장도 제기되었다.[18] 그러나 근본적인 문제해결은 입법에 의할 수밖에 없다는 공감대가 형성되었고, 최근 2014년 상법 개정으로 결실을 보게 되었다.

2) 2014년 상법개정 이후

i) 내용

2014년에 신설된 상법 646조의2는 보험대리상이 원칙상 보험체약대리상이고, 다만 권한의 일부를 제한할 수 있다고 규정한다. 보험계약자가 보험대리상을 보험체약대리상이라고 오인할 수 있다는 점을 고려한 것이다. 상법 646조의2의 내용은 다음과 같다.

① 보험대리상은 다음 각 호의 권한이 있다.

1. 보험계약자로부터 보험료를 수령할 수 있는 권한
2. 보험자가 작성한 보험증권을 보험계약자에게 교부할 수 있는 권한
3. 보험계약자로부터 청약, 고지, 통지, 해지, 취소 등 보험계약에 관한 의사표시를 수령할 수 있는 권한
4. 보험계약자에게 보험계약의 체결, 변경, 해지 등 보험계약에 관한 의사표시를 할 수 있는 권한

② 제1항에도 불구하고 보험자는 보험대리상의 제1항 각 호의 권한 중 일부를 제한할 수 있다. 다만, 보험자는 그러한 권한 제한을 이유로 선의의 보험계약자에게 대항하지 못한다.

ii) 해석

① 입법취지

상법 646조의2는 보험대리상의 권한을 내부적 관계와 외부적 관계로 구분하였다. 이렇게 구분한 이유는 보험대리상의 권한을 오인한 선의의 보험계약자를 보호하기 위한 것이다. 이와 같이 보험대리상의 권한을 이원적으로 규정하게 된 것은, 보험실무상 보험중개대리상이 주류를 이루고 있는 현실과 보험계약자 보호의 필요성을 같이 고려했기 때문이다. 상법 646조의2가 신설됨으로써, 보험체약대리상과 보험중개대리상의 구분이 소멸했다고 볼 것인가? 이를 긍정하는 견해가 있다.[19] 생각건대, 외부적 관계에서 보험체약대리상이 원칙적 형태라는 것일 뿐, 양자의 구분은 여전히 존재한다고 해석할 수 있다. 아래에서 내부적 관계와 외부적 관계로 구분하여 살펴보자.

---

17) 최기원 85면
18) 한기정, "보험대리점 및 보험중개인의 법적 지위", 한림법학Forum7, 1998, 168－169면
19) 장덕조 92－93면

② 내부적 관계

보험자와 보험대리상의 내부적 관계에서, 보험대리상이 보험계약 체결의 대리권을 갖는지 중개권만 갖는지는 당사자가 대리상 계약에서 정할 문제이다. 이 점에서는 2014년 상법개정 이전과 다르지 않다. 위 개정상법의 도입 이후에도, 적어도 내부적 관계에서는, 대부분의 보험대리상이 보험중개대리상인 상황이다.

③ 외부적 관계

보험대리상과 보험계약자와의 외부적 관계에서, 보험대리상은 원칙적으로 보험계약 체결의 대리권을 갖는 보험체약대리상이다. 이것은 일종의 외관법리를 채용한 것으로 볼 수 있다. 보험대리상에게는 보험계약 체결의 대리권이 수여되어 있다는 외관을 인정하는 것이다. 따라서 보험자가 보험대리상의 권한을 제한해도, 이를 알지 못하는 선의의 제3자에게는 대항하지 못한다. 제3자의 선의, 악의에 따라서 보험대리상의 외부적 관계가 달라질 수 있음을 알 수 있는 대목이다. 여기서 선의, 악의는 보험대리상의 권한 제한이 있음을 알지 못하는 것과 아는 것을 의미한다.

여기서 보험자가 어떤 보험대리상과 체약대리권이 없는 것으로 약정한 경우를 가정해 보자. 제3자가 선의인 경우(위와 같은 약정 내용을 알지 못하는 경우)에는, 전술한 바와 같이 보험대리상은 외부적 관계에서 보험체약대리상이다. 하지만 제3자가 악의인 경우(위와 같은 약정 내용을 아는 경우)에는, 보험대리상은 외부적 관계에서도 보험중개대리상이다. 따라서 보험자가 어떤 보험대리상과 체약대리권이 없는 것으로 약정하고 이를 보험계약자에게 알린 경우에는, 이 보험대리상은 보험자와의 관계(내부적 관계)에서나 보험계약자와의 관계(외부적 관계)에서나 보험중개대리상이라고 볼 수 있다. 요컨대, 보험대리상에게는 보험계약 체결의 대리권이 수여되어 있다는 외관을 인정하되, 이를 신뢰한 보험계약자만 보호하겠다는 취지이다. 따라서 외관에 대한 신뢰를 부인하려는 보험자가 보험계약자의 악의를 입증해야 한다고 해석한다.[20]

5. 보험중개사

(1) 개념

보험업법에 의하면, 보험중개사란 독립적으로 보험계약의 체결을 중개하는 자로서 보험업법 89조에 따라 등록된 자를 가리킨다(2조 11호). 상법 보험편에는 보험중개사에 대한 규정이 없다. 보험중개사는 상법 93조가 규정하는 중개인의 일종이라고 볼 수 있다(통설). 보험업법 2조 11호 및 상법 93조를 고려하여 보험중개사를 정의하면, 특정한 보

20) 장덕조 95면

험자로부터 독립하여 보험계약 체결의 중개를 하는 독립된 상인이다.

(2) 여타 모집종사자와 구분

보험중개사는 중개를 한다는 점에서 보험설계사, 보험중개대리상과 같고, 보험체약대리상과는 다르다. 그리고 보험중개사는 특정한 보험자로부터 독립하여 불특정, 다수를 대상으로 중개행위를 한다는 점에서, 특정한 보험자를 위하여 계속하여 중개행위를 하는 보험설계사, 보험중개대리상과 다르다.

(3) 도입 연혁 및 영미의 논의

보험중개사는 1995년 보험업법 개정을 통해서 입법화되었는데, 영미에서 활성화되어 있는 insurance broker를 모델로 한 것이다. 영미, 특히 영국에서 보험중개사는 보험계약자를 위하여 보험상품이나 보험자, 보험시장에 대한 정보를 제공하고, 보험계약의 협상 및 체결을 하며, 보험금을 청구하는 역할 등을 수행한다. 특히 보험계약자를 위하여 가장 유리한 조건(보험료 등)의 보험상품에 관한 정보를 제공하는 것이 보험중개사의 가장 중요한 역할이다. 이와 같이 보험계약자를 위하여 행위하는 보험중개사는 그에게 충실의무(fiduciary duty)를 부담하며, 보험계약자의 동의 없이는 보험자를 위하여 행위할 수 없다.[21] 한편 Keeton과 Widiss는, 보험중개사가 보험계약자를 위해 행위한다는 점에 대해서 다음과 같은 두 가지 이유에서 의문을 제기하기도 했지만, 널리 지지를 받지는 못했다. 첫째, 보험자가 보험중개사에 대해 수수료를 지급하는 현상과 보험중개사가 보험계약자를 위한 모집종사자라는 것은 모순이라는 것이다.[22] 하지만, 보험자가 보험중개사에게 수수료를 지급하는 것은 관행에 불과한 것이고, 그 수수료는 보험료가 재원이며 보험자가 보험계약자를 위하여 대신 지급하는 것으로 이해한다.[23] 영국에서는 보험자가 정상적인 수수료보다 많은 액수의 지불을 보험중개사에게 약속하는 경우, 보험중개사는 이를 보험계약자에게 고지해야 한다.[24] 둘째, 보험중개사는 보험계약자보다는 보험자들과 지속적인 접촉과 교류가 있는 것이 보통이므로, 보험중개사는 보험자를 위한 모집종사자라고 보는 것이 타당하다.[25] 하지만 중개업무를 영업으로 하는 보험중개사가 보험자들과 지속적으로 접촉하고 교류하는 것은 자연스러운 현상일 뿐, 이것이 보험중개사의 법적 지위를 결정한다고 볼 것은 아니다.

---

21) Anglo-African Merchants v. Bayley [1970] 1 Q.B. 311
22) Keeton/Widiss, *Insurance Law*, 1988, pp. 84-85
23) Clarke, *The Law of Insurance Contracts*, 1994, p. 226
24) Green & Son Ltd v. Tunghan & Co (1913) 30 TLR 64
25) Keeton/Widiss, *Insurance Law*, 1988, pp. 84-85

(4) 법적 지위

보험업법 2조 11호 및 상법 93조로부터, 보험중개사가 특정한 보험자로부터 독립되어 있고, 불특정 다수의 보험자와 보험계약자 사이에서 보험계약의 체결을 중개한다. 여기에서 다음과 같은 점을 알 수 있다. 첫째, 보험중개사는 원칙적으로 중개권한을 갖는다. 보험중개사가 대리권한도 가질 수 있는지의 문제는 후술한다. 둘째, 보험중개사는 누구를 위해서 중개를 하는 자인지가 문제된다. 보험설계사는 보험자, 보험대리상 또는 보험중개사에 소속되어 있고(보험업법 2조 9호), 보험대리상은 보험자를 위하여 모집을 하는 자(보험업법 2조 10호)라는 점이 분명하다. 하지만 보험중개사에 대해서는 보험업법 2조 11호가 "독립적으로"라고 규정하고 있을 뿐이어서 해석이 필요하다.

보험중개사가 보험자만을 위하여 중개하는 자, 즉 보험자를 위한 일방위탁중개인이 될 수 없음은 보험업법 2조 10호 및 11호의 법문에 비추어 분명하다. 보험업법 2조 10호는 보험대리상이란 보험자를 위한 모집종사자라고 명시하고 있지만, 보험업법 2조 11조는 보험중개사가 독립적으로 중개활동을 한다고 명시하고 있기 때문이다. 또한 이 점은, 모집종사자가 모집과정에서 보험계약자에게 불법행위를 하는 경우 보험자가 사용자책임을 지는 것과 관련하여 보험중개사는 보험대리상과 달리 그 모집종사자에 포함되어 있지 않다는 점(금융소비자법 45조)을 통해서도 확인할 수 있다.[26]

그렇다면 해석상 남은 선택지는, 보험중개사가 보험계약자와 보험자 쌍방을 위하여 중개행위를 하는 쌍방위탁중개인으로 볼 것인가, 아니면 보험계약자를 위한 일방위탁중개인으로 볼 것인가이다. 전자로 보게 되면, 보험중개사는 보험자 및 보험계약자 쌍방으로부터 중개위탁을 받아서 어느 한쪽에 치우치지 않고 중립적 지위에서 중개행위를 해야 한다. 후자로 보게 되면, 보험중개사는 보험계약자로부터 중개위탁을 받고 중개를 하는 자로서 보험계약자를 위해서 중개행위를 하면 된다. 이와 관련하여 보험중개사는 쌍방위탁중개인에 해당한다고 보는 견해가 있다. 이는 보험중개사는 보험계약의 당사자를 위하여 중립적 지위에서 중개해야 한다는 견해로 보험중개사의 보수는 상법 100조 2항에 따라서 당사자 쌍방이 균분으로 부담하는 것이 원칙이라고 본다.[27] 하지만 보험중개사는 일방위탁중개인으로 추정하는 것이 타당하다.[28] 물론 상법의 해석상 중개인은 쌍방위탁중개인으로 추정하는 것이 원칙이다(통설). 하지만 이것을 보험중개사에 그대로 적

26) 그리고 보험중개사는 보험자의 임직원이 될 수 없으며, 보험계약의 체결을 중개하면서 보험자·보험설계사·보험대리상·보험계리사 및 손해사정사의 업무를 겸할 수 없다(보험업법 92조 2항).

27) 최기원 87면

28) 이 점에 대해서는 한기정, "보험대리점 및 보험중개인의 법적 지위," 한림법학Forum7, 1998, 174면. 또한, 김은경 115면도 같다. 양승규 96면도 같은 취지로 보인다.

용하는 것은 바람직하지 않다. 왜냐하면, 보험의 전문성, 복잡성, 다양성을 고려할 때, 보험계약자를 위하여 가장 유리한 조건(보험료 등)의 보험상품에 관한 정보를 제공해 주는 모집종사자가 필요한데, 이러한 역할을 하는 모집종사자가 영미의 insurance broker이고, 보험중개사는 이것을 모델로 해서 도입된 제도이기 때문이다. 다만 보험중개사가 쌍방위탁중개인으로 활동하는 것도 가능은 하다. 보험중개사가 쌍방위탁중개인이 되기 위해서 보험자와 중개업무계약을 체결한 경우 그 계약서를 갖춰 두고 있어야 한다(보험업법 시행령 41조 2항 4호).

(5) 권한

1) 보험계약자를 위한 대리권 문제

보험중개사는 원칙적으로 보험계약의 체결을 중개할 권한을 갖고 있다(보험업법 2조 11호). 보험중개사가 보험계약자의 수권에 의해서 체결대리권 등을 가질 수 있는가? 이와 관련하여, 원칙적으로 찬성하는 견해들이 있다. 먼저, 보험중개인에게 대리권이 인정되지 않는 것이 원칙이지만, 외국에서 보험중개인을 일반적으로 보험계약자의 대리인으로 파악하고 있으며, 이러한 외국의 관행이 우리나라에도 나타난다면, 보험중개인을 보험계약자의 대리인으로 인정할 수 있다는 견해가 있다.[29] 또한 보험중개사는 보험계약의 당사자를 위해서 중립적인 지위에서 중개하지만, 보험중개사가 특히 보험계약자를 위하여 행동했다고 해도 바로 그의 대리인이라고 할 수는 없고, 보험계약자가 명시 또는 묵시의 대리권을 수여한 경우에는 대리인이라고 볼 수 있을 것이라는 견해도 있다.[30]

생각건대, 보험중개사가 보험계약자의 수권에 의해서 체결대리권 등을 가질 수 있다고 본다. 보험계약자가 명시적 또는 묵시적으로 체약대리권 등의 대리권을 보험중개사에게 수권하는 것의 법적 효력을 부인할 이유가 없으며, 또한 이것이 보험중개사 제도가 필요한 이유이기도 하다. 또한 보험업법 등이 보험중개사가 보험계약자의 수권에 의해서 체약대리권 등을 갖는 것을 금지하는 규정을 두고 있지도 않다.

한편 보험중개사가 보험계약자의 수권에 의해서 보험금청구를 대리할 수 있는가? 영국에서도 보험계약자의 수권이 있으면 보험중개사가 보험금청구를 대리하되 합리적인 주의의무를 다해야 하는 것으로 본다.[31] 보험업법에 따르면, 보험계약의 체결을 중개할 때, 보험중개사는 자신이 보험사고에 대한 보험자 책임 유무의 판단이나 보험금의 결정에 대한 권한이 없다는 점을 적은 서면을 미리 보험계약자에게 발급하고 설명하여야 한다.[32]

---

29) 양승규 96면
30) 최기원 87면
31) Merkin/McGee, *Insurance Contracts Law*, 1988, para. D.2.3-41
32) 보험업법 92조 1항, 동법시행령 41조 3항 2호, 동법시행규칙 24조 1호

이러한 점 때문에, 보험중개사가 보험계약자로부터 수권을 받아서 보험금청구를 대리할 수 없는 것은 아니다. 보험금청구의 대리가 보험자 책임 유무의 판단이나 보험금의 결정을 의미하는 것은 아니기 때문이다. 다만 보험금청구 과정에서 보험자의 면책 등을 둘러싸고 보험자와 보험금청구권자 사이에 법적 분쟁이 생기면, 보험금청구가 법률사건이 될 수 있고, 이 경우 보험중개사가 대가를 받거나 대가를 약속 받고 대리행위를 했다면, 변호사법 109조가 규정하는 금지행위에 해당할 수 있다.[33)]

만약 보험중개사가 수권받은 대리권을 남용하는 경우, 이로 인한 손해를 보험계약자에게 배상할 책임을 부담한다. 보험중개사의 손해배상책임의 이행에 대비해서, 금융위원회는 보험중개사가 중개와 관련하여 보험계약자에게 입힌 손해의 배상을 보장하기 위하여 보험중개사로 하여금 영업보증금을 예탁하게 하거나 보험 가입, 그 밖에 필요한 조치를 하게 할 수 있다(보험업법 89조 3항).

2) 보험자를 위한 대리권 문제

보험중개사는 원칙적으로 보험계약의 체결을 중개할 권한을 갖고 있다(보험업법 2조 11호). 보험중개사가 보험자의 수권에 의해서 체약대리권 등을 가질 수 있는가? 생각건대, 가능하다고 해석할 필요가 있다.[34)] 보험중개사가 보험자로부터 체약대리권 등을 수

---

33) 변호사법 109조는 다음의 행위를 금지한다.

1. 변호사가 아니면서 금품·향응 또는 그 밖의 이익을 받거나 받을 것을 약속하고 또는 제3자에게 이를 공여하게 하거나 공여하게 할 것을 약속하고 다음 각 목의 사건에 관하여 감정·대리·중재·화해·청탁·법률상담 또는 법률관계 문서 작성, 그 밖의 법률사무를 취급하거나 이러한 행위를 알선한 자

가. 소송 사건, 비송 사건, 가사 조정 또는 심판 사건

나. 행정심판 또는 심사의 청구나 이의신청, 그 밖에 행정기관에 대한 불복신청 사건

다. 수사기관에서 취급 중인 수사 사건

라. 법령에 따라 설치된 조사기관에서 취급 중인 조사 사건

마. 그 밖에 일반의 법률사건

34) 구 보험업법령에 의하면 보험중개사는 자신이 체약대리권 등이 없음을 보험계약자에게 고지하도록 하고 있었다. 즉 보험계약의 체결을 중개할 때, 보험중개사는 "보험증권을 발행하거나 보험회사를 대리하여 보험계약의 체결 및 변경 또는 해지의 의사표시를 수령할 권한이 없으며, 보험료의 수령 또는 환급, 보험계약자 등으로부터의 보험계약에 관한 고지 또는 통지사항의 수령, 보험사고에 대한 보험회사 책임 유무의 판단이나 보험금의 결정에 대한 권한이 없다"는 점을 적은 서면을 미리 보험계약자에게 발급하고 설명하여야 한다(보험업법 92조 1항, 구 동법시행령 41조 3항 2호, 구 동법시행규칙 24조 1호). 하지만 이와 같은 고지 규정이 있다고 해서 보험중개사가 보험자의 수권이 있음에도 불구하고 체결대리권 등을 가질 수 없다고 볼 것은 아니었다. 이 규정은 보험중개사가 보험자를 위한 체약대리권 등이 없다는 점을 보험계약자에게 밝히라고 한 것일 뿐이지, 권한을 부여하는 것을 금지한다고 볼 것은 아니기 때문이다. 오히려, 보험중개사는 중개할 때 보험자로부터 위임받은 권한이 있는 경우에는 그 내용을 적은 서면을 미리 보험계약자에게 발급하고 설명하여야 한다는 규정이 있었다(보험업법 92조 1항, 구 동법시행령 41조 3항 4호). 여기의 권한에는 체약대리권 등이 포함될 수 있으며, 이러한 권한이 있음을 보험계약자에게 밝히면 된다는 의미로 해석할 수 있었다. 위 규정이 보험중개사가 체약대리권 등이 없음을 밝히라고 요구하는 것은, 보험중개사가 보험자를 위한 체약대리권 등을 갖고 있는 것으로 보험계약자가 오인하여 피해를 입는 것을 방지하기 위한 것이었다. 그리고 구 보험업법시행령 41조 3항 2호 및 구 보험업법시행규칙 24조 1호는

권받는 것 자체가 보험계약자에게 불리하거나 피해를 줄 수 있는 사항이라고 보기 어렵기 때문이다. 영국에서도 보험중개사는 보험자를 위한 체약대리권 등이 없는 것이 원칙이지만,[35] 보험자가 보험중개사에게 일정한 범위 내에서 체약대리권 등을 수권하는 경우 그 효력을 인정한다.[36]

보험중개사가 보험계약자 및 보험자 쌍방으로부터 체약대리권 등을 수권받은 경우, 민법상의 쌍방대리금지(124조)에 해당할 수 있다. 이에 따르면, 대리인은 본인의 허락이 없으면 동일한 법률행위에 관하여 당사자 쌍방을 대리하지 못한다(채무의 이행은 제외). 따라서 보험계약자 및 보험자의 동의가 있으면 쌍방대리도 가능하다.

(6) 의무

보험중개사는 보험계약자를 위해서 중개행위를 하는 경우, 그에게 신의칙상 주의의무를 부담하게 된다. 또한, 보험중개사는 보험계약의 체결을 중개할 때 그 중개와 관련된 내용을 대통령령에서 정하는 대로 장부에 적고 보험계약자에게 알려야 하며, 수수료에 관한 사항을 비치하여 보험계약자가 열람할 수 있도록 해야 한다(보험업법 92조 1항). 이에 따라, 보험중개사는 중개와 관련하여 받은 수수료, 보수와 그 밖의 대가를 장부에 기재해야 하고(보험업법시행령 41조 1항 2호), 보험계약자가 요청하는 경우에는 중개와 관련하여 보험자로부터 받은 수수료, 보수와 그 밖의 대가를 알려 주어야 한다(보험업법시행령 41조 4항). 이러한 규정들은 보험중개인이 보수의 다과에 의해 보험계약자보다는 자신의 이익을 도모하려는 것을 방지하기 위한 것이다. 보험중개사가 보수를 보험자로부터 받는 경우와 보험계약자로부터 받는 경우를 구분할 수 있다.[37] 다만 보험중개사가 보험계약자와 보수계약을 체결한 경우 그 계약서를 갖춰 두고 있어야 한다(보험업법시행령 41조 2항 4호).

2021년에 삭제되었다.

35) Winter v. Irish Life Assurance plc [1995] 2 Lloyd's Rep. 274

36) Stockton v. Mason [1978] 2 Lloyd's Rep. 430; Woolcott v. Excess Insurance Co. Ltd [1979] 1 Lloyd's Rep. 231

37) 보험중개사의 보수에 관한 보험업감독규정 4－28조는 다음과 같다.

① 보험중개사는 보험계약체결의 중개와 관련하여 영업보험료의 일정율로 표시되는 수수료·보수 그 밖의 대가를 보험회사에게 청구하여야 하며, 보험계약자에게 청구하여서는 아니된다.

② 보험중개사는 제1항의 규정에도 불구하고 보험계약 체결의 중개와는 별도로 보험계약자 등에게 제공한 서비스의 대가로 일정금액으로 표시되는 보수 및 그 밖의 대가를 청구하고자 하는 경우에는 사전에 보험계약자 등과 합의한 서면약정서에 의한 경우에 한하여 보험계약자 등에게 직접 청구할 수 있다.

③ 보험중개사는 제2항의 규정에 의한 보수 및 그 밖의 대가를 직접 보험계약자 등에게 청구하기 위해서는 제공할 서비스별 내역이 표시된 보수명세표를 당해 서비스를 제공하기 전에 보험계약자 등에게 알려야 한다.

6. 보험의

보험의(保險醫)는 보험계약을 모집하는 모집종사자는 아니다. 보험의는 인보험계약의 체결과 관련하여 보험자가 피보험자에 대한 위험측정 등을 하는 데 도움을 주는 의사로서 보험자의 보조자이다. 진사의(診査醫), 진단의(診斷醫)라고도 한다. 보험의는 주로 인보험에서 피보험자에 대한 신체검사를 맡아 의료적 소견을 보험자에게 제시한다. 보험자는 이에 기초해서 위험의 인수 여부 또는 그 조건을 정한다. 보험의는 체약대리권은 없지만, 신체검사와 관련하여 피보험자가 하는 고지에 대한 고지수령권을 갖는다(통설). 이것은 고지의무 부분에서 좀 더 자세히 살펴보기로 한다.

제2절 모집종사자의 약관과 다른 모집행위

1. 의의

(1) 문제 상황

모집종사자가 보험약관과 다른 내용으로 보험계약을 모집하고 보험계약자가 이에 응한 경우를 보자. 모집종사자가 보험자로부터 약관과 다르게 모집할 권한을 받은 경우라면 그러한 모집행위가 유효한 것이고, 결국 약관과 다르게 개별약정이 체결되었다고 하는 데 별다른 문제가 없다. 하지만 우리 실무상 약관과 다르게 모집할 권한이 모집종사자에게 주어지는 경우는 매우 드물다.

(2) 표현대리 적용 문제

그렇다면 모집종사자가 권한 없이 약관과 다른 모집행위를 한 경우 보험자는 이에 계약책임을 지게 되는가? 원칙적으로는 부정된다. 대신에 불법행위의 문제로 처리해서 보험계약자는 모집종사자에게 손해배상책임(민법 750조)을 묻거나 보험자에게 사용자책임(금융소비자법 45조)을 물을 수 있다. 이 과정에서 보험계약자의 과실 부분에 대해서는 과실상계가 이루어지게 된다. 다만 표현대리의 법리가 (유추)적용될 수 있는 경우라면, 보험자가 개별약정에 따른 계약책임을 지게 된다(통설).

먼저, 권한을 넘은 표현대리(민법 126조)를 적용하는 경우를 보자. 이것이 적용되려면 모집종사자에게 체약대리권이 있어야 하고, 모집종사자가 권한 외의 대리행위를 하더라도 그에게 그러한 권한이 있다고 믿을 만한 정당한 이유가 보험계약자에게 있어야 한다. 만약 약관과 다른 모집행위를 한다는 것이 보험계약자에게 표시된 경우라면, 그런 권한이 모집종사자에게 잘 주어지지 않는다는 점을 고려할 때, 보험계약자가 정당한 사유를 입증하기 쉽지 않을 것이다. 이와 달리 약관과 다른 내용으로 모집한다는 것이 보험계약자에게 표시되지 않은 경우에도, 정당한 사유는 신중하게 인정될 필요가 있다. 가령 계약체결 당시에 보험약관이 보험계약자에게 교부되지 않는 등 약관과 다른 모집행위라는 사실을 확인하는 것이 보험계약자에게 합리적으로 기대되지 않는 경우로 제한할 필요가 있다.

다음, 권한을 넘은 표현대리(민법 126조)를 유추적용하는 경우를 보자. 모집종사자는 체약대리권이 없더라도 보험자의 사자(使者)로서 보험약관에 관한 설명 권한을 갖는 것이 보통이다. 모집종사자가 그 권한을 넘어서 약관과 다르게 설명하고, 보험계약자가 이를 신뢰하여 계약을 체결한 경우 표현대리를 유추적용하는 것이 필요하다.[38] 이 경우에도 정당한 사유가 신중하게 인정되어야 한다는 점은 위와 같다.

2. 판례

(1) 내용

① 대판 1985.11.26. 84다카2543은 모집종사자가 권한 없이 보험약관과 다르게 계약내용을 설명한 사안이다. 여기서는, 보험대리상이 개정된 보험약관의 내용을 보험계약자에게 알려주거나 교부하지 아니하고, 종래의 보험약관이 명칭만 바뀌었을 뿐이라고 말했고, 이를 믿은 보험계약자가 종래의 보험약관이 보장하는 보험금액을 지급받을 생각으로 보험계약을 체결한 사안이다. 대법원은 개별약정 우선의 원칙에 따라서 종래의 보험약관이 보장하는 보험금액이 지급되어야 한다고 판시했다.

② 대판 1991.9.10. 91다20432도 모집종사자가 권한 없이 보험약관과 다르게 계약내용을 설명한 사안이다. 여기서는, 보험자의 보험설계사가 해난사고를 당하거나 해산물을 먹고 식중독으로 사망할 때 일반보험금의 5배를 지급한다고 설명하였고, 이를 믿은 보험계약자가 보험계약을 체결하였는데, 실제 보험약관은 비브리오균에 의한 식중독으로 사망할 경우에는 일반보험금의 5배를 받을 수 없다고 규정했던 사안이다. 대법원은, 일반적으로 해안거주 주민들은 비브리오균에 의한 식중독 여부를 가릴 상식도 없고 전문적인 보험약관을 이해할 능력조차 없으며 오로지 어패류 등 해산물을 먹고 식중독사

38) 山下友信, 保険法, 2005, 116－117면. 이와 달리 모집종사자에게 체약대리권이 없다면 개별약정이 성립될 수 없다는 견해로는, 정호열, "약관과 다른 보험모집인의 설명과 보험자의 책임", 보험법연구1, 1995, 33면.

고를 당하거나 해난사고를 당할 때 등을 대비해서 보험에 가입하는 것이 그 동기이므로 보험자를 대리한 보험대리상 내지 보험외판원이 보험자의 보험보통약관과 다른 내용으로 보험계약을 설명하고 이에 따라 보험계약이 체결되었음을 이유로 그때 설명된 내용이 보험계약의 내용이 되고 그와 배치되는 보통약관의 적용은 배제된다고 주장한 것으로 보는 것이 옳다고 판시했다.

③ 대판 2003.7.11. 2001다6619는 모집종사자가 권한 없이 보험약관과 다른 내용을 보험계약 관련 서면에 표시한 사안이다. 자동차회사가 고객으로부터 탁송 의뢰를 받은 차량을 일정한 장소까지 운반하여 인도하는 차량탁송업자가 탁송사고로 인해 책임을 보장하는 책임보험에 가입했다. 보통약관에 의한 책임보험은 손해배상금의 일부 금액을 보상하는 것이고, 특별약관에 의한 책임보험은 손해보상금의 전액을 보상하는 것인데, 보험계약의 체결 시에 보통약관이 정한 보험료만 지급되었다. 그 체결과정을 보면, 보험계약자가 보험계약서의 교부를 받거나 보험약관의 교부 및 설명을 받지 않고, 자동차회사의 영업소에 상주하는 보험자의 보험대리상 직원이 계산해 준 보험료를 지급하고 자동차보험가입증명서를 받았을 뿐이고, 보험대리상 직원이 작성한 이 증명서는 대인배상의 한도에 관하여 "무한"이라고 기재되어 있었으며, 보험계약자나 보험대리상 점장 및 직원도 위 보험료의 납부로 확정판결에 의한 손해배상금 전액이 담보되는 것으로 알았을 뿐이고 특별약관이 존재한다는 사실을 모르고 있었으며, 보험료의 종국적인 부담자가 보험계약자가 아니라 차량의 구입자이고, 특별약관이 적용되기 위한 보험료의 추가부담이 1,500원에 불과하고 보험계약자가 임의로 그 적용을 선택할 수 있었다. 대법원은 비록 이 사건 보험계약의 보험료로 보통약관이 정한 금액만이 수수되었다고 하더라도 보험자의 보상한도에 관하여는 당사자 사이에 특별약관의 내용과 같게 하기로 하거나 또는 약관의 내용과 별도로 확정판결에 의한 손해배상금 전액을 보험자가 보상하기로 하는 특별한 약정이 있었다고 보아야 한다고 판시했다.

(2) 평가

위 판결들은 모집종사자가 보험약관과 다른 내용으로 모집행위를 했고 보험계약자가 이를 알지 못하고 보험계약을 체결한 사안들이다. 여기에서 대법원은 보험약관과 다른 내용으로 개별약정이 체결되었다고 판시했다. 하지만 문제는 해당 모집종사자들에게 개별약정의 권한이 수여되어 있지 않다는 점이다. 표현대리의 측면에서 보면, ①과 ②는 보험계약자가 모집종사자의 설명을 신뢰할 만한 정당한 사유가 인정된다면 표현대리를 유추적용 할 수 있는 사안이다. ③은 모집종사자가 체약대리권을 가진 것으로 볼 수 있고 따라서 보험계약자의 정당한 사유가 인정된다면 표현대리를 적용할 수 있는 사안이다. 그런데 판례가 표현대리의 법리를 정면으로 언급하지 않은 채 개별약정으로만 다루는 것은 법리상 다소 의문이다. 다만 판례가 적어도 ②, ③에서 보험계약자에게 정당한 사유가 존재하는지를 적극 고려한 점에 비추어, 표현대리의 법리를 (유추)적용한 것과 결과가 크게 다르게 보이지는 않는다.

제3절 모집종사자의 불법행위와 사용자책임

1. 모집종사자의 불법행위

모집종사자가 모집과정에서 보험계약자 등에게 불법행위를 범하는 경우가 있다. 이 경우 불법행위로 인한 손해배상책임을 부담하게 된다(민법 750조). 판례상 불법행위가 인정된 사례로는 다음을 들 수 있다.

대판 1994.11.22. 94다19617은, 보험설계사가 가공의 보험상품에 가입할 것을 권유하고 보험료 명목으로 금원을 받아 편취한 사안이며, 이 경우 피해자가 보험설계사에게 손해배상책임을 물을 수 있음은 물론이다.

대판 1997.11.14. 97다26425는, 자동차보험계약 모집에 있어서, 보험대리상이 과실로 2종보통운전면허로도 4.5톤 화물트럭을 운전하는 것이 가능하다고 부실설명하였고, 이를 믿은 보험계약자가 계약을 체결했으나, 보험사고의 발생 후에 무면허운전 면책조항에 따라 보험자가 면책된 사안이다. 대법원은 보험대리상의 부실설명으로 인한 보험계약자의 손해에 대해서 손해배상책임을 진다고 판시했다.

대판 2006.6.29. 2005다11602는, 타인의 사망보험계약의 모집에 있어서, 보험설계사가 피보험자의 서면동의 요건에 대해서 보험계약자에게 설명하지 않았고, 위 요건이 흠결되어 보험계약이 무효가 되었으며, 그 결과 보험사고의 발생에도 불구하고 보험자가 면책된 사안이다. 대법원은, 보험설계사가 피보험자의 서면동의 요건에 대해서 보험계약자에게 설명할 주의의무가 있는데, 이를 위반하여 보험계약자에게 손해를 끼친 것이므로, 보험설계사는 손해배상책임을 진다고 판시했다.

대판 2024.12.12. 2022다200317은, 생명보험계약에서 이륜자동차 운전 중 상해에 대해서는 담보하지 않되, 다만 피보험자가 보험자의 계열사 직원으로 이륜자동차로 회사에 출퇴근하는 경우에 한해 '회사에 출퇴근 시 이외에는 이륜자동차를 운행하지 않는다'는 취지의 비운행 확인서와 계열사 출입증을 제출하여 보험계약에 가입한 경우에는, 출퇴근 시 발생한 이륜자동차 교통사고로 인한 상해 및 사망 보험금을 지급하고 있는데,

보험설계사가 이러한 보험금 지급요건 사실을 설명해서 보험계약자가 비운행 확인서 및 출입증을 제출할 수 있는 기회를 제공해야 함에도 이를 행하지 않고 보험계약을 체결했던 사안이다. 대법원은, 설명의무 등의 위반을 이유로, 보험설계사가 보험계약자에게 손해배상책임을 진다고 판시했다.

2. 보험자의 사용자책임

(1) 의의

모집종사자가 모집과정에서 불법행위를 한 경우 보험계약자가 모집종사자에게 손해배상책임(민법 750조)을 물을 수 있다는 점은 전술하였다. 나아가 사용자책임의 요건이 충족되는 경우 모집종사자의 보험자에게도 손해배상청구를 할 수 있다. 사용자책임이 인정될 수 있는 경우라면, 보험계약자는 배상자력이 튼튼한 보험자에게 우선적으로 배상책임을 추궁하려 할 것이기 때문에, 사용자책임은 보험계약자에 있어서 중요한 피해 구제수단 중 하나이다.

(2) 내용

1) 관련 규정

i) 금융소비자법 45조

2021.3.25.에 시행된 금융소비자법은, 금융상품판매업을 영위하는 금융상품판매업자를 금융상품직접판매업자와 금융상품판매대리·중개업자등으로 구분한 후, 금융상품판매대리·중개업자등의 금융소비자에 대한 불법행위와 관련하여 금융상품판매업자의 사용자책임에 대해 규정한다. 즉 금융상품직접판매업자는 금융상품계약체결등[39]의 업무를 대리·중개한 금융상품판매대리·중개업자등이 대리·중개 업무를 할 때 금융소비자에게 손해를 발생시킨 경우 그 손해를 배상할 책임이 있다(금융소비자법 45조 1항 본문). 여기의 금융상품판매대리·중개업자등에는 금융상품판매대리·중개업자[40]와 보험자의 임원 또는 직원이 포함되고, 보험중개사는 제외된다(금융소비자법 45조 1항 본문). 다만, 금융상품직접판매업자가 금융상품판매대리·중개업자등의 선임과 그 업무 감독에 대하여 적절한 주의를 하였고 손해를 방지하기 위하여 노력한 경우에는 손해를 배상할 책임이 없다(금융소

39) '금융상품계약체결등'이란, 금융상품에 관한 계약의 체결 또는 계약 체결의 권유를 하거나 청약을 받는 것을 가리킨다(금융소비자법 2조 8호)

40) 금융상품판매대리·중개업자가 대리·중개하는 업무를 제3자에게 하게 하는 경우 그 제3자를 금융상품판매대리·중개업자에 포함시킨다(다만, 금융상품직접판매업자의 이익과 상충되지 아니하고 금융소비자 보호를 해치지 아니하는 경우로서 대통령령으로 정하는 행위를 대리·중개하는 경우에 한정한다)(금융소비자법 45조 1항 본문, 25조 1항 2호 단서)

비자법 45조 1항 단서).

이상의 사용자책임의 법리를 보험거래에 적용해 보면, 보험상품은 금융상품에 속하고,[41] 보험자는 금융상품직접판매업자에 속하며, 보험설계사·보험대리상 및 보험자의 임원 또는 직원은 금융상품판매대리·중개업자등에 속하고, 보험계약자는 금융소비자[42]에 속한다. 이에 따라 보험자는 보험설계사·보험대리상 및 보험자의 임원 또는 직원이 보험상품의 모집, 즉 보험상품의 대리 또는 중개[43]를 할 때 불법행위와 관련하여 보험계약자에게 사용자책임을 지게 된다.

ii) 구 보험업법 102조

① 내용

금융소비자법 45조가 시행되기 이전에는 구 보험업법 102조가 보험자의 사용자책임에 대해 규정하였다. 구 보험업법 102조 1항의 내용은 금융소비자법 45조의 그것과 유사하다. 즉, "보험회사는 그 임직원, 보험설계사 또는 보험대리점(보험대리점 소속 보험설계사를 포함한다. 이하 이 조에서 같다)이 모집을 하면서 보험계약자에게 손해를 입힌 경우 배상할 책임을 진다. 다만, 보험회사가 보험설계사 또는 보험대리점에 모집을 위탁하면서 상당한 주의를 하였고 이들이 모집을 하면서 보험계약자에게 손해를 입히는 것을 막기 위하여 노력한 경우에는 그러하지 아니하다." 기존에 보험자의 사용자책임에 관한 판례 및 이론이 구 보험업법 102조를 대상으로 형성되었는데, 금융소비자법 45조는 구 보험업법 102조와 그 내용이 유사하므로, 구 보험업법 102조에 관한 판례 및 이론은 특별한 사정이 없는 한 금융소비자법 45조에도 그대로 적용될 것으로 보인다. 이하에서는 구 보험업법 102조에 관련된 판례 및 이론을 소개하고, 필요한 범위 내에서 금융소비자법 45조를 언급하기로 한다.

② 특칙

구 보험업법 102조는 민법상 사용자책임(민법 756조)의 특칙이다. 이에 따라 보험자의 사용자책임에 대해서는 구 보험업법 102조가 민법 756조에 우선해서 적용된다(판례,[44] 통설). 특칙을 둔 취지는, 보험계약자의 이익을 보호함과 동시에 보험사업의 건전한 육성을 기하고자 하는 데에 있다.[45]

구 보험업법 102조가 특칙인 이유는 두 가지 측면에서 찾을 수 있다.[46] 첫째, 민법

---

41) 금융소비자법 2조 1호 다목

42) '금융소비자'란 금융상품계약체결등(금융상품에 관한 계약의 체결 또는 계약 체결의 권유를 하거나 청약을 받는 것)에 관한 거래상대방 또는 금융상품자문업자의 자문업무의 상대방인 전문금융소비자 또는 일반금융소비자를 가리킨다(금융소비자법 2조 8호).

43) 보험업법 2조 12호: "모집"이란 보험계약의 체결을 중개하거나 대리하는 것을 말한다.

44) 대판 1994.11.22. 94다19617

45) 대판 1997.11.14. 97다26425

756조의 사용자책임은 사용자와 피용자(불법행위자)의 사이에 사용관계 즉 지휘감독관계가 존재할 것을 요건으로 한다(판례,[47] 통설). 사용자책임을 주장하는 자가 지휘감독관계의 존재를 입증해야 한다. 구 보험업법 102조는 보험자의 임원·직원·보험설계사 또는 보험대리상이 모집을 함에 있어서는 보험자와 그들 사이에 지휘감독관계가 존재함을 법정한 것이라고 볼 수 있다. 따라서 구 보험업법 102조에 따라 사용자책임을 주장하는 자는 그러한 지휘감독관계의 존재를 입증할 필요가 없다. 이 점에서 금융소비자법 45조도 같다. 둘째, 주의의무 이행으로 인한 면책부분이다. 민법 756조에 의하면 사용자가 피용자의 선임과 사무감독에 대해서 주의의무를 다한 경우에는 사용자는 사용자책임을 면할 수 있다. 구 보험업법 102조 1항 단서는 주의의무 이행으로 인한 사용자책임의 면책 대상을 보험설계사 또는 보험대리상의 모집관련 행위로 제한하고 있다. 다시 말하면 보험자의 임원 또는 직원의 모집관련 행위에 대해서는 보험자가 주의의무를 다한 경우에도 면책될 수 없는 무과실책임이라는 점이 민법 756조에 대한 특칙으로 된다. 한편 금융소비자법 45조 1항은 보험자의 임원·직원에 대한 사용자책임을 무과실책임으로 한다는 규정을 두지 않았기 때문에, 이 점에 관한 한 금융소비자법 45조 1항이 민법 756조에 대한 특칙이라고 보기 어렵다.

③ 적용범위

구 보험업법 102조 1항에 따르면, 사용자책임은 보험자의 임직원, 보험설계사 또는 보험대리상을 적용 대상으로 하고, 보험대리상에 속한 보험설계사도 그 적용 대상에 포함된다. 이는 금융소비자법 45조에서도 같다.[48] 보험대리상 소속 보험설계사의 포함 부분은 확인적 규정이라고 본다. 보험대리상 소속 보험설계사의 모집행위는 보험대리상의 모집행위로 되므로, 보험자가 보험대리상에 대해 사용자책임을 진다면, 보험자가 보험대리상 소속 보험설계사에 대해 사용자책임을 지는 것은 당연하기 때문이다. 판례도 보험대리상에 속한 사용인에 대해서도 구 보험업법 102조가 적용된다고 해석한 바 있다.[49]

보험대리상에 대한 사용자책임과 관련하여, 보험자의 실제적인 지휘감독관계가 인정되기 어려운 대형법인보험대리상의 경우에는 해당 보험대리상에게 직접적인 배상책임

46) 이에 관해서는 한기정, "상호보험·공제·우체국보험의 적용법규에 대한 고찰", 보험법연구2-1, 2008, 28-30면

47) 대판 1995.4.11. 94다15646

48) 금융소비자법 45조 1항 및 25조 1항 2호 단서, 동법시행령 23조 2항 1호 나목

49) 대판 1997.11.14. 97다26425(보험대리점의 임원이나 사용인이 모집을 함에 있어 보험계약자에게 손해를 가한 경우에도 '보험대리점이 모집을 함에 있어 보험계약자에게 손해를 가한 경우'에 해당하여 위 구 보험업법 158조 1항이 적용된다 할 것이고, 신고를 하지 않은 보험대리점의 임원이나 사용인이 모집을 함에 있어 보험계약자에게 손해를 가한 경우에도, 그 임원이나 사용인이 위 구 보험업법 218조 1호에 의하여 형사처벌을 받게 된다 하더라도 그의 보험 모집의 법률적 효과가 보험대리점에 귀속되는 이상 역시 위 구 보험업법 158조 1항이 적용된다고 해석함이 위 구 보험업법의 취지에 부합한다고 할 것이다)

을 부과하여 자기 소속 보험설계사에 대한 관리감독을 강화하되 해당 보험대리상이 해산하였거나 배상자력을 갖추지 못한 경우에 한하여 보험자가 사용자책임을 부담하는 방향으로 구 보험업법 102조를 개정해야 한다는 주장도 있었다.[50)]

한편, 모집종사자 중 보험중개사는 보험자로부터 독립하여 모집을 하는 자이므로, 특별한 사정이 없는 한 보험자에게 지휘감독의무가 없다고 보아야 하고, 따라서 보험업법 102조에서 제외되어 있다. 이는 금융소비자법 45조에서도 같다. 이에 따라 보험중개사의 배상능력을 강화하기 위해서, 금융위원회는 보험중개사로 하여금 영업보증금을 예탁하게 하거나 보험에 가입하게 하는 등의 조치를 취할 수 있다(보험업법 89조 3항).

그리고 우체국보험에는 원칙적으로 '우체국 예금·보험에 관한 법률'이 적용된다. 다만 판례는 구 보험업법 102조가 우체국보험에도 적용된다고 해석한다.[51)] 대판 2007.9.6. 2007다30263에서, 보험업법 1조가 정한 보험업법의 목적 및 102조 1항의 입법취지에 비추어 보면, '우체국 예금·보험에 관한 법률' 3조에 의거하여 보험사업을 경영하는 국가 역시 '국가로부터 허가를 받아 보험업을 영위하는 자'와 마찬가지로 그 소속 직원이 보험모집을 함에 있어 보험계약자에게 가한 손해에 대하여는 구 보험업법 102조 1항에 따라 이를 배상할 책임을 진다고 판시했다. 대법원은 보험업법 1조의 목적 및 구 보험업법 102조 1항의 입법 취지에 비추어 보면 구 보험업법 102조 1항은 보험업과 관련해서는 일반적으로 적용되어야 할 규정이라고 이해하고, 보험업법이 아니라 다른 법률에서 근거한 보험업에 대해서도 다르게 볼 만한 특별한 사정이 없는 한 구 보험업법 102조 1항이 적용되는 것으로 해석해야 한다고 판시한 것이다. 이제는 금융소비자법 45조가 우체국보험에 적용된다고 보면 된다.

④ 손해배상액

구 보험업법 102조 위반에 따라 보험자가 배상해야 할 금액은 보험종사자의 모집으로 인해 보험계약자가 입은 손해액이다. 이러한 손해액은 손해의 유형에 따라 구체적 개별적으로 판단해야 한다.

대판 2024.12.12. 2022다200317에서, 보험계약자와 보험수익자가 다른 타인을 위한 생명보험에서, 보험설계사의 위법행위로 보험계약이 무효가 되거나 일정한 사고를 담보하지 못하여 보험계약자가 지정한 보험수익자에게 보험금이 지급되지 않은 경우, 보험계약자에게 발생한 손해는 보험설계사의 위법행위가 없었으면 보험계약자가 지정한 보험수익자에게 지급되었을 전체 보험금 상당액이며, 보험계약자는 이러한 금액을 보험자에게 청구할 수 있다고 판시되었다.

50) 채이배 의원 발의, 보험업법 개정안, 의안번호 15856
51) 이에 찬성하는 견해로는 한기정, "상호보험·공제·우체국보험의 적용법규에 대한 고찰", 보험법연구2-1, 2008, 30-35면.

2) 보험자의 귀책사유

구 보험업법 102조 1항 단서에 의하면, 보험자의 사용자책임은 보험설계사나 보험대리상의 행위에 대한 과실책임이다. 즉 보험자가 이들에 대한 모집위탁 및 손해방지에 상당한 주의를 다한 경우에 면책된다. 그 반대해석상, 임직원의 행위에 대한 보험자의 사용자책임은 무과실책임이다. 민법상 사용자책임은 과실책임이 원칙(민법 756조 1항 단서)이라는 점에서, 임직원에 관한 한, 구 보험업법 102조 1항 단서가 민법 756조에 대한 특칙이 된다. 다만 보험설계사나 보험대리상의 행위에 대해서 과실책임이라고 하나, 판례의 태도에 비추어 보험자가 면책되기는 현실적으로 매우 어렵다. 즉 판례는 보험설계사와 보험대리상의 경우도 사용자책임을 무과실책임에 가깝게 운용하고 있기 때문이다. 즉 대판 1997.11.14. 97다26425에서, 보험모집에 관하여 보험계약자에게 가한 손해에 대하여 보험사업자에게, 위 손해가 보험사업자의 임원, 직원의 행위로 인한 경우에는 무과실책임을 지우고 보험설계사와 보험대리상의 행위로 인한 경우에는 무과실책임에 가까운 손해배상책임을 지움으로써 보험계약자의 이익을 보호함과 동시에 보험사업의 건전한 육성을 기한다고 판시했다. 이 점은 민법 756조를 사실상 무과실책임처럼 운용해 온 대법원의 입장[52]과 궤를 같이하는 것이다.

전술한 바와 같이 금융소비자법 45조 1항은 보험자의 임원·직원에 대한 사용자책임을 무과실책임으로 한다는 규정을 두지 않았다. 그렇다고 해도 판례가 사용자책임을 사실상 무과실책임으로 운용해 온 점을 고려하면 실제로 별 차이를 가져올 것으로 보이지 않는다.

3) 모집 관련성

구 보험업법 102조의 사용자책임은 "모집을 하면서" 보험계약자에게 손해를 입힌 경우에 적용된다. 민법 756조는 "타인을 사용하여 어느 사무에 종사하게 한 자는 피용자가 그 사무집행에 관하여 제3자에게 가한 손해를 배상할 책임이 있다."고 규정하는데, "모집을 하면서"는 여기의 "그 사무집행에 관하여"와 동일하게 해석하면 된다. 외형이론에 따라, 원칙적으로 피용자의 직무범위 내의 행위이어야 하나, 외형상 마치 직무범위 내에 속하는 것과 같은 행위도 포함된다(판례,[53] 통설). 이에 따라 구 보험업법 102조와 관련해서도, 판례는 객관적으로 모집행위 내에 속하는 외형을 갖추고 있으면 모집 관련성을 인정한다. 대판 2006.11.23. 2004다45356에서, 보험설계사의 모집행위 그 자체는 아

52) 이에 대해서는 송덕수, 신민법강의, 2017, 1657면

53) 대판 1988.11.22. 86다카1923

니더라도 그 행위를 외형적으로 관찰할 때 객관적으로 보아 보험설계사의 본래 모집행위와 밀접한 관련이 있거나 유사하여 마치 그 모집행위 범위 내에 속하는 것과 같이 보이는 행위도 포함하는 것으로 해석해야 한다고 판시했다. 이 판례는, 정상적인 부부관계에 있는 부인이 보험설계사인 남편에게 보험가입을 부탁하면서 보험상품을 특정하지 않은 채 보험료 명목으로 1억 원을 지불했고, 이때 보험계약의 보험청약서를 작성하거나 보험료영수증을 교부받지 않았던 사안이다. 쟁점은 보험설계사의 금원수령행위가 모집관련성이 있는지 여부다. 대법원은 긍정했다. 대법원은, 보험설계사인 남편에게 보험가입 및 보험청약서의 기재 등을 일임하고 굳이 보험료 영수증을 교부받지 않을 여지도 충분히 있다는 점에서 그러한 금원수령행위는 외형상 보험모집과 상당한 관련성이 있다고 판시했다.

한편 금융소비자법은 "금융상품에 관한 계약의 체결 또는 계약 체결의 권유를 하거나 청약을 받는 것"(금융소비자법 45조 1항 본문, 2조 8호)과 관련하여 사용자책임을 진다고 명시하고 있다. 이는 위에서 살펴본 모집관련성과 별 차이가 없을 것으로 보인다.

4) 보험계약자 측의 귀책사유

i) 의의

보험계약자 측에게 손해의 발생 또는 확대에 관하여 과실이 있거나 보험자의 책임을 제한할 사유가 있는 경우, 보험자의 사용자책임의 범위를 정하는데 당연히 참작해야 하고, 과실상계 또는 책임제한 사유에 관한 사실인정이나 그 비율을 정하는 것은 형평의 원칙에 비추어 현저히 불합리하다고 인정되지 않는 한 사실심의 전권사항에 속한다.[54)]

ii) 중대한 책임

손해의 발생에 보험계약자 측에 중대한 책임이 있다면 사용자책임은 부인된다. 대판 2002.4.26. 2000다11065는, 화물자동차 소유자(보험계약자)가 그 자동차로 인한 교통사고 전력이 있어 보험료의 할증이 예상됨에 따라 보험설계사의 권유를 받아들여 무사고 경력의 다른 사람 명의로 보험계약을 체결하였다가, 보험계약자의 피용자가 교통사고를 낸 뒤 고지의무 위반으로 보험계약이 해지되자, 보험계약자가 보험자에게 사용자책임을 물은 사안이다. 대법원은 사용자책임을 부인했다. 즉 보험설계사가 구 보험업법 97조 1항 1호에 규정된 금지행위, 즉 보험계약자 또는 피보험자에 대하여 사실과 다르게 알리거나 보험계약의 계약조항 중 중요한 사항을 알리지 아니하는 행위를 하여, 그 결과 보험계약자가 사실을 모르고 보험계약을 체결함으로써 보험금을 받지 못하게 되는 손해를 입었다고 볼 수 없음은 물론, 보험설계사가 모집을 하면서 실제 보험계약자에 대한 관계

54) 대판 2024.12.12. 2022다200317

에서 위법한 행위를 하고 그로 인하여 보험계약자에게 손해를 가하였다고 할 수도 없으므로, 보험자에게는 보험계약자에 대하여 구 보험업법 102조에 따른 사용자책임이 없다고 판시했다.

iii) 과실상계

① 내용

보험계약자 측에게 과실이 있는 경우 과실상계가 적용된다(판례,[55] 통설). 즉 불법행위로 인한 손해의 발생 또는 확대에 관하여 피해자에게도 과실이 있으면 가해자의 손해배상의 범위를 정함에 있어 당연히 이를 참작해야 하는데, 그 적용에 있어서는 가해자와 피해자의 과실의 정도, 위법행위의 발생 및 손해의 확대에 관하여 어느 정도의 원인이 되는지 등의 제반 사정을 고려하여 배상액의 범위를 정한다.[56] 이러한 과실상계는 사용자책임에서도 같다. 또한 불법행위로 인한 손해배상의 책임 및 그 범위를 정함에 있어 피해자의 과실을 참작하는 이유는, 불법행위로 인하여 발생한 손해를 가해자와 피해자 사이에 공평하게 분담시키는데 있다.[57] 그리고 불법행위에 있어서 가해자의 과실은 의무위반이라는 강력한 과실이지만, 이와 달리 과실상계에 있어서의 피해자 과실은 사회통념상, 신의성실의 원칙상, 공동생활상 요구되는 약한 의미의 부주의를 가리킨다.[58] 피해자의 과실에는 피해자 본인의 과실뿐 아니라 그와 신분상 내지 사회생활상 일체를 이루는 관계에 있는 자의 과실도 피해자 측의 과실로서 참작되어야 하고, 어느 경우에 신분상 내지 사회생활상 일체를 이루는 관계라고 할 것인지는 구체적인 사정을 검토하여 피해자 측의 과실로 참작하는 것이 공평의 관념에서 타당한지에 따라 판단한다.[59]

② 사례

전술한 대판 1997.11.14. 97다26425는, 자동차보험계약 모집에 있어서, 보험대리상이 과실로 2종보통운전면허로도 4.5톤 화물트럭을 운전하는 것이 가능하다고 부실설명한 사안인데, 보험계약자도 2종보통운전면허로 4.5톤 화물트럭을 운전할 수 있는지 여부가 결정적인 사항임에도 적극적으로 사실 여부를 확인해 보지 않고 보험대리상의 말만 믿고 계약을 체결했으므로 과실비율을 20%로 상계하고 사용자책임을 인정했다.

그리고 전술한 대판 2006.6.29. 2005다11602는, 타인의 사망보험계약의 모집에 있어서, 보험설계사가 피보험자의 서면동의 요건에 대해서 보험계약자에게 설명하지 않았

55) 대판 1994.11.22. 94다19617

56) 대판 2004.7.22. 2001다58269; 대판 2010.3.11. 2007다76733. 그리고 불법행위로 인한 손해배상 청구사건에서 과실상계 사유에 관한 사실인정 또는 그 비율은 형평의 원칙에 비추어 현저히 불합리하다고 인정되지 않는 한 사실심의 전권사항에 속한다(대판 1999.7.23. 98다31868; 대판 2007.1.25. 2004다51825)

57) 대판 1999.7.23. 98다31868

58) 대판 1999.7.23. 98다31868; 대판 2001.3.23. 99다33397

59) 대판 1999.7.23. 98다31868

던 사안인데, 보험계약자도 보험계약 체결 시에 보험설계사로부터 교부받은 보험계약청약서 및 약관을 검토하여 보험계약이 유효하도록 피보험자의 서면동의를 받았어야 할 주의의무가 있음에도 불구하고 이를 위반하였으므로 과실비율을 40%로 상계하고 사용자책임을 인정했다.

예외적으로 과실상계가 제한되는 경우가 있다. 대판 2013.6.13. 2010다34159에서, 가해행위가 사기, 횡령, 배임 등의 영득행위인 경우 등, 과실상계를 인정하게 되면 가해자로 하여금 불법행위로 인한 이익을 최종적으로 보유하게 하여, 공평의 이념이나 신의칙에 반하는 결과를 가져오는 경우에는, 예외적으로 과실상계가 허용되지 않는다고 판시했다.

5) 구상권

금융상품직접판매업자가 사용자책임을 지는 경우 금융상품판매대리·중개업자등에 대해 구상권을 행사할 수 있다(금융소비자법 45조 2항). 구 보험업법 102조 2항도 보험자가 사용자책임의 대상인 해당 임직원·보험설계사 또는 보험대리점에 대해 구상권을 행사할 수 있다고 규정하고 있었다.

제4절 모집종사자 등에 대한 업무행위규제

1. 총설

(1) 의의

업무행위규제(또는 영업행위규제)는 모집종사자, 보험자가 보험계약자 측을 상대로 업무행위(또는 영업행위)를 할 때 준수해야 할 주의의무이다. 보험업에 관한 규제법률인 보험업법이 이러한 업무행위규제를 규정해 왔다. 그런데 2020.3.24.에 제정된 금융소비자법이 2021.3.25.부터 시행되면서 모집종사자 등에 대한 업무행위규제를 금융소비자법과 보험업법이 같이 규율하고 있다.

금융소비자법상 업무행위규제는 금융상품판매업자가 금융소비자 측을 상대로 금융상품에 관한 업무행위를 할 때 준수해야 할 주의의무이다.[60] 금융소비자법이 규율대상으로 삼는 금융상품에는 예금성 상품, 대출성 상품, 투자성 상품, 보장성 상품이 있는데, 이 중에서 보험상품은 보장성 상품에 속한다(금융소비자법 2조 1호 다목, 3조). 금융상품판매

60) 금융소비자법 1조 및 10조. 한편 금융소비자법은 금융상품자문업자의 업무행위규제에 대해서도 규정하지만(금융소비자법 2조 4호 및 5호 등), 보험업은 주로 금융상품판매업과 관련된다는 점에서 이하에서는 금융상품판매업자를 중심으로 기술하기로 한다.

업자는 금융상품직접판매업자와 금융상품판매대리·중개업자로 나뉘는데(금융소비자법 2조 3호), 보험상품에 관한 계약의 체결을 영업으로 하는 보험자는 전자에 속하고, 보험상품에 관한 계약의 체결을 대리하거나 중개하는 것을 영업으로 하는 보험설계사·보험대리상·보험중개사는 후자에 속한다.[61]

금융소비자법은 각 금융업법이 규율하던 업무행위규제를 기능별 규제원칙(동일기능에 대해서는 동일규제를 적용한다는 원칙)에 따라 각 금융업법을 통합하여 제정된 단일한 기본법이다. 이에 따라 보험업법이 규율하던 보험업에 관한 업무행위규제의 일부는 금융소비자법으로 흡수통합되었다. 다만 각 금융업법에는 각 금융업의 특수성을 감안할 필요가 있기 때문에 그에 관한 특별 규정을 둘 수 있다. 이에 따라 금융소비자법으로 통합될 성격의 보험업법상 업무행위규제 규정은 2021.3.25.에 효력을 상실하였고, 보험업의 특수성이 감안된 보험업법상 업무행위규제 규정은 그 이후에도 효력을 유지하고 있다. 금융소비자법과 보험업법을 비롯한 각 금융업법의 관계는 전자가 금융업상 업무행위규제의 일반법이고, 후자가 특별법으로 된다. 이에 따라 금융소비자 보호에 관하여 다른 법률에서 특별히 정한 경우를 제외하면 금융소비자법에서 정하는 바에 따른다(금융소비자법 6조).

한편, 투자성 있는 보험계약에 대해서는 금융소비자법과 보험업법이 적용되는 것 이외에 자본시장법상 업무행위규제도 적용된다.[62] 즉 보험자가 투자성 있는 보험계약을 체결(중개 또는 대리 포함)을 하는 경우에 자본시장법상 투자매매업 또는 투자중개업에 관한 인가를 받은 것으로 보고, 일부 규정을 제외하고 자본시장법이 적용(자본시장법 77조 2항)되기 때문이다.[63] 가령 투자성 있는 보험계약에 적용되는 자본시장법 48조는 금융소비자법상 설명의무를 위반하면 손해배상책임을 질 수 있다는 규정이고, 이 경우 설명의

---

61) 보험자의 임직원에 대해서도 일정 범위 내에서 금융소비자법이 준용된다. 즉 보험업법 101조의2는 다음과 같이 규정한다.

① 보험자 임직원의 설명의무 및 부당권유행위 금지에 관하여는 금융소비자법 19조 1항·2항 및 21조를 준용한다. 이 경우 "금융상품판매업자등"은 "보험회사 임직원"으로 본다.

② 보험자 임직원의 광고 관련 준수사항에 관하여는 금융소비자법 22조 2항부터 7항의 규정을 준용한다. 이 경우 "금융상품판매업자등"은 "보험회사 임직원"으로 본다.

③ 보험자 임직원의 제3자에 대한 모집위탁에 관하여는 금융소비자법 25조 1항 각 호 외의 부분 및 같은 항 2호를 준용한다. 이 경우 "금융상품판매대리·중개업자는"은 "보험회사 임직원은"으로, "금융상품판매대리·중개업자가 대리·중개하는 업무"는 "보험회사 임직원의 모집 업무"로 한다.

62) 가령 투자성 있는 변액보험이 투자성 있는 보험계약에 해당된다. 변액보험이란 보험금이 자산운용의 성과에 따라 변동하는 보험계약을 말한다(보험업법 108조 1항 3호). 그리고 투자성이란, 이해의 편의를 위해서 단순화하면, 가령 원금손실의 가능성이 있으면 투자성이 있는 것이다. 정확하게는, 현재 또는 장래의 특정 시점에 금전(기타 재산적 가치가 있는 것 포함)을 지급하기로 약정함으로써 취득하는 권리와 관련하여, 그 권리를 취득하기 위하여 지급하였거나 지급하여야 할 금전의 총액(판매수수료 등 제외)이 그 권리로부터 회수하였거나 회수할 수 있는 금전의 총액(해지수수료 등 제외)을 초과하게 될 위험이 투자성이다(자본시장법 3조 1항).

63) 이 경우 자본시장법 15조, 39조부터 45조까지, 51조부터 53조까지, 56조, 58조, 61조부터 65조까지, 2편 2장·3장·4장 2절 1관 및 3편 1장을 제외하고 나머지가 적용된다(자본시장법 77조 2항 2문).

무 위반으로 인한 손해액을 추정하는 규정이다.[64] 이러한 손해액 추정에 관한 규정은 금융소비자법 및 보험업법에는 없다.

이하에서는 금융소비자법과 보험업법을 중심으로 모집종사자 등의 업무행위규제를 살펴보는데, 특히 중요성이 높은 설명의무, 적합성의 원칙, 적정성의 원칙 등에 중점을 둔다.

(2) 대원칙

업무행위규제의 취지는 금융소비자의 권익증진에 있다(금융소비자법 1조). 금융소비자법은 이를 위한 대원칙을 규정하고 있다.

첫째, 신의성실의 원칙이다. 금융상품판매업자는 금융상품에 관한 계약의 체결, 권리의 행사 및 의무의 이행을 신의성실의 원칙에 따라 하여야 한다(금융소비자법 14조 1항). 또한 금융상품판매업자는 금융상품판매업을 영위할 때 업무의 내용과 절차를 공정히 해야 하며, 정당한 사유 없이 금융소비자의 이익을 해치면서 자기가 이익을 얻거나 제3자가 이익을 얻도록 해서는 안 된다(금융소비자법 14조 2항).

둘째, 차별금지의 원칙이다. 금융상품판매업자는 금융상품에 관한 계약을 체결하는 경우 정당한 사유 없이 성별·학력·장애·사회적 신분 등을 이유로 계약조건에 관하여 금융소비자를 부당하게 차별해서는 안 된다(금융소비자법 15조).

(3) 고객구분

금융소비자법은 업무행위규제의 보호대상을 전문금융소비자와 일반금융소비자로 구분한다. 그 취지는 금융소비자 유형별로 보호의 정도를 달리하는 데 있다. 전문금융소비자는 금융상품에 관한 전문성 또는 소유자산규모 등에 비추어 금융상품 계약에 따른 위험감수능력이 있는 금융소비자로서 금융기관, 주권상장법인 등 일정한 요건을 갖춘 금융소비자를 가리킨다(금융소비자법 2조 9호). 그리고 일반금융소비자는 전문금융소비자가 아닌 금융소비자를 가리킨다(금융소비자법 2조 10호).

보험업법도 업무행위규제의 보호대상을 일반보험계약자와 전문보험계약자로 구분한다. 전문보험계약자는 보험계약에 관한 전문성, 자산규모 등에 비추어 보험계약의 내용을 이해하고 이행할 능력이 있는 자로서 금융기관, 주권상장법인 등 일정한 요건을 갖춘 보험계약자를 가리킨다(보험업법 2조 19호). 그리고 일반보험계약자란 전문보험계약자가 아

64) 자본시장법 48조의 내용은 다음과 같다.

① 금융투자업자는 금융소비자법 19조 1항 또는 3항을 위반한 경우 이로 인하여 발생한 일반투자자의 손해를 배상할 책임이 있다.

② 금융투자상품의 취득으로 인하여 일반투자자가 지급하였거나 지급하여야 할 금전등의 총액에서 그 금융투자상품의 처분, 그 밖의 방법으로 그 일반투자자가 회수하였거나 회수할 수 있는 금전등의 총액을 뺀 금액은 1항에 따른 손해액으로 추정한다.

닌 보험계약자를 가리킨다.

(4) 위반효과

모집종사자 등이 보험업법상 업무행위규제를 위반한 경우 보험업법 규정에 따른 공법적 제재를 받는다. 제재내용은 과태료, 벌금, 징역, 과징금 등 업무행위규제 내용별로 다양하다. 만약 모집종사자 등이 업무행위규제를 위반하여 위법성이 인정되고 보험계약자에게 손해가 발생한 경우 손해배상책임에 대한 명시적 규정은 없지만 불법행위로 인한 손해배상청구권이 성립될 수 있다고 해석된다.[65] 그리고 보험자의 사용자책임이 규정되어 있었으나(구 보험업법 102조), 이 규정은 2021.3.25.에 효력을 잃었고, 금융소비자법상 사용자책임(금융소비자법 45조)이 그 역할을 대신하고 있다.

금융소비자법은 금융소비자 보호를 위해서 업무행위규제 위반 시의 효과를 다음과 같이 강화한다.

첫째, 금융상품판매업자가 업무행위규제를 위반하면 금융소비자법 규정에 따른 공법적 제재를 받는다. 제재내용은 과태료, 벌금, 징역, 과징금 등 업무행위규제 내용별로 다양하다. 과징금은 업무행위규제의 위반으로 인한 수입의 100분의 50까지 부과할 수 있도록 함으로써 징벌적 성격을 강화하였다(금융소비자법 57-58조). 또한 적합성 원칙 및 적정성 원칙의 실효성을 높이기 위해서 그 위반에 대한 과태료가 신설되었다(금융소비자법 69조 2항 1-4호).

둘째, 금융상품판매업자가 일정한 업무행위규제를 위반하면 금융소비자는 계약의 해지에 관한 권리를 갖는다. 즉 금융상품판매업자가 금융소비자법상 적합성 판단의무(17조 3), 적정성 판단의무(18조 2항), 설명의무(19조 1항 및 3항), 불공정행위의 금지의무(20조 1항), 또는 부당권유행위 금지의무(21조)를 위반하여 금융상품에 관한 계약을 체결한 경우 금융소비자가 계약 체결에 대한 위반사항을 안 날부터 1년 이내의 기간(이 경우 해당기간은 계약체결일부터 5년 이내의 범위에 있어야 한다) 내에 서면('대통령령으로 정하는 방법'에 따른 경우를 포함[66])으로 해당 계약의 해지를 요구할 수 있다(금융소비자법 47조 1항 1문, 동법시행령 38조 2항). 이 경우 금융상품판매업자는 해지를 요구받은 날부터 10일 이내에 금융소비자에게

---

65) 대판 2010.11.25. 2010다39192(보험업법 97조 1항 1호는 보험계약의 체결 또는 모집에 종사하는 자로 하여금 보험계약자 또는 피보험자에게 보험계약의 내용을 사실과 다르게 알리거나 그 내용의 중요한 사항을 알리지 아니하는 행위를 하지 못하도록 규정하고 있는바, 위 규정의 위반을 이유로 보험업법 102조에 기하여 손해배상을 청구하는 경우 그 위반행위에 대한 증명책임은 손해배상을 청구하는 측에 있다)

66) 금융소비자법 46조 2항 1호, 47조 1항 1문이 위임한 동법시행령 37조 3항은 '대통령령으로 정하는 방법'을 다음 각 호의 방법이라고 규정한다.
1. 전자우편
2. 휴대전화 문자메시지 또는 이에 준하는 전자적 의사표시
3. 그 밖에 1호 및 2호의 방법에 준하는 것으로서 금융위원회가 정하여 고시하는 의사표시 방법

수락 여부를 통지해야 하며, 거절할 때에는 거절사유를 함께 통지해야 한다(금융소비자법 47조 1항 2문). 금융소비자는 금융상품판매업자가 정당한 사유 없이 해지 요구를 따르지 않는 경우 해당 계약을 해지할 수 있다(금융소비자법 47조 2항).

셋째, 금융상품판매업자가 고의 또는 과실로 금융소비자법을 위반하여 금융소비자에게 손해를 발생시킨 경우 손해배상책임을 진다는 점이 명문화되고(금융소비자법 44조 1항), 설명의무 위반으로 인한 손해배상청구 시에 고의 또는 과실에 대한 입증책임을 금융상품판매업자에게로 전환함으로써 금융소비자보호를 강화하였다(금융소비자법 44조 2항). 그리고 금융상품직접판매업자의 사용자책임도 규정되어 있다(금융소비자법 45조). 이러한 사용자책임에 관해서는 전술한 모집종사자의 불법행위와 사용자책임에서 자세히 살펴본 바 있다.

넷째, 사후구제를 강화하였다. 금융소비자법 2절은 '금융위원회의 설치 등에 관한 법률' 5절이 규정하고 있는 금융소비자의 사후구제를 대체하였다. 금융소비자법 2절에 따른 금융소비자 사후구제 제도를 살펴보자. 금융감독원에는 일정한 금융기관, 금융소비자 및 그 밖의 이해관계인 사이에 발생하는 금융 관련 분쟁조정을 심의·의결하기 위해 금융분쟁조정위원회(조정위원회)가 설치되어 있다(금융소비자법 33조). 금융소비자 등은 금융 관련 분쟁이 있을 때 분쟁조정을 신청할 수 있고(금융소비자법 36조 1항), 금융감독원장은 분쟁조정 신청을 받았을 때 관계 당사자에게 그 내용을 통지하고 합의를 권고할 수 있고, 다만 분쟁조정의 신청내용이 조정대상으로서 적합하지 않다고 판단되는 등의 일정한 경우에는 합의를 권고하지 않거나 조정위원회에의 회부를 하지 않을 수 있다(금융소비자법 36조 2항). 조정위원회가 작성한 조정안을 양 당사자가 수락하면 그 조정안은 재판상의 화해와 동일한 효력을 갖는다(금융소비자법 39조). 위 이해관계인이 분쟁조정을 신청하면 소멸시효 중단의 효력이 있다(금융소비자법 53조의2 1항 본문).[67] 여기까지의 내용은 기존의 '금융위원회의 설치 등에 관한 법률' 5절이 규정했던 내용과 크게 다르지 않다. 금융소비자법에 의해서 금융소비자 보호가 강화되는 부분은 다음과 같다. 먼저, 소송중지제도의 도입이다. 즉 조정이 신청된 사건에 대해 신청 전 또는 신청 후 소가 제기되어 소송이 진행 중일 경우 수소법원(受訴法院)은 조정이 있을 때까지 소송절차를 중지할 수 있다(금융소비자법 41조 1항). 이는 금융소비자에게 시간과 비용이 많이 소요되는 소송보다 조정을 통해 사후구제를 받을 수 있는 기회를 제공하자는 취지이다. 다음, 조정이탈금지제도의 도입이다. 즉 조정대상기관은 소액분쟁사건에 대해 조정절차가 개시된 경우에는 조정안을 제시받기 전에는 소를 제기할 수 없는 것이 원칙이다(금융소비자법 42조). 이것도 조정을 통한 사후구제의 기회를 제공하자는 취지이다. 여기서 소액분쟁사건은 일반금융소

---

67) 시효중단에 관한 보다 자세한 내용은 본서의 제2편 제4장 제2절 9. (3)을 참조

비자가 신청한 사건이어야 하고, 조정을 통하여 주장하는 권리나 이익의 가액이 2천만 원 이하이어야 한다(금융소비자법 42조, 동법시행령 36조).

2. 설명의무

(1) 의의

금융상품판매업자는 일반금융소비자에게 금융상품에 관한 중요사항을 설명해야 한다(금융소비자법 19조 1항). 보험업법도 보험자 또는 모집종사자가 일반보험계약자에게 보험계약의 주요내용 등을 설명해야 한다고 규정하고 있었다(보험업법 95조의2). 이 규정은 2010년 보험업법 개정 시에 신설되었다. 하지만 2021.3.25.부터 보험업법 95조의2 1항 및 2항의 설명의무는 실효되었고, 3항 및 4항의 설명의무는 효력을 그대로 유지하고 있다. 이하에서 설명의무의 의의에 대해서는 기존에 판례가 축적되어 있는 보험업법 95조의2를 중심으로 설명하기로 한다.

이러한 설명의무는 보험자·모집종사자의 고객보호 의무에 기초한다. 보험자·모집종사자와 보험계약자 사이는 보험에 관한 전문성 등의 차이로 인한 정보비대칭이 존재한다. 보험자·모집종사자는 고객보호의 차원에서 이러한 정보비대칭을 해소하는 목적으로 설명의무를 부담한다. 설명의무가 이행되면 고객은 그 정보를 바탕으로 보험계약 체결여부 및 그 조건을 합리적으로 판단할 수 있게 된다. 이러한 고객보호의무와 이에 따른 설명의무는 신의칙상 주의의무에 근거한다. 판례도 같다. 대판 2013.6.13. 2010다34159에서, 보험자 또는 모집종사자는 고객과 사이에 보험계약을 체결하거나 모집함에 있어서 보험료의 납입, 보험금·해약환급금의 지급사유와 그 금액의 산출 기준, 변액보험계약인 경우 그 투자형태 및 구조 등 개별 보험상품의 특성과 위험성을 알 수 있는 보험계약의 중요사항을 명확히 설명함으로써 고객이 그 정보를 바탕으로 보험계약 체결여부를 합리적으로 판단할 수 있도록 고객을 보호하여야 할 의무가 있고, 이러한 의무를 위반하면 민법 750조 또는 구 보험업법 102조 1항에 따라서 이로 인하여 발생한 고객의 손해를 배상할 책임을 부담한다고 판시했다. 대판 2014.10.27. 2012다22242도 같은 취지이다.

금융소비자법 19조 및 보험업법 95조의2는 위와 같은 고객보호 의무에 기초한 설명의무를 입법화한 것이다. 설명의무를 입법화한 실익은, 첫째, 보험자·모집종사자가 부담하는 설명의무의 존재를 분명하게 확인하고, 둘째, 그 위반 시의 효과를 법정하는 데 있다.

(2) 설명의 객체

금융소비자법상 설명의무는 일반금융소비자를 상대로 이행되어야 한다(금융소비자법 19조 1항). 보험업법상 설명의무도 일반보험계약자를 상대로 이행되어야 한다(보험업법 95조의2 3항 및 4항). 이렇듯 금융소비자법 및 보험업법상 설명의무가 전문금융소비자 또는 전문보험계약자에게는 적용되지 않지만, 전문금융소비자 또는 전문보험계약자에 대한 신의칙상 주의의무로서의 설명의무까지도 배제되는 것은 아니라고 보아야 한다. 판례는 금융투자와 관련하여 판매회사의 투자자 보호의무는 전문투자자라는 이유만으로 배제된다고 볼 수 없다고 판시한 바 있다.[68] 이에 따르면 보험계약과 관련하여 전문금융소비자 또는 전문보험계약자에 대한 설명의무가 위반된 경우 민법상 손해배상책임(750조)이 성립될 수 있다. 다만 전문금융소비자 또는 전문보험계약자의 보험가입 경험이나 전문성 등을 고려하여 설명의무의 범위와 정도를 다르게 정할 수 있을 것이다.

(3) 설명의 정도

금융소비자법 19조 1항은 "일반금융소비자가 이해할 수 있도록 설명하여야 한다"고 규정한다. 2021.3.25.에 실효된 구 보험업법 95조의2 1항도 "일반보험계약자가 이해할 수 있도록 설명하여야 한다"고 규정했었다. 이 경우 일반보험계약자는 평균적인 일반보험계약자가 아니라 설명의 상대방인 특정한 일반보험계약자를 가리킨다고 해석한다.[69] 대판 2013.6.13. 2010다34159에서, 설명의 정도와 관련하여 고객의 보험가입경험 및 이해능력 등을 종합적으로 고려한다고 하였는데, 이것은 평균적인 고객이 아니라 설명의 상대방인 특정한 고객을 기준으로 삼은 입장이라고 볼 수 있다. 이 판례의 판시내용은 다음과 같다.[70] 즉 "여기서 보험회사 또는 보험모집종사자가 고객에게 보험계약의 중요

---

68) 금융투자와 관련하여 대판 2015.2.26. 2014다17220(투자권유단계에서 판매회사의 투자자 보호의무는 투자자가 일반투자자가 아닌 전문투자자라는 이유만으로 배제된다고 볼 수는 없고, 다만 투자신탁재산의 특성과 위험도 수준, 투자자의 투자 경험이나 전문성 등을 고려하여 투자자 보호의무의 범위와 정도를 달리 정할 수 있다)

69) 자본시장법에 따르면 금융투자상품의 내용 등을 "일반투자자가 이해할 수 있도록" 설명해야 하는데(47조 1항), 여기의 일반투자자도 설명의 상대방인 특정한 투자자를 가리킨다고 해석한다(김건식·정순섭, 자본시장법, 2013, 780면).

70) 자본시장법 제정 이전에 설명의무의 정도에 관한 판례에서도 설명의 상대방의 투자경험과 능력 등을 고려한다고 하였고, 이것은 설명의 상대방인 특정한 투자자의 사정을 고려한다는 의미로 이해할 수 있다. 대판 2006.5.11. 2003다51057(투자신탁회사의 임직원이 고객에게 투자신탁상품의 매입을 권유할 때에는 그 투자에 따르는 위험을 포함하여 당해 투자신탁의 특성과 주요 내용을 설명함으로써 고객이 그 정보를 바탕으로 합리적인 투자판단을 할 수 있도록 고객을 보호하여야 할 주의의무가 있고, 이때 고객에게 어느 정도의 설명을 해야 하는지는 투자 대상인 상품의 특성 및 위험도의 수준, 고객의 투자 경험과 능력 및 기관투자자인지 여부 등을 종합적으로 고려해야 한다)

사항에 관하여 어느 정도의 설명을 하여야 하는지는 보험상품의 특성 및 위험도 수준, 고객의 보험가입경험 및 이해능력 등을 종합하여 판단하여야 하지만, 구 보험업법 제97조 제1항, 제95조 제1항, 구 보험업법 시행령(2008. 2. 29. 대통령령 제20653호로 개정되기 전의 것) 제42조 등에서 규정하는 보험회사와 보험모집종사자의 의무 내용이 유력한 판단 기준이 된다. 그리고 보험계약의 중요사항은 반드시 보험약관에 규정된 것에 한정된다고 할 수 없으므로, 보험약관만으로 보험계약의 중요사항을 설명하기 어려운 경우에는 보험회사 또는 보험모집종사자는 상품설명서 등 적절한 추가자료를 활용하는 등의 방법을 통하여 개별 보험상품의 특성과 위험성에 관한 보험계약의 중요사항을 고객이 이해할 수 있도록 설명하여야 한다."[71]

(4) 설명서 제공 및 설명의 확인

금융상품판매업자는 설명에 필요한 설명서를 일반금융소비자에게 제공하여야 하며, 설명한 내용을 일반금융소비자가 이해하였음을 서명, 기명날인, 녹취 또는 그 밖에 대통령령으로 정하는 방법으로 확인을 받아야 한다(금융소비자법 19조 2항 본문). 다만, 금융소비자 보호 및 건전한 거래질서를 해칠 우려가 없는 경우로서 대통령령으로 정하는 경우에는 설명서를 제공하지 아니할 수 있다(금융소비자법 19조 2항 단서). 설명서 제공 및 설명 확인은 일반금융소비자가 설명을 이해하였는지를 둘러싸고 분쟁이 생길 수 있는 것에 대비한 규정이다. 위와 같은 서명 등에 의한 확인은, 그 진정성을 부정할 만한 분명하고도 수긍할 수 있는 반증이 없는 한, 효력이 인정된다.[72] 2021.3.25.에 실효된 구 보험업법 95조의2 2항은 설명서 제공에 대해서 규정하지 않았고 설명 확인에 대해서만 규정했었다.

(5) 설명 방법

설명의 방법에 대해서는 법문에 제한이 없다. 구두 또는 서면 등으로 설명할 수 있을 것이다. 다만 서면에 의한 설명은 제한적으로 인정될 수밖에 없을 것이다. 즉 일반적인 경우에는 설명대상이 기술된 서면이 단순히 교부된 것으로는 부족하고, 가령 구두에 의한 설명 과정에서 이해를 돕기 위해 그림, 표 등을 포함한 서면을 활용하는 경우와 같이 설명으로 인정할 만한 특별한 사정이 있는 경우에 허용될 수 있을 것이다.

(6) 설명 대상

금융소비자법 및 보험업법에 따른 설명의무는 여러 단계에서 준수될 필요가 있는

71) 대판 2018.4.12. 2017다229536도 같다.
72) 대판 1986.2.25. 85다카856 참조

데, 각 단계마다 설명의 대상이 다르다. 구체적인 내용은 다음과 같다.

1) 보험계약의 중요사항

금융상품판매업자가 계약 체결을 권유하는 경우 및 일반금융소비자가 설명을 요청하는 경우 금융상품에 관한 일정한 중요한 사항(일반금융소비자가 특정 사항에 대한 설명만을 원하는 경우 해당 사항으로 한정한다)을 일반금융소비자가 이해할 수 있도록 설명하여야 한다(금융소비자법 19조 1항). 보험계약의 경우 여기의 일정한 중요한 사항은 보험상품의 내용, 보험료, 보험금 지급제한 사유 및 지급절차, 위험보장의 범위, 그 밖에 위험보장 기간 등 대통령령으로 정하는 사항이다(금융소비자법 19조 1항 1호 가목).

2021.3.25.에 실효된 구 보험업법 95조의2 1항도 보험계약의 중요사항을 설명하도록 했었다. 즉 보험자 또는 모집종사자는 일반보험계약자에게 보험계약의 체결을 권유하는 경우 보험료, 보장범위, 보험금 지급제한 사유 등 대통령령으로 정하는 보험계약의 중요사항을 이해할 수 있도록 설명해야 한다(구 보험업법 95조의2 1항). 여기서 중요사항이란 보험계약의 체결 여부 또는 그 조건에 영향을 미치는 사항이라고 볼 수 있다. 보험계약의 중요사항은 반드시 보험약관에 규정된 것에 한정되지 않는다. 보험약관만으로 보험계약의 중요사항을 설명하기 어려운 경우에는 보험자 또는 모집종사자가 상품설명서 등 적절한 추가자료를 활용해야 한다.[73] 판례는 보험의 내용이나 위험성, 투자수익률에 따른 해약환급금의 변동, 특히 해약환급금이 납입보험료 원금 상당액에 이르려면 상당한 기간이 소요된다는 점 등을 중요사항으로 보았다.[74]

2) 계약체결 시부터 보험금지급 시까지 주요과정

계약체결 시부터 보험금지급 시까지 주요과정을 설명해야 한다. 즉 보험자는 보험계약의 체결부터 보험금 지급까지의 주요 과정에서 중요사항을 대통령령으로 정하는 바에 따라 일반보험계약자에게 설명해야 한다(보험업법 95조의2 3항 본문). 다만, 일반보험계약자가 설명을 거부하는 경우에는 예외이다(보험업법 95조의2 3항 단서).

3) 보험금 지급 관련사항

보험금 지급과 관련된 사항을 설명해야 한다. 즉 보험자는 일반보험계약자가 보험금 지급을 요청한 경우, 보험금의 지급절차 및 지급내역 등을 설명하여야 하고, 보험금을 감액하여 지급하거나 지급하지 않는 경우에는 그 사유를 설명하여야 한다(보험업법 95조의2 4항).

---

73) 대판 2013.6.13. 2010다34159; 대판 2014.10.27. 2012다22242
74) 대판 2013.6.13. 2010다34159

(7) 설명의무 위반의 유형

중요사항 등을 허위로 또는 왜곡하여 설명한 경우(적극적 위반), 중요사항 등에 대한 설명을 누락하여 설명한 경우(소극적 위반) 등은 설명의무 위반의 유형이라고 할 수 있다. 두 가지 모두 중요사항 등에 대한 올바른 인식형성을 방해할 수 있기 때문이다.[75] 대판 2013.6.13. 2010다34159에서, 보험의 내용이나 위험성, 투자수익률에 따른 해약환급금의 변동, 특히 해약환급금이 납입보험료 원금 상당액에 이르려면 상당한 기간이 소요된다는 점에 대한 설명이 누락되었고, 변액보험의 경우 보장되지 않는 고율의 수익률을 전제로 하여 보험계약의 내용을 설명함으로써 중요사항이 허위로 또는 왜곡하여 설명되었는데, 두 가지가 모두 설명의무 위반이라고 판시했다.[76]

(8) 설명의무 위반의 효과

1) 공법상 효과

금융소비자법상 설명의무가 위반되면, 공법적 제재, 즉 과징금을 부과할 수 있고(금융소비자법 57조 1항 1호), 과태료가 부과된다(금융소비자법 69조 1항 2호 및 6호 가목). 또한 보험업법상 설명의무가 위반되면, 공법적 제재, 즉 과징금을 부과할 수 있고(보험업법 196조 2항), 과태료가 부과된다(보험업법 209조 5항 18호, 6항 6호 및 7호). 이런 측면에서 금융소비자법 및 보험업법상 설명의무는 국가에 대한 공법적 의무이다.

2) 사법상 효과

i) 손해배상책임

① 금융상품판매업자가 설명의무를 위반하여 금융소비자에게 손해를 발생시킨 경우에는 그 손해를 배상할 책임을 진다(금융소비자법 44조 2항 본문). 이런 측면에서 금융소비자법상 설명의무는 보험계약자에 대한 사법적 의무이기도 하다. 다만, 그 금융상품판매업자가 고의 및 과실이 없음을 입증한 경우에는 그렇지 않다(금융소비자법 44조 2항 단서). 이는 금융소비자를 보호하기 위해서 금융상품판매업자가 자신의 고의 또는 과실의 부존재를 입증하게 하자는 것이며, 입증책임의 전환에 해당한다.

한편, 보험업법상 설명의무가 위반된 경우 손해배상책임이 발생하는지에 관하여 명

75) 대판 2012.12.26. 2010다86815(설명의무를 위반하여 경험이 부족한 일반 투자자에게 거래행위에 필연적으로 수반되는 위험성에 관한 올바른 인식형성을 방해해서는 안 된다). 대판 1994.1.11. 93다26205도 같다.

76) 금융투자의 경우도 같다. 대판 2015.9.15. 2015다216123(금융투자자의 합리적인 투자판단 또는 해당 금융투자상품의 가치에 중대한 영향을 미칠 수 있는 중요사항을 거짓 또는 왜곡하여 설명하거나 중요사항을 누락해서는 안 된다)

문의 규정이 없다. 판례가 보험업법 97조(보험계약의 체결 또는 모집에 관한 금지행위)가 위반된 경우 손해배상책임이 성립될 수 있다고 보는 점에 비추어 볼 때,[77] 마찬가지로 보험업법 95조의2가 규정하는 설명의무가 위반된 경우 손해배상책임이 성립함을 긍정할 것으로 보인다. 그리고 보험자·모집종사자의 설명의무는 보험업법에 근거규정이 없더라도, 신의칙상 인정되는 고객보호 의무로부터 도출될 수 있다.[78] 보험업법상 설명의무는 이러한 주의의무를 확인한다는 점에 의의가 있는 것이다. 따라서 보험업법상 설명의무가 위반되어 그로 인한 손해가 생겼다면 해석상 손해배상책임이 인정될 수 있다. 이런 측면에서 보험업법상 설명의무는 보험계약자에 대한 사법적 의무이기도 하다.

② 손해는 재산적 손해와 정신적 손해로 나뉜다. 설명의무 위반 이후에 보험약관에 따른 해약환급금이 지급된 경우, 보험계약자가 설명의무 위반으로 입은 손해는 납입한 보험료 합계액에서 지급받은 해약환급금액을 공제한 금액 상당이다.[79] 설명의무 위반으로 인하여 보험계약자가 입은 재산상 손해액은 이러한 위법행위가 없었을 경우에 보험계약자에게 존재하였을 재산상태와 위법행위가 가해진 재산상태의 차이라고 할 것인데, 앞 부분의 가액을 객관적으로 산정할 만한 방법이 없어 재산상 손해액의 산정이 불가능한 경우는 그러한 사정을 정신적 손해의 산정에 참작하여 배상할 손해액을 산정한다.[80]

ii) 계약의 해지

금융상품판매업자가 설명의무(금융소비자법 19조 1항 또는 3항)를 위반하면 금융소비자는 계약의 해지에 관한 권리를 갖는다(금융소비자법 47조).

iii) 착오로 인한 취소

설명의무가 위반되고 이로 인해서 보험계약자가 보험계약의 내용을 제대로 이해하지 못한 채 착오에 빠져 보험계약을 체결한 경우 민법 109조 1항에 따라 보험계약을 취소할 수 있는가? 의사표시는 법률행위 내용의 중요부분에 착오가 있는 때에는 취소할 수 있고, 다만 그 착오가 표의자의 중대한 과실로 인한 때에는 취소하지 못한다(민법 109

---

77) 대판 2014.10.27. 2012다22242(보험회사 또는 모집종사자는 고객과 사이에 보험계약을 체결하거나 모집할 때 보험계약의 중요사항을 명확히 설명함으로써 고객이 그 정보를 바탕으로 보험계약 체결 여부를 합리적으로 판단을 할 수 있도록 고객을 보호하여야 할 의무가 있고, 이러한 의무를 위반하면 민법 750조 또는 보험업법 102조 1항에 따라 이로 인하여 발생한 고객의 손해를 배상할 책임을 부담하며, 여기서 보험회사 또는 모집종사자가 고객에게 보험계약의 중요사항에 관하여 어느 정도의 설명을 하여야 하는지는 보험상품의 특성 및 위험도 수준, 고객의 보험가입경험 및 이해능력 등을 종합하여 판단하여야 하지만, 구 보험업법 97조 1항, 95조 1항, 구 보험업법시행령 42조 등에서 규정하는 보험회사와 모집종사자의 의무 내용이 유력한 판단 기준이 된다)

78) 대판 2010.11.11. 2010다55699(금융기관은 금융상품의 중요내용을 설명할 신의칙상의 의무가 있다)

79) 대판 2014.10.27. 2012다22242

80) 대판 2018.4.12. 2017다229536. 재산상 손해의 발생이 인정되는데도 증명 곤란 등의 이유로 그 손해액의 확정이 불가능하여 그 배상을 받을 수 없는 경우에 이러한 사정을 위자료의 증액사유로 참작할 수 있다(대판 1984.11.13. 84다카722, 대판 2007.6.1. 2005다5843 등 참조).

조 1항). 판례는 위 취소를 긍정한다.

대판 2018.4.12. 2017다229536을 살펴보자. 이 사건에서 보험상품('개인퇴직계좌 자산관리보험')은 과세이연[81] 여부 및 급여종류에 따라 과세방식이 다르고 이에 따라 보험계약자가 해지 시에 또는 55세 이후 급여 수령 시에 지급받을 수 있는 금액이 달라지며, 이는 위 보험상품에 가입 여부, 중도해지 여부, 급여종류 등에 관한 선택에도 영향을 미친다. 과세이연 여부 및 급여종류에 따른 과세방식의 차이 등은 상세한 설명 없이는 세무지식이 없는 보험계약자가 제대로 이해하기 어렵다. 그럼에도 이 사건 보험상품의 설명서 뒷면에 작은 글씨로 기재된 부분은 마치 퇴직급여액을 전부 개인퇴직계좌(IRA)에 이체 · 입금하지 않으면 과세이연 등의 혜택을 받을 수 없는 것처럼 오해할 소지를 제공하고 있고, 이러한 기재만으로 과세이연 여부 및 급여종류에 따른 과세방식의 차이 등에 관하여 제대로 알 수 있다고 보기도 어렵다. 이러한 상황에서 보험자의 직원은 이에 관한 명확한 설명 없이 보험계약자에게 구 조세특례제한법에 따른 퇴직소득세 경감 혜택만을 강조하면서 과세미이연을 권유하였다.[82] 이에 보험계약자는 과세이연 여부 및 급여종류에 따른 과세방식의 차이 등에 관하여 제대로 이해하지 못한 채 향후 추가 세금부담 없이도 이 사건 상품을 통해 연금 수령을 할 수 있다는 등의 착오에 빠진 채 이 사건 계약을 체결했다.

위 사건의 쟁점은 보험계약자의 착오가 민법 109조 1항이 규정하는 법률행위 내용의 착오라고 볼 수 있는지 여부에 있다. 향후 추가적 세금부담 없이도 이 사건 보험상품을 통해 연금 수령을 할 수 있다는 등의 착오는 보험계약을 체결한 '동기의 착오'에 해당한다고 할 수 있다. 동기의 착오는 주관적 사정에 불과한데, 이를 이유로 계약을 취소할 수 있다고 하면 상대방이 지나치게 불리해지는 측면이 있다. 이런 점을 고려해서 당사자가 동기를 법률행위의 내용으로 삼은 경우에만 동기의 착오가 법률행위 내용의 착오가 된다고 해석한다(판례,[83] 다수설). 동기가 법률행위의 내용이 되는 경우로 동기가 상대방에게 표시된 경우[84] 또는 동기가 상대방에 의해서 유발된 경우[85] 등이 있다. 그런데 위 사건은 보험계약을 체결한 동기(향후 추가적 세금부담 없이도 이 사건 상품을 통해 연금 수령을 할 수 있다는 등)가 상대방에게 표시되거나 또는 상대방에 의해서 유발된 경우라고 보

81) 과세이연이란 구 소득세법 시행령(2010.2.18. 대통령령 22034호로 개정되기 전의 것) 등 관련 법령에 의하면 국내에 거주하는 근로자가 퇴직급여액 100분의 80에 해당하는 금액 이상을 퇴직한 날부터 60일 이내에 개인퇴직계좌(IRA)로 이체 · 입금하는 경우 당해 퇴직급여액은 실제로 지급받기 전까지 퇴직소득으로 보지 않는 것을 가리킨다.

82) 당시 구 조세특례제한법(2011.12.31. 법률 11133호로 개정되기 전의 것) 96조 1항에 "2009.12.31.까지 퇴직하여 소득세법에서 정한 퇴직소득이 있는 경우 해당 퇴직소득 산출세액의 100분의 30에 상당하는 금액을 그 산출세액에서 공제한다."라는 한시적 특례규정이 있었다.

83) 대판 1984.10.23. 83다카1187

84) 대판 1994.9.30. 94다11217; 대판 1997.8.26. 97다6063

85) 대판 1992.2.25. 91다38419; 대판 1998.9.22. 98다23706

기는 어렵고, 이보다는 보험계약을 체결한 동기가 객관적으로 명백한 경우에 해당한다고 볼 수 있다. 즉 대법원은 보험계약자가 보험자의 직원으로부터 충분한 설명을 들어 위 착오에 빠지지 않았더라면 과세이연의 혜택을 배제한 채 이 사건 계약을 체결하지는 않았을 것이 명백하고 따라서 위 착오는 법률행위 내용의 중요한 사항에 해당한다고 판시했다. 요컨대, 대법원은 동기의 착오에 불과하다고 하더라도 그러한 착오를 일으키지 않았더라면 보험계약을 체결하지 않았거나 아니면 적어도 동일한 내용으로 보험계약을 체결하지 않았을 것이 명백하다면, 위 착오는 보험계약 내용의 중요부분에 관해서 생긴 것이므로 이를 이유로 보험계약을 취소할 수 있다고 판시했다. 이 판결에서 대법원은 법률행위를 한 동기가 객관적으로 명백한 경우도 동기가 법률행위의 내용이 되는 경우에 포함시키고 있으며, 이는 타당한 해석이라고 사료된다.

3) 예외

보험자·모집종사자가 설명의무를 위반하였지만, 보험계약자 측이 이미 그 내용을 알고 있는 경우는 어떠한가?

먼저 사법적 의무의 측면을 보자. 이 경우는 설명의무 위반으로 인해서 상당인과관계에 있는 손해가 있다고 보기 어려울 것이다. 따라서 이 경우는 설명의무 위반으로 다루지 않는 것이 바람직하다고 본다. 판례는 투자자나 그 대리인이 중요사항을 충분히 잘 알고 있는 경우에는, 금융투자업자에게 자본시장법상 설명의무(47조)가 인정되지 않으므로 손해배상책임이 없다고 본다.[86] 이것은 금융소비자법 및 보험업법상 설명의무에도 동일하게 적용될 필요가 있다고 본다.

하지만 공법적 의무의 측면은 다르다. 공법적 의무는 질서준수라는 목적성을 띠기 때문에, 그 위반 시에 실질적, 결과적으로 사인의 법익을 침해했는지 여부를 판단해서 그 위법성(실질적 위법성)을 판단하는 것이 아니라, 위반 그 자체를 질서위반으로 취급하여 위법성(형식적 위법성)을 인정한다. 따라서 만약 보험계약자 측이 이미 그 내용을 알고 있다는 사실을 모른 채 설명의무를 위반한 경우, 보험계약자 측에 손해가 발생하지 않았다는 점에서 보면 설명의무 위반이 실질적 위법성은 없다고 할 수 있지만, 공법적 의무로서 설명의무가 일단 준수되지 않으면 질서의무 위반으로서 형식적 위법성이 인정되는 것이다. 다만 이 경우에 설명의무 위반의 이유, 형태, 경위, 상대방의 피해 정도 등을 종합적으로 참작하여 공법적 제재(과태료, 벌금 등)의 감면이 고려될 수 있을 것이다.

---

86) 대판 2010.11.11. 2010다55699. 대판(전원) 2013.9.26. 2013다26746; 대판 2015.9.15. 2015다216123; 대판 2015.2.26. 2014다17220 등도 같다.

(9) 약관설명의무와의 비교

사업자는 약관의 중요내용을 고객이 이해할 수 있도록 설명해야 하고 이를 위반하면 해당 사항을 계약의 내용으로 주장하지 못한다(약관규제법 3조). 보험자는 보험약관의 중요내용을 설명해야 하고, 이를 위반하면 보험계약자가 보험계약의 성립 후 3개월 내에 계약을 취소할 수 있다(상법 638조의3).

약관규제법과 상법에 따른 설명의무는 사업자(보험자)와 고객(보험계약자) 사이에 존재하는 약관내용 관련 정보비대칭에 대처하기 위해서 부과된 의무이다. 정보비대칭의 해소라는 취지 면에서는 금융소비자법 및 보험업법상 설명의무와 공통점이 있다. 하지만 다음과 같은 점에서 차이가 있다.

약관규제법과 상법에 따른 설명의무는, 보험약관의 중요사항이 설명대상이고, 위반시 효과는 해당 사항이 계약내용에서 배제되거나 계약이 취소될 수 있는 것이다. 이 점에서 금융소비자법 및 보험업법상 설명의무와 차이가 있다. 즉 금융소비자법 및 보험업법상 설명의무의 대상은 보험약관의 중요사항에 한정되지 않고, 보험계약의 중요사항, 계약체결 후 보험금지급까지 주요과정, 보험금 지급 관련사항 등을 포괄한다는 점에서 설명대상이 더 넓다. 또한 금융소비자법 및 보험업법상 설명의무의 위반시 효과는 공법상 제재, 손해배상책임 등이라는 점에서도 다르다.

3. 적합성의 원칙

(1) 의의

금융상품판매업자는 일반금융소비자에게 적합하지 않다고 인정되는 계약 체결을 권유해서는 안 된다(금융소비자법 17조 3항). 이러한 의무를 적합성 원칙(rule of suitability)이라고 한다.

보험업의 경우 2010년 보험업법의 개정을 통해서 적합성 원칙을 적용해왔다. 즉 보험자 또는 모집종사자는 일반보험계약자의 연령, 재산상황, 보험가입의 목적 등에 비추어 그에게 적합하지 않다고 인정되는 보험계약의 체결을 권유하지 않을 의무가 있었다(구 보험업법 95조의3 2항). 이러한 적합성 원칙은 2007년에 자본시장법이 제정되면서 처음 입법화되었고(구 자본시장법 46조), 보험업법에는 그 이후에 반영된 것이다. 구 자본시장법 및 구 보험업법상 적합성 원칙은 2021.3.25.에 실효되었고, 금융소비자법상 적합성 원칙이 그 역할을 대신하고 있다. 아래에서는 적합성 원칙에 대한 그간의 논의를 소개한다.

적합성 원칙은 보험자·모집종사자의 고객보호 의무에 기초한다. 적합성 원칙은 금융투자에서 출발한 것이고 이후에 보험 분야로 적용이 확대되었다. 금융투자에서 적합성 원칙의 기초는 투자자보호 의무이다. 판례는 고객의 투자상황에 비추어 과대한 위험성을 수반하는 거래를 적극적으로 권유하는 것은 고객에 대한 보호의무를 저버려 위법성을 띠는 것으로 평가될 수 있다고 하였다.[87] 또한 판례는 고객의 자산을 관리하는 금융기관은 고객에 대하여 선관주의를 부담하는 것이므로, 고객의 투자목적·투자경험·위험선호의 정도 및 투자예정기간 등을 미리 파악하여 그에 적합한 투자방식을 선택하여 투자하도록 권유해야 하고 이를 위법하게 위반하면 손해배상책임을 진다고 했다.[88] 이후 2007년에 자본시장법이 제정되면서 여기에 적합성 원칙이 성문화되었다(구 자본시장법 46조). 이후 판례는 투자성 있는 변액보험이나 기타의 변액보험에서 보험자·모집종사자가 적합성 원칙의 적용을 받는다고 판시했다. 대판 2013.6.13. 2010다34159에서, 보험자나 모집종사자는 고객의 연령, 재산 및 소득상황, 사회적 경험, 보험가입의 목적 등에 비추어 투자성이 있는 보험이나 변액보험이 고객에게 적합하지 않다고 인정되면 그러한 보험계약의 체결을 권유하여서는 안 되고, 이러한 적합성 원칙을 지키지 않은 채 과대한 위험성을 수반하는 보험계약의 체결을 권유함으로써 그 권유행위가 고객에 대한 보호의무를 저버려 위법성을 띤 행위로 평가되면, 민법 750조 또는 구 보험업법 102조 1항에 기초하여 그로 인하여 발생한 고객의 손해를 배상할 책임을 부담한다고 판시했다. 구 보험업법 95조의3은 위와 같이 고객보호 의무에 기초한 적합성 원칙을 자본시장법에 이어서 입법한 것이다.

(2) 적용 범위

보험상품이 속한 보장성 상품을 대상으로 보면, 금융소비자법상 적합성 원칙은 다음과 같은 경우에 적용된다(금융소비자법 17조 2항 1호, 동법시행령 11조 1항 1호). 즉 ① 보험업법에 따른 변액보험,[89] ② 보험료 또는 공제료의 일부를 자본시장법에 따른 금융투자상품의 취득·처분 또는 그 밖의 방법으로 운용할 수 있도록 하는 보험 또는 공제, ③ 보험업법에 따른 보험상품 중 보험료의 납입과 보험금의 지급이 모두 외국통화로 이루어지는 보험(보험료의 납입과 보험금의 지급이 원화로 환산하여 이루어지는 보험을 포함)에 적합성 원칙이 적용된다.

---

87) 대판 1994.1.11. 93다26205

88) 대판 2010.11.11. 2010다55699

89) 변액보험이란 보험금이 자산운용의 성과에 따라 변동하는 보험계약을 말한다(보험업법 108조 1항 3호).

(3) 적용 객체

금융소비자법상 적합성 원칙은 일반금융소비자를 대상으로 적용된다(금융소비자법 17조 3항). 2021.3.25.에 실효된 구 보험업법상 적합성 원칙도 마찬가지로 일반보험계약자를 대상으로 적용되었다(보험업법 95조의3 2항). 이렇듯 금융소비자법상 적합성 원칙이 전문금융소비자에게는 적용되지 않지만, 전문금융소비자에게 신의칙상 주의의무로서의 적합성 원칙까지도 배제되는 것은 아니라고 보아야 한다. 판례는 금융투자와 관련하여 판매회사의 투자자 보호의무는 전문투자자라는 이유만으로 배제된다고 볼 수 없다고 판시한 바 있다.[90] 이에 따르면 보험계약과 관련하여 전문금융소비자에 대한 적합성 원칙이 위반된 경우 민법상 손해배상책임(750조)이 성립될 수 있다. 다만 전문금융소비자의 보험가입 경험이나 전문성 등을 고려하여 적합성 원칙의 범위와 정도를 다르게 정할 수 있을 것이다.

(4) 적합성 원칙의 내용

1) 고객파악의무

적합성 원칙을 준수하기 위해서는 고객의 특성을 파악하는 과정이 선행될 필요가 있다. 이를 가리켜 고객파악의무, 고객이해의무, 고객숙지의무라고 한다(Know Your Customer Rule). 이에 따라 금융상품판매업자는 상대방인 금융소비자가 일반금융소비자인지 전문금융소비자인지를 확인해야 한다(금융소비자법 17조 1항). 그리고 금융상품판매업자는 일반금융소비자에게 변액보험 등 적합성 원칙이 적용되는 보장성상품의 계약 체결을 권유하는 경우에는 면담·질문 등을 통하여 일정한 정보를 파악하고, 일반금융소비자로부터 서명, 기명날인, 녹취 또는 그 밖에 대통령령으로 정하는 방법으로 확인을 받아 이를 유지·관리하여야 하며, 확인받은 내용을 일반금융소비자에게 지체 없이 제공해야 한다(금융소비자법 17조 2항). 2021.3.25.에 실효된 구 보험업법 규정(보험업법 95조의3 1항)도 고객파악의무에 대해 규정하고 있었다.

2) 적합성 판단의무

금융상품판매업자는 위에서 파악한 정보를 고려하여 그 일반금융소비자에게 적합하지 않다고 인정되는 계약 체결을 권유하는 것이 금지된다(금융소비자법 17조 3항 1문). 금융

---

90) 금융투자와 관련하여 대판 2015.2.26. 2014다17220(투자권유단계에서 판매회사의 투자자 보호의무는 투자자가 일반투자자가 아닌 전문투자자라는 이유만으로 배제된다고 볼 수는 없고, 다만 투자신탁재산의 특성과 위험도 수준, 투자자의 투자 경험이나 전문성 등을 고려하여 투자자 보호의무의 범위와 정도를 달리 정할 수 있다)

상품판매업자는 일반금융소비자가 제공한 정보에 기초하여 '적합성 판단기준'(보장성 상품의 경우 일반금융소비자의 정보를 파악한 결과 손실에 대한 감수능력이 적정한 수준일 것)에 따라 적합성 여부를 판단한 경우에는 적합성 원칙을 준수한 것이 된다(금융소비자법 17조 3항 2문, 동법시행령 11조 4항 1호). 적합성 원칙은 제공되지 않은 정보에 대해서 탐지의무까지 요구하는 것은 아니다.[91] 2021.3.25.에 실효된 구 보험업법 규정(보험업법 95조의3 2항)도 적합성 판단의무에 대해 규정하고 있었다.

(5) 적합성 원칙 위반의 효과

2021.3.24.에 실효된 구 보험업법 및 구 자본시장법상 적합성 원칙 위반의 효과를 먼저 본다. 구 보험업법상 적합성 원칙이 위반되는 경우 과태료, 벌금, 과징금 등을 가할 수 있는 근거 규정이 없었고, 다만 보험자 및 그 임원 또는 직원에게 시정명령 등을 내리는 것은 가능했다(구 보험업법 134－135조). 이 점은 구 자본시장법상 적합성 원칙도 같았다. 또한 구 보험업법상 적합성 원칙이 위반된 경우 손해배상책임이 발생하는지에 관하여 명문의 규정이 없었다. 이 점은 자본시장법상 적합성 원칙도 같았다. 하지만 보험자·모집종사자의 적합성 원칙은 보험업법에 근거규정이 없더라도, 신의칙상 인정되는 고객보호 의무로부터 도출될 수 있다.[92] 보험업법상 적합성 원칙은 이러한 주의의무를 확인한다는 점에 의의가 있는 것이다. 따라서 보험업법상 적합성 원칙이 위법하게 위반되고 그로 인한 손해가 생겼다면 손해배상책임이 해석상 인정될 수 있었다.

한편 금융소비자법은 적합성 원칙의 위반 효과로서 공법적 제재와 사법적 효과 두 가지 모두에 대해 규정을 두고 있다. 이는 적합성 원칙의 실효성을 높이기 위한 목적이다. 적합성 원칙을 위반하면 과태료가 부과되고(금융소비자법 69조 2항 1－2호), 손해배상책임을 지게 된다(금융소비자법 44조 1항). 또한 금융상품판매업자가 적합성 판단의무(금융소비자법 17조 3항)를 위반하면 금융소비자는 계약의 해지에 관한 권리를 갖는다(금융소비자법 47조).

4. 적정성의 원칙

금융소비자법상 적합성의 원칙은 금융상품의 계약 체결을 '권유'할 때 적용된다. 이와 달리 금융소비자법상 적정성의 원칙은 '권유가 수반되지 않는' 계약 체결 시에 적용된다.

---

91) 김건식·정순섭, 자본시장법, 2013, 771면
92) 대판 2013.6.13. 2010다34159

첫째, 보험상품이 속한 보장성 상품을 대상으로 보면, 금융소비자법상 적정성 원칙은 다음과 같은 경우에 적용된다(금융소비자법 18조 1항 1호, 동법시행령 12조 1항 1호). 즉 적합성 원칙과 마찬가지로, ① 보험업법에 따른 변액보험,[93] ② 보험료 또는 공제료의 일부를 자본시장법에 따른 금융투자상품의 취득 · 처분 또는 그 밖의 방법으로 운용할 수 있도록 하는 보험 또는 공제, ③ 보험업법에 따른 보험상품 중 보험료의 납입과 보험금의 지급이 모두 외국통화로 이루어지는 보험(보험료의 납입과 보험금의 지급이 원화로 환산하여 이루어지는 보험을 포함)에 적정성 원칙이 적용된다.

둘째, 고객파악의무이다. 즉 금융상품판매업자는 변액보험 등 적합성 원칙이 적용되는 보장성상품에 대하여 일반금융소비자에게 계약 체결을 권유하지 않고 판매 계약을 체결하려는 경우 미리 면담 · 질문 등을 통하여 일정한 정보를 파악해야 한다(금융소비자법 18조 1항).

셋째, 적정성 판단의무이다. 즉 금융상품판매업자는 위에 따라 확인한 사항을 고려하여 해당 금융상품이 그 일반금융소비자에게 적정하지 않다고 판단되는 경우 대통령령으로 정하는 바에 따라 그 사실을 알리고, 그 일반금융소비자로부터 서명, 기명날인, 녹취, 그 밖에 대통령령으로 정하는 방법으로 확인을 받아야 한다(금융소비자법 18조 2항 1문). 적정성 판단기준은 적합성 판단기준에서와 같은 기준(보장성 상품의 경우 일반금융소비자의 정보를 파악한 결과 손실에 대한 감수능력이 적정한 수준일 것)이 적용된다(금융소비자법 18조 2항 2문, 동법시행령 12조 3항).

넷째, 적정성 원칙을 위반하면 과태료가 부과되고(금융소비자법 69조 2항 3-4호), 손해배상책임을 지게 된다(금융소비자법 44조 1항). 또한 금융상품판매업자가 적정성 판단의무(금융소비자법 18조 2항)를 위반하면 금융소비자는 계약의 해지에 관한 권리를 갖는다(금융소비자법 47조).

한편, 보험업법에는 적정성 원칙이 규정되어 있지 않았다. 이와 달리 자본시장법은 일정한 금융투자상품과 관련하여 권유가 수반되지 않는 경우에 적정성의 원칙을 적용하고 있었고,[94] 다만 이 규정은 2021.3.24.에 실효되었고 이후는 금융소비자법상 적정성 원칙이 그 역할을 대신하고 있다.

---

93) 변액보험이란 보험금이 자산운용의 성과에 따라 변동하는 보험계약을 말한다(보험업법 108조 1항 3호).

94) 금융투자업자는 일반투자자에게 투자권유를 하지 않고 파생상품 등 대통령령으로 정하는 금융투자상품을 판매하려는 경우 일반투자자의 투자목적 · 재산상황 및 투자경험 등에 비추어 해당 상품이 그에게 적정하지 않다고 판단되는 경우에는 그 사실을 알리고 서명 등의 방법으로 확인을 받아야 한다(구 자본시장법 46조의2).

5. 기타 업무행위규제

(1) 보험안내자료

모집을 위하여 사용하는 보험안내자료와 관련해서는 일정한 주의의무가 있다(보험업법 95조). 주의의무의 주체는 명시되어 있지 않은데, 이는 보험자 또는 모집종사자 등이라고 해석할 수 있다.

보험안내자료에는 법정기재사항이 알기 쉽게 기재되어야 한다(보험업법 95조 1항). 보험안내자료에 보험자의 자산과 부채에 관한 사항을 기재하는 경우, 금융위원회에 제출한 재무제표 등에 기재된 사항과 다른 내용으로 기재하지 못한다(보험업법 95조 2항 본문). 또한 보험안내자료에는 보험자의 장래의 이익배당 또는 잉여금분배에 대한 예상을 기재하지 못하고, 다만 보험계약자의 이해를 돕기 위하여 금융위원회가 필요하다고 인정하여 정하는 경우는 예외이다(보험업법 95조 3항). 그리고 방송, 인터넷 홈페이지 등 기타 방법으로 모집을 위하여 보험자의 자산 및 부채에 관한 사항과 장래의 이익배당 또는 잉여금분배에 대한 예상에 관한 사항을 불특정한 다수인에게 알리는 경우는, 보험안내자료처럼 취급되어 보험업법 95조 2항, 3항이 준용된다(보험업법 95조 4항).

(2) 광고

금융상품판매업자가 금융상품에 관한 광고를 하는 경우에는 금융소비자가 금융상품의 내용을 오해하지 아니하도록 명확하고 공정하게 전달하여야 하고(금융소비자법 22조 2항), 금융상품판매업자가 하는 금융상품의 광고에는 법정기재사항이 포함되어야 하며(금융소비자법 22조 3항), 보장한도, 보장 제한 조건, 면책사항 또는 감액지급 사항 등을 빠뜨리거나 충분히 고지하지 않아서 제한 없이 보장을 받을 수 있는 것으로 오인하게 하는 행위 등을 해서는 안 된다(금융소비자법 22조 4항).[95)]

(3) 중복보험의 확인의무

보험자 또는 모집종사자는, 일정한 보험계약을 모집하기 전에, 보험계약자가 되려는 자의 동의를 얻어 모집하려는 보험계약과 동일한 위험을 보장하는 보험계약을 체결하고 있는지를 확인해야 하고, 확인한 내용을 보험계약자가 되려는 자에게 즉시 알려야 한다(보험업법 95조의5 1항). 여기서 일정한 보험계약이란, 실제 부담한 의료비만 지급하는 상해보험 · 질병보험 · 간병보험상품(실손의료보험계약)과 실제 부담한 손해액만을 지급하는 것으

---

95) 2021.3.24.에 실효된 보험업법 95조의4가 보험광고에 대해 규정하고 있었다.

로서 금융감독원장이 정하는 보험상품계약(기타손해보험계약)을 말한다(보험업법시행령 42조의 5 1항).

(4) 통신수단

전화·우편·컴퓨터통신 등 통신수단을 이용하는 모집종사자는 보험설계사, 보험대리상, 보험중개사 또는 보험자의 임직원이어야 한다(보험업법 96조 1항). 모집종사자가 다른 사람의 평온한 생활을 침해하는 방법으로 모집하는 것은 금지된다(보험업법 96조 1항).

보험자는 다음의 경우 통신수단을 이용할 수 있게 해야 한다(보험업법 96조 2항). 즉, (a) 보험계약을 청약한 자가 청약의 내용에 대한 확인·정정을 요청하거나 청약을 철회하고자 하는 경우, (b) 보험계약자가 체결한 계약내용을 확인하고자 하는 경우, (c) 보험계약자가 체결한 계약을 해지하고자 하는 경우(보험계약자가 계약을 해지하기 전에 안전성 및 신뢰성이 확보되는 방법을 이용하여 보험계약자 본인임을 확인받은 경우에 한정)가 그러하다. 보험계약의 청약자 또는 보험계약자가 통신수단을 통해서 필요한 사항을 편리하고 신속하게 확인하는 등의 행위를 할 수 있도록 하기 위한 것이다.

(5) 불공정행위의 금지

금융상품판매업자는 우월적 지위를 이용하여 대출성 상품, 그 밖에 대통령령으로 정하는 금융상품에 관한 계약체결과 관련하여 금융소비자의 의사에 반하여 다른 금융상품의 계약체결을 강요하는 행위, 금융상품판매업자 또는 그 임직원이 업무와 관련하여 편익을 요구하거나 제공받는 행위 등의 불공정행위를 해서는 안 된다(금융소비자법 20조).

(6) 부당한 권유행위의 금지

금융상품판매업자는 금융상품의 계약 체결을 권유하는 경우에 다음 각 호의 어느 하나에 해당하는 행위를 해서는 안 된다(금융소비자법 21조 본문). 다만, 금융소비자 보호 및 건전한 거래질서를 해칠 우려가 없는 행위로서 대통령령으로 정하는 행위는 제외한다(금융소비자법 21조 단서). 금융소비자법 21조 본문과 내용이 유사한 구 보험업법 97조 1항 1호에서 4호까지의 업무행위규제는 2021.3.25.에 효력을 상실했다.

1. 불확실한 사항에 대하여 단정적 판단을 제공하거나 확실하다고 오인하게 할 소지가 있는 내용을 알리는 행위
2. 금융상품의 내용을 사실과 다르게 알리는 행위[96]

---

96) 금융소비자법 21조 2호 및 3호는 2021.3.24.까지 효력을 갖는 보험업법 97조 1항 1호와 내용이 흡사하다. 보험업법 97조 1항은 단속규정이므로, 이를 위반하였다고 해서 보험계약의 일부 또는 전부가 당연히 무효가 되는 것은 아니다(대판 2007.6.29. 2007다9160). 그리고 모집종사자가 이 규정을 위반하고 이로 인하여

3. 금융상품의 가치에 중대한 영향을 미치는 사항을 미리 알고 있으면서 금융소비자에게 알리지 아니하는 행위
4. 금융상품 내용의 일부에 대하여 비교대상 및 기준을 밝히지 아니하거나 객관적인 근거 없이 다른 금융상품과 비교하여 해당 금융상품이 우수하거나 유리하다고 알리는 행위
5. 보장성 상품의 경우 다음 각 목의 어느 하나에 해당하는 행위
   가. 금융소비자가 보장성 상품 계약의 중요한 사항을 금융상품직접판매업자에게 알리는 것을 방해하거나 알리지 아니할 것을 권유하는 행위[97]
   나. 금융소비자가 보장성 상품 계약의 중요한 사항에 대하여 부실하게 금융상품직접판매업자에게 알릴 것을 권유하는 행위
7. 그 밖에 금융소비자 보호 또는 건전한 거래질서를 해칠 우려가 있는 행위로서 대통령령으로 정하는 행위

한편 보험업법은 보험업 특유의 부당한 권유행위에 대해 규정한다. 즉 보험업법 97조는 보험계약의 체결 또는 모집에 종사하는 자가 그 체결 또는 모집에 관해서 다음 각 호의 행위를 할 수 없다고 규정한다.[98]

5. 보험계약자 또는 피보험자로 하여금 이미 성립된 보험계약(기존보험계약)을 부당하게 소멸시킴으로써 새로운 보험계약(대통령령으로 정하는 바에 따라 기존보험계약과 보장내용 등이 비슷한 경우만 해당한다)을 청약하게 하거나 새로운 보험계약을 청약하게 함으로써 기존보험계약을 부당하게 소멸시키거나 그 밖에 부당하게 보험계약을 청약하게 하거나 이러한 것을 권유하는 행위
6. 실제 명의인이 아닌 자의 보험계약을 모집하거나 실제 명의인의 동의가 없는 보험계약을 모집하는 행위
7. 보험계약자 또는 피보험자의 자필서명이 필요한 경우에 보험계약자 또는 피보험자로부터 자필서명을 받지 아니하고 서명을 대신하거나 다른 사람으로 하여금 서명하게 하는 행위
8. 다른 모집 종사자의 명의를 이용하여 보험계약을 모집하는 행위

보험계약자 등이 손해를 입은 경우 손해배상책임이 성립된다. 이 경우 보험계약자 등은 보험업법 102조에 따른 사용자책임을 보험자에게 물을 수 있으며, 다만 그 위반행위에 대한 증명책임은 손해배상을 청구하는 측에 있다(대판 2010.11.25. 2010다39192; 대판 2007.6.29. 2007다9160).

97) 금융금융소비자법 21조 5호 가목은 2021.3.24.까지 효력을 갖는 보험업법 97조 1항 3호 및 4호와 내용이 흡사하다. 보험업법 97조 1항 3호 및 4호는 주로 고지의무(상법 651조)의 이행에 관련된다. 즉, 상법 651조에 따르면 보험계약자 또는 피보험자는 보험계약의 체결 당시에 중요한 사항에 대한 고지의무를 이행해야 하는데, 체결종사자 또는 모집종사자가 보험계약자 또는 피보험자의 고지를 방해하거나 불고지 또는 부실고지를 권유하는 것을 금지하는 것이다.

98) 이 규정은 금융소비자법이 발효된 2021.3.25. 이후에도 효력을 유지하고 있다.

9. 보험계약자 또는 피보험자와의 금전대차의 관계를 이용하여 보험계약자 또는 피보험자로 하여금 보험계약을 청약하게 하거나 이러한 것을 요구하는 행위
10. 정당한 이유 없이 '장애인차별금지 및 권리구제 등에 관한 법률' 2조에 따른 장애인의 보험가입을 거부하는 행위
11. 보험계약의 청약철회 또는 계약 해지를 방해하는 행위

(7) 계약서류의 제공의무

금융상품직접판매업자는 금융소비자와 금융상품에 관한 계약을 체결하는 경우 금융상품의 유형별로 대통령령으로 정하는 계약서류를 금융소비자에게 지체 없이 제공하여야 한다(금융소비자법 23조 1항 본문). 다만 계약내용이 금융소비자 보호를 해칠 우려가 없는 경우로서 대통령령으로 정하는 경우에는 계약서류를 제공하지 아니할 수 있다(금융소비자법 23조 1항 단서).

(8) 금융상품판매대리·중개업자의 금지행위 등

금융상품판매대리·중개업자는 금융소비자로부터 투자금, 보험료 등 계약의 이행으로서 급부를 받는 행위 등이 금지되고, 금융상품판매 대리·중개 업무를 수행할 때 금융상품직접판매업자로부터 정해진 수수료 이외의 금품, 그 밖의 재산상 이익을 요구하거나 받을 수 없다(금융소비자법 25조).

금융상품판매대리·중개업자는 금융상품판매 대리·중개 업무를 수행할 때 금융소비자에게 금융상품판매대리·중개업자가 대리·중개하는 금융상품직접판매업자의 명칭 및 업무 내용 등을 고지해야 하고, 금융상품판매 대리·중개 업무를 수행할 때 자신이 금융상품판매대리·중개업자라는 사실을 나타내는 표지를 게시하거나 증표를 금융소비자에게 보여 주어야 한다(금융소비자법 26조).

(9) 금융기관보험대리상 등의 영업기준

1) 금융기관보험대리상 등

일정한 금융기관은 보험대리상 또는 보험중개사로 등록할 수 있는데, 이를 '금융기관보험대리상 등'이라고 한다(보험업법 91조 1항 본문). 여기의 금융기관에는 은행법에 따라 설립된 은행, 자본시장법에 따른 투자매매업자 또는 투자중개업자, 상호저축은행법에 따른 상호저축은행, 그 밖에 다른 법률에 따라 금융업무를 하는 기관으로서 대통령령으로 정하는 기관이 있다(보험업법 91조 1항 1호–4호).

2) 금융기관보험대리상 등에 대한 업무행위규제

금융기관보험대리상 등은 건전한 거래질서의 확립과 보험계약자 보호를 위해서 일정한 업무행위규제를 준수해야 한다(보험업법 100조). 여기서는 보험계약자 보호와 관련된 부분만 살피기로 한다.

즉 금융기관보험대리상 등은, (a) 대출 등을 받는 자의 동의를 미리 받지 아니하고 보험료를 대출 등의 거래에 포함시키는 행위, (b) 모집과 관련이 없는 금융거래를 통하여 취득한 개인정보를 미리 그 개인의 동의를 받지 아니하고 모집에 이용하는 행위, (c) 기타 대통령령으로 정하는 행위가 금지된다(보험업법 100조 1항).

또한 금융기관보험대리상 등은 모집을 할 때, (a) 해당 금융기관이 대출 등을 받는 자에게 보험계약의 청약을 권유하는 경우 대출 등을 받는 자가 그 금융기관이 대리하거나 중개하는 보험계약을 체결하지 아니하더라도 대출 등을 받는 데 영향이 없음을 알릴 것, (b) 해당 금융기관이 보험자가 아니라 보험대리상 또는 보험중개사라는 사실과 보험계약의 이행에 따른 지급책임은 보험자에 있음을 보험계약을 청약하는 자에게 알릴 것, (c) 보험을 모집하는 장소와 대출 등을 취급하는 장소를 보험계약을 청약하는 자가 쉽게 알 수 있을 정도로 분리할 것, (d) 기타 대통령령으로 정하는 행위가 금지된다(보험업법 100조 2항).

제2장

◆

보험계약과 약관

제1절 총설

1. 보험계약의 부합계약성

보험계약이 부합계약(contract of adhesion)이라는 점은 보험계약의 특성에서 밝힌 바 있다. 즉 보험계약은 일반적으로 약관을 통해서 체결되고 각 약관조항이 개별적 합의의 대상이 아닌 계약이다. 이런 이유에서 보험계약에서 약관이 갖는 의의는 실로 큰 것이다. 보험계약의 부합계약으로서의 성격 때문에 보험약관은 보험법의 주요 과제다. 보험약관이 보험계약으로 편입되는 문제, 보험약관의 내용이 공정한지의 문제, 보험약관을 어떻게 해석할 것인지의 문제 등이 중요하다. 이하에서 자세히 살펴보자.

2. 보험약관의 개념

보험약관은 약관의 일종이다. 따라서 약관의 개념부터 알아보는 것이 순서다. 약관이란, 계약의 한 당사자가 다수의 상대방과 반복하여 계약을 체결하기 위해서 일정한 형식으로 미리 마련한 계약내용이다(약관규제법 2조 1호). 보험약관은 보험자가 미리 마련하는 것이 보통이다. 따라서 보험약관이란, 보험자가 다수의 상대방과 반복하여 보험계약을 체결하기 위해 일정한 형식으로 미리 마련한 계약내용이라고 정의해도 무리가 없다(통설).

보험계약과 보험약관은 구분된다. 보험계약은 청약과 승낙에 의한 합의만으로 효력이 생기는 불요식의 낙성계약이므로 보험계약의 내용이 반드시 보험약관의 규정에 국한되지는 않는다.[1)]

3. 보험약관의 특징

명칭, 형태, 범위는 약관인지 여부에 영향을 미치지 않는다(약관규제법 2조 1호). 이 점

1) 대판 2017.9.26. 2015다245145

에서 보험약관도 마찬가지이다. 또한 약관은 사업자에 의해서 일방적으로 작성되는 것이 보통이다. 마찬가지로 보험약관도 보험자에 의해서 일방적으로 작성되는 것이 보통이다. 이러한 작성상의 일방성이 약관 규제의 필요성이 인정되는 이유이다. 그리고 사업자와 고객이 교섭한 사항은 약관규제법상 약관의 범위에서 제외한다. 대판 2000.12.22. 99다4634에서, 사업자와 고객 사이에 교섭이 이루어진 조항은 약관 작성상의 일방성이 없으므로 약관규제법 소정의 약관에 해당하지 않는다고 할 것이나, 이 경우 원칙적으로는 개개의 조항별로 교섭의 존재 여부를 살펴야 하며, 약관 조항 중 일부의 조항이 교섭되었음을 이유로 그 조항에 대해서 약관규제법의 적용이 배제되더라도 교섭되지 아니한 나머지 조항들에 대해서 여전히 약관규제법이 적용되어야 한다고 판시했다.[2] 보험약관의 경우 보험자와 고객이 교섭한 내용이 약관에 포함되는 경우는 드물다. 특히 가계보험의 경우는 사실상 전무할 것이다. 그래서 보험계약을 부합계약이라고 하는 것이다.

4. 보험약관의 종류

(1) 개관

보험약관은 보통약관, 특별보통약관, 특별약관 등으로 구분하는 것이 전통적 분류방식이다.[3] 이것은 해당 약관을 계약내용으로 할지 여부가 개별적 합의의 대상인지 여부에 따른 분류이다. 여기서 개별적 합의의 대상 여부란, 해당 약관을 배제하고 보험계약을 체결할 수 있는지의 문제이다. 개별적 합의의 대상이 아니라 함은, 보험자가 상대방에게 해당 보험약관에 의한 계약 체결에 응하든가 아니면 체결을 포기하든가의 선택권만 부여한다는 의미다. 개별적 합의의 대상이라 함은, 보험자가 상대방에게 해당 보험약관에 대한 계약내용으로의 편입 또는 배제에 대한 선택권을 부여하고, 배제를 선택해도 계약 체결 여부에 영향을 미치지 않는다는 의미이다. 보통약관, 특별보통약관은 개별적 합의의 대상이 아니고, 특별약관은 개별적 합의의 대상이다.

(2) 보통약관, 특별보통약관

보통약관, 특별보통약관은 계약내용으로 할지 여부가 개별적 합의의 대상이 아닌 약관이다. 이러한 약관들은 보험자가 상대방에게 해당 보험약관에 의한 계약 체결에 응

---

2) 그리고 대판 2008.7.10. 2008다16950에서, 개별적인 교섭이 있었는지 여부의 판단 기준에 대해 판시했다. 즉 개별적인 교섭이 있었다고 하기 위해서는 비록 그 교섭의 결과가 반드시 특정 조항의 내용을 변경하는 형태로 나타나야 하는 것은 아니라 하더라도, 적어도 계약의 상대방이 그 특정 조항을 미리 마련한 당사자와 사이에 거의 대등한 지위에서 당해 특정 조항에 대하여 충분한 검토와 고려를 한 뒤 영향력을 행사함으로써 그 내용을 변경할 가능성은 있어야 한다고 판시했다.

3) 양승규 63면

하든가 체결을 포기하든가의 선택권만 부여한다. 보험자가 모든 보험계약자에게 선택의 여지없이 전면적으로 적용시킬 목적으로 작성한 약관인 것이다. 모든 보험계약자에게 적용한다는 의미에서, 보통약관, 특별보통약관은 공히 '보통' 약관이다.

만약 보험자가 보통약관, 특별보통약관의 위와 같은 성격에도 불구하고 그것의 전부 또는 일부를 배제하고 상대방과 보험계약을 체결한 경우라면, 여기에는 개별약정의 법적 효력 문제가 생기게 된다. 약관규제법 4조에 의하면 개별약정이 약관에 우선한다. 이에 대해서는 개별약정 부분에서 기술한다.

보통약관과 특별보통약관은 그 내용의 일반성, 특수성에 따른 구분이다. 보통약관은 일반적, 보편적 계약내용이다. 화재보험에는 표준약관이 사용되고 있는데, 이것이 화재보험의 보통약관이다. 특별보통약관은 보통약관의 보장범위를 확장 또는 축소하는 등의 목적을 가진 약관이다. 즉 보험자별, 시기별, 장소별로 보통약관과 다른 특수한 규율이 필요할 수 있는데, 특별보통약관은 이것을 목적으로 한다. 화재보험의 특별보통약관으로는, 테러행위 면책약관, 사이버위험 면책약관 등이 있다.

(3) 특별약관

특별약관은 계약내용으로 할지 여부가 개별적 합의의 대상인 약관이다. 개별적 합의의 대상이라 함은, 보험자가 상대방에게 해당 보험약관의 계약내용으로의 편입 또는 배제에 대한 선택권을 부여하고, 배제를 선택해도 — 보통약관 및 특별보통약관에 의한 — 계약 체결 여부에 영향을 미치지 않는다는 의미이다. 즉 특별약관은 개별적 합의가 있어야만 계약내용이 된다는 것을 전제로, 보험자가 다수의 상대방과 보험계약을 체결하기 위해 일정한 형식으로 미리 마련한 계약내용이다. 따라서 특별약관도 약관의 일종이다. 특별약관을 계약내용으로 할지 여부는 보험자와 보험계약자의 개별적 합의에 달려 있다는 점에서, 특별약관은 보통약관, 특별보통약관과 다르다. 그리고 특별약관은 보통약관, 특별보통약관에 우선한다.[4] 특별약관을 두는 목적은 보통약관, 특별보통약관의 보장범위에 대한 확장 또는 축소 등에 있다. 만약 특별약관을 통해서 보장범위의 확장을 원하면 해당 보험계약자는 보험료를 추가로 부담해야 한다. 화재보험의 특별약관으로는, 도난위험 부책약관, 풍수재위험 부책약관, 지진위험 부책약관 등이 있다.

(4) 보험실무

참고로 보험실무는 특별보통약관이라는 명칭을 잘 쓰지 않는다. 특별보통약관이 '특별'과 '보통'이라는 상충되는 단어들로 구성되어 혼동을 주는 면이 있기 때문이다. 그래

4) 양승규 73면

서 보험실무는 '보통'을 생략하고 그냥 특별약관이라 부른다. 따라서 보험실무상 특별약관은, 그 명칭에도 불구하고, 전술한 특별보통약관과 특별약관이 혼합되어 있다. 명칭은 특별약관이지만 그 실질은 특별보통약관인 경우를 다룬 판례로 대판 1997.7.11. 95다56859가 있다. 즉 "이 사건 관용차 특별약관은 보험계약자의 선택에 의하여 적용되고 그에 따라 보험료나 담보범위가 달라지는 고유한 의미에서의 특별약관이 아니라 피보험자동차가 관용차인 경우에는 보험계약자의 선택에 관계없이 당연히 적용되는 것이라고 봄이 상당하므로, 위 면책약관의 계약 편입에 있어서 당사자 사이에 별도의 합의가 있어야 하는 것은 아니고 전체 보통약관의 편입 합의만 있으면 충분하다"고 판시했다. 여기서 판례는 관용차 특별약관은 그 실질이 특별보통약관이므로 개별적 합의의 대상이 아니라고 판시한 것이다.

5. 사적 자치의 제한

보통약관, 특별보통약관, 특별약관과 같은 보험약관은 계약의 상대방이 계약내용 선택의 자유 면에서 제한을 받는다. 그만큼 사적 자치가 제약되는 것이다. 사적 자치가 제한되는 정도는 보험약관의 종류별로 조금 차이가 있다. 보통약관·특별보통약관은 개별적 합의의 여지가 전혀 없다. 보험계약을 체결하고 싶으면 그 약관에 의한 체결에 응해야 한다. 이와 달리 특별약관은 개별적 합의의 여지가 있다. 특별약관에 의할지 여부를 선택할 수 있기 때문이다. 하지만 특별약관의 세부적 내용은 개별적 합의의 대상이 아닌 것이 일반적이다. 특별약관 전체에 응하든가 아니면 포기하든가의 선택만 가능하다. 이것은 보험계약이 부합계약이라는 점을 잘 보여준다.

6. 보험약관의 존재이유

보험계약은 약관을 통해서 체결되는 계약의 전형이다. 게다가 보험계약은 상대방의 입장에서는 계약내용 선택의 자유가 제한을 받는다. 이러한 보험약관이 존재하는 이유는 무엇인가? 이와 관련하여 보험약관의 존재이유로 다수계약의 편의성, 보험계약자 사이의 평등화, 감독기관에 의한 감독 필요성 등이 거론된다(통설). 다수계약의 편의성이란, 보험자가 다수의 상대방과 반복하여 계약을 체결하는 데 있어서 약관을 사용하면 간편하고 신속하므로 합리적이고 비용절감을 도모할 수 있다는 의미이다. 또한, 보험의 기술인 위험의 분산을 위해서는 위험을 동질적인 것으로 정형화한 후 다수로 집적하는 것이 보통인데, 약관의 사용은 위험을 동질적인 것으로 정형화하는 데 기여할 수 있고, 결과적으로 보험계약자 사이에 평등성의 효과가 나타난다고 한다.[5] 그리고 감독기관에 의한 감독 필요성이란, 보험제도가 공공성을 띠고 있어서 감독기관이 보험계약자 등을 후견적으로 보호하기 위해서 보험자에게 약관의 사용을 강제하고 약관을 감독하는 방식으로 보험계약자 등을 보호할 필요성도 약관의 존재이유라고 한다.

제2절 보험약관에 대한 규제

1. 규제 필요성

일반적으로 약관은 규제가 필요하다. 무엇보다 약관은 사업자가 일방적으로 작성하는 것이기 때문이다. 또한 사업자와 고객 사이의 경제적 관계가 대등하지 않기 때문이다. 사업자가 전문성, 협상력, 자본력 등에서 우월한 것이다. 우월한 지위에 있는 사업자가 자신의 지위를 남용하여 약관의 편입, 내용, 해석 등을 자신에게 유리한 방향으로 가져갈 우려가 있다. 이러한 위험에 대처하기 위한 목적에서 1986년에 약관규제법이 제정됐다. 사실 보험약관의 규제 필요성은 더 크다. 보험계약은 부합계약이라는 특성이 있고, 이로 인해서 상대방의 선택의 자유가 크게 제한되기 때문이다. 게다가 보험업의 전문가인 보험자와 보험계약자 등 사이에 전문성, 협상력, 자본력 등의 차이가 비교적 큰 편인데, 특히 전문성의 차이(전문성의 비대칭)가 심하다. 따라서 보험약관에서 보험계약자 등의 보호 필요성은 특히 강조되고, 규제의 필요성 역시 더 큰 것이다. 이러한 이유에서 상법, 보험업법은 보험약관에 관한 규정을 마련하고 있다.

2. 규제의 종류

보험약관에 대한 규제의 종류에는 입법적 통제, 행정적 통제, 사법적 통제가 있다(판례,[6] 통설). 입법적 통제란 입법자인 국회가 법률을 통해서 보험약관의 효력, 내용 등에 대해 규제하는 것이고, 행정적 통제란 행정관청이 인가, 신고, 명령 등을 통해서 보험약관의 효력, 내용 등에 대해서 통제하는 것이며, 사법적 통제란 법원이 재판을 통해서 보험약관의 효력, 내용 등에 대해서 통제하는 것을 가리킨다.[7]

---

5) 양승규 64면; 최준선 61면
6) 대판 2008.12.16. 2007마1328
7) 정동윤 471-472면 참조

3. 입법적 통제

(1) 개관

입법적 통제란 입법자인 국회가 법률을 통해서 보험약관의 효력, 내용 등에 대해 규제하는 것이다. 약관을 통제하는 대표적인 입법은 '약관의 규제에 관한 법률'이다. 1986년에 제정된 약관규제법은 약관규제에 관한 일반법이다.[8] 보험약관도 약관의 일종이므로, 약관규제법의 적용을 받는다(판례,[9] 통설). 그리고 상법 및 보험업법에도 보험약관에 대한 통제 입법이 있는데, 이들은 보험약관의 특수성을 감안하여 마련된 약관규제에 관한 특별법이다.

보험약관에 대한 입법적 통제는 사법(私法)적 측면과 공법적 측면으로 구분할 수 있다. 사법적 측면은 입법자가 계약당사자 사이의 보험약관 효력, 해석 등에 대해 정한 것을 말한다. 그리고 공법적 측면은 입법자가 보험자를 대상으로 보험약관의 내용 등에 대해서 일정한 공법상 의무를 부과한 것을 말한다. 아래에서 보는 바와 같이, 상법은 사법적 측면, 약관규제법은 사법적 측면과 공법적 측면, 보험업법은 공법적 측면의 입법적 통제에 속한다.

(2) 약관규제법과 상법

1) 편입통제

편입통제는 약관이 계약내용으로 편입되어 당사자에게 구속력을 가지려면 어떠한 요건을 갖추어야 하는지의 문제이다. 편입통제에는 다음과 같은 것들이 있다.

첫째, 약관에 대한 명시, 교부, 설명의무가 있으며, 이를 위반하면 사업자는 해당 약관조항을 계약내용으로 주장하지 못한다(약관규제법 3조 2항, 3항, 4항). 보험약관에 대한 특별규정으로 보험약관의 교부, 설명의무가 있으며, 이를 위반하면 보험계약자는 해당 보험계약을 취소할 수 있다(상법 638조의3).

둘째, 개별약정은 약관에 우선한다(약관규제법 4조). 이것도 편입통제의 일종이다.

셋째, 사업자는 고객이 약관의 내용을 쉽게 알 수 있도록 한글로 작성하고, 표준화·체계화된 용어를 사용하며, 약관의 중요한 내용을 부호, 색채, 굵고 큰 문자 등으로 명확하게 표시하여 알아보기 쉽게 약관을 작성하여야 한다(약관규제법 3조 1항). 이를 위반한 경우 약관조항의 효력에 대한 규정은 없다.

---

8) 약관규제법의 시행 전에 약관에 의하여 체결된 계약에 대해서는 약관규제법이 적용되지 않는다(대판 2007.6.29. 2007다9160).

9) 대판 1998.11.27. 98다32564. 이와 달리 보험약관에 약관규제법의 적용을 배제하는 것이 합리적이라는 견해로, 양승규 66면

2) 해석통제

해석통제는 계약내용으로 편입된 약관의 해석에 대한 통제이다. 약관은 공정하고 객관적으로 해석되어야 하고, 뜻이 모호하면 고객에게 유리하게 해석되어야 한다(약관규제법 5조). 여기서 공정해석, 객관해석, 작성자불이익의 원칙이 도출된다.

3) 내용통제

내용통제는 계약내용으로 편입된 약관내용이 일정한 요건에 해당하면 효력을 잃는 방식의 통제이다.

첫째, 약관규제법은, 사법적 측면과 관련하여 약관이 내용상 공정하지 않으면 무효라고 규정한다(6조-14조). 즉 신의성실의 원칙을 위반하여 공정성을 잃은 약관 조항은 무효이다(6조 1항).

둘째, 상법에 의하면, 가계보험에서 보험약관의 내용이 상법 보험편에 비해서 보험계약자 등에게 불리한 경우에 그 효력을 잃는다(상법 663조 본문 참조). 이것은 보험자에 비해서 경제적 지위가 약한 보험계약자 등을 보호하기 위한 것이다.

(3) 보험업법

보험업법은 보험자가 보험약관을 작성 또는 변경할 때 준수해야 하는 원칙을 규정한다. 그러한 원칙에는, 보험업법 또는 다른 법령에 위반되는 내용이 포함되지 않아야 하고, 정당한 사유 없이 보험계약자의 권리를 축소하거나 의무를 확대하는 등을 포함하지 않아야 한다는 원칙 등이 있다(보험업법 128조의3 1항).

또한 보험자는 보험약관을 작성 또는 변경할 때 지켜야 할 절차와 기준인 기초서류 관리기준을 정하고 이를 지켜야 한다(보험업법 128조의2 1항). 보험자가 이 기준을 제정, 개정하는 경우 금융위원회에 보고해야 하며, 금융위원회는 해당 기준이나 그 운용이 부당하다고 판단되면 기준의 변경 또는 업무의 개선을 명할 수 있다(보험업법 128조의2 3항).

그리고 보험업감독규정은 보험업법시행령(별표7의 5호)의 위임을 받아서 보험약관의 필수적 기재사항에 대해서 규정한다. 즉 동 규정 7-59조에 의하면, "1. 보험회사가 보험금을 지급하여야 할 사유 2. 보험계약의 무효 사유 3. 보험회사의 면책사유 4. 보험회사의 의무의 범위 및 그 의무이행의 시기 5. 보험계약자 또는 피보험자가 그 의무를 이행하지 아니한 경우에 받는 손실 6. 보험계약의 전부 또는 일부의 해지의 원인과 해지한 경우의 당사자의 권리의무 7. 보험계약자·피보험자 또는 보험금액을 취득할 자가 이익 또는 잉여금의 배당을 받을 권리가 있는 경우에는 그 범위 8. 적용이율 또는 자산운용

실적에 따라 보험금 등이 변동되는 경우 그 이율 및 실적의 계산 및 공시 방법 등 9. 예금자보호 등 보험계약자 권익보호에 관한 사항"은 보험약관에 반드시 기재되어야 한다.

4. 행정적 통제

(1) 의의

행정적 통제란 행정관청이 인가, 신고, 명령 등을 통해서 보험약관의 효력, 내용 등에 대해서 통제하는 것이다. 행정적 통제를 규율하는 법에는 약관규제법과 보험업법이 있다. 또한 행정적 통제의 주체에는 공정거래위원회와 금융위원회가 있다.

(2) 약관규제법

사업자는 약관규제법 6조부터 14조까지의 규정에 해당하는 불공정한 약관조항을 계약의 내용으로 해서는 안 된다(17조). 이를 위반한 경우 시정권고 또는 시정명령이 가능하다. 먼저, 공정거래위원회는 사업자가 17조를 위반한 경우에는 사업자에게 해당 약관조항의 삭제·수정 등 시정권고를 할 수 있다(17조의2 1항). 다음, 공정거래위원회는 일정한 사업자[10)]가 17조를 위반한 경우에는 사업자에게 해당 약관조항의 삭제·수정, 시정명령을 받은 사실의 공표, 그 밖에 필요한 시정명령을 할 수 있다(17조의2 2항). 이러한 시정권고 또는 시정명령을 할 때, 필요하면 공정거래위원회는 해당 사업자와 같은 종류의 사업을 하는 다른 사업자에게 같은 내용의 약관조항을 사용하지 말 것을 권고할 수 있다(17조의2 3항).

한편, 행정관청이 작성한 약관이나 다른 법률에 따라 행정관청의 인가를 받은 약관이 약관규제법 6조부터 14조까지의 규정에 해당된다고 인정될 때에, 공정거래위원회는 해당 행정관청에 그 사실을 통보하고 시정요청을 할 수 있다(18조 1항). 시정요청을 한 경우 공정거래위원회는 17조의2 1항 및 2항에 따른 시정권고 또는 시정명령은 하지 않는다(18조 3항).

그리고 심사청구제도도 있다. 즉 약관조항이 약관규제법에 위반되는지 여부에 관한

---

10) 여기의 일정한 사업자로는, "1. 사업자가 「독점규제 및 공정거래에 관한 법률」 제2조 제7호의 시장지배적 사업자인 경우 2. 사업자가 자기의 거래상의 지위를 부당하게 이용하여 계약을 체결하는 경우 3. 사업자가 일반 공중에게 물품·용역을 공급하는 계약으로서 계약 체결의 긴급성·신속성으로 인하여 고객이 계약을 체결할 때에 약관 조항의 내용을 변경하기 곤란한 경우 4. 사업자의 계약 당사자로서의 지위가 현저하게 우월하거나 고객이 다른 사업자를 선택할 범위가 제한되어 있어 약관을 계약의 내용으로 하는 것이 사실상 강제되는 경우 5. 계약의 성질상 또는 목적상 계약의 취소·해제 또는 해지가 불가능하거나 계약을 취소·해제 또는 해지하면 고객에게 현저한 재산상의 손해가 발생하는 경우 6. 사업자가 제1항에 따른 권고를 정당한 사유 없이 따르지 아니하여 여러 고객에게 피해가 발생하거나 발생할 우려가 현저한 경우"가 있다(약관규제법 17조의2 2항).

심사를 공정거래위원회에 청구할 수 있는데, 청구할 수 있는 자로는 약관의 조항과 관련하여 법률상의 이익이 있는 자, 소비자기본법 29조에 따라 등록된 소비자단체, 소비자기본법 33조에 따라 설립된 한국소비자원, 그리고 사업자단체 등이 있다(19조 1항).

(3) 보험업법

먼저, 보험업의 허가를 받으려 신청할 때 보험약관을 첨부해야 한다. 보험업을 영위하려면 금융위원회의 허가를 받아야 하는데(보험업법 4조), 허가신청서를 제출할 때 보험약관을 첨부해야 한다. 보험업에 대한 허가 여부를 판단할 때 보험약관도 함께 참고하기 위해서이다. 다음, 보험자는 보험약관을 작성 또는 변경할 때 일정한 경우 금융위원회에 미리 신고해야 한다(보험업법 127조 2항).[11] 일정한 경우로는 법령의 제정 · 개정에 따라서 새로운 보험상품이 도입되거나 보험상품을 의무적으로 가입해야 하는 경우 등이 있다. 또한 금융감독원장은 표준약관을 정할 수 있는데, 보험자가 약관을 작성 또는 변경할 때 표준약관을 준용하지 않는 경우 원칙적으로 미리 금융위원회에 신고해야 한다(보험업감독규정 7-50조 본문). 표준약관이란 건전한 거래질서를 확립하고 불공정한 내용의 약관이 통용되는 것을 방지하기 위하여 일정한 거래 분야에서 표준이 될 약관이다(약관규제법 19조의3 2항).[12]

금융위원회는 보험약관과 관련하여 보험자에 일정한 조치를 취할 수 있다. 첫째, 보험계약자 보호 등을 위하여 필요하다고 인정되면 보험약관에 관한 자료 제출을 요구할 수 있다(보험업법 127조 3항). 둘째, 신고된 보험약관 또는 제출된 보험약관에 관한 자료의 내용이 보험약관 작성 · 변경에 관한 원칙을 위반하면 보험약관의 변경을 권고할 수 있다(보험업법 127조의2). 셋째, 공익 또는 보험계약자의 보호와 보험자의 건전경영을 크게 해칠 우려가 있거나, 보험자의 보험약관에 법령을 위반하거나 또는 보험계약자에게 불리한 내용이 있다고 인정되면, 청문을 거쳐서 보험약관의 변경 또는 그 사용의 정지를 명령할 수 있다(보험업법 131조 2항 본문). 넷째, 금융위원회는 보험소비자와 모집종사자를 대상으로 보험약관의 이해도를 평가하고 그 결과를 대통령령으로 정하는 바에 따라 공시할 수 있다(보험업법 128조의4).

---

11) 2003년 이전에는 보험사업자가 보험약관을 변경하는 경우 금융감독위원회의 인가를 받아야 했다(보험업법 7조). 하지만 이 인가 요건은 2003년 개정으로 보험업법에서 삭제됐다.

12) 보험에 관한 표준약관으로는, 생명보험 표준약관, 질병상해보험 표준약관, 실손의료보험 표준약관, 화재보험 표준약관, 자동차보험 표준약관, 배상책임보험 표준약관, 채무이행보증보험 표준약관, 신용보험 표준약관, 신원보증보험 표준약관, 해외여행 실손의료보험 표준약관 등이 있다.

5. 사법적 통제

사법적 통제란 보험약관의 효력, 내용 등을 구체적, 개별적 사건과 관련하여 법원이 재판을 통해서 통제하는 것을 가리킨다. 대판 2008.12.16. 2007마1328에서, 법원이 약관규제법에 근거하여 사업자가 미리 마련한 약관에 대하여 행하는 구체적 내용통제는 개별 계약관계에서 당사자의 권리·의무를 확정하기 위한 선결문제로서 약관조항의 효력 유무를 심사하는 것이므로, 법원은 약관에 대한 단계적 통제과정, 즉 약관이 사업자와 고객 사이에 체결한 계약에 편입되었는지의 여부를 심사하는 편입통제와 편입된 약관의 객관적 의미를 확정하는 해석통제 및 이러한 약관의 내용이 고객에게 부당하게 불이익을 주는 불공정한 것인지를 살펴보는 불공정성통제의 과정에서, 개별사안에 따른 당사자들의 구체적인 사정을 고려해야 한다고 결정했다.

보험자와 보험계약자 사이에 보험약관의 효력, 내용을 둘러싼 다툼은 민사소송을 통해서 법원이 통제한다. 그리고 보험자가 보험약관의 효력, 내용 등과 관련하여 공법상 의무를 위반하여 행정관청이 시정명령 등의 처분을 한 것에 관한 다툼은 행정소송을 통해서 법원이 통제한다. 이상에서, 보험약관의 효력, 내용 등과 관련된 사법적 통제는, 구체적, 개별적, 사후적, 최종적인 것임을 알 수 있다.[13)]

제3절 보험약관의 법적 구속력

1. 문제의 제기

보험약관의 법적 구속력(효력)의 근거가 문제되는 다음과 같은 사례를 먼저 보자.

『보험사고가 발생한 후 보험자는 보험약관상의 특정한 면책사유를 이유로 보험금 지급을 거절하였다. 그런데 보험계약의 체결 당시 당사자들 사이에서, 이 보험약관을 보험계약에 적용하기로 명시적으로 합의하였다고 볼 만한 증거가 전혀 없을 뿐만 아니라, 묵시적 합의가 있었다고 추정할 만한 사정도 없었다. 보험계약자는 이를 이유로 보험금이 지급되어야 한다고 항변하였다.』

이 사례의 쟁점은, 보험약관이 법적 구속력을 갖기 위해서는, 보험약관을 계약내용으로 하자는 계약 당사자의 합의가 있어야 하는지 여부이다. 만약 당사자의 합의가 있어야 한다면 보험계약자의 항변은 정당한 것이고, 합의가 없어도 된다면 그 항변은 정

13) 장덕조 63면

당하지 않은 것이 된다. 이 쟁점을 해결하기 위해서는, 보험약관이 법적 효력을 갖기 위한 법적 근거가 계약 당사자의 합의에 있는 것인지, 만약 아니라면 그 근거는 무엇인지를 탐구해야 한다.

2. 학설

보험약관이 법적 구속력을 갖는 근거에 대해 학설의 대립이 있다. 즉 합의설과 규범설이 대립하고 있다. 보험약관과 관련하여 규범설 중에서 특히 상관습(법)설은 적지 않은 지지를 얻고 있는데, 이 점은 일반약관 법적 구속력의 근거와 관련해서 합의설이 통설이고 상관습(법)설에 대한 지지가 매우 약한 것과 대조를 이룬다. 합의설에 따르면 보험약관은 보험계약법의 법원(法源)은 아니지만, 법규범설에 의하면 보험약관이 보험계약법의 법원이 된다.[14] 위 사례에서, 합의설에 따르면 보험계약자의 항변은 정당한 것이 되고, 상관습(법)설에 따르면 보험계약자의 항변은 부당한 것이 된다.

(1) 합의설

합의설(또는 의사설, 계약설)은 보험약관을 계약내용으로 하려는 당사자 의사표시의 일치, 즉 합의에서 법적 구속력의 근거를 찾는 견해다.[15] 합의설에 따르면, 보험약관은 이를 보험계약의 내용으로 하자는 당사자의 합의로 인해서 법적 효력이 부여되는 것이고, 만약 그러한 합의가 없으면 해당 보험약관은 계약내용으로 되지 못하여 당사자에게 법적 효력을 가질 수 없게 된다. 합의설은 전통적 법률행위론에 입각한 것으로서 약관에 의한 계약을 일반적 계약과 같다고 보는 것이다. 그리고 합의는 명시적이든 묵시적이든 무방하다.[16]

합의설은 합의의 존재 및 내용을 둘러싸고 학설이 나뉜다. 첫째, 계약의 당사자가 약관의 내용을 알 것을 요구하는 입장이 있다(내용인식설). 둘째, 계약의 당사자가 약관의 내용을 모르더라도 약관을 계약내용으로 할 것을 포괄적으로 합의하면 충분하다는 입장이 있다(부합계약설). 셋째, 계약의 당사자가 약관에 의하지 않는다는 뜻을 표시하지 않으면 약관에 의해서 계약을 체결할 의사가 있는 것으로 추정하는 입장(의사추정설)이 있다. 첫째 입장은 계약 당사자의 주관적 사정에 따라 보험약관의 효력이 좌우될 수 있다는 단점이 있어서,[17] 지지를 받지 못하고 있다. 의사추정설을 취하는 견해도 있으나,[18] 합의

14) 정동윤 469면
15) 김성태 143-144면; 김은경 166면; 박세민 53-54면; 손주찬 486면; 이기수 · 최병규 · 김인현 29-30면; 임용수 26면; 정경영 793면; 정동윤 469면; 정찬형 514면; 채이식 64면; 최기원 39-40면; 한창희 80면
16) 박세민 53면; 이기수 · 최병규 · 김인현 29면; 정찬형 515면

설을 취하는 견해는 대부분 부합계약설을 취하고 있다.

(2) 법규범설

당사자의 합의가 없어도 보험약관이 구속력을 가질 수 있다고 보는 법규범설에는 자치법설과 상관습(법)설이 있다. 이것은 전통적 법률행위론과 달리 단체주의적 입장에서 약관의 구속력을 강하게 인정하려는 입장이다.

자치법설은 보험약관이 해당 거래권 내의 자치법이라고 보는 입장이다. 하지만 우리나라 법체계에서 법규범은 국회 또는 그로부터 수권 받은 자만이 창설할 수 있다는 점에서, 거래권이 법을 제정할 수 있다는 이 견해는 오늘날 지지를 얻지 못하고 있다.

상관습(법)설은 보험약관에 의해서 보험계약이 체결되는 상관습법 또는 상관습이 있기 때문에 보험약관이 구속력을 갖는다는 견해이다.[19] 이에 따르면, 보험약관 그 자체는 법규범이 아니지만, 그러한 상관습법 또는 상관습을 통해서 보험약관은 간접적으로 법규범적 성격을 띠게 된다. 한편, 합의설을 지지하면서도, 당사자의 의사가 분명하지 않은 경우는 상관습에 의해 보험약관에 따라 보험계약이 체결된 것으로 추정한다는 견해도 있다.[20] 이에 대해서, 상관습(법)설이 사회학적 관점에서는 타당성이 있을 수 있지만 법적 관점에서는 일개 기업의 약관에 대해 합의 없이도 구속력을 갖는다고 보는 것은 무리라는 지적,[21] 보험자가 새로운 약관을 작성해서 이용하기 시작하는 경우에도 그 약관에 의한다는 상관습(법)이 이미 존재한다고 인정해야 하는 것은 문제라는 지적,[22] 그리고 보험자가 일방적으로 작성한 보험약관이 경제적 약자인 보험계약자를 지배하게 되는 현상을 정당화시켜 주는 것은 문제라는 지적이 있다.[23] 보험약관에서 상관습(법)설이 대두되는 이유는, 부합계약성이 보험계약의 특성이라고 할 정도로 보험약관을 통하여 보험계약이 체결되는 것이 워낙 일반화되어 있다는 점 때문인 것으로 추측된다.

---

17) 정동윤 469면
18) 손주찬 486면; 정동윤 469면; 한창희 80면
19) 강위두·임재호 583면; 양승규 70－71면; 장덕조, "보통보험약관의 구속력", 보험법연구3, 1999, 21면; 정희철 357면; 최준선 65면
20) 임용수 26면
21) 최기원 41면
22) 정동윤 469면
23) 이기수·최병규·김인현 29면

3. 판례

(1) 합의설 채택

판례는 약관규제법이 제정된 1986년 이전부터 합의설을 지지했었다. 대판 1985.11. 26. 84다카2543을 보자. 이 사건에서 원심은 주무부장관의 인가를 받은 보험약관은 법규적 성격을 띠므로 보험계약의 체결과 동시에 당사자는 이것에 구속된다고 하였다. 즉 원심은 이 사건과 같은 보통보험약관은 보험계약의 정형적인 내용을 이루는 것으로서 보험자가 영업면허를 얻고자 할 때는 그 신청서에 이를 첨부하도록 되어 있고, 이것을 변경하는 경우에도 주무부장관의 인가[24]를 얻도록 되어 있어 국가의 감독작용에 의하여 보험약관은 합리성이 보증되고 합리적인 보험계약의 내용을 이루게 되어 보험관계자를 규율하는 법규적 성격을 가지게 되기 때문에 보험계약자는 약관의 내용을 의욕하는 여부에 관계없이 계약체결과 동시에 이것에 구속된다고 보았다. 하지만 대법원은 보험약관이 구속력을 갖는 것은, 법규범 또는 법규범적 성질 때문이 아니라, 당사자가 계약내용에 포함시키기로 합의한 것이 그 이유라고 판시하였다. 즉 보통보험약관이 계약당사자에 대하여 구속력을 갖는 것은 그 자체가 법규범 또는 법규범적 성질을 가진 약관이기 때문이 아니라 보험계약 당사자 사이에서 계약내용에 포함시키기로 합의하였기 때문이라고 볼 것이고, 일반적으로 당사자 사이에서 보통보험약관을 계약내용에 포함시킨 보험계약서가 작성된 경우에는 계약자가 그 보험약관의 내용을 알지 못하는 경우에도 그 약관의 구속력을 배제할 수 없다고 판시했다.

같은 취지의 판례가 다수 있다.[25] 가령 대판 2007.6.29. 2007다9160도 보통보험약관을 포함한 이른바 일반거래약관이 계약의 내용으로 되어 계약당사자에게 구속력을 갖게 되는 근거는 그 자체가 법규범 또는 법규범적 성질을 갖기 때문은 아니며 계약당사자가 이를 계약의 내용으로 하는 명시적 또는 묵시적 합의를 하였기 때문이라고 판시함으로써 합의설에 대한 지지를 분명히 하였다.

(2) 명시적 또는 묵시적 합의

대판 2004.11.11. 2003다30807은 당사자의 합의가 명시적이든 묵시적이든 무방하다고 판시했다. 대판 1985.11.26. 84다카2543은 당사자 사이에서 보통보험약관을 계약내용에 포함시킨 보험계약서가 작성된 경우에는 그 약관의 구속력을 배제할 수 없는 것이 원

---

24) 현재는 보험약관의 변경에 이러한 인가가 요구되지 않는다.

25) 대판 1989.3.28. 88다4645; 대판 1989.11.14. 88다카29177; 대판 1990.4.27. 89다카24070; 대판 1991.9.10. 91다20432; 대판 1996.10.11. 96다19307; 대판 1999.7.23. 98다31868; 대판 2000.4.25. 99다68027; 대판 2004.11.11. 2003다30807; 대판 2007.6.29. 2007다9160; 대판 2017.9.26. 2015다245145

칙이라고 했는데,[26] 이것은 묵시적 합의를 인정한 경우라고 볼 수 있다.[27] 대판 1996. 10.11. 96다19307은 당사자 사이에서 보험약관을 기초로 하여 보험계약이 체결된 때에는 특별한 사정이 없는 한 그 보험약관을 계약내용에 포함시키기로 합의한 것이라고 했는데, 이것도 묵시적 합의를 인정한 경우라고 볼 수 있다.[28]

(3) 약관내용을 잘 알지 못하는 경우

판례는 계약의 당사자가 약관의 내용을 잘 모르더라도 약관을 계약내용으로 할 것을 포괄적으로 합의하면 충분하다는 입장이다. 즉 이는 부합계약설을 취한 것인데, 대판 1996.10. 25. 96다16049에서, 보통거래약관은 법규가 아니라 계약의 문례(文例)이며, 그 구속력의 근거는 약관을 계약의 내용으로 편입하기로 하는 보험계약당사자 사이의 합의 즉 법률행위에 있으나, 다만 위와 같은 약관편입의 합의는 약관전체를 일괄하여 그 대상으로 하고 약관의 개별조항을 대상으로 하는 것이 아니므로 일단 약관편입의 합의가 있은 이상 계약당사자가 구체적으로 약관의 개별조항의 내용을 알지 못하는 경우에도 구속력이 발생하는 것이 원칙이라고 판시했다.[29] 또한, 보험계약자가 보험약관을 계약내용에 포함시킨 보험계약서를 스스로 작성한 경우는, 면책규정의 내용이 일반적으로 예상되는 방법으로 명시되어 있지 않다거나(예컨대, 아주 작은 활자로 인쇄되어 있거나 눈에 잘 띄지 않는 곳에 기재되어 있는 경우) 또는 설명을 요할 정도의 중요한 것이라고 보기 어렵다면, 보험계약자가 약관내용을 자세히 살펴보지 않거나 보험자의 설명을 듣지 않아서 알지 못한다는 이유로 약관의 구속력에서 벗어날 수는 없다고 판시했다.[30]

4. 결론

① 생각건대, 현행법하에서 합의설이 타당하다고 본다. 그 논거는 다음과 같다.

첫째, 약관규제법에 의하면, 사업자는 고객에게 약관을 명시하고 설명할 의무가 있고(3조 2항–4항), 약관과 다른 내용의 약정을 당사자가 합의한 경우에 이 약정이 우선하며(4조), 약관의 뜻이 명백하지 않으면 고객에게 유리하게 해석되고(5조 2항), 약관조항 중에서 신의성실의 원칙에 반하여 공정성을 잃은 것은 무효라는 점(6조–14조) 등을 규정하

26) 대판 1989.3.28. 88다4645; 대판 1990.4.27. 89다카24070; 대판 1991.9.10. 91다20432; 대판 2000.4.25. 99다68027; 대판 2007.6.29. 2007다9160
27) 이기수·최병규·김인현 29면; 정찬형 515면. 한편, 이 판결이 의사추정설을 취한 것이라 보는 견해는, 손주찬 485면; 정동윤 469면
28) 대판 1999.7.23. 98다31868도 같다.
29) 대판(전원) 1991.12.24. 90다카23899 보충의견 참조
30) 대판 1990.4.27. 89다카24070. 대판 1989.11.14. 88다카29177; 대판 2017.6.15. 2013다215454도 같다.

고 있기 때문이다. 비록 약관규제법이 '합의'를 약관 구속력의 요건으로 명시하고 있지는 않지만, 위 규정들은 법규범설보다는 합의설과 더 잘 어울린다고 보아야 한다.[31]

둘째, 법규범설은 상법 638조의3(보험약관의 교부·설명의무)을 법적 근거로 주장한다.[32] 이에 따르면 약관규제법 3조(약관의 명시·교부·설명의무)에도 불구하고 상법 638조의3에서 설명의무 등의 위반효과(취소권 발생)를 특별히 규정한 것은 보험약관에 대해 일반약관과 다른 효력을 인정한 것이다. 하지만 후술하는 바와 같이 상법 638조의3이 약관규제법 3조를 배척하는 것으로 해석하기 어렵다는 점에서, 타당한 근거라고 할 수 없다.

셋째, 법규범설은 보험단체의 특수성을 강조한다. 즉 보험단체의 특수성을 고려할 때 개별 소비자보다는 전체 소비자를 보호해야 한다고 지적하지만,[33] 보험계약이 기본적으로 보험자와 보험계약자 사이의 개별적 채권계약이라는 점을 우선 고려할 필요가 있다.

넷째, 법규범설은 소비자 보호에 난점이 있다. 보험약관을 통해서 계약이 체결되는 것이 보통이라는 사회학적 현상을 중시한 나머지, 보험자의 일방적 작성물에 대해서 규범적 효력을 부여함으로써, 소비자 보호에 역행할 수 있는 것이다. 보험자의 사용자책임(금융소비자법 45조)을 통해서 소비자가 보호될 수 있다고 지적하나,[34] 사용자책임은 계약책임에 비해서 보호의 정도가 약할 수밖에 없다.

② 합의설에 따를 때, 당사자의 합의는 명시적이든 묵시적이든 무방하다고 본다. 그리고 계약의 당사자가 약관의 내용을 모르더라도 약관을 계약내용으로 할 것을 포괄적으로 합의하면 충분하다고 본다.[35] 즉 부합계약설이 타당하다. 보험자가 약관의 명시, 교부, 설명의무를 위반한 경우 해당 약관조항을 계약내용으로 주장할 수 없기 때문에, 부합계약설을 취하더라도 보험계약자 등의 보호에 별 문제가 없다. 계약의 당사자가 약관을 계약내용으로 할 것을 포괄적으로 합의하고, 또한 약관의 명시, 교부, 설명의무를

31) 송덕수, 신민법강의, 2017, D-22

32) 양승규 70면; 장경환, "보험약관의 교부설명의무", 보험학회지46, 1995, 111-112면

33) 양승규, "보통보험약관의 구속력", 서울대학교법학27-4, 1986, 164-165면; 장경환, "보험약관의 교부설명의무", 보험학회지46, 1995, 115-116면

34) 장덕조 67면

35) 보험계약자가 보험약관을 잘 알지 못한다는 항변이 순수하게 문제되는 경우는, 보험자가 보험계약자에게 명시 또는 교부한 보험약관 중에서 보험자가 설명할 의무가 없어서 설명하지 않은 내용에 대해 보험계약자가 스스로 자세히 살펴보지 않은 경우로 한정된다. 만약 보험약관을 계약내용으로 한다는 합의가 있더라도, 보험자가 보험약관을 명시 또는 교부하지 않은 경우라면, 보험계약자가 약관내용을 잘 알기 어렵다. 이것은 보험자가 보험약관에 대한 명시 또는 교부의무를 위반한 것으로서 보험계약자가 해당 보험약관의 구속력에서 벗어날 수 있는 것이다(약관규제법 3조, 상법 638조의3). 한편, 보험자가 보험약관에 대한 설명의무에 따라 보험약관의 중요사항을 보험계약자가 이해할 수 있도록 설명한 경우라면, 보험계약자가 약관내용을 잘 알지 못했다는 항변이 통할 수 없다. 만약 보험자가 설명의무를 위반하였다면 보험계약자가 해당 보험약관의 구속력에서 벗어날 수 있다(약관규제법 3조 4항, 상법 638조의3).

이행했음에도 불구하고, 보험계약자가 보험약관의 내용을 자세히 살펴보지 않음으로 인해 생길 수 있는 불이익은 일종의 자기책임의 원칙에 따라, 보험계약자가 부담할 수밖에 없다. 또한 보험계약자가 자세히 살펴보았는지에 대한 입증이 쉽지 않을 뿐만 아니라, 보험계약자의 주관적 사정으로 인해 보험자의 계약상 지위가 지나치게 불안정해지는 것도 바람직하지 않다.

③ 의사추정설은, 특히 사업자 입장에서 볼 때 당사자 간 합의를 일일이 입증하는 것이 부담이 될 수 있다는 점에 기초하여 제기된 것으로 보인다. 하지만 묵시적 합의도 허용한다고 보면, 굳이 사업자에게 유리하도록 합의의 존재를 추정하지 않더라도, 위와 같은 부담이 별 문제가 되지 않을 것이다.

제4절 개별약정의 문제

1. 개별약정의 의의

개별약정이란, 당사자가 계약을 체결하면서 약관의 전부 또는 일부와 다른 합의를 하는 경우, 이 합의를 가리킨다. 이 합의는 구두이든 서면이든 방식은 문제되지 않는다.

보험계약의 체결과정에서, 개별약정이 발생하는 상황은 기업보험과 가계보험이 좀 다르게 나타난다. 기업보험은 기업별 위험의 특수성이 보험계약의 내용에 탄력적으로 반영될 필요가 있고, 보험약관과 다른 개별약정은 이를 위해서 활용될 수 있다. 대등한 지위에 있는 보험자와 보험계약자가 개별약정을 체결한다는 점을 인식하면서 이를 협상하는 경우를 흔히 볼 수 있다. 하지만 가계보험의 경우는 상황이 크게 다르다. 가계보험은 보험계약자의 경제적 지위가 보험자에 비해서 약하고, 계약자별 위험의 특수성에 대한 고려가 상대적으로 적다는 특성이 있다. 그 결과 가계보험에서 약관내용은 협상의 대상이라기보다 전부 승낙 또는 전부 거절의 대상에 가깝고, 따라서 가계보험에서 보험자가 의도하여 개별약정을 하는 경우는 드물다.

2. 개별약정의 효력 문제

(1) 의의

개별약정에 관한 법적 쟁점으로 먼저 검토할 것은 개별약정의 효력 문제이다. 이것은 개별약정이 보험약관에 우선하는 효력을 갖는지 여부이다. 만약 우선한다면 개별약정이 당사자에 대해 구속력을 갖게 될 것이고, 만약 그렇지 않다면 보험약관이 여전히 당사자에 대해 구속력을 갖게 될 것이다. 여기서는 보험자에 의한 개별약정의 문제라고 평가될 수 있는 것에 대해서만 다룬다. 모집종사자에 의한 개별약정의 문제는 보험계약의 모집 부분에서 별도로 살펴보았다.

(2) 판례

개별약정의 효력이 본격적으로 다투어졌던 대표적인 판례로는 대판 1985.11.26. 84다카2543이 있다. 여기서 대법원은, 약관이 구속력을 갖는 이유는 당사자의 합의에 있다는 점을 전제하고, 당사자가 약관과 다르게 약정한 것은 약관에 우선하는 효력을 갖는다는 원칙을 확립하였다.[36] 이 사건에서는 보험기간이 6개월인 보험계약을 체결하고 보험기간이 종료할 때마다 보험계약을 갱신하는 계속적 계약관계에서, 도중에 보험약관이 개정되었음에도 보험자의 대리점직원이 보험계약자에게 신약관의 내용을 알리지 않은 정도가 아니라 그 개정이 명칭의 변경에 불과하고 약관내용은 그대로라고 강조하며 보험계약을 모집했다. 대법원은, 보험계약자도 구약관과 같은 내용으로 보험계약을 갱신할 의사를 표시함으로써 계약이 성립된 것이라면, 이것은 보험자와 보험계약자 사이에 명시적으로 구약관에 따르기로 약정한 경우와 같다고 보았다. 이후 후속 판례들도 개별약정 우선의 원칙을 지속적으로 지지하고 있다. 다만 위 대판 1985.11.26. 84다카2543은 보험모집자가 약관을 사실과 다르게 설명한 경우의 문제이기도 한데, 이에 관해서는 보험계약의 모집에서 다루었다.

대판 1997.9.5. 95다47398에서, 보험계약은 당사자 일방이 약정한 보험료를 지급하고 상대방이 재산 또는 생명이나 신체에 관하여 불확정한 사고가 생길 경우에 일정한 보험금액 또는 기타의 급여를 지급할 것을 약정함으로써 효력이 생기는 불요식의 낙성계약이므로(상법 638조), 계약 내용이 반드시 보험약관의 규정에 국한되는 것은 아니고, 당사자가 특별히 보험약관과 다른 사항에 관하여 합의한 때에는 그 효력이 인정된다고 판시했다. 최근의 대판 2019.3.28. 2016다211224도 같은 취지의 판결이다.

(3) 학설

통설은 개별약정의 우선적 효력을 인정한다. 그 근거는 두 가지 측면에서 논의된다. 먼저, 약관이 구속력을 갖는 이유가 당사자의 합의에 있다는 입장(합의설)은 개별약정에 대해서 우선적 효력을 인정하는 것이 자연스럽다. 그리고 상관습(법)설을 취하되, 상관습

---

36) 대판 1989.3.28. 88다4645; 대판 1990.4.27. 89다카24070; 대판 2000.4.25. 99다68027; 대판 2007.6.29. 2007다9160

(법)에 임의적 효력만 부여하면 개별약정의 우선적 효력을 인정할 수 있게 된다. 즉 보험약관에 관한 상관습(법)은 임의적 효력에 그친다고 전제하고, 개별약정은 이 상관습(법)에 우선하는 효력을 가진다(민법 105조 참조)고 하게 되면, 개별약정의 우선적 효력을 인정하게 되는 것이다. 이와 달리 개별약정의 우선적 효력을 부인하는 견해가 있는데, 보험계약자를 평등하게 대우하기 위해서는 개별약정의 효력을 부인해야 한다는 입장이다.[37] 개별약정이 어떤 특정한 보험계약자에게 특별한 이익을 제공하는 것인 경우 그 효력을 인정할 수 없다는 취지이다.

(4) 약관규제법

대판 1985.11.26. 84다카2543이 판시된 이후인 1986년에 제정된 약관규제법은 개별약정의 우선적 효력을 명시적으로 규정하였다. 즉 약관에서 정하고 있는 사항에 대해 사업자와 고객이 약관내용과 다르게 합의한 경우 그 합의사항은 약관보다 우선한다(약관규제법 4조).

(5) 결론

합의설에 따라 개별약정에 대해서 우선적 효력을 인정하는 것이 타당하다. 보험계약자를 평등하게 대우하기 위해서 개별약정의 효력을 부인해야 한다는 견해는 보험계약이 기본적으로 보험자와 보험계약자 사이의 개별적 채권계약이라는 점을 경시한 것이다.

3. 개별약정의 존재 여부

(1) 의의

약관규제법의 제정 이후에도 개별약정과 관련하여 종종 다투어진 것은, 당사자 사이에 개별약정이 존재했다고 볼 수 있는지 여부의 문제이다. 이것은 법률행위 해석의 문제인데, 이러한 해석을 통해서 개별약정의 존재 여부가 밝혀지게 된다. 법률행위의 해석은 당사자가 그 표시행위에 부여한 객관적 의미를 명백하게 확정하는 것인데, 법률행위의 해석이 문제되는 경우에는 법률행위의 내용, 그러한 법률행위가 이루어진 동기와 경위, 법률행위에 의하여 달성하려는 목적, 당사자의 진정한 의사 등을 종합적으로 고찰하여 논리와 경험칙에 따라 합리적으로 해석해야 한다.[38]

대판 2010.9.9. 2009다105383에서 대법원은 개별약정이 존재한다고 보기 위해 필요

37) 양승규 115면; 장경환, "보험약관의 교부설명의무", 보험학회지46, 1995, 105면

38) 대판 1994.4.29. 94다1142; 대판 2011.12.27. 2011다5134; 대판 2017.6.15. 2013다215454; 대판 2017.9.26. 2015다245145

한 요건에 대해서 다음과 같이 판시한 바 있다. 즉 계약의 일방 당사자가 다수의 상대방과 계약을 체결하기 위해서 일정한 형식에 의하여 미리 계약서를 마련하여 두었다가 어느 한 상대방에게 이를 제시하여 계약을 체결하는 경우에도, 그 상대방과 사이에 특정 조항에 관하여 개별적인 교섭(또는 흥정)을 거침으로써 상대방이 자신의 이익을 조정할 기회를 가졌다면, 그 특정 조항은 약관규제법의 규율대상이 아닌 개별약정이 된다고 보아야 한다. 이때 개별적인 교섭이 있었다고 하기 위해서는 비록 그 교섭의 결과가 반드시 특정 조항의 내용을 변경하는 형태로 나타나야 하는 것은 아니라 하더라도, 적어도 계약의 상대방이 그 특정 조항을 미리 마련한 계약서의 내용에 구속되지 아니하고 당사자와 사이에 거의 대등한 지위에서 당해 특정 조항에 대하여 충분한 검토와 고려를 한 뒤 영향력을 행사함으로써 그 내용을 변경할 가능성이 있어야 하고, 약관조항이 당사자 사이의 합의에 의하여 개별약정이 되었다는 사실은 이를 주장하는 측에서 증명하여야 한다고 판시했다.[39]

(2) 사례

① 대판 1997.9.5. 95다47398에서, 계약 체결의 기초가 된 약관은 동산보험약관이었지만, 당사자의 계약체결 과정을 검토해 보면 당사자는 개별약정으로 책임보험계약에 합의했다고 판시했다. 이 사건에서 보험계약자는 타인과의 임가공계약에 따라 그에게서 공급받은 가죽원피 등 원·부자재 및 완제품, 그리고 자신의 소유인 미싱 6대와 재단기 1대 등을 보험목적으로 도난 등이 발생할 경우에 대비한 보험계약을 보험자와 체결하였으나 누가 피보험자인지가 보험청약서에 기재되지 않았다. 이 계약 체결에 기초가 된 약관은 동산보험약관이었고, 이것이 보호하는 피보험이익은 소유이익이었다. 만약 위 보험약관이 구속력을 갖는다고 인정된다면, 보험계약자가 아니라 원·부자재 및 완제품에 대한 소유이익을 가진 타인이 피보험자가 된다. 하지만 대법원은 보험계약자가 피보험자라고 판시했다. 그 근거로, 보험목적이 손실·분실될 경우에 자신이 부담할 손해배상책임에 대비하여 이 보험계약이 체결되었고, 보험목적에 원·부자재 및 완제품 등 타인 소유 이외에도 보험계약자의 소유인 미싱과 재단기도 포함되었으며, 보험사고 발생 후 보험자가 작성한 보험금지급결의서의 피보험자란에 보험계약자의 성명이 기재되어 있는 사정 등을 제시했다. 그런데 위와 같은 피보험이익을 가진 보험계약자를 피보험자로 본다면, 보험자와 보험계약자 사이에 체결된 계약은 동산보험이 아니라 책임보험이라고 보아야 한다. 그리하여 대법원은 보험자와 보험계약자 사이에는, 보험계약자가 점유·관리하는 타인 소유의 물건이 도난당하는 등 사고로 인하여 타인에게 지는 손해배상책임을 보상

39) 같은 취지로는, 대판 2008.7.10. 2008다16950; 대판(전원) 2013.9.26. 2012다1146

하는 것을 목적으로 하는 책임보험의 개별약정이 체결된 것이라고 판시하였다. 이 판결은, 개별약정의 존재에 관해서는 물론이고 피보험이익에 관한 중요한 판례여서, 피보험이익과 관련해서도 검토할 예정이다.

② 대판 1998.10.13. 97다3163은, 보험계약의 체결 시에, 피보험차량의 종류가 '렉카크레인'으로 기재되었고, 차량의 용도는 기계운반용으로 기재되었으며, 피보험자의 면허번호가 기재되었고, 보험요율은 특수 작업용 자동차의 요율이 적용되었던 사안이다. 쟁점은 1종 대형면허를 가지고 있던 피보험자가 피보험차량을 운전하는 것이 무면허운전에 해당하여 보험약관상 무면허운전 면책조항이 적용되는지 여부였다. 피보험차량이 렉카(wrecker)라면 1종 특수면허로만 운전이 가능하기 때문에 면책조항이 적용되고, 반면 피보험차량이 기중기라면 1종 대형면허로도 운전이 가능하기 때문에 면책조항의 적용이 없다. 대법원은 우선 피보험차량이 기중기라고 판시했다. 나아가, 무면허운전 면책조항의 적용을 배제한다는 개별약정이 계약 당사자 사이에 체결된 것으로 보아야 한다고 판시했다. 즉, 보험자가 특수 작업용 자동차의 요율을 적용했는데, 특수 작업용 자동차에는 렉카가 포함되지 않으며, 특수 작업용 자동차는 1종 대형면허로도 운전할 수 있다는 점을 고려할 때, 보험자가 피보험차량을 1종 대형면허로 운전이 가능한 것으로 판단한 것이고, 따라서 보험자와 보험계약자 사이에는 피보험자의 피보험차량 운전으로 인한 손해를 보상하여 주는 개별약정이 체결된 것이라고 판시했다.

③ 대판 2015.11.17. 2014다81542는 보험자가 연금액이 정기예금이율의 변동에 영향을 받는다고 한 약관조항에 대한 설명의무를 위반했고, 일부가 훼손된 채 증거로 제출된 보험증권에는 3개월 단위 연금액이 확정적으로 기재되어 있었던 사안이다. 쟁점은, 보험증권에 기재된 연금액이 보험약관과 다른 개별약정이라고 볼 것인지 여부였다. 대법원은, 보험증권에 기재된 연금액이 보험계약에 따른 연금액으로 인정되려면 보험약관에 대한 설명의무 위반만으로는 부족하고, 보험계약자가 보험계약 체결 시에 그러한 합의를 했다는 입증을 해야 하는데, 그 입증이 충분하지 않다고 판단했다. 대법원은, 보험증권의 일부가 훼손된 채 증거로 제출되었고, 보험자의 전산정보(상품보장내역)의 기재 내용, 이 사건 보험계약이 체결될 무렵 판매된 같은 보험상품의 보험증권 기재 내용 등을 고려하면, 보험증권 중 훼손된 부분에 연금액이 정기예금이율의 변동에 영향을 받는다는 기재가 있을 가능성을 배제할 수 없다는 점을 근거로 제시했다.

④ 대판 2017.6.15. 2013다215454에서는 두 종류의 자동차보험계약을 다루었는데, 그 중 하나에서는 개별약정 체결이 인정되었고, 다른 하나에서는 개별약정 체결이 부정되었다. 먼저, 개별약정 체결이 인정된 자동차보험계약을 보자. 즉 보험자와 보험계약자가 자동차 대인배상보험 I 을 체결하였고 보장내용은 보험계약자가 소유하는 지게차의

사고로 인하여 손해배상책임을 짐으로써 입는 손해를 보상하는 것인데 다만 해당 대인배상보험 I 의 보험약관에 대인배상보험 I 은 자동차손배법에 의한 손해배상책임에 한하여 보상한다고 규정되어 있던 사안이다. 그런데 지게차는 자동차손배법이 적용되는 자동차[40]에 속하지 않는다. 쟁점은 자동차손배법에 의한 손해배상책임만 보상한다는 보험약관과 달리 동법이 적용되지 않은 지게차에 의한 손해배상책임도 보상한다는 개별약정이 체결되었는지 여부였다. 대법원은 개별약정의 체결을 긍정했다. 즉 보험자는 이 사건 보험계약으로 지게차를 자동차손배법이 적용되는 건설기계와 같이 취급하여 그 운행과 관련해서 발생한 사고에 관하여 자동차손배법과 동일한 내용으로 보상하여 주기로 약정했다고 보았다. 이와 달리 이 사건 보험계약에서 대인배상보상 I 에 따른 보상을 부정한다면 이 사건 보험계약의 효력을 전면적으로 부정하는 결과가 되어 이 사건 보험계약을 체결한 보험목적을 전혀 달성할 수 없다고 보았다. 위와 유사한 사실관계를 갖는 대판 2017.9.26. 2015다245145에서도 대법원은 동일한 내용으로 판결했다.

다음, 개별약정 체결이 부정된 자동차보험계약을 보자. 보험회사와 보험계약자가 지게차의 사고로 인하여 손해배상책임을 짐으로써 입는 손해를 보상하는 자동차 대인배상보험 I · II 를 체결하였는데, 보험약관에 따르면 대인배상보험 II 는 대인배상보험 I 에 가입하는 경우만 가입할 수 있고 대인배상보험 I 은 자동차손배법에 의한 손해배상책임에 한하여 보상하며 대인배상보험 II 는 대인배상보험 I 로 지급되는 금액 또는 피보험자동차가 대인배상보험 I 에 가입되어 있지 않은 경우 대인배상보험 I 로 지급될 수 있는 금액을 공제한 금액을 보상한다. 전술한 것처럼 지게차는 자동차손배법이 적용되는 자동차에 해당하지 않는다. 쟁점은 자동차손배법에 의한 손해배상책임만 보상한다는 대인배상보험 I 의 보험약관과 달리 동법이 적용되지 않은 지게차에 의한 손해배상책임도 대인배상보험 I 에 의해서 보상한다는 개별약정이 체결되었는지 여부였다. 대법원은 개별약정의 체결을 부정했다. 즉 보험약관에서 정한 대인배상보험 I 과 대인배상보험 II 의 보상내용을 고려하면 위 보험계약은 지게차 사고로 자동차손해법에 따른 손해배상책임 외의 손해배상책임을 짐으로써 손해가 발생한 경우 이를 모두 대인배상보험 II 에 포함시켜 보상하기로 약정한 것이라고 해석했다. 이와 달리 대인배상보험 I 의 보상범위는 자동차손배법에 의한 손해배상책임에 한정된다는 약관조항을 배제하고 보험자가 그 손해의 일부를 대인배상보험 I 로 보상한다는 내용의 개별약정이 있다고 보기는 어렵다고 판시했다. 자

---

40) 자동차손배법이 적용되는 자동차는 자동차관리법의 적용을 받는 자동차와 건설기계관리법의 적용을 받는 건설기계 중 대통령령으로 정하는 것을 말하고(자동차손배법 2조 1호), 여기서 대통령령으로 정하는 건설기계에는 덤프트럭, 타이어식 기중기, 콘크리트믹서트럭, 트럭적재식 콘크리트펌프, 트럭적재식 아스팔트살포기, 타이어식 굴삭기, 트럭지게차, 도로보수트럭, 노면측정장비(노면측정장치를 가진 자주식) 등을 말한다(동법시행령 2조).

동차손배법에 의한 손해배상책임만 보상한다는 대인배상보험 I 보험약관의 문리에 따르더라도 이 사건 보험계약의 효력을 전면적으로 부정하는 결과가 생기지 않으므로 위 문리를 중시하는 해석을 한 것이다.

⑤ 대판 2019.3.28. 2016다211224에서는 보험약관이 피보험자가 우연한 외래의 사고로 신체에 상해를 입으면 보험수익자에게 보험금을 지급하도록 규정하고 있었고, 태아는 출생 시에 피보험자가 된다고 규정하고 있었다. 그런데 보험계약자가 자신의 자녀가 출생하기 약 5개월 이전에 이 보험약관에 따라 보험계약을 체결하였고, 해당 보험계약 청약서의 피보험자 정보란과 고지의무의 피보험자란에는 '태아'라고 명시적으로 기재되어 있었다. 피보험자는 분만 과정에서 상해를 입었다. 대법원은 보험약관에 따르면 태아는 출생 시에 피보험자가 된다고 규정하고 있으나, 보험계약의 당사자가 위 약관의 내용과 달리 약정하여 그 약관 규정의 구속력을 배제할 수 있다고 보았다. 보험계약자와 보험자는 보험계약 체결 당시 피보험자가 태아임을 잘 알고 있었고, 피보험자가 태아 상태일 때 계약을 체결하면서 계약체결일부터 보험료를 지급하여 보험기간을 개시하였는데, 이처럼 보험계약을 체결하게 된 동기와 경위, 절차, 보험기간, 보험계약에 의하여 달성하고자 하는 목적 등을 종합적으로 고려하면, 당사자 사이에 보험약관의 내용과 달리 출생 전 태아를 피보험자로 하기로 하는 개별약정이 있다고 봄이 타당하다고 판시했다.

제5절 미인가 보험약관, 보험약관 개정의 효력

1. 미인가 등의 보험약관 효력

보험약관이 인가, 신고, 또는 제출의 대상임에도 불구하고 이를 거치지 않은 보험약관에 의해서 보험계약이 체결돼도 그 사법적 효력은 인정된다고 해석한다(통설). 또한 보험약관이 인가, 신고, 또는 제출의 절차를 거쳤다고 해도, 이것만으로 보험약관의 공정성이 의제되지 않는다.[41)]

---

41) 임용수 28면; 대판 1990.5.25. 89다카17591(상법 659조 2항 및 663조의 규정에 비추어 이 사건 무면허운전사고 면책에 관한 보험약관의 규정이, 보험사고가 전체적으로 보아 고의로 평가되는 행위로 인한 경우뿐만 아니라 과실(중과실 포함)로 평가되는 행위로 인한 경우까지 포함하는 취지라면 과실로 평가되는 행위로 인한 사고에 관한 한 무효이고, 이는 그 보험약관이 재무부장관의 인가를 받았다 하여 달라지는 것은 아니라고 한 원심판단은 정당하다)

2. 보험약관 개정의 효력

보험약관에 의해서 보험계약이 체결된 다음에 보험약관이 개정되더라도, 이미 체결된 보험계약에 영향을 미치지 않고, 체결 당시의 보험약관이 보험계약의 내용으로 유지되는 것이 원칙이다(통설). 변경된 보험약관이 보험계약자 등에게 유리한 경우에도 이미 체결된 보험계약에 당연히 소급하여 적용되는 것은 아니며, 소급적용하려면 당사자 사이에 명시적 또는 묵시적 합의가 있어야 한다.[42] 변경된 보험약관의 내용이 보험계약자 등에게 불리하게 변경된 것이 아니라면, (합의와 무관하게) 변경된 보험약관이 이미 체결된 보험계약에 소급하여 적용되는 것으로 볼 수 있는가? 합의설에 따르면 당사자 사이에 합의가 없는 한 가능하지 않다.[43]

금융위원회는 일정한 경우 보험약관(기초서류의 일종)의 변경을 명령할 수 있는데, 보험계약자 등의 이익을 보호하기 위해서 필요한 경우 이미 체결된 보험계약에 대해서도 장래에 향하여 변경의 효력을 미치게 할 수 있다(보험업법 131조 2항, 3항).[44] 나아가 금융위원회는 변경명령을 받은 기초서류 때문에 보험계약자 등이 부당한 불이익을 받을 것이 명백한 경우 이미 체결된 보험계약에 따라 납입된 보험료의 일부를 되돌려주거나 보험금을 증액하도록 할 수 있다(보험업법 131조 4항).

계약 당사자의 합의에 의하여 계약내용으로 편입되는 보험약관은 원칙적으로 계약체결 당시에 유효하게 시행되고 있는 약관이지만, 동일한 보험계약 당사자가 일정한 기간마다 주기적으로 동종 보험계약을 반복하여 체결하는 계속적 거래관계에 있어서, 종전의 계약내용이 포함된 보험약관을 도중에 보험계약자 등에게 불리하게 변경한 사실이 있다면, 보험자는 새로운 보험계약을 체결할 때 약관변경의 사실 및 내용을 보험계약자에게 고지할 신의칙상의 의무가 있고, 이 고지없이 체결된 보험계약은 종전의 보험약관에 따라 체결된 것으로 본다.[45]

---

42) 대판 1992.5.22. 91다36642(개정한 업무용자동차종합보험 보통약관은 해당 보험계약의 체결 후에 시행된 것으로서 보험계약자 등에게 불리하지 아니한 범위 내에서 시행 이전에 체결된 보험계약에도 당사자의 명시적, 묵시적인 합의에 따라 적용된다); 임용수 29면; 장덕조 76면; 정경영 797면; 정찬형 525면

43) 대판 2010.1.14. 2008다89514(보험계약이 일단 그 계약 당시의 보통보험약관에 의하여 유효하게 체결된 이상 그 보험계약관계에는 계약 당시의 약관이 적용되는 것이고, 그 후 보험자가 그 보통보험약관을 개정하여 그 약관의 내용이 상대방에게 불리하게 변경된 경우는 물론 유리하게 변경된 경우라고 하더라도, 당사자가 그 개정 약관에 의하여 보험계약의 내용을 변경하기로 하는 취지로 합의하거나 보험자가 구 약관에 의한 권리를 주장할 이익을 포기하는 취지의 의사를 표시하는 등의 특별한 사정이 없는 한 개정 약관의 효력이 개정 전에 체결된 보험계약에 미친다고 할 수 없다). 반대 : 박세민 55면

44) 기초서류의 변경을 명령할 수 있는 경우는, 보험자의 업무 및 자산상황, 그 밖의 사정의 변경으로 공익 또는 보험계약자의 보호와 보험자의 건전한 경영을 크게 해칠 우려가 있거나, 보험자의 기초서류에 법령을 위반하거나 보험계약자에게 불리한 내용이 있다고 인정되는 경우가 있다.

45) 대판 1986.10.14. 84다카122

제6절 보험약관의 명시·교부·설명의무

1. 개관

(1) 설명의무 등의 의의

약관이 구속력을 가지려면 당사자의 합의가 필요하다(합의설). 하지만 현행법하에서는 이것만으로 약관이 완전한 구속력을 갖는 데 충분하지 않다. 왜냐하면 이에 덧붙여 약관의 명시·교부·설명의무를 위반하면 약관이 구속력을 상실할 수 있기 때문이다. 약관의 명시·교부·설명의무에 대해서는 약관규제법 3조와 상법 638조의3이 규정한다. 전자는 약관에 관한 일반법규이고, 후자는 보험약관에 대한 특별법규이다. 약관규제법은 1986년에 제정되었고, 상법 638조의3은 1991년에 신설된 조항이다.

(2) 설명의무 등의 취지

약관의 명시·교부·설명의무의 취지는 무엇인가. 한마디로, 고객에게 약관 내용을 알 수 있는 기회를 주자는 것이다(판례,[46] 통설). 즉 명시·교부·설명의무는 정보제공의무이다. 고객이 약관을 통한 계약체결에 대해서 합의를 했다고 해도, 만약 약관 내용을 알 수 있는 상태에서 한 합의가 아니라면, 그 합의는 진정한 것이 아닐 수 있다. 합의가 형식에 흐르는 것을 예방하기 위해서는, 고객에게 약관 내용을 알 수 있는 기회를 줄 필요가 있다. 약관규제법 등이 제정되기 이전에는 약관의 명시·교부·설명의무 없이 당사자의 합의만으로도 약관은 완전한 구속력을 가질 수 있었다. 그것은 각자의 의사에 기초하여 자유롭게 법률관계를 형성할 수 있다는 사적자치의 원칙에 따른 것이었다. 하지만 약관은 사업자에 의해 일방적으로 작성되는 것이 보통인데, 그 약관 내용이 고객에게 분명하게 밝혀져 있지 않거나, 약관 사본이 교부되지 않거나 또는 이해를 돕는 설명이 없는 경우, 고객은 약관의 내용을 알 수 있는 기회를 충분히 가질 수 없다. 약관 내용을 알 수 있는 기회가 없이 이를 계약에 포함하려는 고객의 의사는 형식적인 것에 불과하여 고객 보호에 지장이 있다는 문제의식에 공감대가 형성된 것이다. 그리하여 국가가 고객 보호를 위해 후견적으로 개입하여 사업자에게 위와 같은 의무를 부과하고, 이를 위반하면 약관의 구속력에 제한을 가하는 것이다.

46) 대판 1998.11.27. 98다32564; 대판 1999.5.11. 98다59842; 대판 2005.10.7. 2005다28808; 대판 2016.9.23. 2016다221023; 대판 2024.7.11. 2024다223949

2. 관련 법규

(1) 약관규제법

1) 설명의무 등의 요건

명시의무로서, 사업자는 계약을 체결할 때 고객에게 약관내용을 계약의 종류에 따라 일반적으로 예상되는 방법으로 분명하게 밝혀야 한다(약관규제법 3조 2항). 가령 보기 쉽게 작성된 약관내용을 보여주면 명시의무를 이행하는 것이다. 교부의무로서, 사업자는 계약을 체결할 때 고객이 요구하면 약관의 사본을 고객에게 내주어서 고객이 약관내용을 알 수 있게 해야 한다(약관규제법 3조 2항). 설명의무로서, 사업자는 약관의 중요한 내용을 고객이 이해할 수 있도록 설명해야 하고, 다만 계약의 성질상 설명이 현저하게 곤란한 경우에는 설명의무가 면제된다(약관규제법 3조 3항).

2) 설명의무 등의 효과

의무를 위반한 사업자는 해당 약관을 계약 내용으로 주장할 수 없다(약관규제법 3조 4항).[47] 명시 · 교부 · 설명의무 모두를 위반해야 하는 것은 아니고, 그중 어느 하나라도 위반하면 법적 효과가 생긴다. 사업자는 해당 약관을 계약내용으로 주장할 수 없으므로, 고객은 해당 약관을 계약내용에서 배제할 수 있다(통설). 판례도 같다. 고객은 약관의 전부에 대해 의무 위반이 있으면 그 전부를 계약 내용에서 배제할 것을 주장할 수 있고, 약관의 일부만 의무 위반이 있으면 그 부분에 대해서만 계약내용에서 배제할 것을 주장할 수 있다.[48] 그리고 의무 위반이 있더라도, 고객이 해당 약관을 계약내용에서 배제해야 한다는 주장을 하지 않으면 해당 약관은 완전한 구속력을 갖게 된다.

만약 고객의 배제주장에 의해서 약관의 전부 또는 일부가 계약내용으로 편입되지 못하면, 계약의 운명은 어떻게 되는가? 계약은 나머지 부분만으로 유효하게 존속하는 것이 원칙이고, 유효한 부분만으로는 계약의 목적 달성이 불가능하거나 유효한 부분이 한쪽 당사자에게 부당하게 불리한 경우에는 예외적으로 계약 전부가 무효로 된다(약관규제법 16조). 이 규정은 법률행위의 일부가 무효이면 전부를 무효로 한다는 일반원칙(민법 137조 본문)의 특칙이다. 만약 일반원칙에 따라서 해당 계약 전부를 무효로 한다면, 의무위반 부분만 계약내용에서 배제하고 계약의 효력을 유지하는 것이 고객에게 유리한 경우 고객에게 불리하게 작용할 수 있으므로, 이를 고려하여 약관규제법 16조를 특칙으로 둔 것이다.[49] 그리고 계약이 나머지 부분만으로 유효하게 존속하는 경우, 당해 계약의 내용은

47) 또한 설명의무 등을 위반하면 과태료 부과라는 공법상 효과도 생긴다(약관규제법 34조 2항 1호, 2호). 다만 여기서는 위반 시에 발생하는 사법상 효과를 중심으로 논의하기로 한다.

48) 대판 2003.8.22. 2003다27054

나머지 부분의 약관에 대한 해석을 통해서 확정되어야 한다.[50] 그리고 보험계약자가 이렇게 확정된 보험계약의 내용과 다른 내용을 보험계약의 내용이라고 주장하려면, 당사자 사이에 다른 내용에 대한 합의가 있었다는 사실을 증명하여야 한다.[51]

(2) 상법

1) 설명의무 등의 요건

교부의무로서, 보험자는 보험계약을 체결할 때에 보험계약자에게 보험약관을 교부해야 한다(상법 638조의3 1항). 그리고 설명의무로서, 보험자는 보험계약을 체결할 때에 보험계약자에게 보험약관의 중요한 내용을 설명해야 한다(상법 638조의3 1항).

상법 638조의3 1항은 2014년에 현행과 같이 개정되었다. 그 이전에는 보험계약을 체결할 때에 보험계약자에게 보험약관을 교부하고, 그 약관의 중요한 내용을 "알려 주어야 한다"고 규정하고 있었다. 여기서 "알려 주어야 한다"는 문리만으로 보면 명시의무인지 설명의무인지 알기 어려웠고, 게다가 개정 이전의 상법 638조의3의 표제가 "보험약관의 교부·명시의무"라고 되어 있어서 혼란을 가중시켰다. 하지만 판례[52]와 통설은 이를 설명의무라고 해석하고 있었고, 이러한 해석을 명문으로 반영하기 위해 638조의3의 표제와 1항 후단의 문구를 고쳐 설명의무임을 분명하게 하였다.

2) 설명의무 등의 효과

보험자가 교부·설명의무를 위반하면 보험계약자는 보험계약이 성립한 날부터 3개월 내에 그 계약을 취소할 수 있다(상법 638조3 2항). 교부·설명의무 모두를 위반해야 하는 것은 아니고, 그중 어느 하나라도 위반하면 법적 효과가 생긴다. 여기서 3개월은 제척기간으로 해석한다(통설). 2014년 상법 개정을 통해서 제척기간이 종전의 1개월에서 3개월로 늘어났다. 하지만 보험약관의 설명의무 등에 대한 위반 문제는, 대개 보험사고가 발생한 이후에 보험금 청구의 단계에서 제기되는 것이 보통이라는 점을 고려하면, 취소권의 행사기간을 3개월 이내로 늘렸다고 해서 취소권의 활용도를 크게 높일 수 있다고 보기는 어렵다. 그리고 취소권의 행사로 보험계약이 취소되는 경우는 처음부터 무효가 된다. 따라서 당사자는 원상회복의무가 있으며, 보험자가 받은 보험료가 있다면 이를 보험계약자에게 반환해야 한다(통설).

---

49) 이은영, 약관규제법, 1994, 364면
50) 대판 2015.11.17. 2014다81542
51) 대판 2015.11.17. 2014다81542
52) 대판 1998.11.27. 98다32564; 대판 1999.3.9. 98다43342; 대판 2001.7.27. 2001다23973

(3) 약관규제법과 상법의 비교

약관규제법 3조와 상법 638조의3을 비교해 보자. 한마디로, 양자는 요건 면에서는 차이가 적으나, 효과 면에서는 차이가 크다.

1) 요건의 면

약관규제법 3조 2항 및 3항에 따르면, 사업자는 약관에 대한 명시의무, 고객의 요구가 있으면 교부의무, 그리고 설명의무를 부담한다. 상법 638조의3 1항에 의하면, 보험자는 교부의무, 그리고 설명의무를 부담한다. 상법 638조의3 1항에 의하면 고객의 요구가 없어도 교부의무를 부담해야 한다는 점에서, 보험자의 의무가 약관규제법에 비해서 좀 더 무겁다. 보험약관은 내용이 전문적이고 분량도 많은 것이 보통이어서, 교부를 받지 않으면 그 내용을 알 기회를 갖기 어렵다는 점을 감안한 것으로 보인다.

2) 효과의 면

약관규제법 3조와 상법 638조의3은 의무위반의 효과 면에서 상당한 차이가 있다. 즉 상법은 의무위반의 효과가 취소권 발생이지만, 약관규제법은 의무위반의 효과가 고객이 해당 약관의 전부 또는 일부를 계약내용에서 배제할 수 있다는 것이다.

약관규제법 3조의 효과는 상법에 비해서 보험계약자에게 더 유리하다고 평가할 수 있다. 가령 보험약관에 있는 중요한 면책조항이 설명되지 않고 보험계약이 체결되었는데 이후에 그 면책사유로 인해서 보험사고가 발생한 경우를 보자. 상법에 의하면 보험계약이 성립한 때로부터 3개월 이내라면 보험계약자가 계약에 대한 취소권을 행사할 수 있다. 보험계약자가 취소권을 행사하면 보험계약이 소급적으로 효력을 상실하는데, 보험자로부터 보험료는 반환받을 수 있겠지만, 발생한 보험사고에 대해 보험금청구권은 행사하지 못한다. 이와 달리 약관규제법에 의하면 보험계약자는 설명되지 않은 면책조항을 계약내용에서 배제하여 보험금청구권을 행사할 수 있다. 약관규제법 3조와 상법 638조의3 중 어느 것이 보험계약자에게 유리한지는 보험료 반환이 아니라 보험금청구권 행사 여부를 기준으로 판단해야 한다. 왜냐하면 보험약관의 설명의무 등에 대한 위반 문제는 대개 보험사고가 발생한 이후에 보험금 청구의 단계에서 제기되는 것이 보통이기 때문이다.[53] 그래서 보험약관의 설명 등을 받지 않은 보험계약자가 보험사고 발생 전에 계약에 대한 취소권을 행사하는 것은 실효성을 기대하기 어렵다는 비판이 있다.[54] 요컨대 약관

---

53) 임용수 94면

54) 최기원 126면

규제법 3조가 상법 638조의3보다 보험계약자에게 훨씬 유리한 것이다.

3. 약관규제법과 상법의 관계

(1) 의의

약관규제법 3조와 상법 638조의3은 일반법과 특별법의 관계에 있다. 즉 약관규제법 3조는 약관에 관한 일반법이고 상법 638조의3은 약관에 관한 특별법이다. 그래서 약관규제법 3조와 상법 638조의3이 경합적용되는지(경합적용설), 아니면 특별규정인 상법 638조의3만이 적용되는지(단독적용설)가 다투어진다. 일반법과 특별법이 경합적으로 적용되는지 특별법이 단독으로 적용되는지 여부는, 두 법의 관계가 병존관계인지 배척관계인지에 달려 있다. 일반법과 특별법의 관계가 있더라도 두 법이 서로 모순되거나 저촉되지 않으면 경합하여 적용되는 것이며, 서로 모순되거나 저촉되면 특별법 우선의 원칙이 작용하여 특별법만이 적용되는 것이다. 이 경우 두 법이 상호 모순되거나 저촉되는지 여부는 각 법률의 입법목적, 규정사항 및 적용범위 등을 종합적으로 검토하여 판단해야 한다.[55) 약관규제법 30조 2항은 특정한 거래분야의 약관에 관하여 다른 법률이 특칙을 두고 있는 경우 그 특칙이 우선하여 적용된다고 규정한다. 하지만 일반법과 특별법이 서로 모순되거나 저촉되는 경우에만 특별법이 우선한다는 원칙은 약관에 관하여도 마찬가지로 적용된다.[56)]

(2) 판례

판례는 경합적용설을 취한다.[57)] 약관규제법 3조와 상법 638조의3이 서로 모순되거나 저촉되지 않는다는 것이다. 판례는 약관규제법 3조와 상법 638조의3이 서로 모순되거나 저촉되지 않는다는 근거로 다음의 세 가지를 들고 있다.

첫째, 상법 638조의3 2항은 보험자가 설명의무 등을 위반하면 보험계약자에게 계약의 취소권이 부여된다는 법적 효과를 규정할 뿐, 나아가 보험계약자가 취소권을 행사하지 않은 경우 설명의무 등을 다하지 않은 보험약관이 계약내용이 되는지 여부에 관하여

---

55) 대판 1989.9.12. 88누6856(동일한 형식의 성문법규인 법률이 상호 모순, 저촉되는 경우에는 신법이 구법에, 그리고 특별법이 일반법에 우선한다 할 것이나, 법률이 상호 모순되는지 여부는 각 법률의 입법목적, 규정사항 및 그 적용범위 등을 종합적으로 검토하여 판단하여야 할 것이고, 입법목적을 달리하는 법률들이 일정한 행위를 관할관청의 허가사항으로 각 규정하고 있는 경우에는 어느 법률이 다른 법률에 우선하여 배타적으로 적용된다고 해석되지 아니하는 이상은, 그 행위에 관하여 각 법률의 규정에 따른 허가를 받아야 한다고 할 것이다); 대판 1998.11.27. 98다32564; 대판 2016.11.25. 2014도14166

56) 대판 1998.11.27. 98다32564

57) 대판 1996.4.12. 96다4893; 대판 1998.11.27. 98다32564; 대판 1999.3.9. 98다43342

는 아무런 규정을 하고 있지 않다.[58] 상법 638조의3 2항이 이 점에서 대해서 규정하고 있지 않으므로, 이 점에 대해서 규정하고 있는 약관규제법 3조 4항과 서로 모순되거나 저촉되지 않는다는 것이 판례의 논지이다.

둘째, 상법 638조의3 2항에 의하여 보험계약자가 행사할 수 있는 취소권은 보험계약자에게 주어진 권리일 뿐이지 의무가 아니라는 점이 법문에서 명백하므로, 상법 638조의3 2항은 약관규제법 3조 4항과의 관계에서는 그 적용을 배제하는 특별규정이라고 할 수 없다.[59]

셋째, 일반적으로 계약의 취소권을 행사하지 않았다는 것이 바로 계약내용이 되지 않은 약관 내지 약관조항의 적용을 추인 또는 승인한 것으로 볼 근거는 없다.[60] 따라서 보험계약자가 취소권을 행사하지 않았다고 하더라도 보험자의 설명의무 위반의 법률효과가 소멸되어서 보험계약자가 설명의무 위반의 법률효과를 주장할 수 없다거나 설명의무 위반의 하자가 치유되는 것은 아니다.[61] 결국 상법 638조의3 2항에 따른 취소권을 행사하지 않아도 설명의무 등을 위반한 약관조항을 계약내용으로 추인 또는 승인한 것으로 볼 것은 아니므로, 이는 설명의무 등을 다하지 않은 보험약관을 계약내용에서 배제할 것을 주장할 수 있는 효과가 생기는 약관규제법 3조 4항과 서로 모순되거나 저촉되지 않는다는 것이 판례의 논지이다.

결국 상법 638조의3 2항은, 약관의 설명의무 등을 다하지 않아도 계약의 효력이 유지되는 것을 원칙으로 하되 예외적으로 계약 전체가 무효가 된다고 규정하는 약관규제법 16조와 서로 모순되거나 저촉될 수 있음은 별론으로 하고, 약관의 설명의무 등을 위반한 경우에 그 약관을 계약내용으로 주장할 수 없는 것으로 규정한 약관규제법 3조 4항과의 사이에는 아무런 모순 또는 저촉이 없다는 것이다.[62] 요컨대 상법 638조의3 2항은 약관규제법 3조 4항과의 관계에서 그 적용을 배제하는 특별규정이라고 할 수가 없고, 보험약관이 상법 638조의3 2항의 적용대상이지만 약관규제법 3조 4항도 역시 적용이 된다고 판시했다.

(3) 학설

학설은 단독적용설과 경합적용설이 팽팽하게 대립하고 있다.

58) 대판 1998.11.27. 98다32564
59) 대판 1996.4.12. 96다4893; 대판 1999.3.9. 98다43342
60) 대판 1998.11.27. 98다32564
61) 대판 1996.4.12. 96다4893
62) 대판 1998.11.27. 98다32564

1) 단독적용설

상법 638조의3이 단독으로 적용된다는 견해가 있으며, 이에 의하면 상법 638조의3 2항이 부여하는 취소권을 제척기간 내에 행사하지 않으면, 해당 보험약관의 구속력은 인정되고, 보험계약은 이 보험약관을 내용으로 하여 처음부터 유효했던 것으로 확정된다.[63] 단독적용설은 다음을 논거로 들고 있다.

첫째, 상법 638조의3 2항이 특별법이다. 즉 약관규제법 30조 2항은 특정한 거래분야의 약관에 관하여 다른 법률이 특칙을 두고 있는 경우 그 특칙이 우선하여 적용된다고 규정하고 있고, 상법 638조의3 2항이 약관규제법 3조 4항에 대한 특칙이다.[64]

둘째, 취소권 불행사에 따른 하자의 치유다. 즉 상법 638조의3 2항이 부여한 취소권을 행사하지 않으면 설명의무 등의 위반이라는 하자가 치유된다.[65]

셋째, 보험계약자 평등의 원칙 또는 위험단체의 수지균등이다. 특정 보험계약자가 설명의무 등의 위반을 이유로 해당 약관조항의 적용을 배제할 수 있다고 하면, 위험단체에 속한 보험계약자들을 평등하게 취급해야 한다는 원칙에 반하고 위험단체의 수지균등에도 위협이 될 수 있다.[66]

2) 경합적용설

약관규제법 3조와 상법 638조의3은 서로 모순되거나 저촉되지 않으므로, 두 법은 경합적으로 적용되고, 따라서 상법 638조의3 2항에 따라서 보험계약을 취소하지 않은 경우에도, 약관규제법 3조 4항에 따라서 해당 약관조항의 적용배제를 주장할 수 있다는 입장이다.[67] 경합적용설은 다음을 논거로 들고 있다.

첫째, 상법 638조의3 2항은, 약관규제법 3조 4항에 추가하여 보험계약자를 보호하기 위한 규정으로서, 보험계약의 취소권을 하나 더 인정해 주는 규정이다.

둘째, 보험계약자를 보호하기 위해서 도입된 상법 638조의3 2항이 오히려 보험계약

---

63) 김성태 190면; 김은경, "보험자의 설명의무에 대한 재고", 상사판례연구20-3, 2007, 126면; 양승규 · 장덕조, "보험자의 보험약관의 명시설명의무", 서울대학교법학40-1, 1999, 30면; 유주선 80면; 장경환, "보험약관의 교부설명의무", 보험학회지46, 1995, 116면; 정희철 355면

64) 김성태 190면; 양승규 · 장덕조, "보험자의 보험약관의 명시설명의무", 서울대학교 법학40-1, 1999, 31면. 그리고 김은경, "보험자의 설명의무에 대한 재고", 상사판례연구20-3, 2007, 126면은 특별법 우선의 원칙 때문에 상법 638조의3이 단독으로 적용된다고 해석하는 것이 불가피하고, 다만 근본적인 해결을 위해서는 법 개정이 필요하다고 제언한다.

65) 장경환, "보험약관의 교부설명의무", 보험학회지46, 1995, 112면

66) 양승규 114면; 장경환, "보험약관의 교부설명의무", 보험학회지46, 1995, 116면

67) 강위두 · 임재호 589면; 이기수 · 최병규 · 김인현 93면; 임용수 94면; 정경영 796면; 정동윤 470면; 정찬형 522면; 채이식 68면; 최기원 126-127면; 최준선 70면; 한창희 196면

자로 하여금 3개월 이내에 보험약관을 재확인할 의무를 지게 하는 부당한 결과가 생긴다는 것이다.[68)]

셋째, 보험계약자 평등의 원칙 또는 위험단체의 수지균등을 이유로 약관규제법 3조 4항의 적용을 배척하는 것은, 보험계약자에게 불리하고 보험자에게만 유리하게 되어서 합리적이지 않다.[69)]

(4) 결론

생각건대, 약관규제법 3조와 상법 638조의3이 경합하여 적용되는 것이 타당하다고 본다. 그 이유는 다음과 같다.

첫째, 약관규제법 3조와 상법 638조의3이 서로 모순되거나 저촉된다고 해석하기 어렵고 그러한 취지의 명문규정도 없기 때문이다. 약관규제법 30조 2항은 특정한 거래분야의 약관에 관하여 다른 법률이 특칙을 두고 있는 경우 그 특칙이 우선하여 적용된다고 규정하고 있지만, 다른 특칙이 약관규제법과 서로 모순되거나 저촉되는 경우에만 다른 특칙이 단독으로 적용된다고 보아야 하므로, 병존관계에 있다고 평가되는 약관규제법 3조와 상법 638조의3의 경우 특칙만 단독으로 적용된다고 볼 이유가 없다.

둘째, 약관규제법 3조와 상법 638조의3이 경합적으로 적용된다고 함으로써 보험계약자를 보호할 필요성이 크다. 보험약관의 전문성, 복잡성, 방대성 등을 고려하면, 보험계약자를 보호할 필요성은 다른 약관에 비해서 오히려 더 크다고도 할 수 있다. 또한, 전술한 바와 같이, 보험약관의 설명의무 등에 대한 위반 문제는 대개 보험사고가 발생한 이후에 보험금 청구의 단계에서 제기되는 것이 보통이기 때문이고, 보험약관의 설명 등을 받지 않은 보험계약자가 보험사고 발생 전에 상법 638조의3에 따른 계약취소권을 행사한다는 것은 실효성이 없기 때문이다.

셋째, 보험계약자 평등의 원칙 또는 위험단체의 수지균등을 이유로 약관규제법 3조 4항의 적용을 배척하는 것은, 보험계약이 기본적으로 보험자와 보험계약자 사이의 채권계약이라는 점을 경시한 것이다.

4. 설명 등의 대상

(1) 명시, 교부

약관규제법 3조 2항과 상법 638조의3 1항은 명시 또는 교부할 대상이 보험약관이

68) 최준선 70면

69) 최기원 127면

라고 규정할 뿐, 그 밖에 제한을 가하는 문구는 없다. 그런데 명시의무의 대상이 중요한 사항으로 한정된다고 판시한 것으로 읽힐 수 있는 판결들이 있다.70) 대판 2004.4.27. 2003다7302에서, "일반적으로 보험자 및 보험계약의 체결 또는 모집에 종사하는 자는 보험계약의 체결에 있어서 보험계약자 또는 피보험자에게 보험약관에 기재되어 있는 보험상품의 내용, 보험요율의 체계 및 보험청약서상 기재사항의 변동사항 등 보험계약의 중요한 내용에 대하여 구체적이고 상세한 명시·설명의무를 지고 있으므로 보험자가 이러한 보험약관의 명시·설명의무에 위반하여 보험계약을 체결한 때에는 그 약관의 내용을 보험계약의 내용으로 주장할 수 없다"고 판시했다. 하지만 명시의 대상을 보험약관의 중요한 내용이라고 제한하는 해석은 명문의 규정에 반하는 것이므로 타당하지 않다.

(2) 설명

1) 중요한 사항

약관규제법 3조 3항과 상법 638조의3 1항에 의하면, 설명할 대상은 중요한 사항으로 제한된다. 약관의 모든 사항을 일일이 설명하는 것이 고객에게 반드시 필요하다고 보기도 어렵고 거래를 지연시킬 수 있기 때문이다.

학설의 대체적 입장은 중요한 사항이란 만약 설명이 되었다면 보험계약자가 계약을 체결하지 않았으리라고 생각되는 사항을 가리킨다.71) 그리고 중요사항은 구체적, 개별적으로 판단해야 한다(통설).

판례는 계약의 체결 여부나 그 조건에 영향을 미치는 사항을 중요사항으로 본다. 대판 2008.12.16. 2007마1328은 "설명의무의 대상이 되는 중요한 내용이라 함은 사회통념에 비추어 고객이 계약체결의 여부나 대가를 결정하는 데에 직접적인 영향을 미칠 수 있는 사항을 말하고, 약관조항 중에서 무엇이 중요한 내용에 해당되는지에 대하여는 일률적으로 말할 수 없으며, 구체적인 사건에서 개별적 사정을 고려하여 판단하여야 한다"고 판시했다.72) 그런데 일부 판례는 계약의 체결 여부만 언급하기도 한다.73)

생각건대, 중요사항이 만약 설명되었다면 보험계약자가 계약을 체결하지 않았거나 동일한 조건으로 체결하지 않았으리라 생각되는 사항이라고 보아야 한다. 즉 계약의 체결 여부 및 그 조건에 영향을 미치는 사항을 가리킨다. 대판 2008.12.16. 2007마1328이

---

70) 대판 1998.11.27. 98다32564; 대판 2000.7.4. 98다62909; 대판 2003.5.30. 2003다15556; 대판 2005.10.7. 2005다28808

71) 박세민 151면; 정경영 794면; 정찬형 517면; 한창희 189면

72) 대판 2010.7.15. 2010다19990; 대판 2013.2.15. 2011다69053도 같다.

73) 대판 1994.10.25. 93다39942; 대판 2004.11.25. 2004다28245(이러한 사항은 보험계약의 체결 여부에 영향을 미칠 수 있는 보험계약의 중요한 내용이 되는 사항이라고 할 것)

이런 입장이라고 볼 수 있다. 중요사항을 계약체결 여부에 영향을 미치는 사항이라고 한정하게 되면, 중요사항의 범위가 좁아질 우려가 있다. 고지의무의 대상인 중요사항도 계약체결 여부 및 그 조건에 영향을 미치는 사항(판례,[74] 통설)이라는 점을 참조할 필요가 있다. 그리고 중요사항은 사안별로 구체적, 개별적으로 판단해야 한다.

2) 유형화

판례는 중요한 사항을 몇 가지로 유형화하여 제시하고 있다. 즉 보험상품의 내용, 보험요율의 체계, 보험청약서상 기재 사항의 변동 및 보험자의 면책사유 등이 원칙적으로 보험계약의 중요한 내용이다.[75] 또한 보험사고의 구체적인 내용이나 그 범위도 원칙적으로 보험계약의 중요한 사항이라고 한다.[76] 다만 구체적으로 중요한 사항인지 여부는 사안별로 검토해 보아야 한다.

i) 중요한 사항으로 인정된 경우

① 보험계약을 체결할 때에 오토바이 운전자에게는 보험금의 지급이 제한된다는 약관조항[77]

② 자동차보험약관에서 사고일 기준으로 만 26세 미만인 사람이 운전하면 보험자가 면책된다는 규정,[78] 만 21세 미만인 사람이 운전하면 보험자가 면책된다는 규정,[79] 자동차종합보험계약상 가족운전자 한정운전특별약관[80]

③ 연금보험에서 향후 지급받는 연금액은 중요사항이며, 수학식에 의한 복잡한 연금계산방법 자체는 제외하더라도, 대략적인 연금액과 함께 그것이 변동될 수 있는 것이면 그 변동 가능성[81]

④ 기왕장해 감액규정은 보험자의 책임범위를 제한하는 것이므로 중요사항[82]

⑤ 자동차 종합보험계약에서 주운전자에 관한 사항[83]

⑥ 상해보험에서 피보험자가 전문등반 · 글라이더조종 · 스카이다이빙 · 스쿠버다이빙 · 행글라이딩 또는 이와 비슷한 위험한 운동을 하는 동안에 생긴 손해를 면책사항으로 규

74) 대판 1996.12.23. 96다27971

75) 대판 1997.9.26. 97다4494; 대판 1998.6.23. 98다14191; 대판 1999.3.9. 98다43342; 대판 2001.7.27. 99다55533

76) 대판 2005.10.7. 2005다28808

77) 대판 2005.10.28. 2005다38713

78) 대판 1998.6.23. 98다14191

79) 대판 2003.11.14. 2003다35611

80) 대판 2003.8.22. 2003다27054; 대판 2014.9.4. 2013다66966

81) 대판 2015.11.17. 2014다81542

82) 대판 2015.3.26. 2014다229917

83) 대판 1997.9.26. 97다4494

정한 약관조항[84]

⑦ '배상책임손해'와 관련하여 피보험자의 폭행 또는 구타에 기인하는 배상책임은 그 원인의 직접, 간접을 묻지 아니하고 보상하지 않는다는 면책조항[85]

⑧ 상법 656조에 의하면, 보험자의 책임은 당사자 사이에 다른 약정이 없으면 최초의 보험료 지급을 받은 때로부터 개시하는데, 이러한 원칙과 다르게 책임개시시기를 정한 약관조항[86]

⑨ 선박미확정의 해상적하보험계약에서 영국 협회선급약관의 내용[87]

⑩ 영국 해상보험법상의 워런티(warranty) 조항을 사용하여 해상보험계약을 체결하는 경우 워런티의 의미 및 효과[88]

⑪ '보험약관에 정한 보험금에서 상대방 차량이 가입한 자동차보험 등의 대인배상으로 보상받을 수 있는 금액을 공제한 액수만을 자기신체사고 보험금으로 지급한다'는 약관조항[89]

⑫ 자동차종합보험약관에서 보험계약의 승계절차에 관하여 보험계약자가 서면에 의하여 양도통지를 하고 이에 대하여 보험자가 보험증권에 승인의 배서를 하도록 하는 조항[90]

⑬ 특정 질병 등을 치료하기 위한 외과적 수술 등의 과정에서 의료과실이 개입되어 발생한 손해를 보상하지 않는다는 약관조항[91]

⑭ 보험계약 체결 후 이륜자동차를 사용하게 된 경우에 보험계약자 또는 피보험자는 지체 없이 이를 보험자에게 알릴 의무를 규정하고 있는 약관조항[92]

⑮ '다른 자동차 운전담보 특별약관' 중에서 보상하지 아니하는 손해로서 '피보험자가 자동차정비업, 주차장업, 급유업, 세차업, 자동차판매업 등 자동차 취급업무상 수탁받

84) 대판 1999.3.9. 98다43342
85) 대판 2006.1.26. 2005다60017
86) 대판 2005.12.9. 2004다26164
87) 대판 2001.7.27. 99다55533
88) 대판 2010.9.9. 2009다105383
89) 대판 2004.11.25. 2004다28245(위 약관조항은 자기신체사고보험에 있어서 구체적인 보험금 산정방식에 관한 사항이 아니라 다른 차량과의 보험사고에 있어서 보험금의 지급 여부 및 내용에 관한 사항으로서, 그 다른 차량의 대인배상에서 지급받을 수 있는 보상금이 약정 보험금액을 초과하는 경우에는 피보험자의 실제 손해액이 잔존하고 있는 경우에도 보험금을 지급받지 못하는 것을 내용으로 하고 있으므로, 이러한 사항은 보험계약의 체결 여부에 영향을 미칠 수 있는 보험계약의 중요한 내용이 되는 사항이다)
90) 대판 1994.10.14. 94다17970
91) 대판 2013.6.28. 2013다22058
92) 대판 2010.3.25. 2009다91316(이 사건 보험계약 체결 당시 피보험자에 대하여 이륜자동차 운전을 제외한 직업 또는 직무에 해당하는 상해급수가 적용되었기에, 그 후 피보험자가 이륜자동차를 직접 사용하게 된 경우에는 사고발생의 위험이 현저하게 변경 또는 증가된 경우에 해당하여 보험자에게 지체 없이 통지하여야 한다는 점은, 보험자가 보험계약 체결 당시 이를 명시하여 설명하지 않는다면, 피보험자로서는 이를 예상하기 어려웠을 것으로 보인다)

은 자동차를 운전 중 생긴 사고로 인한 손해'를 규정한 조항[93)]

⑯ 업무용자동차보험약관에 따로 유상운송특약이 있고, 이에 가입할 경우의 보험요율이나 거기에 가입하지 아니하고 피보험차량을 유상운송에 제공할 경우에는 보험자가 면책될 수 있다는 등의 약관조항[94)]

⑰ 자동차보험약관상 '피보험자 소유의 자가용승용차'의 범위에 타인에게 명의신탁한 승용차도 포함되는지 여부[95)]

⑱ 보험금지급의 선행조건으로서 피보험자가 손해를 발견한 후 어떠한 경우라도 30일 이내에 그 사실을 보험자에게 서면으로 통지하여야 한다고 규정한 경우[96)]

⑲ 전문직업 배상책임보험에서 '보험기간 내에 피보험자에게 제3자의 손해배상청구가 있고, 피보험자가 손해배상청구 사실을 보험자에게 서면 통지했을 경우'를 보험금 지급조건으로 규정한 경우[97)]

⑳ 보험계약상 '암'의 분류기준을 정한 '원발부위 기준 분류조항'[98)]

판례는 보험계약을 체결한 후 피보험자가 그 직업 또는 직무를 변경하게 된 때에는 보험계약자 또는 피보험자는 지체 없이 이를 보험자에게 알려야 하고, 그 알릴 의무를 불이행할 경우 보험자는 그 사실을 안 때부터 1개월 이내에 보험금이 감액 지급됨을 통보하고 감액된 보험료를 지급한다는 약관조항도 중요사항으로 보았다.[99)]

판례는 책임보험의 약관이 규정하고 있는 청구 조항("이 사건 보험약관에서 정한 모든 조건을 이행하지 않는 한 보험자에 대한 어떠한 청구도 제기될 수 없다.") 및 사전동의 조항("피보험자는 보험자의 사전 서면 동의 없이 방어비용을 지불하여서는 안 되고, 보험자가 동의한 방어비용만 손해로 보상한다.")은 상법 규정과 다르게 보험금청구 요건을 피보험자에게 불리하게 강화한 내용이므로 중요사항이라고 판시했다.[100)] 그리고 동일한 판례는 "보험자는 1933년 증권법, 1934년 증권거래법, 그에 따라 제정된 규칙이나 규정, 유가증권을 규율하는 유사한 연방, 주, 지역조례 또는 그 개정된 관련법규를 실제로 위반하였거나 위반하였다고 주장된(alleged) 것에 기인하거나 그와 여하한 방법으로 관련되거나 기초하는 손해에 관하여는

93) 대판 2001.9.18. 2001다14917
94) 대판 1999.5.11. 98다59842
95) 대판 1996.6.25. 96다12009
96) 대판 2005.8.25. 2004다18903
97) 대판 2020.9.3. 2017다245804(이 사건 서면통지 조항은 보험사고 발생의 통지의무를 해태하여 손해가 증가된 경우 보험자가 그 증가된 손해를 보상할 책임이 없다고 규정한 상법 657조와 달리 위 조항에 따른 서면통지를 하지 않는 경우 피보험자가 보험금을 지급받을 수 없는 불이익을 입게 하는 내용이므로, 보험자가 구체적이고 상세한 명시·설명의무를 부담하는 보험계약의 중요한 내용이다)
98) 대판 2025.3.13. 2023다250746
99) 대판 2014.7.24. 2013다217108
100) 대판 2019.1.17. 2016다277200

그 직접, 간접을 불문하고 보상하지 아니한다."고 규정한 약관조항도 증권거래법 등을 위반하였다고 주장된 경우까지 보험자가 면책되는 결과를 가져온다는 점을 고려할 때 보험사고 발생 시 피보험자 등의 고의 또는 중대한 과실이 없는 경우까지 피고의 면책 범위를 확대하는 것이므로 중요사항이라고 판시했다.

ii) 중요한 사항으로 인정되지 않은 경우

① 자동차보험약관이 "보험증권에 기재된 피보험자 또는 그 부모, 배우자 및 자녀가 죽거나 다친 경우에는 보상하지 아니합니다"라고 하면서 여기의 배우자에 사실혼관계의 배우자도 포함된다고 규정한 조항[101]

② 자동차종합보험계약상 가족운전자 한정운전특별약관에서 가족의 범위에 기명피보험자인 원고의 딸과 사실혼관계에 있는 사위는 포함되지 않는다는 점[102]

③ 적재물배상책임보험의 보통약관에서 '보상하는 손해'에 관하여 피보험자가 화주로부터 수탁받은 시점으로부터 수하인에게 인도하기까지의 운송과정 동안에 발생한 보험사고로 인해서 수탁화물에 대한 법률상의 배상책임을 부담함으로써 입은 손해를 보상한다고 규정한 조항[103]

④ 무보험자동차에 의한 상해보상특약에 있어서 보험금액의 산정기준이나 방법[104]

⑤ 복합화물운송주선업자들이 통상 체결하는 복합화물운송 배상책임보험계약의 보상한계 또는 별도의 부보위험을 담보하는 특약의 구체적인 담보 내용[105]

⑥ '계약자 또는 피보험자가 손해의 통지 또는 보험금청구에 관한 서류에 고의로 사실과 다른 것을 기재하였거나 그 서류 또는 증거를 위조하거나 변조한 경우'를 보험금청구권의 상실사유로 정한 약관조항[106]

---

101) 대판 1994.10.25. 93다39942

102) 대판 2014.9.4. 2013다66966(보험계약자가 기명피보험자의 사위나 며느리가 될 자가 자동차를 운전하다가 발생하는 사고에 대하여도 종합보험을 적용받기 원하는 의사를 표시하는 등의 특별한 사정이 없는 한, 보험자가 기명피보험자의 자녀가 사실혼관계에 있을 경우를 상정하여 그 자녀와 사실혼관계에 있는 사람은 기명피보험자의 사위나 며느리로서 가족의 범위에 포함되지 않는다고까지 위 약관을 명시·설명할 의무가 있다고 볼 수는 없다)

103) 대판 2016.9.23. 2016다221023

104) 대판 2004.4.27. 2003다7302(무보험자동차에 의한 상해보상특약의 보험자는 피보험자의 실제 손해액을 기준으로 위험을 인수한 것이 아니라 보통약관에서 정한 보험금 지급기준에 따라 산정된 금액만을 제한적으로 인수하였을 뿐이어서 그 특약에 따른 보험료도 대인배상보험Ⅱ에 비하여 현저히 저액으로 책정되어 있고, 이 사건 보험금 산정기준이 급부의 변경, 계약의 해제사유, 피고의 면책, 원고 측의 책임가중, 보험사고의 내용 등에 해당한다고 보기 어려울 뿐만 아니라 보험자에게 허용된 재량을 일탈하여 사회통념상 용인할 수 있는 한도를 넘어섰다고 보기도 어렵다)

105) 대판 2005.10.7. 2005다28808

106) 대판 2003.5.30. 2003다15556

5. 설명 등이 면제되는 경우

(1) 명문의 규정이 있는 경우

설명 등이 면제되는 경우를 명문으로 인정하는 실정법으로는 약관규제법이 있다. 이에 따르면 예외가 두 가지이다.

첫째, 명시 및 교부의무의 면제이다. 여객운송업, 전기·가스 및 수도사업, 우편업, 공중전화 서비스 제공 통신업에는 명시 및 교부의무를 면제한다(약관규제법 3조 2항 단서). 이 면제는 보험계약에 적용되지 않는다.

둘째, 설명의무의 면제이다. 계약의 성질상 현저하게 곤란하면 설명의무가 면제된다(약관규제법 3조 3항 단서). 이 면제는 보험계약에 원칙적으로 적용되지 않는다. 일반적으로 보험계약이 그 성질상 설명이 현저히 곤란하다고 보기 어렵기 때문이다. 다만 설명이 곤란한 예로서 대판 2011.7.28. 2011다23743을 살펴보자. 이 사건에서는 화재보험보통약관에서 '보험계약을 맺은 후 보험의 목적에 아래와 같은 사실이 생긴 경우에는 보험계약자나 피보험자는 지체 없이 서면으로 회사에 알리고 보험증권에 확인을 받아야 한다'고 규정하면서 그중 하나로 '그 이외에 사고발생의 위험이 현저히 증가한 경우'를 들고 있다. 대법원은 여기서 현저한 위험증가라는 것은 계약의 체결 당시에 알았다면 계약의 체결 여부 또는 그 조건에 영향을 미쳤을 정도의 위험증가를 의미하는 것으로 구체적인 여러 사정을 종합하여 인정하고 판단하여야 할 문제이므로, 평균적 고객의 입장에서 예상하기 어려운 사유를 현저한 위험증가사유로 약관에 규정하고 있다는 등의 특별한 사정이 없는 한, 무엇이 여기에 해당되는지를 보험자가 보험계약을 체결할 때 보험계약자에게 미리 설명하기는 곤란하다고 판시했다.

(2) 해석상 인정되는 경우

1) 의의

명문의 규정은 없지만 설명의무 등이 면제되는 경우가 판례 및 학설의 해석을 통해서 발전되어 왔다. 이러한 해석론은 설명의무 등의 취지를 고려하여 설명 등의 대상을 합리적으로 제한하는 해석을 하자는 것이므로 타당하다.

판례는 보험자에게 약관의 설명의무 등이 인정되는 것은, 보험계약자가 알지 못하는 가운데 보험약관의 중요사항이 계약내용이 되어서 보험계약자가 예측하지 못한 불이익을 받는 것을 피하는 데 그 근거가 있다는 전제하에, 보험약관의 중요한 내용에 해당하는 사항이라 하더라도 보험계약자나 그 대리인이 그 내용을 충분히 잘 알고 있거나, 거래상 일반적이고 공통된 것이어서 보험계약자가 별도의 설명 없이도 충분히 예상할 수 있었거나, 이미 법령에 의하여 정하여진 것을 되풀이하거나 부연하는 정도에 불과한 사항이라면 그러한 사항에 대해서까지 보험자에게 명시·설명의무가 인정된다고 할 수 없다고 판시했다.[107]

통설도 판례와 같은 입장을 취한다. 요컨대, 설명의무 등의 예외는, 첫째, 보험계약자나 그 대리인이 그 내용을 충분히 잘 알고 있는 사항, 둘째, 거래상 일반적이고 공통된 것이어서 보험계약자가 별도의 설명 없이도 충분히 예상할 수 있었던 사항, 셋째, 이미 법령에 의하여 정해진 것을 되풀이하거나 부연하는 사항 등이다.

그리고 설명의무의 예외에 대한 입증책임은 이를 주장하는 보험자 측에 있다(판례,[108] 통설).

2) 보험계약자가 충분히 알고 있는 사항

i) 내용

보험계약자가 충분히 잘 알고 있는 약관조항은 설명의무 등이 면제된다(판례, 통설). 보험계약자뿐만 아니라 그 대리인이 이미 약관내용을 충분히 잘 알고 있는 경우에도 설명의무 등이 면제된다.

ii) 알고 있는 사항으로 인정된 경우

자동차보험약관의 주운전자에 관한 조항은 설명해야 할 중요한 사항이지만, 보험계약자나 그 대리인이 주운전자의 개념이 무엇인지, 또는 주운전자의 나이나 보험경력 등에 따라 보험요율이 달라진다는 사실에 대하여 잘 알고 있었다면 보험자로서는 다시 이를 설명할 필요가 없다.[109]

보험금지급의 선행조건으로서 피보험자가 손해를 발견한 후 어떠한 경우라도 30일 이내에 그 사실을 보험자에게 서면으로 통지하여야 한다는 약관조항의 내용에 관해서, 보험계약자에게 별도로 서면질의를 하여 보험자로부터 답변을 듣기까지 한 점 등에 비추어 보면, 보험계약자는 보험계약을 체결할 때 이 약관조항의 내용을 충분히 잘 알고 있었다는 점이 추인된다.[110]

---

107) 대판 2004.11.25. 2004다28245. 그리고 대판 1998.4.14. 97다39308, 대판 1998.11.27. 98다32564, 대판 1999.5.11. 98다59842, 대판 2000.7.4. 98다62909, 대판 2001.7.27. 99다55533, 대판 2003.5.30. 2003다15556, 대판 2005.10.7. 2005다28808 등도 같다.

108) 대판 2010.7.15. 2010다19990; 대판 2018.6.19. 2018다201610. 대판 2003.8.22. 2003다27054 및 대판 2001.7.27. 99다55533(보험계약자나 그 대리인이 약관내용을 충분히 잘 알고 있다는 점은 이를 주장하는 보험자 측에서 입증해야 한다).

109) 대판 1998.4.14. 97다39308

110) 대판 2005.8.25. 2004다18903

iii) 알고 있는 사항으로 인정되지 않은 경우

보험계약자가 본 사건의 보험계약 체결 이전에 여러 차례에 걸쳐 보험자와 본 사건과 같은 선박미확정 해상적하보험계약을 체결하였던 사실만으로 보험계약자가 해당 보험약관의 내용을 알고 있었다고 추인하는 것은, 보험계약자가 약관내용을 모른 채 반복하여 보험계약을 체결할 수도 있는 점에 비추어 볼 때 논리적 비약이 있으며, 그 입증이 불분명한 경우에는 입증책임에 관한 일반원칙에 따라 입증책임을 부담하는 보험자에게 불리하게 판단해야 한다.111)

가족운전자 한정운전특별약관을 설명할 필요가 없을 정도로 보험계약자 측이 그 내용을 잘 알고 있었다고 보기 위해서는, 그 가족의 범위에 관한 약관규정을 모두 포함한 일체의 위 특별약관이 이 사건 보험계약에서 구체적으로 어떤 의미를 갖는가를 알고 있었던 점이 인정되어야 하는데, 보험계약자 측이 이에 대해 알고 있지 않았던 경우는 설명의무가 면제되지 않는다.112)

보험자는 피보험자인 회계사가 전문적인 회계 업무를 수행하던 중 과실, 착오, 누락 등에 의해 손해를 발생시키고 법적 배상책임을 지는 경우 그 손해를 보상하되, '보험기간 내에 피보험자에게 제3자의 손해배상청구가 있고, 피보험자가 이러한 손해배상청구 사실에 대해 보험자에게 서면으로 통지하였을 경우'(전자를 '손해배상청구 조항', 후자를 '서면통지 조항'이라고 함)에 한해 보험금 지급의무가 발생한다고 규정한 약관조항과 관련하여, 피보험자가 이 보험계약을 체결하기 전에 다른 보험자로부터 보험료 견적을 받았다는 사정만으로는 서면통지 조항의 내용을 잘 알고 있었다고 보기 어렵다.113)

3) 충분히 예상할 수 있던 사항

i) 내용

거래상 일반적이고 공통된 것이어서 별도의 설명 없이도 충분히 예상할 수 있는 사항은 설명의무 등이 면제된다(판례, 통설). 이런 사항에 해당하는지를 판단하는 기준은 무

---

111) 대판 2001.7.27. 99다55533

112) 대판 2003.8.22. 2003다27054(보험계약자가 자신의 누나를 기명피보험자로 하는 경우 자신이나 자신과 사실혼 관계에 있는 자가 가족의 범위에 포함되는 점을 전혀 알 수 없었다면 보험자는 특별약관 전체를 명시, 설명해 줄 의무가 있고 이를 이행하지 않으면 특별약관 전체가 보험계약의 내용으로 편입될 수는 없다. 그럼에도 불구하고, 보험계약자 등이 위 특별약관 중 일부 약관의 의미를 이해하고 있었으므로 그 부분은 설명대상이 아니므로 계약내용으로 편입되었고, 나머지 부분인 가족의 범위에 관한 약관조항은 설명대상이 됨에도 불구하고 보험자가 설명하지 않아서 계약내용에 편입될 수는 없으나, 다만 가족의 개념을 민법이나 사회통념에 따라 해석할 것이라는 등의 이유로 보험계약 중 임의보험에 관한 부분에 대하여 보험자의 면책항변을 받아들여 이 부분 피보험자의 청구를 배척한 원심의 사실인정과 판단에는 판결결과에 영향을 미친 법리오해 등이 있다)

113) 대판 2020.9.3. 2017다245804

엇인가? 일반적으로 보험약관에 포함되어 통용된다는 형식적 측면을 중시하는 입장과 약관조항이 보험계약자 측이 실제로 예상할 수 있었는지의 실질적 측면을 중시하는 입장이 대립한다. 판례는 전자의 입장을 취한 것과, 후자의 입장을 취한 것이 있는데, 최근에 후자의 입장을 취한 판례가 주로 등장하고 있다. 후자가 타당하다고 본다.114) 일반적으로 보험약관에 포함되어 통용되는 형식적 측면은 보험계약자의 예상가능성을 판단할 때 하나의 고려요소에 그쳐야 하고, 이와 달리 그것만으로 예상가능성을 의제한다면 설명 등의 대상이 부당하게 좁아질 우려가 있기 때문이다.

ii) 충분히 예상할 수 있던 사항으로 인정된 경우

① 일반적으로 보험약관에 포함되어 통용되면 설명의무 등이 면제된다고 한 판례

자동차 대인배상보험에서 피해자가 배상책임 있는 피보험자의 피용자로서 근로기준법에 의한 재해보상을 받을 수 있는 사람이라면 보험자가 면책된다고 규정한 약관조항은, 자동차보험약관에 있어서 일반적이고 공통되는 사항이기 때문에 설명의무 등이 면제된다.115)

무보험자동차로 발생한 상해에 대한 보상을 실제 손해액이 아니라 일정한 절차에 의해 산정된 금액만을 기준으로 하는 자동차보험약관조항은 중요사항이라고 보기 어려울 뿐만 아니라, 이러한 산정기준이 모든 자동차보험자가 일률적으로 적용하는 것이어서 거래상 일반인들이 보험자의 설명 없이도 충분히 예상할 수 있었던 사항이라고도 볼 수 있는 점 등에 비추어 설명의무 등의 대상이 아니다.116)

② 약관조항이 보험계약자 측이 실제로 예상할 수 있었기 때문에 설명의무 등이 면제된다고 한 판례

'계약자 또는 피보험자가 손해의 통지 또는 보험금청구에 관한 서류에 고의로 사실과 다른 것을 기재하였거나 그 서류 또는 증거를 위조하거나 변조한 경우'를 보험금청구권의 상실사유로 정한 조항은, 이에 관한 설명이 있었다고 하여 당해 계약을 체결하지 않았으리라고는 인정되지 않으므로 설명 등의 대상이 되는 중요사항이라고 보기 어렵고, 또한 신의성실의 원칙에 반하는 사기적 보험금청구행위를 허용할 수 없다는 취지에서 규정된 것으로서, 이것은 거래상 일반인들이 보험자의 설명 없이도 당연히 예상할 수 있

---

114) 장덕조 75면

115) 대판 1990.4.27. 89다카24070

116) 대판 2004.4.27. 2003다7302. 다음 판례도 일반적으로 보험약관에 포함되어 통용되는 사항이기 때문에 설명의무 등이 면제된다고 판시한 것이다. 대판 1992.5.22. 91다36642에서, 비사업용자동차를 유상으로 사용한 때에 생긴 사고에 대하여 보험자가 보상책임이 없다는 면책조항은 자동차종합보험 보통약관에 있어서 일반적이고 공통되는 규정이어서 설명의 대상이 아니라고 보았다. 대판 2008.8.21. 2007다57527에서, 금융기관종합보험계약에 적용되는 영국 로이드(Lloyd)사의 영문약관(KFA 1981 Form)은 보험업계에서 국제적으로 널리 통용되는 약관이고, 이 보험계약의 일반조건 12조 (ii)호는 거래상 일반적이고 공통적인 것이어서 금융기관인 보험계약자가 별도의 설명 없이도 충분히 예상할 수 있었던 사항이므로 설명의무의 대상이 아니라고 보았다.

던 사항에 해당하여 설명의무의 대상이 아니다.[117]

보험자는 피보험자인 회계사가 전문적인 회계 업무를 수행하던 중 과실, 착오, 누락 등에 의해 손해를 발생시키고 법적 배상책임을 지는 경우 그 손해를 보상하되, '보험기간 내에 피보험자에게 제3자의 손해배상청구가 있고, 피보험자가 이러한 손해배상청구 사실에 대해 보험자에게 서면으로 통지하였을 경우'(전자를 '손해배상청구 조항', 후자를 '서면 통지 조항'이라고 함)에 한해 보험금 지급의무가 발생한다고 규정한 경우, 손해배상청구 조항은 객관적인 보험금 지급조건을 정할 필요성과 합리성이 인정되고 그 내용이 피보험자 입장에서 충분히 예상할 수 있는 것이므로 설명의무 등의 대상이 아니다.[118]

iii) 충분히 예상할 수 있던 사항으로 인정되지 않은 경우

① 일반적으로 보험약관에 포함되어 통용된다고 해도 설명의무 등이 면제되지 않는다고 한 판례

특정 질병 등을 치료하기 위한 외과적 수술 등의 과정에서 의료과실이 개입되어 발생한 손해를 보상하지 않는다는 것을 일반인이 쉽게 예상하기 어려우므로, 이런 약관조항이 보험계약 체결 당시에 표준약관에 포함되어 시행되고 있었다거나, 각 보험자가 이 표준약관을 인용하여 작성한 보험약관에 포함되어 널리 보험계약이 체결되었다는 사정만으로는, 그 사항이 거래상 일반적이고 공통된 것이어서 보험계약자가 별도의 설명 없이 충분히 예상할 수 있었던 사항으로 볼 수 없다.[119]

'특정 질병 등을 치료하기 위한 외과적 수술 등의 과정에서 의료과실 · 부작용 · 합병증 등으로 인하여 발생한 손해를 보상하지 않는다'는 내용의 보험약관 면책조항은, 일반인이 쉽게 예상하기 어려우므로, 그 약관조항이 보험계약 체결 당시 금융감독원이 정한 표준약관에 포함되어 시행되고 있었다거나, 각 보험자의 보험약관에 포함되어 널리 보험계약이 체결되었다는 사정만으로는, 거래상 일반적이고 공통된 것이어서 설명의무 등이 면제된다고 볼 수 없다.[120]

② 약관조항이 보험계약자 측이 실제로 예상할 수 없었기 때문에 설명의무 등이 면제되지 않는다고 한 판례

보험계약을 체결할 때에 피보험자에 대하여 이륜자동차 운전을 제외한 직업 또는 직무에 해당하는 상해급수가 적용되었기에, 그 후 피보험자가 이륜자동차를 직접 사용하게 된 것은 사고발생의 위험이 현저하게 변경 또는 증가된 경우에 해당하여, 보험자에게 지체 없이 통지해야 한다는 약관조항은, 보험자가 보험계약을 체결할 때 명시하여 설명

117) 대판 2003.5.30. 2003다15556
118) 대판 2020.9.3. 2017다245804
119) 대판 2013.6.28. 2013다22058
120) 대판 2022.3.31. 2020다256675

하지 않는다면 피보험자로서는 이를 예상하기 어렵다.[121]

정액보험인 상해보험에서 기왕장해가 상해의 공동원인인 경우 기왕장해를 감안하여 보험금액을 감면할 수 있다는 약관조항이 거래상 일반적이고 공통된 것이어서 보험계약자가 별도의 설명 없이도 충분히 예상할 수 있는 내용이라고 볼 수 없다.[122] 이와 같이 정액보험인 상해보험에서는 기왕장해가 있는 경우에도 약정 보험금 전액을 지급하는 것이 원칙이고, 예외적으로 감액규정이 있는 경우에만 보험금을 감액할 수 있기 때문에, 보험계약자가 별도의 설명 없이도 충분히 예상할 수 있는 내용이 아니라고 본 것이다.

4) 법령을 반복 또는 부연하는 경우

i) 내용

이미 법령에 의하여 정하여진 것을 되풀이하거나 부연하는 정도에 불과한 약관조항도 설명 등이 면제된다. 이것은 "법의 不知는 변명이 되지 않는다", 즉 법을 모른다고 하는 변명은 통하지 않는다(ignorantia juris non excusat)는 로마법의 법언(legal maxim)에 충실히 따른 것이다. 법이란 당사자가 자신의 책임하에 스스로 알아야 하는 것이기 때문에, 이를 되풀이하거나 부연하는 정도의 약관조항은 설명 등의 대상이 아니라는 것이다.

학설로는, 타인의 사망을 보험사고로 하는 보험계약에는 보험계약을 체결할 때에 피보험자인 타인의 서면에 의한 동의를 얻어야 한다는 상법 731조 1항을 반복하거나 부연하는 약관조항에 대해서는 설명의무 등이 면제된다는 견해가 있다.[123] 이에 반해서, 법령을 반복하거나 부연하는 약관조항에 대해 설명의무 등의 예외를 인정하는 것에 근본적으로 의문을 제시하는 견해가 있다.[124] 이에 의하면 보험계약자가 법령에 정해진 사실 자체를 전혀 모르는 경우까지 보호를 받지 못하는 것은 약관설명의무 제도의 취지에 반한다.

생각건대, 약관에 정해진 법령은 설명 등의 대상이 되고, 그렇지 않은 법령은 설명 등의 대상이 아닌 것이 되어서 법령이 약관에 정해졌는지 여부에 따라 보험계약자의 보호 여부가 달라지게 되면, 보호의 형평성에 문제가 생긴다. 따라서 법령에 정해진 내용을 알지 못한 고객의 보호 문제를 약관의 설명의무 등의 차원에서 접근하는 것은 바람직하지 않다고 본다. 이 점에서, 이미 법령에 의하여 정해진 것을 되풀이하거나 부연하는 정도에 불과한 약관조항은 설명 등의 대상이 아니라고 하는 통설과 판례가 타당하다. 그럼 보험계약자가 자신에게 불리한 내용의 법령을 잘 알지 못하는 경우, 그를 어떻게 보

121) 대판 2010.3.25. 2009다91316
122) 대판 2015.3.26. 2014다229917
123) 임용수 86면
124) 박세민 156-157면

호할 것인가? 판례는 타인의 사망을 보험사고로 하는 보험계약에서는 보험계약을 체결할 때에 피보험자인 타인의 서면에 의한 동의를 얻지 아니하면 강행법규인 상법 731조 1항에 위반되어 무효가 되므로, 보험자는 보험계약자에게 그 취지를 설명하여 피보험자의 서면 동의를 받아 오게 하여 보험계약을 체결하도록 조치할 주의의무가 있다고 하는데,[125] 이것은 보험약관의 설명의무가 아니라, 계약을 체결하는 과정에서 신의칙상 주의의무로서 상법 731조 1항에 대한 설명의무를 보험자에게 부과하고 있다. 그렇다고 보험자가 모든 법령 내용에 대해서 이러한 신의칙상 주의의무를 진다고 볼 수는 없다. "법의 不知는 변명이 되지 않는다"는 현행 법체계하에서 여전히 원칙에 해당한다. 판례는 예외적으로 법령에 대한 신의칙상 설명의무를 인정하는데, 그중 하나가 상법 731조 1항인 것이다.

ii) 법령을 반복 또는 부연한 것이라고 인정한 판례

보험계약을 체결한 후 피보험자동차의 구조변경 등 중요한 사항에 변동이 있을 때 또는 위험이 뚜렷이 증가하거나 적용할 보험료에 차액이 생기는 사실이 발생한 때, 보험계약자 등은 지체 없이 보험자에게 알려야 한다고 규정한 약관조항은, 상법 652조에서 이미 정해진 위험변경증가의 통지의무를 자동차보험에서 구체적으로 부연한 정도에 해당하므로 설명의무 등이 면제된다.[126]

상법 726조의4(자동차의 양도로 인한 보험계약상 권리, 의무의 승계)를 풀어서 규정한 약관조항은 설명의무 등의 대상이 아니다.[127]

책임보험의 약관이 규정하고 있는 통지의무 조항[128]은 상법 722조 1항의 통지의무를 구체화하여 기재한 것이므로 설명의무 등의 대상이 아니다.[129]

---

125) 대판 1998.11.27. 98다23690

126) 대판 1998.11.27. 98다32564. 대판 2000.7.4. 98다62909(보통약관에서 뚜렷한 위험의 변경 또는 증가와 관련된 피보험건물의 구조 변경·개축·증축 등의 경우 보험계약자가 지체 없이 보험자에 알릴 의무를 규정하고 있는 것은 상법 652조 1항의 통지의무를 화재보험에서 구체적으로 부연한 정도의 규정에 해당한다); 대판 2011.7.28. 2011다23743(화재보험보통약관에서 보험계약자 등의 통지의무 대상으로 위험이 뚜렷이 증가할 경우를 규정하고 있는데 이것은 상법 652조 1항의 통지의무를 부연한 것에 불과하고, 따라서 페마그네슘과 같은 위험품을 취급할 경우 이를 통지해야 한다는 내용을 설명하지 않아도 된다); 대판 2014.7.24. 2012다62318('보험계약 체결 후 피보험자가 그 직업 또는 직무를 변경하거나 이륜자동차 또는 원동기장치 자전거를 직접 사용하게 된 경우 보험계약자 또는 피보험자는 지체 없이 서면으로 회사에 알려야 하고, 뚜렷한 위험의 증가와 관련된 위 알릴 의무를 이행하지 아니하였을 경우 회사는 손해발생의 전후를 묻지 않고 보험계약을 해지할 수 있다'는 약관조항은 상법 652조 1항의 통지의무를 구체화하여 규정한 것이므로 설명하지 않아도 된다)

127) 대판 2007.4.27. 2006다87453

128) "회사 또는 피보험자는 피보험자에게 제기된 모든 손해배상 청구에 대하여 부당행위 내용, 주장된 내용 등에 관한 정보를 지체 없이 피고에게 서면 통지하여야 한다. 회사 또는 피보험자가 보험기간 중에 피보험자에 대하여 손해배상 청구가 제기될 수 있는 상황을 인지하고, 그 예측되는 상황, 원인, 일자, 관계자에 관한 자세한 내용을 서면 통지한 경우, 그 이후에 그러한 상황이나 부당행위, 그와 동일한 또는 그와 관련되어 부수적으로 제기되는 손해배상 청구는 이미 통보된 것으로 본다."

한국수출보험공사가 구 수출보험법에 근거하여 운영하는 수출어음보험계약을 체결함에 있어서 그 계약에 적용되는 약관에 규정된 '수출계약'의 의미도 구 수출보험법에 명백하게 규정되어 있으므로 설명의무 등의 대상이 아니다.[130)]

iii) 법령을 반복 또는 부연한 것으로 인정하지 않은 판례

보험약관이 "회사의 책임은 보험증권에 기재된 보험기간의 첫날 오후 4시에 시작하며 마지막 날 오후 4시에 끝납니다. 그러나 특정암, 일반암 또는 상피내암에 대한 회사의 책임은 보험증권에 기재된 보험기간의 첫날로부터 그 날을 포함하여 90일이 지난 날의 다음 날에 시작하며 마지막 날에 끝납니다."라고 규정하는데, 상법 656조에 의하면 보험자의 책임은 당사자 간에 다른 약정이 없으면 최초의 보험료의 지급을 받은 때로부터 개시한다고 규정하고 있음에 비추어 볼 때, 위 약관 조항은 상법의 일반 조항과 다르게 책임개시시기를 정한 것으로 보험자가 구체적이고 상세한 명시·설명의무를 지는 보험계약의 중요한 내용이다.[131)]

배상책임손해와 관련하여 피보험자의 폭행 또는 구타에 기인하는 배상책임은 그 원인의 직접, 간접을 묻지 아니하고 보상하지 않는다는 약관조항은, 상법 659조 1항이 보험사고가 피보험자의 고의 또는 중대한 과실로 인하여 생긴 때에는 보험자가 면책된다고 규정하고 있을 뿐인데, 피보험자의 폭행 또는 구타로 예견하지 않았던 중한 결과가 발생한 때에 피보험자의 고의 또는 중과실이 없더라도 중한 결과에 대하여 상당인과관계와 과실이 있음을 전제로 중한 결과 전반에 대하여 면책된다는 것이므로, 상법 659조 1항이 이미 정하여 놓은 것을 되풀이하거나 부연한 정도에 불과하다고 보기 어렵다.[132)]

보험계약을 체결할 때에 피보험자에 대하여 이륜자동차 운전을 제외한 직업 또는 직무에 해당하는 상해급수가 적용되었기에, 그 후 피보험자가 이륜자동차를 직접 사용하게 된 경우에는 사고발생의 위험이 현저하게 변경 또는 증가된 경우에 해당하여 보험자에게 지체 없이 통지해야 한다는 약관조항은 단순히 상법 652조 등 법령에 의하여 정하여진 것을 되풀이하거나 부연하는 정도에 불과하다고 볼 수가 없다.[133)]

책임보험의 약관이 규정하고 있는 청구 조항("이 사건 보험약관에서 정한 모든 조건을 이행하지 않는 한 보험자에 대한 어떠한 청구도 제기될 수 없다.") 및 사전동의 조항("피보험자는 보험자의

129) 대판 2019.1.17. 2016다277200
130) 대판 1999.9.7. 98다19240
131) 대판 2005.12.9. 2004다26164
132) 대판 2006.1.26. 2005다60017
133) 대판 2010.3.25. 2009다91316. 또한 대판 2014.7.24. 2013다217108(보험계약을 체결한 후 피보험자가 직업 또는 직무를 변경하게 된 때에는 보험계약자 또는 피보험자는 지체 없이 보험자에게 알려야 한다는 내용의 약관조항은 상법 652조 1항이나 653조의 규정을 단순히 되풀이하거나 부연한 정도의 조항이라고 할 수 없다)

사전 서면 동의 없이 방어비용을 지불하여서는 안 되고, 보험자가 동의한 방어비용만 손해로 보상한다.") 은 상법 652조(위험변경증가의 통지), 657조(보험사고발생의 통지), 720조 1항(피보험자가 지출한 방어비용의 부담)과 다르게 보험금청구 요건을 피보험자에게 불리하게 강화한 내용이므로 법령에 의해 정하여진 것을 되풀이하거나 부연하는 정도에 불과하다고 볼 수 없다.[134)]

6. 설명 등의 주체, 상대방, 방법, 시기

(1) 주체

보험약관의 설명의무 등의 주체는 보험자이다. 상법 638조의3이 명문으로 그렇게 정하고 있고, 약관규제법 3조가 사업자를 주체로 규정하고 있기 때문이다. 그런데 보험실무상으로는 모집종사자가 설명의무 등을 이행하는 것이 일반적이다. 체약대리권을 가진 모집종사자는 그 대리권에 설명의무 등의 이행권한이 포함된다고 해석되고, 체약대리권이 없는 모집종사자에게는 보험자가 설명의무 등을 이행할 권한을 별도로 수여하게 된다고 해석된다.

(2) 상대방

의무이행의 상대방은 원칙적으로 계약의 당사자인 보험계약자이다(상법 638조의3). 보험자가 보험계약자의 대리인과 보험계약을 체결하는 경우 대리인에게 이행해도 무방하다.[135)]

보험목적이 양도됨에 따라 해당 보험계약이 양수인에게 승계되는 경우, 보험자가 양수인에게 보험약관에 대한 설명의무 등을 부담하는가? 학설은 긍정하는 견해[136)]와 부정하는 견해[137)]로 나뉜다. 판례는, 보험계약의 승계절차에 관하여 자동차종합보험약관에 보험계약자가 서면에 의하여 양도통지를 하고 이에 대하여 보험자가 보험증권에 승인의 배서를 하도록 규정되어 있다고 하더라도, 보험자가 그와 같은 약관내용을 보험계약을 승계하고자 하는 자에게 구체적으로 명시하여 상세하게 설명하지 아니한 때에는 이를 보험계약의 내용으로 주장할 수 없다고 판시했다.[138)] 생각건대, 보험약관의 설명의무 등은 보험약관의 내용을 잘 알지 못하는 보험계약자 등을 보호하려는 목적에서 인정되는 것이고, 보험계약의 양수인 입장에서는 보험계약의 양수가 보험계약의 체결과 실질적으

134) 대판 2019.1.17. 2016다277200
135) 대판 1999.3.9. 98다43342; 대판 2001.7.27. 2001다23973
136) 박세민 150면; 임용수 92면; 정찬형 521면
137) 김성태 194면; 최기원 119면
138) 대판 1994.10.14. 94다17970

로 다르지 않으므로 이것은 보험계약의 양수인에게도 마찬가지로 인정될 필요가 있다고 본다. 따라서 보험자가 보험계약 승계의 통지를 받은 경우는 승계를 받을 자에게 보험약관의 설명의무 등을 부담하는 것이 원칙이라고 해석하는 것이 타당하다고 본다.

(3) 방법

1) 명시의무

명시의무의 이행방법에 대한 약관규제법 3조 2항은 지극히 일반적, 추상적인데, 이에 따르면 약관내용을 계약의 종류에 따라 일반적으로 예상되는 방법으로 분명하게 밝혀야 한다. 판례는 "구체적이고 상세한" 명시의무를 요구한다.139) 대판 1990.4.27. 89다카24070은 아주 작은 활자로 인쇄되어 있거나 눈에 잘 띄지 않는 곳에 기재되어 있는 경우를 일반적으로 예상되는 방법으로 명시하지 않은 예로 들고 있다. 한편 2011년 개정을 통해 신설된 약관규제법 3조 1항은 명시의무 이행방법에 대한 중요한 참고가 될 수 있다. 즉, 이에 의하면 사업자는 고객이 약관 내용을 쉽게 알 수 있도록 한글로 작성하고, 표준화·체계화된 용어를 사용하며, 약관의 중요한 내용을 부호, 색채, 굵고 큰 문자 등으로 명확하게 표시하여 알아보기 쉽게 약관을 작성하여야 한다. 약관규제법은 위 규정 위반의 효과에 대해 아무런 언급을 하고 있지 않은데, 이로 인해 훈시규정에 불과하다고 해석되기도 한다.140) 다만 이 규정을 명시의무의 이행방법에 관한 일응의 기준으로 참고할 수는 있다.

2) 설명의무

설명의무의 이행방법에 대해, 약관규제법 3조 3항은 고객이 이해할 수 있도록 설명할 것을 요구할 뿐 특별한 언급이 없다. 설명의무의 이행방법은 구두이든 서면이든 무방하다(판례,141) 통설). 다만 서면에 의한 설명은 제한적으로 인정될 수밖에 없을 것이다. 즉 일반적인 경우에는 설명대상이 기술된 서면이 단순히 교부된 것으로는 부족하고, 가령 구두에 의한 설명 과정에서 이해를 돕기 위해 그림, 표 등을 포함한 서면을 활용하는 경우와 같이 설명으로 인정할 만한 특별한 사정이 있는 경우에 허용될 수 있을 것이다.

판례는 "구체적이고 상세한" 설명의무를 요구한다.142) 따라서 추상적·개괄적인 내용의 안내문 송부만으로는 설명의무를 다한 것으로 보기 어렵다.143) 대판 1999.3.9. 98

139) 대판 1992.3.10. 91다31883; 대판 2007.4.27. 2006다87453; 대판 2024.7.25. 2020다289743
140) 송덕수, 신민법강의, 2017, D-23
141) 대판 2005.12.9. 2004다26164
142) 대판 1992.3.10. 91다31883; 대판 2007.4.27. 2006다87453; 대판 2024.7.25. 2020다289743
143) 임용수 90면

다43342에서, 보험계약의 청약을 유인하는 안내문에 보험약관의 내용이 추상적 · 개괄적으로 소개되어 있었는데, 그 안내문의 송부만으로는 약관에 대한 설명의무를 다했다고 볼 수 없다고 판시했다. 이 사건에서 안내문 뒷면 상단에 '전문등반, 행글라이더 등 이와 비슷한 위험한 운동'이 '보상받지 못하는 손해'의 일종으로 기재되어 있고, 그 하단에 "이 안내문은 상해보험의 개요를 소개한 것입니다. 이 보험에 대한 보상조항, 면책조항 및 제반 사항은 상해보험의 보통약관 및 특별약관의 규정에 따릅니다"라고 기재되어 있으며, 상해보험청약서 양식의 뒷면에 보험청약자가 보험에 가입할 때에 '꼭 알아야 할 사항'으로서 "보상받을 수 있는 경우와 보상받을 수 없는 경우를 확인하시기 바랍니다"라고 기재되어 있었던 것만으로는, 피보험자가 전문등반 · 글라이더조종 · 스카이다이빙 · 스쿠버다이빙 · 행글라이딩 또는 이와 비슷한 위험한 운동을 하는 동안에 생긴 손해를 보상하지 않는다는 약관조항에 대한 설명의무를 이행한 것으로 볼 수 없다고 판시했다.[144]

추상적 · 개괄적인 내용의 안내문 송부로는 설명의무를 다한 것으로 보기 어렵다는 것은, 납입보험료가 소액이라거나, 보험계약을 체결할 때에 통신판매의 방식을 취했다고 해도 마찬가지이다.[145]

(4) 시기

① 청약자가 보험계약을 청약할 때 설명의무 등을 이행해야 한다는 견해가 있지만,[146] 현행법하에서 설명의무 등의 이행시기는 보험계약을 체결할 때(승낙할 때)라고 해석해야 한다.[147] 상법 638조의3 1항은 교부의무 및 설명의무의 이행시기를 "보험계약을 체결할 때"라고 규정하기 때문이다. 약관규제법 3조 2항은 명시의무의 이행시기를 "계약을 체결할 때"라고 규정한다. 약관규제법에는 교부의무 또는 설명의무의 이행시기에 대해서는 언급이 없는데, 명시의무와 같다고 해석할 수 있다.

하지만 현행법은 입법정책 면에서 바람직하지 않다. 왜냐하면 보험계약자가 청약 전에 약관내용을 알 수 있도록 해야만 설명의무 등의 취지를 제대로 살릴 수 있기 때문이다. 따라서 설명의무 등의 이행시기를 청약할 때로 개정하는 것이 필요하다. 참고로 생명보험표준약관은 청약할 때를 이행시기로 정하고 있다(18조 1항).

---

144) 같은 취지의 판결로는 대판 1997.9.26. 97다4494(보험자가 보험계약자에게 보험약관을 우송하면서 주운전자를 허위로 기재하면 보험금을 받지 못하는 경우가 있으므로 기존의 계약 내용 중 잘못된 부분이 있으면 이를 즉시 수정 신고해야 한다는 취지의 안내문을 동봉하여 우송한 사정만 가지고서 바로 보험계약자가 주운전자제도와 관련된 보험약관의 구체적인 내용을 알고 있었다거나, 보험자가 보험계약자에게 주운전자를 부실 신고한 경우에 입게 되는 계약 해지의 불이익에 관하여 구체적이고도 상세한 설명을 하였음을 추인하기에 부족하다)

145) 대판 1999.3.9. 98다43342

146) 김성태 193면; 최기원 125면

147) 박세민 147면; 임용수 87면

② 기존의 보험계약을 기간연장을 위해 갱신하는 경우에 보험약관의 설명의무 등은 다시 이행되어야 하는가?

학설로는 면제된다는 견해,[148] 감경된다는 견해[149]가 있다. 동일한 내용을 반복하여 설명 등을 할 필요는 없다는 점에서 전자가 타당하다. 다만 보험약관의 내용이 변경되어서 갱신되는 시점에 새로운 보험약관을 적용하고자 한다면, 변경부분에 대해 설명의무 등을 이행해야 함은 물론이다.[150]

판례는 최초에 보험계약을 체결할 당시 약관의 중요사항에 대한 설명이 없었다면 기간연장만을 위한 갱신계약이라고 하더라도 그 약관에 대한 설명의무가 면제되는 것은 아니라고 본다.[151] 이것은 기간연장만을 위한 갱신계약의 경우 보험약관에 대한 설명의무 등이 면제된다는 것을 전제하고 있는 것이다. 그리고 판례는 기존 보험계약을 해지하고 새로이 보험계약을 체결한 경우 기존 보험계약상 약관의 내용과 새로운 보험계약상 약관의 내용이 사실상 같은 내용이면 설명의무 등이 면제된다고 보았다.[152]

③ 보험계약의 부활의 경우도 설명의무 등의 이행이 면제된다.[153] 보험계약 부활의 법적 성질에 관한 통설인 특수계약설에 따르면, 보험계약의 부활은 새로운 보험계약을 체결하는 것이 아니라 해지된 보험계약을 회복시키는 것에 불과하므로, 상법에 특별한 준용규정이나 당사자 사이에 별도의 약정이 없다면, 원칙적으로 보험약관에 대한 설명의무 등은 적용이 없는 것으로 해석된다. 다만 예외적으로 판례는 부활과 관련된 약관조항에 대해서는 부활계약을 체결할 때 설명의무 등을 이행해야 한다는 입장을 취하는 것으로 보인다.[154] 이에 관해서는 보험계약의 부활에서 좀 더 자세히 살펴보기로 한다.

148) 박세민 148면; 임용수 89면; 최기원 118-119면
149) 김성태 194면
150) 박세민 148면; 임용수 89면
151) 대판 2005.8.25. 2004다18903
152) 대판 1993.4.13. 92다45261(위 화재보험체결 이전에도 피고는 원고와 사이에 '화재로 생긴 것이든 아니든 파열 또는 폭발로 생긴 손해는 보상하여 드리지 아니합니다. 그러나 이 결과로 생긴 화재손해는 보상하여 드립니다'라고 규정된 국문으로 쓰여진 화재보험보통약관에 따라 화재보험을 체결하여 오다가 그 기존의 화재보험을 해지하고 F.O.C.(F) Policy에 따른 담보조건으로 이 사건 화재보험계약을 체결한 사실이 인정되고, 그 폭발면책약관의 내용에 해석상 차이가 없다고 보이므로 보험자가 보험계약자에게 위 면책약관을 특별히 설명하여 주지 않았다 하더라도 약관규제법 3조 2항이 정하는 설명을 하지 아니한 것이라고도 할 수 없다)
153) 박세민 148면; 임용수 89면
154) 대판 2005.12.9. 2004다26164

7. 입증책임

(1) 의의

실무에서는 보험자가 명시, 교부 또는 설명의무를 이행했는지 여부가 다투어지는 경우가 많다. 특히 보험자는 구두로 설명했다고 주장하고 보험계약자는 이를 부정하는 상황하에서, 녹취 등 이를 증명할 만한 증거가 없는 경우에 그런 분쟁이 잦다.

이러한 진위불명(眞僞不明)의 상태에서 어느 당사자에게 불리하게 판단할 것인지가 문제된다. 이것은 누가 입증책임을 부담한다고 할 것인지의 문제로서, 당사자 사이의 이해가 첨예하게 대립하는 문제이다.

(2) 입증책임의 분배

생각건대, 약관규제법 3조는 물론이고 상법 638조의3에서 명시의무 등의 이행에 대한 입증책임은 원칙적으로 보험자에게 있다고 해석해야 한다.[155] 판례도 같다.[156] 그 이유는 다음과 같다.

1) 약관규제법 3조

입증책임의 분배에 관한 판례 및 통설인 법률요건분류설을 따르게 되면, 약관규제법 3조에 따른 명시의무 등의 입증책임은 보험자에게 있는 것으로 해석된다. 왜냐하면, 약관규제법 3조 4항은 "사업자가 [명시의무 등]을 위반하여 계약을 체결한 경우에는 해당 약관을 계약의 내용으로 주장할 수 없다"고 규정하고 있어서, 해당 약관을 계약의 내용으로 주장하는 사업자가 명시의무 등을 이행했음을 입증해야 하기 때문이다.

2) 상법 638조의3

한편, 상법 638조의3의 문리만 보면, 교부의무 등의 입증책임은 보험계약자에게 있는 것으로 해석될 여지가 있다. 왜냐하면, 상법 638조의3 2항에 의하면, "보험자가 [교부의무 등]을 위반한 경우 보험계약자는 보험계약이 성립한 날부터 3개월 이내에 그 계약을 취소할 수 있다"고 규정함으로써, 취소권을 행사하려는 보험계약자가 교부의무 등의 위반을 입증해야 하는 것으로 읽힐 수 있기 때문이다.

하지만 상법 638조의3의 문리에 따른 해석은 공평하고 타당한 해석이라고 할 수 없다. 왜냐하면, 보험자가 입증하는 것은 비교적 쉽지만 보험계약자가 입증하는 것은 현저

---

155) 박세민 163면; 임용수 92면; 장덕조 65면

156) 대판 2024.7.25. 2020다289743

히 곤란하기 때문이다. 즉 보험자는 교부 등을 받았음을 서명 등의 방법을 통해 보험계약자로부터 확인받는 것이 실무상 가능하고 또한 실제로 확인하는 것이 보통이므로 교부 등의 이행을 입증하기가 매우 쉽지만,[157] 보험계약자 입장에서는 교부 등의 부존재를 입증하기는 그 성질상 극히 어렵다는 점을 고려해야 한다. 따라서 보험자에게 교부 등의 이행에 대한 입증책임이 있다고 해석하는 것이 공평하고 타당하다고 볼 수 있다.

3) 기타

보험계약자가 설명 등을 받았음을 서명의 방법을 통해 보험계약자로부터 확인받은 경우, 특별한 사정이 없는 한, 이 서명에 대해 실질적 증명력을 인정하는 것이 판례이다.[158] 이를 번복하기 위해서는 보험계약자가 반증해야 한다.[159] 또한 보험계약자가 이미 알고 있는 약관 내용과 같이 설명의무 등이 적용되지 않는 예외적 사항에 관해서는 그 예외를 주장하는 보험자가 입증책임을 진다(판례,[160] 통설).

8. 설명의무 등과 고지의무 또는 통지의무의 관계

(1) 보험약관이 고지의무 또는 통지의무 자체를 규정한 경우

보험약관에 고지의무 자체에 대해서 규정해 놓은 경우가 있다. 가령 생명보험표준약관은 보험계약자 또는 피보험자는 보험계약을 청약할 때 보험청약서에서 질문한 사항에 대해 알고 있는 사실을 사실대로 알려야 하고(13조 본문), 고의 또는 중과실로 중요한 사항을 사실과 다르게 알린 경우는 계약을 해지하거나 보장을 제한할 수 있다고 정하고 있다(14조 1항 본문). 이와 같이 보험약관에 상법 651조의 고지의무를 반복하거나 부연한 조항에 대해서는 설명의무 등이 면제된다고 해석된다. 이미 법령에 의하여 정하여진 것을 되풀이하거나 부연하는 정도에 불과한 약관조항도 설명 등이 면제되기 때문이다. 위험변경증가의 통지의무에 관한 상법 652조를 반복하거나 부연한 약관조항과 관련해서,

---

157) 더욱이, 보험업법 95조의2 2항에 의하면, 보험회사 또는 모집종사자는 설명한 내용을 일반보험계약자가 이해하였음을 서명, 기명날인, 녹취, 그 밖에 대통령령으로 정하는 방법으로 확인을 받아야 한다.

158) 대판 2003.4.25. 2003다12373("본인은 이 보험에 가입한 차량이(만 26세 이상만) 운전 가능하다는 연령특약 내용 설명과 함께 보험상품 내용을 충분히 설명 듣고 상기 청약사항을 숙지하여 청약사항에 이의가 없음을 확인하며 (중략) 본 자동차 보험의 청약서사본 및 약관을 전달받았음을 확인합니다"라고 기재되어 있는 사실(인쇄된 문구의 괄호 안에 '만 26세 이상만'을 타자로 기재, 삽입함)을 알 수 있는바, 계약당사자의 일방이 위와 같은 형식 및 내용의 청약서에 자필서명하여 상대방에게 교부한 이상 그 청약서의 내용 특히 타자로 기재하여 삽입한 내용은 특별한 사정이 없는 한 실질적 증명력이 있다고 하지 않을 수 없다)

159) 박세민 163면; 임용수 92면; 최기원 125면

160) 대판 2010.7.15. 2010다19990

판례는 설명의무 등이 면제된다고 일관되게 판시하고 있다.[161] 상법 651조의 고지의무도 상법 652조의 통지의무와 같게 취급할 수 있을 것이다. 다만 만약 보험약관이 정한 고지의무 또는 통지의무의 내용이 상법이 정한 고지의무 또는 통지의무를 크게 확장하는 등 특별한 사정이 있는 경우라면, 설명의무 등의 위반이 될 수 있다는 견해가 있다.[162] 생각건대, 보험약관이 상법 651조의 고지의무 또는 상법 652조의 통지의무에 비해서 보험계약자 등에게 불리하게 규정되어 있는 경우라면, 법령을 단지 반복하거나 부연한 것이 아니므로 설명의무 등이 면제될 수 없고, 특히 가계보험의 경우는 상법 보험편을 보험계약자에게 불이익하게 변경한 경우 그 효력이 인정되지 않는다(상법 663조).

(2) 보험약관이 고지 또는 통지의 대상인 중요사항을 정하고 있는 경우

1) 문제 상황

고지의무 또는 통지의무의 대상인 중요사항은 보험약관이 정하고 있는 보상사유, 면책사유 등과 밀접한 관련이 있다. 가령 어떤 상해보험약관이 피보험자의 오토바이 운전으로 인한 상해는 면책사유라고 규정하고 있다면, 피보험자가 오토바이를 운전하는지 여부는 고지의무 또는 통지의무의 대상인 중요사항이 될 것이다. 이와 달리 그러한 면책사유가 보험약관에 규정되어 있지 않다면, 원칙적으로 고지의무 또는 통지의무의 대상인 중요사항이 되지 않을 것이다. 이렇듯 고지의무 또는 통지의무의 대상인 중요사항은 보험약관에 보상사유, 면책사유 등으로 규정되어 있는지 여부에 달려 있는 경우가 많다.

2) 원칙

i) 학설

만약 보험자가 고지의무 또는 통지의무의 대상인 중요사항과 관련된 약관조항에 대해 설명의무 등을 이행하지 않은 경우, 보험계약자가 그에 대한 고지의무 또는 통지의무를 위반했다는 이유로 보험계약을 해지할 수 있는가?

고지의무를 중심으로 학설의 대립을 살펴보자. 먼저 고지의무 위반을 주장할 수 없다고 보는 입장이 있다.[163] 이와 달리 고지의무 위반을 주장할 수 있다는 견해가 있다.[164] 이에 의하면 고지의무는 계약상 의무가 아니라 법률의 규정에 의해서 지는 계약 전의 의무 또는 계약 밖의 의무이므로 약관조항이 계약내용이 되어야만 비로소 그 조항

161) 대판 1998.11.27. 98다32564; 대판 2000.7.4. 98다62909; 대판 2011.7.28. 2011다23743

162) 임용수 97－98면

163) 박세민 172면; 임용수 97면; 최기원 198면; 정찬형 573면

164) 김성태 190－191면; 양승규, "보험약관의 명시·설명의무위반과 고지의무위반으로 인한 보험계약해지 여부", 손해보험, 1992.10., 37면; 이기수·최병규·김인현 124면; 장경환, "보험약관과 약관규제법", 보험법연구2, 1998, 146면

에 의해서 부담하는 의무가 아니라고 한다.

생각건대, 고지의무 위반을 주장할 수 없다고 보는 것이 타당하다. 고지의무의 존재와 그 효과에 대해서 상법 651조가 규정하고 있으므로 고지의무 자체가 법률의 규정에 의해 부담하는 계약 전 또는 밖의 의무인 것은 사실이다. 하지만 고지의무의 구체적 대상, 즉 고지대상은 각 보험계약 별로 개별적으로 정해지는 것으로서,[165] 보험자의 계약체결 여부 및 계약조건에 영향을 미치게 되므로, 고지대상은 계약 밖에 머무는 것이 아니라 계약내용의 일부로 포섭된다고 보는 것이 타당하다. 즉 고지의무 자체와 고지대상의 계약과의 관련성은 구분해서 살펴볼 필요가 있다. 이러한 관점에서 보면, 보험약관이 고지대상을 구체적으로 규정하고 있는 경우, 그 고지대상은 보험계약자의 계약체결 여부 및 계약조건에 영향을 미치는 중요한 계약내용이므로 원칙적으로 설명의무 등의 대상이 된다고 보아야 한다. 요컨대, 설명의무 등의 위반으로 인해서 보험계약의 내용이 되지 못한 약관조항과 관련된 중요사항은 고지의무의 대상이라고 볼 수 없다. 전술한 예에서 상해보험약관이 피보험자의 오토바이 운전으로 인한 상해는 면책사유라고 규정하고 있음에도 불구하고, 이에 대한 설명의무 등을 다하지 않아서 계약내용으로 편입되지 않았다면, 오토바이 운전여부를 고지의무의 대상인 중요사항이라고 볼 수 없다. 왜냐하면 그것은 계약체결 여부나 그 조건에 영향을 미치는 사항이라고 볼 수 없기 때문이다.

한편, 상법 652조가 규정하는 통지대상도 각 보험계약 별로 개별적으로 정해지는 것으로서 보험자의 계약체결 여부 및 계약조건에 영향을 미치게 되므로, 통지대상은 계약 밖에 머무는 것이 아니라 계약내용의 일부로 포섭된다고 보는 것이 타당하다. 따라서 만약 보험자가 통지의무의 대상인 중요사항과 관련된 약관조항에 대해 설명의무 등을 이행하지 않은 경우, 보험자는 통지의무 위반을 이유로 보험계약을 해지할 수 없다고 보는 것이 타당하다.

ii) 판례

판례도 보험자가 고지의무 위반을 주장할 수 없다는 입장을 취한다. ① 대판 1992. 3.10. 91다31883에서, 보험자가 자동차보험약관에 규정된 주운전자제도에 관한 구체적이고 상세한 설명을 하지 않아서 보험계약자가 계약체결 시에 주운전자를 사실과 다르게 고지한 경우, 고지의무 위반을 이유로 한 보험계약의 해지가 허용되는지가 다투어졌다.[166] 대법원은 허용되지 않는다고 판시했다. 그 이유는 다음과 같다. 주운전자가 누구

165) 대판 2020.1.16. 2018다242116(고지의무의 존재와 그 효과에 관하여 상법 651조에서 규정하고 있다고 하더라도 구체적으로 어떠한 사항이 고지의무의 대상이 되는지는 각 보험계약의 내용과 관계에서 개별적으로 정해지는 것이다). 대판 2024.4.16. 2023다293620도 같은 입장이다.

166) 대판 1996.3.8. 95다53546; 대판 1996.4.12. 96다4893; 대판 1997.9.26. 97다4494; 대판 1997.9.9. 95다45873; 대판 1998.4.10. 97다47255 등도 주운전자 제도에 관한 설명의무 등의 위반과 고지의무의 문제와 관련하여 같은 입장이다.

인지가 고지의무상 중요사항으로 되기 위해서는 주운전자에 관한 약관조항이 보험계약의 내용으로 편입되어야 한다. 그러한 계약내용이 없다면 주운전자가 누구인지는 고지될 필요가 없는 것이다. 그런데 보험자가 주운전자에 관한 약관조항에 대해서 설명을 하지 않았고, 그 결과 보험계약자는 설명의무 위반을 이유로 해당 약관조항을 계약내용에서 배제할 수 있다. 따라서 주운전자가 누구인지는 고지될 필요가 없는 것이다. ② 대판 1995.8.11. 94다52492는, 피보험자가 오토바이 사용자인 경우는 가입할 수 없도록 한 상해보험의 약관조항에 대해서 보험자가 설명의무 등을 이행하지 않았고, 또한 보험계약자 등이 그에 대한 고지의무를 위반한 사안이다. 대법원은 보험자가 이러한 보험약관의 명시, 설명의무를 위반하여 보험계약을 체결한 때에는 고지의무 위반을 이유로 보험계약을 해지할 수 없다고 판시했다. ③ 대판 2024.4.16. 2023다293620은, 상해보험계약을 체결할 당시 청약서상의 '계약 전 알릴 의무사항'에 기재된 '피보험자가 운전하는 차량의 종류와 용도'에 대한 답변으로 '승용차(자가용)'에만 체크 표시가 되어 있었는데, 차종과 용도가 '자가용 화물차'로 등록된 차량을 피보험자가 운전하던 중 교통사고로 사망하자, 보험자는 고지의무 위반을 이유로 보험금 지급을 거절한 사안이다. 대법원은, '피보험자가 운전하는 차량의 종류 및 용도'와 관련하여 운전 가능한 모든 차량을 빠짐없이 기재해야 한다는 점에 대한 설명의무가 위반된 경우에는, 고지의무 위반을 이유로 보험계약을 해지할 수 없다고 판시했다.

판례는 통지의무와 관련해서도 마찬가지의 입장을 취한다. ① 대판 2010.3.25. 2009다91316은, 이 사건 약관조항이 보험계약 체결 후 이륜자동차를 사용하게 된 경우에 피보험자는 지체 없이 보험자에게 알릴 의무를 규정하고 있었고, 피보험자에 대해 이륜자동차 운전을 제외한 직업 또는 직무에 해당하는 상해급수가 적용되었던 사안이다. 대법원은, 보험자가 위 약관조항을 명시하여 설명하지 않은 경우 피보험자의 통지의무 위반을 이유로 보험계약을 해지 할 수 없다고 판시했다. ② 대판 2021.8.26. 2020다291449에서, 이 사건 약관조항이 '이륜자동차를 계속적으로 사용하게 된 경우'를 보험계약 후 알릴 의무로 규정하고 있었다. 대법원은, 보험자가 위 약관조항을 명시하여 설명하지 않은 경우 피보험자의 통지의무 위반을 이유로 보험계약을 해지할 수 없다고 판시했다.

3) 예외

만약 고지의무의 대상인 중요사항과 관련된 약관조항에 대해 보험계약자 등이 이미 잘 알고 있거나, 거래상 일반적이고 공통된 것이어서 보험계약자가 별도의 설명 없이도 충분히 예상할 수 있었거나, 이미 법령에 의하여 정하여진 것을 되풀이하거나 부연하는 정도인 경우에는 설명의무 등이 면제된다고 볼 수 있으므로, 보험자가 그에 대한 고지의무 위반을 이유로 보험계약을 해지할 수 있다고 보아야 한다. 판례도 보험계약자가 주운전자제도에 대해 충분히 알고 있었다면, 비록 설명되지 않았다고 해도 보험계약자가 주운전자에 대해서 고지의무를 위반하면 보험자가 고지의무 위반을 주장할 수 있다고 보았다.[167]

제7절 보험약관의 해석

1. 총설

(1) 분쟁의 빈발

보험약관 해석을 둘러싼 분쟁이 빈발한다. 분쟁이 빈발하는 주된 이유는, 보험자가 자신에게 유리한 내용으로 작성하거나 모호한 표현을 사용하기 때문이다. 또한 보험약관의 체계가 복잡한 경우가 많을 뿐만 아니라, 사용되는 용어가 어렵다는 점도 그 이유다. 즉 보험약관은 보험용어, 법률용어, 의학용어 등 이해가 쉽지 않은 전문용어가 많이 사용된다. 이런 문제를 완화하기 위해서 2010년 보험업법 개정을 통해서 보험약관 이해도 평가제도를 도입했다.[168] 이에 따라 보험약관은 보다 쉬운 용어로 작성되는 방향으로 개선되고 있다. 하지만 아직 약관의 이해도가 획기적으로 개선된 상황은 아니다. 어쨌든 보험약관의 해석결과에 따라 해당 보험에 가입한 다수의 보험계약자들이 영향을 받는다는 점에서, 보험약관 해석을 어떻게 할 것인지는 중요한 법적 과제이다.

(2) 보험약관 해석에서 고려할 사항

보험약관의 해석에서 특별한 고려할 사항은 어떤 것이 있는가? 이러한 사항으로 인해서 보험약관의 해석이 일반계약, 일반약관의 해석과 달라질 수 있다. 첫째, 보험약관은 보험자가 일방적으로 작성한다. 작성상의 일방성은 약관거래의 일반적 특성이다. 반면 통상의 계약은 계약 당사자가 합의하여 작성하는 것이 원칙이다. 둘째, 작성자인 보험자가 상대방인 보험계약자에 비해 우월한 경제적 지위에 있다. 보험자는 경제적 지위, 즉 전문성, 협상력, 자본력 등의 면에서 보험계약자에 비해서 우월한 것이 보통이다. 지위의 불균형은 약관거래의 일반적 특성이다. 반면 통상의 계약은 당사자가 대등한 지위에 있음을 전제한다. 셋째, 보험약관은 정형적으로 행해지는 대량적 보험거래를 규율한

167) 대판 1998.4.14. 97다39308

168) 보험약관 이해도 평가제도란, 금융위원회가 보험소비자와 모집종사자를 대상으로 보험약관의 이해도를 평가하고 그 결과를 대통령령으로 정하는 바에 따라 공시하는 제도를 말한다(보험업법 128조의4).

다. 거래의 대량성은 약관거래의 일반적 특성이다. 반면 통상의 계약은 원칙상 단일한 거래를 목적으로 하는 것이 보통이다. 넷째, 보험약관은 보험사고 · 보상사유 · 면책사유 등을 통해서 보험단체의 수지균등을 달성하는 내용을 포함한다. 이것은 보험의 기술에서 비롯된 특징이며, 일반적 약관, 통상의 계약과 구분되는 점이다.

(3) 해석 원칙

약관규제법 5조는 약관 해석의 기본원칙을 규정한다. 이러한 기본원칙은 보험약관에 그대로 적용된다(판례,[169] 통설). 먼저, 5조 1항을 보면, 약관은 신의성실의 원칙에 의해 공정하게 해석해야 하고, 고객에 따라 다르게 해석하지 않아야 한다. 전자를 공정해석, 후자를 객관해석이라고 한다. 다음, 5조 2항에 의하면, 약관의 뜻이 명백하지 않은 경우 고객에게 유리하게 해석한다. 이것이 작성자불이익의 원칙이다.

판례도 약관규제법 5조와 동일한 해석원칙을 취한다. 즉 보험약관을 신의성실의 원칙에 따라 당해 약관의 목적과 취지를 고려하여 공정하고 합리적으로 해석하되, 개개 계약 당사자가 기도한 목적이나 의사를 참작함이 없이 평균적 고객의 이해가능성을 기준으로 보험단체 전체의 이해관계를 고려하여 객관적 · 획일적으로 해석해야 하며, 위와 같은 해석을 거친 후에도 약관 조항이 객관적으로 다의적으로 해석되고 그 각각의 해석이 합리성이 있는 등 당해 약관의 뜻이 명백하지 아니한 경우에는 고객에게 유리하게 해석해야 한다.[170] 또한 보험약관이 비록 보험자가 다수의 보험계약자와 계약을 체결하기 위해 일방적으로 마련한 것이라고 하더라도, 그 보험약관의 내용 등이 보험계약자의 정당한 이익과 합리적인 기대에 반할 뿐 아니라 사적자치의 한계를 벗어나는 등 무효라고 볼 만한 사정이 없다면, 법원이 이를 함부로 배척하거나 보험약관 내용을 그 목적과 취지 등과 달리 개별 사건마다 임의로 해석해서도 안 된다.[171]

이하에서는 보험약관의 해석 원칙을 공정해석, 객관해석, 작성자불이익의 원칙, 기타 순으로 살펴보자.

2. 공정해석의 원칙

(1) 의의

공정해석의 원칙은, 보험약관을 신의성실의 원칙에 따라서 공정하게 해석하는 것을 가리킨다(약관규제법 5조 1항). 약관이든 약관이 아닌 계약이든 그 해석은 신의성실의 원칙에

169) 대판 1996.10.25. 96다16049
170) 대판 2009.5.28. 2008다81633; 대판 2022.3.17. 2021다284462
171) 대판 2023.10.12. 2020다232709

따라 공정하게 해야 하므로, 위 원칙이 (보험)약관에 특유한 해석원칙이라 할 수는 없다.

공정해석에는 합리적 기대에 대한 고려가 필요하다. 즉 의사표시를 해석할 때 표의자의 진의뿐만 아니라 표시 수령자의 합리적 기대를 고려하듯, 보험약관 해석 시에도 보험계약자의 합리적 기대를 고려해야 한다. 가령 약관문언의 의미가 다의적이라면 그중 보험계약자의 합리적 기대에 부합하는 문언으로 약관내용을 해석함이 타당할 것이다. 판례도 보험약관의 해석 시에 보험계약자의 정당한 이익과 합리적 기대를 고려해야 한다고 밝히고 있다.[172] 합리적 기대는 보험의 손해전보에 대한 합리적인 신뢰를 가리킨다.[173] 보험의 목적이 손해전보에 있다고 본다면, 이에 대한 보험가입자의 합리적 기대는 충분히 보호받을 가치가 있으며, 이것을 고려한 해석이 공정한 해석이라 하겠다.[174]

보험계약자의 합리적 기대를 강하게 존중하는 해석론이 이른바 '합리적 기대의 원칙'(the doctrine of reasonable expectations)이다.[175] 미국의 일부 판례가 이 원칙을 취하고 있다.[176] 영국 판례는 위 원칙의 불명확성 때문에 아직 일반적인 해석원칙으로 수용하지는 않는다.[177] 우리 약관해석 원칙에서도 보험계약자의 합리적 기대는 당연히 고려될 수 있다. 다만 합리적 기대를 보호하는 수준 또는 정도와 관련하여, 우리나라와 미국 판례 사이에 차이는 없는지, 어느 정도의 보호가 정책적으로 바람직한지는 차후 연구할 과제이다.

(2) 내용통제와의 경계

약관의 공정해석 시에 고려되는 요소와 약관의 불공정성을 이유로 내용통제 시에 고려되는 요소는 크게 다르지 않다. 보험가입자의 합리적 기대와 신의성실 원칙은 약관해석의 기준도 되지만, 약관 내용통제의 기준도 된다(약관규제법 6조 1항은, 신의성실의 원칙에 반해서 불공정한 약관조항은 무효라고 규정한다).[178] 따라서 약관의 공정해석과 내용통제 사이

---

172) 대판(전원) 1991.12.24. 90다카23899; 대판 2023.6.29. 2022다298109; 대판 2023.10.12. 2020다232709

173) 대판(전원) 1991.12.24. 90다카23899

174) 양승규 73면

175) 합리적 기대의 원칙에 대한 소개 및 평가에 대해서는, 한기정, "미국 약관규제법에 관한 소고", 법학논집, 2001, 327－331면

176) Keeton/Widiss는 이 원칙을 지지하며 그 근거로, 첫째, 보험약관은 방대하고 복잡한 내용으로 구성되어 있어서 보험계약자가 그 내용을 제대로 못 읽는 것이 보통이고, 둘째, 약관조항에 있는 면책사유 등의 효력을 인정함이 경우에 따라서 부당하거나(unconscionable) 불공정하기(unfair)하기 때문에 보험계약자의 합리적 기대를 보호하는 것이 적절하다는 점 등을 제시한 바 있다. Keeton/Widiss, *Insurance Law*, 1988, pp. 634－635.

177) Clarke, *The Law of Insurance Contracts*, 2009, para. 15－5B

178) 대판(전원) 1991.12.24. 90다카23899(약관의 내용통제원리로 작용하는 신의성실의 원칙은 보험약관이 보험사업자에 의하여 일방적으로 작성되고 보험계약자로서는 그 구체적 조항내용을 검토하거나 확인할 충분한 기회가 없이 보험계약을 체결하게 되는 계약성립의 과정에 비추어, 약관작성자는 계약상대방의 정당한 이익과 합리적인 기대 즉 보험의 손해전보에 대한 합리적인 신뢰에 반하지 않고 형평에 맞게끔 약관조항을 작성하여야 한다는 행위원칙을 가리키는 것이다)

의 경계가 반드시 명확한 것도 아니다. 이런 이유에서 판례는 내용통제로 분류될 수 있는 '효력유지적 축소'를 '수정해석'이라고 표현하기도 한다.[179] 효력유지적 축소는 이렇게 해석이라고 표현되기도 하지만 본연의 계약해석과는 전혀 다른 성질의 것이다. 효력유지적 축소란 어떤 약관조항의 내용 일부가 불공정한 경우 이 일부만을 무효로 만들고 나머지 부분의 효력을 유지하는 내용통제 방법을 말한다.[180] 실제로 효력유지적 축소가 문제된 사안 중에는 양적 일부 무효인 경우보다 질적 일부 무효인 경우가 많다. 효력유지적 축소는 약관규제법 16조와 방향이 같은 것임을 알 수 있다. 약관규제법 16조는 약관의 전부 또는 일부의 조항이 무효인 경우 계약의 효력에 대한 규정이다. 즉 약관의 명시·교부·설명의무 위반으로 계약의 내용이 되지 못하거나 그 내용이 공정하지 못하여 약관의 전부 또는 일부의 조항이 무효인 경우, 계약은 잔존부분만으로 유효하게 존속하되, 유효부분만으로는 계약목적 달성이 불가능하거나 유효부분이 한쪽 당사자에게 부당하게 불리하면 그 계약은 무효로 한다. 이 규정은 전체 계약의 효력에 관한 것이지 개별 약관조항 자체의 효력에 관한 것은 아니다. 하지만 그 취지와 내용을 고려해 보면, 약관규제법 16조를 유추적용하여 개별 약관조항의 효력을 판단하는 것은 타당하고 바람직한 것이다.

(3) 사례

1) 무면허운전의 범위

대판(전원) 1991.12.24. 90다카23899에서, 자동차 보유자가 부담하는 대인배상책임을 보상하는 보험약관이 무면허운전을 면책사유로 규정했다. 쟁점은 자동차 보유자의 지배, 관리가 미치지 못하는 절취운전 또는 무단운전에 따른 무면허 운전도 면책사유라고 해석할 것인지 여부였다. 대법원은 문언대로의 효력을 부정하고 효력유지적 축소를 했다. 즉 무면허운전 면책조항은 무면허운전의 주체가 누구인지는 상관 없지만 무면허 운전이 자동차보유자의 명시적, 묵시적 승인하에 이루어진 경우에 한하여 면책을 정한 규정이라고 해석했다. 대법원은, 자동차 보유자가 자신의 지배, 관리가 미치지 못하는 절취운전자 또는 무단운전자의 운전면허 소지 여부에 따라 보험의 보호를 전혀 받지 못하는 경우가 생긴다면 불합리할 뿐만 아니라 보험자의 보상책임을 상당한 이유 없이 배제하는 것이라고 보았다. 이 판결은 대법원 전원합의체에 의해서 기존 판결을 변경한 것이

---

179) 대판(전원) 1991.12.24. 90다카23899(이러한 수정해석은 조항전체가 무효사유에 해당하는 경우뿐만 아니라 조항일부가 무효사유에 해당하고 그 무효부분을 추출 배제하여 잔존부분만으로 유효하게 존속시킬 수 있는 경우에도 가능한 것이다)

180) 효력유지적 축소해석은, 무효의 원인이 공정성 결여인 경우에 한정되는 것은 아니며, 강행법규 위반 등 무효의 원인이 다른 경우에도 적용될 수 있다.

다. 기존의 판결은, 위 면책사유는 문언대로 유효라고 해석하고 무면허 운전이 위험의 정도가 큰 행위이자 중대한 법규 위반이므로 그 운전의 주체가 누구라도 보험 보호에서 제외하는 데 위 면책사유의 취지가 있다고 보았다.[181]

2) 법령의 범위

대판 1998.4.28. 97다11898에서, 동산종합보험계약의 일부인 증장비추가약관은 법령이나 기타 규칙에 위반하여 발생한 손해를 면책사유로 규정했다. 쟁점은 '사소한' 법령이나 기타 규칙에 위반하여 발생한 손해도 면책사유라고 해석할지 여부였다. 대법원은 보험사고의 발생, 증가의 개연성이 극히 큰 경우로 볼 수 있는 '중대한' 법령이나 규칙에 위반하여 발생한 손해만 면책사유라고 면책조항을 수정해석하였다. 엄밀히 말하면 이 또한 내용통제에 가깝다.

3) 청구권 상실조항

대판 2007.2.22. 2006다72093에서, 화재보험의 약관은 사기적인 방법으로 보험금을 청구하면 면책사유라고 규정했다. 이 면책사유를 청구권 상실조항이라고 부른다. 이것은 사기적 방법으로 보험금을 과다 청구하면 실제로 발생한 손해를 포함하여 청구권 전체를 상실시키는 효과를 갖는다. 쟁점은 독립한 다수의 물건이 보험목적인 경우 피보험자가 사기적 방법으로 과다청구한 보험목적 이외에 다른 보험목적에 생긴 손해도 면책되는지 여부였다. 대법원은 면책되지 않는다고 판시했다. 대법원은, 청구권 상실조항의 취지가 사기적 청구에 대한 제재라는 전제하에, 사기적 청구가 행해지지 않은 다른 보험목적에 대해서도 면책된다는 해석은 제재로서의 상당한 정도를 초과하므로 신의성실에 반한다고 판시했다. 공정해석에 따라서, 사기적 청구를 한 당해 보험목적의 손해에 대해서만 면책된다고 해석한 것이다. 이는 내용통제로 볼 수도 있지만 표시수령자인 보험계약자의 합리적 기대를 고려한 해석으로 보는 것이 더 타당하다.

4) 자동차 운전 중 사고

대판 2009.5.28. 2009다9294에서, 운전자 상해보험의 보통약관은 피보험자가 입은 일반적 상해사고를 보상한다고 규정하고, 이에 부가한 특별약관은 자동차 운전 중 사고로 인해 타인에게 부담하는 비용 등을 보상한다고 규정했다. 쟁점은 특별약관에서 정한 '자동차 운전 중 사고'의 해석이었다. 즉 아파트 단지 내에서 이삿짐 차량을 주차하고 동 차량에 설치된 고가 사다리의 적재함에서 이삿짐을 운반하던 중 발생한 사고가 자동차

181) 대판 1990.6.26. 89다카28287

운전중 사고에 해당하는지가 다투어졌다. 대법원은 해당하지 않는다고 판시했다. 대법원은, 도로교통법의 해석상 자동차 운전이란 자동차의 원동기를 사용하는 행위로서 엔진시동, 발진조작의 완료까지 요하는 점을 고려하면, 자동차 운전과 관계없이 그 부착 장치를 이용한 이삿짐 운반작업 중 발생한 사고는 객관해석상 자동차 운전 중 사고라고 볼 수 없다고 전제했다. 그리고 대법원은, 위 특별약관상 보험요율의 산정, 예상되는 통상적인 보험사고의 유형 등을 감안할 때, 위 사고가 자동차 운전 중 사고가 아니라고 해석해도 고객에게 부당하게 불리하지 않다고 판시했다. 대법원이 보험요율의 산정을 공정성 여부의 판단 요소로 고려했음을 읽을 수 있다.

3. 객관해석의 원칙

(1) 의의

객관해석의 원칙은 고객마다 다르게 해석하지 않는다는 원칙이다(약관규제법 5조 1항). 즉 평균적 고객의 이해가능성을 기준으로 획일적으로 해석하는 것을 가리킨다(통설). 일반적으로 계약을 해석할 때 개별 고객의 구체적 이해, 의사 등을 고려하여 해석하는 것과는 대조된다. 약관의 객관해석 원칙은 약관의 목적이 대량거래를 획일적으로 처리하는 데 있다는 점을 고려한 것이다. 판례도 통설과 같다. 대법원은, 보통거래약관 및 보험제도의 특성에 비추어 볼 때, 보험약관의 해석은 일반 법률행위와는 달리 개개 계약당사자가 기도한 목적이나 의사를 기준으로 하지 않고 평균적 고객의 이해가능성을 기준으로 하되 보험단체 전체의 이해관계를 고려하여 객관적, 획일적으로 해석해야 한다고 판시한 바 있다.[182] 이 판례는 보험약관을 객관적으로 해석할 때, 평균적 고객의 이해가능성뿐만 아니라, 보험단체 전체의 이해관계를 함께 고려할 것을 요구하고 있다.

(2) 객관해석의 기준

판례에 나타난 보험약관의 객관해석에는 두 가지 기준이 있다. 하나는 평균적 고객의 이해가능성 기준이고, 다른 하나는 보험단체 전체의 이해관계 기준이다.

1) 평균적 고객의 이해가능성

보험약관은 평균적 고객의 이해가능성을 기준으로 해석한다. 이 점은 모든 약관에 공통적인 기준이다. 판례는 신용보증약관을 해석함에 있어 약관의 내용은 개개 당사자의

182) 대판(전원) 1991.12.24. 90다카23899. 이후 이것은 다수의 판결에 의해 승계되었다. 대판 1995.5.26. 94다36704; 대판 2014.9.4. 2013다66966; 대판 2019.3.14. 2018다260930 등

의사나 구체적인 사정을 고려하지 않고 평균적 고객의 이해가능성을 기준으로 하여 객관적, 획일적으로 해석한다고 하였다.[183] 이렇게 평균적 고객의 이해가능성을 기준으로 약관을 해석함은 법률행위 해석의 일반원칙과 비교된다. 일반적인 법률행위의 해석은 당사자가 그 표시행위에 부여한 객관적인 의미를 명백하게 확정하는 것이기 때문이다.[184]

약관의 경우 평균적 고객의 이해가능성으로 해석하는 이유는, 약관이 정형적으로 행해지는 대량거래의 규율을 목적으로 한다는 점에서 찾을 수 있다.[185] 즉 약관의 기본기능은 사업자가 불특정 다수인인 고객을 상대로 대량거래를 하면서 거래내용을 획일적으로 처리하는 데 있는데, 만약 고객의 개별적 사정과 이해가능성을 고려하여 해석해야 한다면, 그 기본기능을 제대로 살리기 어렵기 때문이다.[186] 만약 고객이 자신의 개별적 사정 등을 거래내용에 반영하기 위해 약관과 다른 합의를 한 경우나 평균적 고객의 이해와는 다른 내용으로 약관조항을 해석하는데 합의한 경우라면 이러한 합의가 우선하게 된다(약관규제법 4조).[187] 이에 관한 대판(전원) 1991.12.24. 90다카23899를 살펴보자. 즉 보통거래약관의 구속력의 근거는 법률행위에 있지만 보통거래약관이 정형적으로 행해지는 대량거래의 규율을 목적으로 하는 것임에 비추어 그 약관의 내용은 개개 계약체결자의 의사나 구체적 사정을 고려함이 없이 평균적 고객의 이해가능성을 기준으로 하여 객관적, 획일적으로 해석되어야 하는데, 이것은 결국 보통거래약관의 구속력의 근거가 법률행위에 있다고 하여도, 그 약관내용의 해석에 있어서는 법규적 해석, 객관적 해석의 원리가 적용됨을 알 수 있다고 판시했다.

2) 보험단체 전체의 이해관계

보험약관의 해석에는 보험단체 전체의 이해관계를 고려해야 한다는 것이다. 이것은 보험계약의 단체성을 고려한 것이라고 볼 수 있다.[188] 이 점은 일반적 법률행위의 해석은 물론이고 일반 약관의 해석에도 나타나지 않는 기준이다. 보험제도의 특성과 보험약관의 관계를 밝힌 대판(전원) 1991.12.24. 90다카23899의 판시내용을 살펴보자. 즉 "보험제도는 보험사업자가 특정한 동종의 위험에 놓여 있는 다수인으로 보험단체를 구성하고 미리 일정한 금액(보험료)을 거출케 하여 위험에 대비한 공동비축기금을 형성한 후, 그 위

183) 대판 1998.10.23. 98다20752

184) 대판 1996.10.25. 96다16049

185) 대판(전원) 1991.12.24. 90다카23899

186) 대판(전원) 1991.12.24. 90다카23899

187) 최준규, "보험계약의 해석과 작성자불이익 원칙", BFL48, 2011, 40면. 개별약정 우선의 원칙과 계약해석에서 자연적 해석은 사실상 같은 뜻이다. 이에 대하여 전자는 약관해석의 전 단계인 편입통제 단계에서 문제되므로 양자를 구별해야 한다는 견해도 있다. 그러나 편입통제도 본질적으로 당사자 간 합의내용을 확정하는 해석의 문제이다.

188) 대판 1996.6.25. 96다12009

험이 현실화되어 손해를 입은 구성원에게 그 기금에서 일정한 금액(보험금)을 지급하여 그 손해를 전보케 하는 단체적 공동비축제도인바, 우연한 사고라고 할지라도 다수인을 대수적으로 관찰하면 일정한 기간 내에 발생하는 사고의 빈도는 평균적으로 일정하다는 대수의 법칙에 따라 통계적으로 사고의 개연율과 사고에 대비한 소요총액을 측정하여 각 구성원이 각자의 위험율에 따라 부담거출하는 보험료의 총액이 손해전보를 위하여 지급하는 보험금의 총액과 균형을 유지하도록 하는 것이다. 위험공동체인 보험단체의 구성은 보험사업자가 보험단체구성원을 위하여 인수 내지 담보하는 위험의 내용과 범위, 즉 보험금을 지급하여야 할 사유와 그 지급의무의 한계 등을 보통보험약관에 담아 감독관청의 허가나 인가(보험업법 제5조 제3항 및 제7조 제1항)를 받은 다음 개개 보험가입자와 사이에 약관을 편입한 보험계약을 체결함으로써 이루어진다."고 판시했다. 이상과 같은 보험제도의 특성상 보험약관을 해석할 때는 보험단체 전체의 이해관계를 반영해야 한다는 것이다.

(3) 사례

1) 배우자, 부모의 범위

자동차 사고를 보상하는 보험의 약관 중에는 기명(記名)피보험자의 배우자, 부모 등의 개념을 사용하여 보상사유 또는 면책사유를 정하는 경우가 있다. 이하에서 ①-③은 배우자, ④, ⑤는 부모에 대한 해석 문제다.

① 대판 1994.10.25. 93다39942 : 여기서 대인배상책임을 보상하는 자동차보험의 약관은 기명피보험자 또는 그 부모, 배우자 및 자녀가 사망 또는 상해를 입은 경우를 면책사유라고 규정했다. 쟁점은 여기의 배우자에 기명피보험자의 사실혼 배우자가 포함되는지 여부였다. 대법원은 위 면책사유의 취지를 고려할 때 포함된다고 보았다. 가족 내의 사고로 손해를 입으면 가족 내에서 처리하고 손해배상을 청구하지 않는 것이 사회통념에 속한다는 점이 위 면책사유의 취지인데, 그러한 사회통념은 사실혼 배우자에게도 적용된다고 대법원은 판시했다.

② 대판 1995.5.26. 94다36704 : 대인배상책임을 보상하는 자동차보험의 가족운전자 한정운전 특별약관은 기명피보험자와 그 부모, 배우자 및 자녀 이외의 자가 운전하던 중 발생한 대인배상책임은 면책사유라고 규정했다. 쟁점은 여기의 배우자에 부첩(夫妾)관계의 일방에서 본 타방이 포함되는지 여부였다. 원심은 부첩관계에 있는 타방도 피보험자동차의 사용범위, 방법 등이 동일하다면 위 특별약관상의 배우자로 봄이 상당하다고 판시했다. 하지만 대법원은 객관해석상 위 배우자에 부첩관계의 일방에서 본 타방은 포함되지 않는다고 판시했다. 부첩관계는 선량한 풍속 기타 사회질서(민법 103조)에 위배되

어 법적 보호를 받기 어렵다는 점을 고려한 것이다. 이런 이유에서 대법원은 배우자라는 표현대신 일방에서 본 타방이란 표현을 사용한 것으로 보인다.

③ 대판 2009.12.24. 2009다64161 : 대인배상책임을 보상하는 자동차보험의 부부운전자 한정운전 특별약관에서 기명피보험자의 배우자는 법률상 배우자 또는 사실혼 배우자를 가리킨다고 규정했다. 쟁점은 중혼적(重婚的) 사실혼 배우자를 여기의 배우자에 포함시킬 것인지 여부였다. 원심은 포함하지 않는다고 판시했다. 법률혼이 해소되지 아니한 상태에서 이중으로 사실혼 관계에 있는 경우 이것을 적법한 사실혼으로 보아서 법률혼에 준하는 보호를 할 수는 없다는 것이다. 대법원은 일정한 경우에는 포함한다고 보았다. 대법원은 이 사건에서 법률혼이 사실상 이혼상태에 이른 특별한 사정이 있으므로 중혼적 사실혼을 법률혼에 준하여 보호할 필요가 있다고 판시했다. 대판 2010.3.25. 2009다84141도 같은 취지의 판결이다.

④ 대판 1997.2.28. 96다53857 : 대인배상책임을 보상하는 자동차보험의 가족운전자 한정운전 특별약관은 기명피보험자와 그 부모, 배우자 및 자녀 이외의 자가 운전하던 중 발생한 대인배상책임은 면책사유라고 규정했다. 쟁점은 기명피보험자의 모(母)에 계모가 포함되는지 여부였다. 대법원은 계모가 법률상 모는 아니지만 포함된다고 판시했다. 대법원은 위 특별약관의 취지가 피보험 자동차의 이용관계에 있어 위험이 동질적인 기명피보험자의 가족구성원이 일으킨 사고만 보상하는 대신에 보험료를 낮추는 데 있다고 보았다. 이러한 취지에 비추어 보면, 기명피보험자의 계모가 부(父)의 배우자로서 실질적인 가족공동체를 이루어 생계를 같이하고, 그의 어머니의 역할을 하면서 피보험 자동차를 이용하고 있다면 위 약관상의 모에 해당한다고 대법원은 판단했다.

⑤ 대판 2009.1.30. 2008다68944 : 자동차보험의 가족운전자 한정운전 특별약관은 기명피보험자와 그의 가족운전자에 의한 사고만 보장하는 것으로 정했다. 쟁점은 기명피보험자의 모에 부의 사실혼 배우자가 포함되는지 여부였다. 원심은 포함된다고 판시했다. 특별약관의 취지가 피보험 자동차의 이용관계에 있어 위험이 동질적인 기명피보험자의 가족구성원이 일으킨 사고만 보상하는 대신에 보험료를 낮추는 데 있고, 또한 기명피보험자 부의 사실혼 배우자도 그러한 구성원에 포함된다고 본 것이다. 하지만 대법원은 포함되지 않는다고 판시했다. 기명피보험자의 입장에서 보자면, 부의 사실혼 배우자가 그의 모에 포함된다고 생각하기 어렵다고 판단한 것이다.

2) 재해와 자살

이하에는 재해와 고의사고에 관한 판례를 다룬다. 아래의 판결들은 사실관계가 조금씩 다르지만, 재해와 고의사고 관계를 대상으로 한다는 점이 같으므로 함께 살펴본다.

이하에서 주계약은 주된 보험계약을 가리킨다.

① 대판 2007.9.6. 2006다55005 : 이 사건은 주계약과 특약이 있고, 주계약과 특약이 각각 재해를 보험금 지급사유로 규정했다. 즉 주계약의 약관은 차량탑승 중 교통재해, 무보험차량에 의한 사고, 뺑소니 차량에 의한 사고를 보험사고로, 재해사망 특별약관은 재해로 인한 사망을 보험사고로 규정했다. 그리고 주계약의 약관이 고의면책사유와 면책제한사유를 규정하고, 특별약관이 이를 준용했다. 즉 주계약의 약관은 피보험자가 고의로 자해하면 면책이되(고의면책사유), 피보험자가 정신질환 상태에서 자해하거나 계약의 책임개시일부터 2년 경과 후에 자살, 자해하면 면책이 아니라고 규정했고(면책제한사유), 특별약관은 이 약관이 규정하지 않은 사항은 주계약 약관을 따른다고 규정했다.

쟁점은 면책제한사유가 주계약 또는 특별약관의 보험금 지급사유가 될 수 있는지 여부였다. 원심은 보험금 지급사유가 아니라고 판시했다. 원심은, 주계약 또는 특별약관의 보험사고는 재해로 한정되어 있다는 전제하에, 고의사고는 재해가 아니기 때문에 보험금 지급사유가 될 수 없다고 본 것이다. 하지만 대법원은 보험금 지급사유라고 판시했다. 원심의 해석에 따르면, 주계약의 면책제한사유는 처음부터 적용될 여지가 없게 되고 그 결과 그 적용 대상이 없는 무의미한 규정이 되므로, 받아들일 수 없다고 했다. 대법원은, 평균적 고객의 이해가능성을 기준으로 한다면, 면책제한사유의 취지는 일정한 고의자살과 고의자해가 재해는 아니지만 특별히 보험사고에 포함시켜 보험금 지급사유로 본다는 데 있다고 이해할 여지도 충분하다고 보았다. 이에 따라 주계약과 특약의 보험사고 범위는 재해에 그치지 않고 면책제한사유에까지 확대된 것으로 보아야 한다고 판시했다.

② 대판 2009.5.28. 2008다81633 : 이 사건은 주계약과 특약이 있고, 주계약의 약관은 사망사고에 관한 한 재해사망과 일반사망 모두를 보험사고로 하며, 2개의 특별약관(재해사망특약, 재해보장특약)은 각각 재해사망을 보험사고로 규정했다. 그리고 주계약의 약관이 고의면책사유와 면책제한사유를 규정하고, 각 특별약관이 이것을 준용했다. 즉 주계약의 약관이 피보험자가 고의로 자살하면 면책이되(자살면책사유), 계약의 책임개시일부터 2년 경과 후의 자살은 면책이 아니라고 규정했고(면책제한사유), 각 특별약관은 이 약관이 정하지 않은 사항인 경우 주계약 약관을 따른다고 규정했다.

쟁점은 주계약 약관의 면책제한사유가 각 특별약관에도 준용되는지 여부였다. 원심은 준용이 된다고 판시했다. 원심은 준용의 결과 각 특약의 보험사고 범위가 재해에 그치지 않고 면책제한사유로 확대된 것으로 보았다. 이 판시의 근거로 전술한 대판 2007.9.6. 2006다55005가 원용됐다. 하지만 대법원은 준용 불가의 입장을 취했다. 각 특별약관의 보험사고 범위가 면책제한사유로 확장될 수 없다는 것이다. 대법원은, 평균적 고객의 이해가능성을 기준으로 할 때, 자살이 재해를 보장하는 각 특별약관의 보험사고로 처리될 수 없다는 것은 각 특별약관을 체결할 때 당사자가 기본적으로 전제한 사항이라고 보았다. 그리고 각 특별약관에서 정하지 아니한 사항만 준용해야 하는데, 각 특별약관이 보험사고를 재해라고 정한 이상 주계약의 면책제한사유는 각 특별약관에 준용될 여지가 없다고 보았다. 만약 보험사고 범위를 면책제한사유까지 확장하면, 보험계약자 등에게 각 특별약관 체결 시 기대하지 않은 이익을 주게 되고 각 특약별관에 가입한 보험단체 전체의 이익을 해치며 보험자에게 예상하지 못한 무리한 부담을 지우게 되므로 불합리하다고 대법원은 판시했다. 이 판결에서 보험의 단체성을 객관해석의 한 기준으로 삼았음을 알 수 있다. 주의할 것은, 준용 불가로 해석해도 면책제한사유가 그 적용대상이 없는 무의미한 규정이 되지는 않는다는 점이다. 면책제한사유는 일반사망이 보험사고의 하나인 주계약에서 유의미한 규정이기 때문이다. 이 점에서 이 사건은 전술한 대판 2007.9.6. 2006다55005와 구분된다.

③ 대판 2010.11.25. 2010다45777 : 이 사건은 공제(共濟)에 관한 사건이다. 이 사건은 특별약관이 없고, 공제계약이 재해로 인한 사망·장해와 재해 외의 원인으로 한 사망·장해를 모두 보험사고로 규정했다. 재해로 인한 사망 또는 1급장해의 경우 유족위로금(사망) 또는 장해연금(1급장해)을, 재해 외의 원인으로 인한 사망 또는 1급장해의 경우 유족위로금을 공제금으로 지급하도록 규정했다. 그리고 공제계약은 고의면책사유와 면책제한사유를 규정했다. 즉 공제계약의 약관은 피공제자가 고의로 자해하면 면책이되(고의면책사유), 피공제자가 정신질환 상태에서 자해하거나 계약의 책임개시일부터 1년 경과 후에 자살, 자해하면 면책이 아니라고 규정했다(면책제한사유).

쟁점은 면책제한사유가 재해로 인한 장해연금 지급사유가 될 수 있는지 여부였다. 원심은 긍정했다. 원심은 공제계약상 보험사고의 범위는 재해에 그치지 않고 면책제한사유로 확장된 것으로 보아야 한다고 판시했다. 이러한 보험사고 범위의 확장론은 대판 2007.9.6. 2006다55005의 영향을 받은 것으로 보인다. 하지만 대법원은 원심과 견해를 달리했다. 대법원은 객관해석상 면책제한사유는 재해 외의 원인으로 인한 공제사고에 해당할 뿐이라고 보았다. 고의에 의한 자살·자해는 특별한 사정이 없는 한 우연성이 결여되어 재해라고 볼 수 없다는 전제하에, 면책제한사유는 자살·자해가 계약의 책임개시일로부터 상당한 기간이 경과한 후 행해지면 공제금 취득에 부정한 목적이 있는지 여부를 판정하기 어려움을 고려하여 면책의 예외를 인정한 것이지, 재해로 인한 공제사고의 객관적 범위까지 확장하기 위한 것은 아니라고 보았다. 이렇게 해석해도 면책제한사유는 재해 외의 원인으로 인한 사망 등에 적용되므로, 그 적용대상이 없는 무의미한 규정이 되지 않는다. 그리고 원심이 취한 해석은, 재해공제금과 일반공제금의 액수 차이에 비추어 볼 때, 공제계약자에게는 기대하지 않은 이익을, 공제사업자에게는 예상하지 못한 부담을 주게 되어서 불공정, 불합리하다고 대법원은 보았다. 이것은 공정해석까지 가미한 해석이다.

④ 대판 2016.5.12. 2015다243347 : 이 사건은 주계약과 특약이 있고, 주계약의 약관은 일반사망을 보험사고로 하며, 특약은 재해사망을 보험사고로 규정했다. 재해사망특약은 약관에서 피보험자가 재해를 직접적인 원인으로 해서 사망하거나 제1급의 장해상태가 되었을 때 재해사망보험금을 지급하는 것으로 규정했다. 그러면서 보험금을 지급하지 않는 경우의 하나로 "피보험자가 고의로 자신을 해친 경우. 그러나 피보험자가 정신질환상태에서 자신을 해친 경우와 계약의 책임개시일부터 2년이 경과된 후에 자살하거나 자신을 해침으로써 제1급의 장해상태가 되었을 때는 그러하지 아니하다"라고 규정했다.

쟁점은 피보험자의 자살 시 위 조항에 따라 재해사망특약으로 인한 보험금 지급의무가 있는지 여부이다. 대법원은 보험금 지급의무를 긍정하였다. 위 단서 조항(면책제한사유)은 객관해석상 평균적 고객의 이해가능성을 기준으로 할 때 재해라는 보험사고의 범위 자체를 확장한 조항으로 충분히 볼 수 있다고 판시했다. 앞서 본 대판 2007.9.6. 2006다55005와 같은 취지이다. 자살이 재해라는 개념에 포함되지 않는다는 '선험적' 이유로 보험금지급의무를 부정하게 되면, 위 단서 조항은 적용대상이 없는 무의미한 규정이 된다. 그러나 그러한 해석이 가능하려면 평균적 고객의 이해가능성에 비추어 보아도 위 단서 조항이 무의미한 규정임이 명백해야 한다. 대법원은 평균적 고객의 입장에서 사업자가 전혀 의미가 없는 조항을 약관에 포함시켰다고 생각하기는 어렵다고 본 것이다. 사업자가 실수로 약관조항을 잘못 만들었다면, 그에 따른 위험은 사업자 자신이 부담해야 한다고 본 것으로 이 판결을 이해할 수 있을 것이다.

3) 재해와 우발적 사망

대판 2010.9.30. 2009다51318에서는 재해와 우발적 사망에 관한 해석 문제가 다루어졌다. 앞서 살펴본 재해와 자살에 관한 판결들과 비교해 보면 흥미롭다.

이 사건 보험약관은 사망사고와 관련하여 보험금 지급기준을 재해 외의 경우, 일반재해의 경우, 교통재해의 경우로 구분하고, '[별표 2] 재해분류표'에서 재해에 관해 정하고 '[별표 4] 교통재해분류표'에서 교통재해에 대해서 정하고 있다. 그런데 교통재해분류표는 "운행중인 교통기관에 탑승하고 있는 동안 피보험자가 입은 불의의 사고"를 보험사고로 정하고 있다. 이러한 사고가 모두 [별표 2] 재해분류표의 보험사고인 '우발적인 외래의 사고'가 되지는 않는다. 이 사건에서 발생한 사고 역시 그런 경우다. 이 사건에서는 피보험자가 승용차를 운전하던 중 예기치 못한 심장마비로 사망했다. 이 사고는 우발성은 충족하나 외래성은 충족하지 못하는 것이다. 따라서 이것은 위 교통재해분류표의 보험사고에는 해당할 수 있지만, 위 재해분류표의 재해에는 해당하지 않는다.

쟁점은, 교통재해분류표의 교통재해가 되려면, 교통재해분류표의 교통재해 요건을 충족해야 하는 것 이외에, 재해분류표의 재해 요건도 충족해야 하는지 여부다. 원심은 부정했다. 원심은, 재해분류표는 일반재해 사망보험금의 보험사고에 대한 규정의 일부에 불과할 뿐이고, 교통재해 사망보험금은 그 자체로 교통재해분류표에서 자족적으로 보험사고를 규정한다고 본 것이다. 그리고 교통재해와 일반재해는 구별되는 별개의 것으로 이해한 것이다. 원심의 이러한 태도는, 교통재해분류표가 교통'재해'라는 명칭에도 불구하고 교통재해로 인정되는 보험사고의 범위를 특별히 확장했다는 입장에 선 것으로 읽을 수 있다. 그리고 원심은 작성자 불이익의 원칙도 언급했다. 대법원은 원심과 달리 긍정했다. 대법원은, 원심처럼 보게 되면, 교통재해에는 재해(우발적인 외래의 사고)에 해당 부분과 비해당 부분이 모두 포함되고, 일반재해에는 재해 해당 부분만이 포섭되는 차이가 생긴다는 점에 주목했다. 이러한 차이가 생기는 것은, 교통재해와 일반재해라는 문구에서 각 재해의 개념은 같지만 각각에 부가된 교통, 일반이라는 점에서 구분된다고 보는 평균적 고객의 이해와 맞지 않고, 다른 개념을 재해라는 같은 틀에 넣게 되는 "어색한 결과"가 생긴다고 대법원은 판단했다. 또한 대법원은 이 사건 각 보험약관에 첨부된 예정위험률[189]은 원심의 약관해석에 따라 산출된 것이 아니라, 대법원이 앞서 취한 약관해석에 의해서 산출된 것으로 보인다고 판시했다. 요컨대, 교통재해도 재해분류표가 적용되어 '우발적인 외래의 사고'의 요건을 충족해야 한다고 해석함이 합리적이고, 작성자 불이익의 원칙은 적용될 여지가 없다고 보았다.

4) 인과관계

대판 2009.7.9. 2008다88221은 인과관계의 해석 문제를 다루었다.[190] 이 사건에서 공사의 하도급인이 당좌거래정지 또는 파산으로 인하여 공사대금지급채무를 하수급인에게 이행하지 못하는 경우에 대비해 동 채무를 보증하는 하도급대금지급보증계약이 체결됐다. 대법원은 이 계약의 당사자는 건설공제조합 그리고 그 조합원인 하도급이고, 이 계약의 성질은 하수급인을 위해 체결하는 제3자를 위한 계약으로서 상호보험의 실질을 갖는다고 보았다. 이 사건 보증계약의 약관은 면책사유로서, "건설산업기본법령상 하도급을 금지하는 공사를 하도급받거나, 무자격자가 하도급받은 공사인 때"를 규정했다.

해석상 쟁점은 보험자가 면책되려면 이 사건 면책사유와 보증사고 발생 사이에 인

189) 보험사고의 발생에 대해서 사전에 예측한 확률로서 보험료 산출의 기초이다.
190) 이 판결은 공정해석의 문제도 다루었는데, 이에 대해서는 공정해석 부분에서 기술했다.

과관계가 요구되는지 여부였다. 대법원은 객관해석상 인과관계가 요건이 아니라고 판시했다. 대법원은 이 사건 면책사유의 문언, 다른 면책사유와의 체계적 비교 및 그 성립경과 등을 근거로 들었다. 즉 이 사건 면책사유는 문언상 인과관계가 요건이 아니라는 점에서 여타 면책사유가 문언상 인과관계가 요건인 점과 분명히 대비되며, 이 사건 면책사유도 과거에는 인과관계가 요건이었으나 인과관계가 요건이 아니라고 변경된 것임을 고려하면 문언에 따라 인과관계가 요건이 아니라고 해석해야 한다는 입장이다. 대법원은 여기서 "특히 약관조항의 해석에서는, 물론 정도의 문제이기는 하나, 의사표시 일반의 해석에서보다 그 문언에 상대적으로 더욱 무게를 두지 않을 수 없는 것이다"라고 하여, 객관해석상 문언이 중시됨을 강조했다.

5) 남의 재물

대판 2009.8.20. 2007다64877은 '남의 재물'에 대한 해석이 문제였다. 이 사건은 대리운전기사가 보험자와 체결한 대리운전보험계약의 보험약관이, 담보종목 중 '대물배상'에 관하여 "피보험자가 타인자동차를 운전하는 동안 생긴 타인자동차의 사고로 인하여 남의 재물을 없애거나 훼손한 때에 법률상 손해배상책임을 짐으로써 입은 손해를 배상함"이라고 하고, '타인자동차손해'에 관하여는 "기명피보험자가 타인자동차를 운전하는 동안 타 차량과의 충돌사고로 인하여 타인자동차에 직접적인 손해가 발생하여 타인자동차의 소유자에게 법률상 손해배상책임을 짐으로써 입은 손해를 보상함"이라고 규정했다.

쟁점은 '대물배상' 조항에서 '남의 재물'에 피보험자인 대리운전기사가 운전하는 타인자동차가 포함되는지 여부였다. 이 사건에서 대리운전기사는 대리운전을 의뢰받아 운전한 타인자동차를 도로 중앙분리대에 충격하여 파손시킴으로써 의뢰자에게 손해배상책임을 지게 되었고, 대물배상 조항에 따라 이 책임을 보상받기를 원했던 것이다. 대법원은 위 타인자동차는 대물배상 조항의 남의 재물에 포함되지 않는다고 해석했다. 그 이유로, 첫째, 위 대물배상 조항은 피보험자가 운전한 타인자동차와 보상대상이 되는 남의 재물을 구분하고 있고, 둘째, 일반적인 자동차보험의 약관도 대물배상은 피보험자동차가 아니라 남의 재물에 관한 손해를 보상하고 자기차량손해가 피보험자동차에 직접 생긴 손해를 보상하도록 규정되어 있다는 점을 들었다.

6) 입원일

대판 2009.11.26. 2008다44689는 입원일의 해석이 문제였다. 이 사건에서 상해보험의 약관은 피보험자가 상해를 입어서 입원치료를 받은 경우 '피해일로부터 180일 한도로 입원일'에 대하여 임시생활비를 지급한다고 정했다.

쟁점은, 피해일이 입원일인지 사고일인지 여부였다. 전자로 해석하면 입원기간을 180일 한도로 하여 보험금을 지급해야 하고, 후자로 해석하면 사고일로부터 180일 이내에 입원한 기간에 대해서만 보험금을 지급하게 된다. 대법원은 후자가 객관해석에 맞다고 판시하였다. 대법원은 위 '피해일'은 피보험자가 상해를 입은 사고일을 의미하는 것으로 해석함이 상당하고, 따라서 위 약관조항은 피보험자가 사고일로부터 180일 이내에 입원치료를 받은 입원일에 대해서만 임시생활비 보험금을 지급한다는 의미로 해석해야 한다고 보았다.

7) 색전술, 고주파 절제술

① 대판 2010.7.22. 2010다28208 : 암보험의 약관이 암 치료를 직접적인 목적으로 받은 수술을 보상한다고 규정했다. 쟁점은 색전술(embolization)[191]이 수술에 해당하는지 여부였다. 대법원은 해당한다고 보았다. 대법원은, 위 약관이 수술을 의료계에서 표준적으로 인정되는 수술로 제한하고 있지 않은 상황에서, 색전술도 넓은 의미의 수술에 포함될 여지가 충분히 있다고 판시했다.

② 대판 2011.7.28. 2011다30147 : 보험약관이 갑상선 장애 등의 치료를 직접적인 목적으로 받은 수술을 보상한다고 규정했다. 쟁점은 고주파 절제술[192]이 수술에 해당하는지 여부였다. 대법원은 해당한다고 보았다. 대법원은, 위 약관이 수술을 외과적 치료방법으로 제한하고 있지 않은 상황에서, 신체의 일부를 절단, 절제하는 외과적 치료방법을 대체하는 고주파 절제술도 넓은 의미의 수술에 포함될 여지가 충분히 있다고 판시했다.

8) 암 치료

대판 2010.9.30. 2010다40543은 암의 치료를 직접 목적으로 하는 수술이 무엇을 의미하는지가 다투어졌다. 이 사건에서 보험약관은 "보험기간 중 피보험자가 암보장책임개시일 이후에 암으로 진단이 확정되고 그 암의 치료를 직접 목적으로 하여 수술을 받았을 때" 수술비를 지급한다고 규정했다. 보험기간 중에 피보험자는 간암을 진단받은 후 치료를 위해 간이식 수술을 받았고 이후에 암이 존재하지 않게 되었지만, 간이식 수술의 합병증 때문에 담도문합부에 협착이 발생하여 담도문합부 확장술을 받았는데 이 확장술이 '암의 치료를 직접 목적으로 하는 수술'에 해당하는지가 문제되었다. 대법원은 그러한 수술이 아니라고 보았다. 즉 대법원은 '암의 치료'는 암의 제거나 증식 억제뿐만 아니라

---

191) 색전술은 가는 관을 대동맥에 삽입하여 이를 통해 약물 등을 주입하는 치료방법이다.

192) 고주파 절제술은 바늘을 종양 안에 삽입하여 고주파 영역에서 교차하는 전류를 통해 발생하는 마찰열로 종양세포를 괴사시키는 치료방법이다.

암으로부터 발현되는 증상의 호전 또는 암 환자의 생명 연장을 위한 치료를 포함한다고 보는 것이 평균인의 관념에 비추어 합리적인 점, 위 '암의 치료를 직접 목적으로 하는 수술'에서 '직접'이라는 표현은 그 문구상 위치에 비추어 '암'만을 한정 수식하는 것이 아니라 '암의 치료'를 한정 수식하는 것으로 해석할 수 있는 점 등에 비추어 보면, 위 보험약관의 '암의 치료를 직접 목적으로 하는 수술'은 암을 제거하거나 암의 증식을 억제하기 위한 수술로 한정되지 않고 암 자체 또는 암의 성장으로 인하여 직접 발현되는 중대한 병적 증상을 호전시키는 수술을 포함하지만, 그렇다고 해도 암이나 암치료 이후 그로 인하여 발생한 후유증을 완화하거나 합병증을 치료하기 위한 수술까지 이에 포함된다고 보기는 어렵다고 판시했다.

9) 보험금액의 한도

대판 2012.9.27. 2010다101776은 보험금액의 한도에 대한 해석이 문제였다. 이 사건에서 부동산 중개행위 도중에 고의 또는 과실로 인하여 부동산 중개업자가 거래의 당사자에게 부담하는 손해배상책임을 보상하는 공제 약관이 "보상하는 금액은 공제가입금액을 한도로 합니다"라고 정했다. 그리고 공제기간 내에 여러 사고가 발생하면 공제금을 제한하는 특별한 규정은 없었다.

쟁점은 위 약관조항의 보상한도가 공제기간 동안 발생한 모든 사고에 대한 보상금 총액의 한도인지, 아니면 공제기간 내에 발생된 사고 1건당 보상금의 한도인지였다. 대법원은 후자로 해석했다. 대법원은 위 약관조항의 문구를 놓고 "공제계약가입자인 부동산중개업자나 피공제자인 거래당사자의 입장에서 평이하고 통상적이고 자연스러운 의미로 연결하여 위 규정을 이해하면" 후자로 볼 여지도 충분히 있고, 또한 이 사건 공제의 성격, 공제규정, 공제약관의 규정들에 비추어 보면 이 해석에 객관성과 합리성도 인정된다고 보았다.[193]

10) 보험기간

대판 2013.7.26. 2011다70794는 보험기간의 해석이 문제였다. 이 사건에서 보험약관은 보험기간 중에 질병으로 인하여 입원 또는 통원 치료를 받은 경우에 입원비 또는 통원비를 보상한다고 규정했다.

쟁점은 보험사고가 보험기간 중에 질병의 발생인지 아니면 보험기간 중에 질병으로 인한 입원 또는 치료인지 여부였다. 대법원은 객관해석상 후자가 타당하다고 판시했다. 이 사건의 해당 약관은 질병이 보험기간 중에 발생해야 한다고 규정하고 있지 않고, 또

193) 대판 2012.9.13. 2012다30281, 대판 2012.8.17. 2010다93035 등도 유사한 판결이다.

한 해당 약관은 피보험자가 계약의 청약일로부터 과거 5년 이내에 해당 질병으로 인하여 진단 또는 치료를 받은 경우는 보상에서 제외한다고 규정했다. 대법원은, 이러한 문언이나 내용을 약관해석의 원칙에 비추어 보면, 질병이 보험기간 중에 발생했는지 여부와 무관하게 질병으로 인하여 입원 또는 통원 치료를 받으면, 계약의 청약일로부터 과거 5년 이내에 해당 질병으로 인하여 진단 또는 치료를 받은 경우를 제외하고 보상대상이 된다고 보는 것이 합리적이고 이 사건 보험약관의 취지에도 부합한다고 해석했다.

11) 기타

① 대판 2019.12.27. 2016다224428에서는, 고객이 도난당하거나 분실한 휴대전화 단말기를 대신하여 새로운 단말기를 구입할 때 그 구매대금 중 일부를 대리점에 지급하는 방식으로 금전보상을 하는 보험계약인 경우, 피보험자가 단말기를 도난당하거나 분실하였을 경우 이를 새로 구입하는 데에 소요되는 비용 상당액을 보상해야 하고, 이는 '출고가'(단말기 제조회사와 이동통신회사가 '출고가'라는 이름으로 공표한 가격) 상당액이라고 판시되었다.

② 대판 2019.10.31. 2016다258063에서는, 보험약관이 "회사는 피보험자가 보험기간 중에 급격하고도 우연한 외래의 사고로 신체에 상해를 입었을 때에는 그 상해로 인하여 생긴 손해를 보상한다."라고 규정하고, "피보험자의 임신, 출산(제왕절개 포함), 유산 또는 외과적 수술, 그 밖의 의료처치를 원인으로 하여 생긴 손해는 보상하지 아니한다. 그러나 회사가 부담하는 상해로 인한 경우에는 보상한다."라고 규정했다. 피보험자가 미용 목적의 시술을 받다가 사망한 경우가 보상범위에 포함되는지가 쟁점이었다. 대법원은 이 조항의 취지가 보험자가 보상하지 않는 질병 등을 치료하기 위한 외과적 수술 기타 의료처치가 행하여지는 경우 상해가 발생할 위험이 현저히 증가하므로 이를 보장에서 배제하고 보험자가 보상하는 보험사고인 상해를 치료하기 위한 외과적 수술 등으로 인한 위험만 보장하는 데 있다고 판단했다. 이에 따라 미용 목적의 시술은 보험사고인 상해를 치료하기 위한 외과적 수술 등에 포함되지 않는다고 판시되었다.

③ 대판 2019.9.26. 2017다48706에서는, 피보험자가 상해로 사망할 경우 보험금을 지급하는 보험계약에서 피보험자가 직업, 직무 또는 동호회 활동 목적으로 전문등반, 글라이더 조종, 스카이다이빙 등 또는 이와 비슷한 위험한 운동을 하는 동안에 생긴 손해는 면책된다고 규정되어 있었다. 여기의 동호회에 일회성으로 모여 구성된 히말라야 원정대도 포함되는지가 쟁점이었다. 대법원은 이 면책조항은 위험한 운동이 일정한 반복성을 가짐으로써 고도의 사고 발생 위험이 실제로 현실화될 가능성이 높은 경우만을 보험의 보장범위에서 제외하는 데에 취지가 있으므로, 여기의 동호회는 특별한 사정이 없는

한 같은 취미를 가지고 함께 즐기는 사람들의 모임으로서 계속적·반복적인 활동이 예상되는 모임을 의미하고 따라서 위 원정대는 동호회에 포함되지 않는다고 판시했다.

④ 대판 2019.3.14. 2018다260930에서는, 피보험자가 타인을 위해 전문직업서비스를 수행하던 중 과실, 부작위 등에 의해 발생하는 제3자에 대한 법률상 배상책임을 보상하는 전문직업인배상책임보험계약이 체결되었는데, 그 보통약관에는, "피보험자 임직원에 대한 대위권 포기"라는 제목 아래 "본 보험증권하에서 보험금이 지급되고 이에 따라 피보험자의 대위권을 회사가 계승한 경우라도 피보험자 임직원의 부정, 사기, 범죄 또는 악의적 행위, 악의적 탈루로 인한 손해가 아닌 경우 피보험자의 임직원에 대한 대위권 행사를 포기합니다."라고 기재되어 있고, 그 "대위권 포기 특별약관"에는 "이 보험은 사고나 손해를 야기한 제3자나 특정주체에 대한 대위권을 행사하지 아니합니다. 그러나 그러한 사고나 손해가 제3자나 특정주체의 고의적인 행위나 고의적인 과실에 직·간접적으로 기인한 경우에는 그러하지 아니합니다."라고 기재되어 있었다. 원심은, 특별약관 조항은 보통약관 조항에 우선하여 적용되고, 특별약관 조항에서 말하는 '제3자'에 피보험자의 임직원이 포함되지 않는다고 해석할 아무런 근거가 없다고 보았다. 하지만 대법원은, 보통약관 조항이 제목과 내용에서 그 적용대상이 '피보험자의 임직원'임을 명시하고 있는 것에 비해서 특별약관 조항은 그 적용대상을 '제3자'라고만 하고 있는데, 보통약관 조항에서 이미 '피보험자의 임직원'에 대한 대위권 포기에 관하여 정하고 있는 이상, 이 사건 특별약관 조항에서 말하는 '제3자'는 '피보험자의 임직원을 제외한 제3자'를 의미한다는 해석이 자연스럽다는 점, 또한 특별약관 조항의 '제3자'에 피보험자의 임직원이 포함된다고 해석할 경우 '고의적인 행위나 고의적 과실'에 해당하지 않는 '부정, 사기, 범죄 또는 악의적 행위, 악의적 탈루'는 상정하기 어려우므로 보통약관 조항이 사실상 적용대상이 거의 없는 무의미한 조항이 되고 만다는 점 등을 들어서 특별약관 조항에서 말하는 '제3자'에 피보험자의 임직원이 포함되지 않는다고 판시했다.

⑤ 대판 2019.1.17. 2016다277200에서는, 임원배상책임보험계약의 약관이 회사 임원에 대한 회사의 보상에 관하여 "피보험회사의 임원이 그 자격 내에서 수행한 업무에 따른 부당행위로 인하여 보험기간 중 그들을 상대로 최초 제기된 청구(claim. 이하 '클레임'이라고 한다)에 대하여 회사가 해당 임원에게 보상함으로써 발생한 손해를 보상한다. 단, 회사가 법률, 강제규정, 계약 또는 회사 임원의 손해보상 권리를 규정한 근거에 의거 보상한 경우에 한한다."고 규정하였다. 여기서 청구(claim)에 민사상 손해배상청구를 당한 경우 이외에 형사상 기소도 포함되는지가 쟁점이었다. 대법원은 이를 긍정하였다. 대법원은, 이 보험약관이 영문으로 되어 있고 번역문이 있으나 그 번역문에는 "영문증권에 대한 이해의 편의를 위하여 제작된 것으로 보험사고 발생 시에는 영문증권에 규정

된 내용이 적용된다."고 기재되어 있으므로 이 보험약관의 번역문에서 클레임을 '청구'로 표현하였다고 해도 보험약관의 영문 표기를 기준으로 보험사고의 의미를 확정해야 한다고 보았다. 그리고 이 보험약관에는 클레임에 대한 정의규정을 두지 않았고, 클레임이라는 영문 용어가 미국의 임원배상책임보험 관련업계에서 사용된 용례나 분쟁사례에서 결정된 의미를 보면 반드시 손해배상청구만을 의미한다고 보기 어렵고, 임원의 업무 추진과 경영상 판단을 존중하기 위하여 회사의 비용으로 임원의 법적 책임에 대한 부담을 완화하고자 하는 임원배상책임보험의 취지에 따르면 임원이 업무상 행위로 민사상 손해배상청구를 당한 경우와 형사상 기소를 당한 경우를 달리 평가할 수 없다고 판시했다.

⑥ 대판 2018.7.12. 2016다202299에서는, 자동차보험약관이 "피보험자가 다른 자동차를 운전 중(주차 또는 정차 중 제외) 생긴 사고로 인하여 손해배상책임을 짐으로써 손해를 입은 때에는 피보험자가 운전한 다른 자동차를 피보험자동차로 간주하여 보통약관에서 규정하는 바에 따라 보상한다.'고 규정했다. 대법원은, 주차나 정차 중에 생긴 사고를 명시적으로 제외한 취지가 실제 운전에 따른 위험을 담보하기 위하여 운전 자체의 위험에서 나온 사고로 볼 수 없는 경우는 보상하지 않겠다는 데에 있는 것이므로, 운전자가 승객을 하차시키기 위해 차를 세우는 경우는 이 사건 특별약관에서 정한 정차에 해당한다고 해석했다.

⑦ 대판 2018.6.28. 2018다203395에서는, 수술을 통한 완치가 어렵고 재발가능성이 높으며 신경학적 장해를 발생시킨 종양이 보험약관이 정하고 있는 보험금 지급사유인 '암'에 해당하는지가 다투어졌다. 대법원은 '병리학적으로 양성 종양임이 명백하더라도 그 위험성 등에 비추어 실질적으로 악성 종양에 준하는 것으로 볼 수 있는 경우'까지도 보험금 지급사유에 포함하는 것으로 해석하기 어렵다고 보았다. 이에 따라 보험계약 체결의 당시에 '악성 종양에 준할 만큼 위험한 양성 종양에 대해서도 악성 종양으로 보아 보험금을 지급한다'는 약정을 하지 않은 이상, 단순히 그 위험성만으로 명시적 약정에 반하여 보험금을 지급할 수는 없는데, 만약 이렇게 해석한다면 보험금 지급사유가 매우 불명확해지고 자의적으로 확대 또는 축소될 여지가 있다고 판시되었다.

⑧ 대판 2023.10.12. 2020다232709에서는, 보험약관이 '국민건강보험공단 등급판정위원회에 의하여 특정 등급의 장기요양등급을 판정받은 경우'를 보험금 지급사유로 정하였는데, 보험기간 중 장기요양등급 판정을 받지 못하더라도 그 원인으로서 장기요양이 필요하다는 사실이 확인된 경우 보험금 지급사유에 해당하는지가 다투어졌다. 대법원은, 보험금 지급사유로 장기요양등급 판정이 요구된다는 점은 그 문언에서 명백하고, 그 문언 취지가 보험금 지급사유의 발생 여부를 '장기요양등급의 판정'을 통해 객관적이고 획

일적으로 판단하려는 데 있다는 점을 들어서, 위 경우는 보험금 지급사유에 해당하지 않는다고 판시하였다.

⑨ 대판 2023.6.15. 2021다206691에서는, 피보험자가 피보험자동차 운행으로 인한 사고로 죽거나 상해를 입은 경우 실제손해액에서 비용을 더하고 공제액을 뺀 금액을 보험금으로 지급하며, 이때 실제손해액은 '보험약관상 대인배상, 무보험자동차에 의한 상해보험금 지급기준에 따라 산출한 금액' 또는 '소송이 제기되었을 경우에는 법원의 확정판결 등에 따른 금액으로서 과실상계 및 보상한도를 적용하기 전의 금액'이라고 보험약관에 규정되어 있었다. 피보험자는 피보험자동차 운행 중 발생한 사고로 상해를 입자 보험자를 상대로 보험금의 지급을 구하는 소를 제기하였고, 이 소 자체가 위에서 말하는 '소송이 제기된 경우'에 해당한다고 주장하였다. 하지만 대법원은, '소송이 제기된 경우'란, 보험사고에 해당하는 자동차사고 피해에 관하여 손해배상청구 등 별개의 소가 제기된 경우를 의미하는 것이지, 위와 같은 보험금을 청구하는 소 그 자체가 제기된 경우는 포함되지 않는다고 해석하였다.

⑩ 대판 2023.2.2. 2022다272169에서는, 상해보험의 면책약관으로 '선박승무원, 어부, 사공, 그 밖에 선박에 탑승하는 것을 직무로 하는 사람이 직무상 선박에 탑승하고 있는 동안 상해 관련 보험금 지급사유가 발생한 때에는 보험금을 지급하지 않는다'는 내용이 규정되어 있는데, 피보험자가 선박에 기관장으로 승선하여 조업을 위해 출항하였다가 선박의 스크루에 그물이 감기게 되자 선장의 지시에 따라 잠수장비를 착용하고 바다에 잠수하여 그물을 제거하던 중 사망하였다. 대법원은, 이 사안에 위 면책약관의 적용을 긍정하였다. 대법원은, '선박승무원 등이 직무상 선박에 탑승하고 있는 동안'을 면책사유로 정하고 있을 뿐 특정한 행위를 면책사유로 정하고 있지 않고, 이 면책약관의 문언이나 목적, 취지 등을 종합하여 보면, 선박승무원 등이 선박에 탑승한 후 선박을 이탈하였더라도 선박의 고장 수리 등과 같이 선박 운행을 위한 직무상 행위로 일시적으로 이탈한 경우로서 이탈의 목적과 경위, 이탈 거리와 시간 등을 고려할 때 전체적으로 선박에 탑승한 상태가 계속되고 있다고 평가할 수 있는 경우에는 면책약관이 적용될 수 있다고 판시했다.

⑪ 대판 2022.8.31. 2018다304014에서는, 자산운용회사가 보험자와 체결한 자산운용전문인 배상책임보험계약의 계약서 원문인 영문본에서 면책사유로 정한 'any wilful violation or breach of any law'에 '계획적 위반'이라는 국문본이 부기되어 있고, 영문본과 국문본 사이에 불일치가 있으면 영문본이 우선한다고 규정되어 있는 경우, 면책사유에 있는 'wilful'의 의미에 대한 해석이 문제되었다. 대법원은, 원문에 따를 때 면책사유에 있는 'wilful'의 의미를 일반적인 고의가 아니라 국문본과 같이 계획적인 고의로 한정

해야 할 합리적인 근거를 찾을 수 없고, 'wilful'의 의미를 일반적인 고의로 해석하는 이상 '미필적 고의'를 제외할 이유가 없다고 판시했다.

⑫ 대판 2021.12.30. 2017다294202에서는, 공인회계사 전문인 배상책임보험계약의 약관에서, '공인회계사 서비스를 제공하는 과정에서 발생한 행위, 오류 또는 탈루에 기인한 손해배상책임'을 보상하되, '각각의 클레임에 적용되는 보상한도는 동일하거나 관련된 행위, 오류 또는 탈루로부터 발생하는 모든 손해배상금 및 손해사고처리비용에 대한 보험자의 배상책임한도액이고, 자기부담금도 각각의 클레임에 적용된다'고 규정되었다. 피보험자인 회계법인이 A회사의 연이은 2개 사업연도에 관하여 수행한 각 회계감사에서 오류를 범하였다는 이유로 A회사의 주주들에게 손해배상을 하게 되자, 보험자가 피보험자인 회계법인에게 보험금을 지급하면서 자기부담금을 2회 공제하였다. 대법원은, 회계법인이 범한 각 회계감사상 오류가 '동일하거나 관련된 오류'라고 볼 수 없고, 위 보험계약에서 자기부담금 공제와 관련하여 클레임은 사업연도마다 별개로 보아야 한다고 한 다음, 보험자가 보험금을 산정할 때 2개의 클레임이 있음을 전제로 자기부담금을 2회 공제한 것은 정당하다고 판시하였다.

⑬ 대판 2020.10.15. 2020다234538에서, 암보험계약의 약관이 '피보험자가 암보장개시일 이후에 고액암으로 진단확정 받았을 때 고액암진단 보험금을 지급한다'고 정하면서, 암의 '진단확정'은 '병리 또는 진단검사의학의 전문의사 자격증을 가진 자에 의하여 내려져야 한다'고 정하였는데, 피보험자가 대학병원의 이비인후과 전문의로부터 고액암에 해당하는 병명이 기재된 진단서를 발급받았다. 대법원은, 보험약관의 해석상 고액암의 진단확정은 병리 또는 진단검사의학의 전문의사 자격증을 가진 자에 의하여야만 하므로, 이비인후과 전문의에 의한 진단으로는 고액암진단 보험금 지급사유에 해당한다고 보기 어렵다고 판시하였다.

4. 작성자 불이익의 원칙

(1) 의의

약관은 그 뜻이 명백하지 않은 경우, 즉 내용이 모호한 경우가 종종 있다. 작성자 불이익의 원칙은 약관내용이 모호한 경우에 해석하는 방법이다.[194] 여기서 약관내용이 모호하다고 하는 것은, 약관내용이 두 가지 이상의 의미로 해석될 수 있음을 가리킨다. 그리고 다의적 해석의 가능성은, 약관 조항이 객관적으로 다의적으로 해석되고 그 각각의 해석이 합리성이 있는 것을 의미한다.[195] 합리성을 벗어난 해석의 가능성까지 다의적

194) 이것을 영미법에서는 Rule of Contra Proferentem이라고 부른다.

해석 가능성에 포함하지는 않는다는 것이다.

작성자불이익의 원칙은, 약관내용이 명백하지 않으면 작성자에게 불리하게, 그 상대방에게 유리하게 제한하여 해석하는 것이다. 이 원칙은 약관규제법 5조 2항에 성문화되어 있다. 이에 따르면, 약관의 뜻이 명백하지 않으면 고객에게 유리하게 해석한다. 이러한 해석 원칙은 고객이 작성자가 아님을 전제한 규정이다. 다시 말하면 약관규제법은 사업자가 약관의 작성자이고 고객은 그 상대방임을 전제한 법이다. 약관규제법 5조 2항을 보험약관에 적용해 본다면, 보험약관의 내용이 명백하지 않은 경우 보험자에게 불리하게, 보험계약자에게 유리하게 제한하여 해석한다.[196]

작성자불이익 원칙의 취지는, 약관내용을 명백하게 작성할 수 있음에도 불구하고 그렇게 하지 않은 작성자에게 불이익을 준다는 데서 찾을 수 있다. 따라서 작성자불이익의 원칙은 작성자의 부주의를 향한 일종의 제재라는 성격을 띤다고 말할 수 있다. 반대로, 다의적인 해석의 가능성 중에서 자신에게 유리하게 해석하여 이를 신뢰한 상대방을 보호하는 것도 그 취지라고 할 수 있을 것이다.[197]

한편 학설 중에는 고객에게 가장 불리한 내용으로 약관을 해석하면 이 내용이 약관의 내용통제를 통해 무효가 될 수 있고, 무효가 된 부분을 임의규정이나 보충적 해석을 통해 보충하는 것이 고객에게 더 유리할 수 있다는 주장이 있다.[198] 독일의 판례와 다수설이 이와 같다. 그러나 우리 약관규제법이 해석통제와 내용통제의 순서와 단계를 구별하고 있는 점, 독일과 달리 우리의 경우 법원에 의한 약관의 추상적 내용통제가 인정되지 않는 점, 우리 판례는 효력유지적 축소를 빈번히 사용하는 점을 고려할 때, 위 주장은 받아들이기 어렵다.

(2) 공정해석, 객관해석과의 관계

공정해석, 객관해석을 통해서 약관의 뜻이 분명한 경우는 작성자불이익의 원칙을 적용하지 않는다. 어떤 약관의 해당 문리만 본다면 다의적인 해석의 가능성이 있다고 하더라도, 해당 약관의 목적과 취지를 고려하여 공정하고 객관적인 해석을 거치면 그 뜻이 분명해지는 경우, 작성자불이익의 원칙을 적용하지 않는 것이다. 이것이 통설과 판례의 입장이다. 대판 2009.5.28. 2008다81633에서, 약관의 해석이란 공정해석과 객관해석에

195) 대판 2009.5.28. 2008다81633

196) 보험약관에서 작성자 불이익의 원칙에 관해서는 최준규, "보험계약의 해석과 작성자불이익 원칙", BFL48, 2011, 45－47면을 참고

197) 대판(전원) 1991.12.24. 90다카23899는 고객 보호를 강조한 판결이다. 즉 약관이 작성자인 기업에 의하여 일방적으로 유리하게 작성되고 고객에게 그 약관내용에 관한 교섭이나 검토의 기회가 제대로 주어지지 않는 형성의 과정에 비추어 고객보호의 측면에서 작성자 불이익의 원칙이 인정된다고 판시했다.

198) 이병준, "서비스이용자의 위반행위에 대한 제재와 불명확조항해석의 원칙", 민사판례연구35, 2013

의해야 하고 그러한 해석을 거친 후에도 약관조항이 객관적으로 다의적으로 해석되고 그 각각의 해석이 합리성이 있는 등 당해 약관의 뜻이 명백하지 아니한 경우에는 고객에게 유리하게 해석한다고 판시했다. 같은 취지의 판결로 여러 건이 있다.[199)]

위와 같이 공정해석, 객관해석을 중시한 결과, 작성자불이익의 원칙을 단독으로 적용한 판례는 많지 않다. 동 원칙을 단독으로 적용한 경우로는 의료 문제에 관한 약관조항이 다수이다. 의료 문제는 다의적인 해석의 가능성이 있는 경우, 어느 것이 보다 합리성이 있는지를 평균적 고객의 이해가능성을 기준으로 판단하기 어려운 측면이 강하다는 전제 하에, 작성자불이익의 원칙을 적극적으로 적용한 것이 아닌가 추측된다. 한편 공정해석, 객관해석과 작성자 불이익의 원칙을 둘 다 원용하되 기본적으로 객관해석을 주로 원용한 판례도 있다.[200)] 이 판례는 객관해석 부분에서 소개한 바 있다.

(3) 사례

1) 색전술

대판 2010.7.22. 2010다28208은 색전술의 개념을 다루었다. 이 사건 암보험의 약관은 암 치료를 직접적인 목적으로 수술을 받는 행위를 보험사고로 정하였는데, 이 수술에 색전술도 포함되는지 여부가 쟁점이었다. 원심은 색전술이 의료계에서 표준적으로 인정되는 수술이 아니라는 이유에서 부정했으나, 대법원은 위 약관이 수술을 의료계에서 표준적으로 인정되는 수술이라고 제한하거나 수술의 의미를 구체적으로 명확하게 제한하고 있지도 않으므로 색전술도 넓은 의미의 수술에 포함될 여지가 충분히 있고, 또한 이렇게 해석하는 것이 작성자불이익의 원칙에 부합한다고 판시하였다.

2) 상피내암

대판 2010.12.9. 2010다71158은 상피내암의 개념을 다루었다. 이 사건의 보험약관은, '암 또는 중대한 암'과 '상피내암'을 구분하여 상피내암은 보험금 지급 대상에서 제외하거나 암보다 적은 액수의 보험금을 지급한다고 정했다. 쟁점은 상피내암에 점막 내 암종도 포함되는지 여부였다. 대법원은 포함된다고 보았다. 그 이유는 위 약관조항이 규

---

199) 대판 2009.8.20. 2007다64877; 대판 2010.9.9. 2007다5120; 대판 2010.9.30. 2009다51318; 대판 2013.7.26. 2011다70794; 대판 2018.7.24. 2017다256828. 유사한 취지의 판결로서, 대판 2009.5.28. 2008다81633(이 사건 각 특약에 이 사건 주된 보험계약의 자살면책 제한규정이 준용되지 아니한다고 합리적으로 해석할 수 있는 이상, 약관규제법 5조 2항에 정한 작성자 불이익의 원칙은 적용될 여지가 없다); 대판 2009.5.28. 2009다9294(이 사건 차량의 운전과 관계없이 그 부착 장치를 이용한 작업 중에 발생한 이 사건 사고는 보험약관의 객관적 해석상 이 사건 운전자상해보험에 의한 보상대상이 되는 보험사고의 범위에 들어간다고 해석하기는 어렵다)

200) 대판 2007.9.6. 2006다55005; 대판 2012.9.27. 2010다101776; 대판 2016.5.12. 2015다243347

정하는 상피내암은 다의적으로 해석되어 약관 조항의 뜻이 명백하지 아니한 경우에 해당한다고 할 것이므로, 작성자 불이익의 원칙을 적용하여 상피내암은 점막 내 암종을 제외한 상피 내 암종만을 의미하는 것으로 제한해석하고, 점막 내 암종은 암에 포함되는 것으로 해석해야 한다고 판시했다.[201)]

3) 고주파 절제술

대판 2011.7.28. 2011다30147은 고주파 절제술의 해석이 문제였다. 이 사건의 보험약관은 '갑상선 장애'를 포함한 일정한 질병의 치료를 직접적인 목적으로 수술을 받았을 때에 수술 1회당 일정액을 지급한다고 정했다. 쟁점은 외과적 치료방법을 대체하는 치료방법으로서 고주파 절제술이 수술에 해당하는지 여부였다. 대법원은 해당하는 것으로 보았다. 대법원은, 수술을 의료 기계를 사용하여 신체의 일부를 절단하거나 절제하는 외과적 치료방법으로 제한하고 있지 아니하므로, 이렇게 보는 것이 작성자불이익 원칙에 부합한다고 판시했다.

4) 잔존물 제거비용

대판 2001.6.26. 99다27972는 잔존물 제거비용의 해석 문제이다. 대법원은 화재보험약관상의 잔존물제거비용담보특별약관에서 보상하도록 규정하고 있는 '잔존물 제거비용'이란 그 문언에서 특별히 사고현장에서의 정리비용이나 상차비용으로 국한하고 있지 않고, 특별약관을 삽입하면서 별도의 추가보험료를 납입하지는 않았지만 그로 인하여 지급되는 보험금은 항상 보험금액 범위 내의 실제비용으로 제한되고 있으므로, 보험자에게 보험금액 이상의 예상하지 못한 부담을 주거나 혹은 피보험자나 보험계약자에게 실제의 손해 이상의 부당한 이익을 줄 염려가 없으며, 작성자불이익의 원칙을 고려하여 보면, 보험사고로 인하여 발생한 잔존물을 실제로 제거하는 데 소요되는 일체의 비용을 의미하는 것이라고 판시했다.

5) 직장 유암종

대판 2018.7.24. 2017다256828은 암의 정의에 대한 해석 문제이다. 이 사건에서 보험약관이 '암'이란 한국표준질병 · 사인분류 기본분류에서 악성 신생물로 분류되는 질병을 의미하고, 별표3에서 한국표준질병 · 사인분류의 분류기준과 그 용어를 인용하여 악성 신성물로 분류되는 질병은 제3차 개정 한국표준질병 · 사인분류에 따른다고 규정하였다.

201) 유사한 판결로는, 대판 2010.12.9. 2009다60305; 대판 2011.2.10. 2010다93011; 대판 2011.4.28. 2011다1118 등이 있다.

제3차 개정 한국표준질병·사인분류에 따를 경우 이 사건의 직장 유암종이 보험약관에서 정한 '암'에 해당하는지가 쟁점이었다. 대법원은, 우리나라 병리학회에서 이 사건의 직장 유암종은 경계성 종양으로 보는 것이 타당하다는 견해를 제시하였는데 이는 대부분의 병리 전문의사가 동의하는 것으로 보인다는 점에서 객관성과 합리성을 갖고, 한편 제3차 개정 한국표준질병·사인분류 제3편 및 제4편의 악성 신생물의 분류기준과 용어에 의할 경우 직장 유암종은 악성 신생물로서 암에 해당한다고 분류하는 것도 객관성과 합리성을 가지므로, 작성자 불이익을 적용해서 이 사건의 직장 유암종은 위 암의 정의에 포함된다고 판시했다.[202]

6) 입원의료비

대판 2024.10.31. 2023다240916은 입원의료비의 해석 문제이다. 이 사건의 '입원의료비 담보 특약'의 약관조항은 상해 또는 질병으로 입원치료를 받을 경우 국민건강보험법에서 정한 요양급여 중 본인부담분과 비급여 부분을 보장하도록 정하였다. 피보험자 측이 입원치료를 받은 후 보험금을 청구하였으나, 보험자는 청구 금액 중 '지인 할인 명목의 할인금'은 피보험자 측이 실제 지출하지 않은 것이므로 보상대상이 아니라는 이유로 지급을 거절하였다. 원심은, 위 약관 조항의 의미가 명확하지 않아 고객에게 유리하게 해석해야 하므로, 지인 할인에 의하여 감면된 후 피보험자 측이 실제로 부담한 의료비가 아니라 그 감면 전 의료비를 기준으로 보험금이 산정되어야 한다고 판시하였다. 하지만 대법원은, 위 약관조항 문언의 내용과 의미, 위 보장의 성격(상해 또는 질병으로 인한 재산상 손해를 보상하는 손해보험) 및 이에 적용되는 이득금지의 원칙 등을 고려할 때, 위 약관조항의 내용은 다의적으로 해석되지 않아 고객에게 유리하게 해석해야 하는 경우가 아니라고 보았다. 즉 위 약관조항은 피보험자가 의료기관과의 구체적인 계약에 따라 실제로 부담하는 진료비용을 담보한다고 봄이 타당하고, 피보험자가 의료기관으로부터 할인받은 부분은 보상대상이 아니라고 판시하였다.[203]

---

202) 대판 2018.7.24. 2017다285109도 같다.

203) 대판 2024.7.11. 2024다223949도 작성자 불이익의 원칙을 적용하지 않았다. 이 사건 약관조항은, 피보험자가 상해 또는 질병으로 인하여 입원치료를 받은 경우 '국민건강보험법에서 정한 요양급여 중 본인부담금(본인이 실제로 부담한 금액)'과 '비급여(본인이 실제로 부담한 금액)'를 보장대상으로 정하였다. 이 약관조항은 '본인이 실제로 부담한 금액'에 대해 보상한다고 명시한 점에서 대판 2024.10.31. 2023다240916의 그것과 차이가 있다. 이 사건에서 피보험자는 치료에 필요한 약제를 전액본인부담으로 처방받아 의료기관에 약제비용 전액을 납부한 다음, 위험분담제에 따라 제약회사로부터 일정한 금액을 환급받았다. 위험분담제란 신약의 효능·효과나 보험재정영향 등에 대한 불확실성을 제약회사가 일부 분담하는 제도이다. 피보험자 측은 본인이 실제로 부담한 금액은 환급받기 이전의 전액본인부담금이라고 주장하였으나, 대법원은 위 약관조항의 문언 및 위 보장의 성격(상해 또는 질병으로 인한 재산상 손해를 보상하는 손해보험)을 고려할 때, 피보험자가 환급받은 금액 상당은 본인이 실제로 부담한 금액에 해당하지 않는다고 일의적으로 해석되므로 작성자 불이익의 원칙이 적용되지 않는다고 판시하였다.

7) 기타

① 대판 2023.7.13. 2017다237988에서, 대출계약의 차주에게 비상위험 또는 신용위험이 발생하여 은행이 대출 원리금을 회수할 수 없게 될 경우 대출 원리금의 90%에 해당하는 보험금을 은행에게 지급하기로 하는 금융보험약관이, 위험담보장치(토지저당권과 주식질권)의 효력발생을 보험자의 책임개시요건으로 정하고, 또한 보험계약자는 손실을 방지하거나 경감하기 위해 필요한 조치를 취해야 한다고 정하였다. 대법원은, 첫째, 위험담보장치의 효력발생에 위험담보장치의 효력이 소급하여 발생한 경우도 포함되는지가 명백하지 않아 (보험계약자에게 유리하게) 포함되는 것으로 해석하고, 둘째, 상법 680조 1항이 규정한 손실방지 · 경감의무는 원칙적으로 보험사고의 발생을 전제로 하는데, 위 약관 조항의 손실방지 · 경감의무에 보험사고 발생 전인 대출 실행 당시에 기울여야 할 주의의무도 포함된다고 해석할 여지가 있더라도, 약관의 뜻이 명백하지 않아 (보험계약자에게 유리하게) 포함되지 않는다고 해석했다.

② 대판 2021.9.9. 2021다234368에서, 질병의 치료를 보험사고로 하는 보험계약에서, 수술이 예방적 목적을 겸하여 행하였다고 하더라도 질병의 치료목적을 위하여 이루어진 경우 보험사고에 해당한다고 볼 수 있는지가 다투어졌다. 대법원은, 예방적 목적이 일부 포함되어 있었더라도 시술을 담당한 의사의 전문적인 판단에 따라 질병 치료의 목적을 겸하여 시술이 이루어진 것이므로, 작성자 불이익의 원칙에 의거해서, 이는 보험사고에 해당한다고 판시하였다.

5. 기타 해석원칙

(1) 면책사유에 대한 엄격해석의 원칙

보험약관의 면책사유는 보험자가 원칙적으로 부담하는 보험금 지급책임을 예외적으로 제한하는 것이고, 이러한 예외는 엄격하게 해석해야 한다.[204] 대판 1994.11.22. 93다55975에서 면책사유에 대한 엄격해석의 원칙이 적용됐다. 이 사건의 쟁점은 화재보험보통약관이 면책사유로 정한 "지진, 분화, 해일, 전쟁, 외국의 무력행사, 혁명, 내란, 사변, 폭동, 소요, 기타 이들과 유사한 사태"에서 "소요, 기타 이들과 유사한 사태"의 해석이었다. 대법원은, 면책사유에 대한 엄격해석의 원칙상, 이러한 사태는 한 지방의 평화 내지 평온을 해할 정도의 소요, 기타 유사한 상태에 해당해야 한다고 해석했다. 면책사유에 대한 엄격해석 원칙은 작성자불이익 원칙과 같은 맥락에서 약관 상대방을 보호하려는 취지

204) 박세민 68면; 이기수 · 최병규 · 김인현 40면; 정찬형 526면; 최준선 74면

이다. 그리고 대판 1991.11.26. 91다18682도 면책사유의 요건은 이를 엄격하게 해석하여야 한다고 판시했다. 즉 전쟁, 혁명, 내란, 사변, 폭동, 소요 기타 이들과 유사한 사태를 보험자의 면책사유로 규정한 취지는 이런 사태 하에서는 보험사고 발생의 빈도나 그 손해 정도를 통계적으로 예측하는 것이 거의 불가능하여 타당한 보험료를 산정하기 어렵고 사고발생 시에는 사고의 대형화와 손해액의 누적적인 증대로 보험자의 인수능력을 초과할 우려가 있다는 데에 있으므로, 본래 보험제도 자체가 쉽게 예측하기 어려운 장래의 우연적, 돌발적 사고로 인한 손해를 담보하기 위한 것이라는 점을 고려하면 사고발생의 예측곤란과 피해극대화를 이유로 한 면책사유의 요건은 엄격하게 해석해야 한다고 판시했다.

(2) 유효해석의 원칙

약관을 해석할 때는 가급적 계약을 유효하게 존속시키는 쪽으로 해석해야 한다는 원칙이다.[205] 이 점은 약관규제법 16조의 일부무효의 특칙과 맥락을 같이한다. 즉, 약관의 전부 또는 일부의 조항이 설명의무 위반 등으로 인해서 계약의 내용이 되지 못하는 경우나 약관내용이 불공정하기 때문에 무효인 경우, 계약은 나머지 부분만으로 유효하게 존속하고, 다만 유효한 부분만으로는 계약의 목적 달성이 불가능하거나 그 유효한 부분이 한쪽 당사자에게 부당하게 불리한 경우에는 그 계약은 무효로 한다. 이것은 법률행위의 일부가 무효이면 전부를 무효로 한다는 일반원칙(민법 137조 본문)의 특칙이다.

(3) 약관의 용어 해석

약관에 사용되는 용어는 약관 전체의 문맥, 계약의 목적 등을 고려해서 통상적, 객관적, 합리적인 의미로 해석해야 한다.[206] 다만 약관에 사용되는 용어에 특별한 의미를 부여하는 거래관행이 있거나 또는 그 용어가 특별한 의미로 사용된다고 명시된 경우는 예외로 볼 수 있다.[207] 판례는 약관에 있는 용어풀이의 의의를 제한한다. 즉 약관에 있는 용어풀이도 본문과 결합하여 전체로서 약관의 내용을 구성하고 용어풀이에 의하여 결과적으로 보험자의 책임범위가 커지거나 작아지게 되는 경우도 있으나, 용어풀이는 어디까지나 본문에서 사용된 용어 중 그 의미가 불명확한 것을 명확하게 한다든지 그 풀이에 혼란이 없도록 하는 데 그쳐야 하고, 용어풀이라는 이름으로 본문의 의미를 임의로 제한하거나 본문과 모순되는 내용을 규정할 수는 없다고 판시했다.[208]

205) 김성태 147면

206) 최기원 52면

207) 최기원 52면

208) 대판 1990.5.25. 89다카8290(법률상의 손해배상액에 관한 용어풀이 중 문제가 된 이 사건 "식물인간 등의 경우에는 자동차종합보험 대인배상보험금지급기준에 의하여 산출한 금액을 법률상의 손해배상액으로 본다"는 규정은 결국 식물인간의 경우 법률상의 손해배상액을 제한하겠다는 취지이므로 앞서 본 바와 같

제8절 보험약관의 내용통제

1. 의의

보험약관의 내용통제는 계약내용으로 편입된 약관내용이 일정한 요건에 해당하면 효력을 잃는 방식의 통제이다. 내용통제에는 다음과 같은 것들이 있다.

첫째, 약관규제법은, 사법적 측면과 관련하여 약관이 내용상 공정하지 않으면 무효라고 규정한다(6조–14조). 즉 신의성실의 원칙을 위반하여 공정성을 잃은 약관 조항은 무효이다(6조 1항). 약관의 내용에서 고객에게 부당하게 불리한 내용, 고객이 계약의 거래형태 등 관련된 모든 사정에 비추어 예상하기 어려운 내용, 또는 계약의 목적을 달성할 수 없을 정도로 계약에 따르는 본질적 권리를 제한하는 내용을 담은 조항은 공정성을 잃은 것으로 추정된다(6조 2항). 구체적으로는 면책조항(7조), 손해배상액의 예정(8조), 부당한 계약의 해제·해지(9조), 채무의 이행(10조), 고객의 권익 보호(11조), 의사표시의 의제(12조), 대리인의 책임 가중(13조), 소송 제기의 금지 등(14조)과 관련하여 부당하거나 상당한 이유가 없는 약관조항은 무효라고 규정하고 있다. 또한 약관규제법은 공법적 측면과 관련하여 다음과 같이 규정한다. 즉 사업자가 6조부터 14조까지의 규정에 해당하는 불공정한 약관 조항을 계약의 내용으로 해서는 안 될 공법적 의무를 규정한다(17조).

둘째, 상법에 의하면, 가계보험에서 보험약관의 내용이 상법 보험편에 비해서 보험계약자 등에게 불리한 경우에 그 효력을 잃는다(상법 663조 본문 참조). 이것은 보험자에 비해서 경제적 지위가 약한 보험계약자 등을 보호하기 위한 것이다.

이하에서는 약관규제법에 따른 내용통제를 살펴보기로 한다. 상법 663조에 따른 내용통제는 전술한 보험계약법의 특성으로서 강행규정성 부분에서 기술하였다.[209)]

2. 판례

(1) 판단기준

판례는 약관조항의 불공정성을 판단하기 위해 고려해야 할 기준에 대해 판단한 바 있다. 즉 약관규제법에서 규정한 불공정 약관조항에 해당하는지 여부를 심사할 때에는, 문제되는 조항만을 따로 떼어서 볼 것이 아니라 전체 약관내용을 종합적으로 고찰한 후

은 약관 본문의 규정에 반하거나 모순되어 효력이 없다고 하지 않으면 안 된다). 이에 반대하는 견해로는, 김성태 147면.

209) 본서의 제1편 제3절 5. (5)

에 판단해야 하고, 그 약관이 사용되는 거래분야의 통상적인 거래관행, 거래대상인 상품이나 용역의 특성 등을 함께 고려해서 판단해야 한다.[210] 그리고 법원이 약관규제법에 근거하여 사업자가 미리 마련한 약관에 대해 행하는 구체적 내용통제는 개별 계약관계에서 당사자의 권리·의무를 확정하기 위한 선결문제로서 약관조항의 효력 유무를 심사하는 것이므로, 약관내용이 고객에게 부당하게 불이익을 주는 불공정한 것인지를 살펴보는 불공정성 통제의 과정에서 개별사안에 따른 당사자들의 구체적인 사정을 고려해야 한다.[211]

(2) 사례

1) 26세 미만 운전

대판 1998.6.23. 98다14191에서, 운전자의 연령이 26세 이상인 경우만을 담보하는 특별약관에 의하여 자동차 보험계약이 체결되었다. 쟁점은 이것이 보험 보호를 부당하게 축소한 불공정한 계약인지 여부였다. 대법원은 불공정하지 않다고 판시했다. 그 이유는, 보험계약자가 위 특별약관에 따라서 보험료가 할인되는 이익을 누릴 수 있고, 위 특별약관에 따를지 여부는 보험계약자의 선택에 달려 있기 때문이라고 했다.

2) 피보험차량 교체와 보험자 승인

대판 2003.8.22. 2002다31315에서, 자동차보험의 약관은 피보험 차량이 교체되는 경우 보험자의 승인을 얻은 때부터 교체된 자동차로 보험계약이 승계된다고 규정했다. 이 약관조항 중 보험자의 승인 요건이 공정한지 여부가 쟁점이었다. 대법원은 공정하다고 보았다. 대법원은, 피보험차량의 교체는 보험계약 내용의 변경을 초래하므로, 보험자가 보험계약의 유지 또는 변경 등을 결정할 기회를 가질 필요가 있기 때문이라고 판시했다.

3) 산재보험과 대인배상보험 II의 관계

대판(전원) 2005.3.17. 2003다2802에서는, 업무용 자동차보험약관 중 대인배상보험 II[212]에서 "배상책임 있는 피보험자의 피용자로서 산업재해보상보험법에 의한 재해보상을 받을 수 있는 사람에 대하여는 보상하지 아니한다"라고 면책조항이 규정되어 있고, 그 면책조항에 "산업재해보상보험법에 의한 보상범위를 넘어서는 손해가 발생한 경우에

---

210) 대판 2020.9.3. 2017다245804
211) 대판 2020.9.3. 2017다245804
212) 대인배상보험 II는 피보험자가 피보험자동차를 소유·사용·관리하는 중에 다른 사람을 죽게 하거나 다치게 하는 사고로 인하여 법률상 손해배상책임을 짐으로써 입은 손해를 보상하는 보험이다. 이에 관해서는 본서의 제4편 제5장 제3절 참조.

도 보상하지 아니한다"라는 단서가 부기되어 있는 경우, 이 단서 조항의 효력이 다투어졌다. 대법원은, 업무상 자동차사고에 의한 피해 근로자의 손해가 산재보험법에 의한 보상범위를 넘어서는 경우에도 면책조항에 의해 보험자가 면책된다고 한다면, 피보험자인 사업주의 피해 근로자에 대한 손해배상책임이 남아 있음에도 불구하고 보험자의 면책을 인정하여 피보험자에게 실질적으로 손해배상책임을 부담하게 하는 것이 되는데, 이는 자동차보험의 취지에 어긋나는 것으로서, 약관규제법 6조 1항, 2항 1호 및 7조 2호 소정의, 고객인 보험계약자 및 피보험자에게 부당하게 불리할 뿐만 아니라, 사업자인 보험자가 부담하여야 할 위험을 고객에게 이전시키는 것이 되므로, 위 단서 조항은 무효라고 판시하였다.

4) 법령에 위반한 하도급

대판 2009.7.9. 2008다88221은 법령에 위반한 하도급은 보험자가 면책된다고 규정한 약관조항이 공정한지를 다룬 사건이다. 이 사건에서 공사의 하도급인이 당좌거래정지 또는 파산으로 인하여 공사대금지급채무를 하수급인에게 이행하지 못하는 경우에 대비해 동 채무를 보증하는 하도급대금지급보증계약이 체결됐다. 대법원은 이 계약의 당사자는 건설공제조합 그리고 그 조합원인 하도급인이고, 이 계약의 성질은 하수급인을 위해 체결하는 제3자를 위한 계약으로서 상호보험의 실질을 갖는다고 보았다. 이 사건 보증계약의 약관은 면책사유로서, 건설산업기본법령상 하도급을 금지하는 공사를 하도급받거나, 무자격자가 하도급받은 공사인 때라고 규정했다. 대법원은 이 면책조항이 불공정하지 않다고 보았다. 대법원은 불공정성의 판단기준을 조합원들의 평균적이고 전형적인 이익으로 삼았다. 그리고 위와 같은 법령 위반의 하도급은 보험사고 발생의 개연성이 높을 것으로 보이는 점 등을 고려하면, 그러한 하도급에 보증책임을 인정하면 조합원들의 보증수수료를 재원으로 인수되는 보증책임을 합리적인 이유 없이 확대시켜 조합원들 전체에 불이익이 된다고 본 것이다.

5) 책임보험의 보험사고 및 통지의무

대판 2020.9.3. 2017다245804는 책임보험의 보험사고 및 통지의무를 정한 약관조항이 공정한지를 판단한 사건이다. 이 사건 전문직업 배상책임보험의 약관에 따르면, 보험자는 피보험자인 회계사가 전문적인 회계 업무를 수행하던 중 과실, 착오, 누락 등에 의해 손해를 발생시키고 법적 배상책임을 지는 경우 그 손해를 보상하되, '보험기간 내에 피보험자에게 제3자의 손해배상청구가 있고, 피보험자가 이러한 손해배상청구 사실에 대해 보험자에게 서면으로 통지하였을 경우'에 한하여 보험자에게 보험금을 지급할 의무가 있다. 대법원은, 이러한 보험금 지급조건이 보험자의 보상책임 범위와 시기를 명확하게 하려는 데 취지가 있으므로, 상당한 이유 없이 보험자의 손해배상 범위를 제한한 것으로 약관규제법 7조 2호에 따라 무효라고 볼 수 없다고 판시하였다.

6) 장해평가방법

대판 2023.6.29. 2022다298109에서, 자동차보험약관은 피보험자의 후유장해의 상실수익액 계산을 위한 노동능력상실률을 원칙적으로 맥브라이드식 장해평가방법에 따르기로 정하였는데, 맥브라이드식 장해평가방법은 법관의 자의가 배제된 합리적이고 객관적이며 널리 통용되고 있는 장해평가방법 중 하나이므로, 노동능력상실률 판단 기준을 맥브라이드식 장해평가방법으로 약정한 것이 어느 당사자 일방에게 현저하게 불리하다거나 불합리하여 이를 배제해야 한다고 보기 어렵다고 판시되었다.

제3장 보험계약의 체결

제1절 보험계약의 성립

1. 청약과 승낙

(1) 불요식의 낙성계약

보험계약은 청약과 승낙에 의한 합의만으로 성립되는 불요식의 낙성계약이다(판례,[1] 통설). 따라서 계약 내용이 반드시 보험약관의 규정에 국한되지는 않는다.[2] 그리고 청약과 승낙이 일치해야 계약이 성립한다(통설).

청약은, 승낙과 합하여 계약을 성립시킬 목적으로 하는, 상대방 있는 일방적 의사표시이다. 청약은 그에 응하는 승낙만 있으면 곧 계약이 성립하는 구체적·확정적 의사표시여야 하므로, 청약은 계약의 내용을 결정할 수 있을 정도의 사항을 포함시키는 것이 필요하다(판례,[3] 통설). 따라서 유효한 보험계약 청약이 되려면, 보험목적, 보험사고, 보험기간, 보험금액, 보험료 등이 확정되거나 확정될 수 있는 것으로서 청약내용에 포함되어야 한다. 그리고 청약은 타인으로 하여금 청약을 하게 하려는 청약의 유인과는 구분된다. 모집종사자가 보험계약자에게 보험가입을 권유하는 경우, 이것은 대개 청약의 유인에 해당한다. 한편, 승낙은, 청약에 응하여 계약을 성립시킬 목적으로 하는, 상대방 있는 일방적 의사표시이다.

(2) 청약과 승낙의 자유

보험계약자가 보험계약을 청약할지 여부는, 자동차대인배상보험 I 과 같은 강제보험을 제외하면 자유롭게 정할 수 있다. 청약을 받은 보험자도 청약에 대해서 승낙할지 여

1) 대판 1997.9.5. 95다47398(보험계약은 당사자 일방이 약정한 보험료를 지급하고 상대방이 재산 또는 생명이나 신체에 관하여 불확정한 사고가 생길 경우에 일정한 보험금액 기타의 급여를 지급할 것을 약정함으로써 효력이 생기는 불요식의 낙성계약이다); 대판 1998.10.13. 97다3163; 대판 2017.9.26. 2015다245145

2) 대판 2017.9.26. 2015다245145

3) 대판 2003.5.13. 2000다45273; 대판 2012.4.26. 2010다10689(피고가 이 사건 1차량에 관하여 이 사건 담보내용과 같은 보험계약의 체결에 대한 구체적·확정적인 의사표시를 통한 청약을 하였다고 보기는 어렵다)

부를 자유롭게 정할 수 있고, 승낙의무를 지지 않는 것이 원칙이다.[4] 다만 청약 후 일정 기간 내에는 보험자가 승낙할지 여부를 밝혀야 하고, 이를 해태하면 승낙한 것으로 간주된다(상법 638조의2 1항, 2항). 이를 낙부통지의무 및 승낙의제라고 한다.

(3) 청약과 승낙의 주체

보험계약자가 청약자가 되고 보험자가 승낙자가 되는 것이 보통이다. 보험계약의 경우 체결 여부 및 조건에 대한 결정의 주도권이 보험자에게 있는 것이 보통이어서, 보험계약자가 청약을 하고 이후에 보험자가 위험심사를 하여 승낙 여부 및 조건을 정하게 되는 것이다. 다만 [보험계약자 – 청약자] 및 [보험자 – 승낙자]의 구도가 필연적인 것은 아니다.[5] 즉, 특정 보험계약의 구체적 사실관계에 비추어 보험자가 청약자이고 보험계약자가 승낙자로 의사표시를 하였다는 해석을 이끌어내는 것이, 비록 드물기는 하더라도, 가능하다. 이것은 보험계약자별로 위험심사를 할 필요성이 적은 보험상품의 경우(가령 여행자보험 등)에 있을 수 있다.[6]

(4) 청약과 승낙의 방식

보험계약은 청약과 승낙에 의한 합의만으로 성립되는 불요식의 낙성계약이다(판례,[7] 통설). 따라서 보험계약의 청약과 승낙의 의사표시를 하는 방식이 구두이든 서면(전자서면 포함)이든 무방하다. 또한 청약과 승낙의 의사표시는 명시적이든 묵시적이든 무방하다. 그리고 그러한 의사표시는 대리인을 통해서 해도 무방하다.

청약은 일정한 방식이 요구되지는 않지만, 보험실무상 보험의 전문가이자 위험인수자인 보험자가 작성한 보험청약서에 보험계약자가 필요사항을 기재하는 방식으로 청약을 하는 경우가 흔하다. 또한 보험계약자가 청약과 함께 보험료를 지급하는 경우가 보통이다. 이러한 청약방식은 특히 불특정 다수인을 상대로 대량거래가 이루어지는 보험계약인 경우 더 두드러진다. 다만 보험청약서 기재 또는 보험료 지급이 없더라도, 보험계약의 주요내용을 포함시킨 청약에 대해서 보험자가 승낙한 경우라면, 보험계약이 성립되는 데 아무런 문제가 없다(통설). 보험계약은 기본적으로 불요식의 낙성계약이기 때문이다. 그리고

4) 대판 1991.11.8. 91다29170(보험계약은 보험계약자의 청약과 보험자의 승낙에 의하여 성립되고 보험자는 피보험자가 당해 청약된 보험계약에 적합하지 아니한 경우에는 승낙을 거절할 수 있다)

5) '전자상거래 등에서의 소비자보호에 관한 법률'에서 전자상거래의 경우 소비자가 청약자라고 전제하고 있는 것에 대해 의문을 제기한 견해로는, 남효순, "전자상거래 등에서의 소비자보호에 관한 법률에 관한 몇 가지 쟁점", 민법학의 현대적 양상, 2006, 408면

6) 자동차보험, 화재보험, 무진사 생명보험 등 규격화된 보험과 관련해서는 보험자에 의한 웹상의 상품전시를 청약의 유인이 아니라 청약으로, 즉 보험자가 청약자가 된다고 해석할 수 있는 가능성이 있다는 견해로는, 정경영, 전자금융거래와 법, 2007, 651면

7) 대판 1998.10.13. 97다3163

보험계약의 청약과 함께 보험료가 지급된 경우, 청약거절사유가 없는 한, 보험자의 승낙이 있기 전부터 보험보호가 주어진다(상법 638조의2 3항). 이를 승낙전 보험보호라고 한다.

승낙의 경우, 보험실무상 보험증권의 교부를 통하여 승낙의 의사표시에 갈음하는 경우가 많다. 다만 보험증권은 원칙상 보험계약의 성립 및 내용에 관한 증거증권에 불과하며, 보험계약을 성립시키기 위해서 반드시 보험증권을 교부해야 하는 것은 아니다. 그리고 인보험의 경우 보험자가 승낙 여부를 판단하기 위해서 피보험자에 대해 신체검사를 요구하는 경우도 있다.

(5) 청약의 효력과 철회

1) 청약의 효력

청약은 이에 대한 승낙이 있으면 계약을 성립시키는 효력이 있고(통설), 이를 승낙적격이라고 한다. 그리고 청약자가 청약을 한 뒤에는 이를 임의로 철회하지 못하며(민법 527조), 이를 청약의 구속력이라고 한다.

청약의 효력이 발생하는 시기와 존속기간을 살펴보자. 청약은 상대방이 있는 의사표시이므로(통설), 상대방에게 도달한 때 효력이 생긴다(민법 111조 1항). 청약은 일정한 기간 내에 승낙이 없으며 그 효력이 상실된다(존속기간). 먼저, 대화자 사이에 보험계약의 청약은 상대방이 즉시 승낙하지 아니한 때에는 그 효력을 잃는다(상법 51조). 다음, 격지자 간에[8] 청약의 효력은 승낙기간을 정한 경우와 정하지 않은 경우로 나뉜다. 승낙기간을 정한 경우, 보험계약의 청약자가 그 기간 내에 승낙의 통지를 받지 못한 때(도달주의)에 청약이 효력을 상실한다(민법 528조 1항). 그리고 승낙의 기간을 정하지 아니한 보험계약의 청약은 청약자가 상당한 기간 내에 승낙의 통지를 받지 못한 때(도달주의)에는 그 효력을 상실한다(민법 529조).[9] 여기서 상당한 기간은 청약이 상대방에게 도달하고 상대방이 승낙할지 여부를 결정하여 회신하는 데 필요한 시간을 가리킨다(판례,[10] 통설). 승낙의 의사표시가 도달하지 않음으로 인한 불이익은 승낙자가 부담하게 된다.

2) 청약의 철회

① 청약의 비철회성

민법에 의하면 청약은 그 효력이 존속하는 기간 중에는 철회할 수 없다(민법 527조).

---

8) 전자보험거래에서 청약도 격지자 간의 청약으로 분류된다.

9) 2010년 상법 개정 이전에는, 승낙기간을 정하지 않은 경우 상대방이 상당한 기간 내에 승낙의 통지를 발송하지 아니한 때에는 청약이 효력을 상실한다는 규정이 있었다(상법 52조 1항). 이에 따르면 발신주의가 적용된다. 하지만 2010년 상법 개정으로 이 조항은 삭제되었다.

10) 대판 1999.1.29. 98다48903

이에 대해서 철회할 수 없다고 하는 것은 의사결정의 자유에 반하므로 상대방이 승낙하기 전에는 원칙적으로 철회할 수 있다는 견해가 있지만,[11] 보험계약의 청약도 그 효력이 존속하는 기간 중에는 철회할 수 없는 것이 원칙이라고 본다.[12]

② 청약철회제도

청약철회제도는 지인의 권유 등으로 인해 충동적으로 보험계약을 청약했거나 청약자의 주관적 의사와는 다른 내용으로 계약이 체결되는 등의 사정으로 인해서 보험계약자가 청약을 철회하고자 하는 경우에 이를 가능하게 하는 제도이다. 청약철회제도는 cooling off system이라고 불리우며, '할부거래에 관한 법률'(8조), '방문판매 등에 관한 법률'(8조), '전자상거래 등에서의 소비자보호에 관한 법률'(17조) 등에 소비자 보호를 목적으로 도입되었는데, 보험계약에 대해서는 그 적용이 명문으로 배제되어 있었다. 다만, 생명보험 등 일부 보험이 약관을 통해서 청약철회제도를 인정하고 있었다. 그러다가 2014년 보험업법 개정을 통해서 보험업법 102조의4에 청약철회제도가 도입되었다.

이후 2021.3.25.부터 위 보험업법상 청약철회제도가 실효되었고 금융소비자법상 청약철회제도가 그 역할을 대신하게 되었다. 이하에서는 보험상품이 속한 보장성 상품[13]을 중심으로 금융소비자법상 청약철회제도를 살피기로 한다.[14] 금융상품판매업자와 대통령령으로 정하는 보장성 상품[15]에 관한 계약을 청약한 일반금융소비자는 일정한 기간(일반금융소비자가 보험증권을 받은 날부터 15일과 청약을 한 날부터 30일 중 먼저 도래하는 기간. 만약 당사자 사이에 이 기간보다 긴 기간으로 약정한 경우에는 그 기간) 내에 청약을 철회할 수 있다(금융소비자법 46조 1항). 일반금융소비자가 보장성 상품 계약에 관한 청약의 철회의사를 표시하기 위하여 서면(대통령령으로 정하는 방법에 따른 경우[16]를 포함)을 발송한 때 청약철회의 효

11) 정동윤 506면
12) 양승규 109면; 정찬형 558면
13) 보장성 상품이란 보험업법에 따른 보험상품 및 이와 유사한 것으로서 대통령령으로 정하는 금융상품을 가리킨다(금융소비자법 2조 1호 다목, 3조 4호).
14) 구 보험업법 102조의4 및 102조의5에 따른 청약철회제도와 현행 금융소비자법상 청약철회제도는 그 내용면에서 큰 차이가 없다.
15) 금융소비자법시행령 37조 1항 1호는 대통령령으로 정하는 보장성상품이란 다음 각 목의 것을 제외한 금융상품이라고 규정한다.
   가. 보험업법에 따른 보증보험 중 청약의 철회를 위해 제3자의 동의가 필요한 보증보험
   나. 자동차손배법에 따른 책임보험. 다만, 일반금융소비자가 동종의 다른 책임보험에 가입한 경우는 제외한다.
   다. 해당 금융상품에 대한 보장기간이 1년 이내의 범위에서 금융위원회가 정하여 고시하는 기간 이내인 금융상품
   라. 그 밖에 청약의 철회가 건전한 시장질서를 해칠 우려가 높은 것으로서 금융위원회가 정하여 고시하는 보장성 상품
16) 금융소비자법시행령 37조 3항은 대통령령으로 정하는 방법이란 다음 각 호의 방법이라고 규정한다.
   1. 전자우편
   2. 휴대전화 문자메시지 또는 이에 준하는 전자적 의사표시

력이 발생한다(금융소비자법 46조 2항 1호). 금융상품판매업자는 청약의 철회를 접수한 날부터 3영업일 이내에 이미 받은 금전·재화등을 반환하고, 금전·재화등의 반환이 늦어진 기간에 대하여는 대통령령으로 정하는 바에 따라 계산한 금액을 더하여 지급해야 한다(금융소비자법 46조 3항). 위에 따라 청약이 철회된 경우 금융상품판매업자는 일반금융소비자에 대하여 청약의 철회에 따른 손해배상 또는 위약금 등 금전의 지급을 청구할 수 없다(금융소비자법 46조 4항). 청약이 철회된 당시 이미 보험금의 지급사유가 발생한 경우에는 청약 철회의 효력은 발생하지 않고, 다만 일반금융소비자가 보험금의 지급사유가 발생했음을 알면서 청약을 철회한 경우에는 그렇지 않다(금융소비자법 46조 5항). 금융소비자법 46조 1항부터 5항까지의 규정에 반하는 특약으로서 일반금융소비자에게 불리한 것은 무효로 한다(금융소비자법 46조 6항).

(6) 계약의 성립과 그 시기

계약은 청약과 승낙이 일치해야 성립한다(통설). 계약이 성립하기 위해서 당사자의 서로 대립하는 수 개의 의사표시에 객관적 합치가 필요하고, 객관적 합치가 있다고 하려면 당사자의 의사표시에 나타나 있는 사항에 관하여는 모두 일치하고 있어야 하는 한편, 계약내용의 중요한 사항 및 계약의 객관적 요소는 아니더라도 특히 당사자가 그것에 중대한 의의를 두고 계약 성립의 요건으로 할 의사를 표시한 때에는 이에 관하여 합치가 있어야 한다.[17)]

대화자 사이에 보험계약의 성립시기는 승낙이 도달한 때 효력이 생기므로, 이때 계약이 성립된다(통설). 격지자 사이에 보험계약의 성립시기는 승낙의 통지를 발송한 때이다(민법 531조). 민법 531조는 의사표시의 효력발생시기에 관한 도달주의 원칙(민법 111조 1항)을 수정하여 발신주의를 채택한 것이다. 그 취지는, 계약의 성립을 원하는 당사자 사이에서는 계약을 조속히 성립시키는 것이 당사자의 의사나 거래계의 요구에 부합하는 것이라는 점을 반영하는 데 있다고 한다.[18)] 보험실무상 보험증권의 교부를 통하여 승낙의 의사표시에 갈음하는 경우가 많다. 이 경우는 보험증권의 발송시점이 보험계약이 성립된 시점이 되는 것이다. 그리고 인보험에서 보험의는 신체검사 등을 통해서 위험판단 정보를 보험자에게 제공하는 자인데, 그는 보험계약의 체결권이 있다고 볼 수 없으므로, 보험의가 판단을 내린 시점이 보험계약의 성립 시가 되는 것은 아니다.[19)]

---

3. 그 밖에 1호 및 2호의 방법에 준하는 것으로서 금융위원회가 정하여 고시하는 의사표시 방법

17) 대판 2012.4.26. 2010다10689(보험자의 보험대리점 대표와 피고 사이에 이 사건 담보내용에 포함된 보험항목별로 이 사건 설계서에 기재된 보험료로 보험계약을 체결하기로 하는 구체적인 의사표시의 합치가 있었다고 보기는 어렵다)

18) 곽윤직, 채권각론, 2003, 42－43면

19) 대판 1976.6.22. 75다605

2. 낙부 통지의무

(1) 청약자 지위의 불안정성

민법상 일반원칙에 따르면, 청약을 받은 자는 승낙을 해야 할 의무가 없고, 또한 승낙 여부를 통지(낙부통지)할 의무도 없다. 이러한 민법상 원칙을 보험계약에 적용해 보면, 보험계약 청약자의 법적 지위는 매우 불안정한 것이다. 왜냐하면, 보험자가 승낙의 주체인 경우에, 보험자가 승낙 여부를 정하는 데는 위험측정 과정 등으로 인해서 상당한 시간이 소요될 수 있는데, 그렇다고 이 시간이 지났다고 해서 보험자가 승낙을 해야만 하는 것도 아니고, 낙부통지의 의무가 있는 것도 아니기 때문이다. 게다가 보험계약자 측은 보험료 지급과 함께 보험계약을 청약하면 보험보호가 시작되는 것으로 기대하는 경우가 많은데, 위와 같은 법적 지위와 이러한 기대 사이에는 상당한 간극이 있다.

다만 이에 대한 예외가 상법 53조이다. 이에 의하면, 상인이 상시 거래관계에 있는 자로부터 그 영업부류에 속한 계약의 청약을 받은 때에는 지체 없이 낙부의 통지를 발송해야 하고, 이를 게을리한 때에는 승낙한 것으로 본다. 전자가 낙부통지의무이고 후자가 승낙의제이다. 만약 보험자와 상시적 보험거래 관계에 있는 보험계약자가 있다면, 이러한 낙부통지의무와 승낙의제를 주장할 수 있을 것이다. 하지만 이러한 경우는 드물기 때문에 일반적으로 상법 53조는 적용이 없다고 보아야 할 것이다.

(2) 보험자의 낙부통지의무 인정

위와 같이 불안정한 지위에 있는 청약자로서의 보험계약자를 보호하기 위해서, 1991년 상법 개정을 통해서 특별규정을 신설했다. 즉 상시 거래관계에 있는지 여부를 묻지 않고, 보험자는 보험계약의 청약에 대한 승낙 여부를 청약자에게 통지할 의무가 있다. 즉 상법 638조의2 1항에 의하면, 보험자가 보험계약자로부터 보험계약의 청약과 함께 보험료 상당액의 전부 또는 일부의 지급을 받은 때에는, 다른 약정이 없으면 30일 내에 그 상대방에 대하여 낙부의 통지를 발송하여야 한다(본문). 그러나 인보험계약의 피보험자가 신체검사를 받아야 하는 경우에 그 기간은 신체검사를 받은 날부터 기산한다(단서). 낙부통지의무를 통해서 보험계약의 성립 여부가 분명하고 신속하게 확정될 수 있게 된다. 이것이 낙부통지의무의 취지이다. 낙부통지의무가 성립되려면, 보험자가 보험계약자로부터 보험계약의 청약과 함께 보험료 상당액의 전부 또는 일부의 지급을 받았어야 한다. 여기서 보험료 상당액의 전부 또는 일부라는 것은, 후술하는 승낙 전 보험보호와 마찬가지로, 최초의 보험료를 가리킨다고 해석한다. 즉 이것은 보험료를 일시에 지급하기로 약정한 경우 보험료의 전부, 보험료를 나누어 지급하기로 약정한 경우는 초회분인

1회 보험료를 가리킨다. 또한 낙부통지의무는 임의규정이다. 즉 계약의 당사자는 상법 638조의2 1항의 내용과 다르게 약정할 수 있다.

3. 승낙의제

보험자가 낙부통지의무를 위반하면, 보험계약자의 청약에 대해서 보험자가 승낙한 것으로 간주된다(상법 638조의2 2항). 따라서 원칙적으로, 위에서 살펴본 낙부통지의무의 요건이 충족된 상태에서 청약 후 30일이 지나도록 보험자로부터 낙부통지가 없으면, 보험계약자의 청약대로 보험계약이 성립된 것으로 의제된다. 낙부통지의무가 위반된 경우, 보험목적이 적격피보험체인지 여부를 묻지 않고, 보험계약이 유효하게 성립된 것으로 의제된다. 그리고 전술한 바와 같이 낙부통지의무는 임의규정이어서 당사자가 약정을 통해서 배제할 수 있다. 이와 같이 낙부통지의무가 약정을 통해서 배제될 수 있으면, 결과적으로 승낙의제도 배제될 수 있다.[20)]

입법론으로는, 보험계약법상 승낙의제를 두고 있는 입법례가 드물고 보험계약의 특수성을 고려할 때 승낙의제 제도는 의문이 있으며,[21)] 청약 후 일정기간이 경과되면 적격피보험체인지 여부를 묻지 않고 승낙이 의제되는 것은 합리적이지 않다는 문제 제기가 있다.[22)] 생각건대, 보험계약자 측은 보험료 지급과 함께 보험계약을 청약하면 보험보호가 시작되는 것으로 기대하는 경우가 많고, 적격피보험체가 아닌 경우는 고지의무 위반에 해당되면 이에 따라 보험계약을 해지하면 된다.[23)] 또한 보험자가 승낙 여부에 대한 통지를 장시간 지체하는 경우, 이로 인해서 보험계약자가 다른 보험자에게 청약할 기회를 놓치게 되고, 보험자도 승낙을 원하지 않으면 청약 후 30일 내에 낙부통지를 하면 그만이라고 본다. 따라서 승낙의제 제도가 입법론상 특별히 문제가 되지 않는다고 본다.

4. 승낙 전 보험보호

(1) 의의

위와 같은 낙부통지의무, 그리고 그 위반 시에 승낙의제로 인해서, 보험계약의 성립 여부가 비교적 분명하고 신속하게 정해질 수 있게 된다. 하지만 승낙의제가 적용되는 시점 이전에는 보험보호의 공백이 생긴다. 승낙 전 보험보호는 이러한 시간적 공백 문제에

20) 김성태 181면; 박세민 138면; 임용수 77면
21) 최기원 114면
22) 김성태 181면; 장경환, "개정 보험계약법의 개관(상)", 고시계420, 1992, 80면
23) 임용수 77면

대처하는 제도이다. 즉 보험자가 보험계약자로부터 청약과 함께 보험료 상당액의 전부 또는 일부를 받은 경우, 승낙 전에 보험사고가 생기면 청약을 거절할 사유가 없는 한 보험자는 보상책임을 진다(상법 638조의2 3항 본문). 다만 인보험계약의 피보험자가 신체검사를 받아야 함에도 불구하고 받지 않은 경우는 보상책임이 없다(상법 638조의2 3항 단서).

(2) 필요성

승낙의제가 적용되는 시점 이전에는 보험보호의 시간적 공백이 생긴다. 따라서 신속한 보험보호를 받기 원하는 청약자 입장에서 이러한 시간적 공백을 메울 방법이 필요하다. 또한 보험계약자 측은 보험료 지급과 함께 보험계약을 청약하면 보험보호가 시작되는 것으로 기대하는 경우가 많다. 위와 같이 보험보호의 시간적 공백을 제거할 필요성과 보험계약자 측의 합리적 기대에 부응할 필요성이 있다. 이러한 필요성에 부응하기 위한 제도가 승낙 전 보험보호이다.

(3) 연혁

승낙 전 보험보호 제도는 1991년 상법 개정 시에 도입된 것이다. 그 이전부터 사용되던 보험약관이 승낙 전 보험보호를 규정하고 있었고, 이것이 상법 보험편에 입법화되었다. 당시의 생명보험 표준약관 2조는 "회사가 청약시에 제1회 보험료를 받고 승낙하기 전에 보험사고가 발생하였을 때에도 제1회 보험료를 받은 날로부터 책임을 집니다"(2항), 그리고 "회사는 2항의 규정에 불구하고, 고지의무위반의 경우와 고지사항이나 건강진단 내용이 보험사고발생에 영향을 미친 경우에는 책임을 지지 아니합니다"(3항)라고 규정하고 있었다.[24] 그리고 사망보험약관 중에는 승낙 전 보험사고에 대해서 보험자가 보험금 지급책임을 지되 피보험자가 당해 청약된 보험계약에 적합하지 않다는 것, 즉 적격피보험체가 아니라는 것을 보험자가 입증하면 면책되는 것으로 규정한 것도 있었다.[25]

(4) 법적 성질

승낙 전 보험보호는, 당사자가 체결한 보험계약의 효과로서가 아니라, 법률의 규정(상법 638조의2 3항)에 의해 비롯된 것이다. 즉 계약 당사자가 소급보험의 약정을 하지 않았음에도, 보험계약이 성립되기 전의 사고에 대해서 보험자가 책임을 지는 것이므로, 승낙 전 보험보호를 위해서 보험자가 지는 책임의 성질은 보험계약의 효과로서 지는 책임이라고 보기는 어렵다. 오히려 상법 638조의2 3항이 규정한 법정책임이라고 보는 것이 옳다.[26]

---

24) 이에 관해서는 최기원 112－113면
25) 대판 1991.11.8. 91다29170 참조
26) 장덕조 111면

(5) 요건

1) 보험계약의 청약 및 보험료의 지급

보험자는 보험계약자로부터 보험계약의 청약, 그리고 보험료 상당액의 전부 또는 일부를 지급받아야 한다. 여기서 보험료의 전부 또는 일부는 최초의 보험료를 가리킨다.[27] 이것은 보험료를 일시에 지급하기로 약정한 경우는 보험료의 전부, 보험료를 나누어 지급하기로 약정한 경우는 초회분인 1회 보험료를 가리킨다.

판례는 체약대리권을 가진 보험대리상이 보험계약자에 대해서 보험료의 대납약정을 하면 보험계약자가 보험자에 대하여 보험료를 지급한 것과 동일한 법적 효과가 발생하는 것이고, 실제로 보험대리상이 보험자에 대납을 하여야만 그 효과가 발생하는 것은 아니라고 본다.[28] 학설로는, 판례에 찬성하는 견해[29]와 승낙 전 보험보호가 예외적인 제도이므로 보험료 지급의 의미를 넓게 해석해서는 곤란하기 때문에 이 경우는 승낙 전 보험보호에서 제외해야 한다는 견해가 있다.[30] 생각건대, 승낙 전 보험보호라고 해서 축소해석할 필요는 없다고 보므로 판례에 찬성한다.

2) 신체검사가 필요한 경우

인보험계약에서 피보험자가 신체검사를 받아야 하는 경우는 그 검사를 받아야 한다. 이 점은 638조의2 3항 단서상 분명하다. 인보험 중에서 신체검사가 요구되지 않는 경우나, 손해보험의 경우에는 적용되지 않는 요건이다.

3) 청약거절사유의 부존재

ⅰ) 의의

① 상법 638조의2 3항은 승낙 전 보험보호가 적용되지 않는 예외로서, 청약을 거절할 사유(청약거절사유)를 규정하고 있다. 상법 638조의2 3항은 청약거절사유가 존재하면 보험자가 면책된다고 할 뿐, 보험계약자 측이 그러한 사정을 알고 있었는지, 그러한 사유와 보험사고 발생 사이에 인과관계가 있는지 여부를 묻지 않는다는 점에서, 고지의무 위반과 비교하면 보험계약자 측에게 불리하고 보험자 측에 유리하다. 결과적으로, 청약거절사유의 부존재라는 요건으로 인해서 보험계약자 측의 위험과 보험자의 책임이 객관적으로 일치할 수 있게 된다. 어쨌든, 청약거절사유가 존재하면, 다른 요건 없이 보험자가

---

27) 김성태 183면; 장덕조 111면
28) 대판 1991.12.10. 90다10315; 대판 1995.5.26. 94다60615
29) 박세민 140면; 임용수 79면
30) 김성태 183면

면책된다는 점에서 청약거절사유가 무엇인지는 대단히 중요한 해석 문제이다. 그리고 청약거절사유가 없는 보험목적을 '적격피보험체', 이러한 사유가 있는 경우를 '부적격피보험체'라고 부르는 것이 보통이다.

② 판례는 청약거절사유란 객관적으로 인수할 수 없는 위험상태 또는 사정에 있는 것을 의미한다고 본다. 그리고 그 판단기준은 각 보험자가 마련하고 있는 객관적인 보험인수기준이다.

대판 2008.11.27. 2008다40847은, 건설공사사업자가 공사와 관련한 책임을 보장하는 책임보험계약을 2005.4.4.에 보험료의 전부를 납입하면서 청약하였고, 이것은 보험기간이 2005.1.20.부터 시작되는 소급보험이었으며, 2005.4.14.에 보험계약이 체결될 당시 보험계약자는 2005.1.20. – 2005.4.14. 현재까지 무사고임을 확인하는 확인서를 보험자에게 제출하였다. 보험자는 이 무사고확인서 등 관련서류를 받은 후 보험계약의 청약을 승낙하고 보험계약자에게 보험증권을 교부했는데, 보험사고가 2005.4.13.에 발생했던 사안이다. 보험자는 보험계약자가 허위로 무사고확인서를 제출한 것이 청약거절사유에 해당한다고 주장했다. 대법원은 보험자의 주장을 배척했다. 그러면서, 청약거절사유란, 해당 보험자의 객관적인 보험인수기준에 의하면 인수할 수 없는 위험상태 또는 사정이 있는 것을 의미한다고 판시했다. 그리고 보험사고 발생사실을 보험자에게 고지하지 않은 것은 그러한 사정에 포함되지 않는다고 판시했다.[31)]

참고로 대판 1991.11.8. 91다29170은 상법 638조의2 3항이 신설되기 이전에 보험약관에 규정된 승낙 전 보험보호를 다룬 판결이다. 이 사건에서 사망보험약관은 승낙 전 보험사고에 대해서 보험자가 보험금 지급책임을 지되 피보험자가 적격피보험체가 아니라는 것을 보험자가 입증하면 면책되는 것으로 규정했다. 이 사건의 보험에 관한 보험자의 사무처리지침에 의하면 영업상 오토바이 사용자이든 비영업상 오토바이 사용자이든 상관없이 가입이 불가능했는데, 피보험자는 업무상 오토바이를 운행하여 왔으므로 그는 적격피보험체가 아니고, 따라서 보험자가 면책된다고 판시되었다.

③ 생각건대 판례가 타당하다.[32)] 판례는 청약거절사유란 객관적으로 인수할 수 없

---

31) 대판 2008.11.27. 2008다40847(상법 638조의2 3항에 의하면 보험자가 보험계약자로부터 보험계약의 청약과 함께 보험료 상당액의 전부 또는 일부를 받은 경우에 그 청약을 승낙하기 전에 보험계약에서 정한 보험사고가 생긴 때에는 그 청약을 거절할 사유가 없는 한 보험자는 보험계약상의 책임을 진다고 할 것인데, 여기에서 청약을 거절할 사유란 보험계약의 청약이 이루어진 바로 그 종류의 보험에 관하여 해당 보험자가 마련하고 있는 객관적인 보험인수기준에 의하면 인수할 수 없는 위험상태 또는 사정이 있는 것으로서 통상 피보험자가 보험약관에서 정한 적격 피보험체가 아닌 경우를 말하고, 이러한 청약을 거절할 사유의 존재에 대한 증명책임은 보험자에게 있다. 그리고 이른바 승낙 전 보험사고에 대하여 보험계약의 청약을 거절할 사유가 없어서 보험자의 보험계약상의 책임이 인정되면, 그 사고발생사실을 보험자에게 고지하지 아니하였다는 사정은 청약을 거절할 사유가 될 수 없고, 보험계약 당시 보험사고가 이미 발생하였다는 이유로 상법 644조에 의하여 보험계약이 무효로 된다고 볼 수도 없다)

는 위험상태 또는 사정에 있는 것을 의미한다고 보고 있다. 한마디로 청약거절사유란 보험자의 객관적 인수거절사유라고 해석된다. 판례와 같이 청약거절사유는 가급적 엄격하게 해석할 필요가 있다고 본다. 왜냐하면, 상법 638조의2 3항의 청약거절사유에 해당하면, 보험계약자 측의 고의·중과실과 같은 주관적 요건이나 그것이 보험사고 발생에 영향을 미쳤는지 여부를 묻지 않고 보험자가 면책될 수 있다는 점에서, 문리에 맞추어 엄격하게 해석할 필요가 있다는 것이다. 이렇게 해석하지 않으면 승낙 후 보험사고에 비해서 승낙 전 보험사고에 대한 보험자 면책이 지나치게 넓게 인정되는 문제가 있다. 승낙 후 보험사고와 관련해서는, 청약거절사유가 있더라도 이에 대해서 고의 또는 중과실로 고지의무를 위반하고 이 위반사실이 보험사고 발생에 인과관계가 있는 경우에만 보험자가 면책될 수 있다는 점(상법 651조, 655조)을 고려해야 한다.

대판 2008.11.27. 2008다40847의 1심 판결에서는 청약거절사유를 "보험회사가 위험을 측정하여 보험계약의 체결여부 또는 보험료액을 결정하는 데 영향을 미치는 사실에 관한 것"이라고 판시했는데,[33] 이것은 대법원이 판시한 "객관적인 보험인수기준에 의하면 인수할 수 없는 위험상태 또는 사정이 있는 것으로서 통상 피보험자가 보험약관에서 정한 적격 피보험체가 아닌 경우"와 비교해서 청약거절사유가 다소 넓은 것이 아닌가 하는 생각이 든다.

④ 대판 2008.11.27. 2008다40847에서 보험계약자 측이 허위로 무사고확인서를 제출한 것은 통지의무 위반 문제와 고지의무 위반 문제와 관련이 있는데, 이러한 위반들이 청약거절사유에 해당하는지에 대한 검토가 필요하다.

보험사고 통지의무 위반은 청약거절사유인가? 위 사건에서 보험계약자 측은 허위로 무사고확인서를 제출했을 뿐 승낙 전 보험사고 발생을 통지하지 않았다. 상법 보험편은 승낙 전 보험사고의 통지의무에 대해서 명문의 규정을 두고 있지 않다. 하지만 해석상 보험사고에 대한 통지의무(상법 657조)는 승낙 후에 발생한 보험사고에 대해서는 물론이고, 승낙 전에 발생한 보험사고에 대해서도 그 적용이 있다고 해석하는 것이 타당하다. 이러한 통지의무 위반이 청약거절사유라고 볼 것은 아니며, 상법 657조 2항에 따라서 만약 통지의무 위반으로 인해 증가된 손해가 있다면 이 범위 내에서 보험자가 면책될 수 있다고 본다.

고지의무 위반은 청약거절사유인가? 보험계약자 측이 보험계약의 성립 전에 허위로 무사고확인서를 제출한 것은 중요사항에 대해서 부실고지한 것으로 볼 소지가 있다. 고지의무 위반이 청약거절사유인지에 대해서는 긍정하는 견해[34]와 부정하는 견해[35]가 대

32) 정동윤 507면(청약을 거절할 사유란 약관에 의하여 보험자가 인수할 수 없는 위험을 목적으로 한 청약이 있는 때를 의미한다)

33) 장덕조 114면

34) 김은경 155면; 박세민 141면; 임용수 78면

립한다. 생각건대, 일률적으로 판단한 일은 아니라고 본다. 고지의무 위반사실이 "객관적인 보험인수기준에 의하면 인수할 수 없는 위험상태 또는 사정"에 해당하는지 여부를 기준으로 구체적, 개별적으로 판단하는 것이 합리적이라고 본다.

⑤ 입법론으로는, 현행법의 방식보다는 1991년 상법개정 이전의 생명보험 표준약관처럼 고지의무 위반을 보험자의 면책사유로 규정하는 것이 무난하다고 본다. 승낙 전 보험보호와 승낙 후 보험보호에서, 보험자 면책사유를 달리 정할 특별한 이유가 없어 보이기 때문이다.

ii) 판단시점 및 입증책임

청약거절사유의 존부는, 청약 시나 승낙 시가 아니라 보험사고의 발생 당시를 기준으로 판단한다.[36] 승낙 시를 기준으로 하는 방법도 생각해 볼 수 있지만, 승낙 전에 보험보호를 부여한다는 취지를 고려하면 보험사고 발생 시를 기준으로 판단하는 것이 가장 타당하다.

청약거절사유에 대한 입증책임은 누가 부담하는가? 보험자가 청약거절사유의 존재에 대해서 입증책임을 부담한다(판례,[37] 통설). 이와 달리 승낙전 보험보호는 계약의 성립 이전에 보험자의 보험금 지급책임을 인정하는 예외적인 제도이므로 보험보호를 주장하는 보험계약자 측이 청약거절사유의 부존재에 대한 입증책임을 부담한다는 견해가 있다.[38] 판례와 통설이 타당하다. 638조의2 3항의 법문 구조상, 승낙 전 보험사고에 대해서 보험자가 보험금 지급책임을 지되 청약거절사유가 존재하면 예외적으로 지급책임을 면하는 것으로 되어 있으므로 예외를 주장하는 보험자가 입증책임을 지는 것이 타당하고, 청약거절사유는 각 보험자의 객관적 보험인수기준(판례)인데, 이에 대해 보험계약자 측이 입증한다는 것은 사실상 불가능한 것이기도 하기 때문이다.[39]

4) 승낙 전 보험사고의 발생

보험계약의 승낙 후 보험사고가 발생하여 보험자가 보험금 지급책임을 지는 것은 보험계약의 효과에 따른 것이다. 승낙 전 보험보호 제도는 보험계약의 성립 이전에 발생한 보험사고에 대해서 보험보호를 주기 위한 제도이다. 여기의 승낙에는 낙부통지 해태에 따른 승낙의제(638조의2 2항)도 포함된다.[40]

---

35) 장덕조 111면
36) 김은경 155면
37) 대판 2008.11.27. 2008다40847
38) 김성태 184면
39) 장덕조 112면
40) 박세민 141면; 임용수 77면; 정찬형 559면

5) 소급보험과의 관련성

승낙 전 보험보호와 소급보험과의 관련성이 문제된다. 소급보험이란 보험계약의 성립 전 어느 시점을 보험기간의 시기(始期)로 정한 보험이다(상법 643조). 소급보험은 보험계약의 성립 이전에 발생한 보험사고도 보상해 주는 것으로서, 상법 644조 단서에 따라서 계약 당사자와 피보험자가 보험사고의 발생을 알지 못하는 경우에만(보험사고의 주관적 불확정성이 인정되면), 그 유효성이 인정된다. 이와 같이 소급보험이 유효하려면 계약체결 시에 계약 당사자 및 피보험자가 보험사고 발생에 대해서 선의여야 한다.

쟁점은 승낙 전 보험보호를 소급보험과 같이 취급하여, 상법 644조 단서의 요건을 요구할 것인가이다. 만약 이를 긍정하면, 청약 후 승낙 이전에 보험사고가 발생했다는 사실을 계약의 성립 당시에 계약 당사자 또는 피보험자 중 한 명이라도 안다면, 해당 계약은 무효로서 승낙 전 보험보호는 불가능해진다.

판례는 승낙 전 보험보호를 소급보험과 다르게 취급한다. 위에서 살펴본 대판 2008. 11. 27. 2008다40847에서, 2005.4.14.에 체결된 책임보험은 보험기간이 2005.1.20.부터 시작되는 소급보험이었고, 청약과 보험료 납입은 2005.4.4.에 이루어졌으며, 2005.4.13.에 보험사고가 발생했던 사안이다. 대법원은 보험계약의 청약과 함께 보험료의 전부를 납입받은 2005. 4.4.부터 2005.4.14.까지는 승낙 전 보험보호가 적용되고, 청약거절사유가 없는 한 보험자가 보험금 지급책임을 지고 상법 644조 단서는 적용되지 않는다고 판시했다.

생각건대, 판례가 타당하다. 상법 638조의2 3항은 상법 644조의 특칙이어서 우선적으로 적용된다고 보아야 한다.[41] 이렇게 해석하지 않으면 상법 638조의2 3항은 존재의미가 없어지기 때문이다. 상법 638조의2 3항은 승낙 전에 존재하는 보험보호의 공백을 없애고 이 기간 동안에도 보험보호를 제공하자는 취지인데, 만약 청약 후 승낙 전에 보험사고가 발생했다는 사실을 계약 당사자 또는 피보험자가 알고 있는 경우 보험자가 면책된다고 하면, 그 취지를 살릴 수 없기 때문이다. 요컨대, 보험사고가 청약 후 승낙 전에 발생한 경우라면, 청약 후에 계약 당사자와 피보험자가 이를 알게 되었다고 해도 승낙 전 보험보호를 받는 데 아무런 문제가 없다.

(6) 효과

보험자의 승낙 전이라도 보험사고가 발생하면 보험자가 보험계약상의 책임을 진다.

---

41) 장덕조 114면

제2절 고지의무

1. 총설

(1) 의의

보험계약이 체결되는 과정에서 보험계약자 또는 피보험자는 고지의무를 이행해야 한다. 고지의무란 보험계약의 체결 당시에 중요사항을 보험자에게 알려주어야 할 의무이다. 즉 보험계약자 또는 피보험자가 중요한 사항을 고의 또는 중과실로 불고지 또는 부실고지하지 말아야 할 의무이다(상법 651조 본문). 이를 위반하면 보험자는 보험계약을 해지하고 일정한 요건하에 면책될 수 있다(상법 651조 본문, 655조).

보험계약법의 특성(기술성)에서 언급한 바와 같이, 개별 보험계약에서 급여(보험료)와 반대급여(보험금)의 균형을 맞추기 위해서는, 계약과 위험을 일치시킬 필요가 있다. 이를 위해서 보험계약자 등이 보험계약의 체결 당시에 보험자에게 위험을 제대로 알리게 하자는 것이 고지의무이다.

(2) 여타 의무와 구분

고지의무는 계약체결 시에 보험계약자 등에게 요구되는 의무이다. 이 점에서 계약체결 이후에 보험계약자 등에게 요구되는 각종의 통지의무 등과는 다르다. 특히 고지의무는 계약체결 시의 위험측정을 규율하는 제도이다. 이 점에서 계약체결 이후의 위험변경증가로 인해 당초 위험과 달라지는 경우를 규율하는 제도인 위험변경증가의 통지의무(상법 652조), 위험유지의무(상법 653조)와는 구분된다. 판례도 고지의무와 통지의무(상법 652조)를 구분하면서, 고지의무는 중요한 사실이 보험계약 성립 시에 존재하는 경우에 발생하고, 통지의무는 보험계약 성립 시에는 존재하지 않았지만 그 이후 보험기간 중에 사고발생의 위험이 새롭게 변경 또는 증가된 경우에 발생한다고 보고 있다.[42] 따라서 고지의무를 위반함으로써 보험계약 성립 시 고지된 위험과 보험기간 중 객관적으로 존재하게 된 위험에 차이가 생기게 되었다는 사정만으로는 보험기간 중 사고발생의 위험이 새롭게 변경 또는 증가되었다고 할 수 없다.[43]

---

42) 대판 2024.6.27. 2024다219766

43) 대판 2024.6.27. 2024다219766(이 경우 보험자는 상법 651조의 고지의무 위반을 이유로 계약을 해지할 수는 있어도 상법 652조의 통지의무 위반을 이유로 계약을 해지할 수는 없다. 이는 고지의무 위반에 따른 해지권 행사의 제척기간이 경과하여 보험자가 고지의무 위반을 이유로 계약을 해지할 수 없게 된 경우에도 마찬가지이다)

(3) 인정 이유

고지의무의 인정근거에 관한 학설은 다양하다. ① 일반계약법리에서 근거를 찾는 견해(의사합치설, 일반착오설, 담보설, 신의성실설), ② 보험자와 보험계약자 사이의 특별한 관계에서 근거를 찾는 견해(최대선의설, 계약당사자 평등설, 사행적 성질설, 보험계약의 특수성설), ③ 보험사업의 경제적 특수성에서 찾는 견해(위험공동체설, 기술적 기초설) 등이 있다.[44]

이 중에서 기존에는 기술적 기초설이 유력했다.[45] 이것은 기술설, 위험측정설이라고도 한다. 기술적 기초설은 보험의 기술 때문에 고지의무가 인정된다고 보는 견해이다. 여기서 보험의 기술이란, 보험자가 개별 위험과 보험료와 같은 계약조건을 일치시키려고 하는 것(급여·반대급여 균등의 원칙)을 가리킨다. 이 기술의 목적은 저위험자가 보험가입을 회피하고, 고위험자만 보험에 가입하는 현상인 역선택(adverse selection)을 방지하는 데 있다. 기술적 기초설이란, 급여·반대급여 균등의 원칙을 실현하기 위해서는 보험자가 보험사고 발생의 개연율을 측정(위험측정)하는 데 필요한 정보를 얻어야 하고, 이것을 돕는 것이 고지의무 제도라고 이해하는 것이다.

최근에는 기술적 기초설과 (최대)선의설의 절충설이 많은 지지를 얻고 있다.[46] (최대)선의설은 보험자와 보험계약자가 (최대)선의 관계에 있다는 입장이다. 하지만 이것은 (최대)선의가 인정되는 근거가 무엇인지가 밝혀지지 않으면 인정근거로서는 막연한 것에 불과하다는 비판을 받는다.[47] 우리나라의 통설은 (최대)선의는 보험계약의 사행계약성에 비롯된다고 이해한다. 즉 보험계약의 사행계약성으로 인해서, 보험이 도박 또는 투기의 목적으로 악용되면 도덕적 위험이 생길 수 있고, 따라서 (최대)선의가 요구된다고 보는 것이다. 하지만 보험의 도박화 또는 도덕적 위험이 고지의무의 근거라고 하는 것은 다소 막연한 느낌이 든다.

생각건대, 기술적 기초설과 정보비대칭설에서 인정근거를 찾고자 한다.[48] 기술적 기초설은 보험의 기술 때문에 보험자가 위험측정에 관련된 위험정보가 필요하다는 것이다. 이것은 고지의무 제도의 인정근거가 될 수 있지만, 이것만으로 충분한 것 같지는 않다. 보험자에게 그러한 정보가 필요한 것은 사실이지만, 왜 보험계약자 측이 그러한 정보를 제공해야 하는가라는 의문이 제기될 수 있고, 이에 대한 답변도 필요하다. 이에 대한 답변이 정보비대칭설이다. 여기서 정보비대칭이라는 것은 보험자가 위험측정을 하는

---

44) 최기원 149−157면

45) 양승규 117면; 장덕조 116면; 채이식 52면; 최기원 157면; 최준선 113−114면

46) 김성태 208면; 김은경 190면; 박세민 177면; 손주찬 519−520면; 이기수·최병규·김인현 101면; 임용수 100면; 정찬형 561면; 정희철 382−384면

47) 최기원 153면

48) 정호열·한기정, "고지의무에 관한 고찰", 서울대학교법학40−1, 1999, 80면

데 필요한 위험정보가 주로 보험계약자 측의 지배하에 있는 현상을 가리킨다. 그리고 보험계약자 측에 속한 정보를 보험자가 스스로 탐지해야 한다면, 이에 소요되는 시간과 비용이 만만치 않을 뿐만 아니라, 탐지할 수 있는 정보의 범위에도 한계가 있다. 이러한 정보비대칭을 해소하기 위해서 보험계약자 측이 고지의무를 부담해야 한다는 입장이 정보비대칭설이다. 영국의 1766년 Carter v. Boehm 판결도 고지의무가 당사자 사이의 정보비대칭에서 비롯된 것이라고 밝히고 있다.[49][50] 요컨대, 기술적 기초와 정보비대칭으로 인해서 고지의무가 인정되고, 이것이 보험계약과 다른 계약을 구별하는 하나의 기준이 된다고 볼 수 있다.[51]

다만 정보비대칭이 위험에 관한 정보에만 나타나는 것은 아니다. 정보비대칭은 고지의무의 존재 및 내용, 그리고 고지대상인 중요사항이 무엇인지에 대해서도 나타난다. 즉 위험에 관한 정보는 주로 보험계약자 측에 있지만, 고지의무의 존재 및 내용, 그리고 고지대상인 중요사항이 무엇인지에 대해서는 보험계약자가 잘 알지 못하는 것이 일반적이다. 이것도 일종의 정보비대칭인 것이다. 그 결과, 고지의무를 둘러싼 분쟁이 자주 발생한다. 이로 인해서 보험계약자가 고지의무를 준수하기 어려운 점이 있기 때문에, 고지의무의 요건과 효과를 아주 엄격하게 하는 것도 바람직하지는 않다. 고지의무에 관한 입법론이나 해석론을 검토함에 있어서는 이처럼 서로 상충되는 두 가지 의미의 정보비대칭을 염두에 두어야 한다.[52]

(4) 정보비대칭이 고지의무에 미치는 영향[53]

전술한 바와 같이 보험계약 당사자 사이의 정보비대칭은 고지의무가 인정되는 주요 근거 중 하나이다. 그런데 보험환경의 변화는 정보비대칭의 정도에 영향을 미치고, 그

---

49) Carter v. Boehm (1766) 3 Burr 1905. 이 판결의 다음과 같은 대목에서 정보비대칭이 고지의무의 인정근거라는 것을 알 수 있다. "Insurance is a contract based upon speculation. The special facts, upon which the contingent chance is to be computed, lie most commonly in the knowledge of the insured only; the underwriter trusts to his representation and proceeds upon the confidence that he does not keep back any circumstance in his knowledge, to mislead the underwriter into a belief that the circumstance does not exist, and to induce him to estimate the risk as if it did not exist. Good faith forbids either party by concealing what he privately knows, to draw the other into a bargain from his ignorance of that fact, and his believing the contrary."

50) Clarke, *The Law of Insurance Contracts*, 1994, p. 550

51) 같은 취지로는, Parkington et al., *MacGillivray and Parkington on Insurance Law*, 1988, para. 720: "The viability of the insurer's business depends upon an accurate computation of the contingency of loss and the risk undertaken, and therefore the assured cannot in all fairness and good sense expect the insurer to perform his side of the bargain if he is deprived of the information he needs to estimate the risk, of which he is ignorant and the assured is not."

52) 山下友信, 保險法, 2005, 61－62면 참조

53) 이에 관해서는, 정호열·한기정, "고지의무에 관한 고찰", 서울대학교법학40－1, 1999, 77－79면

결과 고지의무의 해석론, 입법론에도 영향을 미친다. 이하에서는 영국법을 중심으로 정보비대칭의 변화가 고지의무에 어떠한 영향을 미쳐왔는지 살펴보자.

영국에서는 고지의무를 확립시킨 1766년의 Carter v. Boehm[54] 판결 이후로, 정보비대칭이 최대선의의무(the duty of utmost good faith)로서 고지의무의 인정근거로 유력하게 논의되어 왔다.[55] 영국의 해상보험법이 정립되던 17－18세기에는 이미 출항한 선박과 적하에 대해서 해상보험계약이 체결되던 것이 보통이어서,[56] 보험자가 중요사항에 대해서 일일이 질의, 조사하기 곤란하였고, 보험의 전문가가 아니라 전주(錢主)에 불과했던 보험자보다 보험계약자인 선주나 하주가 중요사항에 대해서 더 잘 알았기 때문에 보험계약자에게 고지의무를 부과했던 것이다.

이렇게 현저한 정보비대칭을 고려하여 보험계약자가 부담하던 당시의 고지의무는 매우 엄격한 것으로 설계되었다. 즉 보험자가 질문하지 않은 사항이어도 중요사항이라면 고지해야 했고, 게다가 무과실로 인한 불고지도 고지의무 위반이 되었다.[57] 무과실로 인한 불고지란, 사실에 대한 인식이 있다는 것을 전제로 하되, 그 사실의 중요사항에 대한 해당성을 과실 없이 인식하지 못해서 불고지한 경우를 가리킨다. 이러한 엄격성 때문에 영국의 해상보험계약이 최대선의의 계약이라고 일컬어졌던 것이다.[58] 이러한 해상보험에서의 고지의무는 다른 보험에도 똑같이 적용되었다.

그런데, 18세기의 해상보험환경에 적합하던 불고지 법리가 보험환경이 상이한 여타 보험에도 적용되었던 것은 적절치 못한 것이었다.[59] 영국의 보험법을 계수한 미국이 영국의 불고지 법리를 해상보험에만 적용하고, 여타 보험에서는 고의에 의한 불고지만 고지의무 위반으로 다룸으로써 고지의무의 엄격성을 완화하였던 것은 우연이 아니다.[60] 따라서, 해상보험을 제외하면 미국에서 보험계약자의 고지의무는 최대선의의무가 아니라 선의의무(the duty of good faith)에 불과하다. 게다가 현재의 보험환경은 급속도로 변화하여 18세기의 해상보험은 물론이고 19세기 및 20세기 중기까지의 보험환경과도 현저히 다르다. 보험기술의 향상으로 인해서 보험자가 중요사항에 대해 질문, 조사를 할 수 있는 능력이 크게 높아졌고, 그 결과 보험자의 중요사항에 대한 접근가능성은 과거와 매우 다르다. 보험자가 제대로 조사하면 보험계약자보다 중요사항을 더 잘 알아낼 수도 있고,

---

54) (1766) 3 Burr 1905
55) Clarke, *The Law of Insurance Contracts*, 1994, p. 550
56) Parkington et al., *MacGillivray and Parkington on Insurance Law,* 1988, para. 721
57) Carter v. Boehm (1766) 3 Burr 1905
58) Carter v. Boehm (1766) 3 Burr 1905.
59) 이에 관한 선구적인 대표논문으로는, Hasson, "The Doctrine of Uberrima Fides in Insurance Law: a Critical Evaluation", 32 M.L.R. 615 (1969)
60) 45 C.J.S., §538, p. 303

질문표를 통해서 중요사항을 손쉽게 이끌어낼 수도 있다. 보험기술의 발달로 인해서 중요사항이 세분화되고 전문화되어서 보험계약자에게 중요사항에 대한 자발적 고지를 기대하기가 어려워지고 있다.

영국에서는 위와 같은 정보비대칭의 급격한 변화를 고려하여 2012년에 소비자보험법(고지의무)[61]을 제정했다. 이 법은 소비자보험, 즉 소비자와 보험자 사이에 거래되는 보험에 대해서만 적용되는데, 종래의 엄격했던 고지의무를 완화하는 내용을 담고 있다. 즉 고지의무의 주관적 요건을 고의 또는 과실로 제한하였고, 또한 고지의무를 자발적 고지의무에서 수동적 응답의무로 전환하였다. 계약 당사자 사이에 존재하는 정보비대칭의 변화가 고지의무 법제에 어떠한 영향을 미쳤는지 알 수 있게 하는 대목이다.

(5) 법적 성질

통설은 고지의무의 법적 성질을 간접의무로 해석한다. 즉 고지의무는 보험자가 보험계약자 등에게 그 이행을 강제하거나 손해배상을 청구할 수 없는 의무이고, 단지 위반이 있으면 일정한 법적 불이익, 즉 보험자가 보험계약에 대한 해지권을 행사하여 면책될 수 있는 효과가 생긴다. 또한 보험계약자 등이 자기의 불이익을 방지하기 위한 자기의무라고도 한다(통설). 이는 보험계약의 효과로서 인정되는 의무가 아니라, 상법의 규정에 의해서 인정되는 법정 의무이다(통설).

(6) 입법례

고지의무를 인정하는 것은 다른 입법례도 마찬가지이다. 다만 고지의무의 요건과 효과를 어떻게 정할 것인지는 입법정책의 문제로서 나라마다 일정하지 않다. 가령 보험계약자의 주관적 요건과 관련하여, 경과실이나 무과실의 경우에도 보험자에게 일정한 권리를 부여하는 경우가 있고(독일, 프랑스, 영국 등), 위반의 효과에 관해서도 장래효(과)만 있는 계약해지권, 계약변경권, 보험금의 비례적 감액 등을 규정하기도 한다. 이에 관한 구체적인 내용은 후술하는 입법론 부분에서 살펴보기로 한다.

2. 고지의무의 당사자

(1) 고지의 주체

고지의무의 주체, 즉 고지의무자는 보험계약자 또는 피보험자이다(상법 651조). 인보험의 보험수익자는 고지의무자가 아니다.

---

61) Consumer Insurance (Disclosure and Representations) Act 2012

1) 보험계약자

보험계약자는 보험계약의 당사자라는 점에서 고지의무자이다. 보험계약자가 여러 명인 경우에 각자가 고지의무를 부담한다.[62] 이때 보험계약자 중 한 명이 고지한 사항에 대해서는 다른 보험계약자가 이를 중복하여 고지할 필요는 없다.[63] 아래에서는 대리인에 의해서 보험계약을 체결하는 경우 고지의무의 문제를 살펴보자.

첫째, 보험계약자의 대리인은 보험계약자를 대신해서 고지의무를 이행할 수 있다(판례,[64] 통설). 한편 통설은 이 경우 대리인이 고지의무를 부담하고 있다고 보는데, 이는 의문이다. 이 경우에도 대리인이 고지의무자는 아니며, 고지의무자는 여전히 보험계약자이다.

둘째, 대리인이 고지의무를 대신 이행할 때, 보험계약자가 알거나 중과실로 알지 못한 사정을 대리인이 알지 못하여 이를 불고지 또는 부실고지해도, 고지의무 위반이 된다. 왜냐하면 중요사항에 관한 정보는 주로 보험계약자가 알고 있는데, 대리인을 기준으로 지·부지(知·不知)를 판단하게 되면 고지의무 제도의 취지를 살리기 어렵다. 민법과의 정합성을 고려해도 그러하다. 민법에 따르면, 의사표시의 효력이 어느 사정을 알았거나 과실로 알지 못한 것으로 인하여 영향을 받을 경우에 그 사실의 유무는 대리인을 표준으로 하여 결정하되(민법 116조 1항), 특정한 법률행위를 위임한 경우에 대리인이 본인의 지시에 따라서 그 행위를 한 때에는 본인은 자기가 안 사정 또는 과실로 알지 못한 사정에 관하여 대리인의 부지를 주장하지 못한다(민법 116조 2항). 대리인이 고지의무를 대신 이행하는 것은, 보험계약자의 지시에 따라 하는 것으로서, 민법 116조 2항이 적용된다고 보아야 하는 것이다.

셋째, 대리인에 의해 보험계약을 체결하는 경우 대리인이 안 사유는 그 본인이 안 것과 동일한 것으로 한다(상법 646조). 따라서 대리인 자신이 알고 있는 중요사항을 불고지 또는 부실고지하면 고지의무 위반이 된다(통설).[65] 나아가, 대리인이 알고 있던 사항 이외에 알 수 있었던 사항도 고지의 대상에 포함되는지 의문이 제기될 수 있는데, 이것은 상법 646조의 문리를 벗어난 것이므로 제외하는 것이 타당하다.[66]

2) 피보험자

인보험 및 손해보험의 피보험자는 모두 고지의무자이다(통설). 피보험자가 여러 명인

62) 양승규 118면; 임용수 101면; 장덕조 117면; 최기원 158면

63) 임용수 101면; 최기원 158면

64) 대판 2013.6.13. 2011다54631

65) 입법론으로 대리인이 알고 있는 사유로 고지의무 위반이 되는 것은 재검토가 필요하다는 견해로는, 장덕조 118면

66) 반대 : 임용수 101면

경우는 보험계약자가 여러 명인 경우와 같은 법리로 처리하면 된다. 피보험자도 고지의무자가 된 이유는, 위험에 관한 정보가 그의 지배하에 있을 수 있기 때문이다. 먼저, 인보험에서 피보험자는 보험사고의 객체인 보험목적에 해당하는 자이므로 그가 위험에 관한 정보를 갖고 있다. 다음, 손해보험에서 피보험자는 보험목적에 대해 피보험이익을 갖는 자이고, 그가 위험에 관한 정보를 갖고 있다(통설). 따라서 인보험이든 손해보험이든 상관없이 보험계약자와 피보험자가 일치하지 않을 때, 양자가 각각 고지의무를 부담하게 된다.

보험계약자와 피보험자가 다른 경우, 피보험자가 보험계약의 체결 사실을 알지 못해서 고지의무를 이행하지 못하는 경우가 있을 수 있다. 손해보험에는 이에 대비한 규정이 있다. 즉 피보험자의 위임이 없음에도 보험계약자가 손해보험계약을 체결하는 경우, 보험계약자는 피보험자의 위임이 없다는 사실을 보험자에게 고지해야 하고, 그 고지가 없으면 타인이 그 계약이 체결된 사실을 알지 못하였다는 사유로 보험자에게 대항하지 못한다(상법 639조 1항 단서). 여기서 보험자에게 대항하지 못하는 것으로 고지의무 위반도 포함된다(통설). 만약 보험계약자가 위임의 부존재를 보험자에게 고지했다면 피보험자가 계약체결의 사실을 알지 못하였다는 이유로 자신의 고지의무 불이행을 보험자에게 항변할 수 있고, 보험계약자가 위임의 부존재를 보험자에게 고지하지 않았다면 피보험자의 그러한 항변이 허용되지 않는다는 것이다. 이에 관한 내용은 타인을 위한 보험에서 상술한다.

한편 인보험에는 상법 639조의 1항 단서와 같은 규정이 없다. 그렇다면 보험계약자와 피보험자가 다른 인보험(즉 타인의 인보험)에서 타인인 피보험자도 보험계약이 체결된 사실을 알지 못하여 그 의무를 위반할 우려는 없을까? 타인인 피보험자는 고지의무(상법 651조), 위험변경증가의 통지의무(상법 652조), 위험유지의무(상법 653조), 보험사고발생의 통지의무(상법 657조), 손해방지경감의무(상법 680조) 등을 부담한다. 보험계약자와 피보험자가 다른 사망보험, 상해보험, 질병보험의 경우는 보험계약의 체결 시에 피보험자의 동의가 필요하므로(상법 731조 1항, 739조, 739조의3), 피보험자는 보험계약의 체결을 알게 된다. 하지만 순수한 생존보험의 경우, 보험계약자와 피보험자가 다르더라도 피보험자의 서면동의가 필요없어서, 타인인 피보험자가 보험계약의 성립을 알지 못할 수 있기 때문에, 상법 639조 1항 단서와 같은 규정이 필요할 수 있다. 다만 우리나라에서 순수한 생명보험이 드물게 거래되고 있고, 이 경우라도 피보험자가 계약체결 시에 신체검사를 받는 것이 필요한 경우도 있어서 실무상 문제가 되고 있지 않지만, 이론상으로는 위와 같은 문제가 있다.

(2) 고지의 상대방

고지의 상대방은 보험자, 그리고 그를 위해서 고지수령권을 갖고 있는 대리인이다(통설). 고지수령권이 없는 자에 대한 고지는 보험자에 대한 고지가 되지 않는다(통설). 모집종사자의 고지수령권 문제를 보자. 보험대리상은 원칙적으로 보험자를 위한 고지수령권이 있으며, 다만 보험자가 이 권한을 제한할 수 있지만 이 제한을 이유로 선의의 보험계약자에게 대항하지 못한다(상법 646조의2 1항 3호, 2항). 보험설계사는 보험자를 위한 고지수령권이 없다(판례,[67] 통설). 그래서 보험계약자가 보험설계사에게 자신의 병력을 구두로 고지한 것으로는 보험자에 대한 고지로 인정되지 않는다.[68] 또한 보험중개사도 보험자를 위한 고지수령권이 없다고 본다. 다만 보험설계사 또는 보험중개사도 보험자가 별도로 수권한 경우에는 고지수령권을 갖는다고 보아야 한다. 그리고 인보험에서 피보험자를 상대로 보험자를 위하여 신체검사를 하는 보험의는 이 범위 내에서 고지수령권이 있다(통설). 따라서 고지의무자가 보험의에게 한 고지는 보험자에 대한 고지로 인정된다. 보험의가 피보험자에 대해 신체검사를 한 경우, 이때 그가 알고 있거나 중과실로 알지 못한 사항을 제외하면, 고지의무자의 고지의무가 면제되거나 경감되는 것은 아니다.[69]

3. 이행 시기 및 방법

고지의무의 이행시기는 보험계약의 성립 시이다(상법 651조). 즉 고지의무 위반 여부는 보험계약 성립 시를 기준으로 하여 판단하여야 한다.[70] 따라서 보험계약의 청약 이후 그 성립 이전에 발생한 중요사항도 고지해야 한다.[71] 다만 약관에 의해서 이행시기를 제한하는 경우도 있다. 가령 생명보험표준약관(13조)은 보험계약자 또는 피보험자가 청약할 때(진단계약의 경우에는 건강진단 할 때)를 기준으로 고지의무를 부과한다.

불고지 또는 부실고지가 있더라도 고지의무의 이행시기까지만 추가나 변경을 통해서 고지하면 고지의무 위반이라고 볼 것은 아니다. 보험자는 새로운 고지에 입각해서 계약체결 여부나 그 조건을 재검토하면 된다. 다만 불고지 또는 부실고지된 사항을 이행해

---

67) 대판 2006.6.30. 2006다19672

68) 대판 1979.10.30. 79다1234

69) 임용수 101면; 최기원 159면

70) 대판 2012.8.23. 2010다78135

71) 이와 달리, 미국 판례인 Mayes v. Massachusetts Mutual Life Insurance Co. 608 S.W. 2d. 612 (Tex., 1980)는 이 경우 고지의무가 없다고 해석한다. 그 이유는, 보험자가 작성한 보험청약서 상의 질문표에 응답하는 것으로 고지의무를 전부 이행한 것으로 생각하는 보험계약자에게 보험계약의 청약 이후 성립 전에 생긴 새로운 중요사항까지 고지할 것을 기대하는 것은 합리적이라고 볼 수 없기 때문이라고 한다.

야 할 시점 이후에 추가나 변경하는 것은 고지의무 위반으로 볼 수 있다.[72)]

기존 보험계약의 만료 시에 같은 내용으로 보험계약을 체결하는 경우(보험계약의 갱신, 또는 재계약), 이는 새로운 보험계약을 체결하는 것이므로 이행시기 내에 고지의무를 이행해야 한다. 다만 기존 보험계약의 체결 시에 고지한 것 이외에 새로운 중요사항이 발생하지 않았다면 고지하지 않아도 무방하다.[73)]

고지의무의 이행 방법에는 제한이 없다. 구두 또는 서면(전자서면 포함) 고지도 무방하고, 명시적 또는 묵시적 고지도 무방하다(통설). 직접 고지하는 것도 가능하고, 대리인, 대행자, 이행보조자가 고지하는 것도 가능하다(통설).

고지의무의 이행 방식이 자발적 고지인지 수동적 응답인지의 문제가 있다. 현재는 자발적 고지의무가 인정된다. 그런데 고지의무의 방식을 수동적 응답으로 전환하는 문제가 대두되고 있고, 이것이 고지의무의 수동화 문제이다. 이에 따르면 고지의무는 보험자가 질문한 사항에 대해 보험계약자 등이 응답하는 방식으로 이행된다. 고지의무의 수동화 문제는 아래 별도의 항에서 자세히 다루기로 한다.

4. 고지의무의 수동화[74)]

(1) 의의

고지의무의 수동화는 보험자가 질문한 사항에 답변할 의무(응답의무)로 고지의무를 제한하는 것을 가리킨다. 즉 보험자의 질문 여부와 무관하게 자발적으로 중요사항을 고지해야 할 의무(자발적 고지의무)에서 응답의무로의 전환을 말한다. 보험실무상으로도 보험자가 작성한 보험청약서에 중요사항에 관한 질문들이 담겨져 있고 보험계약자 등이 이에 응답하는 방식으로 고지의무가 이행되는 것이 보편적 형태이며, 이를 규범화하려는 것이 여기의 고지의무 수동화 문제이다.

(2) 필요성 및 입법례

이러한 전환의 필요성이 인정되는 이유는, 오늘날 보험자가 보험계약의 체결 시에 적극적 질문을 통해 중요사항의 수집에 대해 주도권을 쥐는 것이 보통이고 중요사항이 무엇인지는 보험자를 기준으로 객관적으로 결정되므로, 보험계약자는 무엇이 중요사항인지에 대해 잘 알지 못하고 질문한 사항에 응답하면 고지의무를 다한 것이라고 인식하거나 기대하는 것이 보통이기 때문이다. 보험자가 보험계약자의 자발적 고지에 의존하는

72) 임용수 109면
73) 임용수 109면
74) 한기정, "고지의무의 수동화 — 자발적 고지의무에서 수동적 응답의무로", 비교사법16-3, 2009 참조

것보다, 보험자와 보험계약자 사이의 질문과 응답을 통해서 중요사항이 밝혀지고 이것이 위험평가에 사용되는 것이 합리적 위험분배가 될 수 있는 것이다. 그래서 프랑스(1989년), 독일(2007년), 일본(2008년) 등이 고지의무를 응답의무로 제한하는 명시적 법 규정을 두는 입법을 단행하였다.

(3) 해석론

상법에는 고지의무의 수동화에 대한 명시적 규정이 없다. 현행 상법하에서 고지의무가 응답의무로 제한된다는 해석은 가능한가?

1) 학설

학설로는 ① 현행법의 해석상 보험자가 질문하지 않은 사항은 고지의무의 대상이 아니라는 견해가 있다.[75] 이것은 현행법상 고지의무가 응답의무로 제한된다는 것이다. 그리고 ② 보험자가 질문하지 않은 사항은 악의적으로 묵비한 경우에만 고지의무 위반이 된다는 견해가 있다.[76] 이것은 현행법상 고지의무가 응답의무로 제한되지만, 악의적 묵비는 예외라는 입장이다. 그리고 악의적 묵비는 알면서 고지하지 않는 것을 의미하고, 악의적 묵비의 존재는 보험자가 입증해야 한다. 이와 달리 ③ 보험자가 질문한 사항 이외의 사항도 중요사항은 모두 고지해야 한다는 견해가 있다.[77]

현행법의 해석을 통해서 고지의무의 수동화를 시도하는 것은, 보험자가 질문표를 사용하여 중요사항에 대해서 묻는 것은 보험자가 질문표에서 묻는 중요사항에 대해서만 관심이 있다는 외관(外觀)을 보험계약자에게 주는 것이고, 이를 신뢰하여 질문표에 응답하는 방식으로 고지를 마친 보험계약자를 보호해야 한다는 문제의식에 기반한 것이다. 만약 질문표에서 묻지 않은 중요사항도 여전히 고지의무를 부담하고 있다고 질문표에 명시하고 있다면 보험계약자의 위와 같은 신뢰는 보호할 가치가 없지만, 실제의 질문표에서는 그러한 명시를 하지 않는 경우가 다수 있으므로 문제가 되는 것이다.

2) 판례

판례는 현행법의 해석상 고지의무가 응답의무로 제한된다고 해석하지 않는다. 즉 보험자가 질문하지 않은 사항이라도 중요사항이라면 자발적 고지의무의 대상이 된다는 것이다.[78] 만약 보험청약서에 질문한 사항에 대해 응답하는 것으로 고지의무를 제한하

75) 권혁재, "보험계약상의 고지의무", 해상·보험법에 관한 제문제(하), 재판자료53, 1991, 186면; 강대섭, "고지의무에 있어서 중요한 사항과 질문표의 효력", 안암법학7, 1998, 295면

76) 박세민 189면; 손주찬 525면; 양승규 123면; 정동윤 517면

77) 임용수 107면; 장덕조 124면

는 약관조항이 있는 경우,[79] 이것은 유효한가? 또한 보험자가 보험청약서에 질문하면서 응답 범위를 제한하는 경우 고지의무는 이 범위로 축소된다고 볼 수 있는가? 두 가지 모두 부정할 이유가 없다. 판례도 같다. 대판 1996.12.23. 96다27971의 판시내용은 다음과 같은데, 전반부는 보험청약서에서 질문한 사항에 대해 응답하는 것으로 고지의무를 제한하는 약관조항이 유효하다는 내용이고, 후반부는 보험청약서에서 질문하면서 응답 범위를 제한하는 경우 고지의무가 이 범위로 축소된다는 내용이다.

"피고의 영업용자동차종합보험보통약관 제40조 제1항에 의하면, '보험계약을 맺을 때에 보험계약자, 피보험자 또는 이들의 대리인이 고의 또는 중대한 과실로 인하여 회사가 서면으로 질문한 사항에 대하여 알고 있는 사실을 알리지 아니하거나 사실과 다르게 알린 때에는 회사는……이 보험계약을 해지할 수 있습니다.'라고 규정하고 있고, 기록에 편철된 이 사건 보험청약서의 뒷면 제1항은 '이 청약서의 기재사항은 반드시 사실 그대로를 알려야 하며, 만약 사실과 다르게 알리거나 누락사실이 있을 경우에는 보험약관에 의하여 보상을 받을 수 없는 경우도 있습니다.'라고 기재되어 있으므로, 이 사건 보험청약서는 위 보험약관 제40조 제1항에서 정한 서면에 해당하고, 따라서 보험계약자인 대성렌트카가 고지하여야 할 중요한 사항은 전부가 위 청약서에 망라되어 있는 것으로 되어, 보험청약서에 기재되지 않은 사항에 관하여는 원칙적으로 고지의무 위반이 문제될 여지가 없다고 할 것이다. 그런데 기록에 의하면, 대성렌트카는 이 사건 보험계약서를 작성함에 있어서 피고가 제정하여 제공한 보험청약서용지의 차종란 다음의 빈칸에 숫자로 '71'로 표시하고 그 옆에 '승합차'라고 기재하였고 주운전자란의 빈칸에 '별첨'으로 표시하였는바, '71'의 숫자는 피고의 자동차보험요율서에 열거된 여러 차종 중에서 '대여자동차'를 나타내는 숫자이고, '별첨' 부분은 대여자동차의 주운전자가 불특정다수의 고객이라는 취지에서 피고가 그동안 관행적으로 사용하여 온 표시인 사실(위 보험청약서를 대성렌트카가 작성한 것인지, 피고가 작성한 것인지도 기록상 분명치 않음), 위 보험청약서 용지의 차종란의 빈칸은 겨우 두 자리 숫자로 차종번호만 표시하도록 구획되어 있을 뿐, 당해 차량이 지입에 제공되는 차량인지의 여부를 표시할 만한 공간이 없는 사실 등을 알 수 있는바, 이러한 사실들과 함께 이 사건 승합차가 대성렌트카의 소유로서 관할 행정청에 대성렌

---

78) 대판 1999.11.26. 99다37474(○○○의 병력 내지 자각증세, 최종 검사 결과에 따른 의사의 암 재발 가능성 고지사실 등은 공제계약 청약서상의 질문사항에 포함되어 있지 않다고 하더라도 피공제자의 생명위험 측정상 중요한 사실로서 공제계약의 특성상 공제계약자가 공제사업자에게 고지할 사항에 포함되는 것이라고 할 것임에도, ○○○가 이 사건 공제계약을 체결하면서 보험자에게 이를 고지하지 아니한 것은 고지의무 위반에 해당한다고 보아야 할 것이다.)

79) 가령 생명보험표준약관 21조(보험계약자 또는 피보험자는 청약 시에 청약서에서 질문한 사항에 대하여 알고 있는 사실을 반드시 사실대로 알려야 합니다). 약관이 사용된 맥락을 고려할 때 고지의무의 대상을 제한하는 취지라고 해석할 여지가 있다.

트카의 자동차대여사업용자동차로 등록되어 있는 점 또한 사실이므로, 피고가 고지의무의 대상이 되는 사항에 관하여 이와 같은 보험계약청약서 양식을 사용하여 질문하고 있는 경우에 대성렌트카가 그 청약서의 여백에다가 이 사건 차량이 지입차량으로서 지입차주에 의하여 유상운송에 제공되고 있다는 사실까지 특별히 부기하지 않았다고 하여, 보험계약자인 대성렌트카에게 중대한 과실이 있다고는 볼 수 없다 할 것이다.”

이 판결은 다음과 같은 의미를 부여할 수 있다. 첫째, 대법원은 이 사건의 보험약관이 고지의무의 방법을 제한하고 있는 것으로 보고 있고, 이러한 경우에 보험계약자는 제한된 고지의무만 수행하면 충분하다고 한 것이다. 대법원은, 이 사건의 보험약관이 고지대상을 “회사가 서면으로 질문한 사항”으로 좁혔고 보험청약서에 고지대상이 망라된 것이라고 했다. 즉 대법원은 위와 같은 보험약관은 고지의무의 방법을 보험자의 서면질의에 응답하는 것으로 제한시키는 효력을 가진다고 판시한 것이다. 둘째, 대법원은 보험자가 중요사항에 관해서 서면질의를 하면서 응답의 범위를 제한한 것으로 보이는 경우 보험계약자 등의 고의 또는 중과실을 인정할 수 없다고 하였다. 이것은 위와 같이 응답의 범위를 줄인 경우 그만큼 고지대상이 축소된다고도 말할 수 있을 것이다. 이 사건의 보험청약서는 문제가 되는 중요사항과 유관한 질문이 존재하지만 보험청약서 양식이 응답의 범위를 줄이고 있다는 점을 고려했던 것이다. 보험자가 다음과 같은 보험청약서 양식을 사용하여 중요사항에 관해서 질문했기 때문에, 보험계약자가 그 보험청약서의 여백에다가 ‘이 사건 차량이 지입차량으로서 지입차주에 의하여 유상운송에 제공되고 있다는 사실’까지 특별히 부기하지 않아도 그에게 중대한 과실이 있다고는 볼 수 없다는 것이다. 즉, 보험계약자가 보험청약서용지의 차종란 다음의 빈칸에 숫자 ‘71’을 표시하고 그 옆에 ‘승합차’라고 기재하였고 주운전자란의 빈칸에 ‘별첨’을 표시하였는데, ‘71’은 피고의 자동차보험요율서에 열거된 여러 차종 중에서 ‘대여자동차’를 나타내고, ‘별첨’ 부분은 대여자동차의 주운전자가 불특정다수의 고객이라는 취지에서 보험자가 그 동안 관행적으로 사용하여 온 표시이며, 위 보험청약서 용지의 차종란의 빈칸은 겨우 두 자리 숫자로 차종번호만 표시하도록 구획되어 있을 뿐, 당해 차량이 지입에 제공되는 차량인지의 여부를 표시할 만한 공간이 없다는 점을 제시하고 있다.

3) 결론

생각건대, 고지의무를 응답의무로 한정한다는 명시적 법규가 없는 경우에, 오로지 해석에 의해 자발적 고지의무가 부존재한다고 보기는 어려울 것이다.[80] 보험자가 서면으로 질문한 사항은 중요사항으로 추정한다는 규정이 있지만(상법 651조의2), 거꾸로 질문

80) 이에 관해서는, 정호열·한기정, “고지의무에 관한 고찰”, 서울대학교법학40-1, 1999, 93-96면 참조

하지 않은 사항이라고 해서 중요사항이 아니라고 할 수는 없으므로, 이 규정을 근거로 질문에 응답하면 고지의무를 다한 것으로 해석하기도 어렵다. 전술한 프랑스 등 입법례가 고지의무 수동화에 관한 명시적 규정을 마련한 것을 보아도 해석만으로 고지의무 수동화를 도출하기 어렵다는 것을 보여준다. 위에서 살펴본 바와 같이 판례도 현행법하에서 자발적 고지의무를 인정하고 있다.[81] 그리고 대판 1996.12.23. 96다27971의 판시내용은 그 타당성이 인정된다고 본다. 보험약관이 고지의무 방법을 질문표의 기재로 제한하고 질문표는 일정하게 응답 범위를 제한함으로써 보험자가 그러한 범위 내의 중요사항만 원한다는 외관을 야기했다면, 보험계약자가 중과실로 불고지했다고 보기 힘들다.

(4) 입법론

입법론으로는, 고지의무를 응답의무로 제한하는 방향으로 상법 651조를 개정할 필요가 있다. 이미 고지의무의 수동화를 단행한 프랑스(1989년), 독일(2007년), 일본(2008년)의 입법례를 참조할 수 있을 것이다.[82] 질문하지 않은 사항에 대하여는, 보험계약자가 악의적으로 묵비한 경우, 민법상 사기(110조)를 이유로 한 계약취소로 해결하면 충분하다. 다만 질문하지 않은 사항에 대하여 기망의 고의가 인정되는 것은 극히 한정된 상황에 국한될 것이다. 그리고 구체적인 질문에 한해서만 응답할 의무가 있다고 개정하는 것이 바람직하다. 가령 "이상의 질문한 사항 이외에 당신이 알고 있는 다른 중요사항이 있습니까?"와 같이 고지의무의 요건을 반복하거나 고지의무의 존재를 환기시키는 수준에 그치는 질문은 무엇을 묻는지 분명하지 않은데, 이에 대해서도 응답의무가 있다고 하면 고지의무를 응답의무로 제한한 취지가 몰각될 수 있기 때문이다.

5. 고지의무위반의 객관적 요건

고지의무 위반이 되려면 ① 중요사항에 대해서 ② 불고지 또는 부실고지가 있어야 한다.

---

81) 이와 달리, 질문표에 기재하지 않은 사항은 중요한 사항이 아니고 이에 관해서는 원칙적으로 고지의무가 인정되지 않는 것이 판례의 입장이라는 견해로는, 박세민 189면; 정동윤 516면 등

82) ① 1989년에 개정된 프랑스 보험법(Le Code des Assurances)에 따르면, 보험자가 계약체결 시에 자기가 인수할 위험을 평가할 수 있도록 해주는 상황에 관해 위험고지양식에 따라 질문한 것에 대해, 보험계약자는 사실대로 응답할 의무가 있다(113-2조 2항). ② 2007년에 개정된 독일 보험계약법(VVG)에 따르면, 보험계약자는 보험자가 텍스트방식(Textform)으로 질문한 사항으로서 자신이 알고 있는 것을 고지할 의무를 부담한다(19조 1항 1문). ③ 2008년에 제정된 일본 보험법에 따르면, 보험계약자(또는 피보험자)는 보험자가 중요사항에 대해 고지를 요청하는 것에 대해 사실의 고지를 해야 한다(4조 등).

(1) 중요사항

1) 의의

보험계약자 등이 고지해야 할 사항은 중요사항(material fact)이다. 중요사항이 무엇인지는 고지의무의 범위를 획정하는 중요한 문제이다. 중요사항이란 보험계약의 체결 여부나 그 조건에 영향을 미치는 위험에 관한 사항으로서, 객관적으로 보험자가 그 사실을 안다면 그 계약을 체결하지 않든가 또는 적어도 동일한 조건으로는 계약을 체결하지 않으리라고 생각되는 사항을 말하고, 보험의 종류에 따라 달라지되 보험의 기술에 비추어 객관적으로 정해지는 것이다(판례, 통설). 대판 1996.12.23. 96다27971에서, 보험계약자나 피보험자가 보험계약 당시에 보험자에게 고지할 의무를 지는 상법 651조에서 정한 중요한 사항이란, 보험자가 보험사고의 발생과 그로 인한 책임부담의 개연율을 측정하여 보험계약의 체결 여부 또는 보험료나 특별한 면책조항의 부가와 같은 보험계약의 내용을 결정하기 위한 표준이 되는 사항으로서, 객관적으로 보험자가 그 사실을 안다면 그 계약을 체결하지 않든가 또는 적어도 동일한 조건으로는 계약을 체결하지 않으리라고 생각되는 사항을 말하고, 어떠한 사실이 이에 해당하는가는 보험의 종류에 따라 달라질 수밖에 없는 사실인정의 문제로서 보험의 기술에 비추어 객관적으로 관찰하여 판단되어야 하고, 최종적으로는 보험의 기술에 정통한 전문가의 감정에 의하여 결정될 수밖에 없다고 판시했다.

2) 구체적 기준

위와 같은 통설 및 판례에 나타난 중요사항의 기준을 좀 더 자세히 살피면 다음과 같다.

i) 객관적 보험자 기준

통설 및 판례는 객관적인 보험자[83]를 기준으로 중요사항을 정한다. 고지의무는 위험의 측정이라는 보험의 기술에서 비롯된 제도이므로, 위험을 측정하는 주체인 보험자를 기준으로 중요사항을 정하게 되는 것이다. 다만 특정한 보험자를 기준으로 주관적으로 정하는 것이 아니라, 합리적인 보험자를 기준으로 객관적으로 정하는 것이다. 특정한 보험자를 기준으로 주관적으로 정하게 되면 고지의무의 안정성이 훼손될 수 있기 때문이다. 중요사항이 보험자를 기준으로 정해진다는 점을 고려하면 보험계약자 등에 대한 보호가 필요해지는데, 이것은 보험계약자 등의 주관적 요건(고의 또는 중과실)에 의해서 가능하다.

83) 신중한(prudent) 보험자라고도 한다.

ii) 사실인정의 문제

중요사항은 보험의 종류에 따라 달라지는 사실인정의 문제이다. 보험의 기술에 비추어 객관적으로 관찰하여 판단하되 전문가의 감정을 중시한다.

iii) 결정적 영향 기준[84)]

통설 및 판례는 중요사항이 되려면 보험계약의 체결 여부나 그 조건에 결정적인 영향을 미쳐야 한다고 본다. 그 사실을 안다면 계약을 체결하지 '않든가' 또는 적어도 동일한 조건으로는 계약을 체결하지 '않으리라고' 생각되는 것이어야 한다. '않을 수도 있든가' 또는 '않을 수도 있으리라고' 생각되는 정도로는 계약체결 여부나 그 조건에 결정적인 영향을 미친다고 보기 어렵다.

이 문제에 대한 이해를 돕기 위해서 외국 입법례를 참고해 보기로 한다. 중요사항을 결정하는 중요성 기준에 관해서는 특히 영국에서 많은 논의가 있어 왔다. 영국 1906년 해상보험법(Marine Insurance Act 1906) 18조 2항에 의하면, '보험료 산정이나 위험인수 여부를 정함에 있어서 신중한 보험자의 판단에 영향을 미치는(would influence) 것은 중요사항이다'라고 규정하고 있었다.[85)] 여기서 '영향을 미치는'의 해석과 관련해서는 견해가 대립하고 있다. 이러한 견해의 대립은 미국 등 영국법의 영향을 받았던 국가에서도 나타난다.

① 신중한(prudent) 보험자의 보험계약 체결 여부 또는 그 조건에 결정적으로 영향을 미치는 사실을 중요사항이라고 보는 입장이다. 이를 결정적 영향설이라고 한다. 즉, 보험자의 계약체결 여부나 그 조건에 '합리적으로 영향을 미치는'(would reasonably influence) 사실만 중요사항이라고 보기 때문에, 중요사항의 인정 범위가 가장 좁다. 이러한 입장은 미국의 대다수 주, 호주, 캐나다, 뉴질랜드 등에서 지지된다.[86)] 우리 통설과 판례도 결정적 영향설을 취하고 있으며, 이것이 가장 타당한 기준이라고 생각된다.

② 신중한 보험자의 보험계약 체결 여부나 그 조건에 '합리적으로 영향을 미칠 수도 있는'(might reasonably influence) 사실을 중요사항이라고 보는 입장이다. 이것을 선택적

---

84) 이에 관해서는, 정호열·한기정, "고지의무에 관한 고찰", 서울대학교법학40-1, 1999, 89-91면

85) "Every circumstance is material which would influence the judgment of a prudent insurer in fixing the premium, or determining whether he will take the risk." 지금은 영국의 1906년 해상보험법 18조 2항이 그 효력을 상실했고, 2015년 보험법(Insurance Act)이 그 역할을 대신하고 있다. 2015년 보험법 7조 2항이 중요사항을 정의하고 있는데, 그 내용 면에서 1906년 해상보험법 18조 2항과 유사할 뿐만 아니라, 중요사항의 기준에 관한 기존의 논의가 1906년 해상보험법 18조 2항을 중심으로 전개되었다는 점을 고려하여, 1906년 해상보험법 18조 2항이 폐지되었음에도 불구하고 이를 논의대상 조문으로 인용한 것이다. 참고로 2015년 보험법 7조 2항은 중요사항을 다음과 같이 정의한다. "A circumstance or representation is material if it would influence the judgement of a prudent insurer in determining whether to take the risk and, if so, on what terms."

86) Clarke, *The Law of Insurance Contracts,* 1994, p. 570

영향설이라고 한다. 이에 의하면 일부 보험자는 중요사항이라고 판단하고 다른 보험자는 아니라고 판단할 수도 있기 때문에 보험자들의 의견이 일치하지 않는 사항이더라도 중요사항이 될 수 있다. 미국의 일부 판례가 이러한 입장을 취한다.[87] 하지만 일부 보험자만이 중요하다고 여긴다고 해서 중요성을 인정하게 되면 중요사항의 범위가 부당하게 넓어질 수 있다는 비판을 받는다.

③ 신중한 보험자의 계약체결 여부 또는 그 조건에 결정적이거나 선택적인 영향을 미치지는 않지만, 계약체결 여부 또는 그 조건을 판단하기 위해서 신중한 보험자가 알기를 원하는 사항이라면 중요사항이 된다는 입장이 있다. 이것은 비결정적 영향설 또는 인식설이라고 한다. 어떠한 사실이 신중한 보험자가 계약체결 여부 등을 판단하는 데 결정적인 영향을 주지는 않지만, 그러한 판단을 강화하는 데 기여하거나, 또는 그 사실만으로는 결정적인 영향을 주지 않지만 만약 다른 사실과 결합하게 되면 결정적인 영향을 줄 수 있는 경우에도(실제로는 다른 사실이 존재하지 않는 것으로 밝혀진 경우에도) 중요사항이 된다.[88] 이에 따르면 중요사항의 범위가 가장 넓어진다. 영국의 판례가 이러한 입장을 취하고 있지만,[89] 이것은 보험자에게 지나치게 유리하고 보험계약자에게는 부당하게 불리하다는 비판이 거세다.[90]

3) 중요사항의 예

i) 학설

학설로는 중요사항을 절대적 위험사항(보험목적 자체에 존재), 관계적 위험사항(보험목적의 환경에 존재), 추단적 위험사항(절대적 또는 관계적 위험사항을 추단) 등 세 종류로 나누는 견해가 있다.[91] 또한 객관적 사정(보험목적이 처한 객관적 사정), 주관적 사정(고지의무자의 도덕성과 성실성을 판단할 수 있는 사정) 등 두 종류로 나누는 견해도 있다.[92] 위와 같은 분류는 중요사항을 이해하는 데 도움이 될 수 있다. 다만 중요사항이 되려면 객관적으로 보험자의 위험인수 또는 그 조건에 결정적으로 영향을 미쳐야 한다는 요건을 충족할 수 있어야 한다.

---

87) Galvan v. Cameron Mutual Insurance Co. 733 S.W. 2d. 771, 773 (Mo., 1987)

88) Clarke, *The Law of Insurance Contracts*, 1994, p. 570

89) Pan Atlantic Insurance Co. v. Pine Top Insurance Co. [1994] 2 Lloyd's Rep. 427; Container Transport International Inc. v. Oceanus Mutual Underwriting Association [1984] 1 Lloyd's Rep. 467

90) Birds, *Modern Insurance Law*, 1997, pp. 107－111; Clarke, *The Law of Insurance Contracts*, 1994, pp. 569－576

91) 손주찬 522－523면; 정동윤 515면; 최기원 161면 등. 이에 의하면 인보험에서 피보험자의 건강상태, 화재보험에서 건물 내의 인화물 등이 절대적 위험사항이고, 인보험에서 피보험자의 직업, 화재보험에서 건물부근의 상황 등이 관계적 위험사항이며, 다른 보험자에게 청약하여 승낙이 거절된 사실, 인보험에서 질병을 원인으로 입원한 사실 등이 추단적 위험사항이라고 한다.

92) 김성태 216－218면

ii) **판례**

판례는 상해보험에서 오토바이를 소유·운전하는 것이 중요사항이라고 보았다. 즉 대판 2011.12.8. 2009다20451에서, 오토바이를 일상적으로 운전하는 사람의 경우에 통상적으로 자동차를 운전하는 사람에 비하여 교통사고를 당할 위험성이 크고 사고로 인한 피해 정도도 심하다고 인식되고 있어 피보험자의 오토바이 소유 및 탑승 여부는 보험자의 입장에서 보험계약의 체결 여부의 결정과 보험가입금액 한도 제한, 보험료 할인할증 등 보험계약의 내용을 정하는 데 영향을 미치는 중요한 사항이라고 판시했다.

이외에도 판례가 중요사항이라고 본 것으로는, 생명보험에서 고혈압,[93] 직장건강검진에서 "우측 갑상선 결절(5㎜), 우측 갑상선 낭종(2~3㎜)"의 진단과 함께 "6개월 후 추적검사하라"는 의사의 소견,[94] 질병에 걸려 신체에 심각한 이상이 생긴 사실,[95] 암 치료 종료 후 5년이 지나 검사를 실시한 결과 의사로부터 암 재발의 가능성을 고지받고 확진을 위한 재검사 요구를 받은 사실,[96] 자동차보험에서 주운전자에 관한 사항,[97] 공사도급계약에 대한 이행보증보험계약에서 공사금액과 공사기간,[98] 자동차보험에서 유상운송인지 여부[99] 등이 있다.

한편 판례가 중요사항이 아니라고 본 것으로는, 피보험차량이 기명피보험자의 소유인지 여부,[100] 보증보험에서 보증인에 관한 사항,[101] 자동차임대업자가 피보험차량을 지입차주로 하여금 자신의 감독을 받지 않고 유상운송에 제공하도록 허용한 것[102] 등이 있다.

---

93) 대판 2010.7.22. 2010다25353
94) 대판 2011.4.14. 2009다103349
95) 대판 2019.4.23. 2018다281241
96) 대판 1999.11.26. 99다37474(암 치료 종료 후 5년이 지나 검사를 실시한 결과 의사로부터 암 재발의 가능성을 고지받고 확진을 위한 재검사 요구를 받은 상태에서 5년 내 암을 앓거나 치료받은 적이 없다고 신고하면서 생명공제계약을 체결한 경우, 암치료 종료 후 정기적인 검진을 위하여 병원에 다니던 동안 피공제자의 상태는 비록 통상적인 의미에서 암 질병을 앓고 있는 것은 아니라고 할지라도 공제약관상 기재된 암 질환에 준하는 것이거나, 또는 이러한 피공제자의 병력 내지 자각증세, 의사의 암 재발 가능성 고지사실 등은 공제계약 청약서상의 질문사항에 포함되어 있지 않다고 하더라도 피공제자의 생명위험 측정상 중요한 사실로서 고지할 중요 사항에 포함된다는 이유로 고지의무 위반에 해당한다고 본 사례)
97) 대판 1994.2.25. 93다52082
98) 대판 1987.6.9. 86다카216
99) 대판 1993.4.13. 92다52085
100) 대판 2005.7.14. 2004다36215
101) 대판 2001.2.13. 99다13737(보증보험에서는 그와 같은 사항으로서 주계약상의 거래조건, 금액, 기간, 보험계약자의 신용이나 자력 등에 관한 사항을 들 수 있을 것이며, 보증인이 누구인가는 보험사고 발생의 가능성 등과는 관계없이 보험사고가 이미 발생한 후에 보험자가 구상권을 행사하기 위한 대비를 해 두기 위한 것이므로, 보증인에 관한 사항은 일반적으로는 고지의무의 대상이 되지 않는 것이라고 할 것이다)
102) 대판 1996.12.23. 96다27971; 대판 1997.9.5. 95다25268

4) 다른 보험계약의 존재

다른 보험계약의 존재가 중요사항인지에 대해서는 판례와 학설이 다툼이 있는데, 여기서 별도로 살펴보자.

ⅰ) 인보험의 경우

① 판례

인보험에서 '다른 보험자와 체결된 다른 (인보험)보험계약의 존재'는 고지의무의 대상인 중요사항에 해당한다는 것이 판례의 입장이다.

대판 2001.11.27. 99다33311에서, 보험자가 생명보험계약을 체결할 때에 다른 보험계약의 존재 여부를 보험청약서에서 질문했다면 이는 그러한 사정을 보험계약을 체결할 것인지의 여부에 관한 판단자료로 삼겠다는 의사를 명백히 한 것으로 볼 수 있고, 이 경우는 다른 보험계약의 존재 여부가 중요사항이 된다고 판시했다. 하지만 보험자가 질문한 사항은 중요사항으로 추정될(상법 651조의2) 뿐이지, 보험자가 질문한 사항이라고 해서 그것만으로 중요사항이 될 수는 없다는 점에서 이 판례는 비판을 받을 수 있다.

대판 2004.6.11. 2003다18494에서, 보험자가 상해보험계약을 체결하면서 다른 보험계약의 존재 여부를 보험청약서에 기재하여 질문한 경우이고, 대법원은 이 경우 다른 보험계약의 존재 여부는 중요사항으로 추정되고, 이러한 추정이 번복되지 않았으므로 중요사항으로 인정된다고 판시했다. 즉 상법 651조에서 정한 중요한 사항이란 객관적으로 보험자가 그 사실을 안다면 그 계약을 체결하지 아니하든가 또는 적어도 동일한 조건으로는 계약을 체결하지 아니하리라고 생각되는 사항을 말하고, 보험자가 서면으로 질문한 사항은 보험계약에 있어서 중요한 사항에 해당하는 것으로 추정되고, 여기의 서면에는 보험청약서도 포함될 수 있으므로, 보험청약서의 일정한 사항에 관하여 답변을 구하는 취지가 포함되어 있다면 그 사항은 상법 651조에서 말하는 중요한 사항으로 추정된다. 따라서 원심이 이 사건 보험계약들을 체결함에 있어서 다른 보험계약의 존재 여부는 고지의무의 대상이 되는 중요한 사항으로 추정되고, 그 추정이 번복된 것으로 볼 수 없다고 판단한 것은 정당한 것으로 수긍할 수 있다고 판시했다. 하지만 질문한 사항이 중요사항이 아님에 대해서 보험계약자가 반대사실을 입증하지 못한다고 하여, 그로 인한 불이익을 곧바로 보험계약자에게 귀속시키는 판례의 입장은 문제가 있다. 보험의 전문가가 아닌 보험계약자에게 그러한 반대사실의 입증을 기대할 것은 아니라고 보아야 하기 때문이다. 그러한 불이익을 보험계약자에게 귀속시키고 말 것이 아니라, 대법원이 다른 보험계약의 존재가 중요사항인지에 대해서 스스로 판단했었어야 한다는 당위적 측면에서 위 판례는 아쉬움을 남긴다. 이 점에서 대법원이 손해보험과 관련하여 다른 보험계약의 존재가 중요사항인지 여부를 정면으로 판단한 것과 비교된다. 또한 대법원은 이 판결에서 특별한 사정이 없는 한 보험계약자가 주관적 요건인 고의 또는 중과실이 결여되어 고지의무를 위반한 것은 아니라고 판시했다.[103] 그 이유 중에 하나로, "기록상 일반적으로 상해보험계약의 체결에 있어서 다른 보험계약들이 존재하는 경우에는 보험계약의 체결이 거절되거나 보험료에 차이가 있다는 사실을 인정할 별다른 자료도 없는 점"을 들고 있는데, 그럼에도 불구하고 대법원이 보험자가 질문한 사항은 중요사항으로 추정되고 보험계약자의 반대사실에 대한 반증이 없다는 이유만으로 다른 보험계약의 존재가 중요사항이라고 판시한 것은 더욱 의문이다. 일반적으로 인보험에서 다른 보험계약의 존재가 보험계약의 체결 여부나 그 조건에 결정적인 영향을 끼친다고 보기 어렵고, 판례와 통설이 취하고 있는 결정적 영향설에 따르면 그것은 중요사항이 되기 어려울 것이다. 다만 판례도 그러한 점을 주관적 요건인 고의 또는 중과실을 판단할 때 고려했다는 점에서 결론 면에서는 별 차이가 없다. 하지만 이론적인 면에서는, 중요사항의 측면에서 다루는 것이 타당하다고 볼 수 있다.

② 학설

다수설은 판례와 입장이 같다.[104] 그 근거는 다른 보험계약의 존재가 보험계약자 등의 도덕적 위험을 판단하는 기준이 되고, 다수의 인보험계약이 존재하면 인위적 사고의 위험이 증가하며, 정액보상 방식의 인보험에서는 사고발생 시에 각 보험자로부터 약정된 보험금액 전액을 받을 수 있다는 점이 제시된다. 한편 소수설은 아래에서 보는 바와 같이 판례에 반대한다.

③ 결론

생각건대 인보험에서 다른 보험계약의 존재는 '특별한 경우에만' 중요사항으로 인정된다고 보아야 한다. 즉 단순히 다른 보험계약이 존재한다는 사실만으로 고지의무의 대상이 되는 중요한 사항이라고 보기 어렵다.

왜냐하면, 위 판례에서도 언급된 바와 같이 인보험의 경우 원칙적으로 다른 보험계약의 존재가 보험계약의 체결 여부나 그 조건에 결정적으로 영향을 미친다고 보기 어렵

---

103) 대판 2004.6.11. 2003다18494(기록상 망인이 부정한 보험금 취득을 목적으로 다수의 보험계약을 체결하였다고 단정하기 어렵고, 망인이 체결한 판시 보험목록 기재 보험계약들 중 이 사건 보험계약들 외에는 보험청약서에서 다른 보험계약의 존재 여부를 묻고 있지 아니할 뿐만 아니라, 기록상 일반적으로 상해보험계약의 체결에 있어서 다른 보험계약들이 존재하는 경우에는 보험계약의 체결이 거절되거나 보험료에 차이가 있다는 사실을 인정할 별다른 자료도 없는 점 등에 비추어 원심이 들고 있는 바와 같이 망인이 단기간에 다수의 보험계약을 체결하였다거나, 일반적인 고지의무의 내용과 그 위반효과 등에 대하여 알고 있었다는 사유만으로는 망인이, 보험자들이 망인의 다른 보험계약 사실을 알았다면 이 사건 보험계약들을 체결하지 아니하였거나 또는 적어도 동일한 조건으로는 계약을 체결하지 아니할 것으로 알았거나 중대한 과실로 이를 알지 못한 것으로 인정하기도 어렵다). 대판 2001.11.27. 99다33311도 같다.

104) 강위두 · 임재호 801면; 김성태 218면; 박세민 186면; 양승규 120면; 장덕조 122면; 최기원 165면

기 때문이다. 인보험실무상 보험자가 특별한 사정이 없음에도 다른 보험계약의 존재로 인해서 계약의 체결 여부나 그 조건에 결정적으로 영향을 받는다고 보기 어렵다. 판례도 "기록상 일반적으로 상해보험계약의 체결에 있어서 다른 보험계약들이 존재하는 경우에는 보험계약의 체결이 거절되거나 보험료에 차이가 있다는 사실을 인정할 별다른 자료도 없는 점"을 지적하고 있는 점에 주목할 필요가 있다. 그럼에도 불구하고 보험자가 다른 보험계약의 존재에 대해서 알고자 한다는 이유만으로 중요사항이라고 인정하는 것은 중요사항의 판단기준으로 결정적 영향설(판례, 통설)에 반한다.

다만 정액보상의 형태를 취하는 인보험의 경우 보험계약이 누적됨에 따라 보험수익자가 받을 수 있는 보험금이 증가하므로, 특별한 사정이 있는 경우 다른 보험계약의 존재가 인위적 사고의 가능성을 높이는 경우가 있을 수 있다. 즉 보험계약이 단기간에 다수 누적된 경우 보험자가 위와 같은 사실을 알았다면, 보험계약자 측의 소득수준, 생활상태, 보험가입 경위 등에 관하여 면밀히 심사를 할 가능성이 있다. 보험자는 위와 같은 심사를 토대로 보험계약자 등의 도덕적 위험을 평가하여 위험인수 여부를 결정할 것이다. 요컨대, 인보험에서는, 보험계약의 종류나 개수, 보험계약자 등의 소득수준, 생활상태, 보험가입 경위 등에 대한 심사를 거친 결과, 다른 보험계약의 존재가 객관적으로 보험자의 계약체결 여부나 그 조건에 결정적 영향을 미쳤을 경우라면 다른 보험계약의 존재는 중요사항이 될 수 있을 것이다.[105] 그러나 위와 같이 보험계약자 등의 도덕적 위험을 의심할 정도로 보험계약이 다수 누적된 경우를 제외하고는, 다른 보험계약의 존재를 알았다고 해서 보험자가 보험계약자 등의 도덕적 위험을 평가하여 위험인수를 거절하거나 다른 조건으로 위험을 인수하였을 것이라고 인정하기 쉽지 않다.

ii) 손해보험

판례는 손해보험에서 다른 보험계약의 존재는 고지의무의 대상인 중요사항이 아니라고 본다. 즉 판례는 보험자가 보험계약 체결 시에 동일한 보험목적에 대하여 체결한 다른 보험계약의 유무 또는 가입금액에 따라 보험요율을 달리 산정하였을 것이라거나, 보험계약의 체결을 거절하였을 것이라는 사정도 전혀 보이지 않는 점을 이유로 중복보험을 체결한 사실은 상법상 고지의무의 대상이 아니라고 본다.[106]

이러한 판례에 대하여 찬성하는 견해가 있으나,[107] 다수의 학설이 반대의견을 표명

---

105) 이에 관해서는 한기정·최준규, "중복보험에 관한 주요 입법례 연구", 2013, 한국보험학회 연구용역보고서. 같은 취지로는 정경영, "다른 생명보험계약의 체결사실에 대한 보험계약자의 통지의무", 보험법연구5, 2003, 41면; 이기수·최병규·김인현 196면. 한편, 상법 655조 단서가 인과관계를 요구하고 있는 점을 고려할 때, 타보험계약 체결과 같은 주관적 위험에 관한 사항은 우리법상 고지의무 대상에 포함되지 않는다는 견해로는 정진세, "고지의무 위반과 인과관계", 상사법연구—정진세교수정년기념, 2001, 435면

106) 대판 2003.11.13. 2001다49623

107) 문영화, "손해보험계약에 있어서 중복보험계약의 체결사실이 상법 제651조 소정의 고지의무의 대상이 되

하고 있다.[108] 반대하는 근거는, 초과보험 또는 중복보험을 미연에 방지하고 인위적 사고 또는 사기적 청구에 대처하기 위해 사전에 조사기회를 갖자는 것 등이 제시된다.

생각건대, 판례가 타당하다. 무엇보다도, 판례가 지적하고 있는 것처럼 손해보험실무상 수개의 보험계약의 존재가 보험계약의 체결 여부나 그 조건에 결정적 영향을 미치고 있다고 보기 어렵다. 또한 손해보험의 경우 수개의 보험계약이 체결되었더라도 원칙적으로 피보험자는 이득금지의 원칙으로 인해서 실제 손해를 초과하여 보상을 받을 수 없으므로, 수개의 보험계약이 체결된 사실 자체만으로 부정한 보험금을 청구할 가능성이 높아졌다고 단정하기도 어렵기 때문이다. 같은 맥락에서, 수개의 보험계약이 체결되었다고 하여 보험계약자 등이 주의의무를 덜 기울이게 되고 따라서 보험사고 발생 확률이 늘어난다고 일반적으로 말할 수도 없기 때문이다.[109] 만약 보험계약자 등이 부당한 보험금을 노리고 사기적 방법으로 초과보험, 중복보험 계약을 체결한 경우라면, 해당 보험계약을 무효로 처리하면 된다(상법 669조 4항, 672조 3항).

5) 보험자가 질문한 사항[110]

i) 보험자의 질문과 효력

오늘날은 보험자가 보험계약의 체결 시에 중요사항에 대해 적극적으로 질문함으로써, 중요사항의 수집에 대해 보험자가 주도권을 쥐는 것이 보통이다. 중요사항에 관한 전문성이 없는 보험계약자 등이 자발적으로 고지할 것을 기대하기 어렵기 때문이다. 그래서 보험자가 작성한 보험청약서에는 중요사항을 묻는 질문표가 마련되어 있고, 보험계약의 청약 시에 보험계약자 등이 이에 중요사항을 기재하는 방식으로 고지의무가 이행되는 것이 보통이다. 다만 보험자의 질문은 보험청약서와 같은 일정한 형식이 요구되고 있지 않다. 서면이든 구두이든, 중요사항에 관한 질문이면 충분하다.

상법은 보험자의 질문에 대해 일정한 법적 효력을 부여한다. 즉 보험자가 서면으로 질문한 사항은 중요사항으로 추정된다(상법 651조의2). 이 추정은 법률상 추정이다. 다만 질문 내용이 추상적이고 분명하지 않은 경우는 추정력을 부여하기 어렵다.[111] 추정력을 부여하는 이유는, 중요사항과 같은 보험의 기술에 정통한 보험자가 질문한 사항은 특별

는 '중요한 사항'인지 여부", 대법원판례해설47, 2004

108) 김성태, "중복보험과 고지의무", 민사판례연구27, 2005; 양승규 120면; 장경환, "손해보험에서의 다수계약 통지의무", 보험학회지75, 2006; 장덕조 123면; 최기원 165면

109) 장덕조 230면은 초과전보조항을 둔 보험자의 경우, 다른 보험계약이 존재하는지 여부가 보험료나 기타 계약의 조건에 영향을 미친다고 주장한다. 그러나 이 또한 개별 사실관계를 검토한 이후에 결론을 내릴 수 있는 문제이다.

110) 한기정, "고지의무의 수동화 — 자발적 고지의무에서 수동적 응답의무로," 비교사법16-3, 2009 참조

111) 최기원 164면

한 사정이 없는 한 일응 중요사항에 해당하기 때문이거나,[112] 고지의무의 대상을 명백하게 하여 분쟁의 소지를 제거하여 보험계약자를 보호하는 데 있다고 한다.[113]

하지만 법률상 추정력 부여는 보험계약자의 이익을 크게 해칠 여지가 크다.[114] 추정력을 부여한 결과, 보험계약자 또는 피보험자는 보험자가 질문한 사항이 중요사항이 아니라는 점을 입증해야 고지의무 위반의 책임을 벗어날 수 있게 된다(통설). 따라서 보험자가 서면으로 질문한 사항과 관련해서, 중요사항에 대한 입증책임은 고지의무 위반을 주장하는 보험자에게 있다는 원칙[115]이 적용되지 않는다.

한편 추정력으로 인하여, 질문한 사항에 대해서는 고지의무자의 고의 또는 중과실을 쉽게 입증할 수 있는가? 추정력만으로 쉽게 입증된다고 보기 어렵다. 고의 또는 중과실에 대한 입증책임은 보험자에게 있는 것이고, 보험자의 질문은 그 입증에 있어서 고려요소들 중 하나라고 보는 것이 타당하다.[116] 판례는 인보험에서 다른 보험계약의 존재에 대해서 질문한 경우 이것이 중요사항이라고 추정되지만, 고지의무자의 고의 또는 중과실은 인정되지 않는다고 하였다.[117]

ii) 판례

보험자의 중요사항에 대한 질문은 보험계약자 또는 피보험자에게 제공하는 보험계약청약서에 들어 있는 것이 보통이다. 만약 보험청약서에 일정한 사항에 관해 답변을 구하는 취지가 들어 있으면, 그 사항은 중요사항으로 추정된다.[118] 이것은 상법 651조의2의 효력을 인정하는 것이다. 보험청약서에서 답변을 구하는 것이 구체적으로 어떤 사항에 관한 것인가는, 보험청약서에 기재된 질문내용의 해석에 관한 문제이고, 그 해석은 그 질문내용에 의하여 중요사항의 범위에 영향을 미칠 수 있다는 사정 등을 고려하여 평균적인 보험계약자의 이해가능성을 기준으로 하여 객관적·획일적으로 이루어져야 한다.[119]

iii) 입법론

상법 651조의2에서 추정은 법률상 추정이다. 법률상 추정은 적극적 반대사실의 입증을 통해 추정된 사실을 번복할 수 있다.[120] 이에 따르면, 보험계약자 또는 피보험자는 보험자가 질문한 사항에 대해 중요사항이 아니라는 반대사실을 적극적으로 입증해야 고

---

112) 임용수 106면
113) 최기원 163면
114) 최기원 164면
115) 대판 2004.6.11. 2003다18494
116) 쉽게 입증될 수 있다는 견해로는, 임용수 111면; 정진세, 판례연습 보험법, 2002, 305－306면
117) 대판 2004.6.11. 2003다18494
118) 대판 2004.6.11. 2003다18494
119) 대판 2010.10.28. 2009다59688
120) 이시윤, 신민사소송법, 2008, 483면

지의무 위반의 책임을 벗어날 수 있게 된다. 하지만 법률상 추정은 입법적으로 재고되어야 한다. 왜냐하면, 보험의 전문가가 아닌 보험계약자에게 그러한 반대사실의 입증을 기대하는 것은 곤란하다고 볼 수 있기 때문이다. 중요사항이란 보험사고에 대한 경험적 통계를 토대로 정해지는 것인데, 보험계약자에게 특정 사항이 중요사항이 아니라는 반대사실을 입증하기를 기대하는 것은 무리이다. 생각건대, 보험자가 질문한 사항에 대해서는 사실상 추정력을 부여하는 것으로 충분하다. 사실상 추정은 추정된 사실이 진실인지에 의심을 품게 하는 정도의 간접사실 입증을 통해서 번복할 수 있는 것이다.[121] 보험자가 질문한 사항은 그것이 중요사항이라는 주요사실을 추론케 하는 여러 가지 간접사실 중 하나에 불과한 것이고, 따라서 그 범위 내에서 보험자의 입증책임이 완화되는 것으로 보면 충분할 것이다. 이렇게 하는 것이 보험자와 보험계약자·피보험자 사이의 균형적 이해관계에 부합하는 것이다.

주요 입법례만 보아도 위와 같은 개정론은 타당하다. 즉 주요 입법례 중에서 상법 651조의2와 같은 법률상 추정 조항을 갖고 있는 경우는 드물다. 독일의 2007년 개정 이전 구보험계약법 16조 1항 3문은 보험자가 명시적으로 서면에 의해 질문한 사항은 의심스러운 경우 중요사항으로 본다고 규정하였다. 이는 법률상의 추정이었다. 그런데, 2007년 개정 이후 신보험계약법은 이러한 규정을 두지 않았으므로, 텍스트방식으로 질문한 사항에 대해서도 추정은 미치지 아니한다. 그러므로 보험자는 질문한 사항이라는 사실과 별개로, 그 사항이 객관적으로도 중요사항이라는 사실을 입증해야 한다.

(2) 불고지, 부실고지[122]

1) 의의

고지의무 위반이 되려면 중요사항에 대해서 불고지 또는 부실고지가 있어야 한다. 여기서 불고지는 중요사항을 알리지 않는 묵비행위(non-disclosure)를 말한다(통설). 부실고지는 중요사항에 대해서 사실과 다르게 말하는 것(misrepresentation)을 가리킨다(통설). 만약 고지한 사항이 세부적인 면에서 사실과 다르다고 해도 실질상 전체적으로 사실에 부합하는 경우에는 부실고지로 보지 않는다.[123] 부분고지(또는 일부고지; partial disclosure)도 부실고지에 해당한다. 부분고지란 고지된 부분 자체는 진실하지만 고지되지 않은 부분 때문에 그 고지가 허위가 되는 것을 가리킨다.[124]

---

121) 상게서, 483면
122) 정호열·한기정, "고지의무에 관한 고찰", 서울대학교법학40-1, 1999, 97-98면
123) 양승규 122면; 임용수 112면
124) Clarke, *The Law of Insurance Contracts,* 1994, pp. 541-542

2) 질문표의 무응답

i) 불고지 v. 부실고지

만약 보험계약자가 질문표의 질문에 대해서 응답하지 않으면 부정적 응답(a negative answer)으로 볼 것인가? 예를 들면, '당신은 오토바이를 운전하십니까?'라는 질문에 무응답했다면, 오토바이를 운전하지 않는다는 응답으로 간주해야 하나? 학설로는 부정적 응답으로 보는 견해가 있다.[125] 부정적 응답으로 보면 그것이 사실과 다를 때 부실고지가 된다. 생각건대 무응답은 부정적 응답이 아니라 그냥 불고지로 다루는 것이 자연스러운 해석이라고 본다.[126] 고지의무에서 불고지와 부실고지의 요건과 효과가 크게 다른 영국법, 미국법에서는 부정적 응답으로 볼 것인지 여부가 중요한 쟁점이 된다. 우리나라는 불고지와 부실고지의 요건과 효과가 같기 때문에 구별의 실익이 그렇게 크지는 않다. 그래도 불고지로 보게 되면, 아래의 쟁점이 생기기 때문에, 구별의 실익이 있다.

ii) 보험자가 무응답을 문제 삼지 않은 경우

질문에 대한 무응답을 불고지로 본다면, 보험계약자의 무응답을 문제삼지 않고 보험계약을 인수하였다가 추후에 불고지의 책임을 물을 수 있는가? 이와 관련해서 세 가지 입장이 대립한다.

첫째, 고지의무 위반 책임을 긍정하는 판례는 영국의 London Assurance v. Mansel이다.[127] 질문에 대한 무응답은 불고지이고 보험계약자는 그 책임을 져야 한다는 것이다.

둘째, 미국의 대다수 판례[128]와 호주의 1984년 보험계약법(The Insurance Contracts Act 1984)은 보험자가 불고지의 책임을 묻지 못한다고 본다.[129] 그 근거는, 보험자가 무응답으로 인한 불고지에 대해서 보험계약 체결 시에는 아무런 이의를 제기하지 않다가 보험계약 성립 후 특히 보험사고 발생 후에 불고지의 책임을 묻는 것은 금반언의 원칙에 어긋난다는 것이다.

셋째, 절충설로서, 보험계약자가 고의로 무응답한 경우에는 불고지의 책임을 져야 한다는 견해가 있다.[130] 그 근거는, 보험자가 보험계약자의 무응답을 실수로 간과할 수 있음에도 불구하고, 고의로 무응답한 보험계약자를 보호하는 것은 형평에 맞지 않는다는 것이다.

생각건대, 전술한 둘째가 타당하다고 본다. 계약체결 시에는 문제삼지 않던 불고지

---

125) 박세민 194면; 양승규 123면; 임용수 109면

126) Clarke, *The Law of Insurance Contracts,* 1994, p. 596

127) (1879) 11 Ch. 363

128) Phoenix Life Insurance Co. v. Raddin, 120 U.S. 183

129) sec. 21(3)

130) Patterson, *Essentials of Insurance Law*, 1951, p. 473

를 보험계약 성립 후에, 특히 보험사고 발생 후에 고지의무 위반으로 주장하는 것은 신의성실의 원칙에 위배된다. 고지의무 제도는 보험의 도박화 등에 기초한 절대적 강행규정이라고 볼 수도 없으므로, 보험자의 그러한 주장이 허용되지 않아야 한다. 그리고 절충설은 보험자의 실수보다는 보험계약자 측의 고의가 비난가능성이 크다는 입장인데, 이러한 보험자의 실수는 중과실이라고 볼 수 있고, 상법 651조 단서에 따르면 보험자가 중과실로 고지의무 위반을 알지 못한 경우에 고지의무 위반을 주장할 수 없다는 점을 고려하면, 타당하지 않다.

6. 고지의무위반의 주관적 요건

(1) 입법정책의 문제

보험계약자 또는 피보험자의 고의 등 귀책사유가 없어도 중요사항이 불고지 또는 부실고지되면 고지의무 위반이라고 할 것인가? 이것은 주관적 요건을 둘 것인지에 관한 것으로서, 입법정책의 문제이다. 만약 그러한 귀책사유가 없어도 고지의무 위반이 된다고 한다면, 위험과 계약은 일치하게 된다. 이를 객관주의라고 한다. 이를 관철하면 귀책사유를 요건으로 하는 경우에 비해서 급여 · 반대급여의 균형 가능성은 이론상 더 높다. 하지만 고지의무 위반은 보험사고가 발생한 뒤에 보험자의 조사 과정을 거쳐서야 밝혀지는 것이 보통이라는 점을 고려하면, 객관주의는 보험계약자 또는 피보험자에게 가혹할 수 있고 그만큼 보험의 효용도 떨어진다. 그래서 외국 입법례는 대체적으로 귀책사유를 요건으로 한다. 이를 주관주의라고 한다. 다만 고의, 중과실, 과실 중에서 어느 것을 요건으로 정할지는 국가마다 상이하다. 이에 관해서는 후술하는 입법론에서 자세히 살펴보기로 한다.

(2) 고의 또는 중과실

1) 의의

우리 상법은 보험계약자 또는 피보험자의 고의 또는 중과실을 고지의무의 주관적 요건으로 한다(상법 651조). 이렇게 주관적 요건을 제한적으로 규정한 것은 보험계약자 측의 보험의 효용을 우선적으로 고려한 입법정책이다. 여기에서 고의 또는 중과실이란 무엇인가? 고의는 인식하고 있는 것이고, 중과실은 현저한 부주의로 인식하지 못하는 것이다(통설). 고의에 해치려는 의도(해의)까지 필요하지 않다(통설). 그리고 고의 또는 중과실의 인식대상을 어떻게 볼 것인지에 따라 고의 또는 중과실의 범위에 차이가 생길 수 있다.

인식 대상으로 검토될 수 있는 것은 두 가지 측면이다. 하나는 '고지하여야 할 사실

자체'이고, 다른 하나는 '그것이 중요사항에 해당한다는 점', 즉 중요사항 해당성이다. 가령 상해보험에서 오토바이를 운전한다는 사실이 중요사항이 될 수 있는데,[131] 이것을 예로 들어보자. 여기서 오토바이를 운전한다는 사실이 전자이고, 그것이 보험자의 계약체결 여부나 그 조건에 영향을 미친다는 점이 후자이다. 보험계약자가 전자를 안다고 해서 반드시 후자를 아는 것은 아니기 때문에 양자를 구별할 실익이 있다. 중요사항이란 보험의 기술에 비추어 보험자를 기준으로 객관적으로 정해지는 것이므로, 보험계약자는 고지하여야 할 사실을 알고 있다고 해도 그것이 중요사항인지를 알지 못할 수 있는 것이다. 이러한 이유에서 중요사항 해당성도 고의 또는 중과실의 인식대상이 되어야 한다.

2) 판례

① 판례는 주관적 요건과 관련하여, 고의 또는 중과실의 대상을 고지해야 할 사실 자체와 그것의 중요사항 해당성의 두 가지 측면으로 구분한다. 대판 2004.6.11. 2003다18494에서, 보험자가 다른 보험계약의 존재 여부에 관한 고지의무 위반을 이유로 보험계약을 해지하려면, 보험계약자 또는 피보험자가 다른 보험계약의 존재를 알고 있는 외에 그것이 고지를 요하는 중요한 사항에 해당한다는 사실을 알고도, 또는 중대한 과실로 알지 못하여 고지의무를 다하지 아니한 사실을 입증해야 한다고 판시했다.

② 판례는 고지해야 할 사실 자체와 그것의 중요사항 해당성이라는 두 가지 측면 모두에서 고의 또는 중과실을 요구하는 방향으로 변화해 왔다.

종래 판례는 고지해야 할 사실 자체에 대해서는 고의만, 중요사항 해당성에 대해서는 고의 또는 중과실이 요건이라고 했다. 즉 고지해야 할 사실 자체는 알고 있어야 하고, 따라서 보험계약자 등이 알지 못하는 사실에 대한 탐지의무는 없다는 것이다. 대판 1996.12.23. 96다27971은 중과실을 "고지하여야 할 사실은 알고 있었지만 현저한 부주의로 인하여 그 사실의 중요성의 판단을 잘못하거나 그 사실이 고지하여야 할 중요한 사실이라는 것을 알지 못하는 것"을 가리킨다고 판시했다.[132] 그리고 대판 2011.4.14. 2009다103349도 이 판결을 따르고 있다.

하지만, 고지해야 할 사실 자체에 대해서도 고의 또는 중과실이 요건이라는 최근 판례가 있다. 이에 따르면 고지해야 할 사실에 대해서도 중과실에 의한 고지의무 위반이 가능하다고 하고 있고, 따라서 보험계약자 등에게 알지 못하는 사실에 대한 일종의 탐지의무를 부여한 것으로 볼 수 있다.

먼저, 대판 2001.11.27. 99다33311에서, 대법원은 "보험자가 다른 보험계약의 존재

131) 대판 2011.12.8. 2009다20451

132) 대판 2011.4.14. 2009다103349도 같다.

여부에 관한 고지의무위반을 이유로 보험계약을 해지하기 위하여는 보험계약자 또는 피보험자가 그러한 사항에 관한 고지의무의 존재와 다른 보험계약의 존재에 관하여 이를 알고도 고의로, 또는 중대한 과실로 인하여 이를 알지 못하여, 고지의무를 다하지 않은 사실이 입증되어야 할 것"이라고 판시했다. 여기서 그러한 사항에 관한 고지의무의 존재는 중요사항 해당성, 그리고 다른 보험계약의 존재는 고지해야 할 사실을 가리키며, 이를 고의 또는 중대한 과실로 알지 못한 경우에 고지의무 위반이 된다는 것이다.

다음, 대판 2013.6.13. 2011다54631에서, 대법원은 "여기서 중대한 과실이란 현저한 부주의로 중요한 사항의 존재를 몰랐거나 중요성 판단을 잘못하여 그 사실이 고지하여야 할 중요한 사항임을 알지 못한 것을 의미한다 할 것"이라고 함으로써, 고지해야 할 사실을 중과실로 알지 못하면 고지의무 위반이 된다고 분명하게 밝히고 있다. 그리고 이러한 중과실의 존부는 보험계약의 내용, 고지하여야 할 사실의 중요도, 보험계약의 체결에 이르게 된 경위, 보험자와 피보험자 사이의 관계 등 제반 사정을 참작하여 사회통념에 비추어 개별적·구체적으로 판단해야 한다고 한다. 이 판결은 보험계약자(서울시 거주)는 피보험자의 어머니(김해시 거주)이고, 보험계약자를 대리하여 피보험자의 이모(부산시 거주)가 보험계약을 체결하였는데, 보험계약자의 대리인이 피보험자가 갑상선 결절진단을 받은 사실(2007.6.12.)을 알지 못하여 보험계약 체결시점(2007.6.29.)에 고지하지 않았던 사안이다. 원심은 보험계약자 또는 그의 대리인이 갑상선결절 진단사실을 알지는 못했지만 피보험자에게 전화 등을 통하여 쉽게 확인할 수 있었음에도 이를 확인하지 않았으므로 중과실을 인정할 수 있다고 판단했다. 하지만 대법원은 중과실을 인정할 수 없다고 판시했다. 즉 피보험자와 보험계약자가 다른 경우에 피보험자 본인이 아니면 정확하게 알 수 없는 개인적 신상이나 신체상태 등에 관한 사항은, 보험계약자도 이미 그 사실을 알고 있었다거나 피보험자와의 관계 등으로 보아 당연히 알았을 것이라고 보이는 등의 특별한 사정이 없는 한, 보험계약자가 피보험자에게 적극적으로 확인하여 고지하는 등의 조치를 취하지 않았다는 것만으로 바로 중대한 과실이 있다고 할 것은 아니라고 판시했다.

대판 2019.4.23. 2018다281241에서도 대법원은 중과실의 개념 및 존부를 위 대판 2013.6.13. 2011다54631과 동일하게 설시하였다. 그러면서 망인이 고도의 폐결핵이라는 중병을 앓아왔고 사망하기 2주 전부터는 몸이 아파 출근도 하지 못하는 상태에 있었다는 사실을 숨긴 채 보험계약을 체결한 것이 중과실로 인한 고지의무의 위반이라고 판시했다. 대법원은 보험계약자인 원고와 피보험자인 망인이 보험계약 체결 당시 정확한 병명을 알지는 못하였다고 하더라도 망인이 질병에 걸려 신체에 심각한 이상이 생긴 사실을 인식하고 있었던 것으로 보이고, 망인이 사망에 이른 경과에 비추어 볼 때 망인의 위와 같은 증상은 생명의 위험 측정에 영향을 주는 것으로서 중요사항에 해당할 뿐만 아니라 원고와 망인은 이 사건 보험계약 체결 당시 이러한 사정을 고지하여야 한다는 것을 충분히 알고 있었거나 적어도 현저한 부주의로 인하여 이를 알지 못하였다고 봄이 상당하다고 판시했다.

그리고, 판례가 중요사항 해당성에 대해서 고의 또는 중과실이 있는지를 판단했던 구체적 예는 다음과 같다. 대판 2011.4.14. 2009다103349는 건강진단을 통해서 알게 된 갑상선 결절 등의 사실을 고지하지 않은 사안이다. 대법원은 갑상선 결절 등의 진단과 6개월 후 추적검사 하라는 내용이 담긴 건강검진결과에 비추어, 피보험자로서는 질병을 확정적으로 진단받은 것으로 인식하였다고 보기 어렵고, 건강검진 이후 2년여 동안 별다른 건강상의 장애나 이상이 없었으며, 갑상선 결절 등과 관련된 추가적인 검사나 치료도 받지 않았던 점 등에 비추어, 중요사항 해당성에 대한 피보험자의 고의나 중과실을 부정하였다. 또한 대판 2012. 11.29. 2010다38663은 건물화재보험계약 체결 당시 보험목적인 건물이 완성되지 않아 잔여공사를 해야 한다는 사정을 고지하지 않은 사안이다. 대법원은, 잔여공사로 인하여 현저히 높은 화재위험에 노출되어 있었으며, 위험의 정도나 중요성에 비추어 중요사항 해당성에 대한 보험계약자의 고의 또는 중과실을 인정하였다.

③ 판례는 보험계약자 등이 고지해야 할 사실 자체, 그리고 그것의 중요사항 해당성을 알았더라도, 고지의무의 이행 과정에서 고의 또는 중과실이 없으면 고지의무 위반이 아니라고 한다. 이 문제는 보험계약자 등이 보험자의 질문표에 응답하는 과정에서 나타난다.

위의 대판 2013.6.13. 2011다54631에서, 대법원은 보험계약자 및 그 대리인이 피보험자가 갑상선 결절진단을 받은 사실을 알았거나 중과실로 알지 못했다고 해도, 중요사항에 관한 질문표를 감안하면 고의 또는 중과실로 고지의무를 위반한 것으로 볼 수 없다고 판시했다. 즉 보험계약서의 형식이 보험계약자와 피보험자가 각각 별도로 보험자에게 중요사항을 고지하도록 되어 있고, 나아가 피보험자 본인의 신상에 관한 질문에 대하여 '예'와 '아니오' 중에서 택일하는 방식으로 고지하도록 되어 있다면, 그 경우 보험계약자가 '아니오'로 표기하여 답변하였더라도 이는 그러한 사실의 부존재를 확인하는 것이 아니라 사실 여부를 알지 못한다는 의미로 답하였을 가능성도 배제할 수 없는 것이므로, 그러한 표기사실만으로 쉽게 고의 또는 중대한 과실로 고지의무를 위반한 경우에 해당한다고 단정할 것은 아니라고 판시했다.

또한 대판 1996.12.23. 96다27971은 보험자가 보험청약서에 질문하면서 응답 범위를 제한한 경우이다. 대법원은 보험계약자가 그 범위를 벗어난 사항에 대해서 보험계약자 등이 알고 있고 또한 그 중요사항 해당성 역시 알고 있다고 해도, 보험자가 응답 범위를 제한한 것으로 보이는 경우 그에 대해 불고지 또는 부실고지했다고 하더라도 고의 또는 중과실을 인정할 수 없다고 판시했다. 이 판결에 관해서는 고지의무 수동화 부분에서 상세히 살펴본 바 있다.

3) 학설

① 고의 또는 중과실의 대상을 고지해야 할 사실 자체와 그것의 중요사항 해당성으로 명확하게 구분하는 것이 주류적 견해이다.[133] 이 점에서 판례와 같다.

② 고지해야 할 사실 자체에 대해서 중과실이 있으면 고지의무 위반이 되는지 여부에 대해서 견해가 다음과 같이 나뉜다. 첫째, 고지의무 위반이 되기 위해서는, 고지해야 할 사실 자체는 알고 있어야 한다는 견해가 있다.[134] 그 이유는 고지의무 제도는 알고 있는 사항의 고지를 요구하는 제도이지 탐지의무는 아니라고 할 수 있기 때문이다.[135] 둘째, 고지의무 위반이 되기 위해서는 고지해야 할 사실 자체는 알고 있어야 하지만, 예외적으로 업무상 등의 이유로 당연히 알 수 있는 사항을 알지 못한 경우는 중과실이 인정된다는 견해가 있다.[136] 이는 영국의 1906년 해상보험법(Marine Insurance Act 1906) 18조 1항이 취하고 있는 입장이었다.[137] 셋째, 중과실로 고지해야 할 사실 자체를 알지 못한 경우도 고지의무 위반에 포함된다는 견해가 있다.[138] 고의와 거의 동일시되는 중과실로 인해서 고지해야 할 사실을 인식하지 못한 경우를 보호할 필요는 적다고 보는 입장이다.[139]

③ 질문표 등에 주의를 제대로 기울이지 못하여 고지하지 못한 경우에도 중과실이 인정될 수 있다는 견해가 있다.[140] 가령 질문표에 의해 고지하는 경우 기재사항을 다시 읽어 보았으면 잘못 고지된 것을 알 수 있었음에도 불구하고 이를 게을리한 경우가 그러하다.[141] 이것은 판례와 입장이 같다.

---

133) 박세민 195면; 장덕조 125면; 정동윤 517면; 최기원 173면. 한편 위와 같은 구분을 명시하지 않는 견해들이 다수이다.

134) 최기원 161면, 173면(새로운 사실에 대한 탐지의무는 없고, 기왕증의 유무를 중대한 과실로 고지하지 않은 경우에 고지의무 위반이 된다고 한다)

135) 최기원 161면

136) 김은경 198면; 양승규 122면; 장덕조 128면; 정동윤 518면

137) 영국의 1906년 해상보험법(Marine Insurance Act 1906) 18조 1항은 2015년 보험법(Insurance Act)이 제정되면서 삭제되었다. 2015년 보험법 4조 2항, 3항, 6항이 보험계약자 측의 주관적 요건에 대해 규정하고 있는데, 1906년 해상보험법 18조 1항에 비해, 기업보험 분야에서 보험계약자 측의 주관적 요건을 강화한 것으로 평가된다. 이에 관해서는, 한기정, "영국 보험법상 기업보험에서 고지의무의 주관적 요건에 관한 연구", 상사법연구38-4, 2020.

138) 이기수·최병규·김인현 105면

139) 이기수·최병규·김인현 105면

140) 박세민 195면; 양승규 122면; 장덕조 129면

141) 양승규 122면

4) 결론

① 고의 또는 중과실의 대상을 고지해야 할 사실 자체와 그것에 대한 중요사항 해당성으로 명확하게 구분하는 것이 타당하다.[142] 중요사항 해당성은 보험자를 기준으로 객관적으로 정해지는 보험의 기술에 관한 사항이므로 보험계약자가 이를 잘 알지 못할 수 있기 때문이다.

② 고지해야 할 사실 자체에 관련해서는 위의 학설 중 둘째가 타당하다.[143] 즉 고지의무 위반이 되기 위해서는, 고지해야 할 사실 자체는 알고 있어야 하지만 예외적으로 업무상 등의 이유로 당연히 알 수 있는 사항을 알지 못한 경우에만 중과실이 인정되는 것이 타당하다. 원칙적으로 고지해야 할 사실 자체를 알고 있는 경우로 주관적 요건을 제한해야만, 보험계약자 등의 입장에서 의무위반에 대한 예측가능성을 가질 수 있기 때문이다. 다만 이러한 입장에 따르더라도 해당 사실을 몰랐다는 보험계약자의 주장 자체가 — 그에 합당한 근거제시가 없는 한 — 사실인정 차원에서 받아들여지지 않을 가능성이 크므로, 학설 대립의 실익이 크지는 않다. 그러나 경위여하를 불문하고 실제로 알지 못하는 사실에 대해서까지 고지의무를 부과하는 것이 타당한지 의문인 것이다. 따라서 예외적으로 업무상 등의 이유로 당연히 알 수 있는 사항도 엄격히 제한적으로 인정할 필요가 있다고 본다. 한편 판례가 고지의무 위반이 되는 데에는 중과실로 고지해야 할 사실 자체를 알지 못한 경우가 포함된다고 해도, 중과실은 고의에 준하는 개념으로 운용되고 있다는 점을 고려하면, 중과실로 고지해야 할 사실 자체를 알지 못한 경우는 제한적으로 인정될 것으로 보인다.

③ 고지해야 할 사실 자체, 그리고 그것의 중요사항 해당성을 알았더라도, 고지의무의 이행 과정에서 고의 또는 중과실이 없는 경우, 고지의무 위반이 아니라고 보아야 한다. 이 점에서 판례에 찬성한다.

7. 입증책임

고지의무의 객관적, 주관적 요건에 대한 입증책임은 의무 위반을 주장하는 보험자에게 있다(판례,[144] 통설).

142) 정호열·한기정, "고지의무에 관한 고찰", 서울대학교법학40－1, 1999, 98－99면
143) 상게논문, 100－101면
144) 대판 2013.6.13. 2011다54631(보험계약자의 중과실에 대한 입증책임은 보험자에게 있다). 대판 2004.6.11. 2003다18494도 같다.

8. 고지의무위반의 효과

(1) 의의

고지의무 위반의 객관적 요건(중요사항의 불고지 또는 부실고지)과 주관적 요건(고의 또는 중과실)이 충족되면, 보험자는 보험계약의 해지권을 행사할 수 있다(상법 651조 본문). 이를 통하여 보험자는 고지의무 위반으로 인한 위험과 계약의 불일치 상태에서 벗어날 수 있게 된다. 다만 해지는 장래를 향해서만 보험계약의 효력을 상실시키게 된다. 해지 이전에 존재하는 위험과 계약의 불일치로 인해서 보험자가 입을 불이익 문제는 어떻게 할 것인가? 만약 고지의무 위반사실이 보험사고의 발생에 영향을 미치지 않은 경우, 보험금 지급책임을 지더라도 보험자에게 크게 불리할 것은 없다. 이와 달리 고지의무 위반사실이 보험사고의 발생에 영향을 미친 경우 보험금 지급책임을 지면 보험자에게 크게 불리할 수 있다. 상법은 이 불이익을 해소하기 위해 보험자의 면책을 규정한다(상법 655조). 한편, 일정한 경우 해지권 대신에 취소권을 부여하는 외국 입법례도 있다(후술하는 입법론 참조). 취소권을 행사하게 되면, 위험과 계약의 불일치를 계약의 체결 시로 소급하여 해소할 수 있게 된다. 이것은 고지의무 위반 사실이 보험사고의 발생에 영향을 미치지 않은 경우에도 보험자가 면책되기 때문에, 보험계약자에게 가혹하다는 비판이 가능하다. 이하에서는 보험계약의 효력과 보험자의 면책을 구분하여 보다 자세히 설명하기로 한다.

(2) 보험계약의 효력

1) 해지권의 발생

고지의무 위반이 있으면 해지권이 발생하고, 보험자는 이를 행사하여 보험계약의 효력을 상실시킬 수 있다(상법 651조 본문). 이 해지권은 보험자의 일방적 의사표시에 의해서 행사할 수 있는 형성권이다(판례,[145] 통설). 만약 해지권을 행사하지 않으면 보험계약의 효력은 그대로 유지되고, 따라서 보험자는 보험금 지급책임을 부담한다.[146]

해지권의 행사는 보험계약의 상대방 당사자인 보험계약자에 대하여 해지의 의사표시로 해야 한다(민법 543조 1항 참조). 보험계약자의 대리인에게 해지의 의사표시를 해도 무방하다(판례,[147] 통설). 보험계약자가 사망한 경우에는 그의 상속인(또는 그들의 대리인)에 대하여 해지의 의사표시를 해야 한다.[148] 하지만 피보험자 또는 보험수익자를 상대방으

145) 대판 2000.1.28. 99다50712
146) 최기원 181면
147) 대판 2000.1.28. 99다50712
148) 대판 1989.2.14. 87다카2973(생명보험계약에 있어서 고지의무위반을 이유로 한 해지의 경우에 그 상대방

로 한 해지의 의사표시는 특별한 사정이 없는 한 효력이 없다(판례,[149] 통설). 해지권의 행사방법은 구두이든 서면이든 제한이 없다(통설). 해지권을 행사할 때에는 해지사유인 고지의무 위반사실을 구체적으로 명시하고 해지권을 행사한다는 것을 보험계약자가 알 수 있도록 해야 한다.[150] 해지권은 재판상이든 재판외이든 그 기간 내에 행사하면 되는 것이고, 해지의 의사표시 효력은 상대방에게 도달한 때 발생한다.[151] 해지권의 행사에 대해서는 제척기간 등 일정한 제약이 따른다. 이에 대해서는 후술한다.

2) 해지권 행사의 효과

① 해지권을 행사하게 되면, 장래에 향하여 보험계약은 효력을 상실한다(민법 550조 참조). 따라서 해지의 효과는 장래효(비소급효)인 것이 원칙이다. 그리고 해지 이전까지 보험계약은 유효한 것이다(통설). 해지 이전까지 보험계약은 유효하므로, 해지 이전에 지급된 급여를 원상회복할 의무는 없는 것이 원칙이다(민법 548조 1항 참조). 그러므로 보험자는 해지 시점까지의 보험료지급청구권을 갖는다. 그 결과 이미 지급받은 보험료는 반환할 의무가 없고, 지급받지 못한 보험료에 대해서는 지급청구권을 행사할 수 있다. 보험자가 해지 시점까지의 보험료지급청구권을 갖는 것은, 그 시점까지 고지의무 위반으로부터 영향을 받지 않은 보험사고에 대해서는 보험자가 보상책임을 부담할 의무가 있다는 것(상법 655조)을 고려한 것이다.

② 그런데 일정한 경우 예외적으로 소급효를 인정한다(판례,[152] 통설). 여기서 소급효는 계약의 효력을 소급적으로 상실시킨다는 의미가 아니라, 계약의 효력은 유지시키되, 보험자를 면책하는 것을 가리킨다. 즉 고지의무 위반으로부터 영향을 받은 보험사고라면, 그것이 해지 이전에 발생하였다고 해도, 보험자는 보험금 지급책임이 없고, 이미 지급한 보험금이 있으면 반환받을 수 있다(상법 655조). 고지의무 위반에 영향을 받은 보험

은 계약의 상대방 당사자인 보험계약자나 그의 상속인(또는 그들의 대리인)에 대하여 해지의 의사표시를 하여야 하고 타인을 위한 보험에 있어서도 보험금 수익자에게 해지의 의사표시를 한 것은 특별한 사정(보험약관상의 별도기재 등)이 없는 한 그 효력이 없는 것)

149) 대판 1989.2.14. 87다카2973

150) 대판 2004.12.10. 2004다55377; 임용수 116면. 이와 달리, 고지의무 위반으로 해지권이 발생했다는 것과 해지권을 행사한다는 것을 보험계약자가 알 수 있도록 하면 충분하다는 견해가 있다(최기원 182면).

151) 대판 2000.1.28. 99다50712(그 의사표시의 효력은 상대방에게 도달한 때에 발생하므로 해지권자가 해지의 의사표시를 담은 소장 부본을 피고에게 송달함으로써 해지권을 재판상 행사하는 경우에는 그 소장 부본이 피고에게 도달할 때에 비로소 해지권 행사의 효력이 발생한다 할 것이어서, 해지의 의사표시가 담긴 소장 부본이 제척기간 내에 피고에게 송달되어야만 해지권자가 제척기간 내에 적법하게 해지권을 행사하였다고 할 것이고, 그 소장이 제척기간 내에 법원에 접수되었다고 하여 달리 볼 것은 아니다)

152) 대판 2010.7.22. 2010다25353(그러나 보험금액청구권에 관해서는 보험사고 발생 후에 고지의무위반을 이유로 보험계약을 해지한 때에는 고지의무에 위반한 사실과 보험사고 발생 사이의 인과관계에 따라 보험금액 지급책임이 달라진다고 할 것이고, 그 범위 내에서 계약해지의 효력이 제한될 수 있다고 할 것이다)

사고는 보험자가 인수하지 않았거나 계약조건을 달리하였을 위험이므로, 이 범위 내에서 보험자가 면책되는 것이다. 그 결과, 이 경우 해지 이전에 이루어진 급여를 원상회복할 의무를 지게 된다.

③ 이상과 같이 제한적 소급효가 인정되고 해지 시까지 보험료지급청구권이 인정되는 것에 대해서 고지의무 위반에 대한 제재적 의미가 있다고 볼 것인가? 이를 긍정하는 입장으로서, 보험자에게 보험료지급청구권을 인정하는 것은 고지의무 위반에 대한 제재적 의미가 있다거나,[153] 해지의 효과가 일반적으로 장래효임에도 불구하고 보험금 지급책임과 관련하여 소급효를 인정하는 것은 제재적 의미가 있다거나,[154] 또는 이미 발생한 보험사고에 대해서 보험자를 면책시키고 보험자가 이미 지급 받은 보험료를 반환하지 않아도 되는 것은 고지의무를 위반한 보험계약자에 대한 제재적 의미가 있다는 견해가 유력하다.[155] 생각건대, 상법 655조에 의하면 고지의무 위반사실과 인과관계가 있는 보험사고의 발생에 대해서만 보험자가 면책되지만, 그러한 인과관계가 없는 보험사고에 대해서는 보험금 지급책임이 있다는 점을 고려하면, 제재적 요소가 있다고 일률적으로 말하기 어렵다고 본다. 오히려 인과관계의 특칙과 관련하여 다수설은 이 특칙이 보험계약자의 이익을 지나치게 보호하고 있다고까지 지적하고 있는 상황이다. 이 문제에 관해서는 상법 655조 단서의 입법론 부분에서 더 살펴보기로 한다.

④ 위와 같이 소급효를 인정한다는 점을 고려할 때 보험계약의 해지가 아니라 해제라고 하는 것이 논리적이지 않을까하는 의문이 제기될 수 있다. 이에 대해 해제라고 보는 것에 찬성하는 견해가 있다.[156] 이에 반대하여, 고지의무의 효과는 계약성립 당시로 소급하여 보험계약을 무효로 하자는 것이 아니라 입법목적상 특별히 해지의 시기를 보험사고 발생 시로 앞당긴 것이므로 해제라고 할 것은 아니라는 견해가 있다.[157] 생각건대, 보험계약의 효력과 보험자의 책임은 구분해서 바라볼 필요가 있다. 즉 해지 이전에 보험계약은 유효하고, 이에 따라 보험자는 보험사고 발생 시에 보험금 지급책임을 지되, 다만 상법 655조 단서라는 법률의 규정에 의해서 고지의무 위반사실과 보험사고 발생 사이에 인과관계가 있는 부분은 보험자가 인수하지 않았거나 동일 조건으로는 인수하지 않았을 것이라는 점을 감안하여, 보험자가 면책되는 것이라고 이해하면 된다. 이렇게 보험계약의 효력과 보험자의 책임을 분리해서 보면, 해제라고 하지 않아도 되고, 보험사고 발생 시점으로 해지의 시기를 앞당기지 않아도 된다. 보험사고 발생시점으로 해지의 시

153) 최기원 183면
154) 김성태 333면; 박세민 200면
155) 임용수 117면
156) 손주찬 531면
157) 박세민 200면; 임용수 117면

기를 앞당기는 방식은 보험계약의 효력과 보험자의 책임은 일치되어야 한다고 전제하는 것으로 보인다. 즉 보험사고의 발생시점에 보험자가 면책되려면 보험계약의 효력도 상실되어야 한다고 보는 것이다. 하지만 보험자의 면책은 상법 655조가 특별히 규정한 것이라고 이해하면, 굳이 보험계약의 효력을 상실시킬 필요가 없다. 또한 고지의무 위반사실과 보험사고 발생 사이에 인과관계가 있는 경우에는 보험사고 발생 시점까지 해지의 시기를 앞당기더라도 그러한 인과관계가 없는 경우는 해지의 시기를 앞당길 수 없다는 점에서, 해지의 시기에 관한 일관성이 결여되는 문제도 생긴다.

⑤ 해지권을 행사하여 보험계약을 해지하면, 생명보험의 경우 보험자는 보험료적립금을 반환해야 한다(상법 736조). 이것은 생명보험 보험료의 특수성에 기인한 것이며, 이에 관해서는 생명보험 부분에서 상술한다.

3) 인과관계와 해지권의 문제

i) 관련 규정

2014년 상법 보험편의 개정 이전에, 상법 655조는 "보험사고가 발생한 후에도 보험자가 第650조, 第651조, 第652조와 第653조의 규정에 의하여 계약을 해지한 때에는 보험금액을 지급할 책임이 없고 이미 지급한 보험금액의 반환을 청구할 수 있다. 그러나 고지의무에 위반한 사실 또는 위험의 현저한 변경이나 증가된 사실이 보험사고의 발생에 영향을 미치지 아니하였음이 증명된 때에는 그러하지 아니하다"라고 규정하고 있었다. 그러나 2014년 상법 개정 이후에는 "그러하지 아니하다"를 "보험금을 지급할 책임이 있다"로 변경했다.

ii) 인과관계와 해지권을 연계할 것인가?

① 학설

종래의 학설은 "그러하지 아니하다"의 해석을 둘러싸고 인과관계와 해지권을 연계시킬 것인지 여부에 대해 대립했다(해지부정설 v. 해지긍정설). 즉 "그러하지 아니하다"의 의미를 고지의무 위반과 보험사고 발생 사이에 인과관계가 없으면 해지권을 행사할 수 없다는 의미로 해석해서 고지의무 위반과 보험사고 사이에 인과관계와 해지권을 연계시키는 견해가 있었다(해지부정설).[158] 그 취지는 보험계약자 등을 보호하는 데 있다. 이에 반해 해지권을 행사할 수 있되 보험금은 지급해야 한다는 의미로만 해석하는 견해가 있었다(해지긍정설).[159]

---

158) 양승규 127면 등

159) 최기원 184면 등

② **판례**

종래 판례는 해지부정설을 취한 것으로 보인다. 고지의무 위반과 보험사고 발생 사이에 인과관계가 없는 것으로 입증되면, 보험자가 해지권을 행사할 수 없다고 하여,[160] 인과관계와 해지권을 연계시키는 듯한 표현을 사용한 것이 있었다. 종래 학설은 이러한 판례가 해지부정설을 취한 것이라고 해석해 왔다. 그러나 대판 2010.7.22. 2010다25353은 인과관계와 해지권은 무관하다는 입장을 분명하게 하였다(해지긍정설). 즉 인과관계와 무관하게 보험자는 해지권을 행사할 수 있다는 것이다. 대법원은 종래 판례는 고지의무 위반과 보험사고 발생 사이에 인과관계가 있는지 여부를 다툰 사건일 뿐이지, 인과관계와 해지권의 관계를 적극적으로 다툰 사건이 아니라고 보았다. 이 판결에 따르면, 고지의무 위반이 있는 경우는, 보험사고가 아직 발생하지 않은 경우는 물론이고, 보험사고가 발생한 경우에도 고지의무 위반과 보험사고 발생 사이에 인과관계가 있는지를 묻지 않고 보험자가 보험계약을 해지할 수 있는 것으로 새긴다.[161]

③ **결론**

해지긍정설이 타당하다. 2014년 상법 보험편의 개정 이전에 상법 655조의 "그러하지 아니하다"의 의미는 보험금을 지급해야 한다는 의미로 해석하는 것이 타당하다. 상법 651조 및 655조의 문언 및 취지를 살펴보면, 고지의무 위반 시 보험계약의 효력(상법 651조)과 보험자의 책임(상법 655조)을 분리하고, 고지의무 위반과 보험사고 발생 사이의 인과관계는 보험자의 책임과 관련해서만 고려한다고 보는 것이 타당하기 때문이다. 또한 고

160) 대판 1994.2.25. 93다52082(보험계약을 체결함에 있어 고지의무 위반사실이 보험사고의 발생에 영향을 미치지 아니하였다는 점, 즉 보험사고의 발생이 보험계약자가 불고지하였거나 부실고지한 사실에 의한 것이 아니라는 것이 증명된 때에는 상법 655조 단서의 규정에 의하여 보험자는 위 부실고지를 이유로 보험계약을 해지할 수 없다). 대판 2001.1.5. 2000다40353도 같다.

161) 대판 2010.7.22. 2010다25353(상법 651조는 고지의무위반으로 인한 계약해지에 관한 일반적 규정으로 이에 의하면 고지의무에 위반한 사실과 보험사고 발생 사이에 인과관계를 요하지 않는 점, 상법 655조는 고지의무위반 등으로 계약을 해지한 때에 보험금액청구에 관한 규정이므로, 그 본문뿐만 아니라 단서도 보험금액청구권의 존부에 관한 규정으로 해석함이 상당한 점, 보험계약자 또는 피보험자가 보험계약 당시에 고의 또는 중대한 과실로 중요한 사항을 불고지·부실고지하면 이로써 고지의무위반의 요건은 충족되는 반면, 고지의무에 위반한 사실과 보험사고 발생 사이의 인과관계는 '보험사고 발생 시'에 비로소 결정되는 것이므로, 보험자는 고지의무에 위반한 사실과 보험사고 발생 사이의 인과관계가 인정되지 않아 상법 655조 단서에 의하여 보험금액 지급책임을 지게 되더라도 그것과 별개로 상법 651조에 의하여 고지의무위반을 이유로 계약을 해지할 수 있다고 해석함이 상당한 점, 고지의무에 위반한 사실과 보험사고 발생 사이의 인과관계가 인정되지 않는다고 하여 상법 651조에 의한 계약해지를 허용하지 않는다면, 보험사고가 발생하기 전에는 상법 651조에 따라 고지의무위반을 이유로 계약을 해지할 수 있는 반면, 보험사고가 발생한 후에는 사후적으로 인과관계가 없음을 이유로 보험금액을 지급한 후에도 보험계약을 해지할 수 없고 인과관계가 인정되지 않는 한 계속하여 보험금액을 지급하여야 하는 불합리한 결과가 발생하는 점, 고지의무에 위반한 보험계약은 고지의무에 위반한 사실과 보험사고 발생 사이의 인과관계를 불문하고 보험자가 해지할 수 있다고 해석하는 것이 보험계약의 선의성 및 단체성에서 부합하는 점 등을 종합하여 보면, 보험자는 고지의무를 위반한 사실과 보험사고의 발생 사이의 인과관계를 불문하고 상법 651조에 의하여 고지의무위반을 이유로 계약을 해지할 수 있다고 할 것이다)

지의무를 위반한 보험계약의 효력을 인과관계와 무관하게 장래를 향하여 소멸시킬 수 없다면, 보험자의 입장에서 고지의무 제도의 실효성은 크게 저하될 수밖에 없기 때문이다.[162] 그리고 2014년 개정상법에 대한 해석론으로 해지부정설을 지지하는 견해는 발견하기 어렵다. 2014년 상법 개정을 통해서 상법 655조의 "그러하지 아니하다"를 "보험금을 지급할 책임이 있다"로 변경했고, 그 개정 취지는 대판 2010.7.22. 2010다25353의 입장을 상법에 반영하기 위한 것이었다. 종래 해지부정설이 해석 근거로 의존했던 "그러하지 아니하다"를 삭제함으로써 해석상 다툼의 소지를 없앤 것이다.

4) 해지권 행사의 제한

i) 행사기간

해지권에는 일정한 행사기간이 있다. 즉 불고지 또는 부실고지를 안 날로부터 1월 내에, 보험계약을 체결한 날로부터 3년 내에 행사해야 한다(상법 651조 본문). 이렇게 행사기간을 단기로 둔 것은 고지의무 위반으로 인한 보험계약의 해지 여부를 신속하게 확정해서 법률관계를 안정시키기 위해서이다.[163] 해지권 행사기간은 제척기간이라고 해석하고(판례,[164] 통설), 행사기간이 지나면 해지권이 소멸하고 더 이상 계약의 효력을 다툴 수 없다(판례,[165] 통설). 이러한 기간을 불가쟁기간 또는 불가이의기간(incontestable period)이라고 부른다.

행사기간을 단축하는 약정은 유효하다.[166] 생명보험표준약관 14조 1항은 행사기간을 단축하고 있다. 즉 다음 중 어느 하나에 해당하면 해지권이 제한된다고 하면서, 보험자가 고지의무 위반사실을 안 날부터 1개월 이상 지났거나 또는 보장개시일부터 보험금 지급사유가 발생하지 않고 2년(진단계약의 경우 질병에 대하여는 1년)이 지났을 때, 또는 계약을 체결한 날부터 3년이 지났을 때 등을 들고 있다. 보장개시일부터 보험금 지급사유가 발생하지 않고 2년(진단계약의 경우 질병에 대하여는 1년)이 지났을 때는 해지권 행사가 제한되며, 보장개시일은 계약을 체결한 후 즉시 시작되는 것이 보통이므로, 이것은 계약을 체결한 날부터 3년이 지났을 때를 단축한 것이라고 볼 수 있다.

그리고 불고지 또는 부실고지를 "안 때"라는 것은, 단지 고지의무 위반사실에 대한

162) 정동윤 521면(고지의무 제도는 보험자로 하여금 사전에 불량위험을 배제시키려는 것이 취지인데 사후에 인과관계를 문제삼는 것은 제도의 취지에 반한다)

163) 양승규 125면. 상법 651조에 따라 해지권의 행사기간은 고지의무 위반 사실을 안 때로부터 1월 내, 보험계약의 체결 시부터 3년 내이지만, 민법 146조에 따라 취소권의 행사기간은 추인할 수 있는 날로부터 3년 내, 법률행위를 한 날로부터 10년 내이다.

164) 대판 2000.1.28. 99다50712

165) 대판 1986.11.25. 85다카2578(보험계약자가 중요사항에 관한 고지의무를 위반하고 체결한 보험계약이지만, 해지권 행사기간 도과 후에 해지의 의사표시를 통지한 것이어서 효력이 없다)

166) 박세민 207면; 임용수 124면

의심이 드는 정도로는 부족하고, 보험자가 고지의무 위반사실에 대한 객관적인 근거를 확보할 수 있을 정도이어야 한다.[167] 왜냐하면 고지의무 위반사실에 대한 입증책임이 보험자에게 있고 이러한 입증이 없으면 해지권을 행사할 수 없기 때문이다.[168] 판례도 단순히 고지의무 위반사실을 의심할 만한 사유가 있다고 믿은 때가 아니라 고지의무 위반사실에 관한 확실한 증거를 확보한 때를 기준으로 판단해야 한다고 본다.[169] 확실한 증거가 고지의무 위반이 법률적으로 명확하게 밝혀지는 것을 가리킨다고 볼 것은 아니다.[170] 한편, 판례는 현저한 위험변경증가에 대한 통지의무를 위반한 사실을 안 경우에 인정되는 해지권(상법 652조 1항)과 관련하여, 그 제척기간이 시작되는 시점인 '통지의무 위반한 사실을 안 때'에 대해 위와 유사하게 '객관적 근거를 확보할 수 있을 정도'가 요구된다고 해석하고 있다.[171]

ii) 보험자의 고의 또는 중과실

① 의의

보험자가 보험계약의 체결 시에 불고지 또는 부실고지를 알고 있거나 중과실로 알지 못한 경우에는 보험계약을 해지할 수 없다(상법 651조 단서). 해지권을 제한하는 이유는, 중요사항에 관한 정보가 주로 보험계약자 또는 피보험자의 지배하에 있기 때문에 이들로 하여금 고지하게 하는 것인데, 고지의무 위반사실을 알고 있거나 중과실로 알지 못하는 보험자까지 해지권을 행사할 수 있도록 보호할 필요는 없기 때문이다.[172] 보험자에게 고의 또는 중과실이 있었다는 사실은 해지권의 제한을 주장하는 보험계약자 측이 부

---

167) 박세민 207면; 임용수 125면; 최기원 200면. 양승규 125면은 고지의무 위반에 대한 확실한 증거를 잡은 때라고 해석한다.

168) 양승규 125면

169) 대판 2002.4.26. 2002다7589; 대판 2020.11.26. 2020다247268

170) 대판 2020.11.26. 2020다247268. 이 사건에서는 보험자가 "최근 3개월 이내 의사로부터 진찰 또는 검사를 통하여 질병의심소견 등 의료행위를 받은 사실이 있는지"에 관한 질문에 대하여 "아니오"로 허위 표시된 보험계약의 청약서에 자필서명을 하여 제출한 사실을 포함하는 손해사정회사의 2차 중간보고서를 받았고, 그 이후에 이 사건 고지의무 위반에 대한 변호사로부터의 법률자문 회신 및 이 법률자문 회신 내용이 반영된 손해사정회사의 종국보고서를 받았다. 원심은 보험자가 위 법률자문 회신을 받기 전에 고지의무 위반 요건사실이 모두 갖추어졌음을 알았다고 인정하기 어려우므로 위 법률자문 회신 또는 종국보고서를 받았던 시점에 비로소 고지의무 위반 사실에 대한 확실한 증거를 확보하였다고 봄이 상당하다고 보았으나, 대법원은 위 중간보고서를 받은 시점에 고지의무 위반의 사실을 알게 되었다고 봄이 상당하다고 판시하였다.

171) 대판 2011.7.28. 2011다23743(나아가 보험계약자가 보험자에 대하여 위험의 현저한 증가가 없었다거나 그러한 사실을 알지 못하였다고 주장하면서 통지의무 위반이 없다고 다투고 있는 경우에는 그때까지 보험자가 보험계약자의 통지의무 위반에 관하여 의심을 품고 있는 정도에 그치고 있었다면 그러한 사정만으로 해지권이 발생하였다고 단정할 수 없으므로 이러한 상태에서 곧바로 해지권의 행사기간이 진행한다고 볼 수는 없고, 그 후 보험자가 보험계약자의 통지의무 위반 여부에 관하여 조사·확인절차를 거쳐 보험계약자의 주장과 달리 보험계약자의 통지의무 위반이 있음을 뒷받침하는 객관적인 근거를 확보함으로써 통지의무 위반이 있음을 안 때에 비로소 해지권의 행사기간이 진행한다고 봄이 상당하다)

172) 양승규 126면은 "자기과실에 의한 위험선택"이라고 한다.

담한다(통설). 그리고 보험자의 중과실의 예로는, 질문표에 대한 고지의무자의 답변이 오류라는 사실을 보험청약서 문면에서 쉽게 알 수 있는 경우, 또는 보험자를 위한 고지수령권자에게 중요사항을 고지했으나 그가 이와 다르게 기재한 경우 등을 들 수 있다.[173] 인보험에서 피보험자에 대한 신체검사를 하지 않은 것이 중과실이 되지는 않는다.[174] 그리고 보험자가 보유한 정보를 통해서 고지의무 위반을 쉽게 알 수 있는 경우도 중과실의 예가 될 수 있다.

② 보험자의 정보보유와 중과실

보험자가 고지의무 위반사실을 알 수 있는 정보를 보유하고 있음에도 불구하고 이를 알지 못한 것이 중과실에 해당할 수 있는가? 필자는 1999년에 이에 관한 논문을 발표하면서,[175] 당시 우리의 정보화 수준 및 보험실무를 감안할 때 부정적이라고 보았다. 그러면서, 보험자가 조금만 주의를 기울인다면 보유정보를 활용하여 고지의무 위반사실을 알 수 있을 정도의 정보화 수준에 도달해야 중과실을 긍정할 수 있을 것이고, 다만 그 시점은 생각보다 훨씬 앞당겨질 것으로 전망한 바 있다.

이제 정보화 기술의 비약적 발전으로 보험자가 자신이 보유한 정보를 활용하지 않으면 중과실에 해당한다고 할 수 있는 정도의 정보화 수준에 이른 것으로 평가할 수 있다. 보험자는 데이터베이스에 의한 정보망(information network)을 구축하고 있고, 서류뭉치를 찾아서 뒤적이는 대신에 컴퓨터 단말기를 수차례 두드리는 것만으로도 정보망에 보관해 둔 중요사항에 관한 정보를 손쉽게 활용할 수 있다. 이러한 현상은 고지의무 위반으로 인한 해지권 제한 사유로서 보험자의 고의 또는 중과실에 결정적 영향을 미칠 수 있다.

보험자가 중요사항에 관한 정보를 보유하게 되는 주된 경로는 세 가지이다. 첫째, 보험계약자가 고지의무를 이행하게 되면, 그 결과 보험자는 중요사항에 관한 정보를 보유하게 된다. 둘째, 보험사고의 발생으로 인해서 보험금청구가 있게 되면, 그 결과 보험자는 중요사항에 관한 정보를 보유하게 된다. 셋째, 보험자들이 법령이 허용하는 범위 내에서 보유정보를 상호교환 하거나 외부로부터 중요사항에 관한 정보를 얻어 보유할 수도 있다.

보험자가 보유한 정보를 확인하여 고지의무 위반을 알 수 있는 대표적인 경우는 다음의 두 가지를 들 수 있다. 첫째, 보험자가 중요사항에 관한 정보를 이미 보유하고 있는데, 보험계약자가 보험계약을 청약하면서 그 중요사항에 대해서 불고지 또는 부실고지한 경우이다. 예를 들면, 특정한 사유로 인해서 청약을 거절당한 자가 동일한 보험자에

173) 임용수 121면
174) 임용수 121면
175) 한기정, "보험자의 정보보유와 보험계약자의 고지의무," 보험법연구3, 1999, 175-176면

게 다시 보험청약을 하면서 그 청약거절사유에 대해서 제대로 고지하지 않은 경우이다. 둘째, 보험계약자가 보험계약을 체결하면서 중요사항에 대해서 고지하였는데, 그 이후에 보험자가 그 고지내용과 상치되는 정보를 보유하게 된 경우이다. 예를 들면, 보험계약자가 암에 걸렸다는 점을 불고지한 채 생명보험계약을 체결하였는데, 이후에 동일한 보험자에게 새로운 생명보험계약을 체결하는 과정에서 보험자가 주관한 신체검사를 통해 암에 걸렸다는 사실이 드러난 경우이다.

미국법은 정보화 기술이 발달하기 이전부터, 보험자가 고지의무 위반사실을 알 수 있는 정보를 보유한 경우 해지권 제한에 관한 법리를 발전시켜 왔다. 미국의 판례는 세 가지 유형으로 나누어져 있다. 첫째로, 보험자의 보유정보에 대한 주의의무를 사실상 부정하는 입장이다.[176] 둘째로, 보험자의 보유정보에 대한 주의의무를 제한적으로 인정하는 입장이다.[177] 셋째로, 보험자의 보유정보에 대한 주의의무를 널리 인정하는 입장이다.[178] 이 중에서 둘째와 셋째가 미국의 주류적 판례이다.

최근에 대법원도 보유정보에 대한 중과실을 적극적으로 인정하는 방향으로 가고 있다. 대판 2011.12.8. 2009다20451은 상해보험계약의 체결 시에 피보험자가 오토바이를 소유하고 일상적으로 운전해 온 사실이 보험자에게 부실고지된 사안이다. 그런데 위 피보험자는 그 이전에 동일한 보험자에게 오토바이를 피보험차량으로 한 자동차보험에 가입한 바 있고 이후 재계약을 하여 이 사건 보험계약 체결 시까지 위 자동차보험이 유지되고 있었다. 상해보험계약 체결 시의 고지의무 위반을 이유로 보험자가 해지권을 행사하려고 하자, 보험계약자 측은 상해보험계약 체결 시에 보험자가 고지의무 위반사실을 이미 알고 있었거나 이를 알지 못한 데 중과실이 있다고 항변하였다. 대법원은 보험자가

176) Irwin v. Metropolitan Life Insurance Co 671 F. Supp. 588 (E.D. Wis., 1987). 이 판결의 사실관계를 살펴보면, 보험계약자는 보험자와 의료보험계약을 체결하면서 과거에 빈혈증상으로 치료받았던 사실은 고지했지만 정신병으로 치료받았던 점은 불고지했다. 보험계약자는 의료보험에 가입하기 전에 이 보험자의 단체보험에 가입한 후 정신병증세로 인하여 보험금을 지급받은 사실이 있었다. 의료보험과 관련해서 보험사고가 발생한 후, 보험자는 의료보험계약을 체결할 때 보험계약자가 정신병치료를 고지하지 않았음을 알게 되었고 고지의무 위반을 이유로 보험금지급을 거절하였다. 보험계약자는 보험자가 자신의 정신병증세에 관한 정보를 보유하고 있었기 때문에 의료보험계약을 체결할 당시에 그 정보를 알 수 있었다고 항변했지만, 미국연방지방법원은 받아들이지 않았다.

177) United States v. Willoughby 250 F. 2d 524 (9 cir., 1957). 여기서 미국연방지방법원은 보험자의 청약심사부서가 보험금지급부서와 보유정보를 상호교환하고 있는 경우 이외에는, 보험금지급부서의 보유정보에 대해서 청약심사부서가 주의의무를 다해야 할 필요가 없다고 판시했다. 따라서 만약 청약심사부서와 보험금지급부서가 보유정보를 상호교환하고 있었다면 주의의무를 인정해야 하는 것으로 해석될 수 있다.

178) Violin v. Fireman's Fund Insurance 406 P. 2d 287 (Nev., 1965). 이 판결의 사실관계를 보면, 과다니니 바이올린의 소유주가 이를 보험목적으로 하는 보험계약을 보험자와 체결하면서, 과거에 보험사고 발생으로 보험금 지급을 청구하여 계약해지를 당한 적이 있는가라는 질문에 대해서 이 보험자에 의해서 계약해지를 당한 적이 있음에도 불구하고 허위로 응답했고, 이러한 부실고지를 알게 된 보험자가 보험계약을 해지하자, 보험계약자는 보험자가 과거의 계약해지를 알 수 있었다고 항변했다. 이에 네바다주 대법원은 보험계약자의 항변을 받아들였다.

위 보유정보를 알았거나 중과실로 알지 못했다고 판시했다. 즉 원심이 인정한 바와 같이 피보험자가 2006.4.15. 오토바이를 피보험차량으로 하여 보험자의 자동차보험에 가입하여 이 사건 보험의 가입 당시까지 위 오토바이에 관한 자동차보험을 유지하고 있었다면, 피보험자가 위 자동차보험에 가입한 내역은 특별한 사정이 없는 한 보험자의 전산망에 입력되어 있었다고 보아야 할 것이다. 따라서 보험자로서는 이 사건 보험의 인수 여부를 결정하고 피보험자의 고지의무 위반으로 인한 자신의 불이익을 방지하기 위하여 피보험자의 인적사항을 이용하여 자신의 전산망에서 피보험자의 자사 보험가입현황을 조회함으로써 피보험자의 위 자동차보험 가입내역을 쉽게 확인할 수 있었을 것이고, 그 결과 피보험자의 오토바이 소유 및 탑승 여부에 관한 고지의무 위반사실도 쉽게 알 수 있었을 것이다. 그렇다면 보험자는 이 사건 보험계약 체결 당시 피보험자의 오토바이 소유 및 탑승 여부에 관하여 전산망의 조회를 통하여 부실고지 사실을 알았거나, 만일 조회를 하지 아니하여 몰랐다면 이는 중과실에 해당한다고 할 것이므로, 보험자는 위와 같은 피보험자의 고지의무 위반을 이유로 이 사건 보험계약을 해지할 수 없다고 판시했다. 현재 우리의 정보화 수준 및 보험실무를 감안할 때 타당한 판결이라고 볼 수 있다.

③ 보험자 대리인의 고의 또는 중과실

보험자의 고의 또는 중과실은 물론이고, 보험자를 위하여 고지수령권을 갖고 있는 모집종사자(보험대리상, 보험의 등)의 고의 또는 중과실이 있는 경우도, 해지권이 제한된다(판례,[179] 통설). 따라서 보험자를 위한 고지수령권이 없는 보험설계사, 보험중개사의 고의 또는 중과실은 해지권 제한사유가 되지 못한다(통설).

대판 2001.1.5. 2000다40353은 보험자가 산하에 두고 운영한 종합건강진단센터에서 고혈압 진단을 받은 사람이 보험계약의 체결 시에 이를 제대로 고지하지 않은 사안이다.[180] 대법원은 이 경우 보험자가 고지의무 위반을 알았거나 중과실로 알지 못한 것이라고 볼 수 없다고 판시하였다. 즉 보험자의 악의나 중과실에는 보험자의 그것뿐만 아니라 이른바 보험자의 보험의를 비롯하여 널리 보험자를 위하여 고지를 수령할 수 있는 지위에 있는 자의 악의나 중과실도 당연히 포함된다고 할 것이나, 보험자에게 소속된 의사가 보험계약자 등을 검진하였다고 하더라도 그 검진이 위험측정자료를 보험자에게 제공하는 보험자의 보조자로서의 자격으로 행해진 것이 아니라면, 그 의사가 보험자에게 소속된 의사라는 사유만으로 그 의사가 검진 과정에서 알게 된 보험계약자 등의 질병을 보

179) 대판 2001.1.5. 2000다40353

180) 이는 고객관리 차원에서 무료로 제공되고 건강진단을 받을지 여부는 고객들의 판단에 따르며, 건강진단을 받지 않았다고 하여 보험계약상 불이익이 없었고, 종합건강진단센터의 전산시스템에 입력된 진단 결과는 통상의 병·의원의 경우와 마찬가지로 당해 피진단자의 건강관리자료로 사용하기 위하여 입력되었을 뿐이라고 한다.

험자도 알고 있으리라고 보거나 그것을 알지 못한 것이 보험자의 중과실에 의한 것이라고 할 수는 없다고 할 것이며, 이와 같이 해석하는 것이 환자에 대한 비밀의 누설이나 기록의 공개를 원칙적으로 금지하고 있는 의료법의 취지에도 부합한다고 판시했다.

④ 입법론 등

입법론으로는, 이와 같이 해지권을 제한하여 고지의무 위반자에게 특별한 이익을 주는 것은 보험계약자 평등의 원칙에 반할 수 있으므로 상법 651조 단서는 재검토할 필요가 있다는 견해가 있다.[181] 하지만 고지의무 위반사실을 알면서 또는 중과실로 알지 못한 보험자가 해지권을 행사할 수 있다고 하는 것은, 정보비대칭으로 인해 중요사항을 잘 알지 못하는 보험자에게 보험계약자가 이를 알려 주도록 하자는 고지의무 제도의 취지를 벗어난다고 볼 수 있다.[182] 그리고 보험자가 확정적으로 안 때에만 해지권을 제한해야 한다는 견해도 있다.[183] 이것은 해석론으로 보이는데, 상법 651조의 법문이 고의 또는 중과실이라고 하고 있다는 점에서 법문을 뛰어넘는 해석이므로 타당하지 않다. 참고로, 생명보험표준약관에서는 보험자가 고지의무 위반사실을 과실로 알지 못한 경우에도 해지권이 제한된다고 규정하고 있다(14조 1항 1호).

iii) 보험목적이 여러 개인 경우

경제적으로 독립한 수개의 물건을 보험목적으로 해서 하나의 화재보험계약을 체결하였는데(집합보험), 보험목적의 일부에 대해서만 고지의무를 위반한 경우, 보험계약의 전부에 대해서 해지가 가능한지 아니면 의무위반이 있는 부분만 해지하는 것으로 해지권이 제한되는지가 문제된다. 가령 자동차 두 대를 소유한 자가 이들을 피보험차량으로 하나의 자동차보험계약을 체결하면서 그중 한 대에 대해서 부실고지를 한 경우 이에 해당할 수 있다.

판례는, 경제적으로 독립한 여러 물건에 대하여 화재보험계약이 체결된 경우, 일부 물건에 대해서만 고지의무 위반이 있었으면, 나머지 물건에 대해서 동일한 조건으로 그 부분만에 대해 보험계약을 체결하지 않았을 것이라는 사정이 없는 한, 고지의무 위반이 있는 일부 물건에 대하여만 보험계약을 해지할 수 있다고 보았다.[184] 그러한 사정이 있

---

181) 양승규 126면

182) 상법 651조 단서의 유지에 찬성하는 견해로는, 김은경 202면; 박세민 205면; 최기원 196면

183) 김성태 233면

184) 대판 1999.4.23. 99다8599(경제적으로 독립한 여러 물건에 대하여 화재보험계약을 체결함에 있어 집합된 물건 전체에 대하여 단일의 보험금액으로서 계약을 체결하거나 물건을 집단별로 나누어 따로이 보험금액을 정하거나 간에, 보험의 목적이 된 수개의 물건 가운데 일부에 대하여만 고지의무 위반이 있는 경우에 보험자는 나머지 부분에 대하여도 동일한 조건으로 그 부분만에 대하여 보험계약을 체결하지 아니하였으리라는 사정이 없는 한 그 고지의무 위반이 있는 물건에 대하여만 보험계약을 해지할 수 있고 나머지 부분에 대하여는 보험계약의 효력에 영향이 없다고 할 것이다. 그리고 이 경우 보험계약자가 일부 물건에 대하여 고지하지 아니한 사항이 보험계약의 나머지 부분에 있어서도 상법 651조에서 정한 중요한 사항에

다면 물건 전부에 대해서 보험계약을 해지할 수 있다는 것이다.

생각건대, 판례가 타당하다.[185] 왜냐하면 상법 651조는 해지권의 행사와 관련하여 일정한 경우 전부해지를 제한하는 규정을 문리상 명시하고 있지 않은데, 이러한 문리적 측면만 보고 전부해지가 가능하다고 해석하면, 보험계약자 등에게 부당하게 불리할 수 있다. 즉 위와 같은 사정이 없는 한, 고지위반이 있는 물건에 대해서만 보험계약을 (일부) 해지하는 것이 계약 당사자들의 합리적 의사에 부합할 것이다.[186] 요컨대, 판례는 '나머지 물건에 대해서 동일한 조건으로 그 부분만에 대해 보험계약을 체결했을지 여부'를 기준으로 하여, 전부해지를 제한할 수 있는 합리적 해석의 길을 열어 놓은 것이다.

iv) 복합보험의 경우

복합보험(composite policy)이란 보험자와 수인의 보험계약자 사이에 실질적으로 독립된 별개의 보험계약들이 형식상 하나의 보험계약으로 체결된 경우를 가리킨다.[187] 이러한 복합보험하에서는 어떤 보험계약자의 고지의무 위반은 다른 보험계약자와의 보험계약 효력에 영향을 미치지 못한다고 해석한다.[188]

v) 해지권의 포기

상법 651조의 법문상, 해지권의 행사 여부는 보험자의 권리이다. 따라서 보험자가 해지권을 행사하지 않거나, 포기하는 것은 가능하다(통설).[189] 보험자가 해지권을 포기하면 이를 행사할 수 없게 된다. 해지권의 포기는 단독행위로서 보험계약자의 동의가 필요하지 않다.[190] 해지권의 포기는 계약체결 시에 할 수 있고, 그 이후에도 해지권이 소멸하지 않는 한 언제든지 할 수 있다.[191] 해지권의 포기는 묵시적으로도 할 수 있는데, 고지의무 위반 사실을 알면서도 보험증권을 교부하거나, 보험계약을 연장하거나, 보험료지급을 유예하는 행위 등이 그 예이다.[192]

vi) 불고지, 부실고지의 소멸

고지의무의 위반사실이 있더라도 해당 불고지 또는 부실고지된 사항이 보험사고의 발생 전에 소멸한 경우는 해지권 행사가 제한된다.[193] 불고지 또는 부실고지된 사항이

해당하는 경우에만 그 불고지를 들어 계약 전체를 실효시키거나 취소할 수 있다)

185) 박세민 202면; 임용수 114-115면; 장덕조 131면

186) 여기서 일부해지라는 표현을 사용했지만, 민법학계에서 일부해지라는 표현이 일반화되어 있지 않으며, 해지권의 제한이 더 적절할 수 있다. 다만 이해의 편의를 위해서 전부해지, 일부해지라는 표현을 사용했다. 일부해지라는 용어를 사용한 경우로는 임용수 114면.

187) Birds, *Modern Insurance Law*, 2013, para 4.1.

188) Ibid., para 7.12.

189) 해지권 포기가 가능하다고 하면서도, 보험계약은 보험단체를 전제로 하는 다수계약이므로 보험단체의 이익을 고려해야 한다고 견해로는, 김은경 199면; 박세민 208면

190) 장덕조 135면; 최기원 201면

191) 최기원 201면

192) 박세민 208면; 손주찬 530면; 장덕조 135면; 최기원 201면

소멸한 것은 하자 치유의 일종이라고 할 수 있다. 불고지 또는 부실고지된 사항이 소멸되면, 위험과 계약의 일치라는 고지의무 제도의 목적이 달성되기 때문에, 해지권을 행사할 수 없도록 하는 것이 타당하다. 만약 고지의무 제도가 보험계약 체결 당시를 기준으로 한 위험과 계약의 일치만을 목적으로 한다면, 해지권보다는 취소권을 부여하는 것이 적절했을 것이다. 하지만 해지권을 부여하고 있는 우리 법제하에서는, 위와 같은 경우 해지권을 제한하는 것이 타당하다고 본다.

vii) 보험자의 귀책사유

고지의무 위반이 보험자 또는 그 대리인의 책임 있는 사유로 발생한 경우에는 해지권 행사가 제한된다.[194] 보험자 또는 그의 대리인이 보험계약자 등이 고지의무를 이행하는 것을 방해하는 경우 이에 해당할 수 있다.[195] 고지의무자가 중요사항에 대해 보험자에 대해 질문하였으나 대답하지 않는 행위,[196] 보험자를 위한 모집종사자(보험설계사, 보험대리상 등)가 중요사항을 임의기재 하는 행위[197] 등이 보험자의 귀책사유에 해당하는 예이다. 전자는 소극적 방해이고, 후자는 적극적 방해에 해당한다고 볼 수 있다. 한편, 보험자를 위한 모집종사자가 중요사항을 불고지 또는 부실고지할 것을 권유[198]한 것만으로는 특별한 사정이 없는 한 보험자의 귀책사유를 인정하기 어렵다.

(3) 보험자의 책임[199]

1) 인과관계와 책임의 문제

상법 655조는 고지의무의 위반 시에 보험자의 보험금지급책임과 관련해서 규정한다. 즉, 보험사고가 발생한 이후에도 보험계약을 해지한 경우에는 보험자가 보험금 지급책임이 없고 이미 지급한 보험금의 반환을 청구할 수 있다(상법 655조 본문). 다만 고지의무를 위반한 사실이 보험사고의 발생에 영향을 미치지 않았음이 입증된 경우에는 보험자가 보험금을 지급할 책임이 있다(상법 655조 단서). 이 상법 655조 단서가 인과관계 특칙이다. 인과관계 특칙에 따르면, 고지의무 위반사실이 보험사고 발생과 인과관계가 있는 경우는 보험자가 보험금지급책임을 부담하지 아니하고, 그 인과관계가 없는 경우는 보험자가 보험계약의 내용대로 보험금지급책임을 부담하는 것이다. 고지의무 위반사실과 보

193) 박세민 208면; 최기원 192면
194) 박세민 207면; 최기원 197면
195) 보험업법 97조 1항 3호가 이러한 행위를 금지하고 있다.
196) 최기원 198면
197) 임용수 123면. 고지의무자의 동의 또는 부탁하에 기재사항만을 대행한 경우는 임의기재라고 할 수 없다(대판 2000.12.22. 99다1352; 임용수 124면).
198) 금융소비자법 21조 5호가 이러한 행위를 금지하고 있다. 이를 위반한 경우 보험자는 사용자책임(금융소비자법 45조)을 부담할 수 있다.
199) 이에 관해서는 한기정, "보험계약상 고지의무와 인과관계에 관한 연구", 민사판례연구34, 2012를 참조

험사고의 발생 사이에 인과관계의 존부에 따라 보험자의 책임이 달라짐을 알 수 있다.

2) 인과관계의 입증책임

고지의무 위반과 보험사고 사이의 인과관계 존부에 대한 입증책임은 누구에게 있는가? 상법 655조 단서의 구조상[200] 보험계약자 측이 인과관계의 부존재에 대한 입증책임을 진다고 봄이 타당하고, 학설도 일치되어 있다. 따라서 보험자의 책임을 주장하는 보험계약자 측이 위 인과관계의 부존재를 입증할 책임이 있는 것으로 해석된다. 판례도 이 점을 분명히 밝히고 있다.[201] 한편, 생명보험표준약관은 보험자가 인과관계의 존재를 입증하라고 정하고 있다(14조 4항).[202] 입증책임은 당사자가 사적자치에 의해 정할 수 있는 것이므로 그러한 약정은 유효하다고 할 것이다.[203] 판례도 그러한 약정을 유효하다고 보고 있다.[204]

3) 인과관계 판단기준에 대한 해석

i) 학설

① 인과관계를 넓게 이해하는 입장

기존의 지배적 학설은 인과관계 부존재를 엄격하게 해석하자는 것으로 보인다. 이러한 견해는 입법론적으로는 인과관계 특칙을 두지 않는 것이 옳다는 입장과 연결되기도 한다(이에 대해서는 바로 뒤에서 소개한다). 인과관계 특칙이 기껏해야 고지의무 위반이 있더라도 보험료 지불이 되어 왔고 보험사고도 그 위반과 무관하게 생긴 것이면 보험자에게 양보를 요구하는 데 불과하므로, 인과관계의 부존재에 대한 입증의 정도를 매우 엄격하게 요구해야 한다는 견해,[205] 인과관계 부존재에 대한 입증책임은 보험계약자가 부담해야 하는 것이고 인과관계의 존부가 의심스러울 때에는 보험자에게 유리하게 적용해야 한다는 견해[206] 등이 그러하다. 또한, 고지하지 않은 "원인"으로 인한 손실을 보상하지 않겠다는 것이 상법 651조의 취지이므로, 조건설적 인과관계가 타당하다는 견해도 있는데,[207] 이 역시 상당인과관계에 한정하지 않는다는 점에서 인과관계를 넓게 보는 입장

---

200) 즉 상법 655조 본문은 해지 이전 보험사고에 대한 보험자의 면책을 원칙으로 규정하고, 655조 단서는 위 인과관계가 없음이 입증되면 예외적으로 보험자의 책임을 인정하는 규정 방식을 취한다.

201) 대판 1992.10.23. 92다28259; 대판 2014.3.13. 2013다91405; 대판 2025.1.9. 2024다272941

202) 인과관계 특칙이 타당한지 의문이 있으므로, 이러한 약관의 태도는 부당하며 개정되어야 한다는 견해가 있다(김선정, "보험계약상 고지의무에 관한 최근판례와 연구동향", 상사법연구14-2, 1995, 285면).

203) 이석웅, "고지의무 위반과 보험사고의 발생과의 인과관계", 대법원판례해설1997하반기, 178면

204) 대판 1997.10.28. 97다33089

205) 김용균, "보험사고의 발생과 고지의무위반과의 인과관계", 대법원판례해설1992하반기, 377면. 이균성, "고지의무의 위반과 인과관계", 민사판례연구17, 1995, 230면도 같은 취지이다.

206) 양승규 127면

이다.

② 인과관계를 좁게 이해하는 입장

위와 같이 지배적 학설은 인과관계를 넓게 보아 특칙을 엄격하게 적용하는 입장이지만, 이에 반대하여 현재의 상황으로는 보험소비자 보호를 위하여 상법 655조 단서를 적용해야 할 것은 적용해야 하고, 현행법의 해석으로 인과관계의 존부에 대하여 판례처럼 인과관계를 조금이라도 엿볼 수 있으면 인과관계가 있다고 보는 것은 문제가 있다는 지적도 있다.[208]

ii) 판례

① 인과관계를 넓게 이해

일반적으로 인과관계라고 하면 상당인과관계를 떠올리기 쉽다. 하지만, 판례가 고지의무와 관련하여 취한 인과관계의 정도는 상당인과관계와 상당한 거리가 있다. 판례는 일관되게 인과관계 부존재를 엄격하게 해석한다. 즉, 인과관계의 존재를 '조금이라도 엿볼 수 있는 여지가 있으면'[209] 또는 '조금이라도 인정할 여지가 있으면',[210] 인과관계를 인정하는 데 충분하다는 것이다. 즉 판례는 상법 655조 단서의 해석상 고지의무 위반사실과 보험사고 발생과의 인과관계가 부존재하다는 점에 관한 입증책임은 보험계약자 측에 있다 할 것이므로, 만일 그 인과관계의 존재를 조금이라도 엿보거나 인정할 있는 여지가 있으면 상법 655조 단서는 적용되어서는 안 된다는 입장이다. 이는 상당인과관계보다는 훨씬 넓은 개념으로 이해된다. 이러한 판례의 태도에 대하여 이 경우의 인과관계만 일반적 민사 법률관계에서의 인과관계와 달리 유독 넓게 인정할 필요가 있는지 의문이 제기될 수 있다.

② 사례

(a) 대표적 판례인 대판 1992.10.23. 92다28259를 사례로 살펴보자. 이 사건에서 갑은 보험자와 사이에 직장인 상해보험계약을 체결하면서 피보험자를 갑, 보험수익자를 을로 약정했는데, 이 보험은 피보험자가 사망한 경우 4천만 원의 지급을 기본으로 하고, 교통사고로 사망하면 8천만 원을 보험금으로 지급하게 되어 있었으며, 갑은 이 사건 보험계약의 체결 당시인 1990.5.29.에 서울의 유흥업소에서 접대부로 종사하고 있었는데

207) 정진세, "고지의무 위반과 인과관계", 상사법연구－정진세교수정년기념, 2001, 435면. 이 견해는 채무불이행 또는 불법행위의 경우 통설인 상당인과관계론은 고의 또는 과실로 인한 손해로 가해자의 책임범위를 조정하는 데 그 취지가 있지만, 고지하지 않은 "원인"으로 인한 손실을 보상하지 않겠다는 것이 상법 651조의 취지이므로 고지의무 위반의 경우는 상당인과관계론을 적용하는 것이 부적당하다고 한다. 하지만, 채무불이행 또는 불법행위에서 상당인과관계는 가해행위 자체와 손해 사이의 논의이지 고의 또는 중과실에 대한 것은 아니라는 점에서 의문이다.

208) 최병규, "고지의무에 관한 종합적 검토", 경영법률9, 1999, 306면

209) 대판 1992.10.23. 92다28259; 대판 1994.2.25. 93다52082; 대판 1997.10.28. 97다33089

210) 대판 2025.1.9. 2024다272941

(1990.5.중순-1990.6.), 이 사건 보험계약을 체결함에 있어 직업을 '가사(주부)'라고 허위로 고지하였다. 이후 갑은 일본 동경으로 가서 생활하다가 1990.11.21.에 시내 노상에서 승용차에 치어 사망하였다. 보험자는 갑이 보험계약 체결 당시 접대부로 종사하였음을 이유로 갑의 상속인에게 위 보험계약의 해지를 통지하였다.

원심은 갑이 접대부로 종사하였던 사실과 그의 사망 사이에는 아무런 인과관계가 없고, 또한 경험칙에 비추어 이런 교통사고가 일본의 실정상 야간에 번화가에서 접대부 내지 직장여성에게 보다 빈번하게 발생한다고 보이지 않으므로 위 고지의무 위반사실이 위 교통사고의 발생에 영향을 미치지 아니하였다고 할 것이라고 판시했다.

하지만 대법원은 이 사건 사고의 발생과 피보험자 직업에 관한 고지의무 위반사실과의 사이에 전혀 인과관계가 존재하지 않는다고 단정할 수는 없다고 하였다. 그 근거는, 갑이 국내에서 접대부로 종사한 경력을 지닌 부녀자로서 사망 당시에도 동경 시내의 유흥업소가 밀집한 지역에서 심야에 차도를 보행하다가 교통사고를 당하게 된 경위에 비추어, 그가 사망 직전에도 유흥업과 관련한 접대부로 종사하고 있었을 가능성이 있다고 전제하고, 그렇다면 갑의 교통사고로 인한 사망사고가 그 발생시각이나 장소 등 특수한 사정으로 미루어 볼 때 접대부의 종사활동에 기인한 것이라고 볼 여지가 충분하기 때문이라고 하였다.

(b) 최근 판례인 대판 2025.1.9. 2024다272941을 사례로 살펴보자. 이 사건에서 갑은 보험자와 피보험자를 갑의 약혼자인 을로, 보험수익자를 갑으로 하는 보험계약을 체결하면서, 을이 보험계약 체결 직전 입원치료를 받은 사실과 보험계약 체결 당일 진료의뢰서를 발급받은 사실이 있는데도, 보험계약 청약서의 '계약 전 알릴 의무' 중 '최근 3개월 이내에 의사로부터 진찰 또는 검사(건강검진 포함)를 통하여 의료행위를 받은 사실이 있습니까?'라는 질문에 대해 "아니오"라고 답변하였다. 그런데 위 진료의뢰서에는 을의 백혈구 수치, 혈소판 수치, 혈액 염증 수치가 지속적으로 높게 확인된다는 내용이 기재되어 있었고, 을은 위 진료의뢰서 발급 시점으로부터 약 4개월이 경과한 후에 이 사건 보험계약이 정한 보험사고에 해당하는 '만성 골수성 백혈병' 진단을 받았다. 이러한 보험사고가 발생하여 갑이 보험금을 청구하자, 보험자는 고지의무 위반을 이유로 보험계약을 해지한다는 통지를 하고 보험금 지급을 거절하였다.

원심은 위 진료의뢰서상 피보험자의 백혈구, 혈소판 등 수치가 높게 확인된다는 기재가 있고 이러한 증상이 만성 골수성 백혈병을 의심하는 지표 중 하나라 하더라도, 이것만으로 갑의 고지의무 위반과 이 사건 보험사고 발생 사이에 인과관계가 인정된다고 보기는 어렵다고 판시하였다.[211)]

---

211) 부산지법 2024.7.18. 2023나58718(이 사건 진료의뢰서를 발급한 의사는 당시 피보험자에게 만성 골수성

하지만 대법원은 고지하지 않은 입원치료 사실 및 진료의뢰서 발급 사실과 이 사건 보험사고 발생 사이에 인과관계가 존재함을 인정할 여지가 있으므로, 갑이 고지의무를 위반한 사실이 이 사건 보험사고 발생에 영향을 미치지 않았다는 점이 증명되었다고 보기 어렵다고 판시했다. 그 근거는, 진료의뢰서에 기재된 백혈구 및 혈소판 수치의 지속적 증가는 만성 골수성 백혈병을 의심할 수 있는 주된 지표이고, 위와 같은 4개월가량의 시간적 간격이 백혈구 및 혈소판 수치의 증가와 만성 골수성 백혈병 사이의 인과관계를 전혀 인정할 수 없을 정도로 장기간이라고 볼 수 없기 때문이라고 하였다.

iii) 결론

① 인과관계를 넓게 인정하는 것이 타당

판례는 상법 655조 단서와 관련해서 매우 넓은 인과관계 기준을 사용하고 있고, 이는 일응 상당인과관계보다는 훨씬 넓은 것으로 이해된다. 이 경우의 인과관계만 다른 경우와 달리 유독 넓게 인정할 필요는 없다는 반론이 제기될 수 있다. 하지만 이렇게 인과관계를 넓게 이해하는 방향이 옳다고 생각한다. 고지의무의 특성상 상법 655조 단서의 인과관계는 상당인과관계로 제한되기 어렵기 때문이다. 그리고 상법 655조의 인과관계는 '확률적' 인과관계로 보고자 한다. 그 이유는 다음과 같다.

② 확률적 인과관계론의 타당성 및 논거

민사법률관계에서 인과관계라고 하면 통상 상당인과관계를 말하는데, 여기의 인과관계는 책임귀속의 문제이다. 즉 엄밀하게 말하자면 상당인과관계는 손해배상책임의 존부와 범위를 판단하기 위한 것이다. 손해배상책임론에서는 채무불이행 또는 불법행위시 행위자의 가해행위와 손해 사이의 관계를 개별적·구체적으로 판단하여 책임귀속을 어느 범위까지 할 것인지의 문제가 인과관계의 문제이다. 통설 및 판례가 따르는 상당인과관계설은 행위와 사실적 또는 자연적 인과관계에 있는 결과에 관한 법적 가치판단을 함으로써 상당인과관계를 확정하고 유책범위를 정하는 과정을 취한다. 또한 사실적 또는 자연적 인과관계에 관해서는 확실성 있는 증명을 요구한다. 조건설(그것이 없었더라면 결과가 발생하지 않았을 모든 조건을 원인으로 파악하는 입장)은 인과관계가 무한히 확대될 수 있다는 단점이 있으므로, 이를 적절하게 제한하기 위한 이론이 상당인과관계설이라고 설

백혈병이 의심될 만한 증상이 없었고, 기저 요로감염에 의한 반응성 혈액이상으로 판단하였으나 지속적인 이상 소견으로 상급병원 진료를 의뢰하였다는 소견을 밝힌 사실을 인정할 수 있다. 이에 피보험자가 종전부터 요로감염, 급성 신우신염으로 여러 차례 치료를 받아왔고, 이 사건 진료의뢰서 발급 직후에도 어떤 병원에 입원하여 급성 신우신염 등으로 치료를 받은 점, 그로부터 3개월 이상 경과한 시점에서야 피보험자가 만성 골수성 백혈병 진단을 받은 점을 더하여 살펴보면, 설령 이 사건 진료의뢰서상 피보험자의 백혈구, 혈소판 등 수치가 높게 확인된다는 기재가 있고 이러한 증상이 만성 골수성 백혈병을 의심하는 지표 중 하나라 하더라도, 이것만으로 보험계약자의 고지의무 위반과 이 사건 보험사고 발생 사이에 인과관계가 인정된다고 보기는 어렵다고 판시하였다)

명된다.

그러나 고지의무에서의 인과관계는 책임귀속의 문제가 아니다. 고지의무의 대상이 되는 중요사항이란 일정기간 동안 보험사고의 발생과 그 원인을 경험적·통계적으로 파악하고 인수 여부나 계약조건에 영향을 미칠 만한 사항에 해당하는 것을 가리키는 것이다. 어떤 원인의 존재로 인하여 해당기간 중에 보험사고의 발생률이 유의미하게 증가하는 것으로 파악되면 해당 원인은 중요사항으로 분류될 것이다. 그 원인이 개별적·구체적 보험사고의 발생에 어떤 영향을 미쳤는지는 묻지 않고, 일정기간 동안 해당 원인이 보험사고의 발생률 증가에 유의미한 영향을 미친 것이 되면, 중요사항이 되는 것이다. 다시 말하면, 중요사항은 확률과 개연성의 문제이다.

고지의무에서 인과관계는 특정한 보험사고가 발생한 후 보험자를 면책시킬 것인지와 관련된다. 그러므로 이 단계에서는 고지의무 위반사실과 일반적인 보험사고 발생률의 관계 문제가 아니라, 고지의무 위반사실과 당해 특정한 보험사고와의 관계 문제이다. 따라서 고지의무 위반사실이 이미 발생한 보험사고와 '같은 종류'의 보험사고 발생률을 높이는 것인지가 관건이 된다. 이를 일응 '개연성' 또는 '확률적 인과관계'[212]라고 부를 수 있을 것이다. 이에 따르면 만약 어떤 고지의무 위반사실이 이미 발생한 보험사고와 같은 종류의 보험사고 발생률을 높이는 것이라면 상법 655조 단서의 인과관계는 인정될 수 있고, 이와 달리 만약 어떤 고지의무 위반사실이 이미 발생한 보험사고와 다른 종류의 보험사고 발생률을 높이는 것에 그친다면 상법 655조 단서의 인과관계는 인정될 수 없다고 보게 된다.

확률적 인과관계는 조건설적 인과관계와도 다른 것이다. 조건설은 그것이 없었더라면 결과가 발생하지 않았을 모든 조건을 원인으로 파악하는 입장인데, 두 가지 측면에서 이와는 다르다고 생각한다. 첫째, 조건설이 인과관계를 넓게 파악하는 입장이기는 하지만, 어디까지나 개별적·구체적 상황을 전제로 해서 실제로 사실적 인과관계가 있는지를 파악하는 것이다. 확률과 개연성을 본질로 하는 보험의 특성상 당해 사안의 개별적·구체적 상황에서의 인과관계를 따지는 것은 적합하지 않다고 생각된다. 둘째, 조건적 인과관계에 있더라도 당해 중요사항을 통해 보험자가 측정하고자 한 위험과 무관한 종류의 위험이 발생한 것이라면 이는 인과관계가 부정되어야 할 것이다. 보험자가 당해 중요사항을 앎으로써 어떠한 종류의 위험에 대처하려고 했는지도 함께 살펴야 한다는 것이다.

확률적 인과관계의 적용 사례를 보자. 가령 질병과 상해를 보장하는 보험에서 오토바이를 운전한다는 사실을 부실고지한 경우를 가정해 본다. 오토바이 운전은 상해의 발

---

212) 환경소송과 관련하여 주장되는 이른바 '역학적 인과관계'가 이러한 확률적 인과관계의 일종일 것이다. 물론 환경소송에서는 피해자의 입증부담을 경감시켜 가해자에게 엄격한 책임을 지우려는 의도에서 제기된 이론이므로 고지의무의 인과관계와는 방향이 다르다.

생률을 높이는 중요사항이지만 질병과 관련해서 그렇지는 않다. 따라서 만약 상해가 발생했다면 고지의무 위반사실과 인과관계가 인정되어서 보험자가 면책되지만, 만약 질병이 발생했다면 인과관계가 인정되지 않아서 보험자가 보상책임을 지게 된다고 해석하게 된다. 또한, 고혈압으로 진단 및 투약을 받은 사실을 부실고지한 경우 보험사고인 백혈병의 발생과는 인과관계가 인정되지 않는다고 할 것이다.[213)]

③ **판례에 대한 비판**

전술한 대판 1992.10.23. 92다28259에서 대법원은, 당해 사항을 고지하도록 하는 것이 어떠한 위험을 측정하기 위한 것인지를 고려하지 아니한 채, 단순한 조건적 인과관계를 적용하고 있는 것으로도 보인다. 즉, '유흥접객원이 아니었다면 심야에 일본의 번화가에 있지 않았을 것이고 교통사고를 당하지 않았을 것이다'라는 논리에 기반을 둔다.

이렇게 조건적으로 접근한 듯한 대법원의 판단보다는, 보험사고 발생률의 문제로 접근한 원심의 판단이 고지의무에 관한 인과관계의 성격에 더 부합하는 것으로 보인다. 하지만, "이러한 사정만으로는 달리 경험칙상 이러한 교통사고가 일본국 실정상 야간에 번화가에서 접대부 내지 직장여성에게 보다 빈번하게 발생한다고 보여지지 아니하는"이라고 한 원심판결도 전문적 경험칙에 대한 입증이 부족하다고 비판받을 수 있다. 즉 유흥접객원이 전업주부보다 교통사고를 당할 확률이 높다는 점은 전문적 경험칙에 해당하는 것으로서 일반상식으로는 판단하기 어렵다. 특히 직업을 고지하도록 하는 것이 당해 보험사고가 일어난 특정한 시간에 특정한 장소에 있을 가능성을 측정하기 위한 것은 아니기 때문에 더욱 그러하다. 즉, 위 사안에서 상법 655조 단서의 인과관계는 부존재하는 것으로 사실상 추정되고, 이 추정을 번복하려면 보험자가 그 확률적 인과관계를 적극적으로 입증해야 한다고 봄이 타당하다.

물론 이에 대해서는 인과관계의 부존재에 대한 입증책임이 보험계약자에게 있음을 지적하는 반론도 있을 것이다. 보험계약자가 부담해야 하는 입증책임은 사실문제에 한정된다. 피보험자가 사망 직전 유흥업과 관련한 업무에 종사하고 있었는지는 사실문제로서 종사하고 있지 않았다는 점은 보험계약자가 입증해야 한다. 하지만, 위에 언급한 전문적 경험칙은 법률문제로서 보험계약자에게 입증책임이 있다고 볼 수 없다.[214)] 입증책임은 심리결과 사실관계가 진위불명(眞僞不明)의 상태에 빠졌을 때 패소의 위험을 누구에게 부담시킬 것인가의 문제이지, 경험칙의 성격 자체를 바꾸어 놓을 문제는 아닐 것이다. 보험계약자에게 입증책임이 있다는 것이, 고지의무 위반사실이 당해 보험사고의 발생 가능성을 높인다는 점에 대한 개연성이나 관련성을 인정하기 어려운 경우에까지 보험계약자

---

213) 대판 2010.7.22. 2010다25353

214) 대판 1970.10.23. 70누117도 경험칙은 법률문제라고 판시하였다.

에게 불리하게 판단하여야 하거나, 아니면 보험계약자가 관련성을 인정하기 어려운 단순한 조건적 인과관계까지 모두 배제하도록 입증할 것을 요구하는 의미는 아닐 것이다.

4) 다른 보험계약의 존재와 인과관계

만약 다른 보험계약의 존재를 중요사항으로 본다면(이에 관해서는 전술한 중요사항 참조), 다른 보험계약의 존재에 대한 고지의무 위반과 보험사고 발생 사이의 인과관계가 인정될 수 있는지 문제된다. 이에 대해서는 부정하는 것이 다수설이다. 이는 상법 655조 단서 삭제론으로 연결된다.

다수설은 다른 보험계약의 존재와 사고 발생 사이에는 인과관계가 있을 수 없으므로, 이에 관한 고지의무 위반에 대해서는 언제나 보험자가 보험금 지급책임을 지게 되는데, 그러한 결과가 부당하다는 것이다. 예컨대, 방화사고의 전과사실이나 다수의 보험계약 존재 등은 도덕적 위험에 속하고, 이러한 사항은 중요사항으로서 근본적으로 그 위험의 인수여부와 관련되어 있는데, "보험계약자나 피보험자의 도덕적 위험 측정에 관련된 사항 예컨대 '다수의 보험계약'의 불고지인 경우에는 그 성질상 인과관계의 존부는 있을 수 없다"고 하면서, 상법 655조 단서조항은 부당한 것이라는 견해,[215] 또는 중복보험 통지의무를 상법상 고지의무로 파악한다면 상법 655조 단서에 의해 인과관계를 따지게 되는데, 중복보험의 불통지와 보험사고의 발생은 항상 인과관계가 없다는 점을 고려하면 문제가 있으며, 인과관계를 요구하지 않는 방향으로 법을 개정할 필요가 있다는 견해[216] 등이 이에 해당한다.

이와 달리, 보험계약자가 다른 보험계약의 존재와 보험사고의 발생 사이에 아무런 인과관계가 없다는 점을 입증할 수 없다고 할 것이므로, 인과관계의 부존재를 이유로 보험자가 보험금지급책임을 지게 되지는 않는다는 견해가 있다.[217] 이 견해는 인과관계의 존재를 긍정한다기보다는 소극적 측면에서 접근하여 부존재를 입증하기 어렵다는 입장이다.

생각건대, 다수의 다른 보험계약 가입사실이 중요사항으로 인정될 수 있는 경우에,[218] 상법 655조 단서의 인과관계를 전술한 확률적 인과관계로 파악한다면, 다수의 다른 보험계약 가입사실과 보험사고 발생 사이에는 당연히 인과관계가 인정될 것이다.

---

215) 김선정, "보험계약상 고지의무에 관한 최근판례와 연구동향", 상사법연구14-2, 1995, 283면
216) 최병규, "고지의무에 관한 종합적 검토", 경영법률9, 1999, 322-323면
217) 양승규, "다른 보험계약의 존재사실에 대한 고지의무", 손해보험, 2002.3, 75면
218) 고지대상인 중요사항 부분에서 상술한 바와 같이, 정액형의 인보험에서 특별한 사정이 있는 경우에 한하여 다른 보험계약의 존재가 중요사항으로 인정될 수 있다고 본다.

5) 상법 655조 단서 삭제 여부에 관한 입법론적 논쟁

입법론의 차원에서 상법 655조 단서를 삭제해야 한다는 입장과 그대로 유지해야 한다는 입장이 대립한다.

i) 유지론

인과관계의 특칙이 수행하는 보험계약자 보호 기능을 중시하여 이를 유지하자는 입장이 있다. 즉, 인과관계 특칙은 '보험자와 보험계약자 사이에 이해관계의 조정'을 기도한 것이고,[219] 인과관계 특칙이 '보험계약자와 피보험자를 보호'하는 측면이 있으며,[220] 현행 보험모집의 현실 등을 고려할 때 보험계약자 보호를 위해서는 인과관계 특칙을 삭제하는 것은 시기상조[221]라는 것이다.

ii) 삭제론

그러나 삭제하자는 입장도 적지 않게 발견된다(다수설). 삭제론은 인과관계 특칙이 보험계약자의 이익을 지나치게 보호하고 있다는 점을 공통적으로 지적한다. 구체적 논거를 종합하여 보면 다음과 같다. 특히 첫째에서 셋째는 삭제를 주장하는 입장에서 대체로 공통적으로 제시하는 논거이다.[222]

첫째, 고지의무는 보험자가 불량위험을 사전에 배제시키기 위한 것인데 보험사고의 발생 원인을 사후적으로 문제 삼는 것은 모순이다.

둘째, 보험계약자가 사전에 제대로 고지하였다면, 계약이 맺어지지 아니하였을 경우도 있을 것인데, 그 경우와 균형이 맞지 않는다.

셋째, 보험계약자가 사전에 제대로 고지하였다면 적어도 동일한 계약내용으로는 보험계약이 체결되지 않았을 것이라는 점에 해지권이 인정되는 기초가 있는데, 인과관계가 없음을 이유로 보험자의 책임을 인정하는 것은 논리적 일관성이 없다.

넷째, 보험계약의 선의성 및 보험단체성에 반한다. 고지의무위반에 따르는 불이익의 유무를 우연한 사정에 의하여 결정하게 되고, 불량계약자에게 다른 선량한 계약자와 동일한 보험 보호를 부여하는 불공평한 결과를 초래하기 때문이다.[223]

---

219) 정진세, "고지의무 위반과 인과관계", 사법행정35-10, 1994, 85면

220) 최준선, "고지의무와 인과관계", 판례월보, 1995.2, 23면. 그래서 1991년 상법 보험편 개정 대상에서 빠진 것이라고 한다.

221) 박세민, "상법 제655조 조문의 문제점과 해석방향", 고시연구, 2006.3, 27면

222) 김성태 230면; 김재걸, "고지의무위반에 의한 계약해지의 효력에 대한 일고찰", 21세기 상사법의 전개-하촌정동윤선생화갑기념논문집, 1999, 579면; 양승규 126면; 이균성, "고지의무의 위반과 인과관계", 민사판례연구17, 1995, 229면; 이석웅, "고지의무 위반과 보험사고의 발생과의 인과관계", 대법원판례해설 1997하반기, 176면; 장덕조 132면; 최병규, "고지의무에 관한 종합적 검토", 경영법률9, 1999, 306면

223) 김용균, "보험사고의 발생과 고지의무위반과의 인과관계", 대법원판례해설1992하반기, 377면; 전우현, "보험계약상 고지의무와 인과관계", 보험금융연구12-3, 2001, 22면 및 29면도 같은 취지이다.

다섯째, 보험제도 운영의 기본원리를 무시하고 일반 민사법적인 손해배상이론을 그대로 보험관계에 적용한 것이다. 보험제도란 위험의 동질화를 통하여 수입보험료의 총액과 지급보험금의 총액 사이에 균형을 도모해야 하고, 고지의무는 이를 담보하기 위한 장치이기 때문이다.[224]

여섯째, 주관적 위험의 경우에 불합리한 결과가 발생한다. 고지의무 위반과 보험사고의 발생 사이에 인과관계를 인정하기 어려운 도덕적 위험의 경우, 인과관계 특칙을 삭제하지 않으면, 보험자가 항상 보험금지급책임을 져야 하기 때문이다.[225]

iii) 삭제론 비판

① 생각건대, 현행법하에서는 인과관계 특칙을 유지하는 것이 옳다고 본다. 삭제론은 인과관계가 없는 보험사고에 대해서는 보험금 지급책임을 인정하는 입법적 태도에 대한 비판인데, 결국 보험자는 고지의무 위반사실을 알았더라면 보험계약을 체결하지 않았을 것이므로 이와 비교하면 보험자에게 불리하고, 고지의무를 이행한 다른 보험계약자와의 관계에서도 불공평하다는 것으로 요약될 수 있다. 다른 논거들은 대체로 이러한 점으로부터 파생된 것이다. 하지만 삭제론은 중요사항이 조건변경사유에 불과한 경우에는 타당성을 인정하기 어렵고, 또한 중요사항이 인수거절사유에 해당하는 경우에도 보험계약자에게 적정한 정도의 보험보호를 부여하고 보험자와의 사이의 이해관계 조절을 위해서 인과관계의 특칙이 필요하다는 반론이 가능하다. 여기서 인수거절사유는 고지의무를 위반한 중요사항이 보험자가 이를 알았더라면 계약의 체결을 거절하였을 사유를 말하고, 조건변경사유는 동일한 조건으로는 계약을 체결하지 아니하였을 사유를 가리킨다.

② 먼저, 중요사항이 조건변경사유에 해당하는 경우를 보자. 조건변경사유라면 고지의무 위반이 없었을 때와 비교할 때 보험자가 더 불리해지지도 않고, 고지의무를 위반한 보험계약자가 그렇지 않은 보험계약자에 비해 더 유리해지지도 않는다. 계약조건변경은 대개 보험료를 증액하거나 면책사유를 추가하는 방식으로 이루어질 것이다. 구체적으로 나누어 살펴보자.

첫째, 보험료 증액사유라면 보험료가 증액되어 보험계약이 유효하게 체결되었을 것이고 보험자는 언제나 보험금지급책임을 부담한다. 반면 고지의무 위반으로 계약을 해지하면 보험자는 인과관계가 없는 경우에만 보험금지급책임을 진다. 그러므로 고지의무를 위반한 보험계약자가 더 불리하다(다만, 인과관계가 없어서 보험금청구권이 발생하는 경우에는 더 낮은 보험료를 내고도 동일한 보험금을 받게 되었다는 한도에서 보험계약자가 유리하다).

---

224) 이균성, "고지의무의 위반과 인과관계", 민사판례연구17, 1995, 228-229면

225) 최병규, "고지의무에 관한 종합적 검토", 경영법률9, 1999, 323면

둘째, 면책사유라면 면책사유가 추가되어 보험계약이 유효하게 체결되었을 것이고 보험자는, 면책사유에 해당하지 않는 한, 보험금 지급책임을 부담한다. 반면 고지의무 위반으로 계약을 해지하면 보험자는, 인과관계가 없는 경우에만 보험금지급책임을 진다. 앞서 본 바와 같이 면책사유의 (소급적인) 추가와 인과관계 요건은 유사한 기능을 수행하므로, 이 경우에는 양자를 비교했을 때 유사한 결과가 나온다고 할 수 있다. 다만, 현재 판례는 면책사유에 관해서는 보험사고 발생의 유일하거나 결정적인 원인일 것을 요구하는 반면,[226] 상법 655조 단서에서 인과관계는 넓게 보므로, 이 점에서 고지의무를 위반한 쪽이 보험계약자에게 다소 불리하다.

이상을 보면, 인수거절사유가 아닌 한, 고지의무 위반이 없는 경우 전개될 법률관계와 비교할 때, 현행법에 따른 고지의무 위반의 효과가 전반적으로 보험계약자에게 불리하다는 평가가 가능하다. 현행법이 조건변경사유인 경우에도 계약조건의 변경으로 해결하는 것이 아니라 계약을 해지하도록 하고 있기 때문에 이러한 결과가 나오게 되는 것이다.[227] 이런 상황에서 인과관계 요건을 두는 것으로 인해 고지의무를 위반한 보험계약자가 불공평한 특혜를 받는다고 단정할 수는 없는 것이다. 그러므로 단순한 조건변경사유에 대해서도 보험자에게 해지권이 부여된다는 점을 도외시한 채, 인수거절사유에 대해 인과관계 요건이 보험자에게 불리하게 작동하는 점을 지적하는 것은 타당하지 않다.

③ 다음, 중요사항이 인수거절사유에 해당하는 경우를 보자. 비록 인수거절사유라고 해도 그와 인과관계가 전혀 없는 보험사고에 대해 보험자가 보상책임을 지는 것은 보험계약자 보호를 위해 어느 정도는 필요한 것이라고 생각된다. 보험자는 인수거절사유와 전혀 무관한 보험사고와 관련해서는 보험료를 수령하였고, 계약이 해지되더라도 이를 반환할 필요가 없다는 점에서 수령한 보험료와 부보하는 위험 사이의 균형이 맞는다고 볼 수 있기 때문이다. 즉, 인과관계 특칙은 인수거절사유와 관련하여서도, 보험계약자에게 적정한 정도의 보험보호를 부여하고 보험자와 사이의 이해관계 조절을 위해 필요한 요건이다. 또한 사기에 이른 경우에는 민법에 따라 취소할 수 있고 이 경우에는 보험사고 발생과의 인과관계에 상관없이 보험자는 보험금 지급의무를 면한다. 따라서 결과적으로 사기에 이르지 않은 정도의 고의의 경우에만 인과관계를 요구하는 것이므로 보험계약의 선의성이나 도덕적 위험 방지의 문제가 크다고 보기 어렵다.

---

226) 대판 2004.8.20. 2003다26075(보험약관에서 피보험자 등의 고의에 의한 사고를 면책사유로 규정하고 있는 경우 보험사고의 발생에 기여한 복수의 원인이 존재하는 경우, 그중 하나가 피보험자 등의 고의행위임을 주장하여 보험자가 면책되기 위해서는 그 행위가 단순히 공동원인의 하나이었다는 점을 입증하는 것으로는 부족하고 피보험자 등의 고의행위가 보험사고 발생의 유일하거나 결정적 원인이었음을 입증하여야 할 것이다)

227) 인수거절사유와 조건변경사유를 가리지 아니하고 해지권이 인정된다는 점에서 우리 법제에는 이미 고지의무를 위반한 보험계약자에 대한 제재적 요소가 충분히 가미되어 있는 것이다.

④ 마지막으로, 삭제론에서는 인과관계 요건이 주관적 위험과 관련하여 부당한 결과를 발생시키므로 삭제하여야 한다고 주장한다. 즉, 주관적 위험에 관한 사항을 고지하지 않은 경우에 인과관계가 없어 보험금 지급책임을 지게 되는 결과가 부당하다는 것이다. 그러나 주관적 위험의 불고지·부실고지 시에 보험자가 면책되는 것이 타당하다는 전제에 대해서는 의문이 있다. 또한 만약 주관적 위험을 방지하기 위한 장치가 필요하다면 별도의 규율을 통해서 그 수단이 강구되어야 할 것이지, 이를 위해 고지의무 일반에 관하여 인과관계 요건을 없앨 필요는 없을 것이다. 일본의 보험법 제정 시에도 이러한 방향으로 결론이 내려졌음을 참조할 필요가 있다.228)

(4) 사기와 착오의 경합적용 문제

1) 문제 상황

고지의무 위반은 민법상 사기 또는 착오의 요건도 충족시키는 경우가 있다. 즉 고지의무의 대상인 중요사항이 불고지 또는 부실고지된 경우, 이러한 불고지 또는 부실고지에 기초하여 보험자가 보험계약 체결을 승낙하는 의사표시를 하게 되면, 이것이 민법상 사기 또는 착오에 의한 의사표시에 해당하는 경우가 있을 수 있다.229)

먼저, 보험계약자가 보험계약을 체결하면서 보험자를 기망할 의사로 중요사항을 불고지 또는 부실고지하고, 이로 인하여 착오에 빠진 보험자가 보험계약 체결을 승낙했다면, 보험자가 행한 승낙의 의사표시는 민법 110조가 규정하는 사기에 의한 의사표시에 해당할 수 있다. 사기에 의한 의사표시를 한 표의자는 그 의사표시를 취소할 수 있다.

다음, 보험계약자가 보험계약을 체결하면서 중과실로 중요사항을 불고지 또는 부실

---

228) 法務省民事局參事官室, "保險法の見直しに關すする中間試案るの補足說明", 保險法立案關係資料(萩本修 編著, 商事法務, 2008), 92면

229) 참고로, 고지의무 위반이 민법상 사기가 된다고 해서 당연히 형법상 사기죄(347조)에 해당하는 것은 아니다. 형법상 사기죄에서는 상대방을 기망하여 금전을 편취하려는 고의가 있어야 하기 때문이다(통설). 판례도 같다. 대판 2012.11.15. 2010도6910(보험계약자가 상법상 고지의무를 위반하여 보험자와 생명보험계약을 체결한다고 하더라도 그 보험금은 보험계약의 체결만으로 지급되는 것이 아니라 우연한 사고가 발생하여야만 지급되는 것이므로, 상법상 고지의무를 위반하여 보험계약을 체결하였다는 사정만으로 보험계약자에게 미필적으로나마 보험금 편취를 위한 고의의 기망행위가 있었다고 단정하여서는 안 된다. 더 나아가 보험사고가 이미 발생하였음에도 이를 묵비한 채 보험계약을 체결하거나 보험사고 발생의 개연성이 농후함을 인식하면서도 보험계약을 체결하는 경우 또는 보험사고를 임의로 조작하려는 의도를 갖고 보험계약을 체결하는 경우와 같이 그 행위가 '보험사고의 우연성'과 같은 보험의 본질을 해할 정도에 이르러야 비로소 보험금 편취를 위한 고의의 기망행위를 인정할 수 있다); 대판 2017.4.26. 2017도1405(특히 상해·질병보험계약을 체결하는 보험계약자가 보험사고 발생의 개연성이 농후함을 인식하였는지 여부는 보험계약 체결 전 기왕에 입은 상해의 부위 및 정도, 기존 질병의 종류와 증상 및 정도, 상해나 질병으로 치료받은 전력 및 시기와 횟수, 보험계약 체결 후 보험사고 발생 시까지의 기간과 더불어 이미 가입되어 있는 보험의 유무 및 종류와 내역, 보험계약 체결의 동기 내지 경과 등을 두루 살펴 판단해야 한다)

고지하고, 이로 인하여 착오에 빠진 보험자가 보험계약 체결을 승낙했다면, 보험자가 행한 승낙의 의사표시는 민법 109조가 규정하는 착오에 의한 의사표시에 해당할 수 있다. 고지의무의 대상인 중요사항은 원칙적으로 동기의 착오에 불과하므로, 민법 109조의 착오에 해당하지 않지만 예외적으로 계약당사자가 중요사항을 보험계약의 중요부분으로 삼은 때에는 그 사실에 관하여 착오가 성립될 수 있다.[230] 보험자가 질문표에 질문하고 보험계약자 등이 이에 응답한 경우 동기가 표시된 것이라고 보아야 하고, 이에 관해서는 착오가 성립될 수 있을 것이다. 또한 착오에 의한 의사표시는 법률행위의 중요부분에 착오가 있어야 하는데, 고지의무의 대상인 중요사항에 관한 착오는 이에 해당할 수 있다.[231] 그리고 착오에 의한 의사표시를 한 표의자는, 그의 착오가 자신의 중과실로 생긴 것이 아닌 한, 그 의사표시를 취소할 수 있다.

2) 논의의 필요성 및 실익

고지의무에 관한 상법 651조가 착오 또는 사기에 관한 민법 109조, 110조와 병존관계인지 배척관계인지가 문제된다. 즉 보험계약자 등이 중요사항을 불고지 또는 부실고지하여 상법 651조의 요건이 충족되고, 한편으로 착오에 관한 민법 109조, 또는 사기에 관한 110조의 요건도 충족시키는 경우, 양자가 경합적용되어서 어느 것이든 요건을 입증하여 권리를 주장하면 되는지(경합적용설 또는 중복적용설), 아니면 상법 651조가 단독적용 되는지(상법단독적용설)가 다투어진다. 양자가 병존관계에 있다면 함께 적용될 것이고, 배척관계에 있다면 상법 651조만 적용될 것이다. 이 문제를 해결할 수 있는 명문의 규정은 없고, 판례 및 학설의 해석에 맡겨져 있는 상황이다.

만약 경합적용을 하게 되면, 상법 단독적용을 하는 경우와 비교해서 다음과 같은 차이를 가져온다. 경합적용을 하게 되면, 보험자는 해지권(상법 651조) 또는 취소권(민법 109조 또는 110조)을 선택하여 행사할 수 있다. 보험자가 취소권을 행사하면 해당 보험계약은 소급하여 효력을 상실한다는 점에서 해지권의 행사와 구분된다. 취소권을 행사하면, 상법 655조와 달리 고지의무 위반사실과 보험사고 발생 사이에 인과관계가 부존재하더라도, 보험자는 면책된다. 또한 경합적용을 하게 되면, 보험자는 보다 장기의 제척기간을 선택할 수 있다. 민법 109조 또는 110조에 따른 취소권이 상법 651조에 따른 해지권에 비해 권리행사의 제척기간이 길기 때문이다.[232]

---

230) 정동윤 522면

231) 대판 1996.3.26. 93다55487(법률행위의 중요부분의 착오라는 것은, 표의자가 그러한 착오가 없었더라면 그 의사표시를 하지 않으리라고 생각될 정도로 중요한 것이어야 하고, 보통 일반인도 표의자의 처지에 섰더라면 그러한 의사표시를 하지 않았으리라고 생각될 정도로 중요한 것이어야 한다)

232) 상법 651조에 따른 해지권의 행사기간은 고지의무 위반 사실을 안 때로부터 1월 내, 보험계약의 체결 시부터 3년 내이지만, 민법 146조에 따른 취소권의 행사기간은 추인할 수 있는 날로부터 3년 내, 법률행위

3) 판례

판례는 사기, 착오 모두에서 경합적용설의 입장을 취한다.

i) 사기

고지의무 위반과 사기와의 경합적용을 인정한 판례로는 대판 1991.12.27. 91다1165가 있다. 이것은 매매잔대금의 지급이행보증보험계약을 체결하면서 중요사항인 잔대금의 액수나 지급방법을 허위로 고지한 사안이다. 대법원은 보험계약자의 고지의무위반이 사기에 해당하는 경우에 보험자는 상법의 규정에 의하여 계약을 해지할 수 있음은 물론 민법의 일반원칙에 따라 그 보험계약을 취소할 수 있다고 판시했다. 또한 대판 1998. 6.12. 97다53380에서, 공사도급계약과 관련하여 체결되는 이행(계약)보증보험이나 지급계약보증보험에 있어 보험사고에 해당하는 수급인의 채무불이행이 있는지 여부는 보험계약의 대상으로 약정된 도급공사의 공사금액, 공사내용 및 공사기간과 지급된 선급금 등을 기준으로 판정하여야 하므로, 이러한 보증보험계약에 있어 공사기간이나 선급금액도 공사대금 등과 함께 계약상 중요한 사항으로서 이를 허위로 고지하는 것은 기망행위에 해당할 수가 있고, 따라서 이러한 경우에는 민법의 일반원칙에 따라 보험자가 그 보험계약을 취소할 수 있다고 판시했다. 대판 2017.4.7. 2014다234827도 고지의무 위반과 사기와의 경합적용을 인정한 바 있다.

ii) 착오

고지의무 위반과 착오와의 중복적용을 인정한 판례로는 대판 2002.7.26. 2001다36450이 있다. 이 판결은 공사도급계약과 관련하여 체결된 보증보험계약에서 보험계약자가 중요사항인 실제 공사계약 체결일과 착공일을 알면서도 이를 허위로 고지한 사안이다. 경합적용을 긍정하면서 대법원이 판시하기를, 공사도급계약과 관련하여 체결되는 이행(계약)보증보험이나 지급계약보증보험에 있어 그 보험사고에 해당하는 수급인의 채무불이행이 있는지 여부는 그 보험계약의 대상으로 약정된 도급공사의 공사금액, 공사내용 및 공사기간과 지급된 선급금 등을 기준으로 판정하여야 하므로, 이러한 보증보험계약에 있어 공사계약 체결일이나 실제 착공일, 공사기간도 공사대금 등과 함께 그 계약상 중요한 사항으로서, 수급인 측에서 이를 허위로 고지함으로 말미암아 보험자가 그 실제 공사의 진행상황을 알지 못한 채 보증보험계약을 체결한 경우에는 이는 법률행위의 중요한 부분에 관한 착오에 기인한 것으로 민법의 일반원칙에 따라 보험자가 그 보험계약을 취소할 수 있다. 다만 판례에 따르면 이러한 허위 고지는 민법상 기망행위에 해당할 여지도 있으므로,[233] 사기취소는 가능하지 않고 착오취소만이 문제된 사안에 대한 판례

를 한 날로부터 10년 내이다.

의 입장은 향후 지켜볼 필요가 있다.

4) 학설

학설은 상법단독적용설, 경합적용설, 절충설(사기 · 착오 구분설)이 대립하는데, 절충설이 다수설이다.

먼저, 상법단독적용설은 고지의무에 관한 상법 651조가 민법에 대한 특칙이기 때문에 양자는 배척관계에 있고, 따라서 민법 109조 또는 110조는 고지의무 위반에 적용될 수 없다는 입장이다.[234] 이에 의하면 상법 651조는 보험계약의 선의성, 단체성, 기술성 등에 의해서 고지의무 위반에 대해 특별한 효과를 인정한 것이므로, 민법의 적용을 배제하는 것이 타당하다는 것이다. 다만 보험목적에 관한 착오와 같이 고지의무와 무관한 것에 대해서는 민법의 규정에 따른다고 한다.

다음, 경합적용설은 고지의무에 관한 상법 651조가 민법의 규정과 병존관계에 있고, 따라서 민법 109조 또는 110조는 고지의무 위반에 적용될 수 있다는 입장이다.[235] 이에 의하면 고지의무에 관한 상법 651조와 민법 109조 또는 110조는 그 근거, 요건, 효과 등에서 다른 것이므로 경합적용이 옳다고 한다. 또한 고지의무 제도는 보험자를 보호하기 위한 것인데, 민법의 적용을 배제한다면, 오히려 보험자에게 불리한 결과를 가져오므로 부당하다고 한다.

그리고, 절충설(사기 · 착오 구분설)은, 사기의 경우 경합적용을 하지만, 착오의 경우는 상법을 단독적용한다는 입장이다.[236] 이것이 다수설이다. 이에 의하면 사기의 경우는 고의로 기망행위를 한 보험계약자의 이익을 보호할 필요가 없지만, 착오의 경우는 그러한 행위가 없으므로 보험계약자의 이익을 보호할 필요가 있다고 본다. 만약 착오의 경우 민법의 규정을 적용하게 되면, 단기의 제척기간이나 인과관계 부존재의 항변을 규정한 상법 651조의 의의가 사라지고 사문화되는 결과가 생긴다.

5) 결론

생각건대, 절충설(사기 · 착오 구분설)이 타당하다고 본다. 보험계약의 선의성을 위반하

233) 중요사항의 허위고지 사실만으로 자동적으로 '기망의 고의'가 인정되는 것은 아니다. 그런데 대판 1998.6.12. 97다53380은 보험계약자가 보증보험계약 체결 시에 공사의 시기를 실제보다 뒤늦은 시점으로 신고하는 것은, 이미 공사기간이 상당 기간 지났으나 공사진행 정도가 그 공사능력 등의 사정으로 예정에 크게 미달한 상태에 있으면서도 마치 공사를 새로이 시작하는 것으로 고지한 결과가 되므로, 기망행위에 해당한다고 보았다.

234) 정희철 389면

235) 채이식 60면; 최준선 130면

236) 양승규 128－129면; 이기수 · 최병규 · 김인현 122면; 임용수 129면; 장덕조 137면; 정동윤 522면; 정찬형 577면; 최기원 202면

여 사기를 범한 보험계약자를 보호할 필요는 없다는 점에서, 사기의 경우 경합적용하는 것이 타당하다.[237)]

하지만 착오의 경우는 다르다. 사기와 달리 고의에 의한 기망행위가 결여된 착오에 대해서 민법상 착오를 경합적용하면, 보험자와 보험계약자 사이의 이해관계를 감안하여 요건 및 효과를 규정해 놓은 상법 651조가 사실상 무력화될 수 있다. 상법 651조는 보험자가 위험측정을 위한 정보를 얻을 수 있도록 보험계약자 등에게 고지의무를 부담시키되, 주관적 요건(고의 또는 중과실)과 객관적 요건(중요사항의 불고지 또는 부실고지)을 위반해야만 해지권이 발생하고, 또한 해지권에는 단기소멸시효, 그리고 고지의무 위반사실과 보험사고 발생 사이에 인과관계가 없는 경우 보험자가 보험금 지급책임을 지도록 규정하는 방식을 통해서 보험자와 보험계약자 사이의 이해관계를 입법적으로 조정한 산물이다. 이런 점에서 상법 651조는 중요사항의 고지와 관련해서는 민법의 특칙이라고 보는 것이 옳다. 그럼에도 불구하고 경합적용을 인정하는 것은 경합적용이 추구하는 목적에도 반한다. 경합적용이란 권리자(또는 피해자)를 두텁게 보호하기 위한 목적에서 허용되는 것이 보통이다. 이와 달리 보험자를 두텁게 보호하려는 목적으로 민법상 착오를 경합적용하려는 것은, 중요사항의 고지와 관련하여 보험자와 보험계약자 사이에 이해관계를 상법 651조에 의해서 조정해 놓은 것과 모순되는 것이라고 보아야 한다. 민법상 착오를 경합적용하게 되면, 다음과 같은 측면에서 상법 651조가 무력화되는 부정적 결과가 발생한다.

첫째, 착오와 경합적용을 하면, 상법 651조가 규정한 단기의 제척기간과 인과관계의 부존재 항변이 무력화될 수 있다. 고의 또는 중과실로 고지의무가 위반되고 이것이 착오의 요건을 충족하는 경우, 경합적용에 따르면, 보험자는 상법 651조와 무관하게 민법 109조에 따라 보험계약을 취소할 수 있어서, 상법 651조의 단기제척기간과 인과관계의 부존재 항변을 피할 수 있게 되는 것이다.

둘째, 착오와 경합적용을 하면, 상법 651조가 규정한 고의 또는 중과실이라는 주관적 요건마저도 무력화될 수 있다. 고의 또는 중과실로 고지의무가 위반된 경우는 물론이고, '고의 또는 중과실 없이' 불고지 또는 부실고지된 경우도 착오가 성립될 수 있다. 왜냐하면 민법상 착오의 법리는 표의자의 상대방에게 귀책사유가 있는지의 여부는 묻지 않고 적용되기 때문이다. 이 점이 현행 민법상 착오의 법리가 지나치게 표의자 중심의 법리라는 비판을 받는 이유이기도 한다. 그럼에도 불구하고 착오를 이유로 보험계약을 취소할 수 있다고 하면, 이는 결과적으로 위험과 계약의 일치에 관해서 객관주의를 도입하는 것을 의미하고, 상법 651조를 통해서 달성하려고 했던 주관주의를 포기하는 것이

---

237) 나아가 입법론으로 사기에 의한 고지의무 위반 시에는 사기에 의한 초과보험, 중복보험처럼 보험계약을 무효로 처리해야 한다는 견해로, 박세민 221면; 최준선 130면

다. 보험계약자 측의 귀책사유가 없는데도 보험자가 중요사항에 관한 착오를 이유로 계약을 취소할 수 있다고 하면, 보험계약자 측의 입장에서 보험계약 효력에 대한 예측가능성은 현저히 낮아지고 보험의 효용도 떨어지게 된다. 경합적용설의 입장에서 민법상 착오는 고지의무의 객관적, 주관적 요건이 모두 충족된 경우에만 적용되어야 한다고 반론할 수 있으나, 이것은 민법상 착오와 고지의무를 연계하여 해석하는 것을 의미하고, 결국 양자는 근거, 요건, 효과 면에서 별개라는 경합적용설의 논거에 반한다는 비판을 피하기 어렵다. 또한, 민법상 착오취소의 경우 보험자가 경과실이면 착오취소가 가능하고, 착오취소로 인해 보험계약자가 손해를 입더라도, 착오취소자인 보험자가 보험계약자에게 손해배상의무를 부담하지 않는다는 것이 판례의 입장이므로,[238] 착오취소를 인정하면 결과적으로 보험계약자 보호에 불충분하다.

요컨대, 민법상 착오는 고지의무 위반에는 적용이 없는 것이고, 상법 651조가 민법상 착오에 특칙이라고 해석하는 것이 타당하다. 이 점에서 판례는 의문이다. 다만 민법상 착오가 배제되는 것은 상법 651조가 적용되는 중요사항으로 한정시켜야 한다. 상법 651조와 무관한, 계약 당사자의 동일성, 보험목적의 동일성 등에 관한 착오에 민법 109조는 당연히 적용된다고 해석한다.

9. 고지의무 요건 및 효과에 관한 입법론

(1) 문제의 제기

여기서는 우리 상법 651조가 규정하는 고지의무 위반의 요건 중 주관적 요건과 위반 시 법적 효과를 입법론적으로 검토해 보고자 한다.[239]

고지의무는 한편으로는 보험계약자 측에게 정보제공을 요구한다는 점에서 위반의 효과가 넓거나 가혹한 경우 자칫 소비자에게 예측하지 못한 손해를 발생시킬 수 있는 위험성이 있는 제도이다. 그러나 다른 한편으로는, 보험자의 위험 산정 및 그에 따른 계약 체결 여부 및 계약내용의 형성에 기초가 되는 제도이므로, 진실한 고지가 이루어지도록 강제할 수 있을 정도의 적절한 효과가 부여되어야 한다.

이런 관점에서, 현행법의 규정이 적절한지 검토하고 필요한 경우 개정안을 제시한다. 이를 위한 기초자료로서 주요국가의 입법동향을 살펴볼 것이다. 다만, 다른 나라의 입법례를 검토하는 이유는 어떤 모델이 가능한지에 대한 지혜를 얻기 위한 것일 뿐이다. 개정안을 만드는 데 있어서는 우리나라의 실정과 기존의 입법 및 법실무에 대한 고려가

238) 대판 1997.8.22. 97다13023

239) 구체적 내용은 한기정, "보험계약상 고지의무에 대한 입법론적 고찰", 서울대학교법학52-3, 2011, 341면 이하

반드시 필요할 것이다.

(2) 주요국의 입법동향

1) 독일

독일의 보험계약법(Gezetz über den Versicherungsvertrag: VVG)은 1908년 이후부터 시행되어 오다가 2007년에 전면 개정되었다. 전면 개정의 배경은, 고지의무와 관련해서 보자면, 소비자보호의 필요성에서 찾을 수 있을 것이다.[240) 개정 보험계약법은 19조, 21조, 22조, 39조 등이 고지의무에 대해 규정한다. 보험계약법 개정으로 고지의무의 법적 체계는 적지 않게 변화되었다. 특히 불고지 및 부실고지에 대한 제재적 효과가 상당히 약화되었다. 고지의무 위반에 대한 보험계약자의 책임이 비교적 가벼운 경우에는, 가급적 보험계약자가 보험보호를 잃지 않도록 배려하고 있다. 새로이 도입된 계약변경권은 계약인수결정에 있어서 어떠한 사항의 고지가 어떠한 비중을 가지고 있는지를 보험자가 사전에 정해 두도록 유인하는 효과도 가지고 있다.[241) 구체적인 내용을 표로 정리하면 다음과 같다.

<table>
<tr><th colspan="2"></th><th>계약의 효력</th><th>면책 여부</th></tr>
<tr><td colspan="2">악의적 기망</td><td>취소권
단, 취소 시까지의 보험료 보험자 귀속</td><td>면책</td></tr>
<tr><td colspan="2">고의</td><td>해제권
단, 해제 시까지의 보험료 보험자 귀속</td><td>인과관계 있으면 면책</td></tr>
<tr><td rowspan="2">중과실</td><td>인수거절</td><td>해제권
단, 해제 시까지의 보험료 보험자 귀속</td><td>인과관계 있으면 면책</td></tr>
<tr><td>조건변경</td><td>계약변경권
•변경의 효력이 계약체결 시까지 소급함</td><td>면책 ×
단, 면책사유로 정했을 사항이고, 계약체결 후 발생 시 면책</td></tr>
<tr><td rowspan="2">경과실</td><td>인수거절</td><td>해지권</td><td>해지 시로부터 1월 후 면책</td></tr>
<tr><td>조건변경</td><td>계약변경권
•변경의 효력이 계약체결 시까지 소급함</td><td>면책 ×
단, 면책사유로 정했을 사항이고, 계약체결 후 발생 시 면책</td></tr>
<tr><td rowspan="2">무과실</td><td>인수거절</td><td>해지권</td><td>해지 시로부터 1월 후 면책</td></tr>
<tr><td>조건변경</td><td>계약변경권
•변경의 효력이 현재 진행 중인 ‘보험료기간’의 개시 시까지 소급함</td><td>면책 ×
단, 면책사유로 정했을 사항이고, 진행 중인 ‘보험료기간’ 중 발생 시 면책</td></tr>
</table>

240) *Gesetzentwurf der Bundesregierung*, BT-Drucks. 16/3945, 2006, S. 1

241) Schimikowski, in Rüffer/Halbach/Schimikowski, *Versicherungsvertragsgesetz*, 2008, § 19 Rn. 1

2) 프랑스

프랑스 보험법 L. 113-8조, 113-9조 등이 고지의무에 대해서 규정한다. 이에 따르면 보험계약자가 악의로 고지의무를 위반한 경우, 이것이 보험사고 발생에 영향이 없더라도 보험자가 계약을 취소(l'annulation)할 수 있다. 계약은 소급적으로 효력이 없고, 보험자는 보험급여 의무를 부담하지 않으며, 지급한 보험급여는 반환받을 수 있다.[242] 보험자는 수령한 보험료를 반환하지 않아도 되고, 장래의 보험료는 손해배상으로써 지급받을 수 있다. 또한 보험계약자가 선의로 고지의무를 위반한 경우는 보험사고가 발생했는지 여부를 기준으로 구분된다. 보험사고가 발생하지 않은 경우에 보험자는 보험계약자의 동의하에 보험료를 증액하고 계약을 유지하든가, 또는 미경과보험료를 반환하고 등기우편을 통해서 통지를 한 후 10일이 경과하면 계약을 해지(résiliation)할 수 있다. 그리고 보험사고가 발생한 경우는, 고지의무가 이행되었다면 지급해야 할 보험료와 실제로 지급된 보험료와의 비율에 따라 보험금이 감액된다. 선의의 경우에 고지의무 위반과 보험사고의 발생 사이에 인과관계가 없더라도, 보험자가 고지의무 위반의 효과를 누릴 수 있는지 여부에 대해 규정이 없는데, 판례는 악의와 마찬가지로 이를 긍정하고 있다.[243]

	계약의 효력	면책 여부
악의	취소권 단, 장래 보험료까지 보험자 귀속	면책
선의	해지권 또는 계약변경권	비례보상

3) 영국

영국의 보험계약법은 18-19세기경 해상보험을 중심으로 판례법에 의해 정립되었고, 이를 성문화한 것이 1906년 해상보험법(Marine Insurance Act 1906)이다. 1906년 해상보험법은 그 명칭과 달리 모든 종류의 보험에 적용된다는 것이 판례법의 확고한 입장이다.[244] 1906년 해상보험법의 내용은 다음과 같다. 귀책사유 유무 및 인과관계를 묻지 아니하고, 보험자는 언제나 고지의무 위반을 이유로 계약을 취소할 수 있으며 보험금 지급책임에서 면제된다. 다만, 불고지의 경우 보험계약자가 알지 못하는 사실은 원칙적으로 고지의 대상이 되지 않는다는 점에서, 귀책사유를 고려하지 않는다는 점은 어느 정도 약

---

242) Bonnard, *Droit des assurances*, LexisNexis, 2007, n° 327

243) Bigot et al., *Traité de Droit des Assurances*, Tome3 Le Contrat D'assurance, L.G.D.J., 2002, n° 929

244) Rozanes v. Bowen (1928) 32 Ll. L. Rep. 98; Pan Atlantic Insurance Co Ltd v. Pine Top Insurance Co Ltd [1995] 1 AC 501

화되어 있다. 그러나 불고지 또는 부실고지된 사실이 중요사항이라는 점을 인식하지 못하였거나 인식하지 못한 데 과실이 없는 경우에도 취소권과 면책의 효과가 발생한다는 점을 고려하면, 기본적으로 매우 엄격한 입장이라 평가할 수 있다. 나아가 고의로 불고지 또는 부실고지를 한 경우에는 보험자로 하여금 보험료를 그대로 보유할 수 있도록 한다.

그런데 영국의 법개정위원회(Law Commission)[245]는, 현행 고지의무에 관한 법이 보험계약자에게 지나치게 엄격하다고 보고, 2006년부터 개정안을 마련하는 작업을 추진해 왔다. 그 결과 2012년에 소비자보험법(고지의무), 즉 Consumer Insurance (Disclosure and Representations) Act가 제정되었다. 이 법은 소비자보험, 즉 소비자와 보험자 사이의 보험에 대해서만 적용된다. 이 법에 의하면 소비자보험에 적용되고 보험계약자 측이 고의 또는 과실 있는 부실고지를 하면 의무 위반이 된다. 그 결과 이 범위 내에서 최대선의의무는 완화된다(sec. 2 (5)(b)). 나아가 2015년 보험법[246]이 제정되었고, 이것은 소비자보험 및 비소비자보험과 관련하여 고지의무, 워런티, 사기적 보험금청구, 그리고 계약취소 등에 적용된다. 최대선의의무를 준수하지 않았다는 이유로 계약을 취소할 수 있다는 법리는 폐지되고, 최대선의의무에 기초한 관련 법리는 이 법이 정하는 대로 선의의무로 완화된다고 명시하고 있다(sec. 14). 아래는 2012년 소비자보험법(고지의무)에 따른 고지의무의 내용을 표로 정리한 것이다.

<table>
<tr><th colspan="3"></th><th>계약의 효력</th><th>면책 여부</th></tr>
<tr><td colspan="3">고의</td><td>취소권
단, 보험료 보험자 귀속</td><td>면책</td></tr>
<tr><td rowspan="3">과실</td><td colspan="2">인수거절</td><td>취소권
보험료 반환</td><td>면책</td></tr>
<tr><td rowspan="2">조건변경</td><td>보험료</td><td>계약변경권 또는 해지권</td><td>비례보상</td></tr>
<tr><td>그 외</td><td>계약변경권 또는 해지권</td><td>면책사유로 정했을 사항이라면 면책</td></tr>
</table>

4) 일본

일본은 1899년에 보험계약에 대한 법규(상법 629조-683조. '구상법')를 제정하였지만, 현저한 사회경제적 정세의 변화에도 불구하고, 보험법 제정 이전까지 한 번도 실질적인 개정을 하지 않았다.[247] 그러다가 2008년에 보험법을 새로이 제정해서 보험계약에 관한

245) 법개정위원회는 법개정위원회법(the Law Commission Act 1965)에 의해 설립된 독립적 기관으로서 '단순화 및 현대화'의 관점에서 영국의 현행법을 재검토하고 그 보고서를 발간하는 것을 주요 임무로 한다.
246) Insurance Act 2015
247) 萩本修 外 4人, "保険法の制定の経緯と概要", 保険法立案關係資料(萩本修 編著, 商事法務, 2008), 1면

법규의 면모를 일신하였다. 보험법의 제정이유 중의 하나는, 계약체결 시 고지의무를 보험계약자를 보호하는 방향으로 정비하자는 것이다.[248)]

보험법은 손해보험, 생명보험, 상해질병정액보험에 대해 각각 고지의무를 규율하고 있는데, 내용상 거의 차이가 없다. 손해보험계약에서의 고지의무 위주로 살펴보면(28조, 31조, 33조 등), 보험자는 보험계약자 또는 피보험자가 중요사항에 대해 고의 또는 중과실에 의해 불고지 또는 부실고지를 하면 계약을 해제할 수 있고, 계약의 해제는 장래를 향해서만 그 효력이 생기며, 해제된 시점까지 발생한 보험사고에 대해 보험급여의무를 부담하지 않고, 다만 고지의무가 위반된 사실에 기인하지 않고 발생한 보험사고에 대해서는 그러하지 않다고 규정한다. 이러한 보험법은 고지의무와 관련하여 내용 면에서 구상법과 별 차이가 없다. 이상의 규정은 편면적 강행규정이다. 이러한 보험법 내용은 우리 상법 651조 및 655조와 흡사하다. 보험법의 내용을 표로 정리하면 다음과 같다.

	계약의 효력	면책 여부
고의 또는 중과실	해제권 단, 해제 시까지의 보험료 보험자 귀속	인과관계 있으면 면책

5) 유럽보험계약법 원칙(PEICL)

2009년 '유럽보험계약법의 재구성'(Restatement of European Insurance Contract Law)을 위한 프로젝트 그룹은 '유럽보험계약법 원칙'(Principles of European Insurance Contract Law; PEICL)을 출간하였다.[249)] 위 프로젝트 그룹은 유럽공동체 집행위원회(EC Commission)에 의해 설립된 '유럽사법 연합네트워크'(Joined Network on European Private Law)의 일부분이다.

위 네트워크는 유럽공동체 집행위원회의 '보다 정합적인 유럽계약법을 위한 실행계획'(More Coherent European Contract Law, COM [2003] 68 final)에서 언급하고 있는 Common Frame of Reference of European Contract Law의 초안(DCFR)을 마련하는 작업을 담당하고 있다.

PEICL은 DCFR의 보험계약법 분야 초안에 해당하는 것으로서, 유럽공동체 각 나라에서 온 학자 20여 명의 공동작업에 의해 탄생하였다. 요컨대, PEICL은 유럽 각국 법제의 비교법적 연구를 기초로 하여 통일적인 유럽보험계약법의 모델을 만들고자 하는 시

---

248) 상게논문, 3면. 일본 보험법상 고지의무의 내용에 대해 자세한 것은, 김선정, "일본 보험법상 고지의무제도의 개혁", 기업법연구22-4, 2008, 383-407면 참조

249) The Drafting Committee(Jürgen Basedow, John Birds, Malcolm Clarke, Herman Cousy, Helmut Heiss in co-operation with Leander D. Loacker) ed., *Principles of European Insurance Contract Law*(PEICL), Sellier, 2009

도라고 할 수 있다. 따라서 PEICL의 내용과 그에 대한 주석은 우리나라의 입법과정에서도 적지 않은 시사점을 줄 수 있을 것이다.

PEICL Article 2:101, 2:102, 2:104 등이 고지의무에 대해서 규정한다. PEICL에 의하면, 보험계약자는 계약체결 시 보험자에게 자신이 '알거나 알 수 있는 사항으로서 보험자가 명확하고 구체적인 질문을 한 사항'을 고지하여야 한다. 고지의무 위반에 대해서는 해지권, 계약변경권이 인정되고, 보험사고 발생 시 보험자는 면책되거나 보험금이 비례적으로 감축될 수 있다. 또한 악의적 기망의 경우 보험자는 계약의 취소를 선택할 수도 있다. 구체적인 내용을 표로 정리하면 아래와 같다.

		계약의 효력	면책 여부
악의적 기망		취소권 단, 취소 시까지의 보험료 보험자 귀속	면책
과실	인수거절	해지권 또는 계약변경권	인과관계 있으면 면책
	조건변경		비례보상 또는 다른 조건에 따라 보상
무과실	인수거절	해지권	면책 ×
	조건변경	계약변경권	

(3) 우리나라 법의 좌표

앞서 살펴본 바에 따르면, 다른 여러 나라의 고지의무에 관한 입법태도와 비교해 볼 때, 우리나라 법이 갖는 특징은 아래와 같이 정리할 수 있다. 다만, 아래의 사항은 다른 나라와 비교할 때 나타나는 특징을 추려낸 것일 뿐이고, 과연 그 자체로 문제를 발생시켜 개정이 필요한지는 목차를 바꾸어 자세히 살펴볼 것이다.

① 주관적 요건 제한

고의 또는 중과실로 인한 고지의무 위반만 고려한다. 과실로 또는 과실 없이 고지의무를 위반한 경우에 대해서는 아무런 효과도 부여하지 아니한다.

② 전부 아니면 전무 원칙

보험금의 비례적 감액을 인정하지 아니한다. 특히 고의로 고지의무를 위반하지 아니한 경우, 즉 중과실로 위반한 경우에도 — 고지의무 위반과 보험사고의 발생 사이에 인과관계가 있으면 — 보험계약자는 보험보호를 전면적으로 잃게 된다.

③ 계약변경권의 불인정

해지권만 인정되므로 기존 계약의 효력을 그대로 감수하거나 계약의 효력을 상실시킬지 사이의 선택만 가능하다. 특히 고지의무 위반사실을 보험자가 알았더라면 다른 조건으로 계약을 체결하였을 경우에도 보험자는 다른 조건으로 계약 내용을 변경하여 계약의 효력을 존속시키는 것을 고려할 수 없다.

④ 사기 취소 시의 보험료 반환

고지의무 위반이 민법상 사기에 이르러 보험계약을 취소할 경우 보험료 귀속에 관한 별도의 규정이 없다. 민법의 일반원칙에 따른다면 보험계약은 소급적으로 소멸하므로 원상회복의 측면에서 보험료를 반환하여야 한다.

전체적으로 보면, 고의·중과실에 대해서만 고지의무 위반을 고려하는 점, 인과관계가 있어야만 보험자를 면책시키는 점에서 고지의무 위반의 효과는 보험계약자에 대해서 비교적 덜 엄격한 편이라고 할 수 있다. 다만, 고의가 없는 중과실의 경우 계약변경권이나 비례보상이 인정되지 않는다는 점에서 중과실의 효과는 상대적으로 엄격하다.

(4) 쟁점별 검토

1) 경과실 또는 무과실로 인한 고지의무 위반을 고려할 것인가?

우리나라 법과 다른 여러 나라 법을 비교할 때 가장 큰 차이점은 고의·중과실에 대해서만 효과를 부여하고, 경과실·무과실의 경우에는 아무런 효과도 부여하고 있지 않다는 점이다.

i) 각 나라의 비교

① 전체적 비교

독일의 경우에는 구법에서 고의·과실이 있는 경우에만 효과를 부여하던 것을 개정하여, 신법에서는 과실이 없는 경우에도 일정한 효과를 부여하고 있다. 구체적으로 보면 경과실과 무과실의 경우 해지권 또는 계약변경권이 인정되나, 보험금 지급의무는 면제되지 아니한다.

프랑스는 선의라고 할지라도(과실 있는 경우도 포함한다) 해지권 또는 계약변경권이 인정되고, 보험금은 비례적으로 감액된다.

영국의 판례법은 귀책사유가 없어도 계약을 취소할 수 있고 보험금 지급의무도 면제된다. 다만, 2012년 소비자보험법(고지의무)은 무과실에 대해서는 아무런 효과를 부여하지 않았고, 과실로 위반한 경우에 대해서는 일정한 조건하에 취소권·해지권·계약변경권을 인정하고, 보험금 지급의무가 면제되거나 감경될 수 있다.

PEICL은 과실의 경우에는 해지권·계약변경권이 인정되고, 일정한 조건하에 보험금 지급이 면제되거나 감액될 수 있으며, 과실이 없는 경우에도 해지권 또는 계약변경권은 인정되지만 보험금 지급의무는 면제되지 않는다.

일본은 우리나라와 마찬가지로 고의 또는 중과실의 경우에만 일정한 효과를 부여하고 경과실·무과실에 대해서는 아무런 효과를 부여하지 않는다.

② 무과실의 경우

검토 대상 법제 중 일본을 제외한 독일, 프랑스, 영국, PEICL의 경우에는 보험계약자에게 귀책사유가 없는 경우에도 일정한 효과를 부여한다. 독일, 프랑스, PEICL은 해지권과 계약변경권을 부여하여 장래에 대한 실효 또는 장래에 대한 계약변경을 가능케 하는 반면, 영국은 소급적인 취소권까지 인정한다. 영국, 프랑스는 각각 면책과 비례적 감액을 인정한다. 다만, 영국의 경우 2012년 소비자보험법(고지의무)에서 귀책사유가 없으면 이를 고려하지 않도록 정하고 있다. 독일과 PEICL은 귀책사유가 없는 경우에는 보험자의 면책은 허용하지 않는다. 그 한도에서는 귀책사유 없는 보험계약자가 보호된다.

위와 같이 보험계약자에게 귀책사유가 없는 경우에도, 즉 고지의무 위반에 대해 보험계약자를 비난할 수 없는 경우에도, 적어도 장래에 대한 계약 실효나 변경은 가능케 하는 입법태도는 여러 나라의 입법례에서 발견된다. 그 이유는 앞서 본 바와 같이 PEICL 주석에 잘 설명되어 있다. 보험계약자에게 귀책사유가 없는 경우에도 어쨌든 고지의무 위반은 보험자가 위험을 잘못 계산하게 만들었고, 이는 적어도 장래에 대해서는 조정할 필요가 있다는 것이다.

③ 경과실의 경우

과실 없는 경우에도 일정한 효과를 부여하고 있는 독일, 프랑스, 영국, PEICL은 경과실의 경우에 당연히 고지의무 위반에 대해 일정한 효과를 부여한다. 프랑스, 영국은 과실 없는 경우와 효과가 같은 반면, 독일과 PEICL은 보다 강한 효과가 부여되는데, 독일의 경우 계약변경권 행사에 소급효가 부여되고(면책은 인정되지 않는다), PEICL은 일정한 조건하에 보험금의 면제 또는 비례적 감액이 인정된다.

ii) 주관적 요건의 확장 문제

검토 대상 법제 중 우리나라와 일본을 제외하면 나머지 나라는 모두 경과실을 넘어 과실이 없는 경우에까지 보험자에게 일정한 권리를 부여한다. 객관적으로 고지의무 위반이 있었던 이상 보험자가 위험을 잘못 계산하였고 현재의 보험계약이 위험을 잘못 반영하고 있을 수 있다는 점은 부인할 수 없다. 그러므로 위험과 보험계약을 일치시키기 위해 이를 조정할 수 있는 수단, 즉 해지권 또는 계약변경권이 필요하다는 주장도 설득력이 있을 것이다. 특히 동일한 보험집단에 속해 있는 보험계약자들 사이의 공평한 처우를 위해서는 적어도 장래에 대해서는 위험과 계약의 내용을 일치시킬 필요가 있을 것이다.

다만, 아래의 점들을 고려하면 주관적 요건을 확장하는 데에 신중을 기할 필요가 있다.

① 귀책사유가 없거나 가벼운 위반에까지 계약을 실효시키거나 변경할 수 있게 하

는 것은 보험계약자에게 가혹한 측면이 있다.

② 고의·중과실로 인한 위반에 대해서만 일정한 효과를 부여하는 것을 원칙으로 하는 상법 보험편의 다른 조항들(예를 들면 상법 652조, 653조, 659조 등)과의 정합성을 고려하여야 한다.

③ 위험과 보험계약의 일치는 현재의 보험실무가 계약조건 및 보험료 결정에 있어서 위험을 정확하게 평가하여 반영한다는 것을 전제조건으로 하는 것인데, 이 전제조건이 달성될 수 있어야 한다.

④ 고지의무 위반사실이 인수거절사유라면 계약변경으로는 해결할 수 없고 해지만이 가능할 것인데, 보험의 종류에 따라서는 해지로 인한 보험계약자의 손해가 적지 않을 수 있다.

⑤ 무엇보다도 고의·중과실만 고려하던 기존의 법제와 비교하면 귀책사유가 없는 경우에까지 확장하는 것은 지나치게 급격한 변경이다. 더불어 객관적 고지의무 위반이 인정됨에도 보험계약자에게 아무런 귀책사유가 없는 경우는 현실적으로 매우 드물 것이다.

따라서 위와 같은 사정에 변화가 생기기 전 가까운 시일 내에는 현행법의 태도를 유지하는 것이 바람직하다고 생각되고, 다만 경과실에 대해서 일정한 효과를 부여하는 것까지는 고려해 볼 수 있다고 생각한다. 장래를 향한 조정을 위해 해지권과 계약변경권[250]을 부여하는 방안을 생각해 볼 수 있다. 보험금의 면책이나 감액 문제는 뒤의 비례보상 부분에서 다룬다.

2) 인과관계의 필요성 여부

이 문제는 앞서 고지의무 위반의 효과 부분에서 논의한 바 있다. 여기서는 주로 비교법적 측면에서 살펴보기로 한다. 현행법하에서는 인과관계가 있는 경우에만 보험자가 보험금 지급책임을 면한다. 비교법적으로는 독일, 일본, PEICL은 인과관계를 요구하는 반면, 프랑스와 영국은 인과관계가 없는 경우에도 면책을 인정하는 엄격한 입장을 취하고 있다. 기존의 우리나라 입법론으로도 인과관계 요건을 삭제해야 한다는 견해와 유지해야 한다는 견해가 제시된 바 있다. 삭제론은 보험단체의 선의성, 과실책임의 원칙, 도덕적 위험의 방지 필요성 등을 근거로 제시한다. 유지론은 인과관계에 대한 고려도 없이 보험자가 면책되는 것은 보험자에게 유리하고 보험계약자에게 가혹하다고 주장한다.

다음과 같은 점을 고려하면 인과관계 요건은 그대로 유지하는 것이 바람직하다고 판단된다. 이에 대해서는 앞서 인과관계 부분에서 상술하였다.

① 보험계약자에게 적정한 정도의 보험보호를 부여하고 보험자와의 사이의 이해관

250) 다만, 계약변경권의 도입 여부에 대해서는 뒤의 논의 참조

계 조절을 위해 필요한 요건이다.

② 사기에 이른 경우에는 민법에 따라 취소할 수 있고 이 경우에는 보험사고 발생과의 인과관계에 상관없이 보험자는 보험금 지급의무를 면한다. 따라서 결과적으로 사기에 이르지 않은 정도의 고의의 경우에만 인과관계를 요구하는 것이므로 보험계약의 선의성이나 도덕적 위험 방지의 문제가 크다고 보기 어렵다.

③ 현재 조문 구조상 보험자가 인과관계가 있음을 입증하는 것이 아니라 보험계약자가 보험금을 지급받기 위해 인과관계가 없음을 입증하도록 되어 있다. 그러므로 고의 또는 중과실로 고지의무를 위반한 보험계약자가 쉽게 보험금을 지급받을 수 있는 구조는 아니다.

④ 또한 대법원 판례는 인과관계를 비교적 넓게 인정하고 있다. 해석론으로 인과관계의 광협(廣狹)을 적정하게 판단함으로써 면책의 범위를 적절히 조절할 수 있음을 알 수 있다. 혹시나 생길 수 있는 문제점은 입법을 통해 인과관계를 전면적으로 폐지하는 것보다는, 인과관계의 탄력적인 해석을 통하여 대응하는 것이 바람직할 것이다.

⑤ 일본 보험법 제정 시에도 이 문제가 논란이 되었으나, 인과관계를 유지하는 쪽으로 결론이 내려졌다는 점도 참고가 될 것이다.

3) 비례보상주의의 도입 여부

현재 고지의무 위반의 효과로 면책 외에 보험금의 비례적 감액을 인정하는 법제는 프랑스, PEICL, 영국 2012년 소비자보험법(고지의무) 등이 있다. 독일과 일본의 경우 개정 시 도입 여부가 논란이 되었으나 결국 도입하지 않는 것으로 결론이 내려졌다. 독일의 경우에는 위험증가 등 다른 경우에는 도입하면서도 고지의무 위반에 대해서는 도입하지 않았는데, 고지의무의 중요성 때문이다. 즉 보험자가 인수하는 구체적 위험에 대한 평가는 오로지 보험계약자의 진실한 고지에 의해서만 가능하므로 부정확한 고지에 대해서는 보다 강한 법적 효과가 필요하다는 것이다. 일본의 경우 ① 중과실에 대해 일부라도 지급하는 것은 고지의 인센티브를 저하시키고, ② 고의와 중과실의 명확한 구별은 어려우며, ③ 비례보상주의를 택하는 나라의 경우 경과실의 경우에도 보험금의 전부 또는 일부를 지급하지 않는 나라로 중과실에 대해 논의하는 일본과 차이가 있고, ④ 본래 지급하였을 보험료나 보험계약의 내용을 밝히기 어렵다는 점 등이 고려되었다.[251]

우리나라도 만약 주관적 요건을 경과실까지 확장하지 않는 이상, 일본과 마찬가지로 비례보상 여부는 중과실의 경우에만 논의될 수 있다. 비례보상을 인정하는 프랑스,

251) 이하는, 法務省民事局參事官室, "保險法の見直しに關する中間試案るの補足說明", 保險法立案關係資料(萩本修 編著, 商事法務, 2008), 92-95면

PEICL, 영국 2012년 소비자보험법(고지의무) 모두 고의에 대해서는 전액 면제를 규정하고 있고, 고의가 아닌 경우에만 비례적 감액을 인정한다. 이는 도덕적 해이를 막기 위함이다. 따라서 중과실을 전제로 도입 여부를 논의해야 할 것인데, 아래와 같은 점에서 중과실에 대해 비례보상제도를 도입할 실익은 크지 않은 것으로 보인다.[252)]

① 고의와 중과실의 경계가 명확하지 아니하다. 특히 실무상 중과실 요건은 독자적인 기능이 있는 것이라기보다는 고의 입증의 어려움을 완화해 주는 측면이 큰 것으로 보인다.

② 고의가 아니라 오로지 중과실로 판단되는 사안이 실제로 많지 않을 것으로 보인다.

그럼에도 불구하고 중과실에 비례보상을 도입하게 된다면, 보험계약자는 중과실을 주장하고 보험자는 고의를 주장하는 소송의 증가와 재판의 부담을 피할 수 없을 것으로 보인다.

만약 고지의무 위반을 경과실로 확장할 경우에는 비례보상주의 도입 여부를 검토해 볼 수 있을 것이다. 그러나 사견으로는 경과실로 확장하더라도 장래효만 있는 해지권과 계약변경권만을 인정하고, 보험계약자의 보호를 위해 보험금의 면제나 감액은 인정하지 않는 것이 바람직하다고 생각한다.

도입할 경우에는 비례보상의 기준으로 두 가지를 생각해 볼 수 있다. 하나는 보험계약자의 귀책사유의 정도에 따라 감액하는 방식이다. 이는 독일 보험계약법(예컨대, 위험증가에 관한 26조)에서 쓰이는 방식이다. 다른 하나는 고지의무를 위반한 사실을 알았더라면 체결되었을 계약조건을 기준으로 하여 감액하는 방식이다. 프랑스, 영국의 2012년 소비자보험법(고지의무), PEICL 등에 나타난다. 두 번째 방식은 고지의무 위반이 없었을 경우 체결되었을 계약조건을 큰 어려움 없이 확정할 수 있다는 것을 전제조건으로 한다. 다만, 프랑스는 보험료만을 기준으로 하나, 영국 2012년 소비자보험법(고지의무)과 PEICL은 보험료 이외의 다른 조건이 변경되었을 사유에 대해서도 별도로 규정한다. 후자의 입장이 규율의 흠결이 없는 것으로 보인다.

4) 계약변경권의 인정 여부

검토 대상 법제 중 일본과 영국 판례법을 제외한 다른 법제에서는 모두 계약변경권을 인정한다. 대체로 나타나는 공통적인 기준은 ① 고의로 위반하지 않은 경우로서, ② 고지의무에 위반한 사실을 알았더라면 다른 조건으로 계약을 체결하였을 경우에 인정된다. 다만, 나라에 따라 해제권·해지권과의 관계가 다르다. 독일 등에서는 계약변경을 할 수 있는 경우에는 해제권·해지권을 배제하는 반면, 프랑스 등에서는 양자를 선택할 수

252) 도입하자는 견해로는, 박세민 209면

있도록 하고 있다. 전자가 보다 보험계약자에 유리한 방식일 것이다.

계약변경권은 위험과 계약의 내용을 일치하도록 조정하여 가급적 계약의 존속을 도모하는 제도라는 점에서 도입을 긍정적으로 검토해 볼 수 있다고 생각한다. 다만, 고지의무의 주관적 요건을 현행법처럼 고의 또는 중과실로 유지하는 한 계약변경권의 도입 필요성은 적다고 하겠다. 전술한 바와 같이, 가까운 시일 내에는 현행법의 태도를 유지하는 것이 바람직하다고 생각되고, 다만 경과실에 대해서 일정한 효과를 부여하는 것까지는 고려해 볼 수 있으며, 이 경우 장래를 향한 조정을 위해 해지권과 함께 계약변경권을 부여하는 방안을 생각해 볼 수 있다. 이 또한, 고지의무 위반이 없었을 경우 체결되었을 계약조건을 큰 어려움 없이 확정할 수 있다는 것을 전제조건으로 한다. 이러한 전제조건이 충족되지 아니하면 실무상의 혼란을 가져올 우려가 있기 때문이다.

5) 사기의 경우 보험료 귀속 문제

사기에 대해서는 독일, 프랑스, 영국 현행법, 영국 2012년 소비자보험법(고지의무), PEICL 등에서는 취소권을 인정하여 소급적으로 보험계약을 소멸하게 하면서도 보험료는 보험자에게 귀속되도록 정하고 있다. 사기를 억제하기 위한 일반예방적 효과를 고려한 것이다. 우리나라도 입법 정책적으로는 이 방향이 타당한 것으로 보인다.

(5) 결론

이상에서 고지의무의 주관적 요건 및 위반 시 법적 효과와 관련하여 주요 외국법제를 검토하고 우리나라의 상법 651조의 개정 문제를 살펴보았다. 그 결론은 다음과 같다.

검토 대상 법제 중 우리나라와 일본을 제외하면 나머지 나라는 모두 경과실을 넘어 과실이 없는 경우에까지 보험자에게 일정한 권리를 부여한다. 위험과 보험계약을 일치시키기 위해 이를 조정할 수 있는 수단, 즉 해지권 또는 계약변경권이 필요하다는 주장도 설득력이 있지만, 귀책사유가 없거나 가벼운 위반에까지 계약을 실효시키거나 변경할 수 있게 하는 것은 보험계약자에게 가혹한 측면이 있다는 점, 고의·중과실만 고려하던 기존의 법제와 비교해볼 때 귀책사유가 없는 경우에까지 확장하는 것은 지나치게 급격한 변경이라는 점 등을 고려하면, 이러한 사정에 변화가 생기기 전 가까운 시일 내에는 현행법의 태도를 유지하는 것이 바람직하다고 생각되고, 다만 경과실에 대해서 장래를 향한 조정을 위해 해지권과 계약변경권을 부여하는 방안을 생각해 볼 수 있다.

현재 고지의무 위반의 효과로 면책 외에 보험금의 비례적 감액을 인정하는 법제는 프랑스, PEICL, 영국 2012년 소비자보험법(고지의무) 등이 있고, 독일과 일본의 경우 개정 시 도입 여부가 논란이 되었으나 결국 도입하지 않는 것으로 결론이 내려졌다. 우리나라도 만약 주관적 요건을 경과실까지 확장하지 않는 이상에는, 일본과 마찬가지로 비례보상 여부는 중과실의 경우에만 논의될 수 있다. 고의와 중과실의 경계가 명확하지 않고, 중과실로 판단되는 사안이 실제로 많지 않다는 점을 고려하면 중과실에 대해 비례보상제도를 도입할 실익은 크지 않은 것으로 보인다. 만약 고지의무 위반을 경과실로 확장할 경우에는 비례보상제도 도입 여부를 검토해 볼 수 있을 것이다. 그러나 경과실로 확장하더라도 장래효만 있는 해지권과 계약변경권만을 인정하고, 보험계약자의 보호를 위해 보험금의 면제나 감액은 인정하지 않는 것이 바람직하다고 생각한다.

제4장

보험자의 의무

제1절 보험증권 교부의무

1. 보험증권의 의의

보험증권은 보험자가 보험목적, 보험사고, 보험금액, 보험료 등 상법이 정하는 보험계약의 내용에 관한 사항을 기재하고 기명날인 또는 서명한 문서이다(상법 666조, 728조 등). 보험계약은 불요식의 낙성계약이기 때문에, 보험증권은 보험계약의 성립요건이 아니다(판례,[1] 통설). 따라서 보험계약상의 권리 또는 의무가 발생하는데 보험증권의 교부는 요건이 아니다.[2] 이런 이유에서 보험증권은 설권증권이 아니다(통설). 보험계약은 당사자 사이의 청약과 승낙에 의해서 성립하며, 보험증권은 이를 증명하기 위한 목적에서 보험자에 의해 작성되고 교부되는 증거증권이다(판례,[3] 통설). 그리고 보험증권은 보험계약의 청약을 유인하기 위해 사용되는 보험안내자료(보험업법 95조), 보험계약을 청약하기 위해 사용되는 보험청약서와 구분된다. 한편, 보험증권은 보험계약의 성립과 그 내용을 증명한다는 면에서 보험계약서와 공통점이 있다. 하지만 보험증권은 보험자가 법정의 사항을 그 내용으로 해서 일방적으로 작성하여 교부하고, 보험자의 기명날인 또는 서명만 있다는 점에서 보험계약서와 구분된다(통설).

2. 보험증권의 작성 및 교부

보험자는 보험계약이 성립한 때에는 지체 없이 보험증권을 작성하여 보험계약자에게 교부하여야 한다(상법 640조 1항 본문). 보험계약자가 청구해야만 교부되는 것이 아님은 법문상 명백하다. 다만 보험계약자가 보험료의 전부 또는 최초의 보험료를 지급하지 않

---

1) 대판 1988.2.9. 86다카2933
2) 한편 보험증권은 비설권증권도 아니다. 비설권증권은 이미 성립된 권리가 증권의 발행으로 결합된 유가증권의 일종이므로, 유가증권이 아닌 보험증권은 비설권증권이 될 수 없다.
3) 대판 1988.2.9. 86다카2933; 대판 1996.7.30. 95다1019; 대판 2003.4.25. 2002다64520; 대판 2012.4.26. 2010다10689

으면, 보험자는 보험증권을 교부할 의무가 없다(상법 640조 1항 단서). 법문에 비추어 보면, 작성 및 교부의무의 주체는 보험자이고, 그 상대방은 보험계약자임이 명백하다. 보험자가 보험계약자의 의사에 반하여 보험증권을 제3자에게 교부한 경우, 보험자가 보험증권의 교부의무를 이행한 것으로 볼 수 없다.[4] 그리고 타인을 위한 보험에서도 작성 및 교부의 상대방은 보험계약자이지 타인이 아니다.

보험증권의 작성 및 교부는 이와 같이 법정의 의무를 이행하기 위해서 이루어지지만, 한편으로 보험자는 보험증권의 교부로서 보험계약 체결을 승낙하는 의사표시에 갈음하는 것이 보통이다.[5] 이 경우는 보험계약의 성립과 동시에 보험증권이 교부되는 것으로 볼 수 있는데, 이것이 상법 650조의 보험증권의 교부시점(보험계약이 성립한 때에 지체 없이 보험증권을 작성하고 교부)에 반한다고 해석할 것은 아니다.

보험증권의 교부의무를 위반한 경우의 법적 효과에 대해서는 상법에 아무런 규정이 없다. 입법의 불비이다. 다만 보험자가 이를 위반하여 보험계약자에게 손해를 끼친 경우는 불법행위로 인한 손해배상을 청구할 수 있다고 해석한다.[6]

3. 보험증권의 기재사항

보험증권은 법률이 정한 일정한 사항을 기재해야 한다. 보험증권의 기재사항은 모든 보험계약에 공통적인 것이 있고, 보험계약의 종류마다 추가로 기재해야 하는 것이 있다. 공통적 기재사항으로는, ① 보험의 목적, ② 보험사고의 성질, ③ 보험금액, ④ 보험료와 그 지급방법, ⑤ 보험기간을 정한 때에는 그 시기와 종기, ⑥ 무효와 실권의 사유, ⑦ 보험계약자의 주소와 성명 또는 상호, ⑧ 피보험자의 주소, 성명 또는 상호,[7] ⑨ 보험계약의 연월일, ⑩ 보험증권의 작성지와 그 작성년월일 등이 있다(상법 666조). 이러한 공통적 기재사항에 덧붙여, 화재보험증권(상법 685조), 운송보험증권(상법 690조), 해상보험증권(상법 695조), 자동차보험증권(상법 726조의3), 인보험증권(상법 728조) 별로 추가적 기재사항이 존재한다. 인보험증권 중에서 상해보험증권의 경우, 피보험자와 보험계약자가 동일인이 아닐 때에는, 상법 728조가 규정하는 인보험증권의 추가적 기재사항 중에서 '피보험자의 주소·성명 및 생년월일'에 갈음하여 '피보험자의 직무 또는 직위'만을 기재할 수 있다(상법 738조).

---

4) 대판 1999.2.9. 98다49104
5) 최기원 208면
6) 최기원 208면
7) ⑧은 2014년 상법 개정으로 신설되었다.

4. 보험증권과 이의약관

보험계약자는 교부받은 보험증권의 내용이 체결한 보험계약의 내용과 다르면, 보험증권이 사실상 추정력만 갖고 있으므로, 계약법의 일반원칙에 따라서 이의를 제기할 수 있다. 그런데 이의를 제기할 수 있는 기간에 대해 약정하는 것도 가능하다. 즉 보험계약의 당사자는 보험증권의 교부가 있은 날로부터 일정한 기간 내에 한하여 그 증권내용의 정부(正否)에 관한 이의를 할 수 있음을 약정할 수 있고, 이 기간은 1월 이하로 할 수 없다(상법 641조). 이의제기 기간을 1개월보다 단축할 수 없도록 한 것은 보험계약자를 보호하기 위한 것이다. 위와 같은 약정을 이의(異議)약관이라고 하고, 명시적인 약정이어야 한다고 해석한다.[8] 증권내용의 정부 문제는, 체결한 보험계약의 내용과 교부된 보험증권의 내용이 다를 때 제기될 수 있다. 이와 같이 보험계약의 내용과 보험증권의 내용이 다를 때 이를 정정하게 하여 추후에 생길 수 있는 당사자 사이에 불필요한 분쟁을 막는 데 이의약관 제도의 취지가 있다.[9] 이의제기 기간이 지나면 보험증권의 기재내용이 확정적 효력을 갖고, 다만 명백한 오기 또는 착오는 위 기간이 지나도 이의를 제기할 수 있다고 해석한다(통설). 다만, 이의제기 기간이 지나면 보험증권의 기재내용이 확정적 효력을 갖는 이상, 보험계약자는 소정의 기간 내에 보험계약 내용과 보험증권 내용의 상이를 확인하여 이의를 제기하지 않으면 불이익을 감수해야 하는데, 이것은 입법론적 측면에서 의문이다. 보험증권은 계약의 성립 후에 보험자에 의해서 일방적으로 작성되어 교부된다는 점을 고려하면, 이의약관이 있다고 해서 보험증권에 확정적 효력을 부여하는 것은 지나치다고 볼 수 있다. 분쟁 예방을 위한 목적이라고 해도 보험증권에 사실상 추정력을 부여하는 것으로 충분하다고 본다. 따라서 현행법하에서도 확정적 효력은 제한적으로만 인정하는 방향으로 엄격하게 해석할 필요가 있다고 본다.

5. 보험증권의 재교부 등

기존의 보험계약을 연장하거나 변경한 경우에 보험자는 이미 교부된 보험증권에 그 사실을 기재함으로써 보험증권의 교부에 갈음할 수 있다(상법 640조 2항). 또한 보험증권을 멸실 또는 현저하게 훼손한 때에 보험계약자는 보험자에 대하여 증권의 재교부를 청구할 수 있고, 그 증권작성의 비용은 보험계약자 부담으로 한다(상법 642조). 다만 보험증권이 지시식 또는 무기명식의 유가증권으로 인정되는 경우라면, 공시최고 절차에 의한 제

---

8) 박세민 230면; 양승규 136면; 임용수 136면; 최기원 209면
9) 양승규 136면

권판결(민사소송법 475조－497조)을 받은 후에야 재교부를 청구할 수 있다(통설).

6. 보험증권의 법적 성질

(1) 요식증권성

보험증권은 법률이 정한 일정한 사항을 기재하게 되어 있기 때문에 요식증권성을 띤다. 하지만 어음 또는 수표와 같이 엄격한 요식성이 요구되는 것은 아니고, 완화된 요식성을 띤다. 즉 법정 기재사항의 일부가 기재되지 않거나 그 이외의 사항이 추가로 기재되어도 보험증권의 효력은 영향을 받지 않는다.[10)]

(2) 증거증권성

① 보험증권은 보험계약의 성립 및 내용을 증명하기 위한 목적에서 보험자가 작성하여 교부하는 증거증권이다(통설). 이러한 증거증권적 성격으로 인해서 보험계약자가 이의 없이 보험증권을 수령하는 경우 보험증권의 기재사항은 보험계약의 성립 및 내용에 대해서 사실상 추정력을 갖는다.[11)] 따라서 보험증권을 소지하면 보험계약의 성립 및 내용에 대해서 보험자에게 주장을 하는 데 유리하다. 다만 보험계약의 성립 및 내용에 대해서 다르게 증명할 수 있으면 보험증권이 갖는 사실상 추정력은 번복된다(통설). 판례도 같다. 즉 보험계약이란 당사자 사이의 의사합치에 의하여 성립되는 낙성계약으로서 별도의 서면을 요하지 아니하므로, 보험계약을 체결할 때 작성되어 교부되는 보험증권이나 보험계약의 내용을 변경하는 경우에 작성되어 교부되는 배서증권은 하나의 증거증권에 불과하고, 보험계약의 성립여부라든가 보험계약의 당사자, 보험계약의 내용은 위 증거증권만이 아니라 계약체결의 전후 경위, 보험료의 부담자 등에 관한 약정, 위 증권을 교부받은 당사자 등을 종합하여 인정할 수 있다고 한다.[12)] 가령 보험계약에서 보험목적이 무엇인지는 보험증권에 기재된 것뿐만 아니라, 보험계약서 등 여타 증거와 보험계약체결의 전후 경위를 종합하여 확정한다.[13)] 이러한 판례에 찬성한다. 한편, 보험증권을 교부했으나 그 내용이 보험계약에서 합의한 내용과 다르고 그 다른 내용에 대해서 별도의 합의가 없으면 보험계약의 청약에 대한 승낙이라고 할 수 없고 보험자의 보험계약자에 대한 새로운 청약으로 볼 것인가? 이를 긍정하는 견해가 있다.[14)] 하지만, 보험증권은 사실상 추

---

10) 박세민 228면; 양승규 132면; 정찬형 580면

11) 박세민 228면; 임용수 133면; 장덕조 142면; 최기원 209면

12) 대판 1988.2.9. 86다카2933; 대판 1996.7.30. 95다1019; 대판 2003.4.25. 2002다64520; 대판 2012.4.26. 2010다10689

13) 대판 1992.10.27. 92다32852

14) 최기원 208면

정력을 갖고 있을 뿐이므로, 보험계약에서 합의한 내용을 증명하면 이 내용으로 계약이 성립된 것으로 보아야 할 것이다.

② 한편 보험증권의 내용과 보험약관의 내용이 다른 경우가 있다. 이 경우 보험계약자 등이 보험증권의 내용과 보험약관의 내용이 뚜렷이 다르다는 점을 명확히 알았거나 알 수 있었던 경우가 아닌 한, 보험증권이 교부되면 보험계약자에 등에게 유리한 내용이 보험계약의 내용으로 성립되었다고 볼 것인가? 이를 긍정하는 견해가 있다.15) 생각건대, 보험증권, 보험약관, 보험청약서, 계약체결의 경위, 계약체결을 전후한 구체적인 제반 사정을 토대로 보험증권의 내용과 보험약관의 내용 중에서 어느 것이 진정한 보험계약의 내용을 구성하는지 밝혀보는 것이 우선이라고 본다. 이것은 보험계약의 내용을 보험증권, 보험약관, 계약체결의 경위 등을 종합하여 확정한다는 판례와 동일한 선상에 있는 것이다. 만약 그런 과정을 거친 후에도 보험약관과 보험증권 중에서 어느 것이 우선하는지 모호한 경우에 비로소 보험약관과 보험증권의 작성자인 보험자에게 불이익하게 해석하는 것이 타당하다고 본다. 작성자불이익의 원칙은 보험약관의 해석에 관한 원칙이지만, 이 원칙의 취지는 보험약관과 보험증권이 충돌하는 경우에도 (유추)적용할 수 있다고 본다.

(3) 면책증권성 등

① 보험증권은 면책증권성이 있다. 즉 보험자는 보험증권 소지자가 진정한 권리자인지를 조사할 권리는 있지만 의무는 없고, 보험증권을 제시한 자에게 고의 또는 중과실 없이 보험금을 지급하면 그가 무권리자이더라도 지급책임을 면하게 된다.16) 보험증권은 유가증권은 아니지만, 보험계약의 성립 및 그 내용에 대해 사실상 추정력을 갖는 증거증권이기 때문에 면책증권성을 인정할 수 있는 것이다.17) 한편 보험증권이 지시식 또는 무기명식 유가증권에 해당하는 경우라면 물론 면책증권성이 인정된다.

② 보험계약상의 권리를 행사하기 위해서 보험증권을 제시해야 하는지가 문제된다. 이와 관련하여 보험사고의 발생으로 보험자가 보험금을 지급할 때는 보험증권을 상환하는 것이 보통이라는 이유로 보험증권의 상환증권성을 인정하는 견해18)와 만약 보험약관에서 보험계약상 권리를 행사할 때 보험증권을 제시 또는 상환해야 한다고 규정한 경우에 한하여 상환증권성을 인정하는 견해19)가 있다. 생각건대, 증거증권에 불과한 보험증

---

15) 박세민 230면; 임용수 133면

16) 박세민 230면; 양승규 133면; 임용수 134면; 최기원 212면

17) 한편 보험증권은 유가증권이 아니기 때문에 면책증권으로 하기로 합의한 경우에만 면책증권성이 인정된다는 견해가 있다(채이식 77면).

18) 박세민 230면; 양승규 133면

19) 임용수 134면; 최기원 214면

권에 상환증권성이 인정되려면 당사자 사이에 약정이 필요하므로 후자가 타당하다고 본다. 다만 어느 쪽 견해에 의하든, 상환증권성은 약한 의미로만 인정되고, 보험증권을 제시할 수 없을 때에는 다른 방법에 의해서 권리를 증명하여 행사할 수 있다는 점에서 일치하고 있다. 그리고 기존에는 위에서 본 것처럼 이것을 보험증권의 상환증권성 문제로 다루어 왔지만, 엄밀하게 말하면 보험증권의 제시증권성이 중심 문제이다. 상환증권성은 보험자가 보험채무를 이행할 경우 권리자에게 보험증권의 상환을 요구할 수 있는지에 관한 문제이다. 상환증권성은 보험증권이 유통되어 제3자에 의해서 선의취득이 된 경우 보험자가 부담할 수 있는 이중지급의 위험을 방지하기 위해 필요한 성질인데, 유가증권이 아닌 보험증권의 경우 제3자에 의한 선의취득의 대상이 될 수 없으므로 상환증권성에 관한 논의는 실익이 적기 때문이다. 한편 보험증권이 지시식 또는 무기명식 유가증권에 해당하는 경우라면 물론 제시증권성과 상환증권성이 인정된다.

(4) 유가증권성

1) 유가증권의 특성

유가증권이란 권리와 증서를 결합시킨 것이다. 유가증권은 권리를 표창하게 된다. 유가증권이 표창하는 권리는 주로 채권이고, 이외에도 물권, 주주의 지위 등도 가능하다. 주요한 유가증권으로는 어음(어음법), 수표(수표법), 화물상환증(상법 128조), 창고증권(상법 156조), 주권(상법 356조), 선하증권(상법 852조) 등이 있다. 유가증권의 특징은 권리의 발생, 행사 또는 이전에 증권의 소지가 필요하다는 점에 있다. 그 내용을 간단히 살펴보자.

먼저, 권리의 행사에 관해서 보면, 첫째, 권리자는 유가증권을 제시해야만 권리를 행사할 수 있다. 이를 유가증권의 제시증권성이라고 한다. 만약 보험증권이 유가증권이라면, 보험증권을 제시해야 보험채권(보험금청구권 또는 해지환급금청구권 등)을 행사할 수 있는 것이다. 만약 보험증권이 유가증권이 아니라면, 권리자는 보험증권을 소지하고 있지 않더라도 권리자임을 입증하면 보험채권을 행사할 수 있다. 둘째, 채무자가 유가증권을 상환하지 않으면 채무를 이행할 의무가 없다. 이것을 유가증권의 상환증권성이라고 한다.[20] 만약 보험증권이 유가증권이라면, 보험자가 보험채무를 이행하면서 보험증권의 소지인에게 상환할 것을 요구하면 소지인은 이에 응해야 한다. 하지만 보험증권이 유가증권이 아니라면, 보험증권의 소지인은 상환에 응할 의무가 없다.

다음, 권리의 이전에 관해서 보면, 유가증권은 그 배서 또는 교부만으로 표창하는

20) 상환증권성의 취지는 채무자가 유가증권의 상환을 통해 이중지급의 위험을 면할 수 있도록 해주는 데 있다. 이중지급의 위험이란, 채무자가 채무를 이행하면서 유가증권을 상환 받지 않아서 이것이 제3자에 의해 선의취득 되었을 때 제3자에게 다시 채무를 이행해야 하는 위험을 말한다. 제3자에 의한 선의취득이 가능하다는 점은 유가증권의 특성 중 하나이다.

권리를 이전할 수 있게 된다. 배서란 증권에 양도의 의사표시를 기재하는 행위를 말한다. 여기서 양도인을 배서인, 양수인을 피배서인이라고 한다. 피배서인이 권리자로 추정되는 방식의 유가증권은 배서에 의해서 권리가 이전된다. 한편 증권의 소지인이 권리자로 추정되는 방식의 유가증권에는 배서는 필요 없고 교부만으로 권리가 이전된다. 이렇듯 배서 또는 교부에 의한 권리 이전이 간편하고 신속하다는 점이 유가증권의 효용이다. 그리고 유가증권은 배서 또는 교부만으로 권리가 이전되기 때문에, 피배서인(지시식 유가증권) 또는 소지인(무기명식 유가증권)이 권리자로 추정된다. 이것을 권리추정적 효력이라고 한다. 위와 같은 유가증권의 효용은 지명채권의 양도와 비교해 보면 쉽게 알 수 있다. 지명채권을 양도하기 위해서는 대항요건을 갖추어야 한다(민법 450조). 즉 지명채권의 양도는 양도인이 채무자에게 통지하거나 채무자가 승낙해야만 채무자 기타 제3자에게 대항할 수 있다. 그리고 채무자 이외의 제3자에게 대항하기 위해서는, 통지나 승낙이 확정일자가 있는 증서에 의해야 한다. 또한 지명채권에는 위와 같은 권리추정적 효력이 없다. 위와 같이 보험증권이 유가증권이라면 배서 또는 교부만으로 보험채권이 이전된다. 또한 위와 같은 권리추정적 효력이 있다. 이와 달리 보험증권이 유가증권이 아니라면 보험채권의 이전을 위해서 민법 450조에 따른 지명채권의 양도를 위한 대항요건을 갖추어야 하는 것이 원칙이다. 또한 권리추정적 효력도 없으므로, 보험자가 보험증권의 소지인에게 권리자임을 입증하라고 요구하면, 소지인은 이에 응해야 한다.

2) 보험증권이 유가증권인가?

i) 문제의 제기

보험증권이 일정한 권리를 표창하여 지시식 또는 무기명식으로 발행된 경우 이를 유가증권으로 인정할 수 있을 것인가? 여기의 권리에는 보험채권(보험금청구권 또는 해지환급금청구권)과 피보험자의 지위(인보험에서는 보험수익자의 지위)가 있을 수 있다. 학설로는 전부부정설, 전부긍정설도 있지만, 일부긍정설이 통설이다. 즉 통설에 의하면, 인보험증권의 경우 유가증권성을 부정하고, 손해보험증권의 경우 원칙적으로 유가증권성을 부정하되, 화물상환증, 선하증권, 창고증권 등과 같은 유가증권에 부수하여 함께 유통되는 운송보험증권, 적하보험증권, 창고보험증권 등이 지시식 또는 무기명식으로 발행되는 경우에 한하여 예외적으로 유가증권성을 인정한다. 생각건대, 통설에 찬성한다. 다만 이에 덧붙여, 인보험 중에서 생존보험은 일정한 경우 보험증권을 유가증권으로 할 수 있다고 본다(이에 대해 후술). 보험증권이 유가증권으로 인정되는 경우에도 이는 불완전한 유가증권이다(통설). 즉 보험증권은 어음 또는 수표와 달리 설권증권, 문언증권, 무인증권이 아니다. 따라서 보험자는 고지의무, 통지의무 위반 등 보험계약에 기한 항변으로써 그 소지인에게 대항할 수 있다. 보험증권이 유가증권으로 인정되는 경우 불완전한 유가증권이지만 선의취득의 대상이 됨은 물론이다.[21]

ii) 검토의 대상

이하에서 보험증권의 유가증권성을 자세히 살펴보려고 하는데, 보험금청구권의 양도, 피보험자의 지위이전 등도 함께 살펴보기로 한다. 여기서 검토의 대상은 보험증권이 추상적 단계의 보험금청구권 또는 피보험자·보험수익자 지위를 표창하여 지시식 또는 무기명식으로 발행된 경우이다. 첫째, 증권에 표창하는 것은 '추상적' 단계의 보험금청구권 등이다. 보험사고 등이 이미 발생한 경우는 이미 구체화된 보험금청구권이나 피보험자·보험수익자 지위를 사후적으로 이전하는 거래상 수요가 크지 않기 때문에, 이 경우는 여기의 검토에서 제외한다. 둘째, 보험채권 중 해지환급금청구권의 유가증권화 문제는 논의의 대상으로 삼지 않는다. 보험채권 중 하나인 해지환급금청구권은 양도성에 문제가 없고,[22] 또한 이를 표창하여 지시식 또는 무기명식 유가증권으로 만들면 지명채권 양도의 대항요건(민법 450조)을 갖추지 않아도 되므로 신속하고 간편한 권리이전 측면의 효용이 있을 수 있다. 하지만 보험계약의 해지권이 보험계약자에게 남아 있다는 점을 고려하면, 해지환급금청구권을 양수할 수요는 별로 없을 것이므로, 여기의 검토에서 제외한다. 셋째, 손해보험과 인보험은 관련 권리의 양도성, 유가증권화의 효용 등에서 일정한 차이가 있다. 따라서 양자를 구분해서 살펴보기로 한다.

iii) 손해보험

① 보험금청구권

먼저, 양도성을 본다. 손해보험에서 보험금청구권의 양도성은 피보험이익 요건(피보험자에게 피보험이익이 없으면 해당 보험계약이 무효)의 제약이 있다. 피보험자에게 피보험이익이 남아 있는 채로 보험금청구권이 이전되면 — 즉 보험금청구권의 양수인과 피보험자가 분리되면 — 형식적 측면에서는 여전히 피보험자가 피보험이익의 주체로 남아 있다는 점에서 피보험이익의 요건에 부합하는 것처럼 보이나, 실질적 측면에서는 (인위적) 보험사고의 위험이 증가할 수 있다는 점을 고려해야 한다. 보험금청구권의 유가증권화는 보험금청구권만의 자유로운 전전유통 가능성을 확대시키므로, 이를 무제한 허용하면 위와 같이 피보험이익 요건을 무력화시킬 수 있다는 점을 무시할 수 없는 것이다. 그렇다면, 보험금청구권의 양도와 함께 피보험이익도 이전되어야(또는 양수인이 피보험이익을 갖고 있어야)[23] 해당 보험계약이 유효라고 해석해야 한다. 즉 피보험이익을 두고 보험금청구권

---

21) 반대 : 박세민 233면

22) 손해보험에서 피보험이익 요건의 문제가 생기지 않는다.

23) 양수인이 피보험이익을 갖고 있는 경우로는, 건물소유자인 피보험자가 건물담보권자에게 화재보험금청구권을 담보목적으로 양도하는 것을 들 수 있다.

만 양도하는 것은 해당 보험계약을 무효로 만들 뿐이다. 만약 보험금청구권을 표창한 보험증권이 피보험이익이 없는 자에게 이전된 경우 해당 보험금청구권은 효력을 상실하게 된다는 점에서, 이러한 보험증권은 그 효력이 조건부인 불완전한 유가증권이며, 일반적인 유가증권과는 다르다.[24]

다음, 효용을 보자. 손해보험의 보험금청구권을 표창하여 지시식 또는 무기명식 유가증권으로 만들 수 있으면, 지명채권 양도의 대항요건(민법 450조)을 갖추지 않아도 된다는 점에서 효용이 있다. 다만 전술한 피보험이익 요건으로 인해서, 보험계약이 유효하려면 보험금청구권의 양도와 함께 피보험이익도 양도되어야 하는데, 이때 피보험이익도 신속하고 간편하게 양도되어야 보험금청구권을 신속하고 간편하게 양도할 효용이 인정되는 것이다. 따라서 피보험이익의 신속하고 간편한 이전 방법이 없는 손해보험증권의 경우는 유가증권화의 실익이 없게 된다. 이러한 이전방법이 있는 예가, 화물상환증과 운송물보험증권, 선하증권과 적하보험증권, 또는 창고증권과 창고보험증권이 지시식 또는 무기명식으로 발행되어 있는 경우이다. 이 경우는 가령 화물상환증과 운송물보험증권의 배서 또는 교부에 의해서 피보험이익과 보험금청구권이 신속하고 간편하게 이전될 수 있다.

② 피보험자의 지위

먼저, 양도성을 본다. 손해보험에서 피보험자 지위의 양도성은 피보험이익 요건의 제약이 있다. 피보험자 지위의 양도와 함께 피보험이익도 양도되어야 해당 보험계약이 유효할 수 있는 것이다. 즉 피보험이익은 두고 피보험자 지위만 이전하는 것은 해당 보험계약을 무효로 만들 뿐이다. 따라서 손해보험에서 피보험자 지위를 표창하는 보험증권은 그 효력이 조건부인 불완전한 유가증권이라는 점에서 전술한 보험금청구권에서와 같다. 보험자 동의 요건도 있다. 손해보험에서 피보험자가 누구인지는 위험률에 영향을 미치는 중요한 사항인 것이 보통이다. 따라서 보험자의 동의 없이 피보험자의 지위가 이전될 수 없는 것이 원칙이다. 하지만 보험자가 지시식 또는 무기명식으로 피보험자의 지위를 표창하는 보험증권을 발행한다면, 보험자가 스스로 피보험자 변경 동의를 포기한 것으로 볼 수 있는 것이다.

다음, 효용을 보자. 피보험자의 지위를 표창하여 지시식 또는 무기명식 유가증권으로 하면, 배서 또는 교부만으로 신속하고 간편하게 양도할 수 있고 보험자의 동의 요건을 갖추지 않아도 된다는 점에서 효용이 있다. 다만 피보험이익 요건으로 인해서 피보험자 지위와 함께 피보험이익도 양도되어야 하고, 이때 피보험이익의 양도도 신속하고 간편한 방식으로 가능해야만, 피보험자 지위를 신속하고 간편하게 양도할 효용이 인정된다

24) 즉 보험증권은 피보험이익의 이전과 결합해서만 유가증권으로서의 성격을 갖게 되는데, 그렇다면 과연 보험증권 자체를 유가증권으로 보는 것이 타당한지 의문이 제기될 수 있을 것이다.

는 점은 전술한 보험금청구권의 양도와 같다. 그래서 화물상환증, 선하증권, 창고증권 등과 같이 피보험이익의 신속하고 간편한 이전 방법이 있는 손해보험증권의 경우에만 유가증권화의 실익이 있다.

iv) 인보험

① 보험금청구권

먼저, 양도성을 본다. 인보험에서 보험금청구권의 양도성은 제약이 있다. 원칙상, 인보험에서 피보험이익이 요건이 아닌 우리 법제하에서 피보험이익 요건으로 인한 문제는 없다. 하지만 인보험에서 보험계약자와 보험수익자가 다르고 보험계약자가 보험수익자의 변경권을 유보한 경우, 보험금청구권의 양도성은 문제가 된다.[25] 따라서 보험수익자 변경권이 보험계약자에게 유보되지 않은 경우에만 보험금청구권의 양도성이 허용될 수 있다.

다음, 효용을 보자. 보험수익자 변경권이 유보되지 않아서 보험금청구권의 양도성이 인정되는 경우라도, 유가증권으로서의 효용은 별로 없다고 볼 수 있다. 왜냐하면 다음과 같은 이유에서 신속하고 간편한 양도가 가능하지 않기 때문이다. 먼저 보험금청구권을 표창하여 지시식 또는 무기명식 유가증권으로 만들 수 있으면, 지명채권 양도의 대항요건(민법 450조)을 갖추지 않아도 된다는 점에서 효용이 있다. 하지만 민법 450조 이외에, 피보험자 이외의 자에게 보험금청구권을 양도하는 경우에는 피보험자의 동의를 얻어야 한다(상법 731조 2항, 739조, 739조의3). 권리이전의 간편성과 신속성을 위한다고 이 요건을 배제할 수는 없다는 것이다. 다만 순수한 생존보험에는 이 요건이 적용되지 않는다고 해석되나, 우리나라에서 순수한 생존보험의 판매는 드문 편이다.

② 보험수익자의 지위

먼저, 양도성을 본다. 원칙적으로 인보험에서 피보험이익이 요건이 아닌 우리 법제하에서, 보험수익자 지위의 양도 시에 피보험이익 요건으로 인한 문제는 없다. 하지만 인보험에서 보험계약자가 타인을 보험수익자로 지정하고 보험수익자의 변경권을 유보한 경우 보험수익자 지위의 양도성은 인정될 수 없다. 또한 보험수익자 변경권이 유보되지 않은 경우에도, 보험수익자를 지정한 보험계약자의 의사를 고려할 때, 보험수익자 지위의 양도성은 인정되지 않는다고 해석한다(상법 733조 3항 본문 참조).

다음, 효용을 보자. 설령 보험수익자 지위의 양도성이 인정된다고 하더라도, 유가증권으로서 효용은 별로 없다고 볼 수 있다. 왜냐하면 다음과 같은 이유에서 신속하고 간편한 양도가 가능하지 않기 때문이다. 먼저, 보험계약자가 계약체결 후 보험수익자를 변경할 때 보험자에게 통지해야 한다는 절차(상법 734조 1항, 739조, 739조의3)를 거치지 않아

25) 이에 관해서는 생명보험에서 보험수익자 지정·변경권 부분에서 자세히 검토한다.

도 된다는 측면에서는 효용을 기대할 수 있다. 보험자가 지시식 또는 무기명식으로 보험수익자의 지위를 표창하는 보험증권을 발행한다면, 보험자가 스스로 이러한 절차 요건을 포기한 것으로 볼 수 있는 것이다. 하지만 보험계약자가 계약체결 후 보험수익자를 변경하는 경우 피보험자의 서면 동의를 얻어야 하는데(상법 734조 2항, 739조, 739조의3), 권리이전의 간편성과 신속성을 위한다고 이 요건을 배제할 수는 없다. 다만 순수한 생존보험에는 이 요건이 적용되지 않는다고 해석되나, 우리나라에서 순수한 생존보험은 드문 편이다.

v) 결론

손해보험에서 보험증권의 유가증권화는 피보험이익의 신속하고 간편한 이전 방법이 있는 경우에 효용이 있으며, 그러한 예로 화물상환증과 운송물보험증권, 또는 선하증권과 적하보험증권이 지시식 또는 무기명식으로 발행되어 있는 경우를 들 수 있다.

인보험에서 보험증권의 유가증권화는 생존보험에서 보험계약자가 보험수익자 변경권을 유보하지 않은 경우에 보험금청구권에 대해서 가능하고 효용이 있으나, 우리나라에서 순수한 생존보험의 판매는 드문 편이다.

제2절 보험금지급의무

1. 총설

보험자는 보험기간 안에 보험사고가 생긴 때에 피보험자(손해보험)나 보험수익자(인보험)에게 보험금을 지급해야 한다. 여기서 보험금은 정액보상 방식에서는 당사자가 약정한 금액을 말하고, 비정액보상 방식에서는 당사자가 약정한 보험금액의 범위 내에서 실제 손해액을 가리킨다. 손해보험의 경우는 보험금청구자가 보험사고의 발생, 보험사고와 손해 사이의 인과관계, 그리고 손해액 등을 입증해야 하고, 인보험의 경우는 보험금청구권자가 보험사고의 발생을 입증하면 된다(판례,[26] 통설).

보험금지급의무는 보험계약상 보험자의 가장 핵심적인 의무로서 보험계약자의 보험료지급의무와 대가적 관계에 있다. 보험금지급의무는 보험기간 중에 면책사유 없는 보험사고가 발생해야 비로소 구체화되는 정지조건부 의무이고, 마찬가지로 보험금청구권은 그와 같은 정지조건부 권리이다(판례,[27] 통설). 그렇다고 해서 보험계약을 정지조건부 법률행위(민법 147조)라고 부르지는 않는다.[28] 정지조건부 법률행위는 조건이 성취되어야

26) 대판 2004.8.20. 2002다20889(보험사고의 발생에 대한 입증책임은 보험금청구권자가 부담한다)
27) 대판 2001.6.15. 99다72453
28) 양승규 83면; 정찬형 536면

그 효력이 생기지만, 보험계약은 원칙적으로 체결과 동시에 효력이 생기기 때문이다. 이하에서는 보험금지급의무의 성립요건을 보험사고, 보험기간 등으로 나누어 살피기로 한다.

2. 보험사고의 발생

(1) 보험사고의 특징

1) 불확정성

i) 의의

보험사고의 불확정성은 보험을 정의할 때 반드시 포함되는 보험의 요소이다(통설). 보험계약의 의의에 관한 상법 638조도 불확정한 사고를 요건으로 규정한다. 불확정한 사고의 발생가능성은 위험을 가리키고, 이러한 위험이 없으면 보험도 없는 것이다(Ohne Gefahr, keine Versicherung).[29] 보험사고의 불확정성은 보험사고의 발생 여부 또는 발생 시기가 확정되지 않은 것을 가리킨다(통설). 전자는 자동차사고, 화재, 상해 등에, 후자는 사람의 사망 등에 나타난다. 나아가 사고의 발생으로 인한 손해의 정도가 확정되지 않은 것도 보험사고의 불확정성에 포함될 수 있다.[30] 따라서 발생 여부, 발생 시기 등이 확정되어 있는 사고는 보험사고가 될 수 없다. 예견할 수 있거나 정기적이고 규칙적으로 발생하는 사고는 불확정성에 반하는 것으로서 보험사고가 될 수 없다.[31]

ii) 상법 644조

상법 644조는 보험사고의 불확정을 객관적으로 판단하는 것을 원칙으로 하되, 예외적으로 주관적 불확정도 인정한다. 먼저, 보험계약을 체결할 당시에 보험사고가 이미 발생하였거나 발생할 수 없는 경우, 즉 보험사고가 객관적으로 확정된 경우는 그 계약을 무효로 한다(상법 644조 본문). 이것이 객관적 불확정성이다. 이 경우 보험자에게 보험금지급의무가 없음은 물론이다. 객관적 불확정성을 보험계약의 체결 당시를 기준으로 판단함은 상법 644조의 법문에 비추어 볼 때 명백하다. 다음, 보험사고가 객관적으로 확정되었다고 해도, 그 사실을 보험계약의 체결 당시에 당사자 쌍방과 피보험자가 알지 못한 경우에도 해당 보험계약은 무효인가? 상법은 이 경우 유효로 본다(상법 644조 단서). 이것을 보험사고의 주관적 불확정성이라고 한다. 주관적 불확정성을 보험계약의 체결 당시를 기준으로 판단함은 상법 644조의 법문에 비추어 볼 때 명백하다. 주관적 불확정성이 인정되는 이유는, 이 경우 보험제도를 남용하여 부당한 이득을 취득할 소지가 없고, 또한 보

29) 양승규 22-23면
30) Prudential Ins Co v. IRC [1904] 2 K.B. 658
31) 최기원 6면

험계약을 체결하는 시점 이전으로 보험자의 책임개시시기를 앞당기는 소급보험을 인정할 필요가 있기 때문이다(통설).

iii) 보험사고의 발생이 예견되는 경우

보험사고의 발생이 필연적으로 예견되는 사건이 보험계약의 체결 당시에 이미 발생한 경우 이것이 보험계약의 효력에 영향을 미치는가? 생각건대, 보험사고의 불확정성은 보험계약을 체결할 당시에 실제로 보험사고가 발생했는지 여부를 기준으로만 엄격하게 판단하는 것이 상법 644조의 문리, 취지, 효과에 비추어 타당하다. 판례도 같다. 대판 2010.12.9. 2010다66835는, 보험계약의 체결 시에 피보험자가 근긴장성 근이양증이라는 진단을 받았는데, 이것이 보험사고인 제1급 장해의 발생을 필연적으로 야기하고 또한 건강상태가 일반적인 자연속도 이상으로 급격히 악화되어 보험사고인 사망에 이를 개연성이 매우 높았던 사안이기 때문에 상법 644조에 따라 보험계약이 무효인지가 문제되었다. 원심은 무효로 판시하였다. 이와 달리 대법원은 보험계약의 체결 시에 보험사고 자체가 발생한 경우에만 그 계약이 무효로 되고, 보험사고의 발생이 필연적으로 예견되는 사건은 고지의무의 대상일 뿐이라고 판시하였다.[32] 그리고 이 판결의 논리에 따르면, 보험사고를 필연적으로 야기하는 사건이 보험기간이 종료하기 전에 발생했으나, 보험사고는 그 이후에 발생하면 보험자가 책임을 지지 않게 된다. 이는 부득이한 결론이다.

iv) 비인위성과의 관계

① 구분

보험계약자 등의 고의(또는 중과실)로 발생한 보험사고에 대해서는 보험자가 면책된다(상법 659조 등).[33] 이러한 것을 인위적 보험사고라고 한다. 보험사고가 인위적이지 않은 경우 비인위성을 띤다고 말할 수 있다. 인위적 보험사고에 대해서 보험금이 지급되면 보험제도가 남용될 수 있으므로 보험자 면책으로 처리한다. 비인위성은 면책사유와 관련

---

32) 대판 2010.12.9. 2010다66835(상법 644조는 보험계약 당시 보험사고가 이미 발생한 때에 그 계약을 무효로 한다고 규정하고 있으므로, 설사 시간의 경과에 따라 보험사고의 발생이 필연적으로 예견된다고 하더라도 보험계약 체결 당시 이미 보험사고가 발생하지 않은 이상 상법 644조를 적용하여 보험계약을 무효로 할 것은 아니므로, 소외인이 비록 이 사건 제2보험계약 체결 이전에 근이양증 진단을 받았다고 하더라도 보험사고(사망 또는 제1급 장해 발생)가 위 제2보험계약 체결 이전에 발생하지 않은 이상 위 보험계약이 무효라고 할 수 없다. 그렇다면 원심으로서는 소외인에게 언제 제1급의 장해상태가 발생하였는지를 심리하여 보고, 그것이 이 사건 제2보험계약 체결 후였음이 인정되면 더 나아가 피고의 고지의무 위반으로 인한 보험계약 해지 주장과 원고들의 제척기간 도과 주장을 차례로 심리, 판단하였어야 함에도 불구하고, 그 판시와 같은 이유만으로 이 사건 제2보험계약이 무효라고 단정하였으니, 이러한 원심판결에는 상법 644조 보험사고의 객관적 확정의 효과에 관한 법리를 오해하여 심리를 다하지 아니함으로써 판결 결과에 영향을 미친 잘못이 있다)

33) 손해보험에서 보험계약자 등의 고의 또는 중과실로 인해서 보험사고가 발생하면 보험자가 면책되고(상법 659조), 인보험에서는 보험계약자 등의 고의로 인해서 보험사고가 발생하면 보험자가 면책된다(상법 732조의2, 739조, 739조의3).

하여 다루어지고, 보험의 정의에는 포함시키지 않는다(통설). 보험사고의 불확정성과 비인위성은 그 개념, 판단시점, 효과가 다르다. 불확정성은 보험사고의 발생 여부가 아직 확정되지 않은 것인데, 비인위성은 보험계약자가 고의 등으로 보험사고를 일으키지 않았다는 의미이다. 또한 불확정성은 보험계약이 성립될 때를 기준으로, 우연성은 보험사고가 발생할 때를 기준으로 판단한다. 그리고 불확정성을 위반한 경우 보험계약이 무효이고, 비인위성을 위반한 경우 보험자가 면책된다.

② 사례

불확정성과 비인위성의 구분이 까다로운 경우가 있다. 가령 보험계약자 등이 보험사고를 일으킬 의도로 보험계약을 체결하였고 이후 실제로 고의로 보험사고를 일으킨 경우를 보자. 고의로 사고를 일으킨 것이 인위적 사고에 해당하는 것임은 분명하지만, 나아가 불확정성의 문제로 연결시킬 수 있는가? 즉 이것을 계약의 체결 당시에 보험사고의 발생이 확정된 경우로 취급하여 상법 644조의 (유추)적용이 가능하다고 해석할 수 있는가? 판례는 부정한다. 즉 보험사고의 불확정성이란 특정인의 의사와 관계없는 사고라는 의미가 아니고, 또한 특정인의 어느 시점에서의 의도와 장래의 그 실현 사이에 필연적·기계적인 인과관계가 인정되는 것도 아니므로, 보험계약자가 장래 보험사고를 일으킬 의도를 갖고 보험계약을 체결하고 나아가 실제로 보험사고를 일으켰다고 하더라도, 그러한 사정만으로는 보험계약을 체결할 당시에 보험사고의 발생 여부가 객관적으로 확정되어 있다고 단정하여 불확정성이 결여되었다고 보거나 공제계약을 무효라고 볼 수 없다고 판시했다.[34] 판례가 타당하다고 본다. 보험사고의 불확정성은 보험계약을 체결할 당시에 실제로 보험사고가 발생했는지 여부를 기준으로만 엄격하게 판단하는 것이 상법 644조의 문리, 취지, 효과에 비추어 타당하다. 다만 오로지 부당한 보험금 취득을 목적으로 보험계약을 체결한 경우, 그것이 사회질서를 위반한 정도에 이른 경우라면 해당 보험계약이 무효(민법 103조)가 될 수는 있을 것이다.[35] 이것은 보험사고의 불확정성 문제가 아니라 사회질서 위반의 문제인 것이다.

v) 소급보험과의 관계

① 소급보험

보험자와 보험계약자는 약정을 통해서 보험기간의 시작시점을 보험계약의 성립시점

---

34) 대판 2012.9.13. 2010다92407

35) 대판 2009.5.28. 2009다12115(보험계약자가 다수의 보험계약을 통하여 보험금을 부정취득할 목적으로 보험계약을 체결한 경우, 이러한 목적으로 체결된 보험계약에 의하여 보험금을 지급하게 하는 것은 보험계약을 악용하여 부정한 이득을 얻고자 하는 사행심을 조장함으로써 사회적 상당성을 일탈하게 될 뿐만 아니라, 또한 합리적인 위험의 분산이라는 보험제도의 목적을 해치고 위험발생의 우발성을 파괴하며 다수의 선량한 보험가입자들의 희생을 초래하여 보험제도의 근간을 해치게 되므로, 이와 같은 보험계약은 민법 103조 소정의 선량한 풍속 기타 사회질서에 반하여 무효라고 할 것이다)

보다 당기거나 늦추는 것이 가능하다. 예를 들면 2017.1.2.에 보험계약을 체결하면서 보험기간의 시기를 2016.10.1.로 하거나 2017.3.1.로 해도 무방하다. 보험기간의 시작시점, 즉 보험자의 책임개시시점이 보험계약의 성립시점 이전인 경우를 소급보험이라고 한다(상법 643조). 이 경우 보험계약의 성립 시에 이미 발생한 보험사고도 보험기간 내의 것이라면 보험자가 보험금지급책임을 지게 된다. 소급보험의 연혁은 근대 해상보험에서 찾을 수 있다. 17－18세기 영국의 해상보험은 대개 소급보험이었다고 한다. 당시의 선박소유자는 선박이 출항한 후 도착 예정일에 돌아오지 않으면 보험자를 찾아서 보험계약을 청약하였고, '계약체결 이후에 발생할 해상사고'뿐만 아니라 '출항한 후에 이미 발생한 해상사고'까지 보상하는 내용으로 보험계약이 체결되었다고 한다. 당시 소급보험의 수요가 컸던 것은 오늘날과 같은 정도의 통신기술이 발달하지 못했던 사정 때문이었다. 오늘날 소급보험에 대한 수요는 크게 줄어든 상태다. 한편 계약체결 이후의 시점을 보험기간의 시작시기로 하는 보험을 장래보험이라고 부른다.

② 소급보험과 주관적 불확정성

소급보험이 유효하기 위해서는, 보험사고의 주관적 불확정성 요건이 충족되어야 한다. 즉 이미 발생한 보험사고를 보상하는 보험계약은, 보험계약의 체결 당시에 당사자 쌍방과 피보험자가 이미 보험사고가 발생하였다는 사실을 알지 못하는 경우에만 유효하다(상법 644조 단서). 한편, 보험사고가 보험계약을 체결하기 전에 발생한 경우, 보험사고가 주관적으로 불확정하다는 요건이 충족되더라도, 계약의 당사자가 소급보험을 약정하지 않았으면, 보험자가 보험금지급책임을 지지 않는다고 보아야 한다. 왜냐하면 보험사고는 보험기간 중에 발생해야만 보험자가 보험금지급책임을 지고, 또한 소급보험으로 약정하지 않으면 계약체결 이전으로 보험기간이 소급되지 않기 때문이다. 따라서 보험계약의 체결 이전에 발생한 보험사고에 대해서 보험자에게 보험금지급책임을 지우려면, 그 발생 사실에 대해서 주관적 불확정성이 인정되어야 할 뿐만 아니라, 계약의 당사자는 보험기간의 시작시기를 계약체결 이전의 시점으로 합의해야 한다.[36] 판례도 같다. 대판 2004.8.20. 2002다20889에서, 보험계약의 당사자 쌍방 및 피보험자가 모두 선의이어서 상법 644조 단서가 적용되는 경우라 할지라도, 그 보험계약에서 정한 책임개시시기 이후 발생한 보험사고에 대하여 보험자에게 보험금지급의무가 인정될 수 있을 뿐이고, 보험계약에서 정한 책임개시시기 이전에 보험사고가 발생한 경우 이는 그 보험자가 인수하지 아니한 위험에 해당하므로 보험금지급의무가 인정될 여지는 없다고 판시했다.

vi) 강행규정성

상법 644조의 규정은 강행규정인가? 판례와 통설은 긍정한다. 보험사고의 불확정성

36) 박세민 123면

은 보험의 본질적 요소이기 때문이다. 대판 2002.6.28. 2001다59064는 자동차보험계약을 체결한 보험자와 보험계약자가 이에 의해서 보상되지 않는 보험사고가 발생하자 이 보험사고도 보상되는 것으로 위 보험계약을 변경하기로 한 경우이다. 대법원은 상법 644조의 규정은 보험사고는 불확정한 것이어야 한다는 보험의 본질에 따른 강행규정으로, 당사자 사이의 합의에 의해 이 규정에 반하는 보험계약을 체결하더라도 그 계약은 무효임을 면할 수 없다고 판시했다.

vii) 허위표시와 발생불능

① 판례 중에는 보증보험의 보증대상인 주계약이 통정허위표시(민법 108조)로 인해서 효력이 없는 경우 보증보험계약의 효력 문제를 다룬 것이 있다. 판례는 이 경우 보험사고(주계약의 채무불이행)의 발생이 불가능하므로 상법 644조에 따라서 보증보험계약은 효력이 없다고 판시했다. 또한 주계약이 통정허위표시로 인해서 효력이 없더라도 선의의 제3자는 유효를 주장할 수 있는데, 나아가 그가 보험사고의 발생이 가능하다고 주장할 수 있는지가 다투어졌다. 판례는 이를 부정한다. 아래에서 판례를 살펴보기로 한다.

② 대판 2010.4.15. 2009다81623은, 갑과 을이 통모하여 실제 임대차계약을 체결하거나 임대차보증금을 수수함이 없이 은행에서 대출을 받기 위하여 허위로 갑을 임대인, 을을 임차인으로 하는 임대차계약서를 작성한 후, 갑이 보증보험자와 그 임대차계약을 주계약으로 삼아 피보험자를 을로 정하되, 임대인이 임대차보증금 반환의무를 불이행하는 보험사고가 발생한 경우 보증보험자는 보험금수령권자로 지정된 은행(을의 보험금채권에 질권을 설정한 자이다)에 직접 보험금을 지급하기로 하는 내용의 보증보험계약을 체결하고, 은행은 을로부터 그 보증보험계약에 따른 이행보증보험증권을 담보로 제공받고 을에게 대출한 사안이다. 대법원은, 위 보증보험계약이 성립할 당시에 주계약인 임대차계약이 통정허위표시로서 아무런 효력이 없어서 보험사고가 발생할 수 없으므로, 상법 644조에 따라 보험계약은 무효이고, 따라서 은행이 보험금을 청구할 수 없다고 보았다. 이 사건에서 은행은 허위표시인 임대차계약을 기초로 어떠한 이해관계를 맺은 바가 없다. 그래서 이 사건에서 통정허위표시상 선의의 제3자가 허위표시인 주계약의 유효를 주장하는 문제는 다루어지지 않았다.[37]

---

37) 대판 2010.4.15. 2009다81623(이 사건 보증보험계약이 성립될 당시에는 주계약인 임대차계약이 통정허위표시로서 아무런 효력이 없어 보험사고가 발생할 수 없는 경우에 해당하므로 이 사건 보증보험계약은 상법 644조의 규정에 따라 무효라고 보아야 할 것이다. 그리고 이 사건 보증보험계약이 무효로 된 것은 위와 같이 보험계약으로서의 고유한 요건을 갖추지 못한 것이 그 원인이므로, 원고가 주계약인 이 사건 임대차계약이 통정허위표시인 사정을 알지 못하고 이 사건 대출에 이르렀다고 하더라도 이 사건 보증보험계약의 보험자인 피고가 원고에 대하여 이 사건 보증보험계약이 무효임을 주장할 수 없다고 볼 것은 아니다. 원심이, 이 사건 보증보험계약이 상법 644조의 규정에 의하여 무효라고 판단한 것은 정당하다. … 한편, 상법 644조 단서는 보험자와 보험계약자 및 피보험자가 선의인 경우에는 예외적으로 보험사고의 발생이 확정되어 있는 경우라도 보험계약을 유효로 하고 있는데, 이는 예외 사유로서 계약의 관련자들 모두가 선의일

③ 대판 2015.3.26. 2014다203229에서는 보증보험의 성격을 띤 하도급대금지급보증의 대상인 주계약이 통정허위표시에 해당했다. 통정허위표시는 무효이나, 선의의 제3자에게는 대항하지 못한다(민법 108조 단서). 이 사건에서 주계약상 채권자의 파산관재인은 선의의 제3자[38]로서 주계약의 유효를 주장할 수 있다.[39] 이 경우 하도급대금지급보증에서 보험사고의 발생은 가능한가? 대법원은 불가능하다고 판시했다. 그 이유는 하도급대금지급보증계약의 주계약인 2차 하도급변경계약이 통정허위표시로서 무효라면, 하도급대금지급보증계약은 보험사고가 발생할 수 없는 경우에 해당하므로 상법 644조에 의하여 무효이기 때문이다.[40] 생각건대, 판례가 타당하다. 이 경우 보험사고의 발생가능성은 보험계약의 체결 당시를 기준으로 판단해야 한다(상법 644조). 이 사건에서 보험사고는 주계약상 채무자가 채권자에게 채무를 불이행하는 것이라고 보아야 한다. 그런데 보험계약의 체결 당시에 위와 같은 채무가 존재하지 않으므로, 채무불이행은 발생할 수 없다. 이것은 객관적으로는 물론이고, 보험계약자 또는 피보험자가 선의라고 할 수 없으므로 주관적으로도 마찬가지이다. 따라서 위 보험계약은 무효이다. 파산관재인은 선의의 제3자로서 허위표시인 주계약의 유효를 허위표시의 당사자에게 주장할 수 있다. 따라서 만약

것을 요구하는 것이다. 그런데 이 사건에서는 보험계약자 소외 1, 피보험자 소외 2가 모두 임대차계약의 무효에 대하여 알고 있었고, 따라서 보험사고가 발생할 수 없는 것이라는 것 또한 알고 있었으므로 위 단서에서 정한 예외 사유에 해당한다고 할 수 없다)

38) 파산관재인의 선의는 파산관재인 본인의 인식을 기초로 판단하지 않고, 모든 파산채권자가 악의가 아닌 한 파산관재인은 선의로 인정된다. 대판 2006.11.10. 2004다10299

39) 대판 2005.5.12. 2004다68366

40) 대판 2015.3.26. 2014다203229(피고의 하도급대금지급보증은 그 성질상 조합원 상호의 이익을 위하여 영위하는 상호보험으로서 보증보험과 유사하므로 이에 대하여 보험의 법리가 적용된다. 한편 상법 644조에 의하면, 보험계약 당시에 보험사고가 발생할 수 없는 것인 때에는 보험계약의 당사자 쌍방과 피보험자가 이를 알지 못한 경우가 아닌 한 그 보험계약은 무효이다. 보증보험계약은 보험계약으로서의 본질을 가지고 있으므로, 적어도 계약이 유효하게 성립하기 위해서는 계약 당시에 보험사고의 발생 여부가 확정되어 있지 않아야 한다는 우연성과 선의성의 요건을 갖추어야 한다. 만약 보증보험계약의 주계약이 통정허위표시로서 무효인 때에는 보험사고가 발생할 수 없는 경우에 해당하므로 그 보증보험계약은 무효이다. 이때 보증보험계약이 무효인 이유는 보험계약으로서의 고유한 요건을 갖추지 못하였기 때문이므로, 보증보험계약의 보험자는 주계약이 통정허위표시인 사정을 알지 못한 제3자에 대하여도 보증보험계약의 무효를 주장할 수 있다. 원심은, 이 사건 하도급대금지급보증계약은 2차 하도급변경계약을 주계약으로 하여 체결되었는데 2차 하도급변경계약이 통정허위표시로서 무효이므로 하도급대금지급보증계약도 무효라는 피고의 주장에 대하여, 파산관재인인 원고는 통정허위표시의 무효로써 대항할 수 없는 선의의 제3자에 해당한다고 판단한 다음, 2차 하도급변경계약이 통정허위표시인지 여부에 관하여 나아가 판단하지 아니한 채 피고의 주장을 배척하였다. 그러나 원심의 위와 같은 판단은 다음과 같은 이유로 수긍하기 어렵다. 즉, 피고 주장과 같이 하도급대금지급보증계약의 주계약인 2차 하도급변경계약이 통정허위표시로서 무효라면, 하도급대금지급보증계약은 보험사고가 발생할 수 없는 경우에 해당하므로 상법 644조에 의하여 무효이다. 이 경우 원고가 2차 하도급변경계약이 통정허위표시인 사정에 대하여 선의의 제3자라고 하더라도, 앞서 본 법리에 따라 피고는 원고에 대하여 하도급대금지급보증계약의 무효를 주장할 수 있다. 따라서 원심으로서는 2차 하도급변경계약이 통정허위표시인지 여부를 살펴서 하도급대금지급보증계약 당시에 그 보험사고가 발생할 수 없었는지 여부를 심리·판단하였어야 했다. 그런데도 이를 심리·판단하지 아니한 원심판결에는 보험계약의 우연성과 선의성에 관한 법리를 오해하여 판결에 영향을 미친 잘못이 있다)

가장수급인이 실제로 공사를 하였다면, 그 기성고에 상응한 공사대금채권을 가장도급인에게 행사할 수 있다. 그러나 보험계약이 무효이기 때문에 피보험자가 보험금청구권을 행사할 수 없는데, 피보험자의 파산관재인이 보험금청구권을 행사할 수는 없다(보험계약은 허위표시가 아니다). 파산관재인이 결과적으로 공사대금채권을 행사할 수 있게 되었다고 해서, 소급적으로 보험계약상 보험사고 발생이 가능하게 되었다고 볼 수도 없다. 보험사고의 발생가능성은 보험계약의 체결 당시를 기준으로 판단해야 하기 때문이다(상법 644조). 허위표시의 당사자가 공사대금채권을 행사할 수 없다는 사실은 변함이 없고(허위표시는 선의의 제3자에 대해서만 유효이고, 계약당사자 사이에서는 여전히 무효이다), 따라서 보험계약 관계에서는 여전히 보험사고가 발생 불가능한 것이며, 보험계약자나 피보험자가 '허위표시의 제3자 보호 법리'를 근거로 보험자에게 보험사고가 발생가능한 것이 되었다고 주장할 수도 없다. 이러한 주장을 허용하는 것은, 보험사고의 발생 불능 여부를 보험계약 체결 시를 기준으로 객관적으로 판단하는 것이 아니라 보험계약의 체결 이후에 선의의 제3자가 통정허위표시의 유효를 주장하는지 여부에 따라서 소급하여 판단하는 것이 되므로, 상법 644조의 법문에 반할 뿐만 아니라 보험계약의 효력에 대한 예측가능성이 현저히 저하되므로 찬성하기 어렵다.

④ 기타 유형으로서 주의할 것은, 통정허위표시의 선의의 제3자가 통정허위표시를 기초로 발생한 채권을 양도받아 보험목적으로 삼고 자신을 피보험자로 해서 보험에 가입한 경우이다. 가령 통정허위표시에 따라 발생한 채권을 선의로 양수한 제3자가 그 채무자가 채무를 불이행하는 것을 보험사고로 삼아 보험에 가입한 경우를 보자. 이 경우는 특별한 사정이 없는 한 보험계약의 체결 당시에 보험사고의 발생이 불가능하다고 보기 어렵다. 선의의 제3자는 통정허위표시를 한 채무자에게 채무의 이행을 청구할 수 있기 때문이다. 앞서 살펴 본 판례와 다른 결론이 나는 이유는, 보험계약의 당사자, 보험사고의 내용 등이 다르기 때문이다.

viii) 불확정성의 개별적용 문제

보상하는 보험사고가 수개인 경우 보험사고의 불확정성은 개별적으로 적용되는가? 가령 보상하는 보험사고가 두 개인 보험계약의 체결 당시 그중 하나가 이미 발생한 경우, 이 부분에 대해서만 계약이 무효이고 나머지는 유효라고 해석할 수 있는가의 문제이다.

대판 1998.8.21. 97다50091은 이 문제를 약관의 해석과 관련하여 다루었다. 이 사건의 보험계약은 일반재해 또는 교통재해로 인한 사망 및 장해와 암 진단의 확정 및 이 확진된 암을 직접 원인으로 한 사망 등을 보장하는 것이고, 여기에는 피보험자가 보험계약의 체결 이전에 암 진단이 확정되어 있는 경우에는 보험계약을 무효로 한다는 조항이 있었다. 피보험자는 실제로 보험계약의 체결 이전에 암 진단이 확정되어 있었고, 보험계약의 체결 후 타인으로부터 폭행(일반재해)을 당하여 사망하였다. 원심은 위 약관조항은 보험사고가 암과 관련하여 발생한 경우에 한하여 피고가 보험금 지급을 면할 수 있는 근거로 적용될 수 있을 뿐이고, 일반재해와 같이 암과 무관한 보험사고가 발생한 경우까지 이를 근거로 보험금 지급을 면할 수는 없다고 봄이 상당하다고 판시하였다. 하지만 대법원은 위 약관조항이 유효한 것으로 판시하면서, 그 이유로 위 약관조항은 상법 644조의 규정 취지에 따른 것인데, 상법 644조의 규정 취지나 보험계약은 원칙적으로 보험가입자의 선의를 전제로 한다는 점에 비추어 볼 때, 이 사건 약관조항은 그 조항에서 규정하고 있는 사유가 있는 경우에 그 보험계약 전체를 무효로 한다는 취지라고 보아야 할 것이지, 단지 보험사고가 암과 관련하여 발생한 경우에 한하여 보험계약을 무효로 한다는 취지라고 볼 수는 없다고 판시하였다.

생각건대, 위 판결은 기본적으로 약관해석의 문제이다. 대법원은, 약관문언을 강조함과 동시에 보험계약자에 대한 제재의 의미를 강조하면서, 그에 따른 일반예방적 효과를 염두에 둔 것이다. 그러나 사기에 의해 보험금을 청구하는 경우 약관조항을 제한해석(또는 효력유지적 축소)하는 판례[41]의 취지에 비추어, 원심과 같이 보는 것이 행위에 대한 적절한 제재라고 보인다.

2) 특정성

보험사고의 종류 및 범위는 특정되어야 한다(통설). 보험사고가 특정되지 않으면 보험자가 부담하는 보험금지급책임의 범위도 정해질 수 없다. 보험사고의 종류 및 범위가 특정되면, 보험자는 그 범위 내에서 보험금지급책임을 지게 되고, 그 범위 밖에서는 책임을 지지 않는다. 보험사고가 특정되기만 하면, 단일한 보험사고인지 포괄적인 보험사고인지는 문제되지 않는다. 포괄적으로 보험사고를 보장하는 보험을 흔히 all risks policy라고 부른다.

(2) 보험사고의 내용

보험사고의 내용은 보험자의 보상책임 범위와 직접 관련된다. 보험사고의 내용은 당사자가 보험계약의 내용으로 정할 사항이고, 그것이 무엇인지는 계약해석의 문제이다. 판례는 보험계약의 주요한 부분인 보험사고의 확정절차는 보험증권이나 약관에 기재된 내용에 의해 결정되는 것이 보통이지만, 보험증권이나 약관내용이 명확하지 않은 경우에는, 당사자가 보험계약을 체결하게 된 경위와 과정, 동일한 종류의 보험계약에 관한 보험자의 실무처리 관행 등 여러 사정을 참작하여 결정하여야 하고, 특히 법령상의 의무이

---

41) 대판 2007.12.27. 2006다29105; 대판 2009.12.10. 2009다56603

행을 피보험이익으로 하는 인·허가보증보험에서는 보험가입을 강제한 법령의 내용이나 입법취지도 참작해야 한다고 본다.[42]

대판 2000.6.9. 98다54397에서는 보험사고의 내용이 상법 644조와 관련하여 다투어졌다. 이 사건에서는, 포도열매를 덮어씌우는 포도봉지를 제조·판매하는 사람이 그 포도봉지로 인하여 타인의 재물을 손괴하여 손해배상책임을 지게 되어 입는 손해를 보상하는 책임보험에 1993.7.20.에 가입하였고 7월 중순부터 포도봉지가 파손되기 시작한 경우에, 보험계약의 체결 당시에 보험사고가 이미 발생한 것인지가 문제되었다. 보험자는 보험계약의 체결 당시에 포도봉지의 파손이라는 보험사고가 발생한 것이므로 상법 644조에 따라서 위 보험계약은 무효라고 주장하였으나, 대법원은 여기서 보험사고는 포도봉지 파손사고 자체가 아니라 포도봉지의 파손으로 인하여 포도재배 농가들에게 포도 생산량의 감소 또는 상품가치의 하락이라는 피해가 발생하는 것이고, 따라서 보험계약의 체결당시에 보험사고가 이미 발생한 경우가 아니라고 판시했다. 요컨대, 이 판결은 피보험자가 생산한 제품으로 인하여 타인의 재물이 손괴되어 법률상 배상책임을 부담함으로써 입는 손해를 보상하기로 하는 영업배상책임보험계약의 보험사고는, 제품의 파손사고 자체가 아니라 그 파손으로 인한 타인의 재물의 손괴라고 본 사건이다.

대판 2017.1.25. 2014다20998은 책임보험에서 보험사고의 내용에 관한 사안이다. 이 사건에서 변호사(갑)가 보험자(을)와 변호사전문인배상책임보험계약을 체결한 후, 아파트의 구분소유자들을 대리하는 관리사무소장(병)으로부터 등기업무를 위임받는 계약을 체결하고 구분소유자들로부터 갑 명의의 은행계좌로 등기비용을 지급받았는데, 갑이 고용한 등기사무장(정)이 위 등기비용 중 일부를 개인적 용도로 사용하는 바람에 등기업무의 처리가 지연되어 병이 갑에게 기한을 정하여 이행을 최고하면서 그때까지 이행을 하지 않을 경우 손해배상책임을 묻겠다는 통보를 하자, 갑이 부족한 등기비용을 개인적으로 마련하여 등기업무를 마친 다음에 을에게 보험금을 청구했다. 대법원은 이 사건 보험은 갑이 변호사로서 법률서비스를 제공하는 업무를 하면서 의무불이행이 있고 이 때문에 제3자에게 부담하는 손해배상책임을 보상하기 위한 책임보험이므로, 정이 등기비용을 임의소비한 것 자체가 보험사고라고 할 수는 없다고 보았다. 위임받은 등기사무의 불이행 등으로 위임인에 대하여 갑이 손해배상책임을 지게 되는 등의 사정이 있어야 보험사고가 발생한 것으로 인정될 수 있는데, 위임받은 등기사무의 처리에 관한 법률서비스 이행의무는 비록 그 이행이 지체되기는 했지만 결국 위임취지대로 이행이 마쳐졌기 때문이다.[43]

42) 대판 2008.11.13. 2007다19624; 대판 2017.1.25. 2014다20998(보험금 지급책임의 근거가 되는 보험사고는 보험계약의 내용에 편입된 보험약관의 내용과 보험약관이 인용하고 있는 보험증권의 내용 등을 종합하여 결정해야 한다)

43) 같은 변호사전문인배상책임보험에 관한 사안이면서, 위임받은 등기사무의 불이행으로 인해서 보험사고의

(3) 보험사고와 손해

보험사고와 그로 인한 손해는 별개의 개념이다. 손해보험에서는 손해가 발생해야 보험자가 보상책임을 진다. 보험사고가 발생했을 때에 반드시 손해가 생기는 것은 아니고, 또한 손해가 생기는 경우도 보험사고의 발생과 시점이 반드시 동일한 것도 아니다. 보험사고가 보험기간 중에 발생하기만 하면, 그로 인한 손해가 보험기간 이후에 발생하더라도, 보험자의 보상책임에 영향을 미치지 않는 것이 원칙이다(통설).

3. 보험기간 중에 발생

보험기간이란 보험자가 보상책임을 지기 위해서 보험사고가 발생해야만 하는 기간이다(상법 643조, 647조 등). 보험기간은 보험자의 책임개시시점부터 책임종료시점까지의 기간이기도 하다. 보험자는 보험기간 중에 보험사고가 발생할 가능성을 측정하여 계약체결 여부나 그 조건을 정하게 된다. 보험기간은 이와 같이 보험자가 보험금지급책임을 지려면 보험사고가 발생해야 하는 기간이지, 보험사고가 발생한 후 보험금 청구를 해야 하는 기간은 아니다.[44] 보험금청구권은 보험사고의 발생으로 인해서 구체화되면, 시효로 소멸하기 전에는 그 행사시점에 제약이 없다. 보험기간 중에 보험사고가 발생하지 않더라도, 보험자는 보험금지급책임을 지지 않음은 물론이고 지급받은 보험료를 반환하지 않

발생이 인정된 경우로는 대판 2017.3.30. 2014다68891이 있다. 이 사건에서 보험자는 변호사(갑)를 피보험자로 하여 그가 제공하는 등기업무 등 법률서비스와 관련된 업무수행 불가, 실수, 태만, 과실 등에 기인하여 발생한 손해배상금을 보상하기로 하는 내용의 책임보험계약을 체결하였다. 갑의 직원(을)은 변호사 명의로 등기 사건을 수임하여 처리할 권한을 부여받고, 갑을 대리하여 등기 위임계약을 체결한 다음, 갑의 인감도장, 인감증명서, 주민등록등본 사본, 사업자등록증 사본, 변호사 등록증 사본, 통장, 보안카드, 인증서 등을 소지하고 아파트 등기비용이 입금된 갑 명의의 계좌를 관리하던 중, 위 등기비용을 마음대로 인출하여 횡령하였고, 그로 인하여 갑은 자신이 수임한 전문적인 법률서비스인 아파트 등기대리 업무를 수행할 수 없게 되었다. 대법원은 결국 갑의 등기 위임계약 불이행은 법률서비스인 등기업무를 수행하는 과정에서 을의 선임 및 그 사무 감독에 상당한 주의를 다하지 않아서 발생했다고 보아야 하고, 이는 보험약관에 정한 법률서비스와 관련한 업무수행 불가 또는 태만 등에 해당하며, 등기업무 위임자가 갑에 대하여 등기 위임계약 불이행에 따른 손해배상청구를 함으로써 위 보험계약에서 정한 보험사고가 발생했다고 판시했다. 또한 갑은 등기업무 위임자로부터 등기비용으로 지급받은 돈을 지급할 손해배상의무를 부담하므로, 보험자는 상법 724조 2항에 따라 피해자인 등기업무 위임자에게 그 보험금액의 한도 내에서 을과 연대하여 직접 그 손해를 배상할 의무가 있다고 판시했다.

44) 대판 2002.11.8. 2000다19281(이행보증보험계약은 그 보험기간의 범위 내에서 주계약에서 정한 채무의 이행기일에 채무를 이행하지 아니함으로써 발생한 피보험자가 입은 손해를 보상하기로 하는 보험계약이므로, 주계약의 당사자 사이에서 그 채무 이행기일이 보험기간 경과 후로 연장되었다면 특별한 사정이 없는 한 보험금 지급의무가 발생하지 않을 것이나, 일단 보험기간 내의 이행기일에 채무를 이행하지 아니하여 보험사고가 발생한 이상, 피보험자가 보험기간이 지나도록 보험금 청구를 하지 아니하였다고 하여 보험금 청구권이 소멸될 이유는 없는 것이다)

아도 된다.

보험기간은 보험계약기간, 즉 보험계약이 성립하는 시점부터 종료하는 시점까지의 기간과 반드시 일치하는 것은 아니다. 첫째, 소급보험(상법 643조)의 경우 보험계약이 성립하기 이전의 어떤 시점을 보험기간의 시작시점으로 보험계약의 당사자가 정하게 되므로, 보험기간과 보험계약기간이 다르다. 둘째, 승낙 전 보험보호(상법 638조의2 3항)의 경우 보험계약의 성립 이전에 보험계약의 청약과 함께 보험료를 지급하면, 그때부터 법률의 규정에 의해서 보험보호가 시작되므로, 보험기간과 보험계약기간이 다르다.

4. 보험료의 지급

다른 약정이 없는 한 보험자는 최초보험료를 지급받은 때부터 그 책임이 개시된다(상법 656조). 따라서 다른 약정이 없으면 보험계약자가 최초보험료를 지급해야 보험자가 보험금지급의무를 진다. 여기서 최초의 보험료란 보험료를 일시에 지급하기로 약정한 경우는 보험료의 전부, 보험료를 나누어 지급하기로 약정한 경우는 초회분인 1회 보험료를 가리킨다. 그리고 여기서 다른 약정이란, 보험기간이 개시된 이후에 보험료를 지급하기로(이른바 외상으로) 당사자가 약정한 경우를 의미하는 것으로, 이 경우는 보험료가 지급되기 전이라도 보험기간이 개시된 이후에 발생한 보험사고에 대해서는 보험자가 보험금지급책임을 부담한다.[45] 그리고 계속보험료를 지급지체하는 경우 보험자는 보험계약을 해지할 수 있고(상법 650조 2항), 해지 이후에는 보험자가 보험금지급책임을 면한다.

5. 면책사유의 부존재

(1) 총설

1) 면책사유의 의의

보험사고가 발생해도, 면책사유에 해당되지 않아야 보험자가 보험금지급의무를 부담한다.[46] 면책사유란 보험자가 보상책임을 지기로 한 보험사고가 발생했는데 일정한 원인(또는 사유)으로 보험자가 면책되는 경우 그 원인(또는 그 사유)을 가리킨다. 가령 보험계약자 등의 고의 또는 중과실로 인해서 보험사고가 발생한 경우 보험자가 면책된다는

45) 박세민 235면; 양승규 138면; 임용수 138−139면; 장덕조 144면; 정찬형 584면

46) 대판 2001.6.15. 99다72453(보험금청구권은 보험자의 면책사유 없는 보험사고에 의하여 피보험자에게 손해가 발생한 경우에 비로소 권리로서 구체화되는 정지조건부권리이고, 그 조건부권리도 보험사고가 면책사유에 해당하는 경우에는 그에 의하여 조건불성취로 확정되어 소멸하는 것이다)

상법 659조가 대표적인 면책사유이다. 또한 보험사고가 발생한 후에 보험금청구권자가 사기적 방법으로 보험금을 과당 청구한 경우 보험자가 전부 면책된다는 약관조항도 면책사유 중 하나이다. 면책사유는 보험자가 보험계약을 통해서 인수한 위험이 보험사고의 발생을 통해서 현실화된 경우 보험자가 면책된다는 점이 본질이다. 보험사고의 발생과 인과관계가 요구되는 경우가 있지만(가령 보험계약자 등의 고의 또는 중과실), 그렇지 않은 경우도 있다(가령 사기적 보험금 청구). 면책사유는 보험자가 인수한 위험과 관련된 것이므로 불이익변경금지에 관한 상법 663조가 적용된다.[47] 면책사유 중의 대부분을 차지하고 중요한 것은 손해발생 가능성을 크게 높이는 원인이다. 손해발생원인이 제어하기 어렵고 피해극대화를 초래할 성질을 띠기 때문에 손해범위가 보험자의 합리적인 예견과 전보한계를 넘는 경우를 면책사유로 선별하여 보험자의 책임을 예외적으로 면제하게 된다.[48] 면책사유는 대수의 법칙을 적용하기 어려운 비정상적 위험에 대처하거나, 보험계약자 등의 도덕적 위험을 방지하는 등의 목적을 띠는 것이 보통이다(통설).

2) 면책사유와 담보배제사유의 구분

i) 의의

담보배제사유는 보험자가 보험계약에서 인수하지 않은 위험을 가리킨다. 예를 들면 사고일 기준으로 피보험자 또는 그의 가족이 자동차를 사용하는 경우에만 보험자가 보상책임을 진다거나, 26세 이상인 자가 자동차를 사용하는 경우에만 보험자가 보상책임을 진다는 내용의 자동차보험약관조항이 담보배제사유의 대표적인 예이다. 담보배제사유는 보험자가 인수하지 않은 위험이라는 점에서 전술한 면책사유와는 구분된다. 담보배제사유를 그냥 면책사유라고 표현하는 경우도 많다. 보험자가 보상책임을 지지 않는다는 점에서는 일반적 면책사유나 담보배제사유나 차이가 없기 때문이다. 하지만 엄밀하게 보면 개념상 차이뿐만 아니라 다음과 같이 법 적용 면에서도 차이가 있다. 첫째, 담보배제사유는 보험자가 인수하지 않은 위험이므로 보험사고의 발생과 인과관계가 있는지 여부를 묻지 않고 보험자가 면책된다.[49] 가령 가족한정특약이 체결된 경우 가족 이외의 자가 자

---

47) 대판(전원) 1991.12.24. 90다카23899(상법 659조 1항은 보험사고를 직접 유발한 자 즉 손해발생원인에 전적인 책임이 있는 자를 보험의 보호대상에서 제외하려는 것이므로 보험약관에서 이러한 손해발생원인에 대한 책임조건을 경감하는 내용으로 면책사유를 규정하는 것은 상법 663조의 불이익변경금지에 저촉된다)

48) 대판(전원) 1991.12.24. 90다카23899

49) 대판(전원) 1991.12.24. 90다카23899(무면허운전의 면책요건은 이러한 사고발생의 개연성만이 아니라 무면허운전을 금지한 법규위반행위에 근거를 둔 것이며, 더구나 무면허자의 운전기술이 실제로 면허자에 못지않거나 취득한 면허가 행정법규 위반으로 취소 또는 정지된 경우에는 무면허자의 운전이 면허자에 비하여 사고발생의 개연성이 크다고 볼 수 없어 면허소지 여부는 사고발생의 원인과 간접적인 인과관계조차 없으므로, 이런 경우에는 오직 무면허운전금지를 어긴 법규위반행위만이 면책요건으로 작용하고 있음을 알 수 있다); 박세민 246면

동차를 운전하여 사고가 발생한 경우, 가족 이외의 자가 운전한 사실과 사고발생 사실 사이에 인과관계가 있는지 여부를 묻지 않고 보험자가 보상책임을 면하게 되는 것이다. 둘째, 담보배제사유는 보험자가 인수하지 않은 위험이므로 상법 보험편과 관계가 없고, 따라서 불이익변경금지에 관한 상법 663조가 원칙적으로 적용되지 않는다.[50)]

ii) 구분 기준

담보배제사유와 면책사유의 구분은 쉽지 않은 문제이다. 이하에서는 2000년대 이전과 이후를 구분하여 판례의 변화를 살펴본다.[51)]

① 2000년대 이전 판례

2000년대 이전에는 무면허운전 시의 사고발생이 담보배제사유인지 면책사유인지를 둘러싸고 판례는 엇갈린 모습을 보인 바 있다.

대판(전원) 1991.12.24. 90다카23899는 손해발생 시의 상황 또는 조건과 관련된 사유는 담보배제사유이고 손해발생의 원인과 관련된 사유는 면책사유로 구분된다는 입장을 취했다. 이 사건의 자동차책임보험약관에는 보험자가 보상하지 않는 손해로서, (1) 보험계약자 등의 고의로 인한 손해 (2) 전쟁과 같은 비상사태로 인한 손해, 지진과 같은 천재지변으로 인한 손해 및 핵연료물질과 같은 제어하기 어려운 원인으로 인한 손해 (3) 피보험자가 제3자와 맺은 특약으로 말미암아 늘어난 손해 (4) 무면허운전 시에 생긴 사고로 인한 손해 (5) 비사업용자동차를 영리목적으로 사용 중에 생긴 사고로 인한 손해 (6) 대인배상에서 피해자가 피보험자와 일정한 인적관계 또는 고용관계에 있는 경우의 손해 (7) 대물배상에서 피보험자 등의 일정한 지배하에 있는 재물에 생긴 손해 등이 열거되어 있었다. 대법원은 (1)은 상법 659조 1항에, (2)는 상법 660조에 각각 대응하는 면책사유로서 손해발생이 전적으로 보험계약자 등의 귀책사유에 기인하는 경우, 이들 면책사유는 손해발생이 전적으로 보험계약자 등의 귀책사유에 기인하는 경우 즉 보험사고가 이들에 의하여 유발된 경우와 손해발생원인이 제어하기 어렵고 피해극대화를 초래할 성질의 것이어서 그 손해의 범위가 보험자의 합리적인 예견과 전보한계를 넘는 경우에 보험자의 책임을 예외적으로 면제하려는 것이므로 손해발생의 원인에 의한 면책사유라고 볼 수 있다고 보았다.[52)] (3)도 증가된 손해의 발생원인에 의한 면책사유라고 볼 수 있으므로 여기에 해당한다고 보았다.[53)]

대판 1996.4.26. 96다4909는 손해발생 시의 상황 또는 조건과 관련된 사유라는 이

50) 대판(전원) 1991.12.24. 90다카23899(손해발생원인과는 관계없이 손해발생 시의 상황이나 인적 관계 등 일정한 조건을 면책사유로 규정하는 것은 위 상법 659조 1항의 적용대상이라고 볼 수 없다); 김성태 265면; 박세민 246면

51) 이에 대해서는 한기정, "최근 20년간 보험법의 주요 변천", BFL101, 2020, 26-41면

52) 이회창의 보충의견

53) 이회창의 보충의견

유만으로 이를 담보배제사유라 보지는 않았다. 대법원은 해당 사유가 위험에 미치는 영향을 고려하여 담보배제사유인지를 실질적으로 판단하였고, 다만 이 사건에서는 담보배제사유의 인정에 소극적인 모습을 보였다. 이 사건에서 상해보험의 약관조항은 운전자가 무면허운전을 하였을 때에 생긴 사고로 인한 손해를 보상하지 않는다고 규정했다. 대법원은 이를 담보배제사유가 아닌 면책사유라는 전제에 입각해서 이 약관조항에 대해 상법 663조 본문을 적용하고, 결과적으로 이 약관조항은 상법 732조의2 및 739조를 보험계약자에게 불이익하게 변경한 것이라고 판시했다.[54] 대법원은 무면허운전의 경우는 면허 있는 자의 운전이나 운전을 하지 않는 자의 경우에 비하여 사고발생 가능성이 높음은 부인할 수 없지만, 그 정도의 사고발생 가능성에 관한 개인차는 보험에 있어서 구성원 간의 위험의 동질성을 해칠 정도는 아니고, 또한 무면허운전이 고의적인 범죄행위이기는 하나 그 고의는 특별한 사정이 없는 한 무면허운전 자체에 관한 것이고 직접적으로 사망이나 상해에 관한 것이 아니어서 그 정도가 결코 그로 인한 손해보상을 가지고 보험계약에 있어서 당사자의 신의성·윤리성에 반한다고는 할 수 없다고 보았다. 이 판결은 해당 사유가 위험에 미치는 영향을 기준으로 담보배제사유와 면책사유를 실질적으로 구분하려는 입장이라고 이해할 수 있다. 즉, 보험약관에서 일정한 상황이나 조건하에서 발생한 손해에 대하여 보험자가 면책된다고 규정했다는 사정만을 이유로 해서 이를 담보배제사유라고 판단할 것은 아니고 그것이 위험에 미치는 영향을 고려해서 실질적으로 판단하자는 것이다.

② 2000년대 이후 판례

2000년대에 들어선 이후 판례는 담보배제사유를 실질을 기준으로 판단하는 기조를 유지하되, 그 이전에 비해서 담보배제사유의 인정에 보다 적극적인 모습을 보였다.

대판 2007.10.11. 2006다42610은 상해보험에서 기왕증, 체질 등이 상해의 공동원인인 경우 이러한 사정을 고려하여 보험금액을 감면할 수 있다고 약정한 경우 이를 유효하다고 본 판결이다.[55] 이에 따르면 상해보험은 피보험자가 보험기간 중에 급격하고 우연한 외래의 사고로 인하여 신체에 손상을 입는 것을 보험사고로 하는 인보험으로서, 일반적으로 외래의 사고 이외에 피보험자의 질병 기타 기왕증이 공동 원인이 되어 상해에 영향을 미친 경우에도 사고로 인한 상해와 그 결과인 사망이나 후유장해 사이에 인과관계가 인정되면 보험계약 체결 시 약정한 대로 보험금을 지급할 의무가 발생한다. 다만, 위 감면약정이 있는 경우 피보험자의 체질 또는 소인 등이 보험사고의 발생 또는 확대에 기여하였다는 사유를 들어 보험금을 감액할 수 있다는 것이다. 대법원은 위 감면약정이 담

54) 대판 1998.3.27. 97다27039; 대판 1998.3.27. 97다48753; 대판 1998.4.28. 98다4330도 같다.
55) 이 판결과 같은 취지의 판결로는 대판 2002.10.11. 2002다564; 대판 2005.10.27. 2004다52033; 대판 2007.10.11. 2006다42610; 대판 2009.11.26. 2008다44689 등이 있다.

보배제사유라고 명시적으로 언급하고 있지는 않지만 이를 전제했다고 이해할 수 있다.[56] 위 감면약정을 담보배제사유라고 보지 않으면 이 경우 상법 663조 본문이 적용되어서 위 감면약정은 무효로 될 수 있다. 즉, 이미 존재한 피보험자의 기왕증, 체질 등의 영향에 따라 상해가 중하게 된 것은 고의사고라고 볼 수 없고, 따라서 상해보험에서 고의사고 시에만 보험자가 면책될 수 있다는 상법 732조의2 및 739조를 보험계약자에게 불이익하게 변경한 것이 될 수 있기 때문이다. 학설은 판례와 같이 감면약정을 유효라고 보자는 입장[57]과 무효라고 보자는 입장[58]이 대립하고 있다.

대판 2015.6.23. 2015다5378은 손해발생의 원인과 관련하여 담보배제사유를 명시적으로 인정하고 있다. 이 사건의 쟁점은 상해보험약관이 피보험자의 정신질환을 피보험자의 고의나 자살과 별도로 독립된 면책사유로 규정한 경우 이것이 담보배제사유에 해당하는지 여부이다. 정신질환 등으로 자유로운 의사결정을 할 수 없는 상태에서 사망의 결과를 발생케 한 경우는 고의사고에 속하지 않는다(판례,[59] 통설). 만약 위 사유가 담보배제사유가 아니라면 이는 고의사고에 대해서만 보험자가 면책된다는 상법 732조의2 및 739조를 보험계약자에게 불이익하게 변경한 것으로서 상법 663조 본문에 위반되어 무효가 되는 문제가 생긴다. 이에 대해 대법원은 이를 담보배제사유로 보아서 그 유효성을 인정하였다.[60] 대법원은 해당 약관이 피보험자의 정신질환을 피보험자의 고의나 피보험자의 자살과 별도의 독립된 면책사유로 규정하고 있는데, 이러한 면책사유를 둔 취지는 피보험자의 정신질환으로 인식능력이나 판단능력이 약화되어 상해의 위험이 현저히 증대된 경우 그 증대된 위험이 현실화되어 발생한 손해는 보험보호의 대상으로부터 배제하려는 데에 있고, 보험에서 인수하는 위험은 보험상품에 따라 달리 정해질 수 있는 것이어서 이러한 면책사유를 규정한 약관조항이 고객에게 부당하게 불리하여 공정성을 잃은 조항이라고 할 수 없다고 보았다. 만일 피보험자가 정신질환에 의하여 자유로운 의사결정을 할 수 없는 상태에 이르렀고 이로 인하여 보험사고가 발생한 경우라면 위 면책사유에 의하여 보험자의 보험금 지급의무가 면제된다고 판시했다. 학설은 판례가 정신질환 면책조항을 담보배제사유로 인정한 것에 대해서는 찬성하는 입장[61]과 반대하는

56) 대판 2002.10.11. 2002다564는 위와 같은 감경약정의 취지는 보험사고인 상해가 발생하였더라도 보험사고 외의 원인이 부가됨에 따라 본래의 보험사고에 상당하는 상해 이상으로 그 정도가 증가한 경우 보험사고 외의 원인에 의하여 생긴 부분을 공제하려는 데에 있다고 본다. 이는 그러한 부분에 대해서는 보험자가 인수를 배제하는 것과 의미가 다르지 않는다.

57) 김성태 871면; 양승규, "기왕증과 상해의 인과관계", 손해보험414, 2003, 66면

58) 박기억, "정액보험계약에 관한 소고", 법조52-4, 2003, 124면; 장덕조 473-474면. 이는 정액보상방식의 상해보험에서 위와 같은 감면약정은 정액보상성을 훼손할 수 있다는 점을 주요 논거로 한다.

59) 대판 2008.8.21. 2007다76696

60) 그러나 정신질환 면책약관은 2010년 표준약관 개정을 통해 폐지되었다.

61) 김혜영, "피보험자의 자살과 보험약관상 정신질환 면책조항에 대한 고찰", 보험법연구10-1, 2016, 145면;

입장[62]이 대립하고 있다.

iii) 평가

담보배제사유를 인정하는 것은 필요하다고 본다. 담보배제사유는 보험의 기술에 비추어 필수적이기 때문이다. 다만, 담보배제사유가 남용되면 그만큼 보험의 효용이 감소될 수 있다. 따라서 담보배제사유에는 일정한 제한이 필요하다. 2000년대 이후 판례는 담보배제사유의 인정에 비교적 적극적인 태도를 보이고 있다. 하지만 담보배제사유와 면책사유의 구분기준에 대해서는 아무런 언급이 없고 사안별로 구체적이고 개별적인 판단을 내릴 뿐인 점은 아쉬운 대목이다. 담보배제사유와 면책사유의 구분기준에 관한 심층적 연구가 향후 과제임은 분명하다.

3) 면책사유의 종류

면책사유에는 상법이 정하고 있는 법정면책사유와 당사자가 정한 약정면책사유가 있다. 약정면책사유는 보험약관에 규정되어 있는 것이 보통이다. 약정면책사유는 중요한 사항인 것이 보통이므로, 약관규제법 3조 및 상법 638조의3이 요구하는 설명의무의 대상인 것이 원칙이다(판례,[63] 통설). 법정면책사유가 보험약관에 규정되어 있더라도 그것이 상법이 규정하고 있는 것을 반복하거나 부연하는 것에 불과하다면 약관규제법 3조 및 상법 638조의3이 요구하는 설명의무의 대상이 아니다(판례,[64] 통설).

상법이 정한 법정면책사유에는, 모든 종류에 보험에 적용되는 인위적 보험사고(상법 659조, 732조의2, 739조, 739조의3)가 있고, 전쟁 기타의 변란(상법 660조)이 있다. 또한 손해보험 일반에 적용되는 법정면책사유로서, 보험목적의 성질, 하자 또는 자연마모로 인한 손해가 있다(상법 678조). 그리고 손해보험 각각에 적용되는 면책사유도 있다. 운송보험에서 보험사고가 송하인 또는 수하인의 고의 또는 중과실로 인해서 발생한 때에는 보험자가 면책된다(상법 692조). 또한 해상보험에서 보험자는 선박 또는 운임이 보험목적인 경우 발항 당시 안전한 항해를 위해 필요한 준비를 하지 않거나 필요한 서류를 비치하지 않아서 생긴 손해 등에 대해 면책된다(상법 706조). 해상보험에서는 이외에도, 상법 701조－703조

유주선, “상해보험 정신질환면책약관에 관한 연구“, 경영법률28－1, 2017, 110면

62) 김은경, “피보험자의 정신질환 면책조항의 효력에 관한 고찰”, 고려법학83, 2016, 23면; 전별, “피보험자가 정신질환을 이유로 자살한 경우 면책조항에 관한 검토”, 법학논문집39－3, 2015, 317면; 조규성, “손해보험사의 상해보험 약관에서 규정하고 있는 ‘피보험자의 정신질환’ 면책조항의 효력에 관한 판례 고찰”, 법학연구56－4, 2015, 215면; 최병규, “상해사망보험금지급과 심신상실 면책약관의 유효여부”, 기업법연구 29－3, 2015, 171면

63) 대판 1997.9.26. 97다4494; 대판 1998.6.23. 98다14191; 대판 1999.3.9. 98다43342; 대판 2001.7.27. 99다55533

64) 대판 1998.4.14. 97다39308; 대판 1998.11.27. 98다32564; 대판 1999.5.11. 98다59842; 대판 2000.7.4. 98다62909

까지 면책사유가 규정되어 있다. 아래에서는 법정면책사유 중 인위적 보험사고, 전쟁 기타의 변란에 대해서 자세히 살핀다. 손해보험의 법정면책사유는 손해보험의 해당부분에서 검토하기로 한다.

계약 당사자가 합의한 약정면책사유는 보험약관에 기재되어 있는 것이 보통이다. 실무상 약정면책사유의 효력 및 해석에 대해서 다투어지는 경우가 많다. 아래에서 몇 가지 쟁점을 살펴본다.

(2) 인위적 보험사고

1) 의의

상법 659조 1항은, 보험계약자, 피보험자 또는 보험수익자의 고의 또는 중대한 과실로 인하여 보험사고가 생긴 때에는 보험자가 보험금지급책임을 면하는 것으로 규정한다. 이렇게 보험계약자 등의 고의 또는 중과실이 원인이 되어 발생한 보험사고(고의사고 또는 중과실사고)를 인위적 보험사고라고 한다. 인보험의 경우는 인위적 보험사고의 범위를 축소하여, 보험계약자 등의 고의로 인하여 보험사고가 발생한 때 보험자가 면책되는 것으로 규정한다(상법 732조의2, 739조, 739조의3).

상법 659조 1항의 반대해석에 의하면, 보험계약자 등의 과실로 인해 보험사고(과실사고)가 생긴 경우에는 보험자가 보험금지급책임을 진다. 이 경우 과실상계가 적용되지 않는 것이 원칙이다(통설). 과실사고도 우연성을 해치는 측면이 전혀 없는 것은 아니지만, 과실사고의 보험자 면책을 허용한다면 보험의 효용이 크게 줄어든다는 점을 고려한 것이다. 헌법재판소도 같은 입장이다. 즉 과실로 인하여 생긴 사고 모두를 보험사고에서 배제한다면 보험의 유용성은 거의 희석될 것이고 복잡한 현대인의 생활에서 있을 수 있는 불측의 사고에 대비하기 위한 보험의 원래 기능에 비추어 볼 때 과실에 의한 사고에 대해서는 보상하는 것이 원칙이라고 보았다.[65]

다만 기업보험의 경우 당사자의 약정으로 과실사고에 면책을 정한 경우에 그 효력을 부인할 것은 아니다. 이 경우 당사자가 무과실, 불가항력 등으로 인한 사고위험만을 부보하려 한다면, 이것은 사적 자치에 맡겨도 문제될 것이 없기 때문이다.

2) 면책의 취지

인위적 보험사고에 대해서 보험자 면책을 인정한 취지는 무엇인가? 학설이 제시하는 취지는 대체로 다음과 같다. 첫째, 위험의 우연성에 반한다. 즉 보험자는 우연한 위험을 전제로 인수 여부 및 조건을 정하는 것인데, 보험계약자 등이 인위적으로 사고를 일

---

65) 헌결 1999.12.23. 98헌가12

으킨다면 이에 반하는 것이다. 둘째, 공익 또는 선량한 풍속에 반한다. 물건을 파괴하거나 사람을 살상하여 부당한 보험금을 받는 것이기 때문이다. 셋째, 보험계약자 등이 인위적으로 사고를 일으켜 보험금을 받는 것은 보험자에 대해서 신의성실의 원칙을 위반하는 것이다. 넷째, 인위적으로 사고를 일으켜 보험금을 편취하는 것은 보험제도를 남용하는 것으로서 보험단체 또는 그 구성원을 위태롭게 하는 것이다.

판례는 피보험자가 고의에 의하여 보험사고를 일으키는 것은 보험계약상의 신의성실의 원칙에 반할 뿐만 아니라, 그러한 경우에도 보험금이 지급된다고 한다면 보험계약이 보험금 취득 등 부당한 목적에 이용될 가능성이 있기 때문에 보험자가 면책되어야 한다고 본다.[66] 손해발생원인에 책임이 있는 자를 보험의 보호대상에서 제외하는 데 그 취지가 있다고 한 판례도 있다.[67]

3) 고의사고

i) 의의

고의사고란 보험계약자 등이 고의로 초래한 보험사고를 말한다. 여기서 고의란 자신의 행위에 의하여 일정한 결과가 발생하리라는 것을 알면서도 이를 행하는 심리 상태를 말한다(판례,[68] 통설). 이러한 개념 면에서 보면, 민법상 불법행위의 고의 개념에 관한 판례[69]와 통설이 취하고 입장과 다르지 않다. 이와 같이 고의사고에서 고의 개념을 민법상 불법행위에서 차용해서 사용할 수 있지만, 고의의 구체적 적용을 민법의 불법행위와 동일하게 해서는 안 된다. 불법행위는 위법행위를 저지른 가해자가 피해자에게 손해의 공평분담 차원에서 지는 책임의 문제이고, 고의사고는 신의칙 또는 보험제도의 보호를 위해서 보험자를 면책시키는 문제이다. 따라서 고의사고는 이를 통해서 추구하는 목적이나 취지 등을 고려해서 민법상 불법행위와는 구분되는 독자적인 고의 해석론을 전개하는 것이 타당하다고 본다.[70] 판례는 구체적 사례에서 고의면책의 고의를 민법상 불법행위의 고의보다 다소 좁게 인정하고 있는데, 아래에서 자세히 살펴보기로 한다.

고의의 개념을 좀 더 살펴보면, 고의사고에서 행위는 작위는 물론이고, 작위의무가 있음에도 불구하고 부작위의 상태에 있는 것도 포함한다. 그리고 결과발생을 아는 것으로 충분하고 그것을 의욕했을 것까지 요구하지 않는다. 보험금 취득을 의욕했을 것이 요

---

66) 대판 2006.3.10. 2005다49713; 대판 2011.4.28. 2009다97772

67) 대판 1992.1.21. 90다카25499

68) 대판 1997.9.30. 97다24276; 대판 2001.3.9. 2000다67020; 대판 2004.12.10. 2004다31401; 대판 2010.1.28. 2009다72209; 대판 2024.7.25. 2020다289743

69) 대판 2002.7.12. 2001다46440(불법행위에 있어서 고의는 일정한 결과가 발생하리라는 것을 알면서 감히 이를 행하는 심리상태)

70) 장덕조 155면

구되지도 않는다. 결과가 발생한다는 것을 인식하는 것(확정적 고의)은 물론이고, 결과가 발생할 수 있다는 것을 인식하는 것(미필적 고의)도 포함된다(판례,[71] 통설). 한편 고의개념에 대한 위 판례와 통설을 지지하면서도, 고의는 사고의 원인행위에 대해서만 존재하면 충분하고 결과발생에 대한 고의까지 필요하지 않다는 견해가 있다.[72] 생각건대, 사고의 원인행위를 인식하면 고의를 인정할 수 있다고 하면 고의개념을 지나치게 확장하게 되는 문제가 있다.[73] 가령 자동차보험에서 자동차로 타인을 치는 행위에 대한 인식만으로는 살인의 고의가 있다고 단정할 수 없는 것이다.[74]

한편 고의사고의 유형은 다양하다. 실제로 발생했던 사례로는, 보험금을 노리고 자기 집이나 영업장에 방화하는 경우, 8,000만 원을 주고 산 외제차의 중고가치가 5,000만 원에 불과하자 그 이상 금액을 보험금으로 받아내고자 자동차를 고의로 바다에 빠뜨린 경우, 보험금을 노리고 흉기로 자신을 자해한 경우 등이 있었다.

ii) 고의의 존부

고의사고만 보험자가 면책되는 인보험에서는, 어떤 경우에 고의가 인정되는지가 중요한 문제이다. 손해보험에서도 보험약관이 고의사고만 보험자가 면책된다고 정한 경우 고의의 존부 문제가 마찬가지로 중요하다. 고의면책에서 고의의 존부는 다소 좁게 인정될 필요가 있다. 전술한 바와 같이 불법행위의 고의와는 구분되는 독자적인 해석론이 필요하다. 고의면책은 보험계약자 등이 고의로 사고를 내서 보험금을 받는 것이 보험자에 대한 신의칙에 반하고 보험제도가 남용될 우려가 있기 때문이라는 소극적 이유에서 인정되는 예외적인 것이다. 보험자는 보험료를 대가로 받고 보상책임을 부담하므로 이러한 예외적인 것은 엄격하게 제한하여 해석할 필요가 있고, 또한 인위적인 사고를 조장할 위험성이 크지 않은 범위 내에서는 가급적 보상책임을 인정하는 방향으로 해석해서 보험의 효용을 높일 필요가 있는 것이다. 불법행위의 경우는 가해자와 피해자 사이에 공평한 손해의 분담이라는 손해배상제도의 이념에 따른 것으로서,[75] 고의면책에서의 이 같은 고려사항은 나타나지 않는다.

고의면책과 관련하여 특히 중대한 결과에 대한 고의의 존부는 보다 신중할 필요가 있다. 즉 사망 등과 같은 중대한 결과는 단순히 그 결과만으로 판단할 것은 아니고, 당시 가해 차량 운전자가 의도한 결과와 피해자에게 실제 발생한 결과 간의 차이, 가해 차

71) 대판 1997.9.30. 97다24276; 대판 2001.3.9. 2000다67020; 대판 2004.12.10. 2004다31401; 대판 2010.1.28. 2009다72209; 대판 2024.7.25. 2020다289743

72) 김성태 269면; 박세민 249면; 양승규 142면; 임용수 154면

73) 장덕조 154면

74) 대판 2007.10.26. 2006다39898

75) 대판 1987.9.8. 86다카1045; 대판 1992.9.25. 92다25595; 대판 2012.8.17. 2010다28390; 대판 2015.9.10. 2013다73957

량 운전자와 피해자의 관계, 사고의 경위와 전후 사정 등을 함께 고려하여 종합적으로 판단해야 한다.[76)]

판례도 아래에서 보는 바와 같이 고의 인정에 다소 엄격한 경향이 있는 듯하다.[77)] 대판 2010.11.11. 2010다62628은 보험계약자 측이 음주상태에서 차량을 운전하다가, 타인과 시비 끝에 타인이 와이퍼를 붙잡고 보닛 위에 엎드려 매달리자, 타인을 차량에서 떨어지게 할 생각으로 지그재그로 운전하다가 급하게 좌회전하여, 타인이 차량에서 떨어져 상해를 입고 이로 인해 사망했던 사안이다. 대법원은 상해의 고의는 인정되지만, 사망의 고의는 인정할 수 없다고 하였다. 이 판결에서 대법원은 사망의 고의를 제한적으로 인정해야 하는 이유를 판시하고 있다. 첫째, 면책사유는 엄격히 제한적으로 해석하는 것이 원칙이라는 점,[78)] 둘째, 상해와 사망(사망에 준하는 중상해 포함) 사이에는 그 피해의 중대성에 있어 질적인 차이가 있고 손해배상책임의 범위에도 커다란 차이가 있으므로 통상 예상할 수 있는 범위를 넘어서 사망과 같은 중대한 결과가 생긴 경우에까지 보험계약자 등이 스스로 초래한 보험사고로 취급되어 면책약관이 적용되리라고는 생각하지 않는 것이 보험계약자 등의 일반적인 인식인 점, 셋째, 보험계약자 등이 적극적으로 사망 등의 결과를 의욕하거나 의도한 것이 아닌 경우 고의사고 면책이 적용되지 않는다고 해도 인위적인 사고를 조장할 위험성이 크다고는 할 수 없고 오히려 보험의 사회보장적 기능에 부합하는 점 등을 종합적으로 고려해야 한다고 하였다.

대판 2007.10.26. 2006다39898에서 보험계약자 측이 음주운전으로 단속되자, 단속자가 한쪽 손으로 자동차의 열린 문을 잡고 다른 손으로 운전석의 의자를 잡고 있는 상태에서 그대로 차량을 진행시켰고, 단속자는 차에서 떨어지지 않기 위해 운전석 쪽의 문을 붙잡은 상태로 끌려가며 양발이 땅에 닿았다 떨어졌다 하면서 버티고 있었음에도, 운전자는 처음에 시속 30~40㎞로 주행하던 것을 오히려 시속 70㎞로 높여서 주행하였고, 단속자가 더 견디지 못하고 차에서 떨어졌는데 그 지점이 지하철 공사구간이어서 공사

76) 대판 2020.7.23. 2018다276799(자동차보험약관에서 '피보험자의 고의로 인한 손해'를 면책사항으로 규정하고 있는 경우, 자동차 운행으로 인한 사고의 경위와 전후 사정 등에 비추어 피보험자가 피해자의 상해에 대하여는 이를 인식·용인하였으나, 피해자의 사망 등 중대한 결과에 대하여는 이를 인식·용인하였다고 볼 수 없는 경우에는, 그 사망 등으로 인한 손해는 위 면책약관에서 정한 '피보험자의 고의로 인한 손해'에 해당하지 아니하고, 따라서 위 면책약관이 적용되지 아니하는 것으로 봄이 타당하다. 이때 사망 등과 같은 중대한 결과는 단순히 그 결과만으로 판단할 것은 아니고, 당시 가해 차량 운전자가 의도한 결과와 피해자에게 실제 발생한 결과 간의 차이, 가해 차량 운전자와 피해자의 관계, 사고의 경위와 전후 사정 등을 함께 고려하여 종합적으로 판단하여야 한다)

77) 판례에 찬성하는 견해로는, 박세민 250면

78) 대법원은 이 사건의 약관에서 규정하고 있는 '보험계약자 또는 피보험자의 고의에 의한 손해'를 보험자가 보상하지 아니한다는 조항을 해석하면서 이것은 면책약관이므로 엄격하게 해석해야 한다고 판시하고 있는데, 이 면책약관이란 것은 상법 659조, 732조의2 등을 반복하거나 부연하는 것에 불과한 것이므로, 결국 상법 659조, 732조의2와 같은 면책사유에 대한 해석문제이기도 하다.

장의 철제 H빔에 머리를 부딪쳤으며, 이로 인하여 식물인간 상태가 되었다. 대법원은 식물인간 상태에 대한 고의는 부인했다. 즉 단속자가 달리던 차에서 떨어지면서 어느 정도의 상해를 입으리라는 점은 인식·용인했다고 할 것이나, 나아가 철제 H빔에 부딪쳐 식물인간 상태가 될 것까지를 인식·용인했다고는 볼 수 없다고 판시했다.

대판 1996.4.26. 96다4909에서, 상해보험의 약관조항이 운전자가 무면허운전을 하였을 때에 생긴 사고로 인한 손해를 보상하지 않는다고 규정한 경우, 무면허운전이 고의적인 범죄행위이기는 하나 그 고의는 특별한 사정이 없는 한 무면허운전 자체에 관한 것이고 직접적으로 사망이나 상해에 관한 것이 아니어서 그 정도가 결코 그로 인한 손해보상을 가지고 보험계약에 있어서 당사자의 신의성, 윤리성에 반한다고는 할 수 없다고 판시했다.

이외에도, ① 공제가입차량의 운전사가 여고 2년생인 피해자를 태우고 차량을 운행하던 중에 피해자가 운전사가 감금 또는 강제추행하려는 의도를 알아채고 하차하여 줄 것을 요구했지만 운전사가 불응하고 그대로 질주하자 다급한 나머지 우측 출입문을 열고 뛰어 내리다가 길바닥에 떨어져 뇌출혈 등으로 사망하였다면 피해자의 추락에 의한 사망에 관해 운전사에게 고의가 있었다고 단정할 수 없다고 한 판결,[79] ② 피보험자가 차량을 운전하여 피해자들의 오토바이를 추격하게 된 것은 욕설을 하고 달아나는 피해자들의 오토바이를 정지시켜 피해자들을 혼내주려는 의도에서 행한 것으로 보일 뿐 피해자들에게 사망 또는 상해를 가할 결과를 인식·인용하면서 위 추격을 행했다고 볼 수 없으므로 고의사고가 아니라고 한 판결[80] ③ 직장동료들과 모임을 마치고 그들을 귀가시켜 주기 위해 차량을 운전하여 우선 갑을 그가 사는 아파트 앞 도로에 내려 주었는데, 갑이 차량을 가로막고 '술 한잔 더하자'며 보닛 위에 올라타자 그를 떼어놓기 위해 차량을 서서히 움직이다가 급제동하는 바람에 갑이 차량에서 떨어져 도로 바닥에 머리를 부딪쳐 상해를 입었고, 이로 인해 영구장해 및 중증 의존 상태가 된 경우, 제반사정에 비추어 가해자가 갑이 상해를 입으리라는 것을 인식·인용하였다고 볼 수 있지만 영구장해 등과 같은 중상해를 입게 되리라는 것까지 인식·인용하였다고 볼 수는 없다고 한 판결[81] 등이 있다.

iii) 고의의 입증

고의와 같은 내심의 의사는 이를 인정할 직접적인 증거가 없는 경우, 사물의 성질상

---

79) 대판 1991.3.8. 90다16771

80) 대판 1997.9.30. 97다24276

81) 대판 2020.7.23. 2018다276799. 이 판결은 가해자와 갑은 직장 동료로서 평소에 장난을 자주 치는 친한 사이였고, 이 사건 사고 당시에도 가해자는 갑과 장난을 치기 위한 의도로 위와 같은 행위를 한 것으로 보인다는 점을 감안하였다.

고의와 상당한 관련성이 있는 간접사실을 증명하는 방법에 의하여 입증할 수밖에 없고, 무엇이 상당한 관련성이 있는 간접사실에 해당할 것인가는 사실관계의 연결상태를 논리와 경험칙에 의해 합리적으로 판단해야 한다.[82]

ⅳ) 고의면책의 예외

보험계약자 등이 고의사고를 야기한 경우에도 보험자가 보험금지급책임을 부담하는 다음과 같은 예외가 있다.

① 보증보험

보증보험이란 보험계약자가 피보험자에게 계약상의 채무불이행 또는 법령상의 의무불이행으로 인해 손해를 입힌 경우 그 손해를 보상하는 것을 목적으로 하는 손해보험이다(상법 726조의5). 보험계약자의 고의에 의해 보험사고가 발생해도 보증보험자가 피보험자에게 보험금지급책임을 지되 보험계약자에게 구상권을 행사한다는 내용의 보증보험계약은 유효하다(통설). 판례는 보증보험의 실질이 보증에 해당한다는 관점에서 볼 때 원칙적으로 상법 659조는 적용이 배제되는 것으로 본다.[83] 나아가 보증보험을 보험의 관점에서 보더라도, 보험금이 인위적 사고를 야기한 보험계약자에게 지급되는 것이 아니고 또한 보험계약자가 원칙적으로 청구권대위(상법 682조)의 대상은 아니지만 보험계약자가 고의로 사고를 야기한 경우는 청구권대위가 가능하다고 해석할 수 있고 또한 구상권 약정을 하는 것도 가능하다고 해석되므로, 보험제도가 남용될 우려가 크지 않기 때문에 위와 같은 보증보험계약의 유효성은 인정된다고 볼 수 있다.

② 자동차 대인배상보험 Ⅰ

자동차보험표준약관(5조)에 의하면 손해가 고의로 야기되더라도, 피해자가 보험자에게 직접청구권을 행사할 수 있되, 보상을 한 보험자는 고의로 사고를 일으킨 보험계약자 또는 피보험자에게 구상할 수 있도록 하고 있다. 이 경우도 피해자 보호를 위해서 보험금이 피해자에게 지급되는 것이고 보험자가 사고를 야기한 보험계약자 등에게 구상을 하므로, 보험제도가 남용될 우려가 크지 않다.

---

82) 대판 2001.3.9. 2000다67020; 대판 2004.8.20. 2003다26075; 대판 2024.7.25. 2020다289743

83) 대판 1995.7.14. 94다10511(리스이용자의 계약상 채무불이행으로 인한 손해의 보상을 목적으로 한 리스보증보험도 보험계약의 일종이므로 일반적으로 상법상 보험에 관한 통칙규정이 적용되는 것이기는 하나, 이 보증보험은 보험금액의 한도 내에서 리스이용자의 채무불이행으로 인한 손해를 담보하는 것으로서 보험자는 리스이용자의 채무불이행이 고의에 의한 것이든 과실에 의한 것이든 그 손해를 보상할 책임을 지는 보증에 갈음하는 기능을 가지고 있어 보험자의 그 보상책임의 법률적 성질은 본질적으로 보증책임과 같다고 할 것이므로, 상법 659조 1항은 보험계약이 보험계약자의 사기행위에 피보험자인 리스회사가 공모하였다든지 적극적으로 가담하지는 않았더라도 그러한 사실을 알면서도 묵인한 상태에서 체결되었다고 인정되는 경우를 제외하고는 원칙적으로 그 적용이 없다고 하여야 할 것인데, 기록상 이 사건에 있어서는 위와 같은 사정이 있다고 보이지 아니하므로 상법 659조 1항은 그 적용이 없다고 하여야 할 것이다)

③ 자살

사망보험에서 피보험자의 고의사고인 자살도 예외이다. 여기서 자살은 사망자가 자기의 생명을 끊는다는 것을 의식하고 그것을 목적으로 의도적으로 자기의 생명을 절단하여 사망의 결과를 발생케 한 행위를 가리킨다.[84] 여기에는 피보험자가 책임능력이 없거나 제한된 상태(즉 정신질환 등으로 자유로운 의사결정을 할 수 없는 상태)에서 사망의 결과를 발생케 한 경우는 포함되지 않는다.[85]

고의면책에서 고의의 존부처럼 자살도 다소 좁게 인정될 필요가 있다. 판례에 따르면, 보험약관에서 '피보험자가 고의로 자신을 해친 경우'를 보험자의 면책사유로 규정하고 있는 경우 보험자가 보험금 지급책임을 면하려면 위 면책사유에 해당하는 사실을 입증할 책임이 있는바, 이 경우 자살의 의사를 밝힌 유서 등 객관적인 물증의 존재나, 일반인의 상식에서 자살이 아닐 가능성에 대한 합리적인 의심이 들지 않을 만큼 명백한 주위 정황사실을 입증해야 한다.[86]

이상과 같이 고의사고의 일종인 자살은 보험자가 면책되는 것이 원칙이지만, 생명보험표준약관 등에는 예외가 규정되어 있다. 즉 보험자의 책임이 개시되는 시점부터 2년이 경과한 이후에는 자살에 대해서도 보험자가 보상책임을 진다(생명보험표준약관 5조).[87] 판례와 통설은 이 약관조항을 유효한 것으로 해석한다.[88] 이런 예외를 인정하는 취지는,

---

84) 대판 2006.3.10. 2005다49713

85) 대판 2006.3.10. 2005다49713

86) 대판 2002.3.29. 2001다49234(피보험자가 술에 취한 상태에서 귀가하던 중 철로에서 열차에 부딪쳐서 사망하였는데, 기록상 사고 전후의 상황을 목격한 사람이 없고, 피보험자가 자살하였음을 추단할 만한 물증이나, 피보험자가 자살할 만한 동기를 가지고 있었다는 점에 관한 자료를 찾아 볼 수 없는 이상, 원심이 인정한 사실관계만 가지고서는 일반인의 상식에서 자살이 아닐 가능성에 대한 합리적인 의심이 들지 않을 만큼 명백한 주위 정황사실이 입증되었다거나, 피보험자가 달리는 기차에 쉽게 치어죽을 수도 있다는 가능성을 인식하고서도 그 결과를 스스로 용인함으로써 발생하였다고 단정하여 보험금지급 면책사유의 하나인 '피보험자가 고의로 자신을 해친 경우'에 해당한다고 인정하기에는 부족하다고 할 것이다). 이 판결은 대판 2001.1.30. 2000다12495을 참조했다.

87) 생명보험표준약관 5조의 규정내용은 다음과 같다.

"회사는 다음 중 어느 한 가지로 보험금 지급사유가 발생한 때에는 보험금을 지급하지 않습니다.

1. 피보험자가 고의로 자신을 해친 경우
   다만, 다음 중 어느 하나에 해당하면 보험금을 지급합니다.
   가. 피보험자가 심신상실 등으로 자유로운 의사결정을 할 수 없는 상태에서 자신을 해친 경우 특히 그 결과 사망에 이르게 된 경우에는 재해사망보험금(약관에서 정한 재해사망보험금이 없는 경우에는 재해 이외의 원인으로 인한 사망보험금)을 지급합니다.
   나. <u>계약의 보장개시일(부활(효력회복)계약의 경우는 부활(효력회복)청약일)부터 2년이 지난 후에 자살한 경우에는 재해 이외의 원인에 해당하는 사망보험금을 지급합니다</u>.
2. 보험수익자가 고의로 피보험자를 해친 경우
   다만, 그 보험수익자가 보험금의 일부 보험수익자인 경우에는 다른 보험수익자에 대한 보험금은 지급합니다.
3. 보험계약자가 고의로 피보험자를 해친 경우

88) 대판 2009.9.24. 2009다45351

일정기간이 경과한 후는 보험금을 받을 목적으로 자살할 가능성이 상대적으로 낮고, 보험금 수취를 목적으로 하지 않는 자살의 경우 보험수익자를 보호하고 유족의 생활보장을 도모하는 데 있다. 한편 피보험자가 보험금을 취득할 목적으로 자살한 것이 입증되면 책임개시시점으로부터 2년이 경과한 이후에도 보험금 지급의 문제는 소극적으로 해석해야 한다는 견해[89]와 보험금을 지급해야 한다는 견해[90]가 있다. 생각건대, 피보험자가 사망한 후 보험금을 노린 의도의 존부를 사후적으로 입증하는 것은 사실상 어려우므로, 일정기간 기준은 획일적으로 적용하는 것이 바람직하다. 즉 위 기간 내의 자살은 일률적으로 면책시키고, 위 기간 후의 자살은 일률적으로 보상책임이 있는 것으로 해석한다. 이에 따르면 2년이 지난 후 보험금을 보험수익자에게 남겨주기 위해 피보험자가 의도적으로 자살한 것이 명백한 경우에도 보험자는 보험금 지급의무가 있다. 약관의 제한해석을 통해 보험자의 보험금 지급의무를 부정할 근거는 없다. 그러나 2년이 지난 후 피보험자가 촉탁살인에 의해 사망한 경우에는 — 비록 양자가 실질적으로 비슷한 점이 있더라도 — 살인촉탁은 자살이 아니므로 자살면책조항이나 그 예외조항은 애초부터 적용되지 않고, 상법 732조의2의 반대해석에 따라 보험자가 면책된다고 봄이 타당하다.[91]

한편 우리나라의 자살률은 2024년 기준 인구 10만 명당 28.3명으로 OECD 회원국가 중 1위이다.[92] 그리하여 보험자가 지급하는 자살로 인한 사망보험금 총액도 상당한 수준에 이른다. 이에 따라 자살을 방지하기 위해서 기간을 연장(가령 3년)해야 한다거나, 또는 기간경과와 무관하게 자살에 대해 보험자 면책되는 것으로 변경해야 한다는 주장이 제기되고 있는 상황이다.

v) 강행규정성 문제

고의사고의 경우 보험자 면책이라는 상법 규정이 강행규정이라고 말할 수 있는지가 문제된다. 고의사고에 대해 보상책임을 인정하게 되면 신의칙에 반하고 보험제도가 남용될 수 있으므로 원칙적으로 허용될 수 없다. 따라서 고의사고에 대해 보험자가 보상책임을 진다는 약정은 원칙적으로 무효라고 해석되어야 한다.[93] 다만 이상의 예외에서 알 수 있는 것처럼 고의사고에 대한 면책은 절대적인 것이 아니다. 신의칙이나 보험제도의 본질을 훼손하는 것이 아니라면 필요에 따라 고의사고에 대한 보상책임이 인정될 수 있는 것이다. 다만 고의사고에 대한 보험금 지급이 가져올 수 있는 부정적 측면들을 고려하면 그 허용의 요건을 엄격하게 제한할 필요가 있을 것이다. 이러한 요건을 충족하지 못한

89) 박세민 255면
90) 임용수 163－164면
91) 山下友信, 保険法, 2005, 469면 참조
92) OECD 평균은 10.6명이다.
93) 박세민 249면; 양승규 143면; 정찬형 586면; 정희철 394면; 최기원 222면; 최준선 141면

경우 고의사고에 대해 보상책임을 진다는 약정은 무효라고 해석되어야 한다. 요컨대, 고의사고에 대한 면책은 예외가 인정되지 않는 절대적 강행규정이라고 보기는 어렵고, 엄격한 요건하에 완화될 수 있는 상대적 강행규정이라고 볼 수 있다.[94)]

4) 중과실사고

i) 의의

상법 659조 1항은, 고의사고뿐만 아니라 중과실사고도 인위적 보험사고로 분류하고 있다. 다만 인보험에서 중과실사고가 보험자 면책이 아니라는 점은 이미 전술하였다. 중과실사고란 보험계약자 등의 중과실로 초래된 보험사고를 말한다. 여기서 중과실이란 자신의 행위에 의해 일정한 결과가 발생하리라는 것을 현저한 주의 태만으로 알지 못하고 이를 행하는 심리상태이고, 고의에 준하는 것으로 현저히 주의가 결여된 상태이다(판례,[95)] 통설).

ii) 중과실의 존부

대판 2017.3.30. 2014다68891에서는 피보험자의 중과실 존부가 다투어졌다. 대법원은 중과실을 인정하였는데 그 내용은 다음과 같다.

먼저, 사실관계를 보면, 보험자는 변호사(갑)를 피보험자로 하여 그가 제공하는 등기업무 등 법률서비스와 관련된 업무수행 불가, 실수, 태만, 과실 등에 기인하여 발생한 손해배상금을 보상하기로 하는 내용의 책임보험계약을 체결하였다. 갑이 직원(을)을 등기사무장으로 고용하면서 갑의 명의로 독자적으로 등기사건을 수임하여 처리할 권한을 부여하고 등기업무에 필요한 자신의 인감도장, 인감증명서, 주민등록등본 사본, 사업자등록증 사본, 변호사등록증 사본, 통장, 보안카드, 인증서 등을 주고 을로부터 그 대가로 매월 5,000,000원씩을 받기로 하였다. 이에 따라 갑은 을이 갑의 명의로 등기사건을 수임하여 처리하는 것에 관해 아무런 확인이나 관여도 하지 않았고, 등기비용이 입금되는 갑 명의의 은행계좌에 대하여도 전혀 통제하지 않고 방치하였다. 을은 등기 위임계약의 위임자들이 갑의 계좌로 입금한 등기비용을 횡령하였고, 이로 인하여 등기 위임계약을 이행할 수 없게 되었으며, 을은 변호사가 아니면서 스스로 법률사무를 취급하였고 또한 갑은 변호사가 아니면서 법률사무를 취급하는 자에게 자기의 명의를 이용하게 한 행위로 인하여 각 변호사법 위반으로 형사처벌을 받았다.

94) 김성태 272면; 채이식 108－109면

95) 대판 1991.7.12. 91다6351(이 사건 어선보통공제계약의 약관 제11조 제1항 제1호에는 "공제계약자, 피공제자의 고의 또는 중대한 과실로 인하여 발생한 사고에 대하여는 공제금을 지급하지 아니한다"고 규정하고 있고, 여기서 "중대한 과실"이라 함은 통상인에게 요구되는 정도의 상당한 주의를 하지 않더라도 약간의 주의를 한다면 손쉽게 위법, 유해한 결과를 예견할 수 있는 경우임에도 불구하고, 만연히 이를 간과함과 같은 거의 고의에 가까운 현저히 주의를 결여한 상태를 말한다); 대판 2017.3.30. 2014다68891도 같다.

대법원은 위 사실관계에 비추어 다음과 같이 판시했다. 변호사인 갑이 을로부터 대가를 받기 위하여 의도적으로 을에게 등기사무에 관하여 자신의 변호사 명의를 사용하게 하는 변호사법 위반의 범죄행위를 함으로써 무자격자인 을로 하여금 등기사무를 수행하도록 하는 과정에서 그 등기비용에 대한 을의 횡령행위가 발생했고, 그로 인하여 갑이 등기 위임계약의 이행을 하지 못하게 됨으로써 이 사건 보험사고가 발생한 것으로 평가할 수 있다. 그렇다면 갑이 약간의 주의만을 기울였다면 손쉽게 을의 횡령행위를 예견하여 방지할 수 있었음에도 의도적으로 방치하는 과정에서 을의 횡령행위를 간과한 것이므로, 갑은 고의에 가까울 정도로 현저히 주의를 결여한 상태에 있었던 것으로 보이고, 결국 이러한 상태를 원인으로 하여 이 사건 보험사고가 발생한 것으로 볼 수 있다. 따라서 이 사건 보험계약에 따른 보험자의 보험금 지급책임은 상법 659조 1항에 따라 면책되었다고 할 것이다.

iii) 면책의 필요성

중과실사고에 대한 보험자 면책은 필요한 것인가? 중과실은 위험의 우연성이나 신의칙 위반, 그리고 보험제도 남용의 우려가 고의에 비해서 다소 낮다고 평가되기 때문에 생기는 질문이다. 헌법재판소는, 중과실을 고의와 동일하게 취급하여 보험자 면책을 인정하는 것이 가능은 하지만, 그렇다고 반드시 필요한 것은 아니라고 판단하였다. 즉 중과실에 대하여 고의와 동일한 취급을 하는 것은, 중과실에 의한 사고가 경과실에 의한 사고에 비하여 상대적으로 인위성을 띠므로 가령 사고 자체에 대한 고의는 없었다 하더라도 사고의 원인이 되는 선행 행위를 의도하여 인위성이 있는 경우 사고의 우연성을 해한다고 볼 여지가 없지 않다는 것이다. 또한 반사회성이 있으므로 보험정책상으로도 경과실과는 구별될 필요가 있지만, 이것이 보험의 원리상 반드시 요청되는 것이라고 할 수는 없다고 보았다.[96] 이러한 판단은 타당하다고 볼 수 있다.

iv) 입법정책의 문제

중과실사고는 위험의 우연성이나 사회질서를 해할 여지가 있지만, 고의사고와는 일정한 차이가 있는 것이 사실이다. 바로 이런 이유에서, 보험계약자 등의 중과실사고에 대한 보험자의 면책여부는 입법정책의 문제로 볼 수 있을 것이다. 중과실사고의 보험자 면책이 입법정책의 문제라는 점은 상법의 입법태도에서 확인된다. 즉 상법은 사망, 상해, 질병이 보험사고인 경우 고의사고만 보험자가 면책되는 것으로 하고 있다(상법 732조의2, 739조, 739조의3). 헌법재판소는 물건 또는 재산에 대한 사고의 위험을 담보하는 여타의 보험과 구별하여, 생명이나 신체에 대한 사고의 위험을 담보하는 인보험의 보험계약자 측을 더욱 두텁게 보호하려고 하는 데에 취지가 있다고 판단하였다.[97]

96) 헌결 1999.12.23. 98헌가12

v) 강행규정성 문제

중과실사고의 보험자 면책이 보험원리상 필연적인 것이 아니라면, 사적 자치를 통해서 중과실사고의 보험자 부책을 정하는 것이 가능하다고 볼 수 있다. 즉 손해보험의 보험약관이 고의사고만을 면책사유로 하는 것으로 약정했다면, 이 경우 이 약관조항은 유효한 것이고, 따라서 중과실사고에 대해 보험자가 상법 659조 1항에 따라 면책을 주장할 수는 없는 것이다(판례,[98] 통설). 따라서 보험계약자 등의 중과실로 인한 사고에 대해서 보험자가 면책된다는 부분에 관한 한 상법 659조는 강행규정이라고 볼 수 없다.

5) 인과관계의 문제

보험사고는 보험계약자 등의 고의 또는 중과실로 인해 발생한 것이어야 보험자 면책이 되므로 고의 또는 중과실과 보험사고 사이에 인과관계도 요구되는데, 어떤 경우에 인과관계가 인정되는지도 중요한 문제이다. 역시 인과관계의 존부도 개별적, 구체적 상황하에서 판단되어야 할 문제이지만, 인과관계가 면책사유를 구성하는 것이므로 판례는 아래에서 보는 바와 같이 인과관계 인정에 엄격한 경향이 있는 듯하다. 이러한 판례가 타당하다고 본다. 고의면책에서 고의의 존부는 다소 좁게 인정될 필요가 있는 것과 같은 이유에서다. 보험자는 보험료를 대가로 받고 보상책임을 부담하므로 이러한 예외적인 것은 엄격하게 제한하여 해석할 필요가 있고, 또한 보험금을 노린 인위적인 사고를 조장할 위험성이 크지 않은 범위 내에서는 가급적 보상책임을 인정하는 방향으로 해석해서 보험의 효용을 높일 필요가 있는 것이다.

대판 2004.8.20. 2003다26075의 사안은 피보험자가 타인의 졸음운전으로 인하여 중상해를 입고 많은 피를 흘려 생명이 위급한 상황에서, 보험계약자 측이 종교적인 이유로 수술의 전제조건인 수혈을 거부하였고, 그 결과 담당의사가 외과적 수술 등 효과적인 치료를 하지 못함으로써 사망에 이르게 된 경우이다. 원심은 수혈거부가 사망의 유일하거나 결정적인 원인이었다고 단정할 수는 없다 하더라도 당시 수혈이 망인의 치료에 꼭 필요한 것이었고 수혈이 되지 않아 더 이상의 적절한 치료를 시도하지 못하였다는 점에서 수혈을 거부한 것이 사망에 이르게 한 중요한 원인의 하나에 해당한다 할 것이고, 이에 대하여 피보험자에게 미필적이나마 고의가 있었다고 할 것이므로 보험자는 보험금의 지급의무를 면한다고 판단하였다. 하지만 대법원은 인과관계 인정을 부인하였다. 즉 원심

---

97) 헌결 1999.12.23. 98헌가12

98) 대판 2007.11.16. 2007다37820(이 사건 보험계약에 적용되는 영업용자동차보험 보통약관은 '보험계약자 또는 피보험자의 고의로 인한 손해'를 면책사항으로 규정하고, 상법 659조 1항과는 달리 중대한 과실로 인한 보험사고를 면책사유에서 제외하고 있으므로 피고로서는 ○○렌트카의 중과실에 의한 면책을 주장할 수 없다 할 것이다)

이 인정하는 것처럼 이 사건 사고로 인한 상해가 중하여 망인에게 1,600cc 가량의 피를 수혈하였다 할지라도 생존을 보장할 수 없었고 따라서 수혈거부가 사망의 유일하거나 결정적인 원인이었다고 단정할 수 없다면, 피보험자의 수혈거부행위가 사망의 중요한 원인 중 하나였다는 점만으로는 보험자가 그 보험금의 지급책임을 면한다고 할 수는 없다고 판시하였다. 다시 말하면, 대법원은 고의가 사망에 유일하거나 결정적인 원인일 것을 요구하는 것이다. 이러한 인과관계는 상당인과관계보다 엄격한 것이라고 평가할 수 있다.

6) 자유로운 의사결정 능력 등

i) 의의

민법의 불법행위가 성립하려면 위법행위에 대한 고의 또는 과실이 있어야 하고, 가해자에게 책임능력이 있어야 한다. 책임능력과 관련하여, 미성년자가 행위의 책임을 변식할 지능이 없으면 배상책임이 없고(민법 753조), 또한 심신상실(喪失) 중에 불법행위를 한 경우에는 배상책임이 없지만 고의 또는 과실로 심신상실을 초래한 경우는 그러하지 않다(민법 754조).

정신질환 또는 심신상실 등(이하에서 "정신질환 등"이라고 함)의 상태에 있는 피보험자가 인위적 보험사고를 일으킨 경우에 보험자가 면책될 수 있는가? 주로 문제가 되는 것은 고의사고 면책의 문제이다. 상법은 이에 대해 명시하고 있지 않아 해석에 맡겨져 있다. 통설은 고의사고라고 보기 어렵다는 입장이다. 판례도 같은 입장이다. 판례는 피보험자가 정신질환 등으로 자유로운 의사결정을 할 수 없는 상태에서 자신을 해친 경우에 보험자가 보상책임을 진다는 약관조항[99]을 유효하다고 해석할 뿐만 아니라, 그러한 약관조항이 없더라도 고의사고가 아니어서 보상책임을 진다고 마찬가지로 해석함으로써 동일한 결론에 도달한다. 가령 자살을 면책사유로 정하고 있더라도, 자살이란 자기의 생명을 끊는다는 것을 의식하고 의도적으로 사망의 결과를 발생케 한 행위를 의미하고, 피보험자가 정신질환 등으로 자유로운 의사결정을 할 수 없는 상태에서 사망의 결과를 발생케 한 경우까지 포함하는 것은 아니고, 자유로운 의사결정을 할 수 없는 상태에서 사망의 결과를 발생케 한 직접적인 원인행위가 외래의 요인에 의한 것이라면, 그 사망은 고의사고에 의하지 않은 우발적인 사고로서 보험사고에 해당한다.[100] 생각건대, 통설 및 판례가 타당하다고 본다. 정신질환 등의 상태에서 행한 보험계약자 등의 행위가 보험계약상 신의성실의 원칙에 반한다고 보기 어렵고, 보험금이 지급된다고 하여 인위적 보험사고를 조장하는 등 보험계약이 부당한 목적에 이용된다고도 보기 어렵기 때문이다.

---

99) 예를 들면 생명보험표준약관 5조

100) 대판 2006.3.10. 2005다49713; 대판 2008.8.21. 2007다76696; 대판 2011.4.28. 2009다97772; 대판 2014.4.10. 2013다18929; 대판 2021.2.4. 2017다281367; 대판 2024.7.25. 2024다230329 등도 같다.

참고로, 판례는 책임보험에서 피보험자가 정신질환 등의 상태에서 한 행위는 책임능력이 없는 상태에서 행한 행위의 문제로 다루지만,[101] 여타 보험에서는 전술한 바와 같이 자살과 관련하여 정신질환 등의 상태에 있는 피보험자가 행한 행위는 자유로운 의사결정을 할 수 없는 상태에서 행한 행위의 문제로 다루고 있다. 이렇게 구분해서 다루는 이유는, 책임능력이란 불법행위에서 정신질환 등의 상태에 있는 가해자가 피해자에게 책임을 질 능력이 있는지를 표현하기 위한 개념이므로 피보험자(가해자)의 피해자에 대한 책임을 보상하는 책임보험에서도 이 개념을 그대로 사용하는 것이 불법행위와 책임보험을 연계시켜서 일관성을 유지할 수 있지만, 여타의 보험에서는 피보험자가 가해자로서 지는 책임이 보상대상이 아니므로 책임능력의 존부를 따지기보다는 피보험자가 자유로운 의사결정을 할 수 없는 상태에서 행한 행위는 고의사고로 볼 수 없다는 식의 논의가 이루어지고 있다. 그렇다고 해서 책임능력의 부재나 자유로운 의사결정을 할 수 없는 상태가 그 실질에 있어서 큰 차이가 있다고 보기는 어렵다.

ii) 판단 기준

실무상으로는 정신질환 등으로 자유로운 의사결정을 할 수 없는 상태에 있었는지 여부가 흔히 다투어지므로, 그 판단 기준이 중요하다. 이러한 판단 기준은 판례에 의해 정립되어 있는데, 그 내용은 다음과 같다.

① 원칙

정신질환 등으로 자유로운 의사결정을 할 수 없는 상태에서의 사망이었는지 여부는 자살자의 나이와 성행, 자살자의 신체적·정신적 심리상황, 그 정신질환의 발병 시기, 그 진행경과와 정도 및 자살에 즈음한 시점에서의 구체적인 상태, 자살자를 에워싸고 있는 주위상황과 자살 무렵 자살자의 행태, 자살행위의 시기 및 장소, 기타 자살의 동기, 그 경위와 방법 및 태양 등을 종합적으로 고려하여 판단해야 한다.[102]

대판 2021.2.4. 2017다281367에서는, 피보험자를 치료했던 정신과 전문의의 전문적이고 의학적인 견해에 관한 증거가 제출되었고, 그 견해에 의할 때 피보험자는 2006년 학급 내 문제로 우울장애를 유발하는 스트레스를 겪은 후 매년 10월경을 전후하여 우울삽화가 발생하는 등 피보험자가 자살할 즈음 계절성 동반의 주요우울장애 상태에 있다

101) 대판 2001.4.24. 2001다10199(피보험자의 법적 책임 부담을 보험사고로 하는 손해보험이고 보험사고의 대상인 법적 책임은 불법행위책임이므로 어떠한 것이 보험사고인가는 기본적으로는 불법행위의 법리에 따라 정하여야 할 것이므로, 책임보험 계약 당사자 간의 보험약관에서 고의로 인한 손해에 대하여는 보험자가 보상하지 아니하기로 규정된 경우에 고의행위라고 구분짓기 위하여는 특별한 사정이 없는 한 구체적인 정신능력으로서의 책임능력이 전제되어 있다고 볼 것이어서 '피보험자의 고의에 의한 손해'에 해당한다고 하려면 그 피보험자가 책임능력에 장애가 없는 상태에서 고의행위를 하여 손해가 발생된 경우여야 한다)

102) 대판 2011.4.28. 2009다97772; 대판 2021.2.4. 2017다281367; 대판 2022.11.10. 2022다241493; 대판 2023.5.18. 2022다238800

고 판단할 수 있다고 보았다.[103)]

한편, 대판 2011.4.28. 2009다97772에서는, 피보험자가 자살 당일 우울성 에피소드의 진단을 받기는 하였으나, 그 발병 시기가 그다지 오래된 것으로는 보이지 않고, 피보험자의 나이, 평소 성격, 가정환경, 자살행위 당일 행적, 피보험자가 자살하기 전에 남긴 유서의 내용과 그로부터 짐작할 수 있는 피보험자의 심리상태, 자살행위의 시기와 장소, 방법 등에 비추어, 피보험자는 정신질환 등으로 자유로운 의사결정을 할 수 없는 상태에서 자살을 한 것으로 보기는 어렵다고 판시했다.

② 의학적 증거

첫째, 감정인의 감정 결과는 감정 방법 등이 경험칙에 반하거나 합리성이 없는 등 현저한 잘못이 없는 한 이를 존중해야 한다.[104)] 정신질환 등으로 자유로운 의사결정을 할 수 없는 상태에 이르러 자살하였다고 볼 만한 의학적 견해가 증거로 제출되었고, 정황들에 대한 증거가 이를 뒷받침한다면, 법원은 그 의학적 소견을 쉽게 부정해서는 안 된다.[105)] 이와 다른 인과관계를 추단하려면 다른 의학적·전문적 자료를 근거로 신중하게 판단해야 하고, 단순히 자살의 방법이 우발적이고 충동적인 방법이 아니었다는 사정만을 근거로 자유로운 의사결정을 할 수 없는 상태를 부정해서는 안 된다.[106)]

둘째, 2개 이상의 감정기관이 모순되거나 불명료한 감정의견을 내놓고 있는 경우 법원이 이를 증거로 채용하기 위해서는, 다른 증거가 뒷받침되지 않는 한, 각 감정기관에게 감정서의 보완을 명하거나 정확한 감정의견을 밝히도록 하는 등 적극적인 조치를 강구해야 하는데, 전문적인 학식과 경험이 있는 자가 작성한 의견이 제출된 경우 사실심 법원이 이를 채택하여 사실인정의 자료로 삼으려 할 때에도 마찬가지로 적용된다.[107)]

---

103) 이외에도, ① 대판 2001.4.24. 2001다10199에서, 피보험자가 망상성장애 등 정신분열증으로 입원치료를 받은 정신병력이 있으며, 치료감호소에 입소할 당시 불안정하고 부적절한 정서, 비논리적 사고, 과대망상, 피해망상, 관계망상, 판단력 및 병식(병에 대한 자각)의 결여 등의 증세를 보였고, 보험사고가 발생할 때 정신분열증으로 인하여 정상적인 사물판별 능력이나 행위통제 능력이 미약한 상태에 있었다는 점을 고려하여 심신미약 상태로서 행위의 결과에 대한 책임의식 역시 현저히 미약하였다고 판시되었다. ② 대판 2006.3.10. 2005다49713에서, 남편에 대한 재정보증 내지 경제적 문제로 남편뿐만 아니라 시댁, 친정과 계속 갈등을 겪는 등 신체적, 정신적으로 많이 쇠약해져 있었던 피보험자가 남편과 격렬하게 부부싸움을 하던 중 극도의 흥분되고 불안한 심리상태를 이기지 못하여 순간적인 정신적 공황상태에서 극도로 모멸스럽고 격분된 순간을 벗어날 방편으로 자신의 아파트 베란다에서 뛰어내림으로써 자유로운 의사결정에 의하지 아니하고 사망의 결과에 이른 것이라고 판시되었다. ③ 대판 2008.8.21. 2007다76696에서, 술에 취한 나머지 판단능력이 극히 저하된 상태에서 신병을 비관하는 넋두리를 하고 베란다에서 뛰어내린다는 등의 객기를 부리다가 마침내 음주로 인한 병적인 명정으로 인하여 심신을 상실한 나머지 자유로운 의사결정을 할 수 없는 상태에서 충동적으로 베란다에서 뛰어내려 사망한 것으로 봄이 상당하다고 판시되었다.

104) 대판 2014.10.15. 2012다18762

105) 대판 2021.2.4. 2017다281367; 대판 2022.11.10. 2022다241493; 대판 2022.12.15. 2020다263567; 대판 2024.5.9. 2023다269597

106) 대판 2021.2.4. 2017다281367; 대판 2022.12.15. 2020다263567; 대판 2024.5.9. 2023다269597

③ **특정 시점의 행위 또는 사정**

첫째, 의사로부터 우울병 등의 진단을 받아 상당 기간 치료를 받아왔고 그 증상과 자살 사이에 관련성이 있어 보이는 경우, 자살 상황 전체의 양상과 자살에 이르는 일련의 과정을 종합적으로 고려해야 하고, 특정 시점에서의 행위를 들어 그 상황을 선불리 평가해서는 안 된다.[108] 대판 2023.5.18. 2022다238800에서, 피보험자가 누나에게 통화한 사정 내지 자살방식과 같은 특정 시점에서의 행위를 주된 근거로 들어 자유로운 의사결정을 할 수 없는 상태에서 자살한 것으로 보기 어렵다고 원심이 판단한 것은 법리오해 등의 잘못이 있다고 판시되었다.

둘째 우울장애를 겪다가 사망한 사람이 자살에 즈음한 시점에 환각, 망상, 명정 등의 상태에 있지 않았다는 사정만으로 자유로운 의사결정을 할 수 없는 상태에 있지 않았다고 단정해서는 안 된다.[109] 대판 2024.5.9. 2021다297352에서, 부검 결과 중독물질이나 알코올의 사용 등 적절한 판단력과 의식의 손상을 일으킬 원인이 확인되지 않은 사정이나 사전에 자살 방법과 장소를 계획하고 그 과정에서 친구와 일상 안부를 주고받은 사정이 있음을 이유로 피보험자가 자살 당시 자유로운 의사결정을 할 수 없는 상태라고 보기 어렵다고 원심이 판단한 것은 법리오해 등 잘못이라고 판시되었다.

④ **진단 또는 치료가 없었던 경우**

사망한 사람이 생전에 주요우울장애 진단을 받았거나 관련된 치료를 받은 사정이 없었다고 하더라도, 법원으로서는 사망한 사람의 나이와 성행, 그가 자살에 이를 때까지의 경위와 제반 정황, 사망한 사람이 남긴 말이나 기록, 주변인들의 진술 등 모든 자료를 토대로 사망한 사람의 정신적 심리상황 등에 대한 의학적 견해를 확인하는 등의 방법

107) 대판 2022.11.10. 2022다241493

108) 대판 2021.2.4. 2017다281367(피보험자가 자살할 무렵 주변 사람들에게 겉으로 보기에 이상한 징후를 보이지 않았다거나 충동적이라고 보이지 않는 방법으로 자살하였다는 등의 사정만을 내세워 판단하는 것은 법리오해 등의 잘못). 대판 2023.7.13. 2022다293531(피보험자가 병원 내원 중단 이후 근무태양에 별다른 변동이 없었다거나 사망 전날까지 여동생과 대화한 내역에서 이상 징후가 없었다는 사정과 매듭을 묶고 목을 매어 자살한 방식 등 특정 시점에서의 행위를 주된 이유로 자유로운 의사결정을 할 수 없는 상태에서 자살한 것으로 보기 어렵다고 단정한 것은 법리오해 등의 잘못); 대판 2024.5.9. 2022다216312; 대판 2024.5.9. 2021다297352; 대판 2024.7.25. 2024다230329

109) 대판 2022.12.15. 2020다263567(자살 당시 피보험자에게 흥분상태나 공황상태 등 의사결정능력을 상실한 상태에 있었다고 볼 만한 사정이 없었다는 이유로 자유로운 의사결정을 할 수 없는 상태였다고 인정하기에 부족하다고 판단한 것은 법리오해 등의 잘못); 대판 2024.5.9. 2022다216312(자살에 이르기 전까지 일상생활을 하고 있었고 자살 방법이 계획적이라는 사유를 근거로 피보험자가 자살 당시 자유로운 의사결정을 할 수 없는 상태에 있었다고 보기 어렵다고 판단한 것은 법리오해 등의 잘못); 대판 2024.5.9. 2023다269597(자살을 선택한 장소나 자살방법 등을 근거로 피보험자가 자살에 이를 당시 자유로운 의사결정을 할 수 없는 상태였다고 보기 어렵다고 판단한 것은 법리오해 등의 잘못); 대판 2024.7.25. 2024다230329(피보험자가 투신 자살하기에 앞서 유서를 남겼다는 등의 사유를 근거로 자살 당시 자유로운 의사결정을 할 수 없는 상태라고 보기 어렵다고 판단한 것은 법리오해 등의 잘못)

으로, 사망한 사람의 주요우울장애 발병가능성 등을 비롯하여 그가 주요우울장애로 자유로운 의사결정을 할 수 없는 상태에서 자살에 이른 것인지 여부를 판단할 수 있다.[110) 대판 2024.5.9. 2023다269597에서, 피보험자가 자살에 이르기 전에 주요우울장애에 관한 진단이나 진료를 받은 적은 없지만 자살에 이를 무렵 극심한 업무스트레스와 연이은 사망사고 목격에 따른 심리적 충격으로 정신적 고통을 받고 있었던 것으로 보이고, 근로복지공단은 피보험자의 사망을 업무상 재해로 인정하였으며, 이러한 사정에 비추어 보면 피보험자가 자살에 이를 무렵 주요우울장애 등을 겪고 있었고 이로 인하여 자유로운 의사결정을 하지 못하는 상태에서 사망에 이르게 되었을 여지가 없지 않고, 나아가 피보험자가 자살에 이른 것에 관하여 우울증세 외에 다른 동기나 원인을 발견하기도 어렵다고 판시되었다.

7) 고의 또는 중과실의 입증책임

고의 또는 중과실에 대한 입증책임은 면책을 주장하는 보험자에게 있다(판례,[111) 통설). 고의 또는 중과실의 존부는 개별적, 구체적 상황하에서 판단되어야 한다.

판례는 화재보험계약의 약관에서 "보험계약자나 피보험자의 고의 또는 중대한 과실로 발생한 손해에 대하여는 보상하지 아니한다"고 규정하고 있는 경우와 관련하여, 면책사유에 해당하는 사실의 증명은 법관의 심증이 확신의 정도에 달하는 것을 가리키고, 확신이란 자연과학이나 수학의 증명과 같이 반대의 가능성이 없는 절대적 정확성을 말하는 것은 아니지만, 통상인의 일상생활에 있어 진실하다고 믿어 의심치 않는 정도의 고도의 개연성을 말하는 것이고, 막연한 의심이나 추측을 하는 정도에 이르는 것만으로는 부족하다고 본다.[112)]

고의의 입증은 특히 까다롭다. 고의를 추정할 수 있는 증명을 해야 한다.[113)] 판례는 고의와 같은 내심의 의사는 이를 인정할 직접적인 증거가 없는 경우에 사물의 성질상 고의와 상당한 관련성이 있는 간접사실을 증명하는 방법에 의하여 입증할 수밖에 없고, 무엇이 상당한 관련성이 있는 간접사실에 해당할 것인가는 사실관계의 연결상태를 논리와 경험칙에 의하여 합리적으로 판단해야 한다고 본다.[114)] 판례는 자살의 경우 자살의 의사를 밝힌 유서 등 객관적인 물증의 존재, 또는 일반인의 상식에서 자살이 아닐 가능성에 대한 합리적인 의심이 들지 않을 만큼 명백한 주위 정황사실을 증명해야 한다고 본

110) 대판 2024.5.9. 2023다269597; 대판 2024.5.9. 2021다297529
111) 대판 2009.3.26. 2008다72578; 대판 2009.12.10. 2009다56603; 대판 2010.5.13. 2010다6857; 대판 2012.4.13. 2011다1828
112) 대판 2009.12.10. 2009다56603; 대판 2012.4.13. 2011다1828
113) 박세민 255면; 양승규 143면; 임용수 153면
114) 대판 2001.3.9. 2000다67020; 대판 2004.12.10. 2004다31401; 대판 2010.1.28. 2009다72209

다.[115] 자살의 경우 입증을 다소 엄격하게 요구하는 것으로 보일 수 있지만, 사람이 자살을 하는 것은 이례적 상황이므로, 이를 엄격히 인정하는 것이 경험칙에 부합한다고 볼 수 있을 것이다. 그리고 보험자가 면책사유로서 자살을 입증하는 경우, 보험계약자 측이 자유로운 의사결정을 할 수 없는 상태에서 이루어진 것이므로 부책사유라는 것을 입증해야 한다.[116]

8) 대표자책임이론

가령 보험계약자 등과 동거하는 친족이 보험목적인 건물에 방화하면 보험자는 보험금을 노린 보험계약자 등이 공모(또는 교사, 방조)하여 한 행위가 아닌지 의심할 수 있다. 그러나 보험자가 면책되기 위해서는 이 의심만으로는 부족하다. 상법 659조에 따르면, 보험자는 보험계약자 등의 공모 등을 밝혀서 보험계약자 등의 고의 또는 중과실을 입증해야만 면책을 주장할 수 있는 것이다.

대표자책임이론은, 보험계약자 등과 밀접한 생활관계에 있는 친족 또는 피용자가 고의 또는 중과실로 보험사고를 야기한 경우, 보험계약자 등에게도 고의 또는 중과실이 있는 것으로 의제하여 보험자를 면책시키는 이론이다. 다시 말하면, 보험계약자, 피보험자 또는 보험수익자와 밀접한 생활관계에 있는 친족 또는 피용자가 인위적으로 사고를 야기한 경우, 전자를 후자의 대표자로 보아서 대표자가 인위적 사고에 대해 책임을 진다는 이론이다. 상법에는 대표자책임이론을 인정하는 명문의 규정이 없다. 따라서 판례 및 학설에 맡겨져 있다.

학설로는, 상법의 해석상 대표자책임이론이 인정될 수 있다는 견해,[117] 보험계약자나 보험수익자의 법정대리인 또는 보험계약자나 피보험자의 지배인(상법 11조)과 같은 특수한 경우는 대표자책임이론이 인정될 수 있다는 견해,[118] 대표자책임에 관한 당사자 약정이 있는 경우는 그 효력이 인정된다는 견해가 있다.[119] 통설은 대표자책임이론을 인정하지 않는 입장이다.

판례도 대표자책임이론을 부정한다. 다만 대표자책임이론에 관한 약정이 있는 경우 추정적 효력을 부여한다. 대판 1984.1.17. 83다카1940은, 음식점의 경영주가 자신을 피보험자로 하여 그 시설 및 집기 일체를 보험목적으로 하는 화재보험에 가입하였는데, 경영상태가 좋지 않음을 안 피용자가 그를 돕고자 하는 마음으로 방화하여 보험금을 받게

---

115) 대판 2010.5.13. 2010다6857
116) 임용수 164면
117) 최기원 224면. 이 견해는 독일의 판례 및 통설을 근거로 제시한다.
118) 양승규 144면
119) 손주찬 546면

하려 했던 사안이다. 이 보험계약에는 피보험자와 세대를 같이하는 친족 또는 피용자가 고의로 일으킨 손해에 대하여는 보험자가 면책된다는 약관조항이 들어 있었는데, 이것은 대표자책임이론에 입각한 면책사유로 해석될 수 있고, 이 면책사유가 유효한지 여부가 쟁점이었다. 대법원은 이 면책사유가 상법 659조를 보험계약자 등에게 불이익하게 변경한 것이라고 판시했다. 다만 대법원은 이 면책사유에 대해 효력유지적 축소를 통해 추정력을 부여하였다. 즉 위 면책사유는 피보험자와 밀접한 생활관계를 가진 친족이나 고용인이 피보험자를 위하여 보험사고를 일으킨 때에는 피보험자가 이를 교사 또는 공모하거나 감독상 과실이 큰 경우가 많으므로 일단 그 보험사고 발생에 피보험자의 고의 또는 중대한 과실이 개재된 것으로 추정하여 보험자를 면책하고자 한 취지에 불과한 것으로 해석해야 한다고 판시했다. 그러면서 보험계약자 등이 고의 또는 중과실이 없었음을 입증하여 위 추정을 번복하면 면책사유의 적용이 배제되므로, 이 추정력 부여가 상법 663조에 저촉되지 않는다고 보았다.

생각건대, 대표자책임이론은 자기책임의 원칙에 반하므로 부정하는 것이 타당하다. 따라서 대표자책임이론에 대한 약정도 효력이 없다고 해석해야 한다. 나아가, 위와 같이 판례가 그러한 약정에 대해서 추정력을 부여하는 것도 부정하는 것이 타당하다고 본다. 왜냐하면 이러한 추정력만으로도 보험계약자 등에게 부당하게 불리하다는 평가가 가능하기 때문이다. 위 판결은 약관규제법이 제정된 1986년 이전에 나온 것으로서, 추정력의 불공정성에 대해 다소 관대한 태도를 취한 듯하다. 2010년에 개정된 화재보험표준약관에서는 위 약관조항이 삭제되었다.

9) 상법 659조 등과 담보배제사유

i) 의의

가계보험에서, 상법 659조, 732조의2, 739조, 739조의3의 내용을 보험계약자 등에게 불이익하게 변경한 약정은 그 효력이 없다(상법 663조 본문 참고). 어떤 내용의 면책사유가 상법 659조 등을 불이익하게 변경하는가? 판례는 상법 659조 등은 "손해발생원인에 책임이 있는 자를 보험의 보호대상에서 제외"하는 데 그 취지가 있다고 하여,[120] 이것을 일응의 기준으로 삼고 있다. 즉 손해발생원인에 책임이 있는 자를 보험보호의 대상에서 제외하려는 내용의 면책사유라면, 그 내용이 상법 659조 등을 불이익하게 변경해서는 안 되고, 그 외의 면책사유라면 상법 659조 등과 무관하다는 것이다. 후자를 담보배제사유라고 하는 것이 보통이다. 계약자유의 원칙상 당사자들이 처음부터 부보대상에서 제외하기로 합의한 사유(담보배제사유)는 상법 659조 등의 적용요건과는 차원을 달리하는 문제이

120) 대판 1992.1.21. 90다카25499

다. 특정한 면책사유가 담보배제조항인지 아니면 상법 659조 등의 적용요건에 관한 사항인지는 약관해석을 통해 결정할 수밖에 없다. 전자로 보더라도 약관의 내용통제를 통해 무효가 될 수 있음은 물론이다.

ii) 산재보험 면책사유

대판 1992.1.21. 90다카25499는 자동차대인배상책임보험에서 피보험자가 배상책임을 지는 사고의 피해자가 그 피보험자의 피용자이고 그에 따라 산업재해보상보험에 의한 재해보상을 받을 수 있다면, 그 사고로 인해 피보험자가 입게 된 손해에 대해서는 보험자가 면책된다고 면책사유를 규정한 사안이다. 이 면책사유는 상법 659조를 보험계약자 등에게 불이익하게 변경한 것인가? 대법원은 이를 부정하였다. 대법원은 위 면책조항의 취지는 손해발생원인에 책임이 있는 자를 보험보호에서 제외하려는 데 있는 것이 아니라, 노사관계에서 발생하는 재해보상에 대하여는 원칙적으로 산업재해보상보험에 의하여 전보받도록 하고 제3자에 대한 손해배상책임을 전보하는 것을 목적으로 한 자동차보험의 대인배상범위에서는 제외하려는 데 있다고 판시했다.[121] 다시 말하면 위 면책사유를 담보배제사유로 본 것이다.

대판 2018.10.25. 2018다237817에서도 자동차종합보험약관이 대인배상보험Ⅱ의 면책사유로 "배상책임이 있는 피보험자의 피용자로서 산업재해보상보험법에 의한 재해보상을 받을 수 있는 사람. 다만 그 사람이 입은 손해가 동법에 의한 보상범위를 넘어서는 경우에는 그 초과손해는 보상합니다."라는 조항을 두고 있는 것에 대해 같은 취지의 판시가 이루어졌다. 즉 이 면책조항을 규정한 취지는 위와 같고 자동차 보험사고가 산재사고에도 해당하여 피해자가 '산재보험법에 의한 재해보상을 받을 수 있는 사람'인 경우, 즉 보험자가 자동차보험계약에 의하여 보상할 손해 중 산재보험급여로 전보될 수 있는 부분이 있다면 특별한 사정이 없는 한 보험자는 이 사건 면책조항에 따라 보상책임이 면

121) 대판 1992.1.21. 90다카25499(사용자와 근로자의 노사관계에서 발생한 업무상 재해로 인한 손해에 대하여는 노사관계를 규율하는 근로기준법에서 사용자의 각종 보상책임을 규정하는 한편, 이러한 보상책임을 담보하기 위하여 산업재해보상보험법으로 산업재해보상보험제도를 설정하고 있어서, 노사관계에서 발생하는 재해보상에 대하여는 원칙적으로 산업재해보상보험에 의하여 전보받도록 하고 제3자에 대한 손해배상책임을 전보하는 것을 목적으로 한 자동차보험의 대인배상범위에서는 이를 제외하려는 데에 그 취지가 있는 것이므로, 손해발생원인에 책임이 있는 자를 보험의 보호대상에서 제외하려는 상법 659조의 적용대상이라고 보기 어렵고, 따라서 위 면책조항이 보험계약자 또는 피보험자 등에게 불이익하게 상법 659조에 규정된 면책사유를 변경함으로써 상법 663조에 위반되어 무효라고 볼 수는 없다는 것이 당원의 판례가 취하고 있는 견해이다. 그렇다면 위 면책조항이 유효한 것임을 전제로 하여, 위 ○○○이 비록 위 보험약관상 피보험자의 범위에 들지 않는 제3자라고 하더라도, 피고 회사의 피용자로서 이 사건 사고로 인한 그의 사망이 업무상 재해에 해당하여 근로기준법에 의한 재해보상을 받을 수 있는 사람인 이상, 위 면책조항에 의하여 보험자의 피고 회사에 대한 보험금액지급채무가 존재하지 아니한다고 본 원심의 판단은 정당하고, 이와는 반대로 위 면책조항이 상법의 규정에 위반되어 무효라는 독자적인 견해에서 원심판결을 비난하는 논지는 받아들일 수 없다)

제되고, 다만 피해자의 손해가 산재보험급여에 의해 전보되는 부분을 초과하는 경우에만 보험자는 이 사건 면책조항의 단서에 따라 그 초과 부분을 보상할 책임이 있다고 판시되었다.[122)]

대판 2020.7.23. 2016다271455에서는, 근로자재해보장보험의 약관에서 보험자는 피보험자의 근로자에게 생긴 업무상 재해로 인하여 피보험자가 부담하는 손해배상책임 중 의무보험인 산업재해보상보험에 의해 전보되는 범위를 초과하는 부분에 대해서만 보상할 의무를 부담하는 것으로 정하였다면, 보험자가 인수한 위험은 산재보상분을 초과하는 부분에 대한 피보험자의 배상책임으로 인한 손해에 한정되므로, 보험자는 산재보상분에 대해 보험금 지급의무를 부담하지 않는다고 판시되었다.[123)]

즉 위 조항은 — 일단 피보험자가 보험계약상 부보대상에 포함되었음에도 불구하고 — 피보험자가 경과실인 경우에까지 보험금지급의무를 부정함으로써 상법 659조를 보험계약자 등에 불리하게 변경하는 조항이 아니라, 이 경우 산업재해보상보험으로 보장되는 점을 고려하여 아예 피보험자를 보험계약상 부보대상에 제외하는 조항(담보배제사유)으로 본 것이다.

iii) 무면허운전 등 면책사유

① 문제의 제기

보험약관이 무면허운전 또는 음주운전으로 인해 생긴 사고에 대해서는 보험자가 면책되는 것으로 규정하는 경우, 이것은 유효한 면책사유인가? 이것은 담보배제사유인가? 상법 659조 1항 등을 보험계약자 등에게 불이익하게 변경한 것인지와 관련하여 살펴볼 필요가 있다. 판례는 손해보험과 인보험으로 구분하여 다른 입장을 보인다.

② 손해보험

대판(전원) 1991.12.24. 90다카23899는 대인배상책임보험의 약관조항이 운전자가 무면허운전을 하였을 때에 생긴 사고로 인한 손해를 보상하지 않는다고 규정한 사안이다. 이 면책사유가 상법 659조 1항을 보험계약자 등에게 불이익하게 변경한 것인지가 다투어졌다. 대법원은 이 면책사유는 손해발생원인과는 관계없는 담보배제사유에 해당한다고 판시했다. 즉 상법 659조 1항은 보험사고를 직접 유발한 자 즉 손해발생원인에 전적인 책임이 있는 자를 보험의 보호대상에서 제외하려는 것이므로, 보험약관에서 이러한 손해발생원인에 대한 책임조건을 경감하는 내용으로 면책사유를 규정하는 것은 상법 663조의 불이익변경금지에 저촉되겠지만, 손해발생원인과는 관계없이 손해발생 시의 상황이나 인적관계 등 일정한 조건을 면책사유로 규정하는 것은 상법 659조 1항의 적용대

---

122) 이 판결의 나머지 주요한 판시는 본서 제4편 제5장 제3절을 참조

123) 대판 2012.1.12. 2009다8581, 대판 2014.7.10. 2012다1870도 같은 취지이다.

상이라고 볼 수 없으므로, 책임보험의 무면허운전면책조항은 사고발생의 원인이 무면허운전에 있음을 이유로 한 것이 아니라 사고발생 시에 무면허운전 중이었다는 법규위반 상황을 중시하여 보험자의 보상대상에서 제외하는 사유로 규정한 것이므로 상법 659조 1항의 적용대상이라고 보기 어렵다고 판시했다.

③ 인보험

대판 1996.4.26. 96다4909는 상해보험의 약관조항이 운전자가 무면허운전을 하였을 때에 생긴 사고로 인한 손해를 보상하지 않는다고 규정한 사안이다. 이 면책사유가 상법 732조의2, 739조를 보험계약자 등에게 불이익하게 변경한 것인지가 다투어졌다. 대법원은 이 면책사유가 손해발생원인과 관계가 있다고 판시했다. 손해보험에서 판례와는 다른 입장을 취한 것이다. 대법원은, 보험계약자 등이 무면허운전으로 상해를 입었다고 해도 그 상해가 고의로 인한 사고라고는 볼 수 없다는 전제하에서, 위 면책사유가 상해보험에서 고의사고가 아닌데 보험자를 면책시키려는 취지라면 그 효력을 인정할 수 없다고 판시하였다. 대법원은, 상해보험계약에는 상법 732조의2, 739조, 663조가 적용되므로 보험사고가 고의로 인하여 발생한 것이 아니라면 비록 중과실에 의하여 생긴 것이라도 보험자가 보험금을 지급할 의무가 있는데, 무면허운전의 경우는 면허 있는 자의 운전이나 운전을 하지 아니하는 자의 경우에 비하여 사고발생 가능성이 높음은 부인할 수 없지만, 그 정도의 사고발생 가능성에 관한 개인차는 보험에 있어서 구성원 간의 위험의 동질성을 해칠 정도는 아니고, 또한 무면허운전이 고의적인 범죄행위이기는 하나 그 고의는 특별한 사정이 없는 한 무면허운전 자체에 관한 것이고 직접적으로 사망이나 상해에 관한 것이 아니어서 그 정도가 결코 그로 인한 손해보상을 가지고 보험계약에 있어서 당사자의 신의성, 윤리성에 반한다고는 할 수 없다고 보았다. 따라서 무면허운전면책조항은 보험사고가 전체적으로 보아 고의로 평가되는 행위로 인한 경우뿐만 아니라 과실(중과실 포함)로 평가되는 행위로 인한 경우까지 보상하지 않는다는 취지라면, 과실로 평가되는 행위로 인한 사고에 관한 한 무효라고 판시했다.

대판 1998.3.27. 97다27039도 상해보험에서 피보험자가 무면허운전으로 상해를 입고 사망한 사안이다. 해당 약관에는 무면허운전 면책사유가 규정되어 있었고, 대법원은 이것은 상법 732조의2, 739조를 보험계약자 등에게 불이익하게 변경한 것이라고 판시했다. 나아가 이러한 입장이 손해보험에 관한 대판(전원) 1991.12.24. 90다카23899의 취지를 오해한 위법이 있는지 여부를 다루었다. 대법원은, 손해보험과 인보험의 차이를 이유로 들어, 인보험에서 무면허 면책약관의 해석이 책임보험에서 그것과 반드시 같아야 할 이유가 없으므로, 대판(전원) 1991.12.24. 90다카23899의 취지를 오해한 위법이 없다고 판시했다.[124)]

대판 1998.4.28. 98다4330도, 인보험에 있어서의 무면허운전이나 음주운전 면책약관의 해석이 책임보험에 있어서의 그것과 반드시 같아야 할 이유가 없으며, 음주운전의 경우에는 보험사고 발생의 가능성이 많을 수도 있으나, 그 정도의 사고발생 가능성에 관한 개인차는 보험에 있어서 구성원 간의 위험의 동질성을 해칠 정도는 아니라고 할 것이고, 또한 음주운전이 고의적인 범죄행위이기는 하지만, 그 고의는 특별한 사정이 없는 한 음주운전 자체에 관한 것이지 직접적으로 사망이나 상해에 관한 것이 아니어서 그로 인한 손해보상을 해준다고 하여 그 정도가 보험계약에 있어서 당사자의 선의성·윤리성에 반한다고는 할 수 없다고 판시했다.[125)]

④ **결론**

이와 같이 대법원은 무면허운전 또는 음주운전 면책약관이 담보배제사유인지가 손해보험과 인보험에서 다른 결론에 이르러도 무방할 정도로 손해보험과 인보험에 현저한 차이가 있다고 보았지만, 이는 의문이다. 생각건대, 피보험자의 법규위반 정도가 중대하다면, 비록 사고발생 자체에 대해서는 고의가 없더라도 보험의 보호를 받지 못하게 하는 것이 합리적 결론일 수 있다. 개별 피보험자의 보호도 중요하지만, 법규위반에 대한 제재나 일반예방도 중요하다. 위 면책 내지 감액조항을 약관의 해석상 면책조항이 아닌 부보범위를 처음부터 제한하는 조항으로 해석할 여지도 있다. 참고로 판례는 보험약관에 규정이 있다면 상해보험에서 기왕증 등을 고려해 보험금을 감액하는 것이 가능하다고 한다.[126)] 피보험자에게 어떠한 비난가능성도 없는 선천적 기왕증도 보험금을 감액하는 사유가 될 수 있는데, 피보험자에게 의도적 잘못이 있어도 보험금을 전혀 감액할 수 없다는 것은 형평에 맞지 않는다. 보험금을 감액하거나 보험자를 면책하는 것이 사회 정책

---

124) 대판 1998.3.27. 97다27039(상법이 보험통칙편인 659조 1항에서 "보험사고가 보험계약자 또는 피보험자나 보험수익자의 고의 또는 중대한 과실로 인하여 생긴 때에는 보험자는 보험금액을 지급할 책임이 없다"라고 규정하면서도, 인보험편인 732조의2에서는 "사망을 보험사고로 한 보험계약에는 사고가 보험계약자 또는 피보험자나 보험수익자의 중대한 과실로 인하여 생긴 경우에도 보험자는 보험금액을 지급할 책임을 면하지 못한다"라고 규정하고, 다시 739조에서 상해보험계약에도 이를 준용하여, 생명보험과 상해보험 같은 인보험에 관하여는 보험자의 면책사유를 제한하여 비록 중대한 과실로 인하여 생긴 것이라 하더라도 보험금을 지급하도록 규정하고 있는 점이나, 인보험이 책임보험과 달리 정액보험으로 되어 있는 점에 비추어 볼 때 인보험에 있어서의 무면허 면책약관의 해석이 책임보험에 있어서의 그것과 반드시 같아야 할 이유가 없다. 이 사건 보험사고가 비록 피보험자가 무면허운전을 하던 중에 발생하게 된 것이라고 하더라도 그 사고 발생에 피보험자의 과실이 있을 뿐 고의 또는 고의로 평가되는 행위가 있었다고는 할 수 없는 이상, 보험자는 위와 같이 단지 과실로 인하여 발생하였을 뿐인 이 사건 보험사고에 관하여 무면허운전 면책약관을 내세워 보험계약상의 보험금 지급을 거절할 수는 없다고 할 것이다. 같은 취지의 원심판결은 정당하고, 거기에 대법원 1991. 12. 24. 선고 90다카23899 전원합의체 판결의 취지를 오해하여 인보험계약에 있어서의 무면허운전 면책약관의 효력에 관한 해석을 그르친 위법이 있다고 할 수 없다. 상고이유는 받아들일 수 없다)

125) 대판 1998.3.27. 97다48753도 같다.

126) 대판 2013.10.11. 2012다25890

적으로 충분히 합리적 이유가 있다면, 그러한 내용을 규정한 약관을 상법 659조 등의 면책사유라는 틀에 가두어 넣고 획일적으로 규제하는 것은 바람직하지 않다.

ⅳ) 정신질환 면책사유

만약 보험약관이 책임능력이 없거나 제한된 상태에서의 보험사고를 면책사유로 규정했다면 그 유효성이 인정되는가? 전술한 바와 같이 보험계약자 등이 심신상실 등의 상태에서 보험사고를 일으키면 고의사고로 인정되지 않는 경우가 있다(판례,[127] 통설).

이와 관련하여, 상해보험약관이 피보험자의 정신질환을 피보험자의 고의나 자살과 별도로 독립된 면책사유로 규정한 경우 그 효력이 인정되는가? 대판 2015.6.23. 2015다5378에서 대법원은 이를 담보배제사유로 보아서 면책사유의 유효성을 인정하였다.[128] 대법원은 해당 약관이 피보험자의 정신질환을 피보험자의 고의나 피보험자의 자살과 별도의 독립된 면책사유로 규정하고 있는데, 이러한 면책사유를 둔 취지는 피보험자의 정신질환으로 인식능력이나 판단능력이 약화되어 상해의 위험이 현저히 증대된 경우 그 증대된 위험이 현실화되어 발생한 손해는 보험보호의 대상으로부터 배제하려는 데에 있고 보험에서 인수하는 위험은 보험상품에 따라 달리 정해질 수 있는 것이어서 이러한 면책사유를 규정한 약관조항이 고객에게 부당하게 불리하여 공정성을 잃은 조항이라고 할 수 없으므로, 만일 피보험자가 정신질환에 의하여 자유로운 의사결정을 할 수 없는 상태에 이르렀고 이로 인하여 보험사고가 발생한 경우라면 위 면책사유에 의하여 보험자의 보험금지급의무가 면제된다고 판시했다.

(3) 전쟁 등에 대한 면책사유

1) 의의

보험사고가 전쟁 등 기타의 변란으로 인해 생긴 때에는 당사자 사이에 다른 약정이 없으면 보험자가 면책된다(상법 660조). 전쟁 등 기타의 변란이 원인이 된 보험사고는 그 통계적 예측이 쉽지 않고 사고발생 시 보험자의 인수능력을 초과할 수 있기 때문에 보험자 면책을 원칙으로 하되, 다만 계약 당사자가 원하는 경우 책임사유에 포함시킬 수 있도록 한 데에 그 취지가 있다(통설). 이와 같이 임의규정이므로, 전쟁 등의 위험을 인수하는 다른 약정이 가능하며, 이를 보장하는 보험을 특히 전쟁위험보험이라고 한다.

전쟁 등 기타의 변란은 면책사유를 구성하는 것이므로 그 의미를 엄격하게 해석할 필요가 있다. 따라서 변란이란 내란, 폭동 또는 소요와 같이 일상적인 경찰력으로는 통제할 수 없는 전쟁에 준하는 비상사태라고 해석한다(통설). 판례도 이와 같은 입장인데,

---

127) 대판 2008.8.21. 2007다76696

128) 그러나 정신질환 면책약관은 2010년 표준약관 개정을 통해 폐지되었다.

아래에서 살펴보기로 한다.

2) 사례

① 대판 1991.11.26. 91다18682에서, 자동차보험약관이 면책사유 중 하나로 전쟁, 혁명, 내란, 사변, 폭동, 소요 및 이와 유사한 사태를 포함했는데, 대법원은 '소요'의 의미를 엄격하게 해석했다. 이 면책사유는 상법 660조의 '기타의 변란'을 구체적으로 예시한 것으로 볼 수 있고, 따라서 이 판례는 상법 660조의 '기타의 변란'을 구체적으로 해석했다고 평가된다.

사안을 살펴보면, 야구 경기장 앞에서 귀가 중인 1,000여 명의 관중이 구경하는 가운데에 약 20여 명이 자신이 응원하는 팀이 상대팀에 의해 역전패 당한 것에 불만을 품고 버스에 돌과 병을 던져 차창 등이 파손되자, 관중 가운데 4, 5명이 관중들에게 자제할 것을 호소하고 버스의 길을 비켜주자고 하며 수신호를 함에 따라 버스운전사가 군중 사이로 버스를 운행하다가 관중에 떠밀려 넘어진 피해자를 역과하여 사고가 발생하였고 이에 관중들이 격분하여 더욱 격렬하게 폭력을 행사하게 된 것이다. 이 폭력사태를 소요로 볼 수 있는가?

대법원은 소요는 폭동에는 이르지 아니하나 한 지방에서의 공공의 평화 내지 평온을 해할 정도로 다수의 군중이 집합하여 폭행, 협박 또는 손괴 등 폭력을 행사하는 상태를 말하는 것이라고 해석하고, 위 폭력사태는 한 지방의 평화 내지 평온을 해할 정도는 아니라고 판단하였다. 그리고 자동차종합보험약관이 전쟁, 혁명, 내란, 사변, 폭동, 소요, 기타 이들과 유사한 사태를 보험자의 면책사유로 규정한 취지는 위와 같은 사태하에서는 보험사고 발생의 빈도나 그 손해정도를 통계적으로 예측하는 것이 거의 불가능하여 타당한 보험료를 산정하기 어려울 뿐 아니라 사고발생 시에는 사고의 대형화와 손해액의 누적적인 증대로 보험자의 인수능력을 초과할 우려가 있다는 점에 있는데, 본래 보험제도 자체가 쉽게 예측하기 어려운 장래의 우연적, 돌발적 사고로 인한 손해를 담보하기 위한 것이므로 위와 같은 사고발생의 예측곤란과 피해극대화를 이유로 한 면책사유의 요건은 이를 엄격하게 해석해야 하고, 따라서 위 조항에 열거된 면책사유 중 소요는 폭동에는 이르지 아니하나 한 지방에서의 공공의 평화 내지 평온을 해할 정도로 다수의 군중이 집합하여 폭행, 협박 또는 손괴 등 폭력을 행사하는 상태를 말하는 것으로 보아야 한다고 판시했다.

② 대판 1994.11.22. 93다55975에서도 대법원은 화재보험약관이 면책사유로 정한 "지진, 분화, 해일, 전쟁, 외국의 무력행사, 혁명, 내란, 사변, 폭동, 소요, 기타 이들과 유사한 사태"에서 "소요, 기타 이들과 유사한 사태"를 엄격하게 해석하였다. 이 사건에

서는, 보험사고인 화재가 발생할 상시에 모 대학의 학생들이 시위행사에 참가를 봉쇄하려는 경찰의 저지선을 뚫기 위하여 경찰에 화염병을 투척하였고, 다만 인근의 다른 상가나 행인에 대하여는 아무런 폭행이나 협박 또는 손괴 등을 하지 않았으며, 시위장소는 지하철역에서 위 대학의 정문에 이르는 도로에 한정되었다. 대법원은 보험약관상의 면책사유요건의 엄격해석의 원칙을 고려하면 대학생들의 폭력사태는 폭력사태의 발생경위와 장소 및 당시에 있어서 폭력행사의 정도 등에 비추어 볼 때 한 지방의 평화 내지 평온을 해할 정도의 소요 등 기타 유사한 상태에 해당하는 것으로 보기 어렵다고 판단하여 보험자의 보험금지급의무의 면책주장을 배척한 원심이 정당하다고 판시했다.

(4) 약정면책사유

1) 의의

약정면책사유는 당사자가 정한 면책사유이다. 보험약관은 다수의 약정면책사유를 포함하고 있는 것이 보통이다. 만약 약정면책사유가 상법의 규정과 관련된 것이면, 불이익변경금지의 원칙(상법 663조) 위반 문제가 등장한다. 이와 관련해서는 상법 659조 1항 등과 관련하여 산업재해보상보험 면책사유, 무면허운전·음주운전 면책사유, 정신질환 면책사유 등의 유효성을 앞서 검토한 바 있다. 한편 만약 약정면책사유가 상법의 규정과 관련된 것이 아니라면, 불이익변경금지의 원칙(상법 663조) 위반 문제는 생기지 않는다. 다만 공정성의 문제는 남는다. 즉 약관의 내용통제를 통해 그 조항은 무효가 되거나 또는 효력유지적 축소가 이루어질 수 있다. 이와 관련해서 약정면책사유 중 사기적 청구에 관련된 면책조항의 유효성에 대해서는 후술하기로 한다.

2) 약정면책사유의 해석

약정면책사유에 대해서는 합리적 제한해석(또는 효력유지적 축소)의 필요성이 큰 경우가 적지 않다. 그 이유는 약정면책사유가 보험자에 의하여 일방적으로 유리하게 작성되고 보험계약자 등에게 그 약관 내용에 관한 교섭의 기회가 제대로 주어지지 않는 점을 고려할 때, 약정면책사유를 문자 그대로 엄격하게 해석하여 적용할 경우 조금이라도 약정면책사유에 위배되기만 하면 보험자가 면책되는 결과를 초래하여 보험계약자 등을 보호하고자 하는 보험의 사회적 효용과 경제적 기능에 배치되는 결과를 가져오지 않도록 약정면책사유를 합리적으로 제한하여 해석할 필요가 있는 것이다. 또한 약정면책사유는 그 내용이 모호한 경우도 적지 않아서 약관해석의 원칙인 작성자불이익의 원칙이 적용되기도 한다.

3) 약정면책사유의 개별적용 문제

i) 문제의 제기

피보험자가 둘 이상인 상황에서 면책사유가 특정한 피보험자에게만 해당하는 경우, 보험자가 이 피보험자는 물론이고, 다른 피보험자에게도 면책을 주장할 수 있는지, 아니면 면책사유는 피보험자별로 적용되어야 하는지가 문제된다. 이것은 계약해석의 문제로서, 해당 보험계약의 종류, 면책사유의 취지 및 내용 등을 고려하여 결정할 사안이다. 판례와 통설은 자동차보험과 인보험에서 면책조항의 개별적용 여부에 관하여 약관규정이 없거나 약관규정 내용이 불명확한 경우에 개별적용되는 것으로 해석해야 한다는 입장을 취하고 있는데, 이는 타당하다. 면책사유는 그 적용범위를 엄격하게 제한해서 해석할 필요가 있고, 피보험자가 복수로 존재하는 경우에 피보험이익도 피보험자마다 개별적으로 독립하여 존재하는 것이므로 특별한 사정이 없는 한 면책사유의 적용도 개별적으로 판단하는 것이 타당하기 때문이다.

ii) 손해보험

손해보험에서 실무상 문제된 것은 주로 자동차책임보험과 관련하여 하나의 사고에 대하여 배상책임이 있는 피보험자가 복수인 경우에 면책사유가 각 피보험자별로 적용되어야 하는지 여부이다.

판례에서 먼저 문제가 된 것은 대인배상책임보험에서 면책사유의 개별적용 문제였다. 대판 1988.6.14. 87다카2276은, 자동차 대인사고로 인해 피보험자가 배상책임을 지는 피해자가 그 피보험자의 피용자로서 근로기준법에 의한 재해보상을 받을 수 있는 사람인 경우에는 보험자가 면책된다는 조항에 관한 사안이다. 이 사건에서 기명피보험자와 승낙피보험자가 자동차 대인사고로 피해자에게 손해배상책임을 지게 되었는데 이 피해자가 승낙피보험자의 피용자였기 때문에, 승낙피보험자는 위 면책사유에 해당하였다. 보험자가 기명피보험자에 대해서도 면책을 주장한 것에 대해서 대법원은 이를 받아들이지 않았다. 즉 이 약관조항은 그 규정내용으로 보아 배상책임 있는 피보험자와 피해자 사이의 인적 관계와 보상원인을 근거로 보험자의 면책을 규정한 것이므로 하나의 사고에 대하여 배상책임이 있는 피보험자가 복수인 경우에는 각 피보험자별로 위 면책조항의 적용요건인 인적 관계의 유무를 가려 보험자의 면책여부를 결정할 것이지, 위 조항을 보험대상의 제외사유(담보배제사유)를 규정한 것으로 보아서 배상책임이 있는 복수의 피보험자 중 어느 1인이라도 피해자와의 사이에 소정의 인적관계가 있기만 하면 보험자가 모든 피보험자에 대한 보상책임을 면하는 것으로는 해석할 것이 아니라고 판시했다.[129)]

---

129) 위 면책조항이 담보배제사유에 해당한다고 해석하면서 판례에 반대하는 견해로는, 양승규, "복수의 피보

대판 1996.5.14. 96다4305에서 대인배상책임보험과 관련하여 위와 같은 입장을 취했다. 즉 자동차보험에서 동일한 자동차 사고로 인하여 피해자에 대하여 보상책임을 지는 피보험자가 복수로 존재하는 경우에 피보험이익도 피보험자마다 개별적으로 독립하여 존재하는 것이므로, 각각의 피보험자마다 손해배상책임의 발생요건이나 면책조항의 적용 여부 등을 개별적으로 가려서 보상책임의 유무를 결정하는 것이 원칙이라고 보았다. 따라서 특별한 사정이 없는 한, 약관에 피보험자 개별적용 조항을 별도로 규정하고 있지 않더라도, 각 피보험자별로 면책조항의 적용 여부를 가려서 보험자의 면책 여부를 결정해야 하고, 약관의 규정형식만으로 배상책임이 있는 복수의 피보험자 중에서 어느 한 사람이라도 피해자와의 사이에 소정의 인적관계가 있기만 하면 모든 피보험자에 대한 보상책임을 면한다고 해석할 것은 아니라고 판시했다.

이후 판례는 대물배상책임보험에서도 같은 입장을 취하고 있다.[130] 그리고 자동차보험표준약관은, 대인배상보험 및 대물배상보험에 관하여 원칙적으로 면책사유를 피보험자에게 개별 적용하되, 다만 보험계약자와 기명피보험자의 고의로 인한 손해, 유상운송으로 인한 손해, 시험용·경기용·경기준비연습용으로 사용 중에 생긴 손해에 대해서는 보험자가 모든 피보험자에 대하여 보상책임을 면한다고 규정한다(9조 1항). 이처럼 약관내용이 명백하다면, 약관내용에 따라 면책약관의 개별 적용 여부가 결정될 것이다.

나아가, 판례는 일반 손해배상책임보험에서도 면책사유의 피보험자별 개별적용을 지지한다. 대판 2012.12.13. 2012다1177의 판시내용은 다음과 같다. 손해배상책임보험에 있어서 동일한 사고로 인하여 피해자에 대하여 배상책임을 지는 피보험자가 복수로 존재하는 경우에는 그 피보험이익도 피보험자마다 개별로 독립하여 존재하는 것이므로 각각의 피보험자마다 손해배상책임의 발생요건이나 면책조항의 적용 여부 등을 개별적으로 가려서 보상책임의 유무를 결정하는 것이 원칙이다. 손해배상책임보험약관에 정한 보험사고 해당 여부나 보험자 면책조항의 적용 여부를 판단함에 있어서는 특별한 사정이 없는 한 그 약관에 피보험자 개별적용조항을 별도로 규정하고 있지 않더라도 각 피보험자별로 손해배상책임의 발생요건이나 보험자 면책조항의 적용 여부를 가려 보험사고 해당 여부 또는 면책 여부를 결정하여야 하고, 그 약관의 규정 형식만으로 복수의 피보험자 중 어느 한 사람에 대하여 보험사고에 해당하지 아니하거나 면책조항에 해당한다고 하여 보험자의 모든 피보험자에 대한 보상책임이 성립하지 아니하거나 모든 피보험자에 대한 보상책임을 면하는 것으로 해석할 것은 아니다. 그리고 이런 법리는 특별한 사정이 없는 한 손해배상책임보험약관에서 보상하는 손해로 우연한 사고로 타인의 신체의 장해

험자에 대한 면책약관의 개별적용", 보험법연구2, 1998, 12면

130) 대판(전원) 1998.4.23. 97다19403

또는 재물의 손해에 대한 법률상의 배상책임을 부담함으로써 입은 손해를 규정하고 있거나 보상하지 아니하는 손해로 피보험자의 고의를 원인으로 하여 생긴 손해를 규정하고 있는 경우에도 마찬가지로 적용된다고 판시했다.

iii) 인보험

인보험에서 보험수익자가 복수로 존재하는 경우에 그중 일부 보험수익자의 고의행위가 다른 보험수익자의 보험금청구권에 영향을 미치지 않는다.[131] 생명보험표약관 5조 2호에 의하면, 보험수익자가 고의로 피보험자를 해친 경우에 보험자가 면책되지만, 그 보험수익자가 보험금의 일부 보험수익자인 경우에는 다른 보험수익자에 대한 보험금을 지급해야 한다고 규정한다. 이 약관조항에 따르면 피보험자를 해친 보험수익자가 취득했을 보험금은 다른 보험수익자도 취득하지 못한다.[132] 2014년 상법 개정을 통해서 신설된 상법 732조의2 2항은 이 점을 명문화하였다. 즉 이에 따르면, 둘 이상의 보험수익자 중 일부가 고의로 피보험자를 사망하게 한 경우 보험자는 다른 보험수익자에 대한 보험금 지급책임을 면하지 못한다.

(5) 면책사유의 대항요건

1) 일반

채권자가 자신의 채권을 양도하거나 그에 질권을 설정하는 경우, 이를 가지고 채무자에게 대항하려면 민법 450조 또는 349조 1항에 따른 대항요건을 갖추어야 한다. 즉 양도인 또는 질권설정자인 채권자가 채무자에게 통지하거나 또는 채무자가 승낙하지 않으면 채무자에게 대항하지 못한다. 채권은 동일성을 유지하면서 양도되거나 질권이 설정되는 것이어서, 채무자는 채권자에 대해 갖고 있는 면책사유 등 항변사유를 양수인 또는 질권자에게도 그대로 보유하는 것이 원칙이다. 다만 채무자가 이의를 보류하지 아니하고 승낙을 한 경우는 그 항변사유로 양수인 또는 질권자에게 대항하지 못한다(민법 451조 1항 본문, 349조 2항).

2) 보험금청구권의 경우

보험금청구권은 채권의 일종이므로 이를 양도하거나 질권을 설정하는 경우 위 일반원칙이 적용되는 것이 원칙이다. 그렇다면 보험자가 면책사유에 대해 이의를 보류하지 않고 승낙하였다면 그 면책사유로 양수인 또는 질권자에게 대항하지 못하게 된다. 다만 보험계약에 다양한 면책사유가 존재하고 보험금청구권은 이러한 면책사유가 생긴 경우

131) 김성태 290면; 박세민 268면; 임용수 166면

132) 임용수 166면

구체화될 수 없는 권리라는 사실 자체는 일반적으로 예상할 수 있는 것이므로, 면책사유가 상당한 정도로 발생할 가능성이 있음을 인식한 특별한 사정이 있지 않으면 면책사유에 대한 이의를 유보하지 않았다고 해서 보험자에게 불이익을 주어서는 안 된다는 점을 고려할 필요가 있다. 관련 판례는 다음과 같다.

대판 2001.6.15. 99다72453은 수출보험계약에 따른 보험금청구권이 보험자의 승인하에 양도되었고, 수출거래로 인한 사고가 발생하자, 보험자가 이 사고는 약정면책사유에 해당한다는 이유로 양수인에게 보험금 지급을 거절한 사건이다. 대법원은, 이 면책사유가 상당한 정도로 발생할 가능성이 있음을 보험자가 인식하였다는 등의 사정이 없음을 전제로, 이 면책사유에 대한 이의를 유보하지 않았다고 해도, 이 면책사유를 가지고 양수인에게 대항할 수 있다고 보았다.[133]

대판 2002.3.29. 2000다13887은 보험료가 미납된 경우 보험자가 면책된다는 면책사유에 관한 사안인데, 대법원은 다른 면책사유와 달리 이 면책사유의 발생가능성에 대한 보험자의 인식을 적극적으로 인정했다. 즉 대법원은, 다른 면책사유와 달리 보험료가 미납되었다는 사유는 승낙할 때에 이미 발생할 수 있는 가능성이 있다는 점을 보험자가 누구보다도 잘 알고 있었다고 보아야 하고, 따라서 보험자가 보험료 미납에 대한 이의를 보류하지 않고 승낙한 경우에 양수인 또는 질권자에게 대항할 수 없다고 하였다.[134] 다만 채권의 양도나 질권의 설정에 대하여 이의를 보류하지 아니하고 승낙을 하였더라도

---

133) 대판 2001.6.15. 99다72453(보험금청구권은 보험자의 면책사유 없는 보험사고에 의하여 피보험자에게 손해가 발생한 경우에 비로소 권리로서 구체화되는 정지조건부권리이고, 그 조건부권리도 보험사고가 면책사유에 해당하는 경우에는 그에 의하여 조건불성취로 확정되어 소멸하는 것이라 할 것인데, 위와 같은 보험금청구권의 양도에 대한 채무자의 승낙은 별도로 면책사유가 있으면 보험금을 지급하지 않겠다는 취지를 명시하지 않아도 당연히 그것을 전제로 하고 있다고 보아야 하고, 이 사건의 경우 양수인인 원고도 그러한 사실을 알고 있었다고 보아야 할 것이며, 더구나 보험사고 발생 전의 보험금청구권 양도를 승인함에 있어서 보험자가 위 항변사유가 상당한 정도로 발생할 가능성이 있음을 인식하였다는 등의 사정이 없는 한 존재하지도 아니하는 면책사유 항변을 유보하고 이의하여야 한다고 할 수는 없으므로, 피고는 비록 위 보험금청구권 양도 승인 시에 면책사유에 대한 이의를 유보하지 않았다 하더라도 이 사건 수출보험계약상의 면책사유를 주장할 수 있다고 판단하였다. 기록과 보험금청구권의 특성에 비추어 살펴보면, 원심의 위와 같은 사실인정과 판단은 옳고 거기에 이의를 유보하지 않은 채권양도 승낙의 효력에 관한 법리오해의 위법이 있다고 할 수 없다)

134) 대판 2002.3.29. 2000다13887(그러나 이의를 보류하지 않은 채권양도 또는 질권설정 승낙의 경우 채무자가 양도인 또는 질권설정자에게 대항할 수 있는 사유로서 양수인 또는 질권자에게 대항할 수 없도록 한 것은 양수인 또는 질권자의 신뢰보호를 위한 것인바, 다른 면책사유의 경우에는 보험자가 채권양도 또는 질권설정 승낙 시에 면책사유 발생 가능성을 인식할 수 있었다고 단언할 수 없는 것이지만, 보험료 미납이라는 사유는 승낙 시에 이미 발생할 수 있는 가능성이 있다는 점을 보험자가 누구보다도 잘 알고 있었다고 보아야 할 것이어서, 보험료 미납이라는 면책사유는 당연히 승낙 시에 보험자가 이의를 보류할 수 있는 것이라 할 것이고, 그러함에도 보험자가 이의를 보류하지 아니한 경우에까지 면책사유의 일종이라는 이유만으로 양수인 또는 질권자에게 대항할 수 있다고 하는 것은 양수인 또는 질권자의 신뢰보호라는 원칙을 무시하는 결과가 되므로, 보험료 미납을 이유로 한 해지 항변은 보험자가 이의를 보류하지 아니하고 양도 또는 질권설정을 승낙한 경우에는 양수인 또는 질권자에 대하여 대항할 수 없다고 보아야 할 것이다)

양수인 또는 질권자가 악의 또는 중과실의 경우에 해당하는 한 채무자의 승낙 당시까지 양도인 또는 질권설정자에 대하여 생긴 사유로써도 양수인 또는 질권자에게 대항할 수 있는데, 이 사안에서 고의 또는 중과실을 인정할 수 없다고 보았다. 즉 대법원은, 해지환급금청구권에 대해서 질권을 설정할 때에, 보험자가 보험료가 미납된 것에 대해서 이의를 보류하지 않은 승낙을 하였다면, 보험료가 현실적으로 납입된 것으로 추정하는 것이 일반적이지 보험료가 미납되었을 때에는 보험료환급금을 지급하지 않겠다는 취지를 당연히 전제로 하고 있다고 볼 수도 없으므로, 그러한 이의를 보류하지 아니하고 질권의 설정을 승낙한 이상 당연히 질권자에게 대항할 수 없다고 보아야 할 것이며, 환급청구권에 대하여 질권을 취득하는 질권자로서는 보험료가 미납된 사실을 알지 못하는 한 당연히 환급청구권에 대하여 어떠한 항변권도 없다고 믿을 수밖에 없다고 할 것이므로, 보험료 미납으로 인하여 보험료환급금 지급이 거절될 수도 있다는 예상을 하지 못한 것에 중과실이 있다고 볼 수도 없다고 판시했다.

6. 보험금의 지급

(1) 보험금청구권자

보험금청구권자는 손해보험의 경우 피보험자이고 인보험의 경우 보험수익자이다. 보험사고의 발생 이전에 보험금청구권자가 사망하면, 손해보험의 경우 피보험자의 상속인이 보험금청구권자가 된다. 인보험의 경우는 보험계약자가 보험수익자를 다시 지정할 수 있다(상법 733조 3항 1문). 그리고 보험사고의 발생 이후에 보험금청구권자가 사망하면, 손해보험의 경우 피보험자의 상속인이, 인보험의 경우 보험수익자의 상속인이 보험금청구권자가 된다.

(2) 이행방식

보험급여는 금전인 것이 보통이지만 경우에 따라서는 채무면제, 현물급부, 용역제공 등의 형태를 띨 수도 있다. 상법은 "일정한 보험금이나 그 밖의 급여"라고 규정하고 있다(상법 638조). 보험급여는 일시에 지급해도 되고, 분할하여 지급해도 된다.

(3) 이행시기

상법 658조는 보험금지급의무의 이행기에 대해 규정한다. 즉 보험자는 보험금 지급에 관하여 약정기간이 있는 경우에는 그 기간 내에 지급해야 하고, 약정기간이 없는 경우에는 상법 657조에 의한 보험사고 발생의 통지를 받은 후 지체없이 지급할 보험금액을 정하고 그 정하여진 날부터 10일 내에 보험금을 지급해야 한다. 보험금지급기한을 유예하는 보험자와 보험금청구권자 사이의 합의는 유효하다.[135)]

여기서 보험사고의 발생통지는 상법 657조가 규율한다. '지체없이'는 즉시가 아니라 상당한 주의를 다해 가능한 빨리라는 의미이다. 보험자가 이미 보험사고의 발생을 알고 있으면 통지가 없더라도 이행기 도래에 영향이 없으며, 보험계약자, 피보험자 또는 보험수익자 중 어느 한 사람이 통지한 것으로 충분하다(통설). 다만 상법 657조와 달리 통지가 발송된 때가 아니라 보험자에게 '도달'한 때로부터 지체없이 지급할 보험금액을 정하게 된다.

이행기가 도래했는데 이행하지 않으면, 보험자는 지체책임을 지게 된다. 보험금지급의 이행기를 확정기한부로 약정한 경우는 그 기한이 도래한 때부터 지체책임을 지고(민법 387조 1항 1문), 불확정기한부로 약정한 경우는 채무자인 보험자가 그 기한이 도래하였음을 안 때로부터 지체책임이 있다(민법 387조 1항 2문). 보험금지급의무의 이행기에 대한 약정이 없는 경우는 불확정기한부에 해당한다. 따라서 보험자가 보험사고 발생을 안 시점을 기준으로 보험금액을 지체없이 확정할 때까지 통상 요구되는 기간 및 그로부터 10일이 경과하면 보험자는 지체책임을 부담한다(상법 658조).[136)]

(4) 이행장소

보험금의 지급장소에 대해서는 상법에 규정이 없다. 따라서 민법의 지참채무의 원칙(민법 467조 2항)이 적용되어서, 보험자는 채권자인 피보험자(손해보험) 또는 보험수익자(인보험)의 현주소 또는 현영업소(보험금채무가 영업에 관한 것인 경우)에서 지급해야 한다. 다만 당사자가 달리 정할 수 있다.

(5) 기타

보험자가 보상하는 시점에 미지급 보험료가 있으면, 지급기일이 도래하지 아니한 때라도, 보상할 금액에서 공제할 수 있다(상법 677조).

---

135) 대판 1981.10.6. 80다2699

136) 대판 2001.6.26. 99다27972(화재보험약관이 보험사고가 발생한 경우 보험자는 손해발생통지를 받은 후 지체없이 지급할 보험금을 결정하고, 지급할 보험금이 결정되면 10일 이내에 이를 지급하도록 규정하고 있는데, 이것은 위 규정의 문언이나 보험사고 발생 후 보험금액을 확정하여 지급하기까지는 다소 시일이 소요되는 점, 위 약관에서는 명시적으로 지연이자의 기산일을 정하고 있는 점 등을 종합하여 보면 위 규정의 취지는 단순히 보험금의 지급절차만을 규정한 것이 아니라 손해보험인 이 사건 화재보험계약에서의 보험금 지급시기를 정한 것이라고 할 것이다. 원심이 같은 취지에서 보험자가 이 사건 보험사고에 대하여 지급할 보험금을 결정한 때로부터 10일이 경과한 1997.4.11.부터 지연손해금이 기산된다고 판단한 것은 정당하다)

7. 사기에 의한 보험금청구[137)]

(1) 의의

사기에 의한 보험금청구(사기 청구)는 보험이 악용되는 대표적 사례이다. 사기 청구를 통하여 보험금을 부당하게 타내는 일이 사회 문제로 부각되었다. 사기 청구는 두 가지 유형으로 분류할 수 있다. 여기서는 두 번째 과다 청구가 주된 논의대상이다.

첫째, 전부허위 청구가 있다. 이는 보험자에게 보험금지급책임이 전혀 인정될 수 없음에도 불구하고 보험계약자 등이 보험금을 청구하는 것이다. 여기에는, 보험사고가 발생하지 않았지만 발생한 것처럼 꾸며 보험금을 청구한 경우, 그리고 보험사고가 발생한 것은 사실이지만 보험자의 면책사유가 존재함에도 불구하고 이를 감추고 보험금을 청구하는 경우 등이 있다.

둘째, 과다(일부허위) 청구가 있다. 이는 보험사고도 발생했고 면책사유도 존재하지 않아서 보험자에게 보험금지급책임이 있는 것은 맞지만, 보험금을 과다하게 청구하는 것이다. 과다 청구는 일부허위 청구라고도 할 수 있다. 전부허위 청구 시 보험자에게 아무런 보험금지급책임이 없는 것은 당연한 것이나, 과다 청구 시 보험자가 지급책임을 졌어야 할 부분까지도 면책되어야 하는지, 즉 전부 면책되어야 하는지를 둘러싸고 논란이 있기 때문에 양자를 나누어 논의할 필요가 있다.

(2) 사기 청구의 현황 및 문제점

금융감독원의 통계자료에 의하면, 2024년에 보험사기로 적발된 금액은 무려 1조 1,503억 원이고 적발된 인원이 10만8,999명에 이른다. 적발된 금액이나 인원이 해마다 큰 폭으로 증가하는 추세에 있다. 지능적 방법이 사용되기 때문에 사기 청구의 적발이 쉽지 않다는 현실을 감안하면, 사기 청구의 실제 금액이나 인원은 훨씬 더 많을 것으로 추정된다.

사기 청구의 피해자는 1차적으로 보험자이다. 보험자는 사기 청구로 인해서 당초 예측했던 것보다 보험금 지급부담이 커진다. 사기 청구를 방지하거나 적발하기 위해 소요되는 비용도 보험자에게 적지 않은 부담이다. 문제는, 사기 청구의 피해가 보험자에게 미치는 것으로 끝나지 않는다는 점이다. 이들이 맡긴 보험료가 사기 청구로 인해 새나가면서 보험료 인상으로 이어져 보험계약자의 부담이 늘어나게 된다. 결국 사기 청구의 종국적 피해자는 다수의 선량한 보험계약자이다.

더 나아가 사기 청구로 인해 사회의 윤리와 도덕이 붕괴되는 부작용이 심각하다. 사

137) 이에 대해서는 한기정, "사기에 의한 보험금 청구에 관한 연구", BFL56, 2012

기 청구의 유혹 때문에 인륜 파괴를 서슴지 않는다. 최근 우리나라에서는 보험금을 노리고 부인, 처남, 친동생을 살해하고 내연녀의 남편까지 살해하려 한 사건, 노숙인을 유인해서 살해하고 자신이 사망한 것처럼 꾸며 보험금을 받으려 한 사건 등이 일어났다. 병원, 보험설계사, 지역주민 등이 공모하여 보험사기를 벌였던 사건은 집단적 도덕 불감증을 보여 주는 사기 청구의 사례이다.

(3) 사기 청구에 대한 민사적 대응[138)]

1) 관련 법

전부허위 청구에 대해서는 당연히 보험금지급의무가 처음부터 발생하지 않거나 보험자가 전부 면책된다. 하지만 과다 청구의 경우 보험자가 면책될 수 있는지에 대해서는 아무런 법 규정이 없다.[139)] 또한 사기 청구가 있으면 보험자가 보험계약을 해지할 수 있는지에 대해서도 아무런 규정이 없다.

2) 보험약관의 현황

2010년 초까지 시행되던 주요 보험표준약관(이하 "구 표준약관"이라고 한다)은 보험금 청구서류 등에 허위가 있는 경우 보험자의 면책을 규정하고 있었다. 가령 화재보험표준약관 22조 1호에 의하면, 보험계약자 또는 피보험자가 "손해의 통지 또는 보험금 청구에 관한 서류에 고의로 사실과 다른 것을 기재하였거나 그 서류 또는 증거를 위조 또는 변조한 경우"는 손해에 대한 보험금청구권을 상실하는 것으로 되어 있었다.[140)] 그런데 2010년 이후에 보험표준약관이 새로이 제정되거나 개정되는 과정에서 위 약관조항(이하 "구 약관조항"이라고 한다)이 수정을 거치게 되었다. 즉 보험금 청구서류 등에 허위가 있는 경우에 해당 청구에 대해 보험자가 면책된다는 내용은 삭제되었다. 대신 보험계약에 대한 해지권을 보험자에게 부여하였는데 해지한 경우 장래효만 인정하였다.

---

138) 보험사기는 형사법적 측면에서는, '보험사기방지 특별법'(8조)에 의해서, 10년 이하의 징역 또는 5천만 원 이하의 벌금에 처하며, 이득액이 5억 원 이상인 경우는 '특정경제범죄 가중처벌 등에 관한 법률'(3조)에 의해서 가중처벌된다.

139) 민법 2조가 규정하는 신의성실의 원칙에 근거하여, 과다청구 시에 보험자의 면책이 인정된다는 견해가 있다(배현모, "화재보험에서 사기적 보험금청구의 규율방향에 관한 고찰", 저스티스125, 2011, 41-42면). 생각건대, 일반조항인 민법 2조로부터 그러한 해석을 도출해 내기는 무리라고 본다.

140) 나아가 배상책임보험표준약관 20조 4항, 장기손해보험표준약관 23조, 특종보험표준약관 22조, 해외여행보험보통약관 22조 등에도 위와 동일한 또는 유사한 내용이 담겨 있었다. 반면 생명보험표준약관에는 그러한 조항이 없었다.

3) 보험약관에 관한 판례

i) 의의

구 표준약관상 보험금 청구서류 등에 허위가 있는 경우에 보험자가 면책된다는 구 약관조항의 효력이나 해석에 관하여 보험자와 보험계약자 사이에 다툼이 적지 않았다. 이에 대해 대법원은 구 약관조항의 효력을 원칙적으로 인정하되, 그 적용 범위를 명확하게 한정하고, 나아가 보험자 면책이 남용되지 않도록 내용을 제한적으로 해석해 왔다. 아래에서 구체적으로 살피기로 한다.

ii) 효력

판례는 구 약관조항의 효력을 일관되게 인정해 왔다. 구 약관조항이 무효가 되려면 불공정한 것이어야 하는데, 구 약관조항의 취지를 고려할 때 불공정하지 않다고 보았다. 판례는 구 약관조항의 취지가 보험계약자가 서류를 위조하거나 증거를 조작하는 등 신의성실의 원칙에 반하는 사기적인 방법으로 과다한 보험금을 청구하는 경우에 이에 대한 제재로서 보험금청구권을 상실하도록 하려는 데 있다고 한다.[141] 즉 보험자가 보험계약상의 보상책임 유무의 판정, 보상액의 확정 등을 위하여 보험사고의 원인, 상황, 손해의 정도 등을 알 필요가 있으나 이에 관한 자료들은 보험계약자 또는 피보험자의 지배·관리영역 안에 있는 것이 대부분이므로 피보험자로 하여금 이에 관한 정확한 정보를 제공하도록 할 필요성이 크고, 이와 같은 요청에 따라 피보험자가 이에 반하여 서류를 위조하거나 증거를 조작하는 등으로 신의성실의 원칙에 반하는 사기적인 방법으로 과다한 보험금을 청구하는 경우에는 그에 대한 제재로서 보험금청구권을 상실하도록 하려는 데 있는 것으로 보아야 한다고 판시했다.[142] 그리고 보험계약의 윤리성이나 선의성이라는 특성상 허위의 청구 등 신의성실의 원칙에 반하는 행위를 한 보험금 청구를 허용할 수 없다는 점에 구 약관조항의 취지가 있다고 하여 윤리성 또는 선의성이라는 보험계약의 특수성을 부각시킨 판례도 있다.[143]

또한 판례는 구 약관조항이 가계보험에 관한 불이익변경금지 원칙을 위반하지 않는다고 보았다. 상법 663조 본문에 따르면, 가계보험의 당사자는 특약으로 상법 보험편의 내용을 보험계약자에게 불이익하게 변경하지 못한다. 만약 이를 위반하면 해당 특약은 무효로 해석된다.[144] 상법에서 구 약관조항과 같은 면책사유를 규정하고 있지 않고, 구

141) 대판 2006.11.23. 2004다20227. 대판 2007.2.22. 2006다72093이 이에 따름

142) 대판 2006.11.23. 2004다2022. 그리고 대판 2007.12.27. 2006다29105, 대판 2009.12.10. 2009다56603, 대판 2022.3.11. 2017다48959가 이에 따름

143) 대판 2006.11.23. 2006다29853

144) 대판 1984.1.17. 83다카1940

약관조항이 피보험자에게 상법에서 규정하지 않은 손해에 관한 증빙서류의 제출을 요구하고 있다고 하더라도, 그와 같은 사유만으로 구 약관조항이 불이익변경금지에 관한 상법 663조에 위반되는 것으로 볼 수 없다고 판시했다.[145]

그리고 대법원은 구 약관조항이 약관의 명시의무, 설명의무 등의 대상이 아니라고 보았다. 즉 그 약관조항에 관하여 설명이 있었다고 하여 당해 계약을 체결하지 않았으리라고는 인정되지 않으므로 설명 등의 대상이 되는 중요사항이라고 보기 어렵고, 또한 신의성실의 원칙에 반하는 사기적 보험금청구행위를 허용할 수 없다는 취지에서 규정된 것으로서, 이것은 거래상 일반인들이 보험자의 설명 없이도 당연히 예상할 수 있던 사항에 해당하여 설명의무의 대상이 아니라고 판시했다.[146]

iii) 적용 범위

① 기망의 고의

판례는 구 약관조항은 보험계약자에게 기망의 고의가 있는 경우에만 적용된다고 보았다. 즉 고의로 허위의 청구를 할 것이 적용 요건이라고 본 것이다.[147] 보험목적의 가치에 대한 견해 차이 등으로 보험계약자가 보험목적의 가치를 다소 높게 신고한 경우에 대해서 판례는 구 약관조항이 적용되지 않는다고 판결하였다.[148] 이 경우 기망의 고의를 인정하기 어렵기 때문이다.

② 수단 사기

실제로 보험사고는 발생하였지만 그 입증을 허위로 한 경우에 구 약관조항이 적용되는지가 문제된다. 이러한 경우는 기망이 대상 측면이 아니라 수단 측면에만 나타나는 사기, 즉 수단 사기인데, 판례는 구 약관조항이 수단 사기에는 적용되지 않는 것으로 보았다. 즉, 보험계약자가 화재로 인해 9억 원 상당의 수의와 삼베가 소실되었다고 주장하면서 상당한 양의 허위 증거서류를 제출한 사건에서, 피보험자가 보험금을 청구함에 있어서 증빙서류 구비의 어려움 때문에 구체적인 내용이 일부 사실과 다른 거래명세서나 세금계산서를 제출한 경우까지 구 약관조항이 적용되는 것으로 볼 수 없다고 판시하였다.[149] 보험계약자가 상당한 양의 허위 증거서류를 제출함으로써 구 약관조항의 면책사유에 해당하는 행위를 하였지만, 실제로 보험계약자가 주장하는 9억 원 상당의 수의와 삼베가 존재하였다면 보험자가 면책되지 않는 것으로 보아야 하고, 다만 수의와 삼베의 존재는 보험계약자가 입증해야 한다는 원심 판결을 정당한 것으로서 수긍할 수 있다고

145) 대판 2006.11.23. 2004다20227
146) 대판 2003.5.30. 2003다15556
147) 대판 2009.12.10. 2009다56603
148) 대판 2007.12.27. 2006다29105
149) 대판 2006.11.23. 2004다20227

판시하였다.[150)]

③ **개별적용**

보험금청구권자가 수인인 보험계약에서 그중 일부의 보험금청구권자가 사기 청구를 한 경우에, 사기 청구를 하지 않은 다른 보험금청구권자에 대해서도 구 약관조항에 따라 보험자가 면책되는지가 문제된다. 즉 면책조항의 개별적용 문제이다. 판례는 피보험자가 복수로 존재하는 자동차보험에서 면책사유는 피보험자별로 적용한다는 원칙을 확립했다는 점을 고려하면,[151)] 동일한 보험목적에 수인의 보험금청구권자가 있는 경우를 보험목적이 수개이고 보험금청구권자가 수인인 경우와 동일하게 취급하였을 것으로 추측된다. 또한 보험목적이 수개이고 보험금청구권자가 동일인인 경우 사기 청구로 인한 보험금청구권 상실 대상을 사기 청구한 해당 보험목적으로 제한한 판결에 비추어,[152)] 보험금청구권자 1인의 사기청구로 인해 다른 보험금청구권자의 권리까지 상실되지는 않을 것으로 보인다.

ⅳ) 합리적 제한해석

① **의의**

판례는 구 약관조항이 원칙적으로 유효하다고 하면서도 그 적용범위를 제한하여 해석한다. 문리대로 엄격하게 해석하면 보험계약자에게 부당하게 불리할 수 있다고 보기 때문이다. 타당한 해석이다. 즉 구 약관조항을 문자 그대로 엄격하게 해석하여 조금이라도 약관에 위배되기만 하면 보험자가 면책되는 것으로 보는 것은 본래 피해자 다중을 보호하고자 하는 보험의 사회적 효용과 경제적 기능에 배치되고, 고객에 대하여 부당하게 불리한 조항이 된다는 점에서 이를 합리적으로 제한하여 해석할 필요가 있으므로, 구 약관조항에 의한 보험금청구권의 상실 여부는 그 취지를 감안하여 보험금청구권자의 청구와 관련한 부당행위의 정도 등과 보험의 사회적 효용 내지 경제적 기능을 종합적으로 비교·교량하여 결정해야 한다.[153)] 보험금청구권자가 정상적으로 보험계약을 체결하고 유지하여 오다가 실제 손해보다 과다하게 보험금을 청구하였다는 이유로 곧바로 구 약관

150) 이 사건에서 보험계약자는 9억 원 상당의 수의와 삼베의 존재를 입증하지 못하여 결국 패소하였다.

151) 대판(전원) 1998.4.23. 97다19403(자동차보험에 있어서 동일 자동차사고로 인하여 피해자에 대하여 배상책임을 지는 피보험자가 복수로 존재하는 경우에는 그 피보험이익도 피보험자마다 개별로 독립하여 존재하는 것이니만큼 각각의 피보험자마다 손해배상책임의 발생요건이나 면책조항의 적용 여부 등을 개별적으로 가려서 보상책임의 유무를 결정하는 것이 원칙이므로, 자동차보험약관에 정한 보험자 면책조항의 적용 여부를 판단함에 있어서는 특별한 사정이 없는 한 그 약관에 피보험자 개별적용조항을 별도로 규정하고 있지 않더라도 각 피보험자별로 보험자 면책조항의 적용 여부를 가려 그 면책 여부를 결정하여야 할 것이고, 그 약관의 규정 형식만으로 복수의 피보험자 중 어느 한 사람이 면책조항에 해당한다고 하여 보험자가 모든 피보험자에 대한 보상책임을 면하는 것으로 해석할 것은 아니라 할 것이다)

152) 대판 2007.2.22. 2006다72093

153) 대판 2007.12.27. 2006다29105; 대판 2009.12.10. 2009다56603; 대판 2022.3.11. 2017다48959

조항에 의하여 보험금청구권 전부를 상실한다고 보는 것은 구 약관조항이 제재로서 예정한 상당한 정도를 초과하는 것이므로, 구 약관조항에 해당하는지는, 제대로 된 손해사정자료를 제출하였더라면 지급되었을 보험금청구권까지 박탈하는 제재를 가하는 것이 정당화될 만큼 보험금청구권자의 부당행위의 정도가 중하여 이를 신의성실의 원칙에 반하는 사기적인 방법으로 과다한 보험금을 청구하는 경우와 마찬가지로 평가할 수 있는지를 기준으로 엄격하게 판단하여야 한다.[154] 합리적 제한해석을 한 구체적인 사례를 살펴보면 다음과 같다.

② 금액

판례는 청구 금액 중 사기 부분이 적은 경우 보험자가 면책되는 것은 불공정한 것으로 보았다. 보험계약자가 제출한 판매사실확인서 등에 기재된 기계들의 대금은 165,000,000원인데 실제 감정가는 153,000,000원으로 그 차이가 크지는 않은 사건에서, 보험자는 면책되지 않는다고 판시했다.[155] 다만 과장된 부분이 일부에 불과한지를 판단하는 기준은 분명하지 않다. 보험계약자가 손해액을 3억 6,800만 원이라고 주장하였으나 실제 손해는 161,818,159원인 사건,[156] 실제 손해액의 1.7배에 이르는 금액을 보험금으로 청구한 사건[157]에서는 보험자에게 면책이 인정되었다는 점으로부터 일응의 기준을 추측해 볼 수 있을 뿐이다.

③ 수개의 보험목적

수개의 독립된 물건이 보험목적인 보험계약에서 그중 일부의 보험목적에 대해 과다청구를 한 경우에 다른 보험목적에 대해서도 구 약관조항에 따라 보험자가 면책되는지가 문제되었다. 만약 다른 보험목적에 대해서도 면책된다고 하면 사기 청구에 대한 제재로서의 상당한 정도를 넘어서는 것으로 보아야 하는지가 쟁점이다. 대법원 판결을 구체적으로 살펴보기로 한다.

대판 2007.2.22. 2006다72093에서는, 화재보험계약상 담보사항이 건물, 시설, 동산 등 3가지 항목으로 나뉘어 있고 보험금이 그 항목별로 정해져 있으며 보험계약자가 동산에 대해 손해를 허위로 과장한 사안이다. 대법원은 동산에 관한 보험금에 한하여 보험자가 면책될 뿐 건물이나 시설에 관한 손해에 대해서는 면책되지 않는다고 하였다. 이 사건과 같이 독립된 여러 물건을 보험목적으로 하여 체결된 화재보험계약에서 피보험자가 그중 일부의 보험목적에 관하여 실제 손해보다 과다하게 허위청구를 한 경우에 허위의 청구를 한 당해 보험목적에 관하여 위 약관 조항에 따라 보험금청구권을 상실하는 것

154) 대판 2022.3.11. 2017다48959
155) 대판 2007.12.27. 2006다29105
156) 대판 2003.5.30. 2003다15556
157) 대판 2007.2.22. 2006다72093

은 당연하지만, 만일 구 약관조항을 피보험자가 허위의 청구를 하지 않은 다른 보험목적에 관한 보험금청구권까지 모두 상실하게 된다는 취지로 해석한다면, 이는 허위청구에 대한 제재로서의 상당한 정도를 초과하는 것으로 고객에게 부당하게 불리한 결과를 초래하여 신의성실의 원칙에 반하는 해석이라고 판시했다.

또한 대판 2009.12.10. 2009다56603은 화재보험계약상 담보사항이 건물담보, 집기비품, 내부시설 등 3가지 항목으로 나뉘어 있고 보험금이 그 항목별로 정해져 있으며 보험계약자가 내부시설에 관련된 조명시설에 대해 손해를 허위로 과장한 사건이다. 대법원은 내부시설에 관한 보험금에 한하여 보험자가 면책될 뿐이지, 건물담보나 집기비품에 관한 손해에 대해서는 면책되지 않는 것으로 판시했다.

대판 2022.3.11. 2017다48959에서도, 화재보험계약이 독립한 여러 물건을 보험목적물로 하여 체결된 경우, 피보험자가 상실하게 되는 보험금청구권은 피보험자가 허위의 청구를 한 당해 보험목적물의 손해에 대한 보험금청구권에 한정된다고 판시되었다.

④ 기망이 손해 산정에 영향을 미치지 않은 경우

판례는 보험금청구권자가 행한 기망이 손해 산정에 영향을 미치지 않은 경우는 보험금청구권이 상실된다고 보기 어렵다는 입장이다. 대판 2022.3.11. 2017다48959는, 화재로 인해 보험목적인 윤전기 2대가 일부 훼손 또는 전손되는 손해를 입고 손해사정을 거쳐 보험금을 지급받았는데, 보험금을 청구하면서 매수가격이 부풀려진 허위의 손해사정자료를 제출하였던 사안이다. 대법원은, 보험목적이 멸실되어 보험가액이 그대로 보험금 산정의 기준이 된 윤전기 A의 경우, 피보험자가 매수가격이 부풀려진 허위의 손해사정자료를 제출함으로써 보험금 청구에 관한 서류에 고의로 사실과 다른 것을 기재하였으므로 구 약관조항에 따라 보험금청구권을 상실하였다고 판단했다. 한편 훼손된 윤전기 B의 경우 전손된 윤전기 A와 달리 보험가액이 아닌 수리비가 보험금으로 지급되었다. 대법원은, 피보험자가 윤전기 B의 손해사정자료로 실제와 다르게 가격이 부풀려진 추가계약서를 제출하였다 하더라도, 그 부당행위의 정도 등과 이 사건 보험의 사회적 효용 내지 경제적 기능 등을 종합적으로 비교·형량하면, 그러한 사정만으로 윤전기 B의 청구부분에 대하여도 구 약관조항이 적용된다고 보기 어렵고, 피보험자가 구 약관조항에 의해 윤전기 B에 대한 보험금청구권까지 상실하였다고 볼 수는 없다고 판단했다. 수리비 상당의 손해는 파손된 부품의 교체·수리 등에 소요되는 비용에 관하여 별도의 조사 등을 통한 손해사정 과정이 필요하고, 그 보험가액 자체가 수리비 상당의 손해를 산정하는 데 직접적인 영향을 미치는 것은 아니므로, 보험가액의 과다 산정 자체가 윤전기 B의 수리비 산정에 큰 영향이 없었던 것으로 보이고, 결국 윤전기 B에 대하여는 당초부터 객관적으로 정당한 손해사정을 거쳐 산정된 정당한 수리비가 보험금으로 지급되었다고 보았던 것이다.

(4) 입법론

보험표준약관이 사기 청구에 대한 조항을 두고 있었음은 전술하였다. 구 표준약관은 사기 청구 시 보험자가 면책되는 것으로 규정하였다. 이에 따라 판례는 과다 청구 시 보험자는 발생한 보험사고에 대해서도 면책되는 것으로 해석해 왔다. 한편 새로운 표준약관은 사기 청구 시 보험자는 장래효만 갖는 해지권을 행사할 수 있는 것으로 규정하고, 당해 사기 청구에 대한 보험자 면책 부분은 삭제한 바 있다. 그러나 현재 표준약관만으로 사기 청구에 충분히 대응할 수 있는지는 의문이다. 입법을 통해 사기청구에 대하여 현재보다 강한 제재를 부여하거나, 적어도 법원에게 강한 제재를 부여할 여지를 열어두는 방안을 고민할 필요가 있다.

정부는 상법 보험편에 대한 개정안을 마련하여 2008년 1월에 제17대 국회에 제출한 바 있고, 여기에 사기적 보험금청구를 하는 경우 보험자가 면책된다는 내용이 포함된 바 있었다.[158] 이 규정은 결국 국회를 통과하지는 못했다. 이러한 개정안에 대한 평가는 다양했다. 즉 이 개정안에 찬성하는 견해,[159] 원칙적으로 찬성하면서 보험자의 해지권도 반영할 필요가 있다는 견해,[160] 원칙적으로 찬성하지만 보험자 면책이 남용되지 않도록 재검토할 필요가 있다는 견해,[161] 과다하게 청구한 경우 실제로 발생한 보험사고까지 면책되는 것은 부당하다는 이유로 반대하는 견해 등이 있었다.[162]

생각건대, 위 개정안에 원칙적으로 찬성하면서 다만 보험자 면책이 남용되지 않도록 적용범위를 명확하게 한정할 필요가 있고 보험자의 해지권도 인정할 필요가 있다.

첫째, 보험계약의 효력 측면을 보자. 사기 청구가 행해진 경우 보험자가 해당 보험계약에 대한 해지권을 행사할 수 있도록 할 필요가 있다. 그리고 해지권은 장래효만 인

---

158) 그 내용은 다음과 같다. 상법 657조의2(사기에 의한 보험금의 청구)

① 보험계약자, 피보험자, 보험수익자 또는 보험금청구권을 가지는 제3자가 보험금을 청구한 경우에 사기의 목적으로 다음 각 호의 어느 하나에 해당하는 행위를 하여 보험금의 지급 여부 또는 그 산정에 중대한 영향을 미친 때에는 보험자는 그 사실을 안 날부터 1개월 이내에 보험금청구권이 상실된다는 뜻을 통지하여 보험금의 지급책임을 면할 수 있다.

1. 손해 통지 또는 보험금 청구에 관한 서면이나 증거를 위조하거나 변조하는 행위
2. 손해 통지 또는 보험금 청구에 관한 서면에 거짓된 사실을 기재하는 행위
3. 그 밖에 보험금의 지급 여부 또는 그 산정에 중대한 영향을 미치는 사항을 거짓으로 알리거나 숨기는 행위

② 제1항의 경우 보험자가 이미 보험금을 지급한 경우에는 그 반환을 청구할 수 있다.

159) 장경환, "보험사기에 관한 상법개정안의 개관", 법조56－10, 2007, 85－87면

160) 배현모, "화재보험에서 사기적 보험금청구의 규율방향에 관한 고찰", 저스티스125, 2011, 50면

161) 한창희, "사기적 보험금청구", 법조57－8, 2008, 74－75면

162) 장덕조, "사기적 보험금청구 — 상법 보험편 개정안 비판 —", 인권과 정의386, 2008, 65면

정되도록 해야 할 것이다. 사행계약이라는 보험계약의 특성상 보험계약자가 선의성을 위반하는 일정한 경우 보험자가 보험계약의 해지권을 행사할 수 있도록 하는 규정들이 상법 보험편에 있다. 예를 들면 상법 651조는 보험계약자가 고지의무를 위반한 경우 보험자가 보험계약을 해지할 수 있도록 규정한다. 선의가 위반되면 보험계약의 당사자 사이에 신뢰는 상실된 것이라고 볼 수 있다. 선의를 위반한 보험자가 보험계약을 해지할 수 있도록 하는 것이 상법 보험편의 체계상 타당하다. 따라서 위 개정안이 사기 청구 시 보험계약의 효력에 대해 규정하지 않고 있음은 적절하지 않다고 생각된다.

둘째, 보험자의 책임 측면을 보자. 과다 청구가 행해진 경우 보험자를 해당 청구에 대해 면책시킬 필요가 있다. 실제로 발생한 보험사고에 대해서도 보험계약자가 보험금청구권을 행사하지 못한다는 점에서 볼 때 이것은 과다 청구에 대한 제재임이 분명하다. 이에 대해서는 보험계약자 이익에 반하는 과잉 제재라는 비판도 있다. 하지만 과다 청구로 적발된 금액 및 인원이 상당하다는 점, 과다 청구를 적발하기 위해 적지 않은 비용이 소요된다는 점, 과다 청구의 적발이 쉽지 않다는 점 등을 고려하면, 과다 청구의 억제를 위해 보험자 면책이 입법정책상 허용될 수 있다고 본다. 이러한 불이익을 주지 않는다면 '밑져야 본전'이라는 식으로 저지르는 과다 청구를 억제하기는 어려울 것이다.[163] 판례도 보험자가 보상책임의 유무 및 금액을 확정하기 위해 보험사고에 관한 정보가 필요하나 그것이 보험계약자 측의 지배·관리영역 안에 있는 것이 대부분인데, 보험계약자 측이 신의성실의 원칙에 반하는 사기적인 방법으로 과다한 보험금을 청구하는 경우에는 그에 대한 제재를 할 필요가 있다고 판결한 바 있다. 과잉 제재라는 것은 보험자 면책이 상당한 정도를 초과하여 불공정한 것이 되는 경우에 적합한 비판이 될 수 있을 뿐, 과다 청구에 대한 보험자 면책 자체가 과잉 제재는 아니라고 본다. 영국, 호주의 입법례는 과다 청구에 보험자 면책을 법률로 인정하고 있고, 또한 독일의 보험계약법은 사기 청구에 대한 직접적인 제재 규정은 없으나, 사기적 청구를 할 때 약관상 보험자 면책조항을 둘 수 있음을 전제로 그 효과를 규율하고 있다.[164] 요컨대, 사기 청구의 억제가 강하게 요구되는 상황하에서는 사기 청구에 대한 보험자 면책을 인정하는 것 자체가 과잉 제재는 아니라고 보며, 다만 보험자 면책이 남용되지 않도록 예외 규정을 합리적으로 정비하는 것이 바람직하다고 본다.[165]

---

163) 장경환, "보험사기에 관한 상법개정안의 개관", 법조56－10, 2007, 85면

164) 외국의 입법례에 대해서는 한기정, "사기에 의한 보험금 청구에 관한 연구", BFL56, 2012, 28－34면

165) 이상을 고려하여 다음과 같은 안을 제안한다. 상법 657조의2(사기에 의한 보험금 청구)

① 보험계약자, 피보험자, 보험수익자, 또는 보험금청구권을 가지는 제3자가 손해를 통지하거나 보험금을 청구하면서 증거를 위조 또는 변조하는 등 사기 기타 부정한 행위를 한 때에는 보험자는 그 사실을 안 날부터 1월 내에 보험계약을 해지할 수 있다.

② 보험계약자, 피보험자, 보험수익자, 또는 보험금청구권을 가지는 제3자가 손해를 통지하거나 보험금을

8. 보험금청구권의 양도, 압류

(1) 원칙적 허용

보험금청구권은 양도 또는 압류(또는 가압류)의 대상이 되는 것이 원칙이다.

(2) 자동차손배법상 제한

자동차 대인배상보험 I 의 경우 피해자를 보호하기 위해서 보험금청구권에 대한 양도 또는 압류가 금지되어 있다. 즉 자동차손배법에 의하면, 대인배상보험 I 에서 피해자가 보험자에 대해서 갖는 직접청구권(10조 1항) 및 가불금청구권(11조 1항), 그리고 피해자가 자동차손해배상 보장사업[166]에 따라 정부에 대해서 갖는 피해보상청구권을 압류하거나 양도할 수 없다(40조).

자동차손배법에 따라 양도 또는 압류가 금지되는 청구권은 한정적으로 열거되어 있는 것이므로, 위와 같이 명시되어 있는 경우 이외에는 그 금지가 적용되지 않는다. 따라서 양도 또는 압류가 금지되는 청구권에는 피해자의 가해자에 대한 손해배상청구권은 포함되지 않는다.[167] 또한 전술한 바와 같이 자동차보험에서 양도 또는 압류가 금지되는 피해자가 보험자에 대해서 갖는 직접청구권은 대인배상보험 I 로 한정되고, 그 이외에 임의보험인 대인배상보험 II 나 대물배상보험(강제보험이라고 하더라도)에 대해서는 그 적용이 없다. 그 이유는 자동차손배법 10조 1항에 의하면 보험가입자 등에게 3조에 따른 손해배상책임이 발생하면 피해자가 보험자에게 직접청구권을 행사할 수 있는데, 여기의 보험계약자 등은 의무보험에 가입한 자와 그 의무보험 계약의 피보험자이고(9조), 또한 3조에 따른 손해배상책임은 대인배상책임이므로, 결국 양도 또는 압류가 금지되는 피해자의 보험자에 대한 직접청구권은, 그 성격이 의무보험이자 대인배상책임에 관한 것이어야 하므로, 대인배상보험 I 로 한정되기 때문이다.[168]

청구하면서 과다한 보험금을 지급받기 위하여 증거를 위조 또는 변조하는 등 사기 기타 부정한 행위를 한 때에는 보험자는 보험금을 지급할 책임이 없다. 다만 과다하게 청구한 부분이 경미하거나 다른 보험목적에 속하는 것인 등 보험금청구권을 상실하게 하는 것이 현저히 부당한 경우에는 그러하지 아니하다.

166) 자동차손해배상 보장사업을 규정한 자동차손배법 30조 1항에 따르면, 정부는 다음 각 호의 어느 하나에 해당하는 경우에는 피해자의 청구에 따라 책임보험의 보험금 한도에서 그가 입은 피해를 보상하고, 다만 정부는 피해자가 청구하지 아니한 경우에도 직권으로 조사하여 책임보험의 보험금 한도에서 그가 입은 피해를 보상할 수 있다.
1. 자동차보유자를 알 수 없는 자동차의 운행으로 사망하거나 부상한 경우
2. 보험가입자등이 아닌 자가 3조에 따라 손해배상의 책임을 지게 되는 경우. 다만, 5조 4항에 따른 자동차의 운행으로 인한 경우는 제외한다.

167) 대판 1988.2.9. 87다카2540

168) 대판 2006.4.20. 2005마1141; 대판 2007.4.26. 2006다54781

또한 피해자의 보험자에 대한 직접청구권은 자동차손배법에 따라 양도 또는 압류가 금지되는 청구권으로 열거되어 있지만, 그 금지의 취지를 고려할 때 양도 또는 압류가 허용되는 경우도 있다. 즉 양도 또는 압류를 금지하는 취지는 피해자를 보호하려는 데에 있으므로, 교통사고 피해자를 치료한 의료기관이 피해자에 대한 진료비 청구권에 기하여 피해자의 보험자에 대한 직접청구권을 압류하는 것까지 금지하는 취지는 아니다.[169]

그리고 자동차손배법상 양도, 압류의 금지 규정은 강행규정이다. 그 이유는 자동차 사고로 인한 피해자의 보호를 목적으로 책임보험금의 한도 내에서 피해자의 보험자에 대한 직접청구권과 가불금청구권을 제도적으로 보장하기 위하여 그 청구권의 압류를 금지하는 데 그 취지가 있기 때문이고, 따라서 압류가 금지된 보험금청구권에 대하여 법원으로부터 압류 및 전부명령을 받았다고 해도 그로 인하여 실체법상의 효과를 발생시킬 수 없다.[170]

9. 보험금청구권의 소멸시효

(1) 의의

소멸시효란 권리가 행사되지 않는 사실상태가 일정기간(소멸시효기간) 동안 지속되면 권리가 소멸하는 효과가 발생하는 제도이다. 보험금청구권도 소멸시효의 적용을 받는다. 상법 보험편은 보험금청구권의 소멸시효시간을 3년으로 규정하고 있다(상법 662조). 2014년 상법 개정을 통해 2년에서 3년으로 연장된 것이다. 일반 상사채권의 소멸시효기간인 5년(상법 64조 본문)보다 단기인 이유는 보험금의 신속한 결제를 통하여 보험자 재산상태의 명료성을 확보할 필요가 있기 때문이다.[171] 그리고 보험료 및 적립금의 반환청구권도 소멸시효기간이 3년이다(상법 662조). 소멸시효의 이익은 미리 포기하지 못하고, 소멸시효기간은 약정을 통해서 배제, 연장 또는 가중할 수 없지만 단축 또는 경감은 할 수 있다(민법 184조).

(2) 기산점

1) 문제의 제기

보험금액청구권의 소멸시효 기산점에 관하여는 상법에 특별한 규정이 없다. 따라서 소멸시효는 권리를 행사할 수 있는 때로부터 진행된다고 규정한 민법 166조 1항이 적용된다. 그런데 여기서 보험금청구권을 행사할 수 있는 시점이 언제인지와 관련하여 판례

169) 대판 2004.5.28. 2004다6542
170) 대판 1988.2.9. 87다카2540
171) 대판 1995.3.28. 94다47094

와 학설이 대립한다.

2) 학설

ⅰ) 보험사고발생시설

보험사고발생시설은 보험사고가 발생한 때가 소멸시효 기산점이라고 보는 견해이다.[172] 이것은 보험금청구권은 보험사고가 발생하면 구체적인 권리로 확정되고, 그때부터 보험금청구권자가 권리를 행사할 수 있다는 입장이다. 소멸시효는 객관적으로 권리가 발생하고 그 권리를 행사할 수 있는 때부터 진행하는 것이고, 권리자가 권리의 존재나 권리행사 가능성을 알았는지 여부를 묻지 않는다고 한다. 보험사고발생시설은 보험사고의 발생을 알지 못한 보험계약자 등의 보호에 문제가 있다고 지적된다.

ⅱ) 보험사고인식설

보험사고인식설은 보험계약자 등이 보험사고가 발생한 것을 안 때가 소멸시효의 기산점이라고 보는 견해이다. 보험사고요지(了知)설이라고도 한다. 이것은 보험계약자 등이 보험사고의 발생을 알지 못하여 보험금청구권을 행사하지 못함에도 불구하고 소멸시효가 진행되는 것은 보험계약자 등의 보호에 반한다고 보는 것이다.

ⅲ) 유예기간경과시설

유예기간경과시설은 보험금지급의 유예기간이 경과한 다음 날이 보험금청구권의 소멸시효 기산점이라고 보는 견해이다. 유예기간이란, 보험자는 보험금 지급의 약정기간이 있으면 그 기간, 약정기간이 없으면 보험사고 발생의 통지를 받은 후 지체없이 지급할 보험금을 정하고 그 정해진 날부터 10일(상법 658조)을 의미한다. 유예기간경과시설에 의하면, 보험금지급에 관하여 약정기간이 있는 경우는 그 기간이 경과한 다음 날부터, 보험금지급에 관하여 약정기간이 없는 경우에는 보험사고 발생을 통지를 한 후 지급할 보험금액이 정해지고 이후 10일이 경과한 다음 날부터 보험금청구권의 소멸시효가 개시된다. 우리나라에서 유예기간경과시설을 취하는 견해는 대개 보험사고발생시설과 절충을 시도하는 것이 보통이다.[173] 가령 소멸시효는 보험사고가 발생한 때부터 기산하는 것이 일반적이나, 보험사고의 발생통지를 한 경우에는 보험금액이 정해지고 10일이 경과한 날부터 기산한다는 견해가 있다.[174]

---

172) 김성태 258면; 이기수 · 최병규 · 김인현 147면; 임용수 144면; 장덕조 148면; 정진옥, "책임보험에서 피해자의 직접청구권의 소멸시효", 경성법학4, 1995, 260−261면; 최기원 220면

173) 박세민 240−242면; 양승규 147면; 정동윤 536−537면; 정찬형 592−593면; 최준선 133면

174) 양승규 147면. 또한 보험금지급기간이 정해진 경우는 그 기간이 경과한 날부터, 보험금지급기간이 정해지지 않은 경우는 보험계약자 등이 보험사고의 발생을 알고 보험자에게 통지하면 지급할 보험금액이 정해지고 10일이 경과한 다음 날이 기산점이고, 보험계약자 등이 보험사고의 발생을 알면서도 보험자에게 통지하지 않은 경우는 보험사고가 발생한 때가 소멸시효의 기산점이며, 만약 보험계약자 등이 과실 없이

3) 판례

i) 원칙

① 판례는 보험사고가 발생한 때를 소멸시효의 기산점으로 본다. 즉 보험금청구권은 보험사고가 발생하기 전에는 추상적인 권리일 뿐이고, 보험사고의 발생으로 인하여 구체적인 권리로 확정되어 그때부터 그 권리를 행사할 수 있으며, 특별한 다른 사정이 없는 한, 원칙적으로 보험금청구권의 소멸시효 기산점은 보험사고가 발생한 때라고 본다.[175)]

② 판례는 상법 658조의 유예기간경과시점을 소멸시효의 기산점으로 인정하지 않는다. 대판 2005.12.23. 2005다59383에서, 보험약관이 "회사는 손해발생 통지 및 보험약관 제22조의 보험금 청구서류를 접수한 때에는 접수증을 교부하고 그 서류를 접수한 날로부터 3일 이내에 지급하여 드립니다"라고 정하고, 상법 658조에서 "보험자는 보험금액의 지급에 관하여 약정기간이 있는 경우에는 그 기간 내에, 약정기간이 없는 경우에는 제657조 제1항의 통지를 받은 후 지체없이 지급할 보험금액을 정하고 그 정하여진 날부터 10일 내에 피보험자 또는 보험수익자에게 보험금액을 지급하여야 한다"라고 각각 정하고 있더라도, 보험금청구권의 소멸시효가 위 약관 또는 법률조항에서 정한 보험금 지급유예기간(서류를 접수한 날로부터 3일 또는 보험금액이 정하여진 날로부터 10일)이 경과한 다음 날부터 진행한다고 볼 수 없다고 판시했다.

③ 판례는 보험금청구권을 행사하는 데 사실상 장애는 소멸시효 기산점에서 고려할 특별한 사정이 아니라고 본다. 대판 1997.11.11. 97다36521은, 피해자가 스스로 자동차를 운전하다가 사망한 사건에서 보험자가 피보험자에게 이 사고는 보험자 면책사유에 해당된다고 잘못된 통보를 한 사안이다. 대법원은 그와 같은 사유는 피보험자가 보험금 청구권을 행사하는 데 있어서 법률상의 장해사유가 될 수 없고, 이로 인하여 피보험자가 보험사고가 발생했다는 사실을 알 수 없게 되었다고 볼 수도 없으므로, 위 사고의 발생시점이 보험금청구권의 소멸시효 기산점이라고 판시하였다. 또한 대판 1993.4.13. 93다3622에서도, 피해자가 피보험자를 상대로 교통사고로 인한 손해배상을 청구하는 소송을 제기하여 1989.6.30.에 일부승소의 확정판결을 받았고, 이에 피보험자가 피해자에게 지는 손해배상액이 판결에 의하여 확정되는 등의 경우에 피해자가 보험자에 대하여 직접 보험금의 지급을 청구할 수 있다는 자동차보험약관의 규정에 따라 피해자가 보험자에 대하여 그 판결금액 상당의 보험금액을 직접 청구하는 소송을 제기한 경우, 이 직접청구

보험사고의 발생을 알 수 없었던 특별한 사정이 있는 경우(또한 보험사고가 발생한 것인지 여부가 객관적으로 분명하지 않은 경우)에는 그가 보험사고의 발생을 알았거나 알 수 있었던 때가 소멸시효의 기산점이라고 보는 견해도 있다(정찬형 592-593면).

175) 대판 1993.7.13. 92다39822; 대판 2023.7.13. 2019다214248

권의 소멸시효는 위 확정판결이 있은 때로부터 기산된다고 판시했다. 설령 대법원 전원합의체 판결(1991.12.24. 90다카23899)에서 무면허운전에 관한 종전의 견해를 변경하였다고 하여, 이로 인해 피해자가 보험자에 대하여 보험금액 직접청구권을 행사함에 있어 법률상 장애가 있었다 할 수 없다고 판시했다. 성문법 국가인 우리나라에서 판례의 법원(法源)성이 인정될 수 없으므로, 판례의 변경은 법률의 변경과 동일하게 볼 수 없으므로 변경 전의 판례를 믿고 — 권리가 없다고 생각하여 — 권리행사를 하지 않은 것은 사실상 장애에 불과하다는 것이다.

④ 판례는, 보험약관에 '피보험자가 피해일로부터 180일이 지나도록 계속 치료해야 할 상태에 있을 때에는 그 기간이 끝나는 전일에 있어서의 의사 진단에 따라 후유장해의 정도를 결정하여 보험금을 지급한다'고 규정되어 있는 경우, 이는 보험금액의 범위 및 그 산정기준에 관한 규정에 불과하고, 보험금청구권에 관한 소멸시효의 기산점은 보험사고 발생일이지, 보험사고 발생일로부터 180일이 경과한 날 또는 그 후 실제로 의사의 진단을 받은 날이 아니라고 본다.[176]

ii) 예외

판례는 특별한 다른 사정이 있는 경우에는 보험사고가 발생한 때 소멸시효가 시작된다는 원칙에 대해 예외를 인정한다.

① 사고의 발생여부가 객관적으로 불확실한 경우

판례는 보험사고가 발생한 것인지의 여부가 객관적으로 분명하지 아니하여 보험금청구권자가 과실없이 보험사고의 발생을 알 수 없었던 경우에는, 보험사고의 발생을 알았거나 알 수 있었던 때로부터 소멸시효가 진행된다고 한다.[177]

대판 1993.7.13. 92다39822는, 자동차보험의 보험사고가 1988.3.11.에 발생했지만, 피보험자가 아닌 제3자가 자동차를 운전하다가 교통사고를 일으킨 것으로 공소가 제기되어 1990.7.4.에 제1심법원에서 무죄의 판결을 선고받을 때까지는, 피보험자가 자동차를 운전하다가 교통사고를 일으켜 사망하는 보험사고가 발생한 사실이 객관적으로 확인되지 않다가, 1990.7.4.에서야 보험사고의 발생이 객관적으로 확인될 수 있게 되었고, 보험금청구권자도 그때에야 보험사고의 발생을 알 수 있게 되었다고 보아야 하는 사안이다. 보험금청구권자가 1990.11.23.에 보험금을 구하는 소를 제기한 경우, 보험사고의 발생 시를 기산점으로 하면 2년(2014년 상법 개정 이전 기준)의 소멸시효는 완성된 것이고, 보험사고의 발생이 객관적으로 확인되는 시점을 기준으로 하면 완성되지 않은 것이다. 대

176) 대판 2023.7.13. 2019다214248

177) 대판 1993.7.13. 92다39822; 대판 2001.4.27. 2000다31168; 대판 2005.12.23. 2005다59383; 대판 2009.11.12. 2009다52359; 대판 2012.9.27. 2010다101776; 대판 2015.9.24. 2015다30398; 대판 2023.7.13. 2019다214248

법원은 소멸시효가 완성되지 않은 것으로 판결했다. 즉, 보험사고가 발생한 것인지의 여부가 객관적으로 분명하지 아니하여, 보험금청구권자가 과실없이 보험사고의 발생을 알 수 없었던 경우는, 보험금청구권자가 보험사고의 발생을 알았거나 알 수 있었던 때로부터 소멸시효가 진행된다고 본 것이다. 대법원은 그 이유로서 보험사고가 발생한 것인지의 여부가 객관적으로 분명하지 아니하여 보험금청구권자가 과실없이 보험사고의 발생을 알 수 없었던 경우에도 보험사고가 발생한 때로부터 보험금청구권의 소멸시효가 진행한다고 해석하면 보험금청구권자에게 너무 가혹하여 사회정의와 형평의 이념에 반할 뿐만 아니라 소멸시효제도의 존재이유에 부합된다고 볼 수가 없기 때문이라고 하였다.

대판 2009.11.12. 2009다52359에서, 보험사고가 발생하여 그 당시의 장해상태에 따라 산정한 보험금을 지급받은 후에, 당초의 장해상태가 악화된 경우, 추가로 지급받을 수 있는 보험금청구권의 소멸시효는 당초의 보험사고가 발생한 때부터가 아니라 그와 같은 장해상태의 악화를 알았거나 알 수 있었을 때부터 진행한다고 판시했다.[178)]

대판 2015.9.24. 2015다30398에서, 당초 군 수사기관에 의해 피보험자의 사인이 단순 자살이라고 결론내려져서 피보험자가 자유로운 의사결정을 할 수 없는 상태에서 보험사고(사망)가 발생하였는지 여부가 객관적으로 분명하지 않았다가, 피보험자가 구타·가혹행위 등으로 인한 육체적, 정신적 고통을 견딜 수 없는 상태에서 사망에 이르렀다는 군의문사 진상규명위원회의 결정이 있게 됨으로써 보험사고의 발생이 객관적으로 확인될 수 있게 되었고 보험금청구권자도 그때서야 보험사고의 발생을 알았거나 알 수 있게 되었다고 보아야 할 것이므로, 보험금청구권의 소멸시효는 위 결정이 있은 때부터 진행한다고 판시했다.

대판 2013.9.26. 2013다34693에서, 보험금청구권자는 자신이 의료전문가가 아니므로 피보험자의 사망 당시에 그것이 의료기관의 과실에 기한 것임을 알지 못하였고, 보험사고의 발생 여부가 객관적으로 분명하지 아니하여 보험금청구권자가 과실없이 보험사고의 발생을 알 수 없었던 경우에 해당한다고 주장하였다. 이에 대해서 해당 의사를 업무상과실치상 혐의로 고소하였으나 무혐의 불기소처분을 받았다는 점, 보험금청구권자가 의료기관을 상대로 손해배상소송을 제기하여 현재까지 재판이 진행 중이라는 점만으로는 보험사고가 발생한 것인지 여부가 분명하지 아니하여 보험금청구권자가 과실없이 보험사고의 발생을 알 수 없었던 경우에 해당한다고 보기는 어렵다고 판시했다. 오히려 피보험자의 사망 당시 비록 보험금청구권자가 의료과실의 존부 및 사망과의 인과관계 등에 관하여 구체적인 인식은 없었더라도 의료기관의 과실 및 그로 인하여 피보험자가 사망했을 가능성을 전혀 알 수 없었다고 보기 어렵고, 특히 보험금청구권자가 일부 의료기관

178) 대판 2023.7.13. 2019다214248도 같은 입장이다.

을 상대로 형사고소를 한 점 등을 고려하면, 적어도 형사고소 시점에는 의료기관의 과실에 의한 보험사고의 발생을 알았거나 알 수 있었다고 볼 것이므로, 피보험자의 사망 시점부터 또는 적어도 형사고소 시점부터 보험금청구권의 소멸시효가 진행된다고 판시했다.

② 권리행사에 특별한 절차가 요구되는 경우

판례는 보험금청구권의 행사에 특별한 절차가 요구된다면 그 절차를 거치지 않으면 보험금청구권을 행사하기 어렵다는 점을 고려하여 예외를 인정한다.[179)]

대판 2006.1.26. 2004다19104는, 보험금의 확정 및 지급절차가 마치 청산절차와 유사하게 진행되는 특수성이 있고, 그에 따라 채권자단이 일정한 운영규정에 따라 2회의 신문 공고를 하고 그 공고기간이 만료되어 채권신고가 마감됨으로써 보험금을 지급받을 채권자들 및 그 보험금이 확정될 수 있는 사안이다. 대법원은 보험금청구권의 소멸시효 기산점은 특별한 사정이 없는 한 보험사고가 발생한 때라고 할 것이지만, 약관 등에 의하여 보험금청구권의 행사에 특별한 절차를 요구하는 때에는 그 절차를 마친 때, 또는 채권자가 책임있는 사유로 절차를 마치지 못한 경우에는 그러한 절차를 마치는 데 소요되는 상당한 기간이 경과한 때로부터 진행한다고 보아야 할 것이라고 판시했다.

대판 2014.7.24. 2013다27978에서, 도급계약에서 정한 채무를 이행하지 않은 경우 손해를 보상하는 보증보험계약 약관에 의하면 피보험자는 보험금을 청구하기에 앞서 위 도급계약을 해제해야 하므로, 보험금청구권의 소멸시효는 도급계약에서 정한 채무가 이행되지 않는 때부터 진행하는 것이 아니라, 피보험자가 상당한 기간 내에 도급계약을 해제하였다면 그때부터 또는 도급계약을 해제할 수 있었던 상당한 기간이 경과한 때부터 진행한다고 판시했다.

이외에도, 선원의 행방불명으로 인해서 발생한 그 유족들의 공제금지급청구권의 소멸시효 기산점이 실종선고 심판이 확정된 때로 본 판례가 있다.[180)]

③ 책임보험에 관한 특칙

판례는 책임보험에서 피보험자가 제3자에 대해 변제, 승인, 화해 또는 재판으로 채무가 확정되지 않으면 보험금청구권을 행사하기 어렵다는 점을 고려하여 예외를 인

179) 대판 2006.1.26. 2004다19104; 대판 2008.11.13. 2007다19624; 대판 2014.7.24. 2013다27978

180) 대판 1998.3.13. 97다52622(선원공제약관에서 선원이 공제사고로 해상에서 행방불명된 경우에 최후의 음신일로부터 1월이 경과하여도 행방을 알 수 없으면 그때에 사망한 것으로 추정한다는 약관조항은 사망진단서 등 사망 사실을 확인하는 증명 없이도 유족의 이익을 위하여 피공제자에게 공제금이 신속히 지급될 수 있도록 하기 위한 규정으로 보이므로, 수산업협동조합중앙회가 위 약관상의 사망에 관한 추정을 부정하여 피공제자의 공제금 지급청구에 불응한 경우에는 소멸시효의 기산점과 관련하여 유족에게 불리하게 위 규정을 적용하여 최후음신일로부터 1월이 되는 때를 공제금청구권의 소멸시효의 기산점으로 삼을 수 없으며, 피공제자는 행방불명된 선원의 사망에 대한 확인증명을 대신하는 역할을 하는 실종선고 심판이 확정될 때에 비로소 공제금청구권에 대한 권리 행사를 할 수 있게 되었다고 봄이 상당하므로 그때부터 시효기간이 진행된다고 보았다)

정한다.[181]

대판 2002.9.6. 2002다30206에서, 책임보험의 경우 피보험자가 제3자에 대해 변제, 승인, 화해 또는 재판으로 채무가 확정되면 지체없이 그 통지를 해야 하고(상법 723조 1항), 보험자는 특별한 기간의 약정이 없으면 위 통지를 받은 날로부터 10일 내에 보험금을 지급해야 한다(상법 723조 2항). 판례는 이 규정을 고려하여 책임보험에서는 채무가 확정되어 보험금청구권을 행사할 수 있는 때로부터 소멸시효가 진행된다고 본다. 즉 약관에서 책임보험의 보험금청구권 발생시기 또는 발생요건에 관하여 달리 정한 경우 등 특별한 다른 사정이 없는 한, 원칙적으로 책임보험에서 보험금청구권의 소멸시효는 피보험자의 제3자에 대한 법률상의 손해배상책임이 상법 723조 1항이 정하고 있는 변제, 승인, 화해 또는 재판의 방법 등에 의하여 확정됨으로써 그 보험금청구권을 행사할 수 있는 때로부터 진행된다고 보아야 한다.

④ 신의칙 등 위반 문제

판례는 보험자의 소멸시효 주장이 신의칙에 반하거나 권리남용에 해당하는 경우에는 소멸시효의 주장을 할 수 없다는 입장이다.[182]

대판 2014.5.29. 2011다95847에서, "채무자의 소멸시효에 기한 항변권의 행사도 우리 민법의 대원칙인 신의성실의 원칙과 권리남용금지의 원칙의 지배를 받는 것이어서, 채무자가 시효완성 전에 채권자의 권리행사나 시효중단을 불가능 또는 현저히 곤란하게 하였거나, 그러한 조치가 불필요하다고 믿게 하는 행동을 하였거나, 객관적으로 채권자가 권리를 행사할 수 없는 장애사유가 있었거나, 또는 일단 시효완성 후에 채무자가 시효를 원용하지 아니할 것 같은 태도를 보여 권리자로 하여금 그와 같이 신뢰하게 하였거나, 채권자보호의 필요성이 크고, 같은 조건의 다른 채권자가 채무의 변제를 수령하는 등의 사정이 있어 채무이행의 거절을 인정함이 현저히 부당하거나 불공평하게 되는 등의 특별한 사정이 있는 경우에는 채무자가 소멸시효의 완성을 주장하는 것이 신의성실의 원칙에 반하여 권리남용으로서 허용될 수 없다"고 판시했다. 다만 신의칙 등에 위반하여 소멸시효의 주장을 할 수 없도록 하는 것은 예외적으로만 인정하며 그 인정에 신중을 기해야 한다는 입장이다. 즉 "채무자의 소멸시효 완성 주장이 신의칙에 반하고 권리남용에 해당한다고 하려면 앞서 본 바와 같은 특별한 사정이 인정되어야 할 것이고, 또한 위와 같은 일반적 원칙을 적용하여 법이 두고 있는 구체적인 제도의 운용을 배제하는 것은 법해석에 있어 또 하나의 대원칙인 법적 안정성을 해할 위험이 있으므로 그 적용에는 신중을 기하여야 할 것"이라고 판시했다.[183]

181) 대판 2002.9.6. 2002다30206; 대판 2012.1.12. 2009다8581

182) 대판 2014.5.29. 2011다95847. 권리자 일반과 관련해서는, 대판 2002.10.25. 2002다32332; 대판 2005.5.13. 2004다71881; 대판 2008.5.29. 2004다33469; 대판 2014.5.29. 2011다95847

구체적으로 보면, 대판 2016.9.30. 2016다218713에서, 피보험자인 망인의 사망으로 인한 보험자와 특약에 기한 재해사망보험금청구권은 소멸시효의 완성으로 소멸한 것이고, 보험자가 특약에 기한 재해사망보험금 지급의무가 있음에도 불구하고 그 지급을 거절하였다는 사정만으로는 보험자의 소멸시효 항변이 권리남용에 해당한다고 보기 어렵다고 판시했다. 그리고 대판 2016.10.27. 2016다224183에서, 피보험자인 망인의 사망으로 인한 재해사망보험금청구권은 소멸시효의 완성으로 소멸하였고, 관련 쟁점에 대한 금융감독원 금융분쟁조정위원회의 심결은 법원을 구속하지 않는 점, 관련 쟁점에 관한 대법원판결이 혼재되어 있었던 점 등을 고려하면, 보험자가 재해사망보험금 지급의무의 존재를 알면서 미지급사유를 보험금청구권자에게 알리지 않아 그의 권리행사를 현저히 곤란하게 하였다고 하기 어려우며, 이와 달리 보험자의 소멸시효 완성 주장이 신의성실의 원칙에 반한 권리남용이라고 볼 만한 사정이 없다고 판시했다.

4) 결론

① 보험사고가 발생한 때를 보험금청구권 소멸시효의 원칙적인 기산시점으로 보는 것이 타당하다고 본다. 보험사고가 발생할 때 보험계약자 등이 보험금청구권을 행사할 수 있기 때문이다.

② 보험금청구권을 행사하는 데 법률상 장애가 없고 사실상 장애만 있는 경우는, 원칙적으로 보험사고가 발생한 때가 소멸시효의 기산점이다.

첫째, 보험금청구권자가 단순히 보험사고의 발생을 알지 못하는 것은 권리행사의 사실상 장애에 해당한다. 이러한 사실상 장애는 소멸시효의 개시를 막을 수 없다는 것이 민법의 판례[184]이자 통설인데, 보험금청구권에만 그 예외를 인정하기 어렵다. 이러한 사실상 장애에는 권리의 존재나 행사가능성을 알지 못하는 것이 포함된다. 다만 보험사고가 발생한 것인지의 여부가 객관적으로 분명하지 아니하여 보험금청구권자가 과실없이 보험사고의 발생을 알 수 없었던 경우는 예외로 보아야 한다. 판례는 이 경우가 전통적

183) 대판 2016.9.30. 2016다218713(다만 실정법에 정하여진 개별 법제도의 구체적 내용에 좇아 판단되는 바를 신의칙과 같은 일반조항에 의한 법원칙을 들어 배제 또는 제한하는 것은 중요한 법가치의 하나인 법적 안정성을 후퇴시킬 우려가 있다. 특히 소멸시효 제도는 법률관계의 주장에 일정한 시간적 한계를 설정함으로써 그에 관한 당사자 사이의 다툼을 종식시키려는 것으로서, 누구에게나 무차별적·객관적으로 적용되는 시간의 경과가 1차적인 의미를 가지는 것으로 설계되었음을 고려하면 법적 안정성의 요구는 더욱 선명하게 제기된다. 따라서 소멸시효 완성의 주장이 신의성실의 원칙에 반하여 허용되지 아니한다고 평가하는 것은 신중을 기할 필요가 있다)

184) 대판(전원) 1984.12.26. 84누572(권리를 행사할 수 없는 때라 함은 그 권리행사에 법률상의 장애사유, 예를 들면 기간의 미도래나 조건불성취 등이 있는 경우를 말하는 것이지 사실상 그 권리의 존재나 권리행사가능성을 알지 못하였거나 알지 못함에 있어서의 과실유무 등은 시효진행에 영향을 미치지 아니한다고 해석된다); 대판 1992.7.24. 91다40924; 대판 1992.12.22. 92다28822; 대판 2005.4.28. 2005다3113

분류에 의하면 사실상 장애의 일종임에도 불구하고 보험사고의 발생을 알았거나 알 수 있었던 때로부터 소멸시효가 진행된다고 판시하고 있고,[185] 이는 타당하다. 이것은 법률상 장애/사실상 장애라는 기준을 사안의 구체적 타당성을 고려해 상당히 완화한 것이라고 볼 수 있다. 소멸시효 기산점인 "권리를 행사할 수 있는 때"와 관련하여, 우리 판례는 원칙적으로 권리행사에 법률상 장애가 있을 때에만 소멸시효가 진행되지 않고 사실상 장애가 있을 때에는 소멸시효가 진행된다고 보지만, 이 원칙을 엄격하게 관철할 경우 권리자에게 부당한 결과가 발생할 수 있기 때문이다.

둘째, 보험금지급에 관하여 약정기간이 없는 경우는, 보험사고가 발생한 때부터 보험금청구권을 행사할 수 있기 때문에 법률상 장애가 없으므로, 보험사고가 발생한 때가 소멸시효의 기산점이 되어야 한다. 상법 658조에 의하면 보험금지급에 관하여 약정기간이 없으면 보험사고의 발생통지 후 보험금액을 정하고 그 날로부터 10일이 지나야 보험금지급이 이루어지지만, 이것은 보험금청구권을 행사하는 데 법률상 장애가 아니고, 단지 보험자의 이행지체책임이 시작되는 시점을 규정한 것이다. 하지만 유예기간경과시설은 권리를 행사할 수 있는 시점과 이행지체가 시작되는 시점은 별개라는 점을 혼동한 것이다.[186] 민법의 해석에 비추어 보아도 이러한 비판은 타당하다. 기한을 정하지 않은 채권의 경우 채권자는 언제든지 권리를 행사할 수 있으므로, 소멸시효의 기산점은 채권이 발생한 때부터이고, 채무자의 이행지체책임은 이행청구를 받은 때부터인데(민법 387조 2항), 이와 같이 권리행사시점과 이행지체시점은 다를 수 있다. 보험금지급에 관하여 약정기간이 없는 경우에도 보험계약자 등은 언제든지 보험사고의 발생통지를 할 수 있으므로, 소멸시효의 기산점은 보험사고가 발생한 때라고 보아야 한다.

③ 보험금청구권을 행사하는 데 법률상 장애가 있는 경우는 법률상 장애가 해소된 시점이 소멸시효의 기산점이라고 보아야 한다.

첫째, 보험금지급에 관하여 약정기한이 있는 경우는 법률상 장애를 인정할 수 있으며, 약정기간이 경과할 때부터 소멸시효가 진행하는 것으로 봄이 타당하다. 판례는 이 경우에도 보험사고가 발생한 때를 소멸시효의 기산점이라고 보고 있는데,[187] 이는 의문이다.

둘째, 보험금청구권의 행사에 특별한 절차가 요구된다면 법률상 장애를 인정할 수 있다. 이 경우는 절차를 마친 때, 또는 권리자가 책임있는 사유로 절차를 마치지 못한 경우에는 그러한 절차를 마치는 데 소요되는 상당한 기간이 경과한 때로부터 소멸시효가 진행한다고 보는 판례[188]가 타당하다.

185) 대판 1993.7.13. 92다39822
186) 장덕조 147면; 최기원 220면
187) 대판 2005.12.23. 2005다59383

셋째, 책임보험에서 피보험자가 제3자에 대해 변제, 승인, 화해 또는 재판으로 채무가 확정되지 않은 상태도 법률상 장애를 인정할 수 있다. 따라서 변제, 승인, 화해 또는 재판의 방법 등에 의하여 채무가 확정됨으로써, 그 보험금청구권을 행사할 수 있는 때로부터 소멸시효가 진행된다고 보는 판례[189]가 타당하다.

(3) 중단

① 소멸시효가 진행되는 중에 권리자가 권리를 행사하는 등의 사유가 생기면 소멸시효가 중단된다. 소멸시효가 중단되면 중단 시까지 이미 경과한 소멸시효기간은 이를 산입하지 않고 중단사유가 종료한 때로부터 새로이 진행한다(민법 178조 1항). 보험금청구권도 다음과 같이 민법 및 금융소비자법에 의한 소멸시효 중단사유의 적용을 받는다.

② 민법상 소멸시효 중단사유로는 청구, 압류·가압류·가처분, 또는 승인이 있다(민법 168조). 청구는 시효의 대상인 권리를 행사하는 것을 가리키며, 여기에는 재판상 청구(민법 170조), 파산절차참가(민법 171조), 지급명령(민법 172조), 화해를 위한 소환 또는 임의출석(민법 173조), 최고(민법 174조)가 포함된다. 재판상의 청구에는 소를 제기하여 권리를 주장하는 경우뿐만 아니라, 응소, 재심청구 등에서 권리를 주장하는 것도 포함된다.[190] 그리고 최고는 채무자에 대해 채무의 이행을 청구하는 것인데 이에 따라 시효중단의 효과가 생긴다. 다만 최고만의 시효중단 효과는 잠정적이고, 최고 후 일정기간 내에 재판상 청구 등을 해야만 시효중단 효과가 확정된다. 즉 최고를 한 후 6월 내에 재판상 청구, 파산절차참가, 화해를 위한 소환 또는 임의출석, 압류·가압류·가처분을 하지 않으면 시효중단의 효력이 없다(민법 174조).

③ 금융소비자법이 제정되기 이전에는 '금융위원회의 설치 등에 관한 법률' 53조의2가 소멸시효 중단사유에 관한 특칙이었고,[191] 이는 보험금청구권에도 적용되었다. 이 규정은 2021.3.25.부터 실효되었고, 그 이후 금융소비자법이 그 역할을 대신하게 되었는데, 양자의 내용에 큰 차이는 없다. 이하에서는 금융소비자법을 살펴보기로 한다. 금융감독원에는 일정한 금융기관, 금융소비자 및 그 밖의 이해관계인 사이에 발생하는 금융관련 분쟁조정을 심의·의결하기 위해 금융분쟁조정위원회(조정위원회)가 설치되어 있다

188) 대판 2006.1.26. 2004다19104
189) 대판 2002.9.6. 2002다30206
190) 대판 1996.9.24. 96다11334(시효 중단사유의 하나로 규정하고 있는 재판상의 청구라 함은, 통상적으로는 권리자가 원고로서 시효를 주장하는 자를 피고로 하여 권리를 소의 형식으로 주장하는 경우를 가리키지만, 시효를 주장하는 자가 원고가 되어 소를 제기한 데 대하여 피고로서 응소하여 그 소송에서 적극적으로 권리를 주장하고 그것이 받아들여진 경우도 마찬가지로 이에 포함되는 것으로 해석함이 타당하다. 또한 원고가 재심의 소를 제기하여 피고들에 대한 농지분배사실을 부인하고 그 소유권이 여전히 원고에게 있다고 주장한 것은 취득시효의 중단사유가 되는 재판상의 청구에 준하는 것이라고 할 것이다)
191) '금융위원회의 설치 등에 관한 법률' 53조의2는 2018.4.17.에 신설되었다.

(금융소비자법 33조). 금융소비자 등은 금융 관련 분쟁이 있을 때 분쟁조정을 신청할 수 있다(금융소비자법 36조 1항). 분쟁조정의 신청은 시효중단의 효력이 있다(금융소비자법 40조 1항 본문). 분쟁조정신청에 시효중단의 효력을 부여한 것은 주로 금융소비자를 보호하기 위한 목적이다. 보험금청구권자 등을 포함한 금융소비자는 금융관련 분쟁이 생기면 상당한 비용과 시간이 소요되는 재판상 청구를 바로 하기보다 위 분쟁조정을 신청하는 사례가 다수 있다는 점, 조정안을 수락하면 재판상 화해와 동일한 효력이 생긴다는 점(금융소비자법 39조), 조정안을 수락하는 경우가 상당하다는 점 등을 감안하여 분쟁조정신청에 시효중단의 효과가 생기도록 입법한 것이다. 다만 신청한 내용이 금융소비자법 36조 2항에 따라 분쟁조정대상으로서 적합하지 않다고 금융감독원장이 인정하는 경우 등으로 인해서 합의권고를 하지 않거나 조정위원회에 회부하지 않을 경우에는 그렇지 않다(금융소비자법 40조 1항 단서). 이 경우에도 그 1개월 내에 재판상 청구, 파산절차참가, 압류 또는 가압류, 가처분을 한 때에는 소멸시효가 최초의 분쟁조정신청으로 인하여 중단된 것으로 본다(금융소비자법 40조 2항). 분쟁조정신청에 따라 중단된 소멸시효는 양 당사자가 조정안을 수락한 때, 또는 분쟁조정이 되지 않고 분쟁조정절차가 종료된 때부터 새로이 진행한다(금융소비자법 40조 3항).

(4) 입법론

2016년과 2017년에는 보험금청구권의 소멸시효에 관한 다수의 법률안이 국회에 제출된 바 있다. 즉 보험금청구권의 소멸시효를 5년으로 연장하자는 법안, 보험금청구권의 소멸시효 기산점을 피보험자 또는 보험수익자가 보험금청구권이 발생했음을 안 때 또는 중대한 과실이 없었다면 알 수 있었던 때로 규정하자는 법안, 보험금청구권의 소멸시효 중단사유로서 '보험금 지급 청구', '보험회사의 책임 있는 사유로 보험금의 전부 또는 일부를 지급받지 못한 경우' 또는 '금융분쟁조정위원회에 분쟁조정신청을 한 경우'를 추가하자는 법안 등이 제출되었다.[192] 학계에서도 이와 유사한 내용의 개정의견이 개진되었고,[193] 나아가 소멸시효에 관한 정보제공의무를 도입하자는 개정의견도 개진된 바 있다.[194] 현재까지 위 법률안 중에서 입법으로 이어진 것은 전술한 '금융분쟁조정위원회에 분쟁조정신청을 한 경우'이다.

---

192) 백영화, "보험금청구권 소멸시효 제도 개선 법안 검토", kiri리포트(보험연구원), 2017.4.17

193) 박은경, "보험금청구권 소멸시효제도 개선을 위한 상법 개정안 연구", 금융법연구15-1, 2018, 169면; 윤성승/김성수, "보험금청구권의 소멸시효기간 연장", 비교사법25-4, 2018, 1352면

194) 김원규, "상법상 보험금청구권 등의 소멸시효와 보험계약자보호에 관한 연구", 법학연구18-2, 2018, 284-285면

10. 보험금 반환청구권의 소멸시효

보험자가 보험계약자에게 보험금을 지급하였으나 그 보험금이 법률상 원인 없는 이득에 해당하는 경우에는, 민법 741조에 따라 보험자가 보험계약자에 대해 부당이득 반환청구권을 행사할 수 있다. 이에 따른 보험금 반환청구권의 소멸시효기간과 관련하여, 문제가 되는 경우로는, ① 보험계약자가 다수의 계약을 통하여 보험금을 부정 취득할 목적으로 체결한 보험계약이 민법 103조에 따라 무효인 경우[195] 이미 지급된 보험금에 대한 부당이득반환청구권, ② 실제로 발생하지 않은 보험사고의 발생을 가장하여 청구·수령된 보험금에 대한 부당이득반환청구권 등이 있다.

위와 같은 경우에 발생하는 보험금 반환청구권에는 민사 소멸시효가 적용되는지, 아니면 상사 소멸시효가 유추적용(또는 적용)되는지? 민법 162조 1항이 정하는 민사채권의 소멸시효기간은 10년이고, 상법 64조가 정하는 상사채권의 소멸시효기간은 5년이다. 상사 소멸시효기간을 민사 소멸시효기간에 비해 단기로 정한 이유는, 대량, 정형, 신속이라는 상거래 관계 특유의 성질을 감안하여, 민사 계약관계에 비해 상사 계약관계를 정형적으로 신속하게 해결할 필요가 있기 때문이다(판례,[196] 통설).

판례는, 보험금 반환청구권 이외의 채권 분야에서, 상행위에서 직접 생긴 채권뿐만 아니라 이에 준하는 채권에도 상법 64조가 유추적용될 수 있다는 전제에서 다음과 같은 원칙과 예외의 법리를 형성해 왔다.[197] 즉 상행위인 계약의 무효로 인한 부당이득반환청구권은 민법 741조의 부당이득 규정에 따라 발생한 것으로서 특별한 사정이 없는 한 민법 162조 1항이 정하는 10년의 민사 소멸시효기간이 적용되는 것이 원칙이다. 다만 예외적으로, 부당이득반환청구권이 상행위인 계약에 기초하여 이루어진 급부 자체의 반환을 구하는 것으로서, 채권의 발생 경위나 원인, 당사자의 지위와 관계 등에 비추어 법률관계를 상거래 관계와 같은 정도로 신속하게 해결할 필요성이 있는 경우 등에는, 상법 64조가 정하는 5년의 상사 소멸시효기간이 유추적용된다.

보험금 반환청구권에 대한 선례인 대판 2016.10.27. 2014다233596은, 위의 원칙과 예외 중에서, 원칙에 따랐다. 즉 대법원은, 위험에 대한 대비가 아니라 다수의 보험계약을 통해서 부정한 보험금을 취득할 목적으로 체결된 것이어서 선량한 풍속 기타 사회질

---

195) 본서의 제2편 제6장 1. (1)

196) 대판 2005.11.10. 2004다22742; 대판 2021.8.19. 2018다270876

197) 대판 2003.4.8. 2002다64957(부동산매매계약에서 매매대금에 대한 부당이득반환청구권); 대판 2018.6.15. 2017다248803(가맹계약에서 매장 매출액의 일정 비율에 해당하는 금액을 청구하여 지급받은 것에 대한 부당이득반환청구권)

서에 반하여 무효인 공제계약에 기초하여 지급한 공제금의 반환을 구하는 사안(이러한 사안에도 상법 664조에 따라 보험계약의 무효 법리가 준용된다)에서, 부당이득반환청구권의 소멸시효기간을 10년이라고 판단했다. 상거래 관계와 같은 정도로 신속하게 해결할 필요성이 있다고 볼 근거가 없다는 등이 판단 이유로 제시되었다.

그러나 대판 2021.7.22. 2019다277812(전원)는 위 판결을 변경하였다. 즉 대법원은, 보험계약자가 다수의 계약을 통하여 보험금을 부정 취득할 목적으로 체결한 보험계약이 민법 103조에 따라 무효인 경우, 그 보험금 반환청구권에 대해 상사 소멸시효기간을 유추적용하였다. 이를 위해 제시한 판단 근거는 다음과 같으며, 이는 타당하다고 본다.

첫째, 보험계약이 민법 103조에 따라 무효인 경우 보험금은 기본적 상행위인 보험계약(상법 46조 17호)에 기초하여 의무 이행으로 지급된 것으로서, 그 반환청구권은 보험계약의 이행과 밀접하게 관련되어 있어 그 이행청구권(이는 보험금청구권을 가리키며, 여기에는 상법 662조에 따라 3년의 단기 소멸시효가 적용된다)에 대응하는 것이다. 둘째, 보험계약자가 다수의 계약을 통하여 보험금을 부정 취득할 목적으로 보험계약을 체결한 경우에는, 사안의 특성상 복수의 보험계약이 관련되므로 여러 보험자가 각자 부당이득반환청구권을 갖게 되거나 하나의 보험자가 여러 개의 부당이득반환청구권을 갖게 되는데, 이러한 법률관계는 실질적으로 동일한 원인에서 발생한 것이므로 정형적으로 신속하게 처리할 필요가 있다. 셋째, 보험계약자가 이미 지급한 보험료의 반환을 청구하는 것에는 상당한 제한(상법 648조, 662조)이 있는데, 특히 상법 662조는 보험계약의 무효로 인한 법률관계를 신속하게 해결할 필요가 있음을 전제로 보험계약자의 보험료 반환채권에 대해 3년의 단기 소멸시효를 정하고 있다는 점을 고려하면, 보험계약이 무효인 경우 보험금 반환청구권에 대하여 10년의 민사 소멸시효기간을 적용하는 것은 보험계약 당사자인 보험계약자와 보험자 사이의 형평에 부합하지 않는다.

대판 2021.8.19. 2018다258074도, 실제로 발생하지 않은 보험사고의 발생을 가장하여 청구·수령된 보험금에 대한 부당이득반환청구권에 대해 5년의 상사 소멸시효기간이 유추적용된다고 판단하였다. 이 사건은, 보험계약자가 7명의 보험자와 보장내용이 유사한 9개의 보험계약을 체결하였고, 실제로는 입원치료의 필요성이 없는데도 입원하여 치료를 받았다면서 보험금을 청구하여 보험자들로부터 160,097,947원의 보험금을 편취한 사안이었다.

11. 확인의 소

보험계약의 당사자 사이에 계약상 채무(특히 보험금지급채무)의 존부나 범위에 관하여 다툼이 있는 경우, 보험자가 보험계약자 등을 상대로 '소극적 확인의 소'(법률관계의 부존재를 확인하는 소송)를 제기할 확인의 이익이 있는지 여부의 문제를 살펴보기로 한다. 확인의 소가 적법하게 제기되려면 확인의 이익이 인정되어야 하고,[198] 이를 요구하는 이유는 국민에게 재판청구권을 인정하면서도 남소를 억제하여 재판제도가 합리적이고 효율적인 분쟁해결수단으로 역할을 할 수 있게 하기 위함이다.[199] 가령 보험계약자가 보험계약에 따라 보험금을 청구하면서 이를 다투는 보험자가 보험금지급채무의 부존재를 확인하는 소를 적법하게 제기하려면 확인의 이익이 인정되어야 한다.

대법원은 종래 보험자가 제기한 소극적 확인소송에서 보험계약자 등이 보험자의 주장을 다투는 경우 그 소가 확인의 이익이 있어서 적법하다는 전제 하에 곧바로 본안 판단을 하여 왔고(대판 2019.9.26. 2017다48706 등 다수), 재판실무도 그러하였다.[200]

그러다가 대판(전원) 2021.6.17. 2018다257958에서 이 문제가 본격적으로 다루어졌다. 이 사건에서는 보험계약자가 보험사고 발생 후 보험금을 청구하자 보험자가 고지의무 위반을 이유로 그 지급을 거절하는 한편 보험금지급채무 부존재의 확인을 구하는 소를 제기하였다.

대법원은 이 사건에서 확인의 이익이 인정되어서 적법한 소송이라고 결론지었고, 이를 위해 제시한 판단 근거는 다음과 같다. 확인의 이익은 원고의 권리 또는 법률상의 지위에 현존하는 불안·위험이 있고 그 불안·위험을 제거하는 데 피고를 상대로 확인판결을 받는 것이 가장 유효적절한 수단일 때에만 인정된다고 할 것이므로 원고의 권리 또는 법률관계를 다툼으로써 원고의 법률상 지위에 불안·위험을 초래할 염려가 있다면 확인의 이익이 있다(대판 2009.1.15. 2008다74130 참조). 그러므로 보험계약의 당사자 사이에 계약상 채무의 존부나 범위에 관하여 다툼이 있는 경우 그로 인한 법적 불안을 제거하기 위하여 보험자는 먼저 보험계약자 측을 상대로 소극적 확인의 소를 제기할 확인의 이익이 있다고 할 것이다.

이상의 결론에 대한 반대의견도 제시되었다. 즉 소극적 확인의 소에서 확인의 이익이 인정되는지의 판단에는 확인의 이익의 공적인 기능이나 소극적 확인의 소가 채권자에게 미치는 영향 등도 고려해야 하는데, 보험의 공공성, 보험업에 대한 특별한 규제, 보험계약의 내용 및 그에 따른 당사자의 지위 등에 비추어 보면, 보험계약자 등이 보험사고 여부나 보험금의 범위에 관하여 다툰다는 사정만으로는 보험자의 법적 지위에 현존하는 불안·위험이 있다고 볼 수 없을 뿐만 아니라, '특별한 사정'[201]이 없는 한 국가

198) 대판(전원) 1997.10.16. 96다11747; 대판 2009.1.15. 2008다74130

199) 대판(전원) 2007.5.17. 2006다19054(다수의견에 대한 보충의견)

200) 대판(전원) 2021.6.17. 2018다257958

201) 반대의견은, 이때 '특별한 사정'은 예를 들어 보험계약자 등이 보험계약이나 관계 법령에서 정한 범위를

적 · 공익적 측면에서 형평에 반하는 소송제도의 이용에 해당하여 확인의 이익이 결여된 것으로 보아야 한다는 것이다.

벗어나 사회적으로 상당성이 없는 방법으로 보험금 지급을 요구함으로써 보험계약에서 예정하지 않았던 불안이나 위험이 보험자에 발생하는 등의 사정이 있는 경우에 인정될 수 있고, 또한 보험계약의 체결이나 보험금 청구가 보험사기에 해당하여 보험자가 범죄나 불법행위의 피해자가 되거나 될 우려가 있다고 볼만한 사정이 있는 경우에도 보험계약에서 예정하지 않았던 불안이나 위험이 보험자에 발생한 경우에 해당하여 '특별한 사정'이 인정될 수 있다고 보았다.

제3절 보험료 반환의무

1. 보험계약의 무효, 취소

보험계약이 무효인 경우와 취소된 경우는 보험계약이 처음부터 효력을 발생하지 않은 것이 된다. 이 경우 보험계약자는 보험료지급의무가 없으므로, 보험자가 지급받은 보험료가 있는 경우 민법 741조에 따라 부당이득으로 반환해야 하는 것이 원칙이다. 다만 아래에서 보는 바와 같이 보험계약이 무효인 경우에 상법 648조의 특칙이 적용된다.

(1) 무효인 경우

1) 무효의 유형

보험계약이 무효인 경우로는, 보험계약이 선량한 풍속 기타 사회질서에 위반하는 경우(민법 103조), 보험계약의 체결 당시에 보험사고가 이미 발생하였거나 발생할 수 없는 경우(상법 644조), 사기에 의한 초과보험(상법 669조 4항), 사기에 의한 중복보험(상법 672조 3항), 타인의 사망보험에서 피보험자의 서면 동의를 얻지 못한 경우(상법 731조 1항), 15세 미만자, 심신상실자, 심신박약자의 사망을 보험사고로 하는 경우(상법 732조) 등이 있다.

2) 보험계약자 등의 고의 또는 중과실

상법 648조에 의하면, 보험계약의 전부 또는 일부가 무효인 경우에 보험계약자와 피보험자가 선의이며 중대한 과실이 없는 때에는 보험자에 대하여 보험료의 전부 또는 일부의 반환을 청구할 수 있다. 보험계약자와 보험수익자가 선의이며 중대한 과실이 없는 때에도 같다. 다시 말하면, 보험계약자 등의 고의 또는 중과실로 인해서 보험계약이 무효가 되면 보험자는 보험료의 반환책임을 면한다. 이것은 보험계약의 선의성을 위반한 보험계약자 등에 대해서 불이익을 주는 취지이다. 이 경우 보험자도 고의 또는 중과실이 있으면 어떠한가? 명문의 규정이 없으므로 일응 보험자는 보험료반환의무를 면한다고 해석할 수 있다. 그러나 이 경우까지 보험자를 보호할 필요가 없다는 점에서 상법 648조의 목적론적 축소가 필요하다고 본다.

(2) 취소할 수 있는 경우

보험계약을 취소할 수 있는 경우로는, 보험자가 보험약관의 교부·설명의무를 위반한 경우(상법 638조의3)가 있다.

2. 보험계약의 해지

(1) 해지의 유형

상법상 보험계약의 해지권이 인정되는 경우가 있다. 먼저, 보험계약자가 행사할 수 있는 것으로는 보험사고의 발생 전에 임의 해지권(상법 649조), 보험자가 파산선고를 받은 때 해지권(상법 654조) 등이 있다. 그리고 보험자에게는, 보험료 지급지체로 인한 계약의 해지권(상법 650조), 고지의무 위반으로 인한 계약의 해지권(상법 651조), 위험의 변경증가로 인한 계약의 해지권(상법 652조, 653조) 등이 있다.

(2) 상법 649조 3항

보험계약이 해지되면, 민법 550조에 따라 보험계약은 장래에 대하여 그 효력을 상실한다. 따라서 해지된 이후에 대해서는 보험계약자에게 보험료지급의무가 없는 것이 원칙이다. 문제는 보험계약자가 해지된 이후의 기간에 대해서도 이미 보험료를 보험자에게 지급한 경우에 해지 후 이를 반환청구를 할 수 있는가이다. 결론적으로 반환청구가 가능하다고 해석해야 한다. 그런데 상법 649조 3항은, 보험사고의 발생 전에 보험계약자가 임의로 계약을 해지하면, 보험계약자는 당사자 간에 다른 약정이 없으면 미경과보험료의 반환을 청구할 수 있다고 규정한다. 상법 649조 3항을 반대해석하면, 임의해지를 제외한 기타 해지의 경우 미경과보험료를 반환할 의무가 없다는 결론에 이른다. 하지만 이것은 부당한 결론이다. 임의해지의 경우에만 보험료를 반환하고 기타 해지의 경우는 반환하지 않을 이유가 없기 때문이다. 따라서 상법 649조 3항은 반대해석해서는 안 된다. 오히려 상법 649조 3항은 해지의 경우 당사자는 청산의무 또는 원상회복의무가 인정된다는 민법상 원칙[202]을 확인한 규정이라고 해석해야 한다. 이상과 같이 해석한다면, 임의해지 이외의 기타 해지에 대해서도, 상법 649조 3항과 같은 규정이 없더라도, 해지가 있으면 보험자는 다른 약정이 없는 한 원칙적으로 미경과보험료를 반환해야 한다고 해석해야 한다.[203]

(3) 반환 약관조항

1) 유효성

만약 보험약관이 보험계약을 해지할 때 미경과보험료의 반환을 규정하고 있다면,

202) 곽윤직, 채권각론, 2003, 112면

203) 다만 보험료 지급지체로 인한 계약의 해지의 경우는 미경과보험료가 존재할 수 없다.

이 약관은 유효하다고 보아야 한다. 전술한 상법 649조 3항의 해석론에 따르면, 이 약관 조항은 확인적 조항에 불과하다. 판례도 상법 652조에 따라 위험의 변경증가로 인해 계약을 해지하는 경우 미경과보험료를 반환하기로 하는 약관조항이 유효하다고 보았다. 즉 상법 652조 2항은 보험기간 중에 사고발생의 위험이 변경되거나 증가되었다는 통지를 피보험자 등으로부터 받은 보험자가 보험료의 증액을 청구하거나 보험계약을 해지할 수 있도록 규정하면서도 보험계약이 해지된 경우 미경과기간에 대한 보험료 반환에 관하여 규정을 두지 않고 있지만, 보험료불가분의 원칙에 관한 우리 상법의 태도를 고려하여 볼 때 보험자가 피보험자 등으로부터 사고발생의 위험이 변경 또는 증가되었다는 통지를 받고 이를 이유로 보험계약을 해지하는 경우, 보험약관에서 미경과기간에 대한 보험료를 반환하도록 정하고 있다면 그 보험약관은 유효하다고 보아야 하고, 그것이 상법 또는 상법상의 원칙에 위반하여 무효라고 볼 수 없다고 판시했다.[204)]

2) 보험금액 감액과 반환 기준

대판 2008.1.31. 2005다57806은, 보험기간 중에 보험사고가 발생하였으나 보험계약이 종료되지 않고 원래 약정된 보험금액에서 위 보험사고에 관해 지급한 보험금액을 감액한 잔액을 나머지 보험기간에 대한 보험금액으로 하여 보험계약을 존속시키되, 중도에 보험계약이 해지되면 미경과보험료를 반환하기로 약정한 사안이다. 대법원은 이 약정을 유효하다고 보았다. 다만 미경과보험료를 산정함에 있어서 보험금액의 기준이 원래 약정된 보험금액인지 감액한 보험금액인지가 다투어질 수 있다. 대법원은 후자로 판시하였다. 즉 보험약관에서 "피보험자가 다른 사업체와 합병함으로 인하여 보험자가 위험에 대한 담보를 계속하기를 거부하여 보험계약이 종료된 경우에는, 연간보험료를 비율에 따라 계산하여 미경과기간의 보험료를 반환한다"고 규정되어 있을 뿐이라고 하더라도, 보험료는 원칙적으로 보험자가 위험인수에 대한 대가로서 보험계약자로부터 지급받는 것으로서, 위와 같은 형태의 보험에서 보험계약의 해지 전에 보험사고가 발생함으로써 보험금이 일부 지급되고, 원래 약정된 보험금액에서 이미 발생한 보험사고에 관하여 지급한 보험금액을 감액한 잔액을 나머지 보험기간에 대한 보험금액으로 하여 보험계약을 존속시키는 경우에는 이미 발생한 보험사고로 인하여 보험자가 담보하는 위험의 크기가 감소하게 되었다고 할 것이므로, 그 후 보험계약이 해지됨으로써 미경과기간에 대한 보험료를 반환해야 한다고 하더라도 보험자는 이미 보험금을 지급한 부분에 대해서는 미경과기간의 보험료를 반환할 의무가 없고, 실제로 보험자가 위험의 인수를 면하게 된 부분에 상응하는 보험료를 기준으로 하여 미경과기간의 보험료를 산정·반환할 의무가 있다고

204) 대판 2008.1.31. 2005다57806

판시했다.

이 판결에 따르면, 가령 보험금액이 1,000만 원으로 약정된 화재보험에서 보험사고로 300만 원의 손해가 발생하고 이에 대한 보험금이 지급된 후, 약정에 따라 보험금액이 700만 원으로 감액된 채 보험계약이 존속하는 경우, 이후에 계약이 해지되었을 때 보험금액 700만 원에 상응하는 보험료에 대해서만 잔여기간에 맞춰 미경과보험료를 산정하여 보험계약자에게 지급하면 되고, 보험금액 300만 원에 관해서는 그러하지 않게 된다. 이러한 판례의 약관해석론은 상법 649조 3항의 해석에 참고할 필요가 있다.

3. 보험료불가분의 원칙

(1) 의의

보험료불가분의 원칙이란, 보험자는 보험계약이 중도에 종료되는 경우에도 그 당시 보험료기간 전부의 보험료를 취득할 수 있고, 그 당시의 보험료기간 중 미경과기간에 대한 보험료를 반환할 의무가 없다는 것이다. 이에 따르면, 보험계약이 해지된 경우 당시 보험료기간 중 미경과기간에 대한 보험료는 반환할 의무가 없고, 다만 차기의 보험료기간에 대한 보험료를 수령한 것이 있다면 이것만 반환하면 된다. 만약 보험료불가분의 원칙이 적용되지 않는다면, 보험자는 보험계약이 중도에 종료되는 경우에 종료 이후부터 해당 보험료기간 종기까지의 보험료를 반환할 의무가 있다. 보험료불가분의 원칙 하에서는 이 의무가 인정되지 않는다.

(2) 이론적 근거

보험료불가분 원칙의 이론적 근거는 보험료기간에서 찾는다. 보험료기간이란 보험료를 산정하기 위해서는 보험사고의 발생률을 예측해야 하는데, 이를 예측하는 최소의 단위기간이다.[205] 즉 보험료기간 내에서는 보다 세부적으로 보험사고 발생률의 분포를 예측할 수는 없다는 의미이다. 더 쪼갤 수 없다는 의미에서 원자와 같은 개념이고, 따라서 보험료기간의 보험료는 관념상 하나로 보아야 한다는 것이다. 극단적으로는, 특정한 보험료기간에 발생할 것으로 예측했던 사고가 그 기간 초기에 전부 발생할 가능성이 있음도 전제해야 한다는 것이다. 이러한 경우를 고려한다면, 보험계약이 중도에 종료되는 경우에, 종료 시점이 속하는 보험료기간 전부의 보험료를 보험자가 취득할 수 있어야 한

205) 가령 사망보험의 경우 보험료를 산정하기 위해서는 사망률을 예측해야 하는데, 이는 기존의 사망률 통계에 의존하게 되는 것이 보통이고, 사망률 통계의 단위기간이 연, 월, 일 중 어느 것인지에 따라 보험료기간이 정해지게 되는 것이다. 보험료기간은 보험의 기술에 달린 문제이다. 보험료기간과 보험기간은 일치할 수도 있고, 보험기간 내에 많은 보험료기간이 존재할 수도 있다.

다는 것이다.

(3) 인정 여부

학설은 보험료불가분의 원칙을 인정하는 것이 대체적인 입장이다.[206] 그 근거에 대해서는 견해가 나뉜다. 초과보험에서 보험료의 감액은 장래에 대해서만 효력이 있다는 규정(상법 669조 1항 단서), 보험료의 지급을 받지 않은 잔액이 있으면 그 지급기일이 도래하지 않은 때라도 보상금액에서 이를 공제할 수 있다는 규정(상법 677조)이 동 원칙에 대한 직접적 또는 간접적인 근거라고 보아서 상법에서 그 근거를 찾는 견해[207]가 있다. 나아가 상법 647조(보험계약의 당사자가 특별한 위험을 예기하여 보험료의 액을 정한 경우에 보험기간 중에 그 예기한 위험이 소멸한 때에는 보험계약자는 그 후의 보험료의 감액을 청구할 수 있다), 상법 649조(보험사고가 발생하기 전에는 보험계약자는 언제든지 계약의 전부 또는 일부를 해지할 수 있고, 다만 보험계약자는 당사자 간에 다른 약정이 없으면 미경과보험료의 반환을 청구할 수 있다)도 보험료불가분의 원칙에 대한 상법상 근거에 포함된다는 견해가 있다.[208] 한편 보험료불가분의 원칙을 인정하면서도 이것은 보험의 기술성이라는 이론적 근거로 인해서 인정되는 것일 뿐이지 상법상 근거규정은 없다는 견해도 있다.[209] 그리고 보험료불가분의 원칙을 인정하는 입장에서도 이 원칙은 강행규정이 아니고 임의규정이므로 당사자 사이의 약정을 통해서 변경할 수 있다고 보는 것이 일반적이다. 그래서 가령 "이 계약이 실효 또는 해지된 경우 경과하지 아니한 기간에 대해서는 일할(日割)로 계산한 보험료를 반환한다."라는 약관조항은 유효한 것으로 해석하고 있다.

하지만 보험료불가분의 원칙을 찬성하는 입장이 성문법상 근거로 내세우는 위 규정들은, 동 원칙의 근거라고 보기에 분명하지 않다. 먼저, 보험료불가분의 원칙에 찬성하는 입장에서는, 상법 649조가 규정하는 미경과보험료는 보험계약의 해지시점에 속하는 보험료기간 이후의 보험료에 해당하는 보험료를 의미한다고 해석한다.[210] 하지만 상법 649조가 규정하는 미경과보험료가 보험료기간 이후의 보험료를 의미한다는 명문의 규정이 없는 상황이다. 또한 초과보험의 경우(보험금액이 보험가액보다 큰 경우)에 보험료의 감액을 할 수 있는데, 이 경우 보험료의 감액은 장래에 대해서만 효력이 있다는 규정(상법 669조 1항 단서)에 대해 감액의 대상인 보험료는 감액청구시점이 속하는 보험료기간 이후의 보험료를 의미한다고 해석하고,[211] 이 장래효 규정이 보험료불가분 원칙에 대한 근거규

206) 박세민 130－131면; 양승규 107면; 임용수 71면; 장덕조 107면; 최기원 109면; 최준선 104면
207) 양승규 107면; 최준선 104면
208) 최기원 109면
209) 임용수 71면
210) 장덕조 160면
211) 최기원 238면. 양승규 207면; 장덕조 220면도 같은 취지이다.

정이라고 보는 견해가 있다.[212] 하지만 이 규정이 보험료불가분의 원칙에 대한 근거 규정인지가 분명하지 않다. 보험료불가분의 원칙을 인정하지 않는 입장에서 보면, 상법 669조 1항 단서의 의의는 보험료불가분의 원칙을 규정하는 데 있는 것이 아니라, 보험료의 감액의 효과가 보험금액이 보험가액을 현저하게 초과한 시점부터가 아니라 감액청구를 한 시점부터 장래를 향하여 생긴다는 점을 규정하는 데 있다고 본다. 상법 669조 1항 단서가 감액청구시점 이후에 대해 보험료 감액의 효과가 생긴다고 규정하는 데 그 의의가 있다고 본다면, 그 규정의 취지는 무엇일까? 보험료감액청구권은 보험계약자의 일방적 의사표시에 의해서 효과가 생기는 형성권인데, 그 행사로 인해서 소급적으로(보험금액이 보험가액을 현저하게 초과한 시점으로 소급해서) 효력이 생기게 하는 것은, 보험자에게 불측의 손해를 줄 수 있기 때문이다.[213] 취소권, 해제권과 같이 법률관계에 중대한 하자가 있는 경우를 제외하면, 형성권에는 원칙적으로 소급효가 인정되지 않고 있으며, 상법 669조 1항 단서의 장래효는 이에 부합하는 것이라고 볼 수 있다.

판례는 보험료불가분의 원칙을 인정하지 않는다. 대판 2008.1.31. 2005다57806에서, 대법원은 상법상 보험료불가분의 원칙을 인정하는 명문의 규정이 없다고 보았다. 즉 상법은 보험계약이 중도에 종료된 경우에 관하여 이른바 보험료불가분의 원칙에 관한 규정, 즉 보험자는 보험료 계산의 기초가 되는 단위기간인 보험료기간 전부의 보험료를 취득할 수 있고 미경과기간에 대한 보험료를 반환할 의무가 없다는 취지의 규정을 두고 있지 않으며, 오히려 상법 649조 1항과 3항에서 보험료불가분의 원칙과는 달리 보험사고의 발생 전에는 보험계약자가 언제든지 보험계약을 해지하고 미경과기간에 대한 보험료의 반환을 청구할 수 있도록 규정하고 있다고 판시했다.[214]

---

212) 양승규 107면; 장덕조 107면; 최기원 108면

213) 형성권의 제척기간이 종료되기 직전까지 시간이 경과된 후 소급적 감액청구를 당한 경우를 상상해 보자.

214) 대판 2008.1.31. 2005다57806(상법은 보험계약이 중도에 종료된 경우에 관하여 이른바 보험료불가분의 원칙에 관한 규정, 즉 보험자는 보험료 계산의 기초가 되는 단위기간인 보험료기간 전부의 보험료를 취득할 수 있고 미경과기간에 대한 보험료를 반환할 의무가 없다는 취지의 규정을 두고 있지 않으며, 오히려 상법 649조 1항과 3항에서는 위 보험료불가분의 원칙과는 달리 보험사고의 발생 전에는 보험계약자가 언제든지 보험계약을 해지하고 미경과기간에 대한 보험료의 반환을 청구할 수 있도록 규정하고 있다. 한편, 상법 652조 2항은 보험기간 중에 사고발생의 위험이 변경되거나 증가되었다는 통지를 피보험자 등으로부터 받은 보험자가 보험료의 증액을 청구하거나 보험계약을 해지할 수 있도록 규정하면서도 보험계약이 해지된 경우 미경과기간에 대한 보험료 반환에 관하여 규정을 두지 않고 있다. 그러나 앞에서 본 보험료불가분의 원칙에 관한 우리 상법의 태도를 고려하여 볼 때, 보험자가 피보험자 등으로부터 사고발생의 위험이 변경 또는 증가되었다는 통지를 받고 이를 이유로 보험계약을 해지하는 경우, 보험약관에서 미경과기간에 대한 보험료를 반환하도록 정하고 있다면 그 보험약관은 유효하다고 보아야 하고, 그것이 상법 또는 상법상의 원칙에 위반하여 무효라고 볼 수 없다. 그리고 이는 보험기간 중에 보험사고가 발생하였으나 보험계약이 종료되지 않고 원래 약정된 보험금액에서 위 보험사고에 관하여 지급한 보험금액을 감액한 잔액을 나머지 보험기간에 대한 보험금액으로 하여 보험계약을 존속시키는 경우에도 마찬가지라고 할 것이다. 다만, 보험약관에서 "피보험자가 다른 사업체와 합병함으로 인하여 보험자가 위험에 대한 담보를 계속하기를 거부하여 보험계약이 종료된 경우에는, 연간보험료를 비율에 따라 계산하여 미경과기

생각건대, 우리 상법에 보험료불가분의 원칙은 적용이 없다고 본다.[215] 보험료불가분의 원칙이 보험계약자에게 줄 수 있는 불이익을 고려하면 명문의 규정이 없이 인정될 수 있는지에 대해 의문이 있고, 또한 다수설이 근거로 삼고 있는 위 규정들이 보험료불가분의 원칙에 관한 것인지도 분명하지 않기 때문이다. 참고로 2007년에 개정된 독일의 보험계약법(VVG) 74조도 보험료불가분의 원칙을 명문으로 포기하였다. 전술한 바와 같이 보험료불가분의 원칙에 찬성하는 입장에서는, 상법 649조가 규정하는 미경과보험료는 보험계약의 해지시점에 속하는 보험료기간 이후의 보험료에 해당하는 보험료를 의미한다고 해석하지만, 이것은 상법 649조에 보험료기간이 적용되는 것을 당연히 전제한 순환논법일 뿐이지, 이것이 보험료불가분의 원칙에 대한 근거가 될 수는 없다.[216)]

이 점에서 판례도 같은 입장이다. 결국 남는 것은 보험료불가분의 원칙이 이론적 근거만으로 인정될 수 있는지 여부이다. 최근에 보험약관이 보험계약이 해지되면 이미 경과된 기간에 대한 보험료를 일할 계산으로 제외한 보험료를 반환한다고 규정하고 있는 현실에 비추어 보면,[217)] 이제 보험료불가분의 원칙은 보험기술로 인해서 인정된다는 이론적 근거를 상실했다는 점을 받아들여야 한다. 보험료 일할계산이 가능한 상황에서 보험료 계산의 관념적 불가분성을 견지하기 어려운 것이다. 따라서 보험료불가분의 원칙이 당연히 적용된다고 전제할 것이 아니고, 만약 특별한 사정으로 인해서 보험료불가분을 적용해야 할 객관적 이유가 있는 경우라면, 보험자와 보험계약자가 약정을 통해서 계약내용으로 할 수 있다고 하는 것으로 충분하다고 본다. 물론 이러한 약정도 불공정한 것

간의 보험료를 반환한다"고 규정되어 있을 뿐이라고 하더라도, 보험료는 원칙적으로 보험자가 위험인수에 대한 대가로서 보험계약자로부터 지급받는 것으로서, 위와 같은 형태의 보험에서 보험계약의 해지 전에 보험사고가 발생함으로써 보험금이 일부 지급되고, 원래 약정된 보험금액에서 이미 발생한 보험사고에 관하여 지급한 보험금액을 감액한 잔액을 나머지 보험기간에 대한 보험금액으로 하여 보험계약을 존속시키는 경우에는 위와 같이 이미 발생한 보험사고로 인하여 보험자가 담보하는 위험의 크기가 감소하게 되었다고 할 것이므로, 그 후 보험계약이 해지됨으로써 미경과기간에 대한 보험료를 반환하여야 한다고 하더라도 보험자는 이미 보험금을 지급한 부분에 대하여는 미경과기간의 보험료를 반환할 의무가 없고, 실제로 보험자가 위험의 인수를 면하게 된 부분에 상응하는 보험료를 기준으로 하여 미경과기간의 보험료를 산정·반환할 의무가 있다고 할 것이다)

215) 이기수·최병규·김인현 86면

216) 마찬가지로 보험료불가분의 원칙에 찬성하는 입장에서는, 초과보험에서 보험료의 감액은 장래에 대해서만 효력이 있다는 규정(상법 669조 1항 단서)과 관련하여 여기에서 장래의 보험료는 감액청구시점에 속하는 보험료기간 이후의 보험료에 해당하는 보험료를 의미한다고 해석하고, 보험료의 지급을 받지 않은 잔액이 있으면 그 지급기일이 도래하지 않은 때라도 보상금액에서 이를 공제할 수 있다는 규정(상법 677조)과 관련하여 여기서 지급받지 않은 보험료에는 보상시점에 속하는 보험료기간의 보험료를 포함한다고 해석하며, 보험계약의 당사자가 특별한 위험을 예기하여 보험료의 액을 정한 경우 보험기간 중에 그 예기한 위험이 소멸한 때에는 보험계약자는 그 후의 보험료의 감액을 청구할 수 있다는 규정(상법 647조)과 관련하여 여기서 그 후의 보험료는 감액청구시점이 속하는 보험료기간 이후의 보험료에 해당하는 보험료를 의미한다고 해석할 수 있겠지만, 이것은 명문의 근거가 없는 보험료기간의 개념에 근거한 해석론에 불과하다.

217) 이러한 이유에서 보험료불가분의 원칙은 원칙으로서 의미가 크게 감소했다는 견해로, 김성태 127면

인지에 대해 내용통제의 대상이 될 수 있을 것이다.

4. 소멸시효

보험계약자의 보험료 반환청구권은 3년간 행사하지 않으면 시효로 소멸한다(상법 662조).

제4절 이익배당의무

주로 생명보험의 보험자가 영업이익의 일부나 전부를 배당하기로 약관에서 정한 경우, 보험계약자에 대하여 이익배당의무를 부담한다. 생명보험의 경우 장기계약이므로 보험요율을 보수적으로 운영하므로 이러한 이익이 발생할 수 있다. 이익배당의무는 이러한 이익을 이익의 원천을 제공한 보험계약자에게 배당하는 취지이다.

주식회사인 보험회사에서는 약관에 근거규정이 있어야 이러한 이익배당의무가 인정된다. 판례는 계약자배당전잉여금의 규모가 부족한 경우에도 이원의 분석 결과에 따라 계약자배당준비금을 적립하는 것이 그 성질상 당연히 금지된다고는 할 수 없는 것이나, 사차익이나 이차익 등 이원별로 발생한 이익이 있더라도 보험계약자들에게 구체적인 계약자배당금청구권이 당연히 발생하는 것은 아니고, 보험회사가 약관에서 정한 바에 따라 그 지급률을 결정하여 계약자배당준비금으로 적립한 경우에 한하여 인정된다고 판시했다.[218] 그리고 보험계약자에 대한 이익배당은 주식회사의 주주에 대한 이익배당과는 다른 것이다. 판례는 주식회사인 보험회사가 판매한 배당부 생명보험의 계약자배당금은 보험회사가 이자율과 사망률 등 각종 예정기초율에 기반한 대수의 법칙에 의하여 보험료를 산정함에 있어 예정기초율을 보수적으로 개산(槪算)한 결과 실제와의 차이에 의하여 발생하는 잉여금을 보험계약자에게 정산·환원하는 것으로서 이익잉여금을 재원으로 주주에 대하여 이루어지는 이익배당과는 구별된다고 판시했다.[219]

상호회사의 경우 보험계약자는 단체의 사원으로서의 지위도 갖고 있으므로 보험계약자의 이익배당에 관한 권리는, 주식회사의 주주에 대한 이익배당과 같은 맥락에서 바라볼 수 있다.

---

218) 대판 2005.12.9. 2003다9742
219) 대판 2005.12.9. 2003다9742

제5장 보험계약자 등의 의무

제1절 보험료 지급의무

1. 의의

보험료지급의무는 보험자의 보험금지급의무에 대한 대가이고, 양 의무의 이런 관계로 인해서 보험계약은 유상·쌍무계약의 성격을 띤다(통설). 보험료의 지급은 보험계약의 성립 요건은 아니다. 하지만 보험실무상 보험계약의 청약을 할 때 보험료의 전부 또는 일부는 지급하는 것이 보통이다. 이와 같이 보험자가 보험계약자로부터 보험계약의 청약과 함께 보험료의 전부 또는 일부를 받은 경우에는 승낙 전에 보험보호가 주어진다. 즉 이 경우 보험자가 청약에 대한 승낙을 하기 전에 보험사고가 생기면, 청약을 거절할 사유가 없는 한 보험자가 보험금지급책임을 지고, 다만 인보험계약의 피보험자가 신체검사를 받아야 하는데 검사를 받지 않은 경우는 그렇지 않다(상법 638조의2 3항). 그리고 보험자의 책임은 당사자 사이에 다른 약정이 없으면 최초 보험료의 지급을 받은 때로부터 개시된다(상법 656조). 따라서 다른 약정이 없으면 보험계약자가 최초보험료를 지급해야 보험자가 보험금지급의무를 진다. 여기서 최초의 보험료란 보험료를 일시에 지급하기로 약정한 경우는 보험료의 전부, 보험료를 나누어 지급하기로 약정한 경우는 초회분인 1회 보험료를 가리킨다. 그리고 여기서 다른 약정이란, 보험기간이 개시된 이후에 보험료를 지급하기로(이른바 외상으로) 당사자가 약정한 경우를 의미하는 것으로, 이 경우는 보험료가 지급되기 전이라도 보험기간이 개시된 이후에 발생한 보험사고에 대해서는 보험자가 보험금지급책임을 부담한다.[1] 그리고 계속보험료를 지급지체하는 경우 보험자는 보험계약을 해지할 수 있다(상법 650조 2항).

1) 박세민 235면; 양승규 138면; 임용수 138－139면; 장덕조 144면; 정찬형 584면

2. 지급의 당사자

(1) 지급의무자

보험료지급의무는 보험계약의 당사자인 보험계약자가 부담한다. 보험계약자는 보험료지급의무를 부담하기로 계약상 약속하였고, 그 효과로서 보험료지급의무를 부담하게 된 것이다. 다시 말하면 보험계약자가 보험료지급의무를 부담하는 것은 보험계약의 효과이다.

만약 보험계약자가 여러 명인 경우 각 보험계약자는 연대하여 지급책임을 지는가? 상법 57조 1항을 근거로 이를 긍정하는 견해가 있다.[2] 생각건대, 상법 57조 1항은 여러 명이 그 1인 또는 전원에게 상행위가 되는 행위로 인하여 채무를 부담한 때에는 연대하여 변제할 책임이 있다는 규정인데, 이것은 채무자 중에서 적어도 한 명은 상인일 것이 요구된다고 해석된다.[3] 따라서 보험계약자 중 적어도 한명이 상인이어야만 위와 같이 연대책임을 진다고 해석한다.

보험료지급채무의 변제는 제3자도 할 수 있지만, 보험자와 보험계약자의 의사표시로 제3자의 변제를 허용하지 않은 때, 또는 이해관계가 없는 제3자는 보험계약자의 의사에 반하여 변제하지 못한다(민법 469조).

타인을 위한 보험계약에서도 보험계약자는 계약의 당사자로서 여전히 보험료지급의무자이다. 나아가 보험계약자 이외에 타인도 보험료지급의무자가 될 수 있다. 즉, 만약 보험계약자가 파산선고를 받거나 보험료의 지급을 지체한 때에는, 타인(손해보험에서 피보험자 또는 인보험에서 보험수익자)도 자신의 보험금청구권을 포기하지 아니하는 한 보험료지급의무를 진다(상법 639조 3항). 보험계약자의 보험료 지급에 문제가 생긴 경우, 타인이 보험금청구권자의 지위를 향유하는 한 보충적으로 보험료지급의무를 지게 한 것이다. 타인은 보험료지급의무를 계약상 약속한 것이 아니므로 이 의무는 보험계약의 효과로서 성립되는 것이 아니라, 상법 639조 3항이 특별히 인정하는 법정 의무이다. 타인이 특정된 경우에만 타인이 보험료지급의무를 지는 것으로 해석된다. 타인을 위한 보험계약에서 타인이 보험료지급의무를 부담하는 요건이 충족되면, 보험자는 보험계약자와 피보험자에게 경합적으로 보험료지급청구권을 행사할 수 있다. 보험계약자가 보험료의 지급을 지체하면, 보험자가 타인에게도 상당한 기간을 정하여 보험료의 지급을 최고한 후가 아니면 계약을 해지하지 못한다(상법 650조 3항).

---

2) 양승규 150면

3) 이철송, 상법총칙·상행위, 2012, 366면; 정경영 159면 등

(2) 수령권자

보험자는 물론 보험료를 수령할 수 있으며, 그로부터 권한을 위임받는 자도 보험료 수령권자가 된다.[4] 보험자로부터 수령권을 위임받은 보험자의 임직원이 여기에 해당된다.

또한 보험대리상은 보험료 수령권을 갖고 있으며, 보험자는 이 권한을 제한할 수 있지만 선의의 보험계약자에게 대항하지 못한다(상법 646조의2 1항, 2항). 체약보험대리상이 보험계약자에 대해서 보험료의 대납약정을 하면 보험계약자가 보험자에 대하여 보험료를 지급한 것과 동일한 법적 효과가 발생하는 것이고, 실제로 보험대리상이 보험자에 대납을 하여야만 그 효과가 발생하는 것은 아니다.[5]

그리고 보험설계사(보험대리상이 아니면서 특정한 보험자를 위하여 계속적으로 보험계약의 체결을 중개하는 자)는 보험자가 작성한 영수증을 보험계약자에게 교부하는 경우에 보험료 수령권이 인정된다(상법 646조의2 3항).

한편 보험중개사는 보험자를 위한 보험료의 수령권한이 없다는 점을 적은 서면을 미리 보험계약자에게 발급하고 설명하여야 한다.[6] 하지만 보험중개사가 보험자의 수권이 있음에도 불구하고 보험료 수령권을 가질 수 없다고 해석할 것은 아니라고 본다.

3. 보험료의 금액

(1) 의의

보험료의 금액은 보험자와 보험계약자가 보험계약의 체결 당시에 정할 사항이다. 보험료는 보험증권의 기재사항이다(상법 666조 4호). 보험의 공공성을 고려하여 보험업의 허가를 신청할 때 보험료의 산출방법서를 금융위원회에 제출하게 한다(보험업법 5조 3호).

(2) 보험료의 금액 변경

보험계약을 체결할 때 보험료가 정해지는 것이 원칙이지만, 보험료의 금액이 조정되어야 할 합리적 사정이 있는 경우 보험료가 변경될 수 있도록 할 필요가 있다. 그리하여 일정한 경우 보험료의 변경권이 인정된다. 변경권에는 감액청구권과 증액청구권이 있다. 이것은 법이 특별히 정한 권리이며, 형성권의 성질을 갖는다(통설). 변경권의 종류는 다음과 같다.

---

4) 대판 1987.12.8. 87다카1793
5) 대판 1991.12.10. 90다10315; 대판 1995.5.26. 94다60615
6) 보험업법 92조 1항, 동법시행령 41조 3항 2호, 동법시행규칙 24조 1호

1) 보험금액과 보험가액 차이

보험계약의 성립 시에 보험금액이 보험가액을 현저하게 초과하거나, 보험기간 중에 보험가액이 현저하게 감소한 경우 보험자 또는 보험계약자는 보험료의 감액을 청구할 수 있다(상법 669조 1항 본문 및 3항). 손해보험에서 보험료는 보험금액을 기준으로 정해지나 손해보상은 보험가액을 한도로 하므로, 보험금액이 보험가액을 초과하는 부분의 보험료는 보험자의 부당이득이 될 수 있기 때문에, 보험료감액청구권을 행사할 수 있게 한 것이다. 이 경우 보험료의 감액은 장래에 대해서만 효력이 있다(상법 669조 1항 단서). 여기서 장래효와 관련하여, 감액청구시점에 속하는 보험료기간 이후의 보험료기간에 해당하는 보험료를 의미한다고 해석하는 견해가 있다.[7] 이 견해는 보험료불가분의 원칙이 적용됨을 전제한 것이고, 또한 이 장래효 규정이 보험료불가분의 원칙에 대한 근거규정이라고 본다.[8] 하지만 이 규정이 보험료불가분의 원칙에 대한 근거라고 할 수 있을지가 분명하지 않다. 보험료불가분의 원칙을 인정하지 않는 입장에서 보면, 상법 669조 1항 단서의 의의는 보험료불가분의 원칙을 규정하는 데 있는 것이 아니라, 보험료의 감액의 효과가 보험금액이 보험가액을 현저하게 초과한 시점부터가 아니라 감액청구를 한 시점부터 장래를 향하여 생긴다는 점을 규정하는 데 있다고 보게 된다. 상법 669조 1항 단서가 감액청구시점 이후에 대해 보험료 감액의 효과가 생긴다고 규정하는 데 그 의의가 있다고 본다면, 그 규정의 취지는 무엇일까? 보험료감액청구권은 보험계약자의 일방적 의사표시에 의해서 효과가 생기는 형성권인데, 그 행사로 인해서 소급적으로(보험금액이 보험가액을 현저하게 초과한 시점으로 소급해서) 효력이 생기게 하는 것은, 보험자에게 불측의 손해를 줄 수 있기 때문이다.[9] 취소권, 해제권과 같이 법률관계에 중대한 하자가 있는 경우를 제외하면, 형성권에는 원칙적으로 소급효가 인정되지 않고 있으며, 상법 669조 1항 단서의 장래효는 이에 부합하는 것이라고 볼 수 있다.

2) 특별위험의 소멸

당사자가 특별한 위험을 예기하여 보험료의 금액을 정한 경우, 보험기간 중에 그 예기한 위험이 소멸한 때에는, 보험계약자는 소멸된 이후의 보험료의 감액을 청구할 수 있다(상법 647조). 당사자가 보험계약의 체결 당시에 보험료에 반영한 특별한 위험이 그 이후에 소멸하였다면, 보험계약자가 보험료감액청구권을 행사할 수 있게 한 것이다. 특별위험 소멸에 대한 입증책임은 보험계약자에게 있다(통설). 입법론으로는 특별위험의 '감

---

7) 최기원 238면. 양승규 207면; 장덕조 220면도 같은 취지이다.

8) 양승규 107면; 장덕조 107면; 최기원 108면

9) 형성권의 제척기간이 종료되기 직전까지 시간이 경과된 후 소급적 감액청구를 당한 경우를 상상해 보자.

소'를 추가할 필요가 있다고 본다.

그리고 보험료의 감액은 청구 이후 장래에 대해서만 효력이 있다고 해석한다. 장래효에 대한 명문의 규정은 없지만, 보험료감액청구권은 보험계약자의 일방적 의사표시에 의해서 효과가 생기는 형성권인데, 명문의 규정 없이 소급효를 인정하는 것은 보험자에게 불측의 손해를 줄 수 있기 때문이다. 보험료의 감액은 위험이 소멸된 시점 이후의 보험료기간에 대해서 효력이 있다는 견해가 있다.[10] 이것은 보험료불가분의 원칙을 전제한 입장이다. 우리 상법상 보험료불가분의 원칙은 인정되지 않는다고 보는 것이 타당하며, 따라서 감액청구 시점 이후부터 보험료 감액의 효과가 생긴다고 해석한다.

3) 위험의 변경증가

보험기간 중에 사고발생의 위험이 현저하게 변경 또는 증가한 경우 보험계약자 또는 피보험자가 이를 안 경우 보험자에게 통지해야 하고, 통지를 받은 보험자는 보험료의 증액을 청구할 수 있으며(상법 652조), 또한 위험의 현저한 변경 또는 증가가 보험계약자, 피보험자 또는 보험수익자의 고의 또는 중과실로 인한 경우에 이 사실을 안 보험자는 보험료의 증액을 청구할 수 있다(상법 653조). 보험계약의 체결 이후에 위험이 변경 또는 증가한 경우, 보험자가 보험료증액청구권을 행사할 수 있게 한 것이다. 이 경우 보험료의 증액은 청구시점 이후 장래에 대해서만 효력이 있다고 해석한다. 장래효에 대한 명문의 규정은 없지만, 보험료증액청구권은 보험자의 일방적 의사표시에 의해서 효과가 생기는 형성권인데 명문의 규정없이 소급효를 인정하는 것은 보험계약자에게 불측의 손해를 줄 수 있기 때문이다. 여기서도 우리 상법상 보험료불가분의 원칙은 인정되지 않는다고 보는 것이 타당하며, 따라서 증액청구 시점 이후부터 보험료 증액의 효과가 생긴다고 해석한다.

4. 지급장소

보험료의 지급장소에 대해 상법 보험편은 특별한 규정을 두고 있지 않다. 따라서 민법의 일반원칙이 적용된다. 지참채무의 원칙을 규정하고 있는 민법 467조 2항 단서를 적용하면, 보험료 지급의무자는 보험자의 현재 영업소에서 보험료를 지급해야 한다. 상법 56조[11]가 적용되는 경우 보험자의 지점이 채무이행장소가 된다. 다만 이 규정들은 임의규정이므로, 당사자가 보험료지급채무를 추심채무로 약정한 경우, 즉 보험자가 지급의무

10) 박세민 274면; 양승규 151면

11) 상법 56조(채권자의 지점에서의 거래로 인한 채무이행의 장소가 그 행위의 성질 또는 당사자의 의사표시에 의하여 특정되지 아니한 경우 특정물 인도 외의 채무이행은 그 지점을 이행장소로 본다)

자의 주소에서 채무를 추심하여 변제받기로 약정한 경우에는 이에 따라야 한다. 지참채무와 추심채무의 구별실익은, 보험료지급의무가 지참채무인 경우는 지급시기에 이행이 이루어지지 않으면 보험자의 추심행위가 있는지와 무관하게 이행지체가 되지만, 추심채무로 약정된 경우는 보험자의 추심행위가 없으면 지급시기가 경과하더라도 이행지체에 빠지지 않는다는 점에 있다.

보험자로부터 수령권한을 위임받은 보험료수령권자가 보험계약자를 직접 방문하여 보험료를 수령한 사실이 있는 경우 추심채무로 한다는 (묵시적) 합의가 있는 것으로 볼 것인지에 대해 긍정하는 견해[12]와 부정하는 견해[13]가 있다. 판례는 보험계약자를 관리하고 편의를 제공하는 목적에서 방문수금이 있었다는 사실만으로는 그러한 합의를 인정하기 어렵다는 입장이다.[14] 생각건대, 그러한 합의가 있었는지 여부는 방문수금을 하게 된 경위, 과정 등을 종합적으로 고려하여 구체적, 개별적으로 판단할 문제이다. 이를 통해서 보험계약자의 입장에서 방문수금을 합리적으로 기대할 수 있을 정도에 이른다고 판단할 수 있어야 그러한 합의를 인정할 수 있을 것이다. 단순히 보험계약자를 관리하고 편의를 제공하는 목적에서 이루어진 방문수금의 사실만으로는 그러한 합리적 기대를 인정하기 어려울 것이다. 또한 은행의 지로(Giro), 인터넷뱅킹, 폰뱅킹 등으로 보험료를 납부하는 것은 지참채무라고 볼 수 있다.[15] 그리고 은행계좌의 자동이체로 보험료를 납부하는 경우 보험계약자가 이체계좌에 보험료를 예치해 두면 보험자가 출금해 가는 방식이라면 추심채무의 성격이 강하다.[16]

5. 지급시기

보험료를 지급할 시기는 보험자와 보험계약자의 약정에 의해서 정해진다. 당사자 사이에 약정이 없으면, 보험계약자는 계약을 체결한 이후 지체없이 보험료의 전부 또는 1회 보험료를 지급해야 한다(상법 650조 1항). 다만 상법 650조 1항은 임의규정이므로 달리 정할 수 있다. 여기서 보험료의 전부 또는 1회 보험료가 최초의 보험료이다. 보험실무에서는 보험계약을 청약할 때 최초의 보험료를 지급하는 것이 보통이다. 손해보험에서는 일시납입방법을 취하는 경우가 많고, 생명보험에서는 분할납입방법을 취하는 경우가 많다. 분할납입방식을 취한 경우 초회분의 보험료가 1회 보험료이다. 이 경우 1회 보험

12) 김성태 297면(방문수금이 관행으로 되어 있어야 함); 손주찬 552면; 양승규 153면; 이기수 · 최병규 · 김인현 152면
13) 임용수 172면; 최기원 245면
14) 대판 2005.6.9. 2005다19408; 임용수 172면
15) 김성태 297면; 박세민 276면; 양승규 153면; 정찬형 598면
16) 임용수 172면

료 이후의 보험료를 계속보험료라고 부르며, 계속보험료는 당사자가 약정한 시기에 지급해야 한다(상법 650조 2항). 상법은 보험료가 위험 인수에 대한 대가라는 점을 고려하여, 보험료의 지급시기 및 그 지급을 지체했을 때의 효과에 대해서 상세하고 엄격한 규정을 두고 있다. 아래에서 최초의 보험료와 계속보험료별로 지급을 지체한 경우 효과를 살펴본다.

6. 최초보험료 지급지체의 효과

(1) 의의

보험료를 일시에 지급하기로 약정한 경우는 보험료의 전부, 보험료를 나누어 지급하기로 약정한 경우는 초회분인 1회 보험료가 최초의 보험료이다. 최초의 보험료에 대한 지급시기는 보험계약의 체결 이후 즉시이다. 즉, 보험계약자는 보험계약의 체결 후 지체없이 보험료의 전부 또는 1회 보험료를 지급해야 한다(상법 650조 1항). 여기서 보험료의 전부 또는 1회 보험료가 최초의 보험료인 것이다. 다만 상법 650조 1항은 임의규정이므로 달리 정할 수 있다. 최초의 보험료가 지급이 지체되면, 보험자의 책임과 보험계약의 효력에 영향을 미친다. 다만 실무상, 보험자가 보험계약을 승낙하기 전에 최초의 보험료를 미리 받는 것이 보통이어서, 최초의 보험료에 대한 지급지체가 실제로 문제되는 경우는 많지 않다.

(2) 해제의제 또는 해제권 발생

비록 계속계약인 보험계약이 성립되었다고 해도, 보험자의 책임을 개시시키는 최초의 보험료 지급이 없는 한, 계약이 본격적인 실행 단계에 이르렀다고 보기는 어렵다. 따라서 상법은 최초의 보험료가 지급되지 않은 경우, 보험계약의 효력을 장래를 향해 소멸시키는 해지가 아니라, 계약이 성립한 시점으로 소급하여 소멸시키는 해제의 방식으로 접근한다. 계약의 성립 후 최초의 보험료가 지불되지 않고 2월이 경과한 경우는 상법 650조 1항, 그리고 2월이 경과하기 전에는 민법 544조가 적용된다. 그리고 타인을 위한 보험계약의 경우는 650조 3항이 고려되어야 한다. 구체적인 내용은 다음과 같다.

1) 2월이 경과한 경우

상법 650조 1항에 의하면, 최초의 보험료를 지급하지 않는 경우, 다른 약정이 없는 한, 계약의 성립 후에 2월이 경과하면 계약이 해제된 것으로 본다. 즉 보험자가 해제의 의사표시를 하지 않았음에도, 법률의 규정에 의해서 보험계약이 해제된 것으로 의제 또는 간주되어서, 보험계약이 소급적으로 효력을 상실한다. 다만 이것은 임의규정이므로 당사자가 상법 650조 1항의 적용 여부를 달리 정할 수 있다.[17)]

상법 650조 1항과 상법 650조 3항의 관계도 문제된다. 상법 650조 1항에 의하면 최초의 보험료가 지급되지 않으면 자동적으로 해제가 의제되는데, 상법 650조 3항에 의하면 타인을 위한 보험계약으로서 타인이 특정된 경우, 보험계약자가 보험료의 지급을 지체하면 타인에게도 상당한 기간을 정하여 그 지급을 최고한 후가 아니면, 보험계약을 해제 또는 해지하지 못한다. 타인을 위한 보험계약을 기준으로 보면, 상법 650조 1항과 상법 650조 3항은 보험료 지급을 지체한 경우 법적 효과 면에서 서로 모순되거나 저촉되는 관계로 볼 수 있다. 따라서 두 조항을 어떻게 조화롭게 해석할지가 과제이다.

이에 대해서는 견해가 나뉜다. 타인을 위한 보험에서 최초보험료가 지급되지 않은 경우는 상법 650조 1항만 적용되고 상법 650조 3항은 적용되지 않는다는 견해,[18)] 그리고 오히려 상법 650조 3항은 적용되고 상법 650조 1항이 적용되지 않는다는 견해[19)]가 대립한다. 전자는 자기를 위한 보험계약과 균형이 맞지 않고 보험자에게 부담이 된다는 점을 논거로 한다. 후자는 상법 650조 3항이 문언상 '해지 또는 해제'라고 규정하고 있는 점을 논거로 한다.

생각건대, 현행 상법의 해석론으로는 후자가 타당하다고 본다. 상법 650조 3항은 타인을 위한 보험에서 타인을 보호하기 위해서 둔 규정이므로 자기를 위한 보험계약과의 균형이나 보험자의 부담을 고려하여 같게 처리하는 것은 맞지 않다. 또한 상법 650조 3항의 문언을 보아도 상법 650조 3항의 적용을 배제하기 어렵다. 우선, 상법 650조 3항은 지체된 보험료를 계속보험료로 한정하지 않고 그냥 보험료라고 규정함으로써 최초의 보험료가 여기에 포함될 수 있도록 규정하고 있고, 또한 해지 또는 해제하지 못한다고 규정하여 해제의제가 적용되지 않는다는 점을 간접적으로 규정하고 있다고 볼 수 있다. 또한 상법 650조 1항은 당사자가 달리 정할 수 있는 규정이지만, 상법 650조 3항은 편면적 강행규정이라고 하는 점도 상법 650조 3항을 우선적으로 적용해야 할 이유 중의 하나이다. 요컨대 상법 650조 3항은 계속보험료의 지급지체로 인한 해지에 관한 650조 2항뿐만 아니라, 최초보험료의 지급지체로 인한 해제의제에 관한 상법 650조 1항에 대하여도 특칙이라고 해석함이 타당하다. 즉 특정한 타인을 위한 보험계약에서 최초의 보험료가 지급되지 않은 경우, 해제의제는 적용되지 않고, 상법 650조 3항에 따라 해제할 수 있을

17) 양승규 155면은 가령 외상보험에 의해서 보험자가 최초의 보험료를 지급받지 않고도 보험계약상의 책임을 인수한 경우가 그렇다고 보고 있다.

18) 박세민 292면; 임용수 215면; 정동윤 543면

19) 양승규 155면; 이기수·최병규·김인현 156면; 최기원 249면; 최준선 152면(다만 입법론의 면에서는 '해제' 부분을 삭제하는 것이 바람직하다는 입장)

뿐이라고 해석한다.

2) 2월이 경과하기 전

보험계약자가 최초의 보험료 지급을 지체한 후 2월이 경과하기 전에 보험자가 취할 수 있는 조치는 무엇인가? 생각건대, 보험자는 민법 544조에 따라서 해제권을 행사할 수 있다고 본다. 즉, 보험자는 상당한 기간을 정해 보험료 지급을 최고하고 그 기간 내에 지급이 없으면 계약에 대한 해제권을 행사하는 것이 가능하다. 그 이유는 다음과 같다. 상법 650조 1항은 민법 544조와 병존관계인가 배척관계인가? 만약 배척관계라면 민법 544조는 적용의 여지가 없게 된다. 하지만 병존관계로 보는 것이 옳다. 상법 650조 1항은 최초보험료가 지급되지 않으면 해제의 의사표시가 없어도 보험계약이 해제된 것으로 본다고 할 뿐이지 해제의 의사표시를 할 수 없다고 규정하고 있지 않기 때문이다. 즉 여기의 해제의제는 주로 보험자의 편의를 위해서 해제의 의사표시를 하지 않아도 된다는 취지에서 인정된 것이라고 보아야 하지, 이와 달리 보험계약자의 보호를 위해서 2월이 경과하기 전에는 계약의 해제를 할 수 없다는 취지로 인정된 것이라는 해석은 상법 650조 1항의 규정 내용에 비추어 볼 때 무리가 있다고 본다. 따라서 보험계약자가 최초의 보험료 지급을 지체한 후 2월이 경과하기 전이라면, 보험자는 민법 544조에 따라 보험계약에 대한 해제권을 행사할 수 있다고 본다.[20] 다만 타인을 위한 보험계약으로서 타인이 특정된 경우는, 민법 544조와 상법 650조 3항에 따라서 보험자가 보험계약자뿐만 아니라 타인에게 상당한 기간을 정하여 보험료 지급을 최고하고, 그럼에도 불구하고 지급을 지체하면, 보험계약을 해제할 수 있다고 해석한다.

(3) 해제의제, 해제의 효과

최초보험료가 지급되지 않아서 보험계약이 해제된 것으로 간주되거나 해제권이 행사되면, 보험계약이 소급적으로 효력을 상실한다. 따라서 당사자는 원상회복의무를 부담한다. 하지만 이 경우 보험자가 보험료를 지급받은 것이 없으므로 이에 대한 반환 문제는 등장하지 않는다. 보험계약자 등도 보험금을 받을 수 없으므로 이에 대한 반환 문제는 역시 등장하지 않는다. 상법 656조에 의하면, 보험자의 책임은 계약 당사자 사이에 다른 약정이 없으면 최초의 보험료 지급을 받은 때로부터 개시되기 때문이다. 최초의 보험료 지급이 없으면, 비록 보험기간이 개시되고 보험사고가 발생했다고 해도, 보험자의 책임은 개시되지 않는 것이다. 따라서 최초의 보험료가 지급되지 않은 경우 해제의제 또는 해제가 있기 전에 보험계약의 효력이 유지되더라도 보험자가 보험금지급책임을 부담

20) 최기원 247면

하지 않는 것이다. 다만 상법 656조는 임의규정이다. 즉 최초의 보험료가 지급되지 않아도 보험자의 책임이 개시되는 것으로 당사자가 약정을 한 경우, 이 약정은 유효하다.

7. 계속보험료 지급지체의 효과

(1) 의의

계속보험료란, 보험료를 나누어서 지급하는 경우 초회분인 제1회 보험료를 제외한 잔여분의 보험료이다. 계속보험료의 지급시기는 보험계약의 당사자가 정할 사항이다. 보험계약자가 계속보험료의 지급을 지체하는 일은 실제로 흔히 발생하므로, 지급 지체의 효과는 중요한 문제 중 하나이다.

(2) 해지권 발생

1) 내용

계속보험료의 지급이 지체되는 경우 해지권이 인정된다. 즉 보험계약자가 계속보험료를 약정한 시기에 지급하지 않으면, 보험자는 상당한 시간을 정하여 보험계약자에게 최고하고 그 기간 내에 지급되지 않으면 보험계약을 해지할 수 있다(상법 650조 2항). 보험계약에서 계속보험료의 부지급은 보험계약의 효력에 영향을 미치는 중대한 사유라고 보고 보험자에게 해지권을 인정한 것이다. 위와 같이 계속보험료의 지급이 지체되어서 계약이 해지되려면, 납입최고 및 해지의 의사표시가 있어야 한다. 납입최고를 했다는 사실, 그리고 해지의 의사표시를 했다는 사실에 대한 입증책임은 보험자가 부담한다.[21]

타인을 위한 보험계약에 대한 특칙도 있다. 즉 타인을 위한 보험계약에서 타인이 특정된 경우, 보험계약자가 보험료의 지급을 지체하면, 보험자가 타인에게도 상당한 기간을 정하여 보험료의 지급을 최고한 후가 아니면 계약을 해지하지 못한다(상법 650조 3항). 타인이 여러 명인 보험계약의 전체를 해지하려면, 타인 모두에게 최고한 후 해지해야 한다.[22] 한편, 보험자가 보험계약자에게 상당한 기간을 정하여 보험료 지급을 최고하고 그럼에도 불구하고 보험계약자가 지급을 지체하면, 타인에게도 상당한 기간을 정하여 지급을 최고한 후에야 보험계약을 해지할 수 있다고 볼 것인지, 아니면 보험계약자가 보험료 지급을 지체하면 보험계약자와 타인에게 동시에 최고한 후 보험계약을 해지하는 것도 가능한지가 문제된다. 타인이 2차적 보험료지급의무자라는 점을 고려해서 전자가 타당한 것으로 보는 견해가 있다.[23] 생각건대, 상법 639조 3항 및 상법 650조 3항의 문리를

21) 박세민 286면; 양승규 157면; 임용수 179면
22) 대판 2022.8.19. 2017다245620
23) 박세민 292면; 임용수 182면; 최기원 249면

고려하면 후자가 타당하다고 본다. 상법 639조 3항은 "보험계약자가 보험료 지급을 지체하면" 타인이 보험료 지급의무가 있다고 규정할 뿐이지, 보험계약자가 보험료 지급을 지체하고 납입최고 후에도 계속 지체한 이후에야 타인이 보험료 지급의무가 있다고 규정하고 있지 않다. 즉 상법 639조 3항은 보험계약자의 보험료 지급지체 이후 보험계약자와 타인 모두에게 최고를 할 수 있다는 의미로 해석된다. 또한 상법 650조 3항도 "보험계약자가 보험료의 지급을 지체한 때에는" 타인에게 납입최고를 해야 한다고 규정한다. 의무를 지는 자에 대해서는 의무를 지는 시점부터 권리자가 의무이행을 촉구하는 최고를 할 수 있다고 해석할 수 있다. 요컨대, 보험계약자가 보험료 지급을 지체하면 보험자는 타인에게 보험료 지급을 최고할 수 있다고 해석하는 것이 타당하다. 이와 같이 타인을 위한 보험계약의 경우는 타인도 2차적 보험료지급의무자이지만, 이하에서는 특별한 언급이 없으면 보험계약자를 보험료지급의무자로 하여 기술하기로 한다.

계속보험료의 지급이 지체된 경우, 보험자가 일방적으로 해지하고자 하면 위와 같은 납입최고 및 해지의 의사표시를 요건으로 한다. 만약 계약보험료의 지급이 지체된 이후에 보험자와 보험료지급의무자가 계약해지에 합의하는 경우에는 최고 요건 없이도 계약을 해지할 수 있다.[24)]

2) 요건

i) 계속보험료의 미납입

계속보험료의 지급지체로 해지권이 인정되려면 우선 계속보험료가 미납입되어야 한다. 계속보험료의 지급지체는 보험계약자의 귀책사유로 인한 것이어야 한다. 만약 보험자의 귀책사유로 계약보험료의 지급이 지체되었다면 해지권이 성립되지 않는다.[25)] 가령 보험료수령권자가 보험계약자의 주소 또는 영업소에 방문하여 보험료를 지급받기로 하였으나 방문하지 않은 경우가 그러하다.[26)] 또한 보험자가 보험요율을 다른 보험자에 비하여 높게 잘못 책정함으로써 보험자와 보험계약자 사이에 다툼이 있어 보험계약자가 보험료를 납입기일 내에 납입하지 아니한 경우도 보험계약자에게 귀책사유가 없는 경우로 볼 수 있다.[27)]

---

24) 임용수 184면

25) 박세민 285면; 양승규 156면; 임용수 179면; 최준선 152면

26) 양승규 156면

27) 대판 1991.7.9. 91다12875(원고가 제2회 보험료를 납입기일 내에 납입하지 아니한 것은 피고가 보험요율을 타사에 비하여 높게 잘못 책정함으로써 다툼이 있어 왔고, 그로 인하여피고의 외무사원 또는 징수원이 제2회 보험료를 징수하러 가지도 아니하였기 때문이며, 결국 피고가 원고의 항의를 이유있는 것으로 받아들여 그 보험요율을 원고의 요구대로 시정하여 원고는 피고의 직원들이 찾아온 1988.8.2.에 바로 제2회 보험료를 납입하였으므로 원고의 위 보험료 납입지연에 어떠한 잘못이 있다고 할 수 없고, 뿐만 아니라 위와 같은 사정하에서 피고가 위 보험의 유효기간을 소급하여 기재해 준 것은 면책기간에 관한 위 특별약관의

ii) 상당기간을 정한 최고

① 내용

상법 650조 2항, 3항에 따르면, 보험자는 해지를 위해서 먼저 최고를 하도록 요구한다. 여기서 최고는 보험료지급의무자에게 계속보험료의 지급을 촉구하는 의사의 통지이다. 최고의 방법은 문서 또는 구두 등의 제한이 없다(통설). 다만 실무에서는 입증의 편의를 위해 등기우편, 녹취전화 등의 방법이 사용되는 것이 보통이다. 판례는 내용증명우편 또는 등기우편으로 발송한 우편물은 반송되는 등의 특별한 사정이 없는 한 그 즈음 수취인에게 배달된 것으로 보아야 하고,[28] 보통우편으로 발송된 경우는 상당한 기간 내에 도달했다고 추정할 수 없고 송달의 효력을 주장하는 측에서 도달사실을 증명해야 한다고 본다.[29] 최고의 기간은 거래의 통념에 따르되 2주 이상으로 정하면 충분하다.[30] 최고의 효력은 도달주의 원칙(민법 111조 1항)에 따라서 보험료지급의무자에게 도달한 때부터 생기고, 이 경우 초일불산입의 원칙(민법 157조 본문)에 따라서 도달한 날의 다음 날부터 최고의 기간이 시작된다. 보험계약자가 지급지체사실에 대해서 알고 있는지 여부를 묻지 않고 최고를 해야 한다.[31] 최고를 하도록 하는 취지가 보험계약자가 알지 못하는 정보를 알려주는 데 있는 것이 아니라 지급을 독촉하고 환기시키는 데 있는 것이기 때문이다. 보험료지급의무자가 계속보험료를 지급하지 않겠다는 의사를 표시한 경우에는 최고가 요구되지 않는다(민법 544조 단서 참조). 최고를 해야 하는 시기는 계속보험료가 약정한 시기에 지급되지 아니한 때이다(상법 650조 2항, 3항). 따라서 계속보험료의 지급이 지체되기 전에 했던 최고는 그 효력이 없다.[32] 보험료가 지급지체 되었다는 사실을 알려주고 납입을 독촉하는 것이 최고가 요구되는 이유이기 때문이다.

② 주소변경

보험료지급의무자가 최고의 의사표시를 수령할 주소(전화번호 등 연락처 포함)의 변경을 통지하지 않은 경우 최고절차는 면제되는가? 생각건대, 이 경우 최고절차가 면제된다고 보지 않는다.[33] 다만, 보험자가 보험료지급의무자의 주소 변경을 과실없이 알지 못한 경우라면 종전의 주소로 한 납입최고 및 해지의 의사표시는 효력이 있다고 해석하는 것이 공정하다. 그리고 보험약관 중에는 보험료지급의무자가 주소의 변경을 통보하지 않는

적용을 배제하여 위 보험계약의 실효를 인정하지 아니하고 제2회 보험료를 제때에 납입한 것으로 인정해 주는 취지라고 해석함이 상당하고, 따라서 피고는 원고에게 위 사고로 인한 보험금을 지급할 의무가 있다)

28) 대판 1969.3.25. 69다2449(내용증명우편); 대판 1992.3.27. 91누3819(등기우편)

29) 대판 1993.5.11. 92다2530; 대판 2009.12.10. 2007두20140

30) 박세민 286면; 양승규 157면; 임용수 181면

31) 임용수 179면

32) 박세민 286면

33) 대판 1997.7.25. 97다18479; 박세민 289면; 임용수 182면

한 보험증권에 기재된 그 주소를 보험자가 보내는 의사표시의 수령장소로 의제한다는 조항을 포함하는 경우가 있다.[34] 판례는 이 조항이 보험자가 과실없이 보험료지급의무자의 변경된 주소를 알지 못하는 경우에 한해서 적용된다고 효력유지적 축소를 했다. 즉 대판 2000.10.10. 99다35379에서 자동차보험약관에 있는 위와 같은 약관조항을 문리대로 적용하면 보험계약자의 이익에 중대한 영향을 미치는 의사표시가 상당한 이유 없이 보험계약자에 도달된 것으로 보므로 무효이고, 따라서 이런 무효를 제외하고 보험자가 과실없이 보험계약자의 변경된 주소를 알지 못하는 경우에 한하여 적용되는 것이라고 해석했다. 그리고 이 사건에서 보험계약자가 주소 이전 후에 주민등록 전입신고를 하였고, 해당 차량에 대한 자동차등록원부에 주소변경등록을 했다는 점을 고려할 때 특별한 사정이 없는 한 보험자는 보험계약자의 주소가 변경된 것을 알았거나 과실로 보험계약자의 변경된 주소를 알지 못하였다 할 것이므로, 보험자가 위 약관조항에 따라 보험계약자의 종전 주소로 한 분할보험료 납입최고나 보험계약의 해지는 효력이 없다고 판시했다.

iii) 최고기간 내 미지급 및 해지의 의사표시

① 내용

계속보험료의 지급이 지체된 경우 보험자가 납입최고를 했음에도 불구하고 상당한 기간 내에 계속보험료의 지급이 이루어지지 않으면 보험자는 보험계약에 대한 해지의 의사표시를 할 수 있다. 해지권은 형성권이므로 보험자의 일방적 의사표시에 의해서 해지의 효과가 생기고, 그 시기는 도달주의 원칙(민법 111조 1항)에 따라서 보험료지급의무자에게 해지의 의사표시가 도달한 때부터이다.

② 해지예고부 납입최고

해지예고부 납입최고라는 것은 최고를 할 때 상당한 기간 내에 계속보험료 지급을 이행하지 않으면 해지한다는 표시를 함께 붙인 경우를 가리킨다. 상법 650조 2항은 계속보험료가 약정한 시기에 지급되지 아니하면 보험자는 상당한 기간을 정하여 보험계약자에게 최고하고 그 기간 내에 지급되지 않으면 계약을 해지할 수 있다고 규정하여, 문리만으로 보면 최고와 해지가 별개로 행해져야 하며 따라서 해지예고부 납입최고는 효력이 없다고 읽힐 소지가 있다. 하지만 판례는 해지예고부 납입최고의 효력을 인정한다.

---

34) 생명보험표준약관 10조가 그러한 규정을 두고 있다.
"① 계약자(보험수익자가 계약자와 다른 경우 보험수익자를 포함합니다)는 주소 또는 연락처가 변경된 경우에는 지체없이 그 변경 내용을 회사에 알려야 합니다.
② 1항에서 정한 대로 계약자 또는 보험수익자가 변경 내용을 알리지 않은 경우에는 계약자 또는 보험수익자가 회사에 알린 최종의 주소 또는 연락처로 등기우편 등 우편물에 대한 기록이 남는 방법으로 알린 사항은 일반적으로 도달에 필요한 시일이 지난 때에 계약자 또는 보험수익자에게 도달된 것으로 봅니다."
그리고 자동차보험표준약관 45조 2항도 "보험계약자는 보험증권에 기재된 주소 또는 연락처가 변경된 때에는 지체없이 보험회사에 알려야 합니다. 보험계약자가 이를 알리지 않으면 보험회사가 알고 있는 최근의 주소로 알리게 되므로 불이익을 당할 수 있습니다"라고 규정한다.

즉 판례는 상법 650조 2항의 최고 요건 취지가 보험계약을 해지하는 데 반드시 최고와 해지의 의사표시를 별도로 해야 한다는 것은 아니므로 해지예고부 납입최고도 상당한 기간을 정한 최고로서 유효하다고 본다.[35] 또한 판례는 해지예고부 납입최고는 최고기간 내에 지급을 불이행하는 것을 정지조건으로 하는 해지의 의사표시로서 보험계약자에게 불이익을 주지 않기 때문에 유효한 것으로 보고, 최고기간 내에 지급이행이 없으면 해지의 의사를 별도로 표시하지 않아도 계약은 당연히 해지된 것으로 본다.[36]

생각건대, 상당한 기간을 주며 계속보험료의 지급을 독촉해서 보험료지급의무자에게 보험료지급지체의 사실을 환기시켜 주어야 한다는 것이 상법 650조 2항이 추구하는 채무자 보호의 본질인데, 최고와 동시에 행한 정지조건부 해지의 의사표시를 유효하다고 보더라도 이러한 본질이 훼손되는 것은 아니므로, 판례가 타당하다. 통설도 이를 유효하게 해석하고 있고, 다만 대법원이 상법 650조 2항을 문리대로 해석하는 경향이 있으므로 해지예고부 최고의 효력을 인정하기 어렵다는 견해가 있다.[37]

ⅳ) 실효약관조항 등

① 문제의 제기

실효약관조항이란 상법 650조 2항의 절차를 거치지 않고 보험계약의 효력을 종료시키는 약관조항이다. 즉 계속보험료가 지급지체되는 경우, 일정한 기간까지 지급유예를 해 주되, 그 기간이 경과하면, 상법 650조 2항의 최고 및 해지 절차없이, 자동적으로 보험계약의 효력이 종료된다는 내용의 약관조항을 가리킨다. 실효약관조항 중에는 지급유예기간없이 계속보험료의 지급기일에 지급이 없으면 즉시 보험계약이 실효된다고 정한 것도 있다. 또한 계속보험료의 지급기일에 지급이 없으면 보험계약은 유효하지만 보험자가 면책된다고 정한 것도 있다. 이것을 면책약관조항이라고 한다.

실효약관조항 등의 취지는 최고절차를 생략함으로써 이에 따른 비용을 절감하는 데 있다. 하지만 최고절차를 생략한 실효약관조항 등이 상법 650조 2항을 보험계약자 등에 불리하게 변경한 것이 아닌가 하는 의문이 제기된다. 물론 실효약관조항 등이 보험계약자 등에게 상당한 지급유예기간을 제공하는 경우는, 계속보험료의 지급지체에도 불구하고 지급유예기간 중에 보험보호가 확정적으로 제공된다는 점에서, 보험계약자에게 유리한 측면도 있다. 그러나 그 유리함이 최고절차를 생략해도 좋을 정도의 것인지가 문제되는 것이다.

35) 대판 2003.4.11. 2002다69419
36) 대판 2002.2.5. 2001다70559; 그리고 일반계약에서 해제조건부 납입최고가 유효하다는 판례로는 대판 1970.9.29. 70다1508; 대판 1981.4.14. 80다2381; 대판 1992.12.22. 92다28549
37) 김성태 307면

② 판례

1995년에 대법원 전원합의체 판결이 등장하기 전까지 유효성을 둘러싸고 판례는 대립하였다.

먼저, 유효하다고 본 판례를 보자. 대판 1987.6.23. 86다카2995에서, 실효약관조항과 관련하여 상법 650조 2항은 보험료 미납을 원인으로 하여 보험자의 일방적인 의사표시로서 보험계약을 해지하는 경우 그 해지의 요건에 관한 규정으로서 보험자의 의사표시를 기다릴 필요없이 보험료 납입유예기간의 경과로 인하여 보험계약이 당연히 실효되는 것으로 약정한 경우에는 그 적용의 여지가 없다고 판시했다. 또한 대판 1992.11.27. 92다16218은 면책약관조항과 관련하여, 상법 650조 2항은 보험료미납을 원인으로 하여 보험자의 일방적인 의사표시로서 보험계약을 해지하는 경우 그 해지의 요건에 관한 규정으로서 보험자의 의사표시를 기다릴 필요없이 분납보험료의 연체기간 동안에 한하여 보험자의 보험금지급의무를 면책시키기로 하는 내용의 보험료분납 특별약관조항에는 그 적용의 여지가 없다고 판시했다.

다음, 무효라고 한 판례를 보자. 위 대판 1992.11.27. 92다16218과 유사한 시점에 나온 대판 1992.11.24. 92다23629는 면책약관조항이 무효라고 판시하였다. 보험계약은 유효하나 보험자가 면책된다는 약관조항은 그 실질이 해지와 같은 것이고, 최고절차를 거치도록 한 상법 650조 2항을 보험계약자에 불이익하게 변경한 것이라고 보았다. 즉 대법원은 분납보험료가 소정의 시기에 납입되지 아니하였음을 이유로 위와 같은 절차를 거치지 않고 곧바로 보험계약이 해지되거나 실효됨을 규정하고 보험자의 보험금지급책임을 면하도록 규정한 보험약관은 상법 650조 2항, 663조에 위배되어 무효라고 보아야 하고, 원심이 공제계약약관이 분납공제료의 미납기간 중에 발생한 손해에 대하여 보상책임을 지지 않을 뿐 공제계약은 해소되지 않고 유효하게 존속함을 이유로 공제금 면책조항이 무효가 아니라고 하지만, 보험금을 지급하지 않으면서 보험계약을 존속시킨다는 것은 보험계약자에게 별다른 의미가 없고 보험금을 지급받을 수 없는 점에 있어서는 보험계약이 해지되거나 실효된 경우와 다를 바 없다고 판시했다. 그리고 대판 1995.10.13. 94다19280에서, 대법원은 실효약관조항이 상법 650조 2항을 보험계약자 측에 불이익하게 변경한 것으로서 무효라고 보았다. 즉 보험계약 체결 당시에 보험자와 보험계약자 사이에 분납 보험료를 소정의 시기에 납입하지 아니하면 보험계약이 당연히 실효되는 것으로 특약하였다 할지라도 보험자가 분납보험료의 납입을 최고하지 않고 계약의 해지통고도 하지 않은 이상, 보험계약은 여전히 존속 중이었다고 할 것이고, 따라서 보험사고는 계약존속 중에 발생하였다고 할 것이므로 보험자는 보험계약자에게 당연히 보험금을 지급할 의무가 있다고 판시했다.

위와 같이 판례가 대립했고, 따라서 대법원 전원합의체 판결이 불가피했다. 마침내 대판(전원) 1995.11.16. 94다56852는, 실효약관조항이든 면책약관조항이든 상법 650조 2항에 반하여 무효라고 결론지었다. 즉 상법 650조는 계속보험료가 지급되지 아니한 때에는 보험자가 상당한 기간을 정하여 보험계약자에게 최고하고 그 기간 내에 지급하지 아니한 때에는 계약을 해지할 수 있도록 규정하며, 상법 663조는 상법 650조 2항을 보험당사자 간의 특약으로 보험계약자 또는 피보험자나 보험수익자의 불이익으로 변경하지 못한다고 규정하고 있으므로, 계속보험료가 납입되지 않았음을 이유로 위와 같은 절차를 거치지 않고 막바로 보험계약이 해지되거나 실효됨을 규정하고 보험자의 보험금지급 책임을 면하도록 규정한 보험약관은 위 상법의 규정에 위배되어 무효라고 보아야 할 것이고, 상법 650조 2항이 보험료 미납을 이유로 보험자의 일방적인 의사표시로서 보험계약을 해지하는 경우의 그 해지 요건에 관한 규정일 뿐 보험자의 의사표시를 기다릴 필요없이 계속보험료가 연체되거나 혹은 계속보험료의 납입유예기간이 경과되면 바로 보험계약이 실효되거나 보험자가 면책되는 것으로 규정하는 경우까지 적용되는 것은 아니라고 해석해서는 안 되고, 따라서 이와 다른 견해를 취한 대법원 판례(1977.9.13. 77다329, 1987.6.23. 86다카2995, 1992.11.27. 92다16218)는 변경한다고 판시했다. 이후 판례는 일관되게 무효설을 지지해 오고 있다.[38)]

③ **학설**

학설로는, 유효설[39)]과 무효설[40)]이 대립한다. 유효설은, 최고절차를 거치면 등기우편 등의 비용으로 인해서 보험료가 상승하는 등 보험단체 전체의 이익에 반할 수 있다는 점, 납입최고 및 해지통지에 소요되는 기간보다 길게 납입유예기간을 주는 실효약관조항 등은 보험계약자 등에게 불리한 것만은 아닌 점, 상법 650조 2항은 해지권을 행사하는 요건에 관한 규정이지만 실효약관조항 등은 유예기간의 경과로 당연히 실효 또는 면책시키는 규정이므로 그 적용이 없다는 점을 논거로 든다. 그리고 무효설은 논거로, 실효약관조항 등은 납입최고 및 해지의 의사표시를 거치도록 하는 상법 650조 2항을 보험계약자 등에게 불이익하게 변경한 것이므로 무효(상법 663조)라고 한다.

④ **결론**

생각건대, 무효설에 찬성한다. 실효약관조항 등은 상법 650조 2항을 보험계약자 등에 불이익하게 변경한 것으로 보아야 하기 때문이다. 보험단체 전체의 이익을 우선하기

---

38) 대판 1997.7.25. 97다18479; 대판 2002.7.26. 2000다25002

39) 김성태 306면; 양승규 159면; 장경환, "상법 제650조 제2항과 실효약관", 보험법연구3, 1999, 213면; 정찬형 601면; 최기원 251면

40) 강위두 · 임재호 643면; 이기수 · 최병규 · 김인현 158면; 장덕조 178면; 정경영 837면; 정동윤 544면; 최준선 153면

위해서 상법이 규정한 최고절차를 무시할 수 없고, 또한 최고절차의 부재로 인한 실효 또는 면책의 불이익을 납입유계기간을 받는 이익으로 상쇄시킬 수 있다고 보기도 어렵다.

(3) 해지의 효과

1) 보험계약의 효력

보험계약을 해지하면 보험계약이 효력을 상실한다. 다만 그 효과는 장래효이다. 따라서 보험자가 해지 이전에 해당하는 보험료를 받았다면 이를 반환할 의무가 없고, 받지 않은 부분이 있다면 이에 대한 지급청구를 할 수 있다.[41]

보험자가 기본계약과 특약들로 구성되어 있는 하나의 보험계약의 전체 보험료의 납입을 최고하였음에도, 보험자가 그중 일부에 대한 해지를 할 수 있도록 하는 것은 허용되지 않는다.[42] 일방 당사자의 의사에 따라 장래의 법률관계를 불안정하게 만들 우려가 크기 때문이다.

2) 보험자의 책임

보험자의 책임은 해지 이후와 해지 이전으로 구분해서 살펴볼 필요가 있다. 먼저, 보험자가 보험계약을 해지하면 이는 장래를 향하여 효력을 잃는다. 따라서 해지 이후에 발생하는 보험사고에 대해 보험금지급의무가 없다. 그리고, 상법은 해지 이전에 발생한 보험사고에 대해서도 면책 규정을 두고 있다. 즉 상법 655조 본문에 의하면, 보험사고가 발생한 후에도 보험자가 계속보험료의 지급 지체를 이유로 보험계약을 해지한 경우 보험금을 지급할 책임이 없고 이미 지급한 보험금의 반환을 청구할 수 있다. 보험료지급의무와 보험금지급의무는 대가관계에 있다는 점을 반영한 것이다.

i) 지급지체 이전

상법 655조의 규정을 문리대로만 보면, 계속보험료의 지급지체 이전에 발생한 보험사고에 대해서도 보험자가 면책되는 것으로 읽힐 수 있다. 하지만 이런 식의 문리해석은, 위 대가관계를 넘어서는 과도한 불이익이 될 수 있기 때문에, 수정 해석이 필요하다.[43] 판례도 같다. 대판 2001.4.10. 99다67413에서, 상법 655조 본문은 보험사고가 발생한 후에도 보험자가 650조의 규정에 의하여 계약을 해지한 때에는 이미 지급한 보험금액의 반환을 청구할 수 있다고 되어 있어, 법문의 외양상으로는 계속보험료 미지급에 따른 상법 650조 2항의 규정에 의한 계약해지의 경우에도 이미 지급한 보험금액의 반환을 청구할 수 있는 것으로 되어 있으나, 상법 650조 2항이 보험계약자를 보호하기 위하

41) 양승규 158면

42) 대판 2022.8.19. 2017다245620

43) 박세민 293면; 임용수 183면; 정동윤 543; 정찬형 602면

여 계속보험료가 연체된 경우에 상당한 최고기간을 둔 다음 해지하도록 규정하고 있는 점 등에 비추어 볼 때, 계속보험료의 연체로 인하여 보험계약이 해지된 경우에는 보험자는 계약해지 시로부터 더 이상 보험금을 지급할 의무만을 면할 뿐, 계속보험료의 연체가 없었던 기간에 발생한 보험사고에 대하여 이미 보험계약자가 취득한 보험보호를 소급하여 사라지게 하는 것이 아니므로, 보험자는 보험계약자에 대하여 이미 지급한 보험금의 반환을 구할 수 없다고 판시했다.

ii) 지급지체 이후 해지 이전

상법 655조 본문의 문리에 따르면, 계속보험료의 지급이 지체된 후 해지 이전에 발생한 보험사고에 대한 지급책임은 보험자가 부담하지 않는다.[44] 전술한 대판 2001.4.10. 99다67413이 "보험계약이 해지된 경우에는 보험자는 계약해지 시로부터 더 이상 보험금을 지급할 의무만을 면할 뿐"이라고 판시하고 있지만, 이 판례는 계속보험료의 지급이 지체된 이후 해지 이전에 발생한 보험사고에 대한 지급책임을 정면으로 다룬 것은 아니다. 생각건대, 현행법을 문리대로 해석해서, 계속보험료의 지급지체 이후 해지 이전에 발생한 보험사고에 대해서 보험자가 면책된다고 해석하는 것은 보험계약자에게 부당하게 불리하다. 보험계약자가 계속보험료를 지급지체하더라도 보험자의 보험금지급채무는 유효하게 존재한다. 상법이 최초의 보험료의 지급이 있은 때부터 보험자의 책임이 개시된다고 할 뿐(상법 656조), 계속보험료 지급이 있어야 보험자의 책임이 존속된다고 규정하지 않는 것도 이러한 이유 때문이다. 보험자가 지체된 보험료지급채무만큼을 상계하고 보험금을 지급한다면 보험자에게 불이익하지도 않다.[45] 요컨대 계속보험료가 지급지체된 기간의 보험사고에 대해 보험자가 면책되는 것은 지급지체에 대한 과도한 불이익이다. 고지의무(상법 651조) 또는 위험변경증가 통지의무(상법 652조) 위반의 경우에는 의무위반에 대한 제재로 — 민법상 일반법리에 예외를 인정하여[46] — 계약해지 전 발생한 보험사고에 대하여 의무위반과 인과관계가 있는 경우 보험금을 지급하지 않도록 함이 타당하지만, 보험료 지급지체의 경우까지 예외를 확대하는 것은 지나친 제재이다. 따라서 계속보험료의 지급지체 이후 해지 이전에 발생한 보험사고에 대해서는 보험자가 보험금지급책임을 진다고 해석해야 하고, 이렇게 해석해도 보험자에게 특별히 불리할 것이 없다고 볼 수 있다. 이는 상법 655조의 개정을 통해서 입법적으로 보완할 필요가 있다.

---

44) 지급지체 후 보험료가 납입되었다면 해지권이 소멸하므로, 보험자가 더 이상 해지권을 행사할 수 없음은 물론이다. 본문은 해지권이 유효, 적법하게 행사된 상황을 전제로 한다.

45) 상법 677조도 참조

46) 해지에 따라 계약은 장래를 향하여 그 효력이 소멸한다.

3) 보험계약의 부활

계속보험료의 부지급으로 인해서 상법 650조 2항에 따라 보험계약이 해지되고 해지환급금이 지급되지 아니한 경우에, 보험계약자는 일정한 기간 내에 연체보험료에 약정이자를 붙여서 보험자에게 지급하고 보험계약의 부활을 청구할 수 있다(상법 650조의2 1문). 보험계약의 부활은 뒤에서 자세히 살펴보기로 한다.

8. 지급방법

(1) 어음 또는 수표에 의한 지급

1) 문제의 제기

보험계약자가 보험료를 어음 또는 수표로 지급하는 경우 보험료 지급시기를 언제로 볼 것인지가 문제된다. 어음 또는 수표는 그 채무자에 의해 어음금 또는 수표금의 변제가 거절될 수 있다는 점이 고려되어야 하기 때문이다. 그런데 보험계약자가 어음 또는 수표로 보험료를 지급할 때, 보험자가 아무런 이의를 보류하지 않고 수령하는 경우는 드물다고 할 것이다. 즉 보험료 지급시기를 어음 또는 수표의 수수시점으로 하자든가, 아니면 어음금 또는 수표금이 지급되는 시점으로 하자든가 하는 명시적 또는 묵시적 정함이 있는 것이 일반적일 것이다. 이와 같은 약정이 있는 경우 보험료 지급시기의 문제는 당사자의 의사해석의 문제가 된다. 하지만 이러한 약정이 없이 보험료를 어음 또는 수표로 지급하는 경우 보험료 지급시기를 언제로 볼 것인지가 문제되는 것이다.

2) 학설

어음 또는 수표로 지급하면서, 보험료 지급시기에 관한 당사자 사이의 약정이 없는 경우, 보험료 지급시기를 언제라고 해석할 것인지에 대해서 학설은 대립한다.

i) 일반법리설

일반법리설은 어음 또는 수표의 일반 법리에 따르자는 입장이다.[47] 은행의 자기앞수표나 은행의 지급보증이 있는 당좌수표를 수수(授受)(또는 교부)하는 경우와 같이 지급이 확실한 수표를 교부하는 경우는, 당사자의 다른 의사가 없다면 그것은 원인채무의 지급에 해당하는(또는 지급에 갈음하는) 것으로 보므로,[48] 보험자와 보험계약자 사이에 다른 특약이 없으면 어음 또는 수표가 수수된 때를 보험료 지급시기로 보게 된다. 이외의 경우

47) 박세민 281면; 손주찬 553－554면; 정찬형 599면

48) 대판 1960.5.19. 4292민상784

는, 특약이 없는 한 어음 또는 수표의 수수는 원인채무의 지급이 되지 않고 원인채무의 지급을 위한 또는 담보를 위한 것이 되어서, 원인채무와 어음채무 또는 수표채무가 병존하는 것이고, 어음채무 또는 수표채무가 변제되면 그때 비로소 원인채무가 변제되는 것으로 보는 것이 어음수표의 일반 법리이다(판례,[49] 통설). 이에 의하면 어음채무 또는 수표채무가 변제될 때를 보험료 지급시기로 보게 된다. 어음 또는 수표의 수수가 원인채무인 보험료지급채무의 변제에 갈음하는 것이 된 경우에는, 이후에 어음 또는 수표가 지급이 거절되어도, 보험료가 이미 지급되었다는 사실에 아무런 영향이 없고, 보험자는 어음 또는 수표를 통하여 채권의 만족을 받을 수밖에 없다. 다만 보험자가 어음 또는 수표의 지급기일 이전에 보험계약자에게 보험기간이 명시된 보험증권을 교부한 경우 어음 또는 수표의 교부를 보험료 지급에 갈음한 것으로 하는 묵시적 합의가 있는 것으로 보아야 한다고 한다.[50] 그리고 일반법리설은 선일자수표에 대해서도 동일한 입장을 취해서, 수표채무가 변제될 때를 보험료 지급시기로 보게 된다. 선일자수표란 수표증권상의 발행일자를 실제의 발행일보다 후일로 기재한 수표를 가리킨다. 선일자수표는 유효성이 인정되고(통설), 다만 수표증권에 기재된 발행일 이전이라도 지급제시가 되면 지급해야 한다(수표법 28조 2항).

ii) **해제조건부 대물변제설**

해제조건부 대물변제설에 따르면 어음 또는 수표의 수수시점을 보험료 지급시기로 보게 된다.[51] 이에 의하면, 어음 또는 수표의 수수를 보험료지급채무에 대한 대물변제의 일종으로 보아서, 어음 또는 수표가 지급이 거절되는 것을 해제조건으로, 그 수수시점에 보험료지급채무가 소멸되어 보험료가 지급된 것으로 본다. 만약 어음 또는 수표가 지급이 거절되면, 대물변제의 효과가 어음 또는 수표의 수수시점으로 소급하여 소멸하고, 따라서 보험료지급채무는 소급하여 소멸되지 않은 것이 된다. 따라서 어음 또는 수표가 수수되면 보험계약자가 보험료의 지급을 주장할 수 있지만, 이후 어음 또는 수표가 지급이 거절되면 그 수수 시점으로 소급하여 보험료의 부지급을 주장할 수 있는 것이다. 해제조건부 대물변제설은 선일자수표에 대해서도 동일한 입장을 취해서, 선일자수표가 수수되면, 선일자수표가 지급이 거절되는 것을 해제조건으로, 그 수수시점에 보험료지급채무가 소멸되어 보험료가 지급된 것으로 본다.

iii) **유예설**

유예설은 어음 또는 수표를 수수하면 보험료의 지급을 유예한 것으로 보는 입장이다.[52] 이에 의하면 어음 또는 수표가 수수되어도, 보험료가 지급된 것은 아니고 따라서

49) 대판 1990.5.22. 89다카13322; 대판 1997.3.28. 97다126

50) 박세민 281면; 손주찬 553－554면; 정찬형 599면

51) 강위두 · 임재호 638면

보험료지급채무는 존속한다. 하지만 유예의 효과로서 승낙 전 보험보호(상법 638조의2 3항)가 가능해지고, 또한 보험자는 최초의 보험료가 지급되지 않았음을 이유로 보험자의 책임이 개시되지 않는다든가(상법 656조), 계속보험료의 지급이 지체되었다는 이유로 계약을 해지한다든가(상법 650조 2항) 하는 주장을 할 수 없게 된다. 다만 어음채무 또는 수표채무가 변제되지 않으면, 그 유예의 효과는 소급되지 않고 장래를 향하여 소멸한다. 즉 보험자는 어음 또는 수표의 지급이 거절되기 전까지는 보험료 부지급을 이유로 보험계약자에게 불이익을 줄 수 없고, 그 이후에 대해서는 보험료 부지급을 이유로 상법 656조 또는 650조 2항에 따른 주장을 할 수 있게 된다. 유예설은 선일자수표에 대해서도 동일한 입장을 취해서, 선일자수표가 수수되면 보험료지급채무는 존속하지만 보험료 지급이 유예되어서, 보험계약자는 선일자수표의 지급이 거절되기 전에는 보험료의 부지급을 이유로 불이익을 받지 않는다.

ⅳ) 절충설

어음의 경우는 유예설, 수표의 경우는 해제조건부 대물변제설을 취하는 입장이 있다.[53] 어음은 신용증권이므로 지급기일까지 보험자가 보험료의 지급을 유예한 것으로 보고, 수표는 지급증권이므로 수표의 수수가 대물변제에 해당한다는 것이다. 그리고 절충설을 취하면서, 선일자수표는 어음과 같게 다루어야 하므로 선일자수표에 관한 한 유예설이 타당하다는 견해도 있다.[54] 이와 같이 선일자수표를 특별히 취급하는 이유는, 선일자수표는 그 발행자와 수취인 사이에 수표증권에 기재된 발행일 이전에는 지급제시를 하지 않을 것이라는 특약이 있고 따라서 단순한 지급증권이 아니라 신용증권의 성격도 있기 때문이다.[55]

3) 판례

판례는 일반법리설에 따르는 입장인 것으로 보인다. 대판 1989.11.28. 88다카33367은 최초의 보험료가 선일자수표로 지급된 경우를 다루었다. 대법원은 선일자수표가 수수된 시점을 보험료가 지급된 시점으로 볼 수 없다고 판시하였다. 전술한 바와 같이 선일자수표가 수수되면 해제조건부 대물변제설은 보험료가 지급된 것으로 보고, 유예설은 보험료의 지급이 유예된 것으로 본다는 점에서, 판례가 해제조건부 대물변제설이나 유예설을 취한 것으로 보기 어려운 것이다.[56]

---

52) 장덕조 174면; 정동윤 541면; 최기원 241면; 최준선 150면

53) 김성태 301−302면; 양승규 153면; 임용수 174면

54) 양승규 153면

55) 이 견해에 대해서 선일자수표는 수표증권상의 발행일 이전에 지급제시가 되더라도 지급의무가 있다는 점(수표법 28조 2항)을 들어 반대하는 지적도 있다. 김성태 302면.

56) 판례가 어음 또는 수표 일반에 대해 어떤 입장을 취한 것인지는 알기 어렵다는 견해도 있다. 최기원 242면.

대법원은, 선일자수표는 대부분의 경우 당해 발행일자 이후 제시기간 내의 제시에 따라 결제되는 것이라고 보아야 하므로 선일자수표가 발행 교부된 날에 액면금의 지급효과가 발생된다고 볼 수 없으니, 보험약관에 보험자가 1회 보험료를 받은 후 보험청약에 대한 승낙이 있기 전에 보험사고가 발생한 때에는 1회 보험료를 받은 때에 소급하여 그때부터 보험자의 보험금 지급책임이 생긴다는 조항이 있는 경우에, 보험설계사가 청약의 의사표시를 한 보험계약자로부터 1회 보험료로서 선일자수표를 발행받고 보험료영수증을 교부해 주었다고 해도 그가 선일자수표를 받은 날을 보험자의 책임발생 시점이 되는 1회 보험료의 수령일로 볼 수 없다고 판시했다.[57]

4) 결론

생각건대, 유예설이 타당하다. 즉 보험계약자가 어음 또는 수표로 보험료를 지급하는데, 보험자가 아무런 이의를 보류하지 않고 수령한 경우라면, 어음채무 또는 수표채무를 변제할 때까지 보험료의 지급을 유예한 것이라고 본다. 보험계약자가 어음 또는 수표로 보험료를 지급하는데, 보험자가 아무런 이의를 보류하지 않고 수령하는 경우는 드물다고 본다. 즉 지급시기를 어음 또는 수표의 수수시점으로 하자든지, 아니면 어음금 또는 수표금이 지급되는 시점으로 하자든지 하는 정함이 있는 것이 일반적일 것이다. 그럼에도 불구하고 아무런 이의를 보류하지 않았다는 것은 어음채무 또는 수표채무가 변제될 때까지 보험료 지급을 유예한 것이라고 보는 것이 타당하다. 이와 달리, 어음이나 수표 자체의 교부로 보험료지급이 이루어졌다고 보는 것은, 자기앞수표나 은행의 지급보증이 있는 당좌수표를 제외하고는, 어음 또는 수표의 일반 법리를 고려할 때 합리적 당사자의 의사에 반한다. 따라서 해제조건부 대물변제설은 타당하지 않다. 그렇다고

57) 대판 1989.11.28. 88다카33367(선일자 수표는 그 발행자와 수취인 사이에 특별한 합의가 없었더라도 일반적으로 수취인이 그 수표상의 발행일 이전에는 자기나 양수인이 지급을 위한 제시를 하지 않을 것이라는 약속이 이루어져 발행된 것이라고 의사해석함이 합리적이며 따라서 대부분의 경우 당해 발행일자 이후의 제시기간 내의 제시에 따라 결제되는 것이라고 보아야 한다. 물론 선일자수표도 본질적으로 일람불(출급)성을 잃은 것은 아니므로 위에서 본 발행일자 이전에 지급을 위한 제시가 있을 때에는 그날에 지급하여야 되게 되어 있음은 수표법 28조 2항에 의하여 분명하고 이것은 동시에 발행자에게 위험(부도, 과료 등)부담을 강요하는 것과 같은 측면이 없지 아니하나 그렇다고 해서 선일자 수표가 발행 교부된 날에 액면금의 지급효과가 발생된다고 볼 수 없다. 이 사건에 있어서와 같이 보험약관상에 보험자가 제1회 보험료를 받은 후 보험청약에 대한 승낙이 있기 전에 보험사고가 발생한 때에는 제1회 보험료를 받은 때에 소급하여 그때부터 보험자의 보험금지급 책임이 생긴다고 되어 있는 경우에 이 사건과 같은 생명보험의 모집인이 그의 권유에 응한 청약의 의사표시를 한 보험계약자로부터 제1회 보험료로서 선일자 수표를 발행받고 보험료 가수증을 해준 경우에는 비록 보험모집인이 소속 보험회사와의 고용계약이나 도급적 요소가 가미된 위임계약에 바탕을 둔 소속보험회사의 사용인으로서 보험계약의 체결대리권이나 고지수령권이 없는 중개인에 불과하다 하여도 오늘날의 보험업계의 실정에 비추어 제1회 보험료의 수령권이 있음을 부정할 수는 없으나 그렇더라도 그가 선일자 수표를 받은 날을 보험자의 책임발생 시점이 되는 제1회 보험료의 수령일로 보아서는 안 된다)

어음 또는 수표의 일반 법리에 철저히 따르는 것은, 보험자가 아무런 이의유보없이 어음이나 수표를 수령한 경우, 이 시점부터 보험보호가 시작된다고 믿는 보험계약자의 합리적 기대를 외면하는 것이다. 또한 보험자가 어음 또는 수표를 언제 지급제시하는지에 따라 보험료의 지급시기가 결정되어서 보험계약자의 지위가 지나치게 불안정하다. 따라서 어음 또는 수표의 일반법리설도 타당하지 않다.

(2) 신용카드에 의한 지급

신용카드로 보험료를 납부하는 경우 보험료의 지급시기를 언제로 볼 것인지가 문제된다. 특별한 사정이 없는 한 보험계약자가 실제로 신용카드대금을 신용카드회사에 결제한 시점이라고 보는 견해,[58] 특별한 사정이 없는 한 신용카드 거래승인(또는 매출승인)을 받은 시점이라고 보는 견해[59]가 있다. 후자가 타당하다고 본다. 신용카드 거래승인을 받은 경우[60] 신용카드회사의 부도 등 특별한 사정이 없는 한 가맹점인 보험자가 신용카드회사로부터 신용카드대금을 결제받는 데 문제가 없으므로, 신용카드를 통한 납부는 보험료채무의 지급에 갈음하는 것으로 보아야 한다. 다만 이보다 보험계약자에게 유리한 내용의 약관조항이 유효함은 물론이다.[61]

9. 소멸시효

보험자는 보험료청구권을 2년간 행사하지 않으면 시효로 인해서 소멸한다(상법 662조). 2014년에 상법을 개정하기 이전에는 보험료청구권의 시효기간이 1년이었다. 소멸시효는 권리를 행사할 수 있는 때로부터 진행된다(민법 166조 1항). 최초의 보험료에 대한 지급시기를 약정한 경우는 그 시기가 소멸시효의 기산점이고, 그러한 약정이 없는 경우는 보험계약이 성립하면 보험계약자가 지체없이 보험료를 지급해야 하므로(상법 650조 1항), 보험계약이 성립한 때가 소멸시효의 기산점이라고 할 수 있다. 계속보험료는 당사자가 약정한 시기에 지급해야 하므로(상법 650조 2항), 그 시기가 소멸시효의 기산점이 된다.

---

58) 김성태 302면

59) 임용수 176면

60) 신용카드 거래승인서비스는 신용카드의 불량여부 및 이용한도 초과여부 등을 검증하여 거래승인 결과를 온라인으로 신속하고 정확하게 제공하는 서비스이다.

61) 생명보험표준약관 23조 1항(회사는 계약의 청약을 승낙하고 제1회 보험료를 받은 때부터 이 약관이 정한 바에 따라 보장을 합니다. 또한, 회사가 청약과 함께 제1회 보험료를 받은 후 승낙한 경우에도 제1회 보험료를 받은 때부터 보장이 개시됩니다. 자동이체 또는 신용카드로 납입하는 경우에는 자동이체신청 또는 신용카드매출승인에 필요한 정보를 제공한 때를 제1회 보험료를 받은 때로 하며, 계약자의 책임 있는 사유로 자동이체 또는 매출승인이 불가능한 경우에는 보험료가 납입되지 않은 것으로 봅니다)

제2절 위험변경증가에 관한 통지·유지의무

1. 총설

(1) 의의

상법은 보험계약의 체결 이후에 위험변경증가로 인해서 계약과 위험이 일치하지 않게 된 경우에 대비하여 이 불일치를 조정할 수 있게 해주는 제도를 마련하고 있다. 즉 보험자로서는 보험계약을 체결할 당시의 보험사고 발생가능성을 기준으로 계약의 체결 여부 및 그 조건을 정했던 것인데 그 이후에 위험변경증가가 생기면 보험사고 발생가능성이 높아지므로 계약의 유지 여부 및 그 조건을 조정할 필요성이 생기는 것이다.

이에 따라 상법 652조는 위험이 현저하게 변경 또는 증가(이하 '위험변경증가')된 경우 보험계약자 등의 통지의무를 규정하고, 상법 653조는 보험계약자 등이 고의 또는 중과실로 인해서 위험변경증가를 시키지 말 것(유지의무)을 규정하며, 상법 655조는 위험변경증가로 인해 계약이 해지된 경우 해지의 효과에 대해 규정하고 있다. 상법 651조의 고지의무가 보험계약을 체결할 당시에 위험과 계약의 일치 문제라면, 위 규정들은 보험계약을 체결한 이후의 위험과 계약의 일치 문제인 것이다.

(2) 취지

먼저, 상법 652조 통지의무의 취지는, 고지의무처럼 보험제도의 기술적 성질, 또는 일반계약법의 원리인 사정변경의 원칙에서 찾는다.[62] 나아가 위험변경증가에 관한 정보가 주로 보험계약자 측의 지배영역 내에 생긴다는 점도 취지라고 본다(정보비대칭).[63]

다음, 상법 653조 유지의무의 취지는, 보험계약이 우연한 사고를 보장하는 사행계약이라는 성격을 띠고 있어서 보험계약자 등이 임의로 위험을 변경증가시키지 말아야 한다는 데 있다는 견해가 일반적이다.[64]

(3) 법적 성격

통설은 통지·유지의무의 법적 성질을 간접의무로 해석한다. 즉 이 의무는 보험자가

---

62) 박세민 304면; 최기원 255면; 최준선 159면

63) 대판 1992.7.10. 92다13301(보험자로서는 보험계약 체결 당시의 보험사고 발생의 가능성을 기준으로 보험료 및 보험금액을 산정하여 보험계약을 체결하므로 보험사고 발생의 가능성이 증가한 경우에는 보험료를 조정할 필요성이 있고, 그러한 사정은 보험계약자의 지배영역 내에서 발생한다는 점에 비추어 보험계약자가 보험자에게 그러한 사정을 고지하여 보험자로부터 승인을 받거나 보험료를 다시 조정하도록 하는 데 있다)

64) 김성태 312면; 양승규 165면; 정찬형 609면

소송 또는 강제집행으로 그 이행을 강제할 수 없고, 위반이 있으면 일정한 법적 불이익, 즉 보험자가 보험료증액청구권 또는 해지권을 행사하는 효과가 생긴다.

(4) 요건 및 효과의 개요

상법 652조에 의하면, 보험기간 중에 보험계약자 또는 피보험자가 위험이 현저하게 변경증가된 사실을 안 때에는 지체없이 보험자에게 통지하여야 한다. 보험계약자가 통지의무를 해태한 경우는 보험자가 위험변경증가를 안 날로부터 1월 내에 한하여 계약을 해지할 수 있으며(1항), 보험자가 통지를 받은 경우에는 1월 내에 보험료증액청구권 또는 해지권을 행사할 수 있다(2항). 상법 652조에 의하면, 보험계약자 등이 위험변경증가를 알지 못한 경우에는 보험자가 아무런 조치를 취할 수 없게 된다.[65)]

상법 653조를 보면, 보험기간 중에 보험계약자, 피보험자 또는 보험수익자의 고의 또는 중과실로 인해 위험이 현저하게 변경증가된 때에는, 보험자가 위험변경증가를 안 날부터 1월 내에 보험료증액청구권 또는 해지권을 행사할 수 있다. 이 규정에 의하면, 보험계약자 등은 고의 또는 중과실로 위험변경증가를 시켜서는 안 될 의무를 부담하고 있고, 이를 위험유지의무라고 부르는 것이 보통이다.[66)]

이상에서 보면, 상법 652조의 위험변경증가는 보험계약자 등이 위험변경증가를 안 경우 통지해야 하고, 통지하지 않으면 보험자에게 해지권이 생기며(652조 1항), 통지하면 보험자에게 보험료증액청구권 또는 해지권이 생긴다(652조 2항). 한편 상법 653조의 위험변경증가는 보험자에게 보험료증액청구권 또는 해지권이 생긴다. 상법 652조 2항 및 653조의 법문상 보험자는 보험료증액청구권 또는 해지권 중에서 임의로 선택하여 행사하는 것이 가능하다고 해석된다.

상법 655조는, 계약이 상법 652조 또는 653조에 따라 해지된 경우 보험자의 책임문제를 규정한다. 이에 따르면, 보험자는 해지 이전에 발생한 보험사고에 대해 면책되는 것이 원칙이지만, 위험변경증가가 보험사고의 발생에 영향을 미치지 않았음이 증명된 때에는 보험자가 책임을 진다. 여기서 인과관계 부존재에 대한 입증책임은 보험계약자 측에게 있다.[67)]

---

65) 김성태 315면; 최기원 265면
66) 대판 1997.9.5. 95다25268. 위험변경증가 금지의무라고도 한다.
67) 대판 1997.9.5. 95다25268

2. 위험변경증가의 통지의무

(1) 요건

1) 통지의 당사자

통지의무는 보험계약자 및 피보험자가 부담한다(상법 652조). 따라서 인보험의 보험수익자는 통지의무를 부담하지 않는다.

통지의 상대방은 보험자 또는 그로부터 통지수령권한을 위임받은 자이다. 보험자로부터 통지수령권을 위임받은 보험자의 임직원이 여기에 해당된다. 보험대리상은 통지수령권을 갖고 있으며, 보험자는 이 권한을 제한할 수 있지만 선의의 보험계약자에게 대항하지 못한다(상법 646조의2 1항, 2항). 보험설계사는 통지수령권이 없다(판례,[68] 통설). 보험중개사는 보험계약자 등으로부터 보험계약에 관한 고지 또는 통지사항의 수령권한이 없다는 점을 적은 서면을 미리 보험계약자에게 발급하고 설명하여야 한다.[69] 보험설계사 또는 보험중개사도 보험자가 별도로 수권한 경우에는 통지수령권을 갖는다고 보아야 한다.

2) 현저한 위험변경증가

i) 개념 및 입증

현저한 위험변경증가의 사실은 상법 652조 및 653조의 객관적 요건이다. 여기서 위험은 보험사고의 발생 가능성을 가리키고,[70] 현저한 위험변경증가의 사실이란 그 변경 또는 증가된 위험이 보험계약의 체결 당시에 존재하고 있었다면 보험자가 보험계약을 체결하지 않았거나 적어도 그 보험료로는 보험을 인수하지 않았을 것으로 인정되는 정도의 것을 말한다.[71] 통설도 같다.[72] 그리고 어떠한 상태의 발생이나 변경이 여기에 해당하는지 여부는 구체적인 여러 사정을 종합하여 인정·판단하여야 할 문제이다.[73] 이러한 정의는 고지의무의 대상인 중요사항에 대한 그것과 별로 다르지 않다는 것을 알 수 있는데, 위험통지·유지의무가 고지의무처럼 위험과 계약의 일치 문제를 다룬다는 점에

68) 대판 2006.6.30. 2006다19672
69) 보험업법 92조 1항, 동법시행령 41조 3항 2호, 동법시행규칙 24조 1호
70) 대판 1996.7.26. 95다52505
71) 대판 1997.9.5. 95다25268; 대판 2000.7.4. 98다62909; 대판 2003.11.13. 2001다49630; 대판 2011.7.28. 2011다23743
72) 소수설로는 일반적으로 보험자가 예상할 수 없는 돌발적 사건으로 한정해야 한다는 견해도 있다(채이식 92면).
73) 대판 2011.7.28. 2011다23743; 대판 1996.7.26. 95다52505(화재보험의 목적물의 양도로 인하여 이러한 정도의 위험의 변경 또는 증가가 있었는지 여부는 보험목적물의 사용·수익방법의 변경 등 기록에 나타난 양도 전후의 구체적인 여러 사정을 종합하여 인정·판단하여야 한다)

서 같기 때문이다.

위험변경증가와 관련하여 변경은 무의미하다는 견해가 유력하다.[74] 왜냐하면 상법 652조와 관련하여 위험의 변경은 증가와 감소를 의미하는데, 감소는 상법 652조에서 문제되지 않으므로, 결국 변경은 증가와 중복될 뿐이고 증가라고 표현하는 것으로 충분하기 때문이다. 그리고 주요국의 입법례도 위험의 증가라고만 한다.[75] 가령 독일 보험계약법 23조－27조도 위험의 증가라고만 표현한다. 그리고 2008년에 제정된 일본 보험법도 위험의 증가라고만 하고 있고(29조, 56조, 85조), 이것은 2008년 이전 일본의 구상법이 위험의 변경 또는 증가라고 규정했던 것(656조, 657조)으로부터 변화된 것이다. 한편 변경이라는 문구는 무해한 규정이고, 위험의 변경이 유의미한 경우는 위험종류를 변경한 경우 새로운 보험계약을 체결하는 대신에 보험자와 협의하여 변경된 위험에 대해서 보험료를 증액하고 담보할 경우에 필요하므로, 변경이라는 문언을 그대로 두어도 무방하다는 견해가 있다.[76] 물론 위험종류의 변경이 있는 경우 계약의 당사자가 합의를 통해서 계약내용을 변경하는 것은 가능하지만, 상법 652조에는 이러한 합의와 관련하여 적용할 내용이 없다. 따라서 상법 652조와 관련하여 위험의 변경 또는 증가는 증가라고만 표현하는 것이 타당하다고 할 것이다.

해상보험의 경우 항해변경이나 선박변경의 경우도 위험변경증가에 해당하는 경우가 있을 수 있다. 그런데 항해변경이나 선박변경의 경우 보험자가 면책된다고 별도로 규정되어 있으므로(상법 701조, 703조), 상법 652조, 653조도 경합적으로 적용된다고 볼 수 있는지가 문제된다. 이에 관해서 경합적 적용을 부정하는 견해가 있다.[77] 생각건대, 우리 상법의 해석으로는, 상법 701조와 703조가 상법 652조의 적용을 배제하고 있지 않고, 또한 상법 652조는 보험료 증액 또는 보험계약의 해지에 관한 규정으로서 상법 701조 및 703조와 서로 모순되거나 저촉되지 않으므로, 이들은 경합적으로 적용된다고 본다.

그리고 위험변경증가 사실의 입증은 그 존재사실을 들어 보험계약의 해지를 주장하는 보험자가 부담한다.[78] 이에 대한 입증은 보험계약자에게 기대하기 어려운 전문적 사항이다. 따라서 약관에서 이러한 입증책임을 보험계약자 등에게 전환시키는 경우가 있다면, 이는 상법 보험편을 보험계약자 등에게 불이익하게 변경한 것으로 보아서 무효(상법 663조)라고 해야 한다.[79]

---

74) 노일석, "보험계약에 있어서 위험의 변경 · 증가", 상사법연구5, 1987, 19－20면; 손주찬 557면
75) 한기정, "보험계약상 위험변경증가에 대한 입법론적 고찰", BFL48, 2011, 55－63면
76) 최준선 161면
77) 최준선 161면
78) 대판 1996.7.26. 95다52505
79) 박세민 307면; 임용수 190－191면; 최준선 164면

ii) 귀책사유의 문제

상법 652조의 위험변경증가와 보험계약자 등의 귀책사유 관계가 문제된다. 상법 652조의 위험변경증가는 상법 653조와 달리 보험계약자, 피보험자 또는 보험수익자의 고의 또는 중과실에 의하지 않은 위험변경증가만을 가리킨다고 볼 것인가? 이를 긍정하는 견해가 유력하다.[80] 즉 상법 652조의 위험변경증가는 자연적 사건으로 생긴 것이거나 보험계약자 등이 개입할 수 없는 제3자의 행위 등에 의한 것을 가리킨다고 한다.[81] 이 견해에 따르면 위험변경증가가 보험계약자 등의 귀책사유에서 비롯되지 않은 것을 객관적 위험변경증가(상법 652조), 그리고 위험변경증가가 보험계약자 등의 귀책사유에서 비롯된 것을 주관적 위험변경증가(상법 653조)라고 하여, 두 가지 유형으로 구분한다.

생각건대, 현행법의 해석으로는 상법 652조의 위험변경증가가 보험계약자 등의 귀책사유에서 비롯되지 않은 경우로 한정하지 않는 것이 타당하다. 왜냐하면 상법 652조가 명문으로 그러한 제한을 두고 있지 않을 뿐만 아니라, 위험변경증가가 보험계약자 등의 귀책사유에서 비롯된 경우에는 상법 653조만 적용된다고 해석하기도 어렵기 때문이다. 위험변경증가가 보험계약자 등의 귀책사유에서 비롯되지 않은 경우에도 상법 652조의 통지의무가 인정된다면, 위험변경증가가 보험계약자 등의 귀책사유에서 비롯된 경우에도 그러한 통지의무가 인정된다고 물론해석하는 것이 자연스럽고, 이러한 통지의무를 인정한다고 하더라도 상법 653조의 효과와 서로 배척하거나 모순되지 않기 때문이다. 상법 653조에 통지의무가 규정되어 있지 않은 것이 고의 또는 중과실로 인한 위험변경증가에 대해 통지의무를 부담시키는 것을 기대하기 어렵기 때문이라고 해도,[82] 이 점이 상법 652조의 적용을 배척할 이유는 아니라고 본다. 판례도 상법 652조의 적용범위를 위험변경증가가 보험계약자 등의 귀책사유에서 비롯되지 않은 경우로 한정하는 것으로 보이지 않는다. 가령 대판 1998.11.27. 98다32564는 보험계약자 등이 보험목적인 자동차의 구조를 변경시킨 사건에서, 이것은 보험계약자 등의 고의 또는 중과실로 인한 현저한 위험변경증가에 해당한다고 볼만함에도 불구하고, 상법 652조를 적용하였다.

iii) 일시적 위험변경증가

현저한 위험변경증가라도 일시적인 것에 그치는 경우 상법 652조 또는 653조가 적용되는가? 판례는 부정한다. 통설도 같다. 대판 1992.11.10. 91다32503은, 화물트럭의 연결고리장치에 무게 3.3톤의 컴프레서를 로우프로 매단 채 사람의 통행이 많은 서울 시

---

80) 김성태 313면; 박세민 308면; 양승규 162면; 정동윤 546면; 정찬형 605면; 주기동, "상법상 통지의무와 보험약관상 통지의무", 법조52-7, 2003, 9면

81) 양승규 162면

82) 주기동, "상법상 통지의무와 보험약관상 통지의무", 법조52-7, 2003, 9면

내 거리를 2km 이상 운행했던 사안인데, 대법원은 이것이 일시적 위험변경증가에 불과하고, 상법 652조와 653조가 적용되는 위험변경증가는 일정상태의 계속적 존재를 전제로 한다고 판시했다.[83] 어느 정도가 일시적인지 지속적 또는 계속적인지는 구체적, 개별적으로 판단할 문제이다. 생각건대, 일시적인 위험변경증가에 대해 보험계약의 해지권까지 인정되는 것은 지나치다는 점에서, 판례 및 통설에 찬성한다. 일시적 위험변경증가는 계약체결 여부나 보험료의 금액에 영향을 미칠 정도의 것이 되지 못하기 때문이다. 대신에, 일시적인 위험변경증가는 인위적 보험사고의 법리(상법 659조, 732조의2, 739조, 739조의3)에 의해서 규율하면 된다. 즉 일시적 위험변경증가로 인한 사고가 인위적 보험사고에 해당하면 보험자는 면책되는 것이다.

위와 같이 일시적인 위험변경증가는 현저한 위험변경증가에서 제외하되, 그 기간의 장단은 문제가 되지 않는다. 즉 일시적인 위험변경증가가 아닌 한, 단기간의 위험변경증가라고 해도, 원상으로 회복될 가능성이 있는지 여부를 묻지 않지 않고, 통지의무의 대상이 된다.[84] 다만 단기간의 위험변경증가가 이미 소멸한 경우에도 통지의무를 부담하는가? 이를 부정하는 것이 타당하다.[85] 단기간의 위험변경증가가 이미 소멸하였음에도 불구하고, 소멸 이후에 보험계약자 등이 이를 알았다는 이유로 통지의무를 부과하는 것은, 그가 알지 못했던 위험변경증가에 대해서 통지의무를 부담하는 것과 그 실질이 같기 때문이다. 요컨대 위험변경증가가 계속되는 중에 이 사실을 알게 되어야 보험계약자 등이 통지의무를 부담한다고 보아야 한다.

iv) 위험변경증가의 사례

① 위험변경증가가 인정된 경우

판례가 현저한 위험변경증가의 사실로 인정한 예로는, 화재보험에서 근로자들이 폐업신고에 항의하면서 공장을 상당기간 점거하여 외부인의 출입을 차단하고 농성하는 행위,[86] 화재보험에서 보험목적인 건물의 구조와 용도에 상당한 변경을 가져오는 증·개축공사가 시행된 경우,[87] 자동차보험에서 보험목적인 자동차의 구조가 현저히 변경된 경

---

83) 대판 1992.11.10. 91다32503(위험의 현저한 증가에 관한 상법 652조, 653조의 규정취지 등을 종합하여 고려해 볼 때, 위 약관의 면책조항에서 말하는 '위험의 현저한 증가'는 그 증가한 위험이 공제계약 체결 당시 존재하였던 거라면 피고가 계약을 체결하지 않았거나 실제의 약정 공제분담금보다 더 고액을 분담금으로 정한 후에야 계약을 체결하였을 정도로 현저하게 위험이 증가된 경우를 가리킨다고 봄이 상당하다 할 것이며, 또한 공제분담요율 산정기준으로서의 위험 개념은 일정상태의 계속적 존재를 전제로 하는 것으로 여겨지므로 일시적으로 위험이 증가되는 경우는 위 약관에서 말하는 위험의 현저한 증가에 포함되지 않는다고 해석된다)

84) 박세민 307－308면; 양승규 162면; 최준선 163－164면

85) 박세민 308면; 양승규 162면; 최준선 164면

86) 대판 1992.7.10. 92다13301

87) 대판 2000.7.4. 98다62909

우,[88] 공장화재보험에서 폐기물 처리업자가 다량의 폐마그네슘을 반입하여 보관한 경우[89] 등이 있다.

② **위험변경증가가 인정되지 않은 경우**

판례에 의해서 현저한 위험변경증가의 사실이 부인된 사례도 있다. 렌터카 회사가 보험목적인 자동차를 지입차주로 하여금 독자적으로 렌터카 영업을 하는 것을 허용하는 형태로 렌터카 사업을 영위한 경우, 그 운행 형태는 렌터카 본래의 운행 형태와 거의 같은 것이어서 위험변경증가의 사실이 부인되었다.[90] 또한 화재보험에서 보험목적인 공장의 기계기구 등의 양도로 인하여 그 소유자가 바뀌었다고 해도, 보험요율이 기계기구를 중심으로 그 영위직종, 영위작업, 건물구조 및 위치에 따라서 결정되고 그 운영주체는 원칙적으로 고려요소가 아니어서, 당연히 위험변경증가가 있었다고 볼 수는 없다.[91] 그리고 승합차를 비사업용으로 하여 가입한 자동차보험에서 피보험자가, 서적 도매상에서 일당을 받고 서적의 상·하차, 분류 및 배달 업무에 종사하면서, 다른 차량과 함께 가끔 승합차를 이용하여 서적을 배달한 일이 있다는 정도의 사실만으로는 위험변경증가가 있었다고 보기 어렵다.[92]

③ **다른 보험계약의 가입**

판례는 인보험, 손해보험 공히 보험계약의 체결 후 다른 보험계약에 가입했다는 사정이 현저한 위험변경증가에 해당하지 않는다고 본다. 다수설은 판례에 반대한다. 하지만 다음과 같은 이유에서 판례가 타당하다고 본다.[93]

(a) **인보험**

판례는 인보험계약의 체결 후 다른 (인보험)계약에 다수 가입하였다는 사정만으로 상법 652조 소정의 사고발생 위험이 현저하게 변경 또는 증가된 경우에 해당한다고 할 수 없다고 판시했다.[94]

그런데 판례가 다른 보험계약의 체결사실이 상법 651조의 고지의무 대상임을 긍정하면서도, 위험변경증가에는 해당하지 않는다고 보는 판례의 태도에 대해서는 비판적인 견해가 유력하다.[95] 왜냐하면, 고지의무의 대상인 중요사항과 위험변경증가는 그 개념이 크게 다르지 않기 때문이다. 고지의무의 대상인 중요사항은 객관적으로 보험자가 그 사

88) 대판 1998.11.27. 98다32564
89) 대판 2011.7.28. 2011다23743
90) 대판 1997.9.5. 95다25268
91) 대판 1996.7.26. 95다52505
92) 대판 1999.1.26. 98다48682
93) 이에 관해서는 한기정·최준규, “중복보험에 관한 주요 입법례의 연구”, 2013, 보험학회 연구용역보고서 참조
94) 대판 2001.11.27. 99다33311; 대판 2004.6.11. 2003다18494
95) 주기동, “상법상 통지의무와 보험약관상 통지의무”, 법조52-7, 2003, 166면; 장덕조, “중복체결된 상해보험계약”, 상사판례연구6, 2006, 266-267면

실을 안다면 그 계약을 체결하지 않든가 적어도 동일한 조건으로는 계약을 체결하지 않으리라고 생각되는 사항이고(판례,[96] 통설), 위험변경증가는 변경 또는 증가된 위험이 보험계약의 체결 당시에 존재하고 있었다면 보험자가 보험계약을 체결하지 않았거나 적어도 그 보험료로는 보험을 인수하지 않았으리라 생각되는 사항(판례,[97] 통설)이기 때문이다. 따라서 고지의무의 대상인 중요사항과 위험변경증가에 관해서는 동일한 판단이 이루어지는 것이 논리적이다. 다만 이론구성만 다를 뿐, 고지의무이든 위험변경증가이든, 결론에 있어서는 크게 다르지 않다. 대법원은 다른 보험계약의 존재가 고지의무의 대상인 중요사항에 해당하지만, 그렇다고 해도 특별한 사정이 없는 한 보험계약자가 주관적 요건인 고의 또는 중과실이 결여되어 고지의무를 위반한 것은 아니라고 판시했기 때문이다.[98]

생각건대, 고지의무 부분에서 기술한 바와 같이, 인보험에서 다른 보험계약의 존재는 특별한 경우에만 중요사항으로 인정된다고 보아야 한다. 마찬가지로 인보험에서 다른 보험계약의 가입은 특별한 경우에만 위험변경증가에 해당한다고 보아야 한다. 다른 보험계약의 종류나 개수, 보험계약자 측의 소득수준, 생활상태, 보험가입 경위 등에 대한 심사를 거친 결과, 보험계약의 체결 당시에 위험변경증가 요인이 존재하고 있었다면 보험자가 보험계약을 체결하지 않았거나 적어도 그 보험료로는 보험을 인수하지 않았으리라 생각되는 경우에 한하여 다른 보험계약의 가입이 위험변경증가에 해당한다고 볼 수 있다. 보험계약자 측의 주관적 위험을 의심할 정도로 보험계약이 다수 누적된 경우를 제외하고는, 다른 보험계약의 존재를 알았다고 해서 보험자가 보험계약자 측의 주관적 위험을 평가하여 위험인수를 거절하거나 다른 조건으로 위험을 인수하였을 것이라고 인정하기는 쉽지 않다고 할 수 있다.

(b) 손해보험

손해보험에서 판례는, 다른 보험계약의 가입은 보험사고발생의 위험측정과 관련하여 계약체결 여부 또는 조건에 영향을 미치지 않으므로 다른 보험계약을 체결한 것은 상법 652조 및 653조의 위험변경증가에 해당되지 않는다고 판시했다.[99]

---

96) 대판 1996.12.23. 96다27971

97) 대판 1997.9.5. 95다25268; 대판 2003.11.13. 2001다49630 등

98) 대판 2004.6.11. 2003다18494(기록상 망인이 부정한 보험금 취득을 목적으로 다수의 보험계약을 체결하였다고 단정하기 어렵고, 망인이 체결한 판시 보험목록 기재 보험계약들 중 이 사건 보험계약들 외에는 보험청약서에서 다른 보험계약의 존재 여부를 묻고 있지 아니할 뿐만 아니라, 기록상 일반적으로 상해보험계약의 체결에 있어서 다른 보험계약들이 존재하는 경우에는 보험계약의 체결이 거절되거나 보험료에 차이가 있다는 사실을 인정할 별다른 자료도 없는 점 등에 비추어 원심이 들고 있는 바와 같이 망인이 단기간에 다수의 보험계약을 체결하였다거나, 일반적인 고지의무의 내용과 그 위반효과 등에 대하여 알고 있었다는 사유만으로는 망인이, 피고들이 망인의 다른 보험계약 사실을 알았다면 이 사건 보험계약들을 체결하지 아니하였거나 또는 적어도 동일한 조건으로는 계약을 체결하지 아니할 것으로 알았거나 중대한 과실로 이를 알지 못한 것으로 인정하기도 어렵다). 대판 2001.11.27. 99다33311도 같다.

99) 대판 2003.11.13. 2001다49630

생각건대, 판례가 타당하다. 고지의무에서 논의한 바와 같이, 손해보험의 경우 중복보험이 체결되었더라도 원칙적으로 피보험자는 이득금지의 원칙으로 인해서 실제 손해를 초과하여 보상을 받을 수 없으므로, 중복보험 체결 사실 자체만으로 부정한 보험금을 청구할 가능성이 높아졌다고 단정하기 어렵고, 중복보험이 체결되었다고 하여 피보험자가 주의의무를 덜 기울이게 되고 따라서 보험사고 발생확률이 늘어난다고 일반적으로 말할 수는 없기 때문이다.

(c) 계약상 통지의무의 문제

대판 2001.11.27. 99다33311에서, 인보험과 관련하여 동일한 위험을 담보하는 다른 보험계약의 가입을 통지하도록 하고 이를 위반하면 계약을 해지할 수 있다고 정한 약관조항이 유효하다고 판시했다. 다만 약관조항이 보험자가 통지의무위반을 이유로 보험계약을 해지하기 위해서는 보험계약자 등이 고의로 또는 중과실로 의무를 위반했어야 한다고 규정하고 있지 않더라도, 해석상 보험자가 고의 또는 중과실을 입증해야 한다고 판시했다.[100)]

이와 같이 보험약관에 다른 보험계약의 체결 사실을 통지해야 하고 위반 시에 보험자가 면책된다고 정한 경우, 이것은 상법상 고지의무(651조)나 위험변경증가(652조, 653조)와 차원이 다른 별도의 계약상 의무로서 그 효과를 인정할 수 있는지가 문제된다. 또한 손해보험에 관한 상법 672조 2항이 다른 보험계약의 존재에 대한 통지의무만 규정하고 그 위반효과는 규정하고 있지 않는데, 그 위반효과에 관해서는 보험약관을 통해 자유롭게 정할 수 있는 것이 아닌지 의문이 제기될 수 있다.

생각건대, 중복의 정도에 비추어 상법상 고지의무나 위험변경증가의 대상이라고 보기 어렵더라도, 계약상 의무위반을 이유로 보험계약을 장래에 향하여 해지하는 것 정도는 허용될 수 있다고 본다. 상법 보험편의 편면적 강행규정성을 고려할 때 이러한 해지도 허용해서는 안 된다는 주장도 가능하나, 약정을 위반한 보험계약자에게 이 정도의 제재는 부과하는 것이 형평에 부합해 보이고, 이와 같은 한도에서는 계약자유의 원칙을 인정하는 것이 타당하다고 생각된다.[101)] 다만 상법 보험편 규정이 원칙적으로 편면적 강행

100) 대판 2001.11.27. 99다33311(보험계약 체결 당시 다른 보험계약의 존재 여부에 관하여 고지의무가 인정될 수 있는 것과 마찬가지로 보험계약 체결 후 동일한 위험을 담보하는 보험계약을 체결할 경우 이를 통지하도록 하고, 그와 같은 통지의무의 위반이 있으면 보험계약을 해지할 수 있다는 내용의 약관은 유효하다고 할 것이다. 그러나 그와 같은 경우에도 보험자가 통지의무위반을 이유로 보험계약을 해지하기 위하여는 고지의무위반의 경우와 마찬가지로 보험계약자 또는 피보험자가 그러한 사항에 관한 통지의무의 존재와 다른 보험계약의 체결 사실에 관하여 이를 알고도 고의로, 또는 중대한 과실로 인하여 이를 알지 못하여, 통지를 하지 않은 사실이 우선 입증되어야 할 것이다.)

101) 독일 보험계약법 28조 1항은, 보험계약자가 보험사고 발생 전 보험자에게 이행해야 할 계약상 책무를 고의 또는 중과실로 위반한 경우, 보험자는 위반사실을 안 때로부터 1개월 내에 즉시 계약을 해지할 수 있다고 규정한다.

규정(상법 663조)인 점을 고려할 때, 위와 같은 계약상 의무위반을 이유로 해지 이전에 발생한 보험사고에 대해서 보험자의 보험금 지급책임을 면제하려는 약관조항은 허용될 수 없다고 본다. 왜냐하면 이러한 약관조항도 궁극적으로 상법상 고지의무나 위험변경증가의 요건 및 효과에 관한 상법규정의 제한을 받을 수밖에 없는 것이다. 이러한 약관조항을 유효라고 보게 되면, 결과적으로 상법상 고지의무나 위험변경증가에 관한 규정의 취지가 잠탈될 수 있어서 타당하지 않기 때문이다.

v) 위험변경증가의 시기

상법 652조에 의하면, '보험기간 중'에 현저한 위험변경증가가 생길 것이 요건이다. 따라서 보험기간 이전에, 특히 보험계약을 체결하기 이전에 생긴 위험변경증가가 보험기간 중에 계속된 경우는 상법 652조의 적용대상이 아니며, 보험계약을 체결할 당시의 고지의무의 문제일 뿐이다. 위와 같이 보험기간 중의 위험변경증가가 요구되므로, 만약 보험계약의 체결시점과 보험기간의 개시시점이 다른 경우(즉 보험계약의 체결 이후에 일정 기간이 흐른 뒤에 보험기간이 시작되는 것으로 당사자가 약정한 경우), 계약을 체결한 이후와 보험기간이 개시되기 전에 생긴 위험변경증가에 대해서는 상법 652조가 적용되지 않는다고 해석된다.

하지만 입법론의 측면에서 현행 규정은 문제가 있다. 보험계약의 체결 이후에 생긴 위험변경증가는 상법 652조가 적용되는 것이 타당하다.[102] 그렇지 않으면 보험계약의 체결시점과 보험기간의 개시시점이 다른 경우 그 기간 동안에 생긴 위험변경증가로 인한 위험과 계약의 불일치를 조정할 길이 봉쇄되기 때문이다. 이에 대해 보험계약의 청약 이후에 생긴 위험변경증가로 개정해야 한다는 견해가 있다.[103] 생각건대, 위험변경증가의 시기는 고지의무와 연계시켜 체계적으로 정할 문제로서, 그러한 개정안은 고지의무의 대상이 보험계약을 청약할 때까지의 중요사항으로 한정된다는 전제하에서만 타당성을 부여할 수 있을 것이다. 상법 651조가 보험계약의 체결 당시를 기준으로 보험계약자 등에게 고지의무를 규정하고 있는 상황하에서는 위험변경증가의 시기만 보험계약의 청약시로 변경하는 것은 타당하다고 보기 어렵다. 독일 보험계약법이 고지의무의 대상을 청약의 의사표시 시점까지 보험계약자가 알고 있는 사항으로 하고(19조 1항), 청약의 의사표시 시점 이후 알게 된 사정을 위험증가 통지의무의 대상으로 하고 있다는 점(23조 3항)에서도, 고지의무와 위험변경증가가 그 적용시기 면에서 연계되어 있음을 알 수 있다.

한편, 위험변경증가가 보험계약의 체결 이전에 발생한 사실을 보험계약자 등이 계약체결 이후에 안 경우 상법 652조의 통지의무가 적용된다고 볼 것인가? 이를 긍정하는

102) 노일석, "보험계약에 있어서 위험의 변경·증가", 상사법연구5, 1987, 20면; 박세민 304면; 정동윤 545면
103) 최준선 160면

견해가 있다.[104] 이 견해는 독일의 2007년 개정 이전 구 보험계약법 29조a("보험계약을 청약한 때로부터 인수할 때까지의 사이에 생긴 위험의 증가로서 보험자가 그 청약을 인수할 때 알지 못한 것에 대해서도 같은 법 제23조 내지 제29조를 적용한다")에 근거하고 있는 것으로 보인다. 생각건대, 우리 상법하에서, 청약 당시의 위험은 물론이고, 청약 시부터 승낙 시까지의 위험도 원칙적으로 고지의무의 문제이다. 즉 상법 651조는 보험계약의 체결 당시를 기준으로 그 이전에 생긴 중요사항에 대해서는 보험계약자 등에게 고지의무를 부과하고 있는 것이다.[105] 그럼에도 불구하고 보험계약의 체결 이전 위험변경증가에 대해 상법 652조를 적용하고자 하는 것은, 입법론은 별개로 하더라도 현행법의 해석으로는 수용하기 어렵다. 보험계약자에게 불리한 방향으로 법규정을 유추하는 것에는 신중을 기해야 한다.

3) 주관적 측면

상법 652조는 보험계약자 등이 "위험이 현저하게 변경 또는 증가된 사실을 안 때"에 위험통지의무가 발생한다고 규정한다. 이에 의하면 위험변경증가를 알지 못하는 경우에는 통지의무가 발생하지 않는다. 다시 말하면 알지 못하는 것에 대한 탐지의무는 없는 것이다. 위험변경증가를 스스로 알게 되었는지 타인이 알려주어서 알게 되었는지는 묻지 않는다.[106] 보험자가 위험변경증가의 사실을 알고 있었다면 통지의무는 면제된다(판례,[107] 통설). 위험변경증가의 통지의무는 보험자가 알지 못하는 위험변경증가의 사실을 보험계약자가 알고 있기 때문에 인정되는 것이기 때문이다. 위험변경증가가 보험계약자 등이 예측할 수 있는 것이었는지는 묻지 않는다.[108]

위험변경증가의 사실을 알았다는 것은, 단순히 기존상태가 변경증가되었다는 객관적 사실을 알았다는 차원을 넘어, 그러한 상태의 변경이 보험자 입장에서 '위험'의 변경증가에 해당한다는 사실까지 알았다는 뜻이다.[109] 판례도 동일하다. 대판 2014.7.24.

---

104) 임용수 188면; 박세민 304면; 양승규 162면

105) 이 점에서 원칙적으로 청약의 의사표시 시점까지 보험계약자가 알고 있는 사항을 고지의무의 대상으로 하고(19조 1항), 청약의 의사표시 시점 이후 알게 된 사정을 위험증가 통지의무의 대상으로 하는(23조 3항) 독일 보험계약법과는 구조가 다르다.

106) 양승규 162면

107) 대판 2000.7.4. 98다62909(보험계약자 또는 피보험자의 통지가 없었다고 하더라도 보험대리인이 피보험 건물의 증·개축공사와 이로 인한 보험사고 발생의 위험이 현저하게 증가된 사실을 알았거나 중대한 과실로 알지 못하였다고 보아 화재보험보통약관상의 해지권소멸 규정에 의하여 보험자가 보험계약을 해지할 수 없다고 한 사례 — 이 사건의 약관에는 뚜렷한 위험의 변경 또는 증가와 관련된 계약 후 알릴 의무를 이행하지 아니하였을 때는 보험자가 계약을 해지할 수 있으며, 다만 보험자가 그 사실을 안 때로부터 1개월이 지났거나 보험자의 중대한 과실로 알지 못한 때에는 계약을 해지할 수 없다고 규정하고 있었다)

108) 박세민 307면; 최준선 164면

109) 따라서 이러한 보험계약자가 통지의무를 이행하지 않았다면, 이는 '고의에 의한' 통지의무 위반일 수밖에 없다. 한기정, "보험계약상 위험변경증가에 대한 입법론적 고찰", BFL48, 2011, 65면은 보험계약자가 법

2012다62318은, 보험계약을 체결할 당시에 피보험자의 직업이 대학생(직업급수 1급)이었으나 이후 방송장비대여 등의 업종(직업급수 2급)에 종사하게 되어 그 업무수행을 위하여 화물자동차를 운전하다가 보험사고를 일으킨 사안인데, 대법원은 피보험자가 그 직업 변경으로 인하여 사고발생의 위험이 현저하게 변경 또는 증가된다는 것을 알았다고 볼 자료도 없으므로 통지의무 위반이라고 할 수 없다고 판시했다. 즉 보험기간 중에 보험계약자 또는 피보험자가 사고발생의 위험이 현저하게 변경 또는 증가된 사실을 안 때에는 지체없이 보험자에게 통지하여야 하는데(상법 652조 1항), 여기서 '사고발생의 위험이 현저하게 변경 또는 증가된 사실'이라 함은 그 변경 또는 증가된 위험이 보험계약의 체결 당시에 존재하고 있었다면 보험자가 계약을 체결하지 않았거나 적어도 그 보험료로는 보험을 인수하지 않았을 것으로 인정되는 사실을 말하고, '사고발생의 위험이 현저하게 변경 또는 증가된 사실을 안 때'라고 함은 특정한 상태의 변경이 있음을 아는 것만으로는 부족하고 그 상태의 변경이 사고발생 위험의 현저한 변경·증가에 해당된다는 것까지 안 때를 의미한다고 판시했다.[110]

이렇게 위험변경증가의 사실뿐만 아니라 그것이 통지해야 할 사실이라는 것까지 인식의 대상으로 삼는 것은, '그것이 통지해야 할 사실'은 보험의 기술에 따라 객관적으로 정해지는 것이므로 보험계약자 측이 언제나 알 수 있는 것은 아니기 때문이다. 위와 같이 해석하는 것이 고지의무의 주관적 요건인 고의 또는 중과실을 해석함에 있어서, 고지사실에 대한 인식뿐만 아니라 그것이 고지해야 할 중요사항이라는 점에 대한 인식도 고려한다는 점과 균형이 맞는다. 다만 통지의무는 고의에 한정되지만 고지의무는 중과실에 대해서도 보험계약자 등이 책임을 진다는 점이 다르다.

위험변경증가가 계속되는 중에 이 사실을 알게 되어야 보험계약자 등이 통지의무를 부담한다고 보아야 한다. 위험변경증가가 이미 소멸하였음에도 불구하고 소멸이후에 보험계약자 등이 이를 알았다는 이유로 통지의무를 부과하는 것은, 그가 알지 못했던 위험변경증가에 대해서 통지의무를 부담하는 것과 그 실질이 같기 때문이다.

4) 통지의 시기 및 방법 등

통지는 위험변경증가를 안 때에 '지체없이' 이루어져야 한다(상법 652조 1항). 여기서 지체없이는 귀책사유있는 지연이 없다는 것을 의미한다(통설). 위험변경증가에 대한 통지의 효력은 도달주의 원칙(민법 111조 1항)에 따라서 보험자에게 도달한 때부터 생긴다. 따라서 통지가 보험자에게 도달하지 않으면 통지의무가 위반된 것으로 해석한다. 이와 달

률적 평가 이전의 객관적 사실을 안 것만으로도 위험통지의무를 부담한다고 보았는데, 입장을 변경한다.

110) 대판 2014.7.24. 2013다217108도 같다.

리 보험계약자 등이 통지를 발송하는 것으로 충분하다는 견해가 있다.[111] 생각건대, 상법 652조에 발신주의에 대한 명문의 근거가 없으므로, 도달주의 원칙이 적용되는 것이 타당하다.

통지의 방법에는 제한이 없다. 구두 또는 서면 등 어느 방법이나 가능하다(통설). 약관 중에는 통지의 방법을 서면으로 제한하는 경우가 있다. 판례는 이러한 약관조항의 효력을 인정하여, 서면에 의하지 않은 통지는 효력이 없다고 해석한다.[112] 이에 반해 그러한 약관조항은 효력이 없다고 해석하는 견해가 있다.[113] 상법 652조 1항이 통지방법에 제한을 두고 있지 않음에도 불구하고 통지방법을 서면으로 제한하는 약관조항은 가계보험의 경우 불이익변경금지(상법 663조)에 대한 위반이라고 한다. 생각건대, 이 견해가 타당하다. 서면통지를 요구하는 취지는 통지의 존부를 둘러싸고 당사자 사이에 분쟁이 생기는 것을 예방하는 데에 있다. 하지만 이러한 취지를 감안하더라도, 통지의무 위반의 효과가 매우 중대하다는 점(해지권 발생)을 고려한다면, 서면통지를 요구하는 약관조항에 구속력을 인정하는 것은 비례의 원칙에 어긋나는 것이다.

판례는 하나의 보험자에 대해 피보험자가 동일한 여러 개의 보험계약이 체결되어 있는 경우 여러 개의 보험계약에 관하여 통지의무를 이행하였는지 여부는 보험자와 사이에 체결된 보험계약의 내역, 보험계약자 등이 보험자에 알린 내용과 알리게 된 경위, 이후 보험자의 처리경과 등 여러 사정을 종합하여 판단해야 한다고 본다.[114]

---

111) 박세민 311면; 양승규 164면

112) 대판 1992.7.10. 92다13301(위 약관 8조(a)항의 취지는 보험자로서는 보험계약 체결 당시의 보험사고 발생의 가능성을 기준으로 보험료 및 보험금액을 산정하여 보험계약을 체결하므로 보험사고 발생의 가능성이 증가한 경우에는 보험료를 조정할 필요성이 있고, 그러한 사정은 보험계약자의 지배영역 내에서 발생한다는 점에 비추어 보험계약자가 보험자에게 그러한 사정을 고지하여 보험자로부터 승인을 받거나 보험료를 다시 조정하도록 하는 데 있으며, <u>20조의 취지는 약관상의 모든 통지에 관하여 서면주의를 채택함으로써 당사자 사이의 분쟁을 예방하기 위한 것임에 비추어</u>, 위에서 인정한 바와 같이 보험계약자 소속 근로자들이 폐업신고에 항의하면서 공장을 상당기간 점거하여 외부인의 출입을 차단하고 농성하는 행위는 위 약관 8조(a)항에서 말하는 보험목적물 또는 이를 수용하는 건물에 대한 점유의 성질을 변경 또는 그에 영향을 주어 보험료 등을 조정할 필요성이 있게 하는 사정에 해당한다고 할 것인데, <u>보험계약자는 보험자에게 위와 같은 사실을 서면으로 고지하여 보험증권상의 배서방법에 의한 승인을 받지 아니하였으므로 위 각 보험계약은 그 효력을 상실하였다</u>)

113) 박세민 311면; 임용수 191면; 최준선 165면

114) 대판 2024.11.28. 2022다238633(갑이 을 보험자와 피보험자를 병, 피보험자의 직업을 일반 경찰관으로 하는 상해보험계약을 체결한 상태에서 병이 보험요율에 차이가 있는 화물차 운전기사로 직업을 변경하였고, 이후 갑이 을과 피보험자를 병으로 하는 운전자 보험계약을 체결하면서 신규 발급된 운전자 보험증권에 병의 직업이 일반 경찰관으로 기재되어 있음을 확인하자 운전자 보험계약 체결 관련 업무를 담당하는 보험설계사에게 병의 직업 변경 사실을 통지하였는데, 그 후 병이 교통사고로 상해를 입게 되어 갑이 을을 상대로 상해보험계약에 따른 보험금을 청구하자 을이 보험약관에서 정한 계약 후 알릴 의무 위반을 이유로 보험금을 감액하여 지급한다고 통지한 사안에서, ① 갑은 보험설계사에게 직업 변경 사실을 통지하면서 운전자 보험계약 외에 피보험자에 대한 정보를 공유하는 상해보험계약에 관하여도 을에 대한 통지가 이루어진다고 믿었을 것으로 보이는 점, ② 갑이 병의 직업 변경 사실을 알릴 당시 운전자 보험계

(2) 효과

1) 통지를 한 경우

위험변경증가에 대한 통지가 이루어지면 보험자는 1월 내에 보험료증액청구권 또는 해지권을 행사할 수 있다(상법 652조 2항). 해지권 행사의 효과는 아래 2) ii)와 같다. 보험료증액청구권 또는 해지권의 법적 성질은 형성권에 해당하고, 1월은 제척기간으로 해석한다. 따라서 이 기간이 지나면 보험료증액청구권이나 해지권을 행사할 수 없다. 보험자는 보험료증액청구권 또는 해지권 중에서 선택하여 행사할 수 있다. 위험변경증가의 내용 및 성질에 비추어 보험료증액만으로 충분한 경우라도 보험자는 보험계약의 해지권을 행사할 수 있다. 이것은 상법 652조 2항의 법문에 비추어 불가피한 해석이다.

그런데 보험계약자 등이 위험변경증가에 대한 통지의무를 해태하면 보험자는 그 사실을 안 날로부터 1월 내에 한하여 보험계약을 해지할 수 있다(상법 652조 1항). 이와 같이 통지를 해태한 경우와 통지가 이루어진 경우가 효과 면에서 큰 차이가 없다. 통지의무가 위반된 경우 보험료증액청구권이 발생한다는 점에 대해서 상법 652조 1항은 아무런 언급이 없지만, 통지가 이루어진 경우에 인정되는 보험료증액청구권은 물론해석상 통지의무 위반의 경우에도 당연히 인정된다고 할 수 있으므로, 법적 효과 면에서 두 경우는 사실상 차이가 없다고 볼 수 있다. 이 점에 대해서는 적지 않은 비판이 제기되고 있다. 따라서 통지의무를 이행한 경우는 주로 입법론과 관련하여 살펴보기로 하고, 이하에서 해석론은 통지의무를 해태한 경우를 중심으로 살펴보기로 한다.

2) 통지를 하지 않은 경우

i) 해지권의 발생

① 의의

보험계약자 등이 위험변경증가에 대한 통지의무를 해태하면 보험자는 그 사실을 안 날로부터 1월 내에 한하여 보험계약을 해지할 수 있다(상법 652조 1항). 위험변경증가에 대한 통지가 보험자에게 도달하지 않으면 통지의무 위반이 되고, 그 결과 보험자에게 보험

약만을 특정한 것으로 보이지 않고 그럴 이유도 없는 점, ③ 갑이 직업 변경 사실을 통지할 당시 보험계약을 특정하지 않았다고 하더라도 을이 운전자 보험계약에 관하여만 직업 변경을 반영하였다는 사정만으로는 갑이 상해보험계약에 관하여 통지의무를 이행하지 않았다고 보기 어려운 점, ④ 을이 보험설계사로부터 병의 직업 변경 사실을 전달받아 인식하게 되었고 나아가 그 내용을 을이 보유, 관리하는 내부 자료에 입력하여 문서화한 이상, 갑이 보험약관의 규정과 달리 서면에 의하여 알리지 않았다고 하더라도 갑의 직업 변경에 관한 통지의 효력에 영향을 미친다고 볼 수 없는 점 등 제반 사정에 비추어 보면, 갑이 보험설계사에게 병의 직업 변경을 통지할 무렵 상해보험계약에 관하여도 을에게 상법 652조 또는 상해보험약관에서 정한 '위험의 변경 또는 증가'와 관련한 통지의무를 이행하였다고 봄이 타당한데도, 이와 달리 본 원심판단에 법리오해 등의 잘못이 있다고 한 사례)

계약의 해지권이 생기는 것이다. 전술한 바와 같이, 통지가 이루어진 경우에 인정되는 보험료증액청구권이 통지의무 위반의 경우에도 당연히 인정된다고 해석한다. 이하에서는 해지권을 중심으로 살펴본다.

② 해지권의 행사기간

해지권에는 일정한 행사기간이 있다. 즉 통지의무의 해태 사실을 안 날로부터 1월 내에 행사해야 한다(상법 652조 1항). 통지의무 위반의 경우 해지권의 행사기간을 단기로 둔 것은 보험계약의 해지 여부를 신속하게 확정해서 법률관계를 안정시키기 위해서이다. 이 해지권의 법적 성질은 보험자의 일방적 의사표시에 의해서 법적 효과가 생기는 형성권이고, 그 행사기간은 제척기간이라고 해석한다(판례,[115] 통설). 행사기간이 지나면 해지권이 소멸하고 더 이상 계약의 효력을 다툴 수 없다(통설). 이러한 기간을 불가쟁기간 또는 불가이의기간(incontestable period)이라고 부를 수 있다.

통지의무 위반으로 인한 해지권의 행사기간이 시작되는 시점은 위험변경증가의 사실을 안 때가 아니라 통지의무 해태의 사실을 안 때이다.[116] 왜냐하면 여기의 해지권은 보험계약자 등이 통지의무를 해태했기 때문에 발생하는 것이지 보험자가 위험변경증가의 사실을 알았기 때문에 발생한 것이 아니기 때문이다. 또한 보험자가 통지의무 위반을 알고 있으면서도 해지권의 행사 여부를 결정하지 않아서 보험계약자가 불안정한 지위에 있게 되는 것을 방지하기 위한 것이 제척기간의 취지이기 때문이다.[117]

통지의무 해태의 사실을 "안 때"라는 것은, 단지 통지의무 위반사실에 대한 의심이 드는 정도로는 부족하고, 보험자가 통지의무 위반사실에 대한 객관적인 근거를 확보할 수 있을 정도이어야 한다.[118] 왜냐하면 통지의무 위반사실에 대한 입증책임이 보험자에

---

115) 대판 2011.7.28. 2011다23743

116) 박세민 312면; 정찬형 606－607면

117) 대판 2011.7.28. 2011다23743(화재보험보통약관에서 보험계약자가 계약 후 위험의 현저한 증가가 있음에도 보험자에게 그 사실을 지체없이 통지할 의무를 이행하지 않았을 때를 보험계약의 해지사유로 규정하는 한편 보험자가 그러한 사실을 안 날부터 1개월이 지났을 때에는 계약을 해지할 수 없도록 규정한 경우, 이는 보험자가 보험계약의 해지 원인이 존재하고 해지하고자 하면 언제든지 해지할 수 있는 상태에 있음에도 불구하고, 해지 여부를 결정하지 않은 상태를 지속시킴으로써 보험계약자를 불안정한 지위에 처하게 하는 것을 방지하는 데 그 취지가 있는 것으로서, 위 해지권 행사기간의 기산점은 보험자가 계약 후 위험의 현저한 증가가 있는 사실을 안 때가 아니라 보험계약자가 위와 같은 통지의무를 이행하지 아니한 사실을 보험자가 알게 된 날이라고 보아야 할 것이다)

118) 대판 2011.7.28. 2011다23743(나아가 보험계약자가 보험자에 대하여 위험의 현저한 증가가 없었다거나 그러한 사실을 알지 못하였다고 주장하면서 통지의무 위반이 없다고 다투고 있는 경우에는 그때까지 보험자가 보험계약자의 통지의무 위반에 관하여 의심을 품고 있는 정도에 그치고 있었다면 그러한 사정만으로 해지권이 발생하였다고 단정할 수 없으므로 이러한 상태에서 곧바로 해지권의 행사기간이 진행한다고 볼 수는 없고, 그 후 보험자가 보험계약자의 통지의무 위반 여부에 관하여 조사·확인절차를 거쳐 보험계약자의 주장과 달리 보험계약자의 통지의무 위반이 있음을 뒷받침하는 객관적인 근거를 확보함으로써 통지의무 위반이 있음을 안 때에 비로소 해지권의 행사기간이 진행한다고 봄이 상당하다); 박세민 312면

게 있고 이러한 입증이 없으면 해지권을 행사할 수 없기 때문이다. 대판 2011.7.28. 2011다23743은 폐기물 처리업자가 공장화재보험계약을 체결한 후에 보험자에 대한 통지 없이 다량의 폐마그네슘을 반입하여 보관하던 중 화재가 발생했고 보험자가 통지의무 위반을 이유로 보험계약을 해지한 사안인데, 보험자는 추가적인 조사 및 확인절차를 거친 후에야 폐마그네슘이 자연발화가 가능하여 화재발생의 위험성이 현저하게 증가하였다는 사실을 알았다고 보아야 하므로, 이 때가 보험자가 통지의무의 위반사실을 안 때라고 보는 것이 타당하다고 판시했다.

③ 보험사고 발생 여부

해지권의 행사는 보험사고가 발생했는지와 무관하게 행사할 수 있다고 해석한다.[119] 2014년의 상법개정 이전에는 상법 655조 단서(그러나 고지의무에 위반한 사실 또는 위험의 현저한 변경이나 증가된 사실이 보험사고의 발생에 영향을 미치지 아니하였음이 증명된 때에는 그러하지 아니하다)를 고지의무 위반과 보험사고 발생 사이에 인과관계가 없으면 해지권을 행사할 수 없다는 의미로 해석하는 판례[120]와 이를 지지하는 일부 학설이 있었다. 하지만 위험변경증가의 통지의무 위반과 관련해서는 같은 취지의 판례나 학설을 발견하기 어려운데, 이는 옳은 방향이었다. 또한 대판 2010.7.22. 2010다25353이 고지의무 위반과 보험사고 발생 사이에 인과관계의 존부와 무관하게 보험계약을 해지할 수 있다는 입장을 분명하게 밝혔는데, 같은 논리를 위험변경증가에도 적용할 수 있을 것이고, 2014년 상법개정을 통해서 상법 655조 단서의 문구를 "그러하지 아니하다"에서 "보험금을 지급할 책임이 있다"로 변경하였기 때문에 논란의 소지를 봉쇄했다고 볼 수 있다.

④ 행사방법 등

해지권의 행사는 보험계약의 상대방 당사자인 보험계약자에 대하여 해지의 의사표시로 해야 한다(민법 543조 1항 참조). 보험계약자의 대리인에게 해지의 의사표시를 해도 무방하다. 보험계약자가 사망한 경우에는 그의 상속인(또는 그들의 대리인)에 대하여 해지의 의사표시를 해야 한다. 하지만 피보험자 또는 보험수익자를 상대방으로 한 해지의 의사표시는 효력이 없다.

해지권의 행사방법은 구두이든 서면이든 제한이 없다. 해지권을 행사할 때에는 해지사유인 통지의무 위반사실을 구체적으로 명시하고 해지권을 행사했다는 것을 보험계약자가 알 수 있도록 해야 한다. 해지권은 재판상이든 재판외이든 그 기간 내에 행사하

---

119) 박세민 312면; 양승규 163면; 최준선 166면

120) 대판 1994.2.25. 93다52082(보험계약을 체결함에 있어 고지의무 위반사실이 보험사고의 발생에 영향을 미치지 아니하였다는 점, 즉 보험사고의 발생이 보험계약자가 불고지하였거나 부실고지한 사실에 의한 것이 아니라는 것이 증명된 때에는 상법 655조 단서의 규정에 의하여 보험자는 위 부실고지를 이유로 보험계약을 해지할 수 없는 것이다). 대판 2001.1.5. 2000다40353도 같다.

면 되는 것이고, 해지의 의사표시 효력은 상대방에게 도달한 때 발생한다.[121)]

⑤ **설명의무 위반과 관계**

대판 2014.7.24. 2013다217108에서, 보험계약을 체결할 당시에 직업이 대학생(직업급수 1급)인 피보험자가 이후 방송장비대여 등 업종(직업급수 2급)에 종사하게 되었는데, 해당 보험계약에는 '보험계약을 체결한 후 피보험자가 그 직업 또는 직무를 변경하게 된 때에는 보험계약자 또는 피보험자는 지체없이 이를 피고에게 알려야 하고, 그 알릴 의무를 불이행할 경우 피고는 그 사실을 안 때부터 1개월 이내에 보험금이 감액 지급됨을 통보하고 감액된 보험료를 지급한다'는 내용의 약관조항이 있었다. 쟁점은 이 약관조항이 설명의무의 대상인지 여부였다. 원심은 이 조항이 상법 652조 1항에서 이미 정하여 놓은 통지의무를 구체적으로 부연한 정도의 규정이므로 설명의무가 면제된다고 보았다. 하지만 대법원은 설명의무의 대상이 된다고 판시했다. 즉 이 약관조항은 상법 652조 1항 및 653조가 규정한 '사고발생의 위험이 현저하게 변경 또는 증가된' 경우에 해당하는 사유들을 개별적으로 규정하고 있는 것이므로 상법 652조 1항이나 653조의 규정을 단순히 되풀이하거나 부연한 정도의 조항이 아니라고 보았다. 생각건대, 판례가 타당하다. 위 약관조항은 위험변경증가의 통지의무를 단순히 반복하거나 부연한 것이라고 보기 어렵기 때문이다.

ii) 해지권 행사의 효과

해지권을 행사하게 되면, 장래에 향하여 보험계약은 효력을 상실한다(민법 550조 참조). 따라서 해지의 효과는 장래효(비소급효)인 것이 원칙이다. 그리고 해지 이전까지 보험계약은 유효한 것이다(통설). 해지 이전까지 보험계약은 유효하므로, 해지 이전에 이루어진 급부를 원상회복할 의무는 없는 것이 원칙이다(민법 548조 1항 참조). 그러므로 보험자는 해지 시점까지의 보험료지급청구권을 갖는다. 그 결과 이미 지급받은 보험료는 반환할 의무가 없고, 지급받지 못한 보험료에 대해서는 지급청구권을 행사할 수 있다. 보험자가 해지 시점까지의 보험료지급청구권을 갖는 것은, 그 시점 이전에 발생한 보험사고로서 위험변경증가에 의한 영향을 받지 않은 것에 대해서는 보험자가 보상책임을 부담할 의무가 있다는 것(상법 655조)을 고려한 것이다.

그런데 일정한 경우 예외적으로 소급효를 인정한다(판례,[122)] 통설). 여기서 소급효는

---

121) 대판 2000.1.28. 99다50712(그 의사표시의 효력은 상대방에게 도달한 때에 발생하므로 해지권자가 해지의 의사표시를 담은 소장 부본을 피고에게 송달함으로써 해지권을 재판상 행사하는 경우에는 그 소장 부본이 피고에게 도달할 때에 비로소 해지권 행사의 효력이 발생한다 할 것이어서, 해지의 의사표시가 담긴 소장 부본이 제척기간 내에 피고에게 송달되어야만 해지권자가 제척기간 내에 적법하게 해지권을 행사하였다고 할 것이고, 그 소장이 제척기간 내에 법원에 접수되었다고 하여 달리 볼 것은 아니다)

122) 대판 2010.7.22. 2010다25353(그러나 보험금액청구권에 관해서는 보험사고 발생 후에 고지의무위반을 이유로 보험계약을 해지한 때에는 고지의무에 위반한 사실과 보험사고 발생 사이의 인과관계에 따라 보험금

계약의 효력을 소급적으로 상실시킨다는 의미가 아니라, 계약의 효력은 유지시키되, 보험자를 면책시키는 것을 가리킨다. 즉 위험변경증가로부터 영향을 받은 보험사고라면, 그것이 해지 이전에 발생하였다고 해도 보험자는 보험금 지급책임이 없고, 이미 지급한 보험금이 있으면 반환받을 수 있다(상법 655조). 위험변경증가에 영향을 받은 보험사고는 보험자가 인수하지 않았거나 계약조건을 달리하였을 위험이므로, 이 범위 내에서 보험자가 면책되는 것이다. 그 결과, 이 경우 해지 이전에 보험금이 지급되었다면 이를 원상회복할 의무를 지게 된다. 그리고 해지권을 행사하여 보험계약을 해지하면, 생명보험의 경우 보험자는 보험료적립금을 반환해야 한다(상법 736조). 이것은 생명보험 보험료의 특수성에 기인한 것이며, 이에 관해서는 생명보험 부분에서 상술한다.

전술한 바와 같이 상법 655조에 의하면, 보험사고가 발생한 이후에도 보험계약을 해지한 경우에는 보험자가 보험금 지급책임이 없고 이미 지급한 보험금의 반환을 청구할 수 있지만, 위험변경증가가 보험사고의 발생에 영향을 미치지 않았음이 입증된 경우에는 보험금지급책임이 있다(상법 655조 단서). 바로 상법 655조 단서가 인과관계 특칙이며, 이에 관해서 고지의무 위반에서 했던 논의가 위험변경증가에 대해서도 마찬가지로 적용된다고 볼 수 있다. 따라서 보험계약자 측이 인과관계의 부존재에 대한 입증책임을 지되,[123] 입증책임은 당사자가 사적자치에 의해 정할 수 있는 것이므로 보험자가 인과관계의 존재에 대한 입증책임을 진다는 약정은 유효하다고 할 것이다. 그리고 판례는 고지의무 위반과 관련하여 인과관계의 존재를 '조금이라도 엿볼 수 있는 여지가 있으면' 인과관계를 인정하는 데 충분하다는 입장인데,[124] 위험변경증가와 관련해서도 동일한 입장을 취할 것으로 보인다.

그런데 상법 652조와 655조를 문리에 충실하게 해석해 보면, 위험변경증가와 보험사고 발생 사이에 인과관계가 인정되기만 한다면 위험변경증가가 해지 이전에 언제 생겼는지를 묻지 않고 보험자가 면책되는 결과에 이를 수 있다. 즉 객관적으로 위험변경증가가 있는 바로 그 시점 이후에 발생한 보험사고에 대해서는 보험사고 발생과 인과관계만 있으면 보험자가 면책된다고 해석될 여지마저 있다. 하지만 상법 652조와 655조를 합리적으로 해석한다면, 보험계약자가 위험변경증가의 사실을 알고 통지를 할 수 있었던 때 이후에 발생한 사고에만 한정하여 면책가능성을 인정하는 것이 타당하다. 참고로, 상법 655조의 규정을 문리대로만 보면, 계속보험료의 지급지체로 보험계약이 해지되면 그 지급지체 이전에 발생한 보험사고에 대해서도 보험자가 면책되는 것으로 읽힐 수 있는

액 지급책임이 달라진다고 할 것이고, 그 범위 내에서 계약해지의 효력이 제한될 수 있다고 할 것이다)

123) 대판 1997.9.5. 95다25268; 박세민 314면; 정찬형 607면

124) 대판 1992.10.23. 92다28259; 대판 1994.2.25. 93다52082; 대판 1997.10.28. 97다33089; 대판 2004.9.23. 2004다31814

데, 판례가 계속보험료의 연체가 없었던 기간에 발생한 보험사고에 대하여 이미 보험계약자가 취득한 보험보호를 소급하여 사라지게 하는 것이 아니므로 보험자가 면책될 수 없다고 판시한 바 있고,[125] 여기에서 상법 655조에 대해서 합리적 제한해석이 가능함을 확인할 수 있다.

3. 위험유지의무

(1) 의의

상법 653조는 보험계약자 등이 고의 또는 중과실로 인해서 위험을 변경 또는 증가시키는 것을 금지하고, 상법 655조는 위험변경증가로 인해 계약이 해지된 경우 해지의 효과에 대해 규정하고 있다. 보험계약자 등이 스스로 또는 제3자를 통해서 고의 또는 중과실로 위험변경증가를 시키는 것을 금지하는 것이다. 이러한 의무를 위험유지의무라고 부르는 것이 보통이다.

먼저 용어상의 문제를 보자. 위험유지의무라는 용어는 부적절하기 때문에 위험의 현저한 변경증가금지의무라고 부르자는 견해,[126] 또는 위험의 변경증가금지의무라고 부르자는 견해[127]가 있다. 전자는 상법 653조는 '현저한' 위험변경증가만을 대상으로 하므로 위험유지의무라고 하는 것은 부적절하고 현저한 변경증가금지의무라고 해야 한다는 것이고, 후자는 현저한 위험변경증가만 상법 653조의 적용대상이므로 위험 자체를 계약체결 시점의 상태 그대로 유지해야 한다는 의무로 볼 수 없기 때문이라는 것이다. 이하에서는 일반적 견해에 따라 위험유지의무라고 부르기로 한다. 다만 여기의 위험유지의무는 계약체결 시점의 위험상태를 그대로 유지해야 한다는 엄격한 의미가 아니라 현저하지 않은 위험변경증가 정도는 허용된다는 의미라고 약속하기로 한다.

상법 653조 유지의무의 취지는, 보험계약은 우연한 사고를 보장하는 사행계약이라는 성격을 띠고 있어서 보험계약자 등이 임의로 위험을 변경증가시키지 말아야 한다는 데 있다는 견해가 일반적이다.[128] 그리고 그 법적 성질은 간접의무로 해석한다(통설).

(2) 요건

1) 당사자

위험유지의무의 주체는 보험계약자, 피보험자, 보험수익자이다(상법 653조).

125) 대판 2001.4.10. 99다67413
126) 박세민 315면
127) 최준선 167면
128) 김성태 312면; 양승규 165면; 정찬형 609면

2) 현저한 위험변경증가

상법 653조에서 현저한 위험변경증가의 개념은 상법 652조의 그것과 다르지 않다(통설). 판례도 같다. 대판 1997.9.5. 95다25268에서, 대법원은 "보험계약자나 피보험자가 보험기간 중에 통지의무를 지는 상법 제652조 및 보험계약자, 피보험자 또는 보험수익자가 보험기간 중에 위험유지의무를 지는 상법 제653조에 정한 '사고 발생의 위험이 현저하게 변경 또는 증가된 사실'이라 함은, 그 변경 또는 증가된 위험이 보험계약의 체결 당시에 존재하고 있었다면 보험자가 보험계약을 체결하지 않았거나 적어도 그 보험료로는 보험을 인수하지 않았을 것으로 인정되는 정도의 것을 말한다"고 판시했다.[129]

구체적 사례로는, 피보험자의 직업이나 직종에 따라 보험금액의 한도에 차등이 있는 생명보험계약에서 피보험자가 직업이나 직종을 변경하는 경우에 상법 653조의 현저한 위험변경증가에 해당한다고 한 것이 있다.[130] 또한 일시적 위험변경증가는 현저한 위험변경증가에 포함되지 않으며, 다만 일시적인 것이 아니라면 기간의 장단은 묻지 않는다는 점에서, 상법 652조와 동일하게 해석한다.

위험유지의무의 기간은 "보험기간 중"인데(상법 653조), 보험계약의 체결 이후로 변경하는 것이 타당함은 상법 652조와 같다. 그리고 보험기간 중에 보험계약자 등의 고의 또는 중과실로 위험변경증가가 생긴 경우는 그 이후에 원상으로 회복된 경우에도 상법 653조의 적용대상이 된다고 해석한다.

위험변경증가 사실의 입증은 그 존재사실을 들어 보험계약의 해지를 주장하는 보험자가 부담한다.[131] 상법 652조와 마찬가지로, 약관에서 이러한 입증책임을 보험계약자 등에게 전환시키는 경우가 있다면 이는 상법 보험편을 보험계약자 등에게 불이익하게 변경한 것으로 보아서 무효(상법 663조)라고 해야 한다.

3) 주관적 요건

상법 653조는 위험유지의무의 위반이 보험계약자 등의 "고의 또는 중대한 과실로" 인하여 현저한 위험변경증가가 있는 경우에만 인정한다. 보험계약자 등은 위험변경증가의 사실뿐만 아니라 그것이 유지해야 할 사실이라는 것을 알면서 또는 중과실로 알지 못한 채 현저한 위험변경증가를 시켜야 위험유지의무 위반에 해당한다.

이렇게 현저한 위험변경증가의 사실뿐만 아니라 그것이 유지해야 할 사실이라는 것까지 인식의 대상으로 삼는 것은, '그것이 유지해야 할 사실이라는 것'은 보험의 기술에

129) 대판 2003.11.13. 2001다49630도 같다.
130) 대판 2003.6.10. 2002다63312
131) 대판 1996.7.26. 95다52505

따라 객관적으로 정해지는 것이므로 보험계약자 측이 언제나 알 수 있는 것은 아니기 때문이다. 위와 같이 해석하는 것이 고지의무의 주관적 요건인 고의 또는 중과실을 해석함에 있어서, 고지 사실에 대한 인식뿐만 아니라 그것이 고지해야 할 중요사항이라는 점에 대한 인식도 고려한다는 점과 균형이 맞는다. 그리고 위험유지의무의 주관적 요건이 고의 또는 중과실인 것은 고지의무의 주관적 요건이 고의 또는 중과실인 것과 정합한다고 볼 수 있다.

한편 상법 653조의 주관적 요건을 고의 또는 중과실로 한정함으로써 고지의무 요건과 위험변경증가의 요건을 동일하게 가져갈 필요가 있는가? 이를 부정하는 견해가 있다.[132] 고지의무는 보험계약의 체결 당시에 위험과 계약의 부합을 위한 제도이고, 위험변경증가는 보험계약의 체결 이후에 위험과 계약의 부합을 위한 제도이다. 시점 면에서는 차이가 있지만, 위험과 계약의 부합을 위한 제도라는 점에서는 공통적인 측면이 있다. 따라서 가급적 요건을 같이 맞추는 것이 체계상 바람직하다. 일본의 경우도 2008년에 보험법을 제정하면서 고지의무와 위험변경증가 사이의 정합성을 확보하려는 노력을 기울인 바 있다.[133]

한편, 보험계약자 등의 고의 또는 중과실에 대한 입증책임은 보험자가 부담한다.[134]

(3) 효과

상법 653조가 규정하는 요건이 충족되면, 보험자는 그 사실을 안 때로부터 1월 내에 보험료증액청구권이나 보험계약의 해지권을 행사할 수 있다. 보험자는 두 가지 중에 선택하여 행사할 수 있다.

보험계약의 해지권과 관련해서는 상법 652조에서 통지의무를 위반한 경우 해지권 논의가 거의 그대로 적용된다. 다만 해지권의 행사는 1월의 제척기간 내에 행사해야 하는데, 그 기산점은 보험계약자 등의 고의 또는 중과실로 인해서 위험변경증가가 생겼다는 사실을 안 시점이다. 상법 652조의 경우는 위험변경증가에 대한 통지의무 위반이 있었다는 사실을 안 시점이 기산점이 되지만, 상법 653조의 경우는 통지의무가 적용되지 않으므로 달리 해석해야 하는 것이다. 보험자가 해지권을 행사한 경우 그 효과도 상법 652조에서 통지의무 해태의 논의가 그대로 적용된다. 즉 해지권을 행사하게 되면, 장래에 향하여 보험계약은 효력을 상실하고, 해지 이전까지 보험계약은 유효한 것이다. 보험사고가 발생한 이후에도 보험계약을 해지한 경우에는 보험자가 보험금 지급책임

---

132) 최준선 168면
133) 法務省民事局參事官室, "保險法の見直しに關するる中間試案るの補足說明", 保險法立案關係資料(萩本修 編著, 商事法務, 2008), 101면
134) 박세민 315면; 임용수 195면; 최준선 168면

이 없고 이미 지급한 보험금의 반환을 청구할 수 있지만, 위험변경증가의 사실이 보험사고의 발생에 영향을 미치지 않았음이 입증된 경우에는 보험금지급책임이 있다(상법 655조 단서).

한편, 보험자가 계약을 해지하기 전에 위험변경증가의 상태가 이전의 상태로 회복된 경우는 보험자가 보험금 지급책임이 있다는 견해가 있다.[135] 생각건대, 위험변경증가가 보험사고 발생에 영향을 미쳤다면 그 이후에 이전의 상태로 회복되었다고 해도 보험자가 보험금 지급책임이 없다고 해석하는 것이 타당하다.

(4) 상법 652조와 653조의 경합적용 문제

만약 보험계약자 등의 고의 또는 중과실로 인해 위험변경증가가 초래된 경우, 상법 653조가 적용되는 이외에 상법 652조도 경합적으로 적용되는가? 아니면 오직 상법 653조만 적용된다고 볼 것인가? 이것은 원칙적으로 입법정책의 문제이다. 그런데 상법은 이에 대한 명시적인 규정을 두고 있지 않으므로 해석에 의해서 해결해야 한다. 우리 상법의 해석상 이 문제는 상법 652조의 위험변경증가가 보험계약자 등의 고의 또는 중과실과 무관한 위험변경증가에 대해서만 적용되는지 여부에 달려 있다.

상법 652조와 관련하여 이미 논의한 바와 같이, 상법 652조의 적용범위를 좁게 해석해서 보험계약자 등의 고의 또는 무과실과 무관한 위험변경증가에 대해서만 적용된다는 견해가 있다.[136] 생각건대, 현행법의 해석으로는 상법 652조의 위험변경증가를 보험계약자 등의 귀책사유에서 비롯된 경우로 한정하지 않는 것이 타당하다. 왜냐하면 상법 652조가 명문으로 그러한 제한을 두고 있지 않을 뿐만 아니라, 위험변경증가가 보험계약자 등의 귀책사유에서 비롯된 경우에는 상법 653조만 적용된다고 해석하기도 어렵기 때문이다. 위험변경증가가 보험계약자 등의 귀책사유에서 비롯되지 않은 경우에 상법 652조의 통지의무가 인정된다면, 위험변경증가가 보험계약자 등의 귀책사유에서 비롯된 경우에도 그러한 통지의무가 인정된다고 물론해석하는 것이 자연스럽고, 이러한 통지의무를 인정한다고 하더라도 상법 653조의 효과와 서로 배척하거나 모순되지 않기 때문이다. 판례는 대체로 중복 적용하는 듯하다. 가령 대판 1998.11.27. 98다32564는 보험계약자 등이 보험목적인 자동차의 구조를 변경시킨 사건에서, 이는 보험계약자 등의 고의 또는 중과실로 인한 현저한 위험변경증가에 해당한다고 볼 수 있음에도 불구하고 상법 652조를 적용하였다.

그런데 현행 상법의 해석으로는 위와 같은 경합적용의 문제가 논의의 실익이 크지

---

135) 최준선 169면

136) 김성태 313면; 박세민 308면; 양승규 162면; 정동윤 546면; 정찬형 605면; 주기동, “상법상 통지의무와 보험약관상 통지의무”, 법조52-7, 2003, 9면

않다. 왜냐하면 상법 652조의 통지의무 위반효과와 653조의 위험유지의무 위반효과가 별 차이가 없기 때문이다.[137] 이는 상법 652조와 653조의 효과가 준별이 되도록 입법이 될 때 비로소 유의미한 논의이다. 아래에서는 상법 652조와 653조를 입법론의 측면에서 어떻게 구별한 것인지의 과제를 살펴보자.

4. 입법론[138]

(1) 의의

상법은 위험변경증가에 관하여 보험계약자 등의 고의·중과실로 인해 증가한 경우(653조)와 그와 상관없이 증가한 경우(652조)로 나누어서 규율하고 있다. 그런데 전자의 경우에는 위험변경증가 자체에 보험계약자 측의 중대한 귀책사유가 있으므로 보험자에게 해지권 및 면책의 이익을 부여하는 데 별다른 문제가 없다고 할 것이나, 보험계약자 등의 귀책사유와 무관한 후자의 경우에는 보험계약자와 보험자의 이익을 세밀하게 조정할 필요가 있다. 이러한 관점에서 볼 때, 상법 652조 및 이와 연결된 655조(보험자의 면책)의 규정은, 다른 나라의 입법례와 비교하면 다소 보험자의 이익 쪽으로 기울어져 있는 것으로 보인다. 구체적으로 보면 다음과 같다.

(2) 통지의무 해태의 효과

상법 652조 1항에서는 통지의무 해태시의 효과로 해지권을 부여하고 있고, 이에 따라 해지된 경우 상법 655조에 따라 변경증가된 위험과 인과관계 있는 사고에 대해서는 보험자가 면책된다. 그런데 이에 관해서는 다음의 두 가지 점을 생각해 볼 필요가 있다. 첫째, 통지의무 해태로 해지한 경우에 통지의무 해태에 관한 귀책사유의 유무 또는 정도를 불문하고 보험자를 면책시키는 것이 정당한가의 문제이다. 둘째, 현재의 규정상 어느 시점 이후에 발생한 사고부터 면책의 대상이 될 수 있는지 불명확하고, 그 결과 자칫 보험계약자에게 불리하게 해석되는 문제가 있지 않은가 하는 점이다. 차례로 본다.

1) 면책 요건 제한의 필요성

위험변경증가의 통지의무가 이행되지 않아 보험계약이 해지된 경우(상법 652조 1항 2문), 보험자의 면책은 보험계약자가 고의 또는 중과실로 통지의무를 해태한 경우에만 한정하여 인정되도록 655조를 개정할 필요가 있다. 현재의 상법 655조에 의하면 통지의무

137) 박세민 319면; 최준선 170면

138) 이에 관해서는 한기정, “보험계약상 위험변경증가에 대한 입법론적 고찰”, BFL48, 2011, 64-67면

해태로 보험자가 상법 652조 1항 2문에 따라 보험계약을 해지한 경우에는 통지의무 위반에 대해 보험계약자의 귀책사유가 있건 없건 상관없이 위험변경증가와 인과관계가 있으면 보험자는 면책된다. 하지만 보험계약자 보호라는 관점에서 보면, 귀책사유가 없거나 가벼운 보험계약자에 대해서 보험보호를 박탈하는 것은 바람직하지 않은 것으로 보인다. 특히 계약체결 전의 고지의무 위반과 비교해 보면, 고지의무의 위반의 경우도 보험계약자의 고의 또는 중과실이 주관적 요건(상법 651조)이어서, 해지 시 보험자의 면책은 보험계약자의 고의 또는 중과실로 한정된다는 점과의 균형을 고려할 필요가 있다. 유럽보험계약법 원칙(PEICL)의 경우 고지의무와 위험증가에서 보험자의 책임 부분이 동일하게 규정되어 있음을 참조할 필요가 있다.[139]

다만, 해지권 발생에 관하여도 귀책사유를 고의·중과실로 제한해야 한다고 주장하는 것은 아니다. 그러므로 보험자 면책과 관련하여서는 통지의무 위반의 주관적 요건을 한정할 필요가 있다고 생각하나, 해지권의 부여와 관련하여서는 장래를 향한 위험과 계약의 일치는 필요하다는 점과, 이를 위하여 심지어 통지의무 이행 시에도 해지권이 부여된다는 점을 고려하면 해지권 발생요건은 지금 이대로가 좋다고 생각한다. 독일의 경우에도 해지권 발생의 주관적 요건과 면책의 주관적 요건은 상이하고, 후자가 보다 좁게 설정되어 있다는 점에 주의할 필요가 있다.[140]

2) 면책시기 조정의 필요성

상법 655조가 652조 1항 2문에 적용됨에 있어서 면책의 시기를 뒤로 미루어야 한다. 현재 상법 652조 1항 2문 및 655조를 보면, 해지 시 어느 시점에서 발생한 보험사고부터 보험자가 면책될 수 있는지에 대해 불명확한 점이 있다. 보험계약자에게 불리하게 해석한다면 객관적으로 위험변경증가가 있는 바로 그 시점 이후에 발생한 보험사고에 대해서는 보험사고 발생과 인과관계만 있으면 보험자가 면책된다고 해석될 여지마저 있다. 독일의 경우 객관적 위험증가에서 이와 같은 때에는 통지를 할 수 있었을 때부터 1월 이후에 발생한 보험사고에 대해서만 보험자의 면책가능성을 인정한다. 물론 현재 우리 상법 655조를 보험계약자가 위험변경증가한 사실을 알고 통지를 할 수 있었던 때 이후에 발생한 사고에만 한정하여 면책가능성을 인정하는 것으로 보험계약자에게 유리하게 해석을 하는 방법으로도 해결할 수 있는 것이다. 그러나 근본적으로는 법률개정을 통

139) 한기정, "보험계약상 위험변경증가에 대한 입법론적 고찰", BFL48, 2011, 63-64면

140) 독일 보험계약법(VVG)에 따르면, 보험계약자가 자신의 의사와 무관하게 위험이 증가된 경우 그 사실을 안 후 지체없이 보험자에게 통지해야 하고(23조 3항), 이를 위반한 경우 보험자는 1월의 해지기간을 두고 계약을 해지할 수 있다(24조 2항). 이에 의하면 과실로 통지의무를 위반한 경우에도 보험자가 해지권을 갖는다. 하지만 해지 이전에 보험사고가 발생했다면 보험자가 면책되지는 않는다. 즉 고의 또는 중과실로 통지의무를 위반한 경우에만 보험자가 면책되거나 책임이 감면된다(26조 2항 1문 및 2문).

하여 이 점을 명확히 하는 것이 바람직할 것이다. 그러므로 독일과 같이 객관적 위험변경증가에서 통지의무 위반 시에 보험자의 면책 시기를 뒤로 미루도록 상법 655조를 개정할 필요가 있다.[141)]

(3) 통지했을 때의 효과

또한 현행 상법 652조 2항은 위험변경증가 통지 시의 효과로 해지권 또는 보험료증액청구권 및 보험자의 면책을 인정하고 있는바, 위험증가 자체에 대해서도 귀책사유가 없고, 통지의무도 이행한 보험계약자에 대해서 이것은 너무 가혹한 것이 아닌지 의문을 제기해 볼 수 있다.

1) 해지권 제한 필요성 — 보험료증액청구권의 우선 행사 등

상법 652조 2항은 보험계약자가 통지의무를 이행한 경우에도 보험자가 보험료증액청구권 또는 해지권을 행사할 수 있도록 하고 있다. 법문상 보험자는 보험료증액청구권과 해지권 중에서 임의적으로 선택하여 행사할 수 있는 것으로 해석된다. 그런데 위험변경증가가 인수거절사유인 경우에는 해지권을 행사하더라도 문제가 없지만, 위험변경증가가 계약변경사유에 해당하는 경우에는, 보험계약자가 통지의무를 이행하였다는 점을 고려하면 가혹한 것이 아닌가라는 의문이 제기될 수 있다. 일본의 보험법이 계약의 해지는 위험증가가 인수거절사유인 경우로 원칙적으로 한정하고, 보험계약자가 통지의무를 이행하지 않은 경우에만 위험증가가 계약변경사유이더라도 해지를 허용하고 있음(29조 1항)을 참조할 필요가 있다. 따라서 입법론으로는 위험변경증가가 계약변경사유라면 보험자는 계약변경권을 우선적으로 행사하도록 하고, 보험계약자가 이를 거부하면 그때서야 비로소 해지권을 행사할 수 있는 것으로 상법 652조 2항을 개정할 필요가 있다. 또한, 해지권을 행사하는 경우에도 다른 보험보호를 찾을 수 있는 기간을 주기 위해서 통지 후 일정기간, 예를 들면 1월이 경과한 후 하도록 하는 것이 필요하다고 본다.[142)] 또한 이렇게 하는 것이 통지의무를 해태한 때와 비교할 때 통지의무를 이행하도록 하는 인센티브를 제공하는 것이라고 할 수 있다.

---

141) 노일석, "보험계약에 있어서 위험의 변경·증가", 상사법연구5, 1987, 29면. 독일 보험계약법(VVG)에 따르면, 보험계약자가 고의로 통지의무를 위반하고, <u>통지가 도달했어야 할 시점보다 1개월 후에 보험사고가 발생한 경우</u>, 보험자는 보험급여의무를 면한다(26조 2항 1문). 중과실로 통지의무를 위반한 경우에는, <u>통지가 도달했어야 할 시점보다 1개월 후에 보험사고가 발생한 경우</u>, 보험계약자의 책임의 정도에 따라 보험급여의무를 감축할 수 있고, 다만 중과실의 부존재에 대한 입증책임은 보험계약자가 부담한다(26조 2항 2문).

142) 노일석, "보험계약에 있어서 위험의 변경·증가", 상사법연구5, 1987, 28면

2) 면책사유 배제 필요성

나아가 상법 655조가 상법 652조 2항에는 적용되지 않도록 개정할 필요가 있다. 상법 655조는 상법 652조 2항에 따라 계약이 해지되는 경우 그 이전에 발생한 보험사고에 대해 보험자가 면책되는 것을 원칙으로 하고 있다. 그런데 상법 652조 2항은 보험계약자가 통지의무를 이행한 경우이어서 아무런 귀책이 없음에도 불구하고 보험자가 면책된다는 것은 보험계약자에게 가혹하다고 볼 수 있다. 상법 652조 2항에 따라 계약을 해지하는 것은 장래적으로 위험과 계약을 일치시킨다는 점에서 허용될 수도 있지만, 보험자를 소급적으로 면책시키는 것은 지나치다고 볼 수 있다. 전술한 바와 같이, 독일의 경우도 위험증가로 인한 해지와 책임을 구분하여 책임 면제 또는 감경은 보험계약자가 고의 또는 중과실로 통지의무를 위반한 경우에만 인정하고 있음을 참조할 필요가 있다.

(4) 비례보상의 도입 문제

이상에서 상법 652조의 위험증가로 인한 보험자의 면책은 보험계약자의 고의 또는 중과실이 있는 경우로 제한하자고 제안하였다. 이렇게 개정하고 상법 653조가 규정하는 위험유지의무 위반의 주관적 요건인 고의 또는 중과실을 그대로 유지한다면, 위험증가로 인한 보험자 면책은 주관적 요건이 고의 또는 중과실로 통일될 수 있을 것이다.

여기에서 비례보상제도의 도입 여부를 검토해 볼 필요가 있다. 독일(VVG 26조 2항 1문 및 2문)은 보험자를 완전히 면책시키지 않고 비례적으로 보험금을 감액한다. 보험계약자 보호를 위해서라면 우리나라도 이와 같은 제도를 도입할 필요가 있다고 생각할 수도 있을 것이다. 그러나 아래와 같은 이유에서 우리나라에 도입할 필요성이나 실익은 적다고 본다. 고의에 대해서 비례보상을 하는 것은 의무 위반을 예방하기 어렵다는 차원에서 찬성하기 어렵다. 그렇다면 중과실에 대해서만 논의가 가능할 것인데, 아래와 같은 점에서 중과실에 대해 비례보상을 도입할 실익은 크지 않은 것으로 보인다. ① 고의와 중과실의 경계가 명확하지 아니하다. 특히 실무상 중과실 요건은 독자적인 기능이 있는 것이라기보다는 고의 입증의 어려움을 완화해 주는 측면이 큰 것으로 보인다. ② 고의가 아니라 오로지 중과실로 판단되는 사안이 실제로 많지 않을 것으로 보인다. 만약 보험계약자의 귀책사유를 경과실로 확장할 경우에는 비례보상주의 도입 여부를 검토해 볼 수 있을 것이다.

제3절 보험사고 발생에 관한 통지의무

1. 의의

보험계약자 등은 보험사고 발생에 대한 통지의무를 부담한다. 즉 보험계약자, 피보험자 또는 보험수익자는 보험사고의 발생을 안 때에는 지체없이 보험자에게 통지를 발송해야 한다(상법 657조 1항). 이에 따라 가령 화재보험에서 보험목적인 건물에 화재가 발생하면 보험계약자 측은 이를 지체없이 통지해야 한다.

2. 취지

통지의무를 규정한 취지는 무엇인가? 보험자는 보험사고가 발생하면 사고의 원인, 손해의 종류와 범위 등에 대해 신속하게 필요한 조사나 조치를 함으로써, 자신의 보상책임 유무를 확인하거나, 손해가 발생 또는 증가되는 것을 막거나, 또는 가해자에 대한 보험자대위권(상법 682조)을 확보하는 등이 필요하다. 이를 위해서는 보험사고의 발생에 대한 정보가 필요한데, 이 정보는 보험계약자 등의 지배하에 있는 것이 보통이기 때문에 통지의무를 부과한 것이다.

3. 법적 성질

통설은 보험사고발생의 통지의무가 진정한 의무라고 본다. 즉 이행을 강제하지는 못하지만 손해배상청구를 할 수는 있고, 그 손해만큼 보험금 감축이 된다는 것이다. 통설이 타당하다. 반면에 간접의무에 불과하다는 소수설이 있다.[143] 이에 의하면 통지의무 위반이 있으면 일정한 법적 불이익, 즉 보험자가 통지의무 위반으로 인한 손해만큼 면책될 수 있는 효과가 생긴다고 한다.

4. 요건

① 통지의무는 보험계약자, 피보험자, 또는 보험수익자가 부담한다(상법 657조 1항). 보험계약자, 피보험자 또는 보험수익자 중 어느 한 사람이라도 통지하면 의무는 이행된

143) 김성태 318면; 임용수 197면

것으로 본다(통설). 통지의 상대방은 보험자 또는 그로부터 통지수령권한을 위임받은 자이다. 보험자로부터 통지수령권을 위임받은 보험자의 임직원이 여기에 해당된다. 보험대리상은 통지수령권을 갖고 있으며, 보험자는 이 권한을 제한할 수 있지만 선의의 보험계약자에게 대항하지 못한다(상법 646조의2 1항, 2항). 보험설계사는 통지수령권이 없다(판례,[144] 통설). 보험중개사는 보험계약자 등으로부터 보험계약에 관한 고지 또는 통지사항의 수령권한이 없다는 점을 적은 서면을 미리 보험계약자에게 발급하고 설명하여야 한다.[145] 보험설계사 또는 보험중개사도 보험자가 별도로 수권한 경우에는 통지수령권을 갖는다고 보아야 한다.

② 보험사고가 발생해야 한다. 보험사고 발생의 가능성만으로는 통지의무가 발생하지 않는다. 손해보험에서는 보험사고의 발생만으로 부족하고 손해가 개시되어야 한다는 견해가 있다.[146] 생각건대, 보험사고발생에 대한 통지의무의 취지를 고려하면, 원칙적으로 보험사고의 발생만으로도 통지의무를 이행해야 한다고 해석한다.

③ 보험계약자 등이 보험사고의 발생을 '안 때'에만 통지의무를 부담한다. 따라서 보험사고의 발생을 알지 못하는 경우에는 과실 여부를 묻지 않고 통지의무를 부담하지 않는다. 요컨대 알지 못하는 사실에 대한 탐지의무는 없는 것이다. 통지의무의 취지를 고려하면, 보험자가 이미 보험사고의 발생을 알고 있으면 통지의무는 면하는 것으로 본다.[147] 보험자가 보험사고의 발생을 알게 된 경로는 묻지 않으므로 방송을 통해서 알게 되어도 그러하다.

④ '지체없이'는 즉시라는 의미라기보다는 귀책사유 없이 지연 없이라는 의미로 풀이한다.[148] 통지방법은 구두 또는 서면 등 제한이 없다(통설). 통지를 발송하면 의무는 이행된다고 규정되어 있으므로(상법 657조 1항), 불도달의 위험은 보험자가 부담하는 것으로 본다. 통지의무를 서면으로 이행해야 한다는 합의가 있더라도 구두로 통지를 했다고 해서 통지의무 위반이라고 할 것은 아니다.[149]

5. 효과

보험계약자 등이 통지의무를 위반함으로써 손해가 증가된 때에 보험자는 증가된 손해에 대한 보상책임이 없다(상법 657조 2항). 통지의무 위반으로 인해서 증가된 손해에는

144) 대판 2006.6.30. 2006다19672
145) 보험업법 92조 1항, 동법시행령 41조 3항 2호, 동법시행규칙 24조 1호
146) 최기원 264-265면
147) 박세민 320면; 정동윤 548면; 최기원 265면; 최준선 158면
148) 양승규 168면; 최기원 266면
149) 최기원 265면

보험자대위권(상법 682조)을 행사하지 못하게 되었다면 이것도 포함된다.150) 통지의무 위반사실, 증가된 손해액, 통지의무 위반과 손해액 사이의 인과관계 등에 대한 입증책임은 보험자가 부담한다.151) 입법론으로는, 보험계약자 등이 사기적 수단(증거인멸 등)으로 통지의무를 위반한 경우에는 보험자가 증가된 손해뿐만 아니라 전부 면책되는 것이 필요하다.152) 그리고 보험사고발생의 통지의무 위반으로 인해서 계약에 대한 해지권이 발생하지는 않는다.

보험사고발생의 통지는 보험금지급채무의 이행기에 영향을 미친다. 즉 보험금의 지급시기에 대해 당사자가 약정한 것이 없는 경우, 보험사고의 발생에 대한 통지가 없으면, 보험금지급채무의 이행기가 도래하지 않는다(상법 658조). 이것은 보험금 지급시기의 문제로서 별도로 다룬다.

제4절 협조의무

보험자가 보험사고를 조사하는 것과 관련하여 보험계약자 등은 협조를 할 의무가 있다(통설). 신의칙을 근거로 보험계약자 등에게 이러한 의무가 인정될 수 있을 것이다. 다만 이 의무가 보험사고 통지의무에 포함된다는 견해도 있다.153) 약관에 이러한 협조의무가 규정된 경우도 있다.154)

150) 박세민 321면; 양승규 168면
151) 임용수 199면
152) 양승규 168면; 임용수 199면; 정동윤 548면
153) 김성태 317면; 양승규 167면
154) 화재보험 표준약관 5조(손해의 통지 및 조사) : ① 보험의 목적에 손해가 생긴 경우 계약자 또는 피보험자는 지체없이 이를 회사에 알려야 합니다.
② 계약자 또는 피보험자가 제1항의 통지를 게을리하여 손해가 증가된 때에는 회사는 그 증가된 손해는 보상하여 드리지 않습니다.
③ 회사가 제1항에 대한 손해의 사실을 확인하기 어려운 경우에는 계약자 또는 피보험자에게 필요한 증거자료의 제출을 요청할 수 있습니다.

제6장

보험계약의 변동

1. 보험계약의 종료

아래에서는 보험계약상 법률관계가 — 소급적으로 또는 장래를 향하여 — 그 효력을 상실하는 상황을 발생원인(무효, 취소, 해제, 해지 등)별로 살펴본다.

(1) 보험계약의 무효

1) 상법 보험편

상법 보험편이 규정한 보험계약의 무효사유는 다음과 같다.

첫째, 보험사고가 확정된 경우이다. 즉 보험계약의 체결 당시에 보험사고가 이미 발생하였거나 발생할 수 없는 경우 그 계약을 무효로 하되(상법 644조 본문), 당사자 쌍방 및 피보험자가 알지 못한 경우는 유효이다(상법 644조 단서).

둘째, 손해보험에서 계약의 체결 당시에 피보험이익이 부존재하는 경우이다. 상법 668조는 피보험이익의 요건을 규정하고 있다. 이것이 흠결된 경우의 효과에 대해서는 명문의 규정이 없지만, 학설은 무효라고 해석하는 데 일치한다.

셋째, 손해보험에서 사기에 의한 초과·중복보험이다. 즉 보험계약자의 사기에 의해 체결된 초과보험계약은 무효이고(상법 669조4항), 사기에 의해 체결된 중복보험계약도 마찬가지이다(상법 672조 3항).

넷째, 생명보험에서 피보험자에 의한 서면 동의가 없는 경우이다. 즉 타인의 사망을 보험사고로 하는 보험계약은 계약을 체결할 때에 피보험자의 서면 동의가 없으면 무효이다(상법 731조 1항). 이것은 상해보험 및 질병보험에도 준용된다(상법 739조, 739조의3).

다섯째, 15세 미만자 등을 피보험자로 하는 사망보험이다. 즉 15세 미만자, 심신상실자 또는 심신박약자의 사망을 보험사고로 하는 보험계약은 무효이다(상법 732조 본문). 다만, 심신박약자가 보험계약을 체결하거나 상법 735조의3에 따른 단체보험의 피보험자가 될 때에 의사능력이 있으면 무효가 아니다(상법 732조 단서).

이상의 규정들은 강행법규라고 해석되며, 이를 위반하면 무효이다.[1] 강행법규 위반으로 무효인 계약은 추인해도 유효한 것이 되지 못한다.[2]

2) 민법 103조

i) 의의

사회질서를 위반하는 법률행위는 무효로 한다는 민법 103조에 따라 보험계약이 무효가 되기도 한다. 보험금을 부정취득하려는 목적으로 보험계약을 체결하는 경우가 그러하다. 이론상으로는 반드시 다수의 보험계약이어야 할 필요는 없어 보이나, 판례는 대개 다수의 보험계약 체결과 관련된 사안들이다.

먼저, 대판 2000.2.11. 99다49064에서, 대법원은 당초부터 오로지 보험사고를 가장하여 보험금을 취득할 목적으로 생명보험계약을 체결한 경우에는 사람의 생명을 수단으로 이득을 취하고자 하는 불법적인 행위를 유발할 위험성이 크고, 이러한 목적으로 체결된 생명보험계약에 의하여 보험금을 지급하게 하는 것은 보험계약을 악용하여 부정한 이득을 얻고자 하는 사행심을 조장함으로써 사회적 상당성을 일탈하게 되므로, 이러한 생명보험계약은 사회질서에 위반되어 무효라고 판시했다.

이후 대판 2005.7.28. 2005다23858에서도, 보험계약자가 보험금을 부정취득할 목적으로 다수의 보험계약을 체결한 경우, 이러한 보험계약에 의하여 보험금을 지급하게 하는 것은 부당한 사행심을 조장하고, 합리적인 위험의 분산을 훼손하며, 다수의 선량한 보험가입자들의 희생을 초래하여 보험제도의 근간을 해치므로 이와 같은 보험계약은 민법 103조가 정한 사회질서에 위반하여 무효라고 판시했다.[3]

ii) 고의 없는 보험수익자

보험계약자가 보험금을 부정취득할 목적으로 다수의 보험계약을 체결한 경우, 보험계약자가 보험금 청구를 할 수 없음은 물론이고, 보험수익자도 고의로 보험사고를 일으키지 않았다는 이유로 보험자에게 보험금을 청구할 수는 없다.[4] 보험계약 전체가 민법

---

1) 대판 2002.6.28. 2001다59064(상법 644조); 대판 1996.11.22. 96다37084(상법 731조 1항)

2) 대판 1994.6.24. 94다10900

3) 대판 2005.7.28. 2005다23858(민법 103조에 의하여 무효로 되는 반사회질서 행위는 법률행위의 목적인 권리의무의 내용이 선량한 풍속 기타 사회질서에 위반되는 경우뿐만 아니라, 그 내용 자체는 반사회질서적인 것이 아니더라도 법률적으로 이를 강제하거나 법률행위에 반사회질서적인 조건 또는 금전적인 대가가 결부됨으로써 반사회질서의 성질을 띠게 되는 경우 및 표시되거나 상대방에게 알려진 법률행위의 동기가 반사회질서적인 경우를 포함하고, 보험계약자가 다수의 보험계약을 통하여 보험금을 부정취득할 목적으로 보험계약을 체결한 경우, 이러한 목적으로 체결된 보험계약에 의하여 보험금을 지급하게 하는 것은 보험계약을 악용하여 부정한 이득을 얻고자 하는 사행심을 조장함으로써 사회적 상당성을 일탈하게 될 뿐만 아니라, 또한 합리적인 위험의 분산이라는 보험제도의 목적을 해치고 위험발생의 우발성을 파괴하며 다수의 선량한 보험가입자들의 희생을 초래하여 보험제도의 근간을 해치게 되므로, 이러한 보험계약은 민법 103조 소정의 선량한 풍속 기타 사회질서에 반하여 무효이다)

103조 위반으로 무효가 되기 때문이다.

iii) 부정목적의 판단

보험계약자가 보험금을 부정취득할 목적으로 다수의 보험계약을 체결하였는지에 관하여 이를 인정할 직접적인 증거가 없는 경우가 대부분이다. 판례는, 이 경우 보험계약자의 직업 및 재산상태, 다수 보험계약의 체결 시기와 경위, 보험계약의 규모와 성질, 보험계약 체결 후의 정황 등 제반 사정을 종합하여, 보험계약체결이 순수하게 생명, 신체 등에 대한 우연한 위험에 대비하기 위한 것이 아니라 보험사고를 가장하거나 혹은 실제보다 과장하여 보험금을 부당하게 취득할 목적으로 체결하였는지 여부를 판단한다.[5] 이와 관련하여 객관적으로 명확한 기준을 설정해서 법적 안정성을 높일 필요가 있다.[6]

좀 더 구체적인 기준을 제시한 판례를 살펴보자. 대판 2014.4.30. 2013다69170에서 대법원은 특히 보험계약자가 자신의 수입 등 경제적 사정에 비추어 부담하기 어려울 정도로 고액의 보험료를 정기적으로 지급해야 하는 과다한 보험계약을 체결한 점, 단기간에 다수의 보험에 가입할 합리적인 이유가 없음에도 집중적으로 다수의 보험에 가입한 점, 보험모집인의 권유에 의한 가입 등 통상적인 보험계약 체결의 경위와는 달리 적극적으로 자의에 의하여 과다한 보험계약을 체결한 점, 저축적 성격의 보험이 아닌 보장적 성격이 강한 보험에 다수 가입하여 수입의 상당 부분을 보험료로 납부한 점, 보험계약 시에 동종의 다른 보험 가입사실의 존재와 자기의 직업·수입 등에 관하여 허위의 사실을 고지한 점 또는 다수의 보험계약 체결 후 얼마 지나지 않은 시기에 보험사고 발생을 원인으로 집중적으로 보험금을 청구하여 수령한 점 등의 간접사실이 인정된다면 이는 보험금 부정취득의 목적을 추인할 수 있는 유력한 자료가 된다고 판시했다.[7]

iv) 사례

대판 2000.2.11. 99다49064는, 자신의 경제사정이 악화되자, 피보험자를 배우자로 하고 보험수익자를 상속인으로 한 생명보험에 가입하고 배우자를 살해한 후 보험사고로 위장하여 보험금을 편취하기로 마음먹고 살인청부업자를 소개받은 다음, 배우자 몰래 생명보험계약들을 각각 체결하고서 살인청부업자로 하여금 배우자를 사망하게 한 사안이다. 대법원은 이 생명보험계약들은 민법 103조 위반으로 무효라고 판시했다. 그리고 이 사건에서 보험수익자인 상속인은 보험계약자, 그리고 배우자의 직계존속인데, 후자도 자신이 고의로 보험사고를 일으키지 않았다고 하더라도 보험자에게 보험금을 청구할 수는 없다고 판시했다.

---

4) 대판 2000.2.11. 99다49064

5) 대판 2005.7.28. 2005다23858; 대판 2016.1.14. 2015다206461

6) 장덕조 187면

7) 대판 2015.2.12. 2014다73237, 대판 2017.4.7. 2014다234827도 같다.

대판 2005.7.28. 2005다23858은, 부부가 금융기관으로부터 받은 대출금을 이용하여 건물을 낙찰받았으나 근저당권이 설정되어 건물에 대한 권리행사가 곤란했고, 건물에서 영업을 하였으나 그 운영이 어려워 금융기관으로부터의 대출금 등에서 발생하는 매월 2,500,000원 정도의 이자를 변제하지 못했고 그로 인해 금융기관이 가압류 등을 신청했는데, 이후 부부 및 2명의 자녀들 명의로 약 1년 이내에 15개 보험자에 합계 97건의 보험계약이 체결되었고(대부분이 보장적 성격이 강한 상해보험이고, 월보험료는 합계 3,749,890원 정도이며, 보험가입금액은 합계 15억여 원 정도), 부부는 다수의 보험계약을 체결할 당시 특별한 직업이나 수입이 없어 보유한 부동산을 처분하거나 담보로 제공하면서 생활해 왔기에, 단기간 내에 보험계약을 대량으로 체결하여야 할 합리적 이유가 있는 것으로 보이지 않았고, 체결된 보험계약에 기하여 수차례에 걸쳐 보험사고 발생을 이유로 약 3억 원 상당의 보험금을 지급받았으며, 보험사고가 발생한 것으로 허위로 보험금 지급청구를 하거나 위조된 의사의 치료확인서를 행사하여 보험금을 편취하거나 미수에 그쳐서 범죄사실로 형사처벌을 받았던 사안이다.[8] 대법원은 이 생명보험계약들은 민법 103조 위반으로 무효라고 판시했다.

한편 대판 2016.1.14. 2015다206461은 민법 103조 위반으로 볼 수 없다고 한 사안이다. 이 사건에서 대법원은, 보험계약자가 다수의 상해보험 등에 가입하여 월 120만 원

---

8) 이와 유사한 사안으로는 대판 2014.4.30. 2013다69170; 대판 2015.2.12. 2014다73237, 대판 2017.4.7. 2014다234827; 대판 2018.9.13. 2016다255125 등이 있다.

이 중에서 대판 2017.4.7. 2014다234827을 살펴보자.

가. 보험계약자 측인 피고들은 보험계약의 체결 무렵에 사실상 혼인관계로서 경제적 공동체를 이루고 있었는데, 2005년경부터 2010년경까지 약 6년 사이에 부부가 각자 12건씩 유사한 보험을 중복적으로 가입하였다. 이 사건 보험계약이 체결된 2008.12.31. 당시 피고들을 피보험자로 하여 가입된 보험의 월 보험료는 합계 1,229,740원이고 연간 납부할 보험료는 14,756,880원인 반면, 피고들의 2008년 수입금액은 합계 16,353,155원이고 소득세 납부금액은 0원이다.

나. 피고 1의 2005년부터 2010년까지 연평균 수입액수는 11,280,530원이고 피고들의 연평균 수입액수는 합계 18,021,391원이며, 위 기간 중 피고 1의 연평균 소득세 납부금액은 57,005원, 피고들의 연평균 소득세 납부금액은 합계 약 88,477원이다.

다. 피고들은 2010년을 기준으로 한 보험료 부담이 연간 합계 20,046,480원에 이르렀는데, 위 금액은 피고들의 2010년 수입액수 26,362,262원의 약 76%에 해당한다.

라. 이 사건 보험계약은 월 보험료 중 73.3%(= 47,650원 ÷ 65,000원 × 100)가 보장 부분으로서 저축으로서의 가치는 별로 없으며 수입이 적거나 일정하지 않은 경우에는 가계경제의 운영에 부담이 되기 쉽다. 반면 피고들이 가입한 각 보험계약은 모두 입원일당 보험(입원한 일수에 따라 정해진 금액을 지급하는 보험을 말한다) 또는 그와 유사한 내용을 담보하는 보험으로서 중복가입의 필요성이 적고, 피고 1의 경우 이 사건 보험계약이 체결된 2008.12.31.경에는 특별히 상해의 위험이 높은 직업을 가지고 있지도 않았다.

마. 피고 1은 이 사건 보험계약 체결 당시 직업과 병력 등을 허위로 고지하였다.

바. 피고 1은 2006. 6.경부터 약 6년 동안 각종 보험사고를 이유로 총 74회에 걸쳐 합계 53,335,860원의 보험금을 수령하였다. 위 피고의 특전사 근무기간인 2007년 말 이후에 이루어진 입원치료의 내역은 염좌·긴장 등 주관적인 증상에 의존하여 진단되고 입원치료의 필요성이 의문시되는 병명에 의한 것이 다수 존재하며, 위 피고는 직장이나 주거와 무관한 ○○지역에서 여러 차례 입원치료를 받았다.

가량의 보험료를 지출하는 것이 사회통념상 지극히 이례적이라고 보기 어렵고, 자신이 운영하는 영업장에 손님으로 온 모집종사자들의 권유로 다수의 보험계약을 체결하게 되었다는 보험계약자 주장의 신빙성을 부정하기 어려우며, 보험계약자의 병은 대부분 일상적인 거동에 큰 장애를 일으키므로 위장입원을 하였다거나 입원기간이 지나치게 장기간이었다고 보기 어려운 점 등을 종합하여 볼 때, 보험계약자가 보험금을 부정취득할 목적으로 보험계약을 체결한 것으로 볼 수 없다고 판시했다.

대판 2019.7.25. 2016다224350도 민법 103조 위반으로 볼 수 없다고 한 사안이다. 보험계약 총 7건이 체결되었으나, 해당 보험료가 보험계약자의 소득수준에 비추어 비정상적이거나 과다한 금액으로 보기 어렵고, 이 보험료의 상당 부분을 차지하고 있는 보험계약은 보장적 성격 외에 저축적 성격도 동시에 가지고 있으며, 입원횟수와 입원기간이 상당히 잦고 길지만 입원치료나 수술이 불필요하였다고 인정할 만한 자료가 없다는 점을 들어서, 보험계약자가 보험금을 부정취득할 목적으로 보험계약을 체결한 것으로 볼 수 없다고 판시되었다.

v) 고지의무 위반과의 관계

보험금을 부정취득할 목적으로 다수의 보험계약을 체결하면서 사기적 방법으로 중요사항에 대한 고지의무를 위반하는 경우가 있을 수 있다. 이 경우 민법 103조에 따른 보험계약의 무효, 민법 110조에 따른 보험계약의 취소권, 상법 651조에 따른 보험계약의 해지권이 경합적용되는지 문제된다.

사기에 의한 고지의무 위반의 경우 보험계약의 취소권(민법 110조)과 해지권(상법 651조)이 경합적용되는 것처럼(판례,[9] 통설), 민법 103조에 따른 보험계약의 무효도 경합적용된다고 볼 것인가?

판례는 긍정한다. 대판 2017.4.7. 2014다234827에서 대법원은 보험금을 부정취득할 목적으로 다수의 보험계약이 체결된 경우에 민법 103조 위반으로 인한 보험계약의 무효와 고지의무 위반을 이유로 한 보험계약의 해지(상법 651조)나 취소(민법 110조)는 그 요건이나 효과가 다르지만, 개별적인 사안에서 각각의 요건을 모두 충족한다면 위와 같은 구제수단이 병존적으로 인정되고, 이 경우 보험자는 보험계약의 무효, 해지 또는 취소를 선택적으로 주장할 수 있다고 보았다.

3) 보험료의 반환 문제

보험계약이 무효인 경우 계약은 성립한 당초부터 효력이 없다. 보험계약이 무효인 계약의 당사자는 원상회복의무를 부담한다. 다만 보험료의 반환에 대해서는 상법에 특칙

9) 대판 1991.12.27. 91다1165; 대판 1998.6.12. 97다53380

이 있다. 즉 보험계약의 전부 또는 일부가 무효인 경우에 보험계약자와 피보험자(또는 보험계약자와 보험수익자)가 선의이며 중과실이 없으면 보험자에 대하여 보험료의 전부 또는 일부의 반환을 청구할 수 있고(상법 648조), 이를 반대해석하면 보험계약이 무효인 경우 보험계약자 등의 고의 또는 중과실이 있으면 보험자에 대해 보험료의 반환을 청구할 수 없다. 보험계약자 등이 보험계약의 무효에 고의가 있으면서도 보험료를 지급했다면, 이것은 악의의 비채(非債)변제(민법 742조)에 해당하여 반환을 청구하지 못한다. 하지만 중과실의 경우도 반환청구하지 못한다는 점은 위 민법조항만으로 설명하기 어렵다. 따라서 상법 648조는 보험계약자 등의 선의성 위반에 대한 제재 규정이라고 이해해야 한다. 불법원인급여(민법 746조)로 설명하는 견해도 있을 수 있으나, 보험계약 무효의 원인이 민법 103조 위반이 아닌 경우에도 상법 648조는 적용되므로, 타당한 설명이 아니다. 나아가, 사기로 초과보험 또는 중복보험이 체결된 경우에 그 계약은 무효이고, 보험자는 그 사실을 안 때까지의 보험료를 청구할 수 있다(상법 669조 4항 단서, 672조 3항). 보험계약자가 지급하지 않은 보험료가 있으면 보험자가 이것에 대해 지급청구까지 할 수 있다는 점에서, 상법 648조와 다르다. 따라서 상법 669조 4항 단서 및 672조 3항은 사기로 초과보험, 중복보험을 체결한 보험계약자에 대해서 여타 무효 사유보다 더 엄격한 불이익을 가한다고 평가할 수 있다.

(2) 보험계약의 취소

보험계약을 취소하면 보험계약은 성립 시로 소급하여 효력이 없어진다. 상법이 규정한 보험계약의 취소사유로는 보험약관의 교부 · 설명의무 위반이 있다. 즉 보험자가 보험계약을 체결할 때에 보험계약자에게 보험약관을 교부하고 그 중요한 내용을 설명해야 하는데, 이를 위반하면 보험계약자는 계약을 취소할 수 있다(상법 638조의3).

민법에 따른 취소도 가능하다. 첫째, 고지의무 위반이 사기에 해당하는 경우에는 민법 110조에 따라 보험자는 보험계약을 취소할 수 있다.[10] 이 경우에, 무효에 관한 상법 648조, 669조 4항을 유추적용해서, 보험자는 그 사실을 안 때까지의 보험료를 반환할 필요가 없거나 그때까지의 보험료를 청구할 수 있다고 해석할 수 있는가? 이에 대해 긍정하는 견해가 있다.[11] 생각건대, 부정하는 것이 타당하다. 상법 648조, 669조 4항은 선의성을 위반한 보험계약자에게 보험료에 대한 제재를 가한 것인데, 이러한 제재규정은 명문의 근거가 있어야 적용할 수 있고, 나아가 유추적용이라고 하더라도 신중을 기할 필요가 있기 때문이다. 둘째, 보험계약의 내용 중에서 중요부분에 착오가 있는 때에는 의

10) 대판 1991.12.27. 91다1165

11) 박세민 329면; 장덕조 188면

사표시를 한 자에게 중과실이 없는 한 취소할 수 있다(민법 109조 1항). 다만 고지의무 위반이 착오에 해당하는 경우에는 보험자가 보험계약을 취소할 수 없다고 해석한다. 이에 관해서는 고지의무 부분에서 상술했다.

(3) 보험계약의 해제

보험계약을 해제하면 계약은 성립 시로 소급하여 효력이 없어진다. 상법은 최초의 보험료가 지급 지체되면 보험계약이 해제된 것으로 간주한다. 즉 보험계약자는 보험계약의 체결 후 지체없이 보험료의 전부 또는 1회 보험료를 지급해야 하고, 이를 지급하지 않는 경우 다른 약정이 없는 한 계약의 성립 후 2월이 경과하면 계약이 해제된 것으로 본다(상법 650조 1항). 또한 보험계약자가 최초의 보험료를 지급하지 않으면 계약이 성립된 이후 2월이 경과하기 전이라도 보험자가 민법 544조에 따라 보험계약을 해제할 수 있다고 해석한다. 그리고 타인을 위한 보험계약을 해제할 때는 상법 650조 3항의 특칙이 적용된다. 즉 이 경우에는 보험자가 타인에게도 상당한 기간을 정하여 보험료의 지급을 최고한 후가 아니면 그 계약을 해제하지 못한다고 해석한다.

(4) 보험계약의 해지

보험계약을 해지하면 계약은 장래를 향하여 효력을 상실한다. 상법 및 민법이 규정한 보험계약의 해지사유는 다음과 같다.

1) 보험계약자에 의한 임의해지

i) 의의

보험계약자는 보험계약에 대해서 아무런 제약없이 임의로 해지할 권리(임의해지권)를 갖는다. 즉 보험사고의 발생 전에 보험계약자는 언제든지 계약의 전부 또는 일부를 해지할 수 있다(상법 649조 1항 본문). 이는 계속계약인 보험계약에서 그 중도에 종료를 원하는 보험계약자를 보호하기 위한 것이다. 이에 따라 보험계약자는 일방적으로 보험계약을 해지할 수 있는 것이다. 그리고 임의해지를 한 보험계약자는, 당사자 사이에 다른 약정이 없으면, 미경과보험료의 반환을 청구할 수 있다(상법 649조 3항). 한편, 보험자에게는 임의해지권이 인정되지 않는다.

해지권은 형성권으로서 해지의 의사표시만으로 해지의 효과가 발생한다. 실제로 해지의 의사표시가 있었는지 여부가 다투어질 수 있다. 대판 2002.7.26. 2000다25002는, 보험계약상의 일부 보험금에 관한 약정지급사유가 발생한 이후에 보험계약이 해지되었다는 보험자의 말만을 믿고, 당시의 경제적 필요에 따라 해지환급금을 수령한 사안이다.

대법원은 이러한 수령행위는 해지의 의사표시에 해당한다고 볼 수 없다고 판시하였다.

상법은 위 임의해지권에 관한 몇 가지 특칙을 규정하고 있다. 아래에서 이를 중심으로 살핀다.

ii) 타인을 위한 보험계약

타인을 위한 보험계약에서는 임의해지에 제약이 있다. 즉 보험계약자는 타인의 동의를 얻거나 보험증권을 소지하지 않으면 해지하지 못한다(상법 649조 1항 단서). 이는 보험금청구권자의 지위에 있는 타인을 임의해지로부터 보호하기 위한 규정이다. 상법 649조 1항 단서에 따르면, 보험계약자는 타인의 동의와 보험증권의 소지 중에서 선택할 수 있다. 따라서 보험계약자는 타인의 동의를 얻지 못해도 보험증권을 소지하면 임의해지할 수 있다고 해석된다. 보험증권을 소지해도 임의해지가 가능하도록 한 입법취지는, 보험계약자가 보험증권을 소지하는 경우 타인이 자신을 위한 보험계약이 체결되어 있다는 사실을 알지 못하는 상태에 있는 것이 보통이라는 경험칙을 고려한 것이다.[12] 이에 따르면, 상법 649조 1항 단서의 입법취지는, 보험계약자가 타인에게 보험증권을 교부하지 않고 그대로 소지하고 있는 경우는 보험증권 소지만으로 계약을 임의해지를 할 수 있고, 보험계약자가 타인에게 보험증권을 교부한 경우는 사실상 타인의 동의를 얻어야 계약을 임의해지할 수 있다는 것이다.

하지만 보험증권의 재교부가 용이하기 때문에 위와 같은 입법취지가 퇴색되고 말았다. 즉 보험증권은 원칙적으로 유가증권이 아니라 증거증권에 불과하기 때문에 보험계약자가 타인에게 보험증권을 교부했다고 하더라도 공시최고 등과 같은 엄격한 절차를 거칠 필요없이 보험자로부터 보험증권을 다시 발급받는 것이 가능하고, 그 결과 보험계약자가 타인에게 보험증권을 교부한 경우에도 보험증권을 손쉽게 재교부받아서 타인의 동의를 거칠 필요없이 계약을 임의해지할 수 있는 상황이다. 따라서 입법적으로 재고할 부분이다. 이와 관련하여 보험계약자가 보험증권을 소지하고 있더라도 타인의 보호를 위해서 그의 동의를 얻어야만 임의해지권을 행사할 수 있다고 해석하는 견해가 제시된다.[13] 생각건대, 입법론은 별론으로 하고,[14] 상법 649조 1항에 따르면 보험계약자가 타인의 동의와 보험증권의 소지 중에서 어느 하나를 충족하면 임의해지를 할 수 있는 것으로 해석된다. 한편 보험증권의 재교부를 엄격히 제한해서 상법 649조 1항의 입법취지를 살리자는 주장도 있을 수 있다. 즉 상법 642조가 보험증권이 멸실되거나 현저하게 훼손된 때에는 보험계약자가 보험자에 대하여 증권의 재교부를 청구할 수 있고 그 증권작성의 비용

12) 손주찬, 주석상법[보험], 2001, 121면

13) 박세민 356면

14) 보험증권의 소지와 타인의 동의가 같은 무게를 갖는다고 하는 것은 입법론상 의문이라는 견해로, 김성태 356면

은 보험계약자의 부담으로 한다고 규정하고 있는데, 이것을 보험증권이 멸실되거나 현저히 훼손된 경우가 아니면 재교부해도 효력이 없는 것으로 제한하여 해석하자는 것이다. 하지만 상법 642조는 소정의 요건이 충족되면 보험계약자가 권리로서 재교부청구권을 행사할 수 있다는 취지의 규정이지, 그 요건에서 벗어나서 재교부되면 그 효력이 없다고 새길 수 있는 규정이라고 하기는 어렵다.

iii) 사고발생 후의 보험계약

보험사고가 발생한 후 보험계약의 운명은 어떻게 되는가? 보험계약이 종료되거나 유지되는 두 경우가 가능하다. 첫째, 보험사고의 발생으로 인하여 보험계약이 필연적으로 종료되는 경우가 있다. 가령 물건보험에서 물건이 보험사고로 인해 전부 멸실되거나 사망보험에서 피보험자가 사망한 경우 등이다. 둘째, 보험사고의 발생으로 인하여 보험계약이 필연적으로 종료되지 않는 경우가 있다. 가령 물건보험에서 보험사고로 인해 보험목적이 일부 멸실된 경우, 책임보험에서 피보험자가 배상책임을 지게 된 경우, 상해보험에서 피보험자가 상해를 입은 경우 등이 그러하다. 이 경우 보험계약의 운명은 당사자의 약정에 달려서, 보험계약의 존속 여부를 당사자가 미리 정하는 것이 보통이다. 그리고 보험계약이 존속하는 경우로 정하는 경우, 보험금액에 관한 사항도 약정하게 된다. 약정된 보험금액에서 이미 발생한 보험사고에 관하여 지급한 보험금액을 감액한 잔액을 나머지 보험기간에 대한 보험금액으로 정하기도 하고, 보험계약의 체결 당시에 약정된 보험금액을 그대로 유지하는 것으로 정하기도 한다.

상법은, 보험사고의 발생으로 보험자가 보험금을 지급한 때에도 보험금액이 감액되지 않고 보험계약이 유지되는 경우, 보험계약자가 그 사고발생 후에도 보험계약을 해지할 수 있다고 규정한다(649조 2항). 이것은 보험사고의 발생 후 보험계약이 유지되는 경우에 임의해지가 가능함을 규정한 것이다. 주의할 것은 상법 649조 2항이 보험금액이 감액되지 않는 보험에 대해서만 임의해지를 규정하였다는 점이다. 이를 반대해석하면 보험금액이 감액된 채 보험계약이 유지되는 경우에는 적용이 없게 된다. 하지만 보험금액이 감액되었다고 해서 임의해지를 막을 이유는 없어 보인다. 따라서 보험금액이 감액된 채 보험계약이 유지되는 경우에도 상법 649조 2항을 유추적용하여, 또는 물론해석을 통해서, 임의해지가 가능한 것으로 해석해야 한다.[15] 다만 해지환급금은 보험금액이 감액된 만큼 마찬가지로 감액된다고 해석해야 한다.

iv) 보험자의 파산선고

① 채무자 회생 및 파산에 관한 법률

회생절차개시 또는 파산선고 시에는 일정한 계약의 해지권이 제한된다. 즉, 쌍방미

15) 양승규 179면

이행 쌍무계약에 대한 해지권이 제한된다. '채무자 회생 및 파산에 관한 법률'(채무자회생법) 119조 및 335조에 의하면, 쌍무계약에서 채무자 및 상대방이 모두 회생절차개시 또는 파산선고 당시 아직 이행을 완료하지 아니한 때에는, 파산관재인 또는 관리인이 계약을 해제 또는 해지하거나 채무자의 채무를 이행하고 상대방의 채무이행을 청구할 수 있다. 파산관재인 또는 관리인에게 선택권이 있기 때문에, 이 선택이 있기 전에 상대방이 임의로 계약을 해제, 해지 또는 이행청구 등을 할 수 없다.[16] 다만, 상대방이 이미 자신의 채무를 전부 이행한 경우는 쌍방미이행 쌍무계약이라고 볼 수 없어서, 이 경우는 해지권의 제약이 없다.[17]

② 상법 654조의 특칙

상법 654조는 채무자회생법 119조 및 335조에 대한 특칙이다. 채무자회생법에 따르면, 보험자가 회생절차개시나 파선선고를 받은 경우에, 상법 649조 1항에 의한 보험계약자의 임의해지권 행사가 제약을 받을 수 있다. 하지만 상법 654조에 의해 보험계약자의 임의해지 또는 해지의제가 가능해진 것이다. 즉, 보험자가 파산의 선고를 받은 때에는 보험계약자가 계약을 해지할 수 있다(상법 654조 1항). 이 경우 해지하지 않더라도 파산선고 후 3월을 경과하면 보험계약은 그 효력을 잃는다(상법 654조 2항). 이는 해지의제에 해당한다. 상법 654조가 말하는 파산선고에는 회생절차개시도 포함되는 것으로 해석해야 한다. 상법 654조의 입법취지는 보험자의 채권자보다 보험계약자를 우선해서 보호하자는 것이다. 보험자로부터 보험금을 지급받지 못할 가능성이 높아졌음에도 불구하고, 보험계약자가 계속보험료를 지급하는 것은 가혹할 수 있다. 한편 보험계약자가 상법 654조에 따른 임의해지권을 행사하지 않는 경우, 보험자의 파산관재인이 채무자회생법 119조 및 335조에 따른 해지권을 행사할 수는 없다고 보아야 한다.

v) 보험계약자의 채권자

① 문제의 제기

보험계약자의 채권자도 일정한 경우 자기의 이름으로 해지권을 행사할 수 있는가? 즉 보험계약자의 채권자가 채무자인 보험계약자의 보험계약 해지권을 자기의 이름으로 행사하여 채권을 추심할 수 있는가의 문제이다. 즉, 보험계약자가 보험계약을 임의 해지하면 해지환급금을 받게 되고, 해지환급금에는 보험료적립금, 미경과보험료 등이 포함되어 있다. 보험계약자의 채권자는 해지환급금을 압류하고 추심명령을 얻어 압류된 채권을 추심할 수 있다. 그런데 채권의 추심을 위해서는 보험계약의 해지가 필수적이다. 채권자가 채무자의 보험계약 해지권을 자기의 이름으로 행사하여 채권을 추심할 수 있는가?

---

16) 대판 1992.2.28. 91다30149; 오수근, 도산법의 이해, 2008, 196면

17) 만약 보험계약자가 이미 보험료를 전부 지불한 경우에는 해당 보험계약은 쌍방미이행 쌍무계약이 아닌 것이다.

주의할 것은, 채권자가 채권자대위권(민법 404조)을 근거로 채무자인 보험계약자의 해지권을 대위행사할 수 있다는 점에는 이론이 없다는 점이다. 보험계약 해지권이 행사상 일신전속권이 아니기 때문이다. 다만, 채무자가 무자력이어야만 해지권의 대위행사가 가능하다. 여기에서 문제 삼는 상황은, 채권자대위권이 아니라 추심권에 기초하여 보험계약 해지가 가능한지 여부이다.

② 판례

판례는 긍정한다. 대판 2009.6.23. 2007다26165에서, 일반적으로 금전채권을 압류한 채권자는 추심명령을 얻어 압류된 채권을 추심할 수 있고, 또한 그 채권추심을 위한 목적 범위 내에서 채무자의 권리를 대위절차없이 자기의 이름으로 재판상 또는 재판 외에서 행사할 수 있는데(민사집행법 229조 1항, 2항 참조), 이러한 법리가 보험계약에 관한 해지환급금채권에 적용된다고 판시했다. 즉 보험계약에 관한 해지환급금채권은 보험계약자가 해지권을 행사할 것을 조건으로 효력이 발생하는 조건부 권리이기는 하지만, 금전 지급을 목적으로 하는 재산적 권리로서 민사집행법 등 법령에서 정한 압류금지재산은 아니어서 압류 및 추심명령의 대상이 되며, 그 채권을 청구하기 위해서는 보험계약의 해지가 필수적이어서 추심명령을 얻은 채권자가 해지권을 행사하는 것은 채권추심을 위한 목적범위 내의 행위로서 허용된다고 판시했다.

③ 결론

생각건대, 계약의 취소, 해제(해지)권은 계약 당사자의 지위에서 파생하는 것이므로, 계약상 채권(또는 계약의 취소, 해제나 해지에 따라 발생하는 원상회복채권)의 양수인, 그러한 채권을 추심하는, 또는 전부받은 자가 당연히 위 형성권까지 수반하여 취득하는 것은 아니다. 위 판례는 해지환급금청구권이 예금채권처럼 확실한 재산적 가치를 갖는 책임재산인 점을 고려하여, 위와 같은 일반 법리에 예외를 인정한 것이다.[18] 학설도 위 판례를 지지한다.[19] 다만, 타인을 위한 보험계약에서 보험계약자의 채권자가 보험계약을 해지하는 데에도 상법 649조 1항 단서의 적용을 받는다. 즉 타인의 동의 또는 보험증권의 소지가 요구된다. 보험계약자가 해지하는 경우 요구되는 타인의 보호가 보험계약자의 채권자라고 해서 달라질 이유는 없다고 볼 수 있다. 다만 채권자는 — 채권자대위권에 기해 청구할 수 있음은 물론이고 — 추심권에 기해 보험자에게 보험증권 교부를 청구할 수 있다고 봄이 타당하다.

그리고 위 대법원 판결은 민사집행법 개정으로 저축성 보험에 국한하여 적용된다고 보아야 한다. 즉 보장성 보험의 경우, 보험계약자의 채권자는 보험계약을 해지하여 해약

18) 판례의 취지에 비추어 전부채권자도 보험계약 해지권을 행사할 수 있다고 봄이 타당하다.
19) 박세민 334면; 정찬형 614면

환급금 채권을 책임재산으로 확보할 수 없다(민사집행법 246조 1항 7호, 민사집행법 시행령 6조 1항 3호). 위 민사집행법 시행령은 ① 보험계약자의 채권자가 보장성 보험계약까지 해지하여 채권을 회수하는 것은 채무자에게 가혹하고, ② 사회적·도덕적으로 비난의 소지가 높으며, ③ 보험계약해지로 인해 암 등 중병 치료 중인 자에게 보험금으로 지급되던 병원 치료비까지 지급되지 않도록 하는 것은 서민생계를 위협한다는 점을 고려해, 2011.7.1.에 도입된 것이다. 보장성보험과 저축성보험의 개념 및 구분 등과 관련하여 대판 2018. 12.27. 2015다50286의 판시를 주목할 필요가 있다.[20)]

2) 보험자에 의한 해지

i) 상법 보험편

첫째, 계속보험료의 지급지체로 인한 보험계약의 해지이다. 즉 보험계약자가 약정한 시기에 계속보험료를 지급하지 않으면 보험자는 상당한 기간을 정해 납입을 최고하고 그래도 지급이 없으면 계약을 해지할 수 있다(상법 650조 2항). 다만 타인을 위한 보험계약에서는 타인에게도 최고해야 한다(상법 650조 3항).

둘째, 고지의무 위반으로 인한 보험계약의 해지이다. 즉 보험계약자 또는 피보험자가 계약의 체결 당시에 고의 또는 중과실로 중요사항을 불고지 또는 부실고지하면 보험

---

20) 대판 2018.12.27. 2015다50286의 판시내용은 다음과 같다.

(1) 보장성보험은 생명, 상해, 질병, 사고 등 피보험자의 생명·신체와 관련하여 발생할 수 있는 경제적 위험에 대비하여 보험사고가 발생하였을 경우 피보험자에게 약속된 보험금을 지급하는 것을 주된 목적으로 한 보험으로, 일반적으로는 만기가 되었을 때 보험자가 지급하는 돈이 납입받은 보험료 총액을 초과하지 않는 보험을 말한다. 반면 저축성보험은 목돈이나 노후생활자금을 마련하는 것을 주된 목적으로 한 보험으로 피보험자가 생존하여 만기가 되었을 때 지급되는 보험금이 납입보험료에 일정한 이율에 따른 돈이 가산되어 납입보험료의 총액보다 많은 보험이다.

(2) 한편 보험계약 중에는 보장성보험과 저축성보험의 성격을 함께 가지는 것도 많이 있다. 만일 보장성보험계약과 저축성보험계약이라는 독립된 두 개의 보험계약이 결합된 경우라면 저축성보험계약 부분만을 분리하여 이를 해지하고 압류할 수 있을 것이다. 이와 달리 하나의 보험계약에 보장성보험과 저축성보험의 성격이 모두 있는 경우에 그중 저축성보험의 성격을 갖는 계약 부분만을 분리하여 이를 해지하고 압류할 수 있는지가 문제 된다. 민사집행법에서 보장성보험이 가지는 사회보장적 성격을 고려하여 압류금지채권으로 규정한 입법 취지를 고려할 때 하나의 보험계약이 보장성보험과 더불어 저축성보험의 성격을 함께 가지고 있다 하더라도 저축성보험 부분만을 분리하여 해지할 수는 없다고 보아야 한다.

(3) 이처럼 하나의 보험계약에 보장성보험과 저축성보험의 성격이 모두 있는 경우에 저축성보험의 성격을 갖는 계약 부분만을 분리하여 해지할 수 없다면, 해당 보험 전체를 두고 민사집행법 246조 1항 7호에서 규정하는 '보장성보험'에 해당하는지 여부를 결정하여야 한다. 원칙적으로 보험가입 당시 예정된 해당 보험의 만기환급금이 보험계약자의 납입보험료 총액을 초과하는지를 기준으로 하여, 만기환급금이 납입보험료 총액을 초과하지 않으면 민사집행법 246조 1항 7호에서 규정하는 '보장성보험'에 해당한다고 보아야 한다. 그러나 만기환급금이 납입보험료 총액을 초과하더라도, 해당 보험이 예정하는 보험사고의 성질과 보험가입 목적, 납입보험료의 규모와 보험료의 구성, 지급받는 보험료의 내용 등을 종합적으로 고려하였을 때 보장성보험도 해당 보험의 주된 성격과 목적으로 인정할 수 있다면 이를 민사집행법이 압류금지채권으로 규정하고 있는 보장성보험으로 보아야 한다.

자는 계약을 해지할 수 있다(상법 651조 본문).

셋째, 위험변경증가로 인한 보험계약의 해지이다. 즉 보험기간 중에 보험계약자 또는 피보험자가 위험변경증가의 사실을 안 때 이를 보험자에게 통지하거나 또는 통지하지 않은 경우 보험자는 보험계약을 해지할 수 있다(상법 652조). 또한 보험기간 중에 보험계약자, 피보험자 또는 보험수익자의 고의 또는 중과실로 위험변경증가가 발생하면 보험자는 보험계약을 해지할 수 있다(상법 653조).

ii) 민법 2조

① 의의

신의성실의 원칙을 규정한 민법 2조에 의거해서 보험자가 보험계약을 해지할 수 있다. 가령 보험계약의 존속 중 당사자 일방의 부당한 행위 등으로 신뢰관계가 파괴되어 계약의 존속을 기대할 수 없는 중대한 사유가 있는 경우가 그러하다. 판례는, 보험계약이 장기간의 보험기간 동안 존속하는 계속적 계약일 뿐만 아니라, 도덕적 위험의 우려가 있어 당사자의 윤리성과 선의성이 강하게 요구되는 특성이 있으므로, 당사자 사이에 강한 신뢰관계가 있어야 한다고 전제하고, 그러한 중대한 사유가 발생한 경우 상대방은 그 계약을 해지함으로써 장래에 향하여 그 효력을 소멸시킬 수 있다고 본다.[21] 판례는 계속적 계약과 관련해서 이러한 해지권의 법리를 형성해왔는데,[22] 이를 보험계약에 대해서도 적용한 것이다.

이러한 해지권은 민법 2조에 근거한 것으로서 보험계약 관계에 당연히 전제된 것이므로, 보험자가 사전에 설명할 의무가 있다거나 보험자가 이러한 해지권을 행사하는 것이 상법 663조나 약관규제법 9조 2호를 위반한 것이라고 볼 수 없다.[23]

② 해지의 범위

어떤 보험계약이 주계약과 특약으로 구성되어 있는데, 신뢰파괴행위가 주계약에 대해서만 또는 특약에 대해서만 발생한 경우, 해지의 범위가 문제될 수 있다. 만약 신뢰파괴행위가 중대하여 보험계약 전체가 영향을 받고 계약 자체를 유지할 것을 기대할 수 없다면, 특별한 사정이 없는 한, 해지의 효력은 해당 보험계약 전부에 미친다고 본다.[24]

③ 사례

민법 2조에 따른 해지권은, 보험약관에 명시되어 있지 않고 또 구체적 사안에서 해

21) 대판 2010.10.29. 2019다301678; 대판 2020.10.29. 2019다267020

22) 대판 1995.3.24. 94다17826(계속적 계약은 당사자 상호간의 신뢰관계를 그 기초로 하는 것이므로, 당해 계약의 존속 중에 당사자의 일방이 그 계약상의 의무를 위반함으로써 그로 인하여 계약의 기초가 되는 신뢰관계가 파괴되어 계약관계를 그대로 유지하기 어려운 정도에 이르게 된 경우에는 상대방은 그 계약관계를 바로 해지함으로써 그 효력을 장래에 향하여 소멸시킬 수 있다); 대판 2010.10.14. 2010다48165

23) 대판 2010.10.29. 2019다301678; 대판 2020.10.29. 2019다267020

24) 대판 2020.10.29. 2019다267020

지사유가 있는지 여부가 명확하지 않은 면이 있으며, 보험자가 부당한 보험금 청구를 거절하거나 이미 지급한 보험금을 반환받는 것을 넘어서 보험계약 자체를 해지하는 것은 자칫 보험계약자 측에 과도한 불이익이 될 수 있다는 점을 고려할 때, 구체적 사안에서 보험자가 이와 같은 해지권을 행사할 수 있는지는 신중하고 엄격하게 판단해야 한다.[25]

대판 2020.10.29. 2019다267020에서, 피보험자는 통원치료가 가능함에도 장기간 입원하는 등의 방법으로 8개 보험자로부터 실제 지급받을 수 있는 보험금보다 다액의 입원 의료비 등 보험금을 지급받아 편취하였다는 범죄사실로 기소되어 유죄판결을 선고받았고 그 판결이 확정되었는데, 그 유죄로 인정된 범죄사실 중 이 사건 보험금 청구로 보험계약자가 보험자로부터 편취한 금액은 합계 11,045,855원 상당이었다. 대법원은, 이 사건 보험금 청구와 관련한 부당 지급 보험금의 액수, 관련 형사사건의 경과 등의 사정을 고려하면, 보험계약자의 신뢰파괴행위로 인해 보험계약의 존속을 기대할 수 없는 중대한 사유가 있다고 판시했다.

대판 2020.10.29. 2019다301678에서, 피보험자는 총 617일 동안 입원치료를 받고 총 57,525,114원을 보험금으로 지급받았는데, 지속적 관찰이나 계속적 치료가 필요한 상태에서 치료를 받은 것이라고 인정할 자료가 없고, 수시로 외출 및 외박을 한 사정에 비추어 통원을 감당할 정도로 중한 상태에 있었다고 인정되지 않으며, 동일하거나 유사한 질환을 이유로 여러 병원을 옮겨 다니면서 입원을 반복하는 등 일반적이지 않은 입원 태양을 보였다는 점 등의 사정이 있었다. 대법원은, 부당 입원이 누적된 일수, 그에 따른 보험금지급청구와 수령이 반복된 횟수, 보험금의 액수 등에 비추어 이 사건 보험계약의 기초된 신뢰관계가 파괴되어 해지사유가 인정된다고 판시했다.

(5) 보험기간의 만료

당사자가 약정한 보험기간이 만료되면 그 이후 보험계약은 당연히 실효된다.

(6) 보험사고의 발생

보험사고가 발생하는 경우 그 이후 보험계약은 실효되는 경우도 있고 그대로 유지되는 경우도 있다.

첫째, 보험사고의 발생으로 인해서 보험목적이 전부 멸실(손해보험) 또는 사망(생명보험)하면 보험계약은 당연히 실효된다. 이 경우 보험계약은 그 목적을 달성하였기 때문에 존속될 이유가 없기 때문이다. 가령 재산보험에서 보험목적인 재산이 전부 멸실되거나, 사망보험에서 피보험자가 사망하면, 해당 보험계약은 실효되는 것이다.

---

25) 대판 2020.10.29. 2019다267020

둘째, 보험사고가 발생하였지만, 보험목적이 멸실 또는 사망에 이르지 않은 경우, 보험계약의 실효 또는 존속 여부는 당사자가 계약으로 정할 문제이다. 가령 물건보험에서 보험사고로 인해서 보험목적이 일부 멸실된 경우, 책임보험에서 피보험자가 배상책임을 지게 된 경우, 상해보험에서 피보험자가 상해를 입은 경우 등이 그러하다. 당사자가 보험계약의 존속을 약정하는 경우에는 보험금액에 관한 사항도 약정하게 된다. 즉 계약 당시에 원래 약정한 보험금액이 그대로 유지되는 것으로 정하기도 하고, 보험사고의 발생으로 지급한 보험금을 원래 약정한 보험금액에서 감액한 후 나머지 금액을 보험금액으로 정하기도 한다. 만약 보험사고로 인해 보험가액이 감소한 경우라면, 후자로 정해지는 것은 필연이다. 보험가액이 감소하지 않는 경우(가령 책임보험)라면, 보험금액을 어느 것으로 할 것인지는 당사자가 정할 문제인 것이다.

(7) 보험사고 이외의 사유 발생

보험사고 이외의 사유가 발생하여, 보험목적이 전부 멸실(손해보험) 또는 사망(생명보험)하는 경우에도, 계약이 그 목적을 달성할 수 없으므로 해당 보험계약은 당연히 실효된다. 손해보험의 경우는 보험목적이 전부 멸실하게 되면 피보험이익이 소멸하므로, 피보험이익의 관점에서 보아도 해당 보험계약은 실효되는 것이다. 한편 보험목적이 멸실, 사망하는 것이 아니라, 양도되는 경우에도 보험계약은 실효될 수 있다. 즉 보험목적을 양도할 때에 양수인이 피보험자로 변경되지 않으면, 해당 보험계약에서 피보험이익은 소멸되는 것이므로 실효될 수밖에 없다. 하지만 이러한 실효는 양도인, 양수인, 보험자의 이익에 반할 수 있어서, 상법은 보험계약상 권리의무의 승계 추정 규정을 두고 있다(상법 679조).

2. 보험계약의 변경

(1) 합의에 의한 변경

당사자는 보험계약의 내용을 변경할 수 있다. 강행법규에 반하지 않는 한 변경 내용에는 제한이 없다.

생명보험계약에서 보험계약자의 지위를 변경하는 데 보험자의 승낙이 필요하다고 정하고 있는 경우, 보험자의 승낙이 없음에도 불구하고 보험계약자가 일방적인 의사표시만으로 보험계약상의 지위를 이전할 수는 없다.[26)]

---

26) 대판 2018.7.12. 2017다235647[보험계약자의 신용도나 채무 이행능력은 계약의 기초가 되는 중요한 요소일 뿐만 아니라 보험계약자는 보험수익자를 지정·변경할 수 있다(상법 733조). 보험계약자와 피보험자가 일치하지 않는 타인의 생명보험에 대해서는 피보험자의 서면동의가 필요하다(상법 731조 1항, 734조 2항).

(2) 법률에 의한 변경

첫째, 보험계약 당사자가 특별한 위험을 예기하여 보험료 금액을 정한 경우 보험기간 중 그 예기한 위험이 소멸한 때에 보험계약자는 그 후의 보험료감액청구권을 행사할 수 있다(상법 647조).

둘째, 보험기간 중 사고발생 위험이 현저하게 변경 또는 증가된 사실이 보험자에게 통지되면, 보험자는 통지 시부터 1월 내에 보험료증액청구권을 행사할 수 있다(상법 652조 2항). 보험기간 중에 보험계약자, 피보험자, 보험수익자의 고의나 중대한 과실로 인하여 사고발생의 위험이 현저하게 변경 또는 증가되면 보험자는 그 사실을 안 날부터 1월 내에 보험료증액청구권을 행사할 수 있다(상법 653조).

위 보험료감액청구권이나 보험료증액청구권은 모두 형성권으로, 의사표시가 상대방에게 도달되면 그에 따른 법률효과가 발생한다. 위험증감에 따른 범위를 초과하여 보험료감액이나 증액을 요구했다면, 표시된 내용이 아니라 정당하다고 인정되는 범위 내에서, 증감의 효과가 발생한다고 해석한다.

3. 보험계약의 부활[27)]

(1) 의의

보험계약이 계속보험료의 지급 지체로 인해 해지되면 이후에 보험계약은 실효된다. 만약 보험계약자가 보험계약이 다시 필요해진 경우에 해지된 보험계약의 계약조건이 그대로 적용되기를 원할 수 있다. 가령 사망보험의 경우 가입 시 보험료가 연령에 비례하는 것이 보통이므로 보험계약자는 해지된 보험계약의 가입 시 연령에 따른 보험료가 그대로 적용되는 것을 원할 수 있다. 이것을 가능하게 해주는 것이 보험계약의 부활(reinstatement)이다. 상법 650조의2에 따르면, 계속보험료의 지급 지체로 인해 보험계약이 해지되고 해지환급금이 지급되지 않은 경우, 보험계약자가 일정한 기간 내에 연체보험료에 약정이자를 붙여서 보험자에게 지급하고 그 계약의 부활을 청구할 수 있으며, 이 경우 상법 638조의2가 준용된다.

따라서 보험계약자의 지위 변경은 피보험자, 보험수익자 사이의 이해관계나 보험사고 위험의 재평가, 보험계약의 유지 여부 등에 영향을 줄 수 있다. 이러한 이유로 생명보험의 보험계약자 지위 변경에 보험자의 승낙을 요구한 것으로 볼 수 있다. 유증은 유언으로 수증자에게 일정한 재산을 무상으로 주기로 하는 단독행위로서 유증에 따라 보험계약자의 지위를 이전하는 데에도 보험자의 승낙이 필요하다고 보아야 한다. 보험계약자가 보험계약에 따른 보험료를 전액 지급하여 보험료 지급이 문제 되지 않는 경우에도 마찬가지이다]

27) 이에 관해서는 한기정, "보험계약에서 부활의 법적 성질", 법조51－7, 2002

(2) 법적 성질

부활의 법적 성질은 계약이다(통설).[28] 부활에 보험'계약'의 성립에 관한 상법 638조의2가 준용된다는 것은 부활이 계약이라는 점을 전제하는 것이다. 부활이 계약이라고 할 때, 그 내용이 무엇인지를 보는 시각은 둘로 나뉜다. 하나는 특수계약설로서, 부활계약이란 해지된 보험계약을 해지되지 않은 것으로 되살리는 특수한 계약이라는 입장이 있다. 특수계약설이 우리나라의 통설이다. 다른 하나는 신계약설로서, 부활계약이란 해지된 보험계약과 동일한 내용의 새로운 보험계약이라는 입장이 있다. 신계약설은 우리나라에서 소수설이고,[29] 미국의 일부 판례가 이를 지지하고 있다.[30]

생각건대, 부활의 취지를 고려하면 특수계약설이 더 적합하다. 즉 부활의 취지가 해지된 보험계약과 동일한 계약조건의 적용을 받는 것이라면, 부활을 통해서 해지된 보험계약을 다시 회복하면 간명하게 취지를 달성할 수 있기 때문이다. 또한 새로운 보험계약을 체결하면서 해지된 보험계약과 동일한 계약조건이 적용되는 이유가 쉽게 설명되지 않는다. 상법도 특수계약설에 입각했다고 해석된다. 즉 상법 650조의2 단서는 부활에 보험계약의 성립에 관한 상법 638조의2를 '준용'하는데, 이는 부활이 보험계약이 아니라는 점을 전제한 것이라고 볼 수 있다. 준용규정을 둔 이유는, 비록 부활이 보험계약은 아니지만 부활 시에도 보험계약자 등을 보호하기 위해서 상법 638조2의 적용이 필요하다고 본 것이다.

판례도 특수계약설을 취한다고 볼 수 있다. 대판 2005.12.9. 2004다26164에서, 보험약관이 '보험계약일'과 책임개시일 사이에 피보험자의 암 진단이 확정되면 해당 보험계약이 무효라고 규정하고 있는 경우, '부활일'로부터 책임개시일 사이에 암 진단이 확정되면 마찬가지로 보험계약이 무효라고 보아야 하는지 여부가 다투어졌다. 대법원은 무효가 아니라고 보았는데, 그 이유는 위 보험약관이 부활의 경우에도 위 무효조항이 적용된다고 규정하고 있지 않기 때문이라고 판시했다. 만약 부활이 새로운 보험계약이라고 본다면, '부활일'로부터 책임개시일 사이에 암 진단이 확정된 것은 '보험계약일'과 책임개시일 사이에 암 진단이 확정된 것으로 볼 수 있으므로 이 경우 보험계약(부활계약)은 무효라고 보아야 한다. 이와 달리 부활이 특수한 계약이라면, '부활일'로부터 책임개시일 사이에 암 진단이 확정된 것이 '보험계약일'과 책임개시일 사이에 암 진단이 확정된 것으로 볼 수는 없으므로, 해당 보험약관이 달리 규정하고 있지 않는 한, 부활을 통해서 회복된

---

28) 미국의 일부 판례가 부활을 단독행위로 본다(Republic Life Insurance Co. v. Craige 100 P.2d. 281 (1940)). 하지만 우리나라에서는 단독행위설을 지지하는 학자가 없다.

29) 정호열, "부활과 고지의 범위", 보험학회지60, 2001, 73면

30) Great Western Life Insurance Co. v. Snavely 206 F. 20 (1913)

보험계약이 무효라고 할 수 없다. 결국 이 판결은 부활이 새로운 보험계약이 아니라 해지된 보험계약을 회복시키는 특수한 계약이라는 전제에 입각했다고 평가할 수 있다.

보험실무에서는 보험부활청약서가 사용되고 인보험에서 피보험자가 신체검사를 받는 등 마치 새로운 보험계약이 체결되는 것과 같은 외관을 띨 수 있지만,[31] 이것은 새로운 보험계약을 체결하는 것이 아니라 기존에 해지된 보험계약을 회복시키기 위한 절차라고 이해해야 한다.

(3) 부활의 요건

부활이 성립하기 위해서는 청약과 승낙이 필요하다. 먼저, ① 계속보험료의 부지급으로 상법 650조 2항에 따라 보험계약이 해지되고, ② 해지환급금이 지급되지 않았으며, ③ 일정한 기간 내에 연체보험료에 약정이자를 붙여서 보험자에게 지급하고, ④ 보험계약자가 부활을 청구해야 한다(상법 650조의2). 이러한 청구(청약)에 대해 보험자가 승낙하면 부활은 성립된다. 생각건대, 보험계약의 부활이 성립되려면 보험계약자의 청약만으로는 불가능하고 보험자의 승낙도 필요한 요건이어서, 부활에 의해서 불량위험이 위험단체에 편입되는 것에 대해 보험자가 충분히 대처할 수 있다는 점을 고려하면, 상법 650조의2의 요건을 지나치게 엄격하게 해석함으로써 부활제도의 이용가능성을 제한하는 것은 바람직하지 않다. 나아가, 상법 650조 2항의 요건을 충족하지 못한 경우 — 가령 계속보험료의 부지급으로 인해서 계약을 합의해지한 경우 — 부활의 청약에 대해서도 보험자가 승낙을 하는 경우라면 보험계약의 부활로서 효력을 인정할 수 있다고 본다.[32]

1) 계속보험료의 부지급으로 인한 해지

부활이 되기 위해서는 먼저 계속보험료를 지급하지 않아 보험계약이 해지되어야 한다. 기타의 사유로 보험계약이 효력을 상실한 경우는 여기에 해당하지 않는다. 가령 최초보험료를 지급하지 않아서 보험계약이 해제된 경우(상법 650조 1항), 고지의무 위반으로 보험계약이 해지된 경우(상법 651조), 약관의 교부·설명의무를 위반해서 보험계약이 취소된 경우(상법 638조의3) 등은 부활의 요건이 충족된 것으로 보지 않는다.[33]

2) 해지환급금의 미지급

부활이 되기 위해서는 보험계약이 해지된 후 해지환급금이 지급되지 않아야 한다. 보험계약자가 해지환급금을 지급받은 때에는 보험계약이 완전히 소멸되었다고 보아야

31) 양승규 171－172면
32) 손주찬 566면; 임용수 223면; 최준선 178면
33) 양승규 170－171면

하므로, 보험계약의 부활을 인정할 필요가 없기 때문이다(통설). 다만 이 경우에도 보험자가 승낙하는 경우 유효한 보험계약의 부활이라고 볼 수 있다. 그리고 보험자가 반환해야 할 해지환급금 자체가 없는 경우에도, 보험계약자가 보험계약의 부활을 청구할 수 있다고 해석한다(통설).

3) 보험계약자의 청구(청약)

보험계약자는 보험계약이 해지된 후 일정한 기간 내에 연체보험료에 약정이자를 붙여 보험자에게 지급하고 계약의 부활을 청구할 수 있다. 일정한 기간이란 보험계약에서 정한 기간을 의미하는 것이 원칙이다(통설). 다만 보험약관이 정한 일정한 기간이 부당하게 짧은 경우라면 그 효력이 인정되지 않는다고 해석한다. 생명보험표준약관은 보험계약이 해지된 후 3년 이내라고 정하고 있다(27조 1항). 상법은 보험계약자가 연체보험료에 약정이자를 붙여 보험자에게 지급하고 계약의 부활을 청구한다고 규정하고 있는데, 그 지급을 일정 시점 이후로 유예한다는 계약 당사자의 약정은 유효하다. 또한 위의 일정한 기간이 경과한 뒤에 보험계약자가 부활의 청약을 한 경우에도 보험자가 이를 승낙하면, 이 경우에도 유효한 보험계약의 부활이라고 볼 수 있다.

4) 보험자의 승낙

부활이 성립하려면 보험자의 승낙이 있어야 한다. 보험자가 보험계약이 해지된 후 착오로 보험료 납입을 독촉하거나 또는 보험료를 수령한 사실만으로는 부활이 인정되지 않는다.[34)]

만약 상법 650조의2가 정하는 요건이 갖추어지면, 보험자가 승낙의무를 부담하는 것으로 볼 것인가? 생각건대, 상법 650조의2의 법문구조를 고려할 때 요건을 구비한 부활청구에 대해서 보험자가 승낙을 거절할 수 없다고 본다.[35)] 또한 보험자에게 승낙의무가 없다면, 상법 650조의2의 존재의의는 상당 부분 퇴색되고, 따라서 보험자의 승낙의무를 긍정함이 타당하다고 본다. 이렇게 승낙의무를 긍정한다면, 보험자가 청약을 받은 때부터 30일 이내(상법 638조의2 1항 참고)에 합리적 이유 없이 승낙을 거절한 경우 보험계약자는 법원에 소를 제기하여 보험자의 승낙의 의사에 갈음하는 판결을 받을 수 있다. 이 판결이 확정되면 그 시점에 계약 당사자 사이의 의사합치에 따라 보험계약이 부활한다.

---

34) 김성태 339면; 박세민 341면

35) 정호열, "부활과 고지의 범위", 보험학회지60, 2001, 88면

5) 상법 638조의2 준용

부활에 상법 638조의2가 준용된다. 따라서 보험자는 보험계약자로부터 연체보험료에 약정이자를 붙여 부활 청약을 받은 경우, 다른 약정이 없으면 30일 내에 낙부 통지를 발송해야 하고, 다만 인보험계약의 피보험자가 신체검사를 받아야 하는 경우 그 기간은 신체검사를 받은 날로부터 기산한다. 또한 보험자가 낙부통지를 해태한 경우 부활을 승낙한 것으로 본다. 그리고 보험자가 보험계약자로부터 연체보험료에 약정이자를 붙여 부활 청약을 받은 경우 승낙을 하기 전에 보험사고가 발생하면 그 청약을 거절할 만한 사유가 없는 한 보험자는 보상책임을 지되, 다만 인보험계약의 피보험자가 신체검사를 받아야 하는데 받지 않은 경우에는 보상책임을 지지 않는다.

6) 보험약관의 명시·설명의무 등

보험약관의 명시·설명의무 등 새로운 보험계약을 체결할 때에 요구되는 의무가 부활에도 적용되는가? 부정하여야 한다.[36] 특수계약설에 따르면, 부활은 새로운 보험계약을 체결하는 것이 아니라 해지된 보험계약을 회복시키는 것에 불과하므로, 상법에 특별한 준용규정이나 당사자 사이에 별도의 약정이 없다면, 명시·설명의무 등 새로운 보험계약을 체결할 때에 적용되는 규정은 부활 시에 원칙적으로 적용이 없다고 해석하는 것이 타당하다. 그런데 보험약관의 명시·설명의무와 관련하여 대판 2005.12.9. 2004다26164를 주목할 필요가 있다. 이 판결은, 보험자가 책임을 지는 기간(보험기간)을 상법 656조(보험자의 책임은 당사자 간에 다른 약정이 없으면 최초의 보험료의 지급을 받은 때로부터 개시한다)와 다르게 정하고, 해지된 보험계약이 부활되는 경우에도 이 보험기간이 적용된다고 정한 약관조항이 부활계약을 체결할 때 설명 등이 되어야 하는지 여부가 다투어진 사안이다. 대법원은 설명의무 등의 대상이 된다고 판시했다. 이 판결에 대해 부활을 마치 새로운 보험계약의 체결과 같게 취급하였다고 확대하여 해석할 것은 아니다. 판례는 예외적으로 부활과 관련된 약관조항에 대해서는 부활계약을 체결할 때 설명의무 등을 이행해야 한다는 입장을 취한 것으로 보인다. 이러한 약관조항은 당초 보험계약을 체결할 때보다는 부활계약을 체결할 때 보험계약자가 이를 알고서 계약체결 여부나 그 조건을 판단할 수 있어야 한다는 점에서, 판례가 타당하다고 본다.

36) 보험약관의 교부·설명의무가 적용되지 않는다는 견해로, 박세민 148면; 임용수 89면

(4) 몇 가지 쟁점

1) 보험기간

부활을 하면 보험자의 보험기간은 언제 개시되는가? 신계약설에 의하면, 일반적 보험계약처럼 보험기간은 계약체결 이후에 시작하는 것이 원칙이고, 승낙 전 보험보호(상법 638조의2 3항)가 적용되거나 또는 소급보험의 약정이 있는 경우(상법 643조)는 예외이다. 하지만 통설인 특수계약설에 의하면, 부활로 인해 해지된 보험계약이 해지되지 않았던 것처럼 회복된다는 면에서, 해지 후 부활 전의 기간도 보험기간에 포함되는 것이 아닌가 하는 의문이 생길 수 있다. 다만 상법 638조의2 3항의 승낙전 보험보호가 부활에 준용되고 있어서 부활청약 후 부활 전 기간이 보험기간에 포함되므로, 특히 문제가 되는 것은 해지 이후 부활청약 전의 기간이다. 특수계약설에 따르더라도, 해지 이후 부활청약 전의 기간이 보험기간에 포함된다면 해당 위험단체에 역선택(adverse selection) 현상, 즉 불량위험이 증가하는 현상이 생길 수 있다. 그리하여 보험약관에서 해지 이후 부활청약 전의 기간을 보험기간에서 배제하는 것이 보통이다. 이러한 약정이 상법 650조의2보다 보험계약자 등에게 불리한 것으로서 상법 663조에 따라 무효라고 볼 일은 아니다. 판례도 이러한 약관의 유효성을 인정한다.[37] 나아가, 위와 같은 취지의 약정이 없더라도, 상법 650조의2가 638조의2 3항을 준용하는 취지에 대해 반대해석을 한다면, 해지 이후 부활청약 전에 발생한 보험사고에 대한 보험자의 책임은 부정함이 타당하다. 통설도 보험자가 부활청약을 하면 승낙 전 보험보호와 더불어서 승낙한 때부터 보험자의 책임이 개시된다고 보고 있다.

2) 고지의무

보험계약을 부활할 때 보험계약자 등은 고지의무를 부담하는가? 통설은 이를 긍정한다. 그런데 이 문제는 보험계약 부활의 법적 성격과 밀접한 관련이 있다. 신계약설에 따르면 부활계약은 새로운 보험계약이므로, 부활청약자 등이 당연히 고지의무를 부담하게 된다. 하지만 통설인 특수계약설에 의하면 부활은 보험계약이 아니고 이미 해지된 보

---

37) 대판 1987.6.23. 86다카2995(이 사건 보험계약의 약관상 "보험계약이 실효된 후 30일 안에 보험계약자가 보험계약의 부할을 청구하고 미납입된 보험료를 납입한 때에는 보험계약은 유효하게 계속되나 그 경우 보험계약이 실효된 때로부터 미납입보험료를 영수한 날의 오후 6시까지 생긴 사고에 대하여는 보상하지 아니한다"는 규정이 있고, 보험계약자가 위 약관에 따라서 이 사건 보험계약을 체결한 이상 보험자가 납입유예기간 경과 후에 보험계약자로부터 미납입보험료를 영수하면서 아무런 이의가 없었다 하더라도 그로 인하여 납입유예기간 경과 후 미납보험료 영수 전에 발생한 이 사건 사고에 대하여 보험금을 지급할 책임이 발생한다고 할 수 없음이 분명하다 할 것인바, 같은 취지의 원심판단은 정당하고 거기에 무슨 잘못이 있다고 할 수 없다)

험계약을 되살리는 계약이므로 보험계약의 체결에 적용되는 상법 651조의 고지의무가 부활 시에 당연히 적용된다고 볼 수는 없고, 상법 651조에 대한 준용규정이 필요하다. 따라서 특수계약설하에서는, 부활 시의 고지의무에 관하여 약관에 규정이 없거나 보험자가 부활의 승낙 시에 이를 요구하지 않았다면, 보험자가 부활청약자 등에게 고지의무 위반의 책임을 묻기가 어렵다. 하지만 부활에 고지의무가 적용되지 않으면 위험단체의 역선택 현상을 막기 어려우므로, 특수계약설을 취할 때 보험약관에 부활 시의 고지의무를 규정하는 것이 보통이다. 이에 따라 현행 생명보험표준약관 27조 2항도 부활 시에 고지의무가 적용된다고 규정하고 있으며, 이러한 약관조항은 유효하다고 해석된다. 이 경우 고지의무의 범위는 무엇인가? 해지 이후 부활 시에 새로이 발생한 중요사항으로 한정할 것인지, 또는 부활 이전에 발생한 중요사항이면 기간의 제한을 두지 않을 것인지의 문제이다. 이것은 약관의 해석에 따라 결정해야 한다. 현행 생명보험표준약관 27조 2항은 후자의 입장을 취하고 있다고 볼 수 있다. 보험계약자 등의 도덕적 해이를 막기 위해 정책적으로도 이러한 방향이 바람직하다고 본다. 다만 해지 이후 발생한 사항에 한해서 고지의무를 부과하더라도, 특수계약설에 의하면 해지 이전 발생한 사항에 대해서 보험자는 보험계약자 등의 위험변경증가 통지의무 또는 위험유지의무(상법 652조, 653조) 위반을 문제 삼을 수는 있다.

3) 해지된 보험계약의 하자

해지된 보험계약에 무효 · 취소 · 해제 · 해지사유 등의 하자가 있었던 경우 부활 이후에도 이 하자는 존속하는가? 신계약설에 따르면, 부활을 통해서 새로운 보험계약이 체결되었으므로 원칙적으로 이러한 하자는 존속하지 않는다. 하지만 통설인 특수계약설에 의하면, 해지된 보험계약이 부활로 인해서 회복되므로 위 하자는 존속한다고 보게 된다. 다만 특수계약설하에서도, 부활을 통하여 하자가 치유될 수 있는지의 문제가 남는다. 이는 하자의 내용 및 성질을 고려하여 결정할 문제이다.

첫째, 타인의 사망보험계약을 체결할 때에 타인의 서면 동의를 받지 않으면 그 계약은 무효인데(상법 731조 1항), 드문 일이겠으나 부활시점에 그 동의를 받았다면 계약체결 시점의 하자가 치유된다고 볼 수 있는가? 이를 긍정하는 것은, 강행법규로 해석되는 사전동의 요건을 회피하여 사실상 사후동의를 인정하게 되는 셈이므로 찬성하기 어렵다.

둘째, 해지된 보험계약 자체는 사기로 인한 초과보험, 중복보험이 되어서 무효이지만(상법 672조 3항), 부활계약에서는 사정의 변화로 인해서 초과보험, 중복보험에 해당하지 않게 되는 경우도, 이 규정이 강행규정이라는 점을 고려할 때, 하자의 치유는 허용되기 어렵다. 따라서 당사자들은 새로운 보험계약을 체결해야 할 것이다.

셋째, 고지의무 위반의 경우는 다른 해석이 가능하다. 당초에 계약체결을 할 때에 고지의무 위반이 있었지만 부활을 할 때에는 고지의무가 제대로 이행된 경우라면, 원칙적으로 부활한 이후에 보험자가 해지권을 행사할 수 없다고 새기는 것이 타당하다(통설). 보험계약자 등이 부활을 청약할 때에 제대로 고지한 것에 따라서 부활을 승낙한 보험자를 그 이상으로 보호할 필요는 없기 때문이다.

4) 제척기간

보험계약의 하자를 다투는 데는 시간적 제약, 즉 제척기간이 있을 수 있다. 제척기간의 시작시점이 보험계약의 체결시점인 경우가 있다. 가령 고지의무 위반이 있으면 해지권은 보험계약의 체결시점으로부터 3년이 경과하면 행사할 수 없다(상법 651조 본문). 만약 부활계약을 체결할 때에 보험계약자 등이 고지의무를 위반하면 위 제척기간의 시작시점은 언제인가? 즉 원래의 보험계약을 체결한 때인지, 아니면 부활계약을 체결한 때인지가 문제된다. 신계약설에 의하면, 당연히 새로운 보험계약을 체결하는 시점인 부활시점이 기산점이 된다. 그러나 특수계약설에 의하면 부활은 보험계약이 아니므로, 상법 651조 본문의 문리대로만 한다면, 원래의 보험계약 체결시점이라고 해석될 여지가 있다. 하지만 상법 651조의 제척기간은 고지의무가 계약체결 시에 이행되는 것을 전제로 계약체결 이후 3년이라고 규정된 것이므로, 부활계약을 체결할 때 고지의무를 이행하는 경우에는 상법 651조를 유추해서 부활계약을 체결한 때부터 3년이라고 해석하는 것이 타당하다.

5) 면책사유

사망보험에서 피보험자가 자살한 경우 보험자가 면책되는 것이 원칙이지만, 생명보험표준약관은 보험계약의 보험기간[38] 개시일 이후 2년이 경과한 경우에는 피보험자가 자살하더라도 보험자가 보상책임을 진다고 규정한다(5조 1호). 보험계약을 부활할 때 여기서 2년의 기산점이 원래 보험계약의 체결시점인지 부활시점인지가 문제된다. 신계약설에 의하면, 부활시점이 기산점이 된다고 해석된다. 그러나 특수계약설에 의하면 부활은 새로운 보험계약이 아니므로, 위 약관조항의 문구대로만 본다면 원래 보험계약의 체결시점이 기산점이라고 해석될 수 있다. 그런데 가령 보험계약의 체결시점으로부터 2년이 지난 후 자살에 의한 보험금 취득을 목적으로 부활을 시도하는 경우도 있을 수 있다. 이에 대한 도덕적 위험에 대처하기 위해서는, 보험자가 자살면책기간이 부활시점에 새롭게 시작된다는 약관조항을 마련해 둘 필요가 있다. 생명보험표준약관 5조 1호는 보험기

---

38) 생명보험표준약관에서는 '보장기간'이라고 표현한다.

간의 개시일(부활계약의 경우는 부활청약일)로부터 2년이 지난 후에 피보험자가 자살한 경우 보험금을 지급한다고 규정하고 있다. 별도의 약관조항이 없다면 원래 보험계약의 체결시점이 기산점이라고 해석할 수밖에 없을 것이다.

제7장
타인을 위한 보험계약

1. 의의

타인을 위한 보험계약이란, 보험계약자가 아닌 타인이 보험금청구권자인 피보험자(손해보험) 또는 보험수익자(인보험)가 되는 보험계약을 가리킨다(상법 639조 1항 본문). 타인을 위한 보험계약이 성립되면, 타인은 수익의 의사표시가 없어도 당연히 보험금청구권자로 된다(상법 639조 2항 본문). 타인을 위한 보험계약은 다음과 같은 경우에 활용된다. 가령 건물의 임차인이 임대인을 피보험자로 하여 화재보험계약을 체결하는 경우, 자신이 사망하는 것을 보험사고로 하고 자신의 배우자를 보험수익자로 하여 사망보험계약을 체결하는 경우 등이 그러하다. 보증보험도 보험계약자인 채무자가 채무를 이행하지 않은 결과 피보험자인 채권자가 입은 손해를 보상하는 보험계약으로서 전형적인 타인을 위한 보험계약이다. 그리고 타인을 위한 보험계약인지 여부는 계약체결 시점에 정해지는 것이 보통이다. 그러나 계약의 체결 이후에 타인을 위한 보험계약이 되기도 한다. 가령 인보험에서 보험계약자가 계약을 체결할 당시에 자신을 보험수익자로 정했다가 이후에 변경권을 행사하여 타인을 보험수익자로 정한 경우가 그러하다.

2. 법적 성질

타인을 위한 보험계약은 민법상 제3자를 위한 보험계약(민법 539조-542조)에 해당한다(판례,[1] 통설). 다만 상법은 타인을 위한 보험계약과 관련하여 민법에 대한 특칙을 두고 있는데, 이 범위 내에서는 상법이 우선하여 적용된다. 그 결과 타인을 위한 보험계약은 민법상 전형적인 제3자를 위한 계약이라고 하기보다는, 제3자를 위한 계약의 특수한 형태라고 볼 수 있다.[2] 타인을 위한 보험계약과 민법상 제3자를 위한 계약의 공통점과 차이점

1) 대판 1974.12.10. 73다1591

2) 양승규 182-183면; 최기원 134면. 또한 대리설, 위임관계설 등이 학설로 제기된 바 있으나, 우리나라에는 이를 지지하는 학자가 없다(그 내용에 대해서는 최기원 132-133면 참조).

은 아래와 같다.

첫째, 민법에 의하면 제3자가 수익의 의사표시를 해야만 권리를 취득할 수 있다(민법 539조 2항). 또한 제3자를 위한 계약에서 채무자는 제3자가 권리를 향유할 것인지 여부를 최고할 수 있다고 규정하고 있다(민법 540조). 타인을 위한 보험계약에서는 타인이 당연히 권리를 취득하기 때문에 이 규정들이 적용될 여지가 없다. 즉 상법에 의하면 타인이 수익의 의사표시를 하지 않아도 당연히 권리를 취득한다(상법 639조 2항 본문). 따라서 타인을 위한 보험계약에서 타인은 권리를 포기하지 않는 한 권리자가 된다. 이러한 차이 때문에 타인을 위한 보험계약이 민법상 제3자를 위한 계약이라고 할 수 있는지에 대해서 의문이 제기되기도 한다. 그래서 타인을 위한 보험계약은 민법상 제3자를 위한 계약이라기보다는 상법상 특수한 계약이라는 견해가 있다.[3] 하지만 민법상 제3자를 위한 계약에서 수익의 의사표시는 제3자가 권리를 취득하기 위한 요건일 뿐이지 제3자를 위한 계약의 성립요건은 아니다.[4] 따라서 수익의 의사표시가 제3자를 위한 계약의 본질적인 요건이 아니므로,[5] 타인을 위한 보험계약이 제3자를 위한 계약이라고 해도 큰 무리는 없다. 타인을 위한 보험계약에서 타인이 수익의 의사표시를 하지 않아도 권리를 취득한다고 입법한 이유에 대한 견해로는, 제3자를 위한 계약에서는 당사자의 개성이 중시되지만 보험계약은 다수계약이므로 수익자의 의사를 문제 삼을 필요가 없다는 견해,[6] 타인을 위한 보험에서 타인에게 특별한 부담을 부과하는 것이 아니고 또한 타인이 수익을 거절하는 경우가 없기 때문이라는 견해[7]가 있다. 한편, 타인을 위한 보험계약에서 타인의 의사가 완전히 도외시되는 것도 아니다.[8] 즉 보험계약자가 파산선고를 받거나 보험료의 지급을 지체한 때에는, 타인이 그 권리를 포기하지 아니하는 한, 타인도 보험료를 지급할 의무가 있다(상법 639조 3항 단서).

둘째, 민법에 의하면 제3자가 수익의 의사표시에 의해 권리를 취득한 후에는 당사자가 이를 변경 또는 소멸시키지 못한다(민법 541조). 하지만 상법에 의하면 보험계약자는 타인의 동의 또는 보험증권의 소지가 있으면 보험사고의 발생 전에 보험계약을 임의로 해지할 수 있고(상법 649조 1항), 인보험에서 보험계약자는 원칙적으로 보험수익자에 대한 변경권을 가진다(상법 733조, 739조, 739조의3). 따라서 이 범위 내에서 민법 541조는 타인을 위한 보험계약의 적용이 제한된다.[9] 타인을 위한 보험계약에서 타인은 수익의 의사표시

3) 김성태 343면
4) 곽윤직, 채권각론, 2003, 75－76면
5) 최기원 133면
6) 양승규 183면
7) 정동윤 558－559면
8) 양승규 183면; 정동윤 559면
9) 대판 1974.12.10. 73다1591(<u>상법 649조 소정 사유 즉 보험사고가 발생하기 전에 보험계약자에 의하여 계약의</u>

없이도 권리를 취득할 수 있지만, 타인의 법적 지위는 이와 같이 불안정한 것이다. 이 점은, 민법상 제3자를 위한 계약에서 제3자가 수익의 의사표시를 해야 권리를 취득하고, 권리를 취득한 후에는 제3자의 법적 지위가 안정적인 것과 대조를 이룬다.

셋째, 민법 542조는 채무자가 제3자를 위한 계약에 기한 항변으로 그 계약의 이익을 받을 제3자에게 대항할 수 있다고 규정한다. 이 규정을 타인을 위한 보험계약에 적용하는 것을 배제하거나 제한하는 상법 규정은 없다. 따라서 보험자는 타인을 위한 보험계약에 기한 항변으로 타인에게 대항할 수 있다. 예를 들면, 보험계약자의 행위능력 유무, 의사표시 하자, 고지의무 위반, 위험변경증가 통지의무 위반 등으로 보험계약의 효력 등에 관한 항변이 생기면, 보험자는 이를 타인에게 주장할 수 있는 것이다.[10)]

넷째, 민법상 제3자를 위한 계약에서 제3자는 계약의 당사자가 아니다. 따라서 계약의 체결과 관련하여 행위능력의 유무, 의사표시의 하자 등은 타인이 아니라 계약의 당사자를 기준으로 판단한다. 민법은 제3자의 의무에 대해 특별히 규정하지 않는다. 타인을 위한 보험계약에서 타인도 계약의 당사자는 아니다. 따라서 보험계약의 체결과 관련하여 행위능력의 유무, 의사표시의 하자 등을 타인을 기준으로 판단하지 않는다. 다만 보험계약에서 타인은 보험계약의 당사자가 아님에도 불구하고 2차적 보험료지급의무(상법 639조 3항) 등 각종의 의무를 부담한다. 이것은 보험계약에서 타인이 계약의 당사자이기 때문에 부담하는 것이 아니라, 보험계약의 특수성을 반영하여 법률이 정한 것이라고 할 수 있다. 이러한 각종의 의무에 대해서는 후술하기로 한다.

3. 요건

(1) 타인을 위한다는 의사표시

1) 내용

타인을 위한 보험계약이 성립하기 위해서는, 계약 당사자 사이에 타인을 위한다는 의미의 의사표시(합의)가 존재해야 한다. 타인을 위한다는 것은 타인이 보험계약상의 이익(보험금청구권)을 갖는다는 의미이지,[11)] 보험금청구권자를 대신해서 보험금을 수령할 수

전부 또는 일부가 임의 해지된 경우에는 그 해지의 효과로서 그 범위에서 민법 541조의 적용이 배제된다)

10) 대판 2018.9.13. 2016다255125(보험계약자가 타인의 생활상의 부양이나 경제적 지원을 목적으로 보험자와 사이에 타인을 보험수익자로 하는 생명보험이나 상해보험 계약을 체결하여 보험수익자가 보험금 청구권을 취득한 경우, 보험자의 보험수익자에 대한 급부는 보험수익자에 대한 보험자 자신의 고유한 채무를 이행한 것이다. 따라서 보험자는 보험계약이 무효이거나 해제되었다는 것을 이유로 보험수익자를 상대로 하여 그가 이미 보험수익자에게 급부한 것의 반환을 구할 수 있고, 이는 타인을 위한 생명보험이나 상해보험이 제3자를 위한 계약의 성질을 가지고 있다고 하더라도 달리 볼 수 없다)

11) 김성태 348면; 박세민 352면; 정찬형 620면

있는 권한을 갖는다는 의미는 아니다. 이러한 의사표시는 명시적이든 묵시적이든 묻지 않는다(통설). 타인을 위한다는 의사는 보험청약서 또는 보험증권에 보험계약자가 아닌 자를 피보험자(손해보험) 또는 보험수익자(인보험)라고 기재하여 표시하는 것이 보통이다.

2) 분명하지 않은 경우

타인을 위한다는 뜻의 의사표시가 있었는지가 분명하지 않은 경우가 있다. 가령 보험청약서의 피보험자(손해보험) 또는 보험수익자(인보험) 부분에 아무런 기재가 없는 경우가 그러하다. 이 경우 자기를 위한 보험계약으로 추정하는 것이 통설이다. 이 경우 약한 의미의 추정력밖에 없고 보험계약자가 타인의 이익을 부보하려고 하였다는 의사를 통해서 반대의 입증도 가능하다고 한다.[12] 생각건대, 이렇게 일률적으로 추정하는 것이 사회통념에 일치한다고 보기 어렵고, 또한 추정의 실익도 크지 않다. 그 이유는 다음과 같다.

먼저 인보험의 경우 추정의 실익이 별로 없다. 인보험에서 보험계약자는 보험사고의 발생 전에는 언제든지 지정권을 행사할 수 있으므로,[13] 변동가능성이 높은 보험수익자의 지위가 누구에게 귀속되는지 여부가 법적 쟁점이 될 가능성은 희박한 것이다. 또한 누구를 보험수익자로 추정할 것인지의 문제가 법적 쟁점으로 등장한다고 하더라도, 관련 법률과 약관 규정을 고려해 보면, 보험수익자가 누구인지 분명하지 않을 때 보험계약자를 보험수익자라고 일률적으로 추정하는 것이 타당한지에 대해서 의문이 생길 수밖에 없다. 즉 상법에 의하면 보험계약자가 지정권을 행사하지 않고 사망하면 피보험자가 보험수익자로 확정되고, 지정권을 행사하기 전에 피보험자가 사망하면 피보험자의 상속인이 보험수익자로 확정되며(상법 733조 2항, 4항, 739조, 739조의3), 생명보험표준약관에 의하면 보험계약자가 보험수익자를 지정하지 않은 상황에서 피보험자가 사망하면 피보험자의 상속인이 보험수익자이고, 피보험자가 생존하면 보험계약자가 보험수익자이며, 피보험자가 장해상태가 되거나 질병이 진단 확정되는 등의 경우는 피보험자가 보험수익자로 된다(생명보험표준약관 11조). 비록 이러한 법률과 약관 규정이 보험계약자가 보험수익자를 지정하기 전에 보험사고(사망, 생존, 장해, 질병 등)가 발생한 경우 보험수익자 확정 문제를 다루고 있지만, 보험수익자가 지정되지 않은 경우에 누구를 보험수익자로 추정할지의 문제와 무관하다고 보기는 어렵다. 따라서 보험수익자가 누구인지 분명하지 않을 때 보험수익자 추정 문제는 일률적으로 보험계약자라고 판단하기보다는, 이러한 법률과 약관 규정

---

12) 최기원 136면

13) 또한 다음의 경우 누구를 보험수익자로 할지 법률에 의해서 정해져 있기 때문에 누구를 보험수익자로 추정할 것인지에 대해 실익이 적다. 즉 보험계약자가 지정권을 행사하지 않고 사망하면 피보험자가 보험수익자로 확정되고, 지정권을 행사하기 전에 피보험자가 사망하면 피보험자의 상속인이 보험수익자로 확정된다(상법 733조 2항, 4항, 739조, 739조의3).

을 감안해서 사회통념에 따라 보험사고의 종류별로 보험계약자, 피보험자 중에서 선택하는 것이 보다 합리적이라 생각된다.

다음 손해보험을 보자. 손해보험의 경우는 피보험자에게 피보험이익이 요구되기 때문에, 누구를 위한 보험인지 분명하지 않은 경우, 해당 보험계약의 내용이 어떤 피보험이익을 보장하고 있는지 등을 고려하여 결정해야 한다. 판례도 같다. 대판 1997.5.30. 95다14800은 손해보험에 있어서 보험목적과 위험의 종류만이 정해져 있고 피보험자와 피보험이익이 명확하지 않은 경우에 그 보험계약이 보험계약자 자신을 위한 것인지 아니면 타인을 위한 것인지는 보험계약서 및 당사자가 보험계약의 내용으로 삼은 약관의 내용, 당사자가 보험계약을 체결하게 된 경위와 그 과정, 보험회사의 실무처리 관행 등 제반 사정을 참작하여 결정하여야 한다고 판시했다.[14)]

(2) 타인의 특정 여부

타인의 특정 여부는 타인을 위한 보험계약의 성립 요건이 아니다. 상법 639조 1항이 특정 또는 불특정의 타인을 위하여 보험계약을 체결할 수 있다고 규정하여 이 점을 분명하게 밝히고 있다. 보험계약을 체결할 때에 타인을 특정하는 것이 보통이나, 추후에 특정되어도 무방한 것이다. 따라서 보험사고가 발생할 당시에 피보험이익이 귀속하는 자라고 정하거나(손해보험), 보험계약자 또는 피보험자의 상속인이라고 정하는(인보험) 보험계약도 타인을 위한 보험계약으로서 유효하다(통설). 위와 같이 보험계약을 체결할 당시에 타인이 특정되지 않는 보험을 '불특정 타인을 위한 보험계약'이라고 부른다.

(3) 타인의 위임 여부

타인의 위임 여부는 타인을 위한 보험계약의 성립 요건이 아니다. 즉 타인의 위임에 의해 그를 위한 보험계약이 체결되기도 하지만, 위임이 없더라도 타인을 위한 보험계약의 성립에 지장이 없다(상법 639조 1항 본문). 또한 타인의 위임이 없더라도 타인을 위한 보험계약에서 타인은 당연히 보험금청구권자가 된다(상법 639조 2항 본문).

다만 타인의 위임이 없는 경우 보험계약자는 이 점을 고지할 의무를 부담한다. 즉 타인을 위한 손해보험계약에서 타인의 위임이 없는 경우, 보험계약자가 이를 보험자에게 고지해야 하고, 그 고지가 없으면 타인이 그 계약이 체결된 사실을 알지 못하였다는 사유로 보험자에게 대항하지 못한다(상법 639조 1항 단서). 손해보험계약에서 피보험자는 고지의무(상법 651조), 위험변경증가의 통지의무(상법 652조), 위험유지의무(상법 653조), 보험사

14) 대판 2000.11.10. 2000다29769; 대판 2003.1.24. 2002다33496; 대판 2007.2.22. 2006다72093; 대판 2014.5.29. 2014다202691; 대판 2016.5.27. 2015다237618; 대판 2024.12.26. 2024다250286

고발생의 통지의무(상법 657조), 손해방지경감의무(상법 680조) 등 각종의 의무를 부담하는데, 타인의 위임이 없는 경우 타인은 보험계약이 체결된 사실을 알지 못하여 그 의무를 위반할 우려가 있다. 보험계약자로 하여금 타인의 위임이 없다는 사실을 보험자에게 고지하게 하여, 보험자로 하여금 피보험자에게 그 의무를 이행할 수 있는 기회를 주게 하자는 데 그 취지가 있는 것이다(통설). 만약 보험계약자가 보험자에게 타인의 위임이 없다는 사실을 고지했다면, 피보험자가 계약체결의 사실을 알지 못하였다는 이유로 자신의 의무 불이행을 보험자에게 항변할 수 있고, 보험계약자가 보험자에게 그 사실을 고지하지 않았다면 피보험자의 그러한 항변이 허용되지 않는다는 것이다.[15)]

한편, 인보험의 경우 손해보험과 같은 규정(상법 639조 1항 단서)이 없다. 보험계약자와 보험수익자가 다른 인보험에서, 타인인 보험수익자도 위험유지의무(상법 653조), 보험사고발생의 통지의무(상법 657조) 등을 부담한다. 이 경우 타인의 위임이 없이 타인을 위한 인보험계약이 체결된 경우 타인인 보험수익자가 그 계약이 체결된 사실을 알지 못하여 그러한 의무를 위반할 우려가 있다. 하지만 상법 639조 1항 단서는 손해보험에 대해서만 규정하고 있다. 입법의 불비로 보인다.

(4) 손해보험에서 피보험이익

1) 의의

타인을 위한 손해보험에서 타인은 피보험이익을 가져야 한다. 즉 타인을 위한 손해보험에서 타인은 피보험자이고, 손해보험에서 피보험자에게는 피보험이익이 요구되기 때문이다. 피보험이익이 없으면서 보험금을 수취할 권리가 있다는 것만으로는 타인이 될 수 없다. 판례도 같다. 대판 1999.6.11. 99다489는 타인을 위한 손해보험계약에서 말하는 타인이란 보험계약자가 제3자를 주체로 하는 피보험이익에 관하여 보험계약을 체결한 경우 그 제3자, 즉 피보험이익의 주체인 피보험자를 말하는 것이고, 단지 보험계약자에게 귀속되는 피보험이익에 관하여 체결된 손해보험계약에서 보험금을 수취할 권리가 있는 자로 지정되었을 뿐인 자는 여기에서 말하는 타인이라 할 수 없다고 판시했다. 타인을 위한 손해보험에서 타인이라고 볼 수 있는지에 대해 논란이 있는 경우는 다음과 같다.

2) 담보용으로 제3자를 보험금수취인으로 정한 경우

보험계약자가 자신의 채무에 대한 담보용으로서 제3자를 보험금수취인으로 정하여 손해보험계약을 체결하는 경우가 있다. 이 경우가 타인을 위한 보험계약이 되는지가 문

---

15) 하지만 이러한 방식은 타인인 피보험자를 보호하는 데 충분하지 않고, 보험자로 하여금 피보험자에 대해서 고지의무의 이행을 촉구하게 할 필요가 있다는 견해로는, 김성태 349면

제된다. 해당 보험계약이 보험금수취인의 피보험이익을 보장하는지를 기준으로 판단할 일이다. 대판 1999.6.11. 99다489는, 수입업자의 채무불이행으로 수출대금을 회수할 수 없게 되는 경우에 수출업자인 보험계약자가 입게 되는 손실을 보상하되, 수출대금 상당의 금융을 보험계약자에게 제공한 금융기관을 보험금수취인으로 지정한 수출보험계약이 타인을 위한 보험계약에 해당하는지 여부가 사안이다. 타인을 위한 보험계약이라면 계속보험료가 지급지체되어서 보험자가 계약을 해지할 때 타인에게도 최고해야 하는데(상법 650조 3항), 본 사안에서 보험자가 이러한 최고 요건을 거치지 않았다는 점에서 이의가 제기된 것이다. 대법원은 해당 보험계약이 보험계약자의 피보험이익을 보호대상으로 삼고 있다고 해석하면서, 타인을 위한 보험계약이 아니라고 판시했다.[16)]

3) 책임보험의 피해자

책임보험은 피보험자가 제3자(피해자)에게 배상책임을 지는 경우 보험자가 이를 보상하는 손해보험인데, 상법은 피해자가 보험자에게 직접 청구할 수 있는 권리를 부여하고 있다(상법 724조 2항 본문). 피보험자는 제3자에게 배상을 한 경우에만 보험금청구권을 행사할 수 있다(상법 724조 1항). 이렇게 피해자가 직접청구권을 갖는다는 점을 고려하면, 책임보험은 피해자를 위한 손해보험이고, 따라서 피해자가 타인에 해당한다고 볼 것인지가 문제된다. 생각건대, 상법이 책임보험으로 보호하려는 피보험이익은 피보험자의 피보험이익이므로 피해자가 타인에 해당한다고 보기 어렵다.[17)] 상법의 책임보험에 관한 규정들(상법 719조－725조의2)에 따르면 책임보험이 보호하는 피보험이익은 제3자에 대한 손해배상책임이고, 이러한 피보험이익의 주체는 가해자인 피보험자인 것이다.[18)]

---

16) 대판 1999.6.11. 99다489(이 사건 보험계약은 보험계약자의 수출대금회수불능에 따른 손실을 보상하는 것을 그 내용으로 하는 것으로, 그 보험약관은 보험계약자 외에 보험금수취인의 고의나 과실로 발생한 손실에 대하여도 보험자의 면책이나 보험금 지급거절을 인정함으로써 보험약관이 보험계약자 외에 보험금수취인이 따로 있는 경우에도 적용되는 것임을 당연한 전제로 하여 규정하고 있으나, 수출계약 상대방의 채무불이행 등의 위험발생으로 수출물품의 대금 등을 회수할 수 없게 된 경우에 보험계약자가 입게 되는 대금손실만을 보상하는 손실로 규정할 뿐이고, 보험금수취인이 입게 되는 손실에 대하여는 아무런 언급이 없으며, 이 약관은 보험계약자의 보험료지급의무, 고지의무, 위험변경증가의 통지의무, 보험사고발생의 통지의무, 손실방지·경감의무 등은 이를 약관조항으로 명시적으로 규정하면서도, 보험금수취인의 위와 같은 의무에 대해서는 전혀 언급하지 않고 있는 사실을 알아 볼 수 있고, 한편, 이 사건 약관의 준거법인 수출보험법과 그 시행령은 수출보험에 의하여 이익을 받을 피보험이익의 주체를 피보험자라고 칭할 뿐, 보험금수취인이라고 칭하지는 않고 있다. 이와 같이 이 사건 보험약관이 보험계약자의 손실만을 보상하는 손실로 규정하고 보험금수취인의 손실에 대해서는 아무런 언급이 없다면, 보험약관에 의한 보험계약으로 보험에 붙여진 피보험이익은 보험계약자의 이익 즉, 보험계약자가 수출계약 상대방의 채무불이행 등의 보험사고로 자신에게 귀속되는 수출물품의 대금채권이 멸손되어 장차 손해를 받을 지위에 있으나 아직 손해를 받지 아니하는 데 대하여 가지는 이익이 될 뿐, 보험금수취인의 이익은 그 피보험이익이 아니라 할 것이다)

17) 김성태 344면; 박세민 577면; 최기원 134－135면

18) 특히 직접청구권의 성질을 보험금청구권이 아니라 손해배상청구권이라고 보는 입장에 따르면 피해자인 제3자를 보험금청구권자로 볼 여지는 없고, 따라서 책임보험이 피해자인 제3자를 위한 '보험'계약이라고 볼

4. 효과

(1) 보험계약자의 권리, 의무

1) 권리

① 타인을 위한 보험계약에서 보험계약자는 보험계약의 당사자이다. 일반적으로 보험계약자는 보험증권교부청구권(상법 640조) 등 상법이 규정한 각종의 권리를 갖는데, 이 점은 타인을 위한 보험계약의 보험계약자도 다르지 않다. 하지만 보험금청구권은 보험계약자가 아니라 타인에게 귀속된다(상법 639조 2항 본문). 보험금청구권이 보험계약자에게 없다고 해서, 보험계약자가 타인을 대리인에 불과하다고 하지는 않는다. 타인을 위한 보험계약에서도 보험계약자는 자기 명의로 계약을 체결한 당사자인 것이다.

② 또한 일반적으로 보험계약자는 보험계약에 대한 임의해지권을 갖는다(상법 649조 1항 본문). 하지만 타인을 위한 보험계약에서 보험계약자의 임의해지권은 일정한 제한을 받는다. 즉 보험계약자는 타인의 동의를 얻지 아니하거나 보험증권을 소지하지 아니하면 계약을 임의해지하지 못한다(상법 649조 1항 단서). 보험계약자는 타인의 동의 또는 보험증권의 소지 중 선택하여 어느 하나를 충족하면 임의해지할 수 있다. 타인을 보호하기 위해서 보험계약자가 보험증권을 소지하고 있더라도 타인의 동의를 얻어야만 임의해지권을 행사할 수 있다는 견해가 있지만,[19] 입법론은 별개로 하고,[20] 현행 상법의 해석론으로는 보험계약자가 타인의 동의 또는 보험증권의 소지 중 선택하여 어느 하나를 충족하면 임의해지할 수 있다. 이에 관해서는 보험계약의 임의해지에서 자세히 살펴보았다.

③ 그리고 일반적으로 가해자가 피보험자에게 손해배상을 하면 보험자는 면책되는 것이 원칙이다.[21] 그런데 상법 639조 2항 단서로 인해서 보험계약자가 가해자인 경우 피보험자에게 손해배상을 하면 보험자가 면책되지 않는다. 즉 이 규정에 의하면 타인을 위한 손해보험계약에서 보험계약자가 피보험자인 타인에게 보험사고의 발생으로 생긴 손해를 배상하면 보험계약자는 그 타인의 권리를 해하지 않는 범위 안에서 보험자에게

여지는 더욱 없게 된다. 또한 피해자인 제3자가 피보험자가 되기 위해서는 고지의무 등 피보험자에게 요구되는 상법상 각종의 의무를 부담해야 하는데, 책임보험에서 피해자에게 이러한 의무를 부과할 수는 없다. 피해자인 제3자를 보호하는 취지는 직접청구권을 인정하는 것으로 달성되는 것이고 직접청구권이 인정된다고 하여 반드시 피보험자라고 하여야 할 이유가 없고 오히려 피보험자로서의 의무 부담 문제 등이 생기고, 또한 직접청구권의 성질과 관련하여 반드시 보험금청구권이라고 하여야 하는 등의 문제만 생길 뿐이다.

19) 박세민 356면

20) 보험증권의 소지와 타인의 동의가 같은 무게를 갖는다고 하는 것은 입법론상 의문이라는 견해로, 김성태 356면

21) 대판 2000.11.10. 2000다29769

보험금의 지급을 청구할 수 있다. 다만 이 규정의 적용범위가 문제된다.

첫째, 보험계약자의 고의 또는 중과실로 인해서 보험사고가 발생하면 보험자가 면책되므로(상법 659조),[22] 이 경우는 상법 639조 2항 단서가 적용되지 않는다(통설).

둘째, 보험계약자 과실없이 보험사고가 발생한 경우는 상법 639조 2항 단서가 적용된다(통설). 이 경우 보험계약자가 보험증권을 소지한 경우에만 인정된다고 볼 것인가? 이를 긍정하는 견해가 있다.[23] 생각건대, 보험증권의 소지를 요구할 명문의 근거가 없다고 본다.[24]

셋째, 보험계약자의 과실로 인해서 보험사고가 발생한 경우에, 상법 639조 2항 단서가 적용되는지 여부가 다투어진다. 긍정하는 견해[25]와 부정하는 견해[26]가 있다. 생각건대, 이 경우에도 상법 639조 2항 단서의 문리에 비추어 적용되는 것이 타당하다고 본다. 이 규정은, 가해자가 피보험자에게 손해배상을 하면 보험자는 면책된다는 원칙[27]에 대한 중대한 예외를 인정한 것이다. 즉 가해자가 보험계약자인 경우는 보험자가 면책되지 않고 오히려 보험자가 종국적 책임자가 되도록 만든 것이다.[28] 따라서 보험계약자가 자신의 과실로 보험사고를 야기한 경우 그 손해를 타인(피보험자)에게 배상하면 보험자에게 보험금 지급을 청구할 수 있다. 그리고 보험계약자는 보험자로부터 청구권대위(상법 682조)를 당하지 않는다고 해석한다. 청구권대위의 문제는 아래에 별도로 기술한다.

2) 의무

일반적으로 보험계약자는 보험료지급의무(상법 638조), 고지의무(상법 651조) 등 상법이 규정한 각종의 의무를 지는데, 이 점은 타인을 위한 보험계약에서 보험계약자에게도 동일하다. 보험자는 보험계약자의 의무 위반을 이유로 계약의 해지권 등의 권리를 행사하거나 면책을 주장할 수 있는데, 이 점은 타인을 위한 보험계약에서도 마찬가지인 것이다.

---

22) 인보험의 경우는 보험계약자가 고의로 보험사고를 야기한 경우에만 보험자가 면책된다(상법 732조의2, 739조, 739조의3).

23) 최기원 143면

24) 임용수 235면

25) 양승규 186면; 임용수 235면; 정동윤, "타인을 위한 보험에서 보험자의 보험계약자에 대한 청구권대위의 가부", 고려법학41, 2003, 12－14면; 정찬형 621면

26) 김성태 354－355면; 박세민 362면; 송상현, "보험금지급의무와 불법행위 손해배상의무와의 관계", 정희철 선생 정년기념 상법논총, 1985, 280－282면; 최기원 143면

27) 대판 2000.11.10. 2000다29769

28) 이것은 민법상 배상자대위의 중요한 예외이다. 민법 399조 및 763조에 의하면, 채무불이행 또는 불법행위의 배상의무자가 배상을 한 경우 채권 또는 불법행위의 목적인 물건 또는 권리를 취득한다. 하지만 보험금청구권은 취득할 수 없다는 것이 통설이다. 그 이유는 보험금청구권은 위 물건 또는 권리에 갈음하는 것으로 볼 수 없기 때문이다. 하지만 상법 639조 2항 단서에 의해 배상의무자가 보험계약자인 경우 그는 보험금청구권을 대위취득할 수 있게 된다.

3) 청구권대위

타인을 위한 보험계약에서 보험계약자가 상법 682조가 규정하는 청구권 대위의 대상인 제3자에 포함되는지 여부가 문제된다. 판례는 포함된다는 입장이고,[29] 학설은 포함설과 불포함설이 대립한다. 생각건대 불포함설이 타당하다. 그 이유는, 첫째, 보험계약을 체결하고 보험료를 지급하는 보험계약자의 합리적 기대는, 피보험자에게 손해가 발생한 경우 보험자가 이를 보상하는 데 있는 것이지, 청구권대위를 통해 자신이 종국적 책임자가 된다는 데 있지 않다. 둘째, 상법 639조 2항 단서의 해석상 불포함설이 타당하다. 이 규정에 의하면 타인을 위한 손해보험계약에서 보험계약자가 피보험자인 타인에게 보험사고의 발생으로 생긴 손해를 배상하면 보험계약자는 그 타인의 권리를 해하지 않는 범위 안에서 보험자에게 보험금의 지급을 청구할 수 있다. 전술한 바와 같이, 이 규정은 가해자가 보험계약자인 경우는 보험자가 면책되지 않고 오히려 그가 종국적 책임자가 되도록 만든 것이다. 보험자가 피보험자에게 보험금을 지급한 경우에, 가해자인 보험계약자에게 청구권대위를 할 수 있다고 한다면, 보험자가 아니라 보험계약자가 종국적 책임자가 된다. 이러한 결과는 상법 639조 2항 단서와 충돌하는 것이며, 이를 피하기 위해서 보험계약자는 청구권대위의 대상에서 배제된다고 해석하는 것이 바람직하다. 한편 포함설의 입장에서 이러한 문제를 피하기 위해, 상법 639조 2항 단서를 보험계약자에게 귀책사유가 없는 경우에만 적용된다고 제한해석을 하기도 한다.[30] 그러나 법률문언상 "보험계약자가... 손해의 배상을 한 때에는"이라고 규정된 점에 비추어 이러한 제한해석은 문언에 반한다. 또한 불포함설의 입장을 취하면서, 상법 639조 2항 단서를 보험계약자에게 귀책사유가 없는 경우에만 적용된다고 제한해석을 하는 견해도 있다.[31] 하지만 이에 따르면 보험계약자가 피보험자가 손해배상을 한 경우와 피보험자가 보험자에게 보험금을 받은 경우에 보험계약자의 지위가 각각 크게 달라져서 형평에 맞지 않는 문제가 생긴다. 이에 대해서는 후술하는 보험자대위 부분에서 좀 더 자세히 살펴보기로 한다.

(2) 타인의 권리, 의무

1) 권리

타인의 보험에서 타인인 피보험자(손해보험) 또는 보험수익자(인보험)는 당연히 보험계약의 이익을 받는다(상법 639조 2항 본문). 여기서 보험계약의 이익은 보험금청구권으로

---

29) 대판 1989.4.25. 87다카1669

30) 이에 찬성하는 견해로 김성태 354-355면; 송상현, "보험금지급의무와 불법행위 손해배상의무와의 관계", 정희철선생 정년기념 상법논총, 1985, 280-282면; 최기원 143면

31) 박세민 360면, 362면

해석된다(통설). 피보험자 또는 보험수익자는 수익의 의사표시를 하지 않아도 보험금청구권을 취득한다. 이 점에서 민법상 제3자를 위한 계약과 다르다. 즉 민법상 제3자를 위한 계약에서는 제3자가 채권을 취득하기 위해서 수익의 의사표시가 필요하다(민법 539조 2항).

타인은 직접 자기 고유의 권리로서 보험금청구권을 취득하는 것이고, 그 행사 또는 처분에 보험계약자의 동의가 필요한 것은 아니다(판례,[32] 통설). 타인이 보험계약자의 권리를 승계취득 또는 대위행사하는 것이 아니다. 가령 보증보험계약에서 피보험자와 보험자 사이에 이루어진 보험금지급기한 유예의 합의는 보험계약자의 동의가 없다고 해서 그 효력이 부인되는 것은 아니다.[33] 또한 보증보험계약에 있어서 보험자와 피보험자가 보험금 지급기한을 유예하기로 합의한 경우, 보험계약자 또는 그 구상금채무의 연대보증인의 동의가 없더라도 그러한 사정만으로 위와 같은 채무연기에 의한 보험금청구권의 시효중단 효력을 부인할 수는 없다.[34]

타인이 보험금청구권을 행사하는 경우, 보험자는 보험계약에 기한 항변으로 타인에게 대항할 수 있다(통설). 가령 보험계약자가 고지의무를 위반한 경우 보험자는 이를 이유로 보험계약을 해지하고 면책을 주장할 수 있다(상법 651조, 655조). 이러한 해석은 제3자를 위한 계약에서 채무자가 그 계약에 기한 항변으로 계약상 이익을 받을 제3자에게 대항할 수 있다는 법리(민법 542조)에 따른 것이다.

민법에 의하면 제3자의 권리가 수익의 의사표시에 의해 권리를 취득한 후에는 당사자가 이를 변경 또는 소멸시키지 못한다(민법 541조). 하지만 상법에 의하면 보험계약자는 타인의 동의 또는 보험증권의 소지가 있으면 보험사고의 발생 전에 보험계약을 임의로 해지할 수 있고(상법 649조 1항),[35] 인보험에서 보험계약자는 원칙적으로 보험수익자에 대한 변경권을 가진다(상법 733조, 739조, 739조의3). 따라서 이 범위 내에서 민법 541조는 타인을 위한 보험계약의 적용이 제한된다.

---

32) 대판 1981.10.6. 80다2699; 대판 1992.11.27. 92다20408; 대판 2006.1.26. 2002다74954; 대판 2018.9.13. 2016다255125

33) 대판 1981.10.6. 80다2699(보험계약자가 보험자에게 제공한 담보물에 관한 권리를 보험자가 실행하여 그 담보물이 처분될 때까지 본건 보증보험계약 소정의 보험금 지급기한을 연기하기로 하는 보험자와 피보험자 사이의 합의가 보험계약자의 동의 없이 이루어진 것이라 하더라도 보험계약자로서는 그러한 사정만으로 위와 같은 합의의 효력을 부인할 수 없다. 이와 같은 보험금 지급기한 유예의 합의가 보험금 지급청구권에 관한 소멸시효의 이익을 보험자가 미리 포기하는 것에 해당된다고 할 수 없으므로 보험계약자에게 불이익한 것이라고 할 수 없으니 이를 상법 663조, 658조의 규정에 위반되는 것이라고 볼 수도 없다)

34) 대판 2006.1.26. 2002다74954

35) 대판 1974.12.10. 73다1591(상법 649조 소정 사유 즉 보험사고가 발생하기 전에 보험계약자에 의하여 계약의 전부 또는 일부가 임의 해지된 경우에는 그 해지의 효과로서 그 범위에서 민법 541조의 적용이 배제된다)

2) 의무

타인이 보험금청구권자라고 해서 당연히 보험계약상 의무를 부담하는 것은 아니다. 법이 정하고 있는 경우를 제외하면, 계약에 관여하지 않은 타인이 자신의 의사와 무관하게 당사자 일방에게 계약상 의무를 부담하지 않는다는 것이 계약법의 일반원칙이기 때문이다. 하지만 상법은 보험계약의 특수성을 고려하여 예외적으로 타인에게 일정한 의무를 부여하고 있다. 이러한 법정 의무로 다음과 같은 것이 있다.

첫째, 보험료지급의무이다. 타인을 위한 보험계약에서도 보험계약자가 1차적으로 보험료지급의무를 부담하지만, 만약 보험계약자가 파산선고를 받거나 보험료의 지급을 지체한 경우에는, 타인도 자신의 보험금청구권을 포기하지 아니하는 한 보험료지급의무를 진다(상법 639조 3항). 타인이 특정된 경우에만 보험료지급의무를 지는 것으로 해석된다.

둘째, 손해보험에서 타인은 고지의무(상법 651조), 위험변경증가의 통지의무(상법 652조), 위험유지의무(상법 653조), 보험사고발생의 통지의무(상법 657조), 손해방지의무(상법 680조) 등을 부담한다. 인보험에서 타인은 위험유지의무(상법 653조), 보험사고발생의 통지의무(상법 657조) 등을 부담한다.

셋째, 타인이 고의 또는 중과실로 인해 보험사고를 야기한 경우는 보험자가 면책된다(상법 659조). 다만 사망보험, 상해보험, 질병보험에서는 타인이 고의로 보험사고를 야기한 경우에만 보험자가 면책된다(상법 732조의2, 739조, 739조의3).

그리고 타인의 의무는 아니지만 타인의 주관적 요건이 보험계약의 효력에 영향을 미치기도 한다. 보험계약을 체결할 당시에 보험사고가 이미 발생했거나 발생할 수 없는 것인 때에 그 계약은 무효이지만, 당사자 쌍방과 피보험자가 이를 알지 못한 때에는 그렇지 않다(상법 644조).

제3편

손해보험 총론

제1장
◆
손해보험 개관 및 요소

제1절 총설

1. 손해보험의 의의

손해보험계약이란 보험계약자가 약정한 보험료를 지급하고 피보험자의 재산에 불확정한 사고가 발생하여 재산상 손해가 생기면 보험자가 이를 보상하는 계약이다. 이러한 개념은 상법 638조와 665조로부터 도출한 것이다. 보험계약의 의의에 관한 상법 638조는 "보험계약은 당사자 일방이 약정한 보험료를 지급하고 재산 또는 생명이나 신체에 불확정한 사고가 발생할 경우에 상대방이 일정한 보험금이나 그 밖의 급여를 지급할 것을 약정함으로써 효력이 생긴다"고 규정한다. 상법 665조는 손해보험자 책임에 대한 규정인데, "손해보험계약의 보험자는 보험사고로 인하여 생길 피보험자의 재산상의 손해를 보상할 책임이 있다"고 규정한다.

2. 손해보험의 특색

상법상 손해보험은 다음과 같은 특색이 있다. 첫째로, 보험목적이 재산이다.[1] 이 점에서 보험목적이 생명 또는 신체인 인보험과 다르다. 둘째로, 보상방식이 비정액이다. 손해액을 기준으로 보상하기 때문에 비정액 보상방식이라고 하는 것이다. 이 점에서 정액 보상방식의 인보험과 다르다. 인보험은 정액 보상방식을 취하되, 상해보험이나 질병보험에서 비정액 보상방식을 취하는 것도 가능하다.

위와 같은 상법상 손해보험의 특색은 이론적 측면의 손해보험 특색과 일치하지 않는다. 이론적 측면에서 손해보험은 오로지 보상방식에 의거한 보험의 분류이다. 즉 손해보험은 비정액보험이라는 점에서 정액보험과 구분되는 것이다. 또한 이론상으로는 보험목적이 재산인 경우 손해보험이 아니라 재산보험이라고 한다. 하지만 상법은 보상방식과

1) 김성태 376면; 김은경 31면; 양승규 190; 최준선 160면

더불어 보험목적까지 고려해서 손해보험을 정의하고 있음에 유의할 필요가 있다.[2)]

3. 배상책임과 구분

손해보험에서 보험자가 부담하는 손해의 보상책임(상법 665조)은 채무불이행자나 불법행위자(배상의무자)가 부담하는 배상책임(민법 390조, 750조)과 구분된다. 보상책임이든 배상책임이든 손해를 전보(塡補)할 책임이라는 점에서는 같다. 하지만 보상책임과 배상책임은 몇 가지 면에서 근본적 차이가 있다. 첫째로, 적법성 여부다. 배상책임의 기초인 채무불이행이나 불법행위는 위법한 가해행위이나, 보상책임의 기초가 되는 손해보험계약은 적법한 법률행위다. 둘째로, 법적 근거다. 배상의무자의 배상책임은 법률의 규정으로 성립하나, 보험자의 보상책임은 계약의 효과로서 성립한다. 그리하여 손해배상의 경우는 가해행위와 인과관계가 있는 손해(통상손해, 특별손해)[3)]라면 전액을 배상하게 되지만, 보상책임의 경우 당사자가 약정한 보험금액의 범위 내에서만 보상하게 된다.[4)] 그 결과 배상책임과 보상책임은 그 지도원리, 내용, 소멸시효 등의 면에서 적지 않은 차이가 있다. 이러한 차이를 고려해서 상법은 보험자의 보상책임에 관한 특칙을 두고 있다. 이에 대한 자세한 것은 손해보험계약의 효과 부분에서 기술한다.

4. 손해보험의 종류

손해보험의 종류로는 상법에 규정된 화재보험, 운송보험, 해상보험, 책임보험, 자동차보험, 보증보험뿐만 아니라 재보험, 기술보험, 권리보험, 도난보험, 유리보험, 동물보험, 원자력보험, 비용보험, 날씨보험 등 다양하다(보험업법시행령 8조 1항 참조).[5)]

제2절 이득금지의 원칙

1. 의의

이득금지의 원칙은 피보험자가 손해의 전보를 넘어서 이득을 얻을 수 없다는 원칙

2) 이에 관해서는 제1편 보험법의 개관을 참조
3) 민법 393조, 763조
4) 김성태 365면; 김은경 301면; 양승규 191면; 정찬형 624면
5) 이에 관해서는 제1편 보험법의 개관을 참조

이다. 이득금지의 원칙은 실손(實損)보상의 원칙(principle of indemnity)이라고도 한다. 실제로 발생한 손해만큼만 보상한다는 측면을 강조한 표현이다. 또는 손해보상의 원칙이라고도 한다. 손해보험에서 이 세 가지 원칙은 동일한 의미로 사용된다. 그리고 이득금지의 원칙은 손해보험을 규율하는 지도적 원리이자, 강행적 법리라고 해석된다(통설).[6] 이 원칙은 상법에 명시적으로 규정되어 있지는 않으나, 상법 보험편 손해보험에 관한 규정 전체의 체계적 해석으로부터 도출될 수 있다.

2. 취지

이득금지 원칙의 취지는 무엇인가? 이 원칙은 보험의 도박화 또는 인위적 사고 등을 방지하는 것이 취지다. 보험이 손해를 초과하여 이득을 주게 되면, 사행성과 이득성으로 인해서 보험이 도박으로 변질될 수 있다. 도박은 사행성, 이득성 때문에 사회질서 위반(민법 103조)으로 무효이다. 따라서 이득금지의 원칙을 적용하면 보험이 도박으로 변질되는 것을 방지할 수 있다. 또한 인위적 사고가 발생하면 보험자는 면책된다(상법 659조). 인위적 사고는 보험의 선의성에 반하므로 보험자를 면책시키는 것이다. 이득금지 원칙을 적용하면 인위적 사고를 일으킬 유인도 제거된다. 인위적 사고는 보험금을 지급할 의무를 진 보험자에 대해서 신의칙을 위반한 것이라고 볼 수 있다. 또한 인위적 사고는 국민경제적 차원에서 보면 자원의 낭비를 불러일으킨다. 따라서 인위적 사고에 대해서는 보험금청구권이 상실된다는 불이익을 보험계약자 등에게 귀속시킬 필요가 있다.

3. 이득금지 원칙의 내용

이득금지 원칙의 구체적 내용은 무엇인가? 상법은 이득금지의 원칙을 실현하기 위해서, 보험자의 책임, 보험계약의 효력, 사고발생 후 손해액 산정과 한도, 보험금 지급 이후 피보험자의 권리 귀속 등에 대해서 규율한다.

첫째로, 손해보험자의 책임이다. 손해보험자는 피보험자의 재산상 '손해'를 보상할 책임을 부담한다(상법 665조). 둘째로, 피보험이익이다. 피보험자가 보험목적에 대해서 이익이 없으면 해당 계약은 무효이다(통설). 셋째로, 보험가액이다. 보험가액은 피보험이익을 금전으로 평가한 금액이고, 이것을 초과하는 보상은 허용되지 않는다(법정 보상한도). 그래서 보험금액(약정 보상한도)이 보험가액을 초과해도, 보상액은 보험가액을 초과하지 못한다(상법 669조, 672조 참조). 그리고 사기로 체결한 초과보험 또는 중복보험은 무효로

6) 손해보험에서 이득금지 원칙을 언급하고 있는 판결로는, 대판 2002.3.26. 2001다6312 등이 있다.

처리된다(상법 669조 4항, 672조 3항). 넷째로, 보험가액과 손해액의 산정이다. 보험가액은 사고발생의 시점을 기준으로 산정하고(상법 671조), 손해액은 손해발생의 시점과 장소의 가액에 의해서 산정한다(상법 676조 1항 본문). 결국 피보험자의 보상액은 사고발생 시(또는 손해발생 시)가 기준이 되므로, 피보험자가 손해를 넘어서는 이득을 얻을 수 없다. 다섯째로, 보험자대위다. 보험금을 지급한 보험자는 피보험자가 보험목적 또는 3자에 대해 갖는 권리를 대위하여 취득한다(상법 681조, 682조). 이에 의해 피보험자의 권리가 보험자에게 이전된다.

4. 이득금지 원칙의 예외

이득금지 원칙에 예외가 있다. 첫째로, 기평가보험이다. 보험계약의 당사자가 보험가액을 약정한 경우 그것이 사고발생 시 가액을 현저히 초과하지 않는 한 그 효력이 인정된다(상법 670조). 둘째로, 보험가액 불변경주의다. 운송보험은 운송물을 발송한 시점과 장소를 기준으로 보험가액을 산정하는데(상법 689조 1항), 이 가액은 사고가 발생한 시점의 가액과 차이가 날 수 있다. 선박보험(상법 696조 1항), 적하보험(상법 697조)도 그러하다. 셋째로, 신가보험이다. 보험계약의 당사자가 신가보험을 약정하면 신품가액에 의하여 손해액을 약정할 수 있다(상법 676조 1항 단서).

이러한 예외들은 정책적 이유에서 인정된 것으로 볼 수 있다. 즉 손해보상을 관철할 때 생기는 문제점을 보완하기 위한 것이다. 하지만 결과적으로 사실상 피보험자에게 손해를 초과하는 이득을 줄 수 있는 여지가 있다. 그렇다고 이들이 이득금지 원칙의 근본을 훼손하는 것으로 보지는 않는다. 초과이득의 제공이 주목적이 아니라, 보험의 효용을 높이려는 것이 주목적이고 이를 위해서 이득금지 원칙을 정책적으로 완화한 것이기 때문이다. 요컨대, 이러한 예외들로 인해서 사실상 일부의 이득은 생길 수 있지만, 손해보상을 현실화, 합리화하는 과정에서 생기는 보완적, 부수적인 것에 그치기 때문에 허용될 수 있는 성질의 것이다.

5. 이득금지 원칙의 지위

이득금지 원칙은 손해보험의 절대적 요소인가? 이득금지 원칙의 절대적 지위를 긍정하는 견해가 있다.[7] 이득금지의 원칙이 손해보험을 규율하는 지도적 원리이자 강행적 법리라는 점을 고려하면 타당하다고 본다. 다만 이득금지 원칙에 대한 예외가 있다는 점

7) 양승규 191－192면

에서 이득금지의 원칙이 상대적 지위만 갖는다고 주장하는 견해도 제기될 수 있다. 하지만 전술한 바와 같이 이러한 예외가 이득금지 원칙의 근본을 침해하는 것이 아니고, 보험의 효용을 높이기 위해서 이득금지 원칙을 탄력적으로 완화하는 정도에 그치기 때문에 절대적 지위를 인정해도 무방하다고 본다. 상대적 지위를 주장하는 견해도 이득금지 원칙의 본질을 침해할 정도로 이득금지 원칙을 크게 완화하자는 입장이 아닌 한, 절대적 지위를 지지하는 견해와 실질적 차이는 생기지 않는다.

6. 보험금청구권 및 여타 청구권의 경합과 이득금지의 원칙

보험사고가 발생한 경우 피보험자는 보험금청구권과 여타 청구권을 동시에 가질 수 있다. 예를 들면 제3자의 불법행위로 보험목적이 훼손되어 보험금청구권과 함께 손해배상청구권이 성립된 경우가 그러하다. 이 경우 피보험자는 두 청구권 중에서 자유롭게 선택하여 행사할 수 있다. 하지만 그중 하나로부터 손해를 전보 받으면 다른 청구권의 운명은 어떻게 되는가?

(1) 손해배상을 받은 경우

피보험자가 제3자에게 손해배상청구권을 행사하여 손해의 전부를 배상받으면 보험금청구권은 소멸한다(판례,[8] 통설). 이것을 행사하여 보험금도 받으면 사고발생의 이전과 비교해 볼 때 피보험자가 초과이득을 얻게 되기 때문이다. 이것은 이득금지의 원칙에 반하는 결과다. 손해의 일부만을 배상받은 경우에, 나머지 손해를 보상받기 위해서 보험금청구권을 행사함은 무방하다.

(2) 손해보상을 받은 경우

첫째, 피보험자가 보험자에게 보험금청구권을 행사하여 손해의 전부를 보상받으면 그는 제3자에 손해배상청구를 할 수 없다. 왜냐하면 이득금지의 원칙에 반하기 때문이다. 이 경우 손해배상청구권은 소멸하는가? 그러면 제3자를 부당하게 면책하는 결과에 이른다. 이를 막기 위해서 제3자에 대한 손해배상청구권은 소멸하지 않고, 보험자가 손해배상청구권을 대위취득하여 행사할 수 있다(판례,[9] 통설). 이것이 바로 보험자대위의 제

8) 대판 2000.11.10. 2000다29769(손해보험계약에 있어 손해가 제3자의 행위로 인하여 생긴 경우 피보험자는 보험자가 보험금을 지급하기 전까지는 자유로이 제3자로부터 손해배상을 받을 수 있고, 그 경우 보험자는 그 한도 내에서 면책된다)

9) 대판 2000.11.10. 2000다29769(제3자의 손해배상에 앞서 보험자가 먼저 보험금을 지급한 때에는 그 보험금의 지급에도 불구하고 피보험자의 제3자에 대한 손해배상청구권은 소멸되지 아니하고 지급된 보험금액의 한도에서 보험자에게 이전될 뿐이며, 이러한 법리는 손해를 야기한 제3자가 타인을 위한 손해보험계약

도다(상법 682조).

둘째, 보험금청구권을 통해서 손해의 일부만을 보상받은 경우에 나머지 손해에 대해서 피보험자가 제3자에 대해 배상청구를 하는 것은 가능하다.[10] 이는 피보험자가 입은 손해를 전보받기 위해서 필요하며, 이로 인해서 피보험자가 이득을 얻는다고 볼 수 없다. 전체 손해에서 보험금으로 전보되지 않고 남은 손해가 제3자의 손해배상책임액보다 많으면 제3자에게 그의 손해배상책임액 전부를 이행할 것을 청구할 수 있다.[11] 만약 남은 손해가 제3자의 손해배상책임액보다 적으면 피보험자는 남은 손해의 배상을 청구할 수 있고, 보험자도 제3자의 손해배상책임액과 남은 손해의 차액 상당액을 대위청구할 수 있다.[12]

셋째, 피보험자는 가해자인 제3자에 비해서 변제 자력이 풍부한 보험자에게 먼저 보상청구를 하는 것이 일반적이다. 이에 따라 위 보험자대위는 매우 빈번히 활용되는 제도이다.

제3절 피보험이익

1. 의의

예를 들면 화재보험에 가입된 피보험자가 보험목적인 건물에 대해 아무런 경제적 이익이 없음에도 불구하고 보험사고가 생기면 보험금을 받을 수 있다고 할 것인가? 이를 긍정하는 것은 이득금지의 원칙에 반한다. 또한 경제적 이익이 있다고 해도, 이것을 넘어서는 보험금을 지급하는 것도 이득금지 원칙에 반하기는 마찬가지다. 그래서 이득금지의 원칙을 실현하기 위해서, 피보험자가 보험목적에 대해 일정한 경제적 이익을 갖고 있어야 한다는 것을 법적 요건으로 하여 규율할 필요가 있다. 이것을 규율하는 법리가 피보험이익(insurable interest)이다.

피보험이익의 개념을 설명하는 두 가지 입장이 있다. 하나는 이익설이고, 다른 하나는 관계설이다. 이익설에 따르면, 피보험이익이란 피보험자가 손해가 발생할 수 있는 보험목적에 대해 갖는 경제적 이익이다.[13] 관계설에 의하면, 피보험이익이란 보험목적에

의 보험계약자인 경우에도 마찬가지라고 할 것이다)

10) 대판(전원) 2015.1.22. 2014다46211; 대판 2019.11.15. 2019다240629

11) 대판(전원) 2015.1.22. 2014다46211; 대판 2019.11.15. 2019다240629

12) 대판(전원) 2015.1.22. 2014다46211; 대판 2019.11.15. 2019다240629

13) 최기원 281면

대해서 보험사고가 발생하여 피보험자가 손해를 입게 되는 경우 피보험자와 보험목적과의 경제적 이해관계를 가리킨다.[14)]

이익설은 책임보험에 적용하기 어렵기 때문에, 관계설이 좀 더 타당하다는 견해가 있다.[15)] 즉 책임보험의 보험목적을 책임이라고 한다면, 소극재산인 책임에 대해서 '이익'이 있다고 말하는 것이 부적합하기 때문이다. 하지만 이익을 적극적 이익과 소극적 이익으로 구분하고(재산을 적극적 재산과 소극적 재산으로 분류하듯이), 책임을 소극적 이익으로 분류시킨다면, 이익설의 단점은 피할 수 있다. 즉 책임이란 발생하지 않으면 이익이 된다는 의미에서 소극적 이익이 되는 것이고,[16)] 이에 따르면 책임에 대해서도 (소극적) 이익이 인정될 수 있는 것이다. 요컨대, 이익설이든 관계설이든 표현방법이 다를 뿐이지 구별의 실익은 크지 않으며, 어느 것을 취하든, 피보험이익의 요건을 명확하게 하는 것이 중요하고 그것으로 충분하다.[17)] 참고로, 상법 668조(금전으로 산정할 수 있는 '이익'에 한하여 피보험이익으로 할 수 있다)는 문리 면에서 볼 때 이익설에 입각한 것으로 보인다.

한편 상법 668조, 672조는 피보험이익이라는 용어 대신에 '보험계약의 목적'이라는 용어를 사용하고 있다. 보험계약의 목적은 보험사고의 객체인 보험목적과 다르다. 판례와 통설은 보험계약의 목적보다 피보험이익이란 용어를 보편적으로 사용한다. 다른 나라도 피보험이익(insurable interest, versicherte Interesse)이라는 용어의 사용이 보편화되어 있다. '보험계약의 목적'이라는 용어는 피보험이익과 비교할 때 그 실체를 알기 어려운 추상적 표현이므로, 여기서는 주로 피보험이익이라고 표현하기로 한다.

2. 적용 범위

상법은 손해보험에 피보험이익을 요구한다(상법 668조). 이와 달리 인보험에는 이것을 요구하는 명문의 규정이 없다. 인보험에서는 피보험이익이 적용되지 않는다고 해석한다(다수설).[18)] 인보험에서 피보험이익 문제에 관한 자세한 논의는 인보험 부분에서 하기로 한다.

---

14) 양승규 195면. 이를 지지하는 견해로는 이기수 · 최병규 · 김인현 183면; 장덕조 209면; 정찬형 627면
15) 이기수 · 최병규 · 김인현 183면; 정찬형 627면
16) 양승규 195면; 정찬형 627면
17) 양승규 195면; 최준선 192면
18) 이와 달리 인보험에서 피보험이익을 긍정하는 견해로는, 박세민 793−794면; 양승규 194면; 정동윤 698면

3. 법적 지위

피보험이익은 손해보험의 절대적 요소인가? 피보험이익의 절대적 지위를 긍정하는 견해가 있다.[19] 이득금지의 원칙이 손해보험을 규율하는 지도적 원리이자 강행적 법리이고, 피보험이익은 이득금지의 원칙을 실현하는 중요한 수단이라는 관점에서 보면, 절대적 요소라는 점에 찬성할 수 있다. 다만 피보험이익과 관련하여 예외도 있는 것이 사실이다. 즉, 기평가보험(상법 670조), 보험가액불변경주의(상법 689조 1항, 696조 1항, 697조), 신가보험(상법 676조 1항 단서) 등이 그러하다.

이러한 이유에서 피보험이익은 보험계약법상 상대적 지위에 머문다고 보는 견해도 있다.[20] 하지만 이득금지의 원칙과 관련하여 기술한 바와 같이 피보험이익을 관철할 때 생기는 문제점을 보완하기 위해 피보험이익 요건을 실용적, 합리적으로 제한한 것이다. 이로 인해서 피보험이익의 요건이 근본적으로 훼손된다고 볼 것은 아니다. 따라서 피보험이익이 갖는 절대적인 지위를 인정하되, 거래의 통념에 합치되도록 탄력적으로 운용할 필요가 있다.[21] 그리고 상대적 지위를 주장하는 견해도 피보험이익의 본질을 침해할 정도로 예외를 대폭 허용하자는 입장이 아닌 한, 절대적 지위를 지지하는 견해와 실질적 차이는 생기지 않는다.

4. 기능

피보험이익의 기능을 살펴보자. 이것은 취지 또는 효용의 문제이기도 하다. 피보험이익은 이득금지의 원칙을 구현하는 것이 그 기본적, 기초적 기능이다. 손해는 이익이 존재해야 발생할 수 있고 또한 그 범위 내에서만 발생할 수 있다. 그래서 실손보상의 전제로 피보험이익을 요구한다. 이득금지 원칙은 보험의 도박화와 인위적 사고를 막는 데 그 취지가 있다(통설). 따라서 피보험이익도 보험의 도박화와 인위적 사고를 막는 데 궁극적 취지가 있다고 할 수 있다(통설). 피보험이익이 이득금지 원칙을 구현하는 구체적인 방식은 다음과 같다.

첫째로, 피보험이익은 보험계약의 효력에 영향을 미친다. 이익이 없으면 손해가 발생할 수 없다. 따라서 이익이 없음에도 불구하고 보상을 하는 것은 이득금지의 원칙에 반한다. 그래서 피보험이익이 없으면 계약을 무효로 한다(통설).

둘째로, 피보험이익은 보험자 보상의 한도액에 영향을 미친다. 피보험이익을 금전으

19) 박세민 373면; 양승규 191－192면; 정동윤 494면; 정찬형 627면; 최기원 282면; 최준선 193면
20) 김성태 383면
21) 양승규 196면

로 평가한 가액(보험가액)을 넘어서는 보상을 하면 이것은 손해를 넘어서는 보상이다. 이것은 이득금지의 원칙에 반한다. 그래서 피보험이익의 가액은 법정 보상한도액이고, 이것을 넘어서는 보상은 허용되지 않는다.

셋째로, 피보험이익은 보험계약의 동일성에 영향을 미친다. 보험계약이 여러 개인 경우라도 각 보험계약이 대상으로 삼는 피보험이익이 같은 것이면, 중복보험으로서 동일한 보험계약으로 취급한다(상법 672조). 보험계약이 여러 개라고 해도 그 피보험이익이 동일하면 보험사고로 인한 손해는 동일한 하나의 피보험이익에 대해서만 생길 수밖에 없고, 이 점을 고려해서 중복보험으로 동일한 보험계약으로 취급하는 것이다. 이와 달리, 피보험이익이 동일함에도 불구하고, 마치 피보험이익이 보험계약별로 수개가 존재하고, 각각의 피보험이익마다 손해가 발생할 수 있는 것처럼(수개의 다른 보험계약이 있는 것처럼) 취급하여 피보험자에게 보상할 수 있다고 하면, 이는 이득금지의 원칙에 반하게 될 것이다. 그리고 보험계약별로 대상으로 삼는 피보험이익이 다른 경우라면, 중복보험이 아닌 상이한 보험계약이 된다. 이렇게 피보험이익이 다르면 상이한 보험계약이 되는 현상을 피보험이익에 의한 '보험계약의 개별화'라고 표현한다(통설).

이상과 같이 피보험이익은 보험의 도박화와 인위적 사고를 예방하는 효과가 있지만, 그 한계도 있다. 가령 손해액을 과장하는 사기적 보험금청구를 목적으로 또는 매매가 불가능한 보험목적을 현금화할 목적으로 고의로 보험사고를 일으키는 경우도 있기 때문이다.[22] 이는 보험사기에 해당하는데, 피보험이익의 존재만으로 이것이 억제되는 것은 아니고, 보험사기를 적발하고 그에 대해 불이익을 주는 노력 및 제도가 별도로 필요하게 된다.

5. 유형

손해보험에서 피보험이익의 유형은 다양하게 분류될 수 있다. 그 분류기준을 중심으로 살펴보자.

(1) 소유이익, 책임이익 등

1) 내용

이것은 피보험이익의 내용에 따른 구분이다. 피보험이익은 그 내용 면에서, 소유이익(물건이나 지식재산을 소유하는 이익), 사용 · 수익이익(물건이나 지식재산을 사용 또는 수익하는 이익), 담보이익(물건, 지식재산, 타인의 급여를 담보하는 이익), 청구이익(타인의 급여를 청구하는 이익),

---

22) Patterson, *Essentials of Insurance Law*, 1957, p. 111

책임이익(책임을 면할 이익), 기대이익(기대할 수 있는 이익) 등으로 구분할 수 있다.

자동차와 관련된 피보험이익을 생각해 보자. 자동차 소유자는 자동차에 대해서 소유이익을 갖고, 자동차 임차인은 사용·수익이익을 가지며 자신의 귀책사유로 자동차를 임대인에게 반환하지 못하면 지게 되는 책임을 면할 책임이익을 갖고, 자동차 저당권자는 자동차에 대해서 담보이익을 가지며, 자동차 운행자는 자동차 운행으로 타인의 생명·신체 또는 물건에 손해를 가하면 지게 되는 책임을 면할 책임이익을 갖는다. 이처럼 하나의 물건을 둘러싸고 다양한 피보험이익이 존재할 수 있다.

피보험이익을 내용별로 구별할 실익은 보험계약의 동일성 여부에서 찾을 수 있다. 중복보험은 동일한 보험계약에 한해서 적용되는데(상법 672조), 피보험이익의 내용이 같으면 동일한 보험계약이 될 수 있고, 피보험이익의 내용이 다르면 동일한 보험계약이 될 수 없다.[23] 피보험이익의 내용이 같아야 하는 것은 동일한 보험계약이 되기 위한 중요한 요소 중 하나인 것이다.

아래의 판례에서 보는 바와 같이 피보험이익의 내용은 보험계약의 유형별로 개별적이고 구체적으로 정해지게 된다.

2) 사례

① 대판 2018.3.15. 2017다240496을 통해서 소유이익, 기대이익 등을 살펴보자. 이 사건에서는 운임 및 보험료 포함 조건(Carriage and Insurance Paid, CIP)으로 매수인을 수하인으로 하여 항공화물운송인에게 운송물을 위탁하는 방법으로 물품을 인도하기로 하는 수출입매매계약이 체결되었고, 매도인은 자신을 피보험자로 하여 자신이 운송계약을 체결하여 운송하는 모든 제품에 관하여 멸실 등 보험사고가 발생한 경우 그 손해를 피보험이익으로 하는 해상적하보험계약을 체결하였다. 이 사건 물품은 항공기로 인천국제공항을 출발하여 미국 마이애미 공항에 도착한 후 창고에 입고되었다가 출고되어 트럭에 싣고 이동하던 중 트럭기사가 트럭을 잠시 주차장에 세워두고 자리를 비운 사이 도난당했다. 쟁점은 위 운송계약의 대상인 수출 물품에 관하여 매도인과 보험자가 체결한 보험계약의 피보험이익이 매도인에게 있는지 여부에 있었다. 대법원은 CIP 조건으로 매수인을 수하인으로 하여 항공화물운송인에게 운송물을 위탁하는 방법으로 물품을 인도하기로 하는 수출입매매계약이 체결된 경우, 특별한 사정이 없는 한 물품이 도착지에 도착함으로써 매수인이 운송인에 대하여 물품의 인도청구권을 취득하였을 때에 매도인으로부터 매수인에게 물품의 인도가 이루어지고 그 소유권이 매수인에게 이전된다고 보았다. 그런데 이 사건 물품이 도착지에 도착하기 이전에 운송 도중 분실되어 매수인에게 인도되지

23) 대판 2005.4.29. 2004다57687

않았으므로 매수인으로서는 그 소유권을 취득한 사실이 없으므로 소유권은 여전히 매도인에게 있다고 보았다. 그리고 이 경우 매도인으로서는 운송계약의 대상인 수출 물품이 목적지에 손상 없이 도착하여 상대방에게 무사히 인도되는 것에 관하여 기대이익(expected profit)을 포함하여 경제적 이익이 없다고 할 수 없으므로, 매도인과 보험자 사이에 체결한 보험계약의 피보험이익이 매도인에게 없다고 볼 수 없다고 하였다. 요컨대, 매도인은 물품의 소유자로서 소유이익, 그리고 물품이 무사히 인도된 경우에 기대할 수 있는 기대이익을 갖고 있고 보험사고 발생 시에 이러한 피보험이익이 존재했다. 따라서 이 사건 보험계약은 유효하며 매도인은 도난사고에 따른 물품에 관한 손해 상당액의 보험금을 보험자에게 청구할 수 있다.

② 대판 2010.9.9. 2009다105383은 보험계약의 준거법을 영국 해상보험법으로 한 결과 영국의 1906년 해상보험법(Marine Insurance Act 1906) 5조 1항[24]이 적용된다는 전제하에 피보험이익의 종류를 판단한 판결이다. 이는 리스회사 갑이 선박 등에 관한 리스계약을 체결한 리스이용자 을이 그 계약에 따라 리스선박에 대하여 협회선박기간보험약관이 적용되는 선박보험계약을 체결하면서 피보험자를 '소유자 갑, 관리자 을'로 한 사안이다. 위 리스계약은 (a) 선박의 소유권은 리스제공자에게 귀속되고 리스이용자는 선박 등을 사용할 수 있는 권리만 갖고, (b) 리스이용자는 리스기간 종료까지 선박에 발생한 멸실·훼손에 대하여 모든 위험과 책임을 부담하며, (c) 리스기간이 종료되면 리스제공자는 리스이용자에게 선박을 양도한다고 규정했고, 또한 선박이 해상위험 등으로 인해 멸실·훼손되는 것을 부보하는 보험계약이 체결되었다. 여기서 리스이용자가 이 보험계약이 부보하는 피보험이익을 보유하고 있는지 여부가 쟁점이었다. 대법원은 이 사건 보험계약이나 협회선박기간보험약관은 해상 등에서의 고유의 위험 등으로 인한 보험목적물의 멸실 또는 훼손을 부보한다고 규정할 뿐이지 그 피보험이익을 보험목적물의 멸실 또는 훼손에 관한 소유자이익으로 제한하고 있지 않다고 보았다. 그리고 리스이용자가 리스계약상 선박의 법률상 소유자는 아니지만, 선박을 사용할 권리를 갖고 있고 그 멸실·훼손에 대하여 위험부담을 지고 선박의 훼손 시에 이를 복원·수리할 의무를 부담하며 리스기간의 종료 시에 선박을 법률상 소유자로부터 양도받을 수 있는 지위에 있다. 그렇다면 리스이용자는 선박에 관하여 법적 이익이 있고 그 결과 선박의 멸실이나 손상 등으로 수리비 등을 지출함으로써 손해를 입거나 그에 관하여 책임을 부담할 수 있는 지위에 있다고 할 것이므로, 리스이용자는 이 사건 보험계약의 준거법인 영국 해상보험법상 이

---

24) 영국 해상보험법 5조 1항은 해상사업에 이해관계를 가진 모든 자는 피보험이익이 있다고 규정하고, 5조 2항은 특히 해상사업 또는 그중 위험에 처한 피보험재산에 보통법상 또는 형평법상의 관계를 가지고 그 결과 피보험재산의 안전 또는 적시의 도착으로 이익을 얻거나 그 멸실이나 손상 또는 그 억류로 손해를 입거나 그에 관하여 책임을 부담할 수 있는 자는 해상사업에 이해관계가 있고 피보험이익이 있다고 규정한다.

사건 보험계약에 관하여 피보험이익이 있다고 봄이 상당하다고 판시했다. 이 판결은 선박리스계약에 따른 리스이용자에게 인정되는 피보험이익이 무엇인지를 판시했다는 점에서 의의가 있다.

③ 대판 1989.8.8. 87다카929에서는, 건설공사(시설공사) 보험은 개별적인 일반손해보험으로서는 건설공사 착공부터 완성인도에 이르기까지 사이에 공사수행에 따라 발생하는 모든 위험을 담보하기 어려우므로 공사기간 중에 발생하는 다종 다양한 손해를 포괄적으로 전보할 필요에서 인정되는 특수한 손해보험의 형태로서 공사물건보험과 제3자 배상책임보험을 포함한다고 판시되었다. 이러한 보험계약에서는 건설공사(시설공사)와 관련하여 소유이익, 책임이익 등을 포함한 다종 다양한 내용의 피보험이익이 보장된다고 볼 수 있다.

(2) 적극적 이익, 소극적 이익

피보험이익은 적극적 이익과 소극적 이익으로 구분할 수 있다. 보험목적이 적극재산 또는 소극재산인지, 그리고 그것이 감소할지 증가할지에 따른 구분이다. 적극적 이익은 적극재산(물건, 지식재산, 타인의 급여 등)에 대한 이익으로서 그것이 감소하지 않을 이익이다. 소극적 이익은 소극재산(책임 등)에 대한 이익으로서 그것이 증가하지 않을 이익이다.

피보험이익이 적극적 이익인지 소극적 이익인지에 따라서 보험계약법적 규율에 차이가 생긴다. 상법 보험편의 손해보험 통칙 규정들은 상당수가 피보험이익이 적극적 이익이라는 것을 전제한 규정들이다. 따라서 소극적 이익을 피보험이익으로 삼는 책임보험의 경우, 손해보험 통칙 중 일부는 적용되지 않을 뿐만 아니라(상법 669조 등), 책임보험 부분에 다수의 독자적 규정들(상법 719조－726조)을 마련하고 있다.

(3) 법적 이익, 사실상 이익[25)]

1) 구분

① 피보험이익은 법적 이익(legal interest)과 사실상 또는 사실적 이익(factual interest or expectancy)으로 구분할 수 있다. 이것은 피보험이익이 법적 관계에 기초한 이익인지에 따른 구분이다. 먼저, 법적 이익은 피보험자가 보험목적에 대해 일정한 권리의무를 갖는 경우에만 인정된다. 예를 들면 피보험자가 보험목적과 관련하여 소유권, 임차권, 담보물권, 채권 등을 가지면, 그의 피보험이익은 법적 이익인 것이다. 다음, 사실상 이익이 인정되는 데는 피보험자가 보험목적에 대해 권리의무를 가질 것이 요구되지 않는다.

25) 이에 대해서는 한기정, "미국법상 피보험이익으로서 이해관계의 종류에 관한 연구", 법학논문집44－3, 2020, 261－292면

② 법적 이익과 사실상 이익의 구분을 둘러싸고 논란이 있기도 하다. 가령 주식회사의 주주가 그 회사의 재산에 대해 법적 이익을 갖는지의 문제를 보자.

영국의 Macaura v. Northern Assurance Co. Ltd[26]에서는 사실상 이익에 불과하다고 판시되었다. 이 사건에서는 상당량의 목재를 자산으로 보유한 어떤 주식회사의 1인 주주이자 채권자가 자신을 피보험자로 하고 목재를 보험목적으로 하는 화재보험에 가입했다. 화재로 인해서 목재에 전손이 발생한 후 피보험자가 보험자에게 보험금을 청구하자, 보험자는 피보험자가 목재에 대해서 법적 권리가 없다는 이유로 보험금 지급을 거절했다. 법원은 주주가 주식회사의 재산에 대해 법적(legal) 또는 형평법적(equitable) 관계가 없으므로 법적 권리가 없고, 따라서 피보험이익을 갖지 못한다는 입장이다. 이에 따르면 주주는 주식회사의 재산에 대해 사실상 이익을 가질 뿐이다. 즉 피보험자는 목재에 대해 법적 이익은 없지만, 목재가 화재로 멸실 또는 훼손되면 주식가치가 하락할 수 있기 때문에, 그는 목재에 대해서 사실상 이익은 갖고 있는 것이다.

이와 달리 미국의 Riggs v. Commercial Mutual Insurance Co.[27]에서는 법적 이익이 존재한다고 판시되었다. 이 사건에서는 선박회사의 주주가 그 선박회사가 보유한 선박 두 개 중 하나를 보험목적으로 하는 해상보험에 가입하였다. 그리고 주주가 그 선박에 대해 피보험이익을 갖는지가 쟁점이었다. 법원은 주주가 그 선박 자체에 대해서는 물권을 갖고 있지 않지만 그 선박을 보유한 선박회사의 주주로서 이익배당청구권 및 잔여재산분배청구권을 갖고 있으므로 그 선박의 멸실 또는 훼손으로 인해서 주식 가치의 하락이라는 경제적 손실을 입을 수 있다는 점을 고려하여 피보험이익을 인정하였다. 법원은 주주가 자신이 소유한 주식 자체에 대해서 피보험이익을 갖는다는 점이 인정된다면 그가 그 주식회사의 재산에 대해서도 피보험이익을 갖는다고 보는 것이 합리적이라는 입장을 취하였다. 주주인 피보험자가 보상받을 손해는 실제로 발생한 손해이고, 이는 입증을 통해 산정되어야 할 사실문제이며, 가령 그 선박이 멸실된 경우 보험계약자가 보상받을 수 있는 보험금은 그 선박의 가액 자체가 아니라 실제로 발생한 주식 가치의 하락분만큼이라고 판시하였다.[28]

생각건대, 주주는 주식회사의 재산에 대해 이익배당청구권 및 잔여재산분배청구권을 통해 법적 관계를 갖고 있다고 보는 것이 타당하다고 본다.[29]

---

26) [1925] AC 619

27) 25 N.E. 1058 (1890). Thompson v. Trinity Universal Ins. Co., 708 S.W.2d 45 (1986), St. Paul Lloyd's Ins. Co. v. Fong Chun Huang, 808 S.W.2d 524 (1991), JAM Inc. v. Nautilus Ins. Co., 128 S.W.3d 879 (2004)는 주식회사가 소유한 건물에 대해 그 주주가 자신을 피보험자로 해서 화재보험에 가입한 사건인데 같은 취지의 판결이 내려졌다.

28) 한편, 영국의 판결인 Macaura v. Northern Assurance Co. Ltd 1925 AC 619는 주식가치의 하락분을 산정하기가 곤란하므로 피보험이익으로 인정하기 어렵다는 입장을 취했다.

2) 학설 및 판례

우리나라의 통설은 법적 이익뿐만 아니라 사실상 이익도 피보험이익에 포함시킨다. 판례도 적극적으로 피보험이익을 인정하는 입장인 것으로 보인다. 다만 아래 판례는 법적 이익이 존재하는 사안을 다룬 것이므로, 이것으로부터 사실상 이익에 관한 판례의 입장을 파악하기는 어렵다.

i) 미등기 매수인[30]

대판 2011.2.24. 2009다43355는 부동산의 미등기 매수인의 피보험이익을 다룬 판결이다. 갑은 자신이 소유한 부동산에 대해 화재보험계약을 체결하였고, 이후 위 부동산을 을에게 매도하기로 하는 매매계약을 체결하고 매매대금의 일부만 지급받고 을에게 위 부동산을 인도하였다. 을은 그때부터 위 부동산에서 영업을 시작하였으나 소유권이전등기는 마치지 않았고, 위 부동산에 대해 화재보험계약을 체결하였으며, 이 보험계약을 체결할 때 청약서에 피보험자 및 소유자를 자신으로 기재했다. 위 부동산에 화재가 발생하여 건물이 일부 멸실되었던 사안이다. 여기서 소유권이 없는 미등기 매수인인 을에게도 이 보험계약이 부보하는 독자적인 피보험이익을 갖고 있는지가 문제된다. 대법원은 이를 긍정했다. 대법원은 화재보험계약은 다른 특약이 없는 한 책임보험(피보험자가 그 목적물의 소유자인 타인에게 손해배상의무를 부담하게 됨으로써 입게 되는 손해까지 보상하기로 하는 보험)의 성격이 없고, 부동산을 매수한 자가 그 부동산에 관하여 자신을 피보험자로 하여 화재보험계약을 체결하였다면 특별한 사정이 없는 한 이는 자기를 위한 보험계약이라고 봄이 상당하다고 판시했다. 다만, 이 판결은 미등기 매수인이 어떠한 피보험이익을 갖는지를 명시적으로 설시하지는 않고 있다.

위 판결이 인정한 피보험이익은 다음과 같은 이유에서 법적 이해관계라고 볼 수 있다. 먼저, 목적물을 인도받은 미등기 매수인의 법적 지위를 살펴보자. 성립요건주의를 취하는 우리 법제에서 법적 의미에서의 소유자는 여전히 매도인이고 매수인은 소유자가 아니므로 제3자에게 소유권을 주장하지는 못한다. 하지만 매도인과의 관계에서는 매매계약의 효력에 기해 점유할 권리(민법 213조 단서)를 가질 뿐만 아니라, 통상 매도인이 매수인에게 인도하는 것은 사용·수익하는 것을 전제로 하는 것이므로 사용·수익할 수 있는 권리도 갖는다. 또한 장차 매매대금을 모두 지급하면 소유권을 취득할 것이 예정되어 있다. 나아가 이 사안과 같이 소유권이 이전되기 전에 인도가 먼저 이루어진 경우에 관

---

29) 한편, 피보험이익은 피보험자가 보험목적에 대해 직접적으로 가지는 것이어야 하고 간접적인 것은 포함되지 않으며, 가령 주주는 회사의 재산에 대하여 간접적으로 이해관계를 가지고 있어서 이는 피보험이익이 될 수 없다는 견해가 있다(양승규 198면). 박세민 411면도 이와 같다.

30) 이에 대해서는 한기정 "부동산 매매와 피보험이익에 관한 소고", 서울대학교법학51-4, 2010, 185면 이하

해서는 논란이 있고, 인도 시에 매수인에게 위험이 이전된다고 보는 것이 민법학계의 다수설이다.[31] 그렇다면 매수인은 소유권을 이전받지는 못했지만, 목적물을 사용·수익할 권리가 있고, 장차 대금을 완제하면 소유권을 취득할 것이라는 기대를 가지고 있을 뿐만 아니라, 목적물이 멸실되면 소유권은 이전받을 수 없으면서도 매매대금은 전부 지급할 채무를 진다. 즉, 매수인은 적어도 대내적인 관계에서는 위 부동산 소유자에 준하는 계약상의 지위를 갖고 있는 것이다. 따라서 매수인은 해당 부동산에 관해서 법적 이익으로서의 피보험이익을 갖는다고 볼 수 있다.

ii) 양도담보설정자

대판 2009.11.26. 2006다37106은 양도담보 설정자의 피보험이익을 다룬 판결이다. 이는 동산의 양도담보 설정자가 그 동산을 보험목적, 자신을 피보험자로 하는 화재보험에 가입한 사안이다. 쟁점은 양도담보 설정자가 이 사안에서 피보험이익을 갖는지 여부다. 대법원은 이를 긍정했다. 즉, 양도담보 설정자가 위 동산의 소유권을 채권자에게 이전해 주지만 이는 결국 채권자의 우선변제권을 확보해 주기 위한 목적에 따른 것이고, 양도담보 설정자는 여전히 그 물건에 대한 사용, 수익권을 가지고 변제기에 이르러서는 채무 전액을 변제하고 소유권을 되돌려 받을 수 있으므로, 그 동산에 대한 보험사고가 발생하는 경우에는 그 동산에 대한 사용·수익 등의 권능을 상실하게 될 뿐 아니라 양도담보권자에 대하여는 그 동산으로써 담보되는 채무를 면하지 못하고 나아가 채무를 변제하더라도 그 동산의 소유권을 회복하지 못하는 경제적인 손해를 고스란히 입게 된다. 따라서, 양도담보 설정자에게 그 동산에 관하여 체결한 화재보험계약의 피보험이익이 없다고 할 수 없다고 판시했다.

위 판결이 인정한 피보험이익은 다음과 같은 이유에서 법적 이익이라고 볼 수 있다. 판례는 동산 양도담보의 경우 양도담보권자가 대외적 소유권을 취득하고 양도담보설정자는 대내적 소유권을 갖는다는 신탁적 소유권 이전설을 따른다.[32] 이에 따르면 양도담보 설정자는 동산에 대한 대외적 소유권은 없고, 그 대외적 소유권은 채권담보의 목적으로 양도담보권자에게 이전된다. 다만, 대외적 소유권의 양도담보권자로의 이전은 종국적으로 양도담보 목적물을 채권변제를 위해서 환가하는 경우에 양도담보권자에게 우선변제권을 주기 위한 목적 내에서만 인정되는 것이다.[33] 한편, 동산 양도담보에 제

31) 우리 민법은 쌍무계약에서의 위험부담에 관하여 채무자위험부담주의를 채택하고 있다. 당사자 쌍방의 귀책사유 없이 매매목적물이 멸실된 경우 매도인이 위험을 부담하므로 매도인은 매수인에게 대금지급을 청구하지 못한다(민법 537조). 이에 따르면 매매에서는 매도인이 위험을 부담한다. 하지만 소유권이 이전되기 전에 인도가 먼저 이루어진 경우는 인도 시에 매수인에게 위험이 이전된다고 보는 것이다.

32) 대판 1986.8.19. 86다카315는 양도담보권자가 "대외적으로는 그 소유권을 행사할 수 있는 것이므로 제3자에게 바로 그 목적동산의 인도를 구할 수 있고"라고 판시하고 있다.

33) 이헌숙, "동산 양도담보권에 기한 물상대위가 인정되는지 여부", 대법원판례해설81, 2009, 194면

공된 동산은 내부적으로도 양도담보 설정자가 아닌 양도담보권자의 소유라는 입장도 있다.[34] 이는 양도담보 설정자는 소유권자가 아니고 사실적이고 경제적인 관점에서 소유자에 준하는 계약상 지위를 가질 뿐이라는 입장이라고 해석할 수 있다. 동산에 대한 그 소유권자의 피보험이익이든, 그 동산에 대한 소유자에 준하는 계약상의 지위를 가진 자의 피보험이익이든, 그가 가진 피보험이익이 법적 관계임은 분명하다. 따라서 양도담보 설정자는 해당 동산에 관해서 법적 이익으로서의 피보험이익을 갖는다고 볼 수 있다.

iii) 수출입매매의 매도인

대판 2018.3.15. 2017다240496은 매도인이 운송계약을 체결하여 운송하는 모든 물품에 관하여 멸실 등 보험사고가 발생한 경우 그 손해를 피보험이익으로 하는 해상적하보험계약을 체결한 사안이다. 운임 및 보험료 포함 조건으로 매수인을 수하인으로 하여 항공화물운송인에게 운송물을 위탁하는 방법으로 물품을 인도하기로 하는 수출입매매계약이 체결된 경우, 특별한 사정이 없는 한 물품이 도착지에 도착함으로써 매수인이 운송인에 대하여 물품의 인도청구권을 취득하였을 때에 매도인으로부터 매수인에게 물품의 인도가 이루어지고 그 소유권이 매수인에게 이전된다. 이 경우 매도인으로서는 운송계약의 대상인 수출물품이 목적지에 손상 없이 도착하여 상대방에게 무사히 인도되는 것에 관하여 기대이익(expected profit)을 포함하여 경제적 이익이 없다고 할 수 없으므로, 매도인과 보험자 사이에 체결한 보험계약의 피보험이익이 매도인에게 없다고 볼 수 없다고 판시되었다.

위에서 기대이익은 수출입매매계약에 기초한 것이므로, 위 판결이 인정한 피보험이익도 법적 이익에 속한다고 볼 수 있다.

3) 사실상 이익에 대한 검토

보험법상 피보험이익은 기본적으로 경제적 이익의 문제이고 도박(wager)에 해당하지 않는 한 널리 인정되어 보험제도가 충분히 활용될 필요가 있으므로, 법적 권리인지 여부에 반드시 좌우될 필요는 없다. 따라서 법적 이익뿐만 아니라 사실상 이익도 피보험이익에 포함시키는 통설이 타당하다.

어떤 보험계약이 도박에 해당하는 경우는 경제적 이익이 없음에도 보험사고의 발생을 이유로 보험금을 지급하거나 경제적 이익이 존재하더라도 그 가액을 초과하여 보험금을 지급하기로 약정된 경우이다. 사실상 이익이라도 그 보험가액을 객관적으로 산정할 수 있다면 도박의 문제가 발생하지 않으므로 피보험이익으로 인정하는 데에 문제가 없다고 본다. 영국의 Macaura v. Northern Assurance Co. Ltd[35] 사건에서 법원은 사실상

---

34) 대판 2020.2.20. 2019도9756에서 대법관 김재형, 대법관 김선수의 별개의견

이익이란 금전적 가치를 산정하기가 곤란하므로 자칫 이득금지의 원칙이 훼손되는 통로가 될 수 있기 때문에 피보험이익이 될 수 없다고 판시한 바 있다. 하지만 이 판결은 영국 내에서도 비판의 대상이 되고 있다.[36] 생각건대, 위 판결 당시인 20세기 초는 몰라도, 오늘날 사실상 이익이라는 이유만으로 금전적 가치의 산정이 곤란하다고 단정할 것은 아니다.

금전적 가치의 산정 가능성은 피보험이익의 요건이다(통설). 법적 관계가 있다고 해도 그 가액을 합리적으로 산정하기 어려운 경우라면 피보험이익으로 인정되지 못한다. 가령 채권자는 채무자의 재산 일반에 대해 채권관계에 기초한 법적 관계를 갖지만 채무자의 특정한 재산에 대해서는 피보험이익이 인정되지 않는 것이 원칙이다.[37] 왜냐하면 일반적으로 채권자는 채무자의 특정한 재산으로부터 변제를 받을 권리가 없고 특정한 재산의 부존재로 인해 채무불이행이 야기된다고 단정할 수도 없기 때문이다. 이와 같이 법적 이익이든 사실상 이익이든 금전적 이익의 산정가능성을 충족해야 하고, 이것이 충족되는 한 도박의 문제는 생기지 않으므로 피보험이익을 인정하더라도 무방하다고 본다.

법적 이익뿐만 아니라 사실상 이익을 피보험이익에 포함시킨다면, 이것이 내포하는 함의는 다음과 같다. 첫째, 피보험이익의 외연이 확장된다. 법적 이익뿐만 아니라 다양한 사실상 이익도 피보험이익에 포함되어서 동일한 보험목적하에서 인정될 수 있는 피보험이익의 종류가 늘어나고, 이에 따라서 보험계약이 더욱 다양화되고 개별화된다. 둘째, 보험의 효용이 높아진다. 사실상 이익이 피보험이익으로 인정되어서 보험가입의 대상으로 된다면, 사실상 이익만을 갖고 있는 자의 경제생활 안정성도 높아질 수 있는 것이다.

사실상 이익에 관한 구체적 사례를 보자. 먼저 사실상 이익을 피보험이익에 포함시킨 사례를 보자. Morgan v. Patrons Mutual Insurance Association[38]에서 원고는 영업용

---

35) [1925] AC 619

36) Clarke, *The Law of Insurance Contracts*, 2009, para. 4-3B

37) *3 Couch on Insurance*, Westlaw 2020, §42:23; Banco Comercial v. Royal Exchange Assur. Corp., 71 F.2d 933 (1934). 하지만 채권자가 채무자의 특정한 재산에 관련된 채권을 보유하고 있는 경우에도 이러한 원칙을 적용하는 것은 무리이다. National Filtering Oil Co. v. Citizens' Ins. Co., 13 N.E. 337 (1887)에서는 정유(精油)시설에 대한 특허권자가 정유회사로 하여금 이 특허를 사용하게 하는 대신에 정유 생산량에 비례해서 특허료를 받기로 하는 특허계약(royalty contract)을 체결한 후 정유시설을 보험목적으로 하는 화재보험계약을 체결하였다. 이 사건은 채권자인 특허권자가 특정한 보험목적과 견련된 채권(즉, 정유시설에 견련된 특허채권)을 보유한 경우이다. 법원은 피보험자가 정유시설에 대해 피보험이익을 갖고 있고, 보험자가 정유시설에 발생한 화재로 인해서 감소하게 될 특허료 손해에 대해 피보험자에게 보상해야 한다고 판시했다. 피보험자는 정유시설에 대해 물권이 없고 정유시설과 관련된 채권만 갖고 있지만 정유시설에 대한 피보험이익이 인정된다고 본 것이다. 법원은 보험목적에 관련된 특허계약이 존재하기 때문에 이 보험계약은 도박(wager)에 해당한다고 볼 수 없고 따라서 피보험이익이 인정되어야 한다고 보았다.

38) 813 F.Supp. 1502 (1993)

부동산을 구두계약에 의해 매수하여 영업시설을 보강하고 영업을 영위하면서 이 부동산 및 영업시설을 보험목적으로 하는 보험에 가입하였고 이후 화재로 인해 손실을 입었다. 그런데 캔사스 주의 사기방지법(Statute of Frauds)에 따르면 서면계약이 아니라 구두계약에 의한 부동산 양도는 법적으로 강제할 수 없다. 보험자는 위 매매계약이 법적으로 강제될 수 없으므로 피보험자인 원고가 위 보험목적에 대한 피보험이익을 가질 수 없다고 주장하였다. 하지만 법원은 부동산에 대한 피보험이익을 사기방지법 하에서 법적으로 강제할 수 있는 것은 물론이고 법적으로 강제할 수 없는 것에 대해서도 인정되는 것으로 확대하였다. 법원은 원고가 보험목적의 지속적 존재로 인해 이익을 얻을 수 있었으나 보험목적이 멸실됨으로 손실을 입었다고 보았다. 법원은 위 구두계약이 선의로 체결되었고 손실이 발생할 당시에 계약당사자가 서면계약의 체결을 '고려하고 있었다'는 점도 참작하였다. 이 사건에서 비록 피보험자는 해당 부동산에 대해 소유권을 갖고 있지 않지만 그것의 지속적인 존재로 인한 사실상 이익을 갖고 있고 화재로 인해 그 존재가 멸실됨에 따라 그로 인한 손실을 보상받게 되었다.

사실상 이익을 피보험이익에서 제외한 사례를 보자. Famers' Mut. Ins. Co. v. New Holland Turnpike Road Co.[39]에서는 유료도로회사가 자신이 보유한 유료도로들 사이에 존재하는 강을 잇는 교량을 보험목적으로 하는 화재보험에 가입하였다. 이 회사는 이 교량의 건설비용 중 1/3을 부담하였지만 이는 의무에 기초한 것이 아니라 임의의 기부에 따른 것이었다. 이 회사는 일반시민들이 차량으로 다니는 위 교량으로 인해 자신의 유료도로들이 연결되고 그 결과 통행료 수입이 증가하는 반면 그 교량이 멸실되면 통행료 수입이 감소하므로 그 교량에 대해 피보험이익이 있다고 주장하였다. 하지만 법원은 이러한 피보험이익을 인정하지 않았다. 이 회사가 교량의 재건설에 비용을 대야 할 법적 의무가 있는 경우에만 교량에 대해 피보험이익을 인정할 수 있다는 입장을 취했다. 법원은 계약 또는 법률에 의해 법적으로 강제할 수 없는 이익은 피보험이익이 될 수 없다고 보았다.

6. 피보험이익의 요건

(1) 의의

상법 668조는 금전적 산정이 가능한 이익만이 피보험이익이 된다고 규정한다. 이것이 금전평가 가능성의 요건이다. 이외에도 적법성, 확정가능성 등이 피보험이익의 요건으로서 요구되는 것들이다(통설). 즉 피보험자는 보험목적에 대해서 금전평가가 가능하

39) 122 Pa. 37 (1888)

고, 적법하며, 확정이 가능한 이익을 갖고 있어야 한다.

(2) 금전평가 가능성

피보험이익은 금전으로 평가할 수 있는 이익이어야 한다. 이것은 경제적 이익을 의미한다(통설). 이러한 이익은 사회적 통념상 객관적 평가가 가능한 이익이다.[40] 도덕적 가치, 신념 등과 같은 감정적 이익, 주관적 이익 등은 경제적 이익도 아니고 객관적 평가가 불가능하므로 피보험이익이 될 수 없다(통설).[41] 이러한 이익은 경제적으로 객관적으로 평가하기 어려워서 초과이득이 생길 수 있고, 따라서 이득금지의 원칙이 훼손될 수 있기 때문에 피보험이익에서 제외하는 것이다(통설).

(3) 적법성

피보험이익은 적법한 이익일 것이 요구된다. 적법성의 판단은 객관적으로 결정하며, 계약 당사자의 선의, 악의와 무관하다(통설).

위법한 이익을 목적으로 한 보험에 법적 효력을 부여할 이유는 없다. 어떤 이익이 불법일까? 위법행위와 관련하여 발생하는 이익이 그러하다. 예를 들면 금(禁)제품인 아편은 제조, 수입 또는 판매가 엄격히 금지되고, 그 위반 시에 형사처벌의 대상이 된다(형법 198조). 아편 관련 행위의 엄중한 위법성을 고려하면, 아편에 대한 소유이익 등은 불법이다(통설). 따라서 아편의 멸실 또는 훼손을 보상하는 보험은 피보험이익의 불법성 때문에 무효다.

위법행위와 관련된 이익이면 항상 불법인가? 위법행위의 예방 또는 제재를 강조하는 입장에서는 위법행위와 관련된 이익은 원칙적으로 불법으로 본다. 요즈음 교통사고로 인해 가해자가 부담할 벌금, 형사합의금, 변호사비용 등에 대해서 보상하는 자동차보험 상품이 판매되고 있다. 이에 대해서 불법행위법이나 형법이 형벌의 제재 또는 예방을 주요한 목적으로 하고 있음에 비추어 도덕적 위험의 방지와 배치될 수 있다는 점을 들어서 이러한 상품의 적법성에 의문을 제기하는 견해가 있다.[42] 그리고 판례는 교통범칙금 상당액을 보상해 주기로 약정하고 연회비를 납부 받은 영업행위가 실질적으로 무허가 보험업에 해당한다고 판시한 바 있다.[43] 판례는 교통범칙금 상당액과 관련된 이익도 적법하다고 전제한 것으로 볼 수 있다. 교통범칙금 상당액을 보상하는 것은 재산형에 해당하는 범칙금의 대납을 허용하는 것이고, 그 결과 과속 등의 위법행위를 조장하고 사고발생의 가능성을 증가시켜 피해자가 속출할 수 있다는 이유에서 반대하는 견해가 있다.[44]

---

40) 山下友信, 保険法, 2005, 249면

41) 경제적 가치가 주관적으로 존재하면 족하다는 견해(이기수·최병규·김인현 183면)가 있으나, 이는 의문이다.

42) 장덕조 21면

43) 대판 2001.12.24. 2001도205

이에 반해 우연한 사고로 인한 경제적 수요에 대비한다는 보험의 효용을 강조하는 입장에서는 위와 같은 엄격한 입장에 따르지 않는다.[45] 위법행위를 예방 또는 제재하는 목적의 법제도와 우연한 사고로 인한 경제적 수요에 대비하는 목적의 보험제도는 본질적으로 상호 간 긴장관계에 있는 것이다.[46] 또한 벌금 등과 같은 재산형은 자유형과 달리 사실상 대납을 방지하기 어렵고, 고의에 의하지 않는 행위는 비난가능성이 상대적으로 낮기 때문에, 교통범칙금 상당액을 보상하는 보험은 합법적이라고 하는 견해가 있다.[47]

생각건대, 위법행위의 예방 또는 제재를 지나치게 강조하면 보험의 효용이 반감될 수 있다. 또한 위법행위와 관련된 이익이라고 하더라도, 피보험자의 고의(또는 중과실)로 인한 보험사고의 경우에는 보험자가 면책되므로, 도덕적 위험의 요소가 크게 문제된다고 볼 것은 아니다.

그렇다면 중요한 문제가 남는다. 과연 위법행위 관련 이익 중에서 적법과 위법을 구분하는 기준은 무엇인가? 적법과 위법에 대한 명확한 기준은 판례 및 학설에 의해서 아직 정립되어 있지 않다. 해당 위법행위의 위법성, 사회적 비난가능성 정도, 다른 위법행위 조장의 정도 등을 고려하여 구체적, 개별적으로 판단할 수밖에 없을 것이다. 전술한 바와 같이 아편과 관련된 소유이익 등은 보험보호의 가치가 없다. 하지만 가령 자동차의 운행, 운전과 관련된 위법행위의 경우는 보험보호의 가치가 있다고 본다. 단속법규, 질서법규의 위반 등과 관련하여 위법성이 경미한 경우 등에 손실보상을 목적으로 하는 보험계약이 반드시 무효는 아니라는 견해[48]는 타당하다. 나아가 벌금, 형사합의금 등에 대한 보험보호의 필요성이 있다고 본다. 일상생활의 일부인 자동차의 운행, 운전과 관련해서는 누구나 과실로 사고를 범할 가능성이 있고, 그 사고가 차선위반 등 위법행위와 관련된 경우가 있으며, 고의(또는 중과실)로 인한 사고가 아니라면, 그 위법행위에 대한 사회적 비난가능성이 그리 높다고 보기도 어렵기 때문이다. 자동차의 운행, 운전과 관련해서 위법행위와 관련된 이익을 적법하게 취급하는 것이 아주 새로운 것은 아니다. 자동차를 운전하다 과실로 타인을 사망케 하면 과실치사죄의 처벌(형법 267조)을 받고, 피해자에게

---

44) 장덕조 22면

45) 헌결 1999.12.23. 98헌가12(반사회적 행위나 위법행위가 개재된 모든 사고가 보험에 의한 보호에서 제외된다면 우연한 사고로 인하여 초래되는 생활의 불안정에 대비하고자 하는 보험제도의 유용성은 반감될 우려가 있기 때문이다)

46) 헌결 1999.12.23. 98헌가12(이 사건 법률조항이 생명보험의 보험계약자 측을 보호하려는 본래의 입법목적을 달성하기 위해서는 도로교통법 등 실정법의 위반행위도 포섭할 수밖에 없는 측면이 있는 것이다. 아울러 보험의 보장적 기능을 강화하기 위하여 나라마다 중과실사고에 대해서도 보험에 의한 보호를 확대해주려고 하는 경향이 있음을 고려할 필요가 있다. 이러한 것들은 보험이라는 제도가 민법상 과실책임에 관한 이론이나 반사회적 위법행위를 방지하기 위한 여타 실정법이 추구하는 목적과 조화되기 어려운 고유의 특성을 가지고 있기 때문이라고 말할 수 있다)

47) 장경환, "교통범칙금대행업과 보험업", 보험학회지54, 1999, 116면

48) 이기수 · 최병규 · 김인현 184면

불법행위로 인한 손해배상책임도 지며(민법 750조), 자동차 보유자는 이러한 민사상 배상책임에 대비하여 책임보험에 가입할 의무를 부담하는데(자동차손배법 5조 1항, 2항), 이것은 그러한 책임이익이 적법함을 전제로 하는 것이다. 이에 대해서 가해자인 피보험자가 아니라 피해자를 보호하기 위해서 적법성을 인정한 것이라는 반론이 있을 수 있다. 하지만 책임보험의 1차적 보호대상자는 가해자인 피보험자라는 사실을 부인할 수 없다. 그는 보험보호를 통해서 배상책임을 면하기 때문이다. 요컨대, 자동차의 운행, 운전과 관련하여 교통범칙금, 벌금, 형사합의금, 변호사비용 등은 원칙적으로 합법적 이익이라고 볼 수 있다.

(4) 확정가능성

피보험이익의 확정가능성 요건은 이익을 확정할 수 없다면 손해도 확정할 수 없기 때문에 필요하다. 피보험이익은 계약체결 시에 확정되어 있거나, 늦어도 사고발생 시까지 확정할 수 있어야 한다(통설). 확정가능성만 있다면, 현재의 이익은 물론이고, 조건부 이익, 장래의 이익도 피보험이익이 되는 데 문제가 없다(통설). 수개의 피보험이익 중 그 어느 하나에 대해서 선택한다는 조건하에서, 또는 피보험이익의 귀속주체가 미확정인 상태에서 보험계약이 성립될 수 있지만, 보험사고의 발생 시까지는 선택 또는 확정되어야 한다(통설). 피보험이익이 확정되기 위해서는 피보험이익의 ① 주체, ② 종류, ③ 객체 등이 정해져야 한다. 여기서 피보험이익의 주체는 피보험자, 피보험이익의 객체는 보험목적을 가리킨다. 먼저, 보험목적의 확정 문제를 살펴보고, 피보험자와 피보험이익의 종류를 확정하는 문제를 다음으로 살펴보자.

1) 보험목적

피보험이익 객체, 즉 보험목적을 확정하는 문제다. 보험목적이 확정되지 않으면 피보험이익도 확정되지 않는다. 보험목적은 보험계약의 체결 시에 확정되는 것이 보통이다. 하지만 그렇지 않은 예로 총괄보험(상법 687조)이 있다. 이것은 집합된 물건이 일괄하여 보험목적이 된 경우인데, 물건이 보험기간 도중에 수시로 교체되는 특징이 있다. 창고업자가 창고에 보관하는 물건이 수시로 교체되는데 이것을 일괄하여 보험에 가입한 경우가 포괄보험에 해당한다. 이 경우 보험목적은 사고의 발생 시에 현존하는 물건이 보험목적으로 확정된다. 계약체결 시에 보험목적이 확정되지는 않았지만 확정될 수 있는 기준(즉 사고발생 시에 현존하는 물건)이 마련되어 있는 것이다. 따라서 이 경우 확정 가능한 이익의 요건이 충족된다.

2) 피보험자, 피보험이익 종류

i) 내용

보험목적이 확정되어도 이에 대한 피보험이익은 여러 종류가 존재할 수 있다. 피보험이익의 종류가 다양하기 때문이다. 예를 들어 건물이 보험목적이고 화재가 보험사고인 경우를 가정하자. 이에 대한 피보험이익으로 소유이익, 사용·수익이익, 책임이익 등이 가능하며, 피보험이익별로 그 주체가 다를 수 있다. 따라서 만약 보험계약상 보험목적과 보험사고 등은 명시되어 있지만, 피보험자와 피보험이익이 분명하지 않은 경우, 피보험자가 누군지, 피보험이익의 종류가 무엇인지에 대한 계약해석 문제가 등장하게 된다.

보험계약상 피보험자 또는 피보험이익의 종류 중 어느 하나가 명시되어 있다면 피보험자나 피보험이익의 종류를 정하는 것은 비교적 수월한 문제다. 원칙상, 피보험자가 명시된 경우는 그의 피보험이익이 부보된다고 보고, 피보험이익의 종류가 명시된 경우라면 그 주체가 피보험자라고 보면 되기 때문이다. 하지만 그렇지 않은 경우는 난해한 해석 문제가 등장한다. 손해보험에서 피보험자가 명확하지 않은 경우 피보험자를 누구로 볼 것인지는 피보험이익의 종류를 어떻게 볼 것인지를 결정하는 과정에서 함께 결정되어야 한다. 이는 기본적으로 계약해석의 문제이다.

판례는 손해보험에서 보험목적과 보험사고만 정해지고 피보험자와 피보험이익의 종류가 명확하지 않은 경우에 이것을 정하는 기준을 제시한다. 즉, 보험계약서 및 당사자가 보험계약의 내용으로 삼은 약관의 내용, 당사자가 보험계약을 체결하게 된 경위와 그 과정, 보험자의 이 사건과 같은 보험계약에 있어서의 실무처리 관행 등 제반 사정을 참작하여 결정한다. 이러한 기준은 대판 1997.5.30. 95다14800에 의해서 확립되었고, 현재까지 유지되고 있다.[49)]

학설로는 손해보험에서 피보험자가 분명하지 않은 경우 보험계약자를 피보험자로 추정한다는 견해가 전통적인 통설이다.[50)] 이에 따르면 보험계약자의 피보험이익이 해당 보험계약의 그것으로 추정될 것이다. 이 견해는 보험계약자가 계약의 당사자이자 보험료 지급의 주체라는 점을 특히 고려한 것으로 볼 수 있다. 생각건대, 판례와 같이 보험계약의 내용, 계약의 체결경위, 실무처리 관행 등을 고려하여 피보험자를 합리적으로 해석해 내는 것이 우선이라고 본다. 이것을 통해서도 피보험자를 정하기 어려운 경우에, 보험계약자를 피보험자로 추정하는 것은 가능하다고 본다. 하지만 이러한 경우는 드물 것이라고 본다.

---

49) 대판 2000.11.10. 2000다29769; 대판 2003.1.24. 2002다33496; 대판 2007.2.22. 2006다72093; 대판 2014.5.29. 2014다202691; 대판 2016.5.27. 2015다237618; 대판 2024.12.26. 2024다250286

50) 양승규 183면 등

ii) 사례

① 대판 1997.5.30. 95다14800은, 공장을 운영하는 임차인이 임차한 건물과 그 내부의 동산 및 기계 등을 보험목적으로 하고 피보험자는 명시하지 않은 채 자신을 보험목적의 소유자로 기재한 사업장종합보험을 체결한 사안이다. 보험약관에 의하면 보험자는 보험목적에 발생한 화재에 따른 손해, 소방손해, 피난손해 등을 보상하도록 되어 있었다.

쟁점은 건물과 관련한 피보험자와 피보험이익의 종류를 밝히는 것이다. 위 계약은 건물에 대한 소유자의 소유이익을 부보한 것인가? 아니면 임차인의 책임이익을 부보한 것인가? 여기서 책임이익은 임차인이 자신의 귀책사유로 인해서 건물에 발생한 손해를 배상할 책임을 면할 이익을 가리킨다. 전자라면 타인을 위한 보험이고, 후자라면 자기를 위한 보험이다. 본 사건에서 만약 임차인이 과실이 없는 등의 이유로 소유자에게 배상책임을 부담하지 않는 상황이라고 가정해보자. 전자라면 보험자는 소유자에 대해서 보상책임을 지지만, 후자라면 보험자가 면책된다.

대법원은 타인을 위한 보험으로 판시했다. 근거는 다음과 같다. 첫째로, 해당 보험약관에 의하면 위 계약은 화재보험의 성격을 갖는다. 화재보험은 다른 특약이 없는 한 책임이익을 피보험이익으로 한다고 보기 어렵다.[51] 둘째로, 본 사건에서 계약체결의 경위, 실무처리 관행 등을 고려해도 책임이익이 피보험이익인 것으로 보기 어렵다. 계약체결의 경위나 실무처리 관행 등을 구체적으로 보자면, 건물의 임차인인 사업자가 건물주를 피보험자로 하는 별도의 의사표시를 하지 않아 보험청약서 소유자란에 사업자의 성명을 그냥 기재했고, 건물의 임차인인 사업자가 자신의 이름으로 보험계약을 체결해도 보험자가 건물주의 동의서를 제출하게 한 후 보험금을 지급해 왔으며, 보험금은 당해 건물에 발생한 손해액 전부였다. 대법원은 이상을 고려하여, 보험목적 중 건물에 관해서는 임차인이 소유자를 위하여 체결한 타인을 위한 화재보험이라고 판시했다.

② 대판 1997.9.5. 95다47398은, 공장을 운영하는 임가공업자가 임가공계약에 따라 소유자로부터 공급받아 보관하는 가죽원피 등 원·부자재 및 그 완제품(이하 '가죽원피 등'이라고 칭함) 등을 보험목적으로 하고 그 소유자와 피보험자는 명시하지 않은 채 동산종합보험 A를 보험자 甲과 체결한 사안이다. 이 보험약관은 "보험에 가입한 물건이 우연한 사고로 입은 손해를 약관에 따라 보상한다"고 규정했다.

쟁점은 앞에서 살펴본 판결과 마찬가지로 피보험자와 피보험이익의 종류를 밝히는 것이다. 이 계약은 가죽원피 등에 대한 그 소유자의 소유이익을 부보한 것인가? 아니면 임가공업자의 책임이익을 부보한 것인가? 여기서 책임이익은 임가공업자가 자신의 귀책

51) 대판 2003.1.24. 2002다33496; 대판 2009.12.10. 2009다56603; 대판 2014.5.29. 2014다202691 등도 같은 취지이다.

사유로 인해서 가죽원피 등에 발생한 손해를 배상할 책임을 면할 이익을 가리킨다. 만약 소유이익을 부보한 것이라면 타인을 위한 물건보험이 되고, 책임이익을 부보한 것이라면 자기를 위한 책임보험이 된다. 그런데 그 소유자는 가죽원피 등에 대한 소유이익을 부보하기 위해 자신을 피보험자로 하는 동산종합보험 B를 다른 보험자 乙과 체결한 바 있다. 따라서 동산종합보험 A가 소유이익을 부보한 것이라면, 그 소유자는 중복보험에 가입한 것이 된다. 즉 이는 피보험자, 보험사고, 보험기간, 피보험이익 등이 동일한 수개의 보험계약이 수인의 보험자와 체결된 경우가 중복보험인 것이다(상법 672조). 이 경우 甲과 乙은 각자의 보험금액 비율에 따른 보상책임을 진다. 이와 달리 동산종합보험 A가 책임이익을 부보한 것이라면, 임가공업자가 그 소유자에 대해 부담하는 손해배상책임을 보상받을 수 있다.[52]

대법원은 자신을 위한 책임보험이라고 판시했다. 즉 동산종합보험 A의 약관에 의하면 다른 특약이 없는 한 책임이익이 부보대상이라고 보기 어렵지만, 그 체결경위, 실무처리 관행 등을 고려하면 책임이익을 부보한다는 특약이 있다고 보아야 한다는 것이다. 그 근거는 다음과 같다. 본 사건에서 임가공업자가 보험사고 발생 후 乙의 담당 직원과 행한 문답서에서 자신의 손해배상책임에 대비하여 동산종합보험 A를 체결했다고 진술하고, 보험청약서상의 보험목적에는 가죽원피 등 이외에 임가공업자의 소유인 미싱 6대와 재단기 1대도 포함되어 있으며, 보험사고 발생 후 甲이 작성한 보험금지급결의서의 피보험자란에 임가공업자의 성명이 기재되어 있는 점 등을 고려하면, 임가공업자가 자기를 위한 일종의 책임보험의 성격을 가지는 계약을 체결한 것으로 봄이 상당하다고 보았다. 보험계약은 불요식의 낙성계약이므로 계약내용이 보험약관에 국한되지 않고, 당사자가 약관과 다르게 개별적 약정을 한 경우는 그 효력이 인정되므로, 약관규정에 "보험에 가입한 물건이 우연한 사고로 입은 손해를 약관에 따라 보상한다"는 조항이 있더라도, 해석에 의해 개별약정의 성립을 인정함으로써 위와 같은 책임보험의 성립을 인정하는 것은 가능하다고 판시했다.

③ 대판 2024.12.16. 2024다250286은, 아파트의 입주자대표회의가 보험자 갑과 아파트 동 건물 및 부속건물, 부대설비, 아파트 세대 내 가재도구 등에 관하여 아파트종합보험계약(보험계약 A)을 체결하고, 보험자 을과 아파트 동 건물 및 부속건물에 대하여 재난배상책임보험계약(보험계약 B)을 체결하였는데, 동 아파트에서 화재가 발생하여 발화세대의 건물 내부와 가재도구뿐 아니라 공용부분, 인근 세대의 건물 내부와 가재도구가 손상되자, 갑이 공용부분과 피해세대에 대한 보험금을 지급한 다음, 을을 상대로 상법 682

52) 손해보험자 乙이 보험금을 지급한 경우, 손해보험자는 보험자대위(상법 682조)에 의해 피보험자의 다른 책임보험자 甲에 대한 직접청구권을 취득하므로, 최종적으로 손실은 甲이 부담한다.

조가 정하는 보험자대위권을 행사한 사안이다. 감식결과에 따르면 공작물인 인터폰에 설치·보존상의 하자가 있었던 것으로 볼 수 있으므로, 발화세대의 소유자인 입주자는 민법 758조 1항 단서에 따라 피해세대 입주자들에게 손해를 배상할 책임이 있다.

쟁점은 앞에서 살펴본 판결들과 마찬가지로 피보험자와 피보험이익의 종류를 밝히는 것이다.

원심은, 보험계약 A의 피보험자는 입주자대표회의이고, 발화세대 입주자와 피해세대 입주자들은 전체 건물에 관해 공동으로 보험계약 A의 피보험이익을 가지므로 발화세대 입주자는 상법 682조의 3자에 해당한다고 볼 수 없으므로, 갑은 피해세대 입주자들의 발화세대 입주자에 대한 손해배상청구권을 대위할 수 없다고 보았다. 또한, 피해세대 입주자들은 발화세대 입주자와 보험계약 B의 공동피보험자이고 보험계약 B가 담보하는 손해배상책임의 상대방인 '타인'에 해당하지 않으므로, 보험계약 B는 발화세대 입주자가 공동피보험자인 피해세대 입주자들에 대하여 부담하는 손해배상책임을 담보하지 않는다고 보았다.

하지만 대법원은 피보험자와 피보험이익을 다르게 해석했다. 보험계약 A에서 발화세대 입주자는 그 소유의 전유부분, 공용부분, 가재도구 등 이외에 화재로 훼손된 피해세대의 전유부분과 공용부분, 가재도구 등에 대해서는 아무런 피보험이익을 가지지 않아 피보험자에 해당한다고 볼 수 없으므로, 피해세대 입주자들과의 관계에서 상법 682조에서 정한 제3자에 해당하여, 갑은 피해세대 입주자들의 발화세대 입주자에 대한 손해배상청구권을 대위할 수 있다고 판단했다. 또한, 보험계약 B에서 아파트의 각 구분소유자, 점유자(임차인) 및 관리자는 각자가 소유, 관리 또는 점유하는 부분에 관하여 서로 구분되는 피보험이익을 가지고 있어 보험계약 B 전체에 대한 공동피보험자에 해당한다고 보기 어려우므로, 발화세대 입주자가 피해세대 입주자들에 대해 부담하는 손해배상책임이 피보험자가 법률상 손해배상책임을 부담하는 타인의 범위를 한정하여 부보대상을 제한하는 등의 특별한 사정이 없는 한, 보험계약 B가 담보하는 손해배상책임의 상대방인 '타인'에 해당하고, 따라서 발화세대 입주자가 피해세대 입주자들에 대하여 부담하는 손해배상책임이 보험계약 B에서 보상하는 손해에 포함된다고 판단하였다.

7. 피보험이익 흠결의 효과

(1) 보험계약의 무효

피보험자가 피보험이익이 전혀 없는 경우 그 효과는 무엇인가? 이것이 피보험이익이 흠결된 경우 그 효과의 문제다. 상법상 이에 대한 명시적 규정은 없다. 따라서 해석에 맡겨져 있다. 통설은 그 흠결이 보험계약 효력에 영향을 미친다는 입장이다. 판례도 같다.[53] 피보험이익은 보험계약의 목적에 해당하는 것으로서 보험계약의 주요 요소다. 이것이 결여되면 보험계약의 효력을 부여할 수 없는 것이다. "이익이 없으면 보험도 없다"는 법언(legal maxim)이 이것을 잘 설명한다. 피보험이익의 흠결이 보험계약 효력에 미치는 영향은 피보험이익이 흠결된 시점을 기준으로 나누어 살펴볼 필요가 있다.

(2) 계약체결 시 흠결

피보험이익이 계약체결 시부터 없는 경우이다. 이 경우 보험계약은 처음부터 당연무효라고 해석한다. 따라서 보험자가 지급받은 보험료가 있으면 부당이득(민법 741조)이므로 반환해야 하는 것이 원칙이다. 하지만 상법 648조를 유의해야 한다. 이에 따르면 보험계약자 등의 고의 또는 중과실로 인해서 보험계약이 무효이면 보험자는 보험료의 반환책임을 면한다. 따라서 만약 피보험이익의 흠결로 인해서 계약이 무효가 되는 경우, 보험계약자 등의 고의 또는 중과실이 있으면, 보험자는 보험료 반환의무를 면한다. 이것은 보험계약의 선의성을 위반한 보험계약자 등이 감수해야 하는 불이익인 것이다.

(3) 보험기간 중 소멸

피보험이익이 계약체결 시에는 있었지만 보험기간 도중에 소멸한 경우이다. 이 경우 보험계약은 체결 이후에 효력이 있지만 피보험이익의 소멸 시부터 효력을 상실한다(통설). 예를 들면 화재보험에서 보험목적인 건물의 양도를 살펴보자. 피보험자가 보험기간 도중에 건물을 양도하면서 피보험자의 지위를 그대로 유지하면, 그는 피보험이익이 없고 따라서 해당 보험계약은 그 이후부터 실효된다. 이러한 실효에 대처하는 규정이 상법 679조 1항이다. 이에 따르면 피보험자가 보험목적을 양도하면 양수인이 보험계약상 권리와 의무를 승계한 것으로 추정한다.

(4) 신의칙 위반 문제

피보험이익의 흠결 문제는 보험사고의 발생 이후 그리고 보험금을 청구하는 과정에서 제기되는 것이 보통이다. 그리고 피보험이익의 흠결을 주장하는 주체는 보험금 지급을 면하려는 보험자인 경우가 많다. 피보험이익 요건은 그 흠결 시에 모든 사람과의 관계에서 무효인 절대적 강행규정이라고 볼 수 있다. 피보험이익은 보험의 도박화 및 인위적 사고를 막기 위한 것이기 때문이다. 따라서 특별한 사정이 없는 한, 보험자가 보험

53) 대판 2018.3.15. 2017다240496(매도인은 이 사건 수출계약의 이행을 위하여 이 사건 운송계약이 제대로 수행되는 데 경제적 이익을 가지는 이상 이 사건 보험계약의 피보험이익이 인정되므로 보험계약을 무효라고 볼 수 없다)

계약의 유효를 전제로 보험료를 징수하고도, 보험사고 발생 후에 비로소 피보험이익의 흠결을 이유로 보험계약의 무효를 주장하는 것이 신의칙에 반한다고 볼 것은 아니다.[54)]

제4절 보험가액

1. 의의

먼저 보험가액이 필요한 이유와 개념을 본다. 피보험이익이 보험자가 부담할 보상책임의 법정 한도가 된다는 점은 앞서 살펴보았다. 이러한 역할을 수행하기 위해서는 피보험이익이 금액으로 표시될 필요가 있는데, 이것이 바로 보험가액인 것이다. 다시 말하면, 보험가액이란 피보험이익을 금전적으로 산정 또는 평가한 액수이다(통설). 또한 이득금지의 원칙상 보험가액을 초과하여 보상이 이루어질 수 없는 것이 원칙이다. 즉 보험가액은 법정 보상한도액이다(통설).

상법은 주로 보험가액이라는 표현을 사용하지만(상법 670조, 671조, 672조, 674조, 681조 등), "보험계약의 목적의 가액"(상법 669조 1항) 또는 단순히 "가액"(상법 676조 1항 본문)이라고 표현하는 경우도 있다. 혼동을 막기 위해서 보험가액으로 용어를 통일할 필요가 있다.

2. 적용 범위

손해보험은 일반적으로 보험가액이 인정된다. 문제는 손해보험 중 책임보험이다. 전통적 통설은 책임보험의 보험가액을 부정한다.[55)] 하지만 이것에 찬성하기 어렵다. 책임보험도 보험가액을 인정할 수 있다고 생각한다. 책임보험의 보험목적은 피보험자의 책임이라고 본다면(책임설), 이 책임은 사고발생 시에 구체화되므로, 책임보험의 보험가액은

---

54) 박세민 379면; 최준선 196면. 피보험이익의 흠결 문제를 다루지는 않았지만, 같은 맥락에서 참고할 판결로 대판 2006.6.29. 2005다11602가 있다. 여기서 대법원은 타인의 사망보험에서 보험자가 피보험자 동의 요건의 흠결을 알고 있었다고 하더라도 이 흠결을 이유로 보험계약의 무효를 주장하는 것이 신의칙 위반이 아니라고 판시한 바 있다(신의성실의 원칙은 법률관계의 당사자가 상대방의 이익을 배려하여 형평에 어긋나거나 신뢰를 저버리는 내용 또는 방법으로 권리를 행사하거나 의무를 이행하여서는 아니된다는 추상적 규범으로서, 신의성실의 원칙에 위배된다는 이유로 그 권리의 행사를 부정하기 위해서는 상대방에게 신의를 공여하였다거나, 객관적으로 보아 상대방이 신의를 가짐이 정당한 상태에 있어야 하고, 이러한 상대방의 신의에 반하여 권리를 행사하는 것이 정의관념에 비추어 용인될 수 없는 정도의 상태에 이르러야 할 것이며, 또한 특별한 사정이 없는 한, 법령에 위반되어 무효임을 알고서도 그 법률행위를 한 자가 강행법규 위반을 이유로 무효를 주장하는 것이 신의칙 또는 금반언의 원칙에 반하거나 권리남용에 해당한다고 볼 수는 없다)

55) 양승규 200면 등

사고발생 시에 산정할 수 있는 것이다. 보험가액은 사고발생 시에 산정하는 것이 원칙(상법 671조)이므로, 책임보험의 보험가액을 산정함에 문제가 없는 것이다. 이에 관해서는 책임보험 부분에서 상술한다. 한편 인보험에는 보험가액이 존재하지 않는다. 왜냐하면 인보험은 피보험이익이 요건이 아니기 때문이다(다수설).

3. 보험가액의 산정기준

(1) 원칙

보험가액은 시점과 장소에 따라서 그 금액이 변동된다. 따라서 어느 시점과 장소를 기준으로 보험가액을 정하는지가 중요한 문제이다. 상법은 사고발생 시점의 가액이 보험가액이라고 규정한다(상법 671조). 그런데 상법 671조는 기준이 되는 장소에 대해서 언급하지 않는다. 사고발생 장소가 기준이라고 해석한다(판례,[56] 통설[57]). 그리고 주관적 가치가 아니라 객관적 가치를 기준으로 삼는다(통설). 요컨대, 보험가액은 사고발생의 시점과 장소에서 피보험이익의 객관적 가치를 기준으로 산정한다.

1) 객관적 가치

피보험이익의 객관적 가치, 즉 '시가'(市價)가 기준이다. 피보험자가 느끼는 주관적 가치는 기준이 안 된다. 주관적 가치는 입증이 곤란해서 피보험자가 원하는 대로 가액이 정해질 소지가 있다. 그러면 보험가액이 본래의 기능을 상실하게 된다.

2) 사고발생의 시점과 장소

사고발생의 시점과 장소가 기준이다. 계약의 체결부터 사고의 발생까지 시점·장소는 다양하다. 여타의 시점·장소가 아니라 사고발생의 그것이 기준인 이유는 무엇일까? 그래야 피보험자가 초과이득을 얻는 것을 막을 수 있기 때문이다. 예를 들어 계약체결을 기준으로 한다고 가정해 보자. 계약체결 시에 1억 원이던 보험가액이 5천만 원으로 하락한 후 전손이 발생한 경우, 계약체결 기준으로 보험가액을 산정한다면, 피보험자가 5천만 원의 이득을 얻게 되는 것이다.

3) 손해액 산정기준과 동일

보험가액 산정기준은 손해액 산정기준과 같다. 손해액은 보험가액에 생긴 불이익이

56) 대판 1991.10.25. 91다17429
57) 다만 장소를 거래관행과 사회통념을 종합적으로 고려해야 한다는 입장도 있다(양승규 202면).

다. 따라서 양자는 동전의 양면 같은 관계이다. 그러니 산정기준이 같아야 한다. 손해액은 손해가 발생한 시점과 장소의 가액에 의하여 산정한다(상법 676조 1항 본문). 사고와 손해는 발생하는 시점과 장소가 같은 것이 보통이다.[58)]

(2) 예외

위와 같은 원칙에는 몇 가지 예외가 있다.

1) 보험가액 불변동주의

운송보험, 선박보험, 적하보험 등에서는 보험기간 중에 보험목적이 이동한다. 그러면 사고발생 시점·장소가 불분명하거나 입증이 곤란할 수 있다.[59)] 그 결과 사고발생의 기준을 적용하면, 보험가액을 정함에 있어서 당사자 사이에 분쟁이 발생할 수 있다. 따라서 이러한 분쟁 소지가 없는 시점·장소가 기준이 되어야 한다. 그리하여 운송보험은 운송물을 발송한 시점·장소(상법 689조 1항), 선박보험은 보험자 책임의 개시시점(상법 696조 1항), 적하보험은 선적한 시점·장소(상법 697조)가 산정기준이다. 이러한 보험가액은 전체 보험기간의 보험가액으로 의제된다고 설명하는 것이 보통이다.[60)] 그래서 보험가액 불변동주의라 칭한다. 그리고 사고발생의 시점·장소를 기준으로 산정한다는 원칙에 대한 예외에 해당하게 된다.

보험가액 불변동주의는 이득금지 원칙의 예외다. 보험가액 불변동주의는, 사고발생 기준이 아니기 때문에 피보험자가 초과이득을 할 여지가 있기 때문이다. 예를 들면 발송과 사고발생 사이에 보험가액이 하락한 경우에 그러하다. 하지만 이것은 사고발생 시점·장소의 불분명 또는 입증곤란을 피한다는 정책적 고려하에 인정된 예외다. 이득금지의 원칙에 대한 예외이지만, 보험의 도박화 또는 인위적 사고의 문제는 크지 않다고 본다. 운송보험 등은 보험기간이 비교적 단기여서 보험가액의 변동 폭이 작은 것이 보통이기 때문이다.[61)]

2) 초과보험의 보험가액

초과보험에 적용되는 보험가액은 예외이다. 보험가액보다 보험금액이 큰 경우(보험금액>보험가액)가 초과보험인데, 상법 669조 2항 및 3항은 초과보험인지 여부를 판단할 때

---

58) 손해보험에서 사고의 발생 시점과 장소가 손해의 발생 시점 및 장소와 현저히 다른 경우는 드물다.

59) 박세민 386면; 양승규 203면

60) 박세민 386면; 양승규 203면

61) 양승규 203면. 그리고 상법 137조에 따르면 운송물이 멸실, 훼손된 경우 운송인의 손해배상책임은 다른 특별한 약정이 없는 한 '인도한' 또는 '인도할' 날의 도착지 가격을 기준으로 산정한다. 따라서 운송보험의 피보험자가 수령할 보험금과 운송인에 대한 손해배상채권액 사이에는 차이가 생길 수 있다.

사고발생 시점이 아니라 보험계약 체결 시점의 보험가액 또는 보험기간 중의 보험가액을 기준으로 삼는다고 규정한다. 이런 예외를 둔 취지는 다음과 같다. 보험금액이 보험가액을 초과하더라도 보험자의 보상책임은 사고발생 시의 보험가액을 넘어설 수 없다. 이 점을 고려해서 상법 669조 1항은 초과보험의 경우 보험자 또는 보험계약자가 보험료와 보험금액의 감액을 청구할 수 있고 다만 보험료의 감액은 장래효만 있다고 규정하고 있다. 보험료의 감액이 소급효가 없다는 점을 고려하면, 사고발생 시점 이전에 초과보험인지 여부를 알 수 있어야 보험료 감액이 실효성을 띨 수 있다. 그리하여 상법 669조 2항 및 3항은 사고발생 이전에 보험계약의 체결 시점 또는 보험기간 중의 보험가액을 기준으로 초과보험 여부를 판단하도록 하고 초과보험으로 판단되면 보험료와 보험금액의 감액 청구가 가능하도록 한 것이다.[62] 이 경우 보험계약의 체결 시점 또는 보험기간 중의 보험가액을 실제로 사고가 발생한 후 보험자의 법정 보상한도로 하자는 뜻은 아니므로, 보험의 도박화 또는 인위적 사고의 문제는 생기지 않는다. 즉 상법 669조 2항 및 3항이 보험계약의 체결 시점 또는 보험기간 중을 기준으로 보험가액을 산정한다는 것은, 실제로 발생한 사고에 대한 보상한도액을 산정하기 위한 목적이 아니라, 그 이전에 보험료감액청구권을 인정하기 위한 목적에서 산정한다는 의미이다.

3) 신가보험의 보험가액

신가보험에 적용되는 보험가액도 예외이다. 신가보험은 신품가액에 의해서 손해액을 산정할 수 있다(상법 676조 1항 단서). 손해액은 보험가액에 생긴 불이익으로서 양자는 동전의 양면과 같으므로, 신가보험의 보험가액도 신품가액에 의해 산정할 수 있다고 볼 수 있다. 다시 말하면 신가보험하에서는, 사고발생 시의 보험목적이 신품이 아닌 중고품 상태이더라도, 이를 신품으로 간주하여 보험가액을 신품가액 기준으로 산정하고, 또한 이를 기준으로 손해액을 산정하게 되는 것이다. 따라서 신품가액은 사고발생을 기준으로 보험가액을 산정한다는 원칙에 대한 예외가 되는 것이다. 신가보험에 대한 좀 더 자세한 내용은 손해보험계약의 효과 부분에서 살펴보기로 하자.

4) 기평가보험

기평가보험의 협정보험가액도 예외이다. 사고발생 이전에 당사자가 약정한 협정보

---

62) 이와 달리 초과보험인지 여부를 사고발생 시의 보험가액을 기준으로 판단하게 하면 보험료의 감액을 사실상 청구할 수 없게 된다. 왜냐하면 손해보험에서 보험사고의 발생 여부 및 시점은 불확실한 것이므로 사고발생 시의 보험가액은 사고가 발생하기 이전에는 미리 알 수 없는 것이고 사고발생 시가 되어서야 비로소 보험가액을 알 수 있는 것인데, 이때 보험료 감액을 청구하면 장래효로 인해 아무런 효과를 기대할 수 없기 때문이다.

험가액은 사고발생 시의 가액을 현저하게 초과하지 않는 한 보험가액으로 인정된다(상법 670조). 협정보험가액은 사고발생 시의 가액과 다를 수 있기 때문에, 사고발생을 기준으로 가액을 산정하는 원칙에 대한 예외가 되는 것이다.

4. 미평가보험

미(未)평가보험이란 보험사고의 발생 이전에는 보험가액을 산정하지 않고 그 이후에 산정하는 보험을 가리킨다(상법 671조). 보험실무상 미평가보험이 보편적이다. 왜냐하면 다음과 같은 이유에서 보험가액의 산정은 보험사고 발생 이후에 이루어지는 것이 보통이기 때문이다.

첫째, 보험가액의 산정에는 상당한 비용과 시간이 드는 데 비해서, 보험사고의 발생은 인수한 위험 중에서 일부에 그치는 것이 보통이라는 점을 고려하면, 사고가 발생한 경우에만 보험가액을 산정하는 것이 당사자 모두에게 경제적인 측면이 있다.

둘째, 사고발생 시점과 장소를 기준으로 보험가액을 산정하는 경우, 보험사고의 우연성 때문에 사고발생의 시점과 장소를 사고발생 이전에 미리 알 수 없으므로 사고발생 이후에야 보험가액을 정확하게 산정할 수 있는 것이다.[63)]

5. 기평가보험

(1) 의의

기(旣)평가보험이란 사고발생 이전에 보험가액을 미리 약정하는 보험을 가리킨다(상법 670조). 기평가보험은 사고발생 이후에 보험가액을 산정하는 미평가보험과 구분된다. 그리고 미리 약정된 보험가액을 약정(보험)가액 또는 협정(보험)가액이라고 칭한다.

상법 670조에 의하면, "당사자 간에 보험가액을 정한 때에는 그 가액은 사고발생 시의 가액으로 정한 것으로 추정한다. 그러나 그 가액이 사고발생 시의 가액을 현저하게 초과할 때에는 사고발생 시의 가액을 보험가액으로 한다."

(2) 취지

사고발생 이후에 보험가액을 산정하는 것은 분쟁의 소지도 있다. 즉 사고발생 이후에는 보험목적이 멸실 또는 훼손됨으로 인해서 보험가액의 산정이 곤란한 측면이 있고

---

63) 보험가액 불변동주의를 채택하여, 사고발생이 아니라 발송 등을 기준으로 보험가액을 산정하는 운송보험 등(상법 689조 1항 등)에 대해서는 이를 적용하기 어렵다.

이로 인해서 당사자 사이에 분쟁의 소지가 있는 것이다.[64] 이러한 분쟁을 예방하기 위해서 사고발생 이전에 보험가액을 미리 약정할 필요성이 인정된다. 이러한 필요성을 반영하여 상법은 보험가액을 미리 약정한 경우 그 효력을 인정하는 것이다.

(3) 기평가보험 요건

보험가액을 약정 또는 합의해야 기평가보험이 성립한다. 보험가액과 보험금액은 다르므로, 보험금액을 보험가액으로 한다고 합의하지 않았으면, 보험금액이 보험가액으로 인정되지 않는다.[65] 약정과 관련해서 다음의 두 가지가 검토할 사항이다.

1) 약정의 시기 문제

상법 670조는 약정 시기에 대해 규정하지 않는다. 기평가보험 제도의 취지를 고려하면 사고발생 이전에 약정되어야 함은 분명하다. 따라서 사고발생 후에 하는 약정은 상법 670조가 규정하는 기평가보험이 아니다. 사고발생 이전이라면 보험계약의 체결 시가 아니라도 무방한가? 판례 중에는 보험계약을 체결할 때 당사자 사이에 보험가액을 미리 협정하여 두는 기평가보험제도가 인정된다고 한 것이 있는데,[66] 이것은 보험가액의 약정시기를 보험계약의 체결 시로 한정한 판결이라고 읽힐 소지가 있지만, 보험가액의 약정시기가 이 판결의 쟁점은 아니었다는 점에서 이에 관한 판례의 입장이 분명한 것은 아니다. 또한 계약당사자가 추가보험계약으로 약정보험가액을 감액 또는 증액함이 가능한 것으로 판시한 판례가 있는데,[67] 이것은 보험가액의 약정이 보험계약의 체결 시점으로 한정되지 않는다는 전제에 입각한 판례라고 할 수 있을 것이다. 생각건대, 기평가보험 제도의 취지를 고려하면 사고발생 이전이라면 언제라도 약정시기가 되는 데 문제가 없다. 다만 보험계약의 체결 시에 약정하는 것이 실무상 일반적이다. 왜냐하면 약정가액을 두는 경우 이를 기준으로 보험료와 보험금액을 산정하게 되고, 보험료와 보험금액은 보험계약의 체결 시에 산정하는 것이 보통이기 때문이다.

2) 약정의 방식 문제

상법 670조는 약정에 일정한 형식을 요구하지 않으며, 따라서 계약당사자의 의사표시 합치만으로 약정이 성립할 수 있다. 보험가액을 합의한 경우는 이것을 보험증권에 기재하게 되어 있지만(상법 685조, 690조, 695조, 726조의3), 보험증권은 엄격한 요식증권이 아

64) 대판 2003.3.26. 2001다6312
65) 대판 1991.10.25. 91다17429
66) 대판 2003.3.26. 2001다6312
67) 대판 1988.2.9. 86다카2933

니기 때문에 보험증권에 기재하지 않더라도 그 효력에 영향이 없다고 본다.

명시적 합의가 있어야 하는가, 아니면 묵시적 합의로도 충분한가? 명시적 합의가 필요하다는 견해가 있다.[68] 판례 중에는 "명시적인 것이어야 하기는 하지만 반드시 보험증권에 협정보험가액 혹은 약정보험가액이라는 용어 등을 사용하여야만 하는 것은 아니고 당사자 사이에 보험계약을 체결하게 된 제반 사정과 보험증권의 기재 내용 등을 통하여 당사자의 의사가 보험가액을 미리 합의하고 있는 것이라고 인정할 수 있으면 충분하다"고 한 것이 있다.[69] 이 판결은 보험증권에 협정보험가액 등 특정용어를 꼭 사용해야 하는 것은 아니지만 어쨌든 명시적 합의는 있어야 한다는 것으로 읽힐 수 있다. 특정 용어 등과 같은 형식에 구애받지 않고 실질적으로 판단하는 것에는 동의할 수 있지만, 명시적 합의가 있어야만 한다는 부분에는 찬성하기 어렵다. 생각건대, 묵시적 합의도 가능하다고 해야 한다. 상법 670조가 명시적인 합의로 제한하는 규정을 두고 있지 않은데, 해석을 통해서 그렇게 제한해야 할 근거 또는 이유가 무엇인지 분명하지 않기 때문이다.

(4) 기평가보험의 효력

기평가보험의 효력을 보자. 이것은 약정가액 효력의 문제이기도 하다.

1) 약정가액과 실제가액의 관계

약정가액과 사고발생 시의 가액(실제가액)은 다를 수 있다. 첫째, 약정가액을 부실하게 산정한 경우가 그러하다. 실제가액을 정확하게 산정하여 가액을 약정하면 약정가액과의 차이를 방지할 수 있다. 하지만 상당한 비용과 시간이 든다는 이유에서 정확한 산정을 하지 않고 개략적으로 산정하여 보험가액을 약정하면 양자 사이에 차이가 생길 수 있는 것이다. 둘째, 보험가액이 보험기간 도중에 변동한 경우가 그러하다. 보험가액을 약

---

68) 양승규 202면

69) 대판 2003.4.25. 2002다64520(상법 685조 3호는 화재보험에 있어서 보험자와 보험계약자 사이에 보험가액을 정한 때에는 그 가액을 화재보험증권에 기재하도록 규정하고 있는 한편, 기록에 의하면, 이 사건 보험계약에 관한 보험증권이나 보험청약서에는 '보험가입금액'의 기재만 있을 뿐 '보험가액'의 기재나 보험가액에 해당하는 다른 유사한 가액의 기재는 없는 사실, 이 사건 보험계약에 적용되는 화재보험약관 16조 2항에 의하면, 공장물건에 생긴 손해에 대하여 지급할 보험금은, ① 보험가입금액과 보험가액이 같은 때에는 손해액 전액, ② 보험가입금액이 보험가액보다 많을 때에는 보험가액을 한도로 손해액 전액, ③ 보험가입금액이 보험가액보다 적을 때에는 '손해액 × 보험가입금액/보험가액'을 보상하도록 규정하고 있고, 위 약관에는 위 16조의 규정을 배제하는 내용의 협정보험가액 특별약관이 첨부되어 있지 아니한 사실, 화재보험에서 기평가보험은 협정보험가액 특별약관에 의하여 인수하여 전부보험으로 처리되고 있고, 그러한 특별약관이 없는 경우에는 미평가보험으로 처리되는 것이 보험 실무의 관행인 사실을 알 수 있는바, 이와 같은 상법의 규정과 보험증권이나 보험청약서, 보험약관의 기재 내용 및 실무 관행 등을 종합하여 보면, 이 사건 보험계약에 있어서 당사자 사이에서 보험가액을 협정하였다고 보기는 어렵다고 할 것이다). 대판 2002.3.26. 2001다6312도 같다.

정할 당시에는 정확하게 산정을 했지만 시간의 경과에 따라서 보험가액이 변동하는 경우가 존재한다. 예를 들어 보험목적인 주택의 가격이 경기의 하강으로 인해서 하락하는 경우가 그러하다.

2) 약정가액이 실제가액을 초과하는 경우

약정가액의 효력이 문제되는 것은 약정가액이 실제가액을 초과하는 경우이다. 이에 관해 상법 670조는 약정가액은 사고발생 시의 가액으로 정한 것으로 추정하지만, 약정가액이 사고발생 시의 가액을 현저하게 초과하면 사고발생 시의 가액을 보험가액으로 한다고 규정한다. 현저한 초과에 대한 증명책임은 보험자가 부담한다.[70] 여기에서 상법은 현저한 초과를 기준으로 기평가보험의 효력을 구분하고 있음을 알 수 있다.

3) 현저한 초과의 기준

현행 상법하에서는 현저한 초과의 기준이 중요하다. 왜냐하면 현저한 초과의 존부가 약정가액의 효력에 영향을 미치기 때문이다.

판례는 현저한 초과가 있는지의 여부는 거래의 통념이나 사회의 통념에 따라 판단해야 한다고 본다.[71] 대판 2011.9.29. 2011다41024에서, 대법원은 계약의 체결 시에 피보험차량의 약정가액이 2,673만 원이었으나 사고발생 시의 가액이 그 상급품 시세를 기준으로 해도 1,000만 원이었던 사안에서, 현저한 초과가 있다고 판시했다.

학설로는, 첫째로, 객관적인 표준에 의거해서 거래의 통념에 따라서 결정할 문제라는 견해가 있다.[72] 둘째로, 현저한 초과는 월등히 초과하는 것이라고 해석하는 입장이 있다. 여기에는 약정가액은 계약의 당사자가 합의한 것이고 보험자가 이것에 기초해서 보험료를 정했기 때문에 현저한 초과를 엄격하게 해석할 필요가 있으며 그 금액이 상도의라는 관점에서 용인될 수 없게 지극히 고액인 경우에만 현저한 초과를 인정하는 견해,[73] 사회의 통념에 비추어 월등히 초과하는 경우에만 현저한 초과라고 인정하는 견해[74] 등

70) 대판 2002.3.26. 2001다6312

71) 대판 2002.3.26. 2001다6312(원심은, 그 채용 증거에 의하여 보험개발원이 정한 차량기준가액표에 이 사건 트럭과 동종의 차량은 차량가액이 규정되어 있지 아니하고, 이 사건 보험사고 당시인 1999. 4/4분기 차량기준가액표에는 1997.식 21.5t 아시아덤프트럭 21.5TDF가 5,560만 원, 1997.식 21.5t 쌍용덤프트럭 DTG020LD가 6,609만 원, 1997.식 21.5t 대우볼보덤프트럭 GYZ46TD가 6,002만 원, 1997.식 21.5t 아시아덤프트럭 AM1100이 5,961만 원으로 정하여져 있는 사실 등은 인정되지만 위와 같은 사정만으로는 이 사건 협정보험가액이 보험사고 발생시의 가액을 현저히 초과한다고 인정하기에 부족하다고 판단하였는바, 기록에 비추어 살펴보면 위 차량기준가액표에 나타난 각 덤프트럭은 이 사건 트럭과 적재적량 등이 달라 같은 종류의 차량이라고 볼 수 없는 점에 비추어 볼 때 원심의 위와 같은 사실인정과 판단은 정당하다)

72) 박세민 384면; 양승규 202면

73) 김성태 394면; 채이식 132면

74) 최준선 198면

이 있다.

생각건대, 현저한 초과는 월등한 초과라고 해석하는 입장에 찬성한다. 상법의 해석상 이득금지 원칙의 근본을 침해하지 않는 이상, 가급적 당사자의 합의를 존중하는 것이 바람직하다고 보기 때문이다.

4) 현저하지 않은 초과 시의 효력

현저하지 않은 초과(비현저한 초과) 시의 효력을 먼저 보자. 상법 670조 본문의 문리에 따르면 약정가액에는 추정적 효력만 부여된다. 그런데 상법 670조 단서를 반대해석한다면, 비현저한 초과의 경우는 약정가액이 보험가액으로 확정된다고 해석된다. 따라서 비현저한 초과의 경우 추정적 효력만 있는지, 아니면 확정적 효력이 부여되는지가 문제된다. 생각건대, 비현저한 초과는 확정적 효력이 부여된다고 해석하는 것이 타당하다. 그 이유는 무엇인가?

첫째, 상법 670조의 조문체계 때문이다. 상법 670조는 현저한 초과의 존부에 따라서 약정가액의 효력을 구분하는 체계를 취하므로, 비현저한 초과에 대해서 확정적 효력을 부여해야 그 구분이 의미를 갖게 된다. 즉 상법 670조 단서에 따르면 현저한 초과를 입증하면 약정가액이 무효인데, 비현저한 초과도 입증하면 약정가액이 무효라고 해석하면, 현저한 초과와 비현저한 초과를 구분한 상법 670조의 조문체계가 의미를 상실하고 만다.

둘째, 기평가보험의 취지이다. 기평가보험의 취지는 사고발생 이후에 보험가액의 산정을 둘러싼 분쟁의 가능성을 미리 예방하자는 것이다. 이 취지는 확정적 효력을 부여해야 제대로 살려질 수 있다. 주요 외국의 입법례도 비현저한 초과와 관련하여 추정적 효력만 인정하는 경우는 드물다. 요컨대 비현저한 초과의 경우 약정가액이 확정적 효력을 띤다고 해석하는 것이 타당하다. 이렇게 해석하되, 향후에 법 개정을 통해서 명확하게 하는 것이 필요하다.

비현저한 초과도 확정적 효력이 있다면, 피보험자가 초과분에 대해서 이득을 취할 수 있다. 이것은 이득금지의 원칙에 반하는가? 우리의 상법상 이득금지의 원칙은 보험의 도박화 또는 인위적 사고의 문제가 없다면 그 예외가 인정된다. 비현저한 초과의 경우는 그러한 문제가 없다고 볼 수 있다.

5) 현저한 초과 시의 효력

다음으로 볼 것은 현저한 초과 시의 효력이다. 이 경우는 상법 670조의 문리에 비추어 보면 약정가액이 추정적 효력만을 가질 뿐 확정적 효력은 없다고 볼 수 있다. 추정적 효력만 부여하는 입법취지는 이득금지의 원칙 때문이다(통설). 그리고 판례는 보험자의 고의 또는 과실로 인해서 현저한 초과가 발생한 경우에도 확정적 효력이 없다고 본다.[75] 여기서 판례가 상법 670조 단서를 이득금지의 원칙에 근거한 강행규정으로 이해하고 있다는 점을 알 수 있다. 요컨대, 현행법 하에서 약정보험가액이 실제보험가액을 현저히 초과하는 경우 그 효력이 인정되지 않는다. 따라서 이 경우 계약 당사자가 다시 약정보험가액을 원한다면, 추가보험계약을 체결하여 약정보험가액을 감액하는 것이 가능하다.[76]

(5) 보험실무

현재 우리나라에서 약정가액은 주로 해상보험에서 이용되고, 비해상보험에서는 제한적으로만 활용되고 있다.

먼저 해상보험을 본다. 보험자는 선박과 관련하여 제3자에게 시가 감정을 의뢰하거나, 보험계약자로 하여금 선박 구입서류를 제출하게 하거나, 또는 동종유사 선박의 가액이 있는 경우 이와 비교하는 등의 방법을 통해서 시가를 정하고 이를 기준으로 보험계약자와 보험가액을 약정하는 것이 일반화되어 있다. 단지 보험계약자가 진술하는 일방적 시가평가에 의존하여 선박의 보험가액을 약정하는 경우는 현실적으로 찾아보기 어렵다. 또한 적하에 대해서는 특별한 사정이 없는 한 보험계약자로 하여금 상업송장(commercial invoice)을 제출하게 하는 방법을 통해서 시가를 정하고, 이를 기준으로 보험가액을 약정하는 것이 보통이다. 이상과 같은 해상보험 실무하에서는 객관적인 시가기준에 기초해서 보험가액이 약정되고 있다고 말할 수 있다. 물론 보험계약자가 제공하는 선박의 매매서류나 상업송장이 위조되거나 변조되는 경우라면 객관적 시가기준에 기초하기 어렵겠지만, 이 경우는 사기의 문제로 처리할 수 있을 것이다.

다음 비해상보험을 본다. 첫째로, '협정보험가액 특별약관'하에서 보험가액이 약정되는 경우가 있다. 이 약관이 적용되는 보험목적으로는, ① 글·그림, 골동품, 조각물 및 기타 이와 비슷한 것, ② 원고, 설계서, 도안, 물건의 원본, 모형, 증서, 장부 및 기타 이와 비슷한 것 등이 있다. 이러한 보험목적들은 그 성질상 일반인들이 시가를 평가하기 어렵기 때문에 주로 전문성을 가진 감정인의 감정의견에 따라서 보험가액을 약정하게 된다. 둘째로, 자동차보험표준약관 1조 18호에 따라서 보험가액이 약정되는 경우가 있다. 이것은 자기차량손해와 관련하여 자기차량의 보험가액을 약정하는 것이다. 이 조항에 의하면 보험가액이란, "가. 보험계약을 체결하는 경우 보험계약 체결 당시 보험개발

75) 대판 2011.9.29. 2011다41024(약정보험가액이 실제보험가액을 현저하게 초과하는 이상 보험계약을 체결할 당시 보험계약 목적의 가액을 현저하게 초과하여 보험가액을 정함으로써 상법 669조 1항에 의하여 보험료와 보험금액의 감액을 청구할 수 있는 경우이거나, 보험자의 고의나 과실에 의하여 그와 같이 보험가액이 정하여진 경우에도 상법 670조에 의하여 사고발생 시의 가액을 보험가액으로 보아야 한다)

76) 대판 1988.2.9. 86다카2933

원이 정한 최근의 자동차보험 차량기준가액표(적용요령 포함)에 정한 가액을 말합니다. 나. 보험계약 체결 후 사고가 발생한 경우 보험사고 발생 당시 보험개발원이 정한 최근의 자동차보험 차량기준가액표(적용요령 포함)에 정한 가액을 말합니다." 이에 따르면 보험개발원이 정한 최근의 자동차보험 차량기준가액표에 정한 가액이 보험가액의 기준이 되므로 객관적 시가기준에 기초해서 보험가액이 약정된다고 볼 수 있다. 그렇다면 비해상보험 실무하에서도 객관적인 시가기준에 기초해서 보험가액이 약정되고 있다고 볼 수 있다.

(6) 입법론[77)]

약정가액에 대해 어떤 효력을 부여할 것인지는 입법정책의 문제이다. 입법례는 다양하다.[78)] 그런데 현행법에 대해서 개정론이 제기되고 있다. 즉 현저히 초과해도 약정가액에 대해서 확정적 효력을 주자는 것이다. 즉 가액의 평가가 공정하게 이루어졌다면 약정가액에 확정적 효력을 인정하고 사기 등에 의한 것이라면 무효로 하자는 견해가 있다.[79)] 이러한 개정론의 논거는 무엇인가? ① 가액에 관련한 당사자 합의의 존중이다. 약정가액을 기준으로 보험료를 부과하기 때문에 합의는 존중될 필요가 있다는 것이다. ② 이득금지 원칙은 장애물이 아니라는 것이다. 오늘날 신가보험도 이용되고 있는 점을 감안하면 이득금지 원칙으로 인해서 약정가액의 확정적 효력을 부인할 이유가 없다는 것이다.[80)] ③ 추정력 효력은 기평가보험의 취지를 제대로 살리지 못한다는 것이다. 그 취지와 달리, 현저한 초과를 둘러싸고 당사자 사이에 분쟁이 조장될 소지가 있기 때문이다.[81)] 한편, 확정적 효력을 부여하는 개정론에 반대하는 입장도 존재한다. 개정론이 손해보험의 보상성에 반한다고 보는 견해가 그것이다.[82)]

생각건대, 확정적 효력을 부여하는 방향으로 법 개정이 필요하다. 도박 또는 사기 등에 기초한 약정가액은 허용되지 않는다고 보는 한, 보험의 도박화 또는 인위적 사고가

---

77) 이에 관한 자세한 논의는, 한기정, "약정보험가액에 관한 연구", 상사법연구33-4, 2015

78) 약정보험가액의 효력에 관한 주요 입법례는 크게 세 가지이다. ① 도박, 사기 또는 고지의무 위반 등을 제외하고 약정가액에 확정적 효력을 주는 방식으로, 이를 택한 주요 나라로는 영국, 미국 등이 있다. ② 약정가액과 실제가액 사이에 현저한 차이가 있으면 후자를 기준으로 보험가액을 정하는 방식으로, 이를 취하는 나라로는 우리나라, 독일, 일본 등이 있다. ③ 보험가액을 약정하면 실제보험가액에 대한 입증책임이 보험자에게 전환되는 효력을 인정하는 방식으로, 프랑스, 덴마크, 스위스 등이 이 방식을 취한다. 이 방식하에서는 보험자가 입증하기만 하면 언제나 실제가액이 보험가액이 되며, 약정가액의 효력이 가장 약하게 인정된다고 볼 수 있다.

79) 김은경 329면; 양승규 202면; 장덕조 217면; 정동윤 572면; 정찬형 631면; 김주동, "상법 제670조 기평가보험에 관한 고찰", 보험학회지63, 2002, 222면

80) 양승규 202-203면

81) 김주동, "상법 제670조 기평가보험에 관한 고찰", 보험학회지63, 2002, 220면

82) 채이식 132면. 최병규, "보험법상 약정보험가액에 대한 연구", 외법논집35-2, 2011도 확정적 효력의 도입에는 찬성하지 않는 것으로 보인다.

문제되지 않는다. 게다가 전술한 우리나라 보험실무에 비추어 보아도 이런 문제는 크게 고려하지 않아도 된다. 그리고 이런 문제가 없다면, 약정가액에 따른 보험료에 상응하는 보상책임을 보험자가 지는 것이 필요하기 때문이다.

제5절 보험금액

1. 의의

보험금액은 보험계약의 당사자 사이에 약정한 보험자의 보상한도액을 가리킨다(통설). 이 점에서 법이 정한 보상의 한도액인 보험가액과는 구분된다. 판례도 보험금액은 보험자가 피보험자에게 지급하여야 할 금액의 한도를 정한 것이라고 본다.[83)]

주의할 것은 보험금액은 보험자가 사고발생 후에 실제로 지급해야 할 보험금의 액수라는 의미로도 사용된다는 점이다. 이것은 보험자가 지급해야 할 보험금의 약정한도가 아닌 것이다. 가령 상법 658조는 "보험자는 보험금액의 지급에 관하여 약정기간이 있는 경우에는 그 기간 내에 약정기간이 없는 경우에는 제657조 제1항의 통지를 받은 후 지체없이 지급할 보험금액을 정하고 그 정하여진 날부터 10일 내에 피보험자 또는 보험수익자에게 보험금액을 지급하여야 한다"고 규정하는데, 여기의 보험금액은 보험금의 약정한도와 다른 것이다.

2. 필요성

법이 정한 보상의 한도액(보험가액)이 있음에도 불구하고 보상의 한도액을 별도로 약정할 필요성은 무엇인가?

첫째, 보험료를 결정하고 계약의 체결 시에 보상의 한도액을 확정하기 위해서 필요하다. 보상의 한도액이 확정되어야 보험료가 결정된다. 사고발생을 기준으로 산정되는 보험가액은 계약의 체결 시에 정확히 알 수 없다. 따라서 계약의 체결 시에 보상의 한도액을 약정을 통해서 정하는 것이 필요하다. 다만 계약의 체결 시에 확정하는 보험금액과

83) 대판 2002.5.17. 2000다30127(손해보험계약에서 정한 보험금액은 보험사고로 인하여 발생한 손해 가운데 다른 사유로 전보되지 아니한 금액 범위 내에서 보험자가 피보험자에게 지급하여야 할 금액의 한도를 정한 것으로서, 피보험자에게 보험사고로 인한 손해 가운데 다른 사유를 통하여 전보되고 최종적으로 남은 손해가 있는 경우 그 범위 내에서 보험금액을 한도로 보상한다는 뜻이지, 피보험자가 보험사고로 입은 손해 가운데 보험금액을 넘는 손해가 일단 전보되기만 하면 그 보상책임을 면한다는 취지는 아니다)

사고발생 이후에 비로소 확정되는 보험가액은 다를 수 있는데, 이것은 보험가액과 보험금액의 관계 문제로서 후술한다.

둘째, 보험가액의 일부만을 보상의 대상으로 하려면 보험금액이 필요하다. 보험가액은 피보험이익의 전부를 금전으로 평가한 금액이다. 따라서 그 일부만 부보하는 경우는 이러한 보상한도액을 약정하기 위해서 보험금액이 필요한 것이다.

셋째, 보험가액이 존재하지 않는 경우 보험금액이 필요하다. 책임보험에는 원칙적으로 보험가액이 존재하지 않는다는 것이 통설의 입장이다.[84] 따라서 이 경우는 보상한도액을 정하기 위해서 보험계약 당사자가 보험금액을 약정하지 않으면 안 된다. 책임보험에서 보험금액을 정하는 방법은 두 가지다. 즉 보상의 한도액을 일정한 금액으로 표시하는 방법, 또는 보상의 한도액을 무한으로 정하는 방법이 있다.

3. 보험금과의 구분

손해보험에서 보험금액은 보험금과 구분된다. 보험금은 사고의 발생으로 인한 손해를 보상하기 위해서 보험자가 실제로 지급해야 하는 금액이다. 즉 사고의 발생으로 구체화된 보상액이다. 보험금액은 약정한 보상의 한도액이나, 보험금은 확정된 보상액인 것이다. 보험금은 보험금액 내에서 정해지며, 보험금액을 초과할 수 없다.

제6절 보험가액과 보험금액의 관계

1. 총설

여기서는 보험가액과 보험금액의 관계를 살펴보자. 보험가액과 보험금액은 금액이 일치하는 경우도 있고 상이한 경우도 있다.

보험가액과 보험금액이 일치하는 경우(보험금액＝보험가액)가 전부보험이다. 보험가액의 전부가 보상한도액으로 약정되었다는 의미에서 '전부'보험으로 칭한다. 반대로 보험금액이 보험가액에 미달하는 경우(보험금액<보험가액)가 일부보험이다. 보험가액의 일부가 보상한도액으로 약정되었다는 의미에서 '일부'보험이라고 하는 것이다. 한편 보험금액이 보험가액을 초과하는 경우(보험금액>보험가액)가 초과보험이다. 그리고 초과보험의 특수한 경우로 중복보험이 있다. 중복보험은 동일한 내용의 복수의 보험계약들을 복수의 보험자

84) 이에 관해서는 책임보험 부분을 참조

와 체결한 경우, 그 보험금액들의 합계가 보험가액을 초과하는 경우를 가리킨다.

전부보험하에서는 보험자가 보험금액 내에서 손해액만큼 보험금을 지급하면 된다. 그리고 보험가액과 보험금액 사이의 과부족으로 인해서 생기는 법적 문제가 특별히 없다. 하지만 초과보험, 일부보험, 중복보험은 사정이 다르다. 보험가액과 보험금액이 일치하지 않기에 파생되는 법적 쟁점들이 존재한다. 이러한 쟁점들을 규율하기 위해서 마련한 상법 규정들을 하나씩 살펴보자.

2. 초과보험

(1) 의의

초과보험은 보험금액이 보험가액을 초과하는 보험이다. 이 경우 보험자의 보상액은 보험가액을 넘어설 수 없다(통설). 따라서 보험가액을 초과하는 만큼의 보험금액, 그리고 그에 따른 보험료를 하향조정하는 것이 필요하다. 상법 669조가 이것을 규율한다. 특히 사기에 의해서 초과보험이 체결된 경우는, 보험가액을 초과하는 보상이 이루어질 위험이 있기 때문에 별도로 규율할 필요가 있다. 그래서 상법 669조는 초과보험의 체결이 사기에 의했는지 여부를 기준으로 규율을 달리한다. 이에 따라 사기 없이 체결된 초과보험(계약), 사기로 체결된 초과보험(계약)으로 구분하기로 한다.

(2) 사기 없이 체결된 초과보험

1) 요건

초과보험은 계약체결 시에 또는 보험기간 중에 보험금액이 보험가액을 현저히 초과하면 성립한다(상법 669조 1항, 2항, 3항). 이 요건에 대한 입증책임은 이를 주장하는 자가 부담한다.[85)]

i) 보험가액의 기준

여기서 보험가액은 보험계약 체결 시 또는 보험기간 중의 보험가액이다.[86)] 즉 여기의 보험가액은 사고발생 시의 보험가액이 아니다. 왜냐하면 여기의 보험가액은 사고가 발생한 후에 손해에 대한 보상액을 정하려는 용도가 아니기 때문이다. 여기의 보험가액은 사고발생 이전에 초과보험이라고 판단되면, 보험금액 및 보험료를 감액할 수 있도록 해주려는 목적을 갖는다. 특히 상법 669조 1항은 초과보험의 경우 보험료의 감액은 장래효만 있다고 규정하고 있다. 보험료의 감액이 소급효가 없다는 점을 고려하면, 사고발생

85) 박세민 390면; 양승규 206면

86) 일반적으로 기평가보험에서 약정한 보험가액은 보험계약 체결 시의 보험가액에 해당할 것이다.

시점 이전에 초과보험인지 여부를 알 수 있어야 보험료 감액이 실효성을 띨 수 있다. 따라서 보험계약 체결 시에 또는 보험기간 중 바로 그 시점의 보험가액을 기준으로 초과보험이 성립될 수 있도록 한 것이다. 사고발생 시의 보험가액은 사고발생 시가 되어야 정확하게 알 수 있는 것이므로, 보험계약 체결 시에 또는 보험기간 중에 그 시점의 보험가액을 기준으로 초과보험 여부를 판단하는 것이다.

ii) 성립시점

초과보험의 성립시점에 대해서는 학설의 대립이 있다. 먼저, 보험사고의 발생 시점이라는 견해가 있다.[87] 이 견해는 보험사고의 발생 전에 일시적으로 보험가액이 감소된 경우라도 다시 상승하면 초과보험이 아니기 때문에 초과보험 여부는 사고발생 시점을 기준으로 판단해야 한다는 것이다. 이것은 보험사고가 실제로 발생하여 보험금을 산정할 때 초과보험인지 여부를 판단하는 데는 타당할 수 있다. 하지만 상법 669조의 초과보험은 이러한 판단과 관련된 조항이 아니다. 생각건대, 보험계약의 체결 시점 또는 보험기간 중 언제라도 초과보험이 성립될 수 있다고 보는 것이 타당하다. 전술한 바와 같이 상법 669조의 초과보험 규정은 사고발생 이전에 초과보험이라고 판단되면, 보험금액 및 보험료를 감액할 수 있도록 해주려는 목적을 갖는다. 특히 상법 669조 1항은 초과보험의 경우 보험료의 감액은 장래효만 있다고 규정하고 있으므로, 사고발생 시점 이전에 초과보험으로 성립될 수 있어야 보험료 감액이 실효성을 띨 수 있는 것이다. 따라서 보험계약의 체결 시에 또는 보험기간 중에 언제라도 초과보험이 성립될 수 있다고 보아야 한다. 먼저, 초과보험은 보험계약의 체결 시에 보험가액이 과다하게 산정된 경우에 성립한다. 가령 실제 1천만 원 상당의 물건을 2천만 원에 해당한다고 과대평가한 뒤에 보험금액을 2천만 원으로 정하면 초과보험이 되는 것이다. 만약 여기에 보험계약자의 사기가 개입된 경우라면 사기로 체결된 초과보험이 된다. 다음, 보험가액이 보험기간 도중에 현저히 감소되는 경우에도 보험금액이 보험가액보다 크므로 초과보험이 성립된다(상법 669조 3항).

iii) 현저한 초과

보험금액이 보험가액을 '현저히' 초과함이 요구된다. 여기서 현저한 초과를 어떻게 해석할까? 현저한 초과는 보험료 및 보험금액의 감액에 영향을 줄 정도의 초과라고 해석한다.[88] 이렇게 해석하는 것이 위험변경증가와 관련한 상법 652조 및 653조와 균형이 맞는다. 이 규정들에 의하면 현저한 위험변경증가가 있으면 보험자가 보험료 감액 등을 청구할 수 있는데, 여기서 현저한 증가란 다름 아닌 보험료 증액 등에 영향을 미치는 정

87) 손주찬 581면; 정동윤 575면

88) 한편 현저한 초과를 '월등한' 초과로 해석하는 견해로는, 박세민 390면

도의 증가라고 해석하고 있는 것이 통설 및 판례이다.

iv) 복수의 보험계약

동일한 보험계약 여러 개가 합하여 보험금액이 보험가액을 초과하는 경우에도 상법 669조가 적용되는가? 여기서 동일한 보험계약이란 피보험이익, 보험사고, 보험기간 등이 중복되는 보험계약을 가리킨다. 동일한 복수의 보험계약이 수인의 보험자와 체결되든(이 경우는 중복보험이 된다), 단일한 보험자와 체결되든 가리지 아니한다. 상법 669조의 법문이 단일한 보험계약에서 보험금액이 보험가액을 초과한 경우로 그 적용을 제한하고 있지 않다. 그리고 이렇게 제한하여 해석할 이유도 발견하기 어렵다. 따라서 이러한 경우에도 상법 669조가 적용된다고 해석한다.

2) 효과

보험자 또는 보험계약자는 보험료 및 보험금액의 감액을 청구할 수 있다(상법 669조 1항 본문). 감액청구권의 법적 성질은 형성권이고, 그 행사에 따라 감액의 효과가 생긴다(통설). 감액청구권의 행사 여부는 보험자 또는 보험계약자에게 달린 문제이다.

보험금액의 감액보다 보험료의 감액이 중요하다. 왜냐하면 보험금액이 감액되지 않아도 보험자가 사고발생 시점과 장소의 보험가액을 한도로 보상책임을 지지만, 보험료는 감액되지 않으면 보험계약자가 그대로 지급책임을 지므로, 보험가액에 비해서 보험료를 초과하여 지급하는 불합리한 결과가 생길 수 있기 때문이다.

감액청구권의 행사주체는 보험자와 보험계약자이다. 그런데 위와 같은 이유에서 보험료 감액이 중요하기 때문에 청구권의 행사에 적극적인 당사자는 보험계약자일 것이다. 게다가 보험료의 감액은 장래에 대해서만 효력이 있으므로(상법 669조 1항 단서),[89] 보험계약자는 감액청구권 행사를 늦게 하면 불리하게 된다.[90]

상법 669조 1항 단서에 의하면 보험료의 감액은 소급효가 인정되지 않는다. 그 반대해석상 보험금액 감액은 소급효가 인정된다. 하지만 보험금액의 감액이 없어도 보험자의 보상책임이 보험가액을 넘어설 수 없으므로, 보험금액 감액에 소급효가 인정되는지 여부는 큰 의미가 없다.

---

89) 보험료의 감액이 장래효만 있는 것이 보험료불가불의 원칙 때문이라고 설명하는 견해가 있다(김은경 337면; 박세민 391면; 양승규 207면 등). 생각건대, 이는 보험료불가분의 원칙 때문이 아니며, 소급효를 인정할 것인지 또는 장래효만 인정할 것인지는 입법정책의 문제라고 보는 것이 타당하다.

90) 김은경 337면; 박세민 391면; 정동윤 575면; 정찬형 634면. 양승규 206면(보험료 등의 감액청구기간에 대한 제한은 없으나 보험기간이 경과한 후에 실질적으로 감액청구는 의미가 없다)

(3) 사기로 체결된 초과보험

1) 의의

사기에 의해서 체결된 초과보험의 전형적인 예는 보험계약자가 보험가액에 관한 영수증을 위조하여 보험자에 제출하고 이에 따라 초과보험이 체결된 경우이다. 이에 대해 상법 669조 4항 본문은, 보험계약자의 사기에 의해 체결된 초과보험 계약은 무효라고 규정한다. 그리고 그 단서는, 보험자가 그 사실을 안 때까지 보험료를 청구할 수 있다고 규정한다.

2) 요건

i) 내용

여기에서의 사기는 민법 110조의 사기에 의한 의사표시의 경우와 기본적 구조는 동일하다(통설). 민법 110조의 사기는 기망(행위)자가 고의로 위법한 기망을 행하고 이에 의해 표의자가 의사표시를 함으로써 성립한다. 마찬가지로 상법 669조 4항 본문의 사기도 보험계약자가 보험가액과 관련하여 고의로 위법한 기망을 행하고 이에 의해 보험자가 보험계약의 체결을 승낙하면 성립한다.

또한 보험계약의 체결 시를 기준으로 사기의 성립 여부를 판단한다. 이것은 상법 669조 4항 본문의 문리에 비추어 분명하다. 따라서 사기의 성립 여부를 판단할 때 보험가액은 보험계약 체결 시의 그것으로 해석하는 것이 원칙이다. 사기의 성립 시점이 계약의 체결 시점이라는 점을 고려해야 하기 때문이다. 그리고 사기의 입증책임은 보험자에게 있다(판례,[91] 통설).

ii) 고의

민법 110조하에서 사기에 의한 의사표시가 되려면 기망자의 이중 고의가 필요하다. 즉 표의자를 기망하여 착오에 빠지게 하는 고의, 그리고 그 착오에 기해서 표의자로 하여금 의사표시를 하게 하는 고의가 필요하다(통설). 하지만 사기로 체결된 초과보험은 이러한 이중의 고의 이외에도 (부당한) 이득의 고의도 요구되는가? 이를 긍정하는 견해가 있다.[92]

생각건대, 이중 고의 이외에도 (부당한) 이득의 고의도 요구된다고 본다. 민법 110조와 달리, 사기로 체결된 초과보험에서 고의의 요건을 강화하는 이유는 무엇인가? 민법 110조는 기망으로 훼손된 표의자 의사의 자유를 취소권을 통해서 회복시켜 주는 것이

---

91) 대판 1988.2.9. 86다카2933

92) 박세민 392면; 양승규 207면; 장덕조 220면

목적이다. 위와 같은 이중의 고의만으로도 표의자 의사는 훼손될 수 있다. 한편 상법 669조 4항 본문에 따르면 보험계약의 선의성을 고려하여 사기로 체결된 초과보험계약이 무효가 되고, 보험계약자는 지급한 보험료의 반환과 관련하여 불이익을 받을 수 있다. 이러한 불이익과 균형이 맞으려면 이중의 고의 이외에 이득의 고의도 존재해야 한다고 생각한다. 이중의 고의는 있지만 이득의 고의 없이 행해진 사기는 민법 110조가 규율하는 것으로 충분하다. 이와 달리 이중의 고의에 추가하여 이득의 고의로 행해진 사기는 상법 669조 4항 본문이 규율하되, 고의의 내용을 민법 110조의 그것과 구분하는 것이 필요하다. 그렇다고 하더라도 대부분의 사기로 체결된 초과보험에는 상법 669조 4항 본문이 적용될 것이다. 이득의 고의 없는 보험계약자가 사기로 초과보험을 체결하는 경우는 많지 않을 것이기 때문이다.

한편, 해석의 문제는 남아 있다. 독일의 보험계약법과 다르게,[93] 상법은 이득의 고의를 요구하는 명문이 없는데 해석상 요구할 수 있는지가 검토할 문제이다. 민법 110조의 사기도 고의의 내용을 명문으로 정한 것이 아니라 해석에 의거한 것이다. 따라서 상법 669조 4항에서 사기의 고의도 해석을 통해서 그 내용을 확장 또는 강화할 수 있다고 생각한다. 참고로, 판례는 통지의무의 해태로 인한 사기의 중복보험을 인정하기 위해서는 보험자가 통지의무가 있는 보험계약자 등이 통지의무를 이행하였다면 보험자가 그 청약을 거절하였거나 다른 조건으로 승낙할 것이라는 것을 알면서도 정당한 사유 없이 위법하게 '재산상의 이익을 얻을 의사'로 통지의무를 이행하지 않았음을 입증해야 한다고 판시했다.[94]

iii) 현저한 초과

현저한 초과의 해석이다. 상법 669조 4항은 1항을 전제로 하는데, 1항은 보험가액이 보험금액을 현저히 초과하는 것이 요건이다. 따라서 사기로 체결된 초과보험이 되려면 현저한 초과가 요구된다.

문제는 사기로 체결된 초과보험의 현저한 차이를 사기 없이 체결된 초과보험의 그것과 동일하게 해석할 것인지 여부이다. 결론부터 말하면 다르게 해석함이 타당하다. 사기 없이 체결한 초과보험은 보험료 및 보험금액 감액에 영향을 줄 정도의 초과라면 현저한 초과라고 해석된다. 하지만 이러한 해석을 사기로 체결된 초과보험에 적용하는 것은 무리이다. 예를 들면 보험가액의 5%가 사기로 인해서 초과한 경우라면 이것을 가지고 현저한 초과라고 볼 것은 아니라고 생각한다. 왜냐하면 상법 669조 4항은 사기로 체결된 초과보험은 보험계약의 선의성을 위반한 것으로서 해당 계약을 무효로 처리하고 보험료

93) 독일 보험계약법 74조 2항
94) 대판 2000.1.28. 99다50712

와 관련해 보험계약자에 불이익을 가한다. 위와 같은 정도의 초과라면 상법 669조 1항에서 보험료 및 보험금액의 감액에는 영향을 줄 정도에 해당할 수 있지만, 상법 669조 4항에 의해서 보험계약이 무효로 처리되고 보험료에 불이익이 주어질 정도는 아니라고 해야 한다. 그 정도의 초과에 무효 등의 효과가 주어지면 선의성 위반에 대한 지나친 제재라고 볼 수 있다. 따라서 그 정도의 초과는 상법 669조 4항이 말하는 현저한 초과와 관련해서 경미한 초과에 그친다고 해석함이 타당하다. 만약 그 정도의 초과라면 민법 110조에 의해서 보험자가 계약을 취소할 수 있다고 해석하면 충분하다.

그렇다고 해서 현저한 초과를 월등한 초과라고 해석해도 안 된다. 경미한 초과를 제외하는 것으로 과도한 제재의 우려는 피할 수 있다고 생각한다. 사기적 방법으로 보험금을 과다하게 청구하면 진정한 손해에 대해서도 보험자가 면책되는 보험약관조항의 효력과 관련하여, 판례는 경미하게 초과한 청구는 과다한 청구에서 제외했다.[95] 상법 669조 4항의 현저한 초과도 경미한 초과를 제외하는 것으로 해석하면 위와 같은 판례의 입장과 균형을 이룰 수 있다고 생각한다.

3) 효과

① 사기로 체결된 초과보험은 무효이다. 처음부터 효력이 존재하지 않는다. 또한 초과한 부분만이 아니라, 계약의 전부가 무효이다(통설). 이는 상법 669조 4항의 문리(그 계약은 무효로 한다)에 비추어 타당한 해석이다. 계약이 무효가 되므로, 보험자는 보험금을 지급할 의무를 면하고, 지급한 보험금이 있으면 그 반환을 청구할 수 있다. 사기로 체결된 초과보험의 경우 그 효과가 무효라는 점은 사기에 의거한 의사표시의 일반적인 효과가 취소인 것(민법 110조)과 비교된다. 사기로 체결된 초과보험이 무효인 것은 이것을 사회질서 위반의 행위(민법 103조)로 다루려는 입법정책이 반영된 것이다. 무효는 취소에 비해 효과가 강력하다. 즉 취소는 소급효가 있다는 점에서는 무효와 같지만, 취소권은 취소권자가 행사해야 효력이 생기고 또한 그 행사에 제척기간이 적용되기 때문이다.

② 보험계약자는 보험료 측면에서 불리하다. 민법의 일반적 원칙에 따르면 계약이 무효이면 당사자는 원상회복 의무를 부담한다. 따라서 보험계약자는 보험료 지급의무를

---

95) 대판 2007.12.27. 2006다29105(이 사건 약관조항을 문자 그대로 엄격하게 해석하여 조금이라도 약관에 위배하기만 하면 보험자가 면책되는 것으로 보는 것은 본래 피해자 다중을 보호하고자 하는 보험의 사회적 효용과 경제적 기능에 배치될 뿐만 아니라 고객에 대하여 부당하게 불리한 조항이 된다는 점에서 이를 합리적으로 제한하여 해석할 필요가 있으므로, 이 사건 약관조항에 의한 보험금청구권의 상실 여부는 이 사건 약관조항을 둔 취지를 감안하여 보험금청구권자의 청구와 관련한 부당행위의 정도 등과 보험의 사회적 효용 내지 경제적 기능을 종합적으로 비교·교량하여 결정하여야 할 것이다. 따라서 피보험자가 보험금을 청구하면서 실손해액에 관한 증빙서류 구비의 어려움 때문에 구체적인 내용이 일부 사실과 다른 서류를 제출하거나 보험목적물의 가치에 대한 견해 차이 등으로 보험목적물의 가치를 다소 높게 신고한 경우 등까지 이 사건 약관조항에 의하여 보험금청구권이 상실되는 것은 아니라고 해석함이 상당하다)

면하고 보험자가 수령한 보험료가 있다면 반환할 의무를 부담한다. 하지만 상법은 두 가지 측면에서 원상회복 의무에 제한을 가한다. 상법 648조를 먼저 보자. 이것에 의하면 보험계약의 전부 또는 일부가 무효인 경우 보험계약자 등이 선의이고 중과실이 없을 때 보험료의 전부 또는 일부의 반환을 청구할 수 있다.[96] 이것을 적용하면 사기로 초과보험을 체결한 보험계약자는 기존에 지급한 보험료의 반환을 청구할 수 없다. 이 규정은 보험계약의 선의성을 반영한 것이다(통설). 다음으로 상법 669조 4항 단서로 인해서 보험계약자의 불이익은 가중된다. 이것은 보험자가 사기로 초과보험이 체결된 사실을 안 때까지 보험료를 청구할 수 있기 때문이다. 상법 648조에 따르면 보험계약자가 기존에 지급한 보험료 반환을 청구할 수 없을 뿐이지 지급하지 아니한 보험료를 지급할 의무까지 있는 것은 아니다. 하지만 상법 669조 4항은 기존에 지급한 보험료가 없으면 보험자가 이것에 대해서 지급을 요청할 수 있다는 점에서 상법 648조와 다르다. 따라서 상법 669조 4항 단서는 사기로 초과보험을 체결한 보험계약자에 대해서 여타 무효 사유보다 더 엄격한 불이익을 가한다는 특징을 보인다. 이처럼 사기로 체결한 초과보험에 대해 엄격한 효과를 부과하는 점에서 이것을 제재하고 예방하는 데 상당한 역점을 둔 입법정책을 읽어 볼 수 있다. 사기로 체결된 초과보험은 보험의 도박화 또는 도덕적 위험의 우려가 매우 크다. 보험자가 사기를 적발하지 못하면 손해액을 초과하는 보험금이 지급되기 때문에, 보험이 도박으로 될 수 있고 또한 이득을 노리고 인위적 사고를 일으킬 수 있다. 이러한 사기의 적발에는 적지 않은 비용과 시간이 들고 또한 언제나 적발할 수 있는 것도 아니므로 불이익을 가하여 예방할 필요성이 인정되는 것이다. 사기로 체결한 초과보험의 법리는 보험계약의 특성 중 하나인 선의성을 강하게 반영한 전형적인 예라고 할 수 있다(통설).

3. 중복보험

(1) 의의

중복보험은 협의와 광의로 구분할 수 있다. 여기서 다루는 중복보험은 협의의 중복보험이다.

1) 협의의 중복보험

협의의 중복보험은 '중복'과 '초과'의 양 요소가 포함된 경우이다. ① 중복은 수개의 동일한 계약들이 수인의 보험자와 체결된 경우를 가리킨다. 동일한 보험계약이란 피보험

96) 물론 보험계약자의 사기가 불법행위에 해당하면 보험자가 이로 인한 손해배상청구권(민법 750조)을 행사할 수 있지만, 이는 보험자가 이미 지급받은 보험료 상당액을 부당이득으로 반환하는 것과 별개의 문제이다.

이익, 보험사고, 보험기간 등이 중복되는 보험계약이다. 수개의 동일한 계약이 단일의 보험자와 체결된 경우는 여기서 말하는 중복이 아니다. 또한 하나의 보험계약을 수인의 보험자가 공동보험자로서 체결한 경우도 여기서 말하는 중복이 아니며, 이러한 보험을 특히 공동보험이라고 한다.[97] ② 초과는 수개의 동일한 보험계약의 보험금액 합계가 보험가액을 넘는 것을 가리킨다.

이러한 중복보험에서 보험사고가 발생한 후 보험자가 각자 보상책임을 이행하면 피보험자가 보험가액을 초과하여 보상을 받을 수 있게 된다. 이것은 손해보험에 요구되는 이득금지의 원칙에 반할 수 있다. 그리하여 이득금지의 원칙을 준수하기 위해서 각 보험자의 보상책임을 어떻게 분배하고 조정할 것인지가 법적인 과제이다. 이것을 상법 672조가 규율한다. 상법은 사기 없이 체결된 중복보험과 사기로 체결된 중복보험으로 구분한다. 사기를 기준으로 구분하는 방식은 초과보험을 규율하는 상법 669조의 그것과 동일하다.

2) 광의의 중복보험

광의의 중복보험은 초과 없이 중복만 존재하는 경우이다. 즉 수개의 동일한 계약들이 수인의 보험자와 체결되었으나, 보험금액들의 합계가 보험가액 이내인 경우를 가리킨다. 이를 단순중복보험 또는 병존보험이라고 부른다.[98] 이 경우는 각 보험자가 인수한 보험금액 내에서 일부보험의 법리에 따라 보상하면 그것으로 충분하고 별다른 법리 또는 논의는 없다.

3) 용어의 문제

여기서 용어의 문제를 짚어 보자. 중복보험 중에서 협의와 광의를 구분하기 위해서는 양자를 다르게 표현하면 된다. 이렇게 하려면 중복과 초과 요소가 공존해야 성립하는 협의의 중복보험은 중복초과보험 또는 초과중복보험으로 칭하고, 중복만 있으면 성립하는 광의는 그대로 중복보험으로 칭하면 된다. 하지만 전술한 것처럼 광의의 중복보험은 별다른 법리 또는 논의가 필요 없다. 그리하여 협의의 중복보험을 중복초과보험으로 하지 않고 그냥 중복보험이라고 하여도 혼동할 이유가 특별히 있지 않다. 그래서 상법 672조는 단순히 중복보험이란 용어를 쓰고 있다. 이하에도 상법의 용례에 따라서 중복초과보험을 단순히 중복보험으로 칭한다.

---

97) 양승규 208면

98) 김성태 398면; 양승규 208면

(2) 사기 없이 체결된 중복보험

1) 의의

사기 없이 중복보험계약이 체결되는 이유는 무엇인가? 보험계약자가 계약을 체결하며 중복보험이 된다는 사실을 모르거나, 이 사실은 알지만 보상의 한도가 보험가액으로 제한되는 사실을 모르기 때문인 것이 보통일 것이다.[99] 이하에서 요건 및 효과를 나누어서 살펴본다.

2) 요건

중복보험은 '중복' 요건과 '초과' 요건으로 구분된다.

i) 중복 요건

이 요건은 수인의 보험자와 수개의 동일한 계약이 체결되는 것을 가리킨다. 이것이 수개의 계약의 동일성이다. 동일성이 있는지 여부는 그 대상과 정도를 기준으로 판단한다.

① 동일성의 대상

무엇이 동일해야 하는지의 문제이다. 이에 관해 상법 672조 1항은 피보험이익과 보험사고가 동일해야 한다고 규정한다.[100] 피보험이익은 피보험자가 보험목적에 대해 갖는 경제적 이익인데, 피보험자는 피보험이익의 주체이고, 보험목적은 객체이며, 경제적 이익은 내용이다. 이렇게 본다면 피보험이익이 같다는 의미는 피보험자, 보험목적, 경제적 이익 등이 동일하다는 의미라고 넓게 해석할 수 있다.[101] 피보험이익과 보험사고 이외에, 보험기간도 동일해야 한다고 해석한다(판례,[102] 통설). 한편 보험계약자의 동일성은 필요하지 않다(판례,[103] 통설). 중복보험을 통해서 이득을 취득할 가능성은 보험금청구권자인 피보험자를 기준으로 판단하면 되기 때문이다.

② 동일성의 정도

중복보험은 피보험이익 등과 같은 요소들이 동일해야 한다. 문제는 완전히 동일해야 하는지 여부이다. 예를 들면 수개의 계약이 부보하는 각자의 피보험이익이 일정한 부

---

99) 이러한 현상을 방지하기 위해서 보험업법은 보험회사 등에게 중복보험 확인의무를 지운다. 즉 보험업법 95조의5에 의하면, "① 보험회사 또는 보험의 모집에 종사하는 자는 대통령령으로 정하는 보험계약을 모집하기 전에 보험계약자가 되려는 자의 동의를 얻어 모집하고자 하는 보험계약과 동일한 위험을 보장하는 보험계약을 체결하고 있는지를 확인하여야 하며 확인한 내용을 보험계약자가 되려는 자에게 즉시 알려야 한다. ② 제1항의 중복계약 체결의 확인 절차 등에 관하여 필요한 사항은 대통령령으로 정한다"

100) 피보험이익이 다르면 중복보험이 아니라고 한 판결로는, 대판 1997.9.5. 95다47398

101) 대판 1989.11.14. 88다카29177(사용자가 산업재해보상보험과 자동차종합보험(대인배상보험)에 함께 가입한 경우 위 두 보험은 보험의 목적과 보험사고가 동일하지 않으므로 중복보험에 해당하지 않는다)

102) 대판 2005.4.29. 2004다57687

103) 대판 2005.4.29. 2004다57687

분에서 겹치면 되는지, 아니면 완전히 일치해야 하는지의 문제이다. 겹치는 부분에 대해서만 중복보험으로 취급하면 되므로 완전한 정도로 동일할 필요는 없다(통설). 이것은 보험사고 등 여타의 요소에서도 마찬가지이다. 이 경우 동일한 부분에 관해서만 중복보험이 성립되는 것이고, 그렇지 아니한 부분은 중복보험이 아니다. 예를 들면 A 계약은 화재가 보험사고이고 B 계약은 화재 및 수재(水災)가 보험사고라면, 이 두 계약은 화재에 관한 한 중복보험이라고 할 것이다. 판례도 같다. 대판 2005.4.29. 2004다57687에서는 도시가스 시설 및 업무 등과 관련된 사고를 보상하는 두 개의 보험계약이 보험사고 면에서 일정 부분 겹쳤고 그 겹친 부분에서 실제로 사고가 발생했다. 대법원은 이 겹친 부분에 대해서 상법 672조를 적용했다.104)

③ **계약체결 시점**

수개의 계약을 체결한 시점의 문제이다. 즉 동일한 계약이 동시에 체결되어야 중복이라고 하는지의 문제이다. 상법 672조 1항은 계약의 체결이 동시인지(동시 중복보험) 아니면 순차인지(이시 중복보험) 여부가 중복보험의 성립에 영향을 미치지 않는다고 규정한다. 그리고 동시인지 이시인지가 중복보험의 효력에도 아무런 차이를 가져오지 않는다.

ii) **초과 요건**

이 요건은 중복된 각 보험계약들의 보험금액 합계액이 보험가액을 초과해야 한다는 의미이다. 상법 669조의 초과보험에서 초과와 비교해서 설명하기로 한다.

① **성립시점**

중복보험에서 '초과'가 성립되는 시점의 문제이다. 상법 669조 2항 및 3항에 의하면 보험계약의 체결 시에 또는 보험기간 중에 언제라도 초과보험의 성립이 가능하다. 그 이유는 보험사고의 발생 전에 보험료 및 보험금액을 감액할 수 있도록 해야 하기 때문이다. 하지만 상법 672조 1항의 중복보험 법리는 보험사고가 발생한 이후에 보험자별로 보상책임을 분배하고 조정하는 문제이다. 따라서 중복보험에서 '초과'에 대해서 판단하는 시점, 즉 중복보험인지를 판단하는 시점은 보험사고의 발생 시점이다. 다만, 후술하는 바와 같이, 사기에 의한 중복보험인지를 판단하는 시점은 계약의 체결시점이다.

② **현저한 초과 여부**

상법 672조 1항은 '현저한' 초과를 요구하지 않는다. 이 점에서 상법 669조의 초과보험과 다르다. 상법 669조는 현저한 초과를 요구한다. 여기서 현저한 초과는 보험료 및

---

104) 같은 취지의 판례로는 대판 2009.12.24. 2009다53499(두 개의 책임보험계약이 보험의 목적, 즉 피보험이익과 보험사고의 내용 및 범위가 전부 공통되지는 않으나 상당 부분 중복되고, 발생한 사고가 그 중복되는 피보험이익에 관련된 보험사고에 해당된다면, 이와 같은 두 개의 책임보험계약에 가입한 것은 피보험자, 피보험이익과 보험사고 및 보험기간이 중복되는 범위 내에서 상법 725조의2에 정한 중복보험에 해당한다)

보험금액 감액에 영향을 줄 정도의 초과를 가리킨다. 하지만 상법 672조 1항은 보험료 및 보험금액의 감액과 무관하다. 상법 672조 1항은 보험금액들의 합계액이 보험가액을 초과하는 경우에 각 보험자의 보상책임을 어떻게 분배하고 조정할 것인지를 다룬다. 보험금액들의 합계액이 보험가액을 초과하면 보험가액을 한도로 보상한다는 것은 이득금지의 원칙에 따른 것이다. 이 경우 보험금액들의 합계액이 보험가액을 현저히 초과하지 않는다는 이유로 보험금액들의 합계액을 기준으로 보상한다는 것은 허용될 수 없다. 따라서 상법 672조 1항은 현저한 초과가 요건이 아니다.

③ 보험가액의 기준

여기의 보험가액은 보험사고의 발생 시점의 그것으로 해석한다. 이 점에서 상법 669조 2항과 3항이 계약 체결 시의 또는 보험기간 중의 보험가액을 기준으로 초과보험 여부를 판단한다고 규정한 것과는 다르다. 전술한 바와 같이 상법 672조 1항에서 중복보험인지를 판단하는 시점이 보험사고의 발생 시점이기 때문에, 사고발생 시점을 기준으로 보험가액을 정하는 것이다.

이와 달리, 동시중복보험에서는 계약체결 당시의 보험가액을 기준으로 판단하고, 이시중복보험의 경우에는 두 번째 계약을 체결할 때의 보험가액을 기준으로 판단한다는 견해가 있다.[105] 그 이유는 사고발생 시점을 기준으로 해서 판단하면 계약 당시에 중복보험에 해당함에도 불구하고 통지의무를 지지 않는 것이 되어서 부당하기 때문이라고 한다. 하지만 상법 672조 1항(중복보험의 경우 보험자들 사이에 연대비례책임을 진다는 것)과 상법 672조 2항(중복보험의 경우 통지의무를 진다는 것)을 불필요하게 연계시키는 것으로 보인다. 상법 672조 1항은 보험사고가 발생한 이후 보험자들 사이의 책임 분배의 문제이므로, 상법 672조 1항에서 중복보험인지 판단은 사고발생 시점의 보험가액을 기준으로 하는 것이 타당하다. 그런데 상법 672조 2항의 통지의무는 협의의 중복보험인 초과중복보험에만 적용되는 것이 아니라 단순중복보험(병존보험)에도 적용되므로(통설), '초과' 요소(총보험금액이 보험가액을 초과하는지 여부)를 따질 필요가 없다. 따라서 상법 672조 1항과 상법 672조 2항의 보험가액을 통일적으로 해석하기 위해서 상법 672조 1항의 보험가액 기준을 계약체결 당시의 보험가액으로 해야 한다고 해석해야 할 필요가 없다고 본다.

한편 전술한 바와 같이 중복보험도 상법 669조 1항의 요건이 충족되면 이를 적용할 수 있다. 이와 같이 상법 669조 1항이 적용되는 경우 보험가액은 계약의 체결 시의 또는 보험기간 중의 그것이 된다.

---

105) 박세민 398면; 손주찬 584-585면; 정동윤 577-578면

3) 효과

중복보험에서 보험자들 전부가 자신의 보험금액 내에서 손해액 전액에 대해서 책임을 진다면 피보험자가 초과이득을 얻게 된다. 예를 들면 보험가액이 1억6천만 원이고 보험금액은 보험자 A가 1억 원, 보험자 B가 1억 원인 중복보험인데, 전손이 발생한 경우를 가정하자. 이 경우 A가 1억 원, B가 1억 원의 보험금을 지급하면, 피보험자는 손해액을 초과하여 4천만 원의 이득을 얻게 된다. 이것은 이득금지의 원칙에 반한다. 이 문제를 풀기 위해 각 보험자의 책임을 분배하고 조정하는 내용이 효과의 중심이다.

i) 연대·비례 책임

상법 672조 1항은 연대책임과 비례책임을 혼합한 연대·비례책임의 방식을 취한다.

① 연대책임

연대책임은 보험자 각자가 피보험자에 대해 갖는 외부적 관계이다. 즉 보험자는 피보험자에게 각자의 보험금액을 한도로 연대하여 책임진다. 연대책임은 분할책임에 비해서 피보험자를 두텁게 보호한다. 보험자는 자신이 약정한 보험금액을 한도로만 연대하여 책임을 지므로, 중복보험이기 때문에 특별히 책임이 무거워지지는 않는다.

그리고 판례는 보험자들이 부진정연대관계에 있다고 본다. 그 이유는, 특별한 사정이 없는 한 그 보험금 지급책임의 부담에 관하여 각 보험자 사이에 주관적 공동관계가 있다고 보기 어렵기 때문이다.[106] 피보험자를 두텁게 보호하기 위해서도 부진정연대관계로 보는 것이 타당하다고 본다.

이와 같이 부진정연대관계에 있기 때문에, 만약 연대책임을 지는 어떤 보험자의 피보험자에 대한 보험금지급채무가 시효완성으로 소멸한 경우, 이것은 채권자를 만족시키는 사유가 아니므로 상대적 효력이 있음에 불과하다고 보게 되고, 따라서 그 보험자는 피보험자에게 손해액 전부를 보상한 다른 보험자가 구상권을 행사해 오면 이에 응해야 한다.[107]

이러한 구상권의 시효기간은 5년이고, 현실로 피보험자에게 보험금을 지급한 날부터 시효기간이 시작한다. 즉 중복보험에 의한 구상관계에서는 당사자 쌍방이 모두 상인인 보험자로서 그로 인한 거래관계를 신속하게 해결할 필요가 있기 때문에 구상금 청구권은 상사채권으로서 그 소멸시효기간은 5년이라고 보는 것이 타당하고, 그 기산점은 원고가 현실로 피해자에게 보험금을 지급한 날부터 기산한다.[108]

---

106) 대판 2016.12.29. 2016다217178; 대판 2024.2.15. 2023다272883
107) 대판 2016.12.29. 2016다217178
108) 대판 2006.11.23. 2006다10989

② **비례책임**

다음으로 비례책임은 각 보험자 사이의 내부적 관계이다. 피보험자를 두텁게 보호하기 위해서 보험자로 하여금 연대책임을 지게 하나, 각 보험자 사이에 보상책임의 분담에 대해서 합리적으로 정하는 것이 필요하다. 이를 위해 각 보험자는 자신의 보험금액의 비율에 따라서 보상책임을 분담한다(상법 672조 1항 2문).

③ **사례에 적용**

연대·비례 방식을 전술한 사례에 적용하자. 보험가액이 1억6천만 원이고 보험금액은 보험자 A가 1억 원, 보험자 B가 1억 원인 중복보험에서 전손이 발생한 경우에, 연대책임에 따르면 보험자 각자는 자신의 보험금액 내에서 연대하여 책임진다. 피보험자는 손해액 1억6천만 원을 보상받을 때까지 A에게 1억 원을 한도로, B에게 1억 원을 한도로 연대책임을 물을 수 있다. A가 1억 원의 보험금을 피보험자에게 지급한 경우라면 자신의 부담분인 8천만 원을 넘어서는 2천만 원을 B에게 구상할 수 있다.

ii) **초과전보책임**

① **의의**

연대·비례 책임과 대비되는 것이 초과전보책임이다. 초과전보책임은 어떤 중복보험자가 다른 중복보험자의 보상책임을 초과하는 손해액에 대해서만 분할하여 보상책임을 지는 것을 가리킨다. 따라서 초과전보책임은 분할·초과 책임이다. 여기서 초과전보책임은 잔여책임 또는 2차적(secondary) 책임이라고도 할 수 있다. 이와 같이 초과전보책임을 지우는 약정을 초과전보조항, 그 보험을 초과전보보험, 그 보험자를 초과전보보험자라고 칭한다. 한편 1차적 책임을 지는 보험을 1차적(primary) 보험, 그 보험자를 1차적 보험자라고 부른다.

② **연대·비례 책임과 구분**

초과전보책임과 연대·비례 책임은 다음과 같은 점에서 분명히 구분된다.

첫째로, 책임의 성격이다. 초과전보책임은 분할·초과 책임이다. 무엇보다, 초과전보보험자와 여타의 보험자는 각자가 분할하여 책임을 부담한다. 그리하여 초과전보 보험자와 여타의 보험자 사이에 부담부분과 구상권이 문제되지 않는다. 다음으로, 초과전보 보험자는 여타의 보험자의 책임을 초과하는 손해액에 책임을 지는 잔여책임이다. 즉 여타의 보험자가 1차적 책임을, 초과전보 보험자가 2차적 책임을 부담하는 것이다. 이와 달리 연대·비례 책임은 각 중복보험자가 피보험자에 대해서 자신의 보험금액 내에서 연대하여 책임지고, 내부관계에서는 보험금액의 비율에 따라서 보상책임을 분담한 후 구상할 수 있다.

둘째로, 법적인 근거이다. 초과전보책임의 법적인 근거는 계약 당사자 사이의 약정이다. 초과전보책임은 약정에 근거하기 때문에, 상법 672조 1항에 근거한 법정 책임인 연대·비례 책임과는 구분된다.

③ **초과전보조항의 예**

초과전보조항의 예를 보자. 자동차대인배상보험에서 가입이 강제되는 대인배상보험 I 은 자동차 운행으로 인해서 타인을 사망하게 하거나 부상을 입힌 경우 자동차손배법이 규정하는 한도액 내에서 손해액을 보상한다.[109] 한편으로 가입이 임의로운 대인배상보험 II 는 대인배상보험 I 의 한도액을 초과하는 손해액에 대해서 보상하는 조항을 두는데, 이것이 초과전보조항이다. 그리고 전술한 중복보험 사례에서 보험자 B의 계약에 초과전보조항이 있다고 가정하자. 피보험자는 보험자 A에게 보험금액의 한도액인 1억 원을 보상받을 수 있다. 한편으로 B는 1억 원을 초과하는 손해액인 6천만 원을 피보험자에게 보상할 책임을 부담한다. 피보험자는 A 또는 B에게 연대책임을 물을 수 없으며, 1억 원을 보상한 A가 B에게 구상하는 문제도 등장하지 않는다.

④ **초과전보조항의 유효성**

초과전보조항의 유효성 문제가 다투어진 바 있다. 동 조항이 상법이 규정한 연대·비례 책임을 배제 또는 수정하는 결과를 가져올 수 있는지가 문제된 것이다. 초과전보조항의 유효성 문제는 두 가지 측면에서 논의할 수 있다.

(a) **초과전보보험자와 피보험자의 관계**

먼저 초과전보보험자와 피보험자의 관계이다. 가계보험에서 상법 보험편을 피보험자에게 불리하게 변경할 수 없다(상법 663조). 초과전보조항은 상법 672조 1항이 규정한 연대·비례 책임을 분할·초과 책임으로 변경한다. 이 변경은 피보험자에게 불리한가? 그렇다고 보기는 어렵다. 중복보험은 보험계약자가 보험료를 이중으로 부담하기 때문에 불리한 측면이 있다. 그럼에도 불구하고 보험계약자가 계약을 체결하며 중복보험이 된다는 사실을 모르거나, 이 사실은 알지만 보상의 한도가 보험가액으로 제한되는 사실을 모르고 체결하는 경우가 많다. 초과전보조항은 중복보험 때문에 생기는 보험료의 이중부담을 최소화할 수 있는 방법이다. 즉 이 조항이 적용되면 초과전보 보험자는 초과전보책임만 부담하고 피보험자는 이것에 상응하는 보험료의 지급만 부담한다. 이를 통해서 중복보험에 나타나는 보상책임과 보험료의 중복을 해소할 수 있다. 그렇다면 보험계약자의 보험료 부담을 줄이는 대신에 보험자가 분할·초과 책임을 지는 것이 보험계약자에게 반드시 불리하다고 할 것은 아닌 것이다. 보상책임과 보험료 중복을 피하기 위해서 당사자가 약정한 초과전보조항을 놓고 보험자가 연대가 아닌 분할책임만을 진다는 이유에서

109) 대인배상보험 I 의 보험금액은 피해자의 사망, 부상, 후유장애별로 각각 정해져 있다(자동차손배법시행령 3조 1항, 2항). 가령 사망의 경우 피해자 1인당 보험금액은 1억5천만 원이고, 그 범위 내에서 손해액을 보상하되 손해액이 2천만 원 미만이면 2천만 원으로 한다.

그 효력을 부인하는 것은 타당하지 않다.

(b) **초과전보 보험자와 여타의 보험자와 관계**

다음으로, 초과전보 보험자와 여타의 보험자와 관계이다. 초과전보조항은 비례책임을 규정한 상법 672조 1항을 변경하는 효과를 갖는다. 상법 672조 1항의 비례적 책임은 강행규정인가? 동 규정은 이에 관해 명시하지 않으므로 해석이 필요하다. 생각건대, 강행규정으로 보기 어렵다. 초과전보조항은 중복보험에서 나타나는 보상책임과 보험료의 중복을 피하는 효과적 방법이다. 초과전보 보험자는 보험료를 덜 받고 2차적 책임만 부담한다. 이와 달리 1차적 책임에 상응하는 보험료를 지급받은 보험자가 비례책임을 지게 해주면, 오히려 부당한 결과를 초래할 수 있다. 오히려 보상책임의 차등화가 합당할 수 있는 것이다. 요컨대 상법 672조 1항의 비례적 책임은 임의적 성격으로서, 초과전보조항을 통해서 계약 당사자가 보험자의 책임을 다르게 약정하는 경우에는 그 적용을 배제할 수 있다고 해석한다.

통설과 판례도 초과전보조항의 유효성을 인정한다. 대판 2002.5.17. 2000다30127에서 대법원은 다음과 같이 판시했다.[110] 상법 672조 1항은 강행규정이라고 해석되지 않으므로, 각 보험계약의 당사자는 각개의 보험계약이나 약관을 통하여 중복보험에 있어서의 피보험자에 대한 보험자의 보상책임 방식이나 보험자들 사이의 책임 분담방식에 대하여 상법의 규정과 다른 내용으로 규정할 수 있다. 다른 보험계약이 담보하는 손해 또는 이 보험계약이 없었을 경우에 다른 보험계약이 담보하였을 손해에 관하여는 이를 담보하지 않고, 다만 이 보험계약이 없었을 경우에 다른 보험계약이 보상하였을 보험금액을 초과하는 손해에 대하여 이 보험계약의 보상한도액을 상한으로 이를 담보한다고 규정하는 초과전보조항은 유효하다고 할 것이다. 이 조항의 취지는 피보험자가 입은 손해에 대하여 보상한도액을 상한으로 하여 보험금을 지급하되 다른 보험계약에 의하여 전보되는 금액을 공제한다는 것이므로, 다른 보험자 사이의 부담 부분의 조정에 관한 것일 뿐이지 피보험자의 보험이익을 감소시키는 것이 아니고 피보험자에게 다른 보험계약의 체결의무를 부과하는 것도 아니라는 점을 고려하면 불공정한 약관조항이라고 할 것도 아니다.

⑤ **모든 계약이 초과전보조항을 둔 경우**

중복되는 보험계약 모두가 초과전보조항을 두고 있는 경우라면 어떠한가? 이 경우 초과전보 보험자의 입장에서 보자면 1차적 책임을 부담하는 여타의 보험자가 없음을 의미하고, 여타의 1차적 책임자가 없으면 초과전보조항은 초과전보 보험자에게 1차적 책임을 지운다. 이러한 논리는 초과전보 보험자 전부에게 적용되므로, 결국은 초과전보 보험

110) 대판 2024.2.15. 2023다272883도 상법 672조 1항은 강행규정이 아니라고 판단했다.

자 모두가 1차적 책임을 진다고 해석할 수 있다. 따라서 이 경우 상법 672조 1항이 규정하는 연대·비례 책임이 적용된다. 통설도 비례·연대 책임을 적용한다.

iii) 보험자 1인에 대한 권리 포기

중복보험자는 연대·비례 책임을 진다. 그런데 피보험자가 어떤 보험자에 대해서 보험금청구권을 포기한 경우를 가정하자. 그 포기는 다른 보험자에게 어떠한 영향을 미칠까?

① 비례책임

비례책임을 먼저 보자. 보험자는 자신의 보험금액 비율에 해당하는 부담부분에 대해서 책임을 부담함이 원칙이다. 청구권 포기가 있으면 그만큼 다른 보험자의 부담부분이 증가하는가? 이것은 다른 보험자를 해하는 부당한 결과이다.

이러한 부당한 결과를 막기 위한 규정이 상법 673조이다. 이것은 피보험자가 보험자 1인에 대해서 권리를 포기해도 다른 보험자의 권리의무에 영향이 없다고 규정한다. 통설도 이 규정의 취지가 피보험자가 어떤 보험자와 통모하여 다른 보험자를 해치는 결과를 방지함에 있다고 설명한다. 따라서 다른 보험자의 부담부분은 그대로 유지되는 것으로 보아야 한다.

예를 들면 보험가액이 1억 원이면서 보험자 A, B, C, D가 인수한 보험금액이 각각 1억 원인 중복보험이 체결된 경우를 가정하자. 전손이 발생한 후 피보험자가 A에 대해서 보험금청구권을 포기해도 보험자 B, C, D의 각 부담부분은 2천5백만 원(1억 원 × 1/4)이 그대로 유지되는 것이다. 하지만 이 경우 다른 보험자의 부담부분이 증가되지 않는다는 것은 상법 673조가 없어도 인정되는 당연한 것이다.[111] 그렇다면 이 점을 놓고 보면 상법 673조는 확인적 규정에 불과하다.

② 연대책임

(a) 문제의 제기

남아 있는 문제는 연대책임이다. 피보험자가 어떤 보험자에 대해서 보험금청구권을 포기한 경우 다른 보험자는 여전히 자신의 보험금액 내에서 연대책임을 부담하는가? 위 사례에서 포기 전에 각 보험자는 1억 원까지 연대책임을 부담한다. 포기한 후에도 이것은 그대로 유지되는가? 이것은 여기의 연대책임이 진정연대책임인지, 부진정연대책임인지와 관련된다.

(b) 부진정연대책임에 입각한 입장

부진정연대책임에 입각하면, 보험자 B, C, D 각자의 연대책임이 1억 원으로 그대로 유지된다(면제의 상대적 효력설). 이것은 상법 673조의 문리에도 부합한다. 그리고 피보험자에게 1억 원을 지급한 B는 A, C, D에게 각 2천5백만 원씩 구상할 수 있다. 구상금을 지

---

111) 어떤 연대채무자에 대한 채무면제가 다른 연대채무자의 부담부분을 늘린다는 견해는 발견하기 어렵다.

급한 A는 2천5백만 원을 다시 피보험자로부터 구상할 수 있을 것이다.[112)]

(c) **진정연대책임에 입각한 입장**

진정연대책임에 입각하면, 연대채무자 1인에 대한 면제는 다른 연대채무자에게 일정 범위에서 절대적 효력을 갖는 것이 원칙이다. 민법 419조는 어떤 연대채무자에 대해서 채권자가 면제한 경우는 그 채무자의 부담분에 한하여 다른 연대채무자의 이익을 위하여 효력이 있다고 규정한다. 이 규정에 따르면 보험자 B, C, D의 각 연대책임은 7천5백만 원으로 감축된다. 즉 연대책임(대외적 책임)에 관해서는 원칙대로 민법 419조가 적용되고, 상법 673조는 적용이 없다고 본다(면제의 절대적 효력설). 이에 따르면 피보험자의 A에 대한 권리포기 사실을 모르고 B가 피보험자에게 1억 원을 지급하였다면, B는 피보험자로부터 2천5백만 원을 부당이득으로 반환청구할 수 있고,[113)] C, D에게 각 2천5백만 원씩 구상할 수 있다.

(d) **결론**

전술한 바와 같이 중복보험에서 보험자들은 부진정연대관계에 있다고 보아야 하고, 또한 상법 673조의 문리를 살릴 수 있다는 점에서, 위의 (b) 방식에 따라 해결하는 것이 타당하다.

iv) 보험료 반환 문제

중복보험에서 결과적으로 초과하여 지급한 보험료의 반환이 가능한지, 즉 소급적 보험료 정산이 가능한지가 문제된다. 상법에는 이와 관련한 명문 규정이 없다. 따라서 약관에 별도의 규정이 없는 한 소급적인 보험료 정산은 가능하지 않다. 선의로 중복보험에 가입한 보험계약자의 경우 민법상 착오취소 법리에 의해 보험계약의 (일부) 취소를 주장할 여지는 있다. 보험계약자가 보험사고의 발생 전에 장래를 향해 보험금액이나 보험료 감액을 청구하는 것은 상법 669조 1항에 따라 가능할 것이다.

4) 중복보험 통지의무

i) 의의

상법 672조 2항에 의하면, 동일한 보험계약의 목적과 동일한 사고에 관하여 수개의 보험계약을 체결하는 경우에 보험계약자는 각 보험자에 대하여 각 보험계약의 내용을

---

112) 박세민 405면과 장덕조 223면은 분명하지는 않지만 그러한 취지로 보인다.

113) 다만 다음과 같은 두 가지 예외가 있을 수 있다.

① A가 면제로 B 등이 공동으로 면책되었음을 B에게 사후통지하지 않아 B가 선의로 1억 원을 지급하였다면 B는 A에 대하여 구상권 행사가 가능할 수 있다(민법 426조 2항의 유추적용).

② B가 확정판결에 따라 A에 대하여 1억 원 지급의무를 부담한다면, 판결확정 후 그에 따라 1억 원을 지급한 뒤 나중에 면제사실을 알게 되어 A에게 2천5백만 원을 부당이득으로 반환청구하는 것은 기판력에 저촉될 수 있다.

통지해야 한다. 이것이 중복보험 통지의무이다. 통지의무의 취지는, 사기로 중복보험이 체결됨을 사전에 방지하고, 보험사고가 발생하면 손해의 조사 또는 책임범위 결정을 보험자들이 공동으로 할 수 있도록 하는 데 있다.[114)]

상법 672조 2항의 문리에 따르면, 여기의 중복보험은 협의의 중복보험인 초과중복보험에 한정하는 것이 아니라 단순중복보험(병존보험)도 포함한다(통설). 따라서 그 보험금액의 총액이 보험가액을 초과하는지 여부를 묻지 않고 통지의무가 적용된다. 또한 동시중복보험인지 이시중복보험인지 묻지 않고 통지의무가 적용된다. 통지의무의 시점은 중복보험이 되는 보험계약을 체결하는 시점이고, 이시중복보험의 경우는 두 번째 보험계약이 체결되는 시점이다. 그리고 통지의 방법에는 제한이 없다.

ii) 효과

① 해석론

상법 672조 2항은 통지의무 위반의 효과를 언급하지 않는다. 입법의 불비다. 효과에 관한 논의의 핵심은 통지의무 위반 시에 사기로 체결된 중복보험으로 추정할 수 있는지 여부다.

판례는 추정력을 부인한다. 대판 2000.1.28. 99다50712에서, 통지의무의 해태로 인한 사기의 중복보험을 인정하기 위해서는 보험자가 통지의무가 있는 보험계약자 등이 통지의무를 이행하였다면 보험자가 그 청약을 거절하였거나 다른 조건으로 승낙할 것이라는 것을 알면서도 정당한 사유 없이 위법하게 재산상의 이익을 얻을 의사로 통지의무를 이행하지 않았음을 입증하여야 할 것이고, 단지 통지의무를 게을리하였다는 사유만으로 사기로 인한 중복보험계약이 체결되었다고 추정할 수는 없다고 판시한 바 있다. 즉 보험자계약자가 통지를 게을리했다는 이유로는 사기로 체결한 중복보험으로 추정되지 않는다고 판시한 것이다.

학설로는 추정력을 인정하는 견해가 있다.[115)] 이와 달리 이 추정은 사실상 추정에 불과하고 또한 추정력을 인정할 수 없다는 견해가 있다.[116)]

생각건대 추정력을 부인함이 타당하다.[117)] 상법 672조 2항은 통지의무 위반의 효과로서 추정력을 규정하지 않았다. 따라서 법률상 추정은 불가하다. 문제는 사실상 추정인데, 사실상 추정도 인정하기 어렵다. 그 이유는 다음과 같다. 사기로 중복보험을 체결한 보험계약자가 입게 되는 불이익[118)]을 고려하면 사기의 추정은 엄격하게 제한하는 것이

114) 대판 2003.11.13. 2001다49630. 이에 대한 비판적인 견해로는 양승규 212면

115) 양승규 212면; 최기원 298면

116) 김성태 399면

117) 박세민 402면; 임용수 263면

118) 사기로 체결된 중복보험은 무효이고 보험자가 그 사실을 안 때까지 보험료를 청구할 수 있다(상법 672조 3항)는 점에서 보험계약자의 불이익은 지대한 것이다.

필요하다. 사기 없이 중복보험을 체결한 보험계약자에게 통지를 기대하기 어려운 측면이 있다. 즉 계약을 체결하며 중복보험이 된다는 사실을 모르거나, 이 사실은 알아도 보상의 한도가 보험가액으로 제한된다는 사실을 모르는 보험계약자에게는 통지를 기대하기 어려운 것이다. 중복보험이라는 사실과 보상의 한도가 제한되는 사실도 알지만 부당한 보험금 청구를 할 의도 없이 중복보험을 체결한 경우도 있을 수 있다. 가령 피보험이익, 보험사고, 보험기간 중 일부만 중복된 경우 이 일부분에 대해서는 부당한 보험금 청구를 할 의도가 없을 수 있다. 그렇다면 통지하지 않은 경우 사기를 추정함은 엄격한 제한에 반하는 과도한 해석이라 할 수 있다. 한편으로 통지의무의 위반은 불법행위를 구성할 수 있다. 즉 보험계약자가 고의 또는 과실로 통지를 해태하여 보험자가 손해를 입었다면, 보험자는 손해배상청구권을 행사할 수 있을 것이다. 특히 보험계약자와 피보험자가 다른 손해보험에서 실효성이 크다. 가령 제3자를 위한 손해보험에서 보험계약자가 고의 또는 과실로 중복계약을 통지하지 않았고, 이를 알지 못한 각 보험자가 피보험자에게 보험금을 지급한 경우, 각 보험자는 피보험자의 초과부분에 대해 부당이득 반환청구를 할 수 있는데, 이와 경합하여 보험계약자에게 불법행위로 인한 손해배상청구권을 행사할 수 있을 것이다.

② 계약상 통지의무의 문제

손해보험에 관한 상법 672조 2항이 다른 보험계약의 존재에 대한 통지의무만 규정하고, 그 위반효과는 규정하고 있지 않는데, 그 위반효과에 관해서는 보험약관을 통해 자유롭게 정할 수 있는가?

판례는 인보험과 관련하여 동일한 위험을 담보하는 다른 보험계약의 가입을 통지하도록 하고 이를 위반하면 계약을 해지할 수 있다고 정한 약관조항이 유효하되, 다만 약관조항이 보험자가 통지의무위반을 이유로 보험계약을 해지하기 위해서는 보험계약자 등이 고의로 또는 중과실로 의무를 위반했어야 한다고 규정하고 있지 않더라도, 해석상 보험자가 고의 또는 중과실을 입증해야 한다고 판시했다.[119)]

위 판례에 비추어 보면, 손해보험에서도 보험약관이 다른 보험계약의 존재에 대한 통지의무를 위와 같이 규정한다면, 그 효력이 인정될 수 있을 것이다. 다만 계약상 의무위반을 이유로 보험계약을 장래에 향하여 해지하는 것만 허용되고, 해지 이전에 발생한 보험사고에 대한 보험자 면책은 허용되지 않는다고 보아야 한다. 이에 관해서는 위험변경증가의 부분에서 상세히 기술한 바 있다.

③ 입법론

다만 효과를 정하기 적당하지 않은 점은 있다. 무엇보다도 판례가, 보험자가 보험계

---

119) 대판 2001.11.27. 99다33311

약 체결 시에 동일한 보험목적에 대하여 체결한 다른 보험계약의 유무 또는 가입금액에 따라 보험요율을 달리 산정하였을 것이라거나, 보험계약의 체결을 거절하였을 것이라는 사정도 전혀 보이지 않는 점을 이유로 중복보험을 체결한 사실은 상법 651조의 고지의무, 652조 및 653조의 통지의무 및 유지의무의 대상이 아니라고 보기 때문이다.[120)]

이런 점을 고려해서 입법론으로, 보험계약자 또는 피보험자가 고의나 중과실로 중복보험 통지의무를 이행하지 않은 경우 선의·무중과실의 보험자는 그 사실을 안 날로부터 1월 내에 계약을 해지할 수 있다는 규정을 도입하자는 견해가 있다.[121)] 이것은 계약상 통지의무를 인정한 위 판례를 입법화하자는 것에 가깝다. 타당성이 인정된다고 본다. 다만 전술한 바와 같이, 계약상 의무위반을 이유로 보험계약을 장래에 향하여 해지하는 것만 허용되고, 해지 이전에 발생한 보험사고에 대한 보험자 면책은 허용되지 않는다고 보아야 한다.

(3) 사기로 체결한 중복보험

사기로 체결한 초과보험의 규정(상법 669조 4항)은 중복보험이 준용된다(상법 672조 3항). 요건과 효과는 사기로 체결된 초과보험과 대체로 같다.

1) 요건

① 고의의 내용을 확장하는 문제이다. 사기로 체결된 초과보험처럼, 고의의 확장이 필요하다. 즉 보험자를 기망하여 중복보험에 관해 착오에 빠지게 하는 고의, 그리고 그 착오에 기해서 보험자로 하여금 의사표시를 하게 하는 고의 이외에, 중복보험을 통해서 부당한 이득을 얻으려는 고의도 요구된다.[122)] 대판 2000.1.28. 99다50712는 통지의무를 위반해도 사기로 체결한 중복보험으로 추정되지 않는다고 판시함에 있어서, 사기로 체결된 중복보험이 되려면 "위법하게 재산상의 이익을 얻을 의사"가 요구된다고 전제했다. 따라서 판례도 고의의 내용을 확장하는 입장에 있다고 볼 수 있다.

② 사기의 판단시점이다. 사기로 체결된 초과보험처럼, 계약의 체결 시점을 기준으로 성립 여부를 판단한다. 중복보험이 동시에 체결된 경우에는 그 시점, 순차로 체결된 경우에는 중복 요건을 충족시킨 해당 계약의 체결시점을 기준으로 성립 여부를 판단한다.

③ 보험가액의 기준이다. 사기로 체결된 초과보험처럼, 여기의 보험가액은 보험계약 체결 시점의 그것으로 해석한다. 사기의 성립 시점이 계약의 체결 시점이라는 점을 고려

120) 대판 2003.11.13. 2001다49623(고지의무); 대판 2003.11.13. 2001다49630(통지의무)

121) 장경환, "상법 제672조(중복보험)의 개정에 관하여", 경희법학42-1, 2007, 311면 이하. 박세민 404면; 이기수·최병규·김인현 197면도 비슷한 입법론을 제시한다.

122) 장덕조 224면

해야 하기 때문이다.

④ 현저한 초과의 요건과 해석 문제이다. 사기 없이 체결된 중복보험의 성립에는 초과가 현저할 것이 요구되지 않는다. 하지만 사기로 체결된 중복보험의 성립에는 현저한 초과가 요구된다. 사기로 체결된 중복보험은 사기로 체결된 초과보험을 준용(상법 672조 3항)하기 때문이다. 여기서 현저한 초과에 대한 해석은 사기로 체결된 초과보험의 그것과 같게 하면 될 것이다.

⑤ 사기의 증명책임 문제이다. 사기로 체결된 초과보험과 동일하게, 사기의 증명은 보험자의 책임이다.

2) 효과

사기로 체결된 초과보험처럼, 사기로 체결된 중복보험은 무효이고, 보험자는 사기로 중복보험이 체결된 사실을 안 때까지 보험료를 청구할 수 있다(상법 672조 3항, 669조 4항). 상법 648조에 의하면 보험계약의 전부 또는 일부가 무효인 경우 보험계약자 등이 선의이고 중과실이 없을 때만 보험료의 전부 또는 일부의 반환을 청구할 수 있다. 그리고 상법 669조 4항 단서로 인해서 보험계약자 측의 불이익은 가중된다. 즉 보험자가 사기로 중복보험이 체결된 사실을 안 때까지 보험료를 청구할 수 있기 때문이다. 이처럼 사기로 체결된 중복보험에 대해 엄격한 효과를 부과하는 점에서 이것을 제재하고 예방하는 데 상당한 역점을 둔 입법정책이라는 것을 알 수 있다. 이에 관한 자세한 사항은 사기로 체결된 초과보험에서 기술하였다.

사기로 체결된 중복보험계약은 처음부터 효력이 존재하지 않는다. 해당 보험계약 전부를 무효로 할 것인지가 문제된다. 수개의 보험계약이 동시에 체결된 경우에는 전부가 무효라고 볼 수 있다. 한편 수개의 보험계약이 순차로 체결된 경우는 어떠한가. 순차로 체결된 경우에는 사기의 고의로 기망행위가 이루진 시점 이후의 보험계약만 무효라고 해석할 여지도 있다. 그러나 수개의 보험계약이 동시에 체결된 경우와 효력에 차이를 둘 합리적 이유는 없다. 이 경우도 보험계약은 전부 무효로 봄이 타당하다.[123]

(4) 책임보험에 준용

책임보험에는 초과보험, 중복보험, 일부보험의 규정이 적용되지 않음이 원칙이다(통설). 통설은 이러한 규정들은 보험가액을 전제한 것이지만, 책임보험은 보험가액이 없는 것이 원칙이라는 점에서 그 이유를 찾는다. 보험가액이란 법정 보상액 한도인데, 책임은 그 한도를 정하기 어려워서 책임보험에 보험가액이 인정되지 않는다는 것이다. 다만 예

123) 김성태 399면; 박세민 404면; 임용수 264면

외로서 물건 보관자의 책임보험(상법 725조) 등과 같은 경우는 책임의 한도를 정할 수 있으므로 보험가액이 인정되고, 이 경우는 초과보험, 중복보험, 일부보험의 규정이 적용되는 것으로 해석한다(통설). 또한 중복보험 규정은 책임보험에 준용된다. 상법 725조의2에 의하면, "피보험자가 동일한 사고로 제3자에게 배상책임을 짐으로써 입은 손해를 보상하는 수개의 책임보험계약이 동시 또는 순차로 체결된 경우에 그 보험금액의 총액이 피보험자의 제3자에 대한 손해배상액을 초과하는 때에는 상법 제672조와 제673조의 규정을 준용한다"고 정한다. 이에 따라 책임보험자는 연대·비례 책임을 부담한다.

하지만 책임보험 일반의 경우에도 보험사고의 발생 시에는 보험가액이 인정될 수 있다고 본다. 따라서 통설은 의문이다. 책임보험에서도 보험사고 발생 시점에 보험가액이 인정될 수 있으므로, 상법 725조의2는 확인적 규정에 불과하다고 본다. 그리고 중복보험에 관한 규정을 적용(또는 준용)하는 데 있어서, 상법 672조에 관해서는 1항, 2항이 주로 적용된다. 이와 달리 상법 672조 3항은 적용의 실익이 없다. 이에 대한 보다 자세한 논의는 책임보험 부분에서 하기로 한다.

4. 일부보험

(1) 의의

일부보험이란 보험금액이 보험가액에 미달하는 보험이다(보험금액<보험가액). 일부보험의 경우는 초과보험과 다르게 피보험자가 보험가액을 넘어서 이득을 취하는 문제는 생기지 않는다. 그래서 사기에 의한 일부보험의 체결 문제도 등장하지 않는다. 이보다는 사고의 발생 후에 보험자 보상책임을 어떻게 정할지가 문제된다. 상법 674조가 이에 대해 규정한다.

(2) 요건

보험가액의 일부를 보험에 붙인 경우에 일부보험이 성립한다(상법 674조 본문). 보험가액의 일부를 보험에 붙였다는 것은 보험금액을 보험가액 미만으로 약정한 의미로 해석한다(통설).

1) 일부보험 성립태양

일부보험의 성립태양을 보자. 하나는 계약의 체결 시점에 의도적으로 보험가액보다 낮게 보험금액을 약정한 경우이다. 또 하나는, 계약의 체결 시에 보험가액을 저평가했거나, 그 이후에 보험가액이 상승하여 보험금액을 넘어선 경우이다. 전자를 의식적 일부보험, 후자를 자연적 일부보험이라고 칭한다(통설).

2) 보험가액 기준

의식적 일부보험은 계약체결 시의 보험가액이 기준이 된다.[124] 자연적 일부보험의 문제는 보험사고가 발생하여 손해액을 산정하는 과정에서 주로 등장하게 되는데, 이 경우는 사고발생 시의 보험가액이 기준이 된다.[125]

(3) 효과

1) 비례책임

보험자는 보험금액의 보험가액에 대한 비율에 따라서 보상책임을 지는 것이 원칙이다(상법 674조 본문). 이것이 비례책임이다.[126] 중복보험에서 비례책임과는 그 내용이 다르다. 여기서 비례책임의 예를 보자. 보험가액이 1억 원인데 보험금액이 5천만 원인 경우를 가정하자. 5천만 원의 손해가 발생한 경우에 보험자의 보상책임액은 2천5백만 원(5천만 원 × 1/2)이다.

그런데 비례책임은 특별한 사정이 없는 한 자연적 일부보험에는 적용되지 않는다고 해석할 필요가 있다. 왜냐하면, 비례책임이 피보험자에게 불측의 불이익을 줄 수 있기 때문이다. 가령 보험가액 및 보험금액을 1억 원으로 하는 전부보험계약을 체결했는데 이후 보험가액이 2억 원까지 상승하여 자연적 일부보험이 된 경우를 가정해 보자. 비례책임에 의하면, 1억 원의 손해가 발생하면 보상책임액은 5천만 원(1억 원 × 1/2)에 그친다. 이 결과는 계약의 체결 시점에 보상액 1억 원으로 정했고 그에 따른 보험료 지불도 있었음에 비추어 볼 때 부당하다. 따라서 자연적 일부보험에 대해서 비례책임을 적용하기로 당사자가 약정한 경우 등이 아니라면, 비례책임을 적용하지 않는 것이 타당하다.[127]

2) 다른 약정이 있는 경우

당사자 사이에 다르게 약정하면 보험자는 보험금액 내에서 책임진다(상법 674조 단서). 약정 방법은 다양하다.

① 보험금액을 한도로 손해액 전부에 대해서 보상책임(보험금액 내 전부책임)을 진다고 약정하는 방법이 있다. 이를 '제1차 위험보험' 또는 '실손보상계약'이라고도 한다.[128] 즉

---

124) 박세민 408면; 양승규 216면; 최준선 207면

125) 박세민 408면; 양승규 216면; 최준선 207면

126) 비례부담 또는 비례보상이라고 부르기도 한다.

127) 전부보험이 물가변동 등으로 일부보험이 된 경우 비례책임의 예외를 인정하거나 물가변동에 대응하여 보험금액 및 보험료의 자동적 변동 등에 대해서 정해두는 것이 요구된다는 견해가 있다(양승규 216면).

128) 양승규 216면 등

보험금액의 보험가액 비율은 고려하지 않는다. 따라서 만약 보험금액을 한도로 손해액 전부에 대해서 보상책임을 진다고 약정한 경우 전술한 사례에서 보험자의 보상액은 5천만 원이다.

위와 같은 비례책임과 보험금액 내 전부책임의 차이는 무엇인가? 피보험자 자기부담의 범위 문제다. 비례책임에 의하면, 피보험자가 언제나 손해액의 일부를 스스로 부담하게 된다. 전술한 사례에서 손해액은 5천만 원이고, 보상액이 2천5백만 원, 자기부담도 2천5백만 원이다. 이와 달리 보험금액 내 전부책임에 따르면, 손해액이 보험금액 이하면 자기부담이 없고, 보험금액을 초과하면 초과분이 자기부담이다. 전술한 사례에서 보상액은 5천만 원이고, 자기부담은 없다. 이 방식은 비례책임에 비해서 자기부담이 적은 대신 보험료는 더 비싸다. 요컨대, 두 가지 방식은 손해액에 대해서 언제나 일정한 비율로 자기부담을 할 것인지, 아니면 보험금액을 초과하는 손해액만 자기부담을 할 것인지가 다르다.

② 보험자의 보상한도를 보험가액의 일정비율로 정하는 방법도 있다. 보험가액의 일정비율 내에서(가령 보험가액의 50% 이내에서) 손해액 전부에 대해서 약정하는 것이다. 이를 비율보험이라고 한다.[129)]

③ 한편 화재보험표준약관 9조 1항을 보면, 보험금액이 보험가액의 80% 이상이면, 보험금액 내 전부책임으로 하고, 보험금액이 보험가액의 80% 미만이면, 보험금액을 한도로 '손해액 × $\frac{\text{보험금액}}{\text{보험가액의 80\%}}$'로 보험금을 지급한다. 이것은 비율보험과 비례책임을 혼합한 방식이다.

3) 입법론

입법론의 관점에서 상법 674조는 재검토가 필요하다. 비례책임을 원칙으로 삼는 것이 타당하지 않다. 무엇보다도 비례책임은 피보험자의 합리적 기대에 반하기 때문이다. 피보험자는 보험금액 이내의 손해라면 전부 보상받을 것을 기대하는 것이 일반적이라고 본다. 또한 비례책임은 자연적 일부보험에는 적용이 없다고 보아야 하므로, 비례책임이 일부보험의 일반적 책임형태라고 말하기 어렵기 때문이다. 1991년에 상법을 개정하며 674조 단서를 신설한 바 있지만, 이것만으로는 부족하다. 일부보험에서 보험금액 이내라면 손해액 전부를 보상하는 것(보험금액 내 전부책임)을 원칙으로 하고, 오히려 비례책임 방식은 당사자가 별도로 약정한 경우만 적용되는 것으로 하는 개정이 필요하다고 생각된다.

---

129) 양승규 217면 등

제2장

손해보험계약의 효과

제1절 손해보험자의 보상의무

1. 보상의무의 의의

보험계약의 효과로서 보험자의 보상의무에 대해서는 보험계약 총론에서 설명했다. 여기서는 손해보험자의 보상의무에 특유한 내용을 다룬다. 손해보험자는 보험사고로 인하여 생길 재산상의 손해를 보상할 책임이 있다(상법 665조). 손해보험은 비정액보상이 특징인데, 이 점에서 정액보상을 원칙으로 하는 인보험과 구분된다.

2. 배상의무와의 구분

보험자의 손해보상책임(상법 665조)은 채무불이행자나 불법행위자(배상의무자)의 손해배상책임(민법 390조, 750조)과 같은 점도 있고, 다른 점도 있다. 손해보상책임이나 손해배상책임이 손해를 전보(塡補)한다는 점에는 같다. 그래서 손해의 개념 등에서 법리가 같다. 하지만 손해보상책임과 손해배상책임은 몇 가지 면에서 중요한 차이가 있다. 보험자의 보상책임은 피보험자가 입을 손해의 위험을 적법한 유상계약에 의해서 보험자에게 이전한 결과, 계약의 효과로서 인정되는 것이다. 이와 달리 배상의무자의 배상책임은 위법한 가해행위로 발생한 손해를 법률의 규정에 의해서 가해자와 피해자 사이에 공평하게 분담하는 제도이다.[1] 즉 양자는, 적법성 여부(적법행위, 위법행위), 법적 근거(유상계약, 법률의 규정), 기능(위험의 이전, 손해의 공평분담) 등에서 다르다. 그 결과 손해보상책임과 손해배상책임은 법리의 면에서 차이를 보인다. 특히 손해의 종류 및 범위가 그렇다. 보험자는 손해의 위험을 측정하여 보험료를 수취한 대가로 위험을 인수한다. 위험의 측정은 보험의 기술적 측면이다. 이러한 보험의 기술성은 보상할 손해의 종류와 범위 등에 영향을 미치지 않을 수 없다. 배상의무에는 이러한 특성이 나타나지 않는다. 보험의 기술성이

1) 손해의 공평한 분담은 손해배상제도의 이상이자 기능이다. 대판 2002.4.26. 2000다16237 등 참조

보상할 손해의 종류 및 범위 등에 구체적으로 어떠한 영향을 미치는지에 대해서 아래에서 살펴보자.

3. 손해의 개념

손해는 보험사고로 인해서 피보험이익에 생긴 불이익이다. 사고발생 전후의 이익상태의 차이를 가리킨다(통설). 이것이 차액설이다. 판례도 같다. 대판 2005.12.8. 2003다40729에서, 손해란 피보험이익의 전부 또는 일부가 멸실됐거나 감손된 것을 말하는데, 통상 보험사고의 발생시점을 기준으로 그 전후 재산상태의 차이에 의해 산정할 수 있다고 판시했다. 민법상 배상책임에서 손해도 차액설이 통설 및 판례[2)]이다. 보상책임과 배상책임은 손해의 개념에서 다르지 않다는 것을 알 수 있다.

4. 손해의 발생시기

보험자의 보험금지급의무가 보험사고가 보험기간 중에 발생해야 성립한다는 점은 손해보험이나 인보험이나 같다. 하지만 손해보험에서는 보험자의 보상책임이 구체화되려면 사고의 발생뿐만 아니라 손해도 발생해야 한다. 사고와 손해의 발생이 동시에 나타나는 경우도 있지만 이시(異時)에 나타나는 경우도 있다. 예를 들면 화재가 급속히 번진 경우는 전자이고, 서서히 번진 경우는 후자이다. 이보다 시차가 더 큰 경우도 있다. 수해로 인해서 생기는 건물의 부식 손해가 그러하다. 보험사고와 손해 사이에 시차가 있는 경우, 사고는 보험기간 내에 발생하지만 손해는 그 이후에 나타나는 경우도 있다(상해로 인해 나중에 후유증이 나타나서 치료를 받은 경우).

보험기간이 종료된 후에 나타나는 손해도 보상되는가? 긍정설이 통설이다. 이러한 손해도 보상하는 것이 보험계약자의 합리적 기대에 부합하며, 이와 달리 보상하지 않는 것은 보험의 효용을 떨어뜨리기 때문이다. 다만 보험기간이 종료된 후에 손해의 발생기한을 합리적으로 제한하는 당사자의 약정은 유효하다고 볼 수 있다. 보험의 기술성(손해발생시점을 포함한 손해의 위험을 측정하여 보험료를 수취한 대가로 위험을 인수)도 고려해야 하기 때문이다. 보험사고가 보험기간 내에 발생한 경우에만 손해를 보상하는 것도 보험의 기술성을 고려한 것이다. 이 점에서 보험자의 보상책임은 배상의무자의 배상책임과는 차이를 보인다.

---

2) 대판(전원) 1992.6.23. 91다33070

5. 손해의 종류

(1) 재산적 손해와 비재산적 손해

재산적 손해와 비재산적 손해는 보험사고가 발생한 결과로 생기는 손해가 재산적인지 비재산적인지에 따른 구분이다.[3] 재산적 손해는 재산에 관해 생긴 손해(가령 물건이 훼손되어서 생긴 손해)도 있지만, 생명 · 신체에 관해 생긴 손해(가령 상해를 입어서 부담할 치료비)도 있다. 비재산적 손해의 전형은 정신적 손해(가령 정신적 고통)이다. 재산적 손해는 물론이고 비재산적 손해도 객관적인 평가에 의한다. 주관적 평가는 손해보상의 원칙을 훼손할 수 있기 때문이다.

상법은 보험자의 보상책임을 재산상 손해로 제한한다(상법 665조). 여기서 재산상 손해는 위의 재산적 손해를 의미한다고 해석된다. 따라서 비재산적 손해는 손해보험자의 보상대상에서 제외된다.[4] 이 점에서 배상의무자의 배상책임이 비재산적 손해까지 포함하는 것(판례,[5] 통설)과 다르다. 상법 665조와 관련하여 다음을 살펴보자.

첫째로, 보상책임을 재산적 손해로 제한한 취지는 무엇인가? 비재산적 손해는 보험자의 입장에서는 위험측정이 쉽지 않고, 보험계약자 입장에서는 보험료가 증가한다는 측면이 있다. 이 점을 고려해서 제한한 것으로 이해할 수 있다.

둘째로, 상법 665조는 강행규정인가? 다시 말하면 보험자가 비재산적 손해를 보상하는 약정(즉 위자료 보상약정)을 체결한 경우에도 그 효력이 없는가? 생각건대, 부정하는 것이 옳다. 보험자와 보험계약자의 사적 자치를 허용하지 못할 정도로 위험측정이 곤란한 것은 아니며, 또한 높은 보험료의 지불 여부는 보험계약자가 선택할 수 있도록 하면 되기 때문이다. 또한 비재산적 손해를 객관적으로 평가해 보상하면 피보험자가 초과이득을 얻는 문제도 생기지 않는다. 따라서 위와 같은 약정은 효력이 있다고 생각된다. 다만 손해보험에서 비재산적 손해를 보상하는 약정의 실익은 보험목적에 따라서 다르다. 보험목적이 재산인 경우 비재산적 손해는 예외적으로만 인정되고 있다. 따라서 이 경우는 비재산적 손해의 보상약정을 할 실익이 적다. 이와 달리 보험목적이 신체인 경우, 비재산적 손해는 보다 용이하게 인정될 수 있다. 그래서 손해보험형 상해보험(보험목적이 신체)은 비재산적 손해의 보상약정을 이용할 실익이 있다.

---

3) 보험목적이 재산인지 비재산인지에 따른 구분과는 다르다. 보험목적이 재산이면 재산보험, 생명 또는 신체이면 인보험이 된다.

4) 김은경 352면; 박세민 411면; 양승규 219면; 장덕조 232면; 정찬형 640면

5) 대판 1992.6.23. 91다33070

(2) 적극적 손해와 소극적 손해

적극적 손해는 현존의 이익에 생긴 불이익이다. 예를 들면 보험목적인 물건이 화재로 인해서 훼손된 경우이다. 한편 소극적 손해는 미래에 얻을 수 있는 이익에 생긴 불이익이다. 보험목적인 물건을 판매하여 얻을 수 있는 이익을 물건의 화재로 인해서 상실한 경우가 그 예다. 미래의 이익은 일실(逸失)이익, 상실이익, 희망이익 등으로 칭한다.

배상의무자의 배상책임은 양자를 포함한다(판례,[6] 통설). 배상책임과 달리, 보상책임은 원칙적으로 적극적 손해를 보상대상으로 한다. 소극적 손해에 대한 보상은 별도의 약정이 필요하다. 상법 667조가 "보험사고로 인하여 상실된 피보험자가 얻을 이익이나 보수는 당사자 간에 다른 약정이 없으면 보험자가 보상할 손해액에 산입하지 아니한다."고 규정하기 때문이다.

원칙적으로 보상책임을 적극적 손해로 제한하고 소극적 손해의 보상 여부는 당사자 약정에 맡긴 취지는 무엇인가? 보험자의 입장에서는 소극적 손해에 대한 위험측정이 쉽지 않고, 보험계약자 입장에서는 보험료의 증가가 불가피하므로 보상 여부를 선택할 수 있도록 하자는 데 있다.[7] 그리고 소극적 손해의 보상을 약정한 보험을 이익보험이라 칭한다.[8] 이익보험은 그 성질상 책임보험에서는 가능하지 않다(통설).

6. 보험사고와 손해의 인과관계

보험사고와 손해 사이에는 인과관계가 요구된다(상법 665조). 보험자는 보험사고로 인하여 발생한 손해를 보상할 책임이 있기 때문이다. 인과관계의 문제로 논의할 사항은 다음이다.

(1) 상당인과관계

보험사고와 손해 사이에 요구되는 인과관계의 정도 문제다. 상당인과관계가 요구된다(판례,[9] 통설). 상당한 인과관계의 존부는 구체적 사정을 고려하여 개별적으로 판단할 문제이다(판례,[10] 통설). 불법행위자의 배상책임도 이 점에서 동일하다(판례,[11] 통설).

---

6) 대판 1992.6.23. 91다33070
7) 소극적 손해는 보험목적에 직접 입은 손해가 아니라 부수적인 손해이기 때문이라는 견해가 있다. 양승규 220면.
8) 희망이익보험, 상실이익보험이라고도 한다.
9) 대판 1999.10.26. 99다37603; 대판 2003.4.25. 2002다64520
10) 대판 2003.4.25. 2002다64520
11) 대판 2007.7.13. 2005다23599

대판 1999.10.26. 99다37603은 상당인과관계의 문제를 다루었다. 이 사건의 약관에 의하면 보험자는 화재, 벼락 등의 사고로 보험목적인 농장에 생긴 손해를 보상키로 하였다. 농장이 위치한 지역에 벼락이 떨어져 그 일대가 정전됐고, 정전으로 인해 농장의 돈사용 차단기가 작동하여 전기 공급이 중단됐으며, 이로 인해 돈사 내 환기장치가 가동되지 않은 결과, 돈사 내 육성돈이 질식사했다. 이 사건의 쟁점은 벼락과 육성돈의 질식사 사이에 상당한 인과관계가 있는지 여부다. 대법원은 위 육성돈의 질식사에 근접한 원인이 돈사용 차단기의 작동에 의한 전기공급 중단이라고 하더라도 이 사건 벼락과 돈사용 차단기의 작동 사이에는 상당인과관계가 있다고 할 것이므로, 결국 위 벼락과 육성돈의 질식사 사이에 상당인과관계가 있다고 판시했다.

어떠한 손해가 상당한 인과관계에 있는지를 확인하는 약관도 있다. 예를 들면 화재보험표준약관 3조 1항 2호는 화재에 따른 소방손해(화재진압과정에서 발생하는 손해)를 보상한다고 규정한다. 화재와 소방손해 사이에는 상당한 인과관계가 있다고 볼 수 있을 것이다.

(2) 다른 원인의 경합

보험사고 이외의 다른 원인도 손해 발생에 기여한 경우 인과관계가 인정되는가? 인과관계의 경합 문제다. 이것은 특히 다른 원인이 면책사유인 경우에 등장하는 쟁점이다.

보험사고가 손해 발생에 중요한 원인이면, 다른 원인의 경합과 무관하게 상당인과관계를 인정하는 데 충분하다고 본다.[12] 보험사고가 손해 발생에 유일하거나 결정적인 원인이어야 상당인과관계가 인정되는 것은 아니다. 만약 이렇게 본다면 상당인과관계를 지나치게 엄격하게 적용하는 것이며, 그 결과 보험의 효용을 떨어뜨릴 우려가 있다.

7. 손해 발생과 후속사정

보험사고로 인한 손해가 확정적으로 발생하면 보상책임이 성립한다. 그 이후에 발생한 사정은 보상책임에 아무런 영향을 미치지 못함이 원칙이다.

이러한 원칙에 입각한 규정이 상법 675조이다. 이에 따르면, 보험목적에 보험사고가 원인이 되어 손해가 생긴 경우, 그 후에 보험사고 이외의 원인으로 보험목적이 멸실되더라도, 보험자는 이미 생긴 손해를 보상해야 한다. 건물의 수해를 보상하는 보험에 가입

---

12) 대판 1991.4.12. 91누476(산업재해보상보험법 제3조 제1항에서 말하는 "업무상의 재해"라 함은 근로자가 업무수행 중 그 업무에 기인하여 발생한 근로자의 부상, 질병, 신체장애 또는 사망을 뜻하는 것이므로 업무와 재해발생과의 사이에 인과관계가 있어야 하지만, 그 재해가 업무와 직접 관련이 없는 기존의 질병이더라도 업무상의 과로가 질병의 주된 발생 원인에 겹쳐서 질병을 유발 또는 악화시켰다면 그 인과관계가 있다고 보아야 할 것이고, 또한 과로로 인한 질병에는 평소에 정상적인 근무가 가능한 기초질병이나 기존 질병이 업무의 과중으로 급속히 악화된 경우까지도 포함된다고 할 것이다); 김은경 353면; 양승규 221면

한 후 건물의 일부 침수로 손해가 발생했고 그 이후 화재로 건물에 전손이 발생한 경우를 가정하자. 상법 675조에 의하면 보험자는 침수 손해를 보상할 책임이 있는 것이다.

참고로 대판 2005.12.8. 2003다40729를 본다. 이 사건에서 어떤 금융기관이 자신의 피용자가 행한 위법행위로 자신의 재산에 손해가 생기는 경우 이를 보상받을 수 있도록 하는 금융기관종합보험에 가입했다. 피용자가 보험기간 중에 위 금융기관의 재산을 세 차례에 걸쳐 불법으로 인출했다. 그리고 피용자는 이 인출자금을 보험기간 이전에 위 금융기관에서 불법으로 인출했던 계좌에 상환했다. 대법원은 손해보험에 있어서 보험자의 보험금지급의무는 보험기간 내에 보험사고가 발생하고 그 보험사고의 발생으로 인하여 피보험자의 피보험이익에 손해가 생기면 성립되고, 보험자가 보상할 손해가 확정적으로 발생한 이상 그 이후 생긴 사정은 손해액의 일부 상환 또는 충당의 문제로 취급될 수 있을 뿐이어서 보험금 지급 시점에 그때까지 실제 얼마가 상환되고 어디에 충당되었는지 여부를 확인하면 족하다고 판시했다. 그리고 보험기간 중에 자금의 불법 인출로 손해가 확정적으로 발생했고, 이 자금으로 보험기간 전에 불법인출했던 계좌에 상환한 것은 이 사건 사고로 인한 손해액이 아니라 보험기간 전에 발생한 손해액을 변제한 것이라고 판시했다.

8. 입증책임

보험사고의 발생은 보험계약자 등이 입증해야 한다(통설). 뿐만 아니라 손해의 발생, 손해액, 보험사고와 손해 사이의 인과관계 등은 보험계약자 등이 입증해야 한다.

9. 과실상계

배상의무자의 배상책임에는 과실상계가 적용된다. 채권자가 채무불이행에 관해서 과실이 있으면 손해배상의 책임 및 그 금액에 참작한다(민법 396조). 이것은 불법행위에도 준용된다(민법 763조). 나아가, 채무불이행 또는 불법행위 이후에 손해의 발생 또는 확대에 피해자의 과실이 있으면 역시 참작한다(판례,[13] 통설). 이것은 신의칙 또는 손해의 공평분담 이념에 기초한 것이다.

이러한 과실상계를 보상책임에 그대로 적용하면 보험의 효용이 크게 떨어질 수밖에 없다. 그래서 손해보험자의 보상책임과 관련해서는 특수성이 나타난다. 결론적으로, 보상책임에 적용되는 과실상계는 배상책임에 비해 크게 완화되어 있음을 알 수 있다. 이것

13) 대판 1999.6.25. 99다10714

은 손해의 공평분담보다는 보험의 효용을 고려한 결과라고 할 수 있다. 그 내용은 다음과 같다.

(1) 보험사고의 발생

손해보험에서 보험사고의 발생에 보험계약자 또는 피보험자의 고의 또는 중과실이 있으면 보험자가 면책된다(상법 659조 참조). 하지만 보험사고에 대한 과실상계의 규정은 없다. 또한 과실상계를 할 수 없다고 해석한다(통설).[14]

(2) 손해의 발생 및 확대

손해보험에서 보험계약자와 피보험자는 손해의 방지와 경감을 할 의무를 부담한다(상법 680조 본문). 의무 위반의 효과에 대해서 상법은 규정이 없다. 보험계약자 등이 고의 또는 중과실로 손해방지의무를 위반하여 손해를 야기한 경우에 배상책임을 진다(판례,[15] 다수설).[16]

(3) 과실상계액의 보상여부

배상책임에는 과실상계 법리가 적용되므로, 가해자의 위법행위로 인한 피해자의 실제 손해가 가해자에 대한 손해배상청구권 가액보다 클 수 있다. 이 경우 손해보험의 부보대상은 실제 손해인가, 아니면 손해배상청구권 가액 상당의 손해인가? 즉 과실상계에 해당하는 손해액이 보험자의 보상대상에 포함되는지의 문제이다.

과거 판례(대판 2009.4.9. 2008다27721)는 후자와 같이 보아서 피보험자에 대한 제3자의 책임에 과실상계를 한 금액에서 피보험자가 지급받은 보험금을 공제한 금액을 피보험자의 손해로 보고, 피보험자는 동 금액만을 제3자에게 청구할 수 있는 것으로 보았다. 따라서 보험자는 지급한 보험금에 해당하는 금액을 제3자에게 청구할 수 있다(보험자대위).

그러나 대판(전원) 2015.1.22. 2014다46211은 판례를 변경하여 다음과 같이 판시했다. 피보험자가 손해보험계약에 따라 보험자로부터 수령한 보험금은 보험계약자가 스스로 보험사고의 발생에 대비하여 그때까지 보험자에게 납입한 보험료의 대가적 성질을 지니는 것으로서 제3자의 손해배상책임과는 별개의 것이므로 이를 그의 손해배상책임액에서 공제할 것이 아니고, 피보험자는 보험자로부터 수령한 보험금으로 전보되지 않고 남은 손해에 관하여 제3자를 상대로 그의 배상책임(다만 과실상계 등에 의하여 제한된 범위내의 책임이다)을 이행할 것을 청구할 수 있다. 전체 손해액에서 보험금으로 전보되지 않고 남

14) 헌결 1999.12.23. 98헌가12 참조
15) 대판 2016.1.14. 2015다6302
16) 보다 구체적 내용은 손해방지의무 부분에서 살펴본다.

은 손해액이 제3자의 손해배상책임액보다 많을 경우에는 제3자에 대하여 그의 손해배상책임액 전부를 이행할 것을 청구할 수 있고, 남은 손해액이 제3자의 손해배상책임액보다 적을 경우에는 남은 손해액의 배상을 청구할 수 있고, 후자의 경우에 제3자의 손해배상책임액과 남은 손해액의 차액 상당액은 보험자대위에 의하여 보험자가 제3자에게 이를 청구할 수 있다.

손해보험의 보상대상을 어디까지로 볼 것인지는 기본적으로 보험계약의 해석을 통해 결정할 문제이다. 그러나 보험계약에 별도의 특약이 없다면 변경 후 판례처럼 보는 것이 타당하다. 손해배상책임과 무관하게 피보험자가 보험자로부터 손해 전액을 보상받을 수 있도록 하는 것이 보험의 효용을 살리는 방법이기 때문이다. 손해배상책임은 피해자의 과실을 보호하지 않지만, 보험책임은 피보험자의 과실을 보호한다는 점도 고려할 필요가 있다.[17]

10. 손익상계

가해적 사태가 피해자에게 손해뿐만 아니라 이익도 가져다 준 경우 그 한도에서 손해가 감소되므로 이 이익은 손해 산정 시 공제되어야 한다. 이를 손익상계라 한다. 손해의 공평분담을 이념으로 하는 배상책임에서는 손익상계를 해야 한다(판례,[18] 통설).

보상책임에서도 보험자가 보상할 손해는 손익상계가 이루어진 후의 손해라고 봄이 타당하다. 그렇게 보지 않으면 피해자는 가해적 사태가 없었더라면 그가 있었을 가정적 상태보다 오히려 더 나은 상태에 놓이기 때문이다. 즉 이것은 실제 발생한 손해에 한하여 보상한다는 이득금지의 원칙에 맞지 않는다.

11. 면책사유

발생한 보험사고가 보험자의 면책사유에 해당하는 경우에 보험자가 면책됨은 물론이다. 보험계약 일반에 적용되는 면책사유에 대해서는 보험계약 총론에서 기술했다. 여기서는 손해보험 특유의 면책사유를 살펴보자.

상법 678조는 보험목적의 성질, 하자 또는 자연소모로 인한 손해는 면책된다고 규정한다. 식품의 부패가 보험목적의 성질로 인한 손해의 예다. 감가상각으로 인한 통상의 범위 내에서의 물건가치의 감소는 자연소모로 인한 손해의 예이다.

---

17) 보다 구체적 내용은 보험자대위 부분에서 살펴본다.
18) 대판 1962.6.14. 61민상1359

이러한 손해가 면책되는 이유는 무엇인가? 이러한 손해는 필연적인 것이어서 보험사고의 불확정성에 반하기 때문에 면책이라고 설명하는 것이 보통이다.[19] 하지만 발생 시기, 손해액의 면에서 불확정성이 전혀 없다고 보기는 어렵다. 특히 자연소모로 인한 손해가 그러하다. 보험사고는 발생 여부뿐만 아니라 발생 시기, 손해액의 면에서도 불확정성이 인정된다고 본다. 사망보험의 보험사고인 사망이 발생 시기가 불확정한 예다. 따라서 위 손해의 면책 근거를 보험사고의 불확정성이 아닌 다른 데서 찾는 견해도 있다. 위 손해는 보험단체를 통한 위험 분산이 적절하지 않다는 것이다.[20] 즉 위 손해는 손해율이 지나치게 높아서 보험의 대상으로 삼을 실익이 적다. 이 견해에 찬동한다.

그리고 상법 678조는 책임보험에는 적용되지 않는다.[21] 책임보험의 보험목적을 책임으로 본다면,[22] 책임에 관한 손해는 책임을 지기 때문에 생기는 것이지 책임의 성질, 하자, 또는 자연소모로 인해서 생기는 것이 아니다.

12. 손해액의 산정

(1) 기준

보험자가 보상할 손해액은 손해발생의 시점과 장소의 가액을 기준으로 산정한다(상법 676조 1항 본문). 이러한 기준은 이득금지의 원칙과 관련된다. 그리고 여기의 가액은 보험가액이라고 해석한다(통설). 보험가액은 사고 발생 이후에 산정하는 것이 보통이다. 하지만 사고발생 이후의 산정은 보험목적의 멸실 등으로 가액을 둘러싼 분쟁이 있을 수 있는데, 이를 피하기 위해 보험가액을 사고발생 이전에 미리 협정하기도 한다. 이러한 보험이 기평가보험이다(상법 670조).

위와 같은 산정기준에 예외도 있다. 첫째로, 보험가액 불변동주의이다. 운송보험은 운송물을 발송한 시점 · 장소(상법 689조 1항), 선박보험은 보험자 책임의 개시시점(상법 696조 1항), 적하보험은 선적한 시점 · 장소(상법 697조)가 보험가액의 산정 기준이다. 이에 대해서는 이미 자세히 살펴보았다. 둘째로, 신가보험이다. 이것은 항을 바꾸어 살펴본다.

---

19) 김은경 357면; 양승규 221면; 이기수 · 최병규 · 김인현 180면

20) 山下友信, 保險法, 2005, 365면

21) 양승규 222면

22) 보험목적이 피보험자의 전체 재산이라는 학설도 있다. 이에 대해서는 책임보험 부분에서 자세히 살펴본다.

(2) 신가보험

1) 의의

신가보험은 신품가액에 의해서 손해액을 산정할 수 있다(상법 676조 단서). 신가보험은 보험목적이 물건인 경우에 적합하다. 손해가 발생할 때에 신품상태가 아닌 물건의 가액은 신품가액을 하회하는 것이 보통이다. 물건은 시간의 경과로 감가상각되는 것이 보통이기 때문이다. 신가보험은 보험목적이 신품상태가 아니어도 신품가액을 기준으로 손해액을 산정하는 것이 특색이다. 따라서 사고발생 시점·장소의 가액을 기준으로 손해액을 산정한다는 원칙(상법 676조 1항 본문)에 대한 예외가 되는 것이다. 이러한 예외적 성격의 신가보험을 도입할 것인지는 입법정책의 문제이다. 우리는 1991년 상법 개정으로 도입됐다.

2) 취지

신가보험을 인정하는 취지는 무엇인가? 물건이 멸실·훼손되면 동급의 중고품보다는 신품을 재조달할 경제적 수요가 있을 수 있다. 동급의 중고품을 구하기 곤란할 수도 있고, 물건의 성질상 중고품을 꺼릴 수도 있기 때문이다. 기계, 컴퓨터 등이 전형적인 예다. 이러한 경제적 수요를 부응하기 위한 것이 신가보험이다.

3) 성격

일본에서는 신가보험이 물건보험이라는 입장(물건보험설), 비용보험이라는 입장(비용보험설), 그리고 물건보험과 비용보험의 혼합이라는 입장(혼합보험설)이 대립한다.[23] 이 중에서 혼합보험설이 일본 통설이다.[24] 이에 의하면, 신가보험은 물건의 멸실·훼손으로 인한 물건 자체의 손해에 대한 보상(물건보험)과, 물건의 멸실·훼손으로 인한 재조달 비용에 대한 보상(비용보험)이 결합된 것이다. 비용보험설이나 혼합보험설의 실익은 신가보험을 비용손해의 관점에서 접근하여 손해보상 원칙과의 충돌을 피하는 데 있어 보인다. 즉 신가보험은 비용손해를 보상하므로, 피보험자에게 이득을 주는 것은 아니라는 것이다. 생각건대, 보험계약의 당사자는 물건보험, 비용보험, 혼합보험 중에서 선택하여 약정할 수 있다고 본다. 어느 방식으로 하든 신가보험이 되는 데 문제는 없다. 결국 신가보험의 법적 성격은 계약 해석의 문제라고 볼 수 있다.

---

23) 김성태 420-421면

24) 山下友信, 保險法, 2005, 405면

4) 이득금지 원칙과의 관계

일본에서는 신가보험은 물건손해와 비용손해를 보상하는 것이기 때문에 피보험자에게 이득을 주지 않고 따라서 이득금지 원칙에 반하지 않는다는 견해가 유력하다.[25] 이것은 일본의 통설인 혼합보험설에 입각한 주장이다. 하지만 여기에 찬성하기 어렵다. 피보험자의 재산상태를 사고의 전후로 비교해 보면 이득이 생겼다고 하지 않을 수 없기 때문이다. 중고품이 신품으로 바뀌면 이득인 것이 보통이다. 재조달 비용을 꼭 신품가액으로 해야 할 이유가 없기 때문이다. 비용보험이라고 해서 손해를 초과하는 이득을 얻을 수는 없다. 따라서 신가보험은 이득금지의 원칙에 대한 예외라고 보아야 한다. 이것이 우리나라의 통설이다. 신가보험이 이득금지 원칙에 대한 예외지만 동 원칙을 근본적으로 훼손하는 것은 아니다. 신가보험은, 막연히 이득을 그냥 제공하는 것이 아니라 물건의 멸실·훼손으로 인한 손해에 부수해 재조달의 경제적 수요를 충족하려는 명확한 목적과 한도가 있기 때문이다. 다만 보험의 도박화 또는 도덕적 위험의 우려가 전혀 없는 것은 아니다. 따라서 합리적인 보험자라면 신가보험을 인수할 때 피보험자, 감가상각률, 재조달 가능성 등을 고려하여 위 문제에 대처하는 것이 필요하다. 만약 보험계약자가 감가상각률 등에 대한 사기를 행하거나, 고지의무 위반을 한 경우 신가보상을 받지 못하게 되는 것은 물론이다.

(3) 손해사정사

보험업법은 손해액 및 보험금을 산정하는 것을 손해사정이라고 칭하고, 손해사정의 전문성을 확보하기 위해서 손해사정사 제도를 두고 있다. 손해사정사가 되기 위해서는 금융감독원장이 실시하는 시험에 합격하고 실무수습을 마친 후에 금융위원회에 등록해야 한다(보험업법 186조 1항). 대통령령으로 정하는 보험회사는 손해사정에 관한 업무를 직접 수행하거나, 손해사정사 또는 손해사정을 업으로 하는 손해사정업자를 선임해 그 업무를 위탁해야 한다(보험업법 185조 본문). 여기서 대통령령으로 정하는 보험회사는 손해보험상품(보증보험계약은 제외)을 판매하는 보험회사, 또는 제3보험상품을 판매하는 보험회사를 말한다(보험업법시행령 96조의3). 손해와 무관하게 정액이 지급되는 생명보험상품을 판매하는 보험회사만 위 요건이 면제된다.

한편, 보험계약자 등이 손해사정사를 따로 선임하는 것도 가능하다. 즉 보험계약자 등이 금융위원회가 정하는 기준에 따라 손해사정사를 따로 선임한 경우로서 보험회사가 이에 동의한 경우가 그러하다(보험업법 185조 1항 2호).[26] 보험계약자 등이 손해사정사를 선

25) 山下友信, 保險法, 2005, 405－406면

26) 보험업감독규정은 보험업법 등이 위임하거나 그 시행에 필요한 사항을 정하는 데 그 목적이 있다(동 규정

임하려고 보험회사에 알리는 경우 보험회사는 그 손해사정사가 금융위원회가 정하는 손해사정사 선임에 관한 동의기준[27])을 충족하는 경우에는 이에 동의해야 한다(보험업법 185조 2항).

손해사정사의 산정 결과에 대해서 법적인 구속력이 인정되는 것은 아니다. 따라서 산정 결과에 불만이 있는 측은 이의를 제기할 수 있고, 소송으로 이어질 수도 있다. 다만 법원은 손해사정사들 사이에 의견이 갈리는 등의 특별한 사정이 없는 한, 전문가인 손해사정사의 산정 결과를 중시해서 판단할 것으로 추정된다.

(4) 산정비용

손해액의 산정비용은 보험자와 피보험자 중 누가 부담하도록 할 것인가? 보험자가 손해액의 산정비용을 부담한다(상법 676조 2항). 타당한 입법이다. 만약 피보험자가 부담한다면 사고발생 전후의 재산상태가 산정비용만큼 감소하기 때문에 보험의 효용이 그 만큼 떨어질 수 있기 때문이다. 물론 보험자는 비용부담을 보험료에의 반영을 통해서 보험단체에 분산시킬 것이다. 문제는 부담의 정도다. 상법 676조 2항은 합리적인 제한해석이 필요하다고 본다. 손해산정에 통상 소요되는 비용은 보험자가 부담하되, 이것을 초과하는 비용은 피보험자가 부담하는 것이 합리적이라고 판단된다. 가령 보험계약자가 산정된 손해액에 대해 이의를 제기한 경우 등은 보험계약자가 부담한다고 해석할 수 있다(통설).[28]) 그리고 보험자가 보험금의 지급범위를 확인하기 위하여 지출한 비용은 손해액 산정비용에 포함된다.[29])

1-1조). 동 규정 9-16조 1항은 "보험계약자 등"을 보험계약자·피보험자·보험수익자·피해자·그 밖에 보험사고와 관련된 이해관계자라고 정의한다. 그리고 동 규정 9-16조 2항은 "보험계약자 등이 금융위원회가 정하는 기준에 따라 손해사정사를 따로 선임한 경우"란 보험회사가 손해사정을 착수하기 이전에 보험계약자 등이 보험회사에 손해사정사의 선임의사를 통보한 경우라고 규정한다. 한편, 동 규정 9-16조 4항은 보험계약자 등은 다음 각 호의 경우에도 보험회사와는 별개로 손해사정사를 선임할 수 있다고 규정한다. 1. 정당한 사유없이 보험회사가 보험사고 통보(제3보험상품의 경우 접수가 완료된 날을 말한다)를 받은 날부터 7일이 경과하여도 손해사정에 착수하지 아니한 경우, 2. 보험회사가 고용 또는 선임한 손해사정사의 사정 결과에 승복하지 않거나 별도의 손해사정이 필요한 경우

27) "금융위원회가 정하는 손해사정사 선임에 관한 동의기준"이란 2항에 따라 보험계약자 등이 손해사정사를 선임하는 경우로서 다음 각 호의 요건을 모두 충족하는 경우를 말한다(보험업감독규정 9-16조 3항). 1. 보험계약자 등이 선임하고자 하는 손해사정사가 보험업법 187조에 따라 적법하게 등록한 자일 것, 2. 보험계약자 등이 선임하고자 하는 손해사정사가 보험업법 186조의2에 따른 교육을 이수하였을 것, 3. 보험계약자 등이 선임하고자 하는 손해사정사가 보험업감독규정 9-21조의2의 규정에 따른 손해배상보장예탁금을 예탁하거나 인허가보증보험에 가입하였을 것, 4. 보험업법 185조 1항 2호의 동의와 관련하여 협회가 마련한 보험회사의 표준동의기준에 부합할 것

28) 보험업감독규정 9-16조 5항은, 보험계약자 등이 보험업감독규정 9-16조 4항 2호(보험회사가 고용 또는 선임한 손해사정사의 사정 결과에 승복하지 않거나 별도의 손해사정이 필요한 경우)에 의하여 선임한 손해사정사의 보수는 보험계약자 등이 부담함을 원칙으로 한다고 규정한다.

29) 대판 2013.10.24. 2011다13838

13. 보험금의 지급

(1) 용어

보험사고로 인해서 손해가 발생한 후 손해액이 산정되면 보험자는 보험금을 지급해야 한다. 용어 문제를 먼저 짚어보자. 보험자의 지급의무에 대한 일반적 정의라면 보험급여가 적확한 용어다. 보험금은 금전을 의미하나, 상법상 금전 외의 지급도 가능하기 때문이다. 하지만 실무상 금전지급이 보통이고, 여타의 방법은 예외다. 그래서 보험금 지급의무라고 부르는 것이 보통이다. 여기서도 금전 외로 지급하는 문제를 다룰 때만 보험급여라 칭하고, 일반적인 경우는 보험금으로 칭하기로 한다.

(2) 지급방법

보험자는 금전으로 지급해야 하는가? 아니면 현물, 용역 등으로도 가능한가? 상법상 지급방법에 대한 제한은 없다. 보험계약 일반에 관한 상법 638조에 따르면, 보험자는 "보험금액 기타의 급여"를 지급할 수 있다. 여기의 급여를 금전으로 한정해서 해석할 이유는 없다. 상법 665조는 손해보험자가 손해를 보상할 책임이 있다고 할 뿐이지 지급방법을 한정하고 있지 않다. 따라서 금전뿐만 아니라 현물과 같은 기타 급여도 가능하다(통설). 금전이 원칙이라는 견해도 있지만,[30] 이는 계약의 당사자가 약정으로 정하게 된다. 실무상 금전 지급으로 약정함이 보통이다. 화재보험표준약관은 금전 보상을 원칙으로 하되, 예외로서 현물, 용역 보상도 하는 예다. 동 약관 12조는 "회사는 손해의 일부 또는 전부에 대하여 건축, 수리 또는 현물의 보상으로서 보험금의 지급에 대신할 수 있습니다"라고 규정한다. 여기서 수리에 현물 이외의 용역 요소도 포함된다고 볼 수 있다. 그리고 현물지급이 금전지급보다는 도덕적 위험을 억제하는 효과가 있다는 지적이 있다.[31]

(3) 보험금의 확정

1) 손해액, 보험금액, 보험금의 관계

손해액과 보험금은 경우에 따라서 일치하기도 하고 불일치하기도 한다. 일치 여부는 보험가액과 보험금액의 관계에 달려 있다. 보험가액은 피보험이익의 금전적 평가액이고, 보험금액은 당사자가 약정한 보험자의 보상한도액이며, 보험금은 보험자가 실제로 지급해야 하는 금액이다.

---

30) 김은경 355면; 양승규 223면
31) 김성태 422면

보험가액, 보험금액, 보험금의 관계를 구체적으로 보면 다음과 같다.

① 보험가액과 보험금액이 일치하는 경우다. 이것이 전부보험이다. 이 경우 보험금은 손해액과 같다. 다만 전손 또는 분손에 따라서 보험금의 액수가 달라질 것이다. 분손이 생긴 경우 보험금은 보험금액보다 적다. 전손이 생긴 경우 보험금은 보험금액과 같다. 다만 전손이 생겼지만 피보험자가 가해자로부터 일정한 손해배상을 받았다면 이 경우도 보험금이 보험금액보다 작게 된다. 즉 손해보험계약에서 정한 보험금액은 보험사고로 인하여 발생한 손해 가운데 다른 사유로 전보되지 아니한 금액 범위 내에서 보험자가 피보험자에게 지급하여야 할 금액의 한도를 정한 것이고,[32] 가해자로부터 배상받은 손해액은 다른 사유로 전보 받은 금액에 해당하므로, 보험자는 이를 제외하고 보상하게 되는 것이다.

② 보험금액이 보험가액을 초과하는 경우다. 초과보험(상법 669조), 중복보험(상법 672조)이 여기에 해당한다.[33] 이 경우 이득금지의 원칙에 따라서 보험가액을 초과하는 보상은 허용될 수 없다. 손해액은 보험가액을 기준으로 산정되어야 하고, 보험금은 이렇게 산정된 손해액과 같다. 중복보험의 경우 각 보험자는 자신의 보험금액의 한도에서 연대하여 보험금 지급책임을 진다(상법 672조 1항 1문).

③ 보험금액이 보험가액에 미달하는 경우다. 이것이 일부보험이다(상법 674조). 이 경우 보험자는 보험금액의 보험가액에 대한 비율에 따라서 보험금 지급책임을 지고, 다르게 약정하면 보험금액 내에서 책임진다(상법 674조). 전자가 비례책임이다. 이 경우 보험금은 '손해액 × 보험금액 / 보험가액'이다. 후자가 보험금액 내 전부책임이다. 이 경우 손해액이 보험금액 이내라면 보험금은 손해액과 같다. 손해액이 보험금액보다 크면, 보험금은 보험금액과 같다.

한편, 손해배상의 경우는 가해행위와 상당인과관계가 있는 손해액을 배상하게 되고, 이때 보험가액이나 보험금액과 같은 제약이 없다. 이 점에서 손해배상은 보험의 손해보상과 다르다.

2) 자기부담 제도

자기부담 제도는 손해액의 일부는 피보험자 자신이 부담하는 것을 가리킨다. 이 경

32) 대판 2002.5.17. 2000다30127(손해보험계약에서 정한 보험금액은 보험사고로 인하여 발생한 손해 가운데 다른 사유로 전보되지 아니한 금액 범위 내에서 보험자가 피보험자에게 지급하여야 할 금액의 한도를 정한 것으로서, 피보험자에게 보험사고로 인한 손해 가운데 다른 사유를 통하여 전보되고 최종적으로 남은 손해가 있는 경우 그 범위 내에서 보험금액을 한도로 보상한다는 뜻이지, 피보험자가 보험사고로 입은 손해 가운데 보험금액을 넘는 손해가 일단 전보되기만 하면 그 보상책임을 면한다는 취지는 아니다)

33) 상법 669조는 보험금액이 보험가액을 현저히 초과하는 경우를 초과보험이라고 규정한다. 하지만 '보험금의 결정'과 관련해서는 '현저한' 초과라는 요건이 필요하다고 볼 것은 아니다.

우 보험금은 손해액에서 자기부담금을 공제하여 확정한다. 일부보험이 자기부담의 예에 해당한다는 점은 일부보험 부분에서 설명했다. 자기부담 제도에는 특히 소액의 손해에 대해서 보험자 면책을 약정하는 제도도 포함된다. 이것을 소(小)손해 면책제도라고 한다. 소액의 손해를 면책시켜서 무익한 노력과 비용(손해사정 등의 보험금지급절차에 소요되는 비용과 시간)을 절감하거나, 면책에 해당하는 만큼의 보험료를 인하하거나, 피보험자에게 위험관리에 대한 인식을 제고시켜 도덕적 위험을 줄이는 등의 이유에서 유효성이 인정된다.[34] 예를 들면 자동차보험표준약관 11조는 음주운전, 무면허운전, 마약·약물운전 관련 사고에 대해 자기부담을 규정하는데,[35] 이것은 특히 피보험자에게 위험관리에 대한 인식을 제고하기 위한 취지로 볼 수 있다.

3) 외화표시보험

보험료, 보험금액, 보험가액 등을 외국통화로 표시한 보험계약을 외화표시보험이라고 한다. 이 경우 외국통화와 우리나라 통화 중에서 무엇으로 보험금을 지급할지는 당사자가 약정할 사항이고,[36] 이것은 계약해석의 문제다. 외국통화로 약정한 보험금채권은 외화채권(채권액이 외국통화로 표시된 금전채권)이 된다. 외화채권의 채무자는 외국통화 대신에 우리나라 통화로 변제하는 것도 가능하다(민법 378조).

문제는 환산 시기다. 이 환산에 의해서 보험금이 확정된다. 판례는 이행해야 하는 때(이행기)를 기준으로 정한 때가 있었지만,[37] 1991년 이후에는 현실로 이행하는 때(현실이행기)를 기준으로 하고 있다.[38] 민법학의 통설도 현실이행기다.[39] 현실이행기는 민법 378조의 문리("지급할 때에 있어서의 이행지의 환금시가")에 충실한 해석이다. 현실이행기가 타당하다고 판시한 대판(전원) 1991.3.12. 90다2147을 보자. 이 사건은 보험금액이 미국 달러로 표시되고 보험금도 미국 달러로 지급키로 약정되어 보험금채권이 외화채권이 된 경우였다.[40] 대법원의 판시내용은 다음과 같다. 채권액이 외국통화로 지정된 금전채권인 외화채권을 채무자가 우리나라 통화로 변제함에 있어서는 민법 378조가 그 환산시기에

---

34) 이에 관한 자세한 내용은 김성태 423-424면

35) 자동차보험표준약관 11조는 자기부담 대신에 사고부담이라고 표현한다. 이에 대해서는 본서의 제4편 제5장 제2절 2. (3) 등에서 살펴본다.

36) 보험금을 외국통화로 보험계약에 표시하지는 못한다. 손해보험에서 보험금은 손해발생 후 손해액을 산정한 후 정해지기 때문이다.

37) 대판 1978.5.23. 73다1347

38) 대판(전원) 1991.3.12. 90다2147

39) 곽윤직, 채권총론, 2003, 34면

40) 본 계약상 보험금액이 미국 달러로 표시됐지만 이행기 환율에 따라 우리나라 통화로서 보험금을 지급함을 약정한 것이 계약당사자의 의사여서 보험금채권이 진정한 외화채권이 아니고 이행기가 환산시기라고 피보험자는 주장했으나, 받아들여지지 않았다.

관하여 외화채권에 관한 민법 376조, 377조 2항의 "변제기"라는 표현과는 다르게 "지급할 때"라고 규정한 취지를 새겨볼 때, 그 환산시기는 이행기가 아니라 현실로 이행하는 때, 즉 현실이행 시점의 외국환시세에 의하여 환산한 우리나라 통화로 변제하여야 한다고 풀이하는 것이 타당하다. 따라서 채권자가 위와 같은 외화채권을 대용급부의 권리를 행사하여 우리나라 통화로 환산하여 청구하는 경우에도 법원이 채무자에게 그 이행을 명함에 있어서는 채무자가 현실로 이행할 때에 가장 가까운 사실심 변론종결 당시의 외국환시세를 우리나라 통화로 환산하는 기준시로 삼아야 할 것이다.

이에 관해 반대설도 있다.[41] 이 견해는 상법 676조 1항 본문을 근거로 한다. 손해액은 손해발생 시점·장소의 가액으로 산정하므로, 손해가 확정된 시점에 환산해야 한다는 것이다. 하지만 찬성하기 어렵다. 손해 확정과 통화 환산[42]은 별개의 문제이기 때문이다. 민법 378조의 문리에 충실한 현실이행기설에 찬성한다.

4) 미지급 보험료의 공제

보험자가 보상 시점에 미지급 보험료가 있으면 지급기일이 도래하지 아니한 때라도 보상할 금액에서 공제할 수 있다(상법 677조). 이것은 상법이 인정하는 특수한 상계다. 그 취지는 보험금 지급으로 계약의 효력이 상실되는 경우 보험금과 대가관계에 있는 미지급 보험료의 기한의 이익을 상실시키는 데 있다. 한편 보험금 지급 시에 지급기일이 이미 도래한 보험료채권이 있다면 민법(492조)에 따라서 상계할 수 있음은 물론이다.

상법 677조는 아래의 두 가지 이유 때문에 그 적용 범위는 좁아진다고 해석된다.

첫째로, 보험계약의 효력 상실 여부다. 상법 677조는 사고발생 이후에 보험금의 지급으로 보험계약의 효력이 상실되는 경우(가령 화재로 인한 건물의 전손)에만 적용되는 것으로 제한하여 해석한다. 이 경우 보험계약이 종료한다는 점을 고려해서 보험금과 대가관계에 있는 보험료의 기한의 이익을 상실시키는 것이다. 이와 달리 보험금을 지급한 후에도 보험계약의 효력이 지속되는 경우(가령 화재로 인한 건물의 일부 훼손)는 기한의 이익을 상실시킬 근거가 약하다.

둘째로, 미지급 보험료의 범위다. 보험금의 지급으로 보험계약의 효력이 상실되는 경우에 지급기일이 도래하지 않은 미지급 보험료는 어떤 것일까? 상법 677조의 미지급 보험료는 사고발생 시점이 속한 보험료기간의 보험료라는 해석이 있다.[43] 하지만 이 견해는 보험료불가분의 원칙을 전제로 한 것인데, 보험료불가분의 원칙은 우리 상법상 인정된다고 보기 어렵다. 설령 인정한다고 해도, 실무상 표준약관들은 보험계약이 효력을

41) 양승규 225면; 최준선 211면

42) 통화 환산은 확정된 손해를 '평가'하는 작업이라 할 수 있다.

43) 김성태 422면

상실한 경우 경과하지 아니한 기간에 대하여 일단위로 계산한 보험료를 반환하고 있다(가령 화재보험표준약관 33조 1항 1호). 이런 상황에서 보험금 지급 시에 지급기일이 도래하지 않은 보험료는 사고발생 시점 이전의 보험료이므로, 지급기일이 유예된 보험료로 제한될 수밖에 없다.

14. 보험금청구권과 물상대위

(1) 물상대위의 의의

물상대위란 담보목적물이 멸실, 훼손, 공용징수 등이 되고, 그 가치의 변형물[또는 대상(代償)물]이 있으면, 이것에 대해서 담보물권자가 담보물권을 행사하는 것이다(판례,[44] 통설). 민법은 동산질권의 물상대위를 규정하고(342조), 이것을 권리질권, 저당권에 준용한다(355조, 370조). 민법 342조만 보면, 질권자는 질물의 멸실, 훼손, 공용징수로 인해서 질권설정자가 받을 금전 기타 물건에 대해서도 질권을 행사할 수 있다. 나아가 판례는 양도담보권의 경우도 물상대위를 인정하고 있다.[45] 민법 342조는 물상대위의 객체를 "금전 기타 물건"으로 규정하나, 정확히는 금전 또는 물건에 대한 지급 또는 인도청구권도 포함하는 것으로 해석한다(판례,[46] 통설).

(2) 보험금청구권에 대한 물상대위

1) 가능 여부

담보목적물인 보험목적이 멸실·훼손되면 담보물권자는 보험금청구권에 대해서 물상대위를 할 수 있는가? 예를 들면 담보목적물인 건물이 화재보험에 가입된 경우 담보물권자가 소유자의 화재로 인한 보험금청구권에 대해 담보물권을 행사할 수 있는가의 문제이다. 문제가 되는 이유는 보험금청구권은 소유자가 보험계약자로서 지불한 보험료의 대가이지 멸실된 건물의 변형물은 아니지 않은가에 대한 의문이 제기될 수 있어서이다.

그러나 판례와 통설은 긍정한다. 보험금청구권은 멸실·훼손된 담보목적물이 가지는 가치의 변형물이라고 보는 것이다. 타당한 근거이며, 이에 찬동한다. 보험금청구권에 대한 저당권자의 물상대위를 인정한 대판 2004.12.24. 2004다52798에서, 대법원은 저당목적물이 소실되어 저당권설정자가 보험자에 대하여 화재보험계약에 따른 보험금청구권을 취득한 경우 그 보험금청구권은 저당목적물이 가지는 가치의 변형물이라 할 것이므

---

44) 대판 2004.12.24. 2004다52798

45) 대판 2009.11.26. 2006다37106

46) 대판 2002.10.11. 2002다33137

로 저당권자는 민법 370조, 342조에 의하여 저당권설정자의 보험자에 대한 보험금청구권에 대하여 물상대위권을 행사할 수 있다고 판시했다. 그리고 대판 2009.11.26. 2006다37106은 보험금청구권에 대한 양도담보권자의 물상대위를 인정했다.[47]

2) 항변 사유의 문제

보험자는 피보험자에 대해서 갖는 항변사유(고지의무 위반, 통지의무 위반 등)로써 물상대위자에게 대항할 수 있다(통설). 피보험자가 갖는 권리를 넘어서는 것을 물상대위자가 향유하게 할 이유는 없으므로, 통설이 타당하다.

3) 압류 요건의 문제

물상대위를 하려면, 질권설정자가 그 변형물을 지급 또는 인도받기 이전에 질권자가 압류할 것이 요구된다(민법 342조 2문). 그 취지는 압류를 해야만 변형물의 특정성을 확보할 수 있기 때문이다(판례,[48] 통설). 질권설정자에게 지급 또는 인도되면 변형물의 특정성이 상실되고, 물상대위를 하게 되면 법률관계가 복잡해지고 다른 채권자를 해할 수 있다. 압류 요건은 권리질권, 저당권도 동일하다(민법 355조, 370조). 양도담보권자의 물상대위에서 압류가 필요하다. 따라서 보험금청구권에 대해 물상대위를 하려면 보험금의 지급 전에 압류해야 한다.

문제는 물상대위를 하려는 질권자, 저당권자가 직접 압류를 해야 하는지, 아니면 다른 채권자가 압류해도 되는지 여부다. 판례는 다른 채권자가 압류해도 변형물의 특정성 유지에는 문제가 없다는 입장이다. 대판 2002.10.11. 2002다33137에서, 저당권자는 물상대위권을 행사하기 위하여 저당권설정자가 받을 금전 및 물건의 지급 또는 인도 이전에 압류하여야 한다고 규정한 것은 물상대위의 목적인 채권의 특정성을 유지하여 그 효력

---

47) 대판 2009.11.26. 2006다37106(동산에 대하여 양도담보를 설정한 경우 채무자는 담보의 목적으로 그 소유의 동산을 채권자에게 양도해 주되 점유개정에 의하여 이를 계속 점유하지만, 채무자가 위 채무를 불이행하면 채권자는 담보목적물인 동산을 사적으로 타에 처분하거나 스스로 취득한 후 정산하는 방법으로 이를 환가하여 우선변제받음으로써 위 양도담보권을 실행하게 되는데, 채무자가 채권자에게 위 동산의 소유권을 이전하는 이유는 채권자가 양도담보권을 실행할 때까지 스스로 담보물의 가치를 보존할 수 있도록 함으로써 만약 채무자가 채무를 이행하지 않더라도 채권자가 양도받았던 담보물을 환가하여 우선변제받는 데에 지장이 없도록 하기 위한 것인바, 이와 같이 담보물의 교환가치를 취득하는 것을 목적으로 하는 양도담보권의 성격에 비추어 보면, 양도담보로 제공된 목적물이 멸실, 훼손됨에 따라 양도담보 설정자와 제3자 사이에 교환가치에 대한 배상 또는 보상 등의 법률관계가 발생되는 경우에도 그로 인하여 양도담보 설정자가 받을 금전 기타 물건에 대하여 담보적 효력이 미친다고 보아야 할 것이다. 따라서 양도담보권자는 양도담보 목적물이 소실되어 양도담보 설정자가 보험회사에 대하여 화재보험계약에 따른 보험금청구권을 취득한 경우에도 담보물 가치의 변형물인 위 화재보험금청구권에 대하여 양도담보권에 기한 물상대위권을 행사할 수 있다고 봄이 상당하다)

48) 대판 2002.10.11. 2002다33137

을 보전함과 동시에 제3자에게 불측의 손해를 입히지 않으려는 데 있는 것이므로, 저당 목적물의 변형물인 금전 기타 물건에 대하여 이미 제3자가 압류하여 그 금전 또는 물건이 특정된 이상 저당권자가 스스로 이를 압류하지 않고서도 물상대위권을 행사하여 일반 채권자보다 우선변제를 받을 수 있다고 판시했다.

이와 달리 보험금청구권에 대한 물상대위는 담보권자 자신이 압류해야 한다는 견해도 있다.[49] 그러나 현행법 해석상 보험금청구권을 특별하게 취급할 이유는 없다. 따라서 판례에 따르기로 한다.[50] 한편 입법론으로는 보험금청구권에 대한 물상대위를 할 때에 압류 대신에 보험자 통지로 대체하자는 견해가 있다.[51] 보험금지급의무자인 보험자는 등기(저당권의 물상대위)나 점유(질권의 물상대위)를 통해 보험목적에 담보물권자가 존재함을 알 수 있고, 양도담보처럼 양도담보권의 존재가 공시되지 않는 경우에도 보험자에 대한 통지가 이루어지면, 보험자는 양도담보권의 존재를 알 수 있다. 물상대위의 대상이 되는 채권의 채무자가 물상대위권의 존재를 안다면, 이를 통해 물상대위권은 공시되는 것이다. 물상대위의 통지를 받은 보험자는 보험금을 물상대위자에게 지급해야 하고, 그러면 특정성이 상실되어서 법률관계가 복잡해지고 다른 채권자를 해치는 문제 같은 것은 생기지 않는다. 따라서 특정성 유지를 위해 굳이 압류를 요구할 논리 필연적 이유는 없다. 다만 이 문제는 민법상 물상대위 요건의 개정이라는 맥락에서 논의될 필요가 있다.

제2절 보험계약자 등의 손해방지의무

1. 총설

(1) 손해방지의무의 의의

보험계약자 또는 피보험자는 보험사고가 발생한 경우 손해의 방지와 경감을 위해서 노력해야 한다(상법 680조 1항 본문). 이것을 보험계약자 등의 손해방지의무(또는 손해방지경감의무)라고 부르는 것이 보통이다. 그리고 보험계약자 등이 손해방지의무의 이행에 필요 또는 유익했던 비용과 보상액이 보험금액을 초과한 경우라도 보험자를 이를 부담한다(상법 680조 1항 단서).

이 의무는 보험사고가 발생한 이후 그로 인한 손해의 방지 또는 경감을 목적으로 하는 것이다. 따라서 이것은 보험사고 자체의 발생 방지 또는 경감을 위한 의무는 아니

49) 양승규 229면
50) 박세민 419면; 임용수 275－276면
51) 양승규 227면(독일 보험계약법을 근거로 한다)

다(통설). 손해보험에서 보험사고 자체는, 보험계약자 또는 피보험자의 고의 또는 중과실로 야기된 것이 아니라면(상법 659조 참조), 보험계약자 등이 그 발생을 방지하거나 경감하기 위한 의무를 부담하지는 않는 것이다(통설).

상법 680조는 보험계약자 측에 손해방지의무가 있다는 점, 보험자가 손해방지비용을 부담한다는 점을 규정할 뿐, 그 요건 및 효과의 구체적 내용에 대해서는 명문의 규정이 없고 해석에 맡겨져 있다.

(2) 취지

손해방지의무가 인정된 취지는, 보험계약자 등이 만약 보험에 가입되어 있지 않다면 행했을 손해방지조치를 단지 보험에 가입되어 있다는 이유로 행하지 않고 부작위, 즉 방관하게 됨으로써 생길 수 있는 사회경제적 손실을 막아야 한다는 공익 차원의 정책적 측면, 그리고 보험금지급의무자인 보험자의 부담이 늘어나는 것을 막아야 한다는 신의성실의 원칙 등에서 찾는다(통설). 다만 신의성실의 원칙이 우선적이고, 공익 차원의 정책적 측면은 부수적 고려에 그친다고 본다. 보험계약은 보험자와 보험계약자 사이의 사적 계약이므로 당사자 사이에 요구되는 신의성실의 원칙을 우선적 취지로 고려할 필요가 있는 것이다. 따라서 공익 차원을 강조하여(또는 우선하여) 손해방지의무를 지나치게 강화하는 것은 지양할 필요가 있다.

(3) 법적 성질

손해방지의무의 법적 성질은 계약상 의무가 아니고 법률이 정한 특별한 의무이다(통설). 손해방지의무의 취지가 공익 차원의 정책적 측면에도 있다는 점을 고려하면 법정 의무라고 해석하는 것이 타당하다. 또한 손해방지의무는 고지의무와 같이 그 위반이 있으면 보험자가 면책되는 간접의무가 아니라 진정한 의무이고, 그 위반이 있으면 보험계약자 등이 손해배상책임을 부담한다(판례,[52] 통설[53]).

(4) 적용범위

보험사고 이외의 사고에 대해서는 손해방지의무가 적용되지 않는다(판례,[54] 통설). 손해방지의무는 보험사고의 발생을 전제로 하기 때문이다.

또한 손해방지의무는 비정액 보상방식의 보험에 적용된다. 즉 손해보험, 그리고 손해보험형 상해보험에 적용된다(통설). 손해방지의무는 손해보험에서 규정하고 있지만, 손

---

52) 대판 2016.1.14. 2015다6302

53) 이와 달리 간접의무로 파악하는 견해로는, 강위두 · 임재호 674면; 채이식 144－145면

54) 대판 1993.1.12. 91다42777

해보험형 상해보험에도 유추적용 하는 것이다. 한편, 정액 보상방식의 보험에는 적용이 없다. 손해방지의무는 보험금지급의무자인 보험자의 부담이 늘어나는 것을 막아야 한다는 신의성실의 원칙이 중심적 취지인데, 보험사고가 발생하면 손해액을 묻지 않고 보험금액을 지급하는 정액 보상방식의 보험인 경우 보험계약자 등이 손해방지 활동을 하지 않았다고 해서 보험자의 부담이 늘어나는 것은 아니기 때문이다. 따라서 생명보험 등과 같은 정액 보상방식의 인보험에는 손해방지의무가 적용될 수 없다.

2. 손해방지의무의 요건

(1) 의무의 주체

손해방지의무의 주체는 보험계약자와 피보험자이다(상법 680조). 보험계약자 또는 피보험자의 대리인(지배인과 같이 포괄적 대리권 가진 자도 포함)도 이 의무를 부담한다(통설). 의무자가 여러 명인 경우 각자 의무를 부담한다.[55] 의무자가 의무를 위반하였으나 다른 관계자가 의무를 이행하여 결과적으로 손해가 방지 또는 경감된 경우, 의무자에게 책임을 묻지 않는다.[56]

(2) 주관적 요건

상법 680조는 주관적 요건에 대해서 언급하지 않고 있어서, 이는 해석의 문제이다. 무엇보다 보험계약자 등이 알지 못하는 보험사고의 발생에 대해서는 손해방지의무가 적용될 여지가 없다고 보아야 한다.[57] 이와 달리 중과실로 알지 못한 경우에도 손해방지의무가 적용된다는 견해가 있지만,[58] 이는 보험계약자 등에게 탐지의무를 부과하는 것이므로 과중하다고 생각된다.

그리고 손해방지의무의 주관적 요건은 고의 또는 중과실이라고 해석해야 한다(판례,[59] 통설). 즉 보험계약자 등은 손해방지의무를 이행하는 데 있어서 고의 또는 중과실이 있으면 의무 위반이 되는 것이다. 주관적 요건을 과실까지로 확대하자는 견해가 있지만,[60] 손해방지의무의 주된 취지가 신의성실의 원칙이라는 점을 고려할 때, 과실까지로 확대하는 것은 지나치다고 본다. 또한 손해보험에서 인위적 보험사고의 주관적 요건도 고의 또는 중과실이라는 점(상법 659조)과의 형평을 고려해도, 고의 또는 중과실이 타당하

55) 김은경 360면; 박세민 422면; 최기원 306면
56) 김은경 360면; 박세민 422면; 최기원 306면
57) 박세민 425면
58) 손주찬 591면
59) 대판 2016.1.14. 2015다6302
60) 채이식 144면(공익적 필요에 의해서 무거운 의무를 지워야 한다); 최기원 313면

다. 그리고 주관적 요건 위반에 대한 입증책임은 보험자에게 있다(통설).[61]

(3) 객관적 요건

1) 보험사고의 발생

보험사고가 발생해야 하는 것이 손해방지의무의 객관적 요건이다(판례,[62] 통설). 보험사고 자체는, 보험계약자 등의 고의 또는 중과실로 인해 야기한 것이 아니라면(상법 659조), 그 발생을 방지할 의무는 없는 것이다. 만약 보험계약자 등이 보험사고의 발생을 방치한 경우라면 부작위에 의한 보험사고 야기의 문제가 검토될 수 있을 것이다.[63]

2) 의무의 개시 및 종료 시기

손해방지의무는 보험사고의 발생을 요건으로 하므로, 손해방지의무는 보험사고가 발생하면 개시된다(판례,[64] 통설). 그리고 보험사고가 발생한 것과 같게 볼 수 있는 상태가 생겼을 때에도 손해방지의무가 개시된다.[65] 가령 화재보험에서 옆 건물의 화재로 인해서 보험목적에도 화재가 발생할 것이 불가피한 경우가 그러하다.[66] 이 경우는 고의 또는 중과실로 인한 인위적 사고가 발생한 때에 보험자 면책(상법 659조)으로 처리하는 것이 타당하다는 견해가 있다.[67] 하지만 이 경우는 보험사고가 발생한 것과 같게 볼 수 있는 상태이고, 보험계약자 측이 손해방지비용을 보험자에게 청구할 수 있게 해야 한다는 점에서 손해방지의무가 적용되는 것이 타당하다고 본다. 만약 전기의 누전으로 화재의 발생 위험이 있음을 알면서 이를 방치한 결과로 화재가 발생한 경우는, 보험사고가 발생한 것과 같게 볼 수 있는 상태가 아니다. 따라서 상법 659조에 따라 부작위에 의한 인위적 사고에 대해서 보험자가 면책된다고 본다.[68]

손해방지의무의 종료시기는 손해의 방지 또는 경감의 가능성이 사라진 때이다.[69]

3) 의무의 정도 및 방법

손해방지의무의 이행 정도는, 만약 보험계약자 등이 보험에 가입되어 있지 않다면 자신의 이익을 위해 행할 손해방지행위의 정도가 기준이 된다(통설). 다만 보험사고의 종

---

61) 보험계약자 등에게 입증책임이 있다는 견해로는, 양승규 234면
62) 대판 1993.1.12. 91다42777; 대판 2016.1.28. 2013다74110; 대판 2022.3.31. 2021다201085
63) 손주찬 591면; 양승규 232면
64) 대판 1993.1.12. 91다42777; 대판 2016.1.28. 2013다74110
65) 대판 2016.1.28. 2013다74110; 김은경 362면; 양승규 232면; 정찬형 645면
66) 양승규 232면; 정찬형 645면
67) 장덕조 237면
68) 양승규 232면
69) 박세민 425면; 임용수 278면; 최기원 308면

류, 손해 발생의 정도, 사고발생 시의 보험계약자 등의 상태 등 관련 사정을 참작하여 판단하게 될 것이다. 그리고 손해방지의무의 이행 방법에는 손해를 직접적으로 방지하는 행위는 물론이고 간접적으로 방지하는 행위도 포함된다.[70]

4) 의무의 범위

손해방지의무는 보험자가 보상하게 될 손해가 대상이므로, 만약 보험자가 전손만을 보상하는 보험에서 분손의 위험만이 있다면 손해방지의무는 개시되지 않는다고 본다.[71]

보험계약자 등은 손해의 방지 또는 경감을 목적으로 행위를 하면 되고, 실제로 그 효과가 반드시 나타나야 하는 것은 아니다.[72]

손해방지의무는 피보험이익이 침해되는 결과로써 생기는 손해를 방지하는 것으로 충분한 것인지(가령 화재보험에서 보험목적인 건물에 화재가 발생한 경우 이를 진화하는 행위), 아니면 이것뿐만 아니라 보험자의 대위권 또는 구상권과 같이 보험자가 손해보상 후에 취득할 수 있는 이익을 상실하는 것도 방지해야 하는지(가령 화재보험에서 화재가 발생한 경우 가해자를 확인하는 행위)가 문제된다. 후자는 이미 발생한 손해의 확대를 방지하는 문제이다. 전자는 직접적 손해방지, 후자는 간접적 손해방지라고 한다.[73] 생각건대, 후자도 손해방지의무의 대상에 포함되는 것으로 해석하는 것이 타당하다.[74][75] 후자와 같은 손해의 발생 또는 확대도 방관하지 않게 함으로써, 무엇보다도 보험자의 부담이 부당하게 늘어나는 것을 막는다는 신의성실의 측면이 있고, 또한 가해자 또는 책임자에 대한 부당한 면책이 가져올 사회경제적 손실을 막는다는 공익적 측면도 있기 때문이다. 게다가 의무 위반의 주관적 요건이 후술하는 바와 같이 고의 또는 중과실로 제한되고 상황별로 구체적, 개별적으로 판단될 일이기 때문에 보험계약자 등에게 과중하다고 보기도 어렵다.

5) 보험자의 지시

만약 사정이 허락한다면 보험자의 손해방지에 관한 지시를 받을 필요가 있다.[76] 또한

---

70) 대판 2018.9.13. 2015다209347
71) 박세민 426면; 양승규 232면; 정동윤 588면; 정찬형 645－646면
72) 박세민 428면; 양승규 233면; 정찬형 646면
73) 양승규 233면; 정찬형 646면
74) 양승규 233면; 정찬형 646면
75) 반대하는 견해로는 박세민 428면; 임용수 279면. 그리고 반대하는 판례가 있다. 대판 2018.9.13. 2015다209347(피보험자의 손해방지의무의 내용에는 손해를 직접적으로 방지하는 행위는 물론이고 간접적으로 방지하는 행위도 포함된다. 손해는 피보험이익에 대한 구체적인 침해의 결과로서 생기는 손해만을 뜻하는 것이고, 보험자의 구상권과 같이 보험자가 손해를 보상한 후에 취득하게 되는 이익을 상실함으로써 결과적으로 보험자에게 부담되는 손해까지 포함된다고 볼 수는 없다)
76) 박세민 429면; 양승규 233면

보험자가 손해방지에 관한 일정한 지시를 하는 경우, 의무자는 이에 협조할 의무가 있다 (통설).

3. 손해방지의무 위반의 효과

(1) 손해배상책임

손해방지의무에 관한 현행 규정은 위반 효과에 대해 언급하지 않고 있다. 따라서 판례와 학설에 맡겨져 있다.

판례는 고의 또는 중과실로 의무를 위반하면 손해배상책임을 진다는 입장이다. 대판 2016.1.14. 2015다6302는, 보험계약자와 피보험자가 고의 또는 중과실로 손해방지의무를 위반한 경우에 보험자는 손해방지의무 위반과 상당인과관계가 있는 손해, 즉 그 의무 위반이 없다면 방지 또는 경감될 수 있으리라고 인정되는 손해액에 대하여 배상을 청구하거나 지급할 보험금과 상계하여 이를 공제한 나머지 금액만을 보험금으로 지급할 수 있으나, 경과실로 이를 위반한 경우에는 그렇지 않고, 이러한 법리는 재보험의 경우에도 마찬가지로 적용된다고 판시했다. 판례는 주관적 요건이 고의 또는 중과실이고, 위반의 효과는 손해배상청구 또는 보험금과의 상계, 공제가 가능하다고 보았다.

통설도 고의 또는 중과실로 인해 손해방지의무가 위반되면 손해배상책임이 생긴다고 본다. 이와 달리 경과실의 경우에도 손해배상책임을 져야 한다는 견해가 있다.[77] 그리고 손해방지의무가 간접의무에 불과하며 그 위반 시점에 손해배상책임은 생기지 않고, 다만 보험자가 보상책임을 면한다는 견해도 있다(보험자면책설).[78] 보험자면책설은 손해방지의무는 간접의무로서 그 이행이 보험자 보상책임의 전제가 되고 불이행하면 보험자가 보상책임을 면하는 효과가 생긴다고 보는 것이다.

다음과 같은 이유에서 판례와 통설이 타당하다고 본다. 우선 경과실의 경우에도 손해배상책임을 지는 것은 과중한 의무라고 본다. 그리고 판례와 통설처럼 손해방지의무의 법적 성질이 간접의무가 아니라 진정한 의무라고 보아야 한다. 진정한 의무는 이를 위반하면 손해배상책임을 지게 되는 것이다. 무엇보다도, 보험자의 대위권 또는 구상권과 같이 보험자가 손해보상 후에 취득하게 되는 이익을 상실하게 되어 보험자가 입은 손해도 방지해야 하는 것으로 해석한다면, 손해방지의무는 간접의무로 구성하기 어려워진다. 왜냐하면 그러한 손해는 보험자가 보상해야 하는 손해와 별개의 것인데 그러한 손해에 대해서 손해배상책임이 있다고 하는 것이 아니라 그것을 이유로 보험자가 보상책임을 면

---

77) 채이식 144면(공익적 필요에 의해서 무거운 의무를 지워야 한다); 최기원 313면
78) 강위두 · 임재호 674면; 채이식 144－145면

한다고 하는 것은 비논리적이기 때문이다. 전술한 바와 같이, 보험자의 대위권 또는 구상권도 손해방지의 대상에 포함되어야 한다는 입장에서 보면, 손해방지의무는 진정한 의무라고 볼 수 있다. 그리고 의무위반이 있으면 보험자가 이로 인한 손해배상을 청구하거나 지급할 보험금에서 상계 또는 공제[79] 등으로 감액할 수 있다는 입장이 판례 및 다수설이다.[80] 배상청구와 공제 등 중에서 어느 것을 선택하든, 보험사고의 발생으로 인하여 보험자가 보상할 손해액의 한도 내에서만 손해배상책임을 진다고 합리적으로 제한할 필요가 있다. 이를 초과하여 손해배상책임을 진다면 보험에 가입한 것이 오히려 불이익이 되는 결과가 되기 때문이다. 한편 적극적 손해배상청구는 안 되고 보험금에서 공제로 감액하는 것만 가능하다고 보는 견해도 있다.[81]

(2) 완전 면책 여부

손해방지의무의 위반과 무관한 손해까지 보험자가 면책된다고 할 것인지의 문제이다. 고의 또는 중과실로 인한 손해방지의무 위반이 있으면, 보험자가 모든 보상책임을 면하는 것으로 하자는 견해가 있다.[82] 가령 보험목적에 화재가 발생하여 그 일부가 이미 훼손된 이후에 손해방지의무를 위반하여 손해가 확대된 경우 위반 이전에 발생한 훼손에 대해서도 보험자가 면책되는 것으로 하자는 것이다. 하지만 이는 지나친 제재라서 찬성하기 어렵고, 의무 위반과 무관한 손해는 보험자가 보상하는 것이 타당하다.

4. 손해방지비용

(1) 보험자의 부담

1) 내용

보험계약자 등이 손해방지의무를 이행하는 데 필요 또는 유익했던 비용과 보상액이 보험금액을 초과한 경우라도 보험자는 이를 부담한다(상법 680조 1항 단서). 가령 피보험자의 책임 있는 사유로 제3자에게 발생한 손해를 보상하는 책임보험에서, 보험사고인 건축물 누수가 발생한 경우, 제3자에게 손해가 발생하는 것을 방지하거나 제3자에게 발생한 손해의 확대를 방지하기 위해 행하는 방수공사와 관련된 비용은 손해방지비용에 해당할

---

79) 상계가 아닌 공제 법리로 보험금 감액이 가능한지는 추가 검토가 필요하다. 피보험자의 보험금 채권과 보험자의 손해배상채권 사이에 밀접한 견련성이 인정되므로, 판례를 통한 법형성으로서 '공제법리'가 적용될 수 있다고 생각된다.

80) 김은경 364면; 양승규 234면; 정동윤 588면; 정찬형 646면; 최준선 218면

81) 김성태 437면

82) 최기원 313면

수 있다.[83)]

보험계약자 등이 행한 손해방지행위로 인해 발생하는 이익이 원칙적으로 보험자에게 귀속된다는 점에서 손해방지비용은 보험자가 부담하는 것이 타당하다. 더 나아가 손해방지비용과 보상액이 보험금액을 초과한 경우에도 보험자가 이를 부담한다는 것이 위 규정의 내용이다. 가령 손해방지행위가 실패로 돌아가 전손이 발생한 경우에 그러한 초과 현상이 나타날 수 있다. 보험자가 초과부분까지도 부담하도록 한 이유는, 보험계약자 등으로 하여금 손해방지의무의 이행을 촉진 또는 장려하고 그 이행으로 인한 불이익을 보험계약자 등에 전가하지 않으려는 데 있다.[84)]

또한 손해방지의무의 이행으로 인한 비용이면, 직접적이든 간접적이든 묻지 않고 보험자가 부담한다(통설). 손해방지의무의 이행으로 인해서 손해의 방지 또는 경감의 효과가 나타나야만 보험자가 비용을 부담하는 것은 아니다(통설). 보험사고 이외의 사고로 보험목적에 생길 손해를 방지 또는 경감하는 데 소요된 비용을 보험자가 부담하지 않는 것은 물론이다(통설).

그리고 일부보험의 경우는 보험자가 손해보상액의 비율(상법 674조)만큼만 손해방지비용을 부담하고 나머지 부분은 보험계약자 등이 부담한다고 해석한다.[85)] 일부보험의 경우는 보험계약자 등의 손해방지행위로 인해서 발생하는 이익은 보험자뿐만 아니라 보험계약자 등에도 귀속되기 때문이다.

2) 편면적 강행규정

손해방지비용의 부담에 관한 위 규정은, 편면적 강행규정으로서, 이를 보험계약자 등에 불리하게 변경하는 약정은 효력이 없다(다수설). 이와 달리 보험계약자 등에게 비용보상을 통해서 손해방지의무를 장려할 절대적인 공익적 이유가 없다는 이유에서 이러한 특약이 무조건 무효는 아니라는 견해,[86)] 보험자가 보험금액을 초과하여 무한으로 비용

83) 대판 2022.3.31. 2021다201085(누수 부위나 원인은 즉시 확인하기 어려운 경우가 많고, 그로 인한 피해의 형태와 범위도 다양하다. 또한 누수와 관련하여 실시되는 방수공사에는 누수 부위나 원인을 찾는 작업에서부터 누수를 임시적으로 막거나 이를 제거하는 작업, 향후 추가적인 누수를 예방하기 위한 보수나 교체 작업 등이 포함된다. 따라서 방수공사의 세부 작업 가운데 누수가 발생한 후 누수 부위나 원인을 찾는 작업과 관련된 탐지비용, 누수를 직접적인 원인으로 해서 제3자에게 손해가 발생하는 것을 미리 방지하는 작업이나 이미 제3자에게 발생한 손해의 확대를 방지하는 작업과 관련된 공사비용 등은 손해방지비용에 해당할 수 있다. 구체적인 사안에서 누수로 인해 방수공사가 실시된 경우 방수공사비 전부 또는 일부가 손해방지비용에 해당하는지는 누수나 그로 인한 피해 상황, 피해의 확대 가능성은 물론 방수공사와 관련한 세부 작업의 목적이나 내용 등을 살펴서 개별적으로 판단해야 한다)

84) 공익 차원의 정책적 목적에서 장려하는 것이라는 견해로는, 박세민 430면; 양승규 235면; 장덕조 240면; 정동윤 590면; 정찬형 647면

85) 박세민 434면; 양승규 235면; 장덕조 240면

86) 채이식 145면

을 부담하는 것은 부당하므로 보험금액의 한도까지만 부담한다는 약관은 유효하다는 견해[87]도 있다. 판례 중에는 책임보험의 방어비용에 관한 규정(상법 720조 1항)이 편면적 강행규정이므로 이를 보험계약자 등에 불리하게 변경하는 약정은 효력이 없다고 본 것이 있는데,[88] 손해방지비용과 관련해서도 같은 입장을 취할 것으로 본다. 그리고 입법론으로 보험자의 지시에 따른 것이 아닌 이상 손해방지비용은 보험금액을 한도로 보험자가 부담하는 것이 바람직하다는 견해도 있다.[89]

(2) 보험사고의 발생 여부가 불분명한 경우

손해방지비용은 원칙적으로 보험사고가 발생한 이후 손해를 방지 또는 경감하는 데 소요된 비용이다. 이러한 원칙에 대한 예외로서 논의되는 것으로, 보험사고의 발생 여부가 분명하지 아니한 상태에서(나중에 보험사고가 발생하지 않은 것으로 판명) 긴급하게 손해의 방지 또는 경감을 위해 소요된 비용도 손해방지비용에 포함될 수 있는지의 문제가 있다.

이러한 비용도 손해방지비용에 포함된다(판례, 통설). 이에 대한 대판 1993.1.12. 91다42777을 살펴보자. 이 사건에서는, 1987.4.18.에 자동차대인배상책임보험의 피보험자가 승용차를 운전하다가 자전거를 타고 무단횡단하던 타인을 치는 교통사고가 발생하였고, 피보험자는 병원에 타인의 치료를 의뢰하였으나 타인은 의식을 회복하지 못하고 그 가족에게도 연락할 수 없게 되자 병원이 피보험자에게 타인의 치료비채무를 연대보증하지 않으면 치료를 해줄 수 없다고 하였으며, 피보험자는 치료가 늦어질 경우 타인의 생명마저 위험해질 것을 염려하여 치료비채무를 연대보증했다. 그리고 그 다음 날 피보험자가 이를 보험자에게 통보하였으나, 보험자는 1987.5.27.에 피보험자가 위 교통사고에 대한 책임이 없다는 이유로 보험금을 지급하지 않겠다는 통지를 했다. 대법원은 이 사건에서 피보험자는 교통사고에 대한 책임이 없는 것으로 판명되어서 보험사고가 발생한 것은 아니지만, 피보험자가 위 사고의 가해자로서 사고 직후에 자신에게 손해배상책임이 있는지 여부를 판단하기 어려운 가운데, 중상을 입어 의식을 잃은 피해자를 신속하게 치료받게 함으로써 더 이상의 피해상태의 악화를 방지하기 위해 치료비채무의 연대보증을 한 것이어서, 이는 책임 유무가 가려지지 아니한 상태에서 가해자인 피보험자가 손해배

87) 강위두 · 임재호 678면

88) 대판 2002.6.28. 2002다22106(보험약관이 피보험자가 지급한 소송비용, 변호사비용, 중재, 화해 또는 조정에 관한 비용 중에서 피보험자가 미리 보험자의 동의를 받아 지급한 경우에만 보험금을 지급하도록 규정하고 있는 경우, 이러한 제한 규정을 보험자의 "사전 동의"가 없으면 어떤 경우에나 피보험자의 방어비용을 전면적으로 부정하는 것으로 해석하는 한에서는 이러한 약관조항으로 인하여 피보험자의 방어비용을 보험의 목적에 포함된 것으로 일반적으로 인정하고 있는 상법 720조 1항의 규정을 피보험자에게 불이익하게 변경하는 것에 해당하고, 따라서 이러한 제한규정을 둔 위 약관조항은 상법 663조에 반하여 무효이다)

89) 양승규 235면; 장덕조 240면

상책임을 져야 할 경우에 대비하여 피보험자에게 요구되는 최소한도의 손해확대방지행위라고 보았다. 그리고 이로 인하여 지출한 치료비 중 보험자가 면책을 통보할 때까지 발생한 부분은 보험자가 보상해야 할 비용에 포함시키는 것이 타당하다고 보았다.

대판 2003.6.27. 2003다6958도 위 판결을 따르고 있다. 대법원은 손해방지비용이란 원칙적으로 보험사고의 발생을 전제로 하는 것이나, 보험사고가 발생한 것과 같게 볼 수 있는 상태가 생겼을 때에도 그 때부터 피보험자의 손해방지의무는 생겨난다고 보았다. 그리고 보험사고가 발생한 때 또는 보험사고가 발생한 것과 같게 볼 수 있는 경우에 피보험자의 법률상 책임 여부가 판명되지 아니한 상태에서 피보험자가 손해확대방지를 위한 긴급한 행위를 하였다면 이로 인하여 발생한 필요·유익한 비용도 보험자가 부담해야 한다고 판시했다. 이 사건에서는 피보험자가 공급한 레미콘에 콘크리트 경화 불량 등의 하자가 있음을 확인하고 보험자에게 그 사실을 통지하면서 보험사고에 해당하는지 여부를 알려달라고 요청하였으나 회답이 없자, 독자적으로 A연구소에 하자의 원인분석을 의뢰하는 한편 건물지하 벽면의 콘크리트 하자를 그대로 방치하면 건물 안전에 치명적인 손해가 발생할 위험도 배제할 수 없어서 시급한 하자 보수공사가 필요하다고 판단하였고 이에 따라 보수공사를 의뢰하였으며 이로 인한 필요비와 유익비가 발생하였다. 대법원은 그 보수공사를 의뢰한 것은, 보험사고가 발생한 것과 같게 볼 수 있는 때로서 그 법률상 책임 여부가 판명되지 아니한 상태에서 피보험자로서 손해방지의무의 일환으로서 행한 것이고, 위 콘크리트 하자로 인하여 건물의 기성 부분이 붕괴되는 등으로 인하여 시공사에게 손해가 발생하는 것을 방지하기 위해서 통상적인 시멘트가 아닌 초속경 시멘트를 사용하고 야간작업도 병행하여 최대한 빨리 보수공사를 완료할 필요성도 있었다고 보여지는 점을 감안하면 이에 소요된 비용은 손해방지를 위하여 지출한 필요하고도 유익한 비용이라고 판단했다.

(3) 방어비용과의 구분

책임보험에서 보험자는 피보험자가 제3자로부터의 청구를 방어하기 위해 지출한 재판상 또는 재판외의 필요비용을 지급할 의무를 부담한다(상법 720조 1항 1문). 판례는 방어비용과 손해방지비용을 다른 것으로 본다.[90] 다수설도 같다. 방어비용과 손해방지비용 사이의 관계, 차이점 등에 대해서는 책임보험 부분에서 살펴본다.

(4) 보험자 상호 간의 구상권 행사

공동불법행위자들의 보험자들 상호 간에는 손해방지비용의 상환의무에 관하여 공동

90) 대판 2006.6.30. 2005다21531

불법행위에 기한 손해배상채무와 마찬가지로 부진정연대채무의 관계에 있다. 만약 공동불법행위자 중 1인의 보험자가 그 피보험자에게 손해방지비용을 모두 상환하였다면 다른 공동불법행위자의 보험자가 부담하여야 할 부분에 대하여 직접 구상권을 행사할 수 있다. 이와 관련하여 아래 판례는 손해방지비용을 모두 상환한 보험자가 다른 보험자에 대하여 '직접' 구상권을 취득함을 밝히고 있다. 한편 이러한 사안에서 보험자는 자신의 피보험자가 갖는 구상권(다른 피보험자에 대한 권리이다)이나 구상금직접청구권(다른 피보험자의 보험자에 대한 권리이다)을 청구권대위의 방식으로 취득할 여지도 있다.

손해방지비용에 관한 '직접' 구상권을 취득한다고 본 대판 2007.3.15. 2004다64272의 판시내용은 다음과 같다. 즉 공동불법행위로 말미암아 공동불법행위자 중 1인이 손해의 방지와 경감을 위하여 비용을 지출한 경우에 이 손해방지비용은 자신의 보험자뿐 아니라 다른 공동불법행위자의 보험자에 대하여도 손해방지비용에 해당하므로, 공동불법행위자들과 각각 보험계약을 체결한 보험자들은 각자 그 피보험자 또는 보험계약자에 대한 관계에서뿐만 아니라 그와 보험계약관계가 없는 다른 공동불법행위자에 대한 관계에서도 그들이 지출한 손해방지비용의 상환의무를 부담한다. 또한 이러한 관계에 있는 보험자들 상호 간에는 손해방지비용의 상환의무에 관하여 공동불법행위에 기한 손해배상채무와 마찬가지로 부진정연대채무의 관계에 있다고 볼 수 있으므로, 공동불법행위자 중의 1인과 보험계약을 체결한 보험자가 그 피보험자에게 손해방지비용을 모두 상환하였다면, 그 손해방지비용을 상환한 보험자는 다른 공동불법행위자의 보험자가 부담하여야 할 부분에 대하여 직접 구상권을 행사할 수 있다고 판시했다.

제3장 보험자대위

제1절 총설

1. 보험자대위의 의의

보험자대위(subrogation)를 본격 논의하기에 앞서 관련 사례를 먼저 보자. 10억 원에 상당하는 가치의 선박을 소유한 사람이 자신을 피보험자로 하여 화재보험에 가입하였고, 이후 제3자의 귀책사유로 화재가 발생하여 선박이 전부 멸실된 사건을 가정해 보자. 이 때 피보험자는 보험자에 대해 보험금청구권, 그리고 제3자에 대해 불법행위로 인한 손해배상청구권을 경합적으로 행사할 수 있다. 피보험자가 제3자에게 손해배상청구권을 행사하여 배상을 받으면, 이득금지의 원칙에 따라서 보험자는 피보험자에 대해 보험금지급책임을 면하고(판례,[1] 통설), 보험자대위의 문제는 등장하지 않는다. 보험자대위의 문제가 등장하는 것은, 피보험자가 보험자에게 보험금지급청구권을 행사하여 10억 원을 보험금으로 받은 경우이다. ① 제3자에 대한 청구권은 어떤 운명에 놓일 것인가? 즉, 이 청구권은 소멸한다고 할 것인지, 아니면 피보험자 또는 보험자 중 누구에게 귀속된다고 볼 것인지가 문제된다. ② 만약 멸실된 선박에 1천만 원 정도의 경제적 가치가 남아 있는 경우(가령 고철가격), 선박에 대한 권리는 어떤 운명에 놓일 것인가? 즉, 이것이 피보험자와 보험자 중 누구에게 귀속된다고 볼 것인지가 문제된다. 보험자대위는 위와 같은 상황에서 제3자에 대한 권리 또는 보험목적(선박)에 대한 권리를 보험자에게 귀속시키는 제도이다. 보험자대위의 종류는 두 가지이다. 즉, 제3자 대한 청구권을 대위하는 제도가 청구권대위이고, 상법 682조가 이를 규정한다. 그리고 보험목적에 대한 권리를 대위하는 제도가 보험목적대위이며, 상법 681조가 이를 규정한다.

2. 법적 성질

보험자대위는 그 법적 성질이 민법의 배상자대위와 같다(통설).[2] 배상자대위란, 채

1) 대판 2000.11.10. 2000다29769

2) 판례는 자신의 계약상 채무이행으로 보험금을 지급한 보험자는 민법 481조의 변제자 대위를 할 수 없다는

권자가 그 채권의 목적인 물건 또는 권리의 가액 전부를 손해배상으로 받으면, 채무자가 그 물건 또는 권리에 관해서 당연히 채권자를 대위하는 제도이다(민법 399조). 이것은 불법행위에도 준용된다(민법 763조). 가령 물건의 임차인이 이를 도난당한 경우 임대인에게 그 가액 전부에 대한 손해배상금을 지급하면, 임차인이 그 물건에 대한 소유권을 취득하게 되는 것이다. 통설은 채권자가 제3자에 대해서도 손해배상청구권을 갖는 경우(가령 채무자의 과실과 제3자의 과실이 경합하여 이행지체가 된 경우), 채무자가 채무를 이행하면 제3자에 대한 손해배상청구권을 대위한다고 해석한다. 이 손해배상청구권은 채권의 목적이 된 물건 또는 권리에 갈음하기 때문이다. 배상자대위의 취지는 채권자의 이중이득 취득을 막는 데 있다. 그 요건 · 효과 및 취지 면에서 보험자대위와 매우 유사하다. 다만 배상자대위는 채무자가 손해를 배상한 경우에 적용되고, 보험자대위는 보험자가 보험계약에 따라서 손해를 보상한 경우에 적용된다는 점에서 차이가 있다. 또한 청구권대위는 배상자대위와 달리 보험금액의 전부를 지급하지 않아도 가능하고, 다만 보험금을 일부 지급한 보험자는 '피보험자의 권리를 침해하지 않는 범위'에서만 청구권대위를 할 수 있다(상법 682조 1항 단서).

제2절 보험목적대위(잔존물대위)

1. 의의

보험목적대위는, 보험목적의 전부가 멸실된 경우 보험금액의 전부를 피보험자에게 지급한 보험자가 보험목적에 대한 피보험자의 권리를 취득하는 것을 가리킨다(상법 681조 본문). 가령 보험목적인 훼손된 자동차 또는 기계, 난파된 선박, 타지 않은 철재 또는 석재 등에 대한 피보험자의 권리가 보험금을 지급한 보험자에게 법률상 당연히 이전되는 제도를 말한다. 보험목적대위보다는 잔존물(殘存物)대위라는 표현이 흔히 사용된다. 여기서는 보험목적에 대한 보험대위라고 표현하는 상법 681조에 따라서 보험목적대위라고 부르기로 한다.

2. 취지

통설은 보험목적대위와 청구권대위의 취지를 구분하지 않고 이를 묶어서 보험자대위의 취지를 피보험자가 초과이득 또는 이중이득을 얻는 것을 방지하고, 피보험자에게

입장이다(대판 1993.1.12. 91다7828).

손해를 야기한 제3자가 부당하게 면책되는 것을 방지하는 데 있다고 설명한다. 생각건대 보험목적대위와 청구권대위의 취지는 조금 다른 측면이 있으므로 구분하여 설명하는 것이 바람직하다. 보험목적대위의 주된 취지는 손해보험에서 요구되는 이득금지 원칙의 실현에 있다. 전손에 상당하는 보험금을 받은 피보험자가 남아있는 보험목적에 대한 권리를 행사할 수 있다고 하면, 피보험자가 실제로 입은 손해를 넘어서서 이득을 얻게 되는 문제가 생길 수 있으므로 보험자가 보험목적에 대한 권리를 행사할 수 있도록 하는 것이다. 청구권대위의 취지는 이득금지의 원칙 실현뿐만 아니라 손해를 야기한 제3자가 부당하게 면책되는 것을 방지하는 데에도 있지만, 보험목적대위에서 가령 대위대상이 남아있는 물건에 대해 피보험자가 소유권을 가진 경우에 이에 대해 보험자가 보험목적대위를 하는 것은 손해를 야기한 제3자가 부당하게 면책되는 것을 방지하는 것과는 원칙적으로 관련이 없다. 한편 청구권대위의 경우 보험금의 지급에 대비해 미리 보험료를 대가로 받은 보험자가 제3자에 대한 청구권을 행사하면 보험자에게 부당이득이 되는 것이 아닌가 하는 논쟁이 있다. 하지만 이러한 문제가 보험목적대위에는 생기지 않는 것이 원칙이다. 왜냐하면 보험목적대위는 보험목적의 경제적 가치가 일부 남아 있음에도 불구하고 전부 멸실한 것으로 보고 보험자가 이에 상응하는 보험금을 지급해야 하는 것이 요건이므로, 보험자가 남아 있는 보험목적에 대한 권리를 취득하는 것이 반드시 부당이득에 해당한다고 볼 일은 아닌 것이다.

3. 적용범위

보험목적대위는 그 취지를 고려하면 이득금지의 원칙에 따른 보험에 적용된다. 손해보험은 이득금지의 원칙을 따르므로, 보험목적대위가 여기에 적용됨은 물론이다. 이러한 이유에서 상법은 보험목적대위를 손해보험 통칙에서 규정하고 있다(상법 681조). 그리고 인보험의 경우 보험목적이 사람이므로 보험목적대위는 불가능하다(통설). 피보험자의 생명 또는 신체에 대한 권리를 보험자가 취득한다는 것은 건전한 사회질서 위반이 되므로 허용될 수 없기 때문이다.

4. 보험위부와의 구분

통설은 보험목적대위와 해상보험에서 보험위부를 구분한다. 해상보험에서 보험위부는 보험목적이 전부 멸실하였으나 그 증명이나 계산이 어려운 때, 또는 보험목적이 전부 멸실한 것과 다를 바 없는 때에, 피보험자가 보험목적에 대한 자기의 모든 권리를 보험자에게 이전하고, 보험자에게 보험금액의 전부 지급을 청구하는 것을 뜻한다(상법 710조 이하 참조). 즉 보험위부는 피보험자가 보험목적에 대한 권리를 보험자의 의사와 무관하게 보험자에게 이전시키고 그 대신 보험자에게 보험금액 전부의 지급을 청구하는 것이다. 해상보험의 경우 보험목적이 피보험자의 지배나 관리를 벗어나 있으므로 손해의 산정이나 증명이 쉽지 않다는 점이 보험위부 제도가 존재하는 취지이다. 이와 같이 보험위부는 취지가 피보험자의 이득금지가 아니라 손해산정의 곤란에 있고, 그 결과 요건 및 효과에서 상당한 차이가 있다. 보험위부에 대해서는 해상보험에서 기술한다.

5. 요건

보험목적대위의 요건으로는, 보험목적의 전부 멸실, 보험금의 전부지급이 있다(상법 681조 본문).

(1) 보험목적의 전부 멸실

보험목적의 전부 멸실은 보험목적의 전부에 손해가 생긴 것, 즉 전손(全損)을 의미한다(통설). 분손 즉 보험목적의 일부에 손해가 생긴 경우에는 보험목적대위가 적용되지 않는다. 이 경우는 분손만큼만 보상이 이루어지므로 피보험자가 실제로 입은 손해를 넘어선 이득을 얻게 되는 문제가 생기지 않기 때문이다.

전손은 피보험자가 해당 보험목적 본래의 경제적 가치(또는 효용)를 상실한 경우를 지칭한다고 본다(통설). 첫째, 보험목적 전부를 도난당한 경우도 전손으로 볼 수 있다.[3] 도난당한 보험목적은 어디엔가에는 존재하지만, 피보험자의 입장에서는 본래의 경제적 가치를 상실한 것이므로 상법 681조의 멸실에 포함되는 것이다. 즉 보험자가 도난당한 피보험자에게 보험금을 지급한 경우는 도난당한 보험목적에 대위를 할 수 있는 것이다. 도난이 물리적인 의미의 멸실이 아니므로, 상법 681조가 규정하는 멸실은 물리적 의미로 한정해서 해석하지 않아야 한다. 둘째, 보험목적이 물리적으로 멸실하거나 또는 본래의 경제적 가치를 상실할 정도로 훼손된 경우도 전손으로 볼 수 있다. 물리적으로 소멸되어 남아 있는 보험목적이 사실상 없는 경우는 보험목적대위가 성립될 여지가 없다. 하지만 본래의 경제적 가치를 상실했지만 경제적 가치가 일부 남아 있을 정도의 훼손은 보험목적대위가 적용되는 전형적인 전손이다. 가령 자동차가 사고로 인해 수리가 불가능한 정도로 훼손된 경우 자동차로서 본래의 경제적 가치는 상실했지만 고철 등으로서의 경제적 가치는 남아 있는 것이다. 이때 고철 등의 가액이 남아 있다는 이유로 전손이 아닌

---

3) 최기원 321면

것으로 처리한다면 피보험자에게 보험의 효용은 크게 떨어질 수밖에 없다. 고철 등의 가액을 제외한 금액을 보험금으로 받은 피보험자가 고철 등을 팔아서 손해를 전보하는 것은 아주 불편한 일이기 때문이다.

본래의 경제적 가치가 상실되었는지 여부(전손인지 분손인지)의 구분이 반드시 분명한 것은 아니지만, 남아있는 보험목적이 본래의 경제적 가치로 회복할 능력이 있는지 또는 회복할 가치가 있는지 여부가 일응의 기준이 될 것이다.[4] 합리적인 비용을 사용해도 본래의 경제적 가치를 회복할 수 없으면 전손이고, 회복할 수 있으면 분손으로 된다(통설). 전손의 구체적 기준은 보험약관에 정해 놓는 것이 일반적이다. 또한 선박의 경우 수선비가 선박가액의 4분의 3을 초과할 때는 수선이 불가능한 것으로 본다(상법 754조 1항 2호).

(2) 보험금의 전부 지급

보험자가 보험금의 전부를 지급해야 한다. 보험금의 일부를 지급했다고 해서, 그 지급액에 비례하여 보험목적대위가 성립되는 것은 아니다(통설). 그리고 명문의 규정은 없지만, 손해방지비용(상법 680조), 손해액의 산정비용(상법 676조 2항) 등이 발생한 경우 보험자는 보험금과 더불어 이것도 함께 지급해야 보험목적대위가 성립된다고 해석한다(통설).

보험자가 보험금의 전부를 지급해야 한다는 점에서, 보험금의 일부만 지급해도 성립되는 청구권대위(상법 682조 1항 단서)와 구분된다. 보험금의 전부를 지급해야 하는 이유를, 보험사고로 인하여 전손이 발생하면 피보험자가 보험금의 전부를 청구할 수 있으므로 이를 충족시켜 준 후에야 보험자가 권리를 대위할 수 있음은 당연하다고 설명하는 견해가 있다.[5] 하지만 보험금의 일부만 지급한 경우 일부 대위가 불가능하다고 할 논리 필연적인 근거가 있는지는 의문이고, 입법자의 정책적 결단으로 볼 수밖에 없다. 청구권대위의 경우 일부 대위가 가능하다고 하더라도, 결국 피해자의 권리가 대위채권자인 보험자의 권리보다 우선하므로 일부대위가 불가능한 것과 실질적으로 큰 차이가 없다고 볼 수 있다.

(3) 대위권 포기가 없을 것

① 남아있는 보험목적에는 공법상 또는 사법상 의무가 부과되어 있을 수 있다. 대위에 의해서 남아있는 보험목적에 대한 권리가 보험자에게 이전되면, 그러한 공법상 또는 사법상 의무도 수반되어 이전한다(통설). 그런데 이러한 의무로 인한 부담이 보험자가 취득하는 권리의 가치를 초과하는 경우가 있을 수 있다. 가령 해양수산부장관은 무역항

4) 박세민 439면; 양승규 240면
5) 양승규 241면; 임용수 288면

의 수상구역 등에서 선박의 항행을 방해하거나 방해할 우려가 있는 장애물을 발견한 경우에 그 장애물의 소유자 또는 점유자에게 제거를 명령할 수 있는데,[6] 가령 잔존하는 보험목적인 선박이 이러한 장애물에 해당하고 그 제거비용이 잔존가액을 초과한다면, 그 선박에 대한 권리를 대위취득한 보험자가 오히려 손해를 입을 수 있는 것이다.

② 위와 같은 상황에서 보험자가 손해를 피하는 방법으로 대위권을 포기하는 것이 허용된다고 해석한다(통설). 잔존가액이 그 수거 또는 환가 비용에 미달하는 등 불이익이 발생하는 경우까지 보험자에게 권리취득을 시킬 필요는 없기 때문이다. 보험자가 대위권을 포기하면 남아있는 보험목적에 대한 권리와 함께 그에 수반하는 공법상 또는 사법상 의무도 피보험자에게 귀속한다. 대위권의 포기는 보험금의 지급 이전에는 언제라도 할 수 있다(통설). 보험금의 지급 후에는 포기할 수 없다고 해석한다.[7] 이때에도 포기할 수 있다고 하면 피보험자의 법적 지위가 지나치게 불안정해지기 때문이다. 그리고 권리의 포기는 원칙적으로 상대방 없는 단독행위이지만,[8] 대위권의 포기는 상대방 있는 단독행위라고 해석할 필요가 있다.[9] 왜냐하면 보험자가 대위권을 포기하면 잔존하는 보험목적에 대한 권리가 피보험자로부터 보험자로 이전되지 않으므로 피보험자의 법적 지위에 영향을 미치기 때문이다. 이렇게 해석하지 않으면 보험자가 대위권을 포기한 사실을 피보험자가 알지 못해서 남아있는 보험목적에 아무런 조치를 취하지 못하여 불측의 손해를 입을 수 있기 때문이다.

③ 또한 보험자 단독행위가 아니라 보험계약자와 약정을 통해서 대위권을 포기하는 경우가 있는데, 이것은 유효하다고 해석한다(통설). 가령 화재보험표준약관은 보험자가 보험금을 지급하고 잔존물을 취득할 의사표시를 하는 경우에 잔존물이 보험자의 소유가 된다고 규정한다(13조). 이것은 보험금의 지급 이후에 잔존물을 취득할 의사표시를 하는 것을 해제조건으로 해서 대위권을 포기한 것이라고 해석할 수 있다. 보험자가 대위권을 포기하면 남아있는 보험목적에 대한 권리는 피보험자에게 그대로 귀속되고 그에 수반하는 의무도 물론 피보험자에게 귀속된다.

④ 그리고 보험자가 남아있는 보험목적에 대한 권리를 취득하되, 비용을 피보험자가 부담한다는 약정이 유효하다는 견해,[10] 또는 공법상 의무를 피보험자가 부담한다는 약정은 유효하다는 견해가 있다.[11] 이와 달리, 피보험자가 남아있는 보험목적에 대한 소

6) '선박의 입항 및 출항 등에 관한 법률' 40조 1항
7) 김성태 445면; 임용수 289면; 정경영 866면; 채이식 149면
8) 곽윤직 · 김재형, 민법총칙, 2013, 261면
9) 보험자가 대위권을 포기할 때는 이를 즉시 피보험자에게 통지해야 한다는 견해도 있다(김성태 445면; 장덕조 246면)
10) 김성태 445면; 최기원 323면
11) 최준선 226면

유권은 취득하면서 그에 따른 의무나 책임을 부담하지 않는다는 약정의 효력은 논란의 여지가 있다는 견해가 있다.[12]

생각건대, 위와 같은 약정은 상법 663조 본문, 보험목적대위의 취지 등에 반하는 것이어서 효력이 없다고 해석해야 한다. 첫째, 상법 663조 본문에 반한다. 즉 남아있는 보험목적에 대한 권리가 대위를 통해서 보험자에게 이전되면, 그러한 공법상 또는 사법상 의무도 수반되어 이전한다고 해석되는데(통설), 이와 달리 그러한 의무만 피보험자에게 잔류한다는 약정은 상법 보험편을 피보험자에게 불리하게 변경한 것이므로 가계보험에 관해서는 효력이 없는 것이다. 둘째, 보험목적대위의 취지에 반하는 문제가 있다. 즉 보험목적대위의 취지를 잔존하는 보험목적에 대한 권리가 피보험자에게 귀속되었을 때 피보험자가 초과이득을 취하기 때문이라는 데서 찾는다면, 피보험자에게 초과이득인지 여부는 그 권리뿐만 아니라 이에 수반하는 의무나 책임까지 포함시켜서 판단해야 하고 그 결과 초과이득이라고 판단되는 부분만 보험자에게 귀속시키는 것이 타당하다고 보아야 하기 때문이다. 보험자가 남아있는 보험목적에 대한 권리를 취득하되 의무나 비용을 피보험자가 부담하는 약정에 따르게 되면, 이것은 피보험자의 초과이득이 과대평가된 것과 그 실질이 같고, 따라서 보험목적대위의 취지를 넘어선다는 문제가 있는 것이다. 한편 화재보험표준약관은 보험의 효용을 높이기 위해서 손해액의 10% 이내에서 잔존하는 보험목적에 대한 제거비용을 지급하되 보험금과 그 제거비용의 합계액이 보험금액을 초과할 수 없다고 규정하고 있다(3조 2항 1호, 8조 1항). 다만, 이 약관을 적용하더라도, 보험자가 전손으로 인해서 보험금 전부를 지급하는 경우 잔존하는 보험목적에 대한 제거비용까지 지급할 의무는 없다고 해석된다. 왜냐하면 그 제거비용까지 지급한다면 이것과 보험금의 합계액이 보험금액을 초과할 것이기 때문이다.

6. 효과

보험목적대위의 효과는 보험자가 남아있는 보험목적에 대한 권리를 취득하는 것이다(상법 681조 본문).

(1) 권리의 이전

보험목적대위의 요건이 충족되면, 남아있는 보험목적에 대한 권리가 피보험자로부터 보험자에게 당연히 이전한다(통설). 법률행위가 아니라 법률의 규정에 의한 이전이다. 따라서 권리의 이전에 통상적으로 필요한 양도행위 및 기타의 요건(등기, 인도 등)이 충족

12) 박세민 442면; 사법연수원, 보험법연구, 2014, 113면

되지 않아도, 보험목적에 대한 권리가 당연히 이전한다. 가령 보험목적에 대한 권리가 물건의 소유권이라고 한다면, 이를 이전하는 의사표시나 절차(부동산은 등기, 동산은 인도)가 없어도 권리가 이전된다.

(2) 이전 시기

잔존하는 보험목적에 관한 권리가 피보험자로부터 보험자에게로 이전하는 시점은 보험자가 보험금의 전부를 지급한 시점이다(통설). 여기의 보험금에는 손해방지비용(상법 680조), 손해액의 산정비용(상법 676조 2항) 등도 포함된다.

(3) 권리의 종류

보험목적에 대한 권리는 소유권에 한정할 것인가? 보험목적에 관한 권리라면 소유권에 한정할 필요가 없고, 경제적 가치가 있는 모든 권리가 포함된다고 해석한다(통설).[13]

(4) 일부보험

일부보험에서는 지급할 보험금의 보험가액에 대한 비율에 따라 보험자가 남아있는 보험목적에 대한 권리를 취득한다(상법 681조 단서). 일부보험의 경우는 보험가액의 일부만 부보되므로 전손이 발생하여 보험금을 전부 지급하더라도 보험금이 보험가액에 미치지 못한다. 그럼에도 불구하고 보험금을 지급한 보험자가 남아 있는 보험목적 전부를 대위취득하는 것은 보험목적대위의 취지(이득금지 원칙의 실현)를 넘어서는 것이다. 일부보험의 경우 보험목적대위를 하게 되면, 남아 있는 보험목적에 대한 권리에 대해서 피보험자와 보험자 사이에 공유관계가 생긴다(통설). 가령 보험가액이 10억 원인 피보험자 소유의 물건을 보험금액 6억 원으로 하여 보험에 가입한 이후에 전손이 발생하여 보험자가 6억 원을 보험금으로 지급한 경우(상법 674조 본문), 만약 남아있는 보험목적이 있다면 이를 보험자와 피보험자가 공유하게 된다(이 사례에서 각자 지분은 보험자 6/10, 피보험자 4/10).

(5) 권리의 처분

피보험자는 보험자의 권리취득 이후에는 권리를 처분할 수 없지만, 그 이전에는 처분할 수 있다. 보험자가 권리를 취득한 이후에 피보험자가 권리를 처분하면 타인의 권리를 함부로 처분한 것으로서 불법행위로 인한 손해배상책임을 질 수 있다.[14] 한편 보험자가 권리취득을 하기 이전에 피보험자가 권리를 처분하면, 보험자는 잔존가액을 공제하고

13) 이와 달리 소유권에 한정해야 한다는 견해로는, 서돈각 · 정완용, 상법강의(하), 1996, 419면

14) 박세민 440면; 양승규 242면; 정찬형 651면

보험금을 지급하면 된다(통설). 이를 통해 피보험자가 초과이득을 얻는 것을 막을 수 있기 때문에, 굳이 보험자의 권리취득 이전부터 피보험자의 처분권을 박탈할 필요는 없는 것이다.

(6) 승계취득

보험자의 권리취득은 승계취득이다. 보험자의 권리 취득은 피보험자의 권리에 바탕을 둔 승계취득이므로, 피보험자의 권리에 제한이나 하자가 있으면 이는 보험자의 권리에 승계된다.

(7) 협조의무

피보험자는 보험목적에 대한 권리를 보험자가 행사 또는 처분하는 데 협조할 신의칙상 의무를 진다(통설). 보험자의 권리취득은 법률의 규정에 따라 당연히 이루어지므로 여기에 피보험자의 협조를 필요로 하지 않는다. 하지만 취득한 권리를 보험자가 행사 또는 처분하는 데 피보험자의 협조가 필요한 경우가 많다. 가령 법률의 규정에 의해 부동산의 물권을 취득하는 데는 등기가 필요하지 않지만 이를 등기하지 않으면 처분할 수 없는데(민법 187조), 보험자의 명의로 부동산을 등기하려면 피보험자의 협조가 필요할 것이다. 이 협조의무는 상법에 명문 규정은 없으나 상법 681조의 해석상 당연히 인정된다(통설).

제3절 청구권대위

1. 의의

청구권대위는, 피보험자의 손해가 제3자의 행위로 인하여 생긴 경우에, 보험금을 지급한 보험자가 지급한 금액의 한도에서 제3자에 대한 피보험자의 권리를 취득하는 것이다(상법 682조 1항 본문). 이에 따르면, 청구권대위의 요건으로서, 피보험자의 손해가 제3자의 행위로 인해 생기고, 피보험자가 제3자에 대해서 손해에 대한 전보청구권 등을 갖는 등이 필요하다. 청구권대위의 효과는, 보험자가 자신이 지급한 보험금의 한도에서 제3자에 대한 피보험자의 권리를 법률상 당연히 이전받는 것이다.

2. 취지

청구권대위의 취지는, 이득금지 원칙의 실현, 부당한 면책의 방지에 있다(판례,[15] 통설).

첫째, 피보험자의 초과이득 방지이다. 제3자의 행위로 인해서 피보험자에게 손해가 발생하고 이로 인해서 피보험자가 제3자에 대해서 손해전보청구권을 갖는 경우를 가정해 보자. 두 개의 청구권은 별개 독립의 것이어서 피보험자가 경합적으로 행사할 수 있지만, 보험자에게 보험금청구권을 행사해서 손해전보를 받게 되면 그 금액만큼 제3자에 대해서 청구권을 행사할 수 없도록 할 필요가 있다. 이와 달리 만약 피보험자가 두 개의 청구권을 중복적으로 행사해서 보험자로부터 보험금도 받고 제3자로부터 손해전보도 받을 수 있다고 한다면, 피보험자가 실제로 입은 손해를 넘어서 이득을 얻게 되는 문제가 생길 수 있는 것이다. 이것은 손해보험의 대원칙인 실손보상 또는 이득금지 원칙에 반한다. 이와 같이 피보험자의 초과이득을 방지하는 데 청구권대위의 기본 취지가 있다. 즉 보험자에게 보험금청구권을 행사해서 손해전보를 받게 되면 그 금액만큼 제3자에 대한 청구권을 행사할 수 없도록 하기 위해서 제3자에 대한 청구권을 보험자에게 이전시키는 것이다. 한편 피보험자에게 제3자에 대한 청구권을 먼저 행사하게 한 후 전보 받지 못한 손해부분만 보험금청구권을 행사할 수 있다고 하는 것도 이득금지 원칙을 지킬 수 있는 방안의 하나로 고려해 볼 수 있으나, 제3자에 대한 청구권을 먼저 행사해야 한다고 하는 것은 피보험자의 입장에서 보험의 효용이 대폭 저하된다는 문제가 있다.[16]

둘째, 가해자의 부당한 면책 방지이다. 즉 보험자로부터 보험금을 받은 피보험자는 가해자인 제3자에게 손해배상청구권을 행사할 수 없다고 하는 것으로 그치면, 결과적으로 가해자인 제3자가 부당하게 면책된다는 점이 문제다. 이를 피하기 위해 보험자에게 제3자에 대한 청구권을 귀속시켜 행사할 수 있도록 한 것이다.

다만 보험금의 지급에 대비해 미리 보험료를 받은 보험자가 제3자에 대한 청구권도 행사하게 되면, 보험자가 부당이득을 차지할 수 있도록 허용하게 되는 것이 아닌가 하는 의문이 생길 수 있다. 이러한 의문에 대처하기 위해서는, 보험의 기술인 수지상등의 원칙을 추구함에 있어서, 청구권대위를 반영한 보험료 산정이 이루어져야 한다고 본다.[17]

---

15) 대판 1989.4.25. 87다카1669(제3자에 대한 보험자 대위규정을 둔 이유는 피보험자가 보험자로부터 보험금액을 지급받은 후에도 제3자에 대한 청구권을 보유, 행사하게 하는 것은 피보험자에게 손해의 전보를 넘어서 오히려 이득을 주게 되는 결과가 되어 손해보험제도의 원칙에 반하게 되고 또 배상을 하여야 할 의무자인 제3자가 피보험자의 보험금수령으로 인하여 그 책임을 면하게 하는 것도 불합리하므로 이를 제거하여 보험자에게 그 이익을 귀속시키려는 데 있다). 대판 1990.2.9. 89다카21965; 대판 1995.11.14. 95다33092; 대판 2024.5.9. 2024다200533도 같다.

16) 山下友信, 保險法, 2005, 546면

17) 만약 보험료 산정에 청구권대위가 반영되는지 여부가 불투명하다면, 오히려 제3자가 면책되는 것이 낫다는 이유에서 청구권대위를 폐지해야 한다는 주장이 있다(Merkin/Steele, *Insurance and the Law of*

또한 피보험자의 이중이득이나 가해자의 부당한 면책의 우려가 없는 경우에는 보험자대위는 제한될 수 있다.[18]

3. 적용범위

청구권대위는 그 취지를 고려하면 이득금지가 적용되는 보험에 적용된다. 즉 손해보험에 이득금지가 적용되므로, 청구권대위는 이에 적용된다. 이러한 이유에서 상법은 청구권대위를 손해보험 통칙에서 규정하고 있다(상법 682조).

인보험은 청구권대위가 적용되지 않는 것이 원칙이나, 상해보험의 경우 당사자의 약정이 있으면 적용이 가능하다(상법 729조). 인보험은 대개 정액 보상방식인데, 이 경우 청구권대위가 적용될 여지가 없는 것이다. 다만 상해보험의 경우 비정액 보상방식도 가능한데, 이 경우 청구권대위의 여지가 생긴다(통설). 그리고 상해보험의 경우 비정액 보상방식이더라도 청구권대위가 당연히 적용되는 것이 아니라 당사자의 약정이 있어야 한다고 상법이 규정한 데서, 원칙적으로 상해보험을 비롯한 인보험에는 이득금지의 원칙이 적용되지 않는다고 보는 것이 상법의 태도라는 점이 잘 드러낸다. 다만 비정액 보상방식인 상해보험의 경우에 당사자가 이득금지를 목적으로 청구권대위를 약정하면, 이 경우에 한해서 이득금지를 적용하겠다는 것이다. 따라서 이러한 약정이 없다면, 비정액 보상방식인 상해보험이더라도, 피보험자는 보험자로부터 보험금도 받고 가해자에게 손해배상청구권도 행사하여, 이중지급을 받을 수 있게 된다. 이 점에서 손해보험과 분명히 구별된다. 그리고 질병보험에 상법 729조가 준용된다(상법 739조의3).

4. 손익상계와의 관계

청구권대위는 보험금을 손익상계로 공제하지 않는 것을 전제로 한다. 손익상계란 채무불이행 또는 불법행위로 인해서 손해를 입은 피해자가 같은 원인으로 이익을 얻은 경우 손해배상액에서 이를 공제하고 가해자도 그 공제되는 한도에서 면책되는 것을 가리킨다. 보험금은 이러한 손익상계의 대상에 포함되지 않는다(판례,[19] 통설). 그 근거는, 보험금을 손익상계로 공제하는 것은 피해자의 의사에 합치되지 않고, 손해배상법의 체계상으로도 가해자의 손해배상의무를 감축시키는 것이 합리적이지 않다는 점에서 찾을 수 있다.[20] 또한 피보험자가 손해보험에 따라 보험자로부터 수령한 보험금은 보험자에게

Obligations, 2013, p 112).

18) 대판 2023.4.27. 2017다239014

19) 대판 1998.11.24. 98다25061; 대판(전원) 2015.1.22. 2014다46211

납입한 보험료의 대가적 성질을 지니는 것으로서 제3자의 손해배상책임과는 별개의 것이기도 하다.[21] 보험금이 손익상계의 대상에 포함되지 않음으로써, 피해자인 피보험자는 보험금을 받더라도 가해자를 상대로 그 금액의 감축 없이 손해배상청구권을 행사할 수 있고, 다만 보험금을 지급한 보험자가 청구권대위에 의해서 이 손해배상청구권을 취득하여 행사할 수 있게 되는 것이다.

5. 요건

청구권대위가 성립하기 위해서는, 제3자의 가해행위가 있어야 하고, 그로 인해서 피보험자가 제3자에 대해서 청구권이 있어야 하며, 보험자가 피보험자에게 보험금을 지급했어야 한다. 가해행위, 제3자, 청구권의 존재, 보험금의 지급 등으로 나누어서 살핀다.

(1) 가해행위

1) 의의

청구권대위가 성립하려면 '피보험자에게 손해가 생기는' '제3자의 가해행위'가 있어야 한다. 이 점은 상법 682조의 법문상 분명하다. 만약 제3자의 가해행위가 있더라도, 피보험자에게 손해가 생기게 하는 것이 아니라면, 청구권대위가 성립할 수 없다. 즉 상법 682조의 취지가 피보험자와 보험자 및 제3자의 이해관계를 조정하고 위험을 분배하고자 하는 데에 있음을 고려할 때, 보험자는 '피보험이익을 기준으로 보험목적에 발생한 손해'에 대해 자신이 지급한 보험금의 한도 내에서 청구권대위를 할 수 있다.[22]

대판 2013.10.24. 2011다13838에서, 보험사고의 발생으로 인해서 손해액을 산정하는 데 든 비용이 피보험자가 입은 손해인지와 관련하여, 상법 676조 2항에 의하면 손해액 산정비용은 보험자의 부담으로 한다고 규정하고 있으므로, 보험자가 보험금의 지급범위를 확인하기 위하여 지출한 비용은 보험자의 이익을 위한 것일 뿐이지 피보험자가 입은 손해라고 할 수 없으므로, 그 비용을 지출한 보험자가 피보험자를 대위하여 가해자를 상대로 그 비용에 상당하는 손해배상을 구할 수는 없다고 판시했다.

대판 2024.5.9. 2024다200533에서, 공장 건물, 기계설비 등을 보험목적으로 하는 화재보험계약을 체결하면서 손해 발생 시 보험목적과 동형·동질의 신품을 조달하는 데 소요되는 금액을 보상해 주는 재조달가액 특약을 맺었고, 그 후 화재로 입은 손해에 관해 보험금을 지급하면서 공장 내 기계설비에 관한 손해액은 재조달가액 특약이 있음을 이

20) 山下友信, 保険法, 2005, 564면

21) 대판(전원) 2015.1.22. 2014다46211; 대판 2024.6.27. 2024다229824

22) 대판 2022.1.14. 2021다264819; 대판 2024.5.9. 2024다200533

유로 그 복구비에서 감가상각비용을 공제하지 않고 산정하였다. 대법원은, 보험목적에 발생한 손해, 즉 공장 건물 및 기계설비가 훼손됨으로써 피보험자가 입게 된 손해는 다른 특별한 사정이 없는 한 훼손 직전의 건물 및 기계설비로 원상회복시키는 데 소요되는 수리비 또는 신품 조달비에서 감가상각비용을 공제한 금액이므로, 보험자는 위 손해에 대해서만 보험자대위를 할 수 있다고 판단했다. 보험자가 감가상각을 고려하지 않은 수리비 또는 신품 조달비 전액을 보험금으로 지급하였다 하더라도, 이는 감가상각비용으로 공제되어야 할 부분을 별도의 특약에 따라 추가로 지급한 것일 뿐이므로, 위 추가 지급 부분은 이 사건 화재로 인해 가해자인 제3자가 피보험자에게 부담하는 손해배상채무에 포함되는 비용이라고 볼 수 없다고 보았다.[23)]

2) 위법행위와 적법행위

청구권대위의 요건으로서 손해를 가하는 행위는, 위법행위는 물론이고, 적법행위도 가능하다(통설). 판례도 같다. 대판 1995.11.14. 95다33092에서, 상법 682조 소정의 제3자의 행위란 피보험이익에 대하여 손해를 일으키는 행위를 뜻하는 것으로서 고의 또는 과실에 의한 행위만이 이에 해당하는 것은 아니라고 판시했다.[24)] 생각건대, 판례와 통설이 타당하다. 상법 682조 1항 본문이 가해행위를 위법행위로 한정하고 있지 않을 뿐만 아니라, 해석상으로도 위법행위로 제한할 이유가 없기 때문이다. 적법행위로 인한 손해전보를 목적으로 하는 청구권의 경우도 피보험자가 초과이득하는 것을 방지할 필요와, 제3자가 부당하게 면책되는 것을 방지할 필요는 마찬가지로 인정될 수 있기 때문이다. 물론 가해행위는 채무불이행(민법 390조), 불법행위(민법 750조) 등과 같은 위법행위인 것이 보통이다. 가령 제3자의 불법행위로 인해 손해를 입은 피보험자는 그 제3자에 대해 손해배상청구권을 갖게 된다. 적법행위일지라도 그것이 피보험자에게 손해를 끼치고 피보험자가 손해전보청구권을 갖는 경우의 예는 선장의 공동해손행위이다. 선박과 적하의 공동위험을 피하기 위해 선장이 선박 또는 적하에 대해 행한 처분으로 인해서 생긴 손해 또는 비

---

23) 대판 2022.1.14. 2021다264819에서도, 화재보험계약을 체결하면서 건물에 대하여 감가상각이 적용된 수리비와 재조달가액의 차액을 보상하여 주는 주택복구비용지원특약을 하였는데, 보험자는 보험자대위에 기하여 자신이 보험금으로 지급한 감가상각을 고려한 수리비에 대해 청구할 수 있을 뿐이고, 복구비용지원금은 별도의 특약에 따라 추가로 지급한 금원일 뿐이므로 이를 보험자대위에 기하여 청구할 수 없다고 판시되었다.

24) 한편 대판 1988.12.13. 87다카3166에서는, 상법 682조의 청구권대위에 의하여 보험자가 취득하는 권리는 당해 사고의 발생 자체로 인하여 피보험자가 제3자에 대하여 가지는 불법행위로 인한 손해배상청구권이나 채무불이행으로 인한 손해배상청구권에 한하고, 피보험자가 제3자에게 보험금청구권을 양도한 경우 양수인이 취득한 보험청구권은 당해 사고의 발생 자체로 인하여 생긴 것이 아니라 보험금청구권 양도계약에 의하여 생긴 것이어서 청구권대위의 목적이 될 수 없다고 판시했다. 이 판결은 청구권대위의 대상인 권리란 불법행위나 채무불이행로 인한 청구권에 한정된다는 점에 방점이 있다기보다는 '당해 사고의 발생 자체로 인하여' 성립되는 청구권이어야 한다는 점에 방점을 둔 판결로 보인다.

용이 공동해손이다(상법 865조). 이 처분이 공동해손행위이고, 이는 적법행위에 해당한다. 공동해손행위로 인해 생긴 손해 등을 입은 사람은 보존된 재산의 이해관계인에 대해 공동해손 분담청구권을 갖는데(상법 866조), 이 분담청구권에 대해 청구권대위가 적용될 수 있는 것이다.

3) 가해행위자와 피청구권자

가해행위자와 피청구권자는 동일인일 것을 요구하지 않는다(통설). 불법행위 또는 채무불이행의 경우는 가해행위자가 피청구권자가 동일인인 것이 일반적이다. 하지만 후술하는 바와 같이 피해자가 보험자에게 행사할 수 있는 직접청구권도 청구권대위의 대상이 될 수 있는데, 이 경우 가해행위자와 피청구권자가 일치하지 않는다. 또한 가해행위가 적법행위인 경우에 양자가 일치하지 않을 수 있다. 선장의 공동해손행위의 경우 양자는 일치하지 않는다. 가해행위자는 선장이고, 피청구권자는 보존된 재산의 이해관계인이기 때문이다. 상법 682조 1항은 법문에 비추어 보면 가해행위자와 피청구권자가 동일인인 것을 전제하고 있는 것으로 보인다. 그러나 공동해손행위의 경우와 같이 양자가 다른 경우에도 청구권대위 규정이 적용될 수 있도록 확대하여 해석할 필요가 있다.

(2) 제3자의 범위

1) 의의

제3자는 청구권대위의 대상이 되는 자이므로, 누가 제3자에 해당하는지는 중요한 문제이다. 원칙적으로 제3자는 보험자 및 피보험자 이외의 자를 가리키지만, 아래에서 논의하는 것처럼 예외적으로 보험계약자 등도 제3자의 범위에서 제외될 수 있다. 그리고 제3자가 한 명인지 여러 명인지는 묻지 않는다(통설). 즉 피보험자에게 수인이 가해행위를 가한 경우 수인이 모두 제3자에 포함된다.

2) 피보험자

① 피보험자는 제3자에 포함되지 않으며, 이 점은 타인을 위한 보험계약의 피보험자도 마찬가지이다(판례,[25] 통설). 피보험자가 가해행위를 했다고 해서, 보험금을 지급한 보험자가 그에게 청구권대위를 한다면, 피보험자의 입장에서 보험에 가입한 것이 별 효용이 없는 것이기 때문이다.

② 피보험자가 다른 사람들과 함께 공동불법행위를 범한 경우 피보험자는 제3자에

25) 대판 1989.4.25. 87다카1669; 대판 1993.6.29. 93다1770; 대판 2012.4.26. 2011다94141; 대판 2016.5.27. 2015다237618; 대판 2017.9.26. 2015다245145; 대판 2024.12.26. 2024다250286

포함되지 않지만, 다른 공동불법행위자들은 제3자에 포함된다. 다른 공동불법행위자들은 피보험자가 아니기 때문에 청구권대위의 대상이 되는 것이다. 따라서 피보험자의 보험자가 피해자에게 손해보상을 하여 피보험자와 다른 공동불법행위자들이 공동으로 면책되는 경우, 피보험자가 다른 공동불법행위자에 대해서 갖는 구상권을 보험자가 대위취득할 수 있다(판례,[26] 통설).

③ 피보험자가 누구인지는 보험자와 보험계약자가 보험계약으로 정할 사항이다. 주의할 것은 자동차보험표준약관에 의하면, 피보험자의 종류가 기명피보험자, 친족피보험자, 승낙피보험자, 사용피보험자, 운전피보험자 등 다섯 가지에 이르고, 이들이 모두 피보험자가 되는 보험으로는 대인배상보험 I, 대인배상보험 II, 대물배상보험이 있으며, 자기차량손해보험에서는 기명피보험자만 피보험자이고, 자기신체사고보험, 무보험자동차에 의한 상해보험의 경우는 피보험자의 유형을 개별약관에서 정할 수 있다(1조 13호, 4조, 7조, 13조, 18조, 22조).[27] 자동차보험에서 피보험자의 종류를 이처럼 확장 또는 확대시켜 놓은 이유는, 자동차의 운행 또는 운전과 관련하여 배상책임을 질 수 있는 자가 자동차 소유자 이외에도 다수가 있을 수 있는데, 이들이 각각 보험에 가입해야 하는 경우 겪을 수 있는 불편 또는 비효율을 해소하기 위한 것이라고 할 수 있다. 그리고 위와 같은 다섯 종류의 피보험자는 어느 누구도 청구권대위의 대상인 제3자에 포함되지 않는 것이다(판례,[28] 통설). 다만 판례는 자동차보험이 운전자를 운전피보험자에 포함한 것은 보험자의 책임범위를 넓혀 피보험자 및 피해자를 보호하기 위한 것이지 운전피보험자의 면책이 주된 목적이 아니라고 한다.[29]

대판 1991.11.26. 90다10063은 화물차 소유자가 자신 그리고 자신을 위해 운전 중인 사람을 피보험자로 하는 자동차보험에 가입하였고, 소유자(기명피보험자)가 고용한 운전사(운전피보험자)가 화물차를 운전하다가 조수석의 동승자를 사망하게 했던 사안이다. 보험금을 지급한 보험자가 소유자의 운전사에 대한 손해배상청구권을 대위할 수 있는지

---

26) 대판 1989.11.28. 89다카9194; 대판 1993.1.26. 92다4871; 대판 1994.1.11. 93다32958; 대판 1998.12.22. 98다40466(공동불법행위자 중 1인과 체결한 보험계약에 따라 보험자가 손해배상금을 지급하여 공동불법행위자들이 공동면책된 경우 보험계약을 체결한 공동불법행위자의 다른 공동불법행위자에 대한 구상권의 행사가 가능하다)

27) 이에 대해서는 자동차보험 부분에서 상술한다.

28) 대판 1991.11.26. 90다10063; 대판 1993.1.12. 91다7828; 대판 1993.6.29. 93다1770; 대판 2000.9.29. 2000다33331(피보험자는 기명피보험자 외에 기명피보험자의 승낙을 얻어 자동차를 사용 또는 관리중인 자 및 위 각 피보험자를 위하여 피보험자동차를 운전중인 자(운행보조자를 포함함) 등도 포함되어 있다면, 이러한 승낙피보험자 등의 행위로 인하여 보험사고가 발생한 경우 보험자가 보험자대위의 법리에 의하여 그 권리를 취득할 수 없다); 대판 2006.2.24. 2005다31637(기명피보험자인 회사를 위하여 피보험차량을 운전하는 피용자는 운전피보험자로서 보험자가 보험자대위권을 행사할 수 있는 상법 제682조에 정한 '제3자'에 해당하지 않는다); 대판 2024.5.9. 2022다290648

29) 대판 2005.9.15. 2005다10531

가 쟁점이었고, 대법원은 보험계약의 해석상 보험사고를 일으킨 사람이 피보험자에 해당되면 청구권대위가 가능하지 않다고 판시했다.

대판 1993.1.12. 91다7828은 자동차보험에서 승낙피보험자(기명피보험자의 승낙을 얻어 자동차를 사용 또는 관리 중인 자)의 과실로 교통사고가 발생하여 기명피보험자가 제3자에게 운행자책임을 지게 되었고, 이에 보험자가 기명피보험자에게 보험금을 지급했던 사안이다. 이 자동차보험에는 기명피보험자와 승낙피보험자 사이에 차량사고로 인한 모든 손해를 승낙피보험자가 배상하기로 미리 약정이 되어 있었고, 보험자가 기명피보험자의 승낙피보험자에 대한 이 손해배상청구권을 대위할 수 있는지 여부가 문제되었는데, 대법원은 승낙피보험자는 피보험자이므로 그에 대한 청구권대위가 허용될 수 없다고 판시했다.[30)] 그 후 대판 2024.5.9. 2022다290648에서도 승낙피보험자에 대해 같은 취지로 판시되었다.

④ 피보험자는 제3자에 포함되지 않지만, 예외적으로 약정을 통해서 제3자와 마찬가지로 취급하는 경우가 있다. 이른바 자매선약관조항(sistership clause)이 그러한 예이다.[31)] 이것은 동일한 소유자 갑에 속하는 선박들 중에서 선박 A의 과실로 선박 B가 손해를 입은 경우 B의 보험자가 갑에게 보험금을 지급하고 갑에게 대위권을 행사할 수 있도록 하는 조항이다. 이 경우 A도 보험에 가입되어 있다면 결국 그 보험자가 종국적인 책임자가 될 것이다. 자매선약관조항은 두 선박의 소유자가 동일인이지만 마치 두 명의 소유자가 존재하는 것처럼 하자는 약정이다. 만약 자매선약관조항이 없다면, B의 보험자가 갑에게 보험금을 지급해도 피보험자인 그에게 청구권대위는 할 수 없고 그 결과 A의 보험자는 면책된다. 자매선약관조항은 이러한 결과를 피하고, 선박들 사이의 과실비율을 고려하여 보험자들 사이에 손해의 공평분담을 도모하는 데 그 취지가 있다고 볼 수 있다.

3) 피보험자와 생계를 같이하는 가족

피보험자와 생계를 같이하는 가족은 제3자에 포함되지 않는다. 2014년 개정으로 신설된 상법 682조 2항은 피보험자와 생계를 같이하는 가족에 대해서는 청구권대위가 적용되지 않고, 다만 손해가 가족의 고의로 인해 발생한 경우는 청구권대위가 적용되는 것으로 규정하고 있다.

이 규정은 기존의 통설[32)]과 판례에 의해 인정되던 것을 입법으로 반영한 것이다.

---

30) 또한 자신의 계약상 채무이행으로 보험금을 지급한 보험자는 민법 481조의 변제자 대위를 할 수도 없다고 보았다. 변제자 대위 법리를 통해 보험자가 피보험자에 대하여 권리를 행사하는 것은, 보험의 효용을 정면으로 훼손하는 것으로서 허용될 수 없다. 따라서 판례의 결론에 동의한다. 그러나 위와 같은 법리가 일반적으로 타당한지(자신의 계약상 채무이행으로 보증금을 지급한 보증인은 민법 481조의 변제자 대위에 따라 채권자의 주채무자에 대한 권리를 대위행사할 수 있다), 보험자가 피보험자가 아닌 제3자에게 변제자 대위를 하는 것도 허용될 수 없는 것인지 추가 검토가 필요하다.

31) 그 유효성을 인정하는 견해로는, 김성태 454면; 박세민 452면; 양승규 247면

생계를 같이하는 가족 사이에는 가해행위가 있더라도 손해전보를 청구하지 않으므로, 청구권대위를 인정하지 않더라도 실질적으로 피보험자가 초과이득을 얻거나 또는 가해행위자가 부당하게 면책되는 문제는 생기지 않는다고 볼 수 있다(피보험자와 가해행위자의 경제적 일체성). 이와 달리 청구권대위를 인정하게 되면, 생계를 같이하는 가족의 입장에서는 보험가입의 실익이 없게 되는 문제가 생긴다.

가족을 제3자에서 제외했던 대판 2002.9.6. 2002다32547을 보자. 이 사건에서 자동차 소유자는 자신을 피보험자로 하는 자동차보험계약을 체결하였고, 피보험자가 아닌 그의 아들이 이를 운전하다가 타인을 사망 또는 상해에 이르게 한 사건이다. 보험금을 지급한 보험자가 피보험자의 아들에 대한 손해배상청구권을 대위할 수 있는지가 쟁점이었다. 대법원은, 피보험자의 동거친족에 대하여 피보험자가 배상청구권을 취득한 경우, 통상은 피보험자가 그 청구권을 포기하거나 용서의 의사로 권리를 행사하지 않은 상태로 방치할 것이 예상되므로, 이러한 경우 피보험자에 의하여 행사되지 않는 권리를 보험자가 대위취득하여 행사하는 것을 허용한다면 사실상 피보험자는 보험금을 지급받지 못한 것과 동일한 결과가 초래되어 보험제도의 효용이 현저히 훼손된다고 판시했다.[33] 다만 가족이라도 고의에 의한 보험사고라면 보호의 필요성은 적다. 그리하여 이 판결은 가족의 고의가 없다는 점을 전제로 그에 대한 청구권대위를 부정했던 것이다.

한편 상법 682조 2항은 그 적용범위를 피보험자와 생계를 같이하는 '가족'이라고 규정하고 있는데, 반드시 여기에 한정할 것은 아니라고 본다. 피보험자가 권리를 행사하기 곤란할 정도의 일체성을 가진 신분적·경제적 공동생활체의 관계에 있는 자가 가해자라면 비록 그가 가족이 아니라 하더라도 적용될 수 있다고 보는 것이 상법 682조 2항의 입법취지에 부합한다고 볼 것이다. 상법 682조 2항의 신설 이전 판결인 대판 2016.10.27. 2014다224233이 이러한 유추 또는 확대해석에 입각한 것으로 보인다. 이 판결에서 대법원은 피보험자의 동거가족과 같이 강한 일체성을 가진 신분적·경제적 공동생활체에 속하는 제3자라면 청구권대위가 금지될 수 있다고 전제하였다. 이러한 범위를 벗어나는 제3자에 대해서 청구권대위가 가능함은 물론이다. 이 판결의 사안은 갑 주식회사와 화재보험계약을 체결한 보험자가 보험목적인 건물에 발생한 화재로 인해서 갑 회사에게 보험계약에 따른 보험금을 지급한 후 갑 회사가 속한 관리단대표자회의의 위탁을 받아 건물의 유지·관리 업무를 수행하는 을 단체를 상대로 구상금의 지급을 구한 것인데, 대법원

32) 반대설로는 채이식 153면(입법론으로는 옳을지 몰라도 현행법의 해석론으로는 수용하기 어렵다는 견해)

33) 같은 취지의 판결로는 대판 2009.8.20. 2009다27452(갑이 자동차종합보험(책임보험 포함)에 가입하지 않은 채 사실상 보유·사용하던 차량을 그 처인 을이 운전하던 중 과실에 의한 사고로 동승자인 딸 병이 부상을 입은 데 대하여, 구 자동차손배법상의 보장사업자가 치료비와 보상금을 지급한 후 피해자 병의 갑과 을에 대한 손해배상청구권을 대위행사한 사안에서, 손해배상채무자가 피해자의 동거친족임을 이유로 그 대위행사가 허용되지 않는다)

은 을 단체가 피보험자인 갑 회사와 동거가족으로 평가할 수 있을 정도로 강한 일체성을 가진 신분적·경제적 공동생활체에 속하지 않으므로 보험자가 을 단체에 대하여 청구권대위의 법리에 의한 권리를 행사할 수 있다고 판시했다.

4) 보험계약자

i) 문제의 제기

보험계약자가 제3자에 포함되는지는 논란거리이다. 보험계약자와 피보험자가 동일한 자기를 위한 손해보험계약에서 보험계약자가 제3자에 포함되지 않음은 물론이다. 문제는 타인을 위한 손해보험계약이다. 보험계약자가 손해를 끼친 경우 피보험자에게 보험금을 지급한 보험자가 피보험자의 보험계약자에 대한 청구권을 대위할 수 있는지가 문제인 것이다. 다시 말하면 타인을 위한 보험계약에서 보험계약자가 제3자에 포함되는지 여부가 쟁점인 것이다. 제3자에 포함된다는 입장(포함설)과 포함되지 않는다는 입장(불포함설)이 있다.

ii) 학설

학설로는 지금까지 포함설[34]과 불포함설[35]이 대립해 오고 있다. 그리고 절충설이 있는데, 원칙적으로 포함하되 예외적으로 불포함하자는 견해이다.[36]

포함설의 논거는, 보험보호의 대상이 피보험이익의 주체인 피보험자이므로 보험계약자도 피보험자(보험금청구권자)가 아닌 한 피보험자 이외의 누구라도 피보험자에게 손해를 입힌 자는 청구권대위에서 배제될 수 없다는 점, 보험계약자가 보험료를 부담한다고 해도 사실상 타인을 위해서(타인의 계산으로) 보험료를 지급한 것이라는 점, 보험계약자가 청구권대위에 벗어나고자 한다면 책임보험에 가입하면 된다는 점 등이다.

불포함설의 논거는, 보험계약자가 타인을 위한 물건보험을 가입할 때 자기의 타인에 대한 배상책임을 면하려는 의도도 가입목적에 있는 것이 보통이라는 점, 보험계약자가 보험료를 부담할 뿐만 아니라 고지의무 등 각종의 의무를 부담함에도 불구하고 청구권대위를 받는 것은 가혹하다는 점, 동일한 사실관계로부터 보험계약자가 자신을 위한 책임보험을 체결하면 청구권대위에서 배제된다는 점, 1991년에 상법개정을 통해서 신설된 상법 639조 2항 단서는 보험계약자에 대한 청구권대위를 간접적으로 배제하는 데 취

34) 강위두·임재호 684면; 김성태 452면; 김은경 375면; 송옥렬 299면; 이기수·최병규·김인현 208면; 임용수 293면; 최기원 327면

35) 박세민 360면; 양승규 248면; 장덕조 250면; 정경영 869면; 정찬형 652면; 최준선 230면

36) 정동윤 595-1면(타인을 위한 손해보험계약에서 보험계약자는 타인의 이익을 위해서 보험계약을 체결하는 자이므로 제3자에 포함되는 것이 원칙이지만, 자신의 손해배상책임을 보상받기 위해서 실질적으로 책임보험의 목적을 달성하려고 타인을 위한 손해보험계약을 체결하는 자(세탁업자, 창고업자, 운송인 등)는 자기의 이익을 위해서 보험계약을 체결하는 자이므로 제3자에 포함되지 않는다)

지가 있다는 점 등이다.

iii) **판례**

판례는 포함설의 입장이다. 대판 1989.4.25. 87다카1669를 보자. 사실관계는 다음과 같다. 변압기의 운송을 위탁받은 운송인이 자신을 보험계약자로 하고 그 송하인을 피보험자로 하는 운송보험계약을 체결하였고, 변압기는 운송 중에 운송인의 과실로 인해 파손되었다. 쟁점은, 보험금을 지급한 보험자가 피보험자의 운송인에 대한 청구권을 대위하는 것이 가능한지 여부였다. 원심은 불포함설을 택했으나, 대법원은 포함설을 지지했다. 원심은 보험계약자는 보험료지급의무가 있으므로 여타의 제3자와는 다른 취급이 필요하다는 점을 강조했다. 반면 대법원은 보험계약자가 피보험자가 아닌 이상 제3자에 포함되는 것이며, 만약 청구권대위에서 벗어나려면 보험계약자는 책임보험에의 가입 등과 같은 그에 합당한 대비를 했어야 한다고 보았다.[37)]

대판 2000.11.10. 2000다29769에서도 대법원은 포함설을 견지했다. 여기서는 영화촬영장비의 임차인이 그 파손으로 인해 입은 손해를 임대인이 보상받도록 하기 위해서 임대인을 피보험자로 하는 동산종합보험에 가입했는데, 임차인이 취급상 부주의로 렌즈를 파손했다. 대법원은 보험금을 지급한 보험자가 피보험자(임대인)의 보험계약자(임차인)에 대한 손해배상청구권을 대위한다고 판시하였다.

iv) **결론**

생각건대, 다음과 같은 이유에서 불포함설이 타당하다고 볼 수 있고, 포함설이나 판례에 찬성하기 어렵다.

첫째, 포함설은 일반적 보험계약자의 합리적 기대에 반한다. 보험계약을 체결하고 보험료를 지급하는 보험계약자의 합리적 기대는, 피보험자에게 손해가 발생한 경우 궁극적으로 보험자가 이를 보상하는 데 있는 것이지, 청구권대위를 통해 자신이 종국적 책임자가 된다는 데 있지 않다. 청구권대위의 취지가 가해자의 부당한 면책을 방지하는 데

---

37) 대판 1989.4.25. 87다카1669(원심은 상법 제682조가 규정하는 제3자란 보험자와 보험계약자 및 피보험자를 제외한 사람을 의미하는 것으로 새기는 것이 문언상 명백할 뿐 아니라 운송보험계약의 성질에 비추어 보아도 보험계약자는 위 법조의 제3자에 해당하지 않는다고 풀이함이 상당하고 보험자의 제3자에 대한 보험대위를 인정하는 정책적 이유에 비추어 보더라도 타인을 위한 보험에서 보험계약자는 보험료지급의무가 있으므로 전혀 보험계약의 관계자가 아닌 제3자와는 달리 취급할 필요가 있다고 설시했다. 그러나 위에서 본 상법 제682조의 입법취지에 비추어 볼 때 그 문언의 내용이 반드시 타인을 위한 보험계약자를 제3자의 범위에서 배제하는 것이라고 말할 수는 없다고 보아야 할 것이고 운송보험계약의 성질이나 위에서 본 보험자대위를 인정하는 정책적 이유에 비추어 본다고 할지라도 그러하다. 그러므로 운송인으로서는 단순히 하주가 입을 손해의 전보만을 목적으로 하는 경우라면 그 하주를 피보험자로 하는 운송보험계약을 체결하면 될 것이고 스스로의 손해배상책임의 전보만을 목적으로 하는 경우라면 책임보험에 가입하기만 하여도 될 것이고 두 가지 경우에 모두 대비하고자 한다면 하주를 피보험자로 하면서 보험자와의 사이에 대위구상권불행사의 특약을 하든가 배상책임부담의 특별약관을 붙이는 등(보험료를 더 주고라도)의 방법을 취하여야 할 것이다)

있고 비록 보험계약자가 가해자라고 하더라도, 보험계약자는 다른 가해자와는 다른 측면이 있는 것이다. 즉 보험계약자는 보험금청구권을 제외하고 보험증권교부청구권 등의 권리를 갖고 보험료지급의무, 고지의무, 위험변경증가 통지의무 등과 같은 의무를 부담한다는 점에서 다른 제3자와는 다르고, 따라서 위와 같은 기대를 갖는 것이 부당하다고 보기 어렵다. 이에 대해서 보험계약자가 청구권대위에서 벗어나려면 책임보험에의 가입 등 그에 합당한 대비를 했어야 한다는 반론이 있을 수 있지만, 보험계약자가 타인을 위한 물건보험에 가입한 경우 자신이 청구권대위의 대상이 될 수 있다는 것을 잘 알지 못한다는 점, 타인을 위한 물건보험과 자신을 위한 책임보험을 동시에 가입해야 한다는 것이 지나치게 복잡하고 불편하다는 점 등을 고려할 필요가 있다. 참고로 현재의 화재보험표준약관 14조 3항은 "타인을 위한 계약의 경우 보험자는 계약자에 대한 대위권을 포기한다"라고 규정하고 있다. 이는 타인을 위한 보험계약에서 보험계약자에 대한 청구권대위를 인정하지 않는 것이 오히려 거래현실이나 계약당사자들의 합리적 기대에 부합한다는 점을 반영한 것이다.

둘째, 상법 639조 2항 단서의 해석상 포함설은 타당하지 않다. 이에 의하면 타인을 위한 손해보험계약에서 보험계약자가 피보험자인 타인에게 보험사고의 발생으로 생긴 손해를 배상하면 보험계약자는 그 타인의 권리를 해치지 않는 범위 안에서 보험자에게 보험금의 지급을 청구할 수 있다. 이 규정은, 가해자가 피보험자에게 손해배상을 하면 보험자는 면책된다는 원칙(판례,[38] 통설)에 대한 중대한 예외를 인정한 것이다. 즉 가해자가 보험계약자인 경우는 보험자가 면책되지 않고 오히려 그가 종국적 책임자가 되도록 만든 것이다.[39] 그런데 보험자가 피보험자에게 보험금을 지급한 경우, 가해자인 보험계약자에게 청구권대위를 할 수 있다고 한다면, 보험자가 아니라 보험계약자가 종국적 책임자가 된다. 이러한 결과는 상법 639조 2항 단서와 정면으로 충돌하는 것이며, 이를 피하기 위해서는 보험계약자에 대한 청구권대위를 배제하는 해석이 바람직하다. 그렇다면 위 단서가 신설된 1991년 이후는 불포함설의 근거가 더욱 탄탄해 진 것이다. 한편 포함설의 입장에서 이러한 충돌문제를 피하기 위해, 상법 639조 2항 단서가 보험계약자에게 귀책사유가 없는 경우에만 적용된다고 제한해석을 하는 견해도 있다.[40] 그러나 "보험계약자

38) 대판 2000.11.10. 2000다29769(손해보험계약에 있어 손해가 제3자의 행위로 인하여 생긴 경우 피보험자는 보험자가 보험금을 지급하기 전까지는 자유로이 제3자로부터 손해배상을 받을 수 있고, 그 경우 보험자는 그 한도 내에서 면책된다)

39) 이것은 민법상 배상자대위의 중요한 예외이다. 민법 399조 및 763조에 의하면, 채무불이행 또는 불법행위의 배상의무자가 배상을 한 경우 채권 또는 불법행위의 목적인 물건 또는 권리를 취득한다. 하지만 보험금청구권은 취득할 수 없다는 것이 통설이다. 그 이유는 보험금청구권은 위 물건 또는 권리에 갈음하는 것으로 볼 수 없기 때문이다. 하지만 상법 639조 2항 단서에 의해 배상의무자가 보험계약자인 경우 그는 보험금청구권을 대위취득할 수 있게 된다.

40) 김성태 354-355면; 송상현, "보험금지급의무와 불법행위 손해배상의무와의 관계", 정희철선생 정년기념

가 … 손해의 배상을 한 때에는"이라고 규정한 법률 문언에 비추어 볼 때 이러한 제한해석은 문언에 반한다.[41] 또한 입법목적에 비추어 이러한 제한해석이 정당화된다고 보기도 어렵다. 위 조항의 입법목적은 적어도, 책임보험과 같은 목적으로 체결된 타인을 위한 손해보험계약에 있어서는(가령 세탁업자가 세탁물 손상 등과 관련하여 타인을 위한 손해보험계약을 체결한 경우), 보험계약자의 제3자성을 부정하는 취지로 보인다.[42]

(3) 청구권의 존재

1) 피보험자의 청구권

제3자의 가해행위로 인해서 피보험자의 제3자에 대한 청구권이 발생해야 한다(판례,[43] 통설). 청구권이 발생하지 않았다는 것은 대위할 권리가 없다는 의미이기 때문이다. 청구권이 애초부터 성립되지 않은 경우는 당연히 대위가 안 되지만, 청구권은 성립되었지만 시효로 소멸한 경우도 대위의 여지는 없다.[44] 청구권은 반드시 불법행위에 의해서 발생해야 하는 것은 아니고, 적법행위에 의해서 발생한 경우도 여기에 해당됨은 전술한 바와 같다. 그리고 피보험자의 제3자에 대한 권리는 피보험자가 직접 갖고 있든 그의 승계인이 갖고 있든, 또는 보험사고로 직접적으로 발생한 것이든 간접적으로 발생한 것이든 묻지 않는다(통설).

2) 보험계약자의 청구권

한편 상법 682조는 '제3자에 대한 보험계약자의 권리'도 청구권대위의 대상이라고 규정한다. 이러한 예로는 창고업자와 같은 물건의 수치인이 타인(임치인)을 위한 손해보험계약을 체결했고 제3자에 의해 그 물건이 멸실된 경우 수치인이 가해자인 제3자에 대해 갖게 되는 손해배상청구권을 들 수 있다.[45] 이 경우 피보험자인 임치인이 보험자로부터 보험금을 받게 되면 그 범위 내에서 수치인에게 손해배상책임을 물을 수 없으므로, 청구권대위의 취지에 비추어 볼 때 수치인도 가해자에게 손해배상청구권을 행사할 수

상법논총, 1985, 280－282면; 최기원 143면. 한편 불포함설의 입장을 취하면서, 상법 639조 2항 단서를 보험계약자에게 귀책사유가 없는 경우에만 적용된다고 제한해석을 하는 견해도 있다(박세민 360면, 362면). 이 견해에 따르면, 보험계약자가 피보험자에게 손해배상을 한 경우와 피보험자가 보험자에게 보험금을 받은 경우, 보험계약자의 지위가 크게 달라지는 문제가 생긴다.

41) 최준규, "보험료를 부담하는 자에 대한 보험자대위의 인정 여부", BFL56, 2012, 54면

42) 정동윤, "타인을 위한 보험에서 보험자의 보험계약자에 대한 청구권대위의 가부", 고려법학41, 2003, 12－14면

43) 대판 1988.12.13. 87다카3166; 대판 1993.6.29. 93다1770(청구권대위는 피보험자 등의 제3자에 대한 손해배상청구권이 있음을 전제로 하여 지급한 보험금액의 한도에서 그 청구권을 취득한다는 취지에 불과하다)

44) 대판 1993.6.29. 93다1770

45) 박세민 452면; 양승규 250면; 임용수 294면; 정찬형 659면; 최준선 234면

없도록 해야 하는 것이다. 그렇지 않으면 수치인이 보험의 존재로 인해서 실질적으로 초과이득을 얻게 되는 결과가 생기기 때문이다. 따라서 위 경우 보험자는 피보험자(임치인)가 가해자에게 갖는 손해배상청구권과 보험계약자(수치인)가 가해자에게 갖는 손해배상청구권을 대위취득하고 이를 경합적으로 행사할 수 있다.

3) 청구권의 행사 또는 처분

① 피보험자는 보험사고가 발생한 후 보험금을 지급받기 전에 제3자에 대한 청구권을 유효하게 행사하거나 처분할 수 있다(판례,[46] 통설). 이러한 행사나 처분이 있으면 피보험자가 손해의 전보를 받은 것과 같으므로, 이득금지의 원칙에 따라서, 보험자는 보험금 지급책임을 면한다(판례,[47] 통설). 이 경우 면책된 보험자가 청구권대위를 할 수 없음은 물론이다. 보험금의 지급이전에 피보험자의 청구권 처분행위는 보험자의 잠재적 대위권에 대한 침해라는 견해가 있지만,[48] 보험자가 면책되므로 대위권 침해 문제는 고려할 필요가 없다. 대판 1981.7.7. 80다1643은 화재보험의 피보험자인 부동산 임차인이 화재가 발생하자 가해자와 일정 금액을 지급받는 조건으로 손해배상채무를 면제하기로 하는 화해가 성립되어 보험금 지급 전에 청구권을 처분했던 사안인데, 대법원은 청구권이 소멸하여 청구권대위가 성립될 수 없다고 판시하였다. 다만 피보험자가 청구권의 일부만 행사 또는 처분한 경우 이를 제외한 청구권은 피보험자에게 존속하고, 이에 상응하는 보험금을 지급한 보험자는 존속한 일부의 청구권에 대해 대위를 할 수 있는 것이다.[49]

② 보험사고가 발생하기 전에 피보험자가 제3자에 대하여 장래 발생할지도 모를 권리를 미리 포기한 경우는 어떠한가? 청구권 자체가 존재하지 않으므로 청구권대위를 할 수 없다는 견해가 있다.[50] 한편 피보험자인 화주가 운송인과 사이에 사고가 발생하더라도 운송인에 대한 손해배상청구권을 포기하기로 미리 약정한 경우 보험자에 대하여 효력이 없다는 견해가 있다.[51] 그러나 보험자의 입장에서 예측이 가능하거나 통상의 합리적 범위에서 벗어나지 않는 면책약정(제3자의 경과실로 보험사고가 발생한 경우 제3자를 면책하는 약정)은 그 효력을 인정함이 합리적이라고 생각된다. 청구권대위를 할 수 없게 되는

46) 대판 1981.7.7. 80다1643(피보험자 등의 제3자에 대한 손해배상청구권은 통상의 채무불이행이나 불법행위상의 채권이므로 보험자가 보험금을 지급함으로써 대위의 효과가 생기기 전까지는 피보험자 등은 제3자에 대한 권리를 행사하거나 처분할 수 있는 것이고, 그 부분에 대하여는 보험자가 이를 대위할 수 없는 이치라 하겠다)

47) 대판 2000.11.10. 2000다29769

48) 채이식 151면

49) 대판 1995.9.29. 95다23521은 피보험자가 보험금 지급 전에 청구권의 일부를 행사하여 손해의 전보를 받은 사안인데, 대법원은 청구권의 나머지에 대해서는 보험금을 지급한 보험자가 대위할 수 있다고 판시하였다.

50) 박세민 454면; 정찬형 658면

51) 김성태 460면. 일본의 최고재판소 판례도 비슷한 취지이다: 最高判 1974(昭49).3.15(民集 28.2.222)

상황을 원치 않는 보험자는 미리 보험약관에 제3자가 면책된 한도에서 보험금 지급의무를 면한다는 조항을 마련하면 되므로, 이와 같이 본다고 해서 보험자에게 지나치게 불이익한 것이라고 볼 수도 없다. 이렇게 보험사고가 발생하기 전에 청구권을 포기하는 약정은 원칙적으로 유효하고, 보험사고가 발생한 후에 보험자가 면책되지 않고 피보험자에게 보험금지급책임을 여전히 지게 된다.

판례도 보험사고 발생 전의 청구권 포기약정이 유효하다는 입장을 취한다. 즉 대판 2005.9.15. 2005다10531에서, 기명피보험자와 파견사업주 사이에 체결된 근로자 파견계약의 내용 등에 비추어 볼 때, 기명피보험자는 파견근로자가 유발한 피보험자동차에 의한 보험사고에 관하여 파견사업주에게 사용자책임에 기한 손해배상청구권(또는 근로자 파견계약상의 채무불이행에 기한 손해배상청구권)을 행사하지 않겠다는 취지가 포함되어 있다고 보아야 하고, 보험자가 청구권대위에 의하여 취득할 기명피보험자의 파견사업주에 대한 권리는 존재하지 않는다고 판시했다. 타당한 판결이라고 본다.

(4) 보험금의 지급

1) 의의

청구권대위가 인정되기 위해서는 보험자가 피보험자에게 보험금을 지급할 책임이 있어야 하고, 이에 따라 보험금이 지급되어야 한다(판례,[52] 통설). 보험금의 일부만을 지급해도 청구권대위가 성립하며 다만 피보험자의 권리를 침해하지 아니하는 범위에서 그 권리를 행사할 수 있다(상법 682조 1항 단서). 그리고 보험자가 피보험자에게 보험금을 지급해야 청구권대위가 성립되므로, 보험자가 대위취득 할 권리의 이전과 상환하는 조건으로 보험금을 지급하겠다고 하는 것은 허용되지 않는다(통설).

2) 적법한 지급 요건

보험자의 피보험자에 대한 보험금 지급은 적법한 지급이어야 한다(판례,[53] 통설). 적법한 지급이란 보험자가 지급책임이 있고 이에 기초하여 보험금을 지급한 경우를 가리킨다.[54] 이와 달리 보험자가 지급책임이 없는데 지급한 경우를 부적법한 보험금 지급이라고 한다.[55] 부적법한 지급은 청구권대위 요건을 충족시킬 수 없다. 왜냐하면, 피보험

---

52) 대판 1994.4.12. 94다200; 대판 1995.3.3. 93다36332; 대판 2007.10.12. 2006다80667; 대판 2009.10.15. 2009다48602; 대판 2014.10.15. 2012다88716

53) 대판 1994.4.12. 94다200; 대판 1995.3.3. 93다36332; 대판 2007.10.12. 2006다80667; 대판 2009.10.15. 2009다48602; 대판 2014.10.15. 2012다88716

54) 적법한 지급 대신에 '정당한 산정'이라고 표현되기도 한다(대판 2023.6.1. 2019다237586).

55) 대판 1994.4.12. 94다200(이 사건 사고는 위 보험약관상 보험자가 면책되는 무면허 운전 시에 생긴 사고이고, 따라서 원고의 보험금지급은 위 보험약관을 위배하여 이루어진 것으로 적법하지 아니하므로, 보험자

자가 받은 부적법한 지급은 법률상 원인 없는 부당한 이득(민법 741조)이므로 보험자에게 반환해야 하고,[56] 따라서 피보험자가 제3자에 대한 청구권을 보유, 행사하더라도 초과이득 문제는 생기지 않기 때문이다. 부적법하게 보험금이 지급된 경우 청구권대위가 성립될 수 없다는 점은, 상해보험의 청구권대위에서도 다를 것이 없다.[57]

보험자가 담보하지 않는 손해이거나, 보험약관에 따라 면책되거나, 책임보험에서 피보험자에게 보험사고에 대한 과실이 없어 보험자가 피보험자에게 보험금을 지급할 의무가 없는 경우인데도, 보험자가 피보험자에게 보험금을 지급했다는 이유만으로 보험자대위를 할 수는 없는 것이다.[58] 이 밖에도 보험계약이 무효, 취소, 해제, 해지 등으로 소멸하였음에도 불구하고 보험자가 보험금을 지급한 경우도 마찬가지이다. 이 경우들은 부적법한 보험금지급에 해당하는 것으로, 보험자는 피보험자에게 부당이득반환청구를 할 수 있을 뿐이다.[59]

3) 부적법한 지급의 사례

i) 미확인 손해의 보상

확인되지 않은 피보험자의 손해를 보상한 것은 부적법한 보험금지급이다. 대판 2009. 10.15. 2009다48602의 사실관계는, 보험자 A에 부보된 피보험자 갑의 차량이 운전 중에 보험자 B에 부보된 피보험자 을의 차량을 충돌하고, 그 충격으로 밀려나간 을의 차량이 타인이 소유한 건물담벼락, 승용차 등을 손상시켰는데, 이는 갑의 차량의 부주의로 생긴 것이고 을의 차량은 주의의무 위반이 없었다. 하지만 을의 차량의 과실 여부 및 그 비율이 확인되지 않은 상태에서 B가 피해자에게 손해를 보상했고, 을의 청구권을 대위하려고 했다. 여기서 을의 청구권은 그가 갑에 대해서 갖는 구상권 등을 염두에 둔 것으로 보인다.

원심은 대위할 수 있다고 판단하면서, 자동차보험표준약관에서 대물배상이란 보험자의 면책사유를 제외하면 피보험자에게 배상책임이 발생하였거나 발생할 가능성이 있는 때 보험자가 피해자에게 배상하는 것이기 때문이라고 판단했다. 하지만 대법원은 대위할 수 없는 것으로 판단했다. 자동차보험표준약관에 의하면 보험자는 피보험자가 피보

대위의 법리상 원고가 위 주식회사 삼일의 피고에 대한 구상권을 대위행사할 수 없다)

56) 대판 1995.3.3. 93다36332; 대판 2007.12.28. 2007다54351

57) 대판 2014.10.15. 2012다88716(보험계약에서 담보하지 아니하는 손해에 해당하여 보험금지급의무가 없는데도 보험자가 피보험자에게 보험금을 지급한 경우에는 보험자대위의 법리에 따라 피보험자의 손해배상청구권을 대위행사할 수 없는데, 이러한 이치는 상법 제729조 단서에 따른 보험자대위의 경우에도 마찬가지로 적용된다)

58) 대판 2009.10.15. 2009다48602

59) 대판 1995.3.3. 93다36332; 대판 2007.12.28. 2007다54351

험자동차의 사고로 인해 타인에게 손해배상책임을 짐으로써 입은 손해를 보상하도록 규정하고 있고, 이는 피보험자에게 손해배상책임이 없으면 보험자가 그 손해를 보상할 의무가 없다는 것을 의미하며, 피보험자에게 배상책임이 발생할 '가능성'이 있는 것에 불과한 경우에는 그 보험자가 피해자들에게 보험금을 지급했다고 해서 피보험자의 권리를 대위할 수 없다고 판시했다.

ii) 면책사유 해당사고의 보상

보험자의 면책사유에 해당하는 사고를 보상한 경우는 부적법한 보험금지급이다. 대판 1994.4.12. 94다200에서, 피보험자의 운전자가 무면허운전을 하였을 때 생긴 사고에 대해 보험자가 면책된다는 보험약관조항이 존재하는 데도 불구하고 보험자가 이를 보상한 경우 청구권대위를 할 수 있는지가 다투어졌다. 대법원은 이것이 보험약관을 위배한 적법하지 않은 보험금지급이고 따라서 청구권대위가 가능하지 않다고 판시하였다.[60)]

iii) 손해액의 초과보상

피해자의 손해액을 초과하여 보험금을 지급한 경우 그 초과분은 부적법한 보험금지급이다. 대판 2002.5.24. 2002다14112에서, 대법원은 보험자가 피보험자가 아닌 다른 공동불법행위자에 대해 대위취득하는 구상권의 범위에 보험자가 피해자의 손해액을 초과하여 보험금을 지급하였다 하더라도 그 초과부분은 포함될 수 없다고 판시했다.

6. 효과

청구권대위의 효과는 지급한 보험금의 한도 내에서 보험자가 청구권을 대위취득하는 것이다(상법 682조 1항 본문). 판례도 같다.[61)] 여기의 취득은 승계취득이다(판례,[62)] 통설). 그리고 보험자가 청구권을 취득하는 범위 내에서, 피보험자는 그 청구권을 상실하게 된다.[63)]

---

60) 대판 2009.10.15. 2009다48602도 같다.

61) 대판 2023.6.1. 2019다237586(대위행사 할 수 있는 범위는 피보험자가 배상의무자에 대하여 가지는 손해배상청구권의 한도 내에서 보험약관에서 정한 보험금 지급기준에 따라 정당하게 산정되어 피보험자에게 지급된 보험금액에 한정된다)

62) 대판 1999.6.11. 99다3143

63) 대판 1988.4.27. 87다카1012(보험금을 지급한 보험자는 상법 682조 소정의 보험자대위제도에 따라 그 지급한 보험금의 한도 내에서 피보험자가 제3자에게 갖는 손해배상청구권을 취득하는 결과, 피보험자는 보험자로부터 지급을 받은 보험금의 한도 내에서 제3자에 대한 손해배상청구권을 잃고 그 제3자에 대하여 청구할 수 있는 배상액이 지급된 보험금액만큼 감소된다)

(1) 청구권의 이전

1) 당연이전

청구권대위에 따라서 청구권은 법률상 당연히 보험자에게 이전된다(통설). 법률행위가 아니라 법률의 규정에 의한 이전이기 때문이다. 따라서 이를 이전하는 의사표시나 절차(민법 450조에 따른 지명채권의 양도 시의 대항요건인 통지 또는 승낙 등)가 없어도, 청구권은 피보험자로부터 보험자에게 법률상 당연히 이전된다. 권리가 이전되는 시점은 보험금을 지급하는 때이다(통설). 법률상 당연한 이전이므로, 보험자, 피보험자, 제3자 등에게 이전의 의사가 있었는지 등을 묻지 않는다.

2) 협조의무

피보험자는 보험자의 청구권 행사 등에 대해서 신의칙상 협조할 의무를 진다. 청구권취득은 법률의 규정에 따른 당연한 것이므로, 이에 피보험자의 협조는 필요하지 않다. 하지만 피보험자의 협조 없이는 보험자가 청구권을 행사, 보전, 처분 등을 하기가 어렵다. 가령 불법행위 또는 채무불이행 등 가해행위에 관한 정보나 입증자료 등을 얻는데 피보험자의 협조가 필요한 것이다. 그리하여 보험약관이 협조의무에 대해서 규정하기도 한다.[64] 피보험자가 협조의무를 위반하면 불법행위로 인한 손해배상책임을 질 수 있다(통설).

(2) 지급한 보험금의 한도 내

1) 보험금 일부지급

보험금의 일부만을 지급한 경우를 먼저 보자. 보험금의 일부만 지급한 보험자는 피보험자의 권리를 해하지 않는 범위 내에서 청구권을 행사할 수 있다(상법 682조 1항 단서). 보험금액의 일부만 지급해도 보험자는 그 금액 내에서 청구권을 대위취득한다. 따라서 이 경우 피보험자의 청구권과 보험자의 대위권이 병존하게 된다. 피보험자는 보험자가 보상한 일부를 제외하고 축소된 청구권을 보유하고, 보험자는 보상한 일부만큼 청구권을 대위취득하게 되는 것이다. 이 점에서 보험금의 전부를 지급해야 하는 보험목적대위(상법 681조)와 차이가 있다.

그런데 피보험자의 청구권과 보험자의 대위권은 경합할 수 있다. 이러한 현상은 주로 가해자의 변제자력이 부족한 때 나타난다. 이때 보험자는 대위권을 '피보험자의 권리

64) 자동차보험표준약관 34조 3항은 "피보험자는 보험회사가 제1항 또는 제2항에 따라 취득한 권리의 행사 및 보전에 관하여 필요한 조치를 취하여야 하며, 또한 보험회사가 요구하는 자료를 제출하여야 합니다"라고 규정한다.

를 해하지 않는 범위 내에서' 행사할 수 있는데(상법 682조 1항 단서), 이것은 피보험자의 권리가 우선적으로 보호되어야 한다는 의미로 해석한다(판례,[65] 통설). 이것은 일종의 대위권 행사의 제약이다. 가령 가해자의 자력이 1,000만 원에 불과한데 피보험자의 청구권 금액은 2,000만 원, 보험자의 대위권 금액은 1,000만 원이라면, 피보험자가 우선하여 가해자로부터 변제를 받을 수 있다. 이렇게 해도 피보험자가 초과이득을 얻지 않으므로 대위권 행사가 제약되어도 된다. 이와 달리 대위권이 피보험자의 청구권과 대등하게 또는 심지어 우선하여 행사될 수 있다면, 이는 청구권대위의 취지를 벗어나게 된다.

2) 보험금 전부지급

보험금의 전부를 지급한 경우를 보자. 보험자가 보험금의 전부를 지급하면 이에 대한 청구권 전부가 피보험자로부터 보험자에게 이전된다. 다만 보험금의 전부를 보상받은 경우에도 보험금과 무관한 피보험자의 손해배상청구권은 이전되지 않는다. 이것은 제3자의 행위로 인해 보험목적은 물론이고 여타 목적에도 손해가 발생한 경우에 나타난다. 가령 건물에 대한 화재보험에서 제3자의 방화로 인해 건물과 함께 가구도 소실되어 보험자가 건물의 전손을 보상하면, 건물 소실에 따른 손해배상청구권을 보험자가 대위취득하지만, 피보험자는 가구 소실에 따른 손해배상청구권을 여전히 갖는다. 이 경우에도 피보험자의 청구권과 보험자의 대위권은 가해자의 변제자력이 부족한 경우 경합할 수 있다. 이때에도 상법 682조 1항 단서를 유추적용해서, 피보험자의 권리가 우선적으로 보호되어야 한다는 의미로 해석한다(통설). 이렇게 해도 피보험자가 초과이득을 얻지 않으므로 보험자의 대위권 행사가 제약되어도 문제되지 않는다.

3) 일부보험의 경우

일부보험의 경우 청구권대위에 대해 상법에 정함이 없어서 논란이 있다. 일부보험의 경우 보험자는 보험금액의 보험가액에 대한 비율에 의해 보상하는 것이 원칙이다(상법 674조 본문). 이때 보상한 만큼 취득한 보험자의 대위청구권과 피보험자의 잔존청구권이 행사될 때에 경합될 수 있다.

가령 보험가액이 1,000만 원인 카메라의 소유자가 이를 보험금액 600만 원으로 동산보험에 가입하였는데, 제3자의 가해행위 때문에 600만 원의 손해를 입었고, 보험자가 보험금액의 보험가액 비율(이 경우는 6/10)에 따라 360만 원의 보험금을 피보험자에게 지

---

65) 대판 2019.11.14. 2019다216589(상법 682조 1항 단서는 "보험자가 보상할 보험금의 일부를 지급한 경우에는 피보험자의 권리를 침해하지 아니하는 범위에서 그 권리를 행사할 수 있다"라고 하여 피보험자가 보험자로부터 수령한 보험금으로 전보되지 않고 남은 손해에 관하여 우선적으로 제3자에게 배상청구할 수 있도록 한다)

급한 경우를 가정해 보자. 이 경우 제3자의 변제자력이 충분하다면, 피보험자는 제3자에게 잔존청구액 240만 원과 보험자는 대위청구액 360만 원을 행사하면 된다. 문제는 제3자의 변제자력이 부족한 경우이다. 제3자의 변제자력이 400만 원인 경우를 가정해 보자. 이 경우 피보험자의 잔존청구액 240만 원과 보험자의 대위청구액 360만 원의 우선순위에 대해서 상법에는 규정이 없는데, 다음 세 가지 입장을 생각해 볼 수 있다.

① 청구액비례설(상대설)이다.[66] 상법 681조 단서를 유추적용하여 부보비율에 따라 분배해야 한다는 입장이다. 이에 따르면 보험자는 240만 원(400만 원 × 6/10), 피보험자는 160만 원(400만 원 × 4/10)을 청구할 수 있다.

② 보험자 우선설(절대설)이다. 이것은 보험자가 지급한 보험금의 범위 내에서 피보험자에 우선하여 청구할 수 있다는 입장이다. 즉 보험자가 360만 원을 청구할 수 있고, 피보험자는 40만 원을 청구할 수 있다. 이것은 상법 682조 1항 본문의 문리에 충실한 견해이다.

③ 피보험자 우선설(차액설)이다. 이것이 판례[67] 및 통설이다. 이것은 피보험자가 우선하여 청구하여 분배를 받고, 그 나머지 차액에 대해서 보험자가 청구할 수 있다는 입장이다. 즉 피보험자가 240만 원을 청구할 수 있고, 보험자는 160만 원을 청구할 수 있다.

생각건대, 보험금의 일부지급에 관한 상법 682조 1항 단서를 유추적용함으로써 피보험자의 청구권이 우선한다고 보는 것이 타당하다. 이렇게 하더라도 피보험자가 초과이득을 얻지 않으므로 대위청구권의 행사가 제약을 받아도 무방하기 때문이다. 다만 피보험자 우선설에 대해 비판도 있다. 즉 피보험자의 권리행사 순서에 따라 청구액이 달라진다고 한다.[68] 보험자에게 먼저 청구하면 600만 원(보험자로부터 360만원 + 가해자로부터 240만원)을 받을 수 있지만, 가해자에게 먼저 청구하면 520만 원(가해자로부터 400만 원 + 보험자로부터 120만 원)만 받게 되어 불균형하다는 것이다. 가해자에게 먼저 청구하면 보험자로부터 120만 원만 받는 이유는, 가해자로부터 받은 400만 원을 제외한 잔여 손해액 200만 원을 보험금액의 보험가액 비율(이 경우 6/10)로 제한하기 때문이라고 한다. 하지만 보험자의 보상책임은 잔여 손해액(200만 원)이 아니라 최초 손해액(600만 원)을 기준으로 보험금액의 보험가액 비율로 제한하는 것이 타당하다. 따라서 가해자에게 먼저 청구하는 경

---

66) 채이식 154면

67) 대판 2019.11.14. 2019다216589(상법 682조 1항 단서는 "보험자가 보상할 보험금의 일부를 지급한 경우에는 피보험자의 권리를 침해하지 아니하는 범위에서 그 권리를 행사할 수 있다"라고 하여 피보험자가 보험자로부터 수령한 보험금으로 전보되지 않고 남은 손해에 관하여 우선적으로 제3자에게 배상청구할 수 있도록 한다. <u>이는 일부보험에서 보험자가 보험금 전액을 피보험자에게 지급한 경우에도 마찬가지이다</u>); 대판 2019.11.14. 2019다215432; 대판 2019.11.15. 2019다240629

68) 김성태 480면

우에도 보험자는 피보험자에게 잔여 손해액 200만 원을 보상해야 한다고 보아야 한다. 이에 따르면 가해자에게 먼저 청구한 경우에도 피보험자가 받을 수 있는 총액은 600만 원(가해자로부터 400만 원 + 보험자로부터 200만 원)이라고 하는 것이 타당하다. 따라서 피보험자 우선설은 피보험자의 권리행사 순서에 따라 청구액이 달라지는 문제가 생기지 않는다.

4) 피보험자에게 남은 손해가 있는 경우

i) 원칙

① 피보험자가 보험자로부터 손해의 일부만을 보상받은 경우에 '남은 손해'(잔존손해)에 대해서는 피보험자가 제3자에 대해 배상청구를 하는 것이 가능하다.[69] 보험금을 지급한 보험자는 피보험자가 제3자에게 갖는 전체 손해배상청구권 중 남은 손해, 즉 미보상손해를 공제한 나머지 부분에 한해서 대위청구 할 수 있다.[70] 이는 피보험자가 입은 손해를 우선적으로 전보받기 위해서 필요하며, 이로 인해서 피보험자가 이득을 얻는다고 볼 수 없기 때문이다. 피보험자의 이중이득이나 가해자의 부당한 면책의 우려가 없는 경우에는 보험자대위가 제한될 수 있는 것이다.[71]

만약 전체 손해에서 보험금으로 전보되지 않고 남은 손해가 제3자의 손해배상책임액보다 많으면, 피보험자가 제3자에게 그의 손해배상책임액 전부를 이행할 것을 청구할 수 있고, 보험자는 대위청구할 수 없다.[72] 대판 2024.6.27. 2024다229824에서, 보험사고인 화재로 인해 발생한 피보험자의 전체 손해 9억4천8백만 원에서 보험금으로 수령한 5억1천만 원을 공제하고 남은 손해는 4억3천7백만 원인데, 이는 화재 관련한 제3자의 피보험자에 대한 손해배상책임액인 3억7천9백만 원보다 많으므로, 피보험자는 제3자에게 3억7천9백만 원을 배상청구를 할 수 있다고 판시되었다. 이 경우 보험자대위는 가능하지 않다.

만약 남은 손해가 제3자의 손해배상책임액보다 적으면 피보험자는 남은 손해의 배상을 청구할 수 있고, 보험자도 제3자의 손해배상책임액과 남은 손해의 차액 상당액을 대위청구할 수 있다.[73] 대판 2021.6.30. 2018다288723에서, 보험사고인 화재로 인해 발생한 피보험자의 전체 손해 3억6천5백만 원에서 보험금으로 수령한 2억2천6백만 원을 공제하고 남은 손해는 1억3천9백만 원인데, 이는 화재 관련한 제3자의 피보험자에 대한

69) 대판(전원) 2015.1.22. 2014다46211; 대판 2019.11.15. 2019다240629; 대판 2021.6.30. 2018다288723; 대판 2024.6.27. 2024다229824
70) 대판 2023.4.27. 2017다239014
71) 대판 2023.4.27. 2017다239014
72) 대판(전원) 2015.1.22. 2014다46211; 대판 2019.11.15. 2019다240629; 대판 2021.6.30. 2018다288723; 대판 2024.6.27. 2024다229824
73) 대판(전원) 2015.1.22. 2014다46211; 대판 2019.11.15. 2019다240629; 대판 2024.6.27. 2024다229824

손해배상책임액인 2억5천5백만 원보다 적으므로, 피보험자는 제3자에게 1억3천9백만 원을 배상청구를 할 수 있다고 판시되었다. 이 경우 보험자는 제3자에게 1억1천6백만 원(2억5천5백만 원 – 1억3천9백만 원)을 대위청구 할 수 있다.

② 위 ①의 법리는 전부보험이든 일부보험이든 마찬가지로 적용된다.[74)]

③ 위 ①의 법리는 보험자대위로 직접청구권을 행사하는 경우에도 적용된다. 대판 2023.4.27. 2017다239014에서, 화재보험자가 피보험자에게 보험금을 지급한 다음 보험자대위로 가해자의 책임보험자에게 직접청구권을 행사하는 경우에도, 화재보험자는 직접청구권을 행사하는 다른 피해자들에 대한 책임보험금 지급이 이루어진 다음 책임보험 한도액에 남은 금액에 한하여 지급받을 수 있다고 판시되었다.[75)]

ii) 보험목적 이외의 재산 손해의 문제

위에서 전체 손해 및 남은 손해는 보험목적에 대한 손해를 기준으로 산정해야 한다.[76)] 상법 682조는 보험계약으로 인한 법률관계에 적용되는 것으로 제한해야 하는데, 보험목적이 아닌 재산에 대한 손해는 보험계약으로 인한 법률관계에 속하지 않기 때문이다.[77)] 이는 전부보험이든 일부보험이든 마찬가지이다.[78)] 따라서 제3자의 행위로 인해 피보험자에게 보험목적인 재산과 보험목적이 아닌 재산 모두에 손해가 발생하여 보험목적의 손해에 대해 보험금이 지급된 경우, 보험자대위권의 범위는 보험목적의 손해와 보험목적이 아닌 재산의 손해를 별도로 나누어서 보험목적의 남은 손해를 기준으로 판단해야 하고, 보험목적이 아닌 재산의 잔존손해는 고려할 사정이 아니다.[79)] 이와 달리, 보험목적 손해와 보험목적이 아닌 재산 손해를 합한 것을 전체 손해로 보고, 이러한 전체 손해에서 보험목적에 관한 보험금으로 받은 금액을 제외한 것을 남은 손해라고 보게 되면, 보험목적 손해만을 전체 손해로 보는 것과 비교할 때, 보험자대위권의 범위가 축소되는 결과가 생길 수 있는데, 이는 타당하지 않다.

---

74) 대판(전원) 2015.1.22. 2014다46211; 대판 2019.11.14. 2019다216589; 대판 2019.11.15. 2019다240629

75) 대판 2023.4.27. 2017다239014(책임보험계약의 피보험자의 과실로 발생한 화재에 의하여 다수 피해자가 손해를 입었으나 책임보험 한도액이 다수 피해자의 손해 합계액에 미치지 못하는 경우, 피해자들은 책임보험자에 대하여 직접청구권을 행사하여 책임보험 한도액의 범위 내에서 각자 전보받지 못하고 남은 손해의 배상을 청구할 수 있다. 그러나 피해자와 체결한 화재보험계약에 따라 보험금으로 그 피해자의 손해를 전부 보상한 화재보험자가 책임보험자에게 보험자대위로 직접청구를 하는 경우, 화재보험자는 직접청구권을 행사하는 다른 피해자들보다 우선하여 책임보험금을 지급받을 수 없고, 특별한 사정이 없는 한 피해자들에 대한 책임보험금 지급이 이루어진 다음 책임보험 한도액에 남은 금액이 있다면, 이에 대해서 지급받을 수 있을 뿐이라고 보아야 한다). 대판 2023.4.27. 2021다309576도 같은 취지이다.

76) 대판 2019.11.14. 2019다215432; 대판 2020.10.15. 2018다222921; 대판 2020.10.15. 2018다213811

77) 대판 2019.11.15. 2019다240629

78) 대판 2019.11.14. 2019다216589; 대판 2019.11.15. 2019다240629; 대판 2020.10.15. 2018다251229

79) 대판 2019.11.15. 2019다240629; 대판 2020.10.15. 2018다222921. 보험목적이 아닌 재산의 잔존손해는 보험자대위와 무관하므로, 특별한 사정이 없는 한 피보험자가 제3자에게 그 손해 전부에 대해 배상청구를 할 수 있다(대판 2020.10.15. 2018다251229).

대판 2020.10.15. 2018다213811은, 매장 내 물품을 보험목적으로 하는 보험계약이 체결된 후, 제3자가 소유한 건물의 지붕 보강 공사 중 발생한 화재로 인해 보험목적의 손해(1억8천9백만 원) 뿐만 아니라 피보험자의 기타 물품 등에도 손해(1억2천8백만 원)가 발생하였고, '실화책임에 관한 법률' 3조 2항에 따라 경감된 제3자의 손해배상책임액은 위 손해의 20%(6천3백만 원)이었으며, 피보험자가 보험목적의 손해 전액(1억8천9백만 원)에 대해 보험금을 지급받은 후 제3자를 상대로 손해배상을 구했던 사안이다. 원심은, 보험목적 여부를 구분하지 않고 피보험자의 전체 손해액 중 보험금으로 전보되지 않고 남은 손해(1억2천8백만 원)가 제3자의 전체 손해배상책임액(6천3백만 원)보다 많기 때문에, 피보험자가 제3자에게 전체 손해배상책임액(6천3백만 원)을 청구할 수 있다고 보았다. 하지만 대법원은, 보험목적인 매장 내 물품에서 발생한 손해에 대해서는 보험금을 모두 지급받았으므로 제3자에게 더 이상 그 손해에 대해서는 배상을 청구할 수 없는 반면, 보험목적이 아닌 재산 등에서 발생한 손해는 제3자의 손해배상책임액(1억2천8백만 원×20%=2천5백만 원)만큼 제3에게 배상을 청구할 수 있다고 판단했다. 원심에 따르면 보험자는 보험자대위를 할 여지가 없게 되고(피보험자가 제3자의 전체 손해배상책임액을 청구한다), 대법원 판결에 따르면 보험목적에 대한 제3자의 손해배상책임액(1억8천9백만 원×20%=3천8백만 원)만큼 보험자가 대위하여 제3자에게 청구할 수 있다. 원심은 상법 682조 1항 단서가 피보험자의 손해배상청구권을 보험자의 대위권보다 우선하여 보호하고 있는 점을 주요 이유로 들고 있으나, 상법 682조를 보험계약으로 인한 법률관계에 속하지 않는 보험목적 이외의 재산 손해에 확대해서 적용하는 것은 신중할 필요가 있다고 본다.

(3) 피보험자에 의한 행사 또는 처분

청구권대위가 성립하여 피보험자의 청구권이 보험자에게 당연히 이전된 이후에는, 피보험자는 무권리자에 불과하므로 청구권을 행사 또는 처분(포기, 양도 등)할 수 없고, 행사나 처분을 해도 효력이 없다(판례,[80] 통설).

또한 무권리자인 피보험자의 청구권 행사에 대해서 제3자도 응할 의무가 없다. 그럼에도 불구하고 제3자가 피보험자에게 채무를 이행하면 이것은 변제수령권한이 없는 자에 대한 변제로서 효력이 없다(판례,[81] 통설). 다만 제3자가 청구권대위에 의해서 보험자가 권리를 취득한 사실 자체를 모르고 과실 없이 채무를 이행한 경우에는 채권의 준점유자에 대한 변제(민법 470조)로서 효력을 인정할 수 있다(판례,[82] 통설). 만일 피보험자가

80) 대판 1997.11.11. 97다37609(화재가 발생하자 보험금을 받은 피보험자가 가해자에 대해 손해배상청구권을 포기한 경우, 이 포기는 무권리자의 처분행위로서 효력이 없다); 대판 1999.4.27. 98다61593

81) 대판 1995.7.14. 94다36698; 대판 1999.4.27. 98다61593

82) 대판 1995.7.14. 94다36698; 대판 1999.4.27. 98다61593

보험자로부터 수령한 보험금과 가해자인 제3자로부터 수령한 손해배상금이 실제의 손해를 초과한 과잉배상일 경우에는 그 과잉배상금 부분에 한하여 결과적으로 피보험자가 보험자로부터 법률상 원인 없이 이익을 얻은 것이라고 볼 수 있다.[83] 이것은 보험자대위권의 상실 및 침해 문제로서 아래에서 다룬다.

(4) 대위권의 상실

보험자가 보험자대위권을 상실하는 경우는 다음과 같다. 즉 보험자가 피해자인 피보험자에게 보험금을 지급하고, 이후 가해자인 제3자가 고의 또는 과실 없이 그 피보험자에게 손해배상금도 지급한 경우가 그러하다.

1) 실제 손해액을 초과하지 않는 경우

보험금과 손해배상금의 합계가 피보험자의 실제 손해액을 초과하지 않은 경우이다. 가령 보험자가 지급한 보험금이 피보험자의 실제 손해액에 미치지 못하면, 피보험자는 그 차액에 대해 여전히 제3자에 대하여 손해배상청구권을 가지고 있다. 따라서 이 경우 제3자의 변제는 유효한 것이고, 보험자대위권은 아무런 영향을 받지 않는다.

2) 실제 손해액을 초과하는 경우

문제는 보험금과 손해배상금의 합계가 피해자의 실제 손해액을 초과한 경우, 즉 과잉배상이 이루어진 경우이다. 만약 제3자의 변제가 유효하다면 보험자대위권이 영향을 받을 수 있다. 제3자 변제의 유효성은 민법 470조가 규율한다. 이는 채권의 준점유자에 대한 변제는 변제자가 선의이며 과실 없는 때에 한해 효력이 있다는 것으로서, 선의·무과실로 채권의 준점유자에게 변제한 채무자를 보호하는 제도이다. 위 요건을 충족하면 제3자의 변제는 유효하고 그렇지 않으면 무효이다(통설).

가령 제3자의 가해행위로 1,000만 원의 손해를 입은 피보험자가 보험자로부터 1,000만 원의 보험금을 받은 후 가해자로부터 500만 원의 손해배상금도 받아 500만 원의 과잉배상이 이루어진 경우를 보자. 변제한 제3자가 선의·무과실이 아니어서 그 변제가 무효인 경우 보험자대위권은 아무런 영향을 받지 않는다. 그리고 과잉배상 된 500만 원은 제3자와 피해자인 피보험자 사이에 부당이득반환의 문제로 처리되어야 한다. 변제한 제3자가 선의·무과실이어서 그 변제가 유효인 경우 과잉배상된 500만 원의 범위에서 보험자대위권은 상실된다. 그리고 보험자는 보험자대위권의 침해를 이유로 피보험자에 대해 부당이득반환청구 또는 불법행위로 인한 손해배상청구를 할 수 있다. 이러한 침

83) 대판 1999.4.27. 98다61593

해를 주장하는 보험자가 보험금을 지급한 사실, 피보험자가 과잉배상을 받은 사실, 가해자의 변제가 유효하다는 사실 등을 입증해야 한다.[84] 관련 판례를 본다.

① 보험자가 자신의 피보험자인 공동불법행위자를 위해 피해자에게 보험금을 지급함으로써 다른 공동불법행위자가 공동 면책되었는데, 이후 다른 공동불법행위자가 위 보험금 지급을 알면서도 피해자에게 손해를 배상한 경우를 보자. 위 보험금의 지급으로 피해자는 다른 공동불법행위자에 대한 손해배상청구권을 상실하고, 보험자는 자신의 피보험자가 다른 공동불법행위자에 대해 갖는 구상권을 대위한다. 다른 공동불법행위자가 보험금의 지급 사실을 알면서도 손해를 배상한 것은 채권의 준점유자에 대한 변제에 해당하지 않아 무효이고, 보험자의 대위권은 아무런 영향을 받지 않는다.[85]

② 보험자로부터 보험금을 수령한 피보험자가 가해자인 제3자로부터 손해배상금도 받았고, 보험자가 보험자대위권 침해를 이유로 부당이득반환청구 또는 손해배상청구를 하는 경우를 보자. 이를 위해서는 보험자가 제3자의 변제가 채권의 준점유자에 대한 변제로서 유효하다는 점을 입증해야 한다. 민법 470조에 따르면 변제자에게 선의·무과실이 요구된다. 대법원은 이 요건과 관련하여 다음과 같이 판시하였다.[86] 즉 선의는 준점유자가 무권한자라는 것을 알지 못하는 것을 넘어서 적극적으로 진정한 권리자라고 믿었음을 가리키고, 무과실은 그런 믿음에 과실이 없음을 의미한다. 따라서 제3자가 피보험자에게 손해배상금을 지급할 때, 피보험자의 보험금 수령 사실을 과실 없이 모르는 경우, 또는 제3자가 피보험자의 보험금 수령 사실을 알고 있다면 이 보험금이 피보험자의 실제 손해액에 미달하여 피보험자에게 자신에 대한 손해배상청구권이 남아 있다고 과실 없이 믿은 경우에만 선의, 무과실에 해당하고 이 요건의 주장, 증명책임은 보험자가 진다.

(5) 이전되는 권리

대위의 효과로서 이전되는 권리는 보험사고의 발생으로 인해 피보험자가 취득하는 제3자에 대한 청구권이다(판례,[87] 통설). 여기서 보험사고란 피보험이익에 손해를 주는 가해행위를 가리킨다.[88] 상법 682조 1항 본문(손해가 제3자의 행위로 인하여 발생한 경우에 보험금을 지급한 보험자는 그 지급한 금액의 한도에서 그 제3자에 대한 보험계약자 또는 피보험자의 권리를 취득한다)의 문리에 따르면, 가해행위를 한 제3자에 대한 청구권만이 이전되는 권리라고 읽

84) 대판 1999.4.27. 98다61593
85) 대판 1995.7.14. 94다36698
86) 대판 1999.4.27. 98다61593
87) 대판 1988.12.13. 87다카3166
88) 대판 1995.11.14. 95다33092

힐 수 있지만, 판례를 보면 청구권 대위에 의해 이전되는 권리를 위와 같이 좁게 해석하지 않는다. 통설도 같다. 판례상 인정되는 청구권 대위의 대상은 다음과 같다.

1) 손해배상청구권 등

① 불법행위 또는 채무불이행으로 인한 손해배상청구권이 이전되는 권리로서 대표적이다. 또한 공동해손행위로 인한 공동해손 분담청구권(상법 866조)도 대위대상에 해당된다.

② 수인이 공동으로 피보험자에게 불법행위를 가한 경우 이들은 연대하여 손해배상책임(민법 760조 1항)을 부담하므로, 보험금을 지급한 보험자는 이들에 대한 손해배상청구권을 대위취득할 수 있고, 이들 가운데 제3자의 범위에서 제외되는 자(상법 682조 2항에 따라 피보험자와 생계를 같이하는 가족 등)가 포함되어 있으면, 그의 부담부분을 제외한 손해배상청구권이 보험자에게 이전된다.[89)]

③ 판례는, 피보험자의 사용자가 부담하는 사용자책임에 따른 손해배상청구권(민법 756조 1항)도 이전되는 권리에 포함된다는 입장이다. 청구권대위에 따라 사용자가 보험자에게 손해배상을 한 뒤에 피보험자인 자신의 피용자에 대해서 구상권(민법 756조 3항)을 행사할 수 있다고 하더라도, 제반 사정에 따라 구상권의 행사가 부인되거나 제한될 수도 있으며, 보험사고에 대하여 과실이 큰 피용자에게 일정한 정도의 손해를 분담시키는 것이 반드시 부당하다고 할 수도 없다고 보았다. 생각건대, 사용자의 피용자에 대한 구상권의 행사는 제한적으로 인정되는 것이 보통(주로 고의 또는 중과실의 피용자에게 구상권 행사)이므로, 판례에 따르더라도 피보험자인 피용자에게 보험의 효용이 크게 감소하는 문제는 없을 것으로 본다. 위 판례의 내용은 다음과 같다.

대판 2005.9.15. 2005다10531에서, 자동차종합보험에서 보험사고가 파견근로자의 운전으로 발생한 경우 여기서 파견근로자는 운전피보험자이므로 청구권대위의 대상이 아니지만, 기명피보험자가 보험사고를 유발한 파견근로자의 사용자인 파견사업주에 대하여 가지는 사용자책임에 기한 손해배상청구권(또는 근로자 파견계약상의 채무불이행에 기한 손해배상청구권)에 대하여 청구권대위를 인정하는 것이 반드시 불합리하다고 볼 수는 없는데, 그 이유는 자동차종합보험에서 운전자를 피보험자에 포함시킨 것은 보험자의 책임범위를 넓혀 피보험자 및 피해자를 보호하기 위한 것이지 운전피보험자의 면책이 주된 목적이 아니고, 파견사업주가 파견근로자에 대하여 구상권을 행사할 수 있다고 하더라도 제반 사정에 따라 구상권의 행사가 부인되거나 제한될 수 있으며, 자동차사고에 대하여 과실이 큰 파견근로자에게 일정한 정도의 손해를 분담시키는 것이 반드시 부당하다고 할

---

89) 양승규 252면

수는 없을 것이기 때문이라고 판시했다.

대판 2010.8.26. 2010다32153에서, 보험사고가 피보험자인 파견근로자(업무위탁계약에 따라 업무위탁자가 업무수탁자로부터 파견받은 근로자)의 행위로 인하여 발생한 경우에 또 다른 피보험자인 업무위탁자가 보험사고를 유발한 파견근로자의 사용자인 업무수탁자에 대하여 가지는 사용자책임에 기한 손해배상청구권(또는 근로자 파견계약상의 채무불이행에 기한 손해배상청구권)에 대하여 청구권대위가 인정된다고 보았다. 즉 피보험자인 파견근로자의 행위로 인하여 업무위탁자에게 손해가 발생하여 보험자가 업무위탁자에게 보험금을 지급한 경우 피보험자인 파견근로자가 청구권대위의 대상에서 제외되더라도, 업무수탁자가 업무위탁자에 대하여 파견근로자의 사용자로서 손해배상책임을 지므로 이에 대해 청구권대위를 할 수 있다는 것이다. 설령 업무수탁자가 파견근로자에 대하여 구상권을 행사할 수 있다고 하더라도 제반 사정에 따라 구상권의 행사가 부인되거나 제한될 수도 있으며, 보험사고에 대하여 과실이 큰 파견근로자에게 일정한 정도의 손해를 분담시키는 것이 반드시 부당하다고 할 수도 없다고 판시했다.

2) 구상권

i) 피용자에 대한 구상권

사용자는 사용자책임에 따라서 피해자에게 손해배상을 하며 자신의 피용자에게 구상권을 행사할 수 있다(민법 756조 3항). 판례에 따르면 구상권은 신의칙상 일정한 제한을 받는다. 즉 사업의 성격과 규모, 시설의 현황, 피용자의 업무내용과 근로조건 및 근무태도, 가해행위의 발생원인과 성격, 가해행위의 예방이나 손실의 분산에 관한 사용자의 배려 정도, 기타 제반 사정에 비추어 손해의 공평한 분담이라는 견지에서 신의칙상 상당하다고 인정되는 한도 내에서만 사용자가 피용자에게 구상권을 행사할 수 있다.[90] 통설도 같은 입장을 취한다.

사용자의 피용자에 대한 구상권도 청구권대위에 따라 이전되는 권리에 포함된다. 다만 전술한 구상권 제한의 법리는 사용자의 보험자가 청구권대위에 의해 피용자에 대해 구상권을 행사하는 경우도 같다.[91] 보험자가 구상권을 행사한다고 해도 신의칙상 상당한 경우에만 피용자에게 구상권을 인정해야 한다는 요청이 고려되어야 하기 때문이다.

다만 피용자에게 보험자가 존재하여 그 보험자에 대해 구상권을 행사하는 경우는 다른 취급이 필요하다고 본다. 피용자에게 고려되어야 할 신의칙상의 제반 사정이 피용자의 보험자에게도 존재한다고 보기 어렵기 때문이다. 대판 2017.4.27. 2016다271226도

---

90) 대판 1987.9.8. 86다카1045; 대판 1991.5.10. 91다7255; 대판 2009.11.26. 2009다59350; 대판 2014.5.29. 2014다202691; 대판 2017.4.27. 2016다271226

91) 대판 2017.4.27. 2016다271226

이 경우는 피용자의 보험자가 사용자의 보험자에 대하여 구상권 제한의 법리를 주장할 수 없다고 판시했다. 즉 사용자의 보험자가 피해자인 제3자에게 사용자와 피용자의 공동불법행위로 인한 손해배상금을 보험금으로 모두 지급하여 피용자의 보험자가 면책됨으로써 사용자의 보험자가 피용자의 보험자에게 부담할 부분에 대하여 직접 구상권을 행사하는 경우, 이 구상권의 행사는 피해자의 직접청구권을 대위하는 성격을 갖는 것이어서 피용자의 보험자는 사용자의 보험자에게 구상권 제한의 법리를 주장할 수 없다고 판시했다. 다만 이 판결의 사실관계는 엄밀하게 보면 피용자가 피해자에게 불법행위를 하여 사용자의 보험자가 피해자에게 손해를 배상한 후 피용자의 보험자에게 사용자로서 구상권을 행사한 경우라고 보기 어렵다. 이 판결의 사실관계는 사용자와 피용자가 피해자에게 공동불법행위를 하고 사용자의 보험자가 피해자에게 손해를 배상한 후 자신의 피보험자가 다른 공동불법행위자에 대해서 갖는 구상권을 청구권대위하는 사안이다.[92] 다시 말하면, 대판 2017.4.27. 2016다271226이 피용자의 보험자가 구상권 제한을 주장하는 것이 부적절하다고 판시한 결론은 타당하나, 해당 사실관계는 피용자의 보험자가 구상권 제한을 주장하는 문제가 아니었다.

ii) 다른 공동불법행위자에 대한 구상권

피보험자를 포함한 수인이 공동불법행위를 한 경우 피보험자가 다른 공동불법행위자에 대해서 갖는 구상권도 청구권대위의 대상이다. 대판 1995.9.29. 94다61410은, 차량소유자(피보험자)의 관리상 과실과 그 차량의 무단운전자 과실이 경합하여 교통사고가 발생하였고, 보험자가 피해자들에게 손해배상금을 보험금으로 지급하여 차량소유자와 무단운전자가 공동 면책된 사안이다. 여기에는 두 가지 쟁점이 있다.

첫째, 이 경우 차량소유자가 무단운전자의 부담부분에 대해 구상권을 행사할 수 있는지 여부이다. 대법원은 긍정했다. 수인이 공동불법행위를 한 경우 어떤 가해자가 다른 가해자의 부담부분까지 배상하면 전자가 후자에게 구상권을 취득한다.[93] 이 경우도 차

92) 이 사건에서 원고인 보험자는 A회사와 근로자재해보장책임, 사용자배상책임 등을 보장하는 보험계약을 체결했다. A회사는 B회사가 소유한 차량을 별도의 임대차계약 없이 B회사 대표이사의 양해 하에 사용했다. A회사의 직원 갑이 차량을 운전하면서 A회사의 직원 을에게 상해를 입혔다. 여기서 직원 갑은 사용자책임의 영역에서는 A회사의 피용자이고, 운행자책임의 영역에서는 B회사의 운전자이다. 이 사건에서 문제되는 책임 주체는 사용자 A회사와 운행자 B회사이다. 이들은 각각 피해자인 직원 을에 대해 손해배상책임을 부담한다. 이들은 공동불법행위자로서 부진정연대책임을 지고, 어느 일방이 먼저 피해자에게 손해배상을 하면 타방에 구상권을 가진다. 따라서 이 구상관계는 사용자와 피용자의 구상관계가 아니라, 사용자와 운행자의 구상관계로서 공동불법행위자 상호간의 구상관계인 것이다.

93) 대판 1988.4.27. 87다카1012; 대판 1989.9.26. 88다카27232; 대판 2000.8.22. 2000다29028(공동불법행위자는 채권자에 대한 관계에서는 연대책임(부진정연대채무)을 지되, 공동불법행위자들 내부관계에서는 일정한 부담 부분이 있고, 그 부담 부분은 각자의 고의 및 과실의 정도에 따라 정하여지는 것으로서 공동불법행위자 중 1인이 자기의 부담 부분 이상을 변제하여 공동의 면책을 얻게 하였을 때에는 다른 공동불법행위자에게 그 부담 부분의 비율에 따라 구상권을 행사할 수 있다); 대판 2002.9.24. 2000다69712; 대판 2005.7.8.

량소유자(피보험자)가 자기의 출재(보험금청구권)로 무단운전자를 면책시킨 것이어서 구상권을 취득한다고 볼 수 있다.[94] 통설도 같다. 만약 가해자가 자신의 부담부분에 미치지 못하게 배상하거나 자신의 부담부분까지만 배상한 경우라면 다른 가해자에게 구상권을 취득하지 못한다.[95]

둘째, 위 구상권이 청구권대위의 대상인지 여부이다. 대법원은 이 점도 긍정했다. 판례는 위와 같이 이 구상권도 보험사고의 발생으로 인해 피보험자인 가해자가 취득한 청구권으로서 대위대상이라고 보며,[96] 통설도 같다. 구상권을 청구권대위의 대상으로 보지 않으면 피보험자가 이중의 이득을 얻거나 구상의무자가 부당하게 면책될 수 있다는 점에서 판례와 통설이 타당하다.

iii) 다른 공동불법행위자의 보험자에 대한 구상권

판례는 피보험자를 포함한 수인이 공동불법행위를 한 경우 피보험자가 다른 공동불법행위자의 보험자(책임보험자)에게 구상할 수 있고, 또한 이러한 구상권도 청구권대위의 대상에 포함된다고 본다. 판례는 피보험자가 다른 공동불법행위자의 보험자에게 구상권을 갖는다는 근거를 상법 724조 2항에 의해 피해자가 보험자에 대하여 가지는 직접청구권에서 찾고 있다. 즉 공동불법행위자의 보험자들 상호 간에는 그중 하나가 피해자에게 보험금으로 손해배상금을 지급함으로써 공동면책되었다면, 그는 다른 공동불법행위자의 부담 부분에 관해서 다른 공동불법행위자에 대해 구상권을 가질 뿐만 아니라 상법 724조 2항에 따라 다른 공동불법행위자의 보험자에 대해서도 직접 구상권을 갖게 된다고 판시했다.[97]

주의할 것은 책임보험의 직접청구권(상법 724조 2항)은 '피해자 보호'를 위해 마련된 것이라는 점이다. 그럼에도 불구하고 판례는 직접청구권을 '피해자에게 먼저 변제를 한 다른 공동불법행위자 보호'를 위해서도 인정하여 마치 피해자에게 먼저 변제한 공동불법행위자가 피해자의 지위에 있는 것처럼 보고 있는 것이다. 판례와 같이 봄으로써 궁극적으로 피해자에게 신속한 변제가 이루어지도록 장려하는 측면도 있을 것이다. 그러나 이

2005다8125; 대판 2008.7.24. 2007다37530

94) 대판 1989.11.28. 89다카9194도 같다.

95) 대판 1989.9.26. 88다카27232(가해자가 부담하여야 할 내부적 부담부분에 상응하는 금액에 미치지 못하므로 사실관계가 그와 같다면 가해자의 구상권을 부인한 원심의 조처는 정당하다); 박세민 460면; 정동윤 597면; 최준선 237면

96) 대판 1989.11.28. 89다카9194; 대판 1993.1.26. 92다4871; 대판 1994.1.11. 93다32958; 대판 1998.12.22. 98다40466

97) 대판 1998.12.22. 98다40466; 대판 1999.2.12. 98다44956. 그리고 대판 1999.6.11. 99다3143(공동불법행위자의 보험자들 상호 간에는 그중 하나가 피해자에게 보험금으로 손해배상금을 지급함으로써 공동면책되었다면 그 보험자는 상법 682조의 보험자대위 법리에 따라 피보험자가 다른 공동불법행위자의 부담 부분에 대한 구상권을 취득하여 그의 보험자에 대하여 행사할 수 있고, 이 구상권에는 상법 724조 2항에 의한 피해자가 보험자에 대하여 가지는 직접청구권도 포함된다)

러한 판례의 태도가 법률해석의 한계를 넘은 것은 아닌지 의문은 있다.[98)][99)]

한편 이러한 복잡한 법리구성을 거치지 않더라도 복수의 보험자들(책임보험자들) 사이에 곧바로 구상관계가 성립할 수 있음을 긍정하는 판례가 있다. 이것은 청구권대위의 법리를 거치지 않고 보험자들이 상호 간에 구상권을 가질 수 있다는 것이다. 즉 대판 1998.9.18. 96다19765에서, 공동불법행위의 경우 공동불법행위자들과 각각 보험계약을 체결한 보험자들은 각자 그 공동불법행위의 피해자에 대한 관계에서 상법 724조 2항(직접청구권)에 의한 손해배상채무를 직접 부담하는 것이므로, 이러한 관계에 있는 보험자들 상호 간에는 공동불법행위자 중의 1인과 사이에 보험계약을 체결한 보험자가 피해자에게 손해배상금을 보험금으로 모두 지급함으로써 공동불법행위자들의 보험자들이 공동면책되었다면, 그 손해배상금을 지급한 보험자는 다른 공동불법행위자들의 보험자들이 부담하여야 할 부분에 대하여 직접 구상권을 행사할 수 있다고 판시했다.[100)]

ⅳ) 기타

보험자가 청구권대위에 따라 다른 공동불법행위자에 대해 취득하는 구상권의 범위는 지급한 보험금의 범위 내에서 피해자가 불법행위로 인하여 입은 손해 중 다른 공동불법행위자의 과실비율에 상당하는 부분을 한도로 하므로, 보험자가 피해자의 손해액을 초과하여 보험액을 지급했다고 해도 그 초과부분에 대하여는 구상할 수 없다.[101)] 그리고 피보험자가 갖는 다른 공동불법행위자 또는 그의 보험자에 대한 구상권은 지급한 보험금의 한도에서 피보험자의 보험자에게 당연히 이전되므로, 그 결과 피보험자는 자신의 보험자로부터 구상권을 다시 양도받아 취득하는 등의 특별한 사정이 없는 한 다른 공동불법행위자 또는 그의 보험자를 상대로 실제로 구상권을 행사할 수는 없다.[102)]

3) 직접청구권

피해자의 직접청구권도 대위대상이다(통설). 대판 1998.9.18. 96다19765에서, 보험자 A의 자동차보험에 가입한 갑 소유의 승용차가 보험자 B의 자동차보험에 가입한 을 소유

---

98) 판례에 찬성하는 견해로는, 박세민 460면; 장덕조 255면; 정동윤 597면

99) 민법상 변제자 대위 법리에 의해 판례 결론을 정당화할 수는 없을까? 보험자의 보험금 지급으로 피보험자는 구상권을 취득할 뿐만 아니라 구상권의 범위 내에서 변제자 대위도 할 수 있다고 보면, 피보험자는 구상권의 범위 내에서 피해자의 직접청구권을 대위행사할 수 있고, 보험자는 피보험자가 변제자대위로 취득하는 직접청구권을 보험자대위로 다시 취득할 수 있다는 생각이 가능하다. 공동불법행위자 자신이 변제하였다면 변제자대위를 주장하는 것이 가능할 수 있다. 그러나 공동불법행위자의 보험자가 보험금을 지급한 경우에도(즉 공동불법행위자 자신은 변제하지 않은 경우에도) 변제하지 않은 자에게 변제자대위를 인정할 수 있는지는 검토의 여지가 있다.

100) 대판 1998.7.10. 97다17544; 대판 1998.12.22. 98다40466; 대판 1999.2.12. 98다44956; 대판 2004.10.28. 2004다39689; 대판 2009.12.24. 2009다53499; 대판 2014.1.29. 2013다65901

101) 대판 2002.5.24. 2002다14112

102) 대판 1994.10.7. 94다11071; 대판 1995.7.14. 94다36698

의 트럭을 들이받았고, B가 을에게 보험금을 지급한 후 을이 A에 대해 갖고 있는 피해자의 직접청구권(상법 724조 2항)을 대위할 수 있는지가 쟁점이었다(여기서 을은 자신의 자기차량손해보험에 의해서 B로부터 보험금을 받았다. 그런데 갑은 A에 대해서 책임보험에 기한 보험금청구권이 있고 피해자인 을은 A에게 직접청구권, 갑에게 불법행위로 인한 손해배상청구권을 가진다). 대법원은 이 직접청구권의 법적 성질은 보험자가 피보험자의 피해자에 대한 손해배상채무를 병존적으로 인수한 것으로서 피해자가 보험자에 대해 갖는 손해배상청구권이고, 이는 보험사고의 발생 자체로 인해 피보험자가 제3자에 대해 취득한 청구권이므로, 청구권대위의 대상이 된다고 판시하였다. 이것은, 가해자와 피해자가 각각 피보험자로서 서로 다른 보험자에 가입되어 있는 경우 피해자의 보험자가 그에게 보험금을 지급한 후 피해자가 가해자의 보험자에 갖는 직접청구권(상법 724조)을 대위할 수 있는지의 문제이다. 판례[103)][104)]와 통설은 이 직접청구권도 보험사고의 발생으로 인해 피보험자인 피해자가 취득한 청구권으로서 대위 대상이라고 보며, 이는 타당하다.

대판 2019.12.13. 2018다287010에서는, 가해자에 대한 손해배상청구권의 행사가 제한되더라도 그 가해자의 책임보험자에 대한 직접청구권의 행사도 제한된다고 해석하기 어려운 경우에는 그 직접청구권은 청구권대위의 대상이 된다고 판시되었다. '학교안전사고 예방 및 보상에 관한 법률'(학교안전법)에 따르면, 학교안전공제회가 학교안전사고로 인하여 발생한 피해에 대하여 수급권자에게 공제급여를 지급한 때에는 그 피해에 대하여 보상 또는 배상책임이 있는 공제가입자와 피공제자 등은 그 책임을 면한다(학교안전법 45조 1항). 또한 학교안전사고가 피공제자의 고의 또는 중과실로 인하여 발생하거나 피공제자 또는 공제가입자가 아닌 자의 고의·과실로 인하여 발생하고 학교안전공제회가 공제급여를 지급한 경우에는 그 공제급여 금액의 범위 내에서 학교안전사고를 일으킨 자 등에게 구상권을 행사할 수 있다(학교안전법 44조 1항). 즉, 피공제자가 경과실로 학교안전사고를 일으킨 경우에는 수급권자에게 공제급여가 지급되더라도 학교안전공제회로부터의 구상권 행사가 제한된다. 이는 학교안전법이 경과실로 학교안전사고를 일으킨 가해자인 피공제자까지 보호하기 위하여 특별히 배려한 것이다. 문제는 학교안전공제회가 공제급여를 지급한 후 학교안전사고를 일으킨 가해자인 피공제자의 책임보험자에 대해 갖는 수급권자의 직접청구권을 대위행사할 수 있는지 여부이다. 대법원은 책임보험의 피보험자인 피공제자가 경과실로 학교안전사고를 일으킨 경우에 학교안전공제회가 수급권자에

103) 대판 1999.6.11. 99다3143; 대판 2016.5.27. 2015다237618; 대판 2024.7.11. 2020다246913

104) 판례는 직접청구권의 법적 성격이 손해배상청구권임을 강조하면서, 직접청구권이 보험자 대위의 대상이 된다고 본다. 그러나 직접청구권의 법적 성격을 보험금청구권으로 보더라도 마찬가지 결론에 이를 수 있다. 피보험자가 이중의 이득을 얻거나 제3자(보험자)가 부당하게 면책되는 상황을 막기 위해서는, 보험자 대위를 인정할 필요가 있기 때문이다.

게 공제급여를 지급하더라도 그 피공제자에게 구상할 수 없다고 해서 그 피공제자의 책임보험자에 대해서까지 구상할 수 없게 되는 것은 아니라는 입장을 취한다. 즉 피해자인 피공제자가 가해자인 피공제자의 책임보험자에 대하여 갖는 직접청구권은 가해자인 피공제자에 대한 손해배상청구권과는 별개의 권리이고, 가해자인 피공제자가 경과실로 학교안전사고를 일으킨 경우에 학교안전공제회의 구상권 행사가 제한되는 것은 학교안전법이 그러한 피공제자를 특별히 보호하기 위한 취지를 근거로 한 것이므로, 이러한 취지를 넘어서 가해자인 피공제자의 책임보험자에게까지 이러한 규정을 확장하여 적용할 수는 없다고 판시되었다. 가해자인 피공제자의 책임보험자와 학교안전공제회 사이에서는 학교안전사고가 경과실에 의하여 발생하였는지 여부와 관계없이 책임보험자가 최종적으로 손해배상에 관한 부담을 진다고 보아야 한다고 판시되었다.

(6) 권리의 동일성 유지

보험자의 청구권취득은 승계취득이다. 따라서 이전되는 권리는 동일성이 유지된다(판례,[105] 통설). 보험자의 권리취득은 피보험자의 청구권에 바탕을 둔 승계취득이므로, 피보험자의 청구권에 제한이나 하자가 있으면 이는 보험자가 취득하는 청구권에 승계된다(통설). 따라서 피청구권자는 그러한 제한이나 하자를 가지고 보험자에게 대항할 수 있다. 관련 판례를 보자.

1) 소멸시효

보험자가 취득할 권리의 소멸시효 기산점과 기간은 그 청구권 자체를 기준으로 판단한다(판례,[106] 통설).

i) 손해배상청구권

대판 1999.6.11. 99다3143에서는 보험자가 대위취득하는 손해배상청구권의 소멸시효가 다루어졌다. 즉 자동차보험의 피보험자가 제3자의 불법행위로 인해 인적·물적 손해를 입었고, 피보험자의 보험자가 이를 보상한 후 제3자에 대한 손해배상청구권을 대위하면서, 그 손해배상청구권의 소멸시효 기간과 그 기산점이 문제되었다. 대법원은 "제3자에 대한 권리는 동일성을 잃지 않고 그대로 보험자에게 이전되는 것이므로, 이때에 보험자가 취득하는 채권의 소멸시효 기간과 그 기산점 또한 피보험자 등이 제3자에 대하여 가지는 채권 자체를 기준으로 판단하여야 한다"고 판시하였다. 그러므로 보험자가 대위하는 손해배상청구권은 민법 766조에 따라, 피보험자가 손해 및 가해자를 안 날로부터

105) 대판 1999.6.11. 99다3143
106) 대판 1999.6.11. 99다3143

3년, 또는 불법행위를 한 날로부터 10년이 경과하면 시효로 소멸한다.

그리고 대판 1993.6.29. 93다1770에서도 보험자가 대위취득하는 손해배상청구권의 소멸시효가 다루어졌다. 여기서는 자동차보험의 피보험자와 제3자의 공동 가해행위에 의해서 타인에게 손해가 생겼고, 그 보험자가 타인에게 이를 보상하고 대위취득한 청구권의 소멸시효가 다투어졌다. 보험자가 보험자대위에 의하여 취득하는 권리는 피보험자가 제3자에 대하여 가지는 손해배상청구권이나 그 변형이 아니라 이와 법적 성질을 달리하는 특별한 권리이므로, 그 권리의 취득시기는 보험금 지급시기이고 권리를 행사할 수 있는 시기도 그때이며, 그 소멸시효기간도 일반채권과 같이 10년으로 보아야 한다고 주장하였다. 하지만 이와 달리 대법원은 보험자가 취득할 손해배상청구권의 소멸시효 기산점과 그 기간은 그 청구권 자체를 기준으로 판단해야 한다고 함으로써, 대위취득이 승계취득임을 분명히 하였다. 그리고 대법원은 대위취득하는 것은 손해배상청구권이라는 전제하에 민법 766조에 따라 소멸시효를 판단하였다. 하지만 여기서 보험자가 대위취득한 것은 피보험자가 다른 공동불법행위자인 제3자에 대해 갖는 구상권이고, 따라서 구상권 소멸시효의 문제로 처리하는 것이 통상이다.[107] 이러한 이유에서 이 판결은 대위취득하는 청구권의 법적 성질을 오해했다는 비판을 받은 바 있다.[108][109]

---

107) 다만 사안은 제3자가 피보험자의 피용자 승낙하에 자동차를 운전하다가 운전부주의로 사고를 일으켜, 피보험자가 운행자로서 교통사고 피해자에 대하여 자배법상 손해배상책임을 부담하게 된 경우였다. 제3자의 운전행위 자체 또는 부주의한 운전이 피보험자에 대한 관계에서 위법한 가해행위라 보긴 어려우므로, 이 사안에서 피보험자가 제3자에 대하여 불법행위를 원인으로 한 손해배상청구권을 별도로 갖고 있다고 보긴 어렵다.

108) 양승규, "책임보험자의 연대채무자에 대한 구상권의 소멸시효", 손해보험299, 1993, 40-41면; 김성태 473면

109) 민법상 변제자대위 법리에 의해 판례 결론을 정당화할 여지는 없을까? 아래와 같은 두 가지 방법을 생각해 볼 수 있다.

첫째, 보험자의 보험금 지급으로 피보험자는 구상권을 취득할 뿐만 아니라 구상권의 범위 내에서 변제자대위도 할 수 있다고 보면, 피보험자는 다른 공동불법행위자에 대하여 — 구상권의 범위 내에서 — 피해자의 손해배상청구권을 대위행사할 수 있고, 보험자는 피보험자가 변제자대위로 취득하는 손해배상청구권을 보험자대위로 다시 취득할 수 있다는 생각이 가능하다. 다만 변제를 하지 않은 피보험자가 변제자 대위에 의해 권리를 취득할 수 있는지 의문은 있다.

둘째, 변제를 한 보험자가 변제자 대위에 따라 직접, ① 피해자의 다른 공동불법행위자에 대한 손해배상청구권이나 ② 피해자의 다른 보험자(다른 공동불법행위자의 보험자)에 대한 직접청구권을 취득한다고 볼 수도 있다. 다만 보험금을 지급한 보험자가 보험자 대위 이외에 변제자 대위까지 주장할 수 있는지, 보험자 대위가 변제자 대위의 특별규정은 아닌지 추가 검토가 필요하다. 참고로 판례는 자신의 계약상 채무이행으로 보험금을 지급한 보험자는 민법 481조의 변제자 대위를 할 수 없다는 입장이다(대판 1993.1.12. 91다7828). 보험자가 변제자 대위 법리에 의해 '피보험자'에 대하여 권리행사를 할 수 없다는 결론을 도출하기 위해 이러한 법리를 제시하였다. 따라서 보험자가 변제자대위 법리에 의해 피보험자가 아닌 제3자에 대하여 권리를 행사하는 경우에도, 판례가 같은 법리를 제시하여 이를 부정할 것인지는 단정할 수 없다.

ii) 구상권

대위취득하는 구상권의 소멸시효 문제는 대판 1994.1.11. 93다32958에서 다루어졌다. 대법원은 구상권 자체의 소멸시효는 법률에 규정이 없으므로 일반채권과 같이 그 기간은 10년이고, 기산점은 구상권이 발생한 시점, 즉 구상권자가 현실로 피해자에게 손해금을 지급한 때라고 판시하였다.[110] 보험자는 피보험자가 다른 공동불법행위자에 대하여 갖는 위와 같은 구상권을 대위행사할 수 있다. 또한 다른 공동불법행위자의 위 구상금지급채무가 그의 책임보험자가 부보하는 범위에 포함된다면,[111] 결국 보험자는 자신의 피보험자가 위 책임보험자에 대하여 갖는 (구상금)직접청구권을 대위행사할 수 있다.[112]

참고로 보험자에 대한 구상권의 소멸시효는 달리 취급해야 한다는 것이 판례의 입장이다. 공동불법행위자의 보험자가 공동면책된 경우 그 구상권의 소멸시효는 기간이 5년이다. 여기서 말하는 보험자에 대한 구상권은 보험금을 지급한 보험자가 다른 공동불법행위자의 보험자에 대하여 '직접'—보험자대위를 거치지 않고—취득하는 구상권이다. 대판 1998.7.10. 97다17544에서 대법원은, 공동불법행위자들과 각각 상행위인 보험계약을 체결한 보험자들 상호 간에 있어서 공동불법행위자 중의 1인과 사이에 보험계약을 체결한 보험자가 피해자에게 손해배상금을 보험금액의 범위 내에서 지급하고 다른 공동불법행위자의 보험자가 부담하여야 할 부분에 대하여 직접 구상권을 행사하는 경우 그 손해배상금 지급행위는 상인이 영업을 위하여 하는 행위라고 할 것이므로, 그 구상금채권은 보조적 상행위로 인한 채권으로서 그 권리를 행사할 수 있는 때로부터 5년간 행사하지 아니하면 소멸시효가 완성한다고 판시하였다.

iii) 직접청구권

피해자의 직접청구권도 대위 대상이고, 그 소멸시효과 기산점은 직접청구권의 법리에 따르면 된다. 이에 대해서는 책임보험의 직접청구권 부분에서 다루기로 한다.

---

110) 대판 1998.12.22. 98다40466; 대판 1999.6.11. 99다3143

111) 자동차종합보험 약관상 "피보험자동차의 사고로 인하여 남을 죽게 하거나 다치게 하여 법률상 손해배상책임을 짐으로써 입은 손해"를 보상한다고 할 때 법률상 손해배상책임에는 공동불법행위로 인한 구상책임도 포함된다는 견해로, 조경란, "자동차종합보험 보통약관상 보험자가 보상책임을 지는 '피보험자가 피보험자동차의 사고로 법률상 손해배상책임을 짐으로써 입은 손해'의 의미", 대법원판례해설28, 1997, 217면; 우성만, "공동불법행위 법정책임자의 보험자 상호 간 직접구상권의 성립여부 및 그 소멸시효", 법조 48-6, 1999, 155면

112) 대판 2002.9.4. 2002다4429(보험자가 자동차 사고의 공동불법행위자 중 1인과 체결한 보험계약에 따라 피해자에게 배상한 금액 중 다른 공동불법행위자의 과실비율에 따른 금액이 사고 당시의 책임보험한도액을 초과하는 경우에는, 보험자 대위에 따라 다른 공동불법행위자에게 구상금을 청구하는 경우에 그 공동불법행위자 및 보험자가 부담하는 구상금은 책임보험금의 한도액 전액이 된다)

2) 입증책임

채무불이행으로 인한 손해배상책임이 성립하는 데 가해자의 과실에 대한 입증책임이 피해자(피보험자)에게 없음에도 불구하고, 청구권대위를 위해서는 보험자가 그 과실을 입증해야 한다고 할 것은 아니다. 보험자가 청구권대위로 하는 취득은 승계취득이므로, 그 원래의 권리자보다 무거운 입증책임을 부담한다고 해야 할 일은 아니기 때문이다.

대판 1995.11.14. 95다33092에서, 건물의 소유자가 이를 임대하면서 자신을 피보험자로 화재보험에 가입하였고, 이후 화재 발생으로 소유자에게 손해가 발생하여 보험자가 이를 보상하고 소유자의 임차인에 대한 채무불이행으로 인한 손해배상청구권을 대위하고자 하였다. 쟁점은 보험자대위권이 성립하려면 보험자가 임차인의 과실로 화재가 발생하였다는 것을 입증할 책임이 있는지 여부였다. 원심은 보험자가 입증책임을 부담한다고 보았다. 임차인은 임차물반환채무의 이행불능과 관련하여 자신의 무과실을 입증하지 못하면 그로 인한 손해배상책임을 부담한다(민법 390조 참조). 이 사건에서 임차인은 자신의 무과실을 입증하지 못했다. 그런데 원심은 보험자가 위 손해배상청구권을 대위취득하기 위해서는 피보험자가 임차인에 대해 위 손해배상청구권을 가지고 있다는 것만으로는 불충분하고 위 화재에 대한 임차인의 과실을 입증해야 한다고 판단했던 것이다. 하지만 대법원은 보험사고로 손해를 입은 피보험자가 그 손해에 대해 제3자에게 손해배상청구권을 갖게 되면 보험금을 지급한 보험자가 그 청구권을 법률상 당연히 취득할 뿐이지 제3자의 귀책사유를 별도로 입증할 필요가 없다고 보았다.[113)]

유사한 사실관계를 다룬 대판 2021.6.10. 2020다298383에서도, 대법원은 위 대판 1995.11.14. 95다33092와 같은 입장을 취하였다.[114)]

---

113) 원심이 무리하여 위와 같은 논리를 만든 것은 아마도 다음과 같은 고려가 있었을 것으로 보인다. 임차인의 고의, 과실 여부가 진위불명 상태에 빠진 경우 임차인이 임대인에 대하여 채무불이행으로 인한 손해배상책임을 지는 것은 증명책임의 구조상 타당하지만, 보험료라는 대가를 취득한 보험자에 대해서까지 손해배상책임을 지는 것은 공평하지 않다는 것이다. 임차인이 임대인의 보험료를 차임 등의 형태로 실질적으로 부담하고 있었다면 보험자대위에 의해 임차인이 보험자에게 책임을 지는 것은 더욱 불공평하다. 그러나 이러한 불공평은 임대인이 임차인에 대한 손해배상청구권을 미리 포기하기로 하는 묵시적 합의가 있었다고 임대차계약을 해석하는 등의 다른 방법으로 그 해결책을 모색함이 타당하다고 본다.

114) 원심은, 보험료를 받아 보험금을 지급하더라도 실질적으로 손해가 없는 보험자가 대위청구 할 수 있는 것은, 보험사고 발생에 원인제공자가 밝혀진 경우 피보험자의 보험가입으로 인해 그 자가 면책되는 결과를 방치하지 않겠다는 취지가 더욱 강한 것으로 보아야 하는 점에서도, 보험사고의 발생이 제3자의 행위로 인한 것이라는 점에 대한 입증책임이 보험자에게 있는 것으로 보아야 한다는 입장이다. 하지만 보험자의 입증책임을 강화하는 것은 오히려 제3자의 부당한 면책 방지에 역행하는 효과가 생길 수 있다는 점에서, 원심에 찬성하기 어렵다.

7. 과실상계(또는 책임제한)가 가능한 경우

제3자가 피보험자에게 가해행위를 했으나 과실상계(혹은 책임제한)가 가능한 경우, 보험금을 지급받은 보험자가 가해자에게 청구할 수 있는 손해액, 그리고 보험자가 가해자에게 대위할 수 있는 범위가 문제된다.

종전 판례(대판 2009.4.9. 2008다27721)는, 피보험자에 대한 제3자의 책임에서 과실상계가 가능한 경우 과실상계를 행한 금액에서, 피보험자가 지급받은 보험금을 공제한 금액을 피보험자의 손해라고 전제하고, 피보험자는 동 금액만을 제3자에게 청구할 수 있는 것으로 보았으며, 따라서 보험자는 지급한 보험금에 해당하는 금액을 제3자에게 대위청구할 수 있었다. 예를 들어, 가해자의 행위로 피해자에게 총 1억 원의 손해가 발생하였고 가해자의 과실비율이 70%이며 피해자가 손해보험금으로 5천만 원을 지급받은 경우, 종전 판례에 의하면 가해자의 손해배상액은 7천만 원(1억 원 × 70%)에서 보험금 5천만 원을 공제한 2천만 원이다. 이에 따르면 피해자는 보험에 가입하였더라도, 자신의 과실비율에 해당하는 손해는 전보받지 못하게 된다. 한편 보험자는 자신이 지급한 보험금 5천만 원에 상응하여, 피해자의 제3자에 대한 5천만 원의 손해배상청구권을 대위행사할 수 있다.

그러나 대판(전원) 2015.1.22. 2014다46211은 판례를 변경하여 다음과 같이 판시하였다. 즉 대법원은 손해보험의 보험사고에 관하여 불법행위나 채무불이행에 기한 손해배상책임을 지는 제3자가 있어 피보험자가 그를 상대로 손해배상청구를 하는 경우에, 피보험자가 손해보험계약에 따라 보험자로부터 지급받은 보험금은 — 보험계약자가 스스로 보험사고의 발생에 대비하여 그때까지 보험자에게 납입한 보험료의 대가적 성질을 지니는 것으로서 — 제3자의 손해배상책임과는 별개의 것으로 보았다. 따라서 보험자로부터 지급받은 보험금을 제3자의 손해배상책임액에서 공제할 것이 아니라고 판시했다. 따라서 위와 같은 피보험자는 보험자로부터 수령한 보험금으로 전보되지 않고 남은 손해에 관하여 제3자를 상대로 그의 배상책임(다만 과실상계 등에 의하여 제한된 범위 내의 책임이다)을 이행할 것을 청구할 수 있다고 판시했다. 그리고 "전체 손해액에서 보험금으로 전보되지 않고 남은 손해액이 제3자의 손해배상책임액보다 많을 경우에는 제3자에 대하여 그의 손해배상책임액 전부를 이행할 것을 청구할 수 있고, 위 남은 손해액이 제3자의 손해배상책임액보다 적을 경우에는 그 남은 손해액의 배상을 청구할 수 있다. 후자의 경우에 제3자의 손해배상책임액과 위 남은 손해액의 차액 상당액은 보험자대위에 의하여 보험자가 제3자에게 이를 청구할 수 있다"고 판시했다.[115]

---

115) 대판 2016.1.28. 2015다236431도 같다.

위 전원합의체 판결에 의하면 피해자의 총 손해액에서 보험금으로 전보되고 남은 손해는 5천만 원이고, 그 금액이 가해자의 책임액 7천만 원의 범위 내에 있으므로, 가해자는 피해자인 피보험자에게 5천만 원을 배상하여야 한다. 보험자는 청구권대위에 의하여 가해자에게 남은 2천만 원을 청구할 수 있다. 이에 따르면, 피해자는 보험금 5천만 원과 가해자의 손해배상금 5천만 원으로 손해 전부를 회복하는 것이 가능하고, 종전 판례에 비해 보험자가 대위행사할 수 있는 범위는 줄어든다.

피보험자의 과실로 인한 손해도 손해보험의 보상대상에 포함시킬 것인지는 기본적으로 보험계약의 해석을 통해 결정할 문제이다. 그러나 보험계약에 별도의 특약이 없다면, 변경 후의 판례처럼 보는 것이 타당하다. 손해배상책임과 무관하게 피보험자가 보험자로부터 손해 전액을 보상받을 수 있도록 하는 것이 보험의 효용을 살리는 길이다. 손해배상책임은 피해자의 과실을 보호하지 않지만, 보험책임은 피보험자의 과실을 보호한다. 이와 같이 보아서, 청구권대위가 인정되는 범위를 좁히더라도 피보험자가 이중의 이득을 얻은 것은 아니다. 이렇게 보는 것이, 손해전보에 관한 피보험자의 이익과 보험자대위에 관한 보험자의 이익이 대립하는 상황에서 피보험자의 이익을 우선하는 규정(상법 682조 1항 단서)이나 해석론(일부보험에서 피보험자 우선설)과도 조화를 이룬다.

8. 재보험과 청구권대위

재보험이란 보험자(원보험자)가 보험사고로 인하여 부담할 책임에 대하여 다른 보험자(재보험자)로부터 보상받기로 하는 보험계약이다(상법 661조 1문). 재보험에 대해서도 보험자대위는 적용된다. 즉 재보험계약의 경우 원보험자가 제3자에 대해서 보험자대위권을 갖고 있을 때, 재보험자가 원보험자에게 재보험금을 지급하면 그 지급한 금액의 범위 내에서 보험자대위권이 다시 재보험자에게 이전한다(판례,[116] 통설). 이전되는 보험자대위권에는 청구권대위는 물론이고 보험목적대위도 포함된다. 다만 재보험자는 원보험계약의 보험계약자 등과 직접적인 관계를 맺고 있지 않으므로, 원보험자가 대위권을 행사하도록 하고, 그 효과를 재보험자에게 귀속시키는 것이 효과적일 수 있다.[117] 그리하여 재보험자가 보험자대위에 의하여 취득한 제3자에 대한 권리의 행사는 재보험자가 이를 직접 하지 않고 원보험자가 재보험자의 수탁자 지위에서 자기 명의로 그 권리를 행사하여 이를 통해서 회수한 금액을 재보험자에게 그 재보험금의 비율에 따라 교부하는 방식에 의하여 이루어지는 것이 상관습이다(판례,[118] 통설). 이러한 법리 및 상관습은 재재보험관

116) 대판 2015.6.11. 2012다10386

117) 양승규 257면

118) 대판 2015.6.11. 2012다10386(따라서 재보험자가 원보험자에게 재보험금을 지급함으로써 보험자대위에

계에서도 마찬가지로 적용된다.[119]

9. 국내 법률의 제한적 적용

해상보험계약을 체결하면서 준거법을 영국법이라고 정하는 경우가 있다. 판례는 영국법 준거조항의 효력을 긍정한다.[120] 국제사법 55조 1항 본문에 따르면, 법률에 따른 채권의 이전은 그 이전의 원인이 된 구채권자와 신채권자 간의 법률관계의 준거법에 따른다. 청구권대위는 그 법적 성질이 법률에 의한 채권의 이전이므로, 준거법이 영국법인 경우, 상법 682조는 그 적용이 제한된다.

대판 2024.7.25. 2019다256501에서, 영국법을 준거법으로 정한 협회적하약관(Institute Cargo Clauses A) 등을 보험조건으로 하는 적하보험계약이 체결되었고 보험사고 발생 후 피보험자에게 보험금을 지급한 보험자가 피보험자의 제3자에 대한 손해배상청구권을 행사한 사안에서, 이를 규율하는 구 국제사법 35조 1항(현 국제사법 55조 1항 본문)에 따라서 적하보험계약의 준거법인 영국법, 즉 영국 해상보험법(Marine Insurance Act 1906) 79조 1항 및 영국 재산법(Law of Property Act 1925) 136조 1항이 적용된다고 판시되었다.[121] 그리고 외국적 요소가 있는 법률관계에 적용될 외국법의 내용을 확정하고 그 의미를 해석할 때는 외국법이 그 본국에서 현실로 해석·적용되고 있는 의미와 내용에 따라 해석·적용해야 한다.[122]

의하여 원보험자가 제3자에 대하여 가지는 권리를 취득한 경우에 원보험자가 제3자와 기업개선약정을 체결하여 제3자가 원보험자에게 주식을 발행하여 주고 원보험자의 신주인수대금채무와 제3자의 채무를 같은 금액만큼 소멸시키기로 하는 내용의 상계계약 방식에 의하여 출자전환을 함으로써 재보험자가 취득한 제3자에 대한 채권을 소멸시키고 출자전환주식을 취득하였다면, 이는 원보험자가 재보험자의 수탁자의 지위에서 재보험자가 취득한 제3자에 대한 권리를 행사한 것이라 할 것이므로, 재보험자의 보험자대위에 의한 권리는 원보험자가 제3자에 대한 권리행사의 결과로 취득한 출자전환주식에 대하여도 미친다고 보아야 한다)

119) 대판 2015.6.11. 2012다10386

120) 대판 1991.5.14. 90다카25314

121) 대판 2024.10.25. 2022다243550에서도 같은 내용으로 판시되었다.

122) 대판 2021.7.8. 2017다218895; 대판 2024.7.25. 2019다256501

제4장

◆

손해보험계약의 변동

제1절 총설

일반적인 보험계약과 마찬가지로 손해보험의 경우에도 보험계약이 종료되거나 변경될 수 있다. 따라서 보험계약 총론에서 다룬 보험계약관계의 변동은 대부분 손해보험관계에 적용된다. 여기서는 손해보험에 특유한 것으로 피보험이익의 소멸과 보험목적의 양도에 대해서 살펴보기로 한다.

제2절 피보험이익의 소멸

손해보험계약은 피보험이익을 요건으로 하므로 피보험자가 보험목적에 대해서 피보험이익이 없으면 보험계약은 무효이다(통설). 먼저, 손해보험에서 계약의 체결 당시에 피보험이익이 부존재하는 경우이다. 이것이 흠결된 경우 효과에 대해서는 명문의 규정이 없지만, 학설은 무효라고 해석하는 데 일치한다. 또한, 손해보험에서 보험계약의 체결 이후 보험기간 중에 피보험이익이 소멸되면 이후부터 보험계약이 효력을 상실한다(통설). 예를 들면 화재보험에서 계약의 체결 이후에 보험목적이 홍수로 유실되거나 철거되면 피보험이익이 소멸되고 따라서 보험계약도 종료된다.[1] 다만 일시적인 피보험이익의 상실은 여기의 피보험이익 소멸에 포함되지 않는다(통설).

제3절 보험목적의 양도

1. 승계추정의 의의

여기서는 보험목적의 양도 문제를 살펴보자. 사람은 양도의 대상이 될 수 없으므로,

1) 양승규 260면

이 문제는 인보험과는 거리가 멀다. 그래서 보험목적의 양도는 손해보험에 관한 상법 679조가 규율한다. 상법 679조 1항에 따르면, 피보험자가 보험목적을 양도하면 양수인이 보험계약상의 권리·의무를 승계한 것으로 추정한다. 여기의 보험계약상의 권리·의무는 편의상 보험관계라고 칭하기로 한다. 상법 679조는 보험목적의 양도에 따른 보험관계의 승계추정이라 할 수 있다.

2. 승계추정의 취지

상법이 승계추정을 하는 취지는 무엇인가? 이에 관한 이해관계자인 양도인, 양수인, 보험자의 각 입장을 통설적 견지에서 살펴보자. 양도인은 보험목적을 양도하면 피보험이익을 상실하고 보험계약이 실효된다. 이로 인해 양도인이 양도 이후에 부담하는 보험료는 낭비이다. 양수인은 자신을 피보험자로 한 보험에 가입하기 이전까지 무보험 상태에 놓인다. 그리고 보험자는 보험계약의 실효로 고객을 잃는다. 이러한 이유에서 보험목적이 양도되면 보험관계를 승계하는 것이 이해관계자 모두에게 유리하다. 판례도 다르지 않다. 대판 1991.8.9. 91다1158은 위 규정의 취지는 보험의 목적이 양도된 경우 양수인의 양도인에 대한 관계에서 보험계약상의 권리도 함께 양도된 것으로 당사자 통상의 의사를 추정하고, 이것을 사회경제적 관점에서 긍정한 것이라고 판시했다.

다만 오늘날 승계추정이 번복되는 경우도 흔하다. 왜냐하면, 보험료불가분의 원칙이 인정되지 않는다고 한다면 실효 이후 보험료 낭비의 문제가 크게 없고, 보험목적 양도에 맞추어 보험에 가입하는 것이 곤란하지도 않기 때문에, 승계의 필요성이 그다지 크지 않은 측면도 있기 때문이다.[2)]

3. 승계추정의 법적 성격

(1) 임의규정

상법 679조는 임의규정이다(통설). 상법 679조는 보험목적의 양도 시에 양도인과 양수인의 통상적 승계의사를 추정한 것에 불과하기 때문이다.[3)] 상법 679조는 당사자의 의사를 존중한 제도이니, 당사자가 다른 의사를 표시하면 상법 679조를 강제할 이유가 없다는 것이다.

임의규정성의 실익은, 상법 679조와 달리 계약당사자가 승계추정을 배제하는 것으

---

2) 山下友信, 保險法, 2005, 592면

3) 대판 1991.8.9. 91다1158

로 약정할 수 있고, 원칙상 그 효력이 인정된다는 점에 있다. 다만 그 약정이 사회질서 위반이면 무효이고(민법 103조), 불공정한 약관조항에 해당되어도 무효이다(약관규제법 6조).

임의규정성을 인정한 대판 1991.8.9. 91다1158을 살펴보자. 이 사건의 쟁점은 자동차의 양도로 인한 자동차보험의 승계는 보험자의 승인이 있어야 한다는 내용의 자동차보험 약관조항이 유효한지 여부였다. 대법원은 상법 679조 1항이 임의규정이므로 양도인과 보험자 사이의 약정으로 이 규정을 배제할 수 있다고 판시했다.[4] 참고로 이 판결은 1991년 상법 개정 이전에 발생했던 사안이다. 1991년 상법 개정으로 신설된 726조의4에 의하면, 자동차 양도에 따른 자동차보험의 승계는 보험자의 동의가 있어야 한다. 따라서 만약 위와 같은 약관조항이 지금도 있다면, 이것은 상법 726조의4를 확인한 것에 불과하다. 상법 726조의4에 대해서는 후술한다.

(2) 특정승계

상법 679조는 특정승계다. 즉 상법 679조에 따른 보험관계의 승계는 양도인과 양수인의 합의에 따른 특정승계이다. 보험관계의 승계는 양도인과 양수인의 통상적 승계의사에 기초한 것이기 때문이다. 상법 679조는 양도인과 양수인의 그러한 의사를 추정한 것뿐이지, 보험관계가 이 규정에 의해서 승계되는 것은 아니다. 이 점에서 상속, 합병 등에 의한 포괄승계와는 다르다. 포괄승계는 법률의 규정에 따른 효과다. 따라서 상속, 합병 등으로 인해서 보험목적과 함께 보험관계가 포괄적으로 승계되는 것은 상법 679조의 양도가 아니다(통설). 하지만 양업양도, 강제집행에 따른 경락(競落)의 경우는 상법 679조의 양도에 포함된다(통설).

4. 승계추정의 요건

(1) 보험관계의 존재

1) 보험계약의 유효

보험목적을 양도할 때에 양도인과 보험자 사이에 유효한 보험관계가 존재해야 한다(통설). 그래야 양수인이 보험관계를 승계할 수 있기 때문이다. 계약이 유효하다면 그것

4) 대판 1991.8.9. 91다1158(상법 679조에 의하면, 피보험자가 보험의 목적을 양도한 때에는 보험계약으로 인하여 생긴 권리를 동시에 양도한 것으로 추정한다고 규정되어 있는바, 위 규정의 취지는 보험의 목적이 양도된 경우 양수인의 양도인에 대한 관계에서 보험계약상의 권리도 함께 양도된 것으로 당사자의 통상의 의사를 추정하고, 이것을 사회경제적 관점에서 긍정한 것이고 동조에 위반한 법률행위를 공서양속에 반한 법률행위로서 무효로 보아야 할 것으로는 해석되지 아니하므로 위 규정은 임의규정이라고 할 것이고, 따라서 당사자 간의 계약에 의해 위 규정의 적용을 배제할 수 있다고 할 것이다)

이 정지조건부인지 해제조건부인지는 묻지 않고, 취소사유(해제사유, 해지사유 포함)가 있더라도 취소하지 않았다면 문제되지 않으며, 다만 해지 등의 이유로 보험관계가 이미 소멸한 경우에는 적용되지 않는다.[5] 양도할 때에 보험계약에 취소사유, 해지사유 등의 항변사유가 존재해도 무방하지만, 이 경우 보험자는 양수인에게 항변사유를 주장할 수 있다(통설). 항변사유의 문제는 승계추정의 효과에서 좀 더 살펴보기로 한다.

2) 보험계약의 종류

보험계약의 종류는 원칙상 제한이 없다. 하지만 다음은 검토가 필요하다.

ⅰ) 책임보험

책임보험에는 상법 679조가 적용되지 않음이 원칙이다(통설). 책임보험은 피보험자의 불법행위 또는 채무불이행으로 인한 책임 등을 보상하는 보험으로서, 피보험자가 누구인지가 보험료, 면책사유 등 보험계약의 요소에 중대한 영향을 미치는 것이 보통이기 때문이다. 책임보험에 상법 679조를 적용하더라도 대개 현저한 위험변경증가에 해당하여 상법 652조 또는 653조가 적용되므로, 상법 679조를 적용할 실익도 없다. 따라서 의사, 변호사, 회계사, 고용주 등의 책임을 보장하는 책임보험은 상법 679조의 적용이 없다(통설).

다만 위 원칙에 예외가 있다. 먼저, 특정한 영업이나 물건의 사용과 관련하여 피보험자가 제3자에게 지는 책임을 보장하는 영업책임보험, 자동차책임보험과 같은 것은 예외라는 견해가 있다.[6] 하지만 특정한 영업이나 물건을 사용하더라도 피보험자가 누구인지가 보험계약의 요소에 중대한 영향을 미친다면 상법 679조를 적용할 실익이 없다. 위 영업책임보험, 자동차책임보험은 피보험자가 누구인지가 보험계약의 요소에 중대한 영향을 미치는 것이 원칙이라고 생각된다. 오히려 책임보험이라 하더라도 그 책임이 피보험자가 누구인지보다는 특정한 물건의 위험에서 비롯되는 경우만을 예외로 처리함이 타당하다(가령 동물, 가옥 등에서 생기는 책임에 관한 책임보험).[7]

ⅱ) 자동차보험

자동차보험에는 상법 726조의4가 적용된다. 이에 의하면 피보험자가 자동차를 양도하면 양수인은 보험자의 승낙을 얻어야 보험관계를 승계하는 것으로 규정한다. 보험자의 승낙을 얻도록 한 것은, 자동차보험은 피보험자의 교체가 보험계약의 요소에 중대한 영향을 주는 사항인 것이 보통이기 때문이다.[8]

---

5) 최기원 341－342면
6) 박세민 474면; 양승규 264면; 최기원 342면(자동차, 동물 등에 관한 책임보험)
7) 김성태 498면; 정동윤 604면; 정찬형 667면; 정호열, “보험목적의 양도”, 보험법연구1, 1995, 154면
8) 대판 1991.8.9. 91다1158 참고

첫째, 상법 726조의4가 적용되는 자동차보험은 대인배상보험, 대물배상보험, 자기차량손해보험이다. 자기신체보험은 그 성격이 인보험으로서 보험목적이 사람이므로 양도의 대상이 될 수 없기 때문에, 상법 679조는 물론이고 상법 726조의4도 적용될 수 없다.[9]

둘째, 양수인이 보험관계를 승계한다고 의제하는 것은 아니다. 상법 679조는 승계추정을 명시하고 있으나, 상법 726조의4는 보험자의 승인을 얻어야 양수인이 승계한다고 규정할 뿐이다. 가령 양도인이 보험자의 승인을 얻어내면 승계가 의제되는가? 상법 726조의4의 문리만 보면, 승계를 의제하는 것으로 해석될 소지가 없지 않다. 하지만, 승계의제는 타당하지 않다. 자동차보험의 피보험자가 갖는 특수성을 고려하여 보험자의 동의를 요건으로 한 것이 상법 726조의4의 취지라고 보아야 하고, 따라서 보험자의 동의를 제외하면 보험목적 양도에 관한 일반규정인 상법 679조에 따라서 승계추정이 적용됨이 타당하기 때문이다. 따라서 승계추정의 면에서는 자동차보험에 대해서도 상법 679조가 적용된다고 본다. 따라서 양도인 또는 양수인이 승계의 의사가 없음을 입증한 경우에는 승계되지 않는다. 물론 양도인과 양수인이 승계 합의를 한 다음에 보험자의 동의를 얻음이 보통이므로, 실제로 상법 679조의 적용 실익이 크지는 않을 것이다. 하지만 양도인 또는 양수인이 독자적으로 보험자의 승인을 얻는 경우를 상정한다면, 상법 679조의 승계추정이 배제된다고 볼 일은 아닌 것이다. 이와 달리 통설은 자동차의 양도에 대해서 상법 679조를 적용(또는 준용)하지 않는다고 하는데, 이 점은 의문이다. 상법 726조의4에 관한 기타 자세한 내용은 자동차보험 부분에서 기술한다.

iii) 선박보험

선박보험에는 상법 703조의2가 적용된다. 이 조항은 선박을 양도한 경우 선박보험은 종료하되, 보험자의 동의가 있는 경우는 그러하지 않다고 규정한다. 즉 보험자의 동의가 있으면 선박보험은 유지되는 것이다. 그렇다면 보험자의 동의가 있으면 보험관계는 양수인에게 승계되는가? 자동차보험에 관한 상법 726조의4는 이를 명시했지만, 상법 703조의2는 이에 대한 언급이 없다. 생각건대, 보험자의 동의가 있다고 해서 승계가 의제되는 것은 아니고, 상법 679조의 승계추정이 적용된다는 점은 위 자동차보험의 논의와 같다. 이와 달리 통설은 선박의 양도에 대해서 상법 679조를 적용(또는 준용)하지 않는다고 하는데, 이 점은 의문이다.

iv) 상호보험

상호보험에는 보험업법 51조가 적용된다. 이 조항은 손해보험을 목적으로 하는 상호회사의 사원이 보험목적을 양도하면 양수인은 상호회사의 동의를 얻어야 양도인의 권리와 의무를 승계할 수 있다고 규정한다. 여기서 양도인의 권리와 의무는 보험계약상 권

9) 김성태 499면

리 · 의무라고 해석할 수 있다. 자동차보험에 관한 726조의4와 유사한 내용임을 알 수 있다. 하지만 취지는 좀 다르다. 상호보험은 자기를 위한 보험으로서 보험계약자는 상호회사의 사원이 되기도 한다. 따라서 보험계약자로서 뿐만 아니라 사원으로서 권리 · 의무도 있다. 주로 이 점을 고려해서 상호회사의 동의를 요건으로 하는 것이다. 보험자의 동의가 있다고 해서 승계가 의제되는 것은 아니고, 상법 679조의 승계추정이 적용된다는 점은 위 자동차보험의 논의와 같다.

(2) 보험목적의 양도

1) 양도대상

상법 679조 1항이 적용되는 보험목적은 무엇인지, 그리고 특정성과 개별성을 띠어야 하는지 등의 문제를 살펴보자.

i) 보험목적의 종류

물건에 상법 679조 1항이 적용된다(통설). 무체재산권 등과 같은 무형적 권리도 적용될 수 있다.[10] 그리고 책임,[11] 선박, 자동차의 양도와 관련하여 상법 679조 1항의 적용 문제는 전술한 바와 같다.

ii) 보험목적의 성격

보험목적의 특정성과 개별성이 요구되고(통설), 그렇지 않으면 상법 679조 1항의 적용이 제한되거나 배제된다. 이하에서 특정성과 개별성 여부를 기준으로 손해보험을 분류한 후, 상법 679조 1항의 적용을 살펴보자.

첫째로, 개별보험이다. 이 경우는 보험목적이 특정한 개개의 물건이므로 특정성과 개별성을 띤다. 이것은 상법 679조 1항이 적용되는 전형적인 경우이다.

둘째로, 집합보험이다. 이것은 집합된 물건이 특정되어서 하나의 보험목적이 되는 보험이다(상법 686조). 보험목적이 특정되지만 물건별로 개별화되지 않고 집합성을 띠는 것이 특징이다. 집합보험에서 보험목적의 일부만을 양도할 때 상법 679조 1항을 적용하게 되면 집합성과 충돌할 수 있다. 집합보험은 집합된 물건의 전부를 보험목적으로 하는 것이다. 이 점이 보험료, 면책사유 등 보험계약의 요소에 영향을 미칠 수 있기 때문이다. 따라서 집합보험은 보험목적의 전부를 양도해야만 상법 679조 1항이 적용된다고 해석한다.[12]

셋째로, 총괄보험이다. 총괄보험은 집합된 물건이 하나의 보험목적으로 된다는 면에

---

10) 김성태 492면; 최기원 342면

11) 책임보험은 보험목적이 전재산(전재산설)인지 책임(책임설)인지 논란이 있다. 후술하는 바와 같이 책임이 타당하다고 생각한다.

12) 박세민 475면; 양승규 263면; 최준선 243면. 이와 달리 보험목적의 일부 양도에 대해서도 원칙적으로 상법 679조가 적용된다는 견해로는, 김성태 504면

서 집합보험과 같다. 하지만 보험기간 중에 집합된 물건의 수시 교체가 예정되어 있다는 점(상법 687조)에서, 집합보험과 다르다. 그런데 총괄보험에서 보험목적의 확정은 보험사고가 발생할 때에 비로소 가능하다.[13] 따라서 총괄보험은 모험목적이 집합성을 띠지만 보험사고가 발생할 때까지 확정되지는 못하므로 특정성이 제한되는 것이다. 따라서 이 점도 집합보험과 다르다. 집합보험과의 이러한 같은 점과 다른 점에 비추어 볼 때, 총괄보험에서 보험목적의 양도는 다음과 같이 처리해야 한다. 첫째, 총괄보험의 경우도 보험목적의 일부만 양도해서는 상법 679조 1항이 적용될 수 없다. 총괄보험은 집합성을 특징으로 하는데, 보험목적의 일부만 양도를 하면 이러한 집합성과 충돌하기 때문이다. 이 점에서 집합보험과 같다. 둘째, 총괄보험의 경우에 보험목적의 전부를 양도하면 상법 679조 1항이 적용되는가? 총괄보험은 그 성질상 이 경우도 적용될 수 없는 것이 원칙이라고 해석해야 한다. 총괄보험에서 보험목적은 보험사고의 발생 시에 확정되므로, 그 이전에 보험목적의 전부를 양도한다는 것이 성질상 가능하지 않기 때문이다. 이상에 따르면 총괄보험은 언제나 상법 679조 1항이 적용될 수 없게 된다. 다만 총괄보험의 경우 비록 보험목적을 미리 완전히 확정할 수는 없지만, 보험자가 보험계약을 체결할 때에 합리적으로 기대할 수 있는 범위 내로 보험목적을 어느 정도 확정할 여지는 있다(가령 창고에 통상적으로 존재하는 재고물품 수량). 이 경우에도 총괄보험과 집합보험을 준별하는 것이 타당한지에 대해서는 추가 검토가 필요하다.

iii) 보험목적에 대한 권리

상법 679조 1항은 보험목적이 양도의 대상이라고 규정하나, 양도대상은 보험목적에 대한 소유권, 임차권 등으로 세분해서 논의할 필요가 있다.

먼저, 보험목적에 대한 소유권이 양도대상이라는 점에는 학설이 일치한다. 하지만 그 밖의 권리에 대해서는 다툼이 있다. 다수설은 소유권으로 한정하고 있는 것으로 보인다.[14] 이와 달리, 임차권도 양도대상이 된다는 견해가 있다. 즉 임차인이 보험목적인 임차물을 전대(轉貸)하는 것도 상법 679조 1항의 양도라는 견해[15]가 그러하다.

생각건대, 양도대상을 소유권, 임차권뿐만 아니라 — 피보험이익에 해당할 수 있는 것이라면 — 여타 권리 또는 이익으로 확대하여 해석하는 것이 원칙상 타당하다. 가령 양도대상을 기타 권리로 확대하는 입장에서 임차권의 양도를 살펴보면, 임차인이 피보험자인 보험관계에서 피보험이익이 임차권이라면 상법 679조 1항에 따라 임차권의 양수인에 의한 보험관계의 승계를 추정할 수 있다고 본다.[16] 위와 같은 확대해석이 필요한 이유

---

13) 그래서 총괄보험의 피보험이익은 보험사고가 발생한 시점에 확정된다(통설).

14) 김성태 492면; 박세민 475면; 임용수 307면

15) 양승규 264면

16) 전대(轉貸)는 엄밀히 말하면 임차권 양도와 구별되므로 679조 1항이 적용될 수 없다. 다만 유추적용의 가

는, 상법 679조 1항의 취지가 양도인이 보험목적에 대한 피보험이익을 상실해서 보험계약이 실효되는 것을 막자는 것인데, 피보험이익을 소유권(또는 소유권 및 임차권)으로 축소해석해서 동 조항의 적용범위를 좁히는 것은 양도인과 양수인의 통상적 승계의사에 부합하지 않기 때문이다. 소유권 이외의 기타 권리까지도 양도대상으로 한다고 해서 보험의 도박화, 인위적 사고의 유발과 같은 부작용이 생긴다고 보기 어렵다.

2) 양도의 성격

상법 679조 1항의 양도는 (준)물권적 양도, 즉 실제로 (준)물권을 이전하는 행위를 말한다. 가령 소유권의 이전을 말한다. 양도담보도 여기에 준하는 것으로 해석한다.[17] 단순한 채권행위(이전을 약속하는 행위)는 여기서 말하는 양도에 포함되지 않는다(통설). 단순한 채권행위가 상법 679조 1항의 양도가 아닌 것은, 채권행위만으로는 피보험이익이 양수인에게 이전되지 않고 양도인에게 그대로 머물러 있다고 보아야 하기 때문이다. (준)물권적 양도가 이루어 진다면, 제3자에 대한 대항요건을 갖추고 있는지는 묻지 않는다.[18] 그리고 (준)물권적이라고 표현하는 이유는 양도대상이 물권에 한정되지 않고, 채권도 포함된다고 보아야 하기 때문이다. 그리고 양도가 유상인지 무상인지는 묻지 않는다.[19]

5. 승계추정의 효과

(1) 법률상 추정

① 보험목적의 양도가 이루어지면, 양수인이 보험관계(보험계약상 권리·의무)를 승계한 것으로 추정한다. 이에 따르면 입증을 통해서 추정을 번복하면 승계의 효과가 생기지 않는다(통설). 그런데 이 추정은 법률상 추정이므로, 적극적 반대사실의 증명, 즉 본증을 통해야 추정된 사실을 번복할 수 있다. 이와 같이 추정이 번복되면 해당 보험계약은 승계되지 않은 것으로 확정되고, 양도인인 피보험자에게 피보험이익이 없으므로, 해당 보험계약은 당연히 실효된다(통설).

한편 반대의 특약이 없는 한 승계를 의제해야 한다는 견해도 있으나,[20] 현행법의

능성은 있다. 한편 해당 보험이 임차인의 배상책임을 보장하는 책임보험이라면 상법 679조 1항을 적용하기 어렵다. 첫째로, 만약 임대인의 동의 없는 임차권 양도(전대)의 경우 임차인이 배상책임을 여전히 부담한다고 해석할 여지가 있는데, 이 경우 책임보험 승계가 임차인의 통상적 의사라고 보기 어려울 수 있고, 둘째로 설령 임차인이 임대인에 대한 배상책임이 없다고 해도 책임보험은 성질상 승계대상이 될 수 없기 때문이다.

17) 최기원 343면(화재보험에 부보된 기계가 양도담보를 위해 은행으로 이전된 경우)

18) 박세민 475면; 최기원 343면; 최준선 244면

19) 김성태 492면; 양승규 264면; 임용수 307면; 최기원 344면

20) 채이식 159면

해석으로는 무리라고 본다. 입법론으로는, 반증에 의해서 추정이 깨질 수 있어서 양수인의 지위가 불안정하고 보험자의 입장에서도 보험목적이 양도된 경우 누가 피보험자인지 등에 관한 분쟁이 생길 수 있으므로, 추정주의보다는 의제주의가 바람직하다는 견해가 있다.[21)]

② 판례에 나타난 추정번복 사례로는 양수인이 별도로 보험에 가입한 경우를 들 수 있다.[22)] 대판 1996.5.28. 96다6998에서, 공장의 기계·자재가 보험목적이고 그 소유자가 피보험자인 화재보험(1차 보험계약)이 있었고, 이 보험계약은 공장건물의 저당권자인 금융회사가 소유자를 위해 체결한 것이며, 금융회사는 보험금청구권에 대해서 질권을 설정받아 질권자가 됐고, 이후 소유자는 기계·자재를 양도했으며, 양수인이 기계·자재에 대해서 자신을 피보험자로 하는 화재보험(2차 보험계약)에 가입했다. 만약 양수인이 1차 보험관계를 승계하면, 1차 보험계약과 2차 보험계약은 중복보험(상법 672조)이 되는데, 이 결과를 원치 않는 양수인이 보험관계의 승계를 거부하는 취지로 소송을 제기했다. 대법원은 상법 679조 1항의 추정은 승계의사의 부재가 증명되면 번복된다고 전제하고, 다음을 고려해서 승계의사가 없다고 판시했다. 즉 양수인은 1차 보험계약을 승계할 실익이 거의 없고(보험금청구권에 질권이 설정되어 손해가 발생해도 양수인은 보상을 못 받을 가능성이 높은 반면에, 특별한 사정이 없는 한 양도인의 보험료지급의무를 승계 받을 사정이 있었음), 2차 보험계약은 양수인을 위한 손해보상에 필요하며, 또한 충분했다(기계·자재의 보험금액을 보험가액의 2배 이상으로 초과하여 약정했기 때문). 따라서 2차 보험계약의 체결은 불승계 의사를 "객관적으로 표출"한 것이어서 승계추정이 번복된다고 판시했다.

(2) 보험관계의 승계

승계되는 것은 보험관계, 즉 보험계약상 권리·의무다. 이를 피보험자의 지위, 보험계약자의 지위로 구분하여 논의할 필요가 있다. 그리고 승계 전후의 보험관계는 동일성이 인정된다는 점도 살펴보자.

1) 피보험자의 지위

피보험자의 지위가 승계된다(통설). 즉 양도인에서 양수인으로 피보험자가 교체된다. 그리하여 양수인은 피보험자로서 권리(보험금청구권 등), 의무(손해방지의무 등)를 승계한다. 일반적으로 계약당사자의 지위가 이전하는 경우, 지위를 이전해 주는 자와 이전받는 자 사이의 합의뿐만 아니라 상대방 계약당사자의 동의가 있어야만 그 효력이 발생한다. 또

21) 최기원 347-348면. 김성태 497면은 승계의제를 도입하고 양수인에게 보험계약의 해지권을 도입하자고 주장한다.

22) 대판 1996.5.28. 96다6998; 대판 1997.11.11. 97다35375

한 채무인수의 경우에도 채권자의 동의가 필요하다. 그러나 상법 679조에 따른 보험목적 양도의 경우 원칙적으로 보험자의 동의가 필요하지 않다. 다만 보험약관에서 보험자의 동의를 요건으로 정할 수는 있지만, 이러한 약관은 상법 663조의 불이익변경금지 원칙에 위반되어 무효가 될 가능성이 있다.

2) 보험계약자의 지위

보험계약자 지위의 승계에 대해서는 다툼이 있다. 자기를 위한 보험에서 보험계약자 지위이전을 긍정하는 견해가 통설이다. 이와 달리 보험계약자 지위이전을 부정하는 견해도 있다.[23] 그리고 타인을 위한 보험에서는 보험계약자 지위이전을 부정하는 견해[24]와 긍정하는 견해[25]가 대립한다.

생각건대, 자기를 위한 보험에서 보험계약자 지위이전을 긍정하고, 타인을 위한 보험에서 지위이전을 부정하는 것이 타당하다. 자기를 위한 보험의 경우 양도인과 양수인의 통상적 의사에 기초해서 해석하면 된다. 자기를 위한 보험에서 피보험자의 지위를 넘겨주되 보험계약자의 지위는 그대로 유지하는 것이 양도인과 양수인의 통상적 의사라고 하는 것은 객관적, 합리적 의사해석과 거리가 있다고 본다. 그리고 타인을 위한 보험에서 보험계약자 지위의 이전 문제는 양도인, 양수인의 통상적 의사는 물론이고 제3자인 보험계약자의 통상적 의사도 고려해야 한다. 이 경우 그들의 통상적 의사는 무엇인가? 예를 들면 건물을 임차한 영업주가 건물주를 위한 화재보험에 가입한 경우를 가정하자. 건물이 양도되면 보험계약자 지위도 이전되는 것은 양도인, 양수인과 영업주의 통상적 의사가 아니라고 생각된다.

3) 보험관계의 동일성

보험관계는 동일성을 유지하며 승계된다. 따라서 보험계약에 무효, 취소, 해지 등의 사유가 있으면 보험자는 이러한 항변사유를 양수인에게 주장할 수 있다(통설). 승계로 인해서 보험자가 불리한 지위에 놓여서는 안 되기 때문이다. 다만 승계 이후에 양도인에게 생긴 항변사유를 보험자가 양수인에게 주장할 수 있는지는 대항요건의 문제다. 이에 대해서는 아래에서 살펴본다.

---

23) 정희철 431면. 이에 따르면 승계의 결과로 자기를 위한 보험이 타인을 위한 보험이 된다.
24) 김성태 495－496면; 박세민 476면; 양승규 265면; 정동윤 605면; 정찬형 668면
25) 임용수 308면; 장덕조 264; 최준선 244면. 이에 따르면 승계의 결과로 타인을 위한 보험이 자기를 위한 보험이 된다.

6. 대항요건의 문제

(1) 문제의 제기

상법 679조 1항에 따른 보험금청구권 양도에 대항요건을 적용할 것인지에 다툼이 있다. 여기의 보험금청구권 양도는, 양도인과 양수인의 합의에 의한 채권의 양도이다. 이 채권양도는 민법 449조의 채권양도와 같은 것인가? 같게 취급하여 민법상 채권양도의 대항요건을 요구할 것인가? 민법 450조에 따르면, 양도인이 대항요건(채무자에 대한 통지 또는 채무자의 승낙)을 갖추지 않으면, 채권양도를 가지고 채무자 및 기타 제3자에게 대항하지 못한다. 그 취지는, 양도사실을 모르는 채무자 및 기타 제3자의 보호다. 아니면, 민법상 채권양도의 대항요건이 아닌 다른 대항요건을 보험금청구권 양도에 요구할 것인가?

(2) 학설의 대립

통설은 보험금청구권 양도에 대항요건을 요구하지 않는다(대항요건 불요설). 그리고 상법 679조 2항의 통지의무는 대항요건과 별개라고 본다. 따라서, 보험목적의 양도로 인한 보험금청구권의 양도는, 대항요건이 없이도 양도인과 양수인은 물론이고, 보험자 및 기타 제3자에 대해서도 효력이 생긴다. 이것은 채권양도의 성립요건주의(채권양도가 당사자 의사만으로 대내적, 대외적 효력이 생기는 입장)를 적용한 것과 같은 결과이다. 그렇다면, 이는 보험금청구권의 양도가 대항요건주의를 취한 민법 449조의 채권양도와 다른 것으로 이해해야 한다.

이와 달리, 대항요건 필요설은 상법 679조 1항의 양도에도 대항요건이 필요하며, 상법 679조 2항의 통지의무가 바로 대항요건이라고 주장한다.[26] 이 견해는 대항요건의 필요성은 인정하나, 그 대항요건의 내용은 민법 450조가 아니라고 보는 것이다. 따라서 이 견해도 이 점에서는 보험금청구권 양도를 민법 449조의 채권양도와 다르다고 이해하는 것이고, 이 점에서는 통설과 같은 것이다(하지만 대항요건주의라는 점에서는 통설과 다르다).

(3) 결론

1) 대항요건 불요설이 타당

생각건대, 통설인 대항요건 불요설이 타당하다. 채권양도와 관련하여 성립요건주의와 대항요건주의는 입법정책의 문제다. 상법 679조 1항은 성립요건주의를 취한 것으로 해석해야 한다. 왜냐하면 의무의 승계와 균형을 맞출 필요가 있기 때문이다. 상법 679조 1항은 의무의 승계에 채권자인 보험자의 승낙을 요구하지 않는다고 해석한다(통설). 제3

26) 정희철 431면

자가 채무자와 계약으로 면책적 채무인수를 한 경우, 채권자의 승낙이 있어야 효력이 생기는 것이 원칙인데(민법 454조 1항), 이에 대한 예외가 되는 것이다. 그럼에도 불구하고 권리의 양도와 관련해서는 대항요건을 요구한다면 이는 무척 부자연스럽다. 권리와 의무는 동일한 방식으로 승계시키는 것이 자연스럽고, 따라서 보험금청구권 양도는 성립요건주의를 취한 것으로 해석함이 타당하다.[27] 그리고 대항요건 필요설은 상법 679조 2항의 통지의무가 바로 대항요건이라고 주장하나, 후술하는 바와 같이 이것을 대항요건으로 해석하기는 어렵다.

2) 관련 문제

대항요건 불요설을 취할 때 보험자 보호, 제3자 보호 문제가 있다.

ⅰ) 보험자 보호 문제

보험금청구권의 양도사실을 모르고, 양도인에게 보험금을 지급한 보험자를 어떻게 보호할 것인가? 이것이 채권양도에 따른 채무자 보호 문제다. 민법 451조에 의하면, 채권양도에서 채무자는 대항요건(통지 또는 이의를 보류한 승낙)이 갖추어지기 전에, 양도인에 대해서 가지는 변제 등의 항변사유를 양수인에 주장할 수 있다. 이에 의하면 보험금을 지급한 보험자는 이중지급의 위험을 면한다. 하지만 민법 451조는 대항요건주의를 전제한 것이다.

상법 679조가 성립요건주의를 취한 것으로 해석하면, 채무자 보호 방안을 별도로 마련해야 한다. 하지만 상법 679조에 관련 규정을 두지 않았다. 입법의 불비다. 이 점이 상법 679조를 성립요건주의로 해석할 때 따르는 맹점이다. 또한 채권양도에서 성립요건주의를 취하며 채무자 보호 규정(독일 민법 407조와 408조)을 두고 있는 독일과의 차이점이기도 하다. 독일 민법 407조, 408조의 요체는, 채권양도에 대해 선의인 채무자는 양도인에 대해서 가지는 항변사유를 양수인에게 주장할 수 있다는 것이다.[28] 이것은 대항요건주의에서 채무자 보호와 내용이 꽤 유사함을 알 수 있다.

---

27) 한편, 상법 679조 1항의 "권리와 의무를 승계한 것으로 추정한다"를 의미 있게 만들려면 대항요건을 인정하지 않아야 한다는 견해로는, 박세민 479면; 최준선 246면

28) 독일 민법 407조

① 양수인은 채무자가 양도 후에 양도인에 대하여 실행한 급부 및 양도 후에 채무자와 양도인 사이에 행하여진 채권에 관한 모든 법률행위를 자신에게 효력 있는 것으로 하여야 한다. 그러나 채무자가 급부 또는 법률행위의 당시 양도사실을 알았던 때에는 그러하지 아니하다.

독일 민법 408조

① 양도인이 양도채권을 다시 제3자에게 양도한 경우에 채무자가 제3자에게 급부하거나 채무자와 제3자 사이에 법률행위가 행하여지거나 소송이 계속된 때에는, 채무자를 위하여 제1의 양수인에 대하여도 407조가 준용된다.

② 이미 양도된 채권이 법원의 결정에 의하여 제3자에게 전부된 경우 또는 양도인이 이미 양도된 채권이 법률에 의하여 제3자에게 이전되었음을 제3자에 대하여 승인한 경우에도 같다.

학설로는, 상법 679조가 성립요건주의를 취한 것으로 해석하면서, 민법 470조를 통해서 채무자를 보호할 수 있다는 견해가 있다.[29] 민법 470조는 채권의 준점유자에게 선의·무과실로 변제하면 유효한 것으로 인정한다. 즉 보험자가 선의·무과실로 양도인에게 보험금을 지급하면, 채권의 준점유자에 대한 변제로서 유효하다는 것이다. 하지만 이 규정만으로는 미흡하다. 먼저, 무과실로 인한 변제이어야 하는데, 채권양도의 채무자로서는 지나치게 엄격한 요건이다. 우리 민법 451조도, 독일 민법 407조, 408조도, 채무자의 선의를 요구할 뿐 무과실까지 요구하지 않는다. 다음, 민법 470조는 변제 이외의 다른 항변사유를 주장할 수 있는 근거는 되지 못한다.

생각건대, 보험목적의 양도에 대해 선의인 보험자가, 양도인에게 생긴 변제 등의 항변사유를 양수인에게 주장할 수 있다고 해석할 필요가 있다. 독일 민법과 같은 명문 규정은 없으나, 상법 679조가 성립요건주의를 취한 것으로 해석하는 이상, 보험자 보호를 위해서 불가피한 해석이다. 이것은 전술한 민법 470조, 그리고 민법 452조 1항 등을 유추적용한 결과이다. 민법 452조 1항은, 채권양도와 관련하여, 선의의 채무자를 보호하기 위한 규정이다.[30]

ii) 제3자 보호 문제

상법 679조가 성립요건주의를 취한다고 해석할 때, 대항요건주의와의 큰 차이는 제3자 보호에 있다. 양도사실을 모르는 제3자가, 보험금청구권에 관하여 양수인의 지위와 양립할 수 없는 법률상 지위를 취득하는 경우, 누구의 권리가 우선하는가?[31] 예를 들면 보험금청구권을 양도한 이후, 양도인이 보험금채권에 관해 질권을 설정해 준 경우, 질권자와 양수인의 우열관계가 어떻게 되는가? 대항요건주의하에서는, 누가 먼저 대항요건을 갖추었는지에 의해 정해진다. 만약 질권자가 먼저 대항요건을 갖추면, 그는 양수인에 대해 자신의 권리를 주장할 수 있다. 이와 달리 성립요건주의하에서는, 먼저 권리를 취득한 양수인에게 질권자는 자신의 권리를 주장할 수 없다. 지명채권에 대한 선의취득은 인정될 수 없기 때문이다. 채권양도에서 제3자 보호는 기본적으로 입법정책의 문제인데, 대항요건주의가 성립요건주의에 비해서 우수하다는 식으로 볼 일은 아니다.

---

29) 박세민 479; 최준선 246

30) 민법 452조 1항은, 양도인이 채무자에게 채권양도를 통지했으나 아직 양도하지 않았거나 양도가 무효인 경우, 선의인 채무자가 양수인에게 대항할 수 있는 사유로 양도인에게 대항할 수 있다고 규정한다.

31) 민법 450조의 제3자는 채권양도의 당사자와 채무자를 제외한 자로서 "당해 채권에 관하여 양수인의 지위와 양립할 수 없는 법률상 지위를 취득한 자"를 가리킨다(대판 1983.2.22. 81다134). 통설도 같다.

7. 통지의무의 문제

(1) 의의

상법 679조 2항은 통지의무를 규정한다. 즉 보험목적의 양도인 또는 양수인은 보험자에 대해서 지체 없이 양도사실을 통지해야 한다. 통지의 주체는 양도인 또는 양수인이고, 객체는 보험자이다.

(2) 취지

상법 679조 2항이 통지의무를 규정한 취지가 무언지를 둘러싸고 견해가 대립한다. 이것은 통지의무의 성격과도 관련된다.

먼저, 상법 679조 2항의 통지의무는 그 취지가 대항요건에 있다는 견해가 있다.[32] 하지만 부정하는 것이 통설이다. 즉 통설은 상법 679조 2항의 통지의무는 대항요건이 아니라고 본다. 생각건대, 통설이 타당하다. 그 이유는 상법 679조 2항은 민법 450조와 비교하면 차이가 크기 때문이다. 민법 450조와 달리, 상법 679조 2항은 "즉시" 통지해야 하는 점, 대항요건으로 승낙이 빠져있는 점, 위반의 효과가 규정되지 않은 점 등이 그러하다. 상법상 대항요건은 "대항하지 못한다"라고 규정하는 것이 보통이나(상법 734조 1항 등), 상법 679조 2항은 "통지하여야 한다"라고 규정하고 있기도 하다.[33]

상법 679조 2항의 통지의무가 대항요건이 아니라면, 그 취지는 무엇일까? 양도당사자와 보험자 사이의 이해관계를 조정하는 데 의의가 있다는 견해,[34] 피보험자의 교체가 보험계약의 효력 등에 영향을 미칠 사항인 점을 고려한 것이라는 견해[35] 등이 있다. 후설에 찬동한다. 요컨대, 상법 679조 2항 통지의무의 취지는 피보험자 교체로 인한 위험변경·증가를 통지하는 것이라고 볼 수 있다.

(3) 위반의 효과

상법 679조 2항의 통지의무를 대항요건으로 본다면, 위반효과도 대항요건의 문제로 보게 될 것이다. 하지만 전술한 것처럼 대항요건으로 볼 수 없다. 그렇다면 통지의무 위반효과는 무엇일까? 이에 대해 상법 679조 2항은 침묵한다. 그래서 해석의 문제다.

이에 대해 객관적 위험변경증가의 통지의무에 관한 상법 652조 1항을 유추하는 견

---

32) 정희철 431면

33) 정찬형 669면; 최준선 246면

34) 김성태 501면

35) 박세민 478면; 정동윤 605면; 최준선 245면

해가 있다.[36] 즉 보험목적의 양도로 인하여 위험이 현저하게 변경·증가되었음에도, 이것을 알고 있는 보험계약자 또는 피보험자가 통지하지 않으면, 보험자가 계약을 해지할 수 있다. 하지만 이러한 해석은 상법 679조 2항의 존재를 무의미하게 만든다. 굳이 이 조항을 둘 필요 없이, 상법 652조 1항을 적용하면 되기 때문이다. 그리하여 통설은 통지의무의 위반 시에 보험자가 선의로 양도인에게 보험금을 지급해도 양수인이 이의를 제기하지 못하고, 또한 그로 인해서 보험자가 손해를 입으면 배상해야 한다고 해석한다. 생각건대, 손해배상의 문제라는 측면에서는 통설이 타당하다. 하지만 보험자가 선의로 양도인에게 보험금 지급한 경우는 전술한 선의의 채무자 보호 문제로 해결해야 한다. 이렇게 해결된다면, 통지의무 위반으로 인한 손해배상이 문제되는 경우는 드물 것이다.

8. 위험변경증가의 문제

상법 679조 1항에 따라 피보험자가 교체되면 위험의 현저한 변경증가가 초래될 수 있다. 이와 관련하여 다음의 문제를 살펴보자.

(1) 상법 652조 또는 653조

피보험자의 교체로 인한 위험변경증가는 상법 652조의 문제인가, 아니면 상법 653조의 문제인가? 상법 652조와 653조는 위험변경증가에 관한 규정이나, 특히 653조는 보험계약자 또는 피보험자의 고의 또는 중과실로 인한 위험변경증가에만 적용된다는 점이 다르다. 이에 대해서 피보험자의 교체는 주로 고의로 인한 위험변경증가이므로 상법 653조의 문제라는 입장[37]과, 고의 또는 중과실을 인정할 수 없으므로 상법 652조의 문제라는 입장,[38] 상법 652조 또는 653조의 문제라는 입장[39]이 대립한다.

생각건대, 이 문제는 일률적 잣대로 정하기 어렵고, 구체적·개별적으로 판단해서 상법 652조의 문제인지 아니면 653조의 문제인지를 정할 일이다. 그 이유는 다음과 같다. 상법 653조는 보험계약자 측이 보험기간 중에 위험을 유지할 의무를 규정한 것이다. 고의 또는 중과실로 위험을 변경증가시키면 그에 대한 제재를 가하자는 것이다. 자신의 행위 등으로 인해 위험이 변경증가된다는 사정을 알았거나 모른 데 중과실이 있는 경우에만 상법 653조가 적용된다. 위험변경증가를 몰랐거나 모른 데 경과실이 있는 경우에도 상법 653조가 적용된다면 보험계약자 측에 가혹할 수 있다. 피보험자의 교체가 위험의

36) 정희철 431면
37) 김은경 401면; 양승규 268면; 정동윤 607면; 정찬형 671면
38) 김성태 503면; 박세민 480면; 최준선 247면
39) 이기수·최병규·김인현 235면

변경증가를 초래할지 여부는 보험의 기술에 따라 객관적으로 정해지는 것이므로 보험계약자 측이 언제나 알 수 있는 것은 아니기 때문이다. 결국, 교체되는 피보험자가 누구인지 등을 고려해서 위험변경증가에 대한 보험계약자 측의 고의 또는 중과실 여부를 구체적·개별적으로 판단해야 하고, 이에 따라 상법 652조의 문제인지 아니면 653조의 문제인지를 정할 일이다.

(2) 위험변경증가 여부

피보험자의 교체가 언제나 위험의 현저한 변경증가를 야기하는 것은 아니다. 따라서 어떤 경우에 위험의 현저한 변경·증가를 초래하는지가 실무상 문제가 된다. 이에 관해서는 대판 1996.7.26. 95다52505를 살펴보자.

이 사건에서 공장의 기계기구 등이 양도됐다. 이를 보험목적으로 한 화재보험에는, 보험목적의 양도로 인하여 현저한 위험변경증가가 있고, 보험계약자 또는 피보험자가 양도의 통지를 하지 않는 경우 보험자가 통지의무 위반을 이유로 보험계약을 해지할 수 있다는 약관조항이 있었다. 이 사건의 쟁점은 위 양도로 인해서 피보험자가 교체된 것이 현저한 위험변경증가에 해당하는지 여부였다. 대법원은 여기서 위험이라고 함은 보험사고 발생의 가능성을 가리키는 것이고, 위험의 현저한 변경 또는 증가라 함은 그 정도의 위험이 계약 체결 당시에 존재하였다고 한다면 보험자가 계약을 체결하지 아니하였거나 또는 적어도 동일한 조건으로는 그 계약을 체결하지 아니하였으리라고 생각되는 정도의 위험의 변경 또는 증가를 말한다고 보았다.[40] 그러면서, 기록에 의하면 공장의 기계기구 등을 보험목적으로 하는 이 사건 화재보험에 적용되는 표준보험요율은 물건을 중심으로 그 영위직종, 영위작업, 건물구조 및 위치에 따라서 결정되고 보험목적의 운영주체는 원칙적으로 보험요율의 결정요소는 아닌 사실, 그런데 양수인은 양도인으로부터 위 기계기구 등을 양수한 후 상호만을 변경하였을 뿐 그 영위직종과 영위작업, 공장건물구조 및 작업공정이 양도 전후에 따라 동일한 사실을 엿볼 수 있고, 위 기계기구 등에 보험목적의 양도로 인하여 위험의 현저한 증가 또는 변경이 있었다고 볼 만한 사정을 찾아보기 어렵다고 판시했다. 요컨대 대법원은 이 사건에서 피보험자의 교체는 현저한 위험변경증가가 아니라고 판시한 것이다.

40) 이것은 상법 652조, 653조의 현저한 위험변경증가와 관련하여 대법원이 일관하여 취하고 있는 기준이다.

제4편

손해보험 각론

제1장

◆

화재보험

1. 총설

(1) 화재보험의 의의

화재보험계약은 보험목적에 화재가 발생함으로 인해 피보험자가 입은 재산상 손해를 보험자가 보상할 책임이 있는 손해보험계약을 뜻한다(상법 665조, 683조). 화재보험은 화재만을 보험사고로 하는 것이므로, 화재 이외의 원인으로 인한 손해를 보장하는 보험은 화재보험이 아니다.

(2) 화재보험의 법적 성질

화재보험은 물건에 대한 손해보험이다. 화재보험은 이와 같이 물건보험이지 책임보험이 아니다(판례,[1] 통설). 대판 2011.2.24. 2009다43355에서, 화재보험은 다른 특약이 없는 한 피보험자가 보험목적의 소유자인 타인에게 손해배상의무를 부담하게 됨으로써 입게 되는 손해까지 보상하기로 하는 책임보험의 성격을 갖는다고는 할 수 없다고 판시했다. 그리고 판례는 부동산을 매수한 자가 그 부동산에 관하여 자신을 피보험자로 하여 화재보험계약을 체결하였다면, 특별한 사정이 없는 한, 이것은 자기를 위한 보험계약으로 본다.[2]

(3) 관련 법률

화재위험이 특별히 큰 특수건물에 대해서는 화재보험의 가입을 강제하고 있다. 이에 대해서는 '화재로 인한 재해보상과 보험가입에 관한 법률'(화재보상보험법)이 규율하고 있다. 즉 특수건물[3]의 소유자는 건물의 화재로 인하여 다른 사람이 사망하거나 부상을

---

1) 대판 1997.5.30. 95다14800; 대판 2003.1.24. 2002다33496; 대판 2009.12.10. 2009다56603; 대판 2011.2.24. 2009다43355

2) 대판 2011.2.24. 2009다43355

3) 여기서 특수건물은 국유건물, 공유건물, 교육시설, 백화점, 시장, 의료시설, 흥행장, 숙박업소, 다중이용업소, 운수시설, 공장, 공동주택과 그 밖에 여러 사람이 출입 또는 근무하거나 거주하는 건물로서 화재의 위험이나 건물의 면적 등을 고려하여 대통령령으로 정하는 건물을 가리킨다(화재보상보험법 2조 3호).

입었을 때에는 과실이 없는 경우에도 일정한 보험금액의 범위에서 손해를 배상할 책임이 있고, 이러한 책임은 '실화책임에 관한 법률'에도 불구하고 특수건물 소유자에게 경과실이 있는 경우에도 마찬가지이다(화재보상보험법 4조 1항). 이러한 손해배상책임과 화재로 인한 건물의 손해를 담보하는 보험을 신체손해배상특약부화재보험이라고 한다. 화재보상보험법에 따르면, 특수건물의 소유자는 신체손해배상특약부화재보험에 가입해야 하고(5조 1항 본문), 이 특약부화재보험에 부가하여 풍재, 수재 또는 건물의 무너짐 등으로 인한 손해를 담보하는 보험에 가입할 수 있으며(5조 2항), 손해보험회사는 이러한 보험가입을 거절하지 못한다(5조 3항). 다만 여기에서 손해배상책임, 풍재, 수재 또는 건물의 붕괴를 보장하는 부분은 화재보험에 속하지 않는다.

2. 화재보험의 요소

(1) 보험사고

화재보험의 보험사고는 화재이다. 화재보험표준약관(이하 '표준약관')에는 화재에 대하여 별도의 정의규정을 두고 있지 않다. 화재의 사전적 의미는 불이 나는 재난 또는 불로 인한 재앙이다. 강학상으로는 화재란 사회통념상 화재라고 인정할 수 있는 성질과 규모를 가지고 통상의 용법에 의하지 않으며 독립된 연소력을 가진 화력의 연소작용이라고 풀이된다(통설).

(2) 보험목적

불에 의해 탈 수 있는 유체물이면 화재보험의 보험목적이 될 수 있다. 표준약관에 의하면, 보험목적이 건물인 경우 건물의 부속물(피보험자의 소유인 칸막이, 대문, 담, 곳간 및 이와 비슷한 것)과 건물의 부착물(피보험자 소유인 간판, 네온사인, 안테나, 선전탑 및 이와 비슷한 것), 보험목적이 건물 이외의 것인 경우 피보험자 또는 그와 같은 세대에 속하는 사람의 소유물(생활용품, 집기 · 비품 등)은 다른 약정이 없으면 보험목적에 포함된다고 정한다(3조 4항). 그리고 표준약관에 의하면, ① 통화, 유가증권, 인지, 우표 및 이와 비슷한 것, ② 귀금속, 귀중품, 보옥, 보석, 글 · 그림, 골동품, 조각물 및 이와 비슷한 것, ③ 원고, 설계서, 도안, 물건의 원본, 모형, 증서, 장부, 금형(쇠틀), 목형(나무틀), 소프트웨어 및 이와 비슷한 것, ④ 실외 및 옥외에 쌓아둔 동산은 보험증권에 별도로 기재해야만 보험목적이 된다(3조 3항).

(3) 피보험이익

동일한 물건에 대하여 소유자, 사용수익권자, 담보물권자 등은 제각기 다른 내용의 피보험이익을 가질 수 있다. 피보험이익의 동일성 유무는 중복보험을 판단하는 기준이 된다.

화재보험에서 피보험자와 피보험이익이 명확하지 않은 경우에 자기를 위한 화재보험인지 타인을 위한 화재보험인지가 문제된다. 이 경우 보험계약서 및 당사자가 보험계약의 내용으로 삼은 약관의 내용, 당사자가 보험계약을 체결하게 된 경위와 그 과정, 보험회사의 실무처리 관행 등 여러 사정을 참작하여 결정한다.[4] 다만 화재보험에서 특별한 사정이 없는 한 피보험자가 보험목적의 소유자인 타인에게 손해배상의무를 부담하게 됨으로써 입게 되는 손해까지 보상하기로 하는 책임보험의 성격을 갖는다고 보지 않는다.[5] 그래서 무도장을 경영하는 임차인이 임차건물과 그 시설 및 집기비품 등에 대하여 피보험자에 대하여는 명확한 언급이 없이 자신을 보험목적의 소유자로 기재하여 화재보험을 체결한 경우, 다른 특약이 없는 한 임차건물에 대해서는 타인(건물소유자)을 위한 화재보험계약이 체결되었다고 해석한다.[6] 또한 부동산 매수인이 자신을 피보험자로 하여 화재보험계약을 체결하였다면, 계약내용이 명확하므로 이것은 자기를 위한 화재보험계약으로 해석해야 하고,[7] 매수인이 아직 소유자가 아니더라도 매매목적물에 대한 피보험이익이 있으므로 이러한 보험계약 체결은 가능하다. 그리고 은행융자담보물을 화재보험의 목적으로 하는 경우 담보권자의 피보험이익은 융자액의 한도까지인 것이 일반적이고 융자담보물의 시가전액까지 미치는 것은 아니다.[8]

(4) 보험증권

화재보험증권에는 상법 666조에서 정한 사항 이외에, ① 건물을 보험의 목적으로 한 때에는 그 소재지, 구조와 용도, ② 동산을 보험의 목적으로 한 때에는 위치한 장소의 상태와 용도, ③ 보험가액을 정한 때에는 그 가액을 기재해야 한다(상법 685조).

---

4) 대판 1997.5.30. 95다14800; 대판 2003.1.24. 2002다33496; 대판 2009.12.10. 2009다56603; 대판 2011.2.24. 2009다43355

5) 대판 1997.5.30. 95다14800; 대판 2003.1.24. 2002다33496; 대판 2009.12.10. 2009다56603; 대판 2011.2.24. 2009다43355

6) 대판 2009.12.10. 2009다56603

7) 대판 2011.2.24. 2009다43355

8) 대판 1961.10.26. 4293민상288

3. 보험자의 손해보상

(1) 보상범위

보험자는 화재로 인해 피보험자가 입은 재산상 손해를 보상해야 한다. 보상대상에 포함되는 화재 발생과 인과관계 있는 손해는 어떠한 기준에 따라 판단해야 하는가? 이론적으로는 위험보편의 원칙에 따라서 보험자가 화재로 인한 모든 재산상 손해를 보상해야 한다(통설). 하지만 기본적으로 약관에서 정할 문제이다.[9] 표준약관 3조 1항은 사고에 따른 직접손해, 소방손해(화재진압과정에서 발생하는 손해), 피난손해(피난지에서 5일 동안에 보험목적에 생긴 직접손해, 소방손해를 포함한다)를 보상대상 손해로 규정한다. 건물을 보험목적으로 한 화재보험에서 화재로 인하여 피보험자가 입은 손해 중에서 집기 및 비품의 소실로 인한 손해는 보상대상이 아니다.[10] 그리고 건물을 보험목적으로 한 화재보험에서 화재로 인하여 피보험자가 입은 손해 중에서 영업손실 등의 간접손해는 보상대상이 아니다(판례,[11] 통설).

또한 보험자는 화재의 소방 또는 손해의 감소에 필요한 조치로 인하여 생긴 손해를 보상할 책임이 있다(상법 684조). 표준약관 3조 1항이 보상하는 소방손해(화재진압과정에서 발생하는 손해)가 여기에 포함된다. 이것과 손해방지비용(상법 680조)의 구분이 아주 명확한 것은 아니지만, 양자는 손해와 비용이라는 점에서 개념상 다르다.[12] 화재의 소방 또는 손해의 감소에 필요한 조치는 보험계약자 또는 피보험자의 행위뿐만 아니라 소방관 기타의 자의 행위도 포함된다(통설).

표준약관 3조 2항은 보험자는 보험계약자나 피보험자가 지출한 다음과 같은 비용을 추가로 지급한다고 규정한다. ① 잔존물 제거비용(사고현장에서의 잔존물의 해체비용, 청소비용 및 차에 싣는 비용. 다만, 보험계약상 부보되지 않는 위험으로 보험의 목적이 손해를 입거나 관계법령에 의하여 제거됨으로써 생긴 손해는 보상하지 않음), ② 손해방지비용(손해의 방지 또는 경감을 위하여 지출한 필요 또는 유익한 비용), ③ 대위권 보전비용(제3자로부터 손해의 배상을 받을 수 있는 경우에는 그 권리를 지키거나 행사하기 위하여 지출한 필요 또는 유익한 비용), ④ 잔존물 보전비용(잔존물을 보전하기 위하여 지출한 필요 또는 유익한 비용. 다만, 회사가 잔존물을 취득한 경우에 한한다), ⑤

---

9) 대판 1993.4.13. 92다45261(이 사건 공장건물 및 기계에 대한 화재보험약관은 화재에 의하여 생긴 폭발에 있어서는 폭발 자체에 의한 손해에 대하여는 면책을 정함과 동시에 화재에 의하지 아니한 폭발에 대하여도 주의적으로 보험자에게 전보책임이 없음을 밝힌 것이라고 할 것이므로 원심이 피고가 폭발담보특약을 하지 아니하였으므로 화재가 폭발에 선행한 여부에 관계없이 위 면책약관에 따라 폭발에 의한 손해는 보험자인 원고가 이를 보상할 책임이 없다고 판단한 것은 수긍이 된다)

10) 대판 1999.5.11. 99다8155

11) 대판 1999.5.11. 99다8155

12) 최기원 375면

기타 협력비용(회사의 요구에 따르기 위하여 지출한 필요 또는 유익한 비용). 위에서 표준약관은 잔존물 제거비용의 내용을 구체적으로 명시하고 있으므로, 보험자의 보상책임은 그 범위 내로 제한된다.[13)]

그리고 화재와 손해 사이에 상당인과관계가 있으면 보험자가 보상책임을 부담한다(통설). 대판 2003.4.25. 2002다64520에서, 화재로 인한 철거비와 폐기물처리비는 화재와 상당인과관계가 있는 건물수리비에 포함된다고 판시했다. 즉 화재보험계약의 보험자는 화재로 인하여 생길 손해를 보상할 책임이 있다고 규정(상법 683조)하고 있으므로, 화재보험자는 보험가액과 보험금액의 범위 내에서 화재와 상당인과관계가 있는 손해를 보상할 책임이 있고, 화재와 손해 사이에 상당인과관계가 있는지 여부는 구체적 사정을 고려하여 개별적으로 판단하여야 할 것인데, 철거비와 폐기물처리비는 화재와 상당인과관계가 있는 건물수리비에 포함된다고 판시했다.

(2) 면책사유

1) 일반

표준약관 4조에서는 다음과 같은 손해는 보상범위에 포함되지 않는다고 규정한다.

① 보험계약자, 피보험자 또는 이들의 법정대리인의 고의 또는 중대한 과실[14)]

② 화재가 발생했을 때 생긴 도난 또는 분실로 생긴 손해

③ 보험목적의 발효, 자연발열, 자연발화로 생긴 손해(그러나, 자연발열 또는 자연발화로 연소된 다른 보험의 목적에 생긴 손해는 보상함)

④ 화재에 기인되지 않는 수도관, 수관 또는 수압기 등의 파열로 생긴 손해

---

13) 현재의 표준약관과 같이 잔존물 제거비용의 구체적 내용에 대해서 명시하고 있지 않은 경우에 잔존물 제거비용의 내용을 어떻게 볼 것인지에 대한 해석 문제를 다룬 것으로는, 대판 2001.6.26. 99다27972(잔존물 제거비용담보특별약관에서 보상하도록 규정하고 있는 '잔존물 제거비용'이란, 그 문언에서 특별히 사고현장에서의 정리비용이나 상차비용으로 국한하고 있지 않고, 특별약관을 삽입하면서 별도의 추가보험료를 납입하지는 않았지만 그로 인하여 지급되는 보험금은 항상 보험금액 범위 내의 실제비용으로 제한되고 있으므로, 보험자에게 보험금액 이상의 예상하지 못한 부담을 주거나 혹은 피보험자나 보험계약자에게 실제의 손해 이상의 부당한 이익을 줄 염려가 없게 되어 있는 점에다가, 작성자불이익의 원칙을 고려하여 보면, 보험사고로 인하여 발생한 잔존물을 실제로 제거하는 데 소요되는 일체의 비용을 의미한다)

14) 약관에 이와 같이 규정된 이상 피보험자의 피용자가 중대한 과실로 보험사고를 일으켰다고 해도 보험계약자나 피보험자, 이들의 법정대리인에게 고의나 중과실이 없는 한 보험자는 보험금지급의무를 부담하게 된다. 대판 1998.4.28. 97다11898(동산종합보험보통약관에 의하면 '보험계약자, 피보험자(법인인 경우에는 그 이사 또는 법인의 업무를 집행하는 그 밖의 기관) 또는 이들의 법정대리인의 고의 또는 중대한 과실로 생긴 손해'에 대하여는 보험자인 피고가 보상하지 아니한다고 규정되어 있으므로, 위 면책조항이 적용되기 위하여는 '보험계약자, 피보험자(법인인 경우에는 그 이사 또는 법인의 업무를 집행하는 그 밖의 기관) 또는 이들의 법정대리인'의 고의 또는 중대한 과실로 생긴 손해에 한하여 면책되는 것이지, 위 '보험계약자나 피보험자 또는 이들의 법정대리인에게 단순히 고용된 자'의 고의 또는 중대한 과실로 생긴 손해는 여기에 해당되지 않는 것으로 보아야 한다)을 참조

⑤ 발전기, 여자기(정류기 포함), 변류기, 변압기, 전압조정기, 축전기, 개폐기, 차단기, 피뢰기, 배전반 및 그 밖의 전기기기 또는 장치의 전기적 사고로 생긴 손해(그러나 그 결과로 생긴 화재손해는 보상함)

⑥ 원인의 직접, 간접을 묻지 않고 지진, 분화 또는 전쟁, 혁명, 내란, 사변, 폭동, 소요, 노동쟁의, 기타 이들과 유사한 사태로 생긴 화재 및 연소 또는 그 밖의 손해

⑦ 핵연료 물질 또는 핵연료 물질에 의하여 오염된 물질의 방사성, 폭발성 그 밖의 유해한 특성 또는 이들의 특성에 의한 사고로 인한 손해

⑧ 위 ⑦ 이외의 방사선을 쬐는 것 또는 방사능 오염으로 인한 손해

⑨ 국가 및 지방자치단체의 명령에 의한 재산의 소각 및 이와 유사한 손해

2) 고의 또는 중과실

판례는 손해보험계약에 의하여 담보되는 보험사고가 발생한 경우 그 사고가 보험계약자 등의 고의나 중과실에 의하여 발생하였다는 점에 대한 증명책임은 보험자에게 있다고 본다.[15] 나아가, 화재보험에서 사고의 우연성은 추정되고, 다만 보험계약자 등의 고의 또는 중과실에 의하여 발생하였다는 사실을 보험자가 증명하면 위 추정이 번복된다고 한다.[16] 대판 2009.12.10. 2009다56603의 판시내용은 다음과 같다. 상법 683조는 "화재보험계약의 보험자는 화재로 인하여 생긴 손해를 보상할 책임이 있다"고 규정하고 있고, 이 사건 화재보험계약의 약관이 보상금 지급사유로서 "화재에 따른 손해"를 정하고 있으며, 또한 약관이 보상금 면책사유로서 "1. 피보험자 또는 피보험자의 법정대리인의 고의 또는 중대한 과실, 2. 계약자 또는 계약자의 법정대리인의 고의 또는 중대한 과실, 3. 피보험자에게 보험금을 받도록 하기 위하여 피보험자와 세대를 같이하는 친족이나 고용인이 고의로 일으킨 손해 등"을 규정하고 있다. 위와 같은 상법 및 약관 규정의 형식 및 취지, 화재가 발생한 경우에 보험자에게 면책사유가 존재하지 않는 한 보험금을 지급하게 하여 피보험자가 신속하게 화재로 인한 피해를 복구할 수 있게 하려는 화재보험제도의 존재의의에 비추어 보면, 화재보험에서 화재가 발생한 경우에는 일단 우연성의 요건을 갖춘 것으로 추정되고, 다만 화재가 보험계약자나 피보험자의 고의 또는 중과실에 의하여 발생하였다는 사실을 보험자가 증명하는 경우에는 위와 같은 추정이 번복되는 것이다. 이렇게 해석하지 않으면 면책사유에 대한 증명책임을 보험자가 스스로 부담하도록 한 약관의 규정에도 불구하고, 실질적으로 피보험자로 하여금 면책사유가 없음을 증명할 것을 요구하는 것이므로 위 약관의 취지가 몰각되는 결과가 된다고 판시했다.

---

15) 대판 2009.3.26. 2008다72578

16) 대판 2009.12.10. 2009다56603; 대판 2012.4.13. 2011다1828

4. 집합보험·총괄보험

(1) 의의

집합보험은 경제적으로 독립된 수개의 물건을 마치 하나의 물건(집합물)처럼 보아 이를 보험목적으로 하는 것이다(상법 686조). 가령 집안에 있는 가구나 집기 일체, 공장에 있는 기계 일체를 화재보험의 목적으로 하는 보험을 생각해 볼 수 있다. 그리고 집합보험의 일종인 총괄보험도 수개의 물건을 집합물처럼 보험목적으로 삼는 것은 같지만, 보험기간 중에 그에 속한 물건이 수시로 교체된다는 점에 특색이 있다(상법 687조).

(2) 집합보험

집합보험의 보험목적이 어디까지인지는 기본적으로 약관에서 정할 문제이다. 다만, 상법 686조는 "집합된 물건을 일괄하여 보험의 목적으로 한 때에는 피보험자의 가족과 사용인의 물건도 보험의 목적에 포함된 것으로 한다. 이 경우에 그 보험은 그 가족 또는 사용인을 위하여서도 체결한 것으로 본다"라고 규정한다. 이는 집합보험을 체결하는 당사자들의 통상의 합리적 의사를 고려한 규정이다. 다만, 보험약관에서 보험증권에 기재해야만 보상범위에 포함되는 것으로 정한 경우에는 보험증권에 기재해야만 집합보험의 목적이 될 수 있을 것이다(통설).

(3) 총괄보험

집합된 물건을 일괄하여 보험목적으로 한 경우 보험목적에 속한 물건이 보험기간 중에 수시로 교체되는 경우(총괄보험)에도 보험사고의 발생 시점에 현존한 물건은 보험목적에 포함된 것으로 한다(상법 687조). 집합보험의 목적물은 수시로 증감·변동하는 경우가 많은데, 개별 물건은 수시로 교체되지만 일정한 장소적, 수량적 기준에 따라 물건전체를 특정할 수 있다면(A창고 안의 물건, B농장 안의 가축 등), 마치 이를 하나의 물건[17]처럼 보아 이에 대하여 보험계약을 체결하는 것이 합리적일 수 있다. 총괄보험의 주된 효용도 여기에 있다. 상법 687조는 이러한 점을 고려해 총괄보험에서 보험목적의 특정기준을 밝히고 있다. 굳이 이러한 조항이 없더라도 총괄보험계약을 체결한 당사자들의 합리적 의사를 통해 같은 결론을 도출할 수 있으므로, 위 규정은 선언적, 확인적 규정이다. 그리고 집합된 물건을 마치 1개의 물건처럼 보아 보험목적으로 삼기 때문에, 개별물건이 이탈한 경우 이는 보험목적의 양도가 아니고 보험목적의 구체적 내용에 변경이 생긴 것일 뿐이다(통설).

---

17) 법률적 의미에서 이를 별도의 1개의 물건으로 취급할 수 있는지에 대해서는 논란이 있다.

(4) 보험목적 일부에 대한 고지의무 위반

집합보험 또는 총괄보험에서 보험목적의 일부에 대해서만 고지의무 위반이 있는 경우 상법 651조의 해지권이 계약 전체에 미친다고 할 것인지, 아니면 그 보험목적의 일부에 대해서만 한정된다고 볼 것인지가 문제된다. 이 경우 후자로 해지의 범위를 합리적으로 제한하는 것이 타당하다.[18] 판례도 같다. 대판 1999.4.23. 99다8599의 판시내용은 다음과 같다. 경제적으로 독립한 여러 물건에 대하여 화재보험계약을 체결함에 있어, 집합된 물건 전체에 대하여 단일의 보험금액으로 계약을 체결하거나 물건을 집단별로 나누어 따로 보험금액을 정하는지를 묻지 않고, 보험목적인 수개의 물건 가운데 일부에 대하여만 고지의무 위반이 있는 경우에 보험자는 나머지 부분에 대하여도 동일한 조건으로 그 부분만에 대하여 보험계약을 체결하지 아니하였으리라는 사정이 없는 한, 그 고지의무 위반이 있는 물건에 대하여만 보험계약을 해지할 수 있고 나머지 부분에 대하여는 보험계약의 효력에 영향이 없다고 판시했다. 그리고 보험목적 중 일부에 대해서만 위험변경증가가 있는 경우 그 법적 효과(상법 652조, 653조)도 이 판례와 마찬가지로 구성할 수 있을 것이다.

18) 박세민 202면; 임용수 114－115면; 장덕조 131면

제2장 운송보험

1. 운송보험의 의의

운송보험계약은 육상운송에서 발생하는 운송물에 관한 사고로 인한 손해를 보험자가 보상하는 손해보험계약을 뜻한다. 운송보험계약의 보험자는 다른 약정이 없으면 운송인이 운송물을 수령한 때로부터 수하인에게 인도할 때까지 생길 손해를 보상할 책임이 있다(상법 688조). 운송인이 화주를 피보험자로 하여 타인을 위한 손해보험계약 형태로 운송보험계약을 체결하는 것이 통상이다.

2. 운송보험의 요소

(1) 보험사고 등

운송보험의 보험목적은 운송물이다. 보험사고의 범위는 이론적으로는 육상운송 중에 운송물에 생길 수 있는 모든 사고이다(통설). 즉 위험보편의 원칙이 적용된다.[1] 통설에 따르면, 차량의 충돌 · 추락 · 전복 등 운송 특유의 사고, 운송 중의 화재 · 폭발 · 도난 · 지진 · 수해 등의 사고, 운송물을 싣거나 내리는 중의 사고 등도 보험사고에 널리 포함시킨다. 그 이유는 운송 중에 운송물이 운송인의 점유하에 있으므로 피보험자에 의한 감독이 불가능하고, 손해가 발생해도 원인의 입증이 곤란하므로, 보험자가 포괄적인 보상책임을 지도록 할 필요가 있기 때문이다(통설). 그러나 보험사고의 범위는 기본적으로 약관에서 정할 문제이다(통설). 그리고 운송보험에서 피보험이익은 운송물에 대해서 피보험자가 갖는 경제적 이익이다. 그러한 경제적 이익으로는, 소유이익, 운송물의 도착으로 인해서 얻을 이익(희망이익, 상법 689조 2항) 등이 있다.

1) 김성태 533면

(2) 보험가액

운송보험에서 당사자 사이에 보험가액에 대한 합의가 있으면(기평가보험), 그 합의에 의한다. 즉 원칙적으로 협정보험가액을 사고발생 시의 가액으로 정한 것으로 추정하고, 다만 협정보험가액이 사고발생 시의 가액을 현저하게 초과할 때에는 사고발생 시의 가액을 보험가액으로 한다(상법 670조).

미평가보험의 경우 사고발생 시점의 가액을 보험가액으로 하는 것이 원칙이다. 그러나 운송보험의 경우 다음과 같은 예외규정을 두고 있다. 즉 운송물의 보험에 있어서는 발송한 때와 장소의 가액과 도착지까지의 운임 및 기타의 비용을 보험가액으로 한다(상법 689조 1항). 이것을 보험가액 불변경주의라고 한다. 이것은 운송보험계약의 보험기간이 비교적 단기간이고 운송물이 이동 중이므로 손해가 생긴 때와 장소를 정확히 특정하기 어렵기 때문에 인정된다(통설). 다만 운송물의 멸실로 인해 지출할 필요가 없게 된 운임 기타 비용(상법 134조 1항)은 보험가액 산정 시에 공제해야 한다.

운송물의 도착으로 인하여 얻을 이익(희망이익)은 약정이 있는 때에 한하여 보험가액 중에 산입한다(상법 689조 2항).

(3) 보험증권

운송보험증권에는 손해보험증권의 일반적 기재사항인 상법 666조의 사항 이외에도, ① 운송의 노순과 방법, ② 운송인의 주소와 성명 또는 상호, ③ 운송물의 수령과 인도 장소, ④ 운송기간을 정한 때에는 그 기간, ⑤ 보험가액을 정한 때에는 그 가액을 기재해야 한다(상법 690조).

3. 보험자의 의무

(1) 손해보상

운송보험계약의 보험자는 다른 약정이 없으면 운송인이 운송물을 수령한 때로부터 수하인에게 인도할 때까지 생길 손해를 보상해야 한다(상법 688조).

(2) 면책사유

보험계약자나 피보험자의 고의 또는 중과실로 인한 보험사고에 대해서 보험자는 면책된다(상법 659조). 또한 보험사고가 전쟁 기타의 변란으로 인하여 생긴 때에는 당사자 간에 다른 약정이 없으면 보험자는 보험금액을 지급할 책임이 없다(상법 660조). 그리고 보험의 목적의 성질, 하자 또는 자연소모로 인한 손해도 보험자는 이를 보상할 책임이 없다(상법 678조).

운송보험 특유의 법정면책사유로서, 보험사고가 송하인 또는 수하인의 고의 또는 중과실로 인하여 발생한 때에는 보험자가 면책된다(상법 692조). 즉 송하인이나 수하인은 보험계약자나 피보험자가 아니더라도 이들의 고의나 중과실로 인해 보험자가 면책될 수 있다. 따라서 운송인이 보험계약자 또는 피보험자가 아닌 경우에는 운송인의 고의 또는 중과실로 인해 보험사고가 발생해도 보험자는 피보험자에게 보상책임을 지되, 운송인에 대해서 청구권대위(상법 682조)를 할 수 있다(통설).

4. 운송의 중지·변경과 보험계약의 효력

보험계약은 다른 약정이 없으면 운송의 필요에 의하여 일시운송을 중지하거나 운송의 노순(路順) 또는 방법을 변경한 경우에도 그 효력을 잃지 아니한다(상법 691조). 이 조항은 운송도중의 도로나 교통상황 등을 고려해 최초 예정된 것과 다른 내용과 형태로 운송이 이루어지는 경우가 빈번하고, 그렇더라도 보험사고 발생 위험이 변경되는 경우는 많지 않은 점을 고려한 것이다. 해상보험에서 항해변경이나 이로(離路) 등의 경우를 보험자의 면책사유로 규정하고 있는 것과 비교된다(상법 701조－703조).

운송의 노순이나 방법이 변경되어 위험이 변경, 증가되었다면 보험자는 이를 입증하고 상법 653조에 따라 보험료의 증액을 청구하거나 보험계약을 해지할 수 있다(통설).[2] 상법 691조가 상법 653조의 적용을 일률적으로 금지하고 종전 보험계약이 그대로 유효하다는 취지로 마련된 것이라 볼 수는 없다.

2) 상법 691조가 상법 653조의 특칙이라는 이유에서 반대하는 견해로는, 서돈각·정완용, 상법강의(하), 1996, 439－440면

제3장

◆

해상보험

제1절 총설

1. 해상보험의 의의

해상보험은 해상사업에 관한 사고로 인하여 선박, 적하 등에 생긴 손해를 보상하는 것을 목적으로 하는 손해보험이다(상법 693조).

2. 해상보험의 특성

(1) 기업보험

해상보험은 해운업자나 무역업자들이 해상위험에 대비하여 체결하는 기업보험으로서, 보험계약자와 보험자 사이에 협상력의 차이, 정보불균형 등의 문제가 크지 않다. 따라서 해상보험의 경우 상법상 불이익변경금지 원칙이 적용되지 않는 것이 보통이다(상법 663조 단서).

대판 1996.12.20. 96다23818은 해상보험에 불이익변경금지 원칙이 적용되지 않는 이유를 다음과 같이 설명한다. 즉 상법 663조 단서가 해상보험 등에 보험계약자 등의 불이익변경금지 원칙이 적용되지 않는다고 규정하는 취지는 해상보험이 보험계약자와 보험자가 서로 대등한 경제적 지위에서 계약조건을 정하는 이른바 기업보험의 일종으로 보험계약의 체결에 있어서 보험계약자의 이익보호를 위한 법의 후견적 배려는 필요하지 않고 오히려 어느 정도 당사자 사이의 사적 자치에 맡겨 특약에 의하여 개별적인 이익조정을 꾀할 수 있도록 할 필요가 있으며, 또한 해상보험에 있어서는 그 보험의 성격상 국제적인 유대가 강하고 보험실무상으로도 영국법 준거조항을 둔 영문 보험약관이 이용되고 있는 실정이므로 불이익변경금지 원칙을 일률적으로 적용하여 규제하는 것이 반드시 옳다고 할 수도 없다는 고려에서 나온 것이다.

그리고 대판 1996.12.20. 96다23818은 소형 어선을 소유하며 연안·근해어업에 종사하는 영세어민들을 보험계약자로 하는 해상보험 사안인데, 비록 해상보험이라고 해도

이 경우는 당사자 사이의 교섭력이 대등하다고 보기 어려우므로 불이익변경금지 원칙이 적용되어야 한다고 판시하였다.

(2) 국제성

해상보험은 주로 국제거래에서 사용되고, 실무상 영국의 해상보험 약관들, 특히 협회약관(Institute Clauses)이 사용되는 경우가 많다.

(3) 국내 법률의 제한적 적용

국제적 표준으로 사용되는 보험증권이나 보험약관에는 대부분 영국법 준거조항을 두고 있다. 판례는 영국법 준거조항의 효력을 일관되게 긍정하고 있다.[1] 이에 따라 우리 상법 보험편 규정보다 영국의 1906년 해상보험법(Marine Insurance Act 1906, 이하 'MIA') 및 영국 판례 등이 중요한 법원(法源)이 되고 있다.

영국법이 준거법이 됨에 따라, 판례는 고지의무의 제척기간에 관한 상법 651조, 인과관계에 관한 상법 655조의 적용이 배제되는 결과를 승인하고,[2] MIA 33조에 따른 명시적 담보(warranty) 위반으로 인한 보험자 면책을 인정하며,[3] MIA 39조 5항에 따라 기간보험의 경우 피보험자가 선박의 감항능력이 없음을 알면서도 항해하게 한 때에 보험자가 면책될 수 있다는 결과를 승인하고,[4] 추정전손에 관한 MIA 60조 2항 2호를 해석·적용하고[5] 있다.

다만, 판례는 영국법 준거조항이 "이 보험은 일체의 전보청구 및 결제에 관해서 영국의 법률과 관습에만 의한다"고 규정되어 있는 경우, 보험계약의 성립여부에 관해서까지 영국의 법률과 관습이 적용된다는 취지가 아니므로 우리 법률이 적용되어야 하고, 따라서 영국법상 보험모집인의 설명의무 여부와 보험자의 책임 유무 등에 관하여 석명하지 아니한 위법이 있다는 취지의 상고이유는 받아들일 수 없다고 판시한 바 있

1) 대판 1991.5.14. 90다카25314

2) 대판 1991.5.14. 90다카25314; 대판 1996.3.8. 95다28779(고지의무 위반을 이유로 한 보험계약의 취소를 규정하고 있는 영국 해상보험법 18조에는 그 취소권의 행사기간에 관하여 아무런 제한을 두고 있지 않으나, 영국 법원의 판례에 의하면 피보험자의 고지의무 위반 사실을 안 보험자가 기간의 제한 없이 무한정하게 고지의무 위반을 원인으로 보험계약을 취소할 수 있는 것이 아니라 그 사실을 안 날로부터 보험계약 취소 여부를 결정하는 데 필요한 상당한 기간 내에 취소권을 행사하여야 하고, 보험자가 취소권을 행사하지 않을 의사임이 명백할 정도로 오랜 시간이 흐른 경우나 보험자가 취소권을 늦게 행사함으로써 피보험자에게 손해가 발생한 경우 또는 제3자의 권리관계가 개입하게 된 경우라면 보험자가 보험계약을 추인하였다고 볼 수 있다는 것일 뿐이므로, 그 상당한 기간을 일률적으로 우리 상법 651조 소정의 제척기간에 상응하는 1개월 내라고 단정할 수는 없다)

3) 대판 1998.5.15. 96다27773

4) 대판 2001.5.15. 99다26221

5) 대판 2002.6.28. 2000다21062

다.[6] 또한 "이 보험증권상의 모든 책임에 관한 문제는 영국의 법률과 관습에 의한다"라고 규정된 경우에도 우리 약관규제법상 사업자의 설명의무가 문제될 수 있다고 판시한 바 있다.[7]

적하보험의 경우 통상 위와 같이 준거법 조항을 제한적으로 규정하고 있고,[8] 선박기간보험의 경우 준거법 조항이 포괄적으로 규정되어 있다("이 보험은 영국의 법률과 관습에 따른다"). 후자와 같은 방식으로 외국법을 준거법으로 지정한 경우 약관규제법을 국제적 강행규정으로 보기는 어렵고,[9] 해상보험계약이 국제사법 47조(소비자계약)의 적용대상이라고 보기도 어려우므로 결과적으로 약관규제법은 적용될 수 없다.[10]

3. 해상보험의 종류

(1) 피보험이익에 의한 분류

1) 선박보험

선박을 보험목적으로 하는 보험이다. 선박 자체뿐만 아니라 선박의 속구, 연료, 양식 기타 항해에 필요한 모든 물건은 보험목적에 포함된다(상법 696조 2항).[11] 선박소유자뿐만 아니라 선박임차인, 선박담보권자의 이익도 피보험이익이 될 수 있다.[12]

2) 적하보험

해상운송물을 보험목적으로 하는 보험이다. 적하보험에서는 선적한 때와 장소의 적하가액과 선적 및 보험에 관한 비용을 보험가액으로 한다(상법 697조).

3) 운임보험

운송인이 해상위험으로 인해 받을 수 없게 된 운임을 피보험이익으로 하는 보험이다.

6) 대판 1998.7.14. 96다39707
7) 대판 2001.7.27. 99다55533
8) 참고로 약관규제법 15조, 동법시행령 3조 2호에 따르면 국제적으로 통용되는 보험업의 약관인 경우 동법 7조부터 14조까지의 규정이 적용되지 않는다. 해상보험약관의 경우 이에 해당할 수 있다. 판례는 위 조항에 따라 약관규제법 6조도 적용되지 않는다고 한다(대판 1999.12.10. 98다9038). 그러나 명시, 설명의무에 관한 한 약관규제법 3조는 적용된다.
9) 대판 2010.8.26. 2010다28185 참조
10) 석광현, "국제거래와 약관의 규제에 관한 법률", 국제사법연구9, 2003, 81면 이하
11) 다만 의장품이 선체의 종물이라고 할지라도 특히 계약 당사자가 공제계약의 보험목적으로 삼지 않기로 합의하였다면 그 법적 운명을 반드시 선체와 함께 할 이유는 없다(대판 1978.12.26. 78다2028).
12) 대판 1988.2.9. 86다카2933; 대판 2010.9.9. 2009다105383

4) 희망이익보험

적하가 목적지에 무사히 도착하면 얻을 것으로 기대되는 이익(희망이익)을 부보하는 보험이다. 희망이익보험에서 계약으로 보험가액을 정하지 아니한 때에는 보험금액을 보험가액으로 한 것으로 추정한다(상법 698조).

5) 선비(船費)보험

선박의 의장(艤裝),[13] 기타 선박의 운항에 요구되는 모든 비용을 부보하는 보험이다. 일반적으로 선비는 운임을 통해 회수되므로 선비에 대한 피보험이익은 운임보험에 포함시키나, 선비만을 별도로 부보할 수 있다. 이러한 경우를 선비보험이라 한다.

6) 선주책임상호보험(P&I 보험)

해상보험계약에 의해 인수되지 않는 위험을 담보하기 위해 선박소유자, 임차인, 용선자 등이 조합원 자격으로 선주책임상호보험조합을 결성하여 운영하는 책임보험을 뜻한다.[14] 선박소유자, 임차인, 용선자 등이 선원, 하주, 제3자에 대하여 부담하는 배상책임 등을 피보험이익으로 한다.

(2) 보험기간에 의한 분류

1) 항해보험

특정한 항해를 기준으로 하여 이를 보험기간으로 정하는 보험이다. 적하보험에 많이 이용된다.

2) 기간보험

일정한 기간을 보험기간으로 한 보험으로 선박보험에 많이 이용된다.

3) 혼합보험

일정한 기간과 특정한 항해를 기준으로 보험기간을 정하는 보험이다.

---

13) 출범(出帆) 준비를 위하여 배에 필요한 모든 선구(船具)나 기계장비를 뜻한다.

14) 관련 법률로는 선주상호보험조합법이 있다.

(3) 보험계약 확정여부에 의한 분류

1) 확정보험

보험계약의 내용 전부가 보험계약 체결 시점에 확정되어 있는 보험을 뜻한다.

2) 예정보험

i) 의의

보험계약 체결 시점에 보험계약의 내용 일부(적하물의 종류, 적하물을 적재할 선박, 보험가액 등)가 확정되지 않은 보험을 뜻한다. 향후 확정될 피보험이익 등에 대하여 미리 보험계약을 체결하고, 그것이 확정되는 대로 보험보호를 받으려 할 때 주로 활용된다. 예정보험에서 계약 당사자의 의사는 계약체결 시점부터 해당 계약에 구속력을 부여하려는 취지이므로, 계약내용의 일부가 확정되어 있지 않더라도 보험계약의 예약에 그치는 것이 아니라, 계약의 체결 시점부터 보험계약은 성립한 것이 원칙이다(통설). 그러나 계약내용 중에서 핵심적 부분이 아직 확정되지 않은 상태라면 계약이 성립되지 않았다고 볼 수도 있다.

또한 예정보험의 경우 포괄적인 보험계약이 예약의 형태로 미리 체결되고, 보험계약자의 예약완결권 행사에 의해 본계약이 체결되는 형태도 생각해 볼 수 있다. 판례는 무역회사와 한국수출보험공사 사이에 체결된 단기수출보험포괄보험특약 및 단기수출보험(선적 후)에 관하여, 보험계약자는 포괄보험 적격거래에 대하여 보험자에게 보험에 가입하여야 할 의무를 부담하고 보험자는 보험계약자의 보험가입 신청에 대하여 그 인수를 거부할 수 없도록 한 것으로서, 위 특약은 보험계약자가 일정 기간 중에 성립된 수출계약 전부를 보험계약에 부보하겠다는 예약의 성질을 가지고 있어 보험계약자가 개별 수출계약마다 수출통지라는 예약완결권을 행사함으로써 보험자와의 보험계약이 체결되는 것이라고 할 것이므로, 그 조건에 합치하는 모든 수출계약에 대하여 보험자의 책임이 자동적으로 발생하는 것이 아니라 보험계약자가 보험자에게 수출통지를 함으로써 비로소 이에 대한 보험관계가 성립되는 것으로 해석함이 상당하다고 하였다.[15]

ii) 선박미확정의 적하예정보험

보험계약 체결 당시 하물(荷物)을 적재할 선박을 지정하지 아니한 예정보험을 뜻한다. 보험계약을 체결한 장소와 선적 장소가 다른 경우, 또는 보험계약을 체결한 시점과 선적 시점이 다른 경우, 선박만을 지정하지 않은 채 적하보험계약을 체결함으로써 무보험상태를 방지하기 위해 이용되고 있다.

---

15) 대판 2000.11.14. 99다52336

선박미확정 적하예정보험의 경우 보험계약자 또는 피보험자는 그 하물이 선적되었음을 안 때에는 지체없이 보험자에 대하여 그 선박의 명칭, 국적과 하물의 종류, 수량과 가액의 통지를 발송하여야 한다(상법 704조 1항). 선박의 종류는 해상보험의 보험사고 발생확률에 밀접한 관련이 있으므로 보험자에게 선박에 관한 정보를 알려주기 위해 마련된 조항이다. 통지의무는 이를 위반하면 손해배상책임을 부담하는 것은 아니므로, 진정한 의무가 아니라 간접의무라고 해석한다(통설).

위 통지를 해태한 때에 보험자는 그 사실을 안 날부터 1월 내에 계약을 해지할 수 있다(상법 704조 2항).

제2절 해상보험의 요소

1. 해상보험증권

해상보험증권은 해상보험계약이 체결된 후 보험계약의 내용을 증명하기 위해 보험자가 발행하는 증권이다. 해상보험증권 발행은 계약의 성립요건도 아니고 보험자만이 기명날인 또는 서명을 하므로 계약서도 아니다. 그런데 영국의 1906년 해상보험법(Marine Insurance Act 1906, 이하 'MIA')은 해상보험계약이 체결되었더라도 보험증권에 그 계약내용이 명문화되어야만 보험계약의 존재를 입증할 수 있다고 규정한다(MIA 22조).

해상보험증권은 지시식 또는 무기명식 적하보험증권 등의 경우에 한하여 유가증권성이 인정된다고 보는 것이 통설이다. 실제로 적하보험증권의 경우 신용장 거래 등에 있어서 선하증권과 같이 양도, 유통되고 있다. 영국 해상보험법은 해상보험증권이 양도를 금지하는 명시적 조건을 포함하지 않는 이상 배서나 그 밖의 관습적 방법에 의해 양도할 수 있고, 손해발생 전후를 불문하고 양도가 가능하다고 규정한다(MIA 50조 1항, 3항).

2. 보험사고

해상보험의 보험사고는 일차적으로 보험약관의 해석을 통해 결정될 문제이다. 통상적으로 선박보험의 경우는 선박충돌, 좌초 등으로 발생한 선박의 손상 등을, 적하보험에서는 해상운송 과정에서 발생하는 화물의 멸실 또는 손상 등을 보험사고로 하고 있다.

참고로 판례는 영국의 협회약관(Institute Clauses)의 일종인 협회선박기간보험약관(Institute Time Clauses Hulls, 1983.10.1.) 6조 1항에서 부보위험으로 규정한 "해상에서의 고유

위험"은 해상 등에서 보험목적에 발생하는 모든 사고 또는 재난을 의미하는 것이 아니라, 해상에서만(of the seas) 발생하는 우연한 사고 또는 재난을 의미하며, 우연성이 없는 사고, 예컨대 통상적인 바람이나 파도에 의한 손상, 자연적인 소모 등은 이에 해당하지 아니하고, 보험목적에 생긴 손해가 이러한 해상 고유의 위험으로 인하여 발생한 것이라는 점에 관한 입증책임은 피보험자가 부담한다고 보고 있다.[16)]

또한 판례는 영국 해상보험법 및 관습에 의하면, 보험목적에 생긴 손해가 그 부보위험인 해상 고유의 위험으로 인하여 발생한 것이라는 점에 관한 입증책임은 피보험자가 부담한다고 할 것이고, 그 증명의 정도는 이른바 증거의 우월(preponderance of evidence)에 의한 증명으로 충분하다고 한다.[17)]

3. 보험기간

상법 보험편은 선박보험과 적하보험의 보험기간에 관하여 다음과 같은 임의규정을 두고 있다.

(1) 선박보험

항해단위로 선박을 보험에 붙인 경우 보험기간은 하물 또는 저하(底荷)[18)]의 선적에 착수한 때에 개시하고(상법 699조 1항), 하물 또는 저하의 선적에 착수한 후에 항해단위로 선박을 보험에 붙인 경우에는 계약이 성립한 때에 보험기간이 개시된다(상법 699조 3항).

한편 보험기간은 도착항에서 하물 또는 저하를 양륙한 때에 종료되고, 다만 불가항력으로 인하지 아니하고 양륙이 지연된 때에는 그 양륙이 보통 종료될 때에 종료된 것으로 한다(상법 700조).

(2) 적하보험

적하를 보험에 붙인 경우 보험기간은 하물의 선적에 착수한 때에 개시한다. 그러나 출하지를 정한 경우에는 그 곳에서 운송에 착수한 때에 개시한다(상법 699조 2항). 하물 또는 저하의 선적에 착수한 후 적하를 보험에 붙인 경우 보험기간은 계약이 성립한 때에 개시한다(상법 699조 3항).

양륙항 또는 도착지에서 하물을 인도한 때에 보험기간이 종료되고, 다만 불가항력

---

16) 대판 1998.5.15. 96다27773

17) 대판 2001.5.15. 99다26221

18) 배에 실은 화물의 양이 적어서 배의 균형을 유지하기 어려울 때 안전을 위하여 배의 바닥에 싣는 중량물을 뜻한다.

으로 인하지 아니하고 양륙이 지연된 때에는 그 양륙이 보통 종료될 때에 종료된 것으로 한다(상법 700조).

4. 보험가액

(1) 기평가보험

해상보험에서 당사자들은 미리 보험가액을 협의하여 정하는 것이 보통이다. 당사자 간에 보험가액을 정한 때에 그 가액은 사고발생 시의 가액으로 정한 것으로 추정하되, 그 가액이 사고발생 시의 가액을 현저하게 초과할 때에는 사고발생 시의 가액을 보험가액으로 한다(상법 670조). 반면에, 영국해상보험법은 미리 보험증권에 의해 약정된 보험가액은 기망에 의한 것이 아닌 한 보험자와 피보험자 사이에서 손해가 전손이든 분손이든 불문하고 확정적인 것이 된다고 규정한다(MIA 27조 3항).

(2) 미평가보험

미평가보험의 경우 사고발생 시의 가액을 보험가액으로 하는 것이 원칙이다(상법 671조). 그러나 해상보험의 경우 보험가액불변경주의에 따라 상법이 정한 가액에 의한다.

선박보험의 경우 보험자의 책임이 개시될 때의 선박가액을 보험가액으로 하고, 이 경우 선박의 속구, 연료, 기타 항해에 필요한 모든 물건은 보험목적에 포함된 것으로 한다(상법 696조).

적하보험의 경우 선적한 때와 장소의 적하가액과 선적 및 보험에 관한 비용을 보험가액으로 한다(상법 697조).

희망이익보험의 경우 보험금액을 보험가액으로 정한 것으로 추정한다(상법 698조).

5. 보험관계의 변경과 소멸

상법 보험편은 보험기간 중 위험이 변경된 경우 보험관계의 변경, 소멸에 관하여 다음과 같은 임의규정을 두고 있다.

(1) 항해변경

선박이 보험계약에서 정하여진 발항항이 아닌 다른 항에서 출항한 때에 보험자는 책임을 지지 아니한다(상법 701조 1항). 또한 선박이 보험계약에서 정하여진 도착항이 아닌 다른 항을 향하여 출항한 때에도 보험자는 책임을 지지 않는다(상법 701조 2항). 보험자의 책임이 개시된 후에 보험계약에서 정하여진 도착항이 변경된 경우에는 보험자는 그 항해의 변경이 결정된 때부터 책임을 지지 아니한다(상법 701조 3항).

(2) 이로(離路)

선박이 정당한 사유없이 보험계약에서 정하여진 항로를 이탈한 경우에 보험자는 그 때부터 책임을 지지 아니한다. 선박이 손해발생 전에 원항로로 돌아온 경우에도 같다(상법 701조의2).

(3) 발항 또는 항해의 부당한 지연

피보험자가 정당한 사유없이 발항 또는 항해를 지연한 때에 보험자는 발항 또는 항해를 지체한 이후의 사고에 대하여 책임을 지지 아니한다(상법 702조).

(4) 선박의 변경

적하를 보험에 붙인 경우에 보험계약자 또는 피보험자의 책임있는 사유로 인하여 선박을 변경한 때에는 그 변경 후의 사고에 대하여 책임을 지지 아니한다(상법 703조).

(5) 선박의 양도

선박을 보험에 붙인 경우 ① 선박을 양도할 때, ② 선박의 선급[19]을 변경한 때, ③ 선박을 새로운 관리로 옮긴 때에 보험계약은 종료되고, 다만 보험자의 동의가 있으면 보험계약은 종료되지 않는다(상법 703조의2).

판례는 상법 703조의2는 1호에서 선박을 양도할 때를 자동종료사유의 하나로 규정하고 있는바, 이처럼 선박의 양도를 보험계약의 자동종료사유의 하나로 규정하는 것은 선박보험계약을 체결함에 있어서 선박소유자가 누구인가 하는 점이 인수 여부의 결정 및 보험요율의 산정에 있어서 매우 중요한 요소이고, 따라서 소유자의 변경은 보험계약에 있어서 중대한 위험의 변경에 해당하기 때문이라고 할 수 있는데, 특별한 사정이 없는 한 조업허가를 얻기 위한 목적으로 허위의 매매계약서를 작성하였다는 점만으로는 보험계약상 중대한 위험의 변경이 발생한다고 보기는 어렵다는 점에 비추어 그와 같은 경우를 상법 703조의2 1호의 선박을 양도할 때에 해당한다고 새길 수는 없다고 판시했다.[20]

---

19) 객관성, 공정성을 인정받는 선급회사에 의하여 해당 선박이 정기적으로 검사를 받아서 항해에 적절한지 여부에 대해서 판단받는 등급을 뜻한다.

20) 대판 2004.11.11. 2003다30807

(6) 선장의 변경

상법 보험편은 선장의 변경에 따른 해상보험계약의 변경 또는 소멸에 관한 규정을 두고 있지 않다. 선장의 변경을 해상보험사고 발생확률을 증감, 변동시키는 전형적 사유로 보지는 않는 것이다.

제3절 보험자의 손해보상

1. 보상하는 손해

보험자가 보상하는 손해의 종류는 일차적으로 해상보험약관에서 정할 사항이다. 상법은 다음과 같은 특별규정(임의규정의 성격을 갖는다)들을 두고 있다.

(1) 공동해손

선박과 적하의 공동위험을 면하기 위해 선장은 선박이나 적하를 처분할 수 있고 이로 인해 생긴 손해나 비용을 공동해손이라 한다(상법 865조). 선장의 이러한 행위로 피보험자가 손해를 입은 경우 보험자는 그 손해를 보상해 주고 공동해손 분담의무자에 대하여 피보험자가 가지는 공동해손 분담청구권을 대위할 수 있다(상법 682조의 청구권대위).

공동해손은 그 위험을 면한 선박 또는 적하의 가액과 운임의 반액과 공동해손의 액과의 비율에 따라 각 이해관계인이 이를 분담한다(상법 866조). 공동해손을 분담할 이해관계인이 피보험자인 경우 보험자는 피보험자가 지급할 공동해손의 분담액을 보상할 책임이 있다(상법 694조 본문). 즉 해상보험의 피보험자가 공동해손 분담의무자로서 타인에 대하여 분담액을 지급할 의무가 있다면, — 책임보험과 같이 — 해상보험이 그 지급의무까지 부보한다는 것이다. 그러나 보험목적의 공동해손 분담가액이 보험가액을 초과할 때에 그 초과액에 대한 분담액은 보상하지 아니한다(상법 694조 단서).

(2) 해난구조료

항해선 또는 그 적하 그 밖의 물건이 어떠한 수면에서 위난에 조우한 경우에 의무 없이 이를 구조한 자는 그 결과에 대하여 상당한 보수를 청구할 수 있다(상법 882조 1문). 이를 해난구조료라 한다. 보험자는 피보험자가 보험사고로 인하여 발생하는 손해를 방지하기 위하여 지급할 구조료를 보상할 책임이 있다(상법 694조의2 본문). 그러나 보험목적의 구조료 분담가액이 보험가액을 초과할 때에는 그 초과액에 대한 분담액은 보상하지 아니한다(상법 694조의2 단서).

(3) 특별비용

보험자는 보험목적의 안전이나 보존을 위하여 지급할 특별비용을 보험금액의 한도 내에서 보상할 책임이 있다(상법 694조의3).

2. 상법상 손해보상범위

(1) 전손(全損)

보험기간 중의 보험사고로 피보험이익 전부가 사라진 경우를 뜻한다. 전부보험의 경우 보험자는 보험가액 전액을 보상해야 하고, 손해산정비용(상법 676조 2항)과 손해방지비용(상법 680조 1항 단서)도 부담해야 한다(통설).

전손에는 현실전손과 추정전손이 있다. 추정전손은 보험의 목적이 실제로 전부 멸실되었는지 불명확하지만 전손으로 추정하는 경우를 뜻한다. 현실전손의 경우 보험자는 피보험자에게 보험금을 지급하고 보험자대위를 할 수 있다. 참고로 MIA 61조는 추정전손의 경우 피보험자는 이를 분손으로 취급하여 실제 손해를 청구할 수도 있고, 전손으로 취급하여 위부를 하면서 전손에 해당하는 보험금 지급을 청구할 수도 있다고 규정한다.

선박의 존부가 2월간 분명하지 아니한 때에는 그 선박의 행방이 불명한 것으로 하고(상법 711조 1항), 이 경우 전손으로 추정한다(상법 711조 2항).[21]

(2) 분손(分損)

피보험이익 일부가 사라지거나, 보험목적 일부가 멸실, 훼손된 경우를 뜻한다.

1) 선박의 분손

보험목적인 선박의 일부가 훼손되어 그 훼손된 부분의 전부를 수선한 경우 보험자는 수선에 따른 비용을 1회의 사고에 대하여 보험금액을 한도로 보상할 책임이 있다(상

21) 대판 1991.5.14. 90다카25314(영국해상보험법 및 영국법원의 판례에 의하면 열거책임주의가 적용되는 분손(分損)부(不)담보조건의 적하보험계약에 있어서 피보험자가 보험자로부터 손해를 전보받기 위하여는 손해가 보험증권상에 열거된 부보위험으로 인하여 발생하였다는 적극적 사실을 입증하여야 함이 일반적인 원칙이기는 하나, 화물이 선박과 함께 행방불명된 경우에는 현실전손으로 추정되고(MIA 58조), 그 현실전손은 일응 부보위험인 해상위험으로 인한 것으로 추정되어 보험자는 전보책임을 면할 수 없는 것이며, 부보위험으로 인한 손해라는 추정은 보험자가 부보위험이 아닌 다른 위험 내지 면책위험으로 인한 것일 가능성이 있음을 주장하고 그 가능성이 보다 우월하거나 동일함을 입증하는 경우에 한하여 깨어진다)

법 707조의2 1항). 보험기간 중 수회의 사고가 발생하면 사고마다 보험금액을 한도로 보상하며, 각 보상액의 합계가 보험금액을 초과하여도 무방한 것이 원칙이다. 선박의 일부가 훼손되어 그 훼손된 부분의 일부를 수선한 경우에 보험자는 수선에 따른 비용과 수선을 하지 아니함으로써 생긴 감가액을 보상할 책임이 있다(상법 707조의2 2항). 이 경우에도 보험기간 중 수회의 사고로 인해 지급된 수리비 상당액 합계가 보험금액을 초과하여도 무방하다. 선박의 일부가 훼손되었으나 이를 수선하지 아니한 경우에 보험자는 그로 인한 감가액을 보상할 책임이 있다(상법 707조의2 3항).

2) 적하의 분손

보험목적인 적하가 훼손되어 양륙항에 도착한 때에 보험자는 그 훼손된 상태의 가액과 훼손되지 아니한 상태의 가액과의 비율에 따라 보험가액의 일부에 대한 손해를 보상할 책임이 있다(상법 708조). 적하의 일부 멸실의 경우에도 마찬가지로 취급함이 타당하다.

(3) 적하의 매각

항해 도중에 불가항력으로 보험목적인 적하를 매각한 때에 보험자는 그 대금에서 운임 기타 필요한 비용을 공제한 금액과 보험가액과의 차액을 보상하여야 한다(상법 709조 1항). 불가항력으로 인해 적하를 저가에 매각함으로써 피보험자가 입은 손해를 보상하기 위한 조항이다. 여기서 "불가항력으로 적하를 매각한 경우"란 선장의 적하매각권에 의한 적하매각의 경우(상법 750조 1항 3호) 등을 말한다. 이 경우 매수인이 대금을 지급하지 아니한 때에 보험자는 그 금액을 지급하여야 한다. 보험자가 그 금액을 지급한 때에는 피보험자의 매수인에 대한 권리를 취득한다(상법 709조 2항).

3. 약관상 손해보상범위

해상보험실무상 약관을 통해 보상범위를 다음과 같이 제한하는 경우가 있다.

(1) 전손만의 담보

전손(추정전손 포함)만을 보험자가 보상하는 약관이다.

(2) 단독해손 부담보

적하보험의 경우 전손, 공동해손에 의한 손해, 구조비, 손해방지비용에 대해서만 보험자가 보상하고, 단독해손에 대해서는 보상하지 않는 약관이다.

(3) 분손담보

전손뿐만 아니라 모든 분손(공동해손, 단독해손 불문)을 보험자가 보상하는 약관이다.

4. 영국 해상보험법상 담보(warranty) 위반

영국 해상보험법상 워런티는 피보험자가 보험자에게 일정사항에 대하여 명시적 또는 묵시적으로 한 특약으로서 피보험자가 보험계약상 권리를 주장하기 위해 절대적으로 지켜야 할 전제조건이다. 그 전제조건이 결여된 경우 조건결여와 손해발생 사이에 인과관계가 있는지를 불문하고 보험자는 면책된다. 다만 워런티 위반일 이전에 발생한 손해에 대하여는 보험자가 책임을 부담한다(MIA 33조 3항). 워런티 위반이 발생하면 그 후 위반상태가 시정되어 워런티를 충족하는 상태로 변화되었더라도 보험자는 여전히 보상책임을 지지 않는다(MIA 34조 2항).

대판 1996.10.11. 94다60332는 워런티 위반과 관련하여 다음과 같은 법리를 제시하고 있다.

"보험증권에 그 준거법을 영국의 법률과 관습에 따르기로 하는 규정과 아울러 감항증명서의 발급을 담보한다는 내용의 명시적 규정이 있는 경우 이는 영국 해상보험법 33조 소정의 명시적 담보에 관한 규정에 해당하고, 명시적 담보는 위험의 발생과 관련하여 중요한 것이든 아니든 불문하고 정확하게(exactly) 충족되어야 하는 조건(condition)이라 할 것인데, 해상보험에 있어서 감항성 또는 감항능력이 '특정의 항해에 있어서의 통상적인 위험에 견딜 수 있는 능력'을 의미하는 상대적인 개념으로서 어떤 선박이 감항성을 갖추고 있느냐의 여부를 확정하는 확정적이고 절대적인 기준은 없으며 특정 항해에 있어서의 특정한 사정에 따라 상대적으로 결정되어야 하는 점 등에 비추어 보면, 부보선박이 특정 항해에 있어서 그 감항성을 갖추고 있음을 인정하는 감항증명서는 매 항해 시마다 발급받아야 비로소 그 담보조건이 충족된다."

"영국 해상보험법상의 담보특약 위반이 있는 경우 설사 보험사고가 담보특약 위반과 아무런 관계없이 발생하였다고 하더라도 보험자는 보험증권에 명시적 규정이 있는 경우를 제외하고는 자동적으로 그 담보특약 위반일에 소급하여 그 보험계약상의 일체의 책임을 면하고, 보험자가 담보특약 위반을 이유로 보험계약을 해지하여야만 비로소 그 보험계약상의 책임을 면하게 되는 것은 아니므로, 보험자가 담보특약 위반을 안 직후 보험계약을 해지하지 않았다고 하여 이로써 그 담보특약 위반에 대한 권리를 포기하였다고 볼 수는 없다."

"담보특약 위반 사실은 보험자를 면책시키는 효과만 있고 보험계약을 소급적으로 무효화시키는 효력이 없을 뿐만 아니라 계약을 종료시키는 효력도 없으므로, 보험료 수령권이 담보특약 위반 이전에 이미 발생한 경우에는 보험자가 담보특약 위반 사실을 알면서 그 보험료를 수령하였다고 하여 담보특약 위반에 대한 권리를 포기한 것으로 볼 수 없다."

"영국 해상보험법상의 담보특약 위반에 대한 권리 포기는 그 포기의 범위 내에서만 담보특약 위반을 이유로 면책을 주장할 수 없는 효과가 발생하는 것이므로, 당해 보험계약에서 이미 발생한 담보특약 위반에 대한 권리를 포기한 일이 있다 하더라도 그 담보특약 위반 이후에 발생하는 담보특약 위반에 대한 권리도 모두 포기하기로 하였다고 볼 만한 특단의 사정이 없는 한 권리 포기 이후에 다시 발생한 담보특약 위반에 대한 권리도 포기하였다고 볼 수는 없다."

또한 판례는 "보험회사가 영국법 준거약관에 의하여 영국 해상보험법이 적용되는 워런티(warranty) 약관 조항을 사용하여 해상운송업자인 보험계약자와 선박에 관한 보험계약을 체결하면서 보험계약자가 일정 기한까지 선박에 대한 현상검사와 그에 따른 권고사항을 이행할 것을 워런티 사항으로 정한 사안에서, 보험회사가 워런티의 의미와 효과에 관하여 보험계약자가 제대로 이해할 수 있도록 충분히 설명하지 않는 경우에는 보험계약자가 위 워런티 약관 조항의 의미와 효과를 전체적으로 이해할 수 없게 되어 예측하지 못한 불이익을 받게 되므로, 그 경우 위 약관 조항 전체가 처음부터 보험계약에 편입되지 못하는 것으로 보아야 하고, 이와 달리 위 워런티 약관 조항을 현상검사와 그에 따른 권고사항을 이행하여야 한다는 부분과 그 이행사항이 워런티에 해당한다는 부분으로 분리하여 전자는 보험회사가 보험계약자에게 설명해 준 부분이어서 우선 보험계약에 분리 편입되고, 후자는 그 의미와 효과에 대하여 준거법인 영국 해상보험법에 규정된 사항이어서 법령에 규정된 것으로 별도의 설명 없이 보험계약에 편입될 수 있는 것으로 보아, 전자와 후자가 각각 분리하여 편입되는 방식으로 위 워런티 약관 조항 전체가 보험계약에 편입되는 것으로 볼 수는 없다"고 한다.[22)]

---

22) 대판 2010.9.9. 2009다105383. 영국법을 준거법으로 지정하였음에도 불구하고 약관규제법상 설명의무가 문제되는 이유가 무엇인지에 대하여 이 판례는 명확히 밝히지 않고 있다. 석광현, "약관규제법은 국제적 강행규정인가", 법률신문, 2011.3.21.은 사안에서 보험계약은 준거법 지정 외에는 외국적 요소가 없는 순수 국내계약이어서 국제사법 25조 4항에 따라 국내적 강행규정인 약관규제법이 적용되므로, 판례의 결론 자체는 타당하다고 한다. 이에 대하여 선박보험은 외국 재보험사에게 위험이 전가되는 부분이 대부분이고, 적하보험은 복합운송의 일반화 등에 따라 국제적 성격을 본질로 한다는 점에서 국내계약으로 볼 수 없다는 비판으로는 한창희, "워런티관련 대법원 2010. 9. 9. 선고 2009다105383 판결의 연구", 보험학회지92, 2012, 67면. 국내계약으로 볼 수 없다면 약관규제법이 적용되는 이유를 찾기 쉽지 않다.

제4절 상법상 면책사유

해상보험 특유의 면책사유로 상법상 규정된 것들은 다음과 같다.

1. 감항능력 주의의무 위반으로 인한 손해

감항능력은 선박이 안전하게 항해하기 위하여 필요한 인적, 물적 설비를 정비하고 있는 것을 말한다. 선박 또는 운임을 보험에 붙인 경우에는 발항 당시에 안전하게 항해를 하기에 필요한 준비를 하지 않거나 필요한 서류를 비치하지 않음으로써 생긴 손해에 대하여 보험자는 책임이 없다(상법 706조 1호). 문언상 피보험자나 보험계약자 등에게 고의나 과실이 있을 것을 요건으로 하지 않는다. 또한 적하보험의 경우 적용이 없다.

위 조문은 감항능력 결여와 손해발생 사이에 인과관계를 요구하지만, 해상보험은 663조의 불이익변경금지 원칙이 적용되지 않으므로, 당사자들이 약정을 통해 감항능력을 갖출 것을 계약의 조건으로 하여 감항능력주의의무 위반과 손해발생 사이에 인과관계가 없어도 보험자가 면책되는 것으로 합의하였다면, 합의내용대로 효력이 발생한다.[23)]

참고로 MIA 39조 4항은 "어느 선박이 부보된 해상사업에서 통상 일어날 수 있는 해상위험을 견디어낼 수 있을 만큼 모든 점에서 상당히 적합(reasonably fit)할 때에는 감항능력이 있는 것으로 간주된다."고 규정하고, 39조 5항은 "기간보험(Time Policy)에서는 해상사업의 어떤 단계에서이든 선박이 감항능력이 있어야 한다는 묵시적 담보가 없다. 그러나 피보험자가 선박이 감항능력이 없음을 알면서도(with privity of the assured) 항해하게 하였다면 보험자는 감항능력이 없음으로 인하여 발생한 일체의 손해에 대하여 책임을 지지 아니한다"고 규정하고 있다. 즉 영국 해상보험법의 법리에 의하면, 항해보험의 경우에는 원칙적으로 감항능력 불비로 인한 보험자의 면책을 인정하지만, 기간보험의 경우에는 그러한 묵시적 담보가 인정되지 않는 것을 원칙으로 하되, 예외적으로 피보험자가 선박이 감항능력이 없음을 알면서도 항해하게 한 경우에 한하여 보험자가 면책될 수 있다. 따라서 선박 기간보험에서 감항능력 결여로 인하여 보험자가 면책되기 위해서는 ① 손해가 감항능력이 없음으로 인하여 발생한 것이어야 하고, ② 피보험자가 감항능력이 없음을 알고 있어야 하며, ③ 이러한 감항능력의 결여와 보험사고 사이에 인과관계, 즉 손해의 일부나 전부가 감항능력이 없음으로 인하여 발생한 것이라는 점이 인정되어야

23) 대판 1995.9.29. 93다53078

한다. 이러한 요건에 대한 입증책임은 보험자가 부담한다.[24] 한편, 감항능력의 결여로 인한 보험자의 면책요건으로서 피보험자의 악의(privity)는 감항능력이 없다는 것을 적극적으로 아는 것(positive knowledge of unseaworthiness)뿐 아니라, 감항능력이 없을 수도 있다는 것을 알면서도 이를 갖추기 위한 조치를 하지 않고 그대로 내버려두는 것(turning the blind eyes to unseaworthiness)까지 포함하는 개념이다.[25]

2. 용선자 등의 고의, 중과실로 인한 손해

적하를 보험에 붙인 경우 용선자, 송하인 또는 수하인의 고의 또는 중과실로 인하여 생긴 손해에 대해서 보험자는 면책된다(상법 706조 2호). 이들은 적하보험에서 보험계약자나 피보험자는 아니지만, 해상물건운송계약의 당사자이거나 운송물을 수령할 권리를 갖는 자로서 운송물에 대하여 지배권 또는 이해관계를 가지는 자이기 때문에 위와 같은 규정을 마련한 것이다(통설).

3. 항해 중의 통상비용

도선료, 입항료, 등대료, 검역료, 기타 선박 또는 적하에 관한 항해 중의 통상비용에 대하여 보험자는 면책된다(상법 706조 3호). 이러한 비용은 운임에서 지불되는 것이 통상이고, 항해에서 통상 지출이 예상되는 항목이므로 보상범위에서 제외된 것이다. 따라서 일반적, 통상적으로 예상할 수 없는 사고로 인해 불가피하게 이로를 함으로써 생긴 입항료나 등대료는 보상대상이 될 수 있다(통설).

제5절 보험위부

1. 보험위부의 의의

보험위부는 보험목적이 전부 멸실하였으나 그 증명이나 계산이 어려운 때 또는 보험목적이 전부 멸실한 것과 다를 바 없는 때에, 피보험자가 보험목적에 대한 자기의 모든 권리를 보험자에게 이전하고, 보험자에게 보험금액의 전부의 지급을 청구하는 것을

24) 대판 2002.6.28. 2000다21062
25) 대판 2002.6.28. 2000다21062

뜻한다. 즉 보험위부는 보험목적에 대한 권리를 보험자의 의사와 무관하게 보험자에게 이전시키고 그 대신 보험자에게 보험금액 전부의 지급을 청구하는 것이다.

손해보험은 피보험자의 손해를 전보하는 것을 목적으로 한다. 따라서 피보험자가 보험금을 지급받기 위해서 자신에게 손해가 발생하였음을 입증해야 한다. 그런데 이러한 원칙을 해상보험에 관철하면 피보험자는 보험금을 받기가 쉽지 않을 수 있다. 해상보험의 경우 보험목적이 피보험자의 지배나 관리를 벗어나 있으므로 손해의 산정이나 증명이 쉽지 않기 때문이다. 상법은 이러한 점을 고려하여 해상보험에 보험위부 제도를 마련하였다. 보험위부가 인정되면 현실적으로 전손이 아닌데도 추정전손이 인정되어, 피보험자는 손해발생 사실이나 구체적 손해액에 대한 증명을 하지 않더라도 보험금 전액을 청구할 수 있다.

전손을 추정하는 경우 피보험자는 보험금 전액을 받을 수 있지만, 나중에 피보험이익의 전부나 일부가 현존하고 있음이 밝혀진 경우 피보험자는 이미 지급받은 보험금 전부나 일부를 반환해야 한다. 손해가 발생하지 않았음에도 불구하고 지급된 보험금 상당액은 부당이득 반환대상이 되기 때문이다(비채변제). 보험위부는 전손을 추정하는 것에서 한발 더 나아가 피보험자가 확정적으로 보험금 전부를 지급받을 수 있도록 한다.

2. 법적 성질

상법상 보험위부의 원인이 생기면 피보험자는 보험의 목적에 대한 권리를 보험자에게 위부하고 보험금액 전부를 청구할 수 있다(상법 710조). 즉 보험위부는 피보험자의 단독행위이며, 위부권은 피보험자의 일방적 의사표시에 의해 행사되는 형성권이다. 따라서 원칙적으로 위부권 행사 후 피보험자가 이를 임의로 철회할 수 없다(통설).

3. 보험위부의 원인

(1) 선박, 적하가 회수불능인 때

피보험자가 보험사고로 인하여 자기의 선박 또는 적하의 점유를 상실하여 이를 회복할 가능성이 없거나 회복하기 위한 비용이 회복하였을 때의 가액을 초과하리라고 예상될 경우, 위부가 가능하다(상법 710조 1호). 위 요건을 갖추었더라도 위부권 행사 전에 다시 선박이나 적하의 점유가 회복되었다면 위부권이 소멸된다. 보험계약 체결 시 전쟁면책약관이나 포획·나포면책약관이 있으면 선박이나 적하가 나포되어도 위부를 할 수 없다.[26]

---

26) 양승규 336-337면

선박의 존부가 2월간 분명하지 않은 때에는 그 선박의 행방이 불명한 것으로 하고 이를 전손으로 추정한다(상법 711조). 즉 이 경우 보험위부의 원인이 되지 않고 전손으로 추정되어 이에 따라 보험금액을 청구할 수 있다. 보험금 지급 후 선박이 발견된 경우 피보험자는 보험금을 반환해야 한다는 견해[27]와 보험자가 보험목적대위(상법 681조)에 의해 그 선박에 대한 권리를 취득한다는 견해[28]가 있다. 생각건대, 전자의 견해가 타당하다. 선박의 행방이 불명한 경우도 피보험자의 입장에서는 선박이 갖는 본래의 효용(경제적 가치)을 상실했다고 볼 수 있으므로 보험목적대위의 요건이 갖추어졌다고 볼 수 있기 때문이다.

(2) 선박 수선비용이 과다한 때

선박이 보험사고로 인하여 심하게 훼손되어 이를 수선하기 위한 비용이 수선하였을 때의 가액을 초과하리라고 예상될 경우, 위부가 가능하다(상법 710조 2호).

여기서 수선비용은 훼손된 선박을 원상으로 회복하는 데 소요되는 비용을 말하고, 이에는 선박의 손상 부위와 정도를 감정하기 위한 비용, 선박을 수선항으로 예인하기 위한 비용, 선급검사인의 검사료, 예선증명서의 발급비용, 수선감독자의 감독비용, 기타 수선에 부수하는 비용도 포함된다.[29]

---

27) 최기원 427면

28) 양승규 336면; 장덕조 306면; 정찬형 667면

29) 대판 2001.2.23. 98다59309 참조. 영국 해상보험법상 추정전손에 관한 판례로는 대판 2002.6.28. 2000다21062 참조(① 영국 해상보험법의 규정과 관습에 의하면, 추정전손에 해당하는지 여부의 판단은 위부통지 당시에 객관적으로 실제 발생한 사실이 기초가 되어야 하고, 피보험자가 주관적으로 알고 있었던 사실이 그 판단의 기초가 되는 것은 아니다. 또한 추정전손에 해당하는지 여부에 대한 판단의 기준시점은 보험자가 피보험자로 하여금 위부통지 혹은 그 통지에 대한 거절시점에서 소송이 제기된 것과 같은 지위에 있게 되는 것에 명시적으로 동의하지 않는 이상, 위부통지 시의 사실관계가 아니고, 보험금 청구소송의 제소 시에 존재하는 사실관계에 의하여 그 여부가 판단된다. ② 영국 해상보험법상의 법리에 의하면, 어떠한 보험사고가 추정전손의 요건을 충족하는지는 피보험자가 이를 입증하여야 하고, 따라서 그가 선박을 구조하고 수리하는 비용이 보험가액을 초과한다는 점을 입증할 증거를 제출하여야 하는데, MIA 55조 1항이 "보험자는 보험증권에서 달리 약정하지 않는 한, 부보위험에 근인(近因)하여 발생한 손해(loss proximately caused by a peril against)에 대하여서만 책임을 지고, 부보위험에 근인하여 발생하지 아니한 손해에 대하여는 책임을 지지 아니한다"고 규정하고 있는 취지와 피보험자가 입은 재산상의 손해는 보험사고와 상당인과관계가 있는 것이어야 한다는 원칙에 비추어, 선박의 수리비는 해당 보험사고로 인하여 발생한 손해에 한정되어야 하고, 보험사고로 인하여 발생하지 않은 수리비는 제외되어야 한다. 따라서 피보험자로서는 해당 보험사고가 추정전손에 해당한다는 이유로 위부를 하기 위하여는 (a) 해당 보험사고가 발생하지 아니하였으면 선박이 수리가 필요하지 아니한 상태였음과 보험사고 후에 발생한 수리비를 입증하거나, 혹은 (b) 위와 같은 선박의 보험사고 전 무하자를 입증하지 못한다면, 해당 보험사고로 인하여 손상을 입은 선박 부분을 특정하고, 그에 대한 구체적인 수리비를 입증하여야만 한다. ③ 추정전손인지 여부의 판단을 위한 영국 해상보험법 및 협회선박기간보험약관상의 선박수리비는 훼손된 선박을 원상으로 회복하는 데 소요되는 비용으로서, 그 수리의 정도는 동일한 적하를 운송하는 데 필요한 수리가 아니라 공선 상태로 또는 어떠한 적하 상태에서 원래의 목적항으로 항해할 수 있는 선박으로 수리하는 것이다)

수선비용의 계산은 단일 사고로 인한 비용 또는 동일한 사고에서 생긴 일련의 손해에 관한 비용을 기준으로 하며, 여러 번의 보험사고로 인한 분손의 수선비용을 합산할 수 없다. 즉 전손만을 보상하는 보험에 가입한 자가 보험사고로 분손을 입고도 이를 수리하지 않고 있다가, 그 후의 보험사고로 입은 손해와 합산하여 추정전손을 주장할 수 없다. 판례는 선박의 좌초 후 선원의 이선(離船)으로 인해 원주민이 선박을 약탈한 경우, 원주민의 약탈은 선행하는 주된 보험사고인 좌초에 기인하여 발생한 것으로서 좌초와 약탈은 동일한 사고로부터 생기는 일련의 손해에 해당한다고 보았다.[30]

선박이 수선불능이면 원칙적으로 이에 적재한 적하도 위부할 수 있다. 그러나 선장이 지체없이 다른 선박으로 적하의 운송을 계속한 때에 피보험자는 그 적하를 위부할 수 없다(상법 712조).

(3) 적하 수선비용이 과다한 때

적하가 보험사고로 인하여 심하게 훼손되어서 이를 수선하기 위한 비용과 그 적하를 목적지까지 운송하기 위한 비용과의 합계액이 도착하는 때의 적하의 가액을 초과하리라고 예상될 경우, 위부가 가능하다(상법 710조 3호).

4. 보험위부의 요건

(1) 보험위부의 통지

피보험자가 위부를 하고자 할 때에는 상당한 기간 내에 보험자에 대하여 그 통지를 발송하여야 한다(상법 713조). 상당한 기간이란 피보험자가 위부의 원인을 증명하고 위부권을 행사할 수 있는 합리적 기간을 뜻한다.[31] 위부의 원인은 위부통지 시에 존재하면 되고 그 후 변경이 있어도 특별한 사정이 없는 한 위부의 효력은 발생한다(통설). 위부통지가 도달한 후 피보험자가 일방적으로 그 위부를 철회할 수 없다. 피보험자가 상당한 기간 내에 위부통지를 발송하지 않으면 위부권을 상실한다. 이 경우 피보험자는 통상의 방법에 따라 손해를 증명하여 보험금지급을 청구할 수 있다.

(2) 보험위부의 무조건성 및 범위

위부는 무조건이어야 하고(상법 714조 1항), 보험목적의 전부에 대하여 해야 한다(상법 714조 2항 본문). 그러나 위부의 원인이 그 일부에 대하여 생긴 때에는 그 부분에 대하여서

30) 대판 1989.9.12. 87다카3070
31) 양승규 339면

만 이를 할 수 있다(상법 714조 2항 단서). 보험가액의 일부를 보험에 붙인 경우에 위부는 보험금액의 보험가액에 대한 비율에 따라서만 이를 할 수 있다(상법 714조 3항).

(3) 다른 보험계약 등에 관한 통지

피보험자가 위부를 함에 있어서는 보험자에 대하여 보험의 목적에 관한 다른 보험계약과 그 부담에 속한 채무의 유무와 그 종류 및 내용을 통지하여야 한다(상법 715조 1항). 보험자에게 중복보험 유무에 관하여 알리고 담보물권자의 권리행사에 대비하도록 하기 위함이다. 이 통지는 보험위부의 통지와 구별되는 것으로 그 기간 내에 반드시 해야 하는 것은 아니다.

보험자는 위 통지를 받을 때까지 보험금액의 지급을 거부할 수 있고(상법 715조 2항), 보험금액의 지급에 관한 기간의 약정이 있는 때에 그 기간은 보험자가 위 통지를 받은 날로부터 기산한다(상법 715조 3항).

(4) 보험위부의 승인과 불승인

상법상 보험위부는 피보험자의 단독행위이므로 보험자의 승인은 위부의 요건이 아니다. 보험자의 보험위부 승인은 위부에 대한 승낙이라기보다 위부의 원인에 대한 증명을 더 이상 요구하지 않겠다는 뜻으로 보아야 한다.[32] 보험자가 위부를 승인한 후에는 그 위부에 대하여 이의를 제기하지 못한다(상법 716조).[33]

보험자가 위부를 승인하지 아니한 때에 피보험자는 위부의 원인을 증명하지 아니하면 보험금액의 지급을 청구하지 못한다(상법 717조).

5. 보험위부의 효과

피보험자의 일방적 의사표시에 의해 피보험자는 보험금청구권을 취득하고, 보험자는 보험목적에 대한 권리를 취득한다. 보험위부권이 행사되면 보험자나 피보험자는 바로 권리를 취득한다. 권리취득에 별도의 형식요건(등기, 점유, 대항요건 구비 등)이 필요한 것은 아니다.

---

32) 양승규 342면

33) 영국법 준거 약관에 대한 것이기는 하지만, 위부의 승인은 보험자의 행위에 의하여 묵시적으로도 인정될 수 있으나, 보험자의 묵시적 승인은 증거에 의하여 명백히 증명되어야 한다는 판례로 대판 2013.9.13. 2011다81190이 있다.

(1) 피보험자의 권리와 의무

피보험자는 손해액에 대한 구체적 증명을 할 필요없이 보험자에 대하여 보험금액 전부를 청구할 수 있다(상법 710조). 위부의 원인이 보험의 목적 일부에 대해서만 생긴 때에는 그 부분에 대해서만 위부를 하면서 그 부분에 대한 보험금액 전부를 청구할 수 있다(상법 714조 2항 단서). 보험가액의 일부를 보험에 붙인 경우에 위부는 보험금액의 보험가액에 대한 비율에 따라서만 이를 할 수 있다(상법 714조 3항).

피보험자가 위부를 한 때에는 보험의 목적에 관한 모든 서류를 보험자에게 교부하여야 한다(상법 718조 2항).

(2) 보험자의 권리와 의무

보험자는 위부로 인하여 그 보험의 목적에 관한 피보험자의 모든 권리를 취득한다(상법 718조 1항). 피보험자가 보험의 목적에 관하여 갖고 있는 소유권이나 기타 물권뿐만 아니라, 위부의 원인인 손해가 제3자에 의해 야기된 경우 피보험자가 제3자에 대하여 갖고 있는 손해배상청구권 등도 보험자가 위부로 인하여 취득한다. 다만 선박보험에서 피보험자의 운임청구권은, 운임이 별개의 보험목적이 되고 선박보험의 목적이 아니므로 보험자가 보험위부에 의해 취득하는 권리에 포함되지 않는다.[34] 피보험자의 위부통지가 보험자에게 도달한 때, 보험자는 모든 권리를 취득한다. 보험자대위와 달리 피보험자가 보험자로부터 보험금을 지급받았는지 여부를 묻지 않는다.

보험목적에 부수하는 의무도 위부로 인해 보험자에게 이전하는 것이 원칙이다. 이러한 의무가 보험자에게 부담이 되는 경우 피보험자가 위부권을 행사하더라도 보험자는 보험의 목적에 관한 권리를 포기함으로써 위 의무를 면할 수 있다. 보험자에게는 위부권 행사에 의해 취득이 강제된 권리를 포기할 자유가 있는 것이다.

34) 김성태 577면; 박세민 570면; 양승규 345면

제4장

◆

책임보험

제1절 총설

1. 책임보험의 의의

책임보험이란 피보험자가 보험기간 중에 사고로 인해서 제3자에게 배상책임을 지게 되어 생기는 재산상 손해를 보상하는 보험이다(상법 719조). 여기서 배상책임은 법률상 손해배상책임을 가리킨다.[1] 또한 여기서 피보험자는 가해자, 제3자는 피해자에 해당한다. 가령 자동차의 운행자가 그 운행 중 교통사고를 일으켜 제3자의 신체나 물건에 손해를 가한 결과 제3자에게 손해배상책임을 지게 되어 자신의 재산상 손해가 발생하는 것에 대비하여 체결하는 것이 책임보험인 것이다. 이것은 피보험자가 보험사고로 인해서 그의 물건에 직접 입은 손해를 보상하는 것이 아니라 그가 제3자에게 배상책임을 지게 되어서 입은 손해를 보상하는 보험이다.

2. 책임보험의 범위

(1) 배상책임

전술한 바와 같이 책임보험이 부보하는 책임은 배상책임이 원칙이다. 배상책임의 발생원인은 채무불이행이든 불법행위든 묻지 않는다. 상법도 책임보험의 보험목적을 배상책임으로 정하고 있는 것으로 보인다. 가령 상법 719조는 책임보험자의 책임을 규정하면서, "책임보험계약의 보험자는 피보험자가 보험기간 중의 사고로 인하여 제3자에게 배상할 책임을 진 경우에 이를 보상할 책임이 있다"고 규정한다. 뿐만 아니라 상법 722조, 724조, 725조의2 등도 배상이라는 표현을 사용하고 있다. 상법 724조 2항이 규정한 제3자의 직접청구권도 배상청구권자를 보호하기 위한 목적에서 인정된 것이다.

판례 중에도 배상책임을 책임보험의 보험목적이라고 판시한 것이 있다. 대판 2002.9.6. 2002다30206에서, "책임보험은 피보험자가 보험사고로 인하여 제3자에 대하여 법률

1) 대판 2024.7.11. 2022다252936

상의 손해배상책임을 부담함으로써 입은 손해를 보상하는 것"이라고 판시했다. 또한 대판 2001. 4.24. 2001다10199도, 책임보험에서 보험사고의 대상인 법적 책임은 불법행위책임이고 이것은 기본적으로는 불법행위의 법리에 따라 정해진다고 판시했다. 즉 책임보험은 피보험자가 법적 책임을 부담하는 것을 보험사고로 하는 손해보험이고, 보험사고의 대상인 법적 책임은 불법행위책임이므로 어떠한 것이 보험사고인가는 기본적으로 불법행위의 법리에 따라 정해야 할 것이기 때문에 책임보험 계약 당사자 간의 보험약관에서 고의로 인한 손해에 대하여는 보험자가 보상하지 아니하기로 규정된 경우에 고의행위라고 구분하기 위해서는 특별한 사정이 없는 한 구체적인 정신능력으로서의 책임능력이 전제되어 있다고 볼 것이어서 피보험자의 고의에 의한 손해에 해당한다고 하려면 그 피보험자가 책임능력에 장애가 없는 상태에서 고의행위를 하여 손해가 발생된 경우이어야 한다고 판시했다.

(2) 보상책임 등

통설은 책임보험의 목적인 책임을 넓게 해석해서 민사책임이면 무엇이든 포함될 수 있다는 입장이다. 즉 불법행위 또는 채무불이행으로 인한 배상책임뿐만 아니라, 그 밖의 법률상 또는 계약상 보상책임까지 포함하는 것으로 해석한다. 그리하여 통설은 보험자가 보험계약상 보상책임을 지게 되어서 입게 되는 손해를 보상하는 재보험을 책임보험의 일종으로 분류한다.[2] 그리고 벌금 또는 과태료와 같은 형사적 또는 행정적 책임도 포함될 수 있을 것이다.[3] 이러한 책임은 금전적 손해를 야기하는 책임이라는 점에서는 민사책임과 같은 측면이 있기 때문이다. 다만 이 경우 피보험이익의 위법성 문제가 제기될 수 있고(이에 대해서는 피보험이익에서 기술), 위법성이 없다고 인정될 수 있는 경우에 한하여 책임보험의 목적이 될 수 있을 것이다.

생각건대, 통설이 타당하다. 배상책임뿐만 아니라 보상책임 등으로 인한 손해를 보상하는 보험의 필요성이 인정되며, 책임보험 법리가 배상책임을 중심으로 하기는 하지만 대부분의 보상책임 등에 적용되는 데에 별 무리가 없다고 할 수 있기 때문이다. 다만 상법의 책임보험에 관한 규정은 보상책임 등이 보험목적인 경우는 성질에 반하지 않는 범위 내에서 유추적용되어야 한다고 본다. 전술한 바와 같이 우리 상법의 책임보험에 관한 규정은 책임보험의 보험목적이 기본적으로 배상책임이라는 점을 전제로 한 체계이기 때문이다. 가령 벌금 또는 과태료와 관련된 책임에 대해서 피해자 보호와 관련된 규정(상법 724조 2항의 직접청구권 등)을 적용하는 것은 무리이다. 이상과 같이 상법이 전제하는 책임

---

2) 김성태 590면

3) 양승규 361면; 최준선 278면. 반대하는 견해로는 손주찬 636면; 이기수 · 최병규 · 김인현 294면

보험의 원칙적인 보험목적은 배상책임이므로 아래에서는 배상책임을 중심으로 기술하기로 한다.

3. 책임보험의 법적 성질

통설은 책임보험의 성질을 손해보험, 소극보험, 재산보험이라고 이해한다.

첫째로, 책임보험은 손해보험의 일종이다. 책임보험이 피보험자의 손해를 보상하는 보험이기 때문이다. 피보험자가 지는 책임으로 인해서 재산상 출연을 해야 하고 이로 인해 입게 되는 '손해'를 보상하는 보험이 책임보험인 것이다.

둘째로, 책임보험은 재산보험의 일종이다. 책임보험의 보험목적인 책임이 소극재산의 일종이기 때문이다. 물건보험의 보험목적인 물건도 재산의 일종이기 때문에 물건보험은 책임보험과 함께 재산보험으로 분류된다. 이와 달리 인보험은 보험목적이 사람이라는 점에서 이들과 구분된다.

셋째로, 책임보험은 소극보험의 일종이다. 재산은 적극재산(물건, 지식재산, 채권, 이익 등)과 소극재산(책임, 비용 등)으로 구분할 수 있는데, 전자가 보험목적인 보험이 적극보험, 후자가 보험목적인 보험이 소극보험이다. 책임보험은 소극재산에 해당하는 책임을 보험목적으로 한다는 점에서 소극보험의 일종인 것이다.

4. 책임보험의 종류

책임보험은 다양한 기준에 따라 분류할 수 있다.

첫째로, 피보험자가 침해한 법익이 인적인지 물적인지에 따른 구분이다. 대인배상책임보험은 피보험자가 타인의 생명 또는 신체를 침해하여 생기는 인적 배상책임을 보상한다. 대물배상책임보험은 피보험자가 타인의 재산을 침해하여 생기는 물적 배상책임을 보상한다. 대인배상책임과 대물배상책임을 모두 보장하는 경우도 있다.

둘째로, 피보험자의 종류에 따른 구분이다. 영업책임보험(영업용자동차책임보험, 제조물책임보험, 원자력손해배상책임보험 등)은 피보험자가 영업주이고, 전문인책임보험(의료책임보험, 변호사책임보험, 이사책임보험 등)은 피보험자가 의사, 변호사, 이사 등 전문인이며, 개인책임보험(개인용자동차책임보험 등)은 일반 개인이 피보험자이다.

셋째로, 보험금액의 한도 유무에 따른 구분이다. 유한 배상책임보험은 보험금액의 한도가 있고, 무한 배상책임보험은 보험금액의 한도가 없다.

넷째로, 가입의 강제성 여부에 따른 구분이다. 임의책임보험은 가입이 강제되지 않지만 강제책임보험은 가입이 강제된다. 강제책임보험은 피해자 보호를 위해서 가입이 강제되며, 대개 공보험의 요소가 포함된다. 그 예로 자동차배상책임보험(자동차손배법 5조), 신체손해배상특약부화재보험(화재로 인한 재해보상과 보험가입에 관한 법률 5조), 산업재해보상보험(산업재해보상보험법 6조), 원자력배상책임보험(원자력손해배상법 5조), 환경책임보험(환경오염피해 배상책임 및 구제에 관한 법률 17조), 사회복지책임보험(사회복지사업법 34조의3) 등이 있다.

5. 책임보험의 효용

책임보험의 효용 중 하나는 피보험자인 가해자의 보호다. 왜냐하면 책임보험은 피보험자가 타인에게 책임을 지게 됨으로써 입은 손해를 보상하는 보험이고, 피보험자인 가해자가 보험금청구권자이기 때문이다. 피보험자가 아닌 피해자는 피보험자로서 보험금청구권을 갖지 못한다. 따라서 책임보험은 타인(피해자)을 위한 보험(상법 639조)이 아니다. 책임보험의 다른 효용은 피해자의 보호이다. 비록 피해자가 피보험자는 아니지만 책임보험의 보험금이 궁극적으로 피해자에게 귀속되어야 하기 때문이다.[4] 피보험자인 가해자가 보험자로부터 보험금을 수령하여 피해자에게 지급함으로써 가해자가 책임에서 벗어나고 피해자가 피해를 전보 받는다면, 비로소 책임보험의 효용이 달성된다고 볼 수 있다.

요컨대, 책임보험의 효용은 가해자 보호와 피해자 보호 모두에 있다(통설). 하지만 만약 피보험자인 가해자가 보험자로부터 보험금을 수령하여 피해자에게 지급하지 않는다면 피해자 보호라는 효용은 훼손될 수 있다. 이를 방지하기 위해서 어떻게 피해자를 보호할 것인지는 책임보험 법리의 핵심 과제이다. 이에 대해서는 피해자의 직접청구권과 관련하여 살펴보기로 한다.

6. 누구를 위한 보험인가?

책임보험의 효용과 연계하여, 책임보험이 자기(피보험자인 가해자)를 위한 보험인지, 제3자(피해자)를 위한 보험(상법 639조)인지의 의문이 생길 수 있다. 제3자를 위한 보험(상법 639조)은 제3자가 보험금청구권을 갖고 2차적 보험료지급의무 등도 부담한다. 현행법하에서는 피해자가 보험자에 대해서 직접청구권을 갖지만 이것과 피보험자가 갖는 보험금청구권은 다른 것이며, 2차적 보험료지급의무도 부담하지 않는 것으로 해석된다. 따라서 법적 측면에서 책임보험은 자기(피보험자인 가해자)를 위한 보험이라고 할 수 있다.[5] 다

4) 양승규 375면

만 실질기능의 측면에서는 책임보험이 제3자를 위한 보험의 역할을 하고 있다고 볼 수 있을 것이다(통설).

제2절 책임보험의 요소

1. 보험목적

책임보험의 보험목적이 피보험자의 전체 재산이라는 입장(전재산설)[6]과 피보험자의 책임이라는 입장(책임설)[7]이 대립한다. 어떤 입장을 취하든 논의의 실익이 큰 것은 아니다. 책임설에 따라 사고로 인한 피보험자의 책임을 보험목적이라고 하면, 보험목적이 보다 특정성, 구체성을 띠는 장점이 있다. 그리고 상법 721조도 책임설에 가깝다.[8] 상법 721조가 영업책임보험의 경우 피보험자의 대리인 또는 사업감독자의 제3자에 대한 '책임'도 보험목적에 포함된다고 규정하기 때문이다. 따라서, 책임설에 찬성한다.

한편, 책임보험의 보험목적이 피해자의 신체나 물건이라는 입장도 있다.[9] 하지만 다음과 같은 한계가 있다. 첫째로, 보험목적의 개념이다. 손해보험의 보험목적은 보험사고의 객체이자, 피보험자가 경제적 이익을 갖는 객체이다(통설). 책임보험에서 피보험자인 가해자가 경제적 이익을 갖는 객체는 피해자의 신체나 물건이 아니라 자신의 책임(또는 전체 재산)인 것이다. 피해자의 신체나 물건에 대해서 피해자가 경제적 이익을 갖고 있지만, 그는 피보험자가 아니기 때문에 피해자의 신체나 물건은 보험목적이 될 수 없다. 둘째로, 보험목적의 기능이다. 상법상 보험목적은 해당 보험의 법적 성격을 손해보험과 인보험으로 나누는 기준이 된다. 즉 보험목적이 생명 · 신체이면 인보험이고(상법 727조), 재산이면 손해보험으로 된다. 만약 피해자의 생명 · 신체가 책임보험의 보험목적이 된다면 책임보험이 인보험으로 분류되어야 하는데, 이러한 결과는 책임보험을 손해보험으로 분류하는 상법의 태도와 정면으로 배치된다.

---

5) 김성태 580면; 박세민 577면

6) 김성태 587면; 손주찬 638면; 송옥렬 315면; 이기수 · 최병규 · 김인현 292면; 정경영 891면; 최기원 431면; 최준선 280면; 한창희 446면

7) 강위두 · 임재호 734면; 김은경 500면; 박세민 580면; 양승규 356면; 임용수 373면; 장덕조 319면; 정동윤 647면; 정찬형 709면; 정희철 453면

8) 박세민 581면; 임용수 374면

9) 채이식 185면

2. 피보험이익

통설은 책임보험에서 피보험이익의 존재를 인정한다. 그 이유는, 피보험자가 전체 재산이 감소하지 않는 것에 대한 경제적 이익이 있고(전재산설),[10] 피보험자는 책임으로 인한 손해를 면할 이익이 있기 때문이다(책임설).[11] 이와 달리 책임보험의 특수성을 고려하면 피보험이익을 인정하는 것은 문제가 있다는 견해도 있다.[12] 생각건대, 책임설의 입장에서 피보험이익의 존재에 찬성하고자 한다. 그리고 피보험이익은 사고발생 시까지 확정할 수 있어야 한다(통설). 이것이 피보험이익의 요건 중에서 확정가능성의 요건이다. 책임보험의 피보험이익을 책임이익이라고 본다면, 책임은 사고발생 시에 확정할 수 있으므로 확정가능성의 요건이 충족될 수 있다고 본다.

3. 보험가액

(1) 의의

보험가액은 피보험이익을 금전적으로 평가한 금액이다(상법 668조). 통설은 책임보험에서 보험가액은 원칙적으로 존재하지 않고, 따라서 초과보험, 중복보험, 일부보험의 관념은 없으며, 다만 보관자의 책임보험(상법 725조), 수개의 책임보험(상법 725조의2)은 예외라고 한다. 하지만 통설은 의문이다. 보험가액의 개념은 보험사고의 발생 이전에도 필요한 개념(초과보험)이지만 보험사고의 발생 시에도 필요한 개념(중복보험)이다. 책임보험에서 보험목적을 책임이라고 한다면, 이 책임은 보험사고의 발생 시에는 확정되므로, 책임보험에서 보험가액의 존재를 일반적으로 부인할 필요는 없다고 본다. 책임보험에서 보험가액은 계약체결 시부터 평가할 수 있는 경우와 보험사고가 발생해야 비로소 정할 수 있는 경우로 구분할 수 있는데, 손해보험 통칙의 보험가액에 관한 규정들이 책임보험에 어떻게 적용되는지를 살펴보자.

(2) 계약체결 시부터 보험가액을 산정할 수 있는 경우

임차인 기타 타인의 물건을 보관하는 자의 책임보험(상법 725조)은 물건의 가액으로 보관자 책임의 한도를 정할 수 있으므로 계약체결 시부터 보험가액을 산정할 수 있는 것이다(통설). 재보험의 경우 원보험자의 보상의무 한도로 원보험자 책임의 한도를 정할 수 있으므로, 이것도 계약체결 시부터 보험가액을 산정할 수 있는 것이다.[13] 이외에도 피보

10) 김성태 589면; 최기원 432면; 최준선 281면
11) 양승규 357면; 정동윤 648면; 정희철 454면
12) 손주찬 639면

험자의 책임 한도액을 사고발생 전부터 알 수 있으면, 계약체결 시부터 보험가액을 산정할 수 있다.

이와 같이 계약체결 시부터 보험가액을 산정할 수 있는 경우라면, 초과보험(상법 669조), 중복보험(상법 672조, 673조), 일부보험(상법 674조) 등 보험가액에 관한 규정이 적용된다(통설). 기평가보험(상법 670조)도 적용될 수 있다.

(3) 사고발생 후에 보험가액을 산정할 수 있는 경우

자동차 운행자가 운행 사고로 인해 지는 대인배상책임, 대물배상책임처럼 사고가 발생해야 비로소 보험가액을 산정할 수 있는 경우가 있다. 이와 같이 보험가액을 미리 산정할 수 없는 경우에는 초과보험(상법 669조), 일부보험(상법 674조), 중복보험(상법 672조, 673조) 등이 적용될 수 없다고 보는 입장이 통설이다.

초과보험(상법 669조), 일부보험(상법 674조)은 계약체결 시에 보험가액을 산정할 수 있다는 전제하에 적용되는 규정이므로, 마찬가지로 이 경우에 적용될 여지가 없다. 물론 기평가보험(상법 670조)도 적용될 여지가 없다.

하지만 중복보험(상법 672조, 673조)에 관한 규정에는 계약체결 시에 보험가액을 산정할 수 있어야 적용되는 것과 사고발생 후에 보험가액을 산정할 수 있으면 적용될 수 있는 것이 섞여 있으므로 구분해서 적용여부를 판단해야 한다.

첫째, 보험금액들의 총액이 보험가액을 초과한 경우 각 보험자가 연대비례책임을 진다고 규정한 상법 672조 1항에서 보험가액은 사고발생 시의 보험가액을 가리킨다고 해석된다. 따라서 이 조항은 사고발생 시에 보험가액을 산정할 수 있는 책임보험에 적용해도 무리가 없다.

둘째, 계약체결 시에 중복보험의 통지의무를 규정한 상법 672조 2항도 사고발생 후에 보험가액을 산정할 수 있는 책임보험에 적용된다고 본다. 즉 이 경우는 보험사고가 발생한 이후 보험가액이 정해지고, 만약 보험금액들의 총액이 보험가액을 넘어서게 되면, 그때 통지의무를 부담한다고 해석한다. 사고발생 후의 통지는 통지의무의 취지에 벗어나는 것이 아닌지 의문이 제기될 수 있지만,[14] 통지의무의 취지에는 보험자들 사이에서 자신의 책임액을 알 수 있도록 해 준다는 점도 포함된다고 보면 그 취지를 넓게 해석할 필요가 있다.

셋째, 사기에 의한 중복보험의 체결(상법 672조 3항)과 같이 계약체결 시에 중복보험의 요건이 충족되어야 하는 조항은, 사고발생 후 보험가액을 산정할 수 있는 책임보험에

13) 박세민 582면
14) 박세민 401면

대해서 그 성질상 적용이 없다고 보아야 한다.

넷째, 중복보험의 경우 보험자 1인에 대한 권리포기가 다른 보험자의 권리의무에 영향을 미치지 않는다는 상법 673조는 보험가액을 언제 산정할 수 있는지에 영향을 받지 않는 규정이므로, 사고발생 후 보험가액을 산정할 수 있는 책임보험에 대해서도 적용된다고 해석한다.

(4) 상법 725조의2

상법 725조의2는 일정한 중복책임보험(수개의 책임보험에서 보험금액의 총액이 피보험자의 제3자에 대한 손해배상액을 초과)에 상법 672조와 673조를 준용한다고 규정한다. 이 규정의 취지는, 책임보험에 보험가액이 존재하지 않아서 손해보험 통칙의 보험가액과 관련된 규정들(초과보험 등)이 책임보험에 적용되지 않는 것이 원칙이지만, 예외적으로 수개의 책임보험이 있는 경우 중복보험에 준하여 보험자 사이의 보상책임 분배 문제를 정하자는 것으로 이해하는 것이 통설이다. 판례도 상법 725조의2를 적용한 것이 있다.[15] 하지만, 상법 725조의2는 불필요한 규정이라고 생각된다. 전술한 바와 같이 책임보험의 피보험이익을 피보험자의 책임이라고 본다면 보험가액의 존재를 긍정할 수 있으며, 다만 존재시점만 책임보험의 유형에 따라 다를 뿐이다. 그래서 상법 725조의2가 없더라도, 보험가액의 존재를 전제로 하는 중복보험 규정(상법 672조, 673조)은 책임보험에 적용되는 것이라고 보아야 하며, 다만 전술한 바와 같이 책임보험의 유형별로 그리고 보험가액의 존재시점을 고려하여 적용 여부를 탄력적으로 판단하면 된다. 따라서 상법 725조의2는 삭제되어도 무방하며, 그대로 두더라도 확인적 규정에 불과한 것이다.

4. 보험사고

(1) 의의

보험자가 보상책임을 지려면 보험기간 중에 보험사고가 발생해야 하는 것이 원칙이다. 이 원칙을 적용하려면 보험사고가 무엇인지가 정해져야 한다. 이것은 책임보험의 경우도 마찬가지이다. 책임보험에 관한 규정 중에 보험사고와 관련된 규정이 다수 있으므로(상법 719조-724조), 이러한 규정 등을 종합적으로 고려하여 보험사고가 무엇인지 해석해야 한다.

15) 대판 2005.4.29. 2004다57687

(2) 학설

자동차 사고의 예를 보자. 자동차배상책임보험의 피보험자인 자동차의 운행자가 ① 운행 중 교통사고를 일으켜 타인의 신체나 물건에 손해를 가한 결과 ② 피해자인 타인이 운행자에게 손해배상을 청구하고 ③ 피보험자와 피해자 사이에 배상책임을 확정한 후 ④ 피보험자가 피해자에게 책임을 이행하면, 피보험자는 마지막으로 보험자에게 보험금을 청구한다. 학설마다 보험사고가 다른데, 손해사고설은 ①을, 책임청구설은 ②를, 책임확정설(또는 책임부담설)은 ③을, 책임이행설은 ④를 보험사고로 보는 학설이다.

1) 손해사고설

이것은 타인에게 손해를 야기하는 사고가 보험사고라는 입장이며, 다수설이다.[16)]이것이 가장 타당하다고 생각한다.

손해사고설은 보험기간 중 보험사고의 발생시점을 객관적으로 특정할 수 있다는 장점이 있다.[17)] 일반적으로 피보험자는 보험기간 중에 손해사고가 발생하면 보험보상을 받을 수 있을 것으로 기대하므로, 손해사고설은 이러한 기대에도 잘 부합한다. 또한 상법 724조 2항(손해사고가 있으면 타인이 보험자에게 직접 청구할 수 있는 권리)과 잘 부합한다. 그리고 손해사고가 발생하면 이를 보험자가 알 수 있도록 할 필요성이 있는데, 손해사고가 보험사고라고 하면 상법 657조(보험사고 발생의 통지의무)에 따라서 손해사고가 발생하면 보험자에게 통지할 의무가 보험계약자 등에게 있으므로, 위의 필요성에 부응할 수 있다는 점도 장점이다.

하지만, 손해사고설에 의하면 타인이 책임청구를 하지 않아 책임이 구체화되지 않았음에도 피보험자가 보험금청구를 할 수 있는 문제가 있다는 지적도 있다. 그러나 이 문제는 상법 723조(피보험자의 채무확정이 있어야 보험자가 보험금 지급의무를 부담), 상법 724조 1항(피보험자가 책임이행을 하지 않으면 보험금을 청구할 수 없음)에 의해서 해결된다. 또한 손해사고와 책임청구 등의 사이에 시간적 간격이 큰 제조물책임보험이나 전문직업인책임보험의 경우 보험자의 입장에서 보면 배상수준의 상승 우려 등으로 인해 적정 보험료 산출이 어려운 문제가 있다.[18)] 이러한 문제에 대비하기 위해서, 계약 당사자가 손해사고를 보험사고로 하되 책임청구가 일정기간 내에 이루어져야 보험자가 보상책임을 진다는 약정을 하는 방법이 있다.

16) 김성태 592면; 박세민 586면; 송옥렬 316면; 양승규 360면; 이기수·최병규·김인현 294면; 임용수 378면; 장덕조 322면; 정동윤 649–650면; 정찬형 711면; 정희철 455면
17) 김성태 591면
18) 김성태 593면

2) 책임청구설

이것은 타인이 피보험자를 상대로 책임을 청구하는 것이 보험사고라는 입장이다.[19] 이 설은 피보험자 책임이 손해사고설에 비해 더 구체화된다는 점이 장점이다.

하지만 책임청구설에 의하면 보험사고의 발생시기가 타인의 주관적 의사에 의해 좌우되는 단점이 있다. 만약 타인이 보험기간 경과 후에 책임청구를 하면 피보험자가 보험보호를 받지 못한다는 문제도 있다. 또한 상법 724조 2항(손해사고가 발생하면 타인이 피보험자에 대해 책임청구하지 않고 보험자에게 직접 청구할 수 있는 권리)과 부합하지 않는다.

3) 책임부담설

이것은 타인의 청구가 있은 후 소송 등의 절차에 의해서 피보험자가 책임을 부담하게 되는 것이 보험사고라는 입장이다.[20] 이 설은 피보험자 책임이 손해사고설, 책임청구설에 비해 더 구체화된다는 것이 장점이다.

하지만 상법 720조(피보험자가 지출한 방어비용을 보험자가 부담할 의무)에 부합하지 않는 것이 단점이다. 피보험자가 비용을 지출하여 방어한 결과 책임이 없는 경우로 확정되면 보험사고가 발생하지 않은 것인데, 그럼에도 불구하고 상법 720조에 따라 보험자가 방어비용을 부담해야 하는 것이 되어 부자연스럽다. 또한 상법 722조(책임청구를 받은 피보험자가 보험자에게 통지를 해야 할 의무)와 부합하지 않는다. 그리고 상법 724조 2항(손해사고가 발생하면 타인이 피보험자와의 책임확정을 거치지 않고 보험자에게 직접 청구할 수 있는 권리)과도 부합하지 않는다.

4) 책임이행설

이것은 피보험자가 타인에게 책임을 이행하는 것이 보험사고라는 입장이다. 이 설은 상법 724조 1항(피보험자가 책임이행 이전에는 보험금을 청구할 수 없음)과 부합하는 측면이 있다.

하지만 상법 724조 1항은 피보험자의 책임이행 이전에는 보험자가 보험금 지급을 거절할 수 있는 것으로서 만약 보험자가 보험금을 지급하더라도 지급은 유효하며 다만 피해자에게 대항할 수 없는 것으로 해석되기 때문에(이에 대해서는 후술함), 상법 724조 1항을 고려하여 책임이행이 보험사고라고 해석할 이유는 없다. 또한 피해자가 자력이 없어서 책임을 이행하지 못하면 보험사고가 발생하지 못한다는 단점이 있다. 그리고 책임이

19) 김은경 507면; 최기원 435면

20) 강위두 · 임재호 736면; 손주찬 641면; 정경영 893면; 채이식 187면; 최준선 282면

행설은 책임부담설과 같은 단점도 갖게 된다.

5) 결어

전술한 바와 같이 손해사고설이 타당하다고 본다. 다만 보험실무상으로는 각 책임보험의 특성을 고려해서 보험사고가 무엇인지를 보험계약에서 약정하는 경우가 많다. 이 경우 사적 자치가 허용된다고 보아야 하며, 보험사고가 무엇인지는 주로 보험계약의 해석 문제이다. 보험계약에서 보험사고를 손해사고 이외의 것으로 명시적으로 약정한 경우를 제외하고는, 보험사고는 손해사고라고 봄이 계약당사자들의 합리적 의사 또는 기대에 부합한다고 생각된다.

(3) 판례

① 판례가 손해사고설, 책임청구설, 책임부담설, 책임이행설 중에서 무엇이 타당한지를 정면으로 다룬 것은 보이지 않는다. 다만 손해사고설을 전제하고 있는 것으로 보이는 판례는 있다. 대판 2000.6.9. 98다54397에서, 포도열매를 덮어 씌우는 포도봉지를 제조·판매한 자가 그 포도봉지로 인하여 타인의 재물을 손괴하여 법률상 배상책임을 부담하게 되어 입게 되는 손해를 보상하는 영업배상책임보험에서 보험사고가 무엇인지와 관련하여, 대법원은 보험사고는 포도봉지 파손사고 자체가 아니라 포도봉지의 파손으로 인하여 포도재배 농가들에게 포도 생산량의 감소 또는 상품가치의 하락이라는 피해가 발생한 것이라고 판시했다. 이 판결은 손해사고설에 입각했다고 볼 수 있다.[21)]

② 대판 2020.9.3. 2017다245804는 책임청구설에 입각한 보험약관이 유효하다고 본 판결이다. 이 사건 전문직업 배상책임보험의 약관에 따르면, 보험자는 피보험자인 회계사가 전문적인 회계 업무를 수행하던 중 과실, 착오, 누락 등에 의해 손해를 발생시키고 법적 배상책임을 지는 경우 그 손해를 보상하되, '보험기간 내에 피보험자에게 제3자의 손해배상청구가 있고, 피보험자가 이러한 손해배상청구 사실에 대해 보험자에게 서면으로 통지하였을 경우'(전자를 '손해배상청구 조항', 후자를 '서면통지 조항'이라고 함)에 한하여 보험자에게 보험금을 지급할 의무가 있다.

대법원은, 손해배상청구 조항과 서면통지 조항이 보험자의 보상책임 범위와 시기를 명확하게 하려는 데 그 취지가 있으므로, 상당한 이유 없이 보험자의 손해배상 범위를 제한하여 약관규제법 7조 2호를 위반한 것으로 볼 수 없다고 판시하였다.

먼저, 손해배상청구 조항은 보험기간 내에 피보험자가 제3자로부터 재판상 또는 재판 외의 배상청구를 받는 것, 즉 손해배상청구 기준(claim-made basis)으로 보험사고를 규

21) 임용수 377면

정한다. 대법원은, 보험자가 보험기간 내에 제3자로부터 피보험자를 상대로 한 손해배상청구가 있는 경우를 기준으로 보험사고를 인식하고, 제3자의 손해배상청구에 대해 소송상 또는 소송 외의 방어활동을 함으로써 보험금 지급 범위를 조정하거나 확정하는 등으로 보상책임의 범위와 시기를 명확히 할 수 있으므로, 손해배상청구 조항이 합리적이라고 보았다.

다음, 서면통지 조항은 보상책임의 범위와 시기를 명확히 정하기 위해서 피보험자가 보험자에게 보험기간 내에 피보험자를 상대로 이루어진 손해배상청구의 사실을 필수적으로 통지하도록 규정한다. 대법원은, 서면통지 조항이 단순히 그 위반에 따른 추가 손해가 발생한 경우 보험자의 보상책임이 확대되는지 여부의 문제가 아니라 보험금 지급의무의 전제조건으로 기능하는 것이며, 보상책임의 범위와 시기를 명확히 정하기 위해서 위와 같이 통지할 것을 보험금 지급의 요건으로 요구하는 것은 타당한 근거가 있다고 보았다.

제3절 책임보험의 법률관계

1. 의의

책임보험계약의 법률관계에는 보험자와 보험계약자·피보험자 사이의 법률관계가 있다. 이 법률관계를 '보험관계'라고 칭한다. 이 보험관계는 피보험자와 제3자 사이의 법률관계를 전제로 한다. 책임보험이란 피보험자가 제3자에게 일정한 책임을 지면 이것을 보상하는 데 목적이 있기 때문이다. 이 법률관계를 '책임관계'라고 칭한다. 여기서는 보험관계(보험자와 피보험자 사이의 의무)를 중심으로 살펴보되 필요한 범위에서 책임관계까지 살펴본다.

한편 제3자와 보험자 사이에도 법률관계가 있다. 그것은 상법 724조 2항에 따른 법정의 법률관계이다. 즉 제3자는 보험자에게 직접 손해전보를 청구할 수 있는데, 이에 대해서는 제3자의 직접청구권 부분에서 살피기로 한다.

2. 보험자의 의무

(1) 손해보상

손해보험의 보험자는 보험기간 중의 우연한 사고로 인해서 피보험자가 손해를 입으면 이를 보상할 의무를 진다. 이 점에서 책임보험의 보험자도 다르지 않다. 그리하여 상법 719조는 "보험자는 피보험자가 보험기간 중의 사고로 인하여 제3자에게 배상할 책임을 진 경우에 이를 보상할 책임"을 진다고 규정한다. 다만 책임보험은 보험목적이 소극재산인 책임이라는 특성이 있으며, 이 점을 고려하여 손해보상의무를 살펴볼 필요가 있다.

1) 요건

책임보험에서 보험자의 보상의무가 구체적으로 발생하기 위한 요건은 다음과 같다. 아래 i)－iv)를 보면, 보험사고가 발생하고 이로 인해서 피보험자에게 제3자에 대한 책임이 발생해야 하고 이때 보험자의 면책사유가 존재하지 않아야 한다. 이러한 요건이 갖추어지면, 추상적 단계에 머물던 보험자의 보상의무가 구체적으로 성립되는 것이다. 아래 v) 책임의 확정은, 보험자의 보상의무가 발생하거나 성립하는 문제라기보다는, 보험자 보상의무의 이행시기 문제에 가깝다.

i) 보험사고

보험기간 중에 보험계약에서 정한 보험사고가 발생해야 한다. 여기의 보험사고는, 명시적으로 달리 약정하지 않는 한, 손해사고를 가리키는 것으로 해석한다. 이 점에 대해서는 책임보험에서 보험사고가 무엇인지와 관련하여 상술했다. 또한 보험사고가 보험기간 중에만 발생하면 책임청구 등이 이후에 발생해도 무방하다. 손해사고가 보험사고인 경우라고 가정하면, 손해사고가 보험기간 중에만 발생하면 보험기간 이후에 책임청구, 책임부담, 책임이행 등이 이루어져도 보상의무에 영향이 없는 것이다.

ii) 책임의 존재

보험사고로 인한 피보험자의 제3자에 대한 책임이 존재해야 한다. 제3자에 손해사고가 발생했어도 피보험자에게 법적 책임이 존재하지 않는다면 보험자가 보상의무를 지지 않는다.[22] 피보험자에게 책임이 존재하는지 여부는 계약상 책임이라면 계약내용과 법규 등이 규율하고, 계약상 책임이 아니라면 법규 등이 규율할 문제이다. 피보험자가 책임이 없다면, 피보험자가 제3자에게 변제하더라도 보험자가 보상의무를 지지 않는다.

iii) 책임의 종류

재산상 손해를 야기하는 책임이라면 책임의 종류는 묻지 않는 것이 원칙이다. 재산상 손해를 끼치는 책임이라면 그것이 민사책임(배상책임, 보상책임 등)이든, 전술한 바와 같이 형사책임 또는 행정법적 책임(벌금, 과태료 등)이든 묻지 않는다.[23] 다만 형사책임 또는

---

22) 대판 1994.1.14. 93다25004

23) 양승규 361면; 최준선 278면. 반대하는 견해로는 손주찬 636면; 이기수·최병규·김인현 294면.

행정법적 책임(벌금, 과태료 등)의 경우 피보험이익의 적법성 요건을 갖추지 못하면 해당 책임보험은 효력이 없다. 이에 대해서는 피보험이익의 요건 부분에서 상술했다.

iv) 면책사유

보험자의 면책사유에 해당하는 경우라면 보험자가 보상의무를 지지 않는다. 가령 손해보험의 일반원칙에 따르면 보험계약자, 피보험자의 고의 또는 중과실로 인한 보험사고에 대해서는 보험자 면책이다(상법 659조). 이것은 책임보험에도 그대로 적용된다고 해석한다.[24] 다만 약관조항이 보험계약자, 피보험자의 고의로 인한 보험사고에 대해서만 보험자 면책을 규정한 경우,[25] 이것은 유효하다고 해석한다. 나아가 보험계약자 또는 피보험자의 고의로 인한 보험사고에 대해서도 피해자의 직접청구가 있으면 보험자가 이를 전보해야 하고 고의로 보험사고를 일으킨 보험계약자 또는 피보험자에게 구상할 수 있도록 한 자동차보험의 대인배상보험 I 약관조항[26]도 유효하다고 해석한다. 한편 이러한 약관조항의 유무와 무관하게 고의로 인한 보험사고만 보험자 면책으로 해석해야 한다는 견해가 있지만,[27] 상법에 근거가 없기 때문에 찬성하기 어렵다.

v) 책임의 확정

① 상법 723조 1항, 2항

위와 같은 i)－iv)의 요건이 충족되면 보험자의 보상의무는 구체적으로 성립하지만, 상법 723조 1항 및 2항은 책임확정을 보험금청구권 행사의 조건으로 한다. 이것은 보상의무의 이행시기의 문제이기도 하다. 이러한 조건이 성취되지 않으면 피보험자는 보험금청구권을 행사할 수 없다. 즉 피보험자는 변제, 승인, 화해, 또는 재판으로 인하여 제3자에 대한 배상채무가 확정되면 이를 보험자에게 통지해야 하고, 보험자는 특별한 기간의 약정이 없으면 그 통지를 받은 날로부터 10일 내에 보상책임을 이행해야 한다(상법 723조 1항 및 2항). 여기서 재판에 의한 채무확정은 판결 등이 확정되어 채무가 확정되는 것을 가리킨다. 요컨대, 책임확정이 있어야 피보험자가 보험금청구권을 행사할 수 있고,[28] 후술하는 바와 같이 보험금청구권의 소멸시효가 기산된다.[29] 따라서 책임확정이 있기 전에는 보험자가 보험금채무의 지급지체에 빠지지 않는다.[30]

---

24) 김성태 602면; 최준선 283면
25) 배상책임보험표준약관 4조 1호
26) 자동차보험표준약관 5조
27) 김은경 510면; 양승규 364면; 장덕조 326면
28) 대판 1988.6.14. 87다카2276; 대판 2002.9.6. 2002다30206; 대판 2017.1.25. 2014다20998(변호사배상책임보험도 책임보험의 일종이므로 그 보험계약에 의한 보험금청구권을 행사하려면 피보험자가 제3자에게 손해배상금을 지급하였거나 상법 또는 보험약관이 정하는 방법으로 피보험자의 제3자에 대한 배상책임이 확정되어야 한다)
29) 대판 2002.9.6. 2002다30206; 박세민 596면; 장덕조 324면
30) 양승규 366면

② 상법 724조 1항

상법 723조 1항 및 2항에 의하면 책임확정이 있으면 보험자가 보험금 지급을 해야 하지만, 상법 724조 1항에 의하면 피보험자가 제3자에게 책임을 이행하지 않으면 보험자는 피보험자에게 보험금을 지급하지 못한다. 양 조문을 모순 없게 해석할 필요가 있다.

판례는 상법 724조 1항을 피보험자가 책임이행을 하기 전에는 보험자가 지급거절권한을 갖는다고 해석한다(통설도 같음). 이것은 타당한 해석이며, 이에 대해서는 후술한다. 다만 판례는 보험자가 약관에 명시적으로 지급거절조항을 두고 있지 않는 한 지급거절권한을 포기한 것으로 해석하고, 상법 723조 1항 및 2항에 따라 책임확정이 있으면 피보험자는 보험자에게 보험금을 청구할 수 있고, 보험자는 상법 724조 1항을 이유로 그 지급을 거절할 수 없다고 본다.[31] 그리고 판례는 만약 약관에 명시적으로 지급거절조항을 두고 있으면, 보험자는 상법 724조 1항 및 지급거절조항에 의하여 피보험자의 보험금 청구를 거절할 수 있다고 본다.[32] 생각건대, 지급거절조항을 두고 있지 않으면 지급거절권한을 포기한 것으로 소극적으로 해석한 판례가 타당하다고 생각한다. 왜냐하면, 보험자가 지급거절권한을 포기하더라도 이를 가지고 제3자에게 대항할 수 없기 때문에 제3자 보호에 문제가 없고, 책임확정이 되면 보험금을 받아서 책임이행을 하고자 하는 피보험자의 입장도 고려할 필요성이 있다는 점을 고려하면, 보험자가 적극적으로 지급거절조항을 두고 이를 보험계약자와 합의에 의해서 계약내용으로 편입한 것이 아닌 한 보험자가 지급거절권한을 포기한 것으로 해석함이 바람직하기 때문이다.

2) 효과

보험자는 다음과 같은 내용의 손해보상의무를 부담한다.

i) 보상 내용 및 기준

보상 내용 및 기준에 대한 기본원칙은, 약정한 보험금액의 범위 내에서 피보험자가 제3자에 대해 부담하는 책임액이 한도라는 점이다.[33] 피보험자가 부담하는 책임에는 원본뿐만 아니라 지연손해금도 원칙적으로 포함된다.[34] 나아가 법률 또는 약관 등이 보상 내용 및 기준을 정하는 경우가 있다.

---

31) 대판 2007.1.12. 2006다43330

32) 대판 2007.1.12. 2006다43330

33) 대판 1988.6.14. 87다카2276; 대판 2022.7.14. 2020다230857(자동차보험에서 책임보험자의 보험금지급책임은 유한보상책임으로서 책임보험약관과 시행령이 규정한 바에 따라 사망, 부상, 후유장애라는 항목별로 소정의 한도액 범위 안에서 피해자가 입은 손해액의 지급의무를 부담하는 것에 그칠 뿐, 자동차사고로 인하여 피해자가 입은 일체의 손해를 배상할 책임을 부담하는 것은 아니다)

34) 대판 1995.9.29. 95다24807

① 법률이 정한 경우

첫째로, 방어비용이다. 제3자가 피보험자의 책임을 청구하는 경우 피보험자가 이를 방어하기 위해서 지출한 비용은 보험목적에 포함된 것으로 간주한다(상법 720조 1항 1문). 이에 대해서는 별도로 상술한다.

둘째로, 영업책임보험이다. 피보험자가 경영하는 사업에 관한 피보험자의 제3자에 대한 책임을 보험목적으로 하는 보험이 영업책임보험이다. 영업책임보험에서 피보험자인 사업자의 대리인 또는 사업감독자의 제3자에 대한 책임도 보험목적에 포함된 것으로 간주한다(상법 721조).

② 약관이 정한 경우

피보험자의 제3자에 대한 손해액이 확정된 경우 보험약관상 보험금 지급기준에 의하여 산출한 금액의 한도 내에서 보험자가 피보험자에게 보상하되 다만 확정판결에 의해 손해액이 확정된 경우라면 이를 기준으로 피보험자에게 보상한다고 보험약관이 정한 경우가 있다. 판례는 이 약관조항의 효력을 인정하여, 피보험자와 제3자 사이에 서면에 의한 합의로 손해액이 확정된 경우라면 보험자는 위 보험약관상 보험금 지급기준에 의하여 산출된 금액의 한도 내에서 보험금을 지급할 의무가 있다고 판시했다. 그리고 위 약관조항이 신의칙에 위반되거나 피보험자에게 부당하게 불리한 조항이 아니라고 판시했다. 즉 대판 1998.3.24. 96다38391에서, 위 보험약관은 보험계약의 당사자인 보험계약자와 보험자 간에 합의에 의하여 계약내용에 편입된 것으로서, 보험자가 원칙적으로 위 약관상의 지급할 보험금을 기준으로 하여 보험료를 책정하고 보험계약자로서도 이를 용인하였다고 보여지는 점, 위 보험약관에 정한 보험금 지급기준에 의하여 산출된 금액이 법원의 확정판결에 의하여 인정된 금액보다 적다고 하더라도 피보험자와 보험자 간에 보험금 지급에 관하여 합의가 이루어지지 아니한 경우에는 법원의 판결에 의한 손해배상액을 보상하여 주는 것인 이상, 피보험자로서는 보험자와의 사이에 합의가 이루어지지 않는다고 하여 피해자와 성급하게 서면합의를 할 것이 아니고, 우선 손해배상금의 일부라는 조건으로 피해자에게 지급하고 나머지 손해배상액은 보험자에게 소송을 해서 받기로 하는 등의 조치를 취할 수 있는 점 등에 비추어 보면, 위 약관의 보험금 지급기준에 관한 조항이 신의법칙에 위반되거나 피보험자에게 부당하게 불리한 조항이어서 약관규제법 6조의 규정에 위배되어 무효라고 볼 수 없다고 판시했다.

위와 유사한 약관조항으로는, 보험자가 지급하는 보험금은 "이 약관의 보험금 지급기준에 의하여 산출한 금액으로 하되, 다만 소송이 제기되었을 경우에는 대한민국 법원의 확정판결에 의하여 피보험자가 손해배상청구권자에게 배상하여야 할 금액(지연배상금 포함)"이라고 보험약관이 정한 경우이다. 판례는 이 경우도 약관조항의 효력을 인정하여,

피보험자와 제3자 사이에 판결에 의하여 확정된 손해액이라면 그것이 피보험자에게 법률상 책임이 없는 부당한 손해라는 등의 특단의 사유가 없는 한, 보험자가 원본이든 지연손해금이든 피보험자에게 지급할 의무가 있다고 판시했다.[35)]

ii) 손해보상청구권자

보험자에게 손해보상을 청구할 수 있는 자는 보험금청구권자인 피보험자이다. 나아가 제3자도 직접청구제도에 의해서 손해보상을 청구할 수 있는 권리를 갖는다(상법 724조 2항). 직접청구제도에 대해서는 별도로 기술한다.

iii) 손해보상의 이행기

피보험자에 대한 손해보상의 이행기는 상법 723조 1항 및 2항이 규정한다. 이에 의하면, 변제, 승인, 화해 또는 재판으로 인해 피보험자의 제3자에 대한 채무가 확정되면 지체없이 보험자에게 통지를 발송해야 하고, 보험자는 특별한 기간의 약정이 없으면 통지를 받은 날로부터 10일 내에 보험금을 지급해야 한다. 상법 723조 1항 및 2항은 책임보험의 특성을 고려한 보험금지급채무 변제기의 특칙이라고 할 수 있다.

위와 같은 특칙을 둔 이유는, 보험금지급채무의 변제기를 규정하는 일반규정인 상법 657조 1항 및 658조가 책임보험에 적용하기에 적절하지 않기 때문이다. 상법 657조 1항 및 658조에 따르면, 보험자는 보험금액의 지급에 관하여 약정기간이 있는 경우에는 그 기간 내에, 약정기간이 없는 경우에는 보험자가 보험사고 발생의 통지를 받은 후 지체없이 지급할 보험금을 정하고 그 정해진 날부터 10일 내에 보험금을 지급해야 한다. 위와 같은 특칙을 둔 이유를 보다 구체적으로 살펴보면, 책임보험은 피보험자의 제3자에 대한 책임을 보상하는 것이므로 책임확정이 변제기의 요건이라고 해야 하는데, 상법 657조 1항 및 658조는 보험사고 발생만을 요건으로 하고 있다는 점(물론 책임보험에서 책임확정이 보험사고에 해당한다고 해석한다면 변제기 특칙이 불필요) 때문이다. 또한 보험자가 책임확정에 관한 통지를 받았다면 보험금을 정할 기간을 보험자에게 별도로 인정할 필요가 없다고 해야 하는데, 상법 657조 1항 및 658조는 보험사고 발생의 통지를 받은 후 지체없이 보험금을 정해야 하고 정해진 날로부터 10일 내라고 규정하는 점 때문이다.

제3자가 보험자에게 갖는 직접청구권에 기하여 보험자가 부담하는 직접보상채무의 변제기에 대해서는 별도로 기술한다.

iv) 소멸시효 기산점

피보험자는 채무확정이 있기 전에는 보험금을 청구할 없다(상법 723조 1항 및 2항). 이 점 때문에 보험금청구권의 소멸시효는 보험사고가 발생한 때로부터 진행된다는 일반 원칙[36)]을 책임보험에 그대로 적용하기 어렵다. 판례는 책임보험의 보험금청구권 소멸시효

35) 대판 2000.10.13. 2000다2542

는 원칙적으로 피보험자의 제3자에 대한 배상책임이 변제, 승인, 화해 또는 재판에 의해 확정됨으로써 그 보험금청구권을 행사할 수 있는 때로부터 진행된다고 본다.[37] 판례에 찬성한다.[38] 제3자가 보험자에게 갖는 직접청구권의 소멸시효에 대해서는 별도로 기술한다.

(2) 방어급여

전술한 손해보상의무에는 주로 배상책임의 보상에 대해서 기술하였다. 보험자는 그러한 손해보상의무이외에 방어비용에 대한 손해보상의무 등 방어관련 급여를 지급할 의무를 부담한다. 방어비용, 방어의무의 약정, 직접청구 등으로 구분하여 살펴본다.

1) 방어비용

i) 의의

보험자는 피보험자가 제3자로부터의 청구를 방어하기 위해 지출한 재판상 또는 재판외의 필요비용을 지급할 의무를 부담한다(상법 720조 1항 1문). 이러한 비용을 방어비용이라고 부른다. 상법은 방어비용을 책임보험의 보험목적에 포함된 것으로 간주한다(상법 720조 1항 1문). 따라서 방어비용은 보험자의 손해보상 범위에 포함된다고 볼 수 있다.

ii) 취지

책임보험은 피보험자의 제3자에 대한 배상책임으로 인한 손해를 보상하려고 한다는 점, 피보험자가 제3자에 대해 책임을 부담하는지 여부 및 그 금액과 관련해서는 이들 사이에 다툼이 있는 경우가 많다는 점, 피보험자가 이를 방어하기 위해서 재판상 또는 재

---

36) 대판 1999.2.23. 98다60613

37) 대판 2002.9.6. 2002다30206(책임보험은 피보험자가 보험사고로 인하여 제3자에 대하여 법률상의 손해배상책임을 부담함으로써 입은 손해를 보상하는 것이므로 보험자의 보상범위는 피보험자의 제3자에 대한 법률상의 손해배상책임액을 그 한도로 하는 것이고, 또 상법 723조 1항 및 2항에 의하면, 책임보험에 있어서 피보험자가 제3자에 대하여 변제, 승인, 화해 또는 재판으로 인하여 채무가 확정된 때에는 보험자는 특별한 기간의 정함이 없으면 그 확정의 통지를 받은 날로부터 10일 내에 보험금을 지급하도록 규정하고 있으므로 이러한 책임보험의 성질에 비추어 피보험자가 보험자에게 보험금청구권을 행사하려면 적어도 피보험자가 제3자에게 손해배상금을 지급하였거나 상법 또는 보험약관이 정하는 방법으로 피보험자의 제3자에 대한 채무가 확정되어야 할 것이고, 상법 662조가 보험금의 청구권은 2년간 행사하지 아니하면 소멸시효가 완성된다는 취지를 규정하고 있을 뿐, 책임보험 보험금청구권의 소멸시효의 기산점에 관하여는 상법상 아무런 규정이 없으므로, "소멸시효는 권리를 행사할 수 있는 때로부터 진행한다"고 소멸시효의 기산점에 관하여 규정한 민법 166조 1항에 따를 수밖에 없으므로, 약관에서 책임보험의 보험금청구권 발생시기나 발생요건에 관하여 달리 정한 경우 등 특별한 다른 사정이 없는 한 원칙적으로 책임보험의 보험금청구권 소멸시효는 피보험자의 제3자에 대한 법률상의 손해배상책임이 상법 723조 1항이 정하고 있는 변제, 승인, 화해 또는 재판의 방법 등에 의하여 확정됨으로써 그 보험금청구권을 행사할 수 있는 때로부터 진행된다고 봄이 상당하다)

38) 박세민 596면; 장덕조 324면

판외의 비용이 들 수 있다는 점 등에 비추어 보면, 책임보험과 방어비용의 밀접한 관련성을 인정할 수 있다. 이러한 관련성을 고려해서 상법은 보험자가 방어비용에 대한 지급의무를 지는 것으로 규정한다.

iii) 내용

보험자는 피보험자가 제3자로부터의 청구를 방어하기 위해 지출한 재판상 또는 재판외의 필요비용을 지급할 의무를 부담한다(상법 720조 1항 1문). 재판상 필요비용에는 변호사 비용이 포함된다.[39)]

첫째로, 피보험자가 제3자로부터 재판상이든 재판 외이든 청구를 받지 않은 경우라면 방어비용이 인정되지 않는다.[40)] 판례도 같다. 즉 피해자가 피보험자에게 재판상 청구는 물론 재판 외의 청구조차 하지 않은 이상, 피보험자가 제3자를 상대로 제소하였다 하여 그 소송의 변호사 비용이 상법 720조 소정의 방어비용에 포함된다고 볼 수 없다고 판시한 바 있다.[41)]

둘째로, 상법 720조의 방어비용은 원칙적으로 보험사고의 발생을 전제로 하는 것이므로, 보험사고의 범위에서 제외된 사고에 대해 피보험자가 지출한 방어비용은 포함되지 않는다. 판례도 이러한 방어비용은 보험자와는 무관한 자기 자신의 방어를 위한 것에 불과하므로 피보험자가 보험자에 대하여 보상을 청구할 수 없다고 본다.[42)] 다만 판례는 사고발생 시 피보험자 및 보험자의 법률상 책임 여부가 판명되지 아니한 상태에서 피해자라고 주장하는 자의 청구를 방어하기 위하여 피보험자가 재판상 또는 재판 외의 필요비용을 지출하였다면, 이로 인하여 발생한 방어비용은 바로 보험자의 보상책임도 면할 목적의 방어활동 일환으로 지출한 방어비용과 동일한 성격을 가지는 것으로, 이 방어비용은 당연히 상법 720조에 따라 보험자가 부담해야 한다고 본다.[43)] 이는 타당하다. 이 측면에서만 보면, 방어비용은 상법 680조의 손해방지비용과 같다.[44)]

---

39) 대판 1995.12.8. 94다27076; 대판 2018.5.15. 2018다203692(책임보험의 피보험자가 제3자로부터 보험사고로 인한 손해배상청구 소송을 당하여 그 소송에서 방어하기 위하여 변호사 보수를 지출한 경우, 피보험자가 부가가치세 납세의무자인 사업자이고, 변호사 보수와 관련한 부가가치세가 자기 사업을 위하여 공급받은 재화나 용역에 대한 것으로서 부가가치세법상 매입세액에 해당하여 피보험자의 매출세액에서 공제받거나 환급받을 수 있다면, 그 부가가치세 상당액은 보험사고로 인하여 피보험자가 지출한 방어비용에 해당하지 않는다. 그리고 피보험자가 현실적으로 그 부가가치세액을 공제받거나 환급받은 때에만 위 부가가치세액을 손해액에서 공제하는 것이 아니라, 피보험자가 위 부가가치세액을 공제나 환급받을 수 있음에도 자기의 책임으로 공제나 환급을 받지 못하였다면 그로 인한 불이익은 피보험자가 부담해야 하므로, 그 부가가치세도 방어비용에서 공제하여야 한다)

40) 김성태 597면; 박세민 597면

41) 대판 1995.12.8. 94다27076

42) 대판 2002.6.28. 2002다22106

43) 대판 2002.6.28. 2002다22106

44) 대판 1993.1.12. 91다42777(사고발생 시 피보험자의 법률상 책임 여부가 판명되지 아니한 상태에서 피보험자가 손해확대방지를 위한 긴급한 행위를 하였다면 이로 인하여 발생한 필요·유익한 비용도 손해방지

셋째로, 피보험자는 보험자에 대하여 방어비용의 선급을 청구할 수 있다(상법 720조 1항 2문). 이와 관련하여 판례는 현실적으로 방어비용을 지출한 경우뿐만 아니라 지출할 것이 명백히 예상되는 경우, 상법 720조 1항 2문에 의하여 피보험자는 보험자에게 그 비용의 선급을 청구할 수도 있다고 판시했다.[45)]

넷째로, 피보험자가 담보의 제공 또는 공탁으로써 재판의 집행을 면할 수 있는 경우에는 보험자에 대하여 보험금액의 한도 내에서 그 담보의 제공 또는 공탁을 청구할 수 있다(상법 720조 2항). 이러한 담보 또는 공탁비용도 방어비용의 일종으로 본 것이다. 그리고 여기에서 재판의 집행은 재판의 가집행을 의미하는 것으로 해석한다.

다섯째로, 피보험자의 방어행위, 담보제공행위 또는 공탁행위가 보험자의 지시로 이루어진 경우는 그 비용에 손해액을 가산한 금액이 보험금액을 초과해도 보험자가 그 비용을 부담해야 한다(상법 720조 3항).

여섯째로, 방어비용의 부담에 관한 위 규정은 편면적 강행규정으로서, 이를 보험계약자 등에 불리하게 변경하는 약정은 효력이 없다. 대판 2002.6.28. 2002다22106에서, 보험약관이 피보험자가 지급한 소송비용, 변호사비용, 중재, 화해 또는 조정에 관한 비용 중에서 피보험자가 미리 보험자의 동의를 받아 지급한 경우에만 보험금을 지급하도록 규정하고 있는 경우, 이러한 제한 규정을 보험자의 사전 동의가 없으면 어떤 경우에나 피보험자의 방어비용을 전면적으로 부정하는 것으로 해석하는 한에서는, 이러한 약관조항으로 인하여 피보험자의 방어비용을 보험목적에 포함된 것으로 일반적으로 인정하고 있는 상법 720조 1항의 규정을 피보험자에게 불이익하게 변경하는 것에 해당하고, 따라서 이러한 제한규정을 둔 위 약관조항은 상법 663조에 반하여 무효라고 판시했다.

ⅳ) 손해방지비용과 관계

상법 720조의 방어비용과 상법 680조의 손해방지비용의 관계가 문제된다. 판례는 양자를 다른 것으로 본다. 대판 2006.6.30. 2005다21531은 다음과 같이 판시했다. 즉 상법 680조에 규정된 손해방지비용은 보험자가 담보하고 있는 보험사고가 발생한 경우에 보험사고로 인한 손해의 발생을 방지하거나 손해의 확대를 방지함은 물론 손해를 경감할 목적으로 행하는 행위에 필요하거나 유익하였던 비용을 말하는 것이고, 상법 720조 1항에 규정된 방어비용은 피해자가 보험사고로 인적, 물적 손해를 입고 피보험자를 상대

비용으로서 보험자가 부담하는 것으로 해석함이 상당하고, 손해배상책임이 없는 피보험자가 가해자로서 교통사고 직후 자신의 책임 유무를 판단하기 어려운 가운데 의식을 잃은 피해자를 신속하게 치료받게 함으로써 피해상태의 악화를 방지하고자 치료비채무를 연대보증하였다면 이로 인하여 지출한 치료비 중 보험자의 면책통보 시까지 발생한 부분은 보험자가 보상해야 한다)

45) 대판 2002.6.28. 2002다22106

로 손해배상청구를 한 경우에 그 방어를 위하여 지출한 재판상 또는 재판 외의 필요비용을 말하는 것이고, 이 두 비용은 서로 구별되는 것이므로, 보험계약에 적용되는 보통약관에 손해방지비용과 관련한 별도의 규정을 두고 있다고 하더라도, 그 규정이 당연히 방어비용에 대하여도 적용된다고 할 수는 없다고 판시했다.

학설은 양자가 다르다는 입장이 다수설이다.[46] 한편 상법 720조는 상법 680조에 대한 특별규정이며, 방어비용은 그 본질이 손해방지비용과 같다는 소수설이 있다.[47]

생각건대, 방어비용과 손해방지비용이 다르다는 판례와 다수설이 타당하다. 무엇보다도 양자는 취지가 다르다. 손해방지비용은 신의성실의 원칙 및 사회경제적 효용의 요청상 보험계약자 또는 피보험자에게 부과된 손해방지의무를 이행하는 데 소요된 비용을 보험자가 보상하는 것이지만, 방어비용은 책임보험과 방어의 밀접한 관련성에 비추어 '보험목적'에 포함시켜 피보험자를 보호하자는 것이지 피보험자에게 방어의무가 있음을 전제로 그 비용을 보상하는 데 있는 것은 아니다. 즉 방어비용은 책임보험자의 보상범위에 포함되는 보험급여의 일종이다.

위와 같이 취지가 다른 만큼 방어비용과 손해방지비용은 요건과 효과 면에서 일정한 차이가 있다. 방어비용은 필요비용으로 한정되고(상법 720조 1항 1문), 방어비용 및 손해액의 합계가 보험금액을 초과하는 경우 보험금액까지만 보상하며(상법 720조 3항의 반대해석), 방어행위가 보험자의 지시에 따른 경우는 방어비용 및 손해액의 합계가 보험금액을 초과한 경우에도 보험자가 보상해야 한다(상법 720조 3항). 이와 달리 손해방지비용은 필요비용뿐만 아니라 유익비용까지 포함하며, 손해방지비용과 보상액이 보험금액을 초과한 경우에도 보험자가 부담한다(상법 680조 1항 단서). 상법 680조 1항 단서가 손해방지비용을 넓게 인정하는 취지는 보험계약자 등으로 하여금 손해방지의무의 이행을 촉진 또는 장려하고 그 이행으로 인한 불이익을 보험계약자 측에 부담시키지 않으려는 데서 찾을 수 있을 것이다. 이를 통해 보험사고 발생이나 손해확대가 억제되므로 궁극적으로 보험자에게도 이익이 될 것이다. 이러한 취지가 방어비용에는 없는 것이다.

한편 피보험자의 행위가 방어행위와 손해배상행위에 모두 해당하는 경우가 있을 수 있다. 이 경우 방어비용청구권과 손해방지비용청구권은 청구권 경합의 관계에 있다고 본다. 판례도 이에 입각해 있는 것으로 해석된다.[48] 청구권 경합이란 하나의 사실이 두 개 이상의 법규가 정하는 요건을 충족해서 두 개 이상의 권리가 발생하며, 법규 상호 간에 배제관계가 아닌 경우를 가리킨다. 청구권 경합의 경우, 각 권리는 독립하여 별개로 존재하고, 서로 관계없이 행사될 수 있다(통설). 다만 중복해서 만족을 얻을 수는 없다.

46) 김성태 601면; 박세민 599면; 송옥렬 317면; 임용수 381면; 장덕조 329면; 정동윤 653면; 최준선 285면
47) 강위두 · 임재호 738면; 최기원 439면
48) 대판 2006.6.30. 2005다21531

2) 방어의무의 약정

보험자의 방어의무란 제3자가 피보험자에 대해 책임을 청구한 경우 보험자가 피보험자를 위해서 방어할 의무를 가리킨다. 보험자의 방어의무 유무는 당사자 사이의 약정에 의해서 정해진다. 약정한 방어의무를 보험자가 위반한 경우 손해배상책임을 부담한다.[49)]

방어의무는 다음과 같이 약정하는 것이 보통이다. 첫째로, 보험자가 변호사를 선임해서 피보험자를 위해 방어를 하게 할 의무를 부담하는 약정이다. 둘째로, 보험자가 피보험자를 위해서 직접 제3자와 교섭하여 책임 문제를 협상할 의무를 부담하는 약정이다.

자동차보험표준약관 36조 1항은 "보험회사는 피보험자의 협조 요청이 있는 경우 피보험자의 법률상 손해배상책임을 확정하기 위하여 피보험자가 손해배상청구권자와 행하는 합의 · 절충 · 중재 또는 소송(확인의 소를 포함)에 대하여 협조하거나, 피보험자를 위하여 이러한 절차를 대행합니다"라고 규정한다. 이것은 보험자의 방어의무를 규정한 약정이라고 볼 수 있다. 한편 배상책임보험표준약관 12조 3항은 "피보험자가 피해자로부터 손해배상의 청구를 받았을 경우에 회사가 필요하다고 인정할 때에는 피보험자를 대신하여 회사의 비용으로 이를 해결할 수 있습니다"라고 규정한다. 또한 배상책임보험표준약관 13조 1항은 "회사는 피보험자의 법률상 손해배상책임을 확정하기 위하여 피보험자가 피해자와 행하는 합의 · 절충 · 중재 또는 소송(확인의 소를 포함합니다)에 대하여 협조하거나, 피보험자를 위하여 이러한 절차를 대행할 수 있습니다"고 규정한다. 배상책임보험표준약관의 이 조항들은 문리에 비추어 보면 보험자의 방어'의무'를 규정했다고 보기는 어려워 보인다. 오히려 보험자의 방어'권'을 규정한 것으로 해석하는 것이 자연스럽다.

보험자가 소송절차를 대행할 수 있다고 약정한 경우 피보험자가 독자적으로 소송을 수행하는 것이 가능한가? 이 문제는 대판 2000.4.21. 99다72293에서 다루어졌다. 이 사건의 자동차보험약관에서 피보험자가 손해배상 청구를 받으면 보험자가 피보험자의 동의를 얻어 소송을 대행할 수 있다고만 규정되어 있는 경우, 피보험자가 보험자로 하여금 손해배상청구소송을 대행하게 하지 않고 변호사를 소송대리인으로 선임하여 독자적으로 수행하였다고 하여 위 약관조항을 위반했다고 볼 수 없다고 대법원이 판시했다. 생각건대, 위 약관조항만으로는 피보험자가 보험자로 하여금 소송을 대행하도록 할 의무가 있다고 보기 어렵고, 보험자는 피보험자가 소송대행을 동의하지 않더라도 소송에 보조참가를 할 수 있다는 점을 고려할 때, 타당한 판시라고 볼 수 있다.

그리고 보험자가 피보험자를 위해서 방어행위를 하는 경우, 그 범위 내에서 보험자와 피보험자가 위임관계에 있다고 볼 수 있으므로, 보험자는 선관주의 의무(민법 681조)를

---

49) 양승규 370면

부담한다.

3) 직접청구 관련

제3자가 보험자에게 직접청구권을 행사하게 되면(상법 724조 2항), 보험자는 이에 대해 방어를 하게 되며 이것은 자기를 위한 방어가 된다.

다만 보험자가 자기를 위해서 방어하더라도 이것은 피보험자와 밀접한 이해관계가 있다. 따라서 만약 보험자의 부주의한 방어행위로 인하여 부적정한 배상책임이 인정된 경우 그로 인해 피보험자는 보험료 증가 등 간접적 불이익을 입을 수 있으므로, 보험계약으로부터 도출되는 계약상 의무로서 또는 불법행위 책임의 발생근거로, 보험자는 제3자의 직접청구에 대한 방어행위와 관련하여 피보험자에게 신의칙상 주의의무를 진다고 해석한다.

3. 피보험자의 의무

(1) 통지의무

피보험자는 보험사고 발생의 통지의무, 배상청구 사실의 통지의무, 그리고 책임확정에 대한 통지의무를 부담한다.

1) 보험사고 발생

책임보험의 보험계약자 또는 피보험자는 보험사고 발생의 통지의무(상법 657조)를 부담한다. 이것은 보험계약 일반에 적용되는 통지의무로서 책임보험에도 적용되는 것이다. 상법 657조를 책임보험에 적용해 보면, 보험계약자 또는 피보험자는 보험사고인 손해사고의 발생을 안 때에는 지체없이 보험자에게 통지를 발송해야 하고(상법 657조 1항), 보험계약자 또는 피보험자가 통지의무를 게을리하여 손해가 증가된 경우 보험자는 증가된 손해에 대해서 면책된다(상법 657조 2항).

2) 배상청구 사실

i) 의의 및 취지

피보험자는 제3자로부터 배상청구를 받았으면 지체없이 보험자에게 그 통지를 발송해야 한다(상법 722조 1항). 여기서 청구는 정당한 청구인지 여부, 재판상 청구인지 여부를 묻지 않는다.[50] 만약 피보험자가 이 통지를 게을리하여 손해가 증가된 경우 보험자는 증

50) 박세민 600면; 양승규 370면; 정동윤 654면

가된 손해에 대해서 면책되고, 다만 피보험자가 상법 657조 1항에 따른 보험사고 발생의 통지를 발송한 경우에는 그러하지 않다(상법 722조 2항 단서).

배상청구 사실의 통지의무는 취지가 무엇인가? 보험자가 청구과정에 직접, 간접으로 관여할 수 있는 기회를 주기 위함이다. 즉 배상청구가 제기된 경우 피보험자가 적절히 대응하지 않아서 배상액이 증가하게 되면 이것은 보험자에게 부당한 불이익이 될 수 있고, 이를 방지하기 위해서 보험자가 직접 또는 간접으로 청구과정에 관여할 수 있도록 하기 위함이다.[51] 이러한 취지를 고려하면, 보험자가 배상청구 사실을 알고 있는 경우에는 통지할 필요가 없다고 해석한다.[52]

ii) 위반시 효과

통지의무 위반 시에 효과를 규정한 상법 722조 2항은 2014년 상법 개정을 통해서 신설된 조항이다. 주요한 내용은 다음과 같다.

① 배상청구 사실의 통지의무를 위반한 경우 그 효과이다. 통지의무를 위반하여 증가된 손해에 대해서는 보험자가 면책되는 것이다(상법 722조 2항 본문). 이것은 보험사고 발생의 통지의무 위반과 같은 내용이다. 개정 이전에도 통설은 상법 657조 2항을 (유추) 적용하여 이러한 개정내용과 같게 해석하고 있었다. 그리고 보험약관 중에는 피보험자가 피해자로부터 손해배상 청구소송을 제기당하면 보험자에게 통지해야 하고 정당한 이유 없이 통지를 게을리하여 손해가 증가된 경우 보험자가 증가된 손해를 보상하지 않는다고 규정한 경우가 있었고, 판례는 이러한 약관조항을 유효하다고 보았다.[53]

② 보험사고 발생의 통지의무와 배상청구 사실의 통지의무의 관계이다. 결론적으로, 전자를 이행하면 후자는 면제될 수 있지만, 후자를 이행한다고 반드시 전자가 면제되는 것은 아니라고 볼 수 있다. 그 이유는 다음과 같다.

먼저, 상법 722조 2항은, 피보험자가 배상청구 사실의 통지를 게을리하여 손해가 증가된 경우 보험자는 증가된 손해에 대해서 면책되지만, 다만 피보험자가 보험사고 발생의 통지를 발송한 경우에는 그러하지 않다고 규정한다. 여기서 그러하지 않다는 것은 피보험자가 배상청구 사실의 통지를 게을리하여 증가된 손해에 대해서 보험자가 면책되지 않는다고 해석할 수 있다. 결국 피보험자가 보험사고 발생의 통지를 발송한 경우에는 배상청구 사실에 대한 통지의무는 면제된다는 것을 가리킨다고 볼 수 있다. 즉 보험자가 보험사고발생의 통지를 이미 했다면 배상청구사실의 통지는 불필요한 중복통지라고 보는 것이다. 다만 이 경우에도 보험사고발생의 통지의무를 뒤늦게 이행하여 증가된 손해부분에 대해서는 보험자가 면책될 수 있음은 물론이다.

51) 대판 1994.8.12. 94다2145
52) 박세민 600면; 임용수 383면
53) 대판 1994.8.12. 94다2145

다음, 피보험자가 배상청구 사실에 대한 통지를 발송한 경우에 보험사고 발생의 통지의무가 면제된다고 볼 수 없다. 면제를 인정하는 명문의 규정이 없을 뿐만 아니라, 해석상으로도 인정하기 어렵기 때문이다. 피보험자가 보험사고 발생의 통지의무를 위반하여 증가된 손해가 있는 경우, 배상청구 사실에 대한 통지의무가 이행된다고 해서 그 증가된 손해에 변화가 없다면, 보험자가 그 증가된 손해에 대해서 면책된다고 보는 것이 타당하기 때문이다.

3) 책임확정

피보험자는 책임확정이 되면 이를 보험자에게 통지할 의무를 부담한다. 즉 피보험자는 변제, 승인, 화해 또는 재판으로 인해 피보험자의 제3자에 대한 채무가 확정되면 지체없이 보험자에게 통지를 발송해야 한다(상법 723조 1항). 그리고 보험자는 특별한 기간의 약정이 없으면 통지를 받은 날로부터 10일 내에 보험금을 지급해야 한다. 상법 723조 1항 및 2항은 책임보험의 특성을 고려한 보험금지급채무 변제기의 특칙이라고 할 수 있다. 이에 관해서는 손해보상의 이행기에서 상술한 바 있다. 이에 덧붙여, 피보험자가 책임확정에 대한 통지의무를 지체하면 손해보상의 이행기가 그 만큼 늦추어지는 불이익을 입는다. 그 이외에 보험자의 손해보상책임 그 자체에는 아무런 영향이 없다(통설).[54]

(2) 협의의무

1) 원칙

피보험자가 제3자에 대한 책임을 확정하는 데 보험자와 협의할 의무가 있는가? 상법은 이러한 의무를 피보험자에게 직접 부과하고 있지 않다. 다만 우리 상법은 당사자가 협의의무를 약정할 수 있음을 전제로 그 효과를 다음과 같이 규율하고 있다.

2) 협의의무를 약정한 경우

i) 의무위반의 효과

피보험자가 동의 없이 제3자에 대하여 변제, 승인 또는 화해를 한 때 보험자가 면책된다는 합의가 있는 경우에도 그 행위가 현저히 부당한 것이 아니면 보험자는 보상책임이 있다(상법 723조 3항). 이를 반대해석하면, 그 행위가 현저히 부당한 것이면 보험자는 보상책임이 없다(통설). 이에 따르면 피보험자의 변제 등의 행위에 보험자의 동의가 요구된다고

---

54) 대판 2000.10.13. 2000다2542가 같은 취지의 판결이라고 인용되는 경우가 있다. 하지만 이 판결은 보험자는 피해자와 피보험자 사이에 판결에 의하여 확정된 손해액은 특별한 사정이 없는 한 원본이든 지연손해금이든 모두 피보험자에게 지급할 의무가 있다고 한 것인데, 이것은 보상의무의 범위에 관한 것이지, 채무확정 통지의무의 위반효과를 다룬 것이라고 보기 어렵다.

약정(또는 합의)한 경우에도 그 약정의 효력이 제한되는 것이다. 동의를 받지 않은 경우에도 변제 등의 행위가 현저히 부당한 것이 아니면 보험자에게 보상책임이 있기 때문이다.

ii) 약정의 효력을 제한하는 이유

위와 같이 약정의 효력을 제한하는 이유는, 책임의 존부나 내용에 대해서는 다툼이 있기 마련이어서 제3자와 피보험자, 그리고 피보험자와 보험자 사이의 분쟁으로 이어져 관련 비용의 증가가 불가피하기 때문이다. 이를 피하기 위해서는 피보험자가 선의로 채무 확정을 하였다면, 이를 최대한 존중하는 것이 분쟁 비용의 증가를 최소화할 수 있다는 점을 고려한 것이다.

iii) 현저한 부당의 기준

피보험자가 제3자로부터 재판상 손해배상청구를 받아 그 소송에서 손해배상을 명하는 판결을 선고받고 항소하지 않은 채 이를 확정시킨 경우 이것이 현저히 부당한 경우에 해당할 수 있는가? 대판 2000.4.21. 99다72293은 피해자가 피보험자 및 보험자를 공동피고로 하여 제기한 손해배상 청구소송의 제1심 판결에 대하여 피보험자가 항소하지 않고 보험자만이 항소했고 항소심에서 제1심 판결 금액보다 감액된 금액으로 조정이 성립된 사건이다. 대법원은 이러한 사실만으로 피보험자가 항소를 제기하지 않은 행위가 현저하게 부당한 경우에 해당되어서 보험자가 면책된다고 볼 수 없다고 판시했다.[55)]

iv) 실제 손해의 면책 여부

변제 등의 행위가 현저히 부당한 것이면 보험자에게 보상책임이 없지만, 이 경우 보험자가 면책되는 것으로 해석되는 것은 현저히 부당한 부분에 한한다고 해석한다. 즉 이 경우에도 피보험자가 실제 손해를 입증하면 그 범위 내에서 보험자에게 보상을 청구할 수 있다고 해석한다.[56)] 그 행위가 현저히 부당하다는 이유만으로 보험자가 전부 면책된다고 해석하는 것은 피보험자에게 지나친 불이익이기 때문이다. 대판 2000.4.21. 99다72293도 같은 취지인 것으로 보인다. 전술한 바와 같이 이 사건은 피해자가 피보험자 및 보험자를 공동피고로 하여 제기한 손해배상 청구소송의 제1심 판결에 대하여 피보험자가 항소하지 않고 보험자만이 항소했고 항소심에서 제1심 판결 금액보다 감액된 금액으

55) 대판 2000.4.21. 99다72293(기록에 비추어 살펴보면, 이 사건 확정판결 금액과 이 사건 조정결정 금액의 차액인 금 37,236,997원(금 109,876,997－금 72,640,000)의 내역과 그 감액의 이유가 무엇인지 정확히 드러나 있지 않으므로 과연 그 차액 부분 전액이 피고가 배상할 의무가 없는 금액인지의 여부를 알아보기 어렵고, 거기다가 원고로서는 피고에게 항소의 제기를 권고하거나 거부할 경우에는 보조참가의 방법으로 피고를 위하여 항소할 수도 있었던 점, 그리고 피고가 달리 위 손해배상소송에서 원고의 방어권을 방해하는 행위를 하였다고 볼 만한 아무런 자료도 보이지 않는 점 등을 종합하여 보면, 피고가 단순히 제1심판결에 대하여 항소하지 않았고 원고만이 항소한 제2심에서 제1심판결 금액보다 감액된 금액으로 조정이 되었다는 점만으로 곧 피고의 항소부제기를 '현저히 부당한 경우'로 평가하여 위 차액 상당의 보험금지급의무를 면제시키기에는 부족하다 할 것이다)

56) 박세민 605면; 장덕조 332면; 채이식 188면

로 조정이 성립된 경우인데, 대법원은 "위 차액 상당의 보험금지급의무를 면제시키기에는" 피보험자의 항소 부제기가 현저하게 부당하다고 보기 어렵다고 판시한 것이다.

한편 피보험자가 부당한 보험금을 취득할 목적으로 현저히 부당한 변제 등의 기망행위를 한 경우라면 어떠한가? 이것은 사기적 보험금청구에 해당한다고 볼 수 있다. 만약 이 경우에 보험자가 전부 면책된다는 약정이 있다면 그 약정은 유효하다고 해석한다.

v) 기타

위와 같은 합의가 없는 경우는 어떠한가? 변제, 승인 또는 화해의 행위가 현저히 부당한 것이 아니면 보험자에게 보상책임이 있다고 해석해야 한다. 그런 합의가 있는 경우에도 변제 등의 행위가 현저히 부당한 것이 아니면 보험자가 보상책임이 있다는 점을 고려하면 당연한 해석이다.

또한 주의할 것은 변제, 승인 또는 화해를 통하여 피보험자의 책임액이 확정되었다고 해서 반드시 보험자가 그 책임액 전부에 대해 보상책임을 지는 것은 아니다. 만약 보험약관이 보험금 지급기준을 정하고 있다면 이 보험금 지급기준에 의해서 산출한 금액의 한도 내에서 보상책임을 부담하면 되기 때문이다. 이에 대해서는 보상 내용 및 기준에서 전술한 바 있다.

(3) 협조의무

1) 의의

보험사고가 발생한 이후 보험자는 피보험자의 협조가 필요한 경우가 많다. 무엇보다도 보험자가 보험사고를 조사하려면 피보험자의 협조가 절실하다. 피보험자는 필요한 범위 내에서 협조할 의무가 있다고 보아야 하며, 이것은 보험계약으로부터 도출되는 계약상 의무로서 또는 불법행위 책임의 발생근거로서 신의칙상 주의의무라고 해석된다. 책임보험의 피보험자도 이러한 협조의무를 부담한다고 볼 수 있다.[57]

그리고 제3자가 보험자에게 직접청구권을 행사하는 경우도 보험자는 피보험자의 협조가 필요할 수 있다. 역시 피보험자는 이에 협조할 신의칙상 주의의무가 있다고 해석된다. 상법은 이를 명문화하였다. 즉 제3자가 보험자에게 직접청구를 하는 경우 보험자는 필요한 서류·증거의 제출, 증언 또는 증인의 출석을 피보험자에게 요구할 수 있고 피보험자는 이에 응해야 한다(상법 724조 4항).

2) 보험약관

배상책임보험표준약관은 보험자가 피보험자를 위해서 방어행위를 하는 경우 피보험

57) 양승규 373면

자의 협력의무를 규정한다. 즉 배상책임보험표준약관 12조 3항은 "피보험자가 피해자로부터 손해배상의 청구를 받았을 경우에 회사가 필요하다고 인정할 때에는 피보험자를 대신하여 회사의 비용으로 이를 해결할 수 있습니다. 이 경우에 회사의 요구가 있으면 계약자 또는 피보험자는 이에 협력하여야 합니다"라고 규정한다. 그리고 이러한 협력의무 위반의 효과에 대해서 동 13조 4항은 "계약자 및 피보험자가 정당한 이유 없이 … 제3항의 요구에 협조하지 않았을 때에는 회사는 그로 인하여 늘어난 손해는 보상하지 않습니다"라고 규정한다.

제4절 제3자의 직접청구권

1. 서설

(1) 피해자 보호의 필요성

책임보험의 효용은 가해자 보호와 피해자 보호 모두에 있다. 책임보험의 1차적 보호대상은 피보험자인 가해자이지만, 책임보험의 보험금은 궁극적으로 피해자에게 귀속되어야 하는 것이다(통설). 피보험자인 가해자가 보험자로부터 보험금을 수령하여 피해자에게 지급하여 가해자는 책임에서 벗어나고 피해자가 피해를 전보받는다면, 비로소 책임보험의 효용이 달성된다고 볼 수 있다.

그런데 책임보험의 효용은 손해보험의 통상적 보험금 지급구조로는 달성하기 어려운 측면이 있다. 손해보험의 보험금청구권자가 피보험자인 것이 원칙이므로, 책임보험의 보험금청구권자도 피보험자인 가해자이다. 그리고 피해자는 가해자에 대한 일개 채권자에 불과하다. 이러한 상황하에서 피해자가 보험금을 통해서 손해배상을 받는 것은 다음과 같은 문제가 있다.

첫째로, 절차가 복잡하다. 먼저 가해자의 책임을 확정해야 한다. 가해자가 배상교섭에 소극적이면 책임확정이 쉽지 않고, 이 경우 피해자가 가해자를 당사자로 하여 소를 제기해야 한다. 이에 대한 확정판결이 나오면 피해자는 채권집행의 방법으로 피보험자의 보험금청구권에 강제집행을 하게 된다. 물론 피해자가 채권자대위권(민법 404조)에 따라 피보험자의 보험금청구권을 대위행사하는 방법도 가능하나, 이를 위해서는 피보험자가 무자력이어서 피보험자의 일반재산 감소를 방지할 필요가 있다는 요건을 충족해야 하기 때문에,[58] 사용이 제한될 수밖에 없는 방법이다.

58) 대판 1969.11.25. 69다1665

둘째로, 위와 같은 절차를 취하더라도 한계가 있다. 피해자가 위와 같은 절차를 완료하기 전에 보험자로부터 보험금을 취득하고 배상 이외의 용도로 사용해 버린 경우가 그러하다. 또한 채권자대위권을 행사하더라도 보험자의 피보험자에 대한 보험금 지급을 막을 수 없다. 민법 405조 2항은 채권자대위권 행사 사실을 채무자에게 통지하면 '채무자'가 그 권리를 처분하여도 이를 대위채권자에게 대항하지 못한다고 규정하고 있을 뿐이므로, 제3채무자(보험자)의 임의변제는 가능하다. 보험자의 피보험자에 대한 임의변제를 막으려면 피해자는 피보험자의 보험금청구권에 가압류 등의 조치를 취해야 한다. 나아가 가해자에게 다른 채권자들이 존재하고 이들이 강제집행 등에 참여하면 피해자에게 돌아올 몫은 그만큼 줄어든다.

(2) 피해자 보호의 수단

책임보험의 피해자에 대한 보호의 방법이나 정도는 입법정책의 문제이다. 그 정책은 시대 또는 국가에 따라 일정한 차이가 있다. 우리 상법의 태도는 아래와 같다.

1) 피해자의 직접청구권

피보험자에게 배상청구권을 가진 피해자는 보험자에게 직접 보상을 청구할 수 있다(상법 724조 2항 본문). 이것이 피해자의 직접청구권이다. 이에 따라 피해자는 가해자의 배상채무 이행에 의존할 필요 없이 보험자에게 직접 청구할 수 있다. 직접청구권이 없다면, 전술한 바와 같이, 피해자는 가해자의 배상채무 이행이 있어야 배상을 받을 수 있고, 가해자가 배상하지 않으면 위와 같은 복잡한 절차를 거쳐야 한다. 하지만 직접청구권이 있는 이상 피해자는 그러한 절차를 거치지 않고 신속하게 보험자에게 직접 손해보상을 청구할 수 있다.

2) 피보험자에 대한 지급거절

ⅰ) 지급거절 권한

보험자는 피해자가 배상을 받기 전에 피보험자에게 보험금의 전부 또는 일부를 지급할 수 없다(상법 724조 1항). 이 규정의 문리를 보면 보험자에게 지급 금지의무를 부과하는 것으로 보인다. 하지만 보험자에게 지급 거절권한을 부여하는 것이고, 다만 보험자가 임의로 지급한 경우 유효한 지급으로 취급하되 피해자에게는 대항할 수 없다고 해석하는 것이 판례의 입장이다.[59] 판례가 타당하다고 본다. 피해자에게 대항할 수 없다고 하는 것으로 위 규정의 취지, 즉 피해자 보호의 강화에 문제가 없기 때문이다.

59) 대판 1995.9.26. 94다28093

ii) 권한의 효용

상법 724조 1항에 의한 지급 거절권한은 피해자 보호에 기여한다.

우선, 보험자가 가해자에게 먼저 보험금을 지급했다고 해도 피해자에게 대항할 수 없으므로, 가해자가 배상채무 이행 이전에 보험금을 취득하고 배상 이외의 용도로 사용해 버려도 피해자에게 문제될 것이 없다.

다음, 피해자가 보험금청구권에 강제집행 등을 할 때 가해자의 다른 채권자에 우선하여 변제받을 수 있다고 해석한다. 가해자의 다른 채권자도 동순위로 변제받을 수 있다고 하면, 배상채무를 이행하지 않은 가해자가 보험금을 지급 받은 것과 사실상 같은 결과가 되기 때문이다. 그 결과 보험금청구권의 강제집행 등과 관련해서는 마치 피해자에게 선순위 채권자의 지위를 부여하는 것과 유사한 효과를 준다. 이러한 이유에서 상법 724조 1항이 제3자의 직접청구권이 피보험자의 보험금청구권에 우선한다는 것을 선언하는 규정이라고 볼 수 있다(판례,[60] 통설). 가해자의 다른 채권자가 피보험자의 보험금청구권에 대하여 강제집행을 하더라도 보험자는 피해자가 배상을 받기 전에는 가해자에게 보험금을 지급할 수 없다는 점을 들어 가해자의 다른 채권자에 대한 의무이행을 거절할 수 있으므로(상법 724조 1항 참조), 피해자는 가해자가 무자력인 경우에도 가해자의 다른 채권자보다 앞서 책임보험금에 따른 보호를 받을 수 있다.[61]

iii) 권한의 포기

보험자가 지급 거절권한을 포기할 수 있는 것으로 해석한다. 피보험자가 보험금청구권자라는 점, 지급 거절권한을 포기해도 피해자에게 대항할 수 없다는 점 등을 고려하면 포기할 수 없는 것으로 해석할 일이 아니기 때문이다.

지급 거절권한의 포기가 가능하다고 본 판례를 보자. 대판 1995.9.26. 94다28093에서, 업무용자동차 종합보험 보통약관이 "피보험자는 판결의 확정, 재판상의 화해, 중재 또는 서면에 의한 합의로 손해액이 확정되었을 때에 회사에 대하여 보험금의 지급을 청구할 수 있으며, 회사는 피보험자로부터 보험금청구에 관한 서류를 받은 때에는 지체없이 필요한 조사를 마치고 곧 보험금을 지급한다"고 규정하면서 피보험자가 피해자에게

60) 대판 1995.9.26. 94다28093

61) 직접청구권은 사법상 각종 법률관계에서 다양한 형태로 문제될 수 있다. 직접청구권의 법률관계에서 주된 쟁점은 ① 제3채무자가 채무자에 대한 항변사유로 직접청구권자에게 대항할 수 있는 범위가 어디까지인지, ② 채무자가 제3채무자에 대한 권리를 독자적으로 행사하는 것이 직접청구권으로 인해 어디까지 제한되는지, ③ 채무자의 다른 일반채권자들이 채무자의 제3채무자에 대한 권리를 책임재산으로 삼아 강제집행을 하는 것이 직접청구권으로 인해 얼마나 제한되는지 여부이다. 책임보험에서의 직접청구권의 경우, 보험자는 피보험자에 대한 의무이행으로 직접청구권자에게 대항할 수 없고, 피보험자의 일반채권자들이나 피보험자 자신의 보험자에 대한 독자적 권리행사는 직접청구권자를 위해 거의 전적으로 제한된다. 책임보험의 직접청구권은 직접청구권자인 피해자를 보호하기 위해 마련된 것이고, 책임보험제도의 궁극적 목적이 피해자의 손해전보라는 점에서 이러한 결론의 정당성은 충분히 인정할 수 있다.

배상채무를 이행하기 전에는 피보험자에게 보험금을 지급하지 않는다는 내용의 조항을 두지 않았다. 대법원은 이러한 약관에 비추어 볼 때 보험자가 상법 724조 1항의 지급 거절권한을 포기하였다고 해석하였다. 대법원은 피보험자가 이러한 약관에 의해서 보험금 지급청구를 하면 보험자는 이에 응해야 하지만, 보험자가 상법 724조 2항에 의하여 직접 청구권을 갖는 피해자에게 직접 보험금을 지급함으로써 보험금의 이중지급 위험을 회피하는 방법을 선택해야 한다고 판시했다. 보험자가 피해자에게 직접 보험금을 지급하면, 피보험자의 보험금청구권이 소멸되므로 보험자는 이중지급의 위험에서 벗어나게 되는 것이다.

2. 직접청구권의 개관

(1) 의의

직접청구권이란 피보험자에게 배상청구권을 가진 피해자가 보험자에게 직접 보상을 청구할 수 있는 권리를 가리킨다(상법 724조 2항 본문). 이러한 직접청구권은 피해자의 가해자에 대한 손해배상청구권이나 피보험자의 보험자에 대한 보험금청구권과는 별개의 독립된 권리인데, 이에 대해서는 후술한다.

(2) 연혁 및 적용범위

1991년 상법 개정 이전에는 상법 725조가 보관자의 책임보험에서 소유자의 직접청구권을 인정하고 있었다.[62] 또한 상법 이외의 특별법들이 직접청구권을 규정한 경우가 있었다. 가령 자동차손배법은 1963년 제정 이후부터 대인배상책임보험과 관련하여 피해자에게 직접청구권을 인정하고 있다(제정 당시 법 12조). 그리고 개별 보험약관이 직접청구권을 인정하는 경우도 있었다.[63] 그러다 1991년 상법 개정을 통해서 책임보험 일반에 걸쳐서 직접청구권을 도입한 것이다(상법 724조 2항). 이것에 의해서 책임보험에서 피해자 보호가 크게 강화된 것으로 평가되고 있다. '환경오염피해 배상책임 및 구제에 관한 법률'(20조 1항), '화재로 인한 재해보상과 보험가입에 관한 법률'(9조) 등은 책임보험가입을 강제하면서 피해자의 직접청구권 규정을 별도로 두고 있는데, 이 경우에도 특별규정을 별도로 두고 있지 않는 한 상법상 직접청구권 관련 논의가 적용된다.

---

62) 위 규정은 책임보험 일반에 직접청구권을 인정하는 상법 724조가 제정되면서, 독자적 존재의의를 상실하였다.

63) 대판 1993.4.13. 93다3622 참조

(3) 행사 주체

직접청구권의 행사 주체는 피해자이다. 피해자의 대리인이 직접청구권을 행사하는 것은 가능하다.[64] 피해자의 채권자가 직접청구권을 행사할 수는 없지만,[65] 피해자의 채권자가 직접청구권에 압류 등 강제집행을 할 수는 있다.[66] 자동차손배법 40조가 직접청구권자의 압류를 금지하는 이유는, 피해자에게 해당 금원이 현실적으로 지급되어 피해자를 보호하기 위함이다. 따라서 교통사고의 피해자를 치료한 의료기관이 피해자에 대한 진료비청구권에 기하여 피해자의 보험자에 대한 직접청구권을 압류하는 것은 가능하다.[67] 또한 직접청구권은 — 개별 법률에 다른 정함이 없는 한[68] — 양도가 가능하며, 그 양수인이 직접청구권을 행사할 수 있다. 그리고 직접청구권도 보험자대위의 대상이 된다(판례,[69] 통설).

(4) 행사시기

피해자가 가해자에 대하여 손해배상청구권을 취득하고, 가해자가 보험자에 대하여 보험금청구권을 취득한다는 두 요건이 모두 충족되어야, 비로소 피해자는 보험자에게 직접청구권을 취득하고 이를 행사할 수 있다. 책임보험의 보험사고를 손해사고라고 파악한다면, 두 요건은 동시에 충족되는 경우가 많을 것이다.

(5) 강행규정성

직접청구권을 인정한 상법 724조 2항은 강행규정이라고 해석한다.[70] 피해자를 보호하기 위해서 법이 특별히 인정한 것이기 때문이다. 예를 들면 직접청구권을 불허하는 보험계약 조항은 그 효력이 없다고 해석한다.[71]

3. 직접청구권의 법적 근거

직접청구권이 인정되는 법적 근거는 상법 724조 2항이라고 볼 수 있다. 이것은 피

---

64) 김성태 634면; 박세민 619면
65) 김성태 634면; 박세민 619면
66) 그러나 자동차손배법상 직접청구권은 압류할 수 없다(40조).
67) 대판 2004.5.28. 2004다6542
68) 자동차손배법상 직접청구권은 양도할 수 없다(40조).
69) 대판 1998.9.18. 96다19765
70) 김성태 618면; 박세민 620면
71) 김성태 618면; 박세민 620면

해자 보호를 강화하기 위해서 1991년에 신설된 규정이다. 직접청구권은 이 규정이 없이는 피해자에게 당연히 인정된다고 볼 수 없다. 다만 보험계약 당사자가 계약을 통해서 인정하는 것은 가능하나,[72] 법률에 규정된 것과 동일한 효력을 갖는다고 보기 어렵다. 상법을 통해 인정된 직접청구권은 피보험자의 일반채권자들 입장에서 이를 채무자(피보험자)의 책임재산으로 삼기가 실질적으로 어려운 데 반해, 피보험자와 보험자 사이의 합의만으로 이러한 효과를 달성할 수 있는지 의문이기 때문이다(채권자와 채무자 사이의 합의만으로 채권자가 채무자에 대하여 갖는 채권을 압류금지채권으로 만들 수는 없다).

위와 같이 직접청구권은 피해자 보호라는 정책적 관점에서 특별히 도입된 권리이고, 상법 724조 2항은 직접청구권에 대한 창설적 규정이지 확인적 규정이 아니다. 이러한 입장을 법정 효과설이라고 부르며, 이것이 판례[73]이자 통설이다. 한편, 책임보험이란 피보험자를 위한 보험이면서 피해자를 위한 보험이기도 하므로 직접청구권이 인정된다는 책임보험 본질설, 보험자가 피해자에게 직접지급채무를 부담한다는 계약당사자의 의사표시의 효과로서 직접청구권이 인정된다는 의사표시 효과설 등도 있으나, 현재 우리나라에서 지지를 얻고 있지 못하다.

4. 직접청구권의 법적 성질

(1) 의의

직접청구권의 법적 성질은 직접청구권의 내용, 효력, 시효 등의 문제와 연관될 수 있다. 그런데 상법 724조 2항이 직접청구권에 대해서 규정하면서 그 법적 성질을 명시하고 있지 않다. 따라서 이 문제는 해석에 맡겨져 있다. 상법 724조 2항이 보험자에게 직접 "보상"을 청구할 수 있다고 규정하고 있어서, 문리상으로는 직접청구권의 법적 성질이 손해배상청구권이 아닌 보험금청구권이라고 읽힐 여지가 없지 않지만, 이 문구에 크게 구애받을 필요는 없다고 본다.

(2) 판례

판례는 과거에 직접청구권의 법적 성질이 보험금청구권이라고 한 적이 있다.[74] 대판 1993.4.13. 93다3622에서 대법원은 보험약관이 규정한 직접청구권은 상법 662조 소

72) 대판 1993.4.13. 93다3622

73) 대판 2017.10.26. 2015다42599(보험자가 피보험자의 손해배상채무를 병존적으로 인수하게 되는 원인은, 피보험자가 제3자에 대하여 손해배상채무를 부담하는 것과는 별개로, 그 기초가 되는 보험자와 피보험자 사이의 법률관계인 책임보험계약에 관하여 제3자의 보험자에 대한 직접청구권을 인정하는 법 규정이 존재하기 때문이다)

74) 대판 1993.4.13. 93다3622

정의 보험금청구권에 다름 아니라고 판시했다.[75]

하지만 주류적 판례는 직접청구권의 법적 성질이 손해배상청구권이라는 입장을 취해 왔다. 즉 보험약관이 규정한 직접청구권의 법적 성질이 손해배상청구권이라고 한 대판 1993. 5.11. 92다2530, 그리고 상법 724조 2항이 규정한 직접청구권의 법적 성질이 손해배상청구권이라고 한 대판 1994.5.27. 94다6819 이후로 최근에 대판 2017.10.26. 2015다42599까지 그러한 입장이 이어지고 있다.[76] 즉 대법원은 직접청구권의 법적 성질은 보험자가 피보험자의 피해자에 대한 손해배상채무를 병존적으로 인수한 것으로서 피해자가 보험자에 대하여 가지는 손해배상청구권이지 피보험자가 보험자에 대해 가지는 보험금청구권이 변형되거나 이에 준하는 권리가 아니라고 판시했다.[77]

(3) 학설

학설은 직접청구권의 법적 성질을 손해배상청구권으로 보는 입장(손해배상청구권설, 다수설)[78]과 보험금청구권으로 보는 입장(보험금청구권설)[79]이 대립하고 있다. 먼저, 직접청구권이 손해배상청구권의 일종이라는 것은 피해자가 피보험자에게 손해배상청구권을 갖고 있는 상황을 전제한 것이다. 만약 피해자가 피보험자에게 갖는 권리가 손해보상청구권이라면 직접청구권은 손해보상청구권의 일종일 것이다. 즉 위 학설의 진정한 의미는 직접청구권이 책임관계의 청구권과 동일한 법적 성질을 갖는다는 것이다. 다만 여기서는 편의상 "손해배상청구"라는 개념을 주로 사용하기로 한다. 한편, 보험금청구권설은 직접청구권이 피보험자의 보험금청구권이 변형된 권리 또는 그에 준하는 권리라고 보는 것이다.

(4) 결론

다음과 같은 이유에서, 피해자의 직접청구권은 그 본질이 손해배상청구권이라고 보는 것이 타당하다고 본다.

통설은 직접청구권의 법적 근거에 대해 법적 효과설을 취하고 있으며, 직접청구권이 상법 724조 2항에 의해서 창설되었다고 본다. 그렇다면 직접청구권의 법적 성격은 상

---

75) 대판 1997.11.11. 97다36521

76) 대판 1995.7.25. 94다52911; 대판 1998.7.10. 97다17544; 대판 1998.9.18. 96다19765; 대판 2000.12.8. 99다37856; 대판 2005.10.7. 2003다6774; 대판 2010.10.28. 2010다53754; 대판 2014.9.4. 2013다71951; 대판(전원) 2017.5.18. 2012다86895

77) 대판 2000.6.9. 98다54397

78) 김성태 623면; 박세민 616면; 이기수 · 최병규 · 김인현 303면; 임용수 388면; 장덕조 336면; 정동윤 657면; 정찬형 721면; 최준선 292면

79) 강위두 · 임재호 746면; 김은경 526면; 양승규 377면; 정경영 900면

법 724조 2항의 입법취지가 무엇인지에 달려있다고 하겠다. 즉 입법정책의 문제이다. 따라서 입법취지를 벗어난 차원에서 직접청구권의 법적 성질을 논의하는 것은 적절하지 않다. 가령 보험청구권설에 대한 반론으로서, 피해자와 보험자 사이에 보험관계가 없기 때문에 직접청구권이 보험금청구권으로 해석될 수 없다는 주장이 있을 수 있지만, 상법 724조 2항의 규정에 의해서 보험관계가 의제된다고 이론구성하는 것이 가능하다는 점에서, 적절한 논거가 아니라고 본다. 손해배상청구권설에 대한 반론으로서, 보험자에게 손해사고에 대한 귀책사유가 없으므로 직접청구권을 손해배상청구권으로 해석할 수 없다는 주장도 있을 수 있지만, 보험자가 가해자가 아닌 것이 사실이나 그렇다고 해서 상법 724조 2항의 규정에 의해서 법정의 중첩적 채무인수가 성립되는 것이 불가능하지 않다는 점에서 적절한 논거가 아니라고 본다.

여기서 직접청구권을 규정한 상법 724조 2항의 취지가 무엇인지를 살펴보자. 전술한 바와 같이 상법 724조가 2항이 없다면 피해자는 가해자와 배상교섭을 해야 하고 가해자가 소극적인 경우 가해자에 대하여 소를 제기하여 확정판결을 받아 보험금청구권을 강제집행해야 하는 것이 원칙이다. 만약 피해자가 가해자를 거치지 않고 보험자에게 직접 보험금을 청구할 있다면 이와 같은 절차상의 복잡성은 해소될 수 있다. 만약 상법 724조 2항의 취지를 이러한 절차상 복잡성의 해소로 한정한다면 직접청구권의 법적 성질은 보험금청구권이라고 보면 된다.

하지만 상법 724조 2항의 취지가 여기에 한정되지 않고 피해자에 대한 보호를 실체적으로 강화시키는 점에 주목해야 한다. 즉 피해자가 자신의 손해배상청구권을 가해자는 물론이고 보험자에게도 행사할 수 있도록 하면 피해자에 대한 보호가 보다 실체적으로 이루어지는 경우가 있을 수 있다. 보험금청구권의 일종이라고 보면 피해자와는 무관한 피보험자 측의 사정으로 인해 피해자의 권리행사가 제한될 수 있기 때문이다. 만약 상법 724조 2항의 취지를 이렇게 확대한다면 직접청구권의 법적 성질은 손해배상청구권이라고 이해하는 것이 보다 자연스럽다.

요컨대, 손해배상청구권설이 타당하다. 직접청구권을 통해서 피해자를 절차적으로는 물론이고 실체적으로도 보호하는 방향으로 상법 724조 2항의 취지를 확대 해석하는 것에 대해 원칙적으로 찬성하는 것이다. 직접청구권이 피해자를 보호하기 위한 제도인 이상 피해자의 관점에서 피해자 자신의 권리를 행사하는 것으로 봄이 자연스럽다.

다만 이러한 이유에서 손해배상청구권설을 취할 때, 피해자에 대한 보호를 어느 정도까지 강화할 것인지가 문제이다. 이것은 후술하는 바와 같이 직접청구권의 부종성 문제이기도 하다. 즉 직접청구권은 보험금청구권에 부종하는 측면이 있다. 보험자 입장에서 직접청구권의 상대방이 됨으로 인해 보험계약상 피보험자에게 부담하는 의무보다 무거운 의무를 부담한다면, 부당하게 불리할 수 있기 때문이다. 따라서 부종성을 인정하는 것은 일정부분 필요하다. 이러한 이유에서 손해배상청구권설을 취하는 대법원도 직접청구권이 인정되는 경우에 보험자가 제3자에 대하여 부담하는 구체적인 책임의 범위와 내용은 책임보험계약에 따라 정해질 수밖에 없고, 책임보험계약에 따라 보험자와 피보험자가 부담하는 권리의무도 변경된다고 판시하였다.[80] 그런데 이러한 부종성은 피해자에 대한 보호를 제약하는 요소로 작용하게 된다. 다시 말하면 손해배상청구권설을 취하면서 피해자에 대한 보호를 어느 정도까지 강화할 것인가라는 문제는 직접청구권의 보험금청구권에 대한 부종성을 어느 정도 인정할 것인지의 문제이기도 한 것이다. 손해배상청구권설을 취하면서 피해자에 대한 보호를 강화하기 위해, 보험금청구권의 영향을 감소시키는 방향으로 나아가면, 결국 보험금청구권에 대한 부종성은 약화되는 것이다. 이와 관련하여 아래에서 주요 쟁점을 살펴보자.

(5) 주요 쟁점

1) 소멸시효의 기간

직접청구권의 소멸시효 기간에 대해 피보험자가 피해자에게 불법행위를 가한 경우를 전제로 살펴보자.

불법행위로 인한 손해배상청구권의 소멸시효 기간을 규정한 민법 766조에 따른다면, 불법행위의 피해자(또는 그 법정대리인)가 손해 및 가해자를 안 날로부터 3년, 불법행위를 한 날로부터 10년이다.[81] 이 중에서 주로 적용되는 기간은 손해 및 가해자를 안 날로부터 3년일 것이다. 이와 달리 보험금청구권의 소멸시효 기간을 규정한 상법 662조에 따른다면 시효기간이 3년이다. 한편 2014년에 상법 662조가 개정되기 이전에 시효기간은 2년이었다. 2014년 상법 662조 개정으로 인해서, 민법 766조의 3년과 비교할 때 사실상 차이가 없어졌음을 알 수 있다.

판례는 초기에 보험금청구권설에 따라 시효기간을 2년이라고 한 적이 있다. 즉 대판 1993.4.13. 93다3622에서, 자동차종합보험보통약관에 피보험자가 피해자에게 지는 손해배상액이 판결에 의하여 확정되는 등의 일정한 경우에는 피해자가 보험자에 대하여 직접 보험금의 지급을 청구할 수 있도록 규정되어 있다고 하더라도, 위 약관에 의하여 피해자에게 부여된 보험자에 대한 보험금청구권은 상법 662조 소정의 보험금청구권과

---

80) 대판 2017.10.26. 2015다42599; 대판(전원) 2017.5.18. 2012다86895(피해자의 직접청구권에 따라 보험자가 부담하는 손해배상채무는 보험계약을 전제로 하는 것으로서 보험계약에 따른 보험자의 책임 한도액의 범위 내에서 인정되어야 한다)

81) 한편 손해배상청구권설을 취하면서 상법 662조에 따라 시효기간을 결정하는 견해도 있다. 박세민 616면; 정찬형 723면

같은 것이므로 이를 2년간 행사하지 아니하면 소멸시효가 완성된다고 보아야 한다고 판시했다.

하지만 대판 2005.10.7. 2003다6774에서, 손해배상청구권설에 따라 피해자 또는 그 법정대리인이 그 손해 및 가해자를 안 날로부터 3년이 시효기간이라고 판시했다. 즉 상법 724조 2항은 책임보험에 있어서 피보험자가 책임을 질 사고로 입은 손해에 대하여 피해자인 제3자는 보험금액의 한도 내에서 보험자에게 직접 보상을 청구할 수 있도록 규정하고 있으므로, 상법 724조 2항에 의하여 피해자가 보험자에게 갖는 직접청구권은 보험자가 피보험자의 피해자에 대한 손해배상채무를 병존적으로 인수한 것으로서 피해자가 보험자에 대하여 가지는 손해배상청구권이므로 민법 766조에 따라 피해자 또는 그 법정대리인이 그 손해 및 가해자를 안 날로부터 3년간 이를 행사하지 아니하면 시효로 인하여 소멸한다고 판시했다. 이 판결에서 대법원이 직접청구권의 소멸시효 기간을 손해배상청구권의 그것과 같다고 한 것은 피해자를 손해배상청구권자와 동일하게 취급하여 그를 보호하려는 취지일 것이다. 손해배상청구권을 기준으로 직접청구권의 소멸시효 기간을 정하는 데 찬성하고자 한다.

2) 소멸시효의 기산점

직접청구권의 소멸시효의 기산점을 피보험자가 피해자에게 불법행위를 가한 경우를 전제로 살펴보자.

손해배상청구권의 소멸시효 기산점에 따라 직접청구권의 소멸시효 기산점을 정한다면, 민법 766조에 따라, 불법행위의 피해자(또는 그 법정대리인)가 손해 및 가해자를 안 날로부터, 불법행위를 한 날로부터 소멸시효가 기산된다.[82] 이 중에서 주로 적용되는 기산점은 손해 및 가해자를 안 날일 것이다. 여기서 피해자가 손해 및 가해자를 안 날이란 손해의 발생, 위법한 가해행위의 존재, 가해행위와 손해의 발생과의 사이에 상당인과관계가 있다는 사실 등 불법행위의 요건사실에 대하여 현실적이고도 구체적으로 인식하였을 때를 가리킨다.[83]

이와 달리 보험금청구권의 소멸시효 기산점에 따라 직접청구권의 소멸시효 기산점을 정한다면, 책임보험 이외의 보험에서 취하고 있는 보험금청구권의 소멸시효 기산점에 관한 일반 원칙 — 즉 보험사고가 발생한 때를 기준으로 하고,[84] 다만 보험사고의 발생 여부가 객관적으로 분명하지 아니하여 보험금청구권자가 과실 없이 보험사고의 발생을

82) 대판 2005.10.7. 2003다6774. 한편 손해배상청구권설을 취하면서, 입법론으로서 직접청구권의 소멸시효 기산점을 보험사고 발생일이라고 하자는 견해(김성태 634면)도 있다.

83) 대판 2008.1.18. 2005다65579

84) 대판 1993.7.13. 92다39822

알 수 없었던 경우 보험금액구권자가 보험사고의 발생을 알았거나 알 수 있었던 때[85] — 을 적용하는 것이 타당하다.

사실 책임보험에서 보험금청구권의 소멸시효 기산점은 다른 보험에서 취하고 있는 일반 원칙과 다르다. 즉 원칙적으로 피보험자의 제3자에 배상책임이 변제, 승인, 화해 또는 재판에 의해 확정됨으로써 그 보험금청구권을 행사할 수 있는 때가 책임보험에서 보험금청구권의 소멸시효 기산점이다.[86] 보험금청구권설을 따른다면, 직접청구권의 소멸시효 기산점은 가해자의 책임이 확정된 때라고 보아야 한다는 견해[87]는 바로 책임보험에서 보험금청구권의 소멸시효 기산점에 의거한 것으로 보인다. 하지만, 이러한 기산점을 피해자의 직접청구권에도 적용하는 것은 무리라고 생각된다. 왜냐하면 직접청구권의 효용을 제대로 살리기 어렵기 때문이다. 직접청구권의 효용을 살리기 위해서는, 보험사고의 발생 후 피해자가 보험자에 직접청구하면 지급결정의 전제로서 배상책임 문제를 피해자와 보험자가 다루면 되고 굳이 피보험자와 피해자 사이에 배상책임 확정을 요구할 필요가 없다고 해야 한다. 이와 달리 피해자가 피보험자와 배상책임을 확정해야만 비로소 보험자에게 직접 청구할 수 있다고 하면, 피해자가 피보험자를 거치지 않고 보험자에게 직접 청구할 수 있게 하자는 직접청구권의 취지가 살지 않기 때문이다. 따라서 보험금청구권설을 따르더라도, 직접청구권의 소멸시효 기산점은 책임보험 이외의 보험에서 취하고 있는 일반적인 기준을 따르는 것이 타당하다. 한편 손해배상청구권설을 취하면서 직접청구권의 소멸시효는 배상책임이 확정된 때부터 진행된다는 견해도 있지만,[88] 찬성하기 어렵다.

이상에 따르면 직접청구권의 소멸시효 기산점을 손해배상청구권을 기준으로 하든 보험금청구권을 기준으로 하든 큰 차이는 없지만, 손해배상청구권을 기준으로 하는 것이 피해자에게 조금 더 유리해 보인다. 손해배상청구권을 기준으로 직접청구권의 소멸시효 기산점을 정하는 데 찬성한다.[89]

참고로 직접청구권의 법적 성질이 보험금청구권이라고 전제하며 직접청구권의 소멸시효 기산점이 피보험자가 피해자에게 지는 손해배상액이 판결에 의해 확정되는 때라고 판시한 판례가 있다. 즉 대판 1993.4.13. 93다3622에서, 피보험자가 피해자에게 지는 손

85) 대판 1993.7.13. 92다39822

86) 대판 2002.9.6. 2002다30206. 이러한 기산점은 상법 723조 1항, 2항(피보험자가 피해자에 대하여 변제, 승인, 화해 또는 재판으로 인해서 채무를 확정하여 이를 보험자에게 통지해야 보험자가 보험금 지급의무를 짐)에 기초한 해석론이다.

87) 최준선 293면

88) 장덕조 344면

89) 참고로 직접청구권은 기한의 정함이 없는 채무이므로 보험자에 대한 이행청구 다음날부터 지연손해금이 발생한다고 봄이 타당하다.

해배상액이 판결에 의하여 확정되는 등의 경우에 피해자가 보험자에 대하여 직접 보험금의 지급을 청구할 수 있다는 자동차종합보험보통약관의 조항[90]에 따라 피해자인 원고들이 보험자에 대하여 그 판결금액 상당의 보험금액을 직접 청구하는 소송을 제기한 것이라면 직접청구권의 소멸시효는 위 확정판결이 있은 때로부터 기산된다고 판시했다. 다만 이 사건에서 해당 약관조항이 피해자가 보험자에 대해 직접 청구할 수 있는 시점을 피보험자가 피해자에게 지는 손해배상액이 판결에 의해 확정되는 등의 경우로 제한하고 있다는 점에서, 이러한 약관조항이 없는 경우에 직접청구권의 소멸시효 기산점에 관한 판례라고 볼 것은 아니다.

3) 자기부담금

대판 2014.9.4. 2013다71951에서, 해당 약관은 보험자가 보상해야 하는 손해의 범위에 '피보험자가 피해자에게 지급한 손해배상금'을 포함시키면서 다만 자기부담금 10만 원을 공제한다고 규정했다. 피보험자가 피해자에게 손해배상을 한 후 보험자에게 보험금을 청구한 경우 자기부담금 10만 원이 공제됨은 약관규정의 해석상 분명하다. 문제는 피해자의 직접청구에 따라 보험자가 피해자에게 직접 지급할 때도 자기부담금 10만 원을 공제할 수 있는지 여부다. 원심은 공제할 수 없다고 판시했다. 하지만 대법원은 공제할 수 있다고 판시했다. 즉 상법 724조 2항에 의하여 피해자에게 인정되는 직접청구권의 법적 성질은 보험자가 피보험자의 피해자에 대한 손해배상채무를 병존적으로 인수한 것으로서 피해자가 보험자에 대하여 가지는 손해배상청구권이고 피보험자의 보험자에 대한 보험금청구권의 변형 내지는 이에 준하는 권리는 아니다. 그러나 이러한 피해자의 직접청구권에 따라 보험자가 부담하는 손해배상 채무는 보험계약을 전제로 하는 것으로서 보험계약에 따른 보험자의 책임 한도액의 범위 내에서 인정되어야 하므로, 자기부담금을 보험자가 지급할 보험금에서 공제하기로 보험약관에서 정하였다면 보험자는 손해배상금에서 자기부담금을 공제한 금액에 대하여 피해자에게 직접 지급의무를 부담한다고 판시했다.[91]

대법원은 손해배상청구권설에 입각하면서도 직접청구권이 보험계약을 전제로 한다

---

90) 이러한 약관조항은 1991년에 상법 개정으로 피해자의 직접청구권(724조 2항)이 신설되기 전에 존재하던 것이다. 이러한 약관조항이 직접청구권의 행사시점을 판결의 확정시점 등으로 제한하는 이상 현행법하에서는 불이익변경금지 원칙(상법 663조)에 반하여 무효가 될 수 있다.

91) 대판 2017.3.30. 2014다68891도 같다(이 사건 보험약관 제4장에서 하나의 손해배상청구(보험사고)의 결과로 발생하는 손해배상금에 관하여 손해배상금이 자기부담금을 초과하는 경우에 한하여 그 초과분을 보상하기로 약정하였는데, 피해자의 보험자에 대한 손해배상청구는 상법 724조 2항에 따른 것으로 보험자는 그 보험금액의 한도 내에서만 직접 손해배상책임을 지게 되므로, 자기부담금 1,000만 원은 보험자가 피해자에게 지급할 손해배상금에서도 공제되어야 한다).

는 점을 분명히 하고, 보험약관상 자기부담금 조항이 직접청구권을 구속한다고 판시한 것이다. 직접청구권을 손해배상청구권으로 보더라도 피해자는 보험금액의 한도에서 보험자에게 직접청구권을 행사할 수 있는 것이므로, 판례의 입장은 타당하다. 만약 보험금청구권설에 따른다면, 직접청구권이 보험약관상 자기부담금 조항에 당연히 구속된다고 할 것이다.

4) 보험약관상 지급기준 등

대판 1994.5.27. 94다6819에서, 보험자가 피해자에게 직접 지급해야 할 손해액이 자동차 종합보험약관상의 지급기준(과실상계, 위자료, 장례비, 일실수입에 관한 기준)에 의한 금액 범위 내로 한정되는지가 다투어졌다.

자동차종합보험약관상 지급기준(과실상계, 위자료, 장례비, 일실수입에 관한 기준)은 적어도 피보험자의 피해자에 대한 배상책임이 재판을 통해 확정되지 않은 채 피보험자가 보험금을 청구하는 상황에서는, 보험자가 부담할 보험금의 내역을 확정하는 구속력있는 기준이다.[92] 피해자의 직접청구권을 보험금청구권으로 본다면, — 피보험자의 피해자에 대한 배상책임이 재판을 통해 확정되지 않은 상태에서 피해자의 직접청구가 이루어지는 경우에는[93] — 위 약관상 지급기준에 따라 보험자의 피해자에 대한 의무내용이 확정될 것이다.

그러나 직접청구권을 손해배상청구권으로 본다면, 위와 같은 문제상황에서 보험자의 피해자에 대한 의무내용(과실상계를 몇 %로 할 것인지, 위자료를 얼마나 인정할 것인지, 일실수입을 어떻게 산정할 것인지 등)을 결정함에 있어 법원은 통상의 인신사고에 따른 손해배상청구 사건처럼 법률 및 판례 등에 따라 판단하면 되는 것이지, 위 약관상 지급기준에 구속될 이유가 없다. 위와 같이 산정된 손해배상액 중 보험금액의 한도에서 직접청구권 행사가 허용된다. 대판 1994.5.27. 94다6819는 이러한 취지로 판시한 것이다.[94] 이 판례와 자기부담금에 관한 위 대판 2014.9.4. 2013다71951은 사안이 서로 다르므로 모순되지 않는다.

5) 보험약관별 보상한도

대판(전원) 2017.5.18. 2012다86895에서, 보험자와 보험계약자가 제1, 제2화재보험계약을 체결하였는데, 제1화재보험계약의 경우 임차인배상책임의 보상한도액은 1억 원, 시설소유자배상책임의 보상한도액은 1억 원(공제금 10만 원)이고, 제2화재보험계약의 경우 임차인배상책임의 보상한도액이 8,000만 원이었다. 그리고 임대차 목적물은 임대차배상

92) 피보험자의 피해자에 대한 배상책임 내용이 지급기준과 다르게 재판을 통해 확정된 경우에도, 보험자는 약관상 지급기준에 따른 보험금만 피보험자에게 지급하면 면책되는지에 대해서는 검토의 여지가 있다.

93) 피해자의 직접청구가 이루어지는 많은 경우가 이에 해당할 것이다.

94) 대판 2019.4.23. 2018다281241도 같은 취지이다.

책임의 보상대상에 속하고, 임대차 목적물 이외의 건물 부분은 시설소유자배상책임의 보상대상에 속했다. 원심은 임차인배상책임과 시설소유자배상책임의 각 보상한도액을 구분하지 않고 오히려 각 보상한도액을 모두 합산한 금액을 한도로 하여 지급할 보험금의 액수를 정했지만, 대법원은 임대차 목적물에 발생한 손해와 임대차 목적물 이외의 건물 부분에 발생한 손해를 구분하여 전자에 대해서는 임차인배상책임에 따라 1억 8,000만 원(제1화재보험의 한도액 1억 원 + 제2화재보험의 한도액 8,000만 원)을 한도로, 후자에 대해서는 시설소유자배상책임에 따라 9,990만 원(제1화재보험의 한도액 1억 원 − 공제금 10만 원)을 한도로 보험금의 액수가 정해져야 한다고 판시했다.

요컨대, 대법원은 손해배상청구권설에 입각하면서도 직접청구권에 따라 보험자가 부담하는 손해배상채무는 보험계약을 전제로 하므로 보험계약별 보험자의 책임한도액의 범위 내에서만 보상책임이 인정된다고 보았다.

6) 법정이율

대판 2019.5.30. 2016다205243에서는 손해배상청구권설에 입각해서 손해배상금을 지급할 의무가 위반됨에 따른 지연손해금은 연 6%의 상사법정이율이 아닌 연 5%의 민사법정이율(민법 379조)이 적용된다고 판시되었다. 한편 보험금청구권설에 따르게 되면, 보험자가 상인이거나 보험계약자가 상인이면 지연손해금은 연 6%의 상사법정이율(상법 54조)이 적용된다.

5. 직접청구권과 손해배상청구권의 관계

(1) 별개 독립의 권리

책임보험에서 피해자는 보험자에 대해서 직접청구권과 피보험자인 가해자에 대해서 손해배상청구권을 갖는다. 이들은 별개 독립의 권리로서 청구권 경합의 관계에 있다.[95] 보험금청구권설에 따르든 손해배상청구권에 따르든 같다.

청구권 경합이란 하나의 사실이 두 개 이상의 법규가 정하는 요건을 충족해서 두 개 이상의 권리가 발생하며, 법규 상호 간에 배제관계가 아닌 경우를 가리킨다. 청구권 경합의 경우, 각 권리는 독립하여 별개로 존재하고, 서로 관계없이 행사될 수 있다(통설). 그리하여 청구권 경합의 관계에 있는 보험자에 대한 직접청구권과 피보험자에 대한 손해배상채권은 별개 독립의 것으로서 병존한다.[96] 만약 보험자가 피해자에게 직접 손해

95) 대판 1994.1.14. 93다25004; 김성태 624면; 장덕조 337면
96) 대판 2000.6.9. 98다54397; 김성태 623면; 장덕조 337면

를 전보한 경우, 판례는 피해자에 대한 자신의 손해배상채무를 변제할 의사로 한 것이라고 보아야 할 것이지, 타인의 채무인 피보험자의 피해자에 대한 손해배상채무를 변제할 의사로 한 것이라고 볼 것이 아니라고 한다.[97] 이 판결은 보험자에 대한 직접청구권과 피보험자에 대한 손해배상청구권은 별개 독립의 것임을 전제한 것이라고 볼 수 있다.

그리고 청구권 경합의 관계에 있는 각 권리는 목적을 같이하므로 어느 하나를 행사하여 그 목적을 달성하게 되면 그 범위 내에서 다른 권리도 같이 소멸한다(통설). 직접청구권과 손해배상청구권도 손해전보라는 목적이 같으므로 어느 하나를 행사하여 손해전보의 목적을 달성하게 되면 그 범위 내에서 다른 권리도 같이 소멸한다. 판례도 같다. 대판 1975.7.22. 75다153에서, 자동차손배법 및 동법시행령의 각 규정 취지에 의하면 피해자는 보험자에 대하여 그 법 소정의 범위 내 손해배상액(보험금)의 지급을 청구할 수 있고 보험자가 피해자에게 지급한 이 법 소정의 손해배상액(보험금) 범위 내에서 가해자인 보험가입자는 피해자에 대한 자기의 배상책임을 면하게 된다고 판시했다.

양자는 별개의 독립된 권리이므로 피해자와 피보험자 사이에 손해배상책임의 존부 및 범위에 관한 판결이 선고되고 그 판결이 확정되었더라도, 그 판결의 당사자가 아닌 보험자에 대해서까지 판결의 효력이 미치는 것은 아니므로, 피해자가 보험자를 상대로 하여 손해배상금을 직접 청구하는 사건의 경우 특별한 사정이 없는 한 피해자와 피보험자 사이의 전소판결과 관계없이 피해자의 보험자에 대한 손해배상청구권의 존부 내지 범위를 다시 따져보아야 한다.[98]

(2) 연대보증채무

1) 의의

보험자 및 가해자가 피해자에 대해서 공동으로 부담하는 채무의 성질이 무엇인지가 문제된다.

2) 학설

보험자 및 가해자는 피해자에 대해서 부진정연대채무를 부담한다는 견해가 있다.[99] 부진정연대채무는 채무자들 사이에 주관적 공동관계가 없는 경우에 인정되므로(판례,[100] 통설), 이 견해는 보험자와 가해자 사이에 주관적 공동관계를 인정하지 않는 것이라고 할 수 있다.

---

97) 대판 2000.12.8. 99다37856
98) 대판 2000.6.9. 98다54397
99) 김성태 624면; 박세민 613면; 임용수 389면; 장덕조 337면; 채이식 193면
100) 대판 2009.8.20. 2009다32409

3) 판례

대판 2010.10.28. 2010다53754에서 대법원은 보험자 및 가해자 사이에 주관적 공동관계를 인정하면서, 보험자 및 가해자가 피해자에 대해서 연대채무를 부담하는 것으로 보았다. 즉 상법 724조 2항에 의하여 피해자에게 인정되는 직접청구권의 법적 성질은 보험자가 피보험자의 피해자에 대한 손해배상채무를 중첩적으로 인수한 결과 피해자가 보험자에 대하여 가지게 된 손해배상청구권이고 중첩적 채무인수에서 인수인이 채무자의 부탁으로 인수한 경우 채무자와 인수인은 주관적 공동관계가 있는 연대채무관계에 있다 할 것이므로, 보험자의 채무인수는 피보험자의 부탁(보험계약이나 공제계약)에 따라 이루어지는 것이므로 보험자의 손해배상채무와 피보험자의 손해배상채무는 연대채무관계에 있다고 판시했다.[101)]

이 사건에서는 보험자가 피해자에게 부담하는 직접지급채무를 피해자에 대해 갖고 있는 채권을 자동채권으로 하여 상계한 경우, 가해자의 피해자에 대한 손해배상채무에 대해 절대적 효력이 미쳐서 손해배상채무가 소멸하는지 여부가 문제되었다. 대법원은, 보험자 및 가해자가 피해자에 대해서 연대채무를 부담하고 민법 418조 1항에 따라 연대채무에서 상계가 절대적 효력을 가지므로, 가해자의 손해배상채무가 소멸한다고 판시했다.

4) 결론

위 판결의 논리에는 찬성하기 어렵다. 대법원은 보험자의 손해배상채무의 인수가 피보험자의 부탁에 따른 것으로 이해하지만, 보험자의 손해배상채무의 인수는 상법 724조 2항의 법률 규정에 따른 것이지 피보험자의 부탁에 따른 것이라고 보기 어렵기 때문이다. 또한 만약 피보험자의 부탁을 강하게 의제하여 보험자 및 가해자가 피해자에 대해서 부담하는 채무를 연대채무라고 한다면, 부진정연대채무에 비해 절대적 효력의 범위가 넓어져 채권의 담보력이 약화될 수 있어서 피해자 보호에 역행하는 문제도 있다.

그렇다고 보험자 및 가해자가 피해자에 대하여 부진정연대채무를 부담한다고 보기도 어렵다. 직접청구권에 따른 의무와 손해배상의무가 부진정연대관계에 있다면, 피해자가 손해배상청구권을 포기하더라도 보험자에게 직접청구권을 행사할 수 있어야 한다. 그러나 아래에서 살펴보는 것처럼 직접청구권은 피보험자에 대한 손해배상청구권에 종속하는 성질이 있다. 상법 724조 2항 단서도 피해자의 직접청구에 대하여 보험자는 피보험자가 그 사고에 관하여 가지는 항변으로써 피해자에게 대항할 수 있다고 규정한다. 그런데 반대로 직접청구권이 소멸되었다고 해서 당연히 피보험자에 대한 손해배상청구권도

---

101) 대판 2018.10.25. 2018다234177; 대판 2019.1.17. 2018다245702도 같다.

소멸되었다고 볼 수는 없다. 피해자가 직접청구권을 포기하였더라도 포기대상에 손해배상청구권도 포함되었다고 그 의사표시를 해석할 수 있는 경우가 아닌 한, 손해배상청구권은 별도로 존속한다.[102]

이러한 점을 종합적으로 고려할 때, 가해자가 피해자에 대해 부담하는 채무와 보험자가 피해자에 대해서 부담하는 채무는 주채무와 연대보증채무와 비슷한 관계에 있으며, 손해배상청구권과 직접청구권을 둘러싼 법률관계는 연대보증 법리를 통해 상당부분 해결할 수 있다고 생각된다. 다만 사안 유형의 특수성에 비추어 연대보증 법리가 전적으로 적용되기 어려운 부분도 있다.

연대보증 법리에 의하면 손해배상채무에 관하여 생긴 사유는 모두 보험자에게 그 효력을 미친다. 보험자는 가해자가 피해자에 대하여 갖는 항변으로 피해자에게 대항할 수 있고(민법 433조 1항, 상법 724조 2항 단서), 가해자의 항변포기는 보험자에게 효력이 없다(민법 433조 2항). 가해자가 피해자에 대하여 갖는 채권을 자동채권으로 한 상계권을 행사하지 않는 경우 보험자가 이를 대신 행사하여 자신의 직접지급의무를 면할 수 있는가? 보증의 경우 가능하지만(민법 434조), 책임보험의 경우에는 상법 724조 2항 단서가 "피보험자가 그 사고에 관하여 가지는 항변"으로 보험자가 대항할 수 있다고 제한적으로 규정한 점, 피해자 보호 등을 고려할 때, 허용될 수 없다고 본다.

또한 보험자의 직접지급의무에 관하여 생긴 사유는 변제, 대물변제, 공탁, 상계와 같이 피해자에게 만족을 주는 사유를 제외하고는 가해자에게 효력을 미치지 않는다.[103] 따라서 연대보증 법리에 따르더라도 위 대판 2010.10.28. 2010다53754의 결론(상계의 절대적 효력 인정) 자체는 수긍할 수 있다.

손해배상채무에 관하여 시효가 중단되면 직접지급의무의 시효도 중단되는가? 보증의 경우는 그렇지만(민법 440조), 직접지급의무와 손해배상채무의 소멸시효 중단은 개별적으로 판단하고 서로 간에 영향을 미치지 않는다고 봄이, 즉 민법 440조는 유추하지 않음이 타당하다. 부종성이 있다고 시효중단의 효력까지 부종한다는 결론이 논리필연적으로 도출되는 것은 아니고(부종성은 주채무의 성립과 내용에 부종한다는 뜻이다), 직접지급의무자인 보험자의 이해관계도 일정부분 배려함이 타당하기 때문이다.

연대보증의 경우 채권자가 주채무자에 대한 채권을 양도하면서 주채무자에 대한 대항요건을 갖추면, 이 채권양도는 보증인에게도 효력을 미친다(수반성). 그러나 손해배상채권을 양도하고 대항요건을 갖추었다고 해서 양수인이 보험자에게 직접청구권을 당연히

102) 반대: 김성태 625면

103) 책임보험자가 피보험자인 가해자를 대리하여 피해자와 손해배상액 등에 관하여 협상을 벌이고, 손해배상금을 지급하기도 하였다면, 대리인이 본인을 대리하여 본인의 피해자에 대한 손해배상채무를 승인하였다고 보아 손해배상채무의 소멸시효가 중단될 여지도 있을 것이다. 대판 1993.6.22. 93다18945 참조

행사할 수 있다고 볼 수는 없다. 책임보험의 직접청구권은 피해자 보호를 위해 특별히 마련된 제도이고 양수인은 피해자가 아니기 때문이다. 양수인이 직접청구권을 행사하려면 직접청구권도 별도로 양도받아야 한다.

피보험자와 보험자 사이의 내부 관계에 있어서는 보험자가 최종적으로 100% 책임을 부담하는 것이 타당하고(이는 피보험자의 보험금 청구를 통해 실현된다),[104] 별도로 구상문제가 발생할 여지는 없다.

(3) 직접청구권의 부종성

1) 의의

피해자는 피보험자에 대한 손해배상청구권의 존재를 전제로 직접청구권을 갖는다(통설). 따라서 직접청구권은 책임관계에 종속하는 성질이 있다(부종성).[105] 그리하여 보험자는 피해자에게 책임관계상 항변을 원용할 수 있다. 즉 보험자는 피보험자가 '책임을 질 사고에 관해서 가지는 항변'으로 피해자에게 대항할 수 있다(상법 724조 2항 단서). 이는 책임보험자가 피보험자의 책임범위 내에서만 책임을 부담하는 것이 보험법의 일반원리에 부합하고, 같은 피해자라도 상대방이 보험에 가입하였는지 여부 및 피보험자 또는 보험자 어느 쪽에 대해 청구권을 행사하는지에 따라 그 손해전보의 범위가 달라지는 것은 합리적이지 못하기 때문에, 책임보험자로 하여금 피보험자의 항변권을 원용할 수 있도록 규정한 것이다.[106]

상법 724조 2항 단서가 말하는 피보험자의 사고에 관한 항변이란 피보험자가 피해자에 대하여 가지는 항변으로서 손해배상채무의 성립 및 범위에 관한 사유를 의미한다.[107] 가령 선박소유자 등의 책임제한은 선박소유자 등의 손해배상채무의 성립 및 범위에 관한 사유에 해당하므로, 해상 관련 책임보험자도 피보험자인 선박소유자 등의 책임제한의 항변을 원용하여 책임제한을 주장할 수 있다.[108] 한편, 피보험자가 책임보험계약과 별도로 체결된 화재보험계약의 보험자에 대하여 가지는 항변은 피보험자가 피해자에 대하여 가지는 항변에 해당하지 않는다.[109]

위와 같은 책임관계상의 항변으로 논의되는 문제로 다음이 있다.

---

104) 대판 2006.4.13. 2005다77305
105) 김성태 624면
106) 대판 2009.11.26. 2009다58470; 대판 2024.7.11. 2020다246913
107) 대판 2024.7.11. 2020다246913
108) 대판 2009.11.26. 2009다58470
109) 대판 2024.7.11. 2020다246913

2) 소멸시효의 문제

손해배상청구권이 시효로 소멸하면 그에 종속하는 직접청구권도 시효로 소멸한다.[110]

3) 혼동의 문제

자동차 운행 중 교통사고가 일어나 자동차의 운행자나 동승한 그의 친족의 일방 또는 쌍방이 사망하여 자동차손배법상 손해배상채권과 채무가 상속으로 동일인에게 귀속될 수 있다. 이 경우 손해배상채권은 혼동으로 소멸하는가?

판례는 가해자가 피해자의 상속인이 되는 등의 특별한 경우를 제외하고는 피해자의 보험자에 대한 직접청구권이 수반되는 경우 그 직접청구권의 전제가 되는 자동차손배법에 의한 피해자의 운행자에 대한 손해배상청구권은 상속에 의한 혼동을 이유로 소멸하지는 않는다고 본다(운전자의 과실로 교통사고가 발생하여 운전자는 사망하고 동승자는 상해를 입었는데 동승자가 운전자를 단독상속한 경우, 운전자와 동승자가 모두 사망하여 같은 사람이 위 두 사람을 상속한 경우 등이 있다). 대판 1995.5.12. 93다48373에서, 가해자가 피해자의 상속인이 되는 등의 특별한 경우를 제외하고는 생존한 교통사고 피해자나 사망자의 상속인에게 책임보험에 의한 보험의 혜택을 부여하여 이들을 보호할 사회적 필요성이 있는 점은 다른 교통사고와 다를 바 없고, 다른 한편 원래 자동차손해배상책임보험의 보험자는 상속에 의한 채권, 채무의 혼동 그 자체와는 무관한 제3자일 뿐 아니라 이미 자신의 보상의무에 대한 대가인 보험료까지 받고 있는 처지여서 교통사고의 가해자와 피해자 사이에 상속에 의한 혼동이 생긴다는 우연한 사정에 의하여 면책될 만한 합리적인 이유가 없으므로, 자동차책임보험약관에 의하여 피해자의 직접청구권이 수반되는 경우 그 직접청구권의 전제가 되는 자동차손배법 3조에 의한 피해자의 운행자에 대한 손해배상청구권은 상속에 의한 혼동에 의하여 소멸되지 않는다고 판시했다.

민법 507조 단서에서 규정한 혼동의 예외 사유 이외에 판례법리에 따라 혼동의 예외 사유가 추가된 것이다.

그러나 가해자가 피해자를 상속한 경우 가해자가 보험보호를 받는 것은 결과적으로 부당한 점이 있으므로, 판례는 원칙으로 돌아가 혼동에 따른 손해배상채권의 소멸을 긍정한다.[111] 손해배상채권이 소멸하므로 직접청구권을 행사할 수 없게 된다. 판례에 따르면 피해자의 보험자에 대한 직접청구권의 전제가 되는 피해자의 손해배상청구권이 운행

---

110) 박세민 616면; 양승규 380면

111) 그러나 보험자가 우연한 사정에 의해 면책되는 것은 타당하지 않다는 점에서, (통상의 경우 과실이 있음에 불과한) 가해자가 보험보호를 받는 것이 반드시 부당하다고 할 수 있는지 의문인 점에서 판례의 입장의 타당성에 대해서는 재검토의 여지가 있다.

자와 가해자에게 상속된 경우 가해자의 상속분에 상응하는 직접청구권 행사는 허용되지 않고, 운행자는 책임보험의 한도액 중 그 상속지분에 상응하는 금액에 관하여 직접청구권을 행사할 수 있다.[112] 이러한 법리는 자동차손배법상 강제책임보험인 대인배상보험 Ⅰ에만 적용된다. 왜냐하면 임의보험인 대인배상보험Ⅱ의 경우 피보험자의 부모, 배우자 및 자녀가 죽거나 다친 경우를 보상하지 않는 손해로 규정하므로 직접청구권의 행사여부가 애초 문제될 수 없기 때문이다.

위 사례에서 가해자가 상속을 포기하면 어떻게 되는가? 대판 2005.1.14. 2003다38573에서, 상속포기는 자기를 위하여 개시된 상속의 효력을 상속개시 시로 소급하여 확정적으로 소멸시키는 제도로서 피해자의 사망으로 상속이 개시되어 가해자가 피해자의 자신에 대한 손해배상청구권을 상속함으로써 그 손해배상청구권과 이를 전제로 하는 자동차손배법 9조 1항(현재는 10조 1항)에 의한 보험자에 대한 직접청구권이 소멸하였다고 할지라도, 가해자가 적법하게 상속을 포기하면 그 소급효로 인하여 위 손해배상청구권과 직접청구권은 소급하여 소멸하지 않았던 것이 되어 다른 상속인에게 귀속되고 그 결과 '가해자가 피해자의 상속인이 되는 등 특별한 경우'에 해당하지 않게 되므로, 위 손해배상청구권과 이를 전제로 하는 직접청구권은 소멸하지 않는다고 판시했다. 그리고 상속포기를 하지 않았다면 혼동으로 소멸하였을 개별적인 권리가 상속포기로 인하여 소멸하지 않게 되었더라도 그 상속포기가 신의칙에 반하여 무효라고 할 수 없다고 판시했다.

6. 직접청구권과 보험금청구권의 관계

(1) 별개 독립의 권리

책임보험에서 피보험자인 가해자는 보험자에 대해서 보험금청구권, 그리고 피해자는 직접청구권을 갖는다. 피해자가 직접청구권을 행사한다는 것은 피보험자의 보험금청구권을 대위청구하는 것은 아니다. 즉 직접청구권과 보험금청구권은 별개의 독립된 권리이다.[113] 이것은 보험금청구권설에 의하든 손해배상청구권설에 의하든 마찬가지이다. 보험금청구권설에 의하면, 직접청구권은 보험금청구권이 변형된 권리 또는 그에 준하는 권리라고 하지만, 그래도 양자는 별개의 독립된 권리인 것이다. 보험자와 피보험자 사이에 피보험자의 보험금청구권이 부존재한다는 판결이 확정되었더라도 피해자의 직접청구권

---

112) 대판 2003.1.10. 2000다41653. 이 판례에서 가해자인 운전자는 동승자인 망인의 모였고, 자동차손배법상 운행자로서 손해배상책임을 지는 자는 망인의 부였다. 판례는 운전자의 직접청구권은 부정하였고, 운행자로서 1/2지분 상속인인 부의 직접청구권은 상속지분 한도에서 긍정하였다. 즉 혼동에 따라 직접청구권 행사를 할 수 없는 가해자에 운행자는 포함시키지 않은 것이다.

113) 김성태 625면; 장덕조 339면

에 그 판결의 효력이 미칠 수는 없다.

(2) 직접청구권의 우선성

피해자의 직접청구권은 피보험자의 보험금청구권에 우선한다.[114] 피보험자가 보험자에게 지급청구하든, 피보험자의 다른 채권자가 보험금청구권을 강제집행하든, 피해자의 직접청구권이 우선한다고 해석한다. 따라서 피해자가 직접청구를 하면 보험자는 피보험자 또는 그의 채권자에 우선해서 피해자에게 직접 지급해야 한다. 그리고 이러한 우선성은 상법 724조 1항이 존재하기 때문에 가능하다.

직접청구권의 우선성에 대해서 대판 1995.9.26. 94다28093은 다음과 같이 판시했다. 즉 상법 724조 1항은 책임보험에 있어서 보험자와 제3자의 관계에 관하여, "보험자는 피보험자가 책임을 질 사고로 인하여 생긴 손해에 대하여 제3자가 그 배상을 받기 전에는 보험금액의 전부 또는 일부를 피보험자에게 지급하지 못한다"고 규정하고 있는데, 이 규정은 피보험자가 상법 723조 1항, 2항의 규정에 의하여 보험자에 대하여 갖는 보험금청구권과 제3자가 상법 724조 2항의 규정에 의하여 보험자에 대하여 갖는 직접청구권의 관계에 관하여 제3자의 직접청구권이 피보험자의 보험금청구권에 우선한다는 것을 선언하는 규정이라고 할 것이므로, 보험자로서는 제3자가 피보험자로부터 배상을 받기 전에는 피보험자에 대한 보험금 지급으로 직접청구권을 갖는 피해자에게 대항할 수 없다고 할 것이고, 따라서 보험자는 제3자가 피보험자로부터 배상을 받기 전에는 상법 724조 1항의 규정을 들어 피보험자의 보험금지급 청구를 거절할 권리를 갖게 된다고 판시했다.

책임보험계약에서 보험금 한도액을 정한 경우 손해배상액 중 일부를 지급한 피보험자의 보험금청구권과 전부배상을 받지 못한 피해자의 직접청구권 합계액이 보험한도액을 초과한다면 그 초과부분에 대하여 두 권리의 경합이 발생한다(가령 피해자의 손해액이 100, 보험금 한도액이 70, 피보험자의 피해자에 대한 지급액이 10인 경우, 피해자는 70의 직접청구권을 행사할 수 있는데 이 직접청구권과 피보험자의 10만큼의 보험금지급청구권 간의 경합이 문제된다). 이 경우에도 직접청구권의 우선성, 즉 상법 724조 1항의 취지는 관철되어야 한다. 즉 보험자는 피해자에게 직접 지급해야 하는 점을 들어 피보험자의 보험금 청구를 거절할 수 있다.

(3) 직접청구권의 부종성

피해자는 피보험자의 보험금청구권 존재를 전제로 직접청구권을 갖는다. 따라서 직접청구권은 보험관계에 종속하는 성질이 있다(부종성).[115] 따라서 직접청구권은 보험계약

114) 김성태 625면; 장덕조 340면

상 보험금액의 범위 내에서만 행사할 수 있다(상법 724조 2항 본문). 나아가, 보험자가 보험금액의 범위뿐만 아니라, 여타 보험관계에서 보험계약자 또는 피보험자에 대해서 갖는 항변으로 피해자에게 대항할 수 있다고 해석한다.[116] 이것은 부종성에 따른 것이다.

그리하여 보험사고, 보험기간 등 보험자가 피보험자에게 보상책임을 질 보험계약상 요건이 충족되지 않은 경우 이를 가지고 피해자에게 대항할 수 있다. 만약 피보험자가 고의 또는 중과실로 보험사고를 일으켰다면 이것은 보험자의 면책사유에 해당하고(상법 659조), 따라서 보험자는 이러한 항변으로 피해자에게 대항할 수 있다.[117] 고지의무 위반 등으로 보험계약이 해지된 경우에도 보험자는 직접청구권자에 대하여 의무를 부담하지 않는다.

직접청구권의 보험금청구권에 대한 부종성 관련 사건으로 대판 2000.12.8. 99다37856이 있다. 이 사건에서 교통사고가 발생하자 자동차종합보험의 보험자가 피보험자에 대하여 보험금채무 부존재확인의 소를 제기하였다가 패소, 확정되자 피해자에게 직접 손해를 보상했다. 하지만 이 사건은 당초에 26세 이상 한정운전특약이 체결되어 있었는데, 이 사건 보험계약에 기한 보험금을 지급받기 위하여 보험계약자가 보험을 모집하는 자와 공모하여 위 교통사고의 발생 이전 일자에 21세 이상 한정운전특약으로 이 사건 보험계약의 내용을 변경한 것으로 가장하였다. 이러한 사정을 알게 된 보험자는 피해자에게 손해보상금의 반환을 청구하였다. 대법원은 보험계약의 효력이 미치지 않는 교통사고에 대해서 보험자가 손해전보채무를 지지 않는다고 전제하고, 이 경우 보험자가 피해자에 대한 손해전보채무의 변제를 위해서 금전을 출연한 경우 그 출연은 법적 원인이 없는 것으로서 부당이득의 반환을 받을 수 있다고 판시했다.[118]

---

115) 박세민 619면; 양승규 379면; 장덕조 343면. 대판 2017.10.26. 2015다42599(직접청구권이 인정되는 경우에 보험자가 제3자에 대하여 부담하는 구체적인 책임의 범위와 내용은 책임보험계약에 따라 정해질 수밖에 없고, 책임보험계약에 따라 보험자와 피보험자가 부담하는 권리의무도 변경된다); 대판(전원) 2017.5.18. 2012다86895(피해자의 직접청구권에 따라 보험자가 부담하는 손해배상채무는 보험계약을 전제로 하는 것으로서 보험계약에 따른 보험자의 책임 한도액의 범위 내에서 인정되어야 한다)

116) 양승규 379면; 장덕조 343면

117) 직접청구권의 법적 성질에 관한 손해배상청구권설을 취한다면 이러한 항변으로 피해자에게 대항할 수 없으므로 보험금청구권설이 타당하다는 견해가 있을 수 있다. 하지만 손해배상청구권설도 직접청구권이 보험금청구권의 존재를 전제로 한다는 점을 인정하기 때문에 이러한 항변으로 피해자에게 대항할 수 있다고 구성하는 것이 가능하다.

118) 보험자의 변제는 법률상 원인 없이 이루어진 것이므로, 피해자는 보험자에게 부당이득반환의무를 부담하고, 피해자는 피보험자에게 여전히 손해배상청구권을 갖고 있다. 따라서 보험자의 변제로 피보험자가 채무면제 이익을 얻었다고 볼 수 없으므로, 보험자가 피보험자에게 부당이득반환 청구권을 행사할 수 없다. 이러한 견해에 대하여, 착오변제자인 보험자에게 선택권을 인정하자는 반론이 있다. 즉 실제로 채무가 없음에도 불구하고 자기채무를 변제할 의사로 이루어진 보험자의 착오변제를 타인채무 변제로 소급적으로 의제하여, 보험자가 피보험자에게 구상권(또는 구상부당이득반환청구)이나 변제자대위를 행사하는 것도 허용하자는 것이다.

대판 2017.3.30. 2014다68891에서도 직접청구권의 보험금청구권에 대한 부종성이 인정되었다. 이 사건에서는 보험계약자의 사기행위로 인해서 책임보험계약을 체결한 보험자가 민법 110조 1항에 따라서 이 보험계약을 취소하였다. 피보험자의 행위로 손해를 입은 피해자가 위 책임보험계약의 보험자에게 직접청구권을 행사한 것에 대해서 대법원은 책임보험계약의 취소로 보험금청구권이 효력을 상실했으므로 피해자가 직접청구권을 행사할 수 없다고 판시했다. 즉 직접청구권이 법률의 규정에 의하여 인정된다고 하더라도, 이는 보험자와 보험계약자 사이에 체결된 보험계약의 존재를 전제로 하고 원칙적으로 피해자는 피보험자가 보험자에 대하여 가지는 권리 이상을 가질 수 없으므로, 보험자는 보험계약자 또는 피보험자에 대한 항변사유로써 피해자에게도 대항할 수 있다고 판시했다. 피해자는 자신이 민법 110조 3항(사기를 이유로 하는 의사표시의 취소는 선의의 제3자에게 대항할 수 없다)에서 말하는 선의의 제3자라고 주장했지만, 대법원은 받아들이지 않았다. 여기서 선의의 제3자는 사기에 의해 체결된 보험계약을 토대로 실질적인 새로운 법률상 이해관계를 가지게 된 자인데(판례,[119] 통설), 여기서 피해자는 이러한 자라고 볼 수 없으므로, 대법원 판시가 타당하다.

다만 피해자의 손해발생 이후 보험계약자나 피보험자의 행위로 피해자의 직접청구권이 훼손되는 것은 타당하지 않다. 이는 이미 발생한 적법·유효한 직접청구권이 훼손되는 것이므로, 직접청구권의 부종성에 따라 직접청구권의 내용이 원천적으로 제한되는 것과는 다른 문제이다. 따라서 보험사고 발생 후 보험계약자나 피보험자에 대하여 생긴 항변(가령 피보험자가 보험사고 발생 통지의무를 게을리하여 보험자가 손해를 입은 경우)으로 피해자에게 대항할 수는 없다. 피보험자의 보험금청구에 대하여 보험자가 상계항변을 할 수 있다는 점을 들어 피해자의 직접청구에 대항할 수도 없다고 보아야 한다. 상계항변은 보험금청구권의 발생원인과 직접 관련이 없기 때문이다. 또한 이미 발생한 보험금청구권을 피보험자가 포기하거나 시효로 소멸되었다고 해서 직접청구권이 당연히 소멸하는 것은 아니다. 직접청구권은 별도의 독립된 권리로서 피해자보호를 위해 존속한다고 보아야 한다. 이러한 점에서 피해자의 직접청구권이 피해자의 손해배상청구권에 부종한다는 것과 피해자의 직접청구권이 피보험자의 보험금청구권에 부종한다는 것의 의미는 서로 같지 않다.

7. 직접청구와 관련된 의무

(1) 보험자의 통지의무

보험자가 피해자에 의한 직접청구를 받은 때에는 지체없이 이를 피보험자에게 통지

119) 대판 2000.7.6. 99다51258

해야 한다(상법 724조 3항). 직접청구를 받은 보험자는 지급결정의 전제로서 가해자의 피해자에 대한 배상책임 문제를 피해자와 다투어야 하는데, 이에 대한 이해당사자인 가해자(피보험자)가 이를 알고 대처할 수 있도록 하기 위한 것이다. 이것은 피보험자의 이익을 보호하기 위한 의무이므로 보험자가 이를 위반하여 피보험자에게 손해가 생긴 경우 보험자가 이를 배상할 의무를 진다.[120)]

(2) 피보험자의 협조의무

보험자가 피해자에 의한 직접청구를 받은 때에는 피보험자에게 필요한 서류·증거의 제출, 증언 또는 증인의 출석을 요구할 수 있고, 피보험자는 이에 협조해야 한다(상법 724조 4항). 직접청구를 받은 보험자는 지급결정의 전제로서 가해자의 피해자에 대한 배상책임 문제를 피해자와 다투어야 하는데, 이를 위해서는 가해자인 피보험자의 협조가 필수적이라는 점을 고려한 의무이다.

8. 직접청구권자가 다수인 경우

다수의 피해자가 존재하고 총 피해액의 합계가 책임보험 한도액을 초과하는 경우, 다수의 직접청구권자들 사이 권리의 우선순위는 어떻게 판단해야 하는가? 별도의 법률 규정이 없는 한 그들 사이에 우선순위는 존재하지 않으므로, 각자가 자기 권리 전부를 주장할 수 있고 보험자는 누구에게 보험금을 변제하더라도 유효한 변제이다. 그러나 직접청구권자들 내부 관계에서는 신의칙 내지 공평의 원칙상 정산의무를 인정함이 타당하다고 본다.[121)]

9. 공동불법행위책임에서 복수 책임보험자들의 법률관계

공동불법행위에 있어서 공동불법행위자들과 각각 보험계약을 체결한 보험자들이 있고, 그중 일부 보험자가 피해자에게 손해배상금을 보험금으로 모두 지급함으로써 공동불

---

120) 최기원 457면

121) 대판(전원) 1994.4.26. 93다24223 참조(채권양도 통지, 가압류 또는 압류명령 등이 제3채무자에 동시에 송달되어 그들 상호 간에 우열이 없는 경우에도 그 채권양수인, 가압류 또는 압류채권자는 모두 제3채무자에 대하여 완전한 대항력을 갖추었다고 할 것이므로, 그 전액에 대하여 채권양수금, 압류전부금 또는 추심금의 이행청구를 하고 적법하게 이를 변제받을 수 있고, 제3채무자로서는 이들 중 누구에게라도 그 채무 전액을 변제하면 다른 채권자에 대한 관계에서도 유효하게 면책되는 것이며, 만약 양수채권액과 가압류 또는 압류된 채권액의 합계액이 제3채무자에 대한 채권액을 초과할 때에는 그들 상호 간에는 법률상의 지위가 대등하므로 공평의 원칙상 각 채권액에 안분하여 이를 내부적으로 다시 정산할 의무가 있다)

법행위자들의 다른 보험자들이 공동면책된 경우, 그 손해배상금을 지급한 보험자는 다른 공동불법행위자들의 보험자들이 부담하여야 할 부분에 대하여 어떤 권리를 행사할 수 있는지가 문제된다. 판례는 다음과 같이 두 가지 경향, 즉 보험자대위권과 구상권으로 나타나고 있는데, 최근에는 두 번째가 선호되는 것으로 보인다. 여기서 보험자대위권과 구상권은 전혀 다른 별개의 권리이다.[122)]

첫째로, 보험자대위에 의한 구상권 또는 직접청구권 행사이다. 공동불법행위자 중 1인이 피해자에게 전부 변제하였다면 그는 다른 공동불법행위자에게 구상권을 행사할 수 있고, 공동불법행위자 중 1인의 책임보험자가 피해자에게 전부 변제한 경우에도 그 공동불법행위자는 다른 공동불법행위자에게 구상권을 취득한다. 피해자에게 변제한 책임보험자는 상법 682조의 보험자대위 제도에 따라 자신의 피보험자가 취득한 다른 공동불법행위자에 대한 구상권을 취득한다.[123)] 판례는 구상권을 가지는 공동불법행위자는 구상권 행사 상대방인 다른 공동불법행위자의 책임보험자에 대하여 상법 724조 2항에 따라 직접청구를 할 수 있다고 본다.[124)] 또한 다른 공동불법행위자의 위 구상금지급채무가 그의 책임보험자가 부보하는 범위에 포함된다면,[125)] 보험자는 자신의 피보험자가 위 책임보험자에 대하여 갖는 (구상금)직접청구권을 대위행사할 수 있음은 물론이다. 결국 먼저 변제를 한 책임보험자는 보험자대위 제도에 따라 다른 공동불법행위자에 대한 구상권뿐만 아니라 다른 책임보험자에 대한 직접청구권까지 취득한다. 책임보험자가 보험자대위에 의하여 취득하는 구상권 및 직접청구권의 소멸시효 기간은 10년이고 그 기산점은 구상권이 발생한 시점, 즉 구상권자가 현실로 피해자에게 손해배상금을 지급한 때이다.[126)]

둘째로, 이러한 복잡한 법리구성을 거치지 않더라도 복수의 책임보험자들 사이에 곧바로 구상관계가 성립할 수 있음을 긍정하는 판례가 있다. 공동불법행위의 경우 공동불법행위자들과 각각 보험계약을 체결한 보험자들은 각자 그 공동불법행위의 피해자에 대한 관계에서 상법 724조 2항(직접청구권)에 의한 손해배상채무를 직접 부담하는 것이므

122) 대판 2024.9.27. 2024다249729

123) 대판 1989.11.28. 89다카9194

124) 대판 1998.12.22. 98다40466. 책임보험의 직접청구권은 '피해자 보호'를 위해 마련된 것이다. 그럼에도 불구하고 판례는 직접청구권을 '피해자에게 먼저 변제를 한 다른 공동불법행위자 보호'를 위해서도 인정하여 마치 공동불법행위자가 피해자의 지위에 있는 것처럼 보고 있는 것이다. 이에 관해서는 보험자대위에서 상술하였다.

125) 자동차종합보험 약관상 "피보험자동차의 사고로 인하여 남을 죽게 하거나 다치게 하여 법률상 손해배상책임을 짐으로써 입은 손해"를 보상한다고 할 때 법률상 손해배상책임에는 공동불법행위로 인한 구상책임도 포함된다는 견해로는 조경란, "자동차종합보험 보통약관상 보험자가 보상책임을 지는 '피보험자가 피보험자동차의 사고로 법률상 손해배상책임을 짐으로써 입은 손해'의 의미", 대법원판례해설28, 1997, 217면; 우성만, "공동불법행위 법정책임자의 보험자 상호 간 직접구상권의 성립여부 및 그 소멸시효", 법조48-6, 1999, 155면

126) 대판 1999.6.11. 99다3143; 대판 2024.9.27. 2024다249729

로, 이러한 관계에 있는 보험자들 상호 간에는 공동불법행위자 중의 1인과 사이에 보험계약을 체결한 보험자가 피해자에게 손해배상금을 보험금으로 모두 지급함으로써 공동불법행위자들의 보험자들이 공동으로 면책되었다면, 그 손해배상금을 지급한 보험자는 다른 공동불법행위자들의 보험자들이 부담하여야 할 부분에 대하여 직접 구상권을 행사할 수 있다고 판시했다.[127] 이러한 논리에 기초하여 대판 1999.2.12. 98다44956은 공동불법행위자들의 각 보험자 중 갑이 피해자에게 보험금을 지급한 후 다른 보험자인 을에게 직접 구상권을 행사한 경우, 갑의 을에 대한 구상금채권은 갑이 피해자에게 손해배상금을 지급함으로써 을에 대하여 직접 취득한 것이므로, 을이 사고 차량이 아닌 자신의 피보험자 소유의 다른 차량에 관하여 발생한 연체보험료 채권으로 갑의 구상금채권을 상계할 수는 없다고 한다.[128] 보험자가 다른 보험자에 대하여 직접 취득하는 구상권의 경우, 보험자의 손해배상금 지급행위는 상인이 영업을 위하여 하는 행위이므로 그 구상금채권은 보조적 상행위로 인한 채권으로서 시효기간이 5년이고, 기산점은 보험금 지급시이다.[129]

10. 국내 법률의 제한적 적용

해상위험에 관한 책임보험계약을 체결하면서 준거법을 영국법이라고 정하는 경우가 있다. 판례는 영국법 준거조항의 효력을 긍정한다.[130] 문제가 되는 것은, 제3자가 영국법이 준거법인 책임보험계약의 피보험자에 대하여 우리나라 법률에 의하여 손해배상청구권을 갖게 되어 우리나라에서 보험자에 대한 직접청구권을 행사할 경우에 그 직접청구권에 대한 준거법이 무엇인지이다. 이 준거법을 정하는 기준에 관하여 국제사법에는 직접적 규정이 없다.

위 문제는 대판 2017.10.26. 2015다42599에서 다루어졌다. 대법원은 위 직접청구권에 대한 준거법이 우리나라 상법 724조 2항이 아니라 영국의 '제3자 권리법'[Third Parties

127) 대판 1998.7.10. 97다17544; 대판 1998.12.22. 98다40466; 대판 1999.2.12. 98다44956; 대판 2004.10.28. 2004다39689; 대판 2009.12.24. 2009다53499; 대판 2014.1.29. 2013다65901. 대판 2009.12.24. 2009다53499는 "보험자가 그 부담 부분을 넘어 피해자에게 손해배상금을 보험금으로 지급함으로써 공동불법행위자들의 보험자들이 공동면책되었다면 그 손해배상금을 지급한 보험자는 다른 공동불법행위자들의 보험자들이 부담하여야 할 부분에 대하여 직접 구상권을 행사할 수 있다"고 판시했다.

128) 만약 보험자가 보험자대위에 의하여 공동불법행위자의 다른 보험자에 대한 직접청구권을 대위행사한다는 이론구성을 하였다면, 사안에서 다른 보험자는 상계항변을 할 수 있을까? 직접청구권은 보험관계에 부종하는 측면이 있다는 점에 주목하면 상계항변이 가능할 것처럼 보인다. 그러나 이미 발생한 보험금청구권을 훼손하는 사유를 들어 보험자가 직접청구권자의 청구를 물리칠 수 있다면, 직접청구권을 인정하는 취지에 반할 수 있으므로, 상계항변은 허용하지 않는 것이 타당하다고 생각한다.

129) 대판 1998.7.10. 97다17544; 대판 2024.9.27. 2024다249729

130) 대판 1991.5.14. 90다카25314

(Rights against Insurers) Act 1930]이라고 판시했다.

위 판시내용은 다음과 같다. 보험자와 제3자 사이의 직접청구권에 관한 법률관계는 법률에 의해 보험자가 피보험자의 제3자인 피해자에 대한 손해배상채무를 병존적으로 인수한 관계이다(손해배상청구권설에 따름). 이와 같이 법률에 의한 채무인수의 준거법은 구 국제사법 34조 및 35조(채무인수 및 법률에 의한 채권의 이전에 관하여 이전되는 채무·채권의 준거법에 의하도록 함)를 참작함이 타당하다.[131] 이 규정들에 따르면 인수되는 손해배상채무의 준거법인 한국법이 직접청구권에 관한 법률관계에 적용된다. 그런데 보험자가 손해배상채무를 병존적으로 인수하는 원인은 책임보험계약에서 제3자의 직접청구권을 인정하는 법 규정이 존재하기 때문이고, 또한 이 손해배상채무의 구체적 범위와 내용은 책임보험계약에 따라 정해질 수밖에 없다. 따라서 외국적 요소가 있는 책임보험계약에서 직접청구권에 관한 법률관계에는 그 기초가 되는 책임보험계약에 적용되는 국가의 법이 가장 밀접한 관련이 있으므로 그 국가의 법이 준거법이라고 해석해야 한다고 판시했다. 요컨대, 외국적 요소가 있는 책임보험계약에서 직접청구권의 행사에 관한 법률관계에는 손해배상채무에 적용되는 국가의 법보다는 책임보험계약에 적용되는 국가의 법이 보다 밀접한 관련이 있고 따라서 이것이 준거법이라고 본 것이다.

제5절 영업책임보험

① 영업책임보험은 피보험자가 경영하는 사업과 관련하여 발생하는 사고로 제3자에게 지는 손해배상책임을 보험목적으로 하는 책임보험이다(상법 721조). 여기서 사업이란 인적, 물적 설비를 갖추고 영위하는 경제활동을 가리키고, 반드시 영리의 의사가 있어야 하는 것은 아니다(통설). 영업책임보험은 영업의 종류에 따라 생산물책임보험, 주차장책임보험 등으로 구분된다.

② 영업책임보험은 피보험자의 대리인 또는 그 사업감독자의 제3자에 대한 책임도 보험목적에 포함된 것으로 본다(상법 721조). 사업자는 영업을 하면서 상업사용인 등 여러 피용자를 사용하는데, 피용자는 사무집행와 관련하여 제3자에게 배상책임을 질 수 있고, 또한 사업자는 이에 관해서 사용자책임(민법 756조)을 질 수 있다. 이 점을 고려하여 영업

131) 구 국제사법 34조에 따르면, 채권양도 및 채무인수의 법률관계를 동일하게 취급하여, 채권의 양도가능성, 채무자 및 제3자에 대한 채권양도의 효력은 양도되는 채권의 준거법에 의하도록 규정하고(1항), 채무인수에 대하여도 이를 준용하고 있다(2항). 또한 구 국제사법 35조는 법률에 의한 채권의 이전에 관하여, 그 이전의 원인이 된 구채권자와 신채권자 사이의 법률관계의 준거법에 의하지만, 만약 이러한 법률관계가 존재하지 않으면 채권양도 및 채무인수의 경우와 마찬가지로 이전되는 채권의 준거법에 의하도록 규정하고 있다.

책임보험의 보험목적을 확대하여, 피용자의 제3자에 대한 배상책임도 보험목적에 포함시킨 것이다. 피용자의 제3자에 대한 책임에 관한 한 피용자(타인)를 위한 보험이 된다(통설).

③ 실무상으로는 신원보증보험 중에 영업책임보험이 포함되는 경우가 있다. 즉, 피보험자의 피용인인 피보증인의 행위로 인하여 제3자가 손해를 입게 된 결과 피보험자가 그 제3자에 대하여 법률상 손해배상책임을 부담함으로써 입은 손해를 보상하는 것을 그 내용으로 부분은 일종의 영업책임보험의 성격을 갖는다.[132]

위와 같은 경우 피보증인의 행위로 인하여 제3자가 입은 손해를 배상한 피보험자는, 보험자로부터 수령한 보험금으로 전보되지 않고 남은 부분에 대하여 피보증인을 상대로 구상책임(다만 신의칙 등에 의하여 제한된 범위 내의 책임)의 이행을 청구할 수 있다. 이때 특별한 사정이 없는 한, 피보험자는 제3자에게 지급한 전체 손해배상액에서 보험금으로 전보되지 않고 남은 부분이 피보증인의 구상책임액보다 많은 경우에는 피보증인에 대하여 구상책임액 전부를 이행할 것을 청구할 수 있고, 위 남은 부분이 피보증인의 구상책임액보다 적을 경우에는 그 남은 부분의 구상을 청구할 수 있다.[133] 이와 같이 보험금이 구상책임액에서 공제되지 않음으로써, 피보험자는 보험금을 받더라도 피보증인을 상대로 그 금액의 감축 없이 구상권을 행사할 수 있다.

이에 따라 대판 2022.12.29. 2019다210697에서, 신의칙에 의하여 제한된 피보증인의 구상책임액은 3억7천6백만 원이고, 피보험자가 피해자인 제3자에게 지급한 전체 손해배상액 18억8천2백만 원에서 피보험자가 보험자로부터 수령한 보험금 2억 원을 공제한 잔액은 16억8천2백만 원으로 피보증인의 구상책임액을 초과하므로, 피보증인은 피보험자에게 구상금으로 3억7천6백만 원 전액을 지급할 의무가 있다고 판시되었다.

제6절 보관자의 책임보험

보관자의 책임보험은 임차인 및 기타 타인의 물건을 보관하는 자가 그 물건의 멸실 등으로 인해 지급할 손해배상책임을 보상하기 위해서 그 물건을 보험에 붙인 책임보험이다(상법 725조). 보관자의 책임보험은 피보험자가 물건의 소유자가 아니라 보관자 자신이므로 보관자가 자신을 위해서 가입하는 책임보험(자기를 위한 책임보험)의 한 종류이다(통

132) 대판 2007.10.25. 2005다15949; 대판 2022.12.29. 2019다210697

133) 대판 2022.12.29. 2019다210697. 피보험자가 청구하는 구상책임액에서 보험금을 공제하지 않는 이유는, 피보험자가 수령한 보험금은 보험자에게 납입한 보험료의 대가적 성질을 지니는 것으로서 피용인의 구상책임과는 별개의 것이라는 점 등에서 찾을 수 있을 것이다.

설). 여기서 보관자는 임차인, 창고업자 등이 포함된다. 보험목적은 보관하는 물건의 멸실 또는 훼손으로 생긴 보관자의 손해배상책임이다.

보관자의 책임보험에서 보관 중인 물건의 소유자는 보험자에 대해서 직접 손해의 보상을 청구할 수 있다(상법 725조). 이것은 피해자의 직접청구권을 인정한 규정이다. 1991년 상법 개정을 통해서 피해자의 직접청구권(상법 724조 2항)이 도입되기 이전에는, 물건 소유자의 직접청구권은 중요한 의미를 갖고 있었다. 하지만 피해자의 직접청구권이 책임보험에서 널리 인정되고 있는 상황에서는 상법 725조는 주의적, 확인적 성격을 띨 뿐이다.

타인 물건의 보관자가 책임보험에 가입하는 한편, 물건의 소유자가 자신의 소유이익을 보험목적으로 한 물건보험(예를 들면 화재보험)에 가입할 수도 있다. 이 경우 피보험이익이 다르기 때문에(소유이익, 책임이익), 상법 672조가 규정하는 중복보험이 되지는 않는다. 이 경우, 물건의 소유자는 물건보험의 보험금청구권과 책임보험의 직접청구권을 경합적으로 행사할 수 있다. 다만 이득금지의 원칙 때문에 중복행사하여 초과이득을 얻을 수는 없다. 보관자의 과실로 물건이 멸실 또는 훼손되어서 소유자에게 손해배상책임을 지게 되는 경우, 만약 물건보험의 보험자가 소유자에게 보험금을 지급하면, 이 보험자는 소유자가 보관자에게 가지는 손해배상청구권, 또는 소유자가 보관자의 책임보험자에게 갖는 직접청구권을 대위취득(상법 682조)할 수 있다(통설).[134)]

제7절 재보험

1. 의의

재보험이란 보험자(원보험자)가 보험사고로 인하여 부담할 책임에 대하여 다른 보험자(재보험자)로부터 보상받기로 하는 계약이다(상법 661조 1문). 이 재보험의 기초가 된 보험을 원보험이라고 한다.

재보험은 보험계약의 일종으로서 원보험과 독립된 책임보험이다(통설). 재보험자는 원보험자가 보험금지급책임을 지게 되는 경우 그 손해를 보상하는 것이기 때문에 책임보험으로 보는 것이 타당하다. 상법도 재보험에 책임보험에 관한 규정을 준용함으로써(상법 726조), 재보험이 책임보험에 속함을 확인하고 있다. 재보험은 계약의 당사자가 보험자이므로 불이익변경금지의 원칙이 적용되지 않는다(상법 663조 단서).

134) 판례(대판 1998.9.18. 96다19765)와 통설은 보험자가 피해자의 직접청구권을 청구권대위할 수 있다고 본다.

2. 재보험의 법률관계

(1) 재보험 당사자 사이의 관계

재보험자는 원보험자에게 손해보상의무를 부담한다(상법 719조). 재보험의 보험금지급의무가 발생하는 시기는 원보험계약상의 보험사고가 발생하여 원보험자가 보험금지급의무를 지는 때이다(통설). 재보험에 대해서도 보험자대위는 적용된다. 즉 재보험계약의 경우 원보험자가 제3자에 대해서 보험자대위권을 갖고 있을 때, 재보험자가 원보험자에게 재보험금을 지급하면 그 지급한 금액의 범위 내에서 보험자대위권이 다시 재보험자에게 이전한다(판례,[135] 통설). 다만 재보험자는 원보험계약의 보험계약자 등과 직접적인 관계를 맺고 있지 않으므로, 원보험자가 대위권을 행사하도록 하고, 그 효과를 재보험자에게 귀속시키는 것이 효과적일 수 있다.[136] 그리하여 재보험자가 보험자대위에 의하여 취득한 제3자에 대한 권리의 행사는 재보험자가 이를 직접 하지 않고 원보험자가 재보험자의 수탁자 지위에서 자기 명의로 그 권리를 행사하여 이를 통해서 회수한 금액을 재보험자에게 그 재보험금의 비율에 따라 교부하는 방식에 의하여 이루어지는 것이 상관습이다(판례,[137] 통설). 이러한 법리 및 상관습은 재재보험관계에서도 마찬가지로 적용된다.[138]

원보험자는 재보험료지급의무, 고지의무(상법 651조), 위험변경증가 통지의무(상법 652조) 등 보험계약자 또는 피보험자로서 지는 각종 의무를 부담한다.

(2) 원보험과 재보험의 관계

1) 독립성

원보험계약과 재보험계약은 법률상 독립된 별개의 계약이므로, 재보험계약은 원보험계약의 효력에 영향을 미치지 않는다(상법 661조 2문). 따라서 원보험자는 재보험자에 의한 재보험금의 부지급을 이유로 원보험계약의 보험금청구자에게 원보험금의 지급을 거절할 수 없다.

---

135) 대판 2015.6.11. 2012다10386

136) 양승규 257면

137) 대판 2015.6.11. 2012다10386(따라서 재보험자가 원보험자에게 재보험금을 지급함으로써 보험자대위에 의하여 원보험자가 제3자에 대하여 가지는 권리를 취득한 경우에 원보험자가 제3자와 기업개선약정을 체결하여 제3자가 원보험자에게 주식을 발행하여 주고 원보험자의 신주인수대금채무와 제3자의 채무를 같은 금액만큼 소멸시키기로 하는 내용의 상계계약 방식에 의하여 출자전환을 함으로써 재보험자가 취득한 제3자에 대한 채권을 소멸시키고 출자전환주식을 취득하였다면, 이는 원보험자가 재보험자의 수탁자의 지위에서 재보험자가 취득한 제3자에 대한 권리를 행사한 것이라 할 것이므로, 재보험자의 보험자대위에 의한 권리는 원보험자가 제3자에 대한 권리행사의 결과로 취득한 출자전환주식에 대하여도 미친다고 보아야 한다)

138) 대판 2015.6.11. 2012다10386

2) 원보험의 피보험자와 재보험자의 관계

재보험에는 책임보험에 관한 규정이 준용되므로, 상법 724조 2항(피해자의 직접청구권)에 따라서, 원보험계약의 피보험자는 원보험자가 보험금을 지급하지 않으면 재보험자에게 직접 보상을 청구할 수 있고, 이 경우 재보험자는 원보험자에 대한 항변을 가지고 원보험자의 피보험자에게 대항할 수 있다.

3) 원보험계약자와 재보험자의 관계

원보험의 보험계약자는 재보험자에 대해서 직접 보험료를 지급할 의무는 없지만, 원보험자에게 보험료를 지급하지 않을 경우 재보험자가 채권자대위권 규정(민법 404조)에 따라서 원보험자의 보험료청구권을 대위행사할 수 있다(통설).

제5장 자동차보험

제1절 총설

1. 자동차보험의 의의

상법이 규정하는 자동차보험은 피보험자가 자동차를 소유, 사용 또는 관리하는 동안에 발생한 사고로 인하여 생긴 손해의 보상을 목적으로 하는 보험이다(상법 762조의2). 상법 보험편은 자동차보험을 손해보험의 한 유형으로 분류하고 있다. 자동차보험에 관한 구체적 사항은 보험계약의 내용으로 정하게 된다. 여기서는 개인용 자동차보험에 적용되는 2024년 기준 자동차보험표준약관(이하 '표준약관')을 중심으로 계약내용을 살펴보기로 한다.

2. 자동차보험의 종류

보험실무상 자동차보험에는 여러 유형이 포함되어 있는데, 구체적으로 보면 다음과 같다.

첫째, 대인배상보험이다. 이것은 피보험자동차의 사고로 타인의 생명이나 신체에 대하여 손해를 입혀서 그 배상책임을 지게 되는 경우 보상하는 보험이다. 피보험자동차는 보험증권에 기재된 자동차를 가리킨다(표준약관 1조 14호). 대인배상보험은, 자동차손배법에 의해서 가입이 강제되는 대인배상보험Ⅰ과 가입 여부가 자유로운 대인배상보험Ⅱ로 구분된다. 그리고 이들은 보험금액, 그리고 관련 법리나 계약내용에 차이가 있다.

둘째, 대물배상보험이다. 이것은 피보험자동차의 사고로 타인의 재물에 대하여 손해를 입혀서 그 배상책임을 지게 되는 경우 보상하는 보험이다. 대물배상보험도 일정한 보험금액까지는 가입이 강제되고, 그를 초과하는 보험금액에 대해서는 가입 여부가 자유롭다. 다만 강제대물배상보험이든 임의대물배상보험이든 원칙적으로 관련 법리나 계약내용에는 차이가 없다. 이 점에서 대인배상보험이 강제와 임의에서 차이가 있는 것과 구분된다.

셋째, 자기차량손해보험이다. 이것은 피보험자동차의 사고로 피보험자동차에 생긴 손해를 보상하는 보험이다.

넷째, 자기신체사고보험, 무보험자동차에 의한 상해보험이다. 전자는 피보험자동차의 사고로, 후자는 무보험자동차의 사고로 피보험자의 생명이나 신체에 생긴 손해를 보상하는 보험이다.

가입 강제 면에서 보면, 대인배상보험Ⅰ과 대물배상보험(일정 보험금액 한도)이 강제보험이고, 나머지는 임의보험이다. 그리고 법적 성격 면에서 보면, 대인배상보험과 대물배상보험은 손해보험 중 책임보험이고, 자기차량손해보험은 손해보험 중 물건보험이며, 자기신체사고보험이나 무보험자동차에 의한 상해보험은 인보험이다. 이에 관해서는 해당 부분에서 후술하기로 한다.

3. 자동차보험의 피보험자

(1) 종류

표준약관은 피보험자를 "보험회사에 보상을 청구할 수 있는 자"라고 하면서, 그 종류로서 기명피보험자, 친족피보험자, 승낙피보험자, 사용피보험자, 운전피보험자 등 다섯 가지를 열거하고 있다(표준약관 1조 13호). 이 다섯 가지가 모두 피보험자가 되는 보험으로는 대인배상보험Ⅰ, 대인배상보험Ⅱ, 대물배상보험이 있다(표준약관 4조, 7조). 자기차량손해보험에서는 기명피보험자만 피보험자이고(표준약관 22조), 자기신체사고보험, 무보험자동차에 의한 상해보험의 경우는 피보험자의 유형을 개별약관에서 정할 수 있다(표준약관 13조, 18조). 자동차보험에서 피보험자의 종류를 이처럼 확장시켜 놓은 이유는, 자동차의 운행 또는 운전과 관련하여 배상책임을 질 수 있는 자가 자동차소유자 이외에도 다수가 있을 수 있는데, 이들이 각각 보험에 가입해야 하는 경우 겪을 수 있는 불편 또는 비효율을 해소하기 위한 것이라고 할 수 있다. 그리고 위와 같은 다섯 종류의 피보험자는 어느 누구도 청구권대위의 대상인 제3자에 포함되지 않는다(판례,[1] 통설).

손해보험에서 피보험자는 피보험이익의 주체이자 보험금청구권자이다. 따라서 자동차보험 중 손해보험의 성격을 갖는 대인배상보험, 대물배상보험, 자기차량손해보험에서, 피보험자는 보험목적에 대해서 피보험이익을 갖고 있어야 하고, 보험사고 발생 시에 보

1) 대판 1991.11.26. 90다10063; 대판 1993.1.12. 91다7828; 대판 1993.6.29. 93다1770; 대판 2000.9.29. 2000다33331(피보험자는 기명피보험자 외에 기명피보험자의 승낙을 얻어 자동차를 사용 또는 관리 중인 자 및 위 각 피보험자를 위하여 피보험자동차를 운전 중인 자(운행보조자를 포함함) 등도 포함되어 있다면, 이러한 승낙피보험자 등의 행위로 인하여 보험사고가 발생한 경우 보험자가 보험자대위의 법리에 의하여 그 권리를 취득할 수 없다); 대판 2006.2.24. 2005다31637(기명피보험자인 회사를 위하여 피보험차량을 운전하는 피용자는 운전피보험자로서 보험자가 보험자대위권을 행사할 수 있는 상법 제682조에 정한 '제3자'에 해당하지 않는다)

험금청구권을 갖는다. 한편 자기신체사고보험, 무보험자동차에 의한 상해보험은 그 법적 성격이 손해보험이 아니라 인보험이다. 일반적으로 인보험에서는 피보험이익이 요구되지 않으며, 피보험자는 사망 등 보험사고의 객체인데, 이점은 자기신체사고보험, 무보험자동차에 의한 상해보험에서도 동일하다. 다만 일반적으로 인보험에서 보험금청구권자는 보험수익자이지만, 자기신체사고보험, 무보험자동차에 의한 상해보험에서는 보험수익자라는 개념을 별도로 사용하지 않고 피보험자가 보험금청구권도 갖는 것으로 처리하고 있다는 점에 주의할 필요가 있다.

또한 피보험자는 보험보호의 대상이므로 청구권대위의 대상이 되지 않는다. 따라서 승낙피보험자 등의 행위로 인하여 보험사고가 발생한 경우 보험자가 보험자대위의 법리에 의하여 그 권리를 취득할 수 없다.[2)]

(2) 기명피보험자

1) 개념

기명피보험자란, 피보험자동차를 소유·사용·관리하는 자 중에서, 보험계약자가 지정하여 보험증권의 기명피보험자란에 기재되어 있는 피보험자를 가리킨다(표준약관 1조 13호 가).

2) 승낙피보험자와의 구분

지입자동차에 관하여 실제 차주가 지입한 회사를 피보험자로 하여 보험계약을 체결한 경우, 지입한 회사가 기명피보험자이고, 실제 차주는 승낙피보험자이다.[3)] 이것은 누가 기명피보험자인지 판단함에 있어서는 일응 계약상 명의자가 중요하다는 의미이다. 또한 경찰서 소속 관용차량에 관하여 경찰서장을 기명피보험자로 기재하여 보험계약을 체결한 경우, 기명피보험자는 국가이고 위 차량을 사용하는 경찰서 직원은 승낙피보험자이다.[4)]

자동차를 매매하고 매수인이 소유권이전등록을 마치지 아니한 채 자동차를 인도받아 운행하면서 매도인과의 합의 아래 매도인을 피보험자로 한 자동차보험계약을 체결하였다면, 매도인이 기명피보험자이고, 매수인은 승낙피보험자이다.[5)] 그러나 보험계약 체결 당시 매도인이 이미 운행지배를 상실한 경우, 매도인은 피보험이익이 없다. 이 경우 보험계약이 무효인지 논란의 여지가 있다. 무효는 아니고, 매도인은 형식상 명의자에 불과하고 매수인이 실질적 피보험자라고 볼 수도 있다.[6)] 판례는 자동차을 매매하고 수리

---

2) 대판 2000.9.29. 2000다33331
3) 대판 1998.5.12. 97다36989
4) 대판 1992.2.25. 91다12356
5) 대판 1993.2.23. 92다24127

비정리 등의 사유로 소유권이전등록을 하지 않은 사이에 매도인이 가입했던 자동차보험계약의 보험기간이 만료되어, 매수인이 보험자와 자동차보험계약을 체결하면서 기명피보험자 명의를 보험자의 승낙을 얻어 자동차등록원부상 소유명의인으로 하였다면, 실질적인 피보험자는 매수인라고 보았다.[7] 한편 보험계약의 체결 후에 매매가 이루어져 기명피보험자인 매도인이 차량을 인도하고 소유권이전등록을 마친 경우, 그 기명피보험자는 운행지배를 상실한 것이므로 매수인이 기명피보험자의 승낙을 얻어서 자동차를 사용 또는 관리 중인 승낙피보험자로 볼 수 없다.[8]

(3) 친족피보험자

기명피보험자와 같이 살거나 살림을 같이하는 친족으로서, 피보험자동차를 사용하거나 관리하는 자를 말한다(표준약관 1조 13호 나).

보험실무상 가족운전자 한정운전 특별약관에 의한 보험계약이 체결되는 경우가 있다. 이 특별약관은 친족피보험자의 범위를 기명피보험자의 일정한 가족으로 제한한다. 즉 "① 기명피보험자의 부모, 양부모, 계부모, ② 기명피보험자의 배우자의 동거 중인 부모 또는 양부모, 계부모, ③ 법률상의 배우자 또는 사실혼 관계에 있는 배우자, ④ 법률상의 혼인관계 또는 사실혼 관계에서 출생한 자녀, 양자녀, 계자녀, ⑤ 기명피보험자의 며느리 또는 사위(계자녀의 배우자 포함)"가 운전하다가 발생한 사고에 한해 보험자가 보상하는 경우가 그러하다.

판례는 이러한 특별약관상 가족을 다음과 같이 해석하고 있다.

첫째, 기명피보험자의 자녀와 사실혼 관계에 있는 자는 사위나 며느리에 포함되지 않는다.[9]

둘째, 중혼적 사실혼 관계에 있는 배우자는 사실혼 관계에 있는 배우자에 원칙적으로 포함되지 않지만,[10] 전혼이 사실상 이혼상태에 있는 등 특별한 사정이 있다면 사실혼 배우자에 포함된다.[11]

셋째, 기명피보험자의 부의 사실상 배우자가 기명피보험자의 모는 아니다.[12]

넷째, 부첩관계에 있는 상대방은 배우자에 포함되지 않는다.[13]

---

6) 이때 경우에 따라서는 고지의무 위반 등이 문제될 수 있다.
7) 대판 1993.4.13. 92다6693
8) 대판 1996.7.30. 96다6110
9) 대판 2014.9.4. 2013다66966
10) 대판 2010.3.25. 2009다84141
11) 대판 2009.12.24. 2009다64161
12) 대판 2009.1.30. 2008다68944
13) 대판 1995.5.26. 94다36704

다섯째, 계모가 부의 배우자로서 실질적으로 가족의 구성원으로 가족공동체를 이루어 생계를 같이하고 피보험자의 어머니 역할을 하면서 피보험자동차를 이용하고 있다면, 기명피보험자의 모에 포함된다.[14]

(4) 승낙피보험자

기명피보험자의 승낙을 얻어 피보험자동차를 사용하거나 관리하는 자를 말한다(표준약관 1조 13호 다).

1) 승낙의 방식

기명피보험자가 승낙피보험자에게 직접적으로 승낙을 하든, 전대를 승낙하는 등 간접적으로 하든 무방하다.[15] 이와 달리 기명피보험자의 승낙을 받은 자로부터 기명피보험자가 알지 못하는 사이에 다시 승낙 받은 자는 승낙피보험자가 아니다.[16]

승낙은 명시적, 개별적일 필요는 없고, 묵시적, 포괄적이어도 무방하다.[17] 또한 추정적 승낙도 가능하다. 즉 자동차를 빌린 사람만이 사용하도록 승낙이 한정되지 않고 자동차의 전대가능성이 예상되며, 기명피보험자와 자동차를 빌리는 사람 사이에 밀접한 인간관계나 특별한 거래관계가 있어 전대를 제한하지 아니하였을 것이라고 추인할 수 있는 등 특별한 사정이 있는 경우에 전대의 추정적 승낙을 인정할 수 있다.[18]

2) 사용 또는 관리

피보험자 중에는 기명피보험자가 피보험자동차를 소유 · 사용 · 관리하는 자이고, 친족피보험자와 승낙피보험자가 피보험자동차를 사용 또는 관리하는 자이다. 여기에서 피보험자동차를 사용 또는 관리하는 것이 무엇을 의미하는지가 다투어질 수 있는데, 판례는 주로 승낙피보험자와 관련되어 있고, 아래에서 이에 대해 살핀다.

전술한 바와 같이 승낙피보험자는 기명피보험자의 승낙을 얻어 '피보험자동차를 사용 또는 관리'하는 자이다. 가령 기명피보험자로부터 피보험자동차를 임대받아 운행하는 자가 그런 자이다.[19] 다만 대인배상보험Ⅱ와 대물배상보험과 관련해서는, 자동차 취급업자[20]가 업무상 위탁받은 피보험자동차를 사용하거나 관리하는 경우는 승낙피보험자로

---

14) 대판 1997.2.28. 96다53857
15) 대판 1993.1.19. 92다32111
16) 대판 1995.4.28. 94다43870
17) 대판 1993.1.19. 92다32111
18) 대판 1993.1.19. 92다32111
19) 대판 2000.10.6. 2000다32840
20) 자동차정비업, 대리운전업, 주차장업, 급유업, 세차업, 자동차판매업, 자동차탁송업 등 자동차를 취급하는

보지 않는다(표준약관 7조 3호).

피보험자동차의 사용 또는 관리란, 반드시 현실적으로 피보험자동차를 사용 또는 관리하는 경우만을 의미하는 것이 아니고 사회통념상 피보험자동차에 대한 지배가 있다고 볼 수 있는 경우도 포함하는 의미이다.[21] 대판 1997.8.29. 97다12884는, 기명피보험자로부터 콘크리트펌프와 그의 피용자를 함께 건설공사에 반나절 사용하기로 하고 임대료를 지불하였고, 위 피용자가 콘크리트펌프를 운전하여 공사 현장 부근의 차도에 도착하자 임차인이 위 피용자에게 지시하여 10여 분간 정차시켰으며, 이후 위 피용자가 임차인의 지시에 따라 콘크리트를 쏟아 부을 공사 현장을 향하여 콘크리트펌프를 후진시킨 사안이다. 대법원은, 임차인의 지시에 따라 위 피용자가 공사 현장 부근의 차도에서 콘크리트펌프를 잠시 정차하였으니 이로써 이미 콘크리트펌프는 사회통념상 임차인의 지배하에 있었다 할 것이고, 나아가 위 피용자가 임차인의 지시에 따라 공사 현장 부근의 차도에서 콘크리트펌프를 잠시 정차시켰다가 콘크리트를 쏟아부을 공사 현장을 향하여 콘크리트펌프를 후진시킨 것이니 현실적으로도 임차인이 사용하기 시작했다고 보아야 하므로, 임차인은 피보험자동차를 사용 또는 관리 중인 자에 해당한다고 판시했다.

(5) 사용피보험자

기명피보험자의 사용자 또는 계약에 따라 기명피보험자의 사용자에 준하는 지위를 얻은 자를 말하고, 다만 기명피보험자가 피보험자동차를 사용자의 업무에 사용하고 있는 때에 한한다(표준약관 1조 13호 라).

(6) 운전피보험자

기명피보험자, 친족피보험자, 승낙피보험자, 사용피보험자를 위해 피보험자동차를 운전 중인 자(운전보조자 포함)를 말한다(표준약관 1조 13호 마). 다만 대인배상보험Ⅱ와 대물배상보험에 관해서는, 자동차 취급업자[22]가 업무상 위탁받은 피보험자동차를 사용하거나 관리하는 경우는 운전피보험자로 보지 않는다(표준약관 7조 3호).

운전피보험자는 보통은 기명피보험자 등에게 운전사로 고용된 자를 뜻하고, 기명피보험자가 근로자파견계약에 의해서 근로자 파견회사로부터 파견 받아 피보험자동차의 운전업무에 종사하도록 한 자도 포함된다.[23] 이 경우는 당해 운행에 구체적이고 개별적

것을 업으로 하는 자(이들의 피용자 및 이들이 법인인 경우 그 이사와 감사를 포함)를 말한다(표준약관 1조 12호).

21) 대판 1997.8.29. 97다12884

22) 자동차정비업, 대리운전업, 주차장업, 급유업, 세차업, 자동차판매업, 자동차탁송업 등 자동차를 취급하는 것을 업으로 하는 자(이들의 피용자 및 이들이 법인인 경우 그 이사와 감사를 포함)를 말한다(표준약관 1조 12호).

인 승낙 유무에 관계없이 운전피보험자가 된다.[24]

위와 같이 운전업무를 위하여 고용된 자가 아니라고 하더라도, 기명피보험자 등으로부터 구체적이고 개별적인 승낙을 받아서 기명피보험자 등을 위하여 운전을 하였다면, 운전피보험자가 될 수 있다.[25] 피용자가 운전 외의 업무를 위하여 고용되었고 피용자가 운전면허가 없기 때문에, 피보험자동차를 운전하는 것이 기명피보험자 등의 의사에 명백히 반하는 것으로 보임에도 불구하고, 기명피보험자 등의 개별적 또는 포괄적, 명시적 또는 묵시적 승낙 없이 무단으로 자동차를 운전했다면 설사 기명피보험자 등을 위해서 운전한다는 의사로 운전했다고 해도, 운전피보험자에 해당하지 않는다.[26]

나아가, 승낙피보험자의 구체적이고 개별적인 승낙을 받고 승낙피보험자를 위해 자동차 운전을 하였더라도, 그것이 기명피보험자의 의사에 명백히 반하는 경우라면, 운전피보험자에 해당하지 않는다.[27] 이 판결은 기명피보험자인 렌트카회사가 승용차를 임차하면서 작성한 차량대여계약서에서 임차인 본인 이외의 자가 운전하여 사고가 발생한 경우에는 보험혜택을 받지 못하다고 규정했던 사안이다. 대법원은 승낙피보험자인 임차인의 구체적이고 개별적인 승인을 받아 임차인을 위하여 승용차를 운전했다고 해도, 이것은 기명피보험자의 의사에 명백히 반하는 것이라고 보아야 하므로, 다른 특별한 사정이 없는 한 그 운전자는 운전피보험자가 될 수 없다고 판시했다. 따라서 이 경우 보험금을 지급한 보험자는 기명피보험자를 청구권대위(상법 682조)하여 운전자에게 손해배상청구를 할 수 있다.

위 판례들 사이에 다소 충돌이 있는 부분은 승낙의 방법이다. 즉 운전피보험자가 되는 데 기명피보험자 등의 승낙이 필요한 경우, 구체적이고 개별적인 승낙이어야 하는지 아니면, 포괄적 승낙도 가능한지가 문제된다. 생각건대, 승낙 방법이 제한되어야 할 특별한 이유가 없다고 본다. 전술한 바와 같이 일부 판례가 구체적이고 개별적인 승낙에 대해서 언급한 것은 사실이지만, 해당 사안에서 그러한 승낙 방식에 대한 법리를 도출한 것으로 보기는 어렵다.

---

23) 대판 2005.9.15. 2005다10531

24) 대판 2000.9.29. 2000다33331

25) 대판 2013.9.26. 2012다116123

26) 대판 2002.3.26. 2001다78430

27) 대판 2013.9.26. 2012다116123(따라서 보험금을 지급한 보험자는 기명피보험자를 대위하여 운전자에게 손해배상청구를 할 수 있다)

제2절 대인배상보험 I

1. 총설

(1) 의의

대인배상보험 I 은 피보험자가 피보험자동차의 운행 중에 다른 사람을 죽거나 다치게 하는 사고로 인하여 자동차손배법 3조의 손해배상책임을 짐으로써 입은 손해를 보상하는 보험이다(표준약관 3조). 여기의 손해배상책임에는 적극, 소극의 재산상 손해 외에 정신적 손해에 대한 배상책임도 포함된다.[28)]

대인배상보험 I 은 법이 정한 일정한 보험금액까지 가입이 강제되는 책임보험이다. 이 점에서 가입이 강제되지 않는 임의보험인 대인배상보험 II 와 구분된다. 또한 자동차손배법 3조의 운행자책임을 보상하는 보험이기 때문에, 대인배상보험 I 의 법률관계는 자동차손배법의 해석론과 연결된다.

(2) 특성

대인배상보험 I 은 공보험의 성격이 나타난다.[29)] 그 취지는 사고의 피해자를 두텁게 보호하기 위해서다.[30)] 대인배상보험 I 은 사보험처럼 일반 보험회사가 운영함에도 불구하고, 자동차손배법은 공보험성을 반영하기 위해서, 아래에서 보는 바와 같이 계약 당사자의 사적 자치를 일정하게 제한한다.[31)]

무엇보다도 자동차보유자는 대인배상보험 I 에 의무적으로 가입해야 한다. 자동차보유자는 자동차의 운행으로 다른 사람을 죽거나 다치게 하여, 피해자(피해자가 사망한 경우에는 손해배상을 받을 권리를 가진 자를 말함)에게 대통령령으로 정하는 금액을 지급할 책임을 지는 대인배상보험 I 에 가입해야 한다(자동차손배법 5조 1항). 여기서 대통령령은 자동차손배법시행령 3조 1항 및 2항이다.[32)] 여기서 자동차보유자는 자동차의 소유자 또는 자동차

---

28) 대판 1999.1.15. 98다43922; 대판 2017.10.12. 2017다231119

29) 박세민 14면; 양승규 32면; 최준선 11면

30) 대판 1993.9.14. 93다10774

31) 다만 의무적 자동차책임보험이 순수한 공보험이라고 보기는 어렵다. 피해자 보호를 위해서 사적 자치를 일부 제한했을 뿐, 나머지는 사보험과 같은 방식으로 운영되고 있기 때문이다.

32) 자동차손배법시행령 3조 1항은 다음과 같이 규정한다.

1. 사망한 경우에는 1억5천만 원의 범위에서 피해자에게 발생한 손해액. 다만, 그 손해액이 2천만 원 미만인 경우에는 2천만 원으로 한다.
2. 부상한 경우에는 별표 1에서 정하는 금액의 범위에서 피해자에게 발생한 손해액. 다만, 그 손해액이 자동차보험진료수가기준에 따라 산출한 진료비 해당액에 미달하는 경우에는 별표 1에서 정하는 금액의

를 사용할 권리가 있는 자로서, 자기를 위하여 자동차를 운행하는 자이다(자동차손배법 2조 3호).

그리고 보험자는 원칙적으로 계약의 체결을 거부할 수 없다(자동차손배법 5조, 24조). 나아가, 보험금 가불제도를 두고(자동차손배법 11조), 자동차보험진료수가 기준을 고시하며(자동차손배법 15조), 보험계약의 해지 · 해제를 제한하고(자동차손배법 25조), 자동차 양도가 있으면 일정 기간 양도인의 권리의무가 양수인에게 승계의제되는(자동차손배법 26조) 등 사적 자치가 제한된다.

(3) 피보험자

대인배상보험 I 의 피보험자는 기명피보험자, 친족피보험자, 승낙피보험자, 사용피보험자, 운전피보험자 등이다(표준약관 4조). 그런데 대인배상보험 I 이 보상하는 자동차손배법 3조에 의한 운행자책임을 지는 자는 자동차 '운행자'로 한정된다. 따라서 위와 같은 피보험자 중에서 자동차 운행자로서 자동차손배법 3조의 손해배상책임을 지게 되면, 보험자가 보상책임을 지게 된다. 자동차 운행자에 대해서는 후술한다.

(4) 보험목적

대인배상보험 I 에서 보험목적은 피보험자가 — 피보험자동차에 의한 타인에 대한 인적 사고로 인해서 — 부담하는 자동차손배법 3조의 운행자책임이다.

(5) 보험사고

대인배상보험 I 에서 보험사고는 피보험자동차의 운행 중 인적 사고이다.

(6) 보험금액

대인배상보험 I 의 보험금액은 피해자의 사망, 부상, 후유장애별로 각각 정해져 있다(자동차손배법시행령 3조 1항, 2항). 가령 사망의 경우 피해자 1인당 보험금액은 1억5천만 원이고, 그 범위 내에서 손해액을 보상하되 손해액이 2천만 원 미만이면 2천만 원으로 한다.

만약 둘 이상의 자동차가 각각 대인배상보험 I 에 가입되어 있으면서 공동으로 하나의 사고를 야기한 경우, 각 보험자는 피해자의 손해액을 한도로 하여 각자의 위 보험금액 전액을 피해자에게 지급할 책임을 진다.[33] 위 규정이 정한 보험금액은 각 보험자별로

범위에서 그 진료비 해당액으로 한다.

3. 부상에 대한 치료를 마친 후 더 이상의 치료효과를 기대할 수 없고 그 증상이 고정된 상태에서 그 부상이 원인이 되어 신체의 장애가 생긴 경우에는 별표 2에서 정하는 금액의 범위에서 피해자에게 발생한 손해액

부담해야 할 보상한도액에 불과할 뿐이지 피보험자가 보험자들로부터 보상받을 수 있는 총보상한도액이라고 보기 어렵고, 피해자의 손해액을 한도로 하기 때문에 손해보험의 이득금지 원칙에도 반하지 않기 때문이다. 이에 따르면, 가령 상이한 보험자의 대인배상보험Ⅰ에 각각 가입된 두 대의 자동차가 공동으로 피해자를 사망하게 하고 피해자의 손해액이 5억 원이라고 가정하면, 각 보험자는 1억5천만 원씩을 보상해야 한다.

(7) 인위적 사고에 대한 직접청구권 인정

대인배상보험Ⅰ은 보험계약자 등의 인위적 사고에 대한 피해자의 직접청구권을 인정하고 있다(표준약관 5조). 이것은 피해자를 두텁게 보호하기 위해서 상법 보험편을 피해자에게 유리하게 변경한 것이다. 상법 보험편에 따르면, 책임보험에서 피해자는 보험자에게 직접 보상을 청구할 수 있는 권리(직접청구권)를 갖지만(724조 2항), 그래도 보험계약자 또는 피보험자가 고의 또는 중과실로 인해 배상책임을 지게 되는 경우 보험자가 면책된다는 원칙(659조)에 따라야 하기 때문에, 인위적 사고의 경우 피해자가 보험자에게 직접청구권을 행사하지 못한다. 하지만 대인배상보험Ⅰ은 상법 보험편을 다음과 같이 변경한다(표준약관 5조). 우선, 대인배상보험Ⅰ은 보험계약자 또는 피해자가 고의로 야기한 손해만 보험자가 면책된다고 규정하여, 상법 659조에 비해서 보험계약자 등에게 유리하다. 그리고 손해가 고의로 야기되더라도, 피해자가 보험자에게 직접청구권을 행사할 수 있되, 다만 보상을 한 보험자는 고의로 사고를 일으킨 보험계약자 또는 피보험자에게 구상할 수 있도록 하고 있다.

2. 자동차손배법 3조의 운행자책임

(1) 의의

대인배상보험Ⅰ은 자동차손배법 3조에 의한 운행자책임을 보상하기 위한 보험이다. 따라서 대인배상보험Ⅰ의 법률관계는 자동차손배법 3조의 해석론과 연결된다. 자동차손배법 3조의 내용은 다음과 같다. "자기를 위하여 자동차를 운행하는 자는 그 운행으로 다른 사람을 사망하게 하거나 부상하게 한 경우에는 그 손해를 배상할 책임을 진다. 다만, 다음 각 호의 어느 하나에 해당하면 그러하지 아니하다.

1. 승객이 아닌 자가 사망하거나 부상한 경우에 자기와 운전자가 자동차의 운행에 주의를 게을리 하지 아니하였고, 피해자 또는 자기 및 운전자 외의 제3자에게 고의 또는 과실이 있으며, 자동차의 구조상의 결함이나 기능상의 장해가 없었다는 것을 증명한 경우

---

33) 대판(전원) 2002.4.18. 99다38132

2. 승객이 고의나 자살행위로 사망하거나 부상한 경우"

이상의 자동차손배법 3조의 운행자책임은 성립요건과 면책요건으로 구분할 수 있다. 성립요건의 면에서는, 운행자, 운행, 타인 등을 살펴본다. 그리고 손해배상의 일반원칙인 과실책임의 원칙을 무과실책임에 가깝게 대폭 수정하여 피해자의 고의 등을 입증하지 못하면 면책될 수 없도록 하고 있는데, 이것은 면책요건의 면으로 살펴보기로 한다.

이와 같은 자동차손배법은 민법이나 국가배상법의 특별규정이다. 따라서 당사자가 자동차손배법에 의한 손해배상을 주장하지 않았더라도, 법원은 직권으로 특별규정을 적용해야 한다.[34] 만약 자동차손배법상 운행자책임이 성립하지 않고, 민법 등에 따른 불법행위책임이 성립하는 경우, 보험자는 대인배상보험 I 에 따른 보상의무를 부담하지 않는다. 다만 대인배상보험 II 등 다른 보험에 의해 보상될 가능성은 있다.

만약 자동차손배법상 운행자책임이 성립하지 않은 경우, 이 법에 의한 손해배상청구의 길은 막히므로, 이때는 민법상의 손해배상청구를 할 수밖에 없다.[35] 예를 들면, 대판 1997. 6.10. 95다22740은, 택시 기사가 택시를 주차시키며 열쇠를 차 안에 꽂아 두거나 시정장치를 하지 않음으로써 제3자로 하여금 택시에 폭발물을 설치하도록 방치한 과실로 있었고 이로 말미암아 폭발물이 폭발하여 승객이 다친 사안인데, 대법원은 이것은 자동차의 운행 중 사고가 아니어서 택시 회사가 자동차손배법상 운행자책임은 지지 않지만, 승객은 택시 회사에 대해서 민법상 사용자책임은 물을 수 있다고 판시했다. 대인배상보험 I 은 자동차손배법의 운행자책임을 보상하는 것이므로, 이와 같은 경우는 대인배상보험 II 에 의해서 보상을 받게 된다.

(2) 성립요건

1) 운행자

i) 개념

자동차손배법 3조는 자동차 '운행자'의 손해배상의무를 규정한다. 따라서 대인배상책임보험 I 의 부보범위에 포함되려면 피보험자가 위 법상 '운행자'에 해당해야 한다.

운행자란 자동차에 관한 운행을 지배하여(운행지배) 그 이익(운행이익)을 향유하는 책임주체로서의 지위에 있는 자를 가리킨다.[36] 운행지배는 자동차의 운행과 관련하여 현실적인 지배뿐만 아니라 사회통념상 간접지배 내지는 지배가능성이 있다고 볼 수 있는 경우도 포함한다.[37] 또는 운행지배는 현실적으로 보유자와 운전자 사이에 사실상의 지

34) 대판 1997.11.28. 95다29390; 대판 2020.1.30. 2016다267890
35) 대판 1987.10.28. 87다카1388; 대판 1988.3.22. 86다카2747
36) 대판 2001.4.24. 2001다3788
37) 대판 2011.11.10. 2009다80309

배관계가 존재하는 경우뿐만 아니라 간접적이거나 제3자의 관리를 통한 관념상의 지배관계가 존재하는 경우도 포함한다.[38] 그리고 운행이익은 운행으로부터 직접 얻는 경제적 이익뿐만 아니라, 간접적인 경제적 이익이나 무상대여 시 인적관계에 따른 정신적 만족감 등을 포함하는 넓은 개념이다.[39]

ii) 자동차보유자

자동차보유자가 위와 같은 운행지배와 운행이익을 갖는 것이 보통이다. 자동차보유자란 "자동차의 소유자나 자동차를 사용할 권리가 있는 자로서 자기를 위하여 자동차를 운행하는 자"를 말한다(자동차손배법 2조 3호). 자동차를 사용할 권리가 있는 자는 예를 들면 렌트카사업자로부터 자동차를 임차 받은 자를 말한다.

위와 같은 자동차보유자는 운행을 지배하고 운행이익을 누리는 것이 보통이므로, 운행자로 추정된다. 즉 피해자는 사고차량의 자동차등록원부 등을 통해 자동차보유자라는 사실을 주장·증명하면, 그 자동차보유자가 운행자라는 사실이 일응 증명된 것이다.[40] 자동차보유자가 이러한 추정에서 벗어나려면, 자동차의 운행 당시 자신이 운행자로서의 지위를 상실하였다는 것을 주장·증명해야 한다.[41]

그리고 자동차보유자와 운전자는 구분해야 한다. 운전자는 "다른 사람을 위하여 자동차를 운전하거나 운전을 보조하는 일에 종사하는 자"이다(자동차손배법 2조 4호). 운전자는 운행지배와 운행이익이 인정되지 않는 것이 일반적이다. 다만 절취운전자와 같이 자기를 위하여 자동차를 운전하는 자는, 운행을 지배하고 운행이익을 누릴 수 있다는 점에서, 운전자와 다르다.

iii) 자동차보유자가 아닌 자

운행자는 자동차보유자에 비해 넓은 개념이다. 즉 운행자와 자동차보유자가 항상 일치하는 것은 아니다. 자동차보유자 이외의 자도 운행자가 될 수 있다.

첫째, 자동차보유자가 운행자의 지위를 상실하고, 다른 사람이 운행자가 되는 경우가 있다. 가령 자동차보유자가 자동차를 절취당한 경우, 자동차보유자는 운행자가 아니고, 절취운전자가 운행자가 되는 것이 원칙이다. 즉 자동차의 소유자가 아니고 자동차를 사용할 권리가 있는 자도 아닌 절취운전자가 운행자가 될 수 있는 것이다. 그가 운행을 지배하고 운행이익을 누린다고 보아야 하기 때문이다. 이와 같이 다른 사람이 운행자가 된 경우, 그가 운행으로 인해 타인을 죽거나 다치게 하면, 자동차손배법 3조의 운행자 책임을 진다. 그리고 자동차보유자가 이 책임에서 벗어나려면, 자동차의 운행 당시 자신

38) 대판 1994.9.23. 94다21672
39) 박세민 668면
40) 대판 1995.2.24. 94다41232
41) 대판 1995.2.24. 94다41232

이 운행자로서의 지위를 상실하였다는 것을 주장·증명해야 하는 것이다.

둘째, 자동차보유자가 운행자의 지위를 유지하면서, 동시에 다른 사람이 운행자가 되는 경우가 있다. 이 경우는 하나의 자동차에 대해서 두 명이 운행자가 된다. 가령 자동차의 렌트카사업자는 자동차보유자로서 운행자의 지위를 유지하고 임차인도 운행자의 지위를 얻게 되는 것이 원칙이다. 그리고 첫째에서 살펴 본 경우도 예외적으로 자동차보유자가 운행자의 지위를 유지하게 되면, 하나의 자동차에 대해서 두 명이 운행자가 된다. 자동차보유자가 운행자의 지위를 유지하면서 다른 사람이 운행자로 되는 경우, 다른 사람이 자동차 운행으로 인해 타인을 죽거나 다치게 하면, 그는 물론이고 자동차보유자도 자동차손배법 3조의 운행자책임을 진다. 이들이 지는 책임은 공동운행자로서 부진정연대책임이라고 볼 수 있다. 한편 공동운행자가 둘 이상 존재하는 경우에 그중 공동운행자 한 명이 자동차 운행으로 인해 피해를 입으면, 다른 공동운행자에 대해서 운행자책임을 물을 수 있는지의 문제가 있다. 이것은 공동운행자의 타인성 문제로 다루게 된다.

아래에서는, 위 첫째 및 둘째와 관련하여, 실무상 운행자성 여부가 문제된 사안의 유형들을 살펴본다.

iv) 무단운전

무단운전이란 자동차 보유자와 일정한 인적관계(고용관계, 가족관계, 지인관계 등)에 있는 자가 보유자의 승낙없이 자동차를 운행하는 경우를 말한다.[42]

무단운전자는 운행자이고, 자동차보유자도 운행지배와 운행이익을 완전히 상실하지 않는 한 운행자의 지위를 유지한다.[43]

자동차보유자의 운행자성 상실여부는, ① 평소 차량과 열쇠의 보관 및 관리상태, ② 보유자와 운전자의 인적관계, ③ 무단운전의 경위, ④ 무단운전자의 차량 반환의사 유무, ⑤ 무단운전 후 보유자의 사후 승낙 가능성, ⑥ 무단운전에 대한 피해자의 주관적 인식 유무 등을 객관적이고 외형적인 여러 사정을 사회통념에 따라 종합적으로 평가하여 판단한다.[44]

평소 차량이나 열쇠의 보관상태가 허술할수록, 자동차보유자와 운전자 사이의 인적관계가 가까울수록 자동차보유자가 운행자로 인정될 가능성이 높아진다.[45] 그리고 피해자인 동승자가 무단운행에 가담하였거나 무단운행 사실을 알았더라도, 그 운행경위나 운행목적에 비추어 무단운행이 사회통념상 있을 수 있는 일이라고 선해할 사정이 있거나, 그 무

42) 대판 1998.6.23. 98다10380
43) 대판 1999.4.23. 98다61395
44) 대판 1995.2.24. 94다41232
45) 대판 1999.4.23. 98다61395(카센터를 운영하는 자동차소유자가 같이 살면서 카센터에서 심부름 등을 하며 정비기술을 배우는 외사촌 동생이 평소 거실 탁자에 보관되어 있던 자동차 열쇠를 발견하고 무단운전한 경우, 자동차소유자의 운행자성이 인정된다)

단운행이 운전자의 평소 업무와 사실상 밀접하게 관련된 것이어서 자동차보유자의 사후승낙 가능성을 전적으로 배제할 수 없는 경우에는 자동차보유자의 운행자성이 인정된다.[46]

v) 절취운전

절취운전이란, 자동차보유자와 아무런 인적 관계가 없으면서, 자동차를 보유자에게 되돌려 줄 생각 없이 자동차를 절취하여 운행하는 것을 말한다.[47]

절취운전자는 운행자이고, 자동차보유자의 운행자성은 원칙적으로 상실된다.[48] 다만 이 경우에도, 절취운전자가 야기한 사고에 대해서 자동차보유자가 사고 차량 및 열쇠의 관리를 소홀히 한 과실을 이유로 민법상 불법행위책임을 부담할 수 있다.[49]

자동차보유자의 운행자성이 인정되는 예외가 있다. 즉 자동차보유자의 차량이나 열쇠 관리상 과실이 중대하여 객관적으로 볼 때 자동차보유자가 절취운전을 용인하였다고 평가할 수 있을 정도가 되고, 절취운전 중 사고가 일어난 시간과 장소 등에 비추어 볼 때 자동차보유자의 운행지배와 운행이익이 잔존한다고 평가할 수 있는 경우에는 자동차보유자의 운행자성을 인정할 수 있다.[50] 판례 중에는 자동차보유자의 과실과 사고발생 사이의 인과관계를 비교적 폭넓게 인정한 것도 있다.[51]

vi) 차량임대차와 사용대차

임차인 또는 사용차주는 원칙적으로 운행자에 해당한다.[52] 다만 예외적으로, 자동차보유자가 밀접한 인적관계에 있는 자에게 자신의 자동차와 운전사를 무상으로 대여한 경우, 자동차보유자만 운행자일 수 있다.[53]

임대인도 원칙적으로 운행자 지위를 유지한다. 가령 렌트카사업자가 그러하다.[54]

---

46) 대판 1997.7.8. 97다15685
47) 대판 1998.6.23. 98다10380
48) 대판 1998.6.23. 98다10380
49) 대판 2001.6.29. 2001다23201
50) 대판 1998.6.23. 98다10380
51) 대판 1988.3.22. 86다카2747(1985.1.31. 밤에 인천에서 자동차가 도난당했고, 그 자동차로 1985.2.20. 충남 대덕군에서 교통사고가 발생한 경우 인과관계를 인정하였다)
52) 대판 2001.1.19. 2000다12532(자동차운전학원에서 연습 중인 피교습자가 학원 소유의 교습용 자동차로 운전연습을 하는 경우, 학원과 피교습자 사이에 위 자동차에 관하여 임대차 또는 사용대차의 관계가 성립되고, 자동차를 빌린 차주는 운행자에 해당한다)
53) 대판 1987.1.20. 86다카1807(자동차보유자가 결혼축의금 대신에 자신의 자동차와 운전수를 혼주에게 내어주고 결혼식장까지 혼주 등을 운송하다가 그 운전수가 자동차 운행으로 사고를 냈다면, 차주는 운행자가 아니고 자동차보유자만 운행자이다)
54) 대판 1991.4.12. 91다3932(차량임차인이 손수운전임대차약관(운전면허를 취득한 자에게만 자동차를 임대하고 제3자로 하여금 임대차량을 운전시킬 수 없다)에 위배하여 제3자에게 자동차를 사용하도록 하다 사고가 난 경우에도, 자동차대여업자는 그 제3자를 통해 자동차의 운행을 간접적이고 잠재적으로 지배하고 있으므로 운행자성을 상실하지 않는다). 대판 2014.5.16. 2012다73424(손수운전임대차약정이 체결된 경우 — 임대목적차량에 대한 대여업자의 관리가능성이나 지배가능성이 완전히 상실되지 않는 한 — 대여업자와 임차인 사이에는 대여업자의 임대목적차량에 대한 운행지배관계가 직접적이고 현재적으로 존재한다). 대판

사용대주도 마찬가지이다.[55] 자동차보유자인 사용대주의 경우 차주와의 사이에 밀접한 인적관계가 있는 것이 보통이고, 그 사용목적이 제한적이고 대여기간도 단기간인 것이 일반적이므로, 이러한 경우 원칙적으로 사용대주도 운행자성을 갖는 것이다.

vii) 대리운전

대리운전의 경우 자동차보유자와 대리운전업자 모두 운행자성이 인정될 수 있다.[56]

viii) 명의대여

자동차의 실질적 소유자와 자동차등록원부상의 소유명의자가 다른 경우, 실질적 소유자가 운행 중 사고를 일으킨 때에, 판례는 실질적 소유자뿐만 아니라 공부상 소유명의자에게도 광범위하게 운행자 책임을 인정한다.[57]

ix) 명의잔존

매매나 교환에 따라 상대방에게 자동차를 인도하였지만, 아직 매도인 등에게 자동차등록명의가 남아있는 상태에서 매수인 등이 자동차를 운행하다 사고를 야기하는 경우가 있다. 이 경우 매수인의 운행자성은 인정될 수 있다. 다만 매도인의 운행자성이 인정될 수 있는지는 사안에 따라 다르다.

원칙적으로, 대금 완납 및 이전등록서류 교부 여부가 주된 고려 요소이다. 두 가지가 모두 이루어졌다면 매도인은 더 이상 운행자가 아닐 가능성이 높고,[58] 두 가지가 모두 이루어지지 않았다면 매도인은 여전히 운행자일 가능성이 높다.[59] 둘 중 어느 하나만 이루어진 경우 판례는 개별 사정들을 고려하여 매도인의 운행자성을 판단한다.[60]

2021.4.15. 2020다281329(자동차대여업자는 임대차계약에 따라 임차인에 대한 인적 관리와 대여차량에 대한 물적 관리를 하게 되므로, 특별한 사정이 없는 한, 대여사업자의 대여차량에 대한 운행지배가 직접적이고 현재적으로 존재하고, 사고 당시 운전자가 임차인 아닌 제3자라거나 운전면허를 취득하지 아니하는 등으로 임대차계약에서 정한 운전 금지 또는 보상 제외 사유에 해당한다는 이유만으로 대여사업자의 운행지배를 부인할 수는 없다). 대판 2021.9.30. 2020다280715(자동차대여약정에서 자동차대여사업자가 임차인에 대한 인적 관리와 대여자동차에 대한 물적 관리를 하도록 정한 경우, 계약상 대여기간이 48개월로서 비교적 장기간이고, 대여자동차의 주된 유지·관리 주체가 임차인이며, 만기 시 임차인이 차량을 인수할 수 있다고 해도, 이런 사정만으로 대여사업자의 운행지배가 단절된다고 볼 수 없다). 대판 2024.10.31. 2023다310198(임차인의 이 사건 이륜자동차의 전대 등이 금지되고, 임차인의 영업이나 업무의 용도로만 사용이 허용되며, 임대인이 이륜자동차에 관한 보험가입업무를 대행하고, 임차인은 이륜자동차의 원상을 변경하는 행위, 부당한 과실행위로 차량을 손상시키는 행위 등을 할 수 없으며, 임차인이 이러한 금지행위를 하는 경우 임대인은 이 사건 계약을 해지할 수 있고, 이륜자동차에 사고가 발생한 경우 임차인은 임대인에게 사고 발생 현황을 즉시 통보하는 등의 조치를 취해야 한다고 규정하고 있어서, 임대인의 운행지배가 인정된다).

55) 대판 1987.11.10. 87다카376

56) 대판 2005.9.29. 2005다25755

57) 대판 1991.2.26. 90다6460; 대판 1993.4.23. 93다1879(지입차주로부터 운전사와 차를 함께 임차하여 동승 운행 중 상해를 입은 임차인에 대하여, 소유명의자인 지입회사의 운행자성을 인정)

58) 대판 1992.4.14. 91다41866

59) 대판 1980.6.10. 80다591

60) 대판 1994.2.22. 93다37052(갑에서 을, 을에서 병으로 오토바이가 매도되었고 을은 대금전액을 지급하였으

자동차 할부매매의 경우는, 할부금이 전부 변제되기 전에는 대금완납 또는(및) 이전등록서류 교부가 이루어지지 않지만, 할부매매의 특수성을 고려하여, 매도인의 운행자성을 판단한다.

첫째로, 자동차회사가 화물차를 할부로 판매하여 매수인으로 하여금 운행하게 하고도, 다만 그 할부대금채권의 확보를 위하여 그 소유명의만 유보한 경우, 대금완납 및 이전서류교부가 없지만, 자동차회사는 운행자성을 상실한다.[61] 둘째로, 자동차판매업자에 의한 할부매매가 아니라, 일반 매도인과 매수인 사이의 할부매매의 경우, 매도인의 운행자성은 사회통념상 매도인이 매수인의 차량운행에 간섭을 하거나 지배관리할 책무가 있는 것으로 평가할 수 있는지의 여부에 따라 결정된다.[62] 셋째로, 할부금 인수조건부 자동차 매매로 대금을 받고도 곧바로 차량에 대한 소유권이전등록서류를 교부할 수 없는 사정이 있는 경우(할부회사 명의의 근저당권이 설정되어 있기 때문에 소유자 명의의 이전이 불가능하기 때문에 할부금을 모두 지급한 후에 위를 교부), 운행지배가 매도인에게 남아 있다고 단정할 수 없으며, 매도인의 운행자성은 자동차의 이전등록서류 교부에 관한 당사자의 합의 내용, 자동차의 매매 경위 및 인도 여부, 인수자동차의 운행자, 자동차의 보험관계 등을 종합적으로 고려하여 판단한다.[63]

x) 자동차의 세차, 수리, 보관 등

자동차 세차를 의뢰하여 인도하면, 원칙적으로 세차업자에게만 운행자성이 인정된다.[64] 자동차 수리를 의뢰하여 자동차수리업자에게 인도하면, 원칙적으로 자동차수리업자만 운행자성을 갖는다.[65] 호텔이나 음식점 등에 맡긴 고객의 자동차를 그 주차안내자가 고객의 승낙 없이 운전하다 사고를 일으킨 경우, 그 차량은 주차장관리자가 보관하고

며 병이 현재 오토바이를 점유하고 있는 경우, 갑이 여전히 자동차등록원부상 소유자로 남아있고, 갑이 명의이전에 필요한 서류를 교부한 적이 없더라도 갑의 운행자성은 상실된다); 대판 1995.1.12. 94다38212(매도인이 자동차를 매도하여 인도하고 잔대금이 완납되었더라도, 매수인이 자동차를 전매할 때까지 매도인이 소유명의를 보유하기로 약정하였고, 할부계약상 채무자 명의도 매도인이 보유하며, 자동차보험도 매도인 명의로 가입하도록 한 채 매수인으로 하여금 자동차를 사용하게 한 경우, 매도인은 여전히 운행자이다); 대판 2009.12.24. 2009다69432(버스 매매대금은 지급되었으나 이전등록서류가 교부되지 않은 사안에서, 사고 발생 당일 소유권이전등록을 해 주기로 하였던 점, 사고 당시 매수인이 자신의 상호를 버스에 달고 운행한 점 등을 들어 매도인은 더 이상 운행자가 아니다)

61) 대판 1990.11.13. 90다카25413

62) 대판 1994.9.23. 94다21672

63) 대판 1990.12.11. 90다7203

64) 대판 1979.9.11. 79다1279

65) 대판 2000.4.11. 98다56645(자동차보유자의 피용자가 수리업자에게 수리를 맡기고서 자리를 뜨지 않고 부품교체작업을 보조, 간섭하였고, 교체작업의 마지막 단계에서 수리업자의 부탁으로 자동차 시동까지 걸어준 경우, 자동차소유자도 수리업자와 함께 운행자성이 인정된다); 대판 2002.12.10. 2002다53193(다만, 수리업자가 수리완료 여부를 확인하려고 시운전을 하면서 동시에 수리의뢰자의 요청에 따라 수리의뢰자 등이 거주할 방을 알아보고자 운행한 경우, 자동차보유자도 수리업자와 함께 운행자성이 인정된다)

있고, 원칙적으로 주차의뢰자는 더 이상 운행자가 아니다.[66)]

2) 운행

i) 개념

자동차손배법상 운행이란 “사람 또는 물건의 운송여부와 관계없이 자동차를 그 용법에 따라 사용하거나 관리하는 것”을 말한다(2조 2호). 자동차의 운행과 운전은 다른 개념이다.[67)]

학설상 운행의 개념은 원동기설(원동기를 용법에 따라 조작해서 자동차를 이동시키는 것), 주행장치설(원동기 · 제동장치 · 조향장치 등과 같은 주행장치의 조작에 의해서 자동차를 이동시키는 것), 고유장치설(자동차에 구조상 설비되어 있는 각 고유장치의 전부 또는 일부를 그 용법에 따라 조작하는 것), 차고출입설(자동차가 일단 차고로부터 나온 이후 다시 차고로 돌아갈 때까지의 전체 과정), 차자체설(자동차로 있는 동안은 항상 운행에 해당) 등이 있다. 운행의 개념은 원동기설이 가장 좁고, 차자체설이 가장 넓다.

판례는 중간적 입장인 고유장치설을 취하고 있다. 즉 자동차를 그 용법에 따라 사용한다는 것은, 자동차의 용도에 따라 그 구조상 설비되어 있는 각종 장치를 각각의 장치목적에 따라 사용하는 것을 뜻하고, 자동차가 반드시 주행상태에 있지 않더라도 주행의 전후 단계로서 주정차 상태에서 문을 열고 닫는 등 각종 부수적 장치를 사용하는 것도 포함한다고 해석한다.[68)]

판례가 운행성을 인정한 경우를 보자. 도로가 결빙되어 도로상태가 좋아질 때까지 휴식을 취할 목적으로 도로변에 자동차를 주차한 뒤 시동을 켠 채 자동차 안에서 잠을 자다가 차내에 누출된 엘피지 가스의 폭발로 화재가 발생하여 운전자가 사망한 경우 운행 중 사고로 본다.[69)] 또한, 자동차를 안전하게 주 · 정차하기 어려운 곳에 주 · 정차하거나 자동차를 주 · 정차함에 있어 지형과 도로상태에 맞추어 변속기나 브레이크 등을 조작하지 아니하여 사람이 사망하거나 부상한 경우, 이는 원칙적으로 운행 중의 사고이다.[70)]

---

66) 대판 1988.10.25. 86다카2516

67) 자동차'운전' 중에 발생한 사고를 보상하는 보험과 관련된 대판 2009.5.28. 2009다9294, 9300(자동차운전은 자동차의 원동기를 사용하는 고의의 운전행위로서, 엔진의 시동뿐만 아니라 발진조작의 완료까지 요하는 것이므로, 이는 주행 상태가 아닌 주행의 전후 단계로서 주 · 정차 상태에서 각종 부수적인 장치를 사용하는 것도 포함하는 자동차손해배상법 상 운행의 개념보다는 좁은 개념으로 해석되고 있다)

68) 대판 2004.7.9. 2004다20340(구급차로 환자를 병원에 후송한 후 구급차에 비치된 간이침대로 환자를 하차시키던 중 이를 잘못 조작하여 환자를 땅에 떨어뜨려 상해를 입게 한 경우, 자동차의 운행으로 인한 사고에 해당한다)

69) 대판 2000.9.8. 2000다89

70) 대판 1997.8.26. 97다5183(한강선착장 주차장에 주차한 승용차가 비탈면을 굴러 강물에 빠진 경우); 대판 2005.3.25. 2004다71232(활선자동차의 버킷을 수리할 목적으로 화물자동차를 운전하여 회사의 자재창고에 도착하여 창고 정문 안쪽의 내리막 경사지에 주차한 후 하차하여 수리하다가 날이 어두워지자 화물자동차

그리고 자동차의 불법주차로 인해 주행 중인 다른 자동차와 충돌한 경우,[71] 불법주차된 자동차 뒤에서 길을 횡단하려고 갑자기 뛰어나온 피해자를 주행 중인 자동차가 충격하여 상해를 입힌 경우,[72] 이러한 자동차 주차는 운행성이 인정되어, 그 자동차 운행자는 자동차손배법상 운행자책임을 진다.

판례가 운행성을 부정한 경우는 다음과 같다. 자동차를 잠을 자기 위한 공간으로 이용하면서 방한목적으로 시동과 히터를 켜놓은 상태에서 잠을 자다 질식사한 경우 운행 중 사고가 아니고,[73] 추운 겨울에 승용차의 시동을 켜놓고 잠을 자다 뒷좌석 부근에서 발화된 화재로 사망한 사고도 운행 중 사고가 아니다.[74] 또한 인부가 통나무를 정차 중인 화물차량에 내려놓는 충격으로 지면과 적재함 후미 사이에 걸쳐 설치된 발판이 떨어지는 바람에 발판을 딛고 적재함으로 올라가던 다른 인부가 땅에 떨어져 입은 상해는 운행 중 사고가 아니다.[75]

ii) 운행기인성

자동차 운행과 인과관계가 있는 사고에 대하여만 운행자가 자동차손배법상 운행자책임을 진다. 판례는 상당인과관계설에 의한다.[76]

3) 타인

자동차손배법상 손해배상청구권을 취득하는 타인은 자동차의 운행자 및 운전자 이외의 자를 뜻한다(3조). 실무상 타인성을 부정하는 피고 측에서 원고가 자동차손배법상 타인이 아니라는 사실을 주장, 입증해야 한다.

i) 공동운행자

공동운행자들은 대외적으로 제3자에 대하여 운행자성이 인정되고, 그 결과 운행자책임(부진정연대책임)을 진다. 문제는 공동운행자들의 내부관계에서 서로에 대해서도 운행

에 시동을 걸고 전조등을 켜서 그 불빛을 이용하여 작업을 계속하던 중 화물자동차가 경사지에서 굴러 내려와 충격하는 바람에 운전자가 사망한 경우)

71) 대판 1993.2.9. 92다31101

72) 대판 2005.2.25. 2004다66766

73) 대판 2000.1.21. 99다41824. 이는 자기신체사고에 관한 것으로서, 약관상 '운행'의 개념이 자동차손배법상 '운행'의 개념과 동일하다는 전제하에 결론을 도출한 것이다. 이에 대한 비판적 분석으로는, 한기정, "자동차손배법상의 운행의 개념에 관한 연구", 서울대학교법학49-3, 2008, 234면 참조

74) 대판 2000.12.8. 2000다46375

75) 대판 1993.4.27. 92다8101

76) 대판 1998.9.4. 98다22604(갑이 을을 자동차의 조수석에 동승하게 하고 자동차를 운전하여 도착한 목적지에는 도로 우측단에 나지막하게 설치된 턱의 아래로 터널이 관통하고 있었는데, 갑이 그 사실을 모르고 자동차 우측 앞바퀴가 도로 우측의 턱에 닿도록 바짝 붙여 주차하였고, 을도 이를 모른 채 조수석 문을 열고 차량의 밖으로 나오다가 우측 아래의 위 터널 바닥으로 떨어져 부상을 입게 된 경우, 차량운행과 사고는 상당인과관계가 있다); 대판 1999.7.13. 99다19957

자 책임을 질 수 있는가이다. 가령 공동운행자 중 갑이 운행으로 인한 손해를 입으면, 다른 공동운행자인 을이 운행자 책임을 지는가? 공동운행자들의 내부관계에서는, 갑의 운행자성이 부정되어야, 즉 갑이 타인이어야 을이 운행자 책임을 지게 된다. 결국 공동운행자의 타인성 여부에 달려 있다.

다른 공동운행자와 동등하거나 그 이상으로 운행지배와 운행이익을 가진 공동운행자는 타인성을 주장할 수 없다.[77] 또는 운행지배를 더 구체적이고 직접적으로 갖고 있어 용이하게 사고의 발생을 방지할 수 있는 공동운행자도 다른 공동운행자에게 타인성을 주장할 수 없다.[78] 공동운행자의 내부관계에서, 그러한 공동운행자는 운행자라고 해야지 타인이라고 볼 수 없는 것이다.

운행지배와 운행이익이 위와 같은 정도에 미치지 않는 공동운행자는, 공동운행자들 내부관계에서 운행자가 아닌 타인이라고 할 수 있으며, 그가 자동차 운행으로 피해를 입으면, 타방 공동운행자가 운행자책임을 지게 된다. 다만 손해부담의 공평성 및 형평과 신의칙의 견지에서 운행자성의 정도에 따라서 타인성 비율이 상대적으로 감소하여 그 만큼 운행자책임이 감하여 진다고 보게 된다.[79]

판례에 나타난 사례를 살펴보기로 한다.

① 동업자

동업자 중 1인이 다른 동업자가 운전하는 동업용 차량에 동승하여 가다 사고를 당한 경우, 운전을 한 다른 동업자에 대하여 타인성을 주장할 수 없다.[80] 이러한 경우를 '진정 공동운행자'라고 부른다.

② 차량의 사용대차

사용차주가 다른 사람으로 하여금 운전하게 하고 자동차에 동승하였다가 사고를 당한 경우, 사용대주에 대하여 타인성을 주장할 수 없다.[81] 다만, 운전사와 함께 차량을

77) 대판 1992.6.12. 92다930

78) 대판 1989.6.27. 88다카12599; 대판 1997.7.25. 96다46613(보다 주도적이거나 직접적이고 구체적으로 나타나 있어 상대방이 용이하게 사고발생을 방지할 수 있었던 경우라고 판시)

79) 대판 1993.4.23. 93다1879(자동차보유자가 운전수와 함께 자동차를 임대하였는데, 당해 자동차의 구체적인 운행관계에 있어 그 운행지배 및 운행이익이 임차인에게 완전히 이전되지 않고 서로 공유하는 공동운행자의 관계에 있고, 자동차보유자가 자동차를 더 직접적으로 지배한다고 볼 것이며, 따라서 임차인은 자동차보유자에 대해서 타인성을 주장할 수 있지만, 자동차보유자가 임차인에게 부담할 손해액을 40퍼센트로 감경하였다)

80) 대판 1992.6.12. 92다930

81) 대판 1989.6.27. 88다카12599(갑이 사촌형인 을에게 자기 소유의 자동차를 무상으로 빌려주고 을은 병, 정에게 무상으로 빌려주어 갑, 을과는 아무런 관계없이 정과의 친분관계로 동승한 무가 병과 교대로 그 차를 운전하다가 사고를 일으켰다면, 정은 운행자이고 정의 운행지배가 갑의 운행지배보다 구체적이고 직접적으로 나타나 있어 용이하게 사고의 발생을 방지할 수 있으므로, 사용차주인 정은 사용대주인 갑에 대하여 타인성을 주장할 수 없다); 대판 1991.7.9. 91다5358(피해자가 계원들의 여행을 위하여 피고 소유 차량을 무상으로 빌린 다음 운행비용은 계원들의 공동부담으로 하고 운전은 계원 중 한사람에게 맡겨 그 차를

무상대여한 경우 사용차주를 운행자로 볼 수 없다는 판례가 있는데, 이 경우 사용차주는 당연히 사용대주에 대하여 타인성을 주장할 수 있다.[82]

③ **차량의 임대차**

임차인이 직접 자동차를 운전하다 사고를 일으킨 경우, 자동차 대여업자에 대하여 타인성을 주장할 수 없다.[83] 한편 4명이 비용을 균등분담하여 그중 1인이 자동차를 임차하고 다른 1인이 운전하고 가다 사고를 당한 경우, 다른 1인은 자동차 대여업자에 대하여 타인성을 주장할 수 있고 다만 손해액은 감액한다.[84] 그리고 임차인이 운전사와 함께 차량을 임차하면서 그 운전사로 하여금 운전을 하게 하다 사고를 당한 경우, 자동차 대여업자에 대하여 타인성을 주장할 수 있다.[85]

④ **대리운전**

대리운전업체와 자동차보유자 사이의 내부관계에서는, 원칙적으로 대리운전업체만 운행자성이 인정될 수도 있다.[86] 이 경우는 자동차보유자가 자동차에 동승한 경우, 그는 자동차의 단순한 동승자이며, 대리운전자가 현저하게 난폭운전을 한다든가, 그 밖의 사유로 인하여 사고발생의 위험성이 상당한 정도로 우려된다는 것을 동승자가 인식할 수 있었다는 등의 특별한 사정이 없는 한, 대리운전자에게 안전운행을 촉구할 주의의무가 있다고 할 수 없다.[87]

자동차보유자로부터 승낙을 받아 자동차를 사용하던 자가 대리운전업체에 대리운전을 맡기고 대리운전사가 운전하는 차에 동승하던 중 교통사고가 발생한 경우, 자동차 보유자, 승낙사용인, 대리운전업체 모두 제3자에 대하여 운행자성이 인정될 수 있다. 이 경우 승낙사용인은 대리운전업체에 대해서는 타인성을 주장할 수 있지만, 그 자동차에 동승하고 있지 않던 자동차보유자에 대하여는 타인성을 주장할 수 없다.[88]

타고 놀러갔다가 돌아오던 중 운전부주의로 발생한 사고로 사망한 경우, 사용차주인 피해자는 사용대주에게 타인성을 주장할 수 없다); 대판 1992.3.13. 91다33285

82) 대판 1987.1.20. 86다카1807(자동차보유자가 결혼축의금 대신에 자신의 자동차와 운전수를 혼주에게 내어주고 결혼식장까지 혼주 등을 운송하다가 그 운전수가 자동차 운행으로 사고를 냈다면, 혼주 등 사용차주는 사용대주에 대해서 타인성을 주장할 수 있다); 대판 1991.5.10. 91다3918

83) 대판 2000.10.6. 2000다32840(자동차 대여업자로부터 자동차를 임차하여 직접 운전하다가 운전부주의로 사망한 경우, 망인은 사고 자동차에 대하여 운행지배와 운행이익을 가지는 운행자로서, 자동차보유자에 비하여 그 운행지배와 운행이익이 보다 직접적이고 구체적으로 나타나 있어 용이하게 사고의 발생을 방지할 수 있었다고 보여지므로, 피해자는 자동차보유자에 대해서 타인성을 주장할 수 없다)

84) 대판 1991.3.27. 91다3048

85) 대판 1992.2.11. 91다42388(자동차 대여업자로부터 자동차를 임차하면서 그 운전사를 소개받아 운행 중 야기된 충돌사고로 자동차 임차인과 그 처가 피해를 입게 된 경우, 피해자가 자동차 대여업자에게 타인성을 주장할 수 있다)

86) 대판 2005.9.29. 2005다25755

87) 대판 2005.9.29. 2005다25755

88) 대판 2009.5.28. 2007다87221

ii) 공동운전자

자동차손배법상 운전자는 '다른 사람'을 위하여 자동차를 운전하거나 운전을 보조하는 일에 종사하는 자를 뜻한다(자동차손배법 2조 4호). 그런데 자동차손배법상 손해배상청구권을 취득하는 타인은 자동차의 운행자 및 운전자 이외의 자이므로(3조), 운전자는 타인성이 부정되어 그러한 청구권을 행사할 수 없다.

① 교대운전자

교대운전자는 본운전자와 교대하기 위해 또는 교대한 뒤 동승한 운전자를 말한다. 사고 당시 자동차를 실제로 운전하고 있지 않은 자는 자동차손배법상 운전자에 해당하지 않으므로, 교대운전자는 당연히 타인성이 인정된다.[89] 그러나 교대운전자라도 차량을 후진함에 있어 그 후진을 유도하다가 사고를 당한 경우, 그는 운전업무에 관여한 자이므로 타인에 해당하지 않는다.[90]

② 운전보조자

운전보조자로서 현실적으로 사고발생을 방지할 의무가 있거나, 실제 운전에 관여한 경우에는 타인에 해당하지 않지만, 반대로 현실적으로 그러한 의무가 없거나 운전에 관여하지 않은 경우는 타인성이 긍정된다.[91]

③ 운전위탁과 운전교습

운전사가 사고 자동차에 탑승하였으나 현실적으로 운전을 하지 않은 경우에도, 그가 운전해야 할 지위에 있으면서도 직무상 의무에 위반하여 또는 법령에 위반하여 운전무자격자 또는 운전미숙자 등에게 운전을 위탁한 사이에 피해를 당하였다면, 그러한 운전사는 타인성을 주장할 수 없다.[92]

운전교습생은 운전지도원의 교육 및 지휘, 감독하에 운전하는 것이므로, 운전교습생이 사고를 낸 경우에, 운전지도원이 타인성을 주장할 수 없다.

iii) 호의동승자

무상의 호의동승자도 타인성이 인정되는 것이 원칙이다.[93] 다만 운행자의 손해배상책임이 신의칙상 감경될 수 있다.

---

89) 대판 1983.2.22. 82다128
90) 대판 1987.10.28. 87다카1388(이 경우 차량운전자에게 민법상 불법행위책임을 물을 여지는 있다)
91) 대판 1999.9.17. 99다22328
92) 대판 2000.3.28. 99다53827
93) 대판 1999.2.9. 98다53141

(3) 면책사유

1) 자동차손배법

ⅰ) 피해자가 승객이 아닌 경우

운행자가 다음을 증명하면 자동차손배법상 배상책임을 면한다(자동차손배법 3조 단서 1호). 즉 ① 운행자와 운전자가 자동차의 운행에 주의를 게을리하지 아니하였고, ② 피해자 또는 운행자 및 운전자 외의 제3자에게 고의, 과실이 있으며, ③ 자동차의 구조상의 결함이나 기능상의 장해가 없었다는 것을 운행자가 증명해야 한다. 이러한 증명이 있으면, 대인배상보험 I 의 부보범위에서 제외되는 것이다.

ⅱ) 피해자가 승객인 경우

승객이 고의나 자살행위로 사망하거나 부상한 경우, 운행자는 자동차손배법상 배상책임을 면한다(자동차손배법 3조 단서 2호). 따라서 대인배상보험 I 의 부보범위에서 제외된다. 고의나 자살행위로 인한 사상은 승객의 자유로운 의사결정에 따라 의식적으로 이루어진 경우에 한한다. 따라서 승객인 피해자가 운전자의 강제추행이나 감금 등을 피하기 위해 달리는 차에서 뛰어내리다 사망한 경우, 위 면책요건에 해당하지 않는다.[94)]

승객이 피해자인 경우, 승객이 피해자가 아닌 경우에 비해서 운행자가 승객에 대해 절대적 책임을 진다는 점을 알 수 있다. 즉 승객이 피해자인 경우, 운행자는 과실이 없고 승객에게 과실이나 제3자에게 고의, 과실이 있는 경우에도, 운행자는 배상책임을 부담한다. 이러한 절대적 책임이 운행자가 갖는 재산권의 본질적 내용을 침해하고 평등의 원칙에 반하여 위헌인지 여부가 다투어졌다. 헌법재판소는 합헌으로 결정하면서, 승객은 자동차에 동승함으로써 자동차의 위험과 일체화되어 승객이 아닌 자에 비하여 위험이 더 크다는 점에서 본질적 차이가 있고, 과실 있는 운행자나 과실 없는 운행자는 위험을 야기하는 원인인 자동차를 지배한다는 점에서 본질적 차이가 없으므로, 자동차손배법이 승객을 승객이 아닌 자와 차별하고, 과실 있는 운행자와 과실 없는 운행자에게 다 같이 승객에 대한 무과실책임을 지게 한 데에는 합리적인 이유가 있고, 평등의 원칙에 위반되지 않는다고 보았다.[95)]

자동차손배법의 목적이 피해자 보호에 있으므로 승객의 고의 또는 자살행위는 승객

---

94) 대판 1997.11.11. 95다22115

95) 헌결 1998.5.28. 96헌가4. 대판 2017.7.18. 2016다216953(자동차손배법 3조는 승객이 사망하거나 부상한 경우를 승객이 아닌 자와 구별하여 더욱 보호하고 있다. 이는, 승객은 자동차에 동승함으로써 자동차의 위험과 일체화되어 승객 아닌 자에 비하여 그 위험이 더 크다고 할 수 있으므로, 자동차 사고로 승객이 사망한 경우 운행자는 승객의 사망이 고의 또는 자살행위로 인한 것임을 주장·증명하지 못하는 한 운전상의 과실 유무를 가릴 것 없이 승객의 사망에 따른 손해를 배상할 책임이 있다는 취지이다). 대판 2021.11.11. 2021다257705도 같은 취지이다.

의 자유로운 의사결정에 기하여 의식적으로 행한 행위에 한정된다.[96)]

2) 표준약관

보험계약자나 피보험자의 고의로 인한 손해는 대인배상보험 I 의 부보범위에서 제외된다(표준약관 5조 본문). 다만 자동차손배법 10조에 따라 피해자가 보험자에게 직접청구한 경우, 보험자는 자동차손배법시행령에서 정한 금액을 한도로 피해자에게 손해배상금을 지급하고, 지급한 날부터 3년 내에 고의로 사고를 일으킨 보험계약자나 피보험자에게 그 지급을 청구한다(표준약관 5조 단서).

피보험자 본인이 무면허운전이나 음주운전을 하는 동안에 생긴 사고, 또는 기명피보험자의 명시적·묵시적 승인하에서 피보험자동차의 운전자가 무면허운전이나 음주운전을 하는 동안에 생긴 사고로 인하여 대인배상보험 I 에서 보험자가 보험금을 지급하는 경우, 피보험자는 대인배상보험 I 한도 내에서 지급한 보험금을 사고부담금으로 보험자에게 지급해야 한다(표준약관 11조 1항 1호). 이와 같은 피보험자의 사고부담금(자기부담금이라고도 한다)으로 인해서 보험자가 사실상 면책되므로, 이것은 면책사유의 일종이라고 볼 수 있다. 무면허운전의 개념, 음주운전의 개념 등에 관한 해석은, 후술하는 대인배상보험Ⅱ에서의 그것과 동일하게 하면 된다.

(4) 보험자의 보상책임

① 자동차의 운행자는 자동차손배법 3조에 따라 운행자책임을 지기 위해서 동법 5조 1항에 따라 피해자(피해자가 사망한 경우에는 손해배상을 받을 권리를 가진 자를 말함)에게 대통령령으로 정하는 금액을 지급할 책임을 지는 책임보험 등에 가입해야 한다.

② 이에 따른 보험자의 보상책임은 사고와 상당인과관계 있는 법률상 손해 일체를 그 내용으로 하는 것으로서, 사망사고의 경우 치료비 등 적극적 손해, 일실 수입 등 소극적 손해 및 정신적 손해 모두를 포함한다.[97)] 그리고 보상금액은 자동차손배법 시행령(3조 1항, 2항)에 정한 책임보험금의 한도 내에서 피해자가 실제로 입은 손해액이고 이것은 적극적 손해, 소극적 손해 및 정신적 손해를 모두 포함한다.[98)] 피해자의 유족이 지출

---

96) 대판 1997.11.11. 95다22115(피해자가 달리는 택시에서 뛰어내린 것은 택시 운전사의 강제적인 성행위, 폭행, 감금 등 급박한 범죄적 불법행위를 벗어나기 위하여 무작정 택시에서 뛰어내린 것으로서, 이는 피해자가 여러 시간 전에 일시적으로 자살을 기도하였다고 하는 사정을 감안하더라도 그의 자유로운 의사 결정에 따라 의식적으로 행한 자살행위라고 단정하기는 어렵다); 대판 2017.7.18. 2016다216953(망인이 사회복지사 자격증을 취득하였고, 교회에서 피아노 반주를 해온 사실 등만으로는 망인이 기존의 정신병적 질환을 완전히 회복하고 자유로운 의사결정에 따라 의식적으로 달리는 자동차에서 뛰어내렸다고 단정하기 어렵다).

97) 대판 2017.10.12. 2017다231119

98) 대판 2017.10.12. 2017다231119

한 장례비 손해는 보험자의 보상책임에 포함된다. 왜냐하면 자동차손배법 5조 1항은 피해자가 사망한 경우에는 손해배상을 받을 권리를 가진 자를 피해자라고 규정하고 있기 때문이다.[99)]

③ 자동차손배법에 따른 자동차보험진료수가에 관한 기준이 손해액 산정의 기준이 되는가? 자동차보험진료수가는 교통사고 환자가 의료기관에서 진료를 받음으로써 발생하는 비용으로서 보험자의 보험금으로 해당 비용을 지급하는 경우에 적용되는 금액이다(자동차손배법 2조 7호).[100)] 국토교통부장관은 교통사고환자에 대한 적절한 진료를 보장하고 보험자, 의료기관 및 교통사고환자 간의 진료비에 관한 분쟁을 방지하기 위하여 자동차보험진료수가에 관한 기준을 정하여 고시할 수 있고(자동차손배법 15조 1항), 의료기관은 보험자에게 위 기준에 따라 자동차보험진료수가를 청구할 수 있다(자동차손배법 12조 2항).

판례는 자동차보험진료수가에 관한 기준은 손해액 산정의 일응의 기준이 될 수 있으나 이를 절대적 기준으로 볼 수는 없다고 한다. 즉 교통사고 피해자가 소송을 통하여 보험자에게 직접 손해배상을 청구하는 경우 교통사고로 인한 치료비로 그 불법행위와 상당인과관계가 있는 범위 내의 실제 손해액을 배상받을 수 있으므로, 당해 치료행위에 대한 치료비는 부상의 정도, 치료내용, 횟수, 의료보험수가 등 의료사회 일반의 보편적인 진료비 수준 등 제반 사정을 고려하여 합리적으로 그 범위를 산정해야 한다.[101)] 이를 고려하면 교통사고 피해자가 소송을 통하여 보험자 등에 직접 손해배상을 청구하는 경우 자동차보험진료수가에 관한 기준은 치료비 손해액 산정의 일응의 기준이 될 수 있으나 이를 절대적 기준으로 볼 수는 없다.[102)] 따라서 법원이 자동차보험진료수가에 관한 기준에 따라 치료비 손해액을 산정하지 않았더라도 신체감정 등 다양한 증거방법을 통하여 해당 교통사고 피해자의 부상과 장해의 정도, 치료내용, 횟수 및 의료사회 일반에서 보편적인 진료비 수준, 해당 부상과 장해에 대한 자동차보험진료수가에 관한 기준의 적용 가능성이나 그 적정성 등을 참작한 다음 합리적인 범위로 치료비 손해액을 산정했다면 이를 상당인과관계 있는 손해라고 보아야 한다고 판시했다.[103)]

---

99) 대판 2017.10.12. 2017다231119

100) 자동차보험진료수가는 자동차손배법에 따른 자동차손해배상 보장사업의 보상금으로 해당 비용을 지급하는 경우와 교통사고환자에 대한 배상이 종결된 후 해당 교통사고로 발생한 치료비를 교통사고환자가 의료기관에 지급하는 경우에도 적용되는 기준인데(자동차손배법 2조 7호), 여기서는 보험자의 보험금으로 해당 비용을 지급하는 경우로 제한해서 논의한다.

101) 대판 2008.10.23. 2008다41574; 대판 2017.8.29. 2016다265511

102) 대판 2008.10.23. 2008다41574; 대판 2017.8.29. 2016다265511

103) 대판 2017.8.29. 2016다265511

제3절 대인배상보험Ⅱ

1. 의의

대인배상보험Ⅱ는, 피보험자가 피보험자동차를 소유·사용·관리하는 중에 다른 사람을 죽게 하거나 다치게 하는 사고로 인하여 법률상 손해배상책임을 짐으로써 입은 손해를 보상하는 보험이다(표준약관 6조 1항).

2. 특성

대인배상보험Ⅱ는 가입여부가 자유로운 임의보험이다. 이 점에서 가입 여부가 강제되는 강제보험인 대인배상보험Ⅰ과 구분된다. 대인배상보험Ⅱ는 강제보험인 대인배상보험Ⅰ과는 달리 그 가입 여부가 자유로우므로 일반적으로 사적 자치의 원칙이 적용되는 영역에 속한다.[104) 그리고 대인배상보험Ⅱ 가입을 장려하기 위해, 대인배상보험Ⅱ에 가입된 자동차를 운전하다 사고가 나서 상해사고나 건조물·재물손괴를 야기한 운전자에 대하여 형사상 소추가 금지된다. 다만, 사망사고, 중상해사고, 뺑소니사고, 그리고 중앙선 침범으로 인한 사고 등인 경우 형사소추가 가능하다(교통사고처리특례법 3조, 4조).

3. 피보험자

대인배상보험Ⅱ의 피보험자는 기명피보험자, 친족피보험자, 승낙피보험자, 사용피보험자, 운전피보험자 등이다(표준약관 7조). 다만 자동차 취급업자가 업무상 위탁받은 피보험자동차를 사용하거나 관리하는 경우에는 승낙피보험자 또는 운전피보험자로 보지 않는다(표준약관 7조).

4. 보험목적

대인배상보험Ⅱ의 보험목적은 피보험자가—피보험자동차에 의한 인적 사고로 인하여—부담하는 법률상 손해배상책임이다. 여기의 법률상 손해배상책임에는, 자동차손배법 3조의 운행자책임은 물론이고, 민법상 불법행위책임이나 사용자책임도 포함될 수 있

104) 대판 1993.9.14. 93다10774

다. 이 점에서 보험목적이 자동차손배법 3조의 운행자책임으로 한정되는 대인배상보험 I과 구분된다. 대인배상보험II의 보험목적 범위가 넓은 이유는, 아래에서 보는 바와 같이 보험사고의 범위가 자동차의 '운행' 중 인적 사고로 한정되지 않고, 그 보다 확대되어 있기 때문이다.

5. 보험사고

대인배상보험 I과 달리, 대인배상보험II의 보험사고는, 피보험자동차의 '운행' 중 인적 사고로 인한 자동차손배법 3조의 손해배상책임을 지게 되는 경우에 한정되지 않고, 피보험자동차의 '소유, 사용, 관리' 중의 인적 사고로 인해서 법률상 손해배상책임을 지게 되는 경우라면 전부 포함된다.

판례는, 대인배상보험 I과는 달리, 대인배상보험II의 보험사고는 피보험자가 피보험자동차를 소유, 사용, 관리하는 동안에 자동차손배법상의 자동차 보유자의 손해배상책임을 부담하는 경우에 한정되는 것이 아니라, 민법상의 일반 불법행위책임, 사용자책임 등을 부담하는 경우를 포함한다고 본다.[105] 대판 2008.11.27. 2008다55788은 피보험자의 지시에 따라 도로 갓길에 주차된 피보험자동차에서 하역작업을 하던 사람이 교통사고를 당한 사안이고, 이 사고가 대인배상보험II가 부보하는 사고인지가 다투어졌다. 원심은 위 사고가 피보험자동차의 운행으로 인한 사고는 아니므로 부보대상이 아니라고 보았으나, 대법원은 대인배상보험II가 부보하는 사고는 — 피보험자동차의 운행 중 사고로 한정되지 않고 — 피보험자동차의 소유, 사용, 관리 중의 사고를 의미하고 위 사고는 여기에 해당한다고 판시했다.[106]

6. 보험금액

대인배상보험II의 보험금액에는 제한이 없으며, 계약당사자가 정할 문제이다. 보험금액에 제한이 없는 무한보상과, 보험금액에 제한이 있는 유한보상이 있다. 이 점에서 보험금액의 한도가 제한되는 대인배상보험 I과 구분된다.

---

105) 대판 2008.11.27. 2008다55788

106) 대판 2008.11.27. 2008다55788(원심이 이 사건 자동차종합보험약관이 정하는 보험사고에 해당하기 위하여는 피보험자동차의 운행으로 인한 사고여야 한다고 하면서 그 운행의 의미를 자동차손해배상 보장법 제2조 제2호에 따라 해석함으로써, 이 사건 자동차종합보험약관이 정하는 보험사고를 자동차손해배상 보장법상의 자동차 보유자의 손해배상책임에 한정하고 만 것은, 이 사건 자동차종합보험약관의 해석을 그르친 잘못을 저지른 것이다)

7. 보상범위 : 대인배상보험Ⅰ과의 관계

(1) 피보험자가 운행자책임을 지는 경우

대인배상보험Ⅱ가 보상하는 손해는 대인배상보험Ⅰ에서 보상하는 손해를 초과하는 손해로 한정한다(표준약관 6조 1항). 이것은 피보험자가 자동차손배법의 운행자책임을 부담하는 경우에 적용되는 규정이다. 즉 피보험자가 자동차손배법의 운행자책임을 지게 되면, 피보험자는 대인배상보험Ⅰ에서 보상하는 손해를 초과하는 손해에 대해서 보상청구를 할 수 있다.

(2) 피보험자가 불법행위책임 등을 지는 경우

만약 피보험자가 피해자에 대하여 자동차손배법의 운행자책임이 아니라 민법의 불법행위책임 또는 사용자책임만 지는 경우에 대인배상보험Ⅱ의 보상범위는 어떠한가? 이와 같이 대인배상보험Ⅰ이 적용될 여지가 전혀 없는 경우는, 피보험자가 민법상 불법행위책임 등을 짐으로써 입은 손해의 전부를 대인배상보험Ⅱ로 보상받을 수 있다. 가령 대인배상보험Ⅱ에 가입한 피보험자의 자동차 사고로 피해자가 사망하였고, 그 손해액이 5억 원인데, 피보험자가 피해자에 대하여 민법의 불법행위책임만 부담하는 경우라면, 피보험자는 손해액의 전부인 5억 원을 대인배상보험Ⅱ의 보험자에게 청구할 수 있다.

위와 같은 법리로 판시한 대판 2000.10.6. 2000다32840의 내용은 다음과 같다. 즉, 영업용자동차보험 보통약관 10조가 대인배상보험Ⅱ에 의한 보험자의 보상책임에 관하여 규정하면서 '피보험자동차를 소유, 사용, 관리하는 동안에 생긴 피보험자동차의 사고로 인하여 남을 죽게 하거나 다치게 하여 법률상 손해배상책임을 짐으로써 입은 손해 중 대인배상보험Ⅰ로 지급되는 금액 또는 피보험자동차가 대인배상보험Ⅰ에 가입되어 있지 아니한 경우에는 대인배상보험Ⅰ로 지급될 수 있는 금액을 넘는 손해'를 보상한다고 규정하고 있는 것은, 피보험자가 법률상 손해배상책임을 짐으로써 입은 손해 중 대인배상보험Ⅰ로 지급되거나 지급될 수 있는 금액이 있으면 피보험자동차가 대인배상보험Ⅰ에 가입되어 있는지를 묻지 않고 이를 보험자가 보상할 금액에서 공제하고 그 나머지만을 보상한다는 취지이지, 피보험자가 피해자에 대하여 자동차손배법에 의한 손해배상책임을 지지 아니하고 민법상의 불법행위로 인한 손해배상책임만을 부담하는 관계로 대인배상보험Ⅰ이 적용될 여지가 없어 대인배상보험Ⅰ로 지급되거나 지급될 수 있는 금액이 전혀 없는 경우에까지 대인배상보험Ⅰ이 적용될 경우를 가상하여 산정한 금액을 넘는 손해만을 보상한다는 취지는 아니며, 그 경우에는 다른 특별한 사정이 없는 한 피보험자가 법률상 손해배상책임을 짐으로써 입은 손해의 전부를 대인배상보험Ⅱ로 보상받을 수 있다고 판시했다. 최근에 대판 2017.6.15. 2013다215454도 같은 입장을 취했다.

8. 면책사유

표준약관은 대인배상보험Ⅱ와 관련하여 보험자의 면책사유를 규정하고 있다(8조). 그중에서 살펴볼 것으로는, 무면허운전, 음주운전, 업무상 재해, 유상운송, 피보험자 또는 가족 등의 사고가 있다.

(1) 무면허운전

1) 약관조항의 연혁

종전 자동차보험약관조항은 "피보험자동차의 운전자가 무면허운전을 하였을 때에 생긴 사고로 인한 손해"가 면책된다고 규정하고 있어, 위 면책규정의 적용범위에 관하여 논란이 있었다.

판례는, 위 조항을 문언 그대로 해석하면 절취운전이나 무단운전의 경우와 같이 자동차보유자는 피해자에게 손해배상책임을 부담하면서도, 자기의 지배관리가 미치지 못하는 자의 운전면허소지 여부에 따라 보험보호를 못받는 불합리한 결과가 생기고, 이것은 보험계약자 등의 정당한 이익과 합리적인 기대에 어긋난다고 하면서, 위 조항이 보험계약자 등의 지배 또는 관리가능성이 없는 무면허운전까지 적용된다고 보게 되면 신의칙에 반하는 불공정한 것으로 무효이기 때문에, 위 조항은 무면허운전이 보험계약자 등의 지배 또는 관리가능한 상황에서 이루어진 경우에만 적용된다고 수정해석을 할 필요가 있으며, 보험계약자 등의 지배 또는 관리가능한 상황에서의 무면허운전이란 보험계약자 등의 명시적 또는 묵시적 승인하에 무면허운전이 이루어진 경우라고 판시했다(이른바 '효력유지적 축소').[107]

위 판례를 반영하여 현재의 표준약관은, ① 피보험자 본인이 무면허운전을 하는 동안에 생긴 사고, ② 기명피보험자의 명시적·묵시적 승인하에서 피보험자동차의 운전자가 무면허운전을 하는 동안에 생긴 사고에 대해서는 대인배상보험Ⅱ에서 보험자가 보험금을 지급하는 경우, 피보험자는 1사고당 1억 원의 사고부담금을 보험자에게 지급해야 한다고 규정한다(표준약관 11조 1항 2호). 즉 이와 같은 피보험자의 사고부담금(자기부담금이라고도 한다)으로 인해서 1사고당 1억 원의 한도에서 보험자가 사실상 면책되므로, 이것은 면책사유의 일종이라고 볼 수 있다. 이 점을 고려해서 여기서는 면책사유로서 검토하기로 한다.

---

107) 대판(전원) 1991.12.24. 90다카23899

2) 무면허운전의 의미

무면허운전이란 운전면허를 취득하지 않고 자동차를 운전하는 것을 말하고 운전면허가 정지, 취소된 경우를 포함한다(표준약관 1조 4호).[108]

무면허운전과 보험사고 사이에 인과관계가 없더라도,[109] 운전자가 무면허운전 사실을 인식하지 못하였더라도,[110] 무면허운전 면책사유가 적용된다.

3) 기명피보험자의 명시적, 묵시적 승인

i) 묵시적 승인

묵시적 승인은 승인의 의도가 명시적으로 표시된 경우와 동일시할 수 있을 정도로 그 승인의도를 추단할 만한 사정이 있어야 인정될 수 있다.[111] 묵시적 승인의 존부는, 평소 무면허운전자의 운전에 관하여 보험계약자 등이 취해 온 태도, 보험계약자 등과 무면허운전자의 관계, 평소의 차량의 운전 및 관리 상황, 당해 무면허운전이 가능하게 된 경위, 문제가 된 무면허운전의 목적 등의 제반 사정을 함께 참작하여 인정한다.[112]

ii) 승인의 주체 및 대상

표준약관이 기명피보험자만을 승인의 주체로 규정하고 있으므로, 승낙피보험자가 승인한 경우에는 위 면책약관이 적용될 수 없다. 승인대상은 운전자체가 아니라 무면허자가 하는 운전이다.[113] 따라서 무면허운전자의 구체적 운전행위가 기명피보험자의 승인에 의한 것이라고 해도, 기명피보험자가 자동차의 관리자 내지 사용자로서 그에게 요구되는 통상의 주의의무를 다하였음에도 운전자의 무면허 사실을 알 수 없었던 특별한 사정이 있는 경우에는, 면책사유는 적용되지 않는다(효력유지적 축소).[114]

---

108) 대판 1997.9.12. 97다19298(무면허운전면책조항은 사고 발생의 원인이 무면허운전에 있음을 이유로 한 것이 아니라 사고 발생 시에 무면허운전 중이었다는 법규위반 상황을 중시하여 이를 보험자의 보험 대상에서 제외하는 사유로 규정한 것이므로 운전자의 운전면허가 정지되거나 취소된 경우에도 위 면책규정상의 무면허운전에 해당된다고 보아야 한다)

109) 대판 1997.9.12. 97다19298

110) 대판 1998.3.27. 97다6308

111) 대판 1998.3.24. 96다38391

112) 대판 1998.3.24. 96다38391(피보험자 아들이 치상사고 및 음주운전로 인해 운전면허가 취소되었고, 그 취소 이후 아들이 보유했던 승용차를 아들이 운전하지 못하게 했으며, 피보험자는 자신이 보유한 피보험자동차의 운행을 아들에게 허락하지 않았으나, 아들은 피보험자가 출장간 사이 안방 장롱 서랍 안에 보관해 둔 예비열쇠를 찾아내서 피보험자동차를 운행하던 중 사고를 일으킨 경우, 피보험자의 묵시적 승낙하에서 이루어진 것이라고 보기 어렵다)

113) 대판 1994.8.26. 94다4073

114) 대판 1993.11.23. 93다41549; 대판 1996.11.15. 96다33242(택시회사의 운전기사가 주소변경으로 정기적성검사 통지나 정기적성검사 미필로 인한 면허취소 통지를 받지 못하여 면허취소를 모르고 운전을 계속했고, 택시회사는 정기적성검사 통지는 운전사에게만 통지되고 운전기사가 알아서 적성검사를 받는 것이

iii) 운행자성과의 관계

자동차보유자가 운행지배와 운행이익을 상실하지 아니하였다는 판단과 자동차보유자가 무면허운전에 대하여 승인을 하지 아니하였다는 판단은 양립할 수 있는 것이다.[115] 따라서 자동차보유자가 무면허운전에 대해서 승인을 하지 않은 경우에도, 그 자동차에 대한 운행지배와 운행이익을 보유하고 있을 수 있음은 물론이다. 가령 무단운전자가 무면허운전을 한 경우, 자동차보유자가 무면허운전에 대해서 승인을 하지 않았지만, 운행지배와 운행이익을 완전히 상실하지 않아서 운행자책임을 지는 것이 가능하다.[116]

4) 무면허운전 면책조항 배제의 개별약정

보험계약자가 피보험자동차를 운전할 수 있는 면허가 없다는 점을 보험자가 알면서도 보험계약을 체결한 경우, 보험약관상 무면허운전 면책사유를 배제하는 개별약정이 체결된 것으로 볼 수 있는지가 문제된다. 이는 계약당사자 사이에 약관문언과 다른 내용의 개별적, 묵시적 합의가 성립되었다고 볼 수 있는지 여부에 달려 있다.[117] 계약당사자 사이에 의사의 합치가 있다면 당연히 약관문언과 다른 내용으로 계약이 성립할 수 있지만, 보험자가 약관문언과 다른 내용으로 보험계약을 체결할 의사를 갖고 있었다는 사실인정은 신중히 이루어져야 한다고 본다.

(2) 음주운전

피보험자 본인이 음주운전을 하는 동안에 생긴 사고, 또는 기명피보험자의 명시적·묵시적 승인하에서 피보험자동차의 운전자가 음주운전을 하는 동안에 생긴 사고로 인하여 보험자가 대인배상보험Ⅱ에서 보험금을 지급하는 경우, 피보험자는 1사고당 1억 원의 사고부담금을 보험자에 지급해야 한다(표준약관 11조 1항 2호). 즉 이와 같은 피보험자의 사고부담금(자기부담금이라고도 한다)으로 인해서 1사고당 1억 원의 한도에서 보험자가 사실상 면책되므로, 이것은 면책사유의 일종이라고 볼 수 있다. 여기서 음주운전은 도로교통법에서 정한 주취 상태에서 운전하거나 음주측정에 불응하는 행위이다(표준약관 1조 9호).

통례여서 이에 대해 관심을 갖고 있지 않기 때문에 그 면허취소를 전혀 알지 못한 경우, 무면허운전 면책사유를 적용할 수 없다)

115) 대판 1999.4.23. 98다61395

116) 대판 1999.4.23. 98다61395

117) 대판 1997.10.10. 96다19079(보험계약자가 피보험자동차를 운전할 수 있는 면허가 없다는 점을 보험자의 직원이 알면서도 보험계약을 체결한 경우, 즉 보험계약자가 12인승 승합차를 운전할 수 없는 2종 보통운전면허만 가지고 있음에도 보험계약자를 피보험자동차의 주운전자로 하여 보험계약을 체결한 경우, 보험자는 보험계약자겸 주운전자가 자신이 소지한 2종보통운전면허로 그 자동차를 운전하더라도, 그 운전이 2종보통운전면허가 취소, 정지된 상태에서 이루어진 것이 아닌 한, 그 운전으로 인한 사고를 보상해 주기로 하는 개별 약정을 체결한 것이다); 대판 1998.10.13. 97다3163

기타는 무면허운전 면책조항과 동일하게 해석하면 된다.

(3) 업무상 재해

1) 내용

배상책임이 있는 피보험자의 피용자로서 산업재해보상보험법에 의한 재해보상을 받을 수 있는 사람이 죽거나 다치면 보험자는 면책된다(표준약관 8조 2항 2호 본문). 판례는 이 약관조항을 유효하다고 하면서, 노사관계에서 발생하는 업무상 재해에 대한 보상은 궁극적으로 산업재해보상보험에 의하도록 하고, 피보험자의 타인에 대한 배상책임을 전보함을 목적으로 하는 대인배상보험Ⅱ의 부보범위에서는 제외하는 데 그 취지가 있다고 판시했다.[118)]

만약 피용자가 입은 손해가 산업재해보상보험법에 의한 보상범위를 넘어서면, 그 초과손해를 보상한다(표준약관 8조 2항 2호 단서). 종래에는 이러한 경우에도 보험자가 면책된다는 약관조항이 있었는데, 판례는 이 조항이 무효라고 보았다. 왜냐하면 자동차보험의 피보험자인 사업주가 피해를 입은 피용자에 대해서 자동차손배법 또는 민법 등에 의한 손해배상책임이 남아있는데도 보험자의 면책을 인정하는 것은, 피보험자에게 실질적으로 손해배상책임을 부담하게 함으로써 자동차보험의 취지에 어긋나기 때문이다.[119)]

대판 2018.10.25. 2018다237817에서는 자동차 보험사고가 산재사고에도 해당하여 피해자가 '산재보험법에 의한 재해보상을 받을 수 있는 사람'인 경우, 즉 보험자가 자동차보험계약에 의하여 보상할 손해 중 산재보험급여로 전보될 수 있는 부분이 있다면 특별한 사정이 없는 한 보험자는 이 사건 면책조항에 따라 보상책임이 면제되고, 다만 피해자의 손해가 산재보험급여에 의해 전보되는 부분을 초과하는 경우에만 보험자는 이 사건 면책조항의 단서에 따라 그 초과 부분을 보상할 책임이 있다고 판시되었다. 또한 피해자가 '산재보험법에 의한 재해보상을 받을 수 있는 사람'에 해당하는지 여부는 자동차 보험사고의 발생 당시를 기준으로 판단함이 원칙이고, 이후 피해자가 실제로 산재보험급여를 지급받았거나 그에 대한 지급결정이 있었는지 여부는 위 적용요건의 고려대상이 아니라고 판시되었다. 그리고 자동차 보험사고가 산재사고에도 해당하는 경우 피해자가 제3자로부터 산재보험급여에 상당하는 손해배상금을 받았더라도 피해자가 '산재보험법에 의한 재해보상을 받을 수 있는 사람'이 아니라고 볼 수 없다고 판시되었다.

---

118) 대판 2000.9.29. 2000다19021(이 면책조항이 상법 659조의 보험자 면책사유보다 보험계약자 등에게 불이익하게 면책사유를 변경하여 상법 663조에 위반된다고 볼 수 없고, 약관규제법 7조 2호에서 정한 '상당한 이유 없이 사업자의 손해배상 범위를 제한하거나 사업자가 부담하여야 할 위험을 고객에게 이전시키는 조항'에도 해당되지 않으므로 이를 무효라고 할 수 없다)

119) 대판(전원) 2005.3.17. 2003다2802

2) 적용요건

산업재해보상보험법상 산재보험에 당연가입대상인 사업주의 경우, 사업개시 후 그의 피용자가 업무상 재해를 입으면, 산재보험관계 성립신고를 하지 않거나 산재보험료를 납부하지 않았더라도 당연히 산재보험금의 지급을 청구할 수 있으므로, 피용자가 산재보험금을 실제로 지급받은 경우에 한하여 업무상재해 면책조항이 적용되는 것은 아니다.[120] 한편, 산업재해보상보험법상 당연가입대상이 아닌 사업주의 경우에도, 근로복지공단의 승인을 얻어 산재보험에 가입하고 있으면, 업무상재해 면책조항이 적용된다.[121]

또한, 피해자가 근로기준법에 의한 재해보상을 받을 수 있는 자가 아니거나, 근로기준법에 의한 재해보상은 받을 수 있더라도 산재보험에 의한 보상을 받을 수 없는 경우에는, 업무상재해 면책조항이 적용되지 않는다.[122]

그리고 피해자가 산재보험의 보상을 받을 수 있는 경우에 해당한다면, 대인배상보험Ⅱ의 보험자는 자신이 전보해야 하는 손해배상액에서 그 보상액 상당액을 공제할 수 있고, 공제를 위해 반드시 산재보험금을 현실로 지급받았거나 지급결정이 있었을 필요는 없지만 그 보상여부가 불확실한 경우에는 함부로 이를 공제해서는 안 된다.[123]

3) 보험자 간 구상관계

위 면책약관은 보험자 간의 구상관계에도 적용된다. 가령 갑과 을(산재보험에 가입)의 피용자인 병의 쌍방과실로 인해서 을의 다른 피용자 정에게 업무상 재해가 발생하였고, 근로복지공단이 정에게 산재보험금을 지급한 후 갑에게 구상권을 행사하자(갑과 을은 정에 대한 공동불법행위책임을 지므로 정이 갑에게 손해배상청구권을 행사할 수 있는데, 산재보험금을 지급한 근로복지공단이 이 손해배상청구권을 대위행사하는 것을 가리킴), 갑의 보험자가 구상금을 지급한 다음에 을의 보험자에 대하여 을의 피용자의 과실비율에 상당하는 구상금을 청구한 경우, 을의 보험자에게 대인배상보험Ⅱ의 업무상재해 면책조항이 적용되어, 갑의 보험자의 구상금 청구는 기각된다.[124]

(4) 유상운송

영리를 목적으로 요금이나 대가를 받고 피보험자동차를 반복적으로 사용하거나 빌

---

120) 대판 1995.11.24. 95다39540; 대판 2002.9.4. 2002다4429
121) 대판 1995.2.10. 94다4424
122) 대판 1994.1.11. 93다5376
123) 대판 2011.11.24. 2011다64768
124) 대판 2000.9.29. 2000다19021

려 준 때에 생긴 손해에 대해서는, 보험자가 면책된다(표준약관 8조 1항 6호). 이 면책조항의 취지는, 사업용자동차와 비사업용자동차는 보험사고의 위험률에 큰 차이가 있어, 전자의 경우 위험이 훨씬 큰 만큼 별도의 위험담보특약에 의해 추가로 보험료를 납부하지 않는 한, 그로 인한 위험을 인수하지 않겠다는 것이다.[125]

피보험자동차의 이용자들로부터 반복적으로 금원을 받았다는 사정만으로 유상운송이라고 단정할 수 없고, 운행목적이나 빈도, 운행경로나 이용승객 수, 운행형태의 변경으로 인한 위험증가 정도 등에 비추어 유상운송 여부를 판단한다.[126]

위 면책조항은, 유상운송을 유발한 탑승자와 같이 유상운송과 직접 관련이 있는 자가 피해자로서 입은 손해에 한하여 적용되는 것이 아니고, 유상운송과 직접 관계가 없는 자가 피해자로서 입은 손해에도 적용된다.[127]

(5) 피보험자 또는 가족 등의 사고

피보험자 또는 그 부모, 배우자 및 자녀가 죽거나 다친 경우, 보험자가 면책된다(표준약관 8조 2항 1호). 이러한 가족들은 자기신체사고보험에서 피보험자가 되므로, 이에 대한 보호가 필요하면 자기신체사고보험에 가입해야 한다. 판례는 이 면책조항이 유효하다고 보며, 그 이유는 가족 간에는 사고로 손해를 입은 경우 그 가정 내에서 처리함이 보통이고 손해배상을 청구하지 않는 것이 사회통념에 속하며, 위와 같이 별도의 자기신체사고보험이 존재하기 때문이다.[128]

여기서 피보험자의 부모는 피보험자의 부모, 양부모이고, 피보험자의 배우자는 법률상의 배우자 또는 사실혼관계에 있는 배우자이며, 피보험자의 자녀는 법률상의 혼인관계에서 출생한 자녀, 사실혼관계에서 출생한 자녀, 양자 또는 양녀를 가리킨다(표준약관 1조 15호).

---

125) 대판 1999.1.26. 98다48682; 대판 1999.9.3. 99다10349

126) 대판 1995.5.12. 94다54726(피보험자인 법인이 운영하는 학교에 소속된 학생들 중 이용료를 내는 특정된 인원만이 승차하여 일정한 시간에 일정한 경로를 주행하는 통학버스의 운행은, 할증보험료를 징수하는 유상운송과 비교할 때, 그 운행의 목적과 빈도, 운행경로나 이용 승객 수 등 그 운행형태가 차이가 있어, 사고위험률이 유상운송의 경우에 비하여 낮고, 학생들의 편의를 위하여 제공되고 이용학생들로부터 실비차원의 이용료를 받은 점 등을 고려할 때, 유상운송이 아니다); 대판 1997.10.10. 96다23252(사회복지법인 응급구조단이 구급차를 이용하여 응급환자를 이송하고 이송처치료를 받고 있으나, 이는 실비변상적 성격으로 운송에 대한 대가로 볼 수 없으므로, 구급차의 운행은 유상운송이 아니다)

127) 대판 1992.5.22. 91다36642

128) 대판 1993.9.14. 93다10774

제4절 기타의 보험

1. 대물배상보험

(1) 의의

대물배상보험은 피보험자가 피보험자동차를 소유·사용·관리하는 동안에 생긴 피보험자동차의 사고로 인하여 다른 사람의 재물을 없애거나 훼손하는 물적 사고로 법률상 손해배상책임을 짐으로써 입은 손해를 보상하는 보험이다(표준약관 6조 2항).

(2) 종류

대물배상보험에는 강제보험과 임의보험이 있다. 전자는 자동차의 운행으로 다른 사람의 재물이 멸실되거나 훼손된 경우 사고 1건당 2천만 원 내에서 피해자에게 발생한 손해액을 부보하는 것으로 가입이 강제되는 것을 가리킨다(자동차손배법 5조 2항, 동법시행령 3조 3항). 후자는 위 금액을 초과하는 손해액을 부보하기 위한 것으로 가입 여부가 자유로운 보험이다.

(3) 피보험자

대물배상보험의 피보험자는 기명피보험자, 친족피보험자, 승낙피보험자, 사용피보험자, 운전피보험자 등이다(표준약관 7조). 다만 자동차 취급업자가 업무상 위탁받은 피보험자동차를 사용하거나 관리하는 경우에는 승낙피보험자 또는 운전피보험자로 보지 않는다(표준약관 7조).

(4) 보험목적

대물배상보험의 보험목적은 피보험자가 — 피보험자동차에 의한 타인재물에 대한 사고로 인하여 — 부담하는 법률상 손해배상책임이다. 여기의 법률상 손해배상책임에는, 자동차의 운행으로 손해배상책임(자동차손배법 5조 2항)은 물론이고, 민법상 불법행위책임이나 사용자책임도 포함될 수 있다.

(5) 보험사고

대물배상보험의 보험사고는, 피보험자동차의 '소유, 사용, 관리' 중에 타인재물에 대한 사고라면 전부 포함된다. 피보험자동차의 운행에 한정하지 않고, 피보험자동차의 소유, 사용, 관리 중의 사고라는 점에서 대인배상보험Ⅱ와 같다.

(6) 보험금액

대물배상보험의 보험금액에는 제한이 없으며, 당사자가 정할 문제이다. 다만 사고 1건당 보험금액 2천만 원까지는 가입이 강제된다(자동차손배법 5조 2항, 동법시행령 3조 3항).

(7) 면책사유

피보험자 본인이 무면허운전이나 음주운전 또는 마약·약물운전을 하는 동안에 생긴 사고, 또는 기명피보험자의 명시적·묵시적 승인하에서 피보험자동차의 운전자가 무면허운전이나 음주운전 또는 마약·약물운전을 하는 동안에 생긴 사고로 인하여 보험자가 대물배상보험에서 보험금을 지급하는 경우, 피보험자는 일정한 금액을 사고부담금으로 보험자에게 지급해야 한다(표준약관 11조 1항 3호).[129] 이와 같은 피보험자의 사고부담금(자기부담금이라고도 한다)으로 인해서 보험자가 사실상 면책되므로, 이것은 면책사유의 일종이라고 볼 수 있다. 그 외에도 유상운송 면책조항이 있다(표준약관 8조 1항 6호). 이상의 무면허운전, 음주운전, 유상운송의 해석 문제는 전술한 대인배상보험Ⅱ와 같다. 한편 대인배상보험Ⅱ와 달리, 업무상재해 면책조항은 대물배상보험에 없다.

한편 대물배상보험 특유의 면책조항으로, ① 피보험자 또는 그 부모, 배우자나 자녀가 소유·사용·관리하는 재물에 생긴 손해, ② 피보험자가 사용자의 업무에 종사하고 있을 때 피보험자의 사용자가 소유·사용·관리하는 재물에 생긴 손해, ③ 피보험자동차에 싣고 있거나 운송 중인 물품에 생긴 손해, ④ 다른 사람의 서화, 골동품, 조각물, 그 밖에 미술품과 탑승자와 통행인의 의류나 휴대품에 생긴 손해, ⑤ 탑승자와 통행인의 분실 또는 도난으로 인한 소지품에 생긴 손해(다만 훼손된 소지품에 한하여 피해자 1인당 200만 원의 한도에서 실제 손해를 보상)는 보험자가 면책된다(표준약관 8조 3항).

---

129) 사고부담금은 자동차손배법 5조 2항의 규정에 따라 자동차보유자가 의무적으로 가입하여야 하는 대물배상 보험가입금액 이하 손해인 경우는 지급보험금이고, 자동차손배법 5조 2항의 규정에 따라 자동차보유자가 의무적으로 가입하여야 하는 대물배상 보험가입금액을 초과하는 손해인 경우는 1사고당 5,000만 원이다(표준약관 11조 1항 3호). 다만, 마약·약물운전에서 사고부담금은 대인배상Ⅱ 및 자동차손배법 5조 2항의 규정에 따라 자동차보유자가 의무적으로 가입하여야 하는 대물배상 보험가입금액을 초과하는 손해에 대해서만 적용한다(표준약관 11조 1항 단서). 여기서 자동차손배법 5조 2항의 규정에 따라 자동차보유자가 의무적으로 가입하여야 하는 대물배상 보험가입금액은 사고 1건당 2천만 원이다(자동차손배법시행령 3조 3항).

2. 자기차량손해보험

(1) 의의

자기차량손해보험이란 피보험자가 피보험자동차를 소유·사용·관리하는 동안에 발생한 사고로 인하여 피보험자동차에 직접적으로 생긴 손해를 보상하는 보험이다(표준약관 21조).

(2) 법적 성격

자기차량손해보험은 손해보험의 일종인 물건보험이다.[130)]

(3) 피보험자

자기차량손해보험에서 피보험자는 기명피보험자이다(표준약관 22조).

(4) 보험목적

자기차량손해보험의 보험목적은 피보험자동차이다.

(5) 보험사고

자기차량손해보험의 보험사고는 피보험자동차의 '소유, 사용, 관리' 중에 발생한 피보험자동차의 사고를 가리킨다.

(6) 보험금액

자기차량손해보험의 보험금액은 피보험자동차의 보험가액을 한도로 계약당사자가 정할 문제이다.

(7) 면책사유

대인배상보험 등과 마찬가지로 유상운송 면책약관이 존재하고, 이외에도 보험계약자 또는 피보험자의 고의로 인한 손해 등에 대한 면책조항이 존재한다(표준약관 23조). 또한 자기차량손해보험의 특유한 면책사유로, 보험계약자, 기명피보험자, 30일을 초과하는 기간을 정한 임대차계약에 의해 피보험자동차를 빌린 임차인, 기명피보험자와 같이 살거나 생계를 같이하는 친족 등이 무면허운전, 음주운전 또는 마약·약물운전을 하였을 때 생긴 손해는 보상하지 않는다(표준약관 23조 14호). 판례는, 대인배상보험Ⅱ 등에서와 달리,

---

130) 대판 1998.12.22. 98다35730

이 면책조항을 문언 그대로 해석해서 친족 등의 무면허, 음주운전에 대하여 기명피보험자의 지배나 관리가 가능하지 않은 경우에도 적용한다. 그 이유는, 이와 같이 보더라도 보험금이 귀속되는 주체가 보험계약자나 피보험자 자신이므로 대인배상이나 대물배상에서와 같이 제3자의 보호를 소홀히 할 염려가 없고, 또한 피보험자의 지배나 관리가 미치지 못하는 상황에서 일어난 무면허, 음주운전 사고로 인해 보험보호를 받지 못해도 자기차량 손해보험금 상한이 제한되어 있어 보험계약자나 피보험자가 이를 인용할 여지도 있기 때문이다.[131]

3. 자기신체사고보험

(1) 의의

자기신체사고보험은 피보험자가 피보험자동차를 소유·사용·관리하는 동안에 생긴 사고로 인하여 죽거나 다친 때 그로 인한 손해를 보상하는 보험이다(표준약관 12조).

(2) 법적 성질

자기신체사고보험은 인보험의 일종이다.[132] 자기신체사고보험은 상해와 그로 인한 사망을 보장하는데, 판례는 이를 상해보험이라고 본다.[133] 보상방식은 정액형과 비정액형이 가능하다. 비정액 보상방식을 취하는 경우 자기신체사고보험은 손해보험형 상해보험이 된다.[134] 이 경우, 중복보험(상법 672조)에 해당하는 여러 개의 자기신체사고보험계약이 체결되고, 그 보험금액의 총 합계액이 피보험자가 입은 손해액을 초과하는 경우, 중복보험 법리가 적용된다고 보아야 한다. 또한 청구권대위에 관한 상법 729조 단서가 적용되어서, 보험자는 계약당사자 사이에 청구권대위를 한다는 약정이 있으면 피보험자의 권리를 해하지 않는 범위 안에서 그 권리를 대위하여 행사할 수 있다.[135] 다만 상법 729조 단서의 취지가 피보험자의 권리를 보호하기 위해 인보험에서 청구권대위를 일반적으로 금지하되 상해보험에서는 별도의 약정이 있으면 예외적으로 허용하는 것인 이상, 그 약정의 존재 및 적용범위는 보험약관이 정한 대로 엄격히 해석해야 하므로, 보험자는 특별한 사정이 없는 한 보험약관이 예정하지 아니하는 피보험자의 손해배상청구권을 대

131) 대판 1998.12.22. 98다35730; 대판 2000.10.6. 2000다32130

132) 대판 1998.12.22. 98다35730; 대판 2017.7.18. 2016다216953; 대판 2023.6.29. 2022다298109

133) 대판 2004.7.9. 2003다29463; 대판 2023.6.29. 2022다298109; 대판 2023.7.13. 2017다237988. 하지만 상해로 인한 사망을 사망보험이 아니라 상해보험이라고 할 것인지에 대해서는 논란이 있으며, 이에 대해서는 상해보험 부분에서 논의하기로 한다.

134) 대판 2008.6.12. 2008다8430

135) 대판 2023.7.13. 2017다237988

위할 수 없다.[136]

(3) 피보험자

자기신체사고보험의 피보험자는 계약당사자가 정할 사항이다(표준약관 13조). 보통은 기명피보험자의 가족 등이 포함된다. 기명피보험자의 부모, 배우자 및 자녀가 피보험자에 포함된다고 정한 경우, 피보험자인 기명피보험자의 부모 등이 피보험자동차를 소유·사용·관리하는 동안에 생긴 피보험자동차의 사고로 다른 피보험자인 기명피보험자의 부모 등이 죽거나 다친 때에도 자기신체사고에 해당하여 보험의 보호를 받을 수 있다.[137]

(4) 보험목적

자기신체사고보험의 보험목적은 피보험자의 생명 또는 신체이다. 따라서 자기신체사고보험은 인보험의 성격을 띠는 것이다.

(5) 보험사고

자기신체사고보험의 보험사고는, 피보험자동차의 '소유, 사용, 관리' 중에 사고로 피보험자가 죽거나 다친 것을 가리킨다.

판례는, '피보험자가 피보험자동차를 소유, 사용, 관리하는 동안에 생긴 피보험자동차의 사고로 인하여 상해를 입었을 때'라고 함은 자동차를 그 용법에 따라 소유, 사용, 관리하던 중 자동차에 기인하여 피보험자가 상해를 입거나 사망한 경우라고 해석한다.[138] 또한 판례는, 자동차의 용법에 따른 사용 이외에 그 사고의 다른 직접적인 원인이 존재하거나 용법에 따른 사용의 도중에 일시적으로 본래의 용법 이외의 용도로 사용한 경우에도, 전체적으로 용법에 따른 사용이 사고발생의 원인인 경우 자기신체사고에 해당한다고 해석한다.[139]

위와 같은 법리에 따라 판례가 자기신체사고가 아니라고 판단한 경우는, 주차된 자동차에서 시동을 켜고 잠을 자다가 담뱃불 발화로 추정되는 화재로 사망한 경우이다.[140] 이와 달리 자시신체사고에 해당한다고 판단한 경우로는, 화물자동차를 정차하여 적재함에 화물을 적재하던 중 바지가 적재함 문짝 고리에 걸려 중심을 잃고 땅바닥으로 떨어져 상해를 입은 경우,[141] 화물을 적재함에 싣고 운송하던 중 일시 정차하여 화물차의 용도

136) 대판 2008.6.12. 2008다8430
137) 대판 2014.6.26. 2013다211223
138) 대판 2000.12.8. 2000다46375; 대판 2009.2.26. 2008다86454; 대판 2023.2.2. 2022다266522
139) 대판 2009.2.26. 2008다86454; 대판 2023.2.2. 2022다266522
140) 대판 2000.12.8. 2000다46375
141) 대판 2009.2.26. 2008다86454

에 따라 그 구조상 설비되어 있는 장치인 적재함에 빗물로부터 화물을 보호하는 방수비닐을 덮던 중 미끄러져 상해를 입은 경우[142] 등이 있다.

(6) 보험금액

자기신체사고보험의 보험금액은 계약당사자가 정할 문제이다.

(7) 면책사유

대인배상보험 등과 마찬가지로 유상운송 면책조항이 존재하고, 이외에도 피보험자의 고의로 본인이 상해를 입은 때(이 경우 그 피보험자에 대해서만 면책) 등의 면책조항이 존재한다(표준약관 14조). 종래에는 무면허운전 또는 음주운전 면책조항이 있었지만, 판례는 이 조항이 인보험에서 보험계약자 등의 고의로 인한 사고에 대해서만 보험자가 면책된다는 상법 732조의2, 739조를 보험계약자 등에게 불리하게 변경한 것이어서 무효라고 보았다.[143] 이에 관해서는 보험계약 총론의 보험자 면책사유에서 자세히 살펴본 바 있다. 현재에는 무면허운전, 음주운전 면책조항이 존재하지 않는다.

4. 무보험자동차에 의한 상해보험

(1) 의의

무보험자동차에 의한 상해보험은 피보험자가 무보험자동차로 인하여 생긴 사고로 죽거나 다친 때에 그로 인한 손해에 대하여 배상의무자가 있는 경우 보상하는 보험이다(표준약관 17조).

142) 대판 2023.2.2. 2022다266522

143) 대판 1998.12.22. 98다35730(자기신체사고보험은 피보험자의 생명 또는 신체에 관하여 보험사고가 생길 경우에 보험자가 보험계약이 정하는 보험금을 지급할 책임을 지는 것으로서 그 성질은 인보험의 일종이라고 할 것이므로, 그와 같은 인보험에 있어서의 음주운전 면책약관이 보험사고가 전체적으로 보아 고의로 평가되는 행위로 인한 경우뿐만 아니라 과실(중과실 포함)로 평가되는 행위로 인한 경우까지 포함하는 취지라면 과실로 평가되는 행위로 인한 사고에 관한 한 무효라고 보아야 할 것); 대판 1998.3.27. 97다27039(인보험에 있어서의 무면허 면책약관의 해석이 책임보험에 있어서의 그것과 반드시 같아야 할 이유가 없으며, 무면허운전의 경우에는 면허 있는 자의 운전이나 운전을 하지 아니하는 자의 경우와 달리 보험사고 발생의 가능성이 많을 수도 있으나 그 정도의 사고 발생 가능성에 관한 개인차는 보험에 있어서 구성원 간의 위험의 동질성을 해칠 정도는 아니고, 또한 무면허운전이 고의적인 범죄행위이기는 하나 그 고의는 특별한 사정이 없는 한 무면허운전 자체에 관한 것이고 직접적으로 사망이나 상해에 관한 것이 아니어서 그로 인한 손해보상을 해준다고 하여 그 정도가 보험계약에 있어서 당사자의 선의성·윤리성에 반한다고는 할 수 없으므로, 인보험에 해당하는 상해보험에 있어서의 무면허운전 면책약관이 보험사고가 전체적으로 보아 고의로 평가되는 행위로 인한 경우뿐만 아니라 과실(중과실 포함)로 평가되는 행위로 인한 경우까지 포함하는 취지라면 과실로 평가되는 행위로 인한 사고에 관한 한 무효라고 보아야 한다)

무보험자동차란 피보험자동차가 아니면서 피보험자를 죽게 하거나 다치게 한 자동차로서, 대인배상보험Ⅱ(또는 공제계약)에 가입되어 있지 않은 경우, 대인배상보험Ⅱ의 면책사유에 해당하는 경우, 보상한도가 낮은 대인배상보험Ⅱ에 가입되어 있는 경우, 또는 사고 자동차가 분명히 밝혀지지 않은 경우 등을 가리킨다(표준약관 1조 5호).[144] 가해 자동차의 보험자가 면책사유를 주장하며 보상책임을 부정하여, 결과적으로 그 보상책임 유무가 객관적으로 명확히 밝혀지지 않은 경우도, 무보험자동차에 해당한다.[145]

배상의무자란 무보험자동차로 인하여 생긴 사고로 피보험자를 죽게 하거나 다치게 함으로써 피보험자에게 입힌 손해에 대하여 법률상 손해배상책임을 지는 자를 가리킨다(표준약관 17조). 피보험자를 죽게 하거나 다치게 한 자동차가 명확히 밝혀지지 않은 경우 그 자동차도 무보험자동차이므로(표준약관 1조 5호), 배상의무자는 객관적으로 존재하면 족하고, 그 자가 누구인지 구체적으로 알 수 있어야 하는 것은 아니다.

(2) 법적 성질

무보험자동차에 의한 상해보험은 인보험의 일종이다. 무보험자동차 상해보험은 상해와 그로 인한 사망을 보장하는데, 판례는 이를 상해보험이라고 본다.[146] 보상방식은 정액형과 비정액형이 가능하다. 비정액 보상방식을 취하는 경우 무보험자동차 상해보험은 손해보험형 상해보험이 된다.[147] 이 경우, 중복보험(상법 672조)에 해당하는 여러 개의 무보험자동차 상해보험계약이 체결되고, 그 보험금액의 총 합계액이 피보험자가 입은 손해액을 초과하는 경우, 중복보험 법리의 적용을 긍정한다.[148] 그리고 청구권대위에 관한 상법 729조 단서가 적용되어, 계약당사자 사이에 다른 약정이 있는 때에 보험자는 피보험자의 권리를 해하지 아니하는 범위 안에서 피보험자의 배상의무자에 대한 손해배상청구권을 대위행사할 수 있다.[149]

(3) 피보험자

무보험자동차에 의한 상해보험에서 피보험자의 범위는 계약당사자가 정할 사항이다(표준약관 18조).

---

144) 대인배상보험Ⅰ에 가입하지 않은 무보험자동차 등과 관련해서는, 정부가 운영하는 자동차손해배상보장사업에 의해서 보장받을 수 있다(보험업법 30조).

145) 대판 2003.12.26. 2002다61958

146) 대판 2003.12.26. 2002다61958. 하지만 상해로 인한 사망을 사망보험이 아니라 상해보험이라고 할 것인지에 대해서는 논란이 있으며, 이에 대해서는 상해보험 부분에서 논의하기로 한다.

147) 대판 2003.12.26. 2002다61958; 대판 2023.6.1. 2019다237586

148) 대판 2006.11.10. 2005다35516; 대판 2016.12.29. 2016다217178; 대판 2024.2.15. 2023다272883

149) 대판 2003.12.26. 2002다61958; 대판 2023.6.1. 2019다237586

(4) 보험목적

무보험자동차에 의한 상해보험의 보험목적은 피보험자의 생명 또는 신체이다. 따라서 무보험자동차에 의한 상해보험은 인보험의 성격을 띠는 것이다.

(5) 보험사고

무보험자동차에 의한 상해보험의 보험사고는 피보험자가 무보험자동차로 인하여 생긴 사고로 죽거나 다치는 것을 가리킨다.

(6) 보험금액

무보험자동차에 의한 상해보험의 보험금액은 계약당사자가 정할 문제이다. 보험자는 실제 손해액을 기준으로 위험을 인수한 것이 아니라 보험약관에서 정한 보험금 지급기준에 따라 산정된 금액만을 제한적으로 인수한 것이다.[150)]

(7) 면책사유

대인배상보험 등과 마찬가지로 유상운송 면책조항이 존재하고, 이외에도 피보험자의 고의로 본인이 상해를 입은 때(이 경우 그 피보험자에 대해서만 면책) 등의 면책조항이 존재한다(표준약관 19조). 무보험자동차 상해보험 특유의 면책사유로는, ① 상해를 입은 피보험자의 부모, 배우자, 자녀가 배상의무자이거나 또는 ② 피보험자가 사용자의 업무에 종사하고 있을 때 피보험자의 사용자 또는 피보험자의 사용자 업무에 종사 중인 다른 피용자가 배상의무자인 경우 보험자가 면책되고, 다만 위 사람들이 무보험자동차를 운전하지 않았고 이들 이외에 다른 배상의무자가 있는 경우에는 보상대상에 포함된다(표준약관 19조).

제5절 형사합의금과 부보범위

형사합의금은 대인배상보험, 대물배상보험과 관련하여 이를 명시적 보상대상으로 포함시키는 약정이 없으면 보험자가 보상책임을 지지 않는다. 다만 이러한 약정이 없더라도 형사합의금 명목으로 일정한 금액이 수수된 경우 보상범위에 포함되는 경우가 있다. 즉 인적 또는 물적 사고로 인한 불법행위의 가해자에 대한 수사 또는 형사재판 과정에서 피해자가 가해자 측으로부터 합의금을 지급받고 가해자 처벌을 원하지 않는다는

---

150) 대판 2004.4.27. 2003다7302; 대판 2023.6.1. 2019다237586

내용의 합의를 한 경우, 그 합의금은 원칙적으로 손해배상금(그중에서도 위자료가 아닌 재산상 손해배상금)의 일부로 지급된 것으로 보아야 하고, 따라서 배상보험의 보상범위에도 포함된다고 해석한다.151) 이 경우 만약 가해자가 인적 또는 물적 사고로 인하여 피해자에 대하여 민사상 손해배상책임을 지는 범위를 초과하여 형사합의를 위해 추가로 지급한 금원이 있다면, 이는 보상범위에 포함될 수 없으며, 이것이 보상범위에 포함되려면 이에 관한 별도의 약정이 있어야 한다.

제6절 면책약관의 개별 적용

동일한 자동차사고로 인해 피해자에 대하여 손해배상책임을 지는 피보험자가 복수로 존재하는 경우, 복수의 피보험자 중 어느 한 사람이 면책조항에 해당한다고 하여 보험자가 모든 피보험자에 대한 보상책임을 면하는 것으로 해석할 것인지, 아니면 각각의 피보험자마다 면책조항의 적용여부 등을 개별적으로 가려 보험자의 보상책임을 정할 것인지가 문제된다. 자기차량손해보험, 자기신체사고보험, 무보험자동차에 의한 상해보험의 경우 이러한 문제 상황(동일한 자동차사고로 인해 피해자에 대하여 손해배상책임을 지는 피보험자가 복수로 존재)이 발생할 여지가 별로 없다. 판례와 학설상 주로 문제되는 것은 대인배상보험, 대물배상보험의 경우이다.

판례는 피보험자 개별적용을 지지한다. 즉 동일한 자동차사고로 인해 피해자에 대하여 손해배상책임을 지는 피보험자가 복수로 존재하는 경우, 그 피보험이익도 피보험자마다 개별적으로 독립하여 존재하기 때문에, 각각의 피보험자마다 손해배상책임의 발생요건이나 면책조항의 적용여부 등을 개별적으로 가려 보상책임 유무를 결정해야

---

151) 대판 1996.9.20. 95다53942(원심은, 피보험자가 피보험자동차를 운전하다가 타인을 충격하여 사망하고 이로 인해 구속기소되어 있던 중 망인의 유족과 형사상 합의하여 일정한 금액을 지급하였는데, 원고가 지급한 이 금액은 자신의 형사책임을 가볍게 하고자 망인의 유족과 형사상 합의를 하면서 지급한 형사합의금이어서 위 사고로 인한 법률상 손해배상책임을 짐으로 인한 손해라 할 수 없고 따라서 보험자가 보상하여야 할 손해의 범위에 포함되지 않는다고 판시했다. 하지만, 불법행위의 가해자에 대한 수사 과정이나 형사재판 과정에서 피해자가 가해자로부터 합의금 명목의 금원을 지급받고 가해자에 대한 처벌을 원치 않는다는 내용의 합의를 한 경우에, 그 합의 당시 지급받은 금원을 특히 위자료 명목으로 지급받는 것임을 명시하였다는 등의 사정이 없는 한 그 금원은 손해배상금(재산상 손해금)의 일부로 지급되었다고 봄이 상당하다. 따라서 피보험자가 지급한 형사합의금은 달리 특별한 사정이 없는 한 손해배상금(재산상 손해금)의 일부로 지급되었다고 봄이 상당하다고 할 것이고, 그 지급 목적이 형사상 처벌을 원하지 아니한다는 의사표시를 얻어내기 위한 소위 형사상 합의에 있었다 하더라도 사정이 달라진다고 할 수 없다. 따라서 보험자는 위 보험계약에 따라 보험금으로 위 금액 상당을 피보험자에게 지급할 의무가 있음이 분명하다. 원심은 대법원의 판례에 상반되는 판단을 하였다 할 것이고, 상고이유는 이 점을 지적하는 범위 내에서 이유 있다); 대판 1999.1.15. 98다43922

한다.[152] 따라서, 대인배상보험에서 약관에 피보험자 개별적용조항을 별도로 규정하고 있지 않더라도, 각 피보험자별로 면책조항의 적용 여부를 가려서 보험자의 면책여부를 결정해야 한다고 본다.[153] 판례는 대물배상에서도 같은 입장을 취하고 있다.[154] 이것은 면책조항의 개별적용 여부에 관하여 약관규정이 없거나, 약관규정 내용이 불명확한 경우에 적용되는 해석 법리이다.

표준약관은 대인배상보험 및 대물배상보험에 관하여 원칙적으로 면책사유를 피보험자에게 개별 적용하되, 다만 보험계약자와 기명피보험자의 고의로 인한 손해, 유상운송으로 인한 손해, 시험용 · 경기용 · 경기준비연습용으로 사용 중에 생긴 손해에 대해서는 보험자가 모든 피보험자에 대하여 보상책임을 면한다고 규정한다(9조 1항). 이처럼 약관 내용이 명백하다면, 약관내용에 따라 면책약관의 개별 적용 여부가 결정될 것이다.

제7절 자동차의 양도에 관한 특칙

1. 의의

피보험자가 보험의 목적을 양도한 때에 양수인은 보험계약상의 권리와 의무를 승계한 것으로 추정한다(상법 679조). 그러나 자동차보험의 경우 특칙이 있다. 피보험자가 보험기간 중에 자동차를 양도한 때에는 양수인은 보험자의 승낙을 얻은 경우에 한하여 보험계약으로 인하여 생긴 권리와 의무를 승계한다(상법 726조의4 1항). 그리고 보험자가 양수인으로부터 양수사실을 통지받은 때에는 지체없이 승낙여부를 통지해야 하고, 통지받은 날부터 10일 내에 승낙여부 통지가 없으면 승낙한 것으로 본다(상법 726조의4 2항).

2. 취지

위와 같이 보험자의 승낙을 요구하는 이유는, 자동차보험에서 피보험자가 누구인지에 따라 보험계약의 기초인 위험률이 현저히 다를 수 있기 때문이다.[155] 1991년에 상법 726조의4가 신설되기 이전에는, 상법 679조의 적용을 배제하고 보험자의 승낙을 요건으로 하는 자동차보험 약관조항이 있었다. 이 조항이 유효하다고 판시했던 대판 1991.8.9.

152) 대판 1996.5.14. 96다4305
153) 대판 1996.5.14. 96다4305
154) 대판(전원) 1998.4.23. 97다19403; 대판 2010.12.9. 2010다70773
155) 김성태 706면

91다1158의 판시내용은 다음과 같다. 자동차보험약관이 "피보험자가 보험기간 중 자동차를 양도한 때에는 보험계약으로 인하여 생긴 보험계약자 및 피보험자의 권리와 의무는 양수인에게 승계되지 아니합니다. 그러나 보험계약으로 인하여 생긴 권리와 의무를 승계한다는 것을 약정하고, 피보험자 또는 양수인이 그 뜻을 회사에 서면으로 통지하여 회사의 승인을 받은 때에는 그 때로부터 양수인에 대하여 이 보험계약을 적용합니다"라고 규정하여, 자동차보험계약에 있어 원칙적으로 상법 679조의 적용을 배제하고 있는데, 보험자로서도 예측위험율의 변화 등 보험계약의 기초에 중대한 변경을 초래할 가능성이 있는 피보험자의 교체에 대하여 중요한 이해관계가 있어서 보험계약관계의 유지나 변경 등의 결정에 관한 기회를 부여받아야 할 필요성도 있다는 점 등을 고려하여 상법 679조의 적용을 배제한 것이므로, 이 약관규정이 상법 663조의 불이익변경금지 원칙에 위배된다거나 약관규제법 6조에 정한 신의칙에 반한 불공정한 약관으로서 무효라고 할 수는 없다고 판시했다.

3. 주요 쟁점

(1) 적용 범위

상법 726조의4가 적용되는 자동차보험은 대인배상보험, 대물배상보험, 자기차량손해보험이다. 대인배상보험이나 대물배상보험의 성격은 책임보험이고, 자기차량손해보험의 성격은 물건보험이다. 자기신체보험은 그 성격이 인보험으로서 보험목적이 사람이므로 양도의 대상이 될 수 없기 때문에, 상법 679조는 물론이고 상법 726조의4도 적용될 수 없다.[156]

(2) 양도의 의미

자동차의 양도란 문언적으로는 자동차의 소유권이 양수인에게 이전되는 것을 뜻한다. 그런데 자동차보험의 주된 부보대상 중 하나가 운행자의 자동차손배법상 책임(대인배상보험 I, 강제대물배상보험)이고, 운행자성은 자동차등록원부상 명의이전 여부와 같은 형식적 기준이 아니라 운행지배와 운행이익이라는 실질적 기준에 의해 판단된다. 따라서 신 소유자가 자동차등록원부상 명의를 이전받아 소유권을 취득하더라도, 구 소유자가 여전히 운행자성을 갖고 있을 수 있다. 이러한 경우는 상법 726조의4나 표준약관[157]에 규정된, 피보험자가 자동차를 '양도'한 때에 해당하지 않을 것이다. 이 경우 자동차의 '양도'는 '소

156) 김성태 499면

157) 표준약관 48조가 피보험자동차의 양도와 보험자의 승낙에 대해서 규정한다. 표준약관은 소유권유보부매매와 임대차도 양도와 마찬가지로 보험자의 승낙을 요구한다(48조 3항).

유권 이전'이라기보다 '운행자성 상실'을 뜻한다고 봄이 맥락상 타당하기 때문이다.[158]

(3) 승계 의제의 문제

양수인이 보험계약상 권리·의무를 승계함을 의제하는 것은 아니다. 상법 679조는 승계추정을 명시하고 있으나, 상법 726조의4는 보험자의 승인을 얻어야 양수인이 승계한다고 규정할 뿐이다. 가령 양도인이 보험자의 승인을 얻어내면 승계가 의제되는가? 상법 726조의4의 문리만 보면, 승계를 의제하는 것으로 해석될 소지가 없지 않다. 하지만 승계의제는 타당하지 않다. 자동차보험의 피보험자가 갖는 특수성을 고려하여 보험자의 동의를 요건으로 한 것이 상법 726조의4의 취지라고 보아야 하고, 따라서 보험자의 동의를 제외하면 보험목적 양도에 관한 일반규정인 상법 679조에 따라서 승계추정이 적용됨이 타당하기 때문이다. 따라서 승계추정의 면에서는 자동차보험에 대해서도 상법 679조가 적용된다고 본다. 따라서 양도인 또는 양수인이 승계의 의사가 없음을 입증한 경우에는 승계되지 않는다. 물론 양도인과 양수인이 승계 합의를 한 다음에 보험자의 동의를 얻음이 보통이므로, 실제로 상법 679조의 적용 실익이 크지는 않을 것이다. 하지만 양도인 또는 양수인이 독자적으로 보험자의 승인을 얻는 경우를 상정한다면, 상법 679조의 승계추정이 배제된다고 볼 일은 아닌 것이다.[159]

4. 자동차손배법의 특칙

자동차 운행으로 인한 피해자 보호를 위한 특칙이 있다. 자동차손배법에 의하면 자동차 보유자는 일정한 배상책임보험에 의무적으로 가입해야 한다(5조). 그리고 의무보험에 가입된 자동차가 양도된 경우 그 양도 일부터 이전등록 신청기간의 종료일(이 이전에 양수인이 책임보험에 가입한 경우 그 계약일)까지 양도인의 권리의무는 승계된 것으로 의제한다(자동차손배법 26조).[160]

---

158) 대판 1993.6.29. 93다1480; 대판 2007.2.23. 2005다65463 참조

159) 이와 달리 자동차보험에 상법 679조가 적용될 여지가 없다는 견해로는, 김성태 499면

160) 자동차손배법 26조는 의무적 자동차책임보험의 승계의제에 대해서 다음과 같이 규정한다.
① 의무보험에 가입된 자동차가 양도된 경우에 그 자동차의 양도일(양수인이 매매대금을 지급하고 현실적으로 자동차의 점유를 이전받은 날을 말한다)부터 자동차관리법 제12조에 따른 자동차소유권 이전등록 신청기간이 끝나는 날(자동차소유권 이전등록 신청기간이 끝나기 전에 양수인이 새로운 책임보험 등의 계약을 체결한 경우에는 그 계약 체결일)까지의 기간은 상법 제726조의4에도 불구하고 자동차의 양수인이 의무보험의 계약에 관한 양도인의 권리의무를 승계한다.
② 제1항의 경우 양도인은 양수인에게 그 승계기간에 해당하는 의무보험의 보험료(공제계약의 경우에는 공제분담금을 말한다. 이하 같다)의 반환을 청구할 수 있다.
③ 제2항에 따라 양수인이 의무보험의 승계기간에 해당하는 보험료를 양도인에게 반환한 경우에는 그 금액의 범위에서 양수인은 보험회사 등에게 보험료의 지급의무를 지지 아니한다.

제6장 ◆ 보증보험

제1절 보증보험의 의의

보증보험은 보험계약자가 피보험자에게 계약상의 채무불이행 또는 법령상의 의무불이행으로 인해 손해를 입힌 경우 그 손해를 보상하는 것을 목적으로 하는 손해보험이다(상법 726조의5).[1] 이하에서는 논의의 편의상 계약상의 채무불이행 또는 법령상의 의무불이행을 '채무불이행'으로 단순화시켜 설명한다.

보증보험은 채무자의 신용위험을 부보한다는 점에서 신용보험과 비슷하다. 그러나 보증보험은 채무자가 보험계약자인 제3자를 위한 계약인 반면, 신용보험은 채권자가 보험계약자 겸 피보험자이다(통설).

제2절 보증보험의 법적 성질

1. 보험성 vs. 보증성

(1) 의의

보증보험은 손해보험의 일종이면서, 민법상 보증의 성격도 갖고 있다.[2] 민법상 보증계약은 보증인과 채권자 사이의 계약이고, 보증보험계약은 보증보험자와 채무자 사이의 계약이라는 점에서 양자 사이에는 차이가 있다. 그러나 민법상 전형계약인 보증계약의 당사자가 보증인과 채권자라 하더라도, 보증인과 채무자가 제3자(채권자)를 위한 계약을 체결하여 민법상 보증의 법률관계를 형성하는 것은 계약자유의 원칙상 당연히 가능하다. 따라서 보증보험계약에 따른 법률관계도 보증의 법률관계일 수 있다.

1) 판례는 '공인중개사의 업무 및 부동산 거래신고에 관한 법률' 42조에 의하여 피고가 운영하는 공제사업은 비록 보험업법에 의한 보험사업은 아닐지라도 성질에 있어서 상호보험과 유사하고 중개업자가 그의 불법행위 또는 채무불이행으로 인하여 거래당사자에게 부담하게 되는 손해배상책임을 보증하는 보증보험적 성격을 가진 제도라고 본다(대판 2012.8.17. 2010다93035).

2) 한기정, "보증보험의 법적 성질에 대한 연구", 상사법연구21-2, 2002는 보험성만으로도 보증보험을 설명할 수 있다고 한다.

보증보험에서 보험의 법리와 보증의 법리가 충돌하는 경우 어느 법리를 적용할 것인지에 대해서는 견해가 대립한다. 크게 보면 보험성을 강조하는 견해[3]와 보증성을 강조하는 견해[4]로 나눌 수 있다.

(2) 판례

1) 기본 방향

판례는 보증보험을 보험의 형식을 띤 보증으로 파악하여, 보증성을 강조한다. 대판 1990.5.8. 89다카25912에서, 보증보험이란 피보험자와 어떠한 법률관계를 가진 보험계약자(주계약상의 채무자)의 채무불이행으로 인하여 피보험자(주계약상의 채권자)가 입게 될 손해의 전보를 보험자가 인수하는 것을 내용으로 하는 손해보험으로서 형식적으로는 채무자의 채무불이행을 보험사고로 하는 보험계약이나 실질적으로는 보증의 성격을 가지고 보증계약과 같은 효과를 목적으로 하는 것이라고 판시했다.[5]

하지만 판례가 보증보험을 순수한 보증계약으로 파악하는 것은 아니며, 보험성도 띤 복합적 성질의 계약이라고 보는 것이다. 즉 민법의 보증 규정이 그 성질에 반하지 않는 한 보증보험에도 적용되지만, 그렇다고 해서 보증보험계약이 민법상 순수한 보증계약과 같다거나 보증계약으로 전환된다는 의미는 아니다.[6] 따라서 만약 보증보험계약이 보험계약으로서 효력이 없다면 무효가 될 뿐이지, 보증계약으로나마 유효하다고 하지 않는다.[7]

2) 보증보험을 보험으로만 파악한다면 정당화되기 어려운 판례들

보증보험을 보험으로만 파악한다면 정당화되기 어려운 판례들로는 다음과 같은 것들이 있다.

첫째, 보험자는 민법 434조를 준용하여 보험계약자의 채권에 의한 상계로 피보험자에게 대항할 수 있고, 그 상계로 피보험자의 보험계약자에 대한 채권이 소멸되는 만큼 보험자의 피보험자에 대한 보험금 지급채무도 소멸한다.[8]

둘째, 보증보험의 경우 민법 441조 이하에서 정한 보증인의 구상권에 관한 규정이 적용된다.[9] 따라서 피보험자에게 보험금을 지급한 보험자는 보험계약자(주채무자)에 대하여 구상권을 취득하고, 구상권의 범위 내에서 변제자대위의 법리에 따라 피보험자가 보

3) 김성태 775-778면 등
4) 장덕조 430면 등
5) 대판 2014.11.13. 2011다90170도 같다.
6) 대판 2010.4.15. 2009다81623
7) 대판 2010.4.15. 2009다81623
8) 대판 2002.10.25. 2000다16251
9) 대판 1997.10.10. 95다46265

험계약자에 대하여 가지는 채권 및 그 담보에 관한 권리를 대위하여 행사할 수 있다.[10)] 보증보험을 보험으로 본다면, 보험금을 지급한 보험자는 보험자대위권(상법 682조)을 행사할 수 있음은 별론으로 하고, 구상권을 주장할 수는 없다. 보험자는 보험료를 수령한 대가로 보험금을 지급한 것이기 때문이다. 구상권을 주장할 수 없다면, 변제자대위권도 주장할 수 없다.

셋째, 보증보험자와 주채무자의 다른 보증인은 채권자에 대한 관계에서 공동보증인의 관계에 있으므로, 그들 중 어느 일방이 변제 기타 자기의 출재로 채무를 소멸시키면 그들 사이에 구상에 관한 특별한 약정이 없더라도 민법 448조에 의해 상대방에 대하여 구상권을 행사할 수 있다.[11)]

넷째, 주채무자에 해당하는 보험계약자가 보증보험계약 체결에 있어서 보험자를 기망하였고, 보험자가 그로 인하여 착오를 일으켜 보증보험계약을 체결하였다는 이유로 보증보험계약 체결의 의사표시를 취소하였다 하더라도, 이미 그 보증보험계약의 피보험자인 채권자가 보증보험계약의 채권담보적 기능을 신뢰하여 새로운 이해관계를 가지게 되었다면, 보험자가 그 취소를 가지고 피보험자에게 대항할 수 없는 것이 원칙이다.[12)] 다만 피보험자가 그와 같은 기망행위가 있었음을 알았거나 알 수 있었던 경우이거나, 혹은 피보험자가 보험자를 위하여 보험계약자가 제출하는 보증보험계약 체결 소요 서류들이 진정한 것인지 등을 심사할 책임을 지고 보험자는 그와 같은 심사를 거친 서류만을 확인하고 보증보험계약을 체결하도록 피보험자와 보험자 사이에 미리 약정이 되어 있는데, 피보험자가 그와 같은 서류심사에 있어서 필요한 주의의무를 다하지 아니한 과실이 있었던 탓으로 보험자가 보증책임을 이행한 후 구상권을 확보할 수 없게 되었다는 등의 특별한 사정이 있는 경우에는, 보험자가 그 취소를 가지고 피보험자에게 대항할 수 있다.[13)] 보증보험은 타인을 위한 보험계약이고, 타인을 위한 보험계약은 제3자를 위한 계약의 일종이며, 제3자를 위한 계약에서 수익자는 선의의 제3자 보호로서 보호받지 못함이 원칙이다. 판례는 보증보험의 보증으로서의 기능, 즉 채권담보적 기능을 강조하여 수익자의 보호범위를 예외적으로 확장한 것이다.

3) 보증법리를 언급하거나 보증의 성격을 강조한 판례들

보증의 법리를 언급하거나 보증의 성격을 강조하는 결론을 내린 판례로는 다음과 같은 것들이 있다.

---

10) 대판 1997.11.14. 95다11009
11) 대판(전원) 2008.6.19. 2005다37154
12) 대판 1999.7.13. 98다63162
13) 대판 1999.7.13. 98다63162

첫째, 보증채무의 수반성이다. 보증보험이 보장하는 채권이 양도되면, 당사자 사이에 다른 약정이 없는 한 보험금청구권도 그에 수반하여 채권양수인에게 함께 이전된다.[14] 보증보험을 보험으로 보더라도 상법 679조의 보험목적 양도 법리에 근거하여 비슷한 결론에 이른다.

둘째, 보증채무의 부종성이다. 보증보험자가 보험금을 지급할 당시 피보험자의 채권이 성립되지 아니하였거나 타인의 면책행위로 이미 소멸한 경우, 또는 피보험자의 채권이 유효하게 존속하고 있었다 하더라도 그 후 주계약이 해제되어 소급적으로 소멸하는 경우, 보증보험자(보증인)는 변제를 수령한 피보험자(채권자)를 상대로 이미 이행한 급부를 부당이득으로 반환청구할 수 있다.[15] 이 경우 보증보험자가 보험계약자(주채무자)에게 구상권을 행사할 수는 없다.[16] 보증보험을 보험으로 보더라도 위와 같은 경우 보험금지급의무 발생요건이 충족되지 않았거나, 보험계약 당시 피보험이익이 부존재하여 보험계약이 무효일 가능성이 있다. 따라서 보증의 법리를 적용할 때와 비슷한 결론에 이른다.

셋째, 상법 659조에 의하면 보험계약자의 고의나 중과실로 보험사고가 발생하면 보험자는 보험금 지급책임을 면하나, 보증보험에는 이를 그대로 적용하지 않는다(통설). 판례도 같다. 즉 보증보험은 보험계약자의 의무불이행이 고의에 의한 것이든 과실에 의한 것이든 그 손해를 보상하는 보증에 갈음하는 기능을 가지고 있으므로, 보험계약자의 사기행위에 피보험자가 공모하였다든지 그러한 사실을 알면서도 묵인한 상태에서 계약이 체결된 경우를 제외하면, 상법 659조는 적용되지 않는다.[17] 보증보험을 보험으로 보더라도, 보증보험약관의 해석상 보험계약자의 고의에 의해 보험사고가 발생한 경우도 보증보험자는 피보험자에게 보험금지급책임이 있다고 보면 동일한 결론에 이른다. 이러한 약정은 상법 659조보다 보험계약자나 피보험자에게 유리하므로 유효이고, 유효라고 보아도 보험의 본질에 반하지 않는다. 왜냐하면, 보험금이 인위적 사고를 야기한 보험계약자에게 지급되는 것이 아니고, 또한 보험계약자가 원칙적으로 청구권대위(상법 682조)의 대상은 아니지만 보험계약자가 고의로 사고를 야기한 경우는 청구권대위가 가능하다고 해석할 수 있고 또한 구상권 약정을 하는 것도 가능하다고 해석되므로, 보험제도가 남용될 우려가 크지 않기 때문이다.

---

14) 대판 1999.6.8. 98다53707; 대판 2002.5.10. 2000다70156(피보험자가 변경되었을 때 보험자의 승인을 받지 않으면 보험계약은 효력이 상실된다고 규정한 이행보증보험약관은 법률의 규정에 의한 해지권 행사요건을 완화하여 고객에게 부당하게 불이익을 줄 우려가 있는 조항이라고 보아, 약관규제법에 위배되어 무효이다)

15) 대판 2004.2.13. 2003다43858

16) 대판 2012.2.23. 2011다62144

17) 대판 1995.7.14. 94다10511

4) 보증보험의 보험성을 인정한 판례들

보증보험의 보험성을 인정한 판례로는 다음과 같은 것들이 있다.

첫째, 보증보험계약이 민법상 순수한 보증계약과 같은 것은 아니고, 보증보험계약이 보험계약으로서 효력이 없다면 이는 그 자체로 무효이고 이를 보증계약으로나마 유효하다고 할 수는 없다.[18]

둘째, 보증보험의 보험계약자는 고지의무를 부담한다.[19] 보증보험에서 보증인에 관한 사항은 일반적으로 고지의무의 대상인 중요사항이 아니다.[20]

셋째, 주채무의 이행기일이 도래하기 전에 피보험자가 보험계약자에게 그 이행기일을 보증보험계약상 보험기간 종료 뒤의 시점으로 연기해 준 경우, 그로 인해 보증보험계약상 보험기간이 당연히 변경된다고 볼 수 없으므로, 연기된 이행기일에 보험계약자의 이행이 없었다 하더라도 이는 보험사고가 약정한 보험기간 이후에 발생한 것으로서 보험자는 보험금지급의무가 없다.[21] 보증의 법리에 따르면 주채무의 이행기가 연기되면—이행기 연기로 인해 보증인이 불이익을 입지 않는 한—보증채무의 이행기도 연기된다.

(3) 상법의 규정

상법 726조의7은 보증보험계약에 관하여는 그 성질에 반하지 아니하는 범위에서 보증채무에 관한 민법의 규정을 준용한다고 규정한다. 이는 보증보험의 보증성을 강조하는 판례와 맥을 같이하는 것이다.

2. 타인을 위한 보험

보증보험은 주채무자인 보험계약자가 입은 손해가 아니라 제3자인 채권자가 입은 손해를 보상하는 보험이다(통설).

손해보험계약의 경우 보험계약자가 그 타인에게 보험사고의 발생으로 생긴 손해의 배상을 한 때에는, 보험계약자는 그 타인의 권리를 해하지 아니하는 범위 안에서 보험자

---

18) 대판 2010.4.15. 2009다81623

19) 대판 2001.2.13. 99다13737. 그러나 보험계약자의 고지의무위반만으로 보험자가 상법 651조에 의해 보험계약을 해지할 수는 없다. 상법 726조의6 2항 참조

20) 대판 2001.2.13. 99다13737(보증보험에서는 그와 같은 사항으로서 주계약상의 거래조건, 금액, 기간, 보험계약자의 신용이나 자력 등에 관한 사항을 들 수 있을 것이며, 보증인이 누구인가는 보험사고 발생의 가능성 등과는 관계없이 보험사고가 이미 발생한 후에 보험자가 구상권을 행사하기 위한 대비를 해 두기 위한 것이므로, 보증인에 관한 사항은 일반적으로는 고지의무의 대상이 되지 않는 것이라고 할 것이다)

21) 대판 1997.4.11. 96다32263

에게 보험금액의 지급을 청구할 수 있다(상법 639조 2항 단서). 그러나 보증보험에서 보험계약자가 피보험자의 손해를 배상한다면 보증보험의 부보대상은 더 이상 존재하지 않으므로, 보험자는 누구에 대하여도 보험금을 지급할 의무가 없다. 따라서 위 상법 규정은 보증보험의 경우에는 적용되지 않는다(상법 726조의6 1항).

보증보험은 책임보험과는 그 성격을 달리한다. 책임보험은 피보험자의 제3자에 대한 책임을 부보하는 반면, 보증보험은 보험계약자의 피보험자에 대한 책임을 부보하기 때문이다(통설). 따라서 보증보험약관상 피보험자가 보험계약자에 대하여 집행권원을 얻어야 보험금을 청구할 수 있다고 규정한 경우, 피보험자가 약관내용에 따라 집행권원을 얻지 않은 채 상법 724조의 직접청구권 규정을 (유추)적용하여 보험자에게 보험금을 청구할 수는 없다.[22)]

제3절 보증보험의 법률관계

1. 보증보험의 요소

(1) 계약당사자

보증보험은 제3자를 위한 계약으로서, 보험계약자와 보험자가 계약당사자이고, 피보험자는 수익자이지 계약당사자가 아니다. 따라서 보험자는 보험약관에 별도의 정함이 없는 한 피보험자가 아니라 보험계약자에 대하여 해지권을 행사해야 하고,[23)] 피보험자는 계약해지권, 취소권을 갖지 않는다.

(2) 보험목적

계약이나 법률에 의해 피보험자가 보험계약자에 대하여 갖는 채권이 보험목적이다. 보험자가 피보험자에게 담보하는 채무이행의 내용은 피보험자와 보험계약자 사이에 체결된 계약에 의해 정해지는 경우가 많다. 보증보험계약은 이러한 주계약을 전제로 성립되는 것이나, 보증보험계약 당시 주계약이 확정적으로 유효하게 성립되어 있을 필요는 없고, 장차 체결될 주계약을 전제로 한 보증보험계약체결도 가능하다(판례,[24)] 통설).

---

22) 대판 1999.4.9. 98다19011
23) 대판 2002.11.8. 2000다19281
24) 대판 1999.2.9. 98다49104

(3) 보험사고

보증보험에서 보험사고는, 보험계약자가 피보험자에게 계약상의 채무불이행 또는 법령상의 의무불이행을 하는 것이다(상법 726조의5). 다만 보증보험에서 보험사고가 구체적으로 무엇인지는 계약내용으로 편입된 보험약관, 보험증권, 주계약의 구체적인 내용 등을 종합하여 결정한다.[25]

(4) 보험기간

보험자가 보증보험계약상 책임을 부담하는 기간으로서 이 기간 내에 보험사고가 발생해야 한다. 보험계약내용에 따라 결정되고, 주계약상 기간을 연장한다고 해서 당연히 보험기간이 연장되는 것은 아니다.[26]

판례는 계약이행보증보험약관에서 보험계약자인 채무자의 정당한 사유 없는 주계약의 불이행을 보험사고로 명시하면서 주계약의 해제 · 해지는 보험기간 안에 있을 것을 요하지 않는다고 정하고 있다면, 특별한 사정이 없는 한 채무자의 정당한 사유 없는 주계약의 불이행이 보험사고이고, 주계약의 해제 · 해지는 보험사고의 내용을 이루는 것이 아니라 보험금청구권의 행사요건에 불과하다고 본다.[27]

판례는 보험사고가 보험기간 내에 발생해야 보험자가 책임을 진다는 원칙에 대한 예외를 인정한다. 즉 보증보험계약의 목적이 주계약의 하자담보책임기간 내에 발생한 하자에 대하여 '보험계약자의 하자보수의무 불이행'(보험사고)으로 인한 손해를 보상하기 위한 것임에도 불구하고, 보험기간을 주계약의 하자담보책임기간과 동일하게 정한 경우, 특단의 사정이 없으면 위 보증보험계약은 그 계약의 보험기간, 즉 하자담보책임기간 내에 발생한 하자에 대하여는, 비록 보험기간이 종료된 후에 보험사고가 발생해도 보험자가 책임을 지기로 하는 내용의 계약이라고 해석한다.[28] 위 보증보험계약의 목적 등을 고려해서 해석해야 한다는 점에서 타당한 판결이다.

2. 보험자의 의무

(1) 손해보상

보험계약자에 의한 채무불이행이라는 보험사고가 발생하고, 이로 인해 피보험자에

25) 대판 2015.11.26. 2013다62490
26) 대판 1997.4.11. 96다32263
27) 대판 2020.3.12. 2016다225308
28) 대판 2015.11.26. 2013다62490; 대판 2021.2.25. 2020다248698

게 재산상 손해가 발생해야 한다.

(2) 면책사유

보증보험의 보험사고는 보험계약자의 고의나 과실에 의해 발생하는 경우가 대부분이다. 따라서 보험계약자의 고의나 중과실을 이유로 한 보험자의 면책은 보증보험의 본질적 기능에 반하는 것으로 인정될 수 없다(상법 726조의6 2항). 피보험자의 고의나 중과실에 의한 보험자 면책은 물론 가능하다.[29] 나아가 약관상 피보험자의 '책임있는 사유'로 인하여 생긴 손해는 부보범위에서 제외하는 경우가 있다. 판례는, 이 조항이 보상하지 않는 보험사고에 관한 것이 아니라 보상하지 않는 피보험자의 재산상 손해에 관한 것이므로, 보험사고가 피보험자의 고의나 중과실에 의해 발생한 경우에 한해 보험자가 면책되는 상법 659조 1항 및 불이익변경금지원칙을 규정한 상법 663조에 반하지 않는다고 본다. 대판 1999.6.22. 99다3693의 판시내용은 다음과 같다. 즉 보증보험은 보험계약자의 채무불이행에 따른 피보험자의 손해를 전보하는 것을 목적으로 하는 것이므로, 보험자의 전보책임이 발생하기 위하여는 보험계약자의 주계약상의 채무불이행이라고 하는 보험사고의 발생과 이에 기한 피보험자의 재산상 손해의 발생이라는 두 가지 요건을 필요로 하고, 위 두 요건은 별개의 문제라고 할 것이다. 그런데 상법 659조 1항은 "보험사고가 보험계약자 또는 피보험자의 고의 또는 중대한 과실로 인하여 생긴 때에는 보험자는 보험금을 지급할 책임이 없다"고 규정하고 있는데, 이 상법 규정은 보증보험에는 그대로 적용될 수 없는 규정일 뿐 아니라, 보상하지 아니하는 보험사고에 관한 규정이다. 한편 이 사건 선급금 이행보증보험약관 2조 2항은 앞서 본 바와 같이 "피고 회사는 피보험자의 책임 있는 사유로 생긴 손해는 보상하지 아니한다"고 규정하고 있는바, 위 약관 규정은 보상하지 아니하는 피보험자의 재산상 손해에 관한 규정이라 할 것이므로, 두 규정은 별개의 요건에 관한 것으로서 서로 저촉 여부의 문제가 발생할 수 없는 것이고, 위 약관 2조 2항이 보상하지 아니하는 피보험자의 귀책사유를 상법 659조 1항보다 넓게 규정하였다 하여 위 약관규정이 상법 659조 1항 및 불이익변경을 금지한 663조의 규정에 위반된다고 할 수 없다고 판시했다.

3. 피보험자의 손해방지의무

피보험자가 보험계약자에 대하여 채무를 부담하고 있는 경우, 보험사고 발생 후 보험계약자에 대한 채권을 자동채권으로 한 상계를 하지 않은 것이 손해방지의무 위반에

29) 김은경 646면

해당하는가? 하급심 판례의 입장은 대립하고 있었다.[30] 생각건대 상계권 행사 여부는 피보험자가 자유롭게 결정할 사항이므로 손해방지의무 위반이 아니다. 대법원도 같은 취지로 판시했다.[31] 보험자로서는 민법 434조에 따라 직접 보험계약자(주채무자)의 피보험자(채권자)에 대한 채권에 의한 상계를 주장하면 된다.[32] 보험자가 보험계약자의 피보험자에 대한 채권내역을 알지 못하여 상계권을 행사하기가 현실적으로 여의치 않다면, 약관에 피보험자로 하여금 상계를 한 후 잔존 채권을 보험금으로 청구하도록 규정하면 된다. 손해방지의무 위반이 아니라고 보더라도 보험금을 지급한 보험자는 보험계약자에게 구상권을 갖고, 보험계약자가 무자력이라면 보험계약자를 대위(민법 404조)하여 보험계약자의 피보험자에 대한 채권을 행사할 수 있다.

4. 보험자대위와 구상권

(1) 보험자대위 및 변제자대위

타인을 위한 보험계약을 체결한 보험계약자에 대하여 보험자가 상법 682조의 청구권대위를 할 수 있다는 것이 판례이다.[33] 따라서 보증보험이 보험의 성격도 갖는다는 점에 주목하면, 보증보험자는 보험계약자에 대하여 청구권대위를 주장할 수 있다는 결론에 이른다.

그러나 보험자가 보험계약자에 대하여 청구권대위를 주장하기는 어렵다고 보아야 한다(통설). 보증보험이 보증의 실질을 갖는다는 점에 주목하면, 보험자의 보험금 지급은 보증채무의 이행이고 이로 인해 피보험자(채권자)의 보험계약자(주채무자)에 대한 채권은 소멸한다. 청구권대위(상법 682조)는 변제자대위(민법 481조)와 달리 '이미 소멸한 채권'의 대위행사를 가능케 하는 법제도가 아닌 것이다.

다만 보험자(보증인)가 보험계약자(주채무자)에 대하여 취득한 구상권의 범위 내에서 피보험자(채권자)의 채권을 대위행사할 수는 있다(변제자대위). 통상의 손해보험과 문제상황이 다르므로, 보증보험자의 변제자대위로 법률관계를 구성함이 타당하다.[34]

30) 손해방지의무의 위반에 해당한다는 판례로는 서울지판 2000.8.31. 99나69012. 손해방지의무의 위반이 아니라는 판례로는 대구지판 2000.4.12. 99나7730

31) 대판 2018.9.13. 2015다209347(상계는 단독행위로서 상계를 할지는 채권자의 의사에 따른 것이고 상계적상에 있는 자동채권이 있다고 하여 반드시 상계를 해야 할 것은 아니다. 채권자가 주채무자에 대하여 상계적상에 있는 자동채권을 상계하지 않았다고 하여 이를 이유로 보증채무자가 보증한 채무의 이행을 거부할 수 없으며 나아가 보증채무자의 책임이 면책되는 것도 아니다)

32) 대판 2002.10.25. 2000다16251

33) 대판 1990.2.9. 89다카21965

34) 대판 2009.2.26. 2005다32418과 대판 1997.11.14. 95다11009는 변제자대위 법리를 (유추)적용하고 있다. 김은경 647면; 박세민 782면

(2) 구상권

보증보험은 보증의 실질을 갖기 때문에 보험자는 — 약관에 다른 정함이 없는 한 — 수탁보증인으로서 민법 441조에 따라 구상권을 행사할 수 있다.[35] 구상권과 변제자대위권(민법 481조)은 동일한 목적을 실현하기 위한 권리이지만, 법적 성격이 다른 별개의 권리이므로 구상금에 관한 지연손해금 약정이 변제자대위권을 행사하는 데 적용될 수는 없다.[36]

보증의 법리가 적용되기 때문에 주채무가 부존재하는 경우 보증채무도 부존재하고(부종성), 이러한 사실을 모르고 보험금을 지급한 보증보험자는 피보험자에게 비채변제로 인한 부당이득반환청구를 해야지 주채무자에게 구상권을 행사할 수는 없다.[37]

보증보험자와 주채무자의 다른 보증인은 채권자에 대하여 공동보증인의 관계에 있다. 따라서 그들 중 어느 일방이 자신의 출재로 채무를 소멸하게 하였다면 민법 448조에 의해 상대방에 대하여 구상권을 행사할 수 있다.[38]

보증보험계약에서 이행을 담보하는 주계약상의 채무가 확정되기 전에 구상채무의 연대보증인이 적법하게 보증계약을 해지하면 구체적인 보증채무가 발생하기 전에 보증계약관계가 종료되므로 보증책임을 면한다.[39] 따라서 그 이후 보험사고가 발생하여 보험자의 보험금지급채무가 확정되고 나아가 보험계약자의 구상채무까지 확정되더라도 구상채무의 연대보증인은 그에 관한 보증책임을 지지 않는다.

5. 보험자의 해지권 제한

(1) 의의

보증보험계약에 관하여는 보험계약자의 사기, 고의 또는 중대한 과실이 있는 경우에도 이에 대하여 피보험자에게 책임이 있는 사유가 없으면 상법 651조(고지의무위반으로 인한 계약해지), 상법 652조(위험변경증가의 통지와 계약해지), 상법 653조(보험계약자 등의 고의나 중과실로 인한 위험증가와 계약해지) 및 상법 659조 1항(보험계약자의 고의나 중과실로 인한 면책)

---

35) 대판(전원) 2008.6.19. 2005다37154

36) 대판 2009.2.26. 2005다32418

37) 대판 2012.2.23. 2011다62144. 이러한 견해에 대하여, 착오변제자인 보험자에게 선택권을 인정하자는 반론이 있다. 즉 실제로 채무가 없음에도 불구하고 자기채무를 변제할 의사로 이루어진 보험자의 착오변제를 타인채무 변제로 소급적으로 의제하여, 보험자가 피보험자에게 구상권(또는 구상부당이득반환청구)이나 변제자대위를 행사하는 것도 허용하자는 것이다.

38) 대판(전원) 2008.6.19. 2005다37154

39) 대판 2018.3.27. 2015다12130

을 적용하지 아니한다(상법 726조의6 2항). 보증보험은 보증성을 갖고 있고, 이를 통해 자신의 채권만족을 기대한 피보험자의 신뢰(보증보험의 채권담보적 기능에 대한 신뢰)를 보호할 필요가 있기 때문이다.

그리고 고지의무 위반의 경우 계약의 상대방 당사자인 보험계약자나 그의 상속인(또는 그들의 대리인)에 대하여 해지의 의사표시를 하여야 하고, 피보험자에게 해지의 의사표시를 하는 것은 특별한 사정이 없는 한 효력이 없다.[40)]

(2) 피보험자 보호

보험계약자의 사기 등을 이유로 보험자가 민법상 취소권을 행사하는 경우, 피보험자는 민법 110조 3항에서 말하는 제3자가 아니고, 따라서 피보험자가 선의이더라도 보험자가 취소권을 행사할 수 있음이 원칙이다. 제3자를 위한 계약에서 수익자는 민법상 제3자 보호규정의 보호를 받지 못한다고 봄이 대체적 견해이기 때문이다.

그러나 이와 같이 보면 보증보험의 채권담보적 기능에 대한 피보험자의 신뢰가 전적으로 보호되지 못하는 부당한 결론에 이른다. 판례는 이러한 점을 고려하여 선의, 무과실의 피보험자에 대해서는 보험자가 보험계약 취소의 효력을 주장할 수 없다고 본다.[41)] 통설도 같다.

위 판결 이전에는 보험자가 피보험자에 대해서도 보험계약 취소의 효력을 주장할 수 있었다. 이것은 보증보험의 보험성을 중시한 것이었다. 대판 1991.12.27. 91다1165는 매매잔대금의 지급이행보증보험계약을 체결하면서 중요사항인 잔대금의 액수나 지급방법을 허위로 고지한 사안인데, 대법원은 보험자가 사기에 의한 고지의무 위반을 이유로 계약을 취소할 수 있고 그 효력을 피보험자에게도 주장할 수 있다고 보았다. 다만 지급이행보증보험청약을 받은 보험자의 직원들이 매매계약의 진위여부나 그 내용에 관한 확인의무를 게을리 한 채 보험계약을 체결하였다가 보험계약이 사기에 해당하는 보험계약자의 고지의무위반으로 취소되고 보험계약자의 도산 등으로 피보험자인 매도인이 잔대금을 지급받지 못하게 된 경우에 보험자에게 사용자책임이 인정될 수 있다고 보았다.

---

40) 대판 2002.11.8. 2000다19281(보증보험계약은 보험계약자인 채무자의 채무불이행으로 인하여 채권자가 입게 되는 손해의 전보를 보험자가 인수하는 것을 내용으로 하는 타인을 위한 손해보험계약이라고 할 것인바, 이러한 보증보험계약에 있어서 보험계약자의 고지의무 위반을 이유로 한 해지의 경우에 계약의 상대방 당사자인 보험계약자나 그의 상속인(또는 그들의 대리인)에 대하여 해지의 의사표시를 하여야 하고, 보험금 수익자에게 해지의 의사표시를 하는 것은 특별한 사정(보험약관상의 별도기재 등)이 없는 한 효력이 없다고 할 것이며, 이러한 결론은 그 보증보험계약이 상행위로 행하여졌다거나 혹은 보험계약자의 소재를 알 수 없다는 이유만으로 달라지지는 않는다고 할 것이다)

41) 대판 1999.7.13. 98다63162

(3) 임의해지

보증보험도 타인을 위한 보험의 일종이므로, 보험계약자가 피보험자의 동의를 얻거나 보험증권을 소지하지 않으면 임의로 보증보험계약을 해지할 수 없음은 물론이다(상법 649조 1항 단서).

6. 보증보험과 상법 644조

보증보험도 보험성을 띠므로, 계약이 유효하게 성립하려면 상법 644조에 따라 계약 당시 보험사고 발생여부가 확정되어 있지 않아야 한다. 대판 2010.4.15. 2009다81623에서, 상법 644조의 규정에 의하면 보험계약 당시에 보험사고가 발생할 수 없는 것인 때에는 보험계약의 당사자 쌍방과 피보험자가 이를 알지 못한 경우가 아닌 한 그 보험계약은 무효가 되는바, 보증보험계약은 기본적으로 보험계약으로서의 본질을 갖고 있으므로, 적어도 계약이 유효하게 성립하기 위해서는 계약 당시에 보험사고의 발생 여부가 확정되어 있지 않아야 한다는 우연성과 선의성의 요건을 갖추어야 할 것이라고 판시했다.

따라서 갑과 을이 통모하여 실제 임대차계약을 체결하거나 임대차보증금을 수수함이 없이 은행으로부터 대출을 받기 위하여 허위로 갑을 임대인, 을을 임차인으로 하는 임대차계약서를 작성한 후 갑이 보증보험자와 그 임대차계약을 주계약으로 삼아 피보험자를 을로 정하되, 임대인이 임대차보증금반환의무를 불이행하는 보험사고가 발생할 경우, 보증보험자는 보험금수령권자로 지정된 은행(을의 보험금채권에 질권을 설정한 자이다)에 직접 보험금을 지급하기로 하는 내용의 보증보험계약을 체결하고, 은행은 을로부터 그 보증보험계약에 따른 이행보증보험증권을 담보로 제공받고 을에게 대출을 한 사안에서, 위 보증보험계약은 성립할 당시 주계약인 임대차계약이 통정허위표시로서 아무런 효력이 없어 보험사고가 발생할 수 없는 경우에 해당하므로 상법 644조에 따라 무효이고, 따라서 은행은 보험금을 청구할 수 없다.[42]

또한, 허위표시인 공사도급계약상 공사대금채무자인 도급인이 보험계약자로서 도급대무채무 지급보증을 위해 보증보험계약을 체결한 경우, 상법 644조 본문이 적용되어 보증보험은 무효이고 보험자는 보험금수령권자인 파산관재인에 대해서도 보험계약의 무효를 주장할 수 있다.[43] 파산관재인은 허위표시인 도급계약상 제3자로서 도급인에게 공사대금채권을 행사할 수는 있지만, 보험금수령권자가 행사할 수 없는 보험금청구권을 보험

42) 대판 2010.4.15. 2009다81623(은행은 존재하지 않는 보험금채권에 질권을 설정받았고, 보험금채권의 발생원인이 되는 보험계약은 허위표시가 아니므로 은행이 허위표시의 제3자로서 보호받을 여지도 없다)

43) 대판 2015.3.26. 2014다203229

금수령권자의 파산관재인이 행사할 근거는 없다.

그리고 계약보증계약은 주계약상의 채무자가 그 귀책사유로 계약상 의무의 전부 또는 일부를 이행하지 아니하는 경우 채권자에게 귀속하는 계약보증금의 납부의무 이행을 보증하는 보험계약이므로, 보험사고가 발생하였는지 여부는 특별한 사정이 없는 한 주계약 전체를 대상으로 판단하여야 한다.[44]

44) 대판 2016.1.28. 2013다74110

제5편

인보험

제1장 인보험 총론

제1절 총설

1. 인보험의 의의

상법 727조가 인보험을 정의하고 있다. 즉 피보험자의 생명 또는 신체에 관하여 보험사고가 생기면 보험자는 보험계약이 정하는 보험금액 기타의 급여를 지급할 책임을 진다. 여기에서 알 수 있는 것은, 인보험의 보험목적이 사람의 생명 또는 신체라는 점이다. 또한 보험계약이 정하는 급여가 보험금 지급방식이다. 그리고 보험사고는 사망, 생존, 상해, 질병 등이라고 해석한다.

2. 인보험의 종류

인보험은 보험목적과 보험사고를 기준으로 몇 종류로 나뉜다. 생명이 보험목적인 인보험이 생명보험이다. 생명보험은 보험사고가 사망인 사망보험과 보험사고가 생존인 생존보험으로 나뉜다. 한편 신체가 보험목적인 인보험을 통칭하는 상법상 명칭은 없다. 신체가 보험목적인 인보험은 보험사고가 상해인 상해보험과 보험사고가 질병인 질병보험으로 나뉜다. 상해보험과 질병보험을 통칭하여 상해질병보험 또는 신체보험이라 부를 수 있을 것이다.

3. 손해보험과의 비교

(1) 보험목적

인보험의 보험목적이 생명 또는 신체라는 점에서, 재산이 보험목적인 손해보험과 구분된다. 인보험은 사람이 보험목적이므로, 이에 따른 특수한 규율이 필요하다.

(2) 보험금 지급방식

1) 정액 또는 비정액 보상방식

인보험의 보험금 지급방식인 '보험계약이 정하는 급여'는 정액 보상방식과 비정액 보상방식이 모두 가능하다고 해석된다. 이 점에서 비정액 보상방식만 허용되는 손해보험과 구분된다. 비정액 보상방식의 인보험을 "손해보험형"이라고 한다. 판례는 비정액 보상방식의 상해보험을 흔히 손해보험형 상해보험이라고 부른다.[1) 여기서 손해보험형이란 비정액 보상방식을 채용했다는 의미이고, 다만 아래에서 살펴보는 바와 같이 이것이 손해보험의 비정액 보상방식과 그 내용이 반드시 동일한 것은 아니다. 이와 같이 손해보험형 상해보험은 상해보험이면서 손해보험적 요소가 가미되어 있고, 이를 손해보험형 상해보험의 이중적 성격이라고 부른다.

2) 인보험의 비정액 보상방식

인보험의 비정액 보상방식은 다음과 같은 점에서 손해보험의 그것과는 일정한 차이가 있다는 점에 유의할 필요가 있다.

첫째, 상해보험, 질병보험에서만 비정액 보상방식이 가능하다.

둘째, 피보험자가 보험금청구권과 제3자에 대한 손해배상청구권을 모두 행사하는 것이 허용된다. 즉 피보험자가 제3자로부터 손해배상을 받은 경우에도 보험자는 피보험자에게 보험금을 지급해야 한다. 손해보험의 경우는 피보험자가 제3자로부터 손해배상을 받은 경우에는—이득금지의 원칙으로 인해—보험자에게 보험금청구를 할 수 없다(판례,[2) 통설). 이와 달리 상해보험에서는 보험자대위를 약정하지 않는 한 모두 행사하는 것이 가능하다. 즉 비정액 보상방식을 채택하더라도 보험자대위의 약정도 있어야만(상법 729조 단서), 비로소 손해보험의 비정액 보상방식과 동일해진다. 이것은 질병보험에도 준용되는 것으로 해석한다(상법 739조의3).

셋째, 피보험이익을 요구하지 않는다는 점도 다르다. 손해보험의 경우는 피보험이익의 요건이 적용되어서 피보험이익을 가진 자만이 손해를 보상받을 수 있다. 하지만 상해보험, 질병보험에서는 이 요건이 요구되지 않고 있다. 따라서 인보험의 비정액 보상방식은 이익이 없는 자가 손해를 보상받는 것도 원칙적으로 가능하다.[3)

1) 대판 2000.2.11. 99다50699; 대판 2003.12.26. 2002다61958; 대판 2016.12.29. 2016다217178

2) 대판 2000.11.10. 2000다29769(손해보험계약에 있어 손해가 제3자의 행위로 인하여 생긴 경우 피보험자는 보험자가 보험금을 지급하기 전까지는 자유로이 제3자로부터 손해배상을 받을 수 있고, 그 경우 보험자는 그 한도 내에서 면책된다)

3) 다만 판례는 무보험자동차에 의한 상해보험은 상해보험으로서의 성질과 손해보험으로서의 성질을 함께 갖는 손해보험형 상해보험이라고 하면서 중복보험의 규정을 준용한다(대판 2007.10.25. 2006다25356).

요컨대, 상해보험, 질병보험에서 비정액 보상방식이란 손해보험의 그것만큼 엄격한 의미를 갖는 것은 아니다. 즉 상해보험, 질병보험에서 비정액 보상방식은, 보험금청구권자가 피보험이익을 가진 자인지는 묻지 않고, 또한 보험자대위의 약정이 없는 이상 보험금청구권과 손해배상청구권을 중복하여 행사할 수 있는 것이다. 따라서 상해보험, 질병보험에서 비정액 보상방식을 취하더라도 이것은 엄밀한 의미에서 손해보험의 그것과는 다른 것이다. 따라서 손해보험형이라고는 할 수 있어도, 손해보험과 동일하다고 할 것은 아니다. 손해보험형 상해보험, 질병보험과 손해보험은 보험목적이 다르기도 하지만, 손해보상의 면에서도 일정한 차이가 있는 것이다.

제2절 인보험의 특징

1. 피보험이익의 불필요

(1) 이익주의와 동의주의

손해보험은 보험의 역기능(도덕적 위험, 보험사기, 보험의 도박화 등)에 대처하기 위해서 피보험자가 보험목적에 대해 일정한 경제적 이익(피보험이익)을 가질 것을 요구한다. 인보험에서도 피보험이익을 요구할 것인지에 대해서는 입법례가 나뉜다.

먼저 이익주의란 피보험이익을 요구하는 입장을 가리킨다. 이익주의의 대표적 입법례는 영국이 있다. 영국에서는 보험금청구권자가 피보험자에 대한 경제적 이익을 갖고 있어야 보험계약이 성립할 수 있다.[4] 하지만 이익주의에도 한계는 있다. 정액 보상방식을 원칙으로 하는 인보험에서 피보험이익의 요건만으로 보험의 도박화, 인위적 사고의 방지에는 한계가 있으며, 보험계약자가 타인에게 피보험이익이 있더라도 타인의 동의 없이 그의 사망을 사행계약상 조건으로 삼는 것은 인격권 침해로서 공서양속에 반하는 측면이 있고, 보험계약자는 다르고 피보험자와 보험수익자가 같은 사망보험의 경우 피보험이익 요건은 충족되나 보험의 도박화, 인위적 사고의 방지에는 한계가 있는 것이다.[5]

동의주의는 피보험이익 대신에 피보험자의 동의를 요구하는 입장이다. 동의주의의 대표적 입법례는 독일과 일본이 있다.[6] 동의주의는 타인의 사망, 상해, 질병이 보험사고인 보험계약이 유효하려면 타인의 동의를 요구한다. 이것은 피보험자의 동의를 통해서 보험의 도박화, 인위적 사고의 위험을 막자는 것이다. 피보험자의 동의는 인위적 사고에

4) 영국 1774년 생명보험법(Life Assurance Act) 1조
5) 이에 대해서는 생명보험에서 좀 더 자세히 기술하기로 한다.
6) 독일 보험계약법(VVG) 150조 2항, 일본 보험법 38조 등

는 어느 정도 효과가 있지만, 그렇다고 완전한 것은 아니다. 게다가 보험의 도박화 문제는 여전히 남는다. 보험수익자가 피보험자에 대해서 아무런 경제적 이익이 없어서 손해가 생길 수 없음에도 불구하고, 피보험자의 동의만으로 보험금청구자가 될 수 있기 때문이다.

한편 이익주의와 동의주의를 결합한 이익·동의주의가 있는데, 이는 미국 뉴욕주가 취한다.[7)]

(2) 상법의 입장 — 동의주의

상법에는 인보험에서 피보험이익을 요구하는 명문 규정이 없다. 대신에, 피보험자의 동의를 요구한다(상법 731조, 734조, 739조, 739조의3. 이에 대해서는 후술). 이에 따라 다수설은 인보험에 피보험이익이 요건이 아니라고 해석한다.[8)] 이에 찬성한다. 이와 달리 명문의 규정은 없어도 피보험이익이 요건이라고 해석하는 견해도 있다.[9)] 이 견해는 인보험의 기능도 사고로 인한 경제생활의 불안을 제거·경감하는 것이므로, 보험수익자와 피보험자 사이에 혈연 또는 경제적 이해관계가 요구된다고 주장한다. 전술한 바와 같이 피보험자의 생명 또는 신체에 아무런 경제적 이익이 없는 자가 보험금을 수취함으로써 등장할 보험의 도박화 우려를 피보험자의 동의만으로 불식할 수 있는지에 의문이 제기될 수 있기 때문이다. 이것이 동의주의에 내재된 단점임을 부인하기 어려운 것은 사실이다. 따라서 이 견해는 경청할 가치가 충분하나, 역시 현행 상법의 해석론으론 무리라고 본다. 다만 필요한 경우 피보험자의 동의가 있다고 해도 보험수익자와 피보험자 사이에 경제적 이해관계가 없는 경우 사회질서 위반이 될 수 있다고 판단되는 예외적인 경우에는 부득이 하게 이득주의를 고려한 해석이 필요하다고 본다. 이 예로는 타인을 위한 상해보험을 들 수 있다. 이에 관해서는 해당 부분에서 상술한다.

2. 중과실 면책의 금지

생명보험, 상해보험, 질병보험의 경우 사고가 보험계약자 또는 피보험자나 보험수익

---

7) 미국 뉴욕주 보험법 §3205가 이익·동의주의를 규정한다. 이에 따르면, 인보험에서 보험금청구권자는 피보험자에 대해서 일정한 피보험이익을 가져야 함이 원칙이다[§3205(a)(b)]. 또한 계약의 체결 당시 또는 이전에 피보험자로부터 서면 동의를 받아야 하는 것이 원칙이고 다만 피보험자가 배우자인 경우 등 일정한 예외가 있다[§3205(a)(b)].

8) 강위두·임재호 790면; 김성태 811면(피보험이익 개념을 상법에 도입하더라도 실익이 의문이라고 함); 김은경 655면; 이기수·최병규·김인현 385면; 임용수 482면; 장덕조 434면; 정경영 933면; 채이식 209면; 최기원 605면

9) 박세민 793－794면; 양승규 194면; 정동윤 698면

자의 중대한 과실로 인하여 발생한 경우에도 보험자는 보험금을 지급해야 한다(상법 732조의2, 739조, 739조의3).

헌법재판소는, 손해보험에서 보험계약자 등의 고의 또는 중과실로 보험사고가 발생하면 보험자가 면책되는 것과 달리, 인보험에서 보험계약자 등의 중과실에 대해서도 보험자가 보상책임을 진다는 상법 732조의2가 헌법에 위반되는지 여부를 심리하였다. 헌법재판소는 다음과 같이 합헌으로 결정했다. 즉, 상법 732조의2는 소비자인 인보험의 보험계약자 측, 특히 생명보험의 보험수익자가 되는 유족의 생활보장을 도모하는 데에 그 입법취지가 있으므로 그 입법목적의 정당성은 인정된다고 보았다. 그리고 중과실과 경과실의 구별이 상대적이며, 그 경계가 모호한데다가 보험계약자 측이 현저히 약자의 지위에 처해 있어서 보호의 필요성이 있음에 비추어 볼 때, 상법 732조의2에 의하여 자유를 제한하는 정도는 상반되는 법익과의 균형을 해할 정도로 과도하지는 않아서 입법재량의 범위를 벗어났다고 볼 수 없으므로 보험자의 영업의 자유, 보험자와 보험계약자 사이의 계약의 자유를 침해하였다고 볼 수 없다고 보았다.[10)]

하지만 상해보험, 질병보험의 경우 중과실 면책을 일률적으로 금지하는 현행법의 태도가 바람직한지에 대해서는 의문이 있다. 고도의 사고발생 위험성이 있고 그 행위자체가 반사회적 범죄행위이며 보험계약의 선의성 및 윤리성에 반하는 행위라면 보험자를 면책하는 것이 타당하기 때문에, 이러한 범위에서 상법 732조의2 등을 개정할 필요가 있다. 가령, 음주운전이나 무면허운전으로 발생한 사고로 인해 그 운전자가 상해를 입은 경우, 비록 이러한 상해는 운전자의 고의로 발생한 것은 아니지만, 이에 대한 보험자 면책은 허용함이 타당할 수 있다. 판례는 이러한 무면허, 음주운전 면책약관은 상법 739조, 663조에 반해 무효라고 보았고,[11)] 현재 자동차보험표준약관은 자기신체사고보상 등과 관련하여 더 이상 무면허, 음주운전 면책조항을 두고 있지 않다.

3. 보험자대위의 원칙적 금지

(1) 의의

보험자대위는 보험금을 지급한 보험자가 피보험자의 권리를 당연히 대위행사하는 제도이다. 보험자대위는 보험목적대위(상법 681조)와 청구권대위(상법 682조)로 구분된다.

인보험에서 보험자대위는 금지되는 것이 원칙이고 예외적으로만 허용된다. 이 점에서 인보험의 특징을 엿볼 수 있다. 손해보험에서 위와 같이 보험자대위가 전면적으로 인

---

10) 헌결 1999.12.23. 98헌가12

11) 대판 1998.3.27. 97다48753; 대판 1998.4.28. 98다4330

정되는 것과 비교된다. 특히 인보험에서 보험목적대위는 절대적으로 금지된다. 인보험에서 전손 후 잔존하는 보험목적은 생명 또는 신체인데, 보험자가 이에 대한 권리를 취득함은 사회질서에 반하는 것으로 허용될 수 없기 때문이다. 다음, 인보험에서 청구권대위는 금지가 원칙이다. 인보험에 관한 상법 729조 본문은 "보험자는 보험사고로 인하여 생긴 보험계약자 또는 보험수익자의 제3자에 대한 권리를 대위하여 행사하지 못한다"고 규정한다. 보험자대위는 실손보상의 원칙을 실현하는 데 목적이 있는데, 실손보상이 아니라 정액 보상방식을 원칙으로 하는 인보험에는 그 적용이 없다는 것이다. 판례는 상법 729조 본문이 청구권대위를 금지하는 규정을 두고 있는 것은, 손해보험의 성질을 갖고 있지 아니한 인보험에 관하여 보험자대위를 허용하게 되면 보험자가 보험사고 발생 시에 보험금을 피보험자 또는 보험수익자에게 지급함으로써 피보험자 등의 의사와 무관하게 법률상 당연히 피보험자 등의 제3자에 대한 권리가 보험자에게 이전하게 되어 피보험자 등의 보호에 소홀해질 우려가 있다는 점 등을 고려한 것이라고 해석하고 있다.[12] 정액 보상방식의 인보험에서 보험자대위를 계약 당사자가 약정한 경우 그 효력은 인정되지 않는다(상법 729조 본문, 663조 위반)(통설).

다만 비정액 보상방식을 취하는 인보험의 경우는 사정이 다르다. 상해보험, 질병보험의 경우 당사자가 약정을 통해서 비정액 보상방식을 취할 수 있다. 이와 같은 비정액 보상방식의 상해보험, 질병보험의 경우 당사자가 청구권대위를 허용하는 약정을 하는 것도 가능하다. 즉 상법 729조 단서는 "그러나 상해보험계약의 경우에 당사자 간에 다른 약정이 있는 때에는 보험자는 피보험자의 권리를 해하지 아니하는 범위 안에서 그 권리를 대위하여 행사할 수 있다"고 규정한다. 이 규정은 질병보험에도 준용된다고 해석된다(상법 739조의3). 정액 보상방식의 상해보험, 질병보험에는 청구권대위를 약정해도 그 유효성을 인정할 수 없다(통설).[13] 이것은 청구권대위의 취지(이득금지의 원칙 등)를 고려하면 분명하다.

(2) 판례

① 대판 2003.12.26. 2002다61958은 '손해보험형 상해보험'의 경우 당사자 사이에 약정이 있는 경우 상법 729조 단서에 의해 보험자가 청구권대위를 할 수 있다고 판시하였다. 즉 피보험자가 무보험자동차에 의한 교통사고로 인하여 상해를 입었을 때에 그 손해에 대하여 배상할 의무자가 있는 경우, 보험자가 약관에서 정한 바에 따라 피보험자에게 그 손해를 보상하는 것을 내용으로 하는 무보험자동차에 의한 상해담보특약은 손해

12) 대판 2007.4.26. 2006다54781

13) 반대 : 채이식 216면

보험으로서의 성질과 함께 상해보험으로서의 성질도 갖고 있는 손해보험형 상해보험이다. 이 경우 상법 729조 단서의 규정에 의하여 당사자 사이에 다른 약정이 있는 때에 보험자는 피보험자의 권리를 해하지 아니하는 범위 안에서 피보험자의 배상의무자에 대한 손해배상청구권을 대위행사할 수 있다고 판시했다.

② 그리고 정액 보상방식의 인보험에서 피보험자가 보험자와의 다른 원인관계나 대가관계 등에 따라서 자신의 제3자에 대한 권리를 보험자에게 자유롭게 양도하는 것은 청구권대위의 금지 원칙에 위반되지 않는다. 대판 2007.4.26. 2006다54781에서 위와 같은 양도는 피보험자의 권리를 부당하게 침해한 것이 아니라고 판시했다. 즉 상법 729조 본문이 보험자대위를 금지하는 이유는 피보험자 또는 보험수익자의 보호에 소홀해질 우려가 있기 때문이라고 전제하고, 피보험자 등의 제3자에 대한 권리의 양도가 법률상 금지되어 있다거나 상법 729조 본문 등의 취지를 잠탈하여 피보험자 등의 권리를 부당히 침해하는 경우에 해당한다는 등의 특별한 사정이 없는 한, 상법 729조 본문이 보험자대위를 금지하는 규정을 두고 있다는 사정만으로 피보험자 등이 보험자와의 다른 원인관계나 대가관계 등에 기하여 자신의 제3자에 대한 권리를 보험자에게 자유롭게 양도하는 것까지 금지된다고 볼 수는 없다고 판시했다.

(3) 약정대위의 문제

학설은 대체로 손해보험형 상해보험에서 보험자대위를 약정하면, 이것은 상법 682조와 같은 법정대위가 아니고 당사자의 약정에 의한 대위라고 하여 양자를 구분한다.[14)] 그리고 법정대위의 경우는 보험자가 피보험자의 권리를 상법 682조에 따라서 당연히 취득하지만, 약정대위의 경우는 그렇지 않고 당사자의 합의 이외에 권리취득을 위한 다른 형식요건(등기, 인도, 대항요건 구비 등)을 갖추어야만 보험자가 피보험자의 권리를 취득한다고 본다.[15)]

하지만 이에 찬성하기 어렵다. 상법 729조 단서는 당사자의 합의가 있으면 법정대위를 규정한 상법 682조와 마찬가지로 보험자가 청구권대위를 할 수 있다는 취지로 해석해야 한다. 손해보상형 상해보험의 보험자가 청구권대위를 하는 경우, 손해보험의 보험자가 청구권대위를 하는 경우에 비해 더 엄격한 절차요건 구비를 요구할 합리적 이유가 없기 때문이다. 청구권대위는 법정대위이고, 그 실시 여부를 당사자의 약정에 맡긴 것일 뿐이라고 본다. 상법 729조 단서가 적용되는 경우에도 청구권대위의 법정대위적 성격은 소멸하지 않고, 청구권대위 자체가 법률의 규정에 의한 권리 이전이라는 본질은 변

14) 김은경 658면; 박세민 798면; 양승규 442; 임용수 470면; 장덕조 437면; 정찬형 783면

15) 박세민 798면; 양승규 442(그러나 보험약관이 규범성을 인정하여 보험자가 보험자대위권 행사의 의사를 표시하면 법정대위와 마찬가지로 그 권리는 당연히 보험자에게 이전한다고 해석함이 합리적이라고 한다)

하지 않는다고 본다.

4. 유진사보험

인보험에서 피보험자가 신체검사를 받아야 하는 경우를 유진사(有診查)보험이라고 한다. 이에 관한 규정은 상법 638조의2다. 즉 보험자가 보험계약자로부터 보험계약의 청약과 함께 보험료 상당액의 전부 또는 일부의 지급을 받은 때에는 다른 약정이 없으면 30일 내에 그 상대방에 대하여 낙부의 통지를 발송하여야 한다(상법 638조의2 1항 본문). 그러나 인보험계약의 피보험자가 신체검사를 받아야 하는 경우에 그 기간은 신체검사를 받은 날부터 기산한다(상법 638조의2 1항 단서).

그리고 보험자가 보험계약자로부터 보험계약의 청약과 함께 보험료 상당액의 전부 또는 일부를 받은 경우에 그 청약을 승낙하기 전에 보험계약에서 정한 보험사고가 생긴 때에는 그 청약을 거절할 사유가 없는 한 보험자는 보험계약상의 책임을 진다(상법 638조의2 3항 본문). 그러나 인보험계약의 피보험자가 신체검사를 받아야 하는 경우에 그 검사를 받지 아니한 때에는 그러하지 아니하다(상법 638조의2 3항 단서).

5. 사고의 우연성

인보험의 보험사고는 우연히 발생한 것이어야 한다고 보험약관이 규정하는 것이 보통이다. 여기의 우연성 입증을 보험자와 보험계약자 중 누가 부담하는지를 두고 다툼이 있다.

판례는 인보험에서 사고의 우연성은 보험자가 아니라 보험금청구자에게 그 입증책임이 있다고 본다. 먼저, 대판 2001.11.9. 2001다55499는, 사망보험약관이 피보험자가 우연한 사고로 사망하면 보험자가 보상한다고 규정했고 피보험자가 술에 취한 상태에서 출입이 금지된 지하철역 승강장의 선로로 내려가 지하철역을 통과하는 전동열차에 부딪혀 사망한 사안인데, 대법원은 보험금청구권자에게 사고의 우연성에 대한 입증책임이 있고 또한 이 사건에서 사고의 우연성이 입증되었다고 보았다. 다음 대판 2003.11.28. 2003다35215는, 상해보험약관이 피보험자가 보험기간 중 급격하고도 우연한 외래의 사고로 신체에 상해를 입고 그 직접 결과로서 의사의 치료를 받으면 보험자가 보상한다고 규정했고 피보험자는 뇌진탕 등의 상해를 입어 약 4주간의 안정가료가 필요하다는 진단을 받고 병원에 입원치료를 받았던 사안인데, 대법원은 위 상해가 우연한 사고로 비롯된 것인지에 대한 피보험자의 입증이 부족하다고 보아 보험자 면책을 인정했다.

위 두 개의 판례에서 대법원은, 인보험계약에 의하여 담보되는 보험사고의 요건 중에서 우연한 사고라 함은 사고가 피보험자가 예측할 수 없는 원인에 의하여 발생하는 것으로서, 고의에 의한 것이 아니고 예견치 않았는데 우연히 발생하고 통상적인 과정으로는 기대할 수 없는 결과를 가져오는 사고를 의미하는 것이며, 이러한 사고의 우연성에 관해서는 보험금청구자에게 그 입증책임이 있다고 판시했다.

참고로 판례는 손해보험계약에 의하여 담보되는 보험사고가 발생한 경우 그 사고가 보험계약자 등의 고의나 중과실에 의하여 발생하였다는 점에 대한 증명책임은 보험자에게 있다고 본다.[16] 나아가, 화재보험에서 사고의 우연성은 추정되고, 다만 보험계약자 등의 고의 또는 중과실에 의하여 발생하였다는 사실을 보험자가 증명하면 위 추정이 번복된다고 한다.[17]

사고의 우연성에 관한 증명책임이 보험자와 보험계약자 중 누구에게 있는지는 현실적으로 매우 중요한 문제이다. 우연한 사고인지 여부가 법관 입장에서 진위불명인 경우가 많기 때문이다. 보험사고 해당여부는 청구원인에 해당하므로 보험금을 청구하는 자가 증명책임을 부담하고, 면책사유 해당여부는 항변에 해당하므로 보험자가 증명책임을 부담하는 것이 타당함은 물론이다. 인보험에서 사고의 우연성에 대한 증명책임이 보험금을 청구하는 자에게 있다는 위 판례의 입장도 이러한 측면에서 이해할 여지가 있다.

하지만 다음과 같은 점에서 인보험에 관한 위 판례에 찬동하기 어렵다.[18] 첫째로, 우연에 의한 보험사고인지 여부와 부보된 보험사고가 보험계약자의 고의 등에 의해 발생하였는지 여부는 실질적으로 그 내용이 상당부분 겹친다. 둘째로, 문제된 보험약관의 해석상 부보범위에 포함되는 보험사고의 내용이 무엇인지에 따라 누가 증명책임을 부담

---

16) 대판 2009.3.26. 2008다72578

17) 대판 2009.12.10. 2009다56603(상법 683조는 "화재보험계약의 보험자는 화재로 인하여 생긴 손해를 보상할 책임이 있다"고 규정하고 있고, 이 사건 화재보험계약의 약관 제15조는 보상금 지급 사유로서 "화재에 따른 손해"를 정하고 있으며, 약관 제16조에서는 보상하지 아니하는 손해로서 "1. 피보험자(법인인 경우에는 그 이사 또는 법인의 업무를 집행하는 그 밖의 기관) 또는 피보험자의 법정대리인의 고의 또는 중대한 과실, 2. 계약자 또는 계약자의 법정대리인의 고의 또는 중대한 과실, 3. 피보험자에게 보험금을 받도록 하기 위하여 피보험자와 세대를 같이하는 친족이나 고용인이 고의로 일으킨 손해 등"을 규정하고 있다. 위와 같은 상법 및 약관 규정의 형식 및 취지, 화재가 발생한 경우에 보험자에게 면책사유가 존재하지 않는 한 소정의 보험금을 지급하도록 함으로써 피보험자로 하여금 신속하게 화재로 인한 피해를 복구할 수 있게 하려는 화재보험제도의 존재의의에 비추어 보면, 화재보험에서 화재가 발생한 경우에는 일단 우연성의 요건을 갖춘 것으로 추정되고, 다만 화재가 보험계약자나 피보험자의 고의 또는 중과실에 의하여 발생하였다는 사실을 보험자가 증명하는 경우에는 위와 같은 추정이 번복되는 것으로 보아야 할 것이다. 그렇게 해석하지 않으면 면책사유에 대한 증명책임을 보험사가 스스로 부담하도록 한 약관의 규정에도 불구하고, 실질적으로 피보험자로 하여금 면책사유가 없음을 증명할 것을 요구하는 것이 되어 위와 같은 약관의 취지가 몰각되는 결과가 되므로 그러한 점에서도 화재보험금의 청구권자가 먼저 화재발생의 우연성을 증명하여야 한다는 해석은 받아들일 수 없다)

18) 박세민 870면; 장덕조, "보험계약법상 우연성의 개념 및 입증책임", 보험학회지85, 2010, 133면 이하; 정동윤 723면; 최기원 642-643면

하는지가 달라지는 것은 보험계약자 보호라는 관점에서 타당하다고 볼 수 없다. 보험금 청구권은 보험계약을 근거로 발생한 계약상 청구권이지만, 보험금지급을 둘러싼 입증책임 분배를 전적으로 사적자치에 맡길 수는 없다.

요컨대, 보험약관상 부보범위의 정의규정과 무관하게, 사고의 우연성 여부는 보험자의 항변사항으로서 보험계약자나 피보험자의 고의로 인한 보험자 면책 단계에서 판단하는 것이 타당하다고 본다.

6. 기왕증 등 기여도에 따른 보험금 감액

(1) 상해보험

상해보험이 보상하는 상해는 우연하고 급격하고 외래의 사고에 기인해야 한다. 만약 피보험자의 기왕증, 체질 등이 상해의 발생 또는 정도에 기여하였다면 보험금을 감액할 것인지가 문제된다.

판례는 보험약관이 기왕증, 체질 등의 기여도에 따른 감면조항이 보험약관에 있으면 그 유효성을 인정한다.[19] 판례는 위와 같은 약관조항이 없다면 기왕증, 체질 등의 기여도에 따른 보험금 감액을 할 수 없다고 본다.[20] 생각건대, 판례가 타당하다. 상해의 발생 또는 확대에 우연하고 급격하며 외래의 사고가 유일하거나 결정적인 원인으로 작용해야만 하는 것은 아니다. 비록 기왕증, 체질 등도 기여했다고 해도, 우연하고 급격하며 외래의 사고가 상해의 발생 또는 확대에 상당한 인과관계를 갖는다면, 그것으로 보험자의 보상책임을 인정하기에 충분하다고 보아야 한다. 이 점에서 보험자의 보상책임과 가해자의 배상책임은 차이가 있다. 배상책임의 경우는, 교통사고로 인한 피해자의 후유증이 그 사고와 피해자의 기왕증이 경합하여 나타난 것이라면, 그 사고가 후유증이라는 결과발생에 대하여 기여하였다고 인정되는 정도에 따라 그에 상응한 배상액을 부담케 하는 것이 손해의 공평한 부담이라는 견지에서 타당하다.[21] 다만 위와 같이 기왕증, 체질 등의 기여도를 고려하여 보험금을 감액하는 약관조항은 유효하다고 새길 수 있다. 그러한 약관조항은 보험료의 인하, 도덕적 위험의 억제 등의 효과를 기대할 수 있다는 점을 고려하면 보험계약자 등에게 부당하게 불리하다고 볼 수 없으므로, 사적 자치에 맡겨도 좋다고 본다. 이에 관한 자세한 내용은 상해보험 부분에서 살피기로 한다.

---

19) 대판 2005.10.27. 2004다52033

20) 대판 2007.4.13. 2006다49703

21) 대판 1987.4.14. 86다카112; 대판 1988.4.27. 87다카74; 대판 1992.4.28. 91다31517; 대판 1993.4.9. 93다180. 그리고 이 경우 법원은 그 기여도를 정함에 있어서 기왕증의 원인과 정도, 기왕증과 후유증과의 상관관계, 피해자의 연령과 직업, 그 건강상태 등 제반사정을 고려하여 합리적으로 판단해야 한다(대판 1993.4.9. 93다180).

(2) 생명보험

생명보험의 경우 사망사고 발생에 대한 피보험자의 기여도에 따라 보험금을 감액하여 지급한다는 규정을 두었다면 이는 효력이 있는가? 정액보험을 통해 보험수익자인 유족 등을 보호하려는 생명보험의 취지와 맞지 않고, 피보험자의 중과실에 의한 보험사고 발생 시에도 보험자가 면책되지 않는다는 상법 732조의2의 취지를 고려할 때, 그 효력을 인정하기 어렵다고 본다.[22)]

22) 김은경 661면; 박세민 801－802면; 임용수 473면

제2장
◆
생명보험

제1절 총설

1. 생명보험의 의의

생명보험이란 피보험자의 생명에 관해 보험사고가 생기면 약정한 보험금액을 지급해야 하는 보험계약이다(상법 730조). 보험목적이 사람의 생명이고, 보험금지급은 정액 보상방식이다. 보험사고는 사망 또는 생존으로 해석한다. 생명보험은 상해보험, 질병보험과 더불어 인보험을 구성한다.

2. 생명보험의 종류

(1) 사망보험, 생존보험, 생사혼합보험

이것은 보험사고에 따른 분류이다. 보험사고가 사망보험은 사망, 생존보험은 생존이다. 그리고 생사혼합보험은 사망과 생존이 모두 보험사고인 보험이다. 우리나라 생명보험 상품의 주류는 사망보험, 생사혼합보험이고, 순수한 생존보험은 드문 편이다.

1) 사망보험

사망보험은 보험기간 중에 피보험자가 사망하면 사망보험금이 지급된다. 반대로 피보험자가 생존하는 경우는 보험금이 없다. 보험기간이 일정 기간으로 제한되는 정기사망보험과 그러한 제한이 없는 종신보험으로 구분된다. 정기사망보험은 사망의 발생여부를 보험사고의 불확정성으로 하고, 종신보험은 사망의 발생시기를 보험사고의 불확정성으로 한다.

2) 생존보험

i) 일반

생존보험은 피보험자가 생존하면 생존보험금이 지급된다. 생존보험금은 보험기간의 만료 시에 지급되는 것이 원칙이지만, 보험기간 도중에 지급되기도 한다. 생존보험이 보험인 이유는 피보험자가 보험기간 중에 생존(보험사고)해야만 보험금이 지급되기 때문이다. 생존보험은 흔히 저축성보험이라고 불리고, 이 때문에 생존보험이 저축상품이 아닌가 하는 의문이 들 수 있지만, 생존이라는 불확정한 사건을 보험사고로 한다는 점에서 저축이 아니라 보험이다. 만약 피보험자가 사망하면 생존보험금이 지급되지 않으므로, 이 점에서 저축과 다르다.

ii) 연금보험

생존보험의 대표적인 것은 연금보험이다. 이것은 피보험자가 일정한 연령 이후까지 생존하면 생존 시점마다 생존보험금이 지급된다는 점에 특징이 있다.[1] 연금보험에 대해서는 상법 735조의2가 규정하고 있었다. 이에 따르면 “생명보험계약의 보험자는 피보험자의 생명에 관한 보험사고가 생긴 때에 약정에 따라 보험금액을 연금으로 분할하여 지급할 수 있다” 이 규정으로부터 연금보험의 보험사고는 생존이며, 보험금지급은 일정 연령 이후 생존기간 동안 분할하여 지급하는 방식이라고 해석할 수 있다. 그런데 상법 735조의2는 2014년의 상법 개정으로 삭제됐다. 사실 상법 735조의2는 확인적 규정에 불과했다. 이 규정이 없어도 위와 같은 연금보험을 생존보험의 한 형태로 인정하는 데 문제가 없었기 때문이다. 아래에서 살펴보는 바와 같이 양로보험에 관한 상법 735조를 삭제한 것과 같은 맥락에서 이해할 수 있을 것이다. 참고로 보험업감독규정 1－2조 5호는 연금보험이란 “일정연령 이후에 생존하는 경우 연금을 주된 보장으로 하는 보험”이라고 규정하고 있다.

3) 생사혼합보험

생사혼합보험은 사망과 생존이 모두 보험사고인 보험으로서, 순수한 생존보험보다 활용도가 높다. 2014년에 상법이 개정되기 이전의 상법 735조는 양로보험을 규정하고 있었는데, 이것이 바로 생사혼합보험이다. 상법 735조는 “피보험자의 사망을 보험사고로 한 보험계약에는 사고의 발생 없이 보험기간이 종료한 때에도 보험금액을 지급할 것을 예정할 수 있다”고 규정하고 있었다. 하지만 이 규정은 특별한 의의가 없다. 이것이 없어도 생사혼합보험을 인정하는 데 아무런 문제가 없기 때문이다. 또한 양로보험이라는 명칭이 생사혼합보험의 특성을 잘 드러낸다고 보기도 어려웠다. 대신에 상법 730조를 2014년에 개정하여 생명에 대한 보험사고의 종류에는 사망, 생존, 그리고 “사망과 생존”이 있다고 규정했다. 기존에 상법 730조는 생명에 대한 보험사고의 종류를 언급하지 않

1) 실무에서는 금융기관이 부담금을 분할하여 지급하는 것을 연금이라고 부르기도 한다. 하지만 이것이 연금보험의 정의는 아니다. 생존보험의 종류로서 연금보험이란 피보험자가 일정한 연령 이후까지 생존하면 생존 시점마다 생존보험금이 지급되는 것을 가리킨다.

았는데, 이를 개정하여 사망, 생존 그리고 사망과 생존으로 구체화한 것이다.

(2) 단생·연생보험, 단체보험

피보험자가 1인인 것을 단생보험 또는 개인보험이라고 하고, 복수인 것을 연생보험이라 한다. 회사 등 특정단체가 단체 구성원을 일괄하여 피보험자로 한 것을 단체보험이라 한다(상법 735조의3 1항). 단체보험은 뒤에서 상술한다.

(3) 일시지급보험, 분할지급보험

이것은 보험금을 일시금으로 지급하는지 여부에 따른 구분이다. 일시지급보험은 일시금으로 지급하고, 분할지급보험은 분할금으로 나누어 지급한다. 이것은 2014년 개정으로 상법 727조 2항이 신설됨에 따라 도입된 구분이다. 상법 727조 2항은 인보험계약의 보험금은 당사자 사이의 약정에 따라 분할지급이 가능하다고 규정하기 때문이다. 다만 이것은 확인적 규정에 불과하다. 보험금을 분할하여 지급하는 것이 이 규정이 있어야만 가능한 것은 아니기 때문이다. 이 규정의 반대해석으로 손해보험은 보험금을 분할하여 지급해서는 안 된다고 해석할 이유도 없다. 따라서 상법 727조 2항의 신설은 보험법적 측면에서 특별한 의미를 갖지 못한다. 보험금 분할지급이 보험법적으로 특별한 의미를 띠는 경우는 피보험자가 일정 연령 이후까지 생존하는 것을 보험사고로 하면서 생존기간 동안 보험금을 분할하여 지급하는 경우이고, 이것이 연금보험임은 전술한 바와 같다.

이와 같이 분할지급보험과 연금보험은 구분되는 것이다. 연금보험은 생존이라는 보험사고와 생존기간 동안 분할지급방식이 결합되어 있는 보험이다. 생존을 보험사고로 하지 않고 단지 보험금을 분할하여 지급하는 경우라면 본래 의미의 연금보험이라고 할 수 없다. 가령 상해보험금을 단지 분할하여 지급한다고 해서 연금보험이라고 할 이유는 없다. 하지만 상해보험금을 분할하여 지급하되 생존 기간 동안만 지급하기로 약정한 경우라면 연금보험이라고 할 수 있다. 예를 들면 일정한 상해가 발생하면 정액의 상해보험금을 지급하되 일정 연령 이후까지 생존하면 생존기간 동안 매년 5백만 원을 지급하기로 한 보험이 있다면, 이는 상해보험과 연금보험이 결합된 보험이라고 할 수 있다.

제2절 보험금지급책임

1. 면책사유

(1) 의의

사망보험에서 피보험자가 사망하면 보험자의 보험금 지급책임은 구체화된다. 그런데 일정한 면책사유가 있으면 보험자는 면책된다. 이러한 면책사유에 관해서는 보험계약 총론의 보험자의 의무에 상세히 기술했다. 따라서 여기서는 간단히 살펴보기로 한다.

(2) 고의면책

사망보험에서 보험계약자, 피보험자, 보험수익자의 중대한 과실로 피보험자가 사망한 경우에도 보험자는 보험금 지급책임을 부담한다(상법 732조의2 1항). 이 조항의 반대해석에 따라 보험계약자 등의 고의로 피보험자가 사망한 경우에만 보험자가 면책된다.

둘 이상의 보험수익자 중에서 일부가 고의로 피보험자를 사망하게 한 경우에는 보험자가 다른 보험수익자에 대한 보험금 지급책임은 부담한다(상법 732조의2 2항). 이 조항은 2014년 상법 개정을 통해서 신설된 것이다. 선의의 보험수익자를 보호하기 위해 상법 732조의2 1항에 대한 예외규정을 마련한 것이다. 이 규정은 상해보험, 질병보험의 경우에도 준용된다(상법 739조, 739조의3). 둘 이상의 보험계약자 중에서 일부가 고의로 피보험자를 사망하게 한 경우에는, 원칙으로 돌아가 보험자는 전부 면책된다고 해석한다.[2)]

(3) 고의와 사고 사이의 인과관계

보험계약자 등의 고의와 피보험자의 사망 사이에는 인과관계가 있어야 보험자가 면책된다. 판례는 엄격한 인과관계를 요구한다. 즉, 보험사고의 발생에 기여한 복수의 원인이 존재하는 경우, 그중 하나가 보험계약자 등의 고의행위임을 주장하여 보험자가 면책되기 위해서는, 그 행위가 단순히 공동원인의 하나라는 점을 입증하는 것으로는 부족하고, 보험계약자 등의 고의행위가 보험사고 발생의 유일하거나 결정적 원인이었음을 입증해야 한다. 즉 대판 2004.8.20. 2003다26075는, 피보험자가 유발한 교통사고로 중상해를 입은 동승자를 병원으로 후송하였으나 그가 동승자에 대한 수혈을 거부함으로써 사망에 이르게 한 사안인데, 대법원은 수혈거부가 사망의 유일하거나 결정적인 원인이었다고 단정할 수 없다면 수혈거부행위가 사망의 중요한 원인 중 하나이었다는 점만으로는

---

2) 박세민 825면

보험자가 피보험자에 대한 보험금의 지급책임을 면할 수 없다고 판시하였다.

(4) 고의면책의 예외

그리고 피보험자가 고의로 사망한 경우, 즉 자살은 보험자의 면책사유가 된다. 다만 생명보험표준약관 5조는, 피보험자가 심신상실 등으로 자유로운 의사결정을 할 수 없는 상태에서 자신을 해친 경우, 계약의 보장개시일(부활계약의 경우 부활청약일)부터 2년이 지난 후에 자살한 경우 보험자는 면책되지 않는다는 예외조항을 두고 있다. 후자(자살)는 유족 보호 등을 위해 고의면책의 예외사유를 규정한 것이다.[3] 전자(자유로운 의사결정을 할 수 없는 상태에서 자신을 해친 것)는 피보험자의 고의에 의한 보험사고에 포함되지 않는 경우를 주의적으로 규정한 것이다. 판례는 전자와 같은 약관조항이 없더라도 자살면책조항에서 '자살'의 의미를 제한적으로 해석함으로써 동일한 결론에 도달한다.[4]

(5) 정신질환 면책

보험약관 중에는 피보험자의 정신질환을 피보험자의 고의나 피보험자의 자살과 '별도의 독립된 면책사유'로 규정하는 경우가 있었다. 판례는 이러한 약관조항의 효력을 인정한다. 즉 이러한 면책사유를 둔 취지는, 피보험자의 정신질환으로 인식능력이나 판단능력이 약화되어 사망의 위험이 현저히 증대된 경우, 그 증대된 위험이 현실화되어 발생한 손해는 보험보호의 대상으로부터 배제하려는 데에 있고, 보험에서 인수하는 위험은 보험상품에 따라 달리 정해질 수 있는 것이어서, 이러한 면책사유를 규정한 약관조항이 고객에게 부당하게 불리하여 공정성을 잃은 조항이라고 할 수 없으므로, 피보험자가 정신질환에 의하여 자유로운 의사결정을 할 수 없는 상태에 이르렀고 이로 인하여 보험사고가 발생한 경우라면 위 면책조항에 의하여 보험자의 보험금지급의무가 면제된다고 보았다.[5]

---

3) 따라서 2년이 지난 후 보험금을 보험수익자에게 남겨주기 위해 피보험자가 의도적으로 자살한 것이 명백한 경우에도 보험자는 보험금 지급의무가 있다. 약관의 제한해석을 통해 보험자의 보험금 지급의무를 부정할 근거는 없다. 그러나 2년이 지난 후 피보험자가 촉탁살인에 의해 사망한 경우에는, ― 비록 양자가 실질적으로 비슷한 점이 있더라도, ― 살인촉탁은 자살이 아니므로 자살면책조항이나 그 예외조항은 애초부터 적용되지 않고, 상법 732조의2의 반대해석에 따라 보험자는 면책된다고 봄이 타당하다. 山下友信, 保険法, 2005, 469면 참조

4) 대판 2006.3.10. 2005다49713(약관에서 말하는 자살이란 자기의 생명을 끊는다는 것을 의식하고 그것을 목적으로 의도적으로 자기의 생명을 절단하여 사망의 결과를 발생케 한 행위를 의미하고, 피보험자가 정신질환 등으로 자유로운 의사결정을 할 수 없는 상태에서 사망의 결과를 발생케 한 경우까지 포함하는 것은 아니므로, 피보험자가 자유로운 의사결정을 할 수 없는 상태에서 사망의 결과를 발생케 한 직접적인 원인행위가 외래의 요인에 의한 것이라면, 그 사망은 피보험자의 고의에 의하지 않은 우발적인 사고로서 보험사고인 사망에 해당할 수 있다). 대판 2008.8.21. 2007다76696; 대판 2011.4.28. 2009다97772; 대판 2014.4.10. 2013다18929도 같다.

5) 대판 2015.6.23. 2015다5378

2. 우연성의 입증

생명보험에서 보험사고는 우연한 것이어야 하는데, 여기의 우연성 입증을 보험자와 보험계약자 중 누가 부담하는지를 두고 다툼이 있다.

판례는 보험계약자 측에 입증책임이 있다고 본다. 대판 2001.11.9. 2001다55499는 사망보험의 피보험자가 술에 취한 상태에서 출입이 금지된 지하철역 승강장의 선로로 내려가 지하철역을 통과하는 전동열차에 부딪혀 사망한 사안인데, 대법원은 피보험자에게 판단능력을 상실 내지 미약하게 할 정도로 과음을 한 중과실이 있더라도 보험약관상의 보험사고인 우발적인 사고에 해당한다고 보았다. 그러면서, 인보험계약에 의하여 담보되는 보험사고의 요건 중 우연한 사고라 함은 사고가 피보험자가 예측할 수 없는 원인에 의하여 발생하는 것으로서, 고의에 의한 것이 아니고 예견치 않았는데 우연히 발생하고 통상적인 과정으로는 기대할 수 없는 결과를 가져오는 사고를 의미하는 것이며, 이러한 사고의 우연성에 관해서는 보험금청구자에게 그 입증책임이 있다고 판시했다. 그리고 대법원은 피보험자가 선로 가운데를 걸어가면서 승강장 안으로 들어오던 전동열차에 치여서 사망할 때 술에 취한 나머지 판단능력 등이 미약한 상태였으므로, 이 사건 사망은 피보험자가 예견하지 못한 우발적인 사고라는 점이 입증된 것으로 보았다.

하지만 인보험에서 우연성에 대한 입증책임이 전적으로 보험금청구자에게 있다는 판례에는 찬성하기 어렵다. 첫째로, 우연에 의한 보험사고인지 여부와 부보된 보험사고가 보험계약자의 고의 등에 의해 발생하였는지 여부는 실질적으로 그 내용이 상당부분 겹친다. 둘째로, 문제된 보험계약의 해석상 부보범위에 포함되는 보험사고의 내용이 무엇인지에 따라 누가 증명책임을 부담하는지가 달라지는 것은 보험계약자 보호라는 관점에서 타당하다고 볼 수 없다. 이에 관해서는 인보험 총론에서 살펴보았고, 또한 상해보험의 우연성 부분에서 자세히 다룬다.

제3절 타인의 생명보험

1. 총설

(1) 의의

타인의 생명보험이란 보험계약자와 피보험자가 상이한 생명보험을 가리킨다. 보험계약자를 기준으로 보면, 피보험자가 자신이 아니라 타인인 것이다. 자기의 생명보험(보험계약자와 피보험자가 일치)과 대비된다. 타인의 사망보험은 보험계약을 체결할 때에 타인의 서면동의가 요구된다는 점(상법 731조 1항) 등으로 인해서 자기의 사망보험과는 확연히 구분된다. 이러한 이유에서 타인의 사망보험과 자기의 사망보험의 구분은 중요한 의미를 갖는다.

타인의 사망보험과 자기의 사망보험의 구분이 문제되었던 사안을 살펴보자. 대판 2010.2.11. 2009다74007은, 보험자의 직원으로 근무하며 영업실적을 올리려고 동의 없이 자신의 배우자를 보험계약자이자 피보험자로 하고 동료 직원이 배우자를 대신하여 서명하게 하여 사망보험계약을 체결했고, 이후 배우자가 건강진단서를 작성하여 보험자에게 제출했으며 약 5년간 계속하여 보험료를 납입했던 사안이다. 원심은 배우자를 보험계약자와 피보험자로 하여 체결하였으므로 자기의 사망보험계약이고, 배우자가 건강진단서 제출 및 보험료 납입을 통해서 위 계약체결을 추인한 것이므로 보험계약은 유효하고 보았다. 하지만 대법원은 동의 없이 배우자를 보험계약자 및 피보험자로 하여 체결한 사망보험계약은 상법 731조 1항이 규정하는 타인의 사망보험계약이고, 계약체결 시에 타인인 배우자의 서면동의가 없다면 보험계약은 확정적으로 무효라고 판시했다.

(2) 역기능

타인의 사망보험은 심각한 역기능을 내포한다. 이 점은 타인의 사망보험에서 피보험자의 동의를 요구하는 규정(상법 731조 1항 등)의 취지를 설시한 판결에 잘 드러난다. 즉 대판 1996.11.22. 96다37084에서, 상법 731조 1항의 입법취지에는 도박보험의 위험성과 피보험자 살해의 위험성 외에도 피해자의 동의를 얻지 아니하고 타인의 사망을 이른바 사행계약상의 조건으로 삼는 데서 오는 공서양속의 침해의 위험성을 배제하기 위한 것도 들어있다고 판시했다. 여기서 보험의 도박화, 인위적 보험사고는 모든 보험에 공통적인 역기능이다. 하지만 사망보험은 보험료 대비 보험금의 비율이 매우 높고 인명 살해의 문제로 인해서 이러한 역기능이 더 심각한 것이다. 나아가 타인의 사망을 사행계약상의 조건으로 삼는 것 자체가 인격권에 대한 침해로서 공서양속을 침해하는 역기능이 있는 것이다.[6)]

(3) 역기능에 대한 대처

1) 입법례

타인의 사망보험으로 인한 역기능에 대처하는 방법은 무엇인가? 이에 대한 입법례는 나뉜다. 즉 타인에 대한 피보험이익을 요구하는 입장(이익주의), 타인의 동의를 요구하

---

6) 타인의 생명보험이 갖는 인격권 침해 우려에 대해서는, 山下友信, 保險法, 2005, 268면 참조

는 입장(동의주의), 그리고 피보험이익 요건과 동의 요건을 병용하는 입장(이익·동의주의)이 있다. 입법례로는 영국이 이익주의,[7] 독일·일본이 동의주의,[8] 미국 뉴욕주가 이익·동의주의를 취한다.[9] 우리 상법 731조 1항은 동의주의를 채택하고 있다. 이에 따라 우리나라 다수설은 생명보험에 피보험이익이 요건이 아니라고 해석하며,[10] 이것이 타당하다. 이와 달리 명문의 규정은 없어도 생명보험에서 피보험이익이 요건이라고 해석하는 견해도 있다.[11]

2) 동의주의와 이익주의 비교

동의주의는 피보험자가 동의를 통해서 보험의 도박화, 인위적 사고의 위험을 스스로 통제하도록 하고, 그 결과를 스스로 책임지는 방식이다. 동의주의가 사망보험의 역기능을 방지하는 데 한계가 있는 것이 사실이다. 우선, 타인의 동의는 동의 시점에 그의 주관적 판단에 기초한 것에 불과하기 때문에, 동의 시점에 그가 알지 못하는 사정, 또는 동의 후에 사정의 변화 등에 따라서 인위적 사고의 위험에 노출될 수 있다. 다음, 타인의 사망에 아무런 경제적 이익이 없어도 타인의 동의만으로 보험금을 받는 것이 가능하다는 점에서, 보험의 도박화는 여전히 문제된다.

한편 이익주의는 피보험자에 대해서 경제적 이익을 갖고 있을 것을 요구하여 보험의 도박화, 인위적 사고의 위험을 방지하는 방식이다. 이익주의도 한계가 있기는 마찬가지다. 인보험에서 피보험이익 개념을 인정할 수 있는지 논란이 있을뿐더러, 설령 인정하더라도 다음과 같은 한계가 있다. 첫째로, 정액 보상방식이 적용되는 인보험에서 피보험이익의 요건만으로 보험의 도박화, 인위적 사고의 방지에는 한계가 있다. 인보험은 손해액과 무관하게 정액보상하는 것이 원칙인 것이다. 그 결과 손해를 넘어서 이득을 얻는 것도 가능하기 때문에, 보험의 도박화, 인위적 사고의 위험이 불식되지 않는다. 이 점이 비정액 보상방식인 손해보험과 차이점이다. 둘째로, 피보험이익만으로는 공서양속 침해 문제를 해결하지 못한다. 타인에게 피보험이익이 있더라도 타인의 동의 없이 그의 사망을 사행계약상 조건으로 삼는 것은 인격권 침해로서 공서양속에 반하는 측면이 있는 것이다. 셋째로, 보험계약자는 다르고 피보험자와 보험수익자가 같은 사망보험의 경우 피

7) 영국 1774년 생명보험법(Life Assurance Act) 1조

8) 독일 보험계약법(VVG) 150조 2항, 일본 보험법 38조 등

9) 미국 뉴욕주 보험법 §3205가 이익·동의주의를 규정한다. 이에 따르면, 인보험에서 보험금청구권자는 피보험자에 대해서 일정한 피보험이익을 가져야 함이 원칙이다[§3205(a)(b)]. 또한 계약의 체결 당시 또는 이전에 피보험자로부터 서면 동의를 해야 함이 원칙이고 다만 피보험자가 배우자인 경우 등 일정한 예외가 있다[§3205(a)(b)].

10) 강위두·임재호 790면; 김성태 811면(피보험이익 개념을 상법에 도입하더라도 실익이 의문이라고 함); 김은경 655면; 이기수·최병규·김인현 385면; 임용수 482면; 장덕조 434면; 정경영 933면; 채이식 209면; 최기원 605면

11) 박세민 793-794면; 양승규 194면; 정동윤 698면

보험이익 요건은 충족되나, 보험의 도박화, 인위적 사고의 방지에는 한계가 있다. 즉 보험계약자가 이런 '타인의 타인을 위한' 보험계약을 체결한 경우에, 피보험이익의 요건만 가지고 보면 아무런 문제가 없다. 이 경우는 타인이 피보험자이자 보험수익자가 되는데, 누구나 자신에 대해 피보험이익이 있으므로, 피보험이익의 요건만 보면 문제가 없는 것이다. 하지만 타인이 사망하면 실제로 보험금을 향유하는 것은 타인이 아니므로 보험의 도박화, 인위적 사고의 위험은 여전히 존재하는 것이다. 이 경우 피보험자의 동의 없이는 그러한 위험을 방지하는 데 한계가 있는 것이다.

이익·동의주의는 이익주의와 동의주의를 병용하여 각자의 단점을 상호 보완하는 방식이다.12) 이것이 가장 엄격한 방식임은 물론이다.

2. 피보험자의 동의

(1) 의의

타인의 사망보험에서 일정한 경우 타인의 동의가 요구된다. 동의를 요구하는 취지는 위 역기능에서 설명한 바 있다. 즉 도박보험의 위험성, 피보험자 살해의 위험성, 타인의 사망을 사행계약상의 조건으로 하기 때문에 생기는 공서양속 침해의 위험성을 방지함에 있다.13)

(2) 동의가 필요한 경우

상법상 타인의 동의가 요구되는 경우는 세 가지다. 이들은 타인의 사망보험이거나 타인의 사망보험과 그 이익상황이 유사한 경우이다(통설).14) 법문이 규정한 상황 이외에 피보험자의 동의가 필요한 상황이 있을 수 있다. 가령 타인의 생명보험 체결 후 보험금액이 증액된 경우, 피보험자가 아닌 보험수익자가 자신의 보험금청구권에 대하여 질권을 설정해 준 경우 등이다. 이 경우에도 상법상 조항을 유추하여 피보험자의 동의가 없는 한 해당 법률행위의 효력이 없다는 결론을 도출할 여지가 있다.15)

1) 타인의 사망보험 체결

보험계약자는 타인의 사망보험계약 체결 시에 피보험자의 서면에 의한 동의를 얻어

---

12) 입법론으로 이를 지지하는 견해로는, 양승규 450면

13) 대판 1996.11.22. 96다37084

14) 참고로 타인의 상해보험, 질병보험에도 타인의 동의가 필요하다. 상해보험, 질병보험에는 생명보험에 관한 규정이 준용되기 때문이다(상법 739조, 739조의3). 이에 관해서는 해당 부분에서 기술하기로 한다.

15) 山下友信, 保険法, 2005, 274-275면

야 한다(상법 731조 1항).

첫째로, 여기의 사망보험에는 순수한 사망보험은 물론이고, 생사혼합보험도 포함한다(통설). 아래에서 논의할 보험금청구권 양도, 보험수익자의 지정·변경도 사망보험에서만 문제되는데, 역시 생사혼합보험을 포함한다고 해석한다.

둘째로, 타인이 보험수익자의 지위를 겸하는 경우, 동의가 면제되는가? 부정해야 한다.[16] 타인이 사망하면 실제로 보험금을 향유하는 것은 그 상속인이다. 따라서 보험의 도박화 등 역기능은 여전히 존재하는 것이다. 판례로는, 보험계약을 체결한 목적이 타인인 피보험자에게 지급할 퇴직금의 적립을 위한 것이라고 하더라도, 피보험자의 동의가 필요하다고 한 것이 있다.[17]

2) 보험금청구권 양도

"보험계약으로 인하여 생긴 권리"를 피보험자가 아닌 자에게 양도하는 경우에도 상법 731조 1항과 동일하다(상법 731조 2항). 보험수익자가 피보험자에게 양도하는 경우에는 동의가 필요하지 않음은 법문상 분명하다.[18]

첫째로, 사망보험(생사혼합보험도 포함)에 대해서만 적용한다(통설). 법문상 사망보험에 관한 상법 731조 1항을 따른다고 하고 있고, 또한 인위적 사고 등의 문제는 주로 사망보험에서 생기기 때문이다.

둘째로, "보험계약으로 인하여 생긴 권리"는 보험금청구권이라고 해석한다.[19] 따라서 상법 731조 2항이 적용되는 것은 사망보험금 청구권이다. 해지환급금이나 생존보험금에 대한 청구권 등은 그 대상이 아니다.

셋째로, 자기의 사망보험에 대해서도 상법 731조 2항이 적용될 수 있다고 해석한다. 자기의 사망보험에서 보험수익자가 타인인 경우(자기의 타인을 위한 사망보험), 보험수익자가 피보험자 이외의 자에게 권리를 양도하면 피보험자 동의의 필요성이 인정되기 때문이다. 피보험자가 애초에 알고 있었고 동의하였던 자가 아닌 다른 자가 피보험자의 의사와 무관하게 보험수익자가 되는 상황은 막아야 한다. 상법 731조 1항이 타인의 사망보험에 관한 규정이고, 이를 상법 731조 2항이 따른다고 해도, 피보험자 동의의 취지를 고려하면 자기의 사망보험에도 상법 731조 2항을 적용함이 타당하다. 따라서 피보험자의 동의는 타인의 사망보험과 관련된 것이 원칙이나, 상법 731조 2항은 예외로서 자기의 사망보험

16) 김은경 675면; 박세민 829면; 임용수 484면; 정동윤 709면
17) 대판 1992.11.24. 91다47109
18) 피보험자는 권리양수도 계약의 당사자로서 이미 그 계약에 동의하였으므로, 별도로 피보험자의 동의를 구할 이유도 없다.
19) 양승규 453면

에 대해서도 적용된다고 해석한다.

넷째로, 사망이라는 보험사고가 발생 후에는 물론 적용되지 않는다(통설). 피보험자의 동의 자체가 불가하고 도덕적 위험 문제도 없기 때문이다.

3) 보험수익자의 지정 또는 변경

보험계약을 체결한 후에 보험계약자가 보험수익자를 지정하거나 변경하는 경우, 상법 731조 1항을 준용한다(상법 734조 2항).

첫째로, 사망보험(생사혼합보험도 포함)에서 보험수익자의 지정·변경에만 적용한다(통설). 법문상 사망보험에 관한 상법 731조 1항을 준용하고 있고, 또한 보험의 도박화 등의 문제는 주로 사망보험에서 생기기 때문이다.

둘째로, '자기의' 사망보험에는 적용될 여지가 없다. 보험계약자가 보험수익자 지정·변경권을 갖기 때문이다.

셋째로, 보험계약의 체결 시에 보험수익자를 지정하는 경우도 피보험자 동의가 필요한지는 명문의 규정이 없다. 하지만 이때도 필요하다고 해석한다.[20] 상법 734조 2항에 따라 계약체결 이후 보험수익자가 지정된 경우 피보험자의 동의가 필요하다는 점을 고려하면, 계약체결 시에도 보험수익자가 지정되면 그 사실과 그가 누구인지도 상법 731조 1항의 피보험자가 동의할 내용에 포함된다고 해석하는 것이 합리적이기 때문이다.

넷째로, 타인(피보험자)을 보험수익자로 지정·변경하는 경우에도 피보험자의 동의는 필요하다고 해석한다.[21] 왜냐하면, 타인이 사망하면 실제로 보험금을 향유하는 것은 그 상속인이므로 보험의 도박화 등 역기능은 여전히 문제되기 때문이다. 이와 달리, 피보험자의 동의가 필요 없다는 견해가 다수설이지만,[22] 법률문언상 그와 같이 해석할 근거는 없다고 본다. 또한 타인의 사망보험계약을 체결할 때 타인이 보험수익자의 지위를 겸하는 경우에 타인의 동의가 필요하다고 해석하는 것과의 균형을 고려해도, 타인(피보험자)을 보험수익자로 지정·변경하는 경우에 피보험자의 동의가 필요하다고 해석해야 한다.

(3) 동의의 법적 성질

1) 준(準)법률행위

피보험자 동의는 피보험자가 대상행위(타인의 사망보험 체결 등)에 대해 이의 없음을 내용으로 하는 상대방이 있는 일방적 의사표시다(통설). 동의에 하자가 있는 경우, 의사표

20) 김성태 836면
21) 정동윤 709면
22) 김은경 676면; 박세민 830; 양승규 453면; 임용수 485면; 최기원 615면; 최준선 347면. 김성태 837면은 해석론으로 동의가 필요 없지만, 입법론으로는 의문이라고 지적한다.

시 하자에 관한 규정을 (유추)적용한다(통설). 따라서 피보험자가 한 진의가 아닌 동의는 상대방이 진의 아님을 알았거나 알 수 있었을 때에는 무효이고(민법 107조), 피보험자가 상대방과 짜고 한 허위의 동의는 무효이며(민법 108조), 피보험자가 착오로 동의한 경우 취소할 수 있으며(민법 109조), 피보험자가 사기 또는 강박으로 인해서 동의한 경우도 취소할 수 있다(민법 110조).

2) 효력발생요건

대상행위인 타인의 보험계약은 계약당사자의 합의로 성립하되, 피보험자 동의는 대상행위의 효력을 발생시키는 요건이다(판례,[23] 통설). 피보험자 동의를 보험계약의 성립요건으로 해석하지 않는 이유는, 당사자의 합의만으로 보험계약이 성립한다는 일반원칙, 즉 낙성계약성(諾成契約性)이 타인의 보험에서 수정되어야 할 이유가 없다고 보기 때문이다.[24] 따라서 피보험자의 동의가 없으면, 대상행위의 성립은 영향이 없으나 효력은 생기지 않는다. 다만 계약의 체결 시에 동의가 없으면 확정적 무효가 되는지, 아니면 사후동의가 있으면 치유될 수 있는 유동적 무효인지에 대해서 다툼이 있고, 이것은 후술한다.

3) 강행요건

피보험자 동의를 요구하는 조항은 강행규정이다(판례,[25] 통설). 상법 보험편은 가계보험과 관련하여 보험계약자 등을 보호하기 위한 편면적 강행법규이다(상법 663조). 하지만 피보험자 동의요건은 절대적(또는 양면적) 강행법규의 성격을 띤다. 피보험자 동의의 입법취지가, 단지 피보험자에 보호에 그치는 것이 아니라, 공서양속의 보호와도 관련되기 때문이다.[26] 피보험자의 동의요건은 당사자의 의사로 배제할 수 없다.

(4) 동의방법과 시기

1) 동의방법

첫째로, 서면 동의가 필요하다. 이 점은 상법 731조 1항에 명시되어 있다. 따라서 서면 동의만 가능하고 구두 동의는 불가하다.

둘째로, 서면에 의한 명시적·개별적 동의만 가능하다(판례,[27] 통설). 즉, 서면에 의한 명시적 동의만 가능하고 추정적·묵시적 동의는 불가하며, 개별적 동의만 가능하고 포괄

---

23) 대판 2006.9.22. 2004다56677
24) 양승규 451면
25) 대판 2006.6.29. 2005다11602
26) 대판 2006.6.29. 2005다11602
27) 대판 2006.9.22. 2004다56677

적 동의는 불가하다. 여기서 포괄적 동의는 향후 체결할 모든 사망보험에 대비해 미리 동의를 얻는 것을 가리킨다.[28] 대판 2003.7.22. 2003다24451에서, 상법 731조 1항은 타인의 사망을 보험사고로 하는 보험계약에 있어서 도박보험의 위험성과 피보험자 살해의 위험성 및 공서양속 침해의 위험성을 배제하기 위하여 마련된 강행규정이고, 보험계약의 체결 시에 피보험자인 타인의 서면에 의한 동의를 얻도록 규정한 것은 그 동의의 시기와 방식을 명확히 함으로써 분쟁의 소지를 없애려는 데 그 취지가 있으므로, 피보험자인 타인의 동의는 각 보험계약에 대하여 개별적으로 서면에 의하여 이루어져야 하며, 포괄적인 동의 또는 묵시적이거나 추정적 동의만으로는 부족하다고 판시했다.

셋째로, 전자문서가 상법 731조 1항의 서면에 해당하는가? 2017.10.31.에 공포된 개정 상법에 따르면, 상법 731조 1항의 서면에 전자서명법 2조 2호에 따른 전자서명 또는 2조 3호에 따른 공인전자서명이 있는 경우로서 대통령령[29]으로 정하는 바에 따라 본인 확인 및 위조·변조 방지에 대한 신뢰성을 갖춘 전자문서가 포함된다(상법 731조 1항). 이 개정 조항은 2018.11.1.부터 시행되었다.[30] 이와 같은 상법 개정이 있기 전에는 상법 731조 1항의 서면에 전자문서가 포함되는지에 대해 논란이 있었다. 당시의 '전자문서 및 전자거래 기본법'(전자문서법) 4조 1항은, "전자문서는 다른 법률에 특별한 규정이 있는 경우를 제외하고는 전자적 형태로 되어 있다는 이유로 문서로서의 효력이 부인되지 아니한다"고 규정하였다.[31] 이와 관련하여 상법 731조 1항이 전자문서를 서면에서 배제하고 있지 않으므로, 전자문서법 4조 1항에 따라 피보험자 동의는 전자문서로도 할 수 있다는 견해,[32] 상법 731조 1항의 입법취지를 고려한 해석을 해보면 전자문서에 의한 동의는 인정하기 어렵다는 견해[33] 등이 있었다. 이러한 논란은 위 상법 개정을 통해 입법

---

28) 양승규 454면

29) 상법시행령 44조의2: 상법 731조 1항에 따른 본인 확인 및 위조·변조 방지에 대한 신뢰성을 갖춘 전자문서는 다음 각 호의 요건을 모두 갖춘 전자문서로 한다.

1. 전자문서에 보험금 지급사유, 보험금액, 보험계약자와 보험수익자의 신원, 보험기간이 적혀 있을 것
2. 전자문서에 법 731조 1항에 따른 전자서명(이하 "전자서명"이라 한다)을 하기 전에 전자서명을 할 사람을 직접 만나서 전자서명을 하는 사람이 보험계약에 동의하는 본인임을 확인하는 절차를 거쳐 작성될 것
3. 전자문서에 전자서명을 한 후에 그 전자서명을 한 사람이 보험계약에 동의한 본인임을 확인할 수 있도록 지문정보를 이용하는 등 법무부장관이 고시하는 요건을 갖추어 작성될 것
4. 전자문서 및 전자서명의 위조·변조 여부를 확인할 수 있을 것

30) 상법(14969호, 2017.10.31.) 부칙: 이 법은 공포 후 1년이 경과한 날부터 시행한다.

31) 전자문서법 4조 1항은 2020년 개정되어, 현재는 "전자문서는 전자적 형태로 되어 있다는 이유만으로 법적 효력이 부인되지 아니한다"고 규정하고 있다.

32) 박세민 831면

33) 김성태 840면. 또한 정경영, "타인의 사망을 보험사고로 하는 보험계약에서 서면동의의 전자화에 관한 소고", 손해보험557, 2015, 26면도 서면문서의 특성이 전자문서에 구현될 수 있는지 의문을 제기하며 반대하는 취지이다. 서면문서는 유일성, 점유가능성, 의사표시의 신중성, 의사표시 주체의 확인 가능성, 기명날인과의 결합성, 증거능력 등의 면에서 전자문서와 차이가 있다는 것이다.

적으로 해결된 것이다.

2) 동의시기

동의시기는, 타인의 사망보험의 체결시점(상법 731조 1항), 보험금청구권의 양도시점(상법 731조 2항), 보험수익자의 지정·변경시점(상법 734조 2항) 등이다.

(5) 동의의 주체

1) 타인

동의주체는 피보험자인 타인이다. 이 점은 상법 731조 1항의 법문에 분명하다.

2) 대행자(대리인)

타인이 대행자(대리인)를 통해서 동의하는 것은 효력이 인정되는가? 단순한 작성대행은 가능하나, 동의 여부의 판단에 대한 대리는 인정하기 어렵다.[34] 판례도 매우 제한적인 범위 내에서 단순한 작성대행의 효력을 인정하고 있다. 대판 2006.12.21. 2006다69141에서, 보험계약자가 피보험자 그리고 보험설계사와 동석하여 보험청약서를 작성할 때, 피보험자가 보험설계사로부터 보험계약의 내용을 설명 받고 이에 명시적 동의를 한 이후 자신은 글을 잘 모른다고 하면서 보험계약자에게 보험청약서의 피보험자 자필서명란에 자신을 대행하여 서명하도록 요청했고, 이에 따라 보험계약자가 그 자리에서 피보험자를 대행하여 피보험자의 이름을 기재해 넣었다. 대법원은 위 작성대행의 효력을 인정했다. 즉 타인의 서면동의가 그 타인이 보험청약서에 자필 서명하는 것만을 의미하는 것은 아니므로, 피보험자인 타인이 참석한 자리에서 보험계약을 체결하면서 보험계약자나 보험설계사가 타인에게 보험계약의 내용을 설명한 후 타인으로부터 명시적으로 권한을 수여받아 보험청약서에 타인의 서명을 대행하는 경우와 같이, 타인으로부터 특정한 보험계약에 대하여 서면동의를 할 권한을 구체적, 개별적으로 수여받았음이 분명한 자가 권한범위 내에서 그 타인을 대리 또는 대행하여 서면동의를 한 경우에도, 타인의 서면동의는 적법한 대리인에 의하여 유효하게 이루어진 것으로 본다고 판시했다.

3) 타인의 의사무능력

i) 동의능력 불인정

의사능력이 없는 자가 한 피보험자 동의는 무효다. 의사능력이란 자신의 행위가 갖는 의미나 결과를 합리적으로 예견할 수 있는 정신적 능력이고, 의사능력이 없는 자가

---

34) 김성태 840면; 박세민 832면

행한 법률행위는 무효다(판례,[35] 통설). 의사능력 유무는 구체적, 개별적으로 판단함이 원칙이다(판례,[36] 통설).

예를 들면, 만취한 자는 의사능력이 없다. 따라서 만취한 자가 행한 피보험자 동의는 효력이 없다. 나아가 상법은 일정한 유형의 사람은 피보험자 동의를 할 의사능력이 없다고 간주한다. 즉, 15세 미만자, 심신상실(心神喪失)자, 심신박약(心神薄弱)자 등을 피보험자로 하는 사망보험은 무효인데(상법 732조 본문), 이들의 의사능력이 피보험자 동의를 할 수준에 못 미친다고 법적 의제를 한 것이다.[37] 따라서 이들을 피보험자로 하는 보험계약은 무조건 무효이고, 이들의 피보험자 동의 문제는 아예 등장하지 않는다. 다만 심신박약자의 경우 일정한 예외가 있는데, 아래에서 살펴보자.

ii) 심신박약자의 경우

① 예외적 허용

다만 심신박약자는 의사능력이 있고 없고가 반복된다는 점을 고려하여 예외가 인정된다. 즉 2014년에 신설된 상법 732조 단서에 의하면, "심신박약자가 보험계약을 체결하거나 상법 제735조의3에 따른 단체보험의 피보험자가 될 때에 의사능력이 있는 경우에는 그러하지 아니하다". 따라서 심신박약자를 피보험자로 한 사망보험은, 개인보험의 경우 계약을 체결할 때,[38] 단체보험의 경우 피보험자로 될 때, 심신박약자가 의사능력이 있으면 상법 732조 본문을 적용하지 않는다. 여기서 심신박약자의 피보험자 동의 문제가 등장한다. 그리고 피보험자 동의 문제와 연결시켜 상법 732조 단서를 살펴보면, 그 내용의 타당성에 의문이 생긴다. 그 이유는 다음과 같다.

② 개인보험

먼저, 개인보험을 보자. 심신박약자를 피보험자로 한 개인사망보험은 상법 731조 및 734조에 따른 피보험자 동의 요건을 충족해야 한다. 심신박약자의 동의가 준법률행위로서 효력이 있기 위해서는 '동의할 때'에 그에게 의사능력이 있어야 한다. 이는 사법(私法)의 기본원칙상 당연하다. 나아가, 상법 731조 1항의 법문은 피보험자의 동의가 계약의 체결 시에 이루어져야 한다고 규정하나, 실제로는 청약 시에 이루어지는 것이 보통이다.

---

35) 대판 2002.10.11. 2001다10113; 대판 2009.1.15. 2008다58367

36) 대판 2002.10.11. 2001다10113; 대판 2009.1.15. 2008다58367

37) 이들에 대하여 민법상 후견절차가 개시되었는지 여부와는 전혀 무관하다.

38) 상법 732조 단서의 전단은 심신박약자가 "보험계약을 체결하거나"라고 표현함으로써 마치 그가 보험계약자인 경우를 규정한 것처럼 보일 수 있다. 하지만 상법 732조 본문이 심신박약자가 피보험자인 사망보험이 무효라는 원칙을 규정하고, 상법 732조 단서는 무효가 아닌 예외에 대해서 규정함을 고려하면, 상법 732조 단서의 전단은 심신박약자가 피보험자인 경우임을 전제한 것이라고 보아야 한다. 심신박약자 본인이 보험계약자로서 보험계약을 체결할 때 의사능력이 있으면 그 보험계약이 유효라는 것은, — 심신박약자에게 행위능력이 있는 한 — 사법(私法)의 일반원칙상 당연한 것으로 굳이 별도로 규율할 필요도 없는 것이다.

결국 상법 732조 단서로 인해 심신박약자의 의사능력은 동의 시, 체결 시에 모두 요구되는 셈이다. 이에 따르면 심신박약자의 의사능력이 동의 시는 있는데 체결 시에 없다면, 이 보험계약은 무효이다. 그러나 이러한 결론이 타당한지는 의문이다. 즉 동의 시와 별도로 계약의 체결 시에도 심신박약자의 의사능력이 있어야 하는지는 의문이다.

③ **단체보험**

다음, 단체보험을 보자. 상법 735조의3에 따르면 단체보험은 단체의 규약에 정함이 있으면 보험계약의 체결(상법 731조 1항), 보험금청구권의 양도(상법 731조 2항), 보험수익자의 지정·변경(상법 734조 2항)에 피보험자의 개별적 서면동의가 면제된다. 개별적 서면동의가 필요하지 않으므로 개별적 서면동의에 대한 의사능력을 요구할 필요는 없다. 즉 단체보험관련 규약을 통해서 개별적 서면동의가 집단적 동의로 대체된다. 다만 단체보험관련 규약이 집단적 동의로서의 의미를 갖기 위해서는, 원칙적으로 개별 구성원이 규약 자체에 대하여 명시적 또는 묵시적 동의를 해야 하고, 그 동의 시점에 개별 구성원에게 의사능력이 있어야 한다. 따라서 심신박약자인 구성원의 경우 단체보험관련 규약이 개별 구성원에게 구속력을 갖게 되는 시점[39]에 의사능력이 없으면 원칙적으로 규약의 적용을 받을 수 없다. 이는 사법(私法)의 기본원칙상 당연하다. 나아가, 상법 732조 단서로 인해서 이 시점 이외에 심신박약자가 단체보험의 피보험자가 될 때에도 의사능력이 있어야 한다. 이 두 시점은 다를 수 있다. 예를 들면 단체에 가입한 후 단체보험관련 규약이 정해지고 이에 따라 단체보험이 체결됐다면 양 시점은 다르다. 심신박약자가 단체의 규약에 구속되는 시점(始點)에 그에게 의사능력이 있어야 함은 양보할 수 없는 원칙이나, 이외에 피보험자가 될 때 의사능력이 있어야 하는지는 의문이다.

4) 타인의 행위능력제한

행위능력이 제한된 자가 행한 피보험자 동의는 일정한 경우 취소할 수 있다. 제한능력자로는, 19세 미만의 미성년자, 피성년후견인, 피한정후견인 등이 있다. 제한능력자별로 살펴보자. 아래에서 살펴 볼 문제 상황은 ① 법정대리인이 보험계약자이고, 피보험자가 제한능력자인 경우뿐만 아니라, ② 보험계약자 및 피보험자가 제한능력자이고 법정대리인이 제한능력자를 대리해서 사망보험계약을 체결하는 경우에도 적용될 수 있다는 점에 유의해야 한다.

i) 미성년자

19세 미만의 미성년자가 법정대리인(친권자 또는 미성년후견인)[40]의 동의를 얻지 않고

39) 단체에 입사한 후 단체보험관련 규약이 정해지면 그 정해진 시점, 단체보험관련 규약이 정해진 후 단체에 입사하면 입사한 시점 등이 될 수 있다.

40) 미성년자의 법정대리인은 친권(親權)을 행사하는 부 또는 모이다(민법 911조). 미성년자에게 친권자가 없

한 피보험자 동의는 취소할 수 있다(민법 5조 참조). 미성년자가 법정대리인의 동의를 얻어 한 피보험자 동의는 유효하다. 법정대리인은 미성년자를 대리할 수 있으므로(민법 920조), 법정대리인이 피보험자 동의를 대리하는 문제가 등장할 수 있다. 이 경우 사망보험의 특수성을 고려하여 미성년자 본인의 의사도 존중하기 위해 미성년자 본인의 동의도 추가적으로 요구할 것인가? 학설은 대체로 미성년자 본인의 동의까지 요구한다. 즉 피보험자 동의는 피보험자가 직접 하는 것이 원칙이라는 것이다.[41] 타당하다고 생각한다. 즉 법정대리인이 단독으로 대리권을 행사할 수는 없고, 법정대리인에 의한 단순한 작성대행은 가능하다. 타인이 대행자(대리인)를 통해서 동의하는 경우 단순한 작성대행은 가능하나, 동의 여부의 판단에 대한 대리는 인정하기 어렵다고 한 것과 같은 취지이다. 그리고 법정대리인이 보험계약자 또는 보험수익자인 경우 미성년자의 피보험자 동의에 대해서 법정대리인으로서 동의하는 행위는 이익 상반행위가 될 수 있다. 따라서 이 경우 미성년자는, 법정대리인의 동의 대신에, 민법 921조에 따라서 법원이 선임한 특별대리인의 동의를 얻어서 피보험자 동의를 해야 한다(통설). 주의할 것은, 15세 미만의 미성년자 및 심신상실자, 심신박약자는 타인의 사망보험에서 피보험자가 될 수 없으므로(상법 732조, 다만 심신박약자의 경우 예외 있음), 여기의 미성년자는 15세 이상 19세 미만의 미성년자로서 심신상실자나 심신박약자가 아닌 경우를 가리킨다.

ii) 피성년후견인

피성년후견인의 피보험자 동의는 취소할 수 있다(민법 10조 1항 참조). 피성년후견인이 법정대리인(성년후견인)[42]의 동의를 얻었는지는 묻지 않는다. 만약 가정법원이 취소할 수 없는 피성년후견인의 법률행위의 범위에 피보험자의 동의를 포함시킨 경우는 그러하지 않다(민법 10조 2항 참조). 여기서 피성년후견인이란 질병, 장애, 노령 등의 사유로 인한 정신적 제약으로 사무를 처리할 능력이 지속적으로 결여된 자로서 가정법원에 의해 성년후견개시의 심판을 받은 자를 가리킨다(민법 9조 1항).

iii) 피한정후견인

피보험자 동의를 하려면 피한정후견인이 법정대리인(한정후견인)[43]의 동의를 얻어야 하는 경우, 피한정후견인이 그 동의를 얻지 않고 한 피보험자 동의는 취소할 수 있다(민법 13조 1항, 4항 참조). 가정법원은 피한정후견인이 법정대리인의 동의를 얻어야 하는 행위의 범위를 정할 수 있는데(민법 13조 1항), 피보험자 동의가 여기에 포함되면 피한정후견인

거나 친권자가 법률행위의 대리권과 재산관리권을 행사할 수 없으면 미성년후견인을 두어야 한다(민법 928조). 이 때 미성년후견인은 친권자를 대신하여 법정대리인이 되는 것이다.

41) 김성태 840; 박세민 835면; 정희철 480면. 山下友信, 保険法, 2005, 272면도 미성년자인 피보험자에게 의사능력이 있다면 피보험자 본인의 동의를 받도록 요구하는 것이 바람직하다고 한다.

42) 피성년후견인의 법정대리인은 성년후견인이다(민법 929조).

43) 피한정후견인의 법정대리인은 한정후견인이다(민법 959조의2).

은 법정대리인의 동의를 얻어야 하는 것이다. 여기서 피한정후견인이란 질병, 장애, 노령 등의 사유로 인한 정신적 제약으로 사무를 처리할 능력이 부족한 자로서 가정법원에 의해 한정후견개시의 심판을 받은 자를 가리킨다(민법 12조 1항).

(6) 동의의 상대방

피보험자의 동의는 상대방이 있는 일방적 의사표시다. 동의의 상대방에 대해 상법은 규정이 없다. 따라서 해석의 문제이다. 동의제도의 취지에 비추어 보험자가 상대방이 되어야 한다는 견해도 있다.[44] 그러나 동의규정은 피보험자의 보호에 방점이 있는 것이고, 보험자에게 피보험자의 동의사실을 알려 주는 것이 주된 목적은 아니다. 따라서 보험자나 보험계약 당사자 등에게 동의의 의사를 표시하면 족하다.[45] 즉 ① 계약의 체결 시는 보험자 또는 보험계약자, ② 보험금청구권의 양도 시는 보험자, 보험계약자, 양도인, 양수인, ③ 보험수익자의 지정·변경 시는 보험자, 보험계약자, 보험수익자 중 어느 일방에게 동의의 의사를 표시하면 족하다.

(7) 동의의 철회

피보험자가 동의한 이후에 이것을 철회하는 것이 가능한가? 동의가 요구되는 시점[46] 전후로 구분하여, 그 이전은 철회가 언제든지 가능하고, 그 이후는 보험계약자와 보험수익자의 동의가 있어야만 가능하다고 해석한다(통설).[47] 그 이전은 피보험자 보호를 우선하고, 그 이후는 거래안전을 우선할 필요가 있기 때문이다. 이러한 철회는 동의의 효력을 장래를 향해서 소멸시키는 일방적 의사표시로서, 보험자 또는 보험계약자에게 해야 한다.[48]

다만 동의한 시점 이후에 동의의 전제가 되었던 사정이 변경된 경우 철회할 수 있다고 해석한다(통설). 보험수익자에 의한 살해위협, 또는 보험수익자와의 혼인관계 해소 등이 그 예이다. 이 경우 동의의 효력을 그대로 유지하는 것은 부당하다. 판례도 같다. 대판 2013.11.14. 2011다101520은, 갑 주식회사가 임직원으로 재직하던 을 등이 재직 중에 보험사고를 당할 경우 유가족에게 지급할 위로금 등을 마련하기 위하여 을 등을 피보험자

---

44) 김성태 839면; 장덕조 445면

45) 양승규 454면

46) 동의가 요구되는 시점은, 타인의 사망보험의 체결시점(상법 731조 1항), 보험금청구권의 양도시점(상법 732조 2항), 보험수익자의 지정·변경시점(상법 734조 2항) 등이다.

47) 다만 생명보험표준약관은 피보험자가 계약의 효력이 유지되는 기간에는 언제든지 서면동의를 장래를 향하여 철회할 수 있다고 규정하고 있는데(19조 1항, 29조 2항), 이 약관조항의 적용을 받기로 한 경우 우선하여 적용된다.

48) 김성태 841면은 보험자와 보험계약자에게 통지해야 철회할 수 있고, 보험수익자 전원에게 통지하게 함은 피보험자에게 지나친 부담이라고도 한다.

로 한 보험계약을 체결하고 을 등이 보험계약 체결에 동의한 경우인데, 을 등이 갑 회사에서 퇴직한 경우에 보험계약에 대한 동의를 철회할 수 있는지가 문제된 사안이다. 대법원은 철회를 긍정하였다. 그 판시내용은 다음과 같다. 즉 피보험자가 서면동의를 할 때 기초로 한 사정에 중대한 변경이 있는 경우에는 보험계약자 또는 보험수익자의 동의나 승낙 여부에 관계없이 피보험자는 그 동의를 철회할 수 있다. 그리고 피보험자가 서면동의를 할 때 기초로 한 사정에 중대한 변경이 있는지는 보험계약자 또는 피보험자가 보험계약을 체결하거나 서면동의를 하게 된 동기나 경위, 보험계약이나 서면동의를 통하여 달성하려는 목적, 보험계약 체결을 전후로 한 보험계약자 또는 보험수익자와 피보험자 사이의 관계, 보험계약자 또는 보험수익자가 고의로 피보험자를 해치려고 하는 사실 등으로 피보험자의 보험계약자 또는 보험수익자에 대한 신뢰가 깨졌는지 등의 제반 사정을 종합하여 사회통념에 비추어 개별적·구체적으로 판단하여야 한다고 보았다. 따라서 위 사안에서 을 등이 갑 주식회사에 계속 재직한다는 점은 보험계약에 대한 동의의 전제가 되는 사정이므로 을 등이 갑 주식회사에서 퇴직함으로써 보험계약의 전제가 되는 사정에 중대한 변경이 생긴 이상 을 등은 보험계약에 대한 동의를 철회할 수 있다고 판시했다.

(8) 동의요건의 흠결

1) 흠결의 유형

동의요건이 흠결된 전형적인 경우는 피보험자가 아무런 동의행위를 하지 않은 경우다. 뿐만 아니라, 동의를 하였지만, 서면 요건, 시기 요건 등을 충족하지 못하였거나, 또는 의사무능력 또는 행위능력제한으로 동의가 무효이거나 취소된 경우, 동의 의사표시에 하자가 있어서 무효이거나 취소한 경우 등도 동의요건이 흠결된 경우이다.

2) 흠결의 효과

ⅰ) 확정적 무효

피보험자의 동의는 대상행위의 효력발생 요건이라는 점은 전술했다. 따라서 동의가 흠결된 경우 대상행위는 무효이다. 따라서 동의 없이 체결된 사망보험계약은 무효이다. 또한 보험금청구권의 양도행위는 무효이며, 보험계약자의 보험수익자 지정 또는 변경행위는 무효이다.[49] 이 경우 양도행위나 지정 또는 변경행위는 무효지만, 해당 보험계약까지 무효라고 해석할 것은 아니다. 이하에서는 동의 없이 체결된 사망보험계약을 중심으로 살펴본다.

이와 관련하여 이 무효가 확정적 무효인지, 유동적(流動的) 또는 부동적(浮動的) 무효

49) 김성태 838면

인지의 문제가 있다. 양자의 차이는, 보험계약 체결 시에 동의가 없으면 바로 무효로 확정할 것인지, 아니면 보험계약 체결 후에 (사후)동의 또는 추인 여부에 따라 유효인지 무효인지를 확정할 것인지에 달려 있다. 확정절 무효설은, 상법 731조 1항이 강행규정임을 근거로 한다.[50] 유동적 무효설은 대체로, 피보험자 동의가 보험계약의 성립요건이 아니라 효력발생 요건이라는 점을 근거로 한다.[51] 생각건대, 강행법규인 상법 731조 1항이 동의시기를 명시적으로 제한한 이상, 확정적 무효설에 찬성한다.[52]

판례도 확정적 무효설을 취한다. 대판 2006.9.22. 2004다56677의 판시내용은 다음과 같다. 상법 731조 1항이 동의의 시기와 방식을 명확히 함으로써 분쟁의 소지를 없애려는 데에 취지가 있고, 이 규정에 의하면 타인의 생명보험에서 피보험자가 서면으로 동의의 의사표시를 하여야 하는 시점은 보험계약 체결 시점까지이며, 이는 강행규정으로서 이에 위반한 보험계약은 무효이다. 따라서 타인의 생명보험계약 성립 당시에 피보험자의 서면동의가 없다면 그 보험계약은 확정적으로 무효가 되고, 보험계약의 당사자도 아닌 피보험자가 이미 무효가 된 보험계약을 추인하였다고 하더라도 그 보험계약이 유효가 될 수는 없다고 판시했다.

ii) 무효의 범위

피보험자의 동의 없이 체결된 타인의 사망보험이 무효임은 전술한 바와 같다. 다만 해당 보험계약이 순수한 사망보험이 아닌 경우 무효의 범위가 문제된다. 대판 1996.11.22. 96다37084는, 사망을 보험사고로 하는 내용과 불가분적으로 일체가 되어 있는 나머지 부분을 포함하여 그 전부에 대하여 효력이 발생하지 아니한다고 보았다. 이것은 사망보험을 포함하여 그와 불가분인 전부를 무효로 한다는 것이다. 무효의 범위에 관한 일응의 기준으로 타당하다고 하겠다.

iii) 무효 주장의 주체

① 보험자도 가능한가?

피보험자 동의 문제는 보험사고 발생 이후 보험금을 청구하는 과정에서 제기되는

50) 강대섭, "피보험자의 서면동의 없는 생명보험계약의 효력", 상사판례연구15, 2003, 858면; 김성태 838면; 박은경, "피보험자의 서면동의 없는 타인의 생명보험계약에 대한 보험자의 책임", 상사판례연구10, 1999, 301면; 송옥렬 337면; 양승규 455면; 이기수·최병규·김인현 408면; 임용수 488면; 정진옥, "피보험자의 서면동의 없는 타인의 생명보험계약의 효력", 상사판례연구8, 1997, 417면

51) 김은경 678면; 정경영 934면; 정동윤 710면; 정진세, "피보험자의 동의가 없는 사망보험계약의 효력", 상사법연구, 2001, 508면; 정찬형 791면; 최기원 616면; 최준선 349면. 박세민 833면은 피보험자가 보험계약 체결 후에 서면으로 동의하고 그 동의의 진정성이 입증되면 보험계약체결 시에 소급하여 유효한 것으로 해석해 보는 것도 고려해 볼 수 있고, 이 때 사후 서면 동의를 행할 수 있는 시기를 보험계약 체결 후 일정기간 이내로 제한하는 것도 생각할 수 있다고 한다. 그러나 해석론으로 그와 같이 볼 근거가 없고, 일정기간의 판단기준도 불명확하다.

52) 이에 관해서는 한기정, "타인의 사망보험에서 피보험자의 동의 흠결 시 법적 효과에 관한 연구", 보험금융연구17-3, 2006, 102면

것이 보통이다. 피보험자 동의가 없으면 보험계약이 무효이고, 이것은 보험금 청구의 기초를 상실된 것을 의미한다. 따라서 피보험자의 동의 없음을 주장하는 주체는 보험자인 경우가 많다. 보험자가 무효주장을 하는 것이 가능한지 여부는 상법 731조 1항의 법적 성질과 관련된다. 즉 이 규정이 피보험자를 보호하기 위한 것으로 피보험자 측만이 무효를 주장할 수 있는 편면적 강행규정인지, 아니면 모든 사람과의 관계에서 무효인 절대적(또는 양면적) 강행규정인지에 달린 문제다. 판례는 절대적 강행규정이라고 본다.[53] 피보험자 동의를 요구하는 취지에 공서양속의 침해 방지가 있다는 점도 고려하면, 절대적 강행규정으로 봄이 타당하다(통설).

② 신의칙 위반 문제

보험자가 피보험자 동의가 없음을 이유로 보험계약이 무효라고 주장하는 것은 보험계약자 등에 대한 신의칙 위반인지 여부가 다투어진 바 있다. 판례는 특단의 사정이 없는 한 신의칙 위반을 인정하지 않는다. 대판 1996.11.22. 96다37084를 보자. 피보험자 측은 보험자가 보험계약의 유효를 전제로 보험료를 징수하고도 보험사고 발생 후에 비로소 피보험자 동의가 없음을 이유로 보험계약의 무효를 주장하는 것은 신의성실의 원칙(또는 금반언의 원칙)에 반하는 행위라고 주장했다. 대법원은 신의칙 위반을 인정한다면 상법 731조 1항의 입법취지를 완전히 몰각시키므로 특단의 사정이 없는 한 허용할 수 없다고 판시했다. 즉 상법 731조 1항의 규정은 강행법규로서 위 규정에 위반하여 체결된 보험계약은 무효이고, 이 규정의 입법취지에는 도박보험의 위험성과 피보험자 살해의 위험성 외에도 피해자의 동의를 얻지 아니하고 타인의 사망을 이른바 사행계약상의 조건으로 삼는 것에서 오는 공서양속의 침해 위험성을 배제하기 위한 것도 들어있다고 해석되므로, 상법 731조 1항을 위반하여 계약을 체결한 자 스스로가 무효를 주장함이 신의성실의 원칙 또는 금반언의 원칙에 위배되는 권리 행사라는 이유로 이를 배척한다면, 위와 같은 입법취지를 완전히 몰각시키는 결과가 초래되므로 특단의 사정이 없는 한 신의성실 또는 금반언의 원칙에 반한다고 볼 수는 없다고 판시했다.[54]

다음, 대판 2006.6.29. 2005다11602를 보자. 이 사건에서, 보험자는 동의 요건의 흠결을 알면서도 수차례 보험금을 지급함으로써 보험계약의 효력을 다투지 않을 것 같은 태도를 취했다. 이러한 사정이 신의칙 위반을 인정할 만한 특단의 사정에 해당할까? 대법원은 부정적이다. 즉 신의성실의 원칙은 법률관계의 당사자가 상대방의 이익을 배려하여 형평에 어긋나거나 신뢰를 저버리는 내용 또는 방법으로 권리를 행사하거나 의무를 이행해서는 안 된다는 추상적 규범으로서, 신의성실의 원칙에 위배된다는 이유로 그 권

53) 대판 1996.11.22. 96다37084; 대판 2004.4.23. 2003다62125; 대판 2006.6.29. 2005다11602

54) 대판 2024.11.14. 2024다238392도 같은 취지이다.

리의 행사를 부정하기 위해서는 상대방에게 신의를 공여했거나, 객관적으로 보아 상대방이 신의를 가진다는 것이 정당한 상태에 있어야 하고, 이러한 상대방의 신의에 반하여 권리를 행사하는 것이 정의 관념에 비추어 용인될 수 없는 정도의 상태에 이르러야 할 것이며, 또한 특별한 사정이 없는 한, 법령에 위반되어 무효라는 것을 알고서도 그 법률행위를 한 자가 강행법규 위반을 이유로 무효를 주장하는 것은 신의칙 또는 금반언의 원칙에 반하거나 권리남용에 해당한다고 볼 수는 없다. 그리고 이 사건에서 강행법규인 상법 731조 1항에 위반되는 법률행위를 한 보험자가 한때 그 법률행위의 효력을 다투지 않을 것 같은 태도를 취했다고 하더라도, 상대방인 보험계약자 측이 이에 대한 신의를 가진다는 것이 정당한 상태라고 할 수 없으며, 이러한 보험계약자 측의 신의에 반하여 보험자가 무효를 주장하는 것이 정의 관념에 비추어 용인될 수 없는 정도의 상태에 이른다 할 수도 없다고 판시했다.

(9) 동의요건에 대한 설명의무

1) 문제의 제기

보험계약의 모집종사자가 타인의 사망보험을 모집할 때 보험계약자에게 피보험자의 동의요건에 대해서 설명할 의무가 있는지가 문제된다. 이것을 긍정하면, 설명의무를 위반한 모집종사자는 불법행위로 인한 손해배상책임을, 보험자는 금융소비자법 45조에 따라서 사용자책임을 부담하게 될 것이다.

2) 법적 근거

설명의무의 법적 근거는 무엇인가? 피보험자 동의요건이 약관에 규정되어 있기 때문이 아니라 상법에 규정되어 있기 때문에 인정되는 것이므로, 약관규제법 3조 등이 규정하는 약관의 설명의무는 법적 근거가 아니다. 생각건대, 신의칙상 주의의무에서 법적 근거를 찾을 수 있다. 즉 계약체결 과정에서 당사자는 신의칙상 주의의무를 부담하고, 설명의무는 그러한 신의칙상 주의의무의 한 종류에 해당한다. 설명의무의 존재나 범위는 계약에 따라 구체적, 개별적으로 정해질 문제이다.

3) 판례

피보험자 동의요건이 신의칙상 주의의무의 한 종류로서 설명의무의 대상이 될 수 있는가? 모집종사자가 이를 위반하면 불법행위로 인한 손해배상책임을 지고, 보험자는 사용자책임을 지게 되는가? 판례는 긍정한다.

먼저, 대판 1998.11.27. 98다23690에서, 대법원은 모집종사자는 보험업에 관한 전문가로서 보험계약자에게 피보험자 동의요건의 취지를 설명하고 동의를 받도록 할 주의의무가 있음을 인정했다. 이를 위반하면 손해배상책임을 진다. 즉 모집종사자가 이를 위반하여 보험계약이 무효로 되고, 그 결과 보험수익자가 보험금을 지급받지 못하면, 그는 보험금 상당의 손해배상책임을 지고, 보험자는 이에 대한 사용자책임을 진다. 대법원은 다음과 같이 판시했다. 보험자의 보험설계사와 영업소 소장이 보험업에 관한 전문가로서 보험계약자에게 상법 731조 1항의 취지를 설명하여 피보험자의 서면 동의를 받아 오게 하여 보험계약을 체결하도록 조치할 주의의무가 있음에도 불구하고, 보험계약자는 그와 같은 사실 자체를 모른 채 보험설계사의 말만 믿고 피보험자 동의란에 자신이 직접 피보험자의 서명을 대신하고, 영업소 소장은 그 사실을 알고 있으면서도 이를 방치함으로써 보험계약자는 피보험자의 서면 동의가 없어도 보험자가 보험금지급책임을 지는 것으로 잘못 알고 보험계약을 체결하였다. 그 후 피보험자가 교통사고로 사망하는 보험사고가 발생하였으나 서면에 의한 피보험자의 동의가 없었다는 이유로 보험계약자가 보험금을 지급받지 못하게 된 이상, 보험설계사와 영업소 소장이 보험모집을 하면서 행한 불법행위와 보험계약자가 보험금을 지급받지 못하게 된 손해 사이에는 상당인과관계가 있다고 판시했다.

이후 대판 2004.4.23. 2003다62125도 위 설명의무의 근거에 대해서 판시하였다. 즉 보험설계사 또는 보험대리점 등이 타인의 생명보험계약을 모집함에 있어서는 보험계약자에 대하여 타인의 생명보험은 다른 보험과는 달리 피보험자의 서면 동의가 없으면 보험사고가 발생하더라도 보험금을 지급받을 수 없다는 내용을 설명하거나 정보를 제공하여야 할 법적 의무가 신의칙상 요구된다고 할 것이고, 객관적으로 보아 그와 같은 내용을 이해시킬 수 있도록 충분히 설명하거나 정보를 제공하지 않았다면 타인의 생명보험계약을 모집함에 있어서 요청되는 설명의무 내지 정보제공의무를 위반한 것이라고 판시했다.

다만, 보험자가 피보험자의 동의 요건에 대해서 설명할 의무가 인정된다고 하더라도, 보험계약자 등이 서면동의 요건을 알고 있음에도 불구하고, 즉 보험계약이 무효가 되리라는 사정을 알면서도 보험계약을 체결하였다면, 설명의무 위반과 손해발생 사이에 인과관계가 인정될 수 없다.[55]

4) 법령이 설명의무의 대상인가?[56]

피보험자 동의는 법정 요건(상법 731조 1항 등)인데, 이것이 신의칙상 설명의무의 대상

---

55) 대판 2008.8.21. 2007다76696

56) 이에 관해서는 한기정, "타인의 사망보험에서 피보험자의 동의 흠결 시 법적 효과에 관한 연구", 보험금융연구17-3, 2006, 110면

으로 인정될 수 있는가? 이것의 인정은 '법의 무지는 용서받지 못한다'(Ignorance of the law is no excuse)는 법언(法諺)과 상충하는 것은 아닌가 하는 의문이 제기된다. 대법원은, 약관규제법 3조의 약관 설명의무와 관련해서는, 이미 법령에 의해 정해진 것을 반복하거나 부연하는 정도의 약관은 설명의무가 면제된다고 판시한 바 있다.[57] 이것은 위 법언을 따른 것으로 볼 수 있다. 이와 달리 대법원이 법령의 내용에 불과한 피보험자 동의 요건을 설명의무의 대상으로 삼은 이유는 무엇인가? 피보험자 동의 요건이 보험업의 전문가인 모집종사자는 알고 있으나 일반인은 알기 어려운 비대칭적 정보의 성격이 강하고, 피보험자 동의가 흠결되면 보험계약의 효력에 미치는 영향이 매우 크다는 점 등을 고려한 것으로 보인다.

5) 손해배상에서 과실상계

피보험자 동의요건에 대한 설명의무 위반으로 손해배상책임을 지는 경우, 보험계약자의 과실이 있으면 손해액 산정 시에 참작할 수 있다. 설명의무 위반을 인정한 위 대판 1998. 11.27. 98다23690에서 대법원은 보험계약자의 과실을 10% 인정하였다. 즉 보험계약자도 타인의 사망을 보험사고로 하는 보험계약을 여러 번 체결한 경험이 있으면서도 보험청약서상의 꼭 알아야 할 사항을 제대로 읽어보지 아니하여 보험계약 체결 시에 타인의 서면에 의한 동의를 얻어야 한다는 사실을 알지 못한 채 이 사건 보험계약을 체결한 잘못이 있고, 이러한 보험계약자의 잘못도 이 사건 손해 발생의 한 원인이 되었다고 하면서 과실비율을 10%로 인정한 것이 형평의 원칙에 비추어 현저히 불합리하지 않다고 판시했다. 그리고 보험계약자의 과실비율은 각 사건의 사실관계를 고려해서 정해진다. 대판 2001.11.9. 2001다55499는 과실비율로 30%를, 대판 2006.6.29. 2005다11602는 과실비율로 40%를 인정한 바 있다.

제4절 타인을 위한 생명보험

1. 의의

타인을 위한 보험계약은 계약의 당사자인 보험계약자와 보험금청구권이 귀속되는 자(인보험은 보험수익자, 손해보험은 피보험자)가 다른 계약(상법 639조)으로서, 보험계약의 종류를 묻지 않고 허용된다. 생명보험계약에서 보험계약자는 보험수익자를 지정 또는 변경할

57) 대판 2000.7.4. 98다62909

권리를 갖는다(상법 733조 1항). 생명보험에서는 피보험이익이 요건이 아니어서, 보험수익자가 피보험자에 대해 피보험이익이 없어도 보험수익자로 지정 또는 변경되는 데 문제가 없다.

생명보험계약에서 보험계약자가 자신이 아닌 타인을 보험수익자로 지정한 경우, 또는 자신을 보험수익자로 지정하였더라도 타인으로 변경한 경우, 타인을 위한 생명보험계약이 된다. 이와 달리, 보험계약자가 자신을 보험수익자로 지정하거나, 또는 타인을 보험수익자로 지정하였더라도 자신으로 변경한 경우, 이 생명보험계약은 자신을 위한 보험계약이 된다. 타인은 보험수익자로서 수익의 의사표시 없이도 보험금청구권을 갖는다(상법 639조 2항 본문). 이것은 제3자를 위한 계약에서 수익자가 수익의 의사를 표시해야만 수익권을 취득하는 법리(민법 539조 2항)에 대한 예외이다.

2. 보험수익자의 법적 지위

(1) 보험수익자의 권리

1) 보험금청구권

보험수익자는 제3자를 위한 계약의 수익자로서 보험금청구권을 갖는다. 보험수익자는 계약당사자는 아니므로 계약당사자의 지위에서 행사할 수 있는 권리(계약해지권, 보험증권교부청구권, 보험료감액청구권, 해약환급금청구권 등)를 가질 수 없다.[58] 특히 계약해지권과 같은 권리는 이를 별도로 양도받을 수도 없다.

보험수익자는 수익자로 지정된 때부터 — 수익의 의사표시가 없더라도 — 보험금청구권을 취득하고, 이 청구권은 보험사고가 발생하면 구체화된다. 보험금청구권자로서 보험수익자의 지위는 유동적인 경우와 확정적인 경우로 구분된다. 보험계약자가 보험수익자 변경권을 갖고 있는 경우 이를 행사하면 보험수익자가 바뀌므로 유동적인 것이다. 이와 달리 보험계약자가 변경권을 갖고 있지 않다면 보험수익자의 지위는 확정적이다. 보험자가 변경권을 갖고 있더라도 보험사고가 발생한 이후에는 변경권 행사가 허용되지 않으므로(상법 733조 4항 참조), 보험수익자의 지위는 확정적인 것이다.

2) 보험금청구권의 포기

보험수익자가 보험금청구권을 포기한 경우 보험계약자 자신을 위한 생명보험계약이 되기 때문에 보험금청구권은 보험계약자에게 귀속된다는 견해가 통설이다. 하지만 다음과 같이 구분하여 귀속 여부를 결정하는 것이 타당하다.

58) 다만, 약관으로 이와 달리 규정하는 것이 가능할 여지는 있다.

먼저, 보험사고 발생 전을 보자. 보험계약자가 변경권을 갖고 있는 경우, 보험수익자가 보험금청구권을 포기하면, 보험금청구권은 보험계약자에게 귀속되어 보험계약자가 보험수익자를 다시 지정할 수 있다고 보아야 한다. 보험계약자가 변경권이 없는 경우, 보험수익자가 보험금청구권을 포기하면, 이후 보험사고가 발생하더라도 보험자가 보험금지급의무를 부담하지 않는 것이 원칙이다. 그러나 이 경우에도, 보험계약자가 변경권이 없더라도 보험수익자를 재지정할 수 있는 권리를 긍정하는 규정(상법 733조 3항)이 존재한다는 것을 고려할 때, 이 규정을 유추하여 보험금청구권은 보험계약자에게 귀속되어, 보험계약자가 다시 보험수익자를 지정할 수 있을 것으로 보아야 한다. 이 경우는 보험계약자의 의사를 존중하는 것이 바람직하기 때문이다.

다음, 보험사고 발생 후에, 보험수익자가 보험금청구권을 포기하면, 보험자는 보험금지급의무를 면한다고 해석함이 타당하다. 보험사고의 발생 후에는 더 이상 보험계약자가 보험수익자 변경권을 행사할 수 없기 때문이다(상법 733조 4항 참조).

3) 보험금청구권의 양도 등

보험수익자가 보험금청구권을 양도하거나, 보험수익자가 보험사고 발생 전에 보험금청구권에 대하여 질권을 설정하거나, 보험수익자의 채권자가 보험금청구권에 대하여 압류 및 추심명령 또는 압류 및 전부명령을 받는 것이 가능한가? 보험사고의 발생 이후에 보험금청구권 양도 등은 당연히 허용된다(통설). 보험사고의 발생 이전에는 보험계약자에게 보험수익자 변경권이 있는지 여부가 기준이 된다. 먼저, 보험계약자에게 보험수익자 변경권이 있는 경우(상법 733조 1항은 이를 원칙으로 규정한다), 보험수익자가 지정되었더라도 보험사고 발생 전까지는 보험수익자가 보험금청구권을 확정적으로 취득한다고 볼 수 없다. 이러한 사정을 고려해 보험수익자의 권리가 확정되기 전에는 보험사고 발생 이전에 보험수익자가 일방적으로 보험금청구권 양도 등을 하는 것은 허용될 수 없다고 본다.[59] 이를 허용하면 보험계약자의 보험수익자 변경권이 무력화되기 때문이다. 다음, 보험계약자에게 보험수익자 변경권이 없는 경우는 보험수익자가 보험금청구권을 확정적으로 취득하였다는 점에 주목하면 보험금청구권 양도 등을 금지할 이유가 없다고 본다. 특

59) 김은경 682면; 박세민 847면; 임용수 495면; 정찬형 794-795면. 한편, 양도의 효력을 처음부터 무효라고 하지 않고 보험계약자가 변경권을 행사한 경우 양도가 효력을 잃는다고 해석하는 견해도 있을 수 있을 것이다. 이 견해는 이렇게 해석해도 보험사고 발생 이전에 보험수익자 결정권은 보험계약자에게 독점적으로 귀속시킨다는 틀에 반하지 않고, 보험수익자 지위의 변동가능성이 원칙이라는 점을 고려하면 양수인 보호는 크게 고려할 문제가 아님을 논거로 한다. 이에 따르면, ① 보험수익자가 보험사고 발생 전에 보험금청구권에 대하여 질권을 설정하거나, ② 보험수익자의 채권자가 보험금청구권에 대하여 압류 및 추심명령 또는 압류 및 전부명령을 받는 것까지 당연히 금지된다고 하지 않고, 이러한 처분행위나 강제집행은 허용하되, 보험계약자가 수익자 변경권을 행사하면 이러한 처분행위나 강제집행 행위는 효력을 상실한다고 해석하게 될 것이다.

정 개인의 신체나 사망을 담보로 하여 보험수익자의 지위를 전전유통 시키는 것은 사회통념과 맞지 않는다는 이유에서 보험금청구권의 양도에 반대하는 견해[60]도 있으나, 상법 731조 2항에 의하여 피보험자의 동의를 얻어야만 보험금청구권 양도의 효력이 인정될 것이므로, 굳이 금지할 이유는 없다.

(2) 보험수익자의 의무

보험수익자는 보험계약의 당사자가 아니므로 보험계약상 의무를 부담하지 않는 것이 원칙이다. 다만, 보험사고 발생을 안 때에는 지체없이 보험자에게 보험사고 발생사실을 통지해야 한다(상법 657조 1항). 사고발생 통지의무의 지체로 인해서 증가된 손해에 대해서는 보험자는 보상의무를 부담하지 않는다(상법 657조 2항). 또한 위험유지의무를 부담한다(상법 653조). 그리고 보험계약자가 파산선고를 받거나 보험료 지급을 지체한 때에 보험수익자가 그 권리를 포기하지 않는 한 2차적으로 보험료 지급의무를 부담한다(상법 639조 3항).

3. 보험수익자 지정·변경권

(1) 보험계약자의 권리

생명보험에서 보험계약자는 보험수익자를 지정 또는 변경할 권리를 갖는다(상법 733조 1항). 이 권리는 보험계약의 당사자로서 보험료지급의무가 있는 보험계약자만의 것이다. 이 권리는 형성권으로서 일방적 의사표시만으로 효력이 발생하고, 그 행사에 보험자 또는 피보험자의 동의는 필요하지 않다(판례,[61] 통설).[62]

(2) 보험수익자의 지정·변경과 확정 문제

상법 733조 1항은 보험계약자가 보험수익자를 지정 또는 변경할 권리가 있다고 규정한다. 보험계약자에게 변경권을 부여한 것은 보험계약자의 입장에서 보험수익자와의 관계(인간관계, 사정변경 등)를 고려해야 하기 때문이다. 따라서 보험계약자가, 특별히 유보의 의사표시를 하지 않더라도, 그는 지정·변경권을 유보한 것으로(갖고 있는 것으로) 보아야 한다. 만약 보험계약자가 지정·변경권을 포기하는 의사표시를 한 경우는 유보

60) 김성태 844면; 장덕조 458면

61) 대판 2020.2.27. 2019다204869

62) 다만 보험계약 체결 시에 보험계약자가 지정권을 행사하는 경우, 보험자로서는 지정된 보험수익자를 보고 보험계약자 등의 도덕적 위험을 우려해 보험계약 체결을 거절하는 방법을 통해, 보험계약자의 일방적 지정권 행사를 실질적으로 무력화시킬 여지가 있다. 山下友信, 保險法, 2005, 488−489면

하지 않은 것으로 본다.[63)]

1) 지정·변경권을 유보한 경우

i) 보험수익자의 불확정적 지위

보험계약자가 지정·변경권을 유보한 경우, 보험수익자를 지정할 수 있고, 이후에 자유롭게 변경할 수 있다. 이와 같이 변경권의 행사가 가능하기 때문에, 보험수익자로 지정되어도 그 지위는 불안정하고 확정된 것이 아니다. 따라서 보험수익자의 수익권의 재산적 가치는 지극히 유동적이라고 볼 수밖에 없다. 그리고 사망보험에서 보험수익자를 지정 또는 변경하는 경우 타인의 서면동의를 얻어야 한다(상법 734조 2항). 이 경우 타인의 서면동의를 얻지 않으면, 해당 지정 또는 변경행위가 효력이 없다. 그렇다고 해당 보험계약이 무효가 된다고 해석할 것은 아니다.

보험계약자가 지정권을 행사하기 전에 보험수익자를 누구로 할 것인가? 이 경우 보험계약자를 보험수익자로 추정하는 견해가 통설이다. 인보험의 경우 추정의 실익이 별로 없다. 인보험에서 보험계약자는 보험사고의 발생 전에는 언제든지 지정권을 행사할 수 있으므로,[64)] 변동가능성이 높은 보험수익자의 지위가 누구에게 귀속되는지 여부가 법적 쟁점이 될 가능성은 희박한 것이다. 또한 누구를 보험수익자로 추정할 것인지의 문제가 법적 쟁점으로 등장한다고 하더라도, 관련 법률과 약관 규정을 고려해 보면, 보험수익자가 누구인지 분명하지 않을 때 보험계약자를 보험수익자라고 일률적으로 추정하는 것이 타당한지에 대해서 의문이 생길 수밖에 없다. 즉 상법에 의하면 보험계약자가 지정권을 행사하지 않고 사망하면 피보험자가 보험수익자로 확정되고, 지정권을 행사하기 전에 피보험자가 사망하면 피보험자의 상속인이 보험수익자로 확정되고(733조 2항, 4항, 739조, 739조의3), 생명보험표준약관에 의하면 보험계약자가 보험수익자를 지정하지 않은 상황에서 피보험자가 사망하면 피보험자의 상속인이 보험수익자이고, 피보험자가 생존하면 보험계약자가 보험수익자이며, 피보험자가 장해상태가 되거나 질병이 진단 확정되는 등의 경우는 피보험자가 보험수익자가 된다(11조). 비록 이러한 법률과 약관 규정이 보험계약자가 보험수익자를 지정하기 전에 보험사고(사망, 생존, 장해, 질병 등)가 발생한 경우 보험수익자 확정 문제를 다루고 있지만, 보험수익자가 지정되지 않은 경우에 누구를 보험수익자로 추정할지의 문제와 무관하다고 보기는 어렵다. 따라서 보험수익자가 누구인지 분명하

63) 김성태 845면; 임용수 496면; 채이식 214면. 이와 달리 보험계약자가 적극적으로 변경권을 유보해야 하는 것으로 읽히는 견해도 있다(양승규 459면).

64) 또한 다음의 경우 누구를 보험수익자로 할지 법률에 의해서 정해져 있기 때문에 누구를 보험수익자로 추정할 것인지에 대해 실익이 없다. 즉 보험계약자가 지정권을 행사하지 않고 사망하면 피보험자가 보험수익자로 확정되고, 지정권을 행사하기 전에 피보험자가 사망하면 피보험자의 상속인이 보험수익자로 확정된다(상법 733조 2항, 4항, 739조, 739조의3).

지 않을 때 보험수익자 추정 문제는 일률적으로 보험계약자라고 판단하기보다는, 이러한 법률과 약관 규정을 감안해서 사회통념에 따라서 보험사고의 종류별로 보험계약자, 피보험자 중에서 선택하는 것이 보다 합리적이라 생각된다.

ii) 보험수익자가 확정되는 경우

상법 733조 4항을 고려할 때 보험사고가 발생한 이후에는 지정·변경권을 행사할 수 없다고 해석한다.[65] 따라서 보험사고가 발생한 때에 보험수익자가 지정되어 있으면 그가 보험수익자로 확정된다. 그리고 다음과 같은 경우에도 일정한 자가 보험수익자로 확정된다.

① 보험계약자가 사망한 경우

보험계약자가 지정권을 행사하기 전에 사망하면, 피보험자를 보험수익자로 확정한다(상법 733조 2항 본문 전단). 보험계약자가 변경권을 행사하기 전에 사망하면, 이미 지정된 보험수익자를 보험수익자로 확정한다(상법 733조 2항 본문 후단). 다만 보험계약자가 사망 후에 그 승계인이 지정·변경권을 행사한다는 약정이 있으면 그 약정에 따라서 그 승계인이 지정·변경권을 행사한다(상법 733조 2항 단서). 이것은 보험계약자의 사망 이후에 보험료지급의무를 부담하는 승계인이 권리를 승계해도 무리가 없다고 보기 때문이다.[66] 여기서 승계인은 법정상속으로 인한 상속인뿐만 아니라 유언으로 보험계약자 지위를 승계받은 사람도 포함한다.

② 보험사고가 발생한 경우

늦어도 보험사고의 발생 시에는 보험수익자가 정해질 필요가 있다. 보험사고의 발생 당시에 보험수익자가 지정되지 않은 경우에 누구를 보험수익자로 볼 것인지가 문제다. 상법 733조 4항은 보험사고의 발생 전에 지정권이 행사되지 않은 경우에 대비해서, 일정한 자를 보험수익자로 확정하여 권리관계의 안정을 기하고 있다. 즉 보험계약자가 보험수익자 지정권(상법 733조 2항)을 아직 행사하기 전에 보험사고가 발생하면, '피보험자의 상속인'이 보험수익자로 확정된다(상법 733조 4항). 한편 이미 지정권이 행사된 경우에는 보험사고가 발생하면 그 지정된 자가 보험수익자로 확정되는 것임은 물론이다.

상법 733조 4항에서 말하는 보험사고의 발생은 보험기간 중 피보험자의 사망이라고 해석된다. 이와 관련된 733조 4항의 법적 효과는 피보험자의 '상속인'이 보험수익자가 된다고 하고 있고, 이는 피보험자가 사망한 것을 전제로 한 규정이라고 보아야 하기 때문이다. 그렇다면, 생존보험의 경우 보험계약자가 지정권을 행사하기 이전에 보험기간 중 피보험자가 생존하면 지급되는 중도보험금, 또는 보험기간의 만료 시 피보험자가 생

65) 박세민 853면; 양승규 461면; 정찬형 795면
66) 이기수·최병규·김인현 416면; 최기원 622면

존하면 지급되는 만기보험금의 보험수익자에 대해서는 상법상 규정이 없는 셈이다. 이 경우에도 보험계약자가 보험수익자를 지정할 수 있다고 볼 것인가? 보험사고가 발생하면 지정권을 행사할 수 없도록 하자는 것이 상법 733조 4항의 취지이고, 피보험자의 생존을 예외로 할 특별한 이유가 없다. 따라서 부정하여야 한다. 그렇다면 누구를 보험수익자로 확정할 것인지가 문제이다. 이 경우는 보험계약자와 피보험자 중에서 누구를 보험수익자로 결정하기가 애매한 측면이 있다. 사회통념상 사망보험과 생존보험을 동일하게 취급하고 있는 것으로 보이지 않기 때문이다. 즉 현재 생명보험표준약관 11조은 보험계약자가 보험수익자를 지정하지 않은 경우 피보험자가 사망하면 피보험자의 상속인을, 피보험자가 생존하면 보험계약자를 보험수익자라고 정한다. 이러한 약관을 고려하면 위의 경우 보험계약자를 보험수익자로 확정하는 것이 보험계약의 합리적인 해석에 부합한다고 본다.

그리고 생명보험의 보험계약자가 보험수익자 지정권을 행사하기 전에 보험사고가 발생하여 상법 733조 4항에 의해 '피보험자의 상속인'이 보험수익자가 되는 경우에도, 그는 보험금청구권을 승계취득하는 것이 아니라 원시취득하는 것이다.[67] 이 경우 보험금청구권은 상속인의 고유재산이지 상속재산이 아닌데, 그 이유는 피보험자의 상속인이 갖는 보험금청구권은 상속의 효과로서 승계취득하는 것이 아니라 법률의 규정(상법 733조 4항)에 의해서 원시취득하는 것이기 때문이다.

③ 보험수익자가 사망한 경우

상법 733조 3항 1문은 보험수익자가 보험존속 중에 사망한 경우 보험계약자에게 보험수익자를 다시 지정할 수 있는 권한(재지정권)을 부여하고, 상법 733조 3항 2문은 보험계약자가 재지정권을 행사하지 않고 사망하면 보험수익자의 상속인을 보험수익자로 확정하며, 상법 733조 4항은 재지정권을 행사하기 전에 보험사고가 발생하면 보험수익자의 상속인을 보험수익자로 확정한다. 이러한 규정들은 보험계약자가 변경권을 유보하지 않은 경우에는 적용되지만, 유보한 경우에는 적용되지 않는다고 보는 것이 학설의 대체적인 경향인 것으로 보인다.[68] 생각건대, 보험계약자가 변경권을 유보한 경우에도 재지정권 등 위 규정들이 적용되는 것이 타당하다고 본다. 후술하는 바와 같이 보험계약자가 변경권을 유보하지 않은 경우에도, 상법 733조 3항 1문에 따라 보험수익자가 사망한 경우 보험계약자가 재지정권을 행사할 수 있도록 한 이유는 보험계약자의 의사를 보다 존중하기 위해서이다. 보험계약자가 변경권을 유보하지 않았기 때문에 지정된 보험수익자

67) 대판 2004.7.9. 2003다29463

68) 보험계약자가 지정·변경권을 유보한 경우 상법 733조 3항이 적용되는 것으로 설명하고 있지 않은 견해로는, 김성태 850면; 김은경 686면; 박세민 852면; 양승규 460면; 이기수·최병규·김인현 415-416면; 임용수 497면; 장덕조 458-459면; 정찬형 797면; 최기원 621-622면

의 지위가 고도의 확정성을 띠고 따라서 보험수익자가 사망하면 그의 상속인이 보험수익자의 지위를 상속받는 것으로 할 수도 있겠지만, 상법 733조 3항 1문은 보험계약자의 의사를 보다 존중하기 위해서 기존의 지정을 실효시키고 새로운 지정권을 부여한 것으로 이해할 수 있다. 보험계약자가 지정권을 유보하지 않은 경우에도 보험수익자 재지정권을 행사할 수 있다면, 보험계약자가 지정권을 유보한 경우는 — 보험수익자의 지위가 불확정하고 잠정적인 생태에 있으므로 — 당연히 보험수익자 재지정권을 행사할 수 있다고 해석하는 것이 합리적일 것이다. 만약 보험수익자가 사망하면 그의 상속인이 보험수익자의 지위를 상속하는 것이 아니며, 보험수익자의 사망 후 보험계약자가 재지정권을 행사하기 전에는 보험수익자가 지정되어 있지 않다고 해석한다. 물론 보험자가 변경권을 유보한 경우는 상법 733조 3항 1문이 적용되지 않더라도 보험자가 보험수익자를 변경할 수 있으므로 상법 733조 3항 1문이 적용되는 것과 큰 차이가 나지 않을 수 있다. 하지만 상법 733조 3항 1문이 적용되지 않는 경우 보험수익자가 사망하면 그의 지위를 그 상속인이 상속한다고 해석하는 한, 이 점에서 상법 733조 3항 1문이 적용되는 것과 차이를 가져올 것이다. 보험계약자가 변경권을 유보한 경우는 보험수익자의 지위가 불확정한 생태에 있으므로 보험수익자의 지위가 상속의 대상이 된다는 점에는 의문이 있다(변경권이 유보된 경우 보험금청구권의 양도가 허용되지 않는다는 것이 통설이다). 따라서 보험계약자가 변경권을 유보한 경우 상법 733조 3항 1문이 적용되지 않는다고 해석하더라도 보험수익자의 지위는 상속되지 않는다고 해석할 필요가 있다. 만약 이렇게 해석한다면 보험계약자가 변경권을 유보한 경우 상법 733조 3항 1문의 적용 여부는 실질적인 차이를 가져오지 않을 것이다. 한편 보험계약자가 변경권을 유보한 경우 상법 733조 3항 1문이 적용된다고 하는 경우, 이에 관련된 해석문제는 아래에서 기술한다.

2) 지정·변경권을 유보하지 않은 경우

i) 보험수익자의 확정

보험계약자가 지정·변경권을 포기하는 의사표시를 한 경우가 지정·변경권을 유보하지 않은 경우에 해당한다. 그런데, 보험계약자가 지정권을 유보하지 않는 경우는 상상하기 어렵다. 주로 문제되는 것은 변경권을 유보하지 않은 경우이다. 보험계약자가 변경권을 유보하지 않은 경우, 보험수익자가 지정되면 그가 보험수익자로 확정된다. 이 경우 보험수익자는 (정지조건부 권리인) 보험금청구권을 확정적으로 취득하는 것이다. 이 경우에도 보험계약자가 보험수익자의 동의를 얻는다면 변경할 수 있음은 물론이다.[69]

69) 양승규 459면

ii) 재지정권의 행사

① 보험계약자가 변경권을 유보하지 않은 경우에도, 상법 733조 3항 1문에 따라 예외적으로 재지정권을 행사할 수 있다. 즉 지정된 보험수익자가 보험존속 중에 사망한 때에는 보험계약자가 보험수익자를 다시 지정할 수 있다(상법 733조 3항 1문).[70] 이러한 재지정권을 부여한 이유는 보험수익자와의 관계(인간관계, 사정변경 등)에 대한 보험계약자의 의사를 보다 존중하기 위해서이다.[71] 상법 733조 3항 1문의 문리에 따르면, 기존의 지정을 실효시키고 새로운 지정권을 부여한다는 의미이다. 보험계약자가 변경권을 유보하지 않았기 때문에 지정된 보험수익자의 지위가 고도의 확정성을 띠고, 따라서 보험수익자가 사망하면 그의 상속인이 보험수익자의 지위를 상속받는 것으로 할 수도 있다. 하지만 상법 733조 3항 1문은 보험수익자가 사망한 경우 보험계약자의 의사를 보다 존중하기 위해서 기존의 지정을 실효시키고 새로운 지정권을 부여한 것으로 그 취지를 이해할 수 있다.[72] 따라서 보험수익자가 사망하면 그의 상속인이 보험수익자의 지위를 상속하는 것이 아니며, 보험수익자의 사망 후 보험계약자가 재지정권을 행사하기 전에는 보험수익자가 지정되어 있지 않다고 해석한다.

② 지정된 보험수익자가 보험존속 중에 사망한 때, 만약 보험계약자가 재지정권을 행사하지 않고 사망하여 보험수익자에 흠결이 생긴 경우, '보험수익자의 상속인'을 보험수익자로 확정한다(상법 733조 3항 2문). 이는 보험계약자가 지정된 보험수익자에게 보험금청구권을 취득하도록 한 원래의 의사를 우선 고려하자는 취지이다.[73] 보험계약자의 승계인이 재지정권을 갖는 것으로 하는 약정이 있다면, 그 약정에 따른다고 해석한다(상법 733조 2항 단서의 유추적용).[74]

그리고 만약 보험계약자가 재지정권을 행사하기 전에 보험사고가 발생하여 역시 보험수익자에 흠결이 생기면, '보험수익자의 상속인'이 보험수익자로 확정된다(상법 733조 4항). 이는 마찬가지로 보험계약자가 지정된 보험수익자에게 보험금청구권을 취득하도록 한 원래의 의사를 우선 고려하자는 취지이다.[75] 여기에서 보험사고의 발생은 보험기간 중 피보험자의 사망 또는 보험기간 중(중도보험금) 또는 만료 시에(만기보험금) 피보험자의 생존이다. 이와 관련된 상법 733조 4항의 법적 효과가 '보험수익자의 상속인'이 보험수

70) 여기서 보험수익자는 피보험자가 아니어야 한다. 피보험자가 사망하면 재지정권은 행사할 수 없는 것이고, 따라서 피보험자이자 보험수익자인 자가 사망하였다면 보험수익자의 상속인이 보험수익자로 확정되는 것이다.

71) 박세민 853면; 양승규 461면

72) 상법 733조 3항의 입법취지가 보험수익자의 지위가 상속의 대상이 아니므로 보험수익자의 사망으로 보험수익자가 흠결될 위험을 피하는 데 있다고 보는 견해로, 강위두·임재호 798면

73) 대판 2025.2.20. 2022다306048

74) 박세민 853면; 양승규 461면

75) 대판 2025.2.20. 2022다306048

익자가 된다는 것이어서, 여기에서 보험사고의 발생을 피보험자의 사망으로 한정할 이유가 없기 때문이다.

지정된 보험수익자의 상속인이 생존하고 있지 아니한 경우에는 그 상속인의 상속인을 비롯한 순차 상속인으로서 보험계약자 사망 또는 보험사고 발생 당시 생존한 자가 보험수익자가 된다. 또한 보험수익자가 되는 상속인이 여럿인 경우 그 상속인들은 법정상속분 비율로 보험금청구권을 취득한다.

보험수익자의 상속인이 결정되는 시점을 보자. 다수설은 보험수익자의 사망시점을 기준으로 보험수익자의 상속인을 결정한다.[76] 이와 달리 보험계약자가 사망한 경우(상법 733조 3항 2문)는 보험계약자 사망시점을 기준으로, 그리고 보험사고가 발생한 경우(상법 733조 4항)는 보험사고의 발생시점을 기준으로 보험수익자의 상속인을 결정해야 한다는 견해가 있다.[77] 다음과 같은 이유에서 다수설이 타당하다. A의 '상속인'을 A의 사망 시점이 아닌 다른 시점을 기준으로 판단하는 것은 부자연스럽고, 통상의 언어관용과도 합치하지 않는다. 이에 반해, A의 '상속인'이 A의 사망 이후 시점인 어떤 시점(보험계약자의 사망시점 또는 피보험자의 사망시점)에 보험금청구권을 원시취득하는 것은 특별히 문제될 것이 없다.

③ 만약 보험수익자의 상속인이 보험계약자의 사망 시에 또는 보험사고 발생 시에 이미 사망하였다면, 그 상속인의 상속인이 보험수익자가 된다고 보는 것이 타당하다.[78] 즉, 그 상속인의 상속인을 비롯한 순차 상속인으로서 보험계약자 사망 또는 보험사고 발생 당시 생존한 자가 보험수익자가 된다.[79]

또한, 보험수익자의 상속인이 여러 명인 경우, 약관에 특별한 정함이 없다면, 균등비율로 보험금청구권을 취득한다고 해석해야 한다는 견해가 있다.[80] 이 경우 상속인들이 보험금청구권을 원시취득하는 것은 법률규정(또는 약관)에 근거한 것이지, 보험계약자의 지정에 근거한 것이 아니므로 보험계약자의 합리적 의사를 탐구할 여지도 없다는 취지이다. 하지만, 법정상속분 비율로 보험금청구권을 취득한다고 해석함이 타당하다.[81] 최근에 대법원도 이런 입장을 취했다.[82] 상법 733조 4항이 보험수익자의 '법정상속인'이

76) 김은경 686면; 박세민 853면; 양승규 461면; 정찬형 796면

77) 장경환, "보험수익자 재지정권 불행사시의 보험수익자의 확정시점", 보험학회지41, 1993, 234－238면

78) 山下友信, 保險法, 2005, 520－521면.

79) 대판 2025.2.20. 2022다306048(이러한 상법 733조 3항, 4항의 법 문언과 규정 취지를 고려하면, 지정된 보험수익자 사망 후 보험계약자가 재지정권을 행사하기 전에 보험계약자가 사망하거나 보험사고가 발생하고, 보험계약자 사망 또는 보험사고 발생 당시 지정 보험수익자의 상속인이 생존하고 있지 아니한 경우에는 그 상속인의 상속인을 비롯한 순차 상속인으로서 보험계약자 사망 또는 보험사고 발생 당시 생존한 자가 보험수익자가 된다고 봄이 타당하다)

80) 山下友信, 保險法, 2005, 522－523면

81) 장경환, "보험수익자 재지정권 불행사시의 보험수익자의 확정시점", 보험학회지41, 1993, 239면; 최준규, 상속법의 관점에서 본 생명보험, 보험연구원, 2018, 58면

82) 대판 2025.2.20. 2022다306048

라고 규정하고 있으므로, 상속인들의 수익권취득비율은 상속법에 의한 법정상속분 비율에 따라 산정하는 것이 자연스러운 해석 방법이기 때문이다.[83]

그리고, 전술한 바와 같이, 상법 733조 4항에 의해 '피보험자의 상속인'이 보험수익자가 되는 경우에 그가 취득하는 보험금청구권은 상속재산이 아니라 고유재산인데,[84] 여기서 지정된 보험수익자의 상속인이 취득하는 보험금청구권도 마찬가지라고 해석한다.[85] 마지막으로, 보험계약자가 타인을 피보험자로 하고 자신을 보험수익자로 지정한 상태에서 보험기간 중에 보험수익자가 사망한 경우, 보험계약자가 보험수익자를 변경하지 아니하고 사망한 경우(상법 733조 2항 본문)에 준하여 보험수익자의 상속인이 보험수익자로 되고, 이 경우에도 마찬가지로 보험금청구권은 상속인의 고유재산이다.[86]

(3) 지정·변경권 행사의 내용, 방식, 시기 등

보험계약자가 자신을 보험수익자로 지정 또는 변경하는 것도 가능하고, 타인을 보험수익자로 지정 또는 변경하는 것도 가능하다. 보험수익자가 타인으로 지정 또는 변경되면 타인을 위한 보험(상법 639조)이 된다. 타인은 수익의 의사표시가 없어도 당연히 보험금청구권을 갖는다(상법 639조 2항 본문). 그리고 보험수익자의 수에도 제한이 없다(통설). 수인을 보험수익자로 나열하여 지정하였다면, 이들 사이의 분배비율은 일률적으로 말할 수 없고, 보험계약자의 의사해석을 통해 결정할 문제이다. 보험계약자의 의사가 명확하지 않다면 균등비율로 해석하는 것이 합리적이다.[87]

보험수익자는 그 지정행위 시점에 반드시 특정되어 있어야 하는 것은 아니고 보험사고 발생 시에 특정될 수 있으면 충분하다(판례,[88] 통설). 피보험자의 자녀, 배우자, 상속인과 같이 추상적으로 보험수익자를 지정할 수도 있고, 특정인을 구체적으로 수익자로 지정할 수도 있다. 법인이나 법인 아닌 단체도 수익자로 지정할 수 있다. 추상적으로 지정한 경우 피보험자의 배우자나 상속인은 어느 시점을 기준으로 판단해야 하는지 문제된다. 이는 기본적으로 보험계약자의 진정한 의사를 탐구하는 의사표시 해석의 문제로서 일률적으로 말할 수는 없다.[89] 다만 통상의 경우 보험사고 발생 시점을 기준으로 판단하

83) 최준규, 상속법의 관점에서 본 생명보험, 보험연구원, 2018, 58면
84) 대판 2004.7.9. 2003다29463
85) 이와 달리 상속재산으로 보는 견해로는, 이기수·최병규·김인현 413면
86) 대판 2007.11.30. 2005두5529
87) 박세민 848면; 양승규 459면; 이기수·최병규·김인현 413면; 임용수 205면; 장덕조 463면
88) 대판 2006.11.9. 2005다55817
89) 대판 2006.11.9. 2005다55817(타인을 위한 상해보험에서 보험수익자는 그 지정행위 시점에 반드시 특정되어 있어야 하는 것은 아니고 보험사고 발생 시에 특정될 수 있으면 충분하므로, 보험계약자는 이름 등을 통하여 특정인을 보험수익자로 지정할 수도 있음은 물론 '배우자' 또는 '상속인'과 같이 보험금을 수익할 자의 지위나 자격 등을 통하여 불특정인을 보험수익자로 지정할 수도 있고, 후자와 같이 보험수익자를 추

는 것이 합리적 해석이라고 본다(판례,[90] 통설). 한편, 보험수익자로 단순히 상속인이라고 지정되어 있는 경우도 있다. 이 경우는 피보험자의 사망 시점을 기준으로 피보험자의 상속인이 보험수익자라고 해석된다.[91] 보험계약자가 보험수익자에 대한 지정권을 행사하기 이전에 보험계약자가 사망하면 피보험자를 보험수익자로 하고, 피보험자가 사망하면 피보험자의 상속인을 보험수익자로 한다는 규정(상법 733조 2항, 4항)을 유추 적용함이 합리적이기 때문이다. 참고로 생명보험표준약관 11조는 사망보험의 경우 보험계약자가 보험수익자를 지정하지 않은 경우 피보험자의 상속인을 보험수익자라고 정하고 있다.

지정권 행사는 계약의 체결 시에 하거나, 또는 체결 후에 할 수 있다.[92] 변경권의 행사는 보험수익자 지정 이후에 할 수 있다. 지정권은 그 성질상 1회가 원칙이다. 다만 지정된 보험수익자가 사망하면 다시 행사하는 것이 가능하다(상법 733조 3항 1문). 그리고 변경권은 그 행사 횟수에 제한이 없다.

지정·변경권의 행사는 상법 733조 4항을 고려할 때 보험사고의 발생 이후에는 행사가 가능하지 않다고 해석한다.[93] 따라서 지정 또는 변경의 효력은 보험사고 발생 이전에 일어나야 한다. 따라서 보험사고의 발생 당시에 보험수익자가 지정되지 않은 경우에 누구를 보험수익자로 볼 것인지는 문제이다. 이에 대해서는 상법 733조 4항이 규정하고 있다.

지정·변경권은 형성권인데(통설), 보험자에게 의사표시가 도달해야만 그 효력이 발생하는 것은 아니다. 논란의 여지는 있지만 지정·변경권은 상대방 없는 의사표시로 봄이 타당하다.[94] 판례도 같다.[95] 왜냐하면 지정 또는 변경과 관련해서는 표의자인 지정·변경권자의 의사가 중요하고 수령자의 신뢰는 보호의 필요성이 사실상 없기 때문이다(보험자의 신뢰는 상법 734조 1항의 통지의무로 보호할 수 있다). 따라서 형성권을 행사하면 보험자

상적 또는 유동적으로 지정한 경우에 보험계약자의 의사를 합리적으로 추측하여 보험사고 발생 시 보험수익자를 특정할 수 있다면 그러한 지정행위는 유효하다)

90) 대판 2006.11.9. 2005다55817

91) 김성태 847면; 박세민 845－846면; 이기수·최병규·김인현 413면; 정찬형 794면. 이 견해들은 보험수익자가 다만 상속인이라고 기재된 경우, 타인의 생명보험에서는 피보험자의 상속인을 보험수익자로 한 것이고, 자기의 생명보험에서는 보험계약자의 상속인을 보험수익자로 한 것이라고 해석해야 한다는 입장이다. 이것은 피보험자의 상속인을 보험수익자로 한다는 것과 다르지 않다.

92) 김성태 845면

93) 박세민 853면; 양승규 461면; 정찬형 795면

94) 박세민 850면; 양승규 458면; 임용수 497면

95) 대판 2020.2.27. 2019다204869(보험계약자는 보험수익자를 변경할 권리가 있다(상법 733조 1항). 이러한 보험수익자 변경권은 형성권으로서 보험계약자가 보험자나 보험수익자의 동의를 받지 않고 자유로이 행사할 수 있고 그 행사에 의해 변경의 효력이 즉시 발생한다. 다만 보험계약자는 보험수익자를 변경한 후 보험자에 대하여 이를 통지하지 않으면 보험자에게 대항할 수 없다(상법 734조 1항). 이와 같은 보험수익자 변경권의 법적 성질과 상법 규정의 해석에 비추어 보면, 보험수익자 변경은 상대방 없는 단독행위라고 봄이 타당하므로, 보험수익자 변경의 의사표시가 객관적으로 확인되는 이상 그러한 의사표시가 보험자나 보험수익자에게 도달하지 않았다고 하더라도 보험수익자 변경의 효과는 발생한다)

나 보험수익자에게 그 의사가 도달하지 않아도 효력이 발생하며, 유언의 형식으로 지정·변경권을 행사할 수도 있다.

(4) 지정·변경권 행사 후 보험자에 대한 통지

보험계약의 체결 후에 보험계약자가 보험수익자를 지정 또는 변경하는 경우는 보험자에 대해 그 통지를 하지 않으면 그에게 대항할 수 없다(상법 734조 1항). 통지는 대항요건에 불과하므로, 통지를 하지 않아도 지정 또는 변경행위의 효력에는 영향이 없으므로 지정 또는 변경된 보험수익자의 권리가 성립하는 데는 문제가 없다(통설). 보험자가 누가 보험수익자인지를 알 수 있도록 해 이중지급의 위험에서 벗어날 수 있도록 하자는 취지이다(통설). 통지의 방법은 제한이 없다. 통지는 도달주의 원칙(민법 111조 1항)에 따라서 보험자에게 도달해야 효력이 있다.[96)]

만약 보험약관에서 보험자의 승낙을 얻어야 한다는 취지로 규정한다면(가령 보험증권에 보험자에 의한 승인의 배서), 이것은 통지의무만을 정할 뿐 보험자의 승낙을 요구하지 않는 상법 734조 1항을 보험계약자 등에게 불이익하게 변경한 것이므로 효력이 없다고 해석한다(상법 663조 본문).[97)]

보험계약자가 변경을 통지하지 않으면, 보험자는 이중지급의 위험에서 벗어난다. 통지가 이루어지지 않았다면 악의의 보험자라고 하더라도 구 보험수익자에게 지급함으로써 면책된다고 해석함이 타당하다. 보험금을 지급받은 구 보험수익자는 신 보험수익자에 대하여 지급받은 보험금 상당의 부당이득반환의무를 진다. 그리고 만약 지정을 통지하지 않으면, 보험자는 지정이 없었다고 생각하는 것이 합리적이다. 따라서 지정이 없는 경우 상법 규정 또는 보험계약해석 등을 통해 도출되는 보험수익자에게 보험자가 보험금을 지급하면 보험자는 보험금지급의무를 면한다고 해석한다.

통지의 주체는 보험계약자이어야 하고,[98)] 신 보험수익자의 통지는 효력을 인정할 수 없다. 보험계약자 겸 피보험자가 사망한 경우에는 그의 상속인이 통지를 할 수 있고, 유언으로 보험수익자를 변경하는 경우 유언집행자가 통지할 수도 있다.[99)] 지정이나 변경의 효력발생은 보험사고 발생 전에 일어나야 하지만, 통지는 보험사고 발생 후에 이루어져도 무방하다.[100)] 보험계약체결 시에 지정 또는 변경하는 경우에도 상법 734조 1항

96) 최기원 623면
97) 같은 취지로, 보험수익자의 지정 또는 변경에 대한 확인의 뜻을 지닐 뿐이라고 해석하는 견해(양승규 460면), 대항요건을 갖추기 위한 하나의 방법을 정한 것뿐이라는 견해(김은경 685면; 정찬형 796면; 최기원 623면)가 있다.
98) 임용수 498면
99) 山下友信, 保險法, 2005, 502−503면
100) 최기원 622면

을 유추적용하는 것이 타당하다.

제5절 생명보험금청구권과 상속

1. 상속인이 보험계약자로 지정된 경우

(1) 보험금청구권의 성격 : 상속인의 고유재산

① 보험계약자 겸 피보험자가 상속인을 보험수익자로 지정한 경우, 보험사고가 발생하면 상속인은 보험계약자 겸 피보험자가 원시취득한 보험금청구권을 상속을 통해 승계취득 하는 것이 아니라, 자기 고유권리로서 보험금청구권을 원시취득하는 것이다(판례,[101] 통설). 이 경우 보험수익자로서의 상속인은 보험사고의 발생 시 보험수익자를 지정하는 일응의 기준 내지 표지에 불과하므로, 상속인이 보험금청구권을 취득하는 것은 상속의 효과가 아니라 지정행위의 효과인 것이다. 그리고 이 경우, 보험금청구권은 상속인의 고유재산이지 상속재산이 아니다.[102] 상속인은 보험수익자의 지위에서 보험자에 대하여 보험금 지급을 청구할 수 있고, 이러한 권리는 보험계약의 효력으로 당연히 생기는 것이기 때문이다.[103] 다액인 보험료를 일시에 납입하여야 한다거나 사망보험금이 일시납입한 보험료와 유사한 금액으로 산출되도록 설계되어 있더라도, 특별한 사정이 없는 한 보험금청구권의 고유재산성이 달라지지 않는다.[104]

따라서 보험수익자로 지정된 상속인 중 1인이 자신에게 귀속된 보험금청구권을 포

101) 대판 2001.12.28. 2000다31502; 대판 2023.6.29. 2019다300934. 다만 상속세 및 증여세법 8조는 피상속인이 보험계약자인 경우 또는 피상속인이 실질적으로 보험료를 납부한 경우, 이를 상속재산으로 보아 상속세를 과세한다.

102) 대판 2001.12.28. 2000다31502; 대판 2023.6.29. 2019다300934

103) 대판 2001.12.24. 2001다65755; 대판 2023.6.29. 2019다300934

104) 대판 2023.6.29. 2019다300934(이 사건 보험계약은 피보험자가 만기까지 생존할 경우 납입 보험료 상당액을 만기보험금으로 지급하도록 약정되어 있으므로 보험자는 일시 납입된 보험료 중 상당 부분을 적립금으로 계상해 두어야 한다. 그러나 보험자는 만기 이전에도 보험수익자에게 생존연금을 지급해야 하므로 그 재원 마련을 위해 적립금을 운용할 수밖에 없고, 만기 이전에 피보험자가 사망한 경우 당시까지 적립금으로 계상된 금액뿐만 아니라 여기에 일정 액수를 더하여 사망보험금을 지급하게 된다. 따라서 사망보험금이 납입 보험료와 그 액수가 유사하게 산출된다 하여 피상속인의 생전 보유 재산인 보험료 납입 재원과 동일한 것이라고 평가하기는 어렵고, 생명보험계약인 이 사건 보험계약의 법적 성질이 달라진다고 보기도 어렵다. 이 사건 보험계약에 따른 사망보험금청구권은 피보험자의 사망이라는 보험사고가 발생하여 보험수익자로 지정된 피고들이 보험계약의 효력에 따라 고유한 권리로 취득한 것이지 피보험자로부터 상속한 것이 아니다. 따라서 피고들이 이 사건 보험계약에 따라 사망보험금을 수령한 행위는 고유재산인 자신들의 보험금청구권을 추심하여 만족을 얻은 것으로 보아야 하고, 이를 상속재산에 대한 처분행위로 평가할 수는 없다.

기하더라도 그 포기한 부분이 당연히 다른 상속인에게 귀속되지는 않는다.[105] 이러한 법리는 단체보험에서 피보험자의 상속인이 보험수익자로 인정된 경우에도 동일하게 적용된다.[106] 같은 논리로, 보험계약자가 제3자를 피보험자로 하고 보험수익자로 상속인이라고 지정한 경우, 보험사고가 발생하면 보험수익자는 보험금청구권을 승계취득하는 것이 아니라 원시취득한다.

② 또한 보험계약자가 피보험자의 상속인을 보험수익자로 하여 맺은 생명보험계약에 있어서, 피보험자의 상속인은 피보험자가 사망하면 보험수익자의 지위에서 보험금청구권을 갖고 이것은 상속인의 고유재산이다.[107] 그리고 보험계약자가 상속인을 보험수익자로 지정한 경우뿐만 아니라, 법률의 규정에 의해서 상속인이 보험수익자로 지정된 경우도 마찬가지이다. 즉 생명보험의 보험계약자가 보험수익자 지정권을 행사하기 전에 보험사고가 발생하여 상법 733조 4항에 의해 피보험자의 상속인이 보험수익자가 되는 경우에도, 그는 보험금청구권을 승계취득하는 것이 아니라 원시취득하는 것이다.[108] 보험계약자가 타인을 피보험자로 하고 자신을 보험수익자로 지정한 상태에서 보험기간 중에 보험수익자(보험계약자)가 사망하면, 보험계약자가 보험수익자를 변경하지 아니하고 사망한 경우(상법 733조 2항 본문)에 준하여 보험수익자의 상속인이 보험수익자가 되고, 이 경우에도 마찬가지로 보험금청구권은 상속인의 고유재산이다.[109]

(2) 상속인의 의미

보험사고의 발생 시, 즉 피보험자 사망 시의 상속인을 말한다(통설). 이는 보험수익자가 피보험자의 '배우자'로 기재된 경우도 마찬가지이다.

(3) 상속포기

상속인이 상속을 포기하더라도, 보험금청구권을 행사하는 데 아무런 지장이 없다.[110] 보험수익자로서의 상속인은 피보험자 사망 시 보험수익자를 지정하는 일응의 기준 내지 표지에 불과할 뿐만 아니라, 보험금청구권은 상속인의 고유재산이므로 상속포기와 무관하기 때문이다.

105) 대판 2020.2.6. 2017다215728
106) 대판 2020.2.6. 2017다215728
107) 대판 2004.7.9. 2003다29463
108) 대판 2004.7.9. 2003다29463
109) 대판 2007.11.30. 2005두5529
110) 박세민 848면; 양승규 459면; 임용수 202면; 장덕조 462면

(4) 상속결격

생명보험표준약관 5조 2호는 보험수익자가 고의로 피보험자를 해친 경우 보험자는 보험금을 지급하지 않지만, 그 보험수익자가 보험금의 일부 수익자인 경우 다른 보험수익자에 대한 보험금은 지급한다고 규정한다. 이 약관에 따르면 다른 보험수익자는 자신의 보험금만을 청구할 수 있을 뿐이고, 고의로 피보험자를 해친 보험수익자에게 귀속되었을 보험금을 분배받을 수 없다. 보험수익자가 상속인이라고 지정된 경우, 위와 같은 약관 규정이 없더라도 피보험자를 해친 상속인(보험수익자)이 취득하였을 보험금액을 다른 공동상속인(보험수익자)이 취득할 수는 없다.[111] 피보험자를 고의로 해친 상속인이 상속결격자가 되어 처음부터 상속인이 아닌 자가 되더라도(민법 1004조), 보험금청구권이 상속재산이 아닌 보험금수익자의 고유재산인 이상, 상속결격 관련 법리가 이 경우 그대로 적용될 수는 없기 때문이다.

보험수익자가 다른 상속결격 사유에 해당하여 처음부터 상속인이 아니게 되더라도, 보험약관상 별도의 면책사유에 해당하지 않으면, 보험금청구권을 취득하는 데 아무런 문제가 없다.[112] 상속포기의 경우와 마찬가지로, 보험수익자로서의 상속인은 피보험자의 사망 시점에 보험수익자를 지정하는 일응의 기준 내지 표지에 불과할 뿐만 아니라, 보험금청구권은 상속인의 고유재산이므로 상속결격과 무관하기 때문이다.

2. 보험계약자와 보험수익자 사이의 내부관계(대가관계)

보험수익자가 보험자에 대한 보험금청구권을 원시취득하고 이것이 보험수익자의 고유재산이라고 하더라도, 보험계약자와 보험수익자 사이의 내부관계에서는, 보험수익자가 보험료를 지급한 보험계약자로부터 무상의 이익을 얻었다고 평가할 수 있는 경우가 많다(여기에서는 보험계약자와 피보험자가 동일한 생명보험임을 가정한다). 이러한 실질을 고려하여 상속세 부과국면에서는 보험계약자가 보험금에 상당하는 금액(엄밀히 말하면 지급된 보험금액 × 보험계약자인 피상속인이 부담한 보험료액 / 피상속인의 사망 시까지 불입된 보험료의 총액)을 보험수익자에게 무상출연한 것으로 보아서 세금을 부과한다(상속세 및 증여세법 시행령 4조 1항). 이러한 무상출연은 ① 보험수익자가 보험계약자 겸 피보험자의 상속인 중 1인인 경우 특별수익으로 고려될 수 있고, ② 유류분반환의 대상이 될 수 있으며, ③ 보험계약자의 채권자에 의한 사해행위취소나 부인의 문제가 제기될 여지도 있다. 다만 무엇을 무상

111) 대판 2001.12.28. 2000다31502; 임용수 203면; 장덕조 462면
112) 임용수 203면

출연한 것인지에 대해서는 보험료설, 보험금설,[113] 보험사고 발생 시점 기준 해약환급금설 등으로 견해가 나뉜다.

3. 보험수익자로 보험계약자 겸 피보험자를 지정한 경우

저축의 성격을 겸유하는 생명보험의 경우 보험계약자 겸 피보험자가 자신을 보험수익자로 하는 경우도 있다. 이 경우 보험금청구권은 보험계약자 겸 피보험자의 상속인들의 상속재산이 된다는 것이 판례이다.[114] 이러한 논리에 따르면 보험계약자가 제3자인 피상속인을 피보험자 겸 보험수익자로 하고 있는 경우에도 상속인들의 상속재산으로 보아야 할 것이다. 그러나 이러한 경우만을 상속재산으로 별도로 취급할 합리적 이유가 있는지 의문이다. 보험수익자가 보험존속 중 사망한 때에는 보험계약자가 다시 보험수익자를 지정할 수 있고, 보험계약자가 재지정권을 행사하지 않고 사망하면 보험수익자의 상속인이 보험수익자가 된다는 상법 733조 3항을 유추하여, 상속인들의 고유재산으로 취급하는 것이 타당하다.[115]

4. 보험수익자가 수인인 경우 보험금청구권의 귀속 비율

보험수익자를 '상속인'이라고 지정하였는데 상속인이 복수인 경우 각 상속인은 상속분의 비율에 따라 보험금청구권을 원시취득한다고 보는 것이 합리적 의사해석이다.[116] 판례도 같다. 대판 2017.12.22. 2015다236820에서 대법원은 상해사망보험금이 지급되는 상해보험계약에서 보험계약자가 보험수익자를 단지 피보험자의 '법정상속인'이라고만 지정한 경우, 특별한 사정이 없는 한 그와 같은 지정에는 장차 상속인이 취득할 보험금청구권의 비율을 상속분에 의하도록 하는 취지가 포함되어 있다고 해석해야 하고, 따라서 보험수익자인 상속인이 여러 명인 경우 각 상속인은 특별한 사정이 없는 한 자신의 상속분에 상응하는 범위 내에서 보험자에 대하여 보험금을 청구할 수 있다고 판시했다.

---

113) 사망 시까지 납입된 보험료 총액 중 일부만 보험계약자가 납입하였다면, 지급된 보험금 중 그 보험료 납입 비율만큼만 무상출연된 것으로 보아야 할 것이다.

114) 대판 2000.10.6. 2000다38848

115) 곽윤직, 상속법, 2004, 80-81면; 윤진수, 친족상속법강의, 2016, 333면. 대판 2007.11.30. 2005두5529도 참조. 판례를 지지하는 견해로는, 임용수 205면; 장덕조 461면

116) 강위두·임재호 798면; 이기수·최병규·김인현 413면; 임용수 205면; 장덕조 463면

제6절 단체보험

1. 총설

(1) 단체보험의 의의

단체보험이란 단체가 구성원의 전부 또는 일부를 포괄하여 피보험자로 하여 체결하는 보험이다.[117] 그리고 단체보험은 인보험이어서, 단체사망보험, 단체생존보험, 단체생사혼합보험, 단체상해보험, 단체질병보험 등의 형태로 존재한다. 상법 735조의3은 단체보험을 생명보험과 관련해 규정한다. 따라서 마치 단체생명보험만 가능한 것으로 보일 수 있다. 그러나 상해보험, 질병보험이 생명보험에 관한 규정을 준용하고 있고(상법 739조, 739조의3), 준용을 금지할 만한 이유도 없다. 대판 2007.10.12. 2007다42877은 단체생명보험과 단체상해보험에 관한 판결이다. 다만 여기서는 단체생명보험을 중심으로 살펴보자.

(2) 단체보험의 목적 및 현황

단체보험의 목적은 두 가지다. 하나는 구성원의 경제적 수요 대비다. 즉 구성원의 생명, 신체에 대한 사고로 생기는 구성원·유족의 생계비·치료비 등에 대한 대비다. 또 하나는 단체의 경제적 수요 대비다. 즉 그러한 사고로 인한 단체의 사망·퇴직·상해·질병보상금, 대체구성원의 채용·교육훈련비 등에 대한 대비다.[118] 대판 2007.10.12. 2007다42877에서, 단체보험은 단체의 구성원에 대하여 보험사고가 발생한 경우를 부보함으로써 단체 구성원에 대한 단체의 재해보상금이나 후생복리비용의 재원을 마련하기 위한 것이라고 판시했다. 이 판결의 입장이 아주 분명한 것은 아니나, 단체의 경제적 수요 대비도 단체보험의 목적임을 인정한 것으로 볼 여지가 충분하다. 현재 단체보험 가입은 노사합의로 정함이 보통인데, 주로 사망·퇴직·상해·질병보상금의 지급을 목적으로 한다. 세법실무상으로도 보험수익자가 구성원인 경우만 보험료에 대한 손비(損費)를 인정한다. 드물게 단체가 보험수익자가 되는 경우도, 단체가 보험금을 수령한 후 구성원에게 보상금 등으로 지급한다는 노사합의를 하는 경우가 보통이라고 한다.

117) 양승규 447면
118) 김성태 820면

2. 피보험자의 요건

(1) 집단성, 불특정성

단체보험은 보험목적인 피보험자가 집단성, 불특정성을 띤다. 먼저, 단체보험은 단체의 구성원을 일괄하여 피보험자로 한다. 이것이 피보험자의 집단성이다. 다음, 보험기간 중에 구성원이 수시로 교체될 것을 예정하고 이를 피보험자로 삼는 것이 보통이다. 이 경우 피보험자는 사고발생 이전에는 확정되지 않고 사고발생 시 비로소 확정된다. 즉 피보험자는 사고의 시점에 현존하는 구성원으로 확정된다. 이것이 피보험자의 불특정성이다.[119] 보험기간 중에 구성원의 입사와 퇴사가 흔히 발생하는 점, 입사·퇴사에 보험보호를 일치시킬 필요가 있다는 점 등을 고려한 것이다. 단체보험의 피보험자가 집단성, 불특정성을 띤다는 점에서, 이와 달리 개별성, 특정성을 띠는 개인보험의 피보험자와는 다르다. 집단성, 불특정성만 보면 손해보험의 총괄보험(상법 687조)과 유사하다. 물론 총괄보험은 보험목적이 재산인 점에서 단체보험과 다르다.

(2) 확정시기

피보험자가 보험기간 중에 단체의 구성원이어야 하고, 이 때 보험사고가 발생해야 보험자가 보험금지급책임을 진다. 이것은 피보험자가 사고의 시점에 현존하는 구성원으로 확정되는 단체보험의 특성에 기인한다. 사고발생 이전에 구성원의 자격을 상실하면 피보험자의 지위도 상실하고, 사고발생 이전에 구성원의 자격을 취득하면 피보험자의 지위도 취득한다.[120] 판례도 같다. 대판 2007.10.12. 2007다42877은 모 구성원이 단체를 퇴사했으나 단체가 이것을 보험자에게 통지하지 않고 해당 보험료를 계속 납입한 사안이다. 대법원은 피보험자가 사고발생 이전에 구성원의 자격을 상실하면 단체보험계약에 의한 보호는 종료되고, 자격상실 이후에도 보험료를 지급한 사실은 단체보험에서 해당 피보험자 지위의 상실에 어떠한 영향도 없다고 판시했다.

3. 피보험자의 동의

(1) 의의

타인의 사망보험은 타인의 개별적 서면동의가 요구된다. 즉 타인의 사망보험은, 보험계약을 체결하는 경우, 보험수익자가 피보험자 이외의 자에게 보험금청구권을 양도하

---

119) 이 표현이 엄밀한 의미에서 정확한 것이 아님은 사실이다. 사고발생 이전부터 피보험자가 특정되는 개인보험과 비교하는 의미에서 사용한 것이다.

120) 박세민 840면; 임용수 491면; 장덕조 452면

는 경우, 또는 보험계약의 체결 이후에 보험수익자를 지정 또는 변경하는 경우 피보험자의 개별적 서면동의를 요구한다(상법 731조, 734조 2항). 이를 위반하면 해당 보험계약의 효력, 보험금청구권의 양도, 보험수익자의 지정 또는 변경이 효력이 없다. 이것은 보험의 도박화, 도덕적 위험에서 타인을 보호하기 위함이다. 또한 타인의 동의 없이 그의 사망을 사행계약의 조건으로 삼는 데서 오는 공서양속 침해 방지에도 그 취지가 있다.[121] 이에 관해서는 전술한 바 있다.

단체보험은 타인의 보험이므로, 단체보험 중 사망보험도 타인의 개별적 서면동의를 받아야 한다. 단체상해보험이나 단체질병보험의 경우에도 준용조항에 의해 피보험자인 타인의 개별적 서면동의가 필요함이 원칙이다. 그러나 상법 735조의3 1항은 이에 대한 예외를 규정한다. 즉 단체가 규약에 정함이 있으면 개별적 서면동의를 생략할 수 있다. 이 취지는 개별적 동의를 단체규약에 의거한 집단적 동의로 대체하는 데에 있다.[122] 대판 2006.4.27. 2003다60259는, 피보험자의 개별적 동의에 갈음하여 집단적 동의에 해당하는 단체보험에 관한 단체협약이나 취업규칙 등 규약의 존재를 요구하는 것이라고 판시한 바 있다. 상법 735조의3 1항이 위헌인지 여부가 다투어졌는데, 헌법재판소는 합헌으로 결정한 바 있다.[123]

(2) 단체보험계약의 체결

타인의 사망보험에는 상법 731조 1항에 따라 타인의 서면동의가 요구된다. 하지만 단체보험에서 피보험자별로 개별적 서면동의를 얻는 데는 상당한 불편이 따른다. 이 불편을 덜어주는 것이 상법 735조의3 1항이다. 이는 단체보험의 형태로 타인의 생명보험계약을 체결하는 경우 도덕적 위험이 적어 단체구성원의 개별적 서면동의를 구할 실익이 적고, 개별 서면동의에 과다한 비용이 소요되는 점을 고려한 것이다.[124] 이에 따르면

---

121) 대판 2006.4.27. 2003다60259

122) 헌결 1999.9.16. 98헌가6; 박세민 841면; 임용수 491면

123) 헌결 1999.9.16. 98헌가6(이 사건 법률조항은 타인의 생명보험에서의 도덕적 위험을 방지하기 위한 피보험자의 동의를 개별동의가 아닌 집단적 동의로 대체한 것으로, 규약의 성립에 단체구성원들의 의사가 반영된다는 것을 전제로 하고 있다. 따라서 타인의 생명보험으로서 가지는 도덕적 위험성은 위와 같은 단체를 단위로 한 통제에 의하여 방지되는 것이며 규약의 성립과정에서 단체구성원들의 보험계약체결에 관한 의사가 반영되고, 그 이익이 보장되는 것이다. 동의 요건의 완화를 비롯한 보험계약 체결과 운용방식의 간이화는 보험료를 저렴하게 하여 단체보험이 그 특유의 장점을 가지게 하는 요인이 되는 것으로, 이와 같은 특성 때문에 단체보험은 일반적으로 다수 단체구성원들의 복지를 위하여 널리 이용되는 것이고, 단체보험을 활성화할 필요성이 이 점에 있음을 무시할 수 없다. 이 사건 법률조항을 악용하는 극단적인 예외가 있을 수 있다고 하더라도, 그것이 이 사건 법률조항에 의한 보험이 도박보험이나 고의적 살해 또는 상해의 동기를 부여하는 위험성을 가지고 있기 때문이라고 일반화할 수는 없다. 또, 보험계약의 체결에 관하여 단체구성원들의 집단적 의사가 반영되고 그들의 이익보장을 위한 기회가 부여되어 있는 이상, 특정 피보험자가 계약체결 사실을 구체적으로 알지 못하였다고 하여도 이를 들어 인간의 존엄성에 반하는 것이라고까지는 할 수 없다)

단체가 규약에 따라 단체보험을 체결하면 상법 731조 1항을 적용하지 않는다(상법 735조의3 1항). 상법 735조의3 1항의 취지는 개별적 동의를 단체규약에 의거한 집단적 동의로 대체하는 데 있음은 앞서 언급하였다.

이 취지를 고려하면 단체보험에 관한 사항이 규약에 명시돼야 하고, 다만 그 세부가 아니라 요부(要部)를 명시하면 충분하다고 해석한다.[125] 이 명시가 없으면 피보험자의 집단적 동의를 인정하기 어렵고, 따라서 상법 731조 1항을 적용한다.[126] 이에 관한 대판 2006.4.27. 2003다60259의 판시내용은 다음과 같다. 즉 상법 735조의3은 단체가 규약에 따라 구성원의 전부 또는 일부를 피보험자로 하는 생명보험계약을 체결하는 경우에는 상법 731조를 적용하지 않는다고 규정하고 있으므로 위와 같은 단체보험에 해당하려면 위 소정의 규약에 따라 보험계약을 체결한 경우이어야 하고, 그러한 규약이 갖추어지지 않으면 강행법규인 상법 731조의 규정에 따라 피보험자인 구성원들의 서면에 의한 동의를 갖추어야 보험계약으로서의 효력이 발생한다. 상법 735조의3에서 단체보험의 유효요건으로 요구하는 '규약'의 의미는 단체협약, 취업규칙, 정관 등 그 형식을 막론하고 단체보험의 가입에 관한 단체내부의 협정에 해당하는 것으로서, 반드시 당해 보험가입과 관련한 상세한 사항까지 규정하고 있을 필요는 없고 그러한 종류의 보험가입에 관하여 대표자가 구성원을 위하여 일괄하여 계약을 체결할 수 있다는 취지를 담고 있는 것이면 충분하다고 보았다. 하지만 위 규약이 강행법규인 상법 731조 소정의 피보험자의 서면동의에 갈음하는 것인 이상 취업규칙이나 단체협약에 근로자의 채용 및 해고, 재해부조 등에 관한 일반적 규정을 두고 있다는 것만으로는 이에 해당한다고 볼 수 없고, 위 규약을 구비하지 못한 단체보험의 유효요건으로서 피보험자의 동의 방식은 강행법규인 상법 731조가 정하는 대로 서면에 의한 동의만이 허용될 뿐 묵시적, 추정적 동의는 허용되지 않는다고 판시했다.

(3) 보험금청구권의 양도

타인의 사망보험에서 보험수익자가 피보험자가 아닌 자에게 보험금청구권을 양도하면, 상법 731조 2항에 따라 피보험자의 개별적 서면동의가 필요하다. 하지만 단체보험에서 피보험자에게 그런 동의를 얻는 데는 상당한 불편이 따른다. 이 불편을 덜어주는 것이 상법 735조의3 1항이다. 이에 따르면 단체가 규약에 따라 단체보험을 체결하면 상법 731조 2항을 적용하지 않는다(상법 735조의3 1항). 상법 735조의3 1항의 취지가 개별적 서면동의를 단체규약에 의거한 단체적 동의로 대체하는 것임은 전술했다. 상법 735조의3

124) 김성태 836면; 임용수 491면; 최기원 614면
125) 대판 2006.4.27. 2003다60259
126) 대판 2006.4.27. 2003다60259

1항의 문리대로라면 단체가 규약에 따라 단체보험을 체결하면 상법 731조 2항이 배제된다. 하지만 이런 결과는 입법취지에 반한다. 단체가 규약에 양수인에 관한 사항을 명시하고, 보험수익자가 이에 따라 양도하면, 상법 731조 2항을 배제한다고 해석해야 한다. 아니면 피보험자의 집단적 동의를 인정하기 어려우므로, 다시 원칙으로 돌아가 상법 731조 2항을 적용해야 한다.

(4) 보험수익자의 지정 또는 변경

1) 2014년 개정 이전

타인의 사망보험계약에서 보험수익자의 지정·변경에 타인의 개별적 서면동의가 필요하다(상법 734조 2항). 2014년 개정 이전의 상법은, 단체가 규약에 따르면 보험수익자의 지정·변경에 상법 734조 2항을 배제하는 식의 규정을 두지 않았다. 단체가 규약에 따르면 상법 731조를 배제하는 상법 735조의3 1항을 둔 것과 대비됐다. 그 결과 상법 734조 2항과 관련하여 논쟁이 생겼다. 해석은 두 가지 방향으로 전개됐다.

첫째로, 상법 735조의3 1항의 유추적용이다. 이것은 단체가 규약에 정하면 보험수익자 지정·변경에 상법 734조 2항을 배제하는 해석론이다.[127] 이에 따르면 보험수익자 지정·변경에 단체보험 특칙을 안 둔 것은 입법의 불비였다.

둘째로, 상법 734조 2항의 적용 배제다. 상법 734조 2항은 개별보험을 전제로 한 규정이고, 따라서 동 규정은 성질상 단체보험에 적용이 없다는 견해다.[128]

생각건대, 상법 735조의3 1항의 유추적용이 입법의 불비를 보완하는 타당한 해석이라고 생각한다.

2) 2014년 개정 이후 상법 735조의3 3항

2014년 개정으로 상법 735조의3 3항을 신설했다. 입법의 불비를 보완한 것이다. 상법 735조의3 3항은 단체가 규약에서 정하면 보험수익자의 지정에 피보험자의 서면동의를 배제한다고 규정한다. 즉, “제1항의 보험계약에서 보험계약자가 피보험자 또는 그 상속인이 아닌 자를 보험수익자로 지정할 때에는 단체의 규약에서 명시적으로 정하는 경우 외에는 그 피보험자의 서면 동의를 받아야 한다”. 그 입법취지는, 피보험자의 개별적 서면동의에 드는 불편을 덜어주고자 함이다. 다음으로 상법 735조의3 3항의 해석론, 입법론을 살펴보자.

---

127) 양승규 447−448면(단체생명보험에서 보험계약자가 보험수익자가 되기 위하여는 그 규약에 명시적인 규정이 있거나 상법 제734조 제2항을 유추적용하여 피보험자의 개별적인 동의가 있어야 한다고 풀이한다). 표현은 좀 다르지만, 이것은 상법 735조 1항의 유추적용과 내용이 실질적으로 같다.

128) 김성태 822면

첫째로, 피보험자 또는 그 상속인을 보험수익자로 지정하는 경우다. 이 경우 규약에 정함이 없어도 피보험자의 서면동의가 필요 없다. 상법 735조의3 3항의 반대해석이다. 이것은 살해 등의 도덕적 위험이 일반적으로 낮은 단체보험의 성질을 고려했다고 볼 수 있다. 하지만 입법의 타당성은 의문이다. 피보험자 등이 보험수익자로 지정돼도 규약에 정함이 필요하지 않을까? 피보험자 등이 보험수익자가 되어도 보험금을 향유하는 자는 그의 상속인 등이므로, 살해와 같은 도덕적 위험에서 피보험자가 완전히 벗어날 수는 없기 때문이다.

둘째로, 규약에 보험수익자에 관한 사항이 명시되어야 한다. 아니면 피보험자의 집단적 동의가 있다고 보기 어렵기 때문이다. 명시가 없으면 상법 734조 2항이 적용된다. 단체의 규약에서 피보험자 또는 그 상속인이 아닌 자를 보험수익자로 명시적으로 정하였다고 인정하기 위해서는 피보험자의 서면 동의가 있는 경우와 마찬가지로 취급할 수 있을 정도로 그 의사가 분명하게 확인되어야 한다.[129] 대판 2020.2.6. 2017다215728에서는, 단체협약의 당사자인 피고가 단체협약을 근거로 단체보험계약에 관하여 자신을 보험수익자로 지정하였고 이에 관하여 피보험자들의 서면 동의를 받지는 않았는데, 단체협약에는 피고나 피보험자가 보험수익자로 지정될 수 있다는 내용이 기재되어 있을 뿐이므로 이는 '단체의 규약에서 명시적으로 정하는 경우'에 해당하지 않는다고 판시되었다. 그리고 단체보험계약이 적법하게 체결된 이상 위와 같은 사정이 있다고 해서 해당 단체보험계약이 무효로 되는 것은 아니고, 단지 피고를 보험수익자로 지정한 부분만이 상법 735조의3 3항에 반하여 무효가 되며, 단체보험계약에서 보험수익자의 지정이 무효이고 달리 보험수익자가 적법하게 지정되지 않은 상황에서 피보험자의 사망이라는 보험사고가 발생하였으므로, 피보험자의 상속인이 이 사건 단체보험의 보험수익자가 된다고 판시되었다.

셋째로, 상법 735조의3 3항은 보험수익자 변경에도 적용된다. 동 규정은 보험수익자 지정만 언급하나, 보험수익자 변경에도 적용한다는 해석이 필요하다. 보험수익자 지정과 변경을 차별할 이유가 없기 때문이다. 보험수익자 변경을 명시하지 않은 것은 입법의 불비다.

넷째로, 보험수익자 지정·변경의 시점이다. 상법 735조의3 3항은 이 시점을 명시하지 않는다. 보험계약의 체결 시이든 그 이후이든 가리지 않는다고 해석한다. 보험계약 체결 후 지정·변경에 관하여 규약에 명시적 정함이 없으면 상법 734조 2항이 적용됨은 물론이다. 보험계약 체결 시에 지정·변경에 관하여 규약에 명시적 정함이 없는 경우에도 —비록 상법 734조 1항은 보험계약 체결 '후'만을 규정하고 있지만— 상법 734조 2항이

129) 대판 2020.2.6. 2017다215728

적용되어야 한다.

다섯째로, 서면 동의와 관련하여 서면에 전자문서가 포함되는지 여부가 다투어질 수 있다. 이 문제는 타인의 생명보험에서 자세히 논의한 것처럼 입법적 해결이 필요하다. 2017.10.31.에 공포된 개정 상법 735조의3 3항 및 731조 1항에 따르면 위 서면에는 전자서명법 2조 2호에 따른 전자서명 또는 2조 3호에 따른 공인전자서명이 있는 경우로서 대통령령으로 정하는 바에 따라 본인 확인 및 위조·변조 방지에 대한 신뢰성을 갖춘 전자문서가 포함된다. 이 개정 조항은 2018.11.1.부터 시행된다.[130]

(5) 규약 요건 흠결의 효과

단체보험에서 규약 요건의 흠결 시에 상법 731조 1항의 효과가 그대로 적용된다. 즉 확정적 무효이며 보험계약체결 이후 피보험자가 개별적으로 추인하여도 유효가 될 수 없다.[131] 피보험자가 강행규정 위반을 이유로 보험계약 무효를 주장하는 것을 신의칙이나 금반언 원칙의 위반이라고 본다면 강행규정으로서의 취지를 훼손할 수 있다. 따라서 특단의 사정이 없는 한 피보험자의 위와 같은 주장이 신의칙이나 금반언 원칙에 반한다고 볼 수 없다. 물론 무효가 된 보험계약의 보험수익자는 보험자 또는 그의 모집종사자의 주의의무 위반이 인정된다면, 보험자를 상대로 손해배상책임(민법 750조) 또는 사용자책임(금융소비자법 45조)을 물을 여지가 있고,[132] 다만 손해배상 청구가 인정되더라도 과실상계에 따라 보험금 전액을 받지는 못할 가능성이 크다.

4. 보험수익자의 문제

(1) 자기를 위한 단체보험

보험계약자인 단체가 보험수익자가 되면, 자기를 위한 단체보험에 해당한다. 과거와 달리, 요즈음 실무상 이런 경우는 드물다고 한다. 그래도 전혀 없는 것은 아니다. 자기를 위한 단체보험을 금지하는 상법상 규정은 없다. 다만 이 경우 단체의 규약에서 명시적으로 정하는 경우 외에는 피보험자의 서면동의를 얻어야 한다(상법 735조의3 3항). 상법 735조의3 3항이 입법되기 전의 해석론으로, 단체가 보험수익자가 되는 것의 타당성에 의문을 제기하는 견해가 있었다.[133] 단체보험의 본질에 반한다는 것이다. 이 견해는 구성원의 경제적 수요에 대비함을 단체보험의 본질로 이해한다. 이와 달리 판례는 자기를 위한

130) 상법(14969호, 2017.10.31.) 부칙: 이 법은 공포 후 1년이 경과한 날부터 시행한다.

131) 대판 2006.4.27. 2003다60259

132) 대판 2006.4.27. 2003다60259

133) 김문재, "단체보험계약의 성질", 1999.9.20., 법률신문, 13면

단체보험의 유효성을 인정한 바 있다.[134] 대판 2006.4.27. 2003다60259에서, 단체보험의 경우 보험수익자의 지정에 관하여는 상법 등 관련 법령에 별다른 규정이 없으므로 보험계약자는 단체의 구성원인 피보험자를 보험수익자로 하여 '타인을 위한 보험계약'을 체결할 수도 있고, 보험계약자 자신을 보험수익자로 하여 '자기를 위한 보험계약'을 체결할 수도 있을 것이며, 단체보험이라고 하여 당연히 타인을 위한 보험계약이 되어야 하는 것은 아니므로 보험수익자를 보험계약자 자신으로 지정하는 것이 단체보험의 본질에 반하는 것이라고 할 수 없다고 판시했다.

생각건대, 현행법하에서는 판례가 타당하다.[135] 전술한 바와 같이 구성원의 사고로 인한 경제적 수요는 단체에도 생길 수 있고, 자기를 위한 단체보험을 금지하는 규정도 없기 때문이다. 규약으로 명시적으로 정하였더라도 개별 피보험자인 근로자는 그 사정을 정확히 인식하기 어려울 수 있는 점, 기업주와 근로자의 역학관계 등을 근거로, 개별 피보험자의 명시적 동의가 없음에도 불구하고 규약을 근거로 자기를 위한 단체보험을 허용하는 개정 상법 735조의3 3항은 문제라는 비판도 있다.[136] 그러나 규약을 근거로 한 타인을 위한 단체보험을 허용하는 이상, 규약을 근거로 한 자기를 위한 단체보험을 굳이 전면 불허할 이유는 없다.

(2) 단체의 보험금 보유 제한

단체가 보험수익자가 되는 것과 수령한 보험금을 그대로 보유하는 것은 별개의 문제다. 왜냐하면, 단체가 보험수익자가 되는 경우 그 보험금의 향방에 대해서 노사합의가 있는 것이 보통이기 때문이다. 단체의 보험수익자 문제는 보험법의 영역이나, 보험금 향방에 대한 노사합의는 노동법의 문제에 가깝다.

첫째, 구성원에게 지급한다는 명시적인 합의를 한 경우다. 즉 단체가 보험금을 수령한 후 구성원에게 보상금 등으로 지급한다고 명시적인 노사합의를 한 경우가 그러하다. 이 경우는 단체의 보험금 보유가 제한된다. 전술한 바와 같이, 드물게 단체가 보험수익자가 되는 경우도, 단체가 보험금을 수령한 후 구성원에 지급하는 것으로 노사합의 한 경우가 보통이라고 한다.

둘째, 단체가 보유한다는 명시적인 합의를 한 경우도, 그 내용이 불공정한 경우 무효일 수 있다. 이 경우 단체의 보험금 보유는 제한된다. 이것은 해석을 통해서 단체의 보유에 합리적 제한을 가하는 것이다. 즉 단체가 보험금을 수령한 후 단체의 경제적 수

134) 대판 1999.5.25. 98다59613; 대판 2006.4.27. 2003다60259. 판례를 지지하는 견해로는, 강위두 · 임재호 788면; 김성태 820면; 양승규 447–448면; 임용수 490면

135) 김은경 667면; 박세민 844–845면; 정찬형 786–787면

136) 장덕조 456면

요(대체구성원의 채용 · 교육훈련비 등)를 위해 그대로 보유하는 것으로 명시적인 노사합의를 한 경우라도, 보험금이 그 수요를 현저히 초과해서 공정성을 잃는다고 판단되면, 사회질서 위반을 이유로 합의가 무효(민법 103조)가 될 수 있다.[137] 이 경우 단체의 보험금 보유는 제한된다.

셋째, 구성원에 지급한다는 묵시적인 합의를 인정할 수 있는 경우다. 이것도 해석을 통해서 단체의 보유에 합리적 제한을 가하는 것이다. 대판 1999.5.25. 98다59613이 이러한 경우를 인정한다. 이 판결은 단체가 보험수익자이지만 보험금을 구성원에 지급한다는 묵시적인 합의를 인정한 경우다. 이 사건에서는 방화문 등을 제작하는 회사가 직원들의 업무상 재해에 대비해서 단체보험에 가입했다. 직원들이 피보험자, 회사가 보험수익자였으며, 이에 대해서 피보험자가 서면으로 동의했다. 모 직원에게 보험사고가 발생하여 회사가 보험금을 받자, 그 유족들이 반환소송을 제기했다. 대법원은, 이 사건에서 보험사고의 내용(업무상 재해가 아닌 사망 또는 부상도 보험사고로 하고 있음) 등을 고려할 때, 단체가 수령한 보험금을 피보험자에게 지급하는 것이 회사와 피보험자의 의사에 합치된다고 해석했다. 구체적인 판시내용은 다음과 같다. ① 단체보험에 있어서 피보험자를 구성원 개개인으로 정하면서도 보험수익자를 구성원이 아닌 단체로 정하는 것은 단체보험의 본질에 반하는 것으로서 그와 같은 경우 회사를 보험수익자로 지정한 것은 피보험자나 그 상속인의 보험계약에 관한 업무를 대행하는 자로서 형식적인 수익자의 지정에 불과하고 그 실질적인 수익자는 피보험자 또는 그의 상속인이라고 보아야 하므로 회사는 보험금을 실질적인 보험수익자에게 반환해야 한다는 주장은 이유 없다. ② 이 사건 보험계약은 보험기간 중에 피보험자인 회사 직원들이 사망하거나 부상을 당하는 등의 보험사고가 발생할 경우에는 보험자가 보험금을 보험수익자인 회사에게 지급하고, 보험기간의 만기까지 보험사고가 발생하지 아니한 경우에는 보험자가 회사에게 보험료의 원금을 지급하는 내용의 계약으로서, 보험사고를 업무상 재해로 인한 사망 또는 부상에 국한시키지 아니한 점, 회사 직원들이 자신들이 업무상 재해가 아닌 사망이나 부상을 당하는 보험사고가 발생한 경우에는 회사가 그 보험금을 수령하여 보유하는 것을 용인할 의도로 특별히 보험수익자를 회사로 하는 위 보험계약 체결에 동의하였다고 보기는 통상적으로 어려운 점 등에 비추어 보면, 보험계약자인 회사와 피보험자인 그 직원들 사이에서는 보험사고 내용에 따라 특별히 다른 약정을 하였다는 사정이 없는 한, 보험기간 내에 피보험자가 사망하거나 부상을 당하는 보험사고가 발생하지 아니한 경우에는 보험료를 납부한 회사가 보험료의 원금을 수령하여 이를 취득하고, 보험기간 내에 업무상 재해로 인한 보험사고가 발생한 경우뿐만 아니라 보험사고가 업무상 재해로 인한 것이 아닌 경우에도 회사

137) 山下友信, 保險法, 2005, 280면

가 보험금을 수령하여 이를 보유하는 것이 아니라 피보험자나 그 유족에게 지급하기로 하는 의미로 보험수익자를 보험계약자인 회사로 하는 데 대하여 회사가 그 직원들에게 동의를 구하였고 직원들도 그와 같은 의미로 알고서 이에 동의한 것이라고 해석함이 그들 사이의 의사에 합치된다고 판시했다.

제7절 보험료적립금 반환의무

상법 736조는 보험계약이 해지되거나 보험자가 면책되는 일정한 경우에 보험자로 하여금 보험수익자를 위해 적립한 금액(즉 보험료적립금. 다만 상법 736조의 표제는 보험적립금이라 함)을 보험계약자에게 반환하도록 규정한다.

1. 반환 사유

보험료적립금을 반환해야 하는 경우로 보험계약이 해지되거나 보험자가 면책되는 경우는 다음과 같다(상법 736조 1항 본문).

먼저, 보험계약이 해지되는 경우이다. 즉 사고 발생 전 임의해지(상법 649조), 보험료지급지체와 해지(상법 650조), 고지의무 위반으로 인한 해지(상법 651조), 위험변경증가로 인한 해지(상법 652조, 653조), 보험자의 파산선고와 해지(상법 654조)의 경우, 보험자는 보험료적립금을 반환해야 한다. 상법 736조는 상법 655조에 의해 보험계약이 해지된 경우도 보험료적립금 반환의무가 있는 것으로 규정되어 있지만, 상법 655조는 보험계약이 해지된 경우 보험자의 보험금지급책임에 관한 것이지 보험료적립금 반환의무와는 직접 관련이 없다.

다음, 보험자가 면책되는 경우이다. 생명보험에서 보험계약자, 피보험자, 보험수익자 등의 고의에 의한 보험사고의 발생(상법 732조의2),[138] 전쟁 등으로 인한 보험사고의 발생(상법 660조)의 경우, 보험자는 보험료적립금을 반환해야 한다. 이 경우는 보험자가 면책될 뿐만 아니라, 보험사고가 피보험자의 사망에 해당하는 경우이어서 사고의 발생 이후 보험계약의 효력이 상실된다. 이러한 이유에서 해지와 마찬가지로 보험료적립금 반환의무에 대해 규정한 것이다. 다만 다른 약정이 없으면 보험계약자의 고의로 보험사고

138) 상법 736조 본문은 인위적 보험사고에 의한 보험자 면책 근거로 상법 659조를 인용하고 있지만 이는 입법오류로 보인다. 생명보험에서 인위적 보험사고에 의한 보험자 면책이라는 견지에서 보면 659조가 아니라 732조의2라고 수정하고 주관적 요건도 고의라고 한정된다고 해석해야 한다. 상법 736조 단서에 규정된 상법 659조도 마찬가지로 해석해야 한다.

가 발생한 경우에는 보험자가 보험료적립금을 반환하지 않아도 된다(상법 736조 단서). 이 규정의 취지는 계약의 당사자인 보험계약자가 고의로 보험사고를 야기하는 것을 특별히 억제하기 위한 일종의 제재로서, 이 경우는 보험계약자가 보험료적립금을 반환 받을 권리가 없다고 한 것이다. 전술한 바와 같이 피보험자, 보험수익자 등의 고의에 의해 보험사고가 발생한 경우, 보험자는 보험료적립금을 반환해야 한다. 보험계약자의 사기로 인한 고지의무 위반의 경우에도 보험자는 보험료적립금 반환의무를 부담하지 않는다는 견해가 있고,[139] 이에 반대하는 견해가 있다.[140] 상법 736조 1항 단서의 문리를 넘어서서 보험계약자에게 불리하게 해석자가 법형성을 하는 것이 타당한지는 의문이기 때문에, 사기로 인한 고지의무 위반에 대해서는 적용하지 않는 것이 옳다.

2. 반환 대상

보험자가 반환해야 하는 것은 보험료적립금이다. 여기에는 두 가지 종류가 있다.

첫째, 생존보험 또는 생사혼합보험의 경우 보험자는 생존보험금(피보험자의 생존 시에 지급하는 보험금)에 대비해 일정한 금액을 적립해 두어야 하는데, 이것이 반환 대상이다. 생존보험에서 피보험자의 생존이라는 보험사고는 생존보험금이 구체화되는 시점에나 발생할 수 있는 것이다. 여기의 시점은 보험기간의 종료 시가 원칙이고, 다만 필요하면 보험기간 중의 특정 시점도 약정으로 포함시키는 것도 가능하다. 그 시점 이전에 보험계약이 해지되는 등의 경우 보험자가 적립해 둔 금액은 보험계약자에게 반환되어야 한다는 것이다.

둘째, 사망보험에서 평균보험료 방식이 채택된 경우, 평균보험료가 자연보험료보다 많은 시점까지의 그 차액(평균보험료－자연보험료)은 보험자가 그 반대의 시점에 대비해 일정한 금액을 적립해 두어야 하는데, 이것이 반환대상이다. 평균보험료 방식은 전 보험기간의 보험료를 평균하여 보험료를 부과하는 방식인 반면에, 자연보험료 방식이란 연령의 증가에 따라 사망의 위험이 증가한다는 점을 반영하여 보험기간 중에 연령의 증가에 보험료를 해마다 상향시켜 부과하는 방식이다. 평균보험료 방식이 채택된 경우에, 평균보험료가 자연보험료보다 많은 시점까지의 그 차액은 보험자가 미리 거둔 보험료에 해당하므로, 그 차액은 자연보험료가 평균보험료보다 많아지는 시점부터 보험기간의 종료 시까지의 위험에 대비해 적립해 두어야 하는데, 보험계약이 해지되는 등의 경우 보험자가 적립해 둔 금액[141]은 보험계약자에게 반환되어야 한다는 것이다.

---

139) 박세민 817－818면; 양승규 474면; 임용수 510면

140) 정찬형 803면

141) 자연보험료가 평균보험료보다 많아지는 시점부터는, 그 금액이 감소하기 시작하여 보험기간의 종료 시에

셋째, 미경과보험료도 상법 736조의 반환 대상인지는 논란이 있다. 반환대상이라는 견해(다수설)[142]와 반환대상이 아니라는 견해[143]가 있다. 반환대상이라는 견해는, 보험수익자를 위하여 적립한 금액이란 보험자가 매 결산기마다 계상해야 하는 책임준비금(보험업법 120조 1항, 동법시행령 63조)을 가리키고, 이 책임준비금에는 보험료적립금과 미경과보험료가 포함되기 때문이라고 한다. 생각건대, 보험료적립금 반환에 관한 상법 736조는 생명보험에 관한 특칙이라는 점을 고려하면, 손해보험과 생명보험에 공통적으로 적용되는 미경과보험료는 상법 736조의 적용대상에서 제외하는 것이 타당하고, 생명보험에 특유한 요소인 보험료적립금만 상법 736조의 반환대상이라고 제한해서 해석하는 것이 타당하다고 본다. 손해보험과 생명보험에 공통적으로 나타나는 미경과보험료에 대해서 생명보험에서 손해보험과 다르게 특별히 취급할 이유가 없으므로 상법 737조를 보험업법의 책임준비금에 연계시켜서 확대하여 해석할 필요가 없다. 따라서 미경과보험료는 생명보험에서도, 상법 736조가 아니라, 상법 보험편 통칙 규정들(상법 649조 3항 등)에 의해서 반환 문제를 처리하면 된다.

3. 소멸시효

보험자의 보험료적립금 반환의무의 소멸시효기간은 3년이다(상법 662조).

제8절 약관대출

1. 약관대출의 의의

약관대출은 보험자가 해약환급금의 범위 내에서 보험계약자에게 하는 대출을 가리킨다. 최근에 생명보험약관은 약관대출을 보험계약대출이라고 하고 있는데, 이하에서는 종래부터 부르던 명칭대로 기술하기로 한다. 생명보험표준약관 33조에 따르면, 보험계약자는 해약환급금 범위 내에서 보험자가 정한 방법에 따라 약관대출을 받을 수 있고, 보험계약자는 대출금과 대출이자를 언제든지 상환할 수 있고 상환하지 않은 때에는 보험자가 보험금, 해약환급금 등의 지급사유가 발생한 날에 지급금에서 약관대출의 원금과 이자를 차감할 수 있다고 규정한다.

는 소진된다.

142) 손주찬 696면; 정찬형 802면; 최기원 626면

143) 양승규 473면; 이기수·최병규·김인현 427면; 임용수 509면

2. 법적 성질[144)]

(1) 학설 및 판례

1) 선급설

선급설은 약관대출을 보험자가 장차 지급하여야 할 보험금이나 해약환급금을 미리 지급하는 선급으로 본다. 대판(전원) 2007.9.28. 2005다15598이 선급설을 취하였다. 선급설은 동 판결 이전에는 소수설이었으나,[145)] 동 판결 이후에는 유력해지고 있다.[146)] 독일·미국·프랑스의 통설 및 일본·독일·미국·프랑스의 판례도 선급설의 입장이다.[147)] 선급설에 의하면, 대출기간 중에 보험사고의 발생 또는 보험계약의 해지로 인해서 보험금채권 또는 해약환급금채권이 구체화되면, 보험자는 선급한 약관대출금을 공제한 나머지를 지급하면 된다. 또한 약관대출금채권이 별도로 존재하지 않으므로, 이것이 양도·입질·압류·상계 등의 대상이 되지 않는다고 한다.

대판 2007.9.28. 2005다15598에서 선급설의 논거를 살피면 다음과 같다. 첫째, 약관대출계약은 보험약관상의 의무 이행으로 행하여지는 것으로서 보험계약과 독립된 별개의 계약이 아니라 보험계약과 일체를 이루는 하나의 계약이다. 둘째, 약관대출금의 경제적 실질은 보험자가 장차 지급하여야 할 보험금·해약환급금을 미리 지급하는 선급금과 같은 성격이다. 약관에서 비록 대출이라는 용어를 사용하고 있더라도 이는 일반적인 대출과는 달리 소비대차로서의 법적 성격을 가지는 것은 아니다. 보충의견은 그 이유를, 대출을 받은 보험계약자가 약관대출금을 언제든지 상환할 수 있는 것으로서 상환 여부가 오로지 보험계약자의 선택에 달려 있는 경우에는 소비대차로 보기 어렵기 때문이라고 한다. 셋째, 보험금·해약환급금에서 약관대출금을 공제하고 지급한다는 것은 보험금·해약환급금의 선급금 성격을 가지는 약관대출금을 제외한 나머지 금액만을 지급한다는 의미이므로 민법상의 상계와 성격이 다르다.

2) 소비대차설

소비대차설은 약관대출을 보험자가 보험금·해약환급금 등 약관상 지급채무가 발생하는 경우 여기에서 대출원리금을 상계한 후 지급하기로 약정한 특수한 소비대차로 본다.[148)] 즉 약관대출을 정지조건부 상계예약이 포함된 특수한 소비대차로 이해한다. 현재

144) 이에 관해서는 한기정, "보험약관대출의 법적 성격에 관한 연구", 서울대학교법학49-4, 2008
145) 정찬형 803면
146) 김형두, "생명보험약관에 기한 보험약관대출의 법적 성격", 사법(Juris)2, 2007, 254면; 장덕조 468면; 정동윤 717면; 정진옥, "보험약관대출의 법적 성질", 상사판례연구21-1, 2008, 67면
147) 김형두, "생명보험약관에 기한 보험약관대출의 법적 성격", 사법(Juris)2, 2007, 235면

우리나라의 다수설이고, 종래 대법원 판결의 입장이었다.[149] 대판(전원) 2007.9.28. 2005다15598의 별개의견은 소비대차설을 지지한 바 있다. 소비대차설에 의하면, 보험금채권 또는 해약환급금 채권과는 별도로 약관대출금채권이 존재하므로, 이것은 원칙적으로 양도·입질·압류·상계 등의 대상이 된다. 다만 소비대차설을 취하더라도 약관대출금과 보험금채권·해약환급금채권과 약관대출금 사이의 강력한 견련관계를 고려하여 특히 압류·상계 등과 관련해서 그 견련관계를 보호하기 위한 이론 구성이 시도되고 있다.

대판(전원) 2007.9.28. 2005다15598의 별개의견을 중심으로 소비대차설의 논거를 살피면 다음과 같다. 첫째, 선급 또는 선급금이라는 개념은 계약당사자와 보험업계의 일반적인 인식과는 거리가 먼 의제적인 개념이다. 둘째, 보험약관의 기재내용 등 외형적 측면에서 볼 때 약관대출이 선급금의 지급이 아니라 대출로 추정되며, 이를 부인할 만한 분명하고 수긍할 수 있는 반증이 없다는 것이다. 대판(전원) 2007.9.28. 2005다15598의 보험약관 및 대출약정에는 대출, 대출금, 이자, 연체이자, 상환, 상계, 공제, 상환기일 등 소비대차와 친한 표현들이 사용되고 있다는 것이다. 셋째, 선급설은 약관대출계약과 보험계약 사이의 강력한 견련관계를 고려한 경제적 실질로서의 비유적인 표현에 불과한 것이지 법률행위의 성질에 관한 해석론은 되지 못한다고 한다.

3) 절충설

절충설은 약관대출이 소비대차적 요소와 선급적 요소가 혼재된 복잡한 성질을 띠고 있으므로 구체적인 문제와 관련하여 개별적 해결을 모색해야 한다는 입장이다.[150] 절충설은 약관대출계약이 보험계약과는 별개의 계약이라고 보는 점에서 소비대차설과 같으나, 양자는 성립·존속·양도·변제·소멸 등에서 '운명공동성'을 띤다고 보고, 대출기간 중에 보험사고의 발생 또는 보험계약의 해지로 인해서 보험금채권 또는 해약환급금채권이 구체화되면 보험자는 선급한 약관대출금을 공제한 나머지를 지급하면 되고, 또한 약관대출금채권을 양도·입질·압류·상계 등의 대상이 아니라고 하는 점에서는 선급설과 같다.

대판(전원) 2007.9.28. 2005다15598의 제1심[151] 및 원심[152]이 절충설을 취하였다. 이에 따르면, "약관대출은 우선 대출금차용증서가 작성되는 점, 대출금의 상환기일과 대

148) 김성태 830면; 손주찬 698면; 양승규 472면; 이기수·최병규·김인현 428면; 임용수 511면; 최기원 627면; 최준선 354면

149) 대판 1997.4.8. 96다51127

150) 西嶋梅治, "約款貸付金解約戻金相殺", 三宅一夫先生追悼論文集, 保險法現代的課題, 法律文化社, 1993, 335면

151) 서울중앙지법 2004.5.13. 2003가합76419

152) 서울고법 2005.2.4. 2004나38343

출이자의 지급이 약정되는 점, 약관대출 후 그 전제가 되는 보험계약은 여전히 유효하게 존속하는 점에 비추어 볼 때 소비대차계약의 요소가 강하다. 그러나, 앞서 살펴본 약관대출의 여러 가지 특성들은 소비대차의 법리로 설명되기는 어렵고 오히려 약관대출의 성질에 관하여 장차 보험계약자가 받게 될 책임준비금을 대출의 형식으로 미리 지급받은 것이라고 볼 때 그 설명이 쉬워진다. 따라서 약관대출로부터 파생되는 여러 가지 법률문제는 보험계약과 일체성을 가진다는 약관대출의 특성을 고려하여 구체적 사안에 따라 소비대차계약으로서의 성격과 책임준비금의 선지급으로서의 성격을 적절히 혼합하여 판단하여야 할 것"이라고 하였다.

4) 상호계산설

상호계산설은 약관대출의 소비대차적 성격을 인정하되, 약관대출 시 보험자와 보험계약 사이에 단계적 상호계산계약이 체결되었다고 보는 입장이다.[153] 이러한 단계적 상호계산계약은 상법 72조 이하가 규정하는 일반적 상호계산계약과는 구별되는 것이다. 상호계산설에 따르면 보험약관 또는 대출약정이 약관대출의 상환방법으로서 보험금·해약환급금으로부터 공제한다는 조항(공제특약)을 두고 있는데, 이러한 공제특약을, 대출금채권과 구체화된 보험금·해약환급금을 대등액으로 소멸시키는 상계예약이 아니라 대출금채권과 추상적·잠재적 보험금·해약환급금의 매시 잔고를 확정하여 잔액을 보험자가 지급하는 잔고지급특약이라고 해석한다. 따라서 법률상은 매시 잠재적 잔고채권이 존재할 뿐이어서 보험자는 그 잔액만을 지급하면 된다는 입장이다. 이 설에 의하면 약관대출의 소비대차적 성격은 인정되지만, 그 실질적 효과는 선급설과 유사하게 된다.

(2) 결론

소비대차는 대주가 금전 및 기타 대체물의 소유권을 차주에게 이전할 것을 약정하고 차주는 동종, 동질 및 동량으로 반환할 것을 약정함으로써 그 효력이 생긴다(민법 598조). 이와 같이 상환의무(또는 반환의무)는 소비대차의 본질적 요소이다.[154] 장차 당연히 지급해야 할 것을 미리 지급한다는 의미의 선급과 상환의무는 서로 상충된다. 따라서 상환의무의 존재 여부는 약관대출의 법적 성격을 판단하는 데 결정적 기준이 될 수 있다.

생각건대, 약관대출별로 구체적, 개별적으로 판단하여, 상환의무가 존재한다고 인정되는 약관대출은 그 법적 성격을 소비대차로 보고, 상환의무가 존재하지 않는다고 인정되는 약관대출은 그 법적 성격을 선급으로 보는 것이 타당하다고 본다. 이와 달리 상환

153) 이를 지지하는 견해로는, 정진세, "약관대출(보험약관대출)의 법적 성질(Ⅱ)", 생명보험349, 2008, 21면
154) 곽윤직, 채권각론, 2003, 180면

의무의 존재 여부와 무관하게 약관대출의 법적 성격을 선험적·획일적으로 정하는 것은 특정한 약관대출과 관련해 구체적 타당성이 결여될 수 있다. 다시 말하면 보험약관이나 또는 이를 보충 또는 변경하기 위한 대출약정을 포함하여 약관대출에 관한 제반 사정을 객관적으로 고려할 때, 약관대출금의 상환의무가 존재하는 것으로 판단됨에도 불구하고 약관대출을 선급이라고 해석한다든가, 또는 반대로 상환의무가 존재하지 않는 것으로 판단됨에도 불구하고 약관대출을 소비대차라고 해석하는 것은, 당사자의 의사를 무시하는 것으로서 받아들이기 어렵다. 약관대출이 건전한 사회질서(민법 103조)에 관한 제도는 아니므로, 당사자의 의사를 존중하는 것이 우선이다.

현재 생명보험표준약관 33조는 대판(전원) 2007.9.28. 2005다15598 이후에 개정된 것으로서, 선급설의 입장을 반영한 것으로 볼 수 있다. 즉 보험계약자는 해약환급금 범위 내에서 보험자가 정한 방법에 따라 약관대출을 받을 수 있고, 보험계약자는 대출금과 대출이자를 언제든지 상환할 수 있고 상환하지 않은 때에는 보험자가 보험금, 해약환급금 등의 지급사유가 발생한 날에 지급금에서 약관대출의 원금과 이자를 차감할 수 있다고 규정한다. 이 약관조항하에서는 보험계약자가 약관대출금에 대한 상환의무를 부담한다고 보기 어렵고, 그러므로 이에 따른 약관대출의 법적 성격은 보험자가 장차 지급하여야 할 보험금이나 해약환급금을 미리 지급하는 선급이라고 볼 수 있다.

그리고 만약 보험약관을 포함하여 약관대출에 관한 제반 사정을 객관적으로 고려할 때, 약관대출금의 상환의무가 존재하는 것으로 판단되어서 그 약관대출의 법적 성격을 소비대차라고 보아야 하는 경우에, 약관대출금과 보험금·해약환급금 사이의 강력한 견련관계가 인정될 필요가 있고 또한 그렇게 하는 것이 가능하다고 본다. 보험금·해약환급금은 물권법적 의미에서 담보가 아니지만 약관대출의 거래관행이나 당사자들의 합리적 기대를 고려해 담보에 준하는 것으로 볼 필요가 있다. 이것은 약관대출금과 보험금·해약환급금 사이에 강력한 견련관계 때문에 인정되는 것이지 보험금·해약환급금에 대해서 물권적 권리를 창설하는 것은 아니다.

이와 같이 약관대출금과 보험금·해약환급금 사이에 강력한 견련관계를 인정하는데 참고할 수 있는 것이, 영국법상 인정되는 조건부자산(flawed assets) 법리이다. 조건부자산 법리란, 채무자에 의한 채무의 이행은 약정된 조건(예를 들면 그 채무의 채권자가 채무자에게 부담하는 다른 채무의 이행)이 성취되는 경우에만 강제될 수 있다는 법리이다.[155] 은행에 예금을 보유한 예금자가 은행으로부터의 대출을 받으면서 그 대출원리금을 은행에 상환하기 전에는 자신의 예금을 인출하지 못하는 것으로 약정한 경우의 그 예금이 조건

155) Ali, *The Law of Secured Finance*, 2002, p. 186; Goode, *Commercial Law*, 2004, p. 612; Ellinger et al., *Ellinger's Modern Banking Law*, 2006, p. 828

부자산의 전형적 예이다.156) 이 경우 은행은 예금자가 대출을 상환하기 전에 예금의 인출을 거부할 권리를 가질 뿐이고 예금 자체에 대해서는 아무런 권리를 갖지 않는다.157) 따라서 조건부자산 법리에 근거한 은행의 권리는 물권이 아니고 채권계약에 기초한 항변권의 일종이라고 할 수 있을 것이다. 조건부자산 이론에 근거한 항변권은 예금 자체에 대해서는 아무런 권리를 갖지 않기 때문에 예금자의 다른 채권자와의 관계에서 채권자평등의 원칙을 훼손하지 않는다고 판시된 바 있다.158) 즉 조건부 자산이론의 실질적 근거는 두 채권 사이의 강력한 견련성 때문이지, 예금에 물권적 권리를 창설하는 것이 아니기 때문은 아니다.

조건부자산 법리는 소비대차로서의 약관대출에 적용하기 적합하다. 예금의 경우를 보면, 예금계약과 대출계약 두 종류의 계약이 존재하고 대출계약 시에 예금을 조건부자산으로 하는 약정을 하게 된다. 소비대차로서의 약관대출의 경우를 보면, 보험계약과 약관대출계약 두 종류의 계약이 존재하고 약관대출계약 시에 해약환급금을 조건부자산으로 하는 약정을 하는 것으로 보게 되면, 예금의 경우와 그 구조가 동일하다고 할 것이다. 예금의 경우 대출계약 시에 예금을 조건부자산으로 하는 약정을 하는 이유는 예금채권과 대출채권 사이에 강력한 견련관계를 부여하기 위해서이다. 약관대출 시에 약관대출금과 보험금 · 해약환급금 사이의 강력한 견련관계 부여는 보험자와 보험계약자의 의사에 부합하는 것이며,159) 따라서 보험계약자가 약관대출금을 상환하지 아니하면 보험자가 보험금 · 해약환급금을 지급할 의무가 없는 것으로 보험자와 보험계약자가 묵시적 약정을 했다고 보는 것이 합리적이다. 대출계약 시에 예금을 조건부자산으로 하는 약정이나 약관대출 시에 해약환급금을 조건부자산으로 하는 약정은 예금계약 또는 보험계약의 내용을 수정하는 효력을 갖는 것이고, 그러한 약정이 예금이나 보험금 · 해약환급금에 물권적 권리를 창설하는 것이 아니므로 채권자평등의 원칙을 훼손하는 것이라고 볼 바는 아니어서 그 효력을 부인할 이유는 없다고 본다. 다만 소비대차 성격의 약관대출에는 보험금 · 해약환급금이 발생하면 약관대출금을 상계한다는 조항이 일반적으로 존재한다. 따라

156) Ali, *The Law of Secured Finance*, 2002, p. 186

157) Ibid., p. 187

158) Re Bank of Credit and Commerce International SA (No 8) [1996] Ch. 245

159) 이와 관련하여 제1심 및 원심 판결은 "나아가 위와 같은 특성을 바탕으로 당사자의 의사를 헤아려 보건대, 실질적으로 소외회사에게 대출된 돈의 원천은 장차 소외회사에게 지급될 잠재적인 해약환급금이므로, 소외회사와 피고는 이 사건 약관대출 당시 어떠한 사유로든 이 사건 보험계약이 해지되어 피고의 해약환급금 반환의무가 구체화되었을 때 만일 변제되지 못한 약관대출원리금이 남아 있다면 그 금액 상당의 해약환급금이 이미 지급된 것으로 보아 그 차액 부분만 지급하기로 묵시적인 약정을 하였다고 해석하는 것이 당사자의 의사에 합치되며 적어도 당사자는 해약환급금이 이 사건 보험계약이 해지된 시점까지 회수하지 못하고 남아 있는 이 사건 약관대출원리금을 당연히 담보하는 것으로 약정하였다고 봄이 상당하다" 고 판시한 바 있다.

서 보험자는 이러한 상계 조항에 따르면 되고 굳이 조건부자산 법리를 원용할 실익은 적다. 하지만 이러한 상계 약정이 구 회사정리법 162조 1항[160]과 같은 규정으로 인해서 작동하기 어려운 경우에 조건부자산의 법리를 원용할 실익이 큰 것이다. 즉 이러한 경우에 보험자와 보험계약자 사이에 조건부자산의 묵시적 약정(즉 약관대출금과 보험금·해약환급금 사이에 강력한 견련관계를 인정하는 묵시적 약정)이 존재하는 것으로 해석하게 되면, 소비대차적 성격의 약관대출에서도 약관대출금과 보험금·해약환급금의 강력한 견련관계가 법적으로 보호되는 데 문제가 없게 된다.

160) 구 회사정리법 162조 1항은, "정리채권자 또는 정리담보권자가 정리절차개시당시 회사에 대하여 채무를 부담하는 경우에 채권과 채무의 쌍방이 정리채권과 정리담보권의 신고기간 만료 전에 상계할 수 있게 되었을 때에는 정리채권자 또는 정리담보권자는 그 기간 내에 한하여 정리절차에 의하지 아니하고 상계할 수 있다. 채무가 기한부인 때에도 같다."고 규정하였다.

제3장

◆

상해보험[1)]

제1절 총설

1. 상해보험의 의의

상법 737조는 상해보험의 개념을 규정한다. 즉 상해보험계약은 피보험자의 신체에 상해가 발생한 경우 보험자가 보험금액 및 기타의 급여를 지급할 책임이 있는 계약이다. 이로부터 보험목적은 신체, 보험사고가 상해, 보상방식이 보험금액 기타의 급여임을 알 수 있다.

2. 보험목적

보험목적이란 보험사고가 발생하는 객체이다. 상해보험에서는 신체에 보험사고가 발생한다. 따라서 상해보험의 보험목적은 신체이다. 보험목적의 측면에서 상해보험과 생명보험은 유사하다. 생명보험의 보험목적은 생명이기 때문이다. 신체이든 생명이든 사람에 관한 사항이라는 점은 같다. 상법은 보험목적의 이런 유사성을 고려하여 생명보험과 상해보험을 인보험으로 분류한다. 그리고 이에 대해 공통적으로 적용되는 통칙(상법 727조–729조)을 둔다. 다만 양자의 보험목적이 완전히 동일하지는 않다는 점도 고려할 필요가 있다. 그리하여 생명보험에 관한 규정(상법 730조–736조), 상해보험에 관한 규정(상법 737조–739조) 등의 각칙도 두고 있다. 다만 각칙의 차이는 크지 않다. 생명보험에 관한 규정이 상법 732조를 제외하고, 상해보험에 준용(상법 739조)되기 때문이다.

태아가 상해보험의 보험목적이 될 수 있는지의 문제가 있다. 상법은 상해보험계약에서 태아의 피보험자 적격에 대해 명시적으로 규정하고 있지 않다. 대법원은 헌법상 생명권의 주체가 되는 태아의 형성 중인 신체도 그 자체로 보호해야 할 법익이 존재하고 보호의 필요성도 본질적으로 사람과 다르지 않다는 점에서 보험보호의 대상이 될 수 있고, 보험약관이나 개별약정으로 출생 전 상태인 태아의 신체에 대한 상해를 보험의 담보

1) 이에 관해서는 주로 한기정, "상해보험의 법적 쟁점에 관한 연구", 서울대학교법학55–2, 2014, 123면 이하

범위에 포함하는 것이 보험제도의 목적과 취지에 부합하고 보험계약자나 피보험자에게 불리하지 않으므로 상법 663조에 반하지 않고 민법 103조의 공서양속에도 반하지 않는다고 판시했다.[2)]

3. 보험사고

보험사고란, 그 발생으로 인해 보험자가 보험금지급책임을 지는 우연한 사고를 가리킨다. 상해보험의 보험사고는 상해이다. 상해란 신체에 해를 가하는 '외부로부터의 급격하고 우연한' 사고이다. 상해는 외부성, 급격성 및 우연성(이하 '외부성 등')을 요소로 한다(판례,[3)] 통설). 신체에 대한 사고로서 상해가 아닌 것은, 질병으로 분류되는 것이 일반적이다. 즉 보험목적이 신체라는 점에서 같지만, 보험사고의 면에서 상해보험과 질병보험은 구분되는 것이다.

4. 보상방식

판례[4)]와 통설은 상해보험에 정액형과 비정액형 보상방식이 모두 허용된다고 본다. 타당한 해석이다. 상법은 상해보험의 보상방식을 그중 어느 하나로 제한하고 있지 않기 때문이다. 상법 737조는 상해보험자가 "보험금액 기타의 급여"를 지급한다고 규정하고 있을 뿐이다. 이 점에서 상해보험은 생명보험이나 손해보험과 다르다. 생명보험은 정액형이라고 해석된다. 상법 730조는 생명보험자가 "약정한 보험금액을 지급"한다고 규정하기 때문이다. 반면 손해보험은 비정액형이라고 해석된다. 상법 665조가 손해보험자는 "재산상의 손해를 보상"한다고 규정하기 때문이다. 그리고 상해보험에서 정액형과 비정액형의 구분을 살펴보자. 통설은 상해로 인한 상해사망보험금이나 후유장해보험금은 정액형으로 분류한다.[5)] 상해로 인한 치료비 또는 입원비를 지급하는 치료입원보험금은 비정액형으로 분류한다. 보상방식에 관한 한, 정액형 상해보험은 생명보험과 같다. 또한

---

2) 대판 2019.3.28. 2016다211224(계약자유의 원칙상 태아를 피보험자로 하는 상해보험계약은 유효하고, 그 보험계약이 정한 바에 따라 보험기간이 개시된 이상 출생 전이라도 태아가 보험계약에서 정한 우연한 사고로 상해를 입었다면 이는 보험기간 중에 발생한 보험사고에 해당한다)

3) 대판 1980.11.25. 80다1109(상해보험은 피보험자가 급격한 외부적인 우연의 사고로 인하여 신체에 손상을 입는 것을 보험사고로 하는 것이므로 겨드랑 밑의 악취방지를 위한 수술 중에 급성심부전증에 인하여 사망한 경우는 갑자기 신체의 외부에서 생긴 사고로 뜻하지 않게 신체상의 손상을 입었다는 상해보험사고의 범주에 속한다고 할 수 없다)

4) 대판 2006.11.10. 2005다35516

5) 후유장해금은 준정액형이라고도 부른다. 후유장해금은 후유장해의 등급에 따라 보험금액이 차등적으로 정해진다. 정액형에 비정액적 요소를 가미한 것이다. 이것이 '준'정액형이라고도 부르는 이유다.

비정액형 상해보험은 손해보험과 유사하다.

5. 생명보험과의 차이

상해보험은 다음과 같은 점에서도 생명보험과 다르다. 15세 미만자, 심신상실자, 심신박약자의 사망을 보험사고로 한 보험계약은 무효이나(상법 732조), 상해보험은 732조를 준용하지 않으므로(상법 739조), 이들의 상해를 보험사고로 한 보험계약은 유효하다. 또한 생명보험의 경우 청구권대위가 허용되지 않지만, 상해보험의 경우 당사자 사이에 다른 약정이 있는 때에 보험자는 피보험자의 권리를 해하지 않는 범위 안에서 그 권리를 대위하여 행사할 수 있다(상법 729조).

제2절 상해사망보험의 법적 성격

1. 의의

상해로 인한 사망, 즉 상해사망을 보장하는 보험이 상해사망보험이다. 상해사망보험은 상해 요소와 사망 요소가 섞여 있다는 점이 특색이다. 따라서 상해사망보험이 상해보험인지 사망보험인지가 다투어진다. 이것은 상해사망보험의 법적 성격의 문제이다. 또한 상해보험의 정의 문제이기도 하다. 어느 쪽으로 분류되는지에 따라 상해보험의 정의가 달라지기 때문이다. 보다 중요한 논의의 실익은, 상해사망보험의 법적 성격에 따라 그 적용법규가 달라진다는 점에 있다. 현행 상법은 상해보험에 생명보험에 관한 규정을 준용하되 상법 732조는 배제한다. 따라서 상법 732조가 상해사망보험에 적용되는지 여부가 달라진다.

2. 판례 및 학설

다수설은 상해사망보험을 상해보험이라고 해석한다.[6] 이와 달리 사망보험으로 보는 소수설이 있다.[7] 상해보험설의 근거를 보자. 첫째, 보험사고 외부성 등의 문제이다. 즉 상해사망은 외부성 등을 띤다고 한다. 외부성 등은 상해사망에 나타나지만, 일반사망에

6) 박세민 862면; 양승규 485면; 장덕조 478면; 정동윤 721면; 정찬형 807면
7) 이경재, "상해보험에서 '상해로 인한 사망'의 경우 상법적용에 관한 연구", 보험금융연구13-1, 2002, 18면

는 나타나지 않는다고 한다. 둘째, 보험사고의 불확정성 문제이다. 상해사망은 상해처럼 그 발생 여부나 발생 시기가 모두 불확정하므로, 발생 시기만 불확정할 뿐 발생 여부는 확정된 일반사망과 다르다는 것이다. 따라서 이 점에서 상해사망과 일반사망은 구분되는 것이고, 상해사망보험은 사망보험이 아니라 상해보험으로 분류되어야 한다는 것이다.

판례는 다수설과 같다. 대판 2004.7.9. 2003다29463은 자동차상해사망보험과 관련하여 그 법적 성격을 상해보험으로 보았다. 판시내용은 다음과 같다. 자동차상해보험은 피보험자가 피보험자동차를 소유·사용·관리하는 동안에 생긴 피보험자동차의 사고로 인하여 상해를 입었을 때에 보험자가 보험약관에 정한 사망보험금이나 부상보험금 또는 후유장해보험금 등을 지급할 책임을 지는 것이다. 이것은 인보험의 일종이기는 하나, 피보험자가 급격하고도 우연한 외부로부터 생긴 사고로 인하여 신체에 상해를 입은 경우에 그 결과에 따라 보험약관에 정한 보상금을 지급하는 보험이어서 그 성질상 상해보험에 속한다고 할 것이다. 따라서 이 사건 자동차상해보험 중 피보험자가 상해의 결과 사망에 이른 때에 지급되는 사망보험금 부분을 분리하여 이를 생명보험에 속한다고 본 원심의 판단은 잘못이라고 판시하였다.[8)]

3. 결론

생각건대, 상해사망보험의 법적 성격은 사망보험설이 옳다. 첫째, 전술한 상해보험설의 근거는 타당하다고 보기 어렵다. 둘째, 상해보험설에 따라 상해사망보험에 상해보험의 상법 규정을 적용하게 되면 부당한 결과에 이르는 문제가 있다.

(1) 근거의 측면

1) 보험사고의 외부성 등

상해보험설은 상해사망보험의 법적 성격을 정하는 데 외부성 등을 우선적 기준으로 삼는다. 즉 상해의 특색인 외부성 등이 상해사망에 나타난다는 이유를 들어 상해사망보험을 상해보험으로 분류한다. 하지만 상법은 보험 종류별로 법적 성격을 정하는 데 보험목적을 우선적 기준으로 하고 외부성 등은 후순위의 기준으로 삼고 있다. 상법 보험편은 제1장 통칙, 제2장 손해보험, 제3장 인보험으로 구성되는데, 제3장 인보험에 속하려면

8) 이 사건에서 원심은 상해사망보험을 사망보험으로 분류했으나 대법원이 상해보험으로 분류한 것이다. 원심처럼 사망보험으로 분류한다고 해도, 이 사건에서는 적용 법규의 차이를 가져오지 않았다. 이 판결의 사안은 상법 733조(보험수익자에 대한 지정권 또는 변경권)의 적용 문제인데, 상해사망보험을 상해보험으로 보면 상법 733조가 '준용'되나(상법 739조), 사망보험으로 보면 상법 733조가 '적용'된다는 차이가 있을 뿐이었다.

보험목적이 생명 또는 신체(상법 727조)이어야 한다. 그리고 제3장 인보험은 통칙, 생명보험, 상해보험, 질병보험으로 분류되는데, 생명보험은 보험목적이 생명(상법 730조), 상해보험과 질병보험의 보험목적은 신체(상법 737조, 739조의3)이어야 한다. 이와 같이 보험목적을 기준으로 인보험을 대분류하고 난 후에, 외부성 등을 기준으로 인보험을 세분류해야 한다. 즉 보험목적이 생명인 경우 외부성 등을 기준으로 일반사망보험과 상해사망보험, 보험목적이 신체인 경우 외부성 등을 기준으로 질병보험과 상해보험으로 세분류해야 하는 것이다.

2) 보험사고의 불확정성

상해보험설에 의하면, 상해사망은 그 발생 여부나 발생 시기가 모두 불확정하나, 일반사망은 발생 시기만 불확정할 뿐 발생 여부가 확정하므로, 상해사망은 일반사망과 함께 사망으로 분류하기보다는 상해로 분류하자고 한다. 하지만 사람은 질병뿐만 아니라 상해를 원인으로 해서도 사망한다는 것이 경험칙에 부합하고, 따라서 상해사망을 사망에 포함시키면 오히려 사망의 발생 여부가 더욱 확정적이다.

(2) 상법 적용의 측면

상해보험설에 따르면 상해사망보험에는 상법 732조가 준용되지 않는다. 상법은 상해보험에 732조를 제외하고 생명보험의 규정을 준용(상법 739조)하기 때문이다. 한편 사망보험설에 따르면 상해사망보험에 상법 732조가 당연히 적용된다. 생각건대, 상해사망보험에도 상법 732조를 준용할 수 있어야 한다. 상법 732조에 따르면, 15세 미만자, 심신상실자, 또는 심신박약자의 사망을 보험사고로 하는 보험계약은 무효인데, 판단능력이 부족한 15세 미만자 등이 사망보험의 피보험자가 되어 도덕적 위험에 노출되는 것을 예방하는 데 그 취지가 있고, 이러한 예방의 필요성이 상해사망이라고 해서 다르지 않기 때문이다.

제3절 보험사고

1. 상해의 요건

(1) 의의

우리나라 상해보험약관은 대체로 보험사고를 "피보험자가 급격하고도 우연한 외래의 사고로 신체에 상해를 입었을 때"라고 규정한다. 이로 인해서 급격성, 우연성, 외부성, 신체의 손상 등이 상해사고의 요건이 된다. 이들이 무엇을 의미하는지에 대해서 판례와 학설을 살펴보자.

(2) 급격성

1) 내용

학설상 급격성이란, 시간적으로 빠른 것이 아니라 피보험자가 예견하지 않았거나 예견할 수 없는 순간에 생긴 것이라는 견해,[9] 예측불능의 사고가 돌발적으로 발생하여 직접적으로 상해가 발생한 것이라는 견해,[10] 예기하지 않은 순간에 돌발적으로 발생한 것으로서 원인인 사고로부터 결과인 상해까지 시간적 간격 없이 발생하는 것을 가리킨다는 견해[11] 등이 있다.

위 견해들은 표현은 조금씩 다르지만, 예측이 어렵고 피하기 어려운 순간에 돌발적으로 발생하는 것이 급격성이라고 하는 데 공통점이 있어 보인다. 이것은 급격하다는 말의 사전적 뜻(변화의 움직임 따위가 급하고 격렬하다는 것)에 대체로 부합하며, 타당하다고 본다. 다만 순간은 상대적 개념이므로, 사고의 내용 및 성질에 따라 순간인지 여부를 구체적, 개별적으로 판단해야 한다. 길에서 미끄러져 넘어지거나, 타인으로부터 갑자가 구타를 당하거나, 자동차 사고를 당하는 경우 등은 급격성이 인정되는 예이다(통설). 그리고 순간적으로 무거운 물건을 들어 올리다가 허리를 다친 경우는 급격성이 인정되지만, 계속적·반복적으로 무거운 물건을 들어 올리는 작업환경하에서 생긴 허리의 기능장애는 급격성이 인정되지 않는다.[12]

2) 사례

판례는 술을 마시고 잠을 자다가 구토를 하여 기도폐색으로 질식하여 사망한 경우 급격성이 충족된다고 보았다.[13]

---

9) 박세민 862면; 양승규 486면; 임용수 516면
10) 최기원 633면
11) 김성태 862면; 정동윤 721면; 정찬형 808면
12) 임용수 516면
13) 대판 1998.10.13. 98다28114

(3) 우연성

1) 내용

i) 판례

① 정의

판례는 상해보험에서 우연한 사고란 "피보험자가 예측할 수 없는 원인에 의하여 발생하는 것으로서, 고의에 의한 것이 아니고 예견하지 않았는데 우연히 발생하고 통상적인 과정으로는 기대할 수 없는 결과를 가져오는 사고"를 의미한다고 보고 있다.[14] 판례가 말하는 우연성은 주관적 측면과 객관적 측면으로 구분할 수 있다. 즉 주관적 측면은 '고의에 의한 것이 아니고 예견하지 않았다'는 부분이고, 객관적 측면은 '통상적인 과정으로는 기대할 수 없는 결과를 야기한다'는 부분이다. 이를 나누어서 살펴보기로 한다.

② 주관적 측면

주관적 측면은 고의에 의한 것이 아니고 예견하지 않았다는 부분이다. 예견하지 않았다는 것이 고의와 같은 의미인지, 아니면 (중)과실을 가리키는 의미인지가 문제된다. 이에 따라서 주관적 측면의 폭이 결정된다.

우연성의 주관적 측면을 중과실까지 확장해서는 안 된다고 한 판례가 있다. 즉 대판 2001.11.9. 2001다55499에서, 피보험자가 술에 취한 상태에서 출입이 금지된 지하철역 승강장의 선로로 내려가 지하철역을 통과하는 전동열차에 부딪혀 사망한 경우, 피보험자에게 판단능력을 상실 내지 미약하게 할 정도로 과음을 한 중과실이 있더라도, 보험약관상의 보험사고인 우발적인 사고에 해당한다고 판시했다.[15] 그리고 대판 1998.10.27. 98다16043에서, 평소 술을 좋아하고 주벽이 심한 편이었던 자가 술에 취한 상태에서 타고 있던 택시를 세워 내린 후 교량 난간을 타고 넘어 8.32m의 다리 아래로 뛰어 내려서 강물에 빠져 익사한 경우, 망인이 추락 당시 병적인 명정상태에 있었던 이상, 비록 망인에게 평소 주벽이 심함에도 불구하고 명정에 이를 정도로 과음한 중과실이 있다고 하더라도, 이는 우연한 사고라고 판시했다.

기타 판례는 우연성의 주관적 측면이 고의로 한정되어서 중과실이 제외되는지를 명시하지 않았다. 다만 대법원이 우연성의 주관적 측면을 넓게 인정하자는 방향은 아닌 것으로 보인다. 대판 2010.8.19. 2008다78491에서, 상해보험의 피보험자가 후복막강 종괴를 제거하기 위한 개복수술과정에서 의료진의 과실로 인한 감염으로 폐렴이 발생하여 사망한 경우, 피보험자가 위 수술에 동의했다는 것만으로 의료과실로 인한 상해의 결과

14) 대판 2001.11.9. 2001다55499; 대판 2010.8.19. 2008다78491

15) 대판 2001.11.9. 2001다55499

까지 동의하고 예견하였다고 볼 수는 없고, 위 사고는 오히려 피보험자의 고의에 의한 것이 아니고 그가 예측할 수 없는 원인에 의하여 발생한 것이므로 우연한 사고에 해당한다고 볼 수 있다고 판시했다. 이 판결에서 원심은 질병의 치료를 위한 외과적 수술 기타 의료처치 과정에서 의사의 과실 등 외부적 요인이 개재되어 피보험자가 상해를 입은 경우, 이러한 사고는 피보험자의 예견과 동의 아래 이루어지는 의료행위로 인한 사고로서 보험사고의 요건인 우연한 사고에 해당하지 않는다고 함으로써, 예견가능성을 고의를 넘어서는 개념으로 확장한 것이 확실해 보이는데, 대법원은 원심을 받아들이지 않았다.

③ 객관적 측면

통상적인 과정으로는 기대할 수 없는 결과를 야기하는 사고라는 것은 우연성의 객관적 측면을 가리킨다. 그런데 판례에서 이러한 객관적 측면이 문제된 경우는 드물다. 이것은 객관적 측면이 예외적으로만 문제될 수 있다는 점을 시사하는 것이라고 본다.

ii) 학설

우리나라에서는 우연성의 주관적 측면을 고의로 한정할 것인지에 대해 분명하게 논의되고 있지 않다. 또한 판례와 마찬가지로 고의뿐만 아니라 예견을 함께 언급하고, 고의와 예견의 관계에 대해서는 언급하지 않는 것이 보통이다. 그리고 우리나라에서는 우연성의 객관적 측면에 대해서도 논의가 분명하지 않다. 판례가 채택한 "통상적인 과정으로는 기대할 수 없는 결과를 가져오는 사고"라는 기준을 지지하는 견해가 있지만,[16] 이 기준의 의미에 대해서는 별도로 구체적인 언급이 없다. 그리고 우연성을 주로 주관적 측면으로 설명함으로써 사실상 객관적 측면을 부정하는 것으로 보이는 견해도 있다. 우연성은 피보험자의 고의로 인한 것이 아니라 뜻하지 않게 발생한 것을 가리킨다는 견해,[17] 우연성은 보험사고의 발생이 피보험자의 주관적 행태에 기인하지 않았다는 것을 의미한다는 견해,[18] 우연성은 고의에 의한 사고가 아니라 그의 의사와 무관하게 상해를 입은 것을 가리킨다는 견해[19] 등이 그러하다.

iii) 결론

우연성의 주관적 측면은 고의로 한정하는 것이 타당하다고 본다. 즉 피보험자가 예견하지 않았던 원인에 의한 사고라는 것은 피보험자의 고의가 관여하지 않았다는 것과 같은 의미를 갖는 것으로 해석한다.[20] 고의로 한정하는 이유는, 중과실에 의한 사고를 우연한 사고라고 하는 것은 우연성이라는 용어의 통상적 의미에 부합한다고 볼 수 없기

16) 박세민 863면; 임용수 517면; 장덕조 479면
17) 양승규 486면
18) 장덕조 479면
19) 정동윤 721면
20) 山下友信, 保險法, 2005, 450-451면; Birds et al., *MacGillivray on Insurance Law*, 2015, para. 27-028

때문이다. 또한 인보험에서는 보험계약자 등의 고의로 인해 보험사고가 발생한 경우에만 보험자가 면책되는데(상법 732조의2, 739조, 739조의3), 우연성의 주관적 측면을 중과실까지 확장하는 해석은 상법 보험편을 보험계약자 등에게 불이익하게 변경하는 문제가 생기기 때문이다.

판례는 우연한 사고의 객관적 측면으로서 통상적인 과정으로는 기대할 수 없는 결과를 야기하는 사고이어야 한다고 본다. 생각건대, 통상적인 과정으로 기대할 수 있는 결과를 야기하는 사고를 우연하다고 볼 수 없다는 점에서 타당성이 있다. 이와 관련해서 영국의 논의를 참고할 수 있다. 즉 영국법에서는 사고가 우발적이고 예상하지 않은 원인(fortuitous and unexpected cause)에 의한 자연적 결과(natural result)인 경우, 자연적 원인(natural cause)에 의한 우발적이고 예상하지 않은 결과(fortuitous and unexpected result)인 경우는 우연성이 인정된다는 원칙이 있다.[21] 이 원칙에 따르면 자연적 원인에 의한 자연적 결과는 우연성이 없으며, 이러한 경우로는 열대지방에서 태양의 열기에 노출되어 생긴 일사병을 들 수 있고, 이것은 상해가 아니라고 한다.[22] 우리 판례의 객관적 기준에서 보면, 이것은 통상적인 과정으로 기대할 수 있는 결과이므로, 상해가 아니라고 보게 될 것이다.

2) 사례

우연성이 문제된 판례 사안으로는 다음과 같은 것들이 있다.

i) 우연성이 인정된 경우

① 상해보험의 피보험자가 후복막강 종괴를 제거하기 위한 개복수술과정에서 의료진의 과실로 인한 감염으로 폐렴이 발생하여 사망한 경우, 피보험자가 위 수술에 동의하였다는 것만으로 의료과실로 인한 상해의 결과까지 동의하고 예견하였다고 볼 수는 없고, 위 사고는 오히려 피보험자의 고의에 의한 것이 아니고 그가 예측할 수 없는 원인에 의하여 발생한 것이므로 우연한 사고이다.[23]

② 평소 술을 좋아하고 주벽이 심한 편이었던 자가 술에 취한 상태에서 타고 있던 택시를 세워서 내린 후 교량 난간을 타고 넘어가 8.32m의 다리 아래로 뛰어 내려서 강물에 빠져 익사한 경우, 망인이 추락 당시에 병적인 명정상태에 있었으므로 이것은 우연한 사고이다.[24]

③ 술에 취한 나머지 판단능력이 극히 저하된 상태에서 신병을 비관하는 넋두리를 하고 베란다에서 뛰어내린다는 등의 객기를 부리다가 마침내 음주로 인한 병적인 명정

---

21) Birds et al., *MacGillivray on Insurance Law*, 2015, para. 27-008
22) Ibid.
23) 대판 2010.8.19. 2008다78491
24) 대판 1998.10.27. 98다16043

으로 인하여 심신을 상실한 나머지 자유로운 의사결정을 할 수 없는 상태에서 충동적으로 베란다에서 뛰어내려 사망한 경우, 이는 우발적인 사고이다.[25)]

④ 피보험자가 술에 취한 상태에서 출입이 금지된 지하철역 승강장의 선로로 내려가 지하철역을 통과하는 전동열차에 부딪혀 사망한 경우, 피보험자에게 판단능력을 상실 내지 미약하게 할 정도로 과음을 한 중과실이 있더라도, 보험약관상의 보험사고인 우발적인 사고에 해당한다.[26)]

⑤ 부부싸움 중 극도의 흥분되고 불안한 정신적 공황상태에서 베란다 밖으로 몸을 던져서 사망한 경우, 이 사고는 자유로운 의사결정이 제한된 상태에서 망인이 추락함으로써 사망의 결과가 발생하게 된 우발적인 사고이다.[27)]

⑥ 술을 마시고 잠을 자다가 구토를 하여 기도폐색으로 질식하여 사망한 경우 우연한 사고이다.[28)]

ii) 기타

대판 2003.11.28. 2003다35215에서, 보험계약자 측이 승용차를 운전하여 주행하던 중 휴대전화기가 차량 조수석 앞바닥에 떨어져 이를 줍다가 클러치를 밟고 있던 왼발이 떨어지면서 오른발로 브레이크를 밟으려다가 잘못하여 액셀러레이터를 밟아 차량이 급가속 후에 급정지되어 운전석과 조수석 사이에 있는 체인지 레버에 오른쪽 가슴 부위를 부딪쳐서 상해를 입었다고 주장한 사안이다. 대법원은 우연성에 대한 입증책임은 보험계약자 측에게 있다고 하면서, 위와 같은 내용의 사고가 일어났다는 증거가 부족하다고 판단하였다. 이 판결은 대법원이 우연성을 인정하지 않은 사례라고 하기보다는, 사고 자체에 대한 증명이 이루어지지 않았던 사례로 보는 것이 정확하다. 만약 그러한 사고에 대한 증명이 있었더라면, 우연성이 인정될 수 있는 사안이라고 생각된다.

(4) 외래성

1) 내용

외래성이란 상해의 원인이 피보험자의 신체적 또는 체질적 요인 등 내부적 원인 아닌 외부적 원인에 의해서 야기되는 것을 가리킨다(통설). 판례도 같다. 대판 2014.4.10. 2013다18929는 상해보험에서 담보되는 위험으로서 상해란 외부로부터의 우연한 돌발적인 사고로 인한 신체의 손상을 뜻하므로, 그 사고의 원인이 피보험자 신체의 외부로부터 작용하는 것을 말하고, 신체의 질병 등과 같은 내부적 원인에 기한 것은 상해보험에서

25) 대판 2008.8.21. 2007다76696
26) 대판 2001.11.9. 2001다55499
27) 대판 2006.3.10. 2005다49713
28) 대판 1998.10.13. 98다28114

제외된다고 판시했다.[29] 사고의 외래성과 상해 사이에는 상당한 인과관계가 있어야 하고,[30] 이에 대한 입증책임은 보험금청구자에게 있다.[31] 민사 분쟁에서의 인과관계는 의학적·자연과학적 인과관계가 아니라 사회적·법적 인과관계이므로, 그 인과관계가 반드시 의학적·자연과학적으로 명백히 증명되어야 하는 것은 아니고, 이는 사고의 외래성과 상해 사이의 인과관계를 판단함에 있어서도 마찬가지이다.[32]

외부적 원인으로 생긴 사고이면 상해가 신체의 내부 또는 외부 어디든 발생할 수 있다(통설). 무거운 물건을 들다가 골절상을 입은 경우 상해가 신체 내부에 생겼지만 외래성이 인정되는 것이다.[33] 그리고 내부적 원인으로 생긴 사고는 질병보험 등의 보험사고가 될 수 있다.[34]

2) 사례

외래성에 관한 사례로는 다음과 같은 것들이 있다. 돌연사의 경우 외래적 사고로 볼 것인지 그 판단이 쉽지 않다.

i) 외래성이 인정된 경우

① 술을 마시고 잠을 자다 구토를 하여 기도폐색으로 질식하여 사망한 경우[35]

② 피보험자가 방 안에서 술에 취하여 선풍기를 틀어놓고 잠을 자다가 사망한 경우[36]

③ 평소 주벽이 심하여 술에 취한 상태에서 다리 아래로 뛰어내려 익사한 경우, 사망의 직접적인 원인이 된 것은 물에 의한 기도의 폐쇄이므로 그 자체로 외래의 사고임이 명백하다고 한 경우[37]

④ 망인의 기존질환인 심장동맥경화증 등이 망인의 사망에 기여하였다고 하더라도 직접적이고 중요한 사망원인은 망인이 주취상태에서 고온의 밀폐된 차량 안에서 잠을 잤다는 외부적 요인이라고 보는 것이 타당하고, 망인이 주취상태로 고온의 차량 안에서 잠을 잤다는 사정이 의학적으로는 사인이 아닌 유인에 불과하다고 하여 이와 다르게 볼

---

29) 대판 1998.10.13. 98다28114; 대판 2001.8.21. 2001다27579; 대판 2023.4.27. 2022다303216(보험계약 약관에서 정하는 상해의 요건인 '급격하고도 우연한 외래의 사고' 중 '외래의 사고'는 상해 또는 사망의 원인이 피보험자의 신체적 결함, 즉 질병이나 체질적 요인 등에 기인한 것이 아닌 외부적 요인에 의해 초래된 모든 것을 의미한다)

30) 대판 2010.9.30. 2010다12241; 대판 2023.4.27. 2022다303216

31) 대판 2001.8.21. 2001다27579; 대판 2010.9.30. 2010다12241; 대판 2023.4.27. 2022다303216

32) 대판 2010.9.30. 2010다12241; 대판 2023.4.27. 2022다303216

33) 김성태 864면; 최기원 636면

34) 대판 2014.4.10. 2013다18929; 김성태 863면

35) 대판 1998.10.13. 98다28114

36) 대판 1991.6.25. 90다12373. 그러나 아래 대판 2010.9.30. 2010다12241에서 보듯이 현재는 이보다 더 엄격한 요건하에 외래성이 인정될 것으로 보인다.

37) 대판 1998.10.27. 98다16043

수 없다고 한 경우[38]

ii) 외래성이 인정되지 않은 경우

① 욕실에서 페인트칠 작업을 하다가 뇌교출혈을 일으켜 장애를 입게 되었으나, 뇌교출혈이 페인트나 시너의 흡입으로 발생한 것이 아니라 피보험자가 평소 가지고 있던 고혈압증세로 인하여 발생한 경우[39]

② 겨드랑 밑의 악취제거를 위한 수술 중에 급성심부전증으로 사망한 경우[40]

③ 무너진 돌담을 보수하기 위하여 돌을 운반하던 작업 중에 쓰러진 채로 발견되어 병원으로 후송하였으나, 병원에 도착하기 전에 이미 사망하였는데, 그 당시 망인의 입술은 청색증(cyanosis)의 증상을 나타내고 있었고 정확한 사망원인을 알 수는 없지만 돌연사로 볼 수 있다는 것에 불과하며, 망인이 어떠한 상해를 입게 되었다거나 그로 인하여 사망에 이르게 된 원인은 현재까지도 불명인 경우[41]

④ 농작업 중에 과로로 지병인 고혈압이 악화되어 뇌졸중으로 사망한 경우[42]

⑤ 피보험자가 계단에서 넘어져서 입원치료를 받다가 식사 중 의식을 잃고 사망하자, 사망 원인에 관해 질식과 급성 심근경색증이 모두 가능성이 있다는 진료기록감정촉탁 결과와 급성 심근경색증이라는 진료기록감정촉탁 및 사실조회 결과가 각 제출되었는데도, 각 감정촉탁 결과의 신빙성을 판단하기 위한 추가적 조치를 취하지 않은 채, 질식이 발생하였고 질식이 사망에 원인이 되었음을 완전히 배제할 수 없다는 이유로 보험금 청구를 받아들여서는 안 된다고 본 경우[43]

3) 기왕증 등 내부적 요인도 원인인 경우

i) 원칙

외부적 사고뿐만 아니라, 내부적 사정도 상해에 공동원인으로 작용한 경우가 있을

38) 대판 2018.8.30. 2018다228356
39) 대판 2001.7.24. 2000다25965
40) 대판 1980.11.25. 80다1109
41) 대판 2001.8.21. 2001다27579
42) 대판 1992.2.25. 91다30088
43) 대판 2023.4.27. 2022다303216(어떤 특정한 사항에 관하여 상반되는 여러 개의 감정 결과가 있는 경우 각 감정 결과의 감정 방법이 적법한지 여부를 심리·조사하지 않은 채 어느 하나의 감정 결과가 다른 감정 결과와 상이하다는 이유만으로 그 감정 결과를 배척할 수는 없다. 그리고 동일한 감정사항에 대하여 2개 이상의 감정기관이 서로 모순되거나 불명료한 감정의견을 내놓고 있는 경우 법원이 그 감정 결과를 증거로 채용하여 사실을 인정하기 위해서는 다른 증거자료가 뒷받침되지 않는 한, 각 감정기관에 대하여 감정서의 보완을 명하거나 증인신문이나 사실조회 등의 방법을 통하여 정확한 감정의견을 밝히도록 하는 등 적극적인 조치를 강구하여야 한다. 이러한 법리는 전문적인 학식과 경험이 있는 사람이 작성한 감정의견이 기재된 서면이 서증의 방법으로 제출된 경우에 사실심 법원이 이를 채택하여 사실인정의 자료로 삼으려 할 때에도 마찬가지로 적용될 수 있다)

수 있다. 여기서 내부적 사정이란 상해 당시에 신체에 이미 존재하는 장해나 질병과 같은 기왕증 또는 체질 등을 가리킨다.

판례는 외래의 사고 이외에, 신체의 장해나 질병과 같은 기왕증, 체질 등도 원인으로 작용한 경우에 외래성을 인정한다. 즉 일반적으로 외래의 사고와 더불어, 피보험자의 질병 및 기타 기왕증이 공동 원인이 되어 상해에 영향을 미친 경우에도, 사고로 인한 상해와 그 결과인 사망이나 후유장해 사이에 인과관계가 있다고 인정되면, 보험계약 체결 시에 약정한 대로 보험금을 지급할 의무가 발생한다고 보았다.[44] 또한 대판 2007.4.13. 2006다49703에서, 상해보험은 피보험자가 보험기간 중에 급격하고도 우연한 외래의 사고로 인하여 신체에 손상을 입는 것을 보험사고로 하는 인보험으로서, 상해사고가 발생하기 전에 피보험자가 고지의무에 위배하여 중대한 병력을 숨기고 보험계약을 체결하여 이를 이유로 보험자가 상법 651조에 따라서 보험계약을 해지하거나, 상해보험약관에서 계약체결 전에 이미 존재한 신체장해 또는 질병의 영향에 따라 상해가 중하게 된 때에는 보험자가 그 영향이 없었을 때에 상당하는 금액을 결정하여 지급하기로 하는 내용의 약관이 따로 있는 경우를 제외하면, 보험자는 피보험자의 체질 또는 소인 등이 보험사고로 인한 후유장해에 기여하였다는 사유를 들어 보험금의 지급을 감액할 수 없다고 판시했다.

생각건대, 판례가 타당하다.[45] 상해의 발생 또는 확대에 우연하고 급격하며 외래의 사고가 유일하거나 결정적인 원인이어야만 하는 것은 아니다. 비록 기왕증, 체질 등이 기여했다고 해도, 우연하고 급격하며 외래의 사고가 상해의 발생 또는 확대에 상당한 인과관계를 갖는다면, 그것으로 보험자의 보상책임을 인정하기에 충분하다고 보아야 한다. 고의와 같은 면책사유는 인과관계를 엄격하게 해석해서 보험사고의 발생에 유일하거나 결정적인 원인이어야 한다고 해석하지만,[46] 보험자가 보상책임을 지는 부보사유는 그렇게 해석하지 않고 상당인과관계에 따라서 해석해야 한다. 상해보험에서 사고의 원인과 상해의 결과 사이에는 상당인과관계가 요구된다는 점(판례,[47] 통설), 손해보험에서도 보험사고와 손해 사이에 상당인과관계를 요구한다는 점(판례,[48] 통설)을 고려하면 위 판례가 타당하다.[49] 이 점에서 보험자의 보상책임과 가해자의 배상책임은 차이가 있다. 배상책임의 경우는, 교통사고로 인한 피해자의 후유증이 그 사고와 피해자의 기왕증이 경합하여 나타난 것이라면, 그 사고가 후유증이라는 결과발생에 대하여 기여하였다고 인정되는

---

44) 대판 2005.10.27. 2004다52033; 대판 2023.6.29. 2022다298109

45) 김은경 660면; 박세민 801면; 임용수 473면

46) 대판 2004.8.20. 2003다26075

47) 대판 2001.8.21. 2001다27579; 대판 2010.9.30. 2010다12241

48) 대판 1999.10.26. 99다37603

49) 한편 인보험은 정액보험으로서의 성질이 있기 때문에 손해배상법의 이념을 적용하는 것은 부적절하고, 따라서 판례가 타당하다는 견해가 있다. 박세민 801면; 임용수 473면

정도에 따라 그에 상응한 배상액을 부담케 하는 것이 손해의 공평한 부담이라는 견지에서 타당하다.[50)]

ii) 감면 약정

① 유효성

기왕증, 체질 등이 상해의 공동원인인 경우 이러한 사정을 고려하여 보험금액을 감면할 수 있다고 약정하는 경우가 흔히 있다. 학설로는 이러한 약정이 상해보험의 정액보험으로서의 성격에 반한다는 견해가 있다.[51)] 하지만 판례는 이러한 약정은 당사자 사이의 사적 자치 문제로서 유효하다고 본다. 이에 따라 기왕증, 체질 등의 영향에 따라 상해가 중하게 된 때에는 그 영향이 없었을 때에 상당하는 금액을 보험금으로 지급한다는 약정이 있는 경우, 상해의 발생 또는 악화에 기여한 사유를 들어 그 기여도만큼 보험금을 감액할 수 있다.[52)] 생각건대, 이러한 약관조항은 보험료의 인하, 도덕적 위험의 억제 등의 효과를 기대할 수 있다는 점을 고려하면 보험계약자 등에게 부당하게 불리하다고 볼 수 없으므로, 사적 자치에 맡겨도 좋다고 본다. 아래에서 관련 판례를 살펴보자.

② 사례

대판 2013.10.11. 2012다25890에서, 상해보험은 피보험자가 보험기간 중에 급격하고 우연한 외래의 사고로 인하여 신체에 손상을 입는 것을 보험사고로 하는 인보험으로서, 보험금의 지급범위와 보험요율 등 보험상품의 내용을 어떻게 구성할 것인가는 그 보험상품을 판매하는 보험자의 정책에 따라 결정되는 것이므로, 피보험자에게 보험기간 개시 전의 원인에 의하거나 그 이전에 발생한 신체장해가 있는 경우에 그로 인한 보험금 지급의 위험을 인수할 것인지 등도 당사자 사이의 약정에 의해야 한다고 판시했다. 이에 따라서 보험기간 개시 전의 원인에 의하거나 그 이전에 발생한 신체의 장해가 있었던 피보험자에게 그 신체의 동일 부위에 외래의 사고로 인하여 새로이 후유장해가 발생한 경우에는, 기존의 신체의 장해에 대한 후유장해보험금이 지급된 것으로 간주하고, 최종 후유장해상태에 해당하는 후유장해보험금에서 이미 지급된 것으로 간주한 기존의 신체 장해에 대한 후유장해보험금을 차감하여 지급하기로 하는 내용의 약관조항은 유효하다고 판시했다. 또한 이러한 약관조항은 보험자가 기존의 신체 장해로 인한 보험금 지급의 위험을 담보하지 않기로 한다는 내용으로 볼 수 있지만, 이것이 정액보험의 원리에 반하거

50) 대판 1987.4.14. 86다카112; 대판 1988.4.27. 87다카74; 대판 1992.4.28. 91다31517; 대판 1993.4.9. 93다180. 그리고 이 경우 법원은 그 기여도를 정함에 있어서 기왕증의 원인과 정도, 기왕증과 후유증과의 상관관계, 피해자의 연령과 직업, 그 건강상태 등 제반사정을 고려하여 합리적으로 판단해야 한다(대판 1993.4.9. 93다180)

51) 장덕조 473-474면

52) 대판 2023.6.29. 2022다298109(만약 기왕증, 체질 등의 기여도가 감액되지 않은 채 보험금이 지급된 경우, 이미 지급한 보험금 중에서 그 기여도만큼을 보험금에서 공제한 차액의 반환을 구할 수 있다)

나 고객에 대하여 부당하게 불리하므로 무효라고 할 수 없다고 판시했다.[53)]

대판 2002.10.11. 2002다564에서, 상해보험약관에 "피보험자가 약관 소정의 상해를 입고 이미 존재한 신체장해 또는 질병의 영향으로 약관 소정의 상해가 중하게 된 경우 보험자는 그 영향이 없었던 때에 상당하는 금액을 결정하여 지급한다."고 규정한 조항은 유효하고, 여기의 "중하게 된 경우"에 피보험자가 사망에 이른 경우도 포함된다고 판시했다.

대판 2005.10.27. 2004다52033에서, 상해보험약관에서 후유장해보험금 지급의무의 발생 요건을 후유장해지급률 합계 80% 이상의 후유장해를 입은 경우로 규정하고, 이와 별도로 보험금액 산정에 있어서 기왕증 기여도의 감액 요건과 방법에 관한 규정을 두고 있는 경우, 이 약관에 정한 바에 따라 산정된 후유장해지급률 합계가 80% 이상이면 보험금 지급의무가 발생하고, 기왕증은 보험금액 산정에 있어 그 기여분을 감액하면 된다고 판시했다.

(5) 신체의 손상

급격하고도 우연한 외래의 사고로 인하여 신체의(또는 육체적) 손상을 입어야 한다. 따라서 정신적 손상은 보험사고에 포함되지 않는다(통설). 의치, 의수, 의족, 인공심장이나 인공관절 등이 신체에 유기적으로 부착되어 신체의 일부를 이루고 있는 상태에서 손상되었다면, 약관에 다른 정함이 없는 한, 신체의 손상으로 보아야 한다.[54)] 그것이 약관해석의 작성자불이익 원칙과도 부합한다.

2. 인과관계

(1) 의의

상해보험에서 사고의 원인과 상해의 결과 사이에는 인과관계가 요구된다. 여기의 인과관계는 상당인과관계이다(판례,[55)] 통설). 또한 민사 분쟁에서의 인과관계는 사회적·

53) 대판 2009.11.26. 2008다44689도 같다. 여기서 대법원은 기왕증도 원인인 경우 이를 감안해서 보험금액을 정한다는 약관조항은 유효하다고 판시했다. 즉 계약체결 전에 이미 존재한 신체의 장해, 질병의 영향에 따라 상해가 중하게 된 때에는, 그 영향이 없었을 때에 상당하는 금액을 결정하여 지급하기로 하는 내용의 보험약관이 있는 경우 이에 따라야 한다. 이 경우 지급될 보험금액을 산정함에 있어서 그 약관조항에 따라 피보험자의 체질 또는 소인 등이 보험사고의 발생 또는 확대에 기여하였다는 사유를 들어 보험금을 감액할 수 있다고 보았다.

54) 김성태 866면; 박세민 862면

55) 대판 2001.8.21. 2001다27579; 대판 2010.9.30. 2010다12241 등. 한편 조건적 인과관계를 취한 것으로 보이는 판결도 있다. 대판 1998.9.18. 97다47507(사고로 상해를 입은 피해자가 다른 사고로 인하여 사망한 경우, 그 두 사고 사이에 1차 사고가 없었더라면 2차 사고도 발생하지 않았을 것이라고 인정되는 것과 같

법적 인과관계이므로, 의학적·자연과학적 인과관계처럼 반드시 의학적·자연과학적으로 명백히 증명되어야 하는 것은 아닌데, 이 점은 상해사고의 인과관계에서도 마찬가지이다.[56] 그리고 급격하고 우연하며 외래적인 사고와 기타 원인이 상해에 공동원인으로 작용한 경우에, 사고와 상해에 통상 일어나는 원인 결과의 관계가 있다고 판단되면, 상당인과관계가 인정되는 데 문제가 없다.[57] 판례도 같다.[58]

(2) 사례

대판 2010.9.30. 2010다12241에서, 피보험자가 원룸에서 에어컨을 켜고 자다가 사망한 경우, 문과 창문이 닫힌 채 방안에 에어컨이 켜져 있었고 실내온도가 차가웠다는 사정만으로 망인의 사망 원인이 '에어컨에 의한 저체온증'이라거나 '에어컨을 켜 둔 채 잠이 든 것'과 '사망' 사이에 상당인과관계가 있다고 볼 수 없다고 판시했다. 이 판결은 상당인과관계 요건을 너무 엄격하게 본 것이 아닌지 의문이 있다.

대판 2018.8.30. 2018다228356에서, 피보험자인 망인이 가진 심장의 병변이 경도에 불과하고 혈중 에틸알코올농도 역시 사망에 이를 정도의 농도는 아니어서 주차 직후에 급사할 만한 원인이 없는 반면, 음주로 인한 중등도 명정 상태로 밀폐된 차량에서 일정 시간 고온에 노출되었음이 분명한 사정이 있다면, 망인이 고온의 밀폐된 차량 안에서 잠을 자다가 주취상태 및 고온으로 인하여 갑작스러운 호흡곤란 내지 심혈관계의 이상 등이 야기되어 급사하였다고 추단하는 것이 합리적이라고 판시했다.

은 조건적 관계가 존재하면, 1차 사고의 가해자는 2차 사고로 인한 피해자의 사망을 고려함이 없이 피해자가 가동연한에 이를 때까지의 일실수입을 배상하여야 한다)이 그러한데, 이 판결에 대한 비판으로는, 김성태 867면

56) 대판 2010.9.30. 2010다12241

57) 임용수 520-521면

58) 대판 2002.3.29. 2000다18752(이 사건 각 상해보험계약에 적용된 임시생활비담보 특별약관에 정한 '사고로 상해를 입고 그 직접 결과로서 생활기능 또는 업무능력에 지장을 가져와 입원하여 치료를 받은 경우'나 의료비담보 특별약관에 정한 '사고로 상해를 입고 그 직접 결과로서 요양기관에서 치료를 받은 경우'라 함은, 사고로 입은 상해가 주요한 원인이 되어 생활기능 또는 업무능력에 지장을 가져와 피보험자가 입원하여 치료를 받게 되거나, 요양기관에서 치료를 받은 경우를 말하고, 사고로 입은 상해 이외에 피보험자가 가진 기왕의 질환 등이 공동원인이 되었다 하더라도, 사고로 인한 상해와 (입원)치료 사이에 통상 일어나는 원인 결과의 관계가 있다고 인정되는 이상, 여기서 말하는 직접 결과에 해당한다고 봄이 상당하다). 대판 2018.8.30. 2018다228356(보험약관에서 정한 '외래의 사고'란 사망의 원인이 피보험자의 신체적 결함 즉, 질병 등에 기인한 것이 아닌 외부적 요인에 의해 초래된 모든 것을 의미하고, '질병으로 인한 사망은 제외한다'는 부분은 질병이 직접적이고 중요한 사망원인인 경우에 경미한 외부적 요인이 이에 가공하였다고 하더라도 사망의 직접적 원인이 질병에 있는 이상 이를 보험약관상 '외래의 사고'에서 제외한다는 취지이므로, 사망에 가공한 외적 요인이 중대하거나 직접적인 것으로 판단되는 경우에는 망인에게 질병이 있었다 하더라도 '외래의 사고'에 해당한다)도 같은 취지이다.

3. 증명책임

(1) 의의

상해는 사고의 급격성, 우연성, 외부성이 충족되어야 하고 신체손상과 인과관계가 존재해야 한다. 여기서 급격성, 우연성, 외부성, 그리고 인과관계에 대한 입증을 보험자와 보험계약자 중 누가 부담하는지가 문제된다. 특히 사고의 우연성에 관한 증명책임이 보험자와 보험계약자 중 누구에게 있는지는 현실적으로 매우 중요한 문제이다. 우연한 사고인지 여부가 법관 입장에서 진위불명인 경우가 많기 때문이다.

(2) 판례

판례는 사고의 급격성, 우연성, 외래성 및 사고와 신체 손상과의 인과관계에 대한 증명책임은 보험금을 청구하는 자가 부담한다고 본다. 가령 대판 2001.8.21. 2001다27579에서, 사고의 외래성 및 상해 또는 사망이라는 결과 사이의 인과관계에 관해서는 보험금청구자에게 그 입증책임이 있다고 판시했다.[59)]

주로 문제가 되는 것은 우연성의 증명책임이다. 대판 2003.11.28. 2003다35215는, 피보험자가 뇌진탕 등의 상해를 입어 약 4주간의 안정가료가 필요하다는 진단을 받고 병원에 입원치료를 받았고 이에 따라 보험금을 청구한 사안이다. 대법원은 위 상해가 우연한 사고로 비롯된 것인지에 대한 피보험자의 입증이 부족하다고 보아서 보험자 면책을 인정했다. 즉 인보험계약에 의하여 담보되는 보험사고의 요건 중 우연한 사고라 함은 사고가 피보험자가 예측할 수 없는 원인에 의하여 발생하는 것으로서, 고의에 의한 것이 아니고 예견치 않았는데 우연히 발생하고 통상적인 과정으로는 기대할 수 없는 결과를 가져오는 사고를 의미하는 것이며, 이러한 사고의 우연성에 관해서는 보험금청구자에게 그 입증책임이 있다고 판시했다.[60)]

(3) 학설

통설은 사고의 급격성, 외래성 및 사고와 신체 손상과의 인과관계에 대한 증명책임은 보험금을 청구하는 자가 부담한다고 보고 있다. 우연성에 대한 입증과 관련해서는 학설이 대립하고 있으며, 판례를 따르는 입장과 반대하는 입장이 있다. 먼저, 입증책임이 보험금청구자에게 있다는 견해가 있다.[61)] 이에 의하면, 급격성, 우연성, 외래성에 대한 입증책임을 분리해서 논의하는 것의 타당성에 의문이 있다고 한다. 그러나 다수설은 보

59) 대판 2010.9.30. 2010다12241도 같다.
60) 대판 2001.11.9. 2001다55499도 같다.
61) 김성태 868면; 임용수 521면

험자가 우연성에 대한 입증책임을 부담한다고 하거나 우연성이 추정된다는 입장이다.[62] 이에 의하면, 일반적으로 보험자의 면책사유(고의)에 대한 입증책임은 보험자에게 있는데(판례,[63] 통설), 우연성에 대한 입증책임을 보험계약자 측이 부담한다면, 결국 면책사유(고의)에 대한 입증책임이 보험자로부터 보험계약자 측으로 전가되기 때문에 부당하다고 한다.

(4) 결론

보험사고 해당여부는 청구원인에 해당하므로 보험금을 청구하는 자가 증명책임을 부담하고, 면책사유 해당여부는 항변에 해당하므로 보험자가 증명책임을 부담하는 것이 타당함은 물론이다. 인보험에서 사고의 우연성에 대한 증명책임이 보험금을 청구하는 자에게 있다는 위 판례의 입장도 이러한 측면에서 이해할 여지가 있다. 하지만 다음과 같은 점에서 인보험에 관한 위 판례에 찬동하기 어렵다.

첫째로, 우연에 의한 보험사고인지 여부와 부보된 보험사고가 보험계약자 등의 고의(보험자 면책사유)에 의해 발생하였는지 여부는 실질적으로 그 내용이 상당부분 겹친다. 둘째로, 문제된 보험계약의 해석상 부보범위에 포함되는 보험사고의 내용이 무엇인지에 따라 누가 증명책임을 부담하는지가 달라지는 것은 보험계약자 보호라는 관점에서 타당하다고 볼 수 없다. 보험금청구권은 보험계약을 근거로 발생한 계약상 청구권이지만, 보험금지급을 둘러싼 입증책임 분배를 전적으로 사적 자치에 맡길 수는 없다.

요컨대, 우연성의 주관적 측면(보험계약자 측의 고의)에 대해서는 보험자가 입증책임을 부담해야 한다. 즉 보험약관상 부보범위의 정의규정과 무관하게 사고의 우연성과 관련하여 보험계약자 측의 고의 부분은, 보험자의 항변사항으로서 보험계약자 측의 고의에 대해서는 보험자 면책 단계에서 판단하는 것이 타당한 것이다. 하지만 우연성의 객관적 측면(판례에 의하면 '통상적인 과정으로는 기대할 수 없는 결과를 야기하는 사고')에 대한 입증책임은 보험금청구권자가 부담한다고 보아야 한다.

제4절 면책사유

1. 면책사유의 제한

생명보험의 경우와 마찬가지로 상해보험의 경우에도 보험자의 면책사유가 제한된

62) 박세민 870면; 정동윤 723면; 최기원 642-643면; 장덕조, "보험계약법상 우연성의 개념 및 입증책임", 보험학회지85, 2010, 133면 이하

63) 대판 2009.3.26. 2008다72578; 대판 2009.12.10. 2009다56603; 대판 2012.4.13. 2011다1828

다. 즉 보험계약자 또는 피보험자나 보험수익자의 중과실로 보험사고가 발생한 경우에도 보험자는 보험금 지급의무를 부담한다(상법 739조, 732조의2). 이로 인하여 무면허운전 및 음주운전 면책약관에 대한 해석에 있어 손해보험의 경우와 차이가 발생한다.

2. 약정면책사유

상해보험약관에서 개별적으로 보험자의 면책사유를 규정한 경우도 있다. 가령 "피보험자의 외과적 수술, 그 밖의 의료처치를 원인으로 하여 생긴 손해는 보상하지 아니한다. 그러나 회사가 부담하는 상해로 인한 경우에는 보상한다"는 조항이 있다. 판례는 위 면책조항의 취지에 관하여, 상해나 질병 등을 치료하기 위한 외과적 수술 등에 기한 위험 중 처음부터 상해보험의 보호 대상에서 제외되는 질병 등을 치료하기 위한 외과적 수술 등에 의하여 증가된 위험은 보험보호의 대상으로부터 배제하고, 보험자가 보상하는 보험사고인 상해를 치료하기 위한 외과적 수술 등으로 인한 위험에 대해서만 보험보호를 부여하기 위한 것으로 해석하면서,[64] 순수한 건강검진 목적의 의료처치에 기하여 발생한 상해는 위 면책조항의 대상이 아니라고 해석하였다.[65] 이는 면책약관의 취지를 고려해 보험계약자에게 유리한 방향으로 "의료처치"라는 문언을 제한해석한 것이다. 그러나 이러한 해석이 약관문언에 부합하는지는 의문이다.

3. 무면허운전 또는 음주운전 면책약관 등의 효력

2000.4.1. 개정 이전 상해보험 보통약관, 자동차보험 중 자기신체사고보험약관의 경우 피보험자의 무면허운전이나 음주운전을 면책사유로 규정하고 있었다. 이러한 면책약관의 효력에 관하여 판례는, 무면허운전이나 음주운전이 전체적으로 보아 고의로 평가되는 행위로 인한 경우뿐만 아니라 과실(중과실 포함)로 평가되는 행위로 인한 경우까지 포함하는 취지라면 과실로 평가되는 행위로 인한 사고에 관한 한 무효라고 본다(한정적 무효설).[66] 그리고 대판 1990.5.25. 89다카17591의 판시내용은 다음과 같다. 무면허운전의 경우는 면허가 있는 자의 운전이나 운전을 하지 아니하는 자의 경우에 비하여 보험사고 발생의 가능성이 많음을 부인할 수 없는 일이나, 그 정도의 사고발생 가능성에 관한 개인

---

64) 대판 2010.8.19. 2008다78491도 같은 취지

65) 대판 2014.4.30. 2012다76553(종합건강검진을 위하여 전신마취제인 프로포폴을 투여받고 수면내시경 검사를 받던 중 검사 시작 5분 만에 프로포폴의 호흡억제 작용으로 호흡부전 및 의식불명 상태가 되어 사망한 사안)

66) 대판(전원) 1990.5.25. 89다카17591

차는 보험에 있어서 구성원 간의 위험의 동질성을 해칠 정도는 아니다. 또한 무면허운전이 형사처벌까지 받는 고의적인 범죄행위이지만 무면허운전의 경우 고의는 특별한 사정이 없는 한 무면허운전 자체에 관한 것이고 직접적으로 사망이나 상해에 관한 것이 아니므로 자살이나 고의적인 자상행위 또는 보험수익자에 의한 피보험자 살인이나 상해행위의 비윤리성과는 달라서 그 정도가 결코 그로 인한 손해보상을 가지고 보험계약에 있어서 당사자의 선의성, 윤리성에 반하지 않는다고 판시했다.

자동차종합보험계약상 무보험자동차에 의한 상해보험에서의 무면허운전, 음주운전 면책약관[67]에 대해서도 판례는 한정적 무효설을 따르고 있다.[68] 또한 판례는 비슷한 맥락에서 보험사고 발생 시의 상황에 있어 피보험자에게 안전띠 미착용 등 법령위반의 사유가 존재하는 경우 보험금을 일부 감액하는 안전띠 미착용 감액조항에 관하여, 그러한 법령위반행위가 보험사고의 발생 원인으로서 고의에 의한 것이라고 평가될 정도에 이르지 아니하는 한 상법 732조의2, 739조, 663조에 반하여 무효라고 보았다.[69]

이러한 판례의 태도는 법률규정에 충실한 것이다. 그러나 결론의 타당성에 대해서는 의문이 남는다.[70] 피보험자의 법규위반의 정도가 중대하다면, 비록 사고발생 자체에 대해서는 고의가 없더라도 보험의 보호를 받지 못하게 하는 것이 합리적 결론일 수 있다. 개별 피보험자의 보호도 중요하지만, 법규위반에 대한 제재나 일반예방도 중요하다. 위 면책 내지 감액조항을 약관의 해석상 면책조항이 아닌 부보범위를 처음부터 제한하는 조항으로 해석할 여지도 있다. 앞서 본 것처럼 판례는 보험약관에 규정이 있다면 기왕증 등을 고려해 보험금을 감액하는 것이 가능하다고 한다.[71] 피보험자에게 어떠한 비난가능성도 없는 선천적 기왕증도 보험금을 감액하는 사유가 될 수 있는데, 피보험자의 의도적 잘못이 있어도 보험금을 전혀 감액할 수 없다는 것은 형평에 맞지 않는다. 보험금을 감액하거나 보험자를 면책하는 것이 사회 정책적으로 충분히 합리적 이유가 있다면, 그러한 내용을 규정한 약관을 면책사유라는 틀에 가두어 넣고 상법 규정(732조의2, 739조, 663조)과 연계시켜서 획일적으로 규제하는 것은 바람직하지 않다.

67) 현재 자동차보험표준약관은 무보험자동차 상해보험의 경우 무면허운전, 음주운전 면책조항을 두고 있지 않다.
68) 대판 1999.2.12. 98다26910
69) 대판 2014.9.4. 2012다204808
70) 판례의 태도에 비판적인 학설로는, 박세민 873-874면; 장덕조 464-465면
71) 대판 2013.10.11. 2012다25890

第5절 생명보험 규정의 준용

1. 보험계약자와 피보험자가 다른 상해보험에서 피보험자의 동의 문제

보험계약자와 피보험자가 다른 상해보험을 타인의 상해보험이라고 한다. 이러한 상해보험에서는 피보험자가 부당한 보험금을 노린 도덕적 위험에 노출될 수 있으므로, 피보험자를 보호하기 위한 수단이 필요하다. 타인의 상해보험에서 피보험자를 보호하는 수단이 바로 피보험자의 동의 요건이고, 상법은 사망보험에 관한 731조, 734조 2항을 상해보험에 준용함으로써(상법 739조), 타인의 상해보험에 피보험자의 동의를 요구한다. 따라서, 타인의 상해보험계약을 체결할 때, 이 계약으로 생긴 권리를 피보험자가 아닌 자에게 양도할 때, 또는 이 계약에서 보험계약자가 보험수익자를 지정하거나 변경할 때에 타인의 서면 동의가 필요하다.

문제는 타인의 상해보험계약을 체결할 때 피보험자와 보험수익자가 같은 경우, 또는 이 계약에서 보험계약자가 피보험자를 보험수익자로 지정하거나 변경하는 경우에도 피보험자의 동의 요건이 필요한지 여부이다. 생각건대, 이 경우는 피보험자의 동의 요건이 필요하지 않다고 해석해야 한다.[72] 타인의 사망보험의 경우는 피보험자와 보험수익자가 같더라도, 사망한 피보험자가 아니라 그의 상속인이 보험금을 향유하게 되므로, 피보험자와 보험수익자가 같다고 해서 피보험자의 동의 요건이 필요 없다고 해석하기 어렵다. 하지만 타인의 상해보험에서는 피보험자와 보험수익자가 동일한 경우는 피보험자가 생존하여(상해사망 제외) 보험수익자로서 보험금을 상해의 치료 등에 사용할 수 있으므로 부당한 보험금을 노린 도덕적 위험의 우려가 적다는 점이 다르다. 상법 731조 1항 및 734조 2항의 문리상으로는, 피보험자와 보험수익자가 동일한지 여부를 묻지 않고 타인의 동의가 요구되는 것으로 읽히지만, 상법 739조에 따라 생명보험의 규정을 상해보험에 준용하는 것은 '성질에 상반하지 않는 범위 내'라고 제한하고 상해보험의 특수성을 고려해서 위와 같이 해석하는 것이 불가능하지 않다고 본다.

2. 피보험자와 보험수익자가 다른 상해보험의 허용 문제

상법의 문리만 보면, 피보험자와 보험수익자가 다른 상해보험이 허용된다고 해석할 수 있다. 상법 733조는 피보험자와 보험수익자가 다른 생명보험을 허용하는 근거 규정인

---

72) 김성태 860면; 장덕조 484면

데, 이 규정이 상해보험에 준용되기 때문이다(상법 739조). 하지만 피보험자와 보험수익자가 다른 상해보험이 허용되는지에 대해서는 논란이 있다.

학설로는 유효설과 무효설이 있다. 먼저 다수설인 유효설은, 피보험자의 동의가 있으면 피보험자와 보험수익자가 다른 상해보험도 유효라고 해석한다.[73] 한편 무효설은, 피보험자의 동의가 있더라도, 피보험자와 보험수익자가 다른 상해보험은 무효라고 해석한다.[74] 상해를 입은 피보험자가 아니라 타인이 보험금청구권자가 되는 것은 비인도적일 뿐만 아니라 부당한 보험금을 노린 도덕적 위험의 우려가 크기 때문이라고 한다. 그리고 입법론으로는, 상법을 개정해서 피보험자와 보험수익자가 다른 상해보험을 무효로 해야 한다는 견해가 있다.[75]

판례는 유효설을 취한다. 대판 2006.11.9. 2005다55817에서, 인보험과 손해보험에 모두 적용되는 통칙 규정인 상법 639조에 의하면 보험계약자는 특정 또는 불특정의 타인을 위하여 보험계약을 체결할 수 있고, 타인을 위한 생명보험에 있어서 보험수익자의 지정 또는 변경에 관한 상법 733조는 상법 739조에 의하여 상해보험에도 준용되므로, 상해보험계약을 체결하는 보험계약자는 자유롭게 특정 또는 불특정의 타인을 보험수익자로 지정할 수 있다고 판시했다. 또한 정액보험형 상해보험의 경우 보험계약자가 보험수익자를 지정한 결과 피보험자와 보험수익자가 일치하지 않게 되었다고 하더라도, 특단의 사정이 없는 한 그러한 이유만으로 보험수익자 지정행위가 무효가 될 수는 없다고 판시했다. 판례는 '특단의 사정이 없는 한'이라는 단서를 달면서, 경우에 따라서는 무효가 될 수 있는 여지를 남겨 두었다.

생각건대, 피보험자의 동의가 있더라도 피보험자와 보험수익자가 다른 상해보험은 무효인 것을 원칙으로 하되, 다만 피보험자의 상해에 대해 경제적 이해관계가 있는 자가 보험수익자로 되는 경우는 피보험자의 동의가 있으면 유효라고 해석하는 것이 타당하다고 본다. 그 이유는 다음과 같다.

상해를 입은 피보험자가 아니라 타인이 보험금청구권자가 되는 것은 두 가지 측면에서 문제가 된다. 첫째는 비인도성이고, 둘째는 도덕적 위험이다. 여기서 비인도성은 상해로 인해 치료 등이 필요한 것은 피보험자 자신인데, 그 상해에 아무런 경제적 이해관계가 없는 타인이 보험금을 취득할 수 있다는 점을 가리킨다. 그리고 도덕적 위험은 부당한 보험금을 노리고 피보험자에게 고의로 상해를 입힐 위험을 가리킨다.

먼저, 도덕적 위험은 피보험자의 동의로써 대처할 수 있다. 타인의 상해보험에서 보험계약자가 보험수익자를 지정·변경할 때 피보험자의 동의가 필요하다(상법 734조 2항,

73) 박세민 856면; 양승규 484면; 장덕조 477면
74) 김성태 860면
75) 장덕조 477면

739조). 부당한 보험금을 노릴만한 도덕적 위험이 있다고 판단되면, 피보험자가 동의를 거부하면 되기 때문이다.[76)]

문제는 비인도성이다. 피보험자의 상해에 대해 경제적 이해관계가 없는 자가 보험수익자로 되어 보험금을 취득하는 것은 비인도적이고 상해보험의 존재 의의에 반한다고 비판할 수 있고, 피보험자의 동의가 있다고 해서 이러한 문제가 해소된다고 보기도 어렵다. 따라서 이러한 유형의 피보험자와 보험수익자가 다른 상해보험은 공서양속에 반하는 것으로, 민법 103조에 따라 무효라고 해석할 수 있다. 다만 피보험자와 보험수익자가 다른 상해보험 모두를 비인도적이라고 볼 것은 아니라고 본다. 피보험자의 상해에 대해 경제적 이해관계가 있는 자가 보험수익자가 되는 것까지 공서양속에 반한다고 할 것은 아니기 때문이다. 가령 자녀가 상해를 입은 경우 부모가 치료비 등을 부담하기 위해 보험수익자로 되는 경우까지 무효라고 할 것은 아니다. 여기서 경제적 이해관계에는 법적 관계뿐만 아니라 사실상 관계까지 포함시킬 필요가 있다. 현재 우리나라에서 체결되는 피보험자와 보험수익자가 다른 상해보험은 대개 피보험자의 상해에 대해 보험수익자가 일정한 경제적 관계를 갖는 경우라고 보인다. 향후 위와 같은 해석론을 상법 보험편에 입법으로 반영하는 것이 필요하다.

제6절 손해보험 규정의 준용

1. 보험자대위

상법은 인보험에 대해 청구권대위를 원칙적으로 금지한다.[77)] 즉 인보험계약에서 보험자는 보험사고로 인하여 생긴 보험계약자 또는 보험수익자의 제3자에 대한 권리를 대위하지 못한다(상법 729조 본문). 다만 상해보험계약에서 당사자 사이에 다른 약정이 있으면 보험자는 피보험자의 권리를 해하지 않는 범위 내에서 그 권리를 대위할 수 있다(상법 729조 단서). 이 단서 조항은 1991년 상법 개정을 통해 신설되었다. 그런데 상법 729조 단서의 문리만 보면, 상해보험이라면 그 종류에 제한을 두고 있지 않으므로, 정액형 상해보험에 대해서 청구권대위가 배제된다고 보기 어렵다. 하지만 이득금지라는 청구권대위의 취지를

76) 물론 피보험자의 동의 요건이 도덕적 위험을 완전히 차단할 수 있다고 볼 수는 없다. 피보험자가 보험수익자 등에 의한 도덕적 위험 여부를 완벽하게 판단하여 동의 여부를 결정하는 것은 불가능하기 때문이다.

77) 보험자대위에는 청구권대위와 잔존물대위가 있다. 상법은 인보험에 잔존물대위가 적용되는지 여부는 규정하지 않는다. 이것은 인보험의 성질상 잔존물대위와 거리가 있기 때문이다. 잔존물대위란 보험자가 보험목적에 대한 권리를 대위하는 것이다. 인보험의 보험목적은 사람인데, 이에 대한 권리를 대위한 것은 허용될 수 없는 것이다(통설).

고려한다면, 그러한 상해보험에는 적용을 배제해야 한다는 해석론이 제기될 수 있다.

판례는 비정액형 상해보험에 상법 729조 단서가 적용된다고 한 것은 있지만, 정액형 상해보험에 상법 729조 단서가 적용되는지 여부를 정면으로 판단한 경우는 없는 것으로 보인다.[78] 대판 2001.9.7. 2000다21833은 자동차보험 중 자기신체사고보험에 이른바 공제조항(자동차사고에 책임 있는 자가 피보험자로 된 대인배상책임보험의 보험자가 보험금을 지급한 경우, 자기신체사고보험의 보험자는 지급된 보험금을 공제한 나머지를 사망보험금으로 지급한다는 내용)이 포함되어 있었던 사안이다. 보험계약자 측은, 공제조항이 인보험인 자기신체사고보험에 청구권대위를 허용하는 것과 동일한 결과를 가져오므로 상법 729조 본문을 보험계약자 등에게 불이익하게 변경하는 것이라고 주장했다. 하지만 대법원은 공제조항이 결과적으로 청구권대위와 같은 효과를 초래한다고 하더라도 공제조항과 청구권대위는 별개라는 입장이다. 이러한 대법원의 입장이 타당한 것인지는 별론으로 하고,[79] 대법원이 이 사안을 청구권대위의 문제로 다루지 않은 점은 분명하므로, 이 판결이 정액형 상해보험에 청구권대위가 가능한지를 다룬 것으로 보기 어렵다.

통설은 비정액형 상해보험에 대해서만 상법 729조 단서가 적용된다고 본다. 이와 달리 정액형 상해보험에도 상법 729조 단서가 적용된다는 견해가 있다.[80] 그리고 이 견해는 비정액형 상해보험의 경우 청구권대위의 약정이 있는 것으로 추정한다는 입장을 취한다.[81]

생각건대, 상법 729조 단서는 비정액형 상해보험에만 적용된다고 해석해야 한다. 청구권대위의 취지는, 이득취득의 금지 및 제3자의 부당한 면책방지에 있다(판례,[82] 통설). 정액형 상해보험은 사고가 발생하면 정액의 보험금을 지급하는 것이어서 이득금지가 적용되기 어렵고, 따라서 청구권대위를 정액형 상해보험에 적용하는 것은 타당하지 않다. 1991년에 상법 729조 단서를 신설한 이유도 비정액형 상해보험에 대해 청구권대위를 도입하는 데 있었다는 점을 법 개정 과정에서 확인할 수 있다.[83] 향후 상법 729조 단서를

78) 대판 1998.11.24. 98다25061은 상해보험에서 계약 당사자 사이에 약정이 없으면 청구권대위가 불가능하다고 판시했다. 또한 대판 2000.2.11. 99다50699는 비정액형 상해보험의 경우 계약 당사자의 약정이 있으면 청구권대위를 할 수 있다고 판시했다(대판 2014.10.15. 2012다88716도 같은 취지). 그리고 대판 2002.3.29. 2000다18752는 비정액형 상해보험의 경우 계약 당사자의 약정이 없으면 청구권대위를 할 수 없다고 판시했다. 이 판결들 모두 정액형 상해보험도 청구권대위가 가능한지는 판단하지 않았다.

79) 공제조항이 상법 729조 본문과 무관할지는 의문이라는 견해로는, 정경영, "자기신체사고보험과 가해차량의 대인배상책임보험과의 관계", 보험법연구6, 2005, 28면

80) 채이식 216면

81) 채이식 216면

82) 대판 1989.4.25. 87다카1669. 통설도 그 취지를 동일하게 바라본다.

83) 박기억, "정액보험계약에 관한 소고", 법조52-4, 2003, 149면. 상법 729조 단서는 비정액형 손해보험에 대해 적용하고 정액행 상해보험에는 적용하지 않을 것을 의도하여 신설되었다(법무부, 상법개정특별분과위원회 회의록(Ⅰ), 1990, 403면)

개정해서 이를 분명하게 규정하는 것도 필요하다. 그리고 비정액형 상해보험에서 청구권대위의 약정이 있는 것으로 추정하는 것은 무리라고 본다. 인보험은 청구권대위가 가능하지 않은 것이 원칙이고, 예외적으로 당사자의 약정이 있으면 상해보험에 청구권대위가 적용되는데(상법 729조), 예외는 제한 해석해야 하므로 약정의 추정은 타당하지 않다.

2. 중복보험

상해보험에는 중복보험에 관한 규정이 없다. 한편 손해보험에는 중복보험이 규정되어 있다(상법 672조). 중복보험 법리의 취지는, 보험계약과 보험자의 수를 늘려서 손해를 초과하는 이득을 취득하는 것을 금지하고, 또한 보험자 사이에서 보상책임을 합리적으로 배분하는 데 있다. 비정액형 상해보험은 그 성질이 손해보험과 유사하므로, 상법 672조를 비정액형 상해보험에 유추적용(또는 준용)할 수 있는지가 다투어진다. 1991년 상법 개정 시에, 상해보험에서 계약 당사자의 약정이 있으면 청구권대위가 가능하다는 규정을 신설했다(상법 729조 단서). 이와 달리, 상해보험에서 중복보험이 가능한지에 대해서는 아무런 규정을 두지 않았다. 그 결과, 이 문제는 해석 또는 해석자에 의한 법형성에 맡겨져 있다.

판례는 무보험자동차에 의한 교통사고로 인해 상해를 입었을 때 그 손해를 보상하는 보험에 중복보험의 법리가 준용된다고 해석한다. 즉 대판 2006.11.10. 2005다35516은, 이러한 보험은 상해보험으로서의 성질과 함께 손해보험으로서의 성질도 갖고 있는 손해보험형 상해보험이고, 이에 대해서는 중복보험에 관한 상법 672조 1항이 준용된다고 해석하였다.[84] 이러한 준용함을 함에 있어서 계약 당사자의 약정이 있을 것을 요구하지 않았다.

학설로는, 상해보험에 중복보험의 법리를 준용하자는 견해,[85] 정액형 상해보험에는 중복보험의 법리를 유추적용하지 말아야 한다는 견해,[86] 상해보험에도 구체적인 법률관

---

84) 대판 2006.11.10. 2005다35516(피보험자가 무보험자동차에 의한 교통사고로 인하여 상해를 입었을 때에 그 손해에 대하여 배상할 의무자가 있는 경우 보험자가 약관에 정한 바에 따라 피보험자에게 그 손해를 보상하는 것을 내용으로 하는 무보험자동차에 의한 상해담보특약(무보험자동차특약보험)은 상해보험으로서의 성질과 함께 손해보험으로서의 성질도 갖고 있는 손해보험형 상해보험이라고 할 것이므로, 이 사건에서와 같이 하나의 사고에 관하여 여러 개의 무보험자동차특약보험계약이 체결되고 그 보험금액의 총액이 피보험자가 입은 손해액을 초과하는 때에는 손해보험에 관한 상법 제672조 제1항이 준용되어 보험자는 각자의 보험금액의 한도에서 연대책임을 지고, 이 경우 각 보험자 사이에서는 각자의 보험금액의 비율에 따른 보상책임을 진다고 할 것이다. 그리고 그 부담비율에 따른 구상권을 행사하는 것인데, 각각의 보험계약은 상행위에 속하는 점, 원고와 피고는 상인이므로 중복보험에 따른 구상관계는 가급적 신속하게 해결할 필요가 있다고 보여지는 점 등에 비추어, 상법 제64조가 적용되어 5년의 소멸시효에 걸리는 것으로 보아야 할 것이다) 이 판결을 따른 판결로는, 대판 2006.11.23. 2006다10989, 대판 2007.10.25. 2006다25356, 대판 2024.2.15. 2023다272883 등이 있다.

85) 양승규 492면

86) 김성태 879면; 박세민 859면

계에 따라 피보험자의 손해보험적 측면이 강하게 나타나거나 강하게 적용할 필요가 있으면 손해보험 규정을 적용할 수 있으므로 중복보험의 법리를 적용하자는 견해,[87] 중복보험의 법리를 적용하자는 내용의 당사자 약정이 있어야만 가능하다는 견해[88] 등이 있다.

생각건대, 비정액형 상해보험에 중복보험의 법리를 유추적용하는 것이 타당하다. 현재 상해보험에 관한 자체적인 법 규정은 불비한 상태로서 생명보험에 관한 규정을 준용하고 있을 뿐이고, 특히 비정액형 상해보험에 관해 별도로 규율하는 법 규정은 없다. 이런 상황하에서, 손해보험에 관한 규정은 성질이 허용하는 범위 내에서 비정액형 상해보험에 유추적용해야 한다. 그리고 중복보험 법리의 취지가 이득금지라는 점을 고려하면, 정액형 상해보험에는 중복보험의 법리를 유추적용하지 말아야 한다. 한편 비정액형 상해보험에 중복보험의 법리를 적용하는 데 계약 당사자의 약정이 있어야 하는지가 문제된다. 이것은 상해보험에 청구권대위를 적용하려면 계약 당사자의 약정이 있어야 한다는 상법 729조 단서와의 균형을 고려할 때 제기될 수 있는 문제이다.[89] 생각건대, 청구권대위와 달리, 중복보험의 경우는 계약 당사자의 약정이 요구되지 않는다고 해석해야 한다. 비정액형 상해보험에서 약정이 없으면 청구권대위가 적용되지 않는데, 이 경우 피보험자인 보험수익자가 보험자에게 보험금청구권을 행사하고 배상의무자인 제3자에게 손해배상청구권도 행사하면 이득을 얻을 수 있지만, 그가 얻을 수 있는 이익은 지급받은 보험금 이내이다. 하지만 비정액형 상해보험에서 약정이 없으면 중복보험 법리가 적용되지 않는다고 가정해 보면, 피보험자인 보험수익자가 얻을 수 있는 이익은 보험계약의 수와 보험자의 수에 비례하여 무한히 증가할 수 있으므로, 보험의 도박화 및 인위적 사고의 우려가 클 수 있다. 따라서 비정액형 상해보험에 대해서는 계약 당사자 사이의 약정이 없더라도 중복보험의 법리를 유추적용하는 것이 타당하다. 향후 상법 보험편 개정 시에 이 점을 반영할 필요가 있다.

---

87) 김하늘, "가. 무보험자동차에 의한 상해담보특약에도 중복보험에 관한 상법 제672조 제1항이 준용되는지 여부 [등]", 대법원판례해설63, 2007, 282면

88) 장덕조 476면; 박기억, "상해보험계약과 생명보험계약의 구분", 변호사43, 2013, 164면

89) 보험계약 당사자 사이에 약정이 있어야 중복보험의 법리가 적용될 수 있다고 하면서, 약정이 있어야 하는 근거를 다른 것에서 찾는 견해도 있다. 즉, 판례는 상해보험에서 이미 존재하는 질병 등 기왕증의 영향으로 인해 상해가 중하게 된 경우 그 기여도만큼 보험금을 감액할 수 있다는 약관(이른바 '기왕증기여도 감액약관')이 있는 경우 그 약관의 유효성을 인정하고 있는데, 계약 당사자의 약정이 있는 경우에만 기왕증기여도를 인정하는 것과의 균형을 고려할 때, 중복보험 법리도 계약 당사자의 약정이 있어야만 한다는 견해(장덕조 476면)이다.

제4장

질병보험

1. 질병보험의 의의

질병보험계약이란 피보험자의 질병에 관한 보험사고가 발생한 경우 보험자가 보험금이나 그 밖의 급여를 지급할 책임을 부담하고, 그 대가로 보험계약자는 보험료를 지급할 것을 약정한 보험계약을 뜻한다(상법 739조의2). 질병보험은 보험목적이 신체이고, 보험사고가 질병인 인보험의 일종이다. 신체에 생기는 사고로서 질병과 대비되는 것은 상해이다. 상해보험에서 담보되는 위험으로서 상해란 외부로부터의 우연하고 급격한 사고로 인한 신체의 손상을 뜻하므로, 그 사고의 원인이 피보험자 신체의 외부로부터 작용하는 것을 말하고, 신체의 질병 등과 같은 내부적 원인에 기한 것은 상해보험에서 제외되고 질병보험 등의 대상이 된다(판례,[1] 통설). 그리고 보험자는 '보험금이나 그 밖의 급여'를 지급할 책임을 부담하고 있다는 점에서, 상해보험(상법 737조)과 유사하다. 이에 따라 질병보험의 보상방식은 정액 보상방식과 비정액 보상방식이 모두 허용된다고 해석된다. 가령 질병으로 인한 치료비를 지급하기로 하는 질병보험은 비정액 보상방식이다. 비정액 보상방식의 상해보험을 손해보험형 상해보험으로 분류하는 것처럼, 비정액 보상방식의 질병보험을 손해보험형 질병보험으로 분류할 수 있을 것이다.[2]

2. 적용 법규

질병보험도 기본적으로 인보험으로서 그 성질에 반하지 않는 범위에서 생명보험 및 상해보험에 관한 규정을 준용한다(상법 739조의3). 보험수익자와 피보험자가 동일한 타인의 질병보험의 경우에도 상법 731조 1항, 734조 2항을 준용하여 피보험자의 동의를 얻어야 하는지, 피보험자와 보험수익자가 다른 질병보험을 허용할 것인지, 그리고 질병보

1) 대판 2014.4.10. 2013다18929
2) 박세민 875면; 정동윤 725면; 정찬형 813면

험이 실손보상적 성격을 갖는 경우에는 상해보험에서 본 바와 같이 손해보험 규정(보험자대위, 중복보험 등)의 준용여부 등이 문제될 수 있다. 이러한 문제들에 대해서는 상해보험에서의 논의가 원칙적으로 적용될 수 있다.

판례색인

사항색인

저자 약력

서울대학교 법과대학 졸업(법학사)
영국 케임브리지대학교 대학원 졸업(Ph.D. in Law)
서울대학교 법학전문대학원 교수 (현재)
서울대학교 법학전문대학원 원장
공정거래위원회 위원장(제21대)
법학전문대학원협의회 이사장(제10대)
보험연구원 원장(제4대)
법무부 상법개정위원회 위원
금융감독원 금융분쟁조정위원회 위원
한림대학교 법학부 조교수, 이화여자대학교 법과대학 부교수

주요 저서

신상법입문, 2022, 제2판, 박영사
보험업법, 2019, 박영사
보험법의 현대적 과제 (편저), 2013, 소화
21세기 회사법 개정의 논리 (공저), 2007, 소화
새로운 금융법 체계의 모색 (공저), 2006, 소화

제4판
보험법

초판발행 2017년 7월 25일
제4판발행 2025년 9월 16일

지은이 한기정
펴낸이 안종만 · 안상준

편 집 이승현
기획/마케팅 조성호
표지디자인 BEN STORY
제 작 고철민 · 김원표

펴낸곳 (주) 박영사
서울특별시 금천구 가산디지털2로 53, 210호(가산동, 한라시그마밸리)
등록 1959. 3. 11. 제3070-1959-1호(倫)
전 화 02)733-6771
f a x 02)736-4818
e-mail pys@pybook.co.kr
homepage www.pybook.co.kr
ISBN 979-11-303-2424-1 93360

copyright©한기정, 2025, Printed in Korea

* 파본은 구입하신 곳에서 교환해 드립니다. 본서의 무단복제행위를 금합니다.

정 가 53,000원